本书由浙大城市学院资助，
为浙大城市学院科研成果

"古希腊罗马哲学原典集成"
编 委 会

主　　编：王晓朝

副主编：陈越骅　张新樟

编　　委：张静蓉　胡龙彪　曾　怡　刘　伟　李葛送

　　　　　刘雄峰　罗　勇　李雪丹　孙文高　聂建松

古希腊罗马哲学原典集成

主编 王晓朝

西塞罗全集

修订版

演说词卷·上

[古罗马] 西塞罗 著 王晓朝 译

人民出版社

"古希腊罗马哲学原典集成"
丛书要目

目　录 Contents

为昆克修斯辩护

提　要

本文是西塞罗现存第一篇演说词，拉丁文标题是"Pro Publio Quinctio"，英文标题为"In Defence of Publius Quinctius"，意思是"为普伯里乌·昆克修斯辩护"。中文标题定为"为昆克修斯辩护"。

按照后来西塞罗写给阿提库斯的书信中所说，西塞罗于公元前81年发表这篇演说，时年26岁。尽管他自己说此前还发表过其他演说，但在他的现存演说词中这是第一篇。文章有一部分缺失（位于第27章末），但结尾处有清晰的总结，在公元5世纪的修辞学家朱利乌斯·塞威里亚努（Julius Severianus）的著作中存有这篇演说词的残篇。

西塞罗是本案被告普伯里乌·昆克修斯（Publius Quinctius）的辩护律师。这场审判的原告是塞克斯都·奈维乌斯，原告的律师是昆图斯·霍腾修斯·霍塔鲁斯，助理律师是卢西乌斯·腓力普斯（Lucius Philippus）。这场审判的法官是盖乌斯·阿奎留斯·伽卢斯，陪审推事（助理）有普伯里乌·昆提留斯·瓦鲁斯（Publius Quinctilius Varus）、马库斯·克劳狄·马尔采鲁斯（Marcus Claudius Marcellus）、卢西乌斯·鲁西留斯·巴尔布斯（Lucius Lucilius Balbus）。审判的最后结果不详。

全文共分为31章，译成中文约2.7万字。第1—2章是开场白；第3—9章陈述了案情的基本事实，争论的焦点是执法官不公正的法令要不要执行；

第 10—29 章是西塞罗为被告进行的基本辩护；第 30—31 章是结束语。

正 文

【1】有两样东西在这个国家里拥有最大的力量——我指的是巨大的权势和口才——但它们今天都在反对我们；前者，盖乌斯·阿奎留斯①，令我充满恐惧，后者使我感到可怕。昆图斯·霍腾修斯②的口才可以在我为当事人辩护时令我困窘，一想到这一点就令我惴惴不安；塞克斯都·奈维乌斯③的权势可以给普伯里乌·昆克修斯的案件造成伤害——这是我最害怕的。要是我们至少拥有中等的权势和口才，那么我就不应当在意我的对手在这些方面拥有的巨大优势；然而现在的形势是：我没有什么天赋能力，经验也不足，却要与一位最能干的律师对阵，而我的当事人昆克修斯家产匮乏、朋友很少，根本没有能力与一位最有权势的对手抗争。我们的另一点不利之处是，马库斯·朱尼乌斯几次在你阿奎留斯面前为这个案子辩护，他有着丰富的法庭经验，而且一直密切关注本案，但却由于有新的使命而不能出席今天的审判。④ 因是之故，这个案子由我来辩护，哪怕我完全具备其他条件，我也几乎没有时间完全熟悉一件如此重要、争端众多的案子。因此，在其他案件中对我有帮助的东西在这个案件中会令我遭到失败。因为我总是用勤奋来弥补才能上的不足，而需要付出多少辛苦、会有什么样的结果则很难预料。

阿奎留斯，我有许多不足之处，所以你和你的助理⑤应当更加宽容地聆

---

① 全名盖乌斯·阿奎留斯·伽卢斯（Gaius Aquilius Gallus），著名法官，受到西塞罗高度赞扬，公元前 66 年任执法官。

② 全名昆图斯·霍腾修斯·霍塔鲁斯（Quintus Hortensius Hortalus），著名律师，西塞罗的对手，生于公元前 114 年，卒于公元前 50 年。

③ 塞克斯都·奈维乌斯（Sextus Naevius），本案当事人普伯里乌·昆克修斯的兄弟盖乌斯·昆克修斯（Caius Quinctius）的合伙人。

④ 马库斯·朱尼乌斯（Marcus Junius），身份不详，他在此承担何种新使命亦不清楚。

⑤ 这些助理或陪审推事（qui tibi in consilio sunt）是由法官本人挑选的，组成法官的顾问团。

听我们讲话，以便使人们可以认识被诸多不利条件蒙蔽了的真相，让才能优秀的公正人士来还原真相；但若你作为法官不能为孤立无助者和困顿者提供保护，反抗暴力与私利，要是在这个法庭上审判案件的标准是权势的平衡，而不是事实真相的平衡，那么神圣与纯洁在这个国家确实已经不复存在，法官的权威和正直也不足以给卑微的公民提供任何安慰。毫无疑问，事实真相会在你和你的助理面前涌现，也会被来自这个法庭的暴力和私利驱散，找不到任何栖身之所。

【2】阿奎留斯，我使用这样的语言，并非由于我对你的坚定与正直有什么怀疑，亦非昆克修斯在被你招来做助理的杰出公民面前一定不会拥有高度的自信心。那么令我们感到困惑的是什么呢？首先，我的当事人面临着的巨大危险确实使他极为警觉，因为他的全部命运系于该案的审判；他会想到你，而你的力量就像你的正义感一样不断地进入他的脑海；就像一般的通例，所有命运掌握在别人手中的人都会更多地想到手中握有绝对权力的人，更多地想到他们能够做什么，而不是他自己必须做什么。其次，昆克修斯的对手奈维乌斯虽然微不足道，但实际上，要是鼓动诉讼双方中的某一方的贪心可以更加轻易地征服通过不公正的审判所选中的任何人——要是这样做可以称做辩护的话——那么我们这个时代最完善、最勇敢、最富有的公民正在尽全力，运用巨大的资源为奈维乌斯辩护。盖乌斯·阿奎留斯，还有什么事情比我谈到或者提起的这一事实更加不公正或者更加丑恶？我实际上是在为公民权辩护，这是一个良好的名称，关系到另一方的命运，而在本案中充当一方原告的霍腾修斯要对我提出反驳，在这种时候，我首先应当而且必须为我的当事人提出抗辩，然而自然却过分慷慨地赐予霍腾修斯丰富的语言和雄辩的口才。这样一来，我的责任就是抵挡敌人的飞镖，治疗这些飞镖造成的创伤，甚至需要在我的对手已经掷出了飞镖的时候被迫履行这样的义务。他们拥有充足的时间做发起进攻的准备，而我们却已经被剥夺了躲避他们进攻的力量。要是他们像预谋的那样发出某些虚假的指控，那么我们将没有机会使用我们的解毒药。这种情况的发生在于执法官的不公平和不公正。这是因

为，首先，与一切先前的判例相反，他在案情事实还有争议之前已经更喜欢看到我的当事人丢脸；其次，他安排的法庭程序使被告在听到原告的指控之前就被迫为自己的案情辩白。这就是支持奈维乌斯疯狂欲望的那些人的权力和权势所产生的结果，他们热衷于此事，就好像他们自己的利益和名誉受到了攻击，并以此来考验他们的资源有多么丰富。然而，他们由于自己的功德和等级而拥有的权力越大，他们就越不应当显示它有多大。

面对如此重大的压力和困境，昆克修斯只能到你的公正、正直和同情中寻求庇护。由于至今他的对手的权力阻碍他享有与他们同等的法律权利、获得同等的抗辩机会、找到公正的行政官，由于他遇上了最大的不公正，一切都对他不利、与他为敌，所以他要向你阿奎留斯和你的这些助理恳求，请你们保持公正，消除诸多不公正行为带来的伤害，并希望最终能在这个法庭上找到安宁和支持。

【3】为了使你们比较容易做到这一点，我要努力使你们熟悉这件事情的缘起、进展和实施。我的当事人普伯里乌·昆克修斯有一个兄弟，名叫盖乌斯。除了有一个缺点之外，他无疑在各方面都是一位精心细致的财产管理人。在与奈维乌斯合伙的时候，他表现得不像通常那样警惕。我要大胆地说奈维乌斯是一个高尚的人，但他还没有成熟到有机会熟悉合伙人的权利和受托管理财产者的义务的地步。他并非没有能力，因为他从来没有被人们当做一名缺乏幽默的小丑或者一名粗野的拍卖商。那么这件事是怎么发生的呢？因为上苍赋予他各种天资，而他的那副好嗓子是其中最好的东西，他的父亲除了自由以外也没有给他留下任何东西，结果他的嗓音成了他赚钱的资本，他的自由也使他可以肆无忌惮地任意调侃而不受惩罚。在处理你们的金钱时，若要以他为合伙人，那么这样做的唯一理由必定是让他有机会彻底了解金钱有什么价值。然而，昆克修斯在熟悉了这个人以后受到诱惑，如我已经说过的那样，接受了奈维乌斯作为他在高卢的生意的合伙人，他在那里拥有一个相当大的牧场，耕作良好，物产丰饶。奈维乌斯离开了李锡尼的拍卖大厅和那些拍卖人，从阿尔卑斯移居高卢。地点的巨大变化并没有带来相应的

性格上的变化！因为这个人从小就已经养成无需任何资本就能挣钱的本事，在他投下了一小笔钱成为合伙人以后，他就无休止地赚取丰厚的利润。而要说他不再使用他的嗓子挣钱，因为他的嗓子已经给他带来了巨大的利润，那么也没有什么可以感到奇怪的。我以赫拉克勒斯①的名义起誓！他后来就从共有财产中尽力提取（决不是一笔小数字），放入他自己的腰包；在这样做的时候，他就像那些极为诚实的合伙人尽力劳作一样活跃，而要是有诸如此类的问题摆在仲裁者面前，他这样的行为一般都会受到谴责。但我不认为现在必须提到我的当事人希望我加以追溯的某些事实，尽管案子需要这些事实，如果仅仅是一般的要求而不是绝对的需要，那么我会省略它们。

【4】他们之间的合作延续了好几年，盖乌斯·昆克修斯不止一次对奈维乌斯产生过怀疑，因为奈维乌斯不能对某些财产转移提出令人满意的解释，这些做法他自己认为是适宜的，但却与一般的贸易规则不符。后来，盖乌斯·昆克修斯死在高卢，死得非常突然，而奈维乌斯当时就在那里。按照遗嘱，他的兄弟、我的当事人普伯里乌是财产继承人，死者希望这位对他的死亡最伤心的人也能得到最大的尊敬。②得知兄弟的死讯以后，昆克修斯启程去了高卢，在那里与奈维乌斯这个家伙非常友好地相处。他们在一起待了将近一年。在这段时间里他们有过几次讨论，既谈到合伙问题，又谈到与管理牧场和在高卢的其他财产有关的一切问题。在此期间，奈维乌斯从来没有提到过他的合伙人欠他任何东西，或者说过昆克修斯个人欠他些什么。由于昆克修斯在罗马有一些遗留债务尚未支付，所以我的当事人让人在高卢张贴通告，出售他在那旁③的某些私人地产。而这位杰出的奈维乌斯竭力劝阻他出售。奈维乌斯对昆克修斯说，他确定的出售地产的时间不是黄道吉日，而我的当事人要是够聪明的话，应当考虑到他与昆克修斯已故兄弟之间的亲密关

---

① 赫拉克勒斯（Heracles），希腊神话中的英雄，有所谓十二项伟大业绩。

② 在朋友或亲戚的遗嘱中提到名字被视为表示尊敬，而没有提到名字则被视为轻视。

③ 那旁（Narbo），罗马人在高卢地区的第一个殖民地，有运河与海相通，是一个繁华的城镇。

系，以及与昆克修斯本人的关系，把这项地产当做双方共同拥有的财产，因为奈维乌斯已经与昆克修斯的一位堂妹结婚，有了孩子。因为奈维乌斯谈论诚实的人必须做些什么，所以昆克修斯相信，熟悉诚实语言的人也会熟悉诚实的行为。他放弃了出售地产的念头，去了罗马。而奈维乌斯也去了罗马。由于盖乌斯欠普伯里乌·斯卡普拉①的债务，所以按照你们的决定，要由他的兄弟普伯里乌·阿奎留斯来确定他必须付给斯卡普拉的子女多少钱。这个问题必须要由你们来处理，由于兑换的比例不一样，光检查一下账簿看欠了多少钱是不够的，你们还必须在卡斯托耳神庙附近查询他必须付多少钱。②考虑到你们与斯卡普拉的亲密友谊，你们处理了这个问题，决定了他应当支付给他们多少钱，用罗马银币③计算。

【5】所有这些都是在奈维乌斯的建议和敦促下进行的。昆克修斯接受这样一个使他感到放心的人的帮助和建议也不值得惊讶，因为奈维乌斯向他许诺，不仅是在高卢，而且是在罗马的每一天，只要昆克修斯通知，他就会马上帮他付钱。还有，昆克修斯知道奈维乌斯有能力支付，也认为奈维乌斯一定会这样做。他一点也不知道奈维乌斯是在撒谎，因为奈维乌斯没有理由这样做。因此，昆克修斯就好像自己家里有钱似的，开始分期偿还欠斯卡普拉的钱，他通知奈维乌斯，要他把钱准备好，这是他许诺过的。这位杰出人士——我担心他可能会对我的说法感到好笑，因为我已经第二次称他为杰出人士——认为昆克修斯正在被诱入最大的圈套，可以在关键时刻把他拉下水。他拒绝了昆克修斯的付款要求，说要等到清理了他们之间的合伙生意的所有账目、确信他们之间不会有任何争执产生以后才能支付。昆克修斯说："我们可以以后再谈这些事，现在希望你仁慈些，按照你的诺言替我偿还债务。"奈维乌斯声称只能按他的期限办，并且说他的诺言也和其他诺言一样有效，但要在拍卖财产时，按照财产所有者的命令执行。昆克修斯对此感到

---

① 普伯里乌·斯卡普拉（Publius Scapula），债权人。
② 钱庄的会计房设在罗马城市中心广场的卡斯托耳（Castor）神庙附近。
③ 罗马银币原文"Denarius"，复数"Denarii"，罗马银币的名称。

非常失望和恼火，但他还是从斯卡普拉的子女们那里得到几天宽限，派人去高卢出售他先前发过通告的地产。拍卖在一个他自己不在场、时机也对他很不利的时候进行了，他对斯卡普拉的子女们偿还了债务，比先前安排的期限更为苛刻。担心还会有财产方面的纷争，会与某些人发生争执，后来他就要求奈维乌斯尽快清算其他债务，以免麻烦。奈维乌斯指定他的朋友马库斯·切贝留斯做他的代表，我们指定了一个与双方都有一般联系的人做代表，这个人在奈维乌斯家里长大，是奈维乌斯的亲密朋友，但也是我们的亲戚，他就是塞克斯都·阿芬努斯。不可能再指定其他财产接受人了，因为我的当事人希望损失不至于太大，而奈维乌斯绝不会满足于只获得中等的战利品。所以从那时起，这件事只能上法庭解决。他们约定了几次上法庭的时间，但奈维乌斯总是不出庭，后来经过长时间的交涉，奈维乌斯终于出现在法庭上。

【6】阿奎留斯，我恳请你和你的助理务必高度关注我的陈述，以便能够理解这桩惊天大案和其中全部的欺诈和阴谋诡计。奈维乌斯接下去就声称已经把自己在高卢的所有适宜拍卖的东西都拍卖了，而由他照料的合伙生意人所欠的债务不能由他负责。他不再说昆克修斯是财产委托人，也不说自己打算把财产委托给昆克修斯；但若昆克修斯想要起诉，那么他也不会表示反对。由于昆克修斯想要再度赴高卢照料他的财产，而当时他也没有勒令奈维乌斯到场，所以他们在没有达成出庭方面的任何协议时就分手了。接下去，昆克修斯在罗马待了大约 30 天。他停止了与其他人的诉讼，以便可以摆脱其他麻烦，启程去高卢。西庇阿和诺巴努斯担任执政官的那一年①的 1 月 27 日，他离开了罗马。我恳求你们在心里记住这个日子。和他一起动身的有卢西乌斯·阿比乌斯，他是塞克斯都的儿子，奎利努斯部落人，高尚而又正直。在抵达所谓沃拉太雷城堡②的时候，他们见到了奈维乌斯的一位亲密朋

---

① 指公元前 83 年。
② 沃拉太雷城堡（the Fords of Volaterrae），位于埃图利亚（Etruria）西北部的要塞城堡。

友、一个名叫卢西乌斯·浦伯里修的人。此人从高卢带来一些奴隶出售，到达罗马以后，他告诉奈维乌斯在这里见过昆克修斯。要是奈维乌斯没有从他那里得到这个消息，这件事就不会那么快成为在法庭上争论的主题。然后奈维乌斯派遣他的奴仆去寻找他的所有朋友，他自己也去了李锡尼的拍卖大厅和市集广场的入口处，遇到熟人就要他们于次日两点钟在塞克提乌斯①的钱庄与他见面。许多人来了。奈维乌斯要他们为他作证，说"普伯里乌·昆克修斯没有偿还他所欠下的债务"。见面结束的时候，他弄好的一份宣誓书上有了许多杰出人士的签名和盖章。然后奈维乌斯向执法官布里努斯申请许可，要求按照法令接管欺诈者的财产。奈维乌斯派他的手下去出售昆克修斯的财产，尽管昆克修斯曾经是他的亲密朋友，至今仍是他的合伙人，而且他们之间还是姻亲，只要奈维乌斯的子女还活着，他们就仍旧是亲戚。这就使我们很容易理解，没有哪一种义务是神圣的、庄严的，没有哪一种义务不会因为高尚而不受伤害，或者不会被恶人违反。要是说维护友谊靠真理、保持合作靠诚信、维持亲戚关系靠义务感，那么这个不惜破坏自己的名声和幸福，试图抢劫他的朋友、合伙人、亲戚的人必须承认自己不值得信赖、背信弃义、不尽本分。昆克修斯的代理人阿芬努斯是奈维乌斯的朋友和亲戚，他撕毁了出售财产的账单，带走了奈维乌斯抓去的一个年轻奴隶，公开宣布他自己是昆克修斯的代理人，坚持说奈维乌斯唯一拥有的权利就是要尊重昆克修斯的名声和命运，等待昆克修斯返回罗马，而要是奈维乌斯拒绝这样做，决定用武力强迫，那么他是不会妥协的，要是奈维乌斯选择了提出诉讼，那么他已经做好了上法庭为昆克修斯辩护的准备。正当这些事情在罗马发生的时候，昆克修斯被那些属于共同合伙人的奴隶驱逐出了那个共有的牧场和那片土地，这种行为违反了法律、习俗和执法官的法令。

【7】要是你们认为奈维乌斯通过书面指令在高卢所做的事情是正确的、合法的，那么你们也一定会认为他在罗马所做的一切都是有节制的、合理

---

① 塞克提乌斯（Sextius），一位钱庄老板。

的。被赶出自己庄园的昆克修斯，遇上了如此罪恶昭彰的、不义的伤害，向行省总督盖乌斯·福拉库斯求援，他当时正在这个行省里，提到他，我总是对他的等级和职务表示敬意。你们从他颁布的法令中可以得知他认为这样严重的行为必须受到何等程度的惩罚。同时阿芬努斯在罗马夜以继日地与这位老辩论家搏斗；民众无疑站在阿芬努斯一边，因为他的对手不断攻击他的要害。[①] 奈维乌斯正式提出了申请，要是昆克修斯输了，那么他的代理人应当保证支付相关的奖赏。阿芬努斯说，在被告亲自出席的情况下由代理人来提供这种保证是不公平的。[②] 因此，阿芬努斯向保民官们求援，请他们提供某些确定的帮助，并许诺说昆克修斯会于 9 月 13 日出庭，然后他们就分手了。

【8】昆克修斯返回罗马，回到自己家中。奈维乌斯这个已经占领他家的最凶狠的家伙把昆克修斯赶了出去，抢走了他的财产，理由是昆克修斯已经有 18 个月保持沉默没有认领他的财产，还嘲弄昆克修斯，建议他想想这些规定，最后奈维乌斯向执法官格奈乌斯·多拉贝拉[③] 提出申请，要求昆克修斯按照法律条文——"按执法官的法令占有某项财产 30 天后可以宣布拥有该财产的所有权"——保证执行法庭的判决。如果昆克修斯的财产真的是按照法令被"占有"的，那么他不会反对这项要他提供保证的法令。这位执法官做了决定——我不想说这个决定是否公平，我想说的只是这样做从无先例，任何人从任何角度都可以理解这一点，而我宁可对此保持沉默——命令昆克修斯与奈维乌斯就此问题达成协议，而无论他的财产是否按照执法官普伯里乌·布里努斯的法令"被占有了 30 天"。[④] 昆克修斯的支持者迟疑了，

---

① 此处原文的字意是"瞄准他的头"，实际上指昆克修斯的法律地位。参见本文第 2 章。

② 英译者认为这句话很难解释，后来也没有实行过。阿芬努斯的意思也许是说根本不需要这样的保证，因为奈维乌斯已经占有了昆克修斯的财产。

③ 格奈乌斯·多拉贝拉（Gnaeus Dolabella），公元前 81 年担任执法官，次年担任西里西亚（Cilicia）行省总督。

④ 昆克修斯否认他的财产是按照法令被占有的，而执法官多拉贝拉命令他提出证明，他显然考虑到布里努斯的法令。

他们指出审判应当处理真正的问题，^① 要么双方都提供保证，要么双方都不提供保证；因此没有必要审讯这件关系到双方名誉的事情。还有，昆克修斯本人着重强调他不愿提供保证的原因是避免由他本人出庭来证明他的财产曾按照法令被占有；要是他按照要求达成这种"约定"，那么他就有义务首先就影响他的公民权利的事情提起诉讼，就像今天发生的事情一样。然而就像贵族人士通常那样，一旦做出什么决定，无论对错都要执行到底，以此显示自己的尊严，多拉贝拉极为果断地维持原来的错误决定，命令双方都必须提供保证，或者达成约定，同时否决了我们的律师提出来的抗议。

【9】昆克修斯相当沮丧地离开了。这一点儿也不奇怪，因为他面对着一桩可恶的、不公平的选择：如果他提供保证，那么他就要谴责自己并失去公民权，如果他订立新的约定，那么他需要首先提出契约。由于在一个案子中没有任何东西可以阻止他用誓言来约束自己，这是审判的最严厉形式，而另一方面他仍旧希望能有一位他能够忍受、不那么威严的法官，能够从他那里得到较大的帮助，所以昆克修斯宁可订立"约定"。他这样做了。他建议你，阿奎留斯，担任本案的法官，然后按照"约定"来起诉奈维乌斯。这就是这场审判的基本要点，这就是整个案件的要旨。

你瞧，阿奎留斯，这场审判涉及的不是金钱，而是昆克修斯的名声和命运。尽管我们的祖先制定了规则，如果案件影响到自己的公民权利，那么抗辩者应当在原告之后讲话，但你们看到我们不得不在还没有听到指控就首先提出抗辩。还有，你们看到那些习惯作为辩护者说话的人今天扮演了指控者的角色，把他们原先用于拯救和帮助被告的能力用于摧毁被告。他们昨天已经完成了指控，今天剩下来要做的唯一的事情就是把你们召集到执法官面前，使你们可以确定允许我们讲话的时间。即使不把自己的权利、义务、作用告诉执法官，你们也不难得到他的允许。到现在为止，除了你们之外，我们没有发现任何人可以帮助我们维护我们的权利，反对我们的对手。他们也

---

① 合伙人之间的争执。

不会满足于维护任何人都会视为正确的东西，会把任何权力都视为不重要的、微弱的，除非这些权力受到非正义的支持。

【10】但由于霍腾修斯敦促你向你的助理们咨询，由于他要我不要浪费时间，并且抱怨我的前任律师在为昆克修斯辩护时滔滔不绝，误以为我们不想了结此案，所以我不会让这种怀疑继续下去。我不想造成这样一个假象，说自己能够比先前的其他人更为妥当地解决这个案子，而会比较简洁，因为辩护律师在那个场合已经描述了案情，人们对整个事情的轮廓已经清楚了，也正因为我本人喜欢简洁明了，所以我不会长篇大论。霍腾修斯，我会按照你的方式去做，这是我经常观察到的，我会把我的整个抗辩分成三个明显的部分。你总是这样做，因为你总是能够这样做；我在这个案子中要这样做，因为我认为在这个案子中我能这样做；你的天赋使你总是能够这样做，而这个案子的性质允许我今天这样做。我会给自己规定明确的界线，无论有多么强烈的意愿也绝不逾越。因此我要提出我必须处理的主题，霍腾修斯要陈述他必须答复的内容，而你，阿奎留斯，能够进一步明白我们要讨论的这些事情。

塞克斯都·奈维乌斯，我们否认你已经按照执法官的法令占有了普伯里乌·昆克修斯的财产。这就是与缔结"约定"有关的问题。我首先要证明你没有理由向执法官申请占有这些财产；其次，你不能够按照法令占有它们；最后，你根本就没有占有它们。我请求你们，阿奎留斯，以及你的助理，仔细记住我许下的这个诺言，因为，要是在心里记住这些要点，你们就会发现整件事情比较容易理解，至于我自己，要是逾越了我自觉地给自己限定的界线，那么你们可以凭借你们的影响轻而易举地把我叫回来。我否认奈维乌斯有任何理由提出他的申请；我否认他能够按照法令占有这些财产；我否认他确实占有了这些财产。等我证明了这三个论断，我会做总结。

【11】你的申请没有任何理由。如何证明这一点呢？因为昆克修斯从来没有欠奈维乌斯任何东西，在合伙生意中没有，在私人交往中也没有。有谁可以作证？我们最凶恶的对手就可以作证。奈维乌斯，在这一点上我可以把

你称做证人。他的兄弟死后，昆克修斯和你在高卢一起住了一年多。请你证明你曾经要他支付大笔欠款，证明你曾经提到或者说过他欠你很多钱，要是你能证明，那么我会承认他欠了你的钱。按照你自己的说法，我的当事人的兄弟死了，在某些项目上欠你一大笔钱。我的当事人是他的财产继承人，他去高卢见你，那里有你们共有的地产，而事实上那里不仅有地产，还存有所有账目和书信。塞克斯都，有谁会像你一样对私人事务如此粗心大意，以至于在这些财产从你的合伙人手中转给他的继承人时不马上提出认领，不提供解释，如果有争执也不马上私下里或通过严格的法律来解决？这件事情不就是这么回事吗？这个人性情暴躁，贪婪成性，不愿意放弃属于我的当事人的任何利益，也不肯给他的亲戚留下一份可以体面生活的财产，这是每个希望他的亲戚朋友幸福的人都会做的事，而塞克斯都·奈维乌斯不愿意做，不是吗？要是有任何债务，他当时为什么不提出偿还的要求？因为这些债务根本不存在。他只是想要剥夺他的亲戚，不仅要剥夺他的钱，还想要他的命。我假定你在那个时候还不想在这个你今天不允许他自由呼吸的人身上惹麻烦；那个时候你还非常节制，不敢要求他还债，而今天你却罪恶地想要谋杀他。我假定，你那个时候不愿意或者害怕对你的一名亲戚、一个非常尊重你的人、一名高尚节制的人、一个年纪比你大的人提出这种要求。你不止一次（就像经常会发生的那样）鼓起勇气，下决心要提到这些钱，在你接近他的时候，你做了精心准备，考虑自己该说些什么，怎样说，然而到了关键时刻，你又会突然退缩，打消念头，你有时候想去要钱，但又不敢这样做，只怕他听了你的要求以后会受到伤害。无疑，这都是你的解释。

【12】所以让我们相信塞克斯都·奈维乌斯宽恕了这个人的耳朵，而他的脑袋却是他打击的目标。如果他欠你任何东西，塞克斯都，那么你会马上索取，要是不马上索取，那么稍后也会索取，要是稍后不索取，那么过些时候也会索取，但肯定会在 6 个月之内，年底之前无疑会提出来。但是没有！整整 18 个月，在那么长的时间里你每天都有机会向他提醒这项债务，但你从来没有说过一个字，现在几乎两年过去了，你要他还钱。这是不是

有点过于挥霍浪费——不是一个从来都奢侈浪费的人，而是一个仍旧有很多钱的人——而又有谁会像奈维乌斯这样粗心大意？仅仅提到这个人的名字似乎也就够了。我的当事人兄弟欠了你的钱，但你从来没有要他归还；他死了以后，把财产留给了他的继承人；尽管你每天都看到他，但你等了两年才终于提出要他归还。更为可能的事情无疑会是这样的：要是别人欠下塞克斯都·奈维乌斯什么东西，他都会要求马上归还，否则的话就是过了两年他也不会要他归还，对吗？你没有机会向他提出归还的要求吗？但是他和你在一起住了一年多。在高卢无法提起诉讼吗？但这个行省有伸张正义的地方，而在罗马有法庭。唯一可以替代的解释是极端的粗心大意和无与伦比的仁慈在阻碍你索取欠款。如果你说自己粗心大意，那么我们会感到惊讶；如果你说自己仁慈，那么我们都会发笑。我不知道你还能找到什么借口。事实上奈维乌斯在如此长的一段时间里没有提出还债的要求足以证明别人没有欠他任何东西。

【13】要是我指出奈维乌斯现在所做的一切都证明了别人没有欠他任何东西，那又该如何？他现在正在做些什么呢？到底是什么事情有争论？这场已经打了两年的官司是什么样的官司？他请那些优秀人士来帮忙，到底是为了什么？他想要回他的钱。什么！到现在才来要他的钱？好吧，让他要吧，不过让我们先来听听他不得不说些什么。他想要清点与合伙生意有关的账目，处理相关的财产。这样做太迟了，但好过从来不清点。让我们批准这件事。他说："盖乌斯·阿奎留斯，这不是当前行动的目标，也不是现在让我感到麻烦的事。昆克修斯用我的钱已经好多年了。这些我就不计较了，我不要他偿还。"要是这样的话，那么你在争什么？如你所说的那样，是我的当事人可以失去他的公民权吗？是他不能保持他一直荣耀地保持到现在的地位吗？是他可以不再算做一个活生生的人吗？是他不得不为他的生命以及使他的生活荣耀的一切而奋斗吗？是他可以在法官面前首先提出抗辩、在完成他的演讲之前无需聆听原告的讲话吗？那又怎么样？这样做有什么目的？这样做可以使你更快地推出你想要讲的话题吗？如果这就是你想要的，那么你在

很久以前就可以这样做了。你可以通过一场更加光荣的官司来展开争夺，对吗？要是不犯下可恶的罪行，你无法谋害你的亲戚昆克修斯。你这样做可以推进这场审判吗？但是涉及一个人的公民权，不仅阿奎留斯不乐意宣判，而且霍腾修斯也不知道用什么技艺可以要他的脑袋。但是，阿奎留斯，我们的回答是什么？奈维乌斯索要的是他的钱，而我们否认别人欠他任何东西。让审讯马上开始吧，我们不会反对。他还想要其他什么吗？要是他担心在决定有利于他的时候，钱不会冒出来，那就让他接受付款的要求，保证支付，同时也接受我以同样的形式要求他做出的保证。① 阿奎留斯，这件事情现在可以解决了；你可以马上离开法庭，摆脱这件我已经说过既麻烦你又麻烦昆克修斯的事情。

霍腾修斯，我们该做些什么呢？我们要说自己能提供些什么吗？我们就不能马上放下我们的武器，讨论一下钱的问题而无需伤害任何人的命运吗？我们就不能以这样的方式宣布一位同胞的公民权利是不可伤害的吗？我们就不能认定原告的作用而放弃这种指控吗？奈维乌斯说："不行，我可以接受你的保证，但我不会向你提供保证。"

【14】我要问的是：是谁给我们规定了如此公平的条件？是谁决定对昆克修斯公平的事情对奈维乌斯是不公平的？他说："昆克修斯的财产已经按照执法官的法令被占有了。"所以是你在要求我承认这一点，要我们用自己的判断来确认这种占有，而我们坚持这样的占有根本不存在，对吗？阿奎留斯，能否找到其他双方都可以接受而又不至于给对方带来羞辱或摧毁的方式？毫无疑问，要是奈维乌斯可以索回别人欠他的一切，那么他就不会喜欢打许多官司，而只喜欢一场官司，这是其他所有官司的源头。这个人多年以来从来没有向昆克修斯提出过还债的要求，而在这段时间里他可以选择任何一天上诉。在他开始动用法律手段的那一刻，他已经浪费了许多时间，而他后来改变了主意，残忍地把我的当事人从他们的共有土地上赶走。当奈维乌

---

① 这句话似乎表明奈维乌斯在合伙生意中欠昆克修斯某些东西。

斯有机会提出诉讼而又不会在主要问题上遭到任何反对的时候，他就宁可订立"约定"，借此损害他的对手的名誉。而当我们把他带回到所有诉讼的根源上来的时候，他拒绝这些最公平的条件，这就证明他想要的不是我的当事人的钱，而是我的当事人的命。下面这些话就是这个人公开声称的："如果别人欠我东西，我就要把它要回来，而且还不止，我应当很早以前就把它要回来；要是仅仅认领一样东西，那么我根本没有必要自找麻烦做这些事情，也没有必要打这场麻烦的官司，不需要找那么多朋友来帮我的忙。但我必须从这个违反自己意愿、处于冲动之中的人的手里把钱榨出来，我不得不与他搏斗，从他那里挤出他并不拥有的东西；我必须把他赶走，使他离开他的一切财产；我必须召集一切有权势、影响、地位的人来帮我的忙，必须用暴力来抵抗真相，必须威胁他，恐吓他，使他身陷绝境，用各种方式使他自觉自愿地举手投降。"我以赫丘利 ① 的名义起誓，当我看见这些与我们搏斗的人，当我想到前来陪伴他们的朋友，我知道各种危险迫在眉睫，不可避免；但是当我收回眼神想到你阿奎留斯的时候，我相信，他们的努力和热情越大，其结果就越微不足道。

所以，昆克修斯没有欠你任何东西，就像你自己声称的那样。即使他欠你什么东西，那又如何？这可以马上作为一个理由，向执法官申请占有吗？我认为这样的官司既不合法，也不符合任何人的利益。那么奈维乌斯提供的借口是什么呢？他说昆克修斯没有守约出庭。

【15】在证明情况并非如此之前，阿奎留斯，我想按照义务、按照所有人的习惯的原则，考察一下事实本身和塞克斯都·奈维乌斯的行为。按你的论断，他没有恪守"约定"——但他和你之间存在的友谊、合伙关系，等等，简言之，全都是友好的、长期稳固的。那么，你认为有必要直接去找执法官吗？你马上提出了申请，要求得到执法官的允许，按法令占有昆克修斯的财产，这样做公平吗？你如此急切地诉之于这些极端的、极不友好的法律

---

① 赫丘利（Hercules），即赫拉克勒斯（Heracles），希腊神话英雄。

措施，原因就是没有比这更加令人伤心或者更加残忍的办法可供进一步使用吗？对一个人来说，还有比这更大的羞辱吗？还会有什么更大的或更加痛苦的灾难降临吗？这样的羞辱能够加诸于人吗？人能够面对这样的灾难吗？要是一个人的金钱由于他人的不公正而被强行剥夺，但只要他的名声没有被玷污，那么他具有的正直性格可以很快地为他的贫困提供安慰。但在某些案子中，一个人由于可耻行为而受到玷污，或者由于和羞耻的过失有关而被定罪，但仍旧保留着他们自己的财产，不一定非要等待他人的帮助，那么这是最可悲的事情，毕竟看到他人的帮助和安慰可以减轻他们的痛苦。然而我们说的这个人的财产被出售，他看到经由拍卖师之手被出售的不仅有他大量的财产，而且还有他大量的粮食和衣物这些生活必需品——这个人不仅被驱逐出活人的生活圈，而且也被降到一个比死人还要低的位子上去，要是这样做有可能的话。事实上，光荣的死亡经常会给那些哪怕是可耻的生命提供活着的欲望，而像这样可耻的生命甚至不会给光荣的死亡留下任何空间。因此，我以赫丘利的名义起誓，要是一个人的财产通过法令被占有，而他的性格和名声与这些财产共存，要是一个人的名字被张贴在过往人群最多的告示栏中，甚至不允许他能享有在沉默和默默无闻中湮灭的权利，要是一个人有一位指定的托付人作为他的财产拥有者，由他来制定这个人的毁灭规则和条件，要是一个人听到了拍卖师喊出他的名字，报出他的财产的价格，那么这就好比他在活着的时候用他自己的眼睛，带着深深的痛苦，看到自己的丧礼的最后仪式，假定这种事可以被称做葬礼，而参加丧礼的不仅有聚在一起荣耀他的朋友，还有那些像行刑官似的捐客，他们已经准备好撕裂和切割他的尸体。

【16】同理，这种审判在我们的祖先那里是罕见的，执法官只有在深思熟虑之后才会宣布这样的法令。在高尚的人遭到公开诽谤，而执法官没有机会按照常规方式审理案情时，在被告几次没有出庭的情况下，在执法官几次遭受轻视和感到失望之后，他们才会犹豫不决地、谨慎地处罚高尚者。他们会小心翼翼地考虑没收私人财产这一措施的性质和分量。没有一

位荣耀者想要处死一位公民，哪怕是在他自己的权力范围之内；他会记得并且宁可在他能够摧毁的时候予以拯救，胜过在他能够拯救的时候予以摧毁。确实，荣耀者会由于公共舆论和人类的共同情感的缘故而款待最陌生的人，哪怕他们是这种意义上的最大的敌人；所以他们绝不会让自己去做使他人不愉快的事，没有任何他们不同意的事会以报复的方式公正地落在他们头上。

你们说他没有按照具结出庭。那么他是谁？他是你们的同胞。这件事应受多少谴责会由它自身显示出来，而这件事的可恨之处应当小于你们之间的亲密关系。他没有按照具结出庭。他是谁？你的合伙人。哪怕这个人犯了更大的过错，你也不得不感到遗憾，因为是你自己希望与他有联系，或者出于机缘而与他有联系。他没有按照具结出庭。他是谁？一个始终与你为伴的人。所以，要是说他曾经一度在没有你陪伴的情况下犯了过失的话，那么你拿起各种武器反对他，而这些武器是你保存的，用来反对那些犯下诸多滔天大罪和严重过失的人。奈维乌斯，如果这是你自己的事，只涉及一两个铜板，如果你担心自己会陷入这些微不足道的小事，那么你难道不会赶紧向盖乌斯·阿奎留斯或其他顾问请教吗？但是，当朋友、合伙人、亲戚的权利成了问题，而这也是一个考虑你的义务和性格的适当时机，在这样的时候你不仅不想向盖乌斯·阿奎留斯或卢西乌斯·鲁西留斯咨询，而且也不想向自己咨询，甚至没有对自己说："两个小时过去了，昆克修斯还没有出庭，我该怎么办？"我以赫丘利的名义起誓，只要你对自己说了昆克修斯还没有出庭这五个词，你的愚蠢和邪恶就会减轻，就会给理性和审慎留下空间，就会镇静自若，就不会陷入这样的耻辱，要在如此杰出的人们面前承认，由于他没有出庭，你就有了这样的计划，彻底摧毁他的幸福，而他是你的同胞。

【17】这件事现在已经过去，而我并不关心，我现在不想就此事向代表你的这些先生们咨询，因为这件事是你的个人事务，而你在适当的时候没有向他们咨询。盖乌斯·阿奎留斯、卢西乌斯·鲁西留斯·巴尔布斯、马库

斯·克劳狄·马尔采鲁斯，① 我要向你们提出下列问题。我的一位合伙人和亲戚没有按照具结出庭，我和他有着长时间的亲密关系，但最近由于金钱方面的事情与他发生了争执。我要向执法官提出申请，请求批准我占有他的财产吗？或者说，他有房子、妻子、子女在罗马，我应当在他的房子上贴上通告吗？我想知道你们对这件事的看法。如果我有权衡量你们仁慈的情感和善意，那么我要是向你们咨询的话，我一点也不怀疑你们会做出这样的回答：首先是等待；然后，要是这个人溜之大吉，或者在任何时候把你们当做傻瓜，那么就询问你们的朋友，看他的代理人是谁，然后在他的家门口贴通告。很难说你们在被迫采用这种极端的手段之前会建议做多少事。对此，奈维乌斯会说些什么？他无疑会嘲笑我们的愚蠢，竟然想在他的生活中谈论义务或寻找荣耀的原则。他会说："我跟这些严肃的道德和告诫有什么关系？让那些有头有脸的人去关心和完成这些义务吧，而对我来说，让他们不要问我拥有些什么，而要问我如何获取，问我的出生环境，问我的成长方式。我记得有句古话说：一名无赖比一名好家长更容易发财。"这就是他实际上用他的行动公然宣布的主张，尽管他不敢公开这样说。如果他确实希望按照荣耀者的原则生活，那么他必须学习许多事情和不学习许多事情——在他的有生之年，这两件事对他来说都是困难的。

【18】奈维乌斯会说："出售他的财产时我没有犹豫不决，因为他已经违反了他的具结。"真是一个无耻的恶棍！不过，你想要怎么说是你的权利，你也可以提出要求，所以让我们允许你这样说。但若我的当事人从来没有违反具结，你的说法完全是谎言，是欺诈，是邪恶的虚构，你和昆克修斯之间也从来没有过什么具结，那么我们该叫你什么？叫你恶棍？哪怕他违反了他的具结，而你向执法官提出了出售他的财产的申请，那么你还是表明自己是一个彻头彻尾、恶贯满盈的恶棍，不对吗？你不会否认这一点。欺诈？这是你已经为自己认领并以此为荣的一个称号。厚颜无耻、贪得无厌、背信弃

---

① 这里提到的后三人是阿奎留斯的助理。

义？这些术语是常识，也已经过时，但这样的行动是史无前例、闻所未闻的。那么我该用什么样的术语呢？以赫丘利的名义起誓！我担心，要是我的表达方式太刺耳，就会引起公愤，而要是我的表达方式不那么强烈，就不能满足案子的需要。你断定昆克修斯违反他的具结。他一回到罗马，就要求你告诉他应该在哪一天出庭。你当时马上回答说：2 月 5 日。离开你以后，昆克修斯试图记住他从罗马去高卢的日子。翻开日记，他发现自己离开罗马的那一天是 1 月 29 日。要是 2 月 5 日他在罗马，那么我们承认他没有理由不履行和你的约定。但如何才能证明这一点呢？和他一同去高卢的是卢西乌斯·阿比乌斯，一位品德极为高尚的人，他可以提供证明。与阿比乌斯和昆克修斯同行的一些朋友也可以作证。昆克修斯的信件也提供了大量证据，它们全都是真实的，没有一样是在撒谎，都能挑战你的助手做出的保证，可以使我们知道事情的真相。

对这种性质的案子，昆克修斯会有什么难处吗？他会因此而可悲地生活在恐惧和危险之中吗？他会由于对手的权势胜过法官的正直而感到更加恐惧吗？哦，是的，因为他总是过着一种乡野村夫的生活，总是自然而然地忧郁和保守，他从来不去那个有日晷的地方或战神广场，① 也从不赴宴，他的目标就是敬重和款待他的朋友，勤劳持家，他热爱古时候的义务原则，而这一原则的一切光辉在我们的现代风尚中都已变得昏暗和过时。然而，在一个案子中双方的权利是平等的，哪怕输掉了这场官司，他仍旧可以喊冤叫屈。但在本案中，他的权利处在优越的地位，甚至不需要考虑平等问题；只要不把他的所有财产、名声和幸福交到这个贪婪、残忍的塞克斯都·奈维乌斯手中，他宁可输掉这场官司。

【19】阿奎留斯，我已经实现了我的第一个诺言，证明了奈维乌斯没有任何理由向执法官提出申请，因为没有人欠他的钱，哪怕有人欠他的钱，采

---

① "有日晷的地方"，指罗马城的中心广场，人们喜欢在那里聚会。战神广场（Campus Martius），位于罗马第九区，是罗马人在台伯河岸边的集会场所。

用这样极端的法律手段也是不公正的。

现在请你注意昆克修斯的财产事实上不可能按照执法官的法令被占有。"带着欺骗的意愿而置身事外的人。"这一条对昆克修斯不适用，只适合那些去外地办事，留下代理人处理事务的人。"没有继承人的人。"这一条对昆克修斯也不适用。"被流放而离开祖国的人。"这一条同样不能用到昆克修斯头上。"在他缺席的时候不能由他人为之进行法律辩护的人。"甚至这一条也和昆克修斯无关。奈维乌斯，你什么时候认为昆克修斯在他缺席的时候必须要由其他人来为他进行辩护，或者认为这样做如何可能？而与此同时你已经向执法官提出占有他的财产的申请？那个时候肯定没有人会这样做，因为没有人预见到你会提出这样的申请，也没有人会把反对执法官的命令当做自己的事，一般都会按照他的法令办事。那么为缺席者进行辩护的代理人的第一个机会在哪里呢？就在你贴出公告出售这笔财产的时候。当时塞克斯都·阿芬努斯挺身而出，不允许你这样做，把那张公告撕了下来。但是阿芬努斯作为代理人的第一义务被奈维乌斯小心地免除了。

让我们来看接着发生了什么事。你在街上抓了一名属于昆克修斯的奴隶，试图把他带走。阿芬努斯不允许你这样做，从你手中夺回那名奴隶，把他带回昆克修斯家中。这一行动也充分表现了这位热心的代理人忠实地履行了自己的义务。你断言昆克修斯欠你的债，而他的代理人予以否认；你想要把他捆上法庭，而他表示愿意出庭；你要他去见执法官，他跟着你就去了；你提出要打官司，他没有拒绝。如果这不是为缺席者进行辩护，那么我不知道怎么样做才是为缺席者辩护。但谁是奈维乌斯的代理人呢？我假定他选了一些乞丐做他的代理人，选了一名讼棍，他有能力为一名富裕的无赖提供日常咨询。除此之外，他是一名富有的罗马骑士，擅长管理自己的事务，最后，他是每逢奈维乌斯去高卢的时候留在罗马的代理人。

【20】塞克斯都·奈维乌斯，你敢否认昆克修斯不在罗马时有人为他辩护吗，因为就是这个人也曾为你辩护？由于他曾经代表昆克修斯出庭，而你在外出旅行时也习惯于托付他照顾你的事务和名声，所以，你还想说无人在

法庭上为昆克修斯辩护吗？奈维乌斯说："我要求他保证支付罚金。"你的要求错了。"你必须这样做。"阿芬努斯拒绝了。"好吧，执法官会下令要他这样做。"行，那就让保民官来决定。奈维乌斯说："我在这里抓住你去保民官那里讲理，这既不是向法庭起诉，也不是在法庭上辩护。"我认为霍腾修斯非常能干，但我认为他不会提出这种反对意见。当我听到他已经这样做了的时候，我考虑到案子本身也就看不出他还能说些什么。因为他承认阿芬努斯撕了通告、答应出庭、没有拒绝按奈维乌斯提出来的同等条件接受审判，然而这样做有问题，因为按照习俗和现有法律，这种命令应当由以帮助公民为己任的官员发布。① 所以这是必然的，这些事情要么没有发生过，要么像盖乌斯·阿奎留斯这样的人应当把他的誓言确立为国家的法律：如果被告的代理人没有出庭为他辩护，无论按什么条件进行认领，在代理人已经大胆地向保民官而非执法官起诉的时候，那么当事人的财物可以被合法占有。只有这样做了，才可以认为：当这个不幸的人不在罗马的时候，在他不知情的情况下，可以把他剥夺得一无所有，可以使他体面的生活的所有方面受到最大的羞辱，这样处置这个不幸的人是适宜的。但若对法律做这样的解释不能被所有人承认，那么每个人都肯定会承认昆克修斯在他不在罗马的时候得到了合法的辩护。如果是这样的话，他的财产就没有按照法令被占有。但是你说保民官甚至不听上诉。如果情况是这样的话，那么我承认代理人必须服从执法官的法令。然而，如果马库斯·布鲁图公开宣布，除非阿芬努斯和奈维乌斯达成某些协议，否则他就要加以干预，这岂不表明向保民官起诉和他们的干预是预谋的，不是为了引起拖延，而是为这种行径提供保护吗？

【21】接下去又发生了什么事？为了防止哪怕最微小的怀疑产生，要么是对他自己放弃责任感到不快，要么是对昆克修斯的名声起疑心，让每个人都可以明白昆克修斯得到了合法的辩护，阿芬努斯召集了几位德高望重的公民，请他们在听奈维乌斯讲话时作证。考虑到与双方的友谊，他首先请求奈

---

① 阿芬努斯表达了自己按照法律行事的意愿，如果这是保民官要求的话。

维乌斯不要试图在昆克修斯不在罗马的时候对他采取严厉措施；但另一方面他表示要坚持到底，他用最不友好和敌对的方式说，他打算使用一切名誉的、合法的手段索回他的所有金钱，他会接受任何由大法官发出的传票，出庭接受审判。几位德高望重的绅士签了名，确认了相关事实的细节和状况。对它们的真实性不可能再有什么怀疑。事情由此处在原初状态，昆克修斯的财产既没有被剥夺，也没有被占有，结果就有了阿芬努斯向奈维乌斯许诺，会代表昆克修斯出庭。而他按照保证出庭了。事情的争执延续了两年，因为这个家伙①广泛散布谣言，直到找到一种方式使这个案子回归原先一般的程序，使整个案子能被限定在这种审判的界限之内。

盖乌斯·阿奎留斯，我们可以指出代理人的义务中的哪一部分似乎被阿芬努斯忽略了？否定昆克修斯在他缺席的时候得到辩护的理由有哪些？或者说，我需要假定霍腾修斯会提出什么理由，因为他最近已经做了暗示，而奈维乌斯则总是在大声宣布，那么奈维乌斯难道不打算按照平等的条件与阿芬努斯在那个具体的时间里，在那个具体的派别②掌权的时候与之竞争？如果我愿意承认这一点，那么我想他们会向我承认，昆克修斯不是没有代理人，而是有一位影响很大的代理人。但为了打赢这场官司，有一位代理人已经足够了，为了反对昆克修斯，奈维乌斯提起了诉讼。我认为，只要代理人通过法律手段在一位合法的行政官面前为他不在罗马的当事人进行辩护，那么他本身是什么样的人并没有什么关系。

他说："是的，但是阿芬努斯属于主流派。"为什么不能属于主流派？他自幼就在这个家庭中成长，你从他童年起就教育他不要尊敬任何贵族，甚至不要尊敬著名的角斗士。③如果阿芬努斯的想法与你的真诚愿望相同，那么你们之间的斗争有什么不平等的呢？他说："他是布鲁图的亲密朋友，因此布鲁图对此事进行了干预。"然而，你是布里努斯的亲密朋友，做出不公正

---

① 指奈维乌斯。

② 指马略这一派当权。

③ 拉丁文"nobilis"有两重含义，一是贵族，二是著名的、杰出的。

决定的是他。简言之，在一个暴力与罪恶盛行的时代胆大妄为，无恶不作。或者说你希望所有胜利者都努力工作，使你能赢得这场胜利？我知道你心里这样想，但不敢公开宣布，而只对你招来帮忙的那些人这样说。然而，我不希望回忆这件事，因为在我看来这件事应当完全遗忘和排除。

【22】我只想讲一点意见：如果对一个政治派别的热忱使阿芬努斯有了很大的影响力，那么奈维乌斯是最有影响的；如果阿芬努斯凭借他个人的影响力提出要求是不公正的，那么奈维乌斯攫取特权更加不公正。在我看来，你们在对政治派别的热忱上没有什么区别，而在天赋、狡诈、诡计方面，你要胜出一筹。撇下其他事情不谈，只需提到阿芬努斯甘愿与他所热爱的人一道去死，而你在你的朋友不能获胜时与那些获胜者交朋友就已经足够了。①

但若你认为当时你不具有和阿芬努斯一样的法律权利，因为他可以召集一些人做他的法律顾问反对你，他们还找到一位行政官，使案子能够延续，那么昆克修斯身处当前环境该采用什么样的法律行动呢？他不仅看到了一位不公正的行政官，而且这位行政官也没有按照诉讼的一般形式进行审理，没有条件限制，没有约定，简言之，没有提出任何要求——我说的不是公正的要求，而是迄今从来没有听说过或谈论过的要求。我希望把这个案子当做金钱案来辩护。"这是不允许的。"但这正是争论的要点。"这跟我没有关系，你必须按照与你的政治权利有关的指控来进行辩护。"那么就请你来提出指控，因为这个程序是必要的。"不行，除非你先说，这是新的诉讼规则。"如果我必须这样做，那么我一定会这样做。"你可以辩护的时间要限制在我们认为适宜的范围之内，法官们会规定时间。"那又如何？"你会看到一些辩护人，其中一位有着古代的义务感，另一位会公正地对待我们优秀的顾问和我们的影响力；卢西乌斯·腓力普斯会为我作战，他的口才、尊严、地位在这个国家里极为显赫；霍腾修斯会为我说话，他的能力、高贵、名声都非常突出；进一步说，我将获得那些出身高贵、有权有势的人的支持，这些人的数

---

① 奈维乌斯原先支持马略，后来看到苏拉将要获胜时转为支持苏拉。

量之众以及他们的到场不仅会使正在为他的政治权利而搏斗的昆克修斯全身发抖，而且也会使想要摆脱这种危险的人全身发抖。"这就是不公平的竞争，我指的不是你反对阿芬努斯的那场小规模战斗，因为你甚至没有给昆克修斯留下任何地盘，使他可以站着与你抗争。

因此，要么你必须证明阿芬努斯否认他是我的当事人的代理人、他没有撕通告、他拒绝出庭，要么由于这些都是确定的事实，所以你必须承认你没有按照法令占有昆克修斯的财产。

【23】如果你按照法令占有了昆克修斯的财产，那么我要问：为什么这些财产没有出售，为什么没有见到其他保人和债权人？昆克修斯没欠其他人的钱吗？有，债权人有好几位，因为他的兄弟盖乌斯留下了一大笔债。为什么会这样呢？他们对昆克修斯来说全都是陌生人，而昆克修斯欠的钱是向他们借的，然而他们中没有一个人会在昆克修斯不在场的时候像恶棍一样大胆攻击昆克修斯的名声。只有一个人，他的亲戚、合伙人、亲密朋友，塞克斯都·奈维乌斯，尽管他本人欠了昆克修斯的债，然而就像他的罪恶能得到某些格外奖赏似的，他尽了最大努力要剥夺他的亲戚，要把他打倒，要把他粉碎，不仅要夺走那些通过诚实途径得来的财产，而且要剥夺他那一份人人都有的日光。其他债权人在哪里？他们现在何处？有谁能说昆克修斯带着欺诈的意图回避出庭，或者否认他不在场时得到过辩护？没有人能说这样的话。与此相反，所有与他打过交道或者曾经打过交道的人在这里都支持他，为他辩护，都在竭尽全力防止我的当事人在许多地方众所周知的良好信誉被奈维乌斯无耻的诽谤所伤害。在像这样一个所谓有"约定"的案子中，他必须提供证据，并且宣誓："他违反了与我订立的具结，他欺骗了我，他否定他欠了债，但他曾要求给他时间偿还债务，我无法让他出庭，他逃避了，他没有留下代理人。"然而我们没有听到这些誓言。相关证据也不能使我们相信。好吧，我想我们会考察他们说过些什么。然而让他们记住，有分量的人提供的证据只有在符合真相的情况下才能有分量；但若他们否认这是事实，那么他们的证据就会失去所有分量，因为每个人都明白，权威有助于证明真相，

但不支持谎言。

【24】我要提出两个问题：第一，奈维乌斯为什么不结束他过去从事的生意，也就是说他为什么没有出售按照法令占有的财产；第二，在众多债权人中，为什么其他人都没有像奈维乌斯计划的那样行事？我提出这些问题可以迫使你承认，他们中间没有人会如此鲁莽，而你本人也不能坚持或完成你正在从事的这桩可耻的生意。塞克斯都·奈维乌斯，要是你本人也不能证明普伯里乌·昆克修斯的财产没有按照法令被占有，那又该如何？我想，你的证据在与你无关的事务中没有什么分量，而在与你个人有关的事务中必定拥有最大的分量，因为你的证据是反对你的。你购买了塞克斯都·阿芬努斯的财产，这些财产是由独裁者卢西乌斯·苏拉下令出售的；而你在这样的买卖中放弃以昆克修斯为你的合伙人。我不必再多说什么了。你和这个在世袭的合伙关系中欺骗过你的人形成过一种自愿的合伙关系吗？你根据自己的判断表示了你自己对这个被剥夺了名誉和幸福的人的尊敬吗？

凭天起誓！阿奎留斯，在处理这样的案子时，我感到自己心有余而力不足，缺乏足够的勇气和决心。我意识到要与我对阵的是霍腾修斯，腓力普斯也在十分仔细地听我讲话，我会胆怯，不断地出差错。我不断地提到，在场的昆图斯·洛司基乌斯，他的姐姐是我的当事人的妻子，当他极为恳切地要求我为他的亲戚进行辩护时，我感到非常困难，不仅难在要把案情如此重大的案子辩护到底，而且连每说一个词都感到困难。当他更加急迫地敦促我时，我以一名十分熟悉的朋友的口吻对他说，任何人想要在出庭时风度优雅都必须厚着脸皮，因为哪怕他们已经在风度和正确性上享有一定的名声，也会遭到人们的反对，会马上失去以往的名声。我担心，要是我不得不与这位艺术家对阵的话，① 那么我肯定会倒霉。

【25】然后洛司基乌斯说了很多鼓励我的话。我以赫丘利的名义起誓！哪怕他一个字都不说，他关爱他的亲戚的表情也会使人深深地感动。他们之

---

① 指霍腾修斯。

间形成鲜明对照，这个人是一名"艺术家"，认为只有上台才是值得考虑的，而他这样的一个"人"，认为只有不出场才是值得考虑的。洛司基乌斯又说道："假定你为这样的案子辩护，你只需要证明没有人能在两天或至多三天的时间里行走七百哩，① 你还会担心自己不能保证这个反对霍腾修斯的简单陈述的真实性吗？"我答道："当然不会，但这一点和整件事情有什么关系？"他答道："整个案子的关键无疑在此。"我问道："怎么会这样呢？"然后他把事实告诉了我，同时也提到奈维乌斯的诉讼，我从中得知的内情已经足够了。阿奎留斯，我请求你和你的助理仔细听听我必须说的话。我不怀疑你从一开始就能看到，一方面这些指控者有多么邪恶和胆大妄为；另一方面，真理和节制正在全力抵抗他们的攻击。奈维乌斯，你提出了申请，想要得到允许，按照法令占有昆克修斯的财产。那是哪一天？我想从你口中听到对这个问题的回答，我想用干了这件事的这个人讲的话来证实这一史无前例的无耻行动。把日子说出来吧，奈维乌斯。"1月20日。"没错。从这里到你在高卢的庄园有多远？我问的是你，奈维乌斯。"七百哩。"相当正确。昆克修斯从庄园里被赶出来，那是哪一天？你也能告诉我们吗？你为什么不说话？把日子告诉我们。我想，他感到不好意思了，不敢说了。但是他的不好意思太迟了，毫无用处。1月23日，昆克修斯从他的庄园里被赶出来，那已经是两天以后。或者说，要是我们假定从那时起直到开庭，要用少于三天的时间完成七百哩的旅程。那简直不可思议！荒唐透顶！除非信使长了翅膀！塞克斯都·奈维乌斯派去送信的人要在两天的时间里从罗马穿过阿尔卑斯，到达塞古昔亚人② 的区域。能有这样一位信使或者飞马的人真是幸运极了！

【26】在这种场合，如果所有克拉苏们和安东尼们都能出现在法庭上，那么甚至连你，想要与霍腾修斯一道为此案辩护的卢西乌斯·腓力普斯，也

_____

① 古罗马的长度计量单位有罗呎（princeps）、罗步（step）和罗哩（milia passuum）。1 罗呎约合现在的 0.296 米，5 罗呎为 1 罗步，一个成年人走两步的距离叫 1 罗步，1 罗步约合现在的 1.48 米。1,000 罗步的距离为 1 罗哩，约合现在的 1.48 千米。

② 塞古昔亚人（Segusiavi）人，高卢人的一支，凯撒时期定居在高卢行省。

能分享他们的卓越，然而我必须知道那是哪一天。因为口才不能像你想象的那样决定一切，事实真相如此明显，没有任何东西可以违反事实真相。现在，在向当局提出占有财产的申请时，你有没有派人去看一看这位被他自己的奴仆从他自己的庄园里强行赶走的主人？做出你的选择吧？一是难以置信，二是凶狠残忍，两方面都是史无前例的。你坚持说两天能走七百哩吗？告诉我。你回答说不能？那么你提前派人去了。我喜欢你这样说，因为要是你说能，那么你是一个彻头彻尾的撒谎者。而在承认不能的时候，你已经证明自己有罪，甚至无法用谎言掩盖罪行。如此邪恶，如此胆大妄为，如此仓促的诉讼怎么能够得到阿奎留斯及其助理们的批准？这样仓促鲁莽，这样疯狂，有什么意义？它表明的不是暴力、罪恶、掠夺，难道还是正义、义务、荣耀？你派人前去，但却没有执法官的命令。你这样做的意图是什么？你知道执法官会下令的。你说什么？你就不能等到执法官下命令以后再派人去吗？你会提出申请。什么时候？30天，还是30天以后。是的，只要你不改变你的想法，只要你身体健康，简言之，只要你还活着，就没有什么事情可以阻止你的行为。当然了，执法官会发布命令。我假定这一点，假定他会出庭，假定没有人拒绝保证按他的命令出庭。我以不朽的诸神的名义起誓！如果阿芬努斯，我的当事人的代理人，曾经向你们保证过出庭，总之，答应满足你们的各种要求，那么你们会怎么办呢？你们会把派往高卢的人召回来吗？那个时候，昆克修斯已经从他的庄园里被赶走了。按照你们的吩咐，被他自己的家奴从家中赶走，而这正是最令人感到羞辱的事情。你无疑后来会把事情办得好一些。你敢于攻击任何人的品性，你被迫承认自己由于充满情欲和邪恶而盲目行事，尽管你不知道后来会发生什么事情——许多事情都有可能发生——但你发现自己的希望在于依靠将来不确定的官司从当前的官司中赢得好处，不是吗？在这样说的时候，我的意思是，就好比此刻执法官批准你按照他的法令占有这些财产，假定你已经派人去占有了，那么你应该或者能够把昆克修斯从这些地产上驱逐出去。

【27】盖乌斯·阿奎留斯，这些事实全都一目了然，谁都可以在这个案

子中看到无赖和权势反对无助者和正直的人。执法官是如何命令你去占领财产的？我假定，是按他的法令做的。所谓的"具结"和"约定"是什么意思？法令说："要是普伯里乌·昆克修斯的财产没有按照这位执法官的法令被占有。"那么转回到法令上来。法令要求以什么方式占有这些财产？如果奈维乌斯占有财产的方式与法令的要求很不一样，那么我可以争论说他没有按照法令的要求占有财产，而我已经赢得了具结吗？我想，当然不能。让我们来考察这个法令。法令说："那些按照我的法令开始占有的人。"奈维乌斯，按你的想法，他正在说你，因为你说自己按照法令开始占有，而法令给了你指令和方向，对你要做的事情做出了限制。法令说："他们应当以下述方式占有，以令我们愉悦。"以什么方式？法令说："对于能够就地安全保护的东西应当留在原处，对于不能安全保护的财产则可以合法地搬走。"接下去怎么说？"违反所有者意愿的驱逐行为不能令我们高兴。"哪怕是带着欺骗的意图回避的人，哪怕是出庭时无人为之辩护的人，哪怕是对他的所有债务人都无诚信可言的人，也不能违反他的意愿把他从他自己的地产上赶走。塞克斯都·奈维乌斯，当你出发去占领财产时，执法官本人公开告诫你：你可以按这样的方式占有那些昆克修斯也可以在同一时间与你一道占有的财产；你可以按这样的方式占有，但不可以对昆克修斯使用暴力。对吗？你是怎么遵守这道命令的？对这位没有躲避的人我没什么可说了，他有家庭，有妻子、有孩子，在罗马有一位代理人，他没有违反他的具结——所有这些我都没什么可说了；我只想说，这位财产所有者从他自己的地产上被赶走了，他自己的奴仆当着他的家神的面用手把主人推了出去。我要说……①

【28】我已经说明奈维乌斯甚至没有向昆克修斯提出过这种要求，尽管他与昆克修斯住在一起，可以在任何一天与他一道去打官司。其次，他宁可经受最麻烦的法律程序，带着最大的偏见，给普伯里乌·昆克修斯带来最大

---

① 原文在此有佚失，西塞罗在这里努力证明奈维乌斯根本没有占有昆克修斯的财产。参见本文第 10 章。

的危险。如他所承认的那样，这种诉讼涉及罚款，要动用各种资源，可以在一天内完成。在这种情况下，我建议，假如他的目的是金钱，那么昆克修斯应当保证支付法庭判决的款项，而奈维乌斯本人，在昆克修斯需要认领金钱的时候也应当做出相同的保证。

我已经说明申请占有一位亲戚的财产之前应当经过多少步骤，尤其是这个人在罗马有房屋、有妻子、有子女、有代理人，这位代理人是当事人双方的朋友。我已经证明，当奈维乌斯说对方违反具结时，实际上并没有什么具结；他说我的当事人对他许诺出庭，而当时他甚至不在罗马；我已经清楚地证明了这一点，而我的证人既是知情者，又没有任何理由撒谎。还有，我已经证明这些财产不能按照法令占有，因为昆克修斯既没有带着欺骗的意图回避，也没有离开这个国家被流放。剩下的指控是在法庭上无人为他辩护。而我对此做出的回答是：他得到了充分的辩护，这种辩护不是由任何陌生人做出的，也不是由虚假的指控者或无赖律师做出的，而是由一位罗马骑士，他的朋友和亲戚做出的，而奈维乌斯本人从前在离开罗马时也习惯于让他做代理人。还有，哪怕他没有向保民官提出请求，没有做好打官司的准备，奈维乌斯也无权剥夺我的当事人的代理者的影响；与此相反，奈维乌斯由于自己的影响而处于优势，他现在几乎不允许我们喘气。

【29】我询问了这些财产被出售的原因，因为它们按照所谓的法令被占有了。其次，我询问为什么在我的当事人众多的债权人中间没有人追随奈维乌斯，而是相反，他们的讲话不反对昆克修斯，而都在尽力为他辩护，尤其是在这样的诉讼中，债权人的证据被认为是最重要的。然后，我使用了我的对手的证据，他刚刚才宣布他和我的当事人结成合伙人关系并保持到现在，但是我的当事人是死是活都不知道。然后我指出这种说法不仅不可信，而且极为鲁莽。我证明了，要么必须在两天内走七百哩，要么奈维乌斯在向执法官提出申请占有财产之前就已经派人去了那里。我后来读了法令的条文，其中清清楚楚地禁止把财产所有人从他的地产上驱逐出去；这就足以表明奈维乌斯没有按照法令去占有，因为他承认昆克修斯是被暴力驱逐的。另一方面

我证明了这些财产根本没有被占有，因为被视为占有了的财产不能只是一部分，只有完全拥有才可以被视为占有。我说过我的当事人在罗马有房屋，但奈维乌斯甚至没有想过要占有，还有许多奴隶，奈维乌斯也没有去抓，甚至没有伸过手；他确实做过尝试，曾经想要抓走一名奴隶，但他受到阻拦，以后就再也没有去尝试。你们知道，昆克修斯在高卢有几处他自己的农场是奈维乌斯从来没有去过的。最后，你们知道，在昆克修斯被他的合伙人用暴力驱逐出去的庄园里，他的家奴并没有被赶出去。根据这些情况以及奈维乌斯的其他所有言辞、行动、意图，每个人都可以明白，除了确保自己能够掌握所有地产（归双方共有），用暴力、不义和不公正的法律程序来使它们变成自己的财产以外，奈维乌斯没有别的目的。

【30】阿奎留斯，我已经结束了我的抗辩，案子的性质和巨大危险使我必须为我的当事人向你和你的助理们提出请求，我以他的年迈和悲惨处境的名义，请你们追随你们的良心，我的当事人拥有真理，他的困境有力量使你们对他表示同情，胜过奈维乌斯运用各种资源使你们倾向他的残忍。从我们来到你们这些法官面前那一天起，我们就不那么注意以前使我们感到害怕的恐吓。如果这仅仅是派别之争，那么我们肯定能够轻易地对任何人证明我们的公正；但由于这个案子涉及两种生活方式之间的争论，因此我们认为你们的裁决是必要的。你们要决定的问题是：我的当事人所过的乡间纯朴的生活方式能够为自己辩护，反对那种奢侈、浮华、可耻，尽一切手段使生活变得荣耀、贪婪、厚颜无耻的生活方式吗？我的当事人的权势无法与你相比，他的财富和资源无法与你相比，他把他的才能都留给你，使你变得伟大。他承认自己既不能优雅地讲话，也不能使自己的讲话适合他人的意愿。他不会在冲突中抛弃朋友，投入其他庇护人的怀抱，以此谋求好运。他没有生活在浮华奢侈之中，也没有出席盛大的宴会，没有别墅可以公开自由地放纵情欲，以此接近上流社会。但另一方面，他宣布自己在生活中总是尊重义务、诚信、勤劳，甘愿忍受各种艰苦。他明白，人们把这种对立的生活方式看得更加高尚，这种生活方式在这世风日下的时代有着更大的影响。接下去又如

何？然而他明白，这种影响不会发展到影响公民生存的地步，不会影响最高尚的公民的幸福。而处于统治地位的人抛弃正直的原则，宁可追随那些能赚钱的生意和伽洛尼乌①式的奢侈，在生活中表现得厚颜无耻和背信弃义。要是违背奈维乌斯的希望，那就允许昆克修斯这样的人活下去。尽管有奈维乌斯这样的人，但这个国家仍旧应当有空间可供高尚者生存。尽管奈维乌斯的权势不许昆克修斯呼吸，然而要是昆克修斯呼吸不是罪过，要是我的辩护使他能够保持以前他用自己的节制获得的名声，那么面对厚颜无耻之徒，这个可怜的、不幸的人最终仍旧有希望安息和平安。但若奈维乌斯可以为所欲为——他当然会做那些不法之事——那又该怎么办？我们应该向什么神灵祈求？凡人中间又有谁能够提供保护？简言之，我们能找到什么样的悲哀和伤心来表达这场大灾难？

【31】一个人的所有财产被剥夺是令人遗憾的，但如此不公正的剥夺更加令人遗憾；受人欺骗是令人烦恼的，受亲戚的欺骗更加令人烦恼；被人赶出自己的庄园是倒霉的，被人赶出庄园还要加上差辱更加倒霉；被勇士和高尚者所杀是灾难，被一个做生意的小商贩所杀更加是灾难；被平等者或优越者征服是可耻的，被低劣者征服更加可耻；把自己的财产交到他人手中是可悲的，把自己的财产交到敌人手中更加可悲；为一个人的生命而抗辩是令人敬畏的，在未听到审判之前就不得不抗辩更加令人敬畏。昆克修斯四处观察，想要找到一个安全的地方。但他不仅未能找到一位主持公道的执法官，而且未能找到一位能够审判他的执法官，甚至未能得到奈维乌斯的朋友们的任何帮助。长期以来，他经常俯伏在他们脚下，请求他们按照法律的要求与他竞争，而不要添加这样的羞辱。最后，他看到了他的敌人塞克斯都·奈维乌斯的轻蔑眼神。他含泪抓住奈维乌斯的手，这只盘点他的亲戚的家产的手。他用他亡故了的兄弟的骨灰求情，他以他们的合伙人的关系以及以奈维乌斯自己的妻子儿女的名义向他求情，因为普伯里乌·昆克修斯是他们最近

---

① 伽洛尼乌（Gallonius），当时的一名富豪，因荒淫无耻出名，成为俗语。

的亲戚，请他至少表现某些同情，请他予以考虑，即使不考虑他们之间的关系，至少也要考虑他的年纪；即使不考虑这个人，至少也要考虑人性；请他做出某种安排，无论何种条件，只要他们能够忍受，只要他的名声不受伤害。但他的请求遭到奈维乌斯本人的拒斥，从他的敌人的朋友那里他也得不到任何帮助，他受到所有行政官员的嘲弄和欺侮，无处可以申冤，只能向你阿奎留斯申诉。他把自己交付到你的手中，把他的全部幸福和他拥有的一切托付给你，把他的名誉和仍旧留存的生活的一切希望都放在你的手中。他在受到无数冒犯、侮辱、折磨以后，到你这里来寻求庇护，这不是耻辱，而是由于不幸。他被赶出富饶的庄园，受尽各种羞辱，这个继承了父兄遗产的人由于无法为他到了出嫁年龄的女儿提供嫁妆，他以往生活的全部希望都落了空。

因此他恳求你，阿奎留斯，允许他离开这个法庭时能够带走名誉和尊敬，这是他在生命行将结束的年纪带到你们这些法官面前来的。他请求在他60 岁的时候不要给他从未受到质疑的忠诚打上最大的耻辱的烙印，他请求塞克斯都·奈维乌斯不要把他的全部优点当做战利品来嗤笑，他请求已经陪伴他进入老年的良好名声可以通过你的决定而不受阻挠，乃至于可以伴随他进入坟墓。

残　篇

[朱利乌斯·塞威里亚努：《修辞学方法导论》（Praecepta artis rhetoricae），载 C.Halm 编：《拉丁修辞学著作集》（*Rhetores Latini Minores*）第 1 册，1863年，第 363 页。]

以这种方式，西塞罗在他为昆克修斯辩护的演说中驳斥了由他的对手按照公众意见给出的定义："若有人以任何方式占据有主地产，应当允许所有者保留他的其他财产"。他说："在我看来，他似乎占有了这片地产，但没有占有那个人的所有财产。"然后他提供了自己的定义。他说："什么是占有？显然就是拥有那些在这个时候可以被拥有的东西。"他证明奈维乌斯没有占有所有财产，而只占有一项地产。"在那个时候，昆克修斯在罗马有房子和奴仆，在高卢有私产，但这是你决不敢占有的。"他用下面的话得出结论："但若你占有了普伯里乌·昆克修斯的财产，你必须按照法律全部拥领它们。"

为阿迈利亚的洛司基乌斯辩护

提　要

本文的拉丁文标题是"Pro Sexto Roscio Amerino"，英文标题为"In Defence of Sextus Roscius of Ameria"，意思是"为阿迈利亚的塞克斯都·洛司基乌斯辩护"。中文标题定为"为阿迈利亚的洛司基乌斯辩护"。

西塞罗于公元前80年发表这篇辩护词，时年27岁。他的当事人塞克斯都·洛司基乌斯（与其父同名）被人指控犯了弑父罪。西塞罗在他自己的两本修辞学著作中提到过这篇演讲。他说："这是我接手的第一起刑事案，代表塞克斯都·洛司基乌斯发言，我赢得了高度赞扬，人们认为我有能力处理任何法律事务。"（《布鲁图》第90章）"下面这段演讲是我年轻时发表的，讨论如何惩罚弑父母的凶手，赢得了听众雷鸣般的掌声，但我后来感到它还不那么成熟。"（《演说家》第30章）

全文共分为53章，译成中文约3.9万字。第1—5章是开场白，第6—10章陈述了案情的基本事实，第11—49章是西塞罗为被告进行的基本辩护，第50—53章是结束语。基本辩护部分又可分为三部分：第一部分（第13—29章），作者驳斥了厄鲁昔乌的指控，指出塞克斯都·洛司基乌斯与他父亲关系良好，既不想杀害父亲，也没有条件这样做，而且做父亲的从来没有想要剥夺儿子的财产继承权，儿子本人不可能杀害父亲，也不会指使家奴这样做。第二部分（第30—42章），作者揭露了提多·洛司基乌斯·卡皮托和提多·洛司基乌斯·玛格努斯两人在凶杀发生以后的所作所为，把杀人的嫌疑指向这两人，指出他们有各种理由和机会谋杀他的当事人的父亲。第三部分（第 43—49 章），作者直接对卢西乌斯·高奈留·克利索格努进行攻击，指出克利索格努指使厄鲁昔乌进行指控，是整个诉讼的主谋，揭露了克利索格努奢侈的生活和掠夺公民财产的无耻行径。

正　文

【1】法官大人，你们可能会感到奇怪，有如此众多优秀的演说家和杰出的公民在座，为什么要由我，而不是由他们中的任何人，站起来讲话，要知道我在年龄、能力、威信等方面都无法与他们相比。你明白，支持被告的所有人都认为本案的指控不公正，是通过一种无赖行为编造出来的，应当推翻，但这些人自己不敢承担这项任务，因为时机对他们不利。因此，尽管他们有义务这样做，但为了避免危险，他们只好保持沉默。那么该怎么办呢？我是所有人中胆子最大的吗？绝非如此。我比其他人更渴望提供这项服务吗？不，我甚至不那么渴望得到赞扬，也不希望别人受赞扬的机会被剥夺。那么促使我比其他人更愿意为塞克斯都·洛司基乌斯辩护的理由是什么？这个理由是这样的。在场的人中间不乏具有最高权威和尊严的人，你们要是看到在场的任何人站起来说话，就公共事务说一个字——在本案这样的案子中这种情况不可避免——那么所起的作用都会远远大于他的实际话语。而另一方面，哪怕我自由自在地说了所有想说的话，我的讲话也绝不会以同样的方式远播海外，成为公共财富。其次，由于等级和尊严，他们说的话没有一句会被忽略，又由于年龄和成熟的经验，他们不会鲁莽地说出任何过头话；而我要是讲话太随便，那么我的话会被人们忽视，因为我还没有进入公共生活，① 人们对我的话也会感到遗憾，因为我太年轻，不仅对我的想法感到遗

---

① 指西塞罗还没有担任公职，本案是他从事的第一起刑事案。

憾，而且对这个国家现在已经废除了法律咨询的习惯感到遗憾。我还有进一步的理由。如果要求其他人代表洛司基乌斯讲话，那么他们可能会用这样的方式：他们想象自己可以自由地表达自己赞同或否定的意见，这样做不会违反他们的义务。而对我来说，某些人已经在迫使我这样做，他们的友谊、仁慈行为和等级对我影响最大，他们的善意我无法视而不见，他们的权威我无法与之抗衡，他们的希望我不能置之不理。

【2】由于上述理由我开始从事本案的辩护。当着所有人的面我被选中，不是作为最有天才的演说家，而是作为唯一可以讲话而危险最小的人；我被选中，不是为了使塞克斯都·洛司基乌斯能够得到恰当的辩护，而是为了防止他被完全抛弃。

你也许会说，本案有公民的权利和财产受到危害，但是某种恐惧与害怕阻碍着许多有长期实践经验的杰出人士站出来为他们辩护。你说的这种恐惧与害怕是什么意思？这样问一点也不奇怪，因为原告故意避免提起这场诉讼的真正原因，而你对此一无所知。那么这个原因是什么呢？我的当事人塞克斯都·洛司基乌斯的父亲的家产价值 600 万个小银币，而从卢西乌斯·苏拉（我带着敬意提到他的名字）这位最勇敢、最杰出的公民（苏拉也许是这个国家当前最有权势的人）那里来了一位年轻人，宣布已经用 2,000 个小银币购买了这笔家产——这个人我指的是卢西乌斯·高奈留·克利索格努。他向你提出的要求是这样的：由于他占有他人这笔巨大财富的理由不合法，由于塞克斯都·洛司基乌斯的存在似乎成了他享有这笔财富的障碍，因此你应当从他心中消除所有令他不安的因素，使他能够心安理得。只要塞克斯都·洛司基乌斯还活着，克利索格努认为自己就不能确定地占有像我的当事人这样无辜者的大笔家产；但若判洛司基乌斯有罪，把他逐出这个国家，那么克利索格努就有希望保全他罪恶地得来的财富，过上豪华奢侈的生活。他要你从他心中消除这种日日夜夜折磨和刺激他的焦虑，并且发誓要你们这些他的支持者来保护这些罪恶的掠夺物。

法官大人，如果他的要求在你看来是公平的、光荣的，那么我要提出另一个十分有节制的要求。我相信，我的要求要合理得多。

【3】首先，我要求克利索格努满足于占有我们的财产，不要索取我们的生命。其次，我要求你，法官大人，阻止这个胆大妄为的无赖，安抚无辜者的不幸，在塞克斯都·洛司基乌斯一案中防止威胁到我们所有人的危险。如果能够找到一些理由，如果有任何犯罪的嫌疑，哪怕是最轻微的事情，能使他们至少拥有某些指控的理由。最后，如果你能找到其他解释，而非我已经说过的掠夺，那么我们就不反对把洛司基乌斯的生命交由他们处置。但若当前唯一的争端就是要满足这些永不满足者的要求，当前争论的唯一目的就是通过给塞克斯都·洛司基乌斯定罪来给那些掠夺者加冕，那么这样做岂不就是在给那些你们认为自己要给他们提供帮助的人带来最大的耻辱，而那些掠夺者则可以通过你们誓言下的投票来获得他们先前只能通过犯罪和刀剑来获取的东西？你们由于自己的功绩而被公民选入元老院，你们由于自己严谨的正义感而从元老院被召到这里来组成法庭。而这些家伙，这些杀人犯和拳击手，不仅可以向你们提出逃避他们的恶行应得惩罚的要求，而且可以用他们掠夺来的物品装饰自己，然后离开这个法庭。

【4】面对如此罪大恶极的行为，我感到自己既不能恰当地使用语言，也不能用充分的表达手段来提出抱怨，更不能运用充分的自由来发泄我的义愤。我低下的能力、我的年轻、我们所处的时代，都在阻止我使用恰当的语言、表达手段、言论自由。进一步的障碍则是由我天生的谦逊、你的尊严、我的对手的权势、塞克斯都·洛司基乌斯面临的危险而强加于我的过分的不安。法官大人，由于这些原因，我请求你注意聆听并宽容我的讲话。依赖你的公正和良心，我感到自己肩上的担子已经超过我能负荷的重量。如果你能减轻我的重负，法官大人，那么凭着我的热情和力量我也许能够承担；但若你抛弃我——我不希望如此——那么我不会失去勇气，而会尽一切力量完成我的任务。如果我不能完成任务，那么我宁可在义务的重担下死去，而不会由于狡猾而放弃，或者由于缺乏勇气而抛弃我的任务，把这一任务赋予我是出于对我的信赖。

马库斯·芳尼乌斯，我对你也一样，诚挚地请求你有杰出的表现，就像你从前坐在类似的法庭上面对公众所做的一样。

【5】你看到今天的审判有大量听众，你明白每个人的期待和愿望——一场严谨的审判。隔了很长时间以后，这是对已经发生了的这桩谋杀的第一次审判，尽管在此期间有过大量罪恶的谋杀事件。每个人都希望，在你执法官的监视之下，这个法庭会证明自己最适宜审判公开的犯罪和日常流血纷争。原告在其他审判中习惯于提出猛烈的指控，而我们作为被告要在今天提出我们的抗辩。我们要求马库斯·芳尼乌斯，还有你，法官大人，最严厉地惩罚罪犯，用你们的勇气抗拒胆大妄为的凶徒。你们要记住，除非你们表现出真正的精神，正是由于拥有这种精神你们成为有灵魂、有人性的人，否则这些无赖和凶徒就会打破法规，就会杀人，不仅是秘密地，而且甚至会在你保民官马库斯·芳尼乌斯的法庭上杀人，会在你法官大人脚下杀人，在你们现在的座位前杀人。如果不能将凶手绳之以法，审判的目的何在？他们是原告，把手伸向我的当事人的财产，而他是被告，除了毁灭他们没有给他留下任何东西；他们是原告，通过杀害我的当事人的父亲而获利，而他是被告，他父亲的死亡不仅给他带来悲伤，而且带来贫困；他们是原告，急切地想要谋杀我的当事人，而他是被告，有必须出庭的义务，但由于害怕当着你们的面被他们杀害，所以他出庭时带着一名陪同；最后，他们是原告，民众想要这场审判，而他是被告，是他们那场臭名昭著的大屠杀的唯一幸存者。

法官大人，我们要从头到尾、原原本本地把整个事情的过程摆在你们面前，使你们更加容易明白真实的情景比我对事件的描述更加残忍；然后，你们很容易确定这个不幸的人是完全无辜的，知道他的敌人胆大妄为，知道这个国家的可悲状态。

【6】塞克斯都·洛司基乌斯，我的当事人的父亲，是阿迈利亚①自由镇上的一位公民。从出身来说他是体面的，论幸运，他不仅是镇上的头面人

---

① 阿迈利亚（America），意大利翁布里亚的一个城市，即今阿迈利亚。

物，而且在周边地区颇有影响，由于他生性好客，乐意与名人打交道，所以他的名望得到进一步提升。他不仅与梅特利家族、塞维鲁家族、西庇阿家族有着友好关系，而且与这些家族的人过从甚密，由于他们的高贵品质和尊严，我提到他们的名字总是带有敬意。然而，他的突出地位是他传给儿子唯一的东西，属于他的家族的那些遗产都已落入强盗之手，而这位无辜者的儿子的荣誉和生命则要由这位父亲的客人和朋友来捍卫。他总是支持贵族，尤其是在最近的动乱时期，所有贵族的地位和安全都处于危险之中，而他却比周边邻居中的任何人都要更多地凭借他的努力、热忱和影响捍卫他们的派别，坚持他们的主张。事实上，他认为自己应当为他的同胞公民战斗，他置身于这些同胞中间，被当做最荣耀的人，为他们的荣耀而战是他的义务。在胜利已经奠定，不再有战争的时候，当那些属于对立派别的人被剥夺公民权，从各个角落被抓获的时候，他始终待在罗马，每一天都在广场上露面，似乎在庆祝贵族派的胜利，而不担心这样做会给自己带来灾难。

他和另外两位阿迈利亚的洛司基乌斯家族的人长期不和，其中一个我看到坐在原告席上，而另一个我听说占领了属于我的当事人的三个农庄。要是我的当事人像他过去一直担心的那样，能够小心提防这种敌视，那么他到今天还会活着。事实上，他的这种担心从来没有表露过。这两个人都叫提多·洛司基乌斯——一个绰号叫"大头"（卡比托），另一个现在叫玛格努斯[①]——他们具有以下性格。第一位是著名的老资格的拳击手，[②]赢得过许多胜利，第二位最近给别人充当教练，尽管据我所知，在此之前他还只是默默无闻，但现在已经在厚颜无耻和胆大妄为方面超过了他的老师。

【7】我的当事人在阿迈利亚的时候，这位提多·洛司基乌斯·玛格努斯在罗马。当时我的当事人的儿子按照父亲的愿望一直管理着他的庄园，把时间花在经营家产方面，过着一种乡间生活，而玛格努斯一直在罗马。这位父

---

① 提多·洛司基乌斯·卡皮托（Titus Roscius Capito），卡皮托词意是"大头"；提多·洛司基乌斯·玛格努斯（Titus Roscius Magnus），玛格努斯词意是"大"或"老"。

② 西塞罗在"暴徒"（ruffian）的意义上使用"拳击手"（gladiator）这个词。

亲一天晚上参加晚宴以后回来，被杀死在帕拉契那①的公共澡堂边上。除非事实本身发生了改变，怀疑才会变得确定，我希望我已经讲述过的内容不会给是谁犯下这桩罪行留下什么疑惑。欢迎你们做出判断，看我的当事人有无卷入这场谋杀。

在塞克斯都·洛司基乌斯被杀之后，把消息首先带回阿迈利亚的是一位名叫玛略·格劳西亚的人。他是一个无业游民，一名被释放的奴隶，依附于这位提多·洛司基乌斯，与他关系密切。但这个消息不是带给这位儿子，而是带给了他的父亲的敌人提多·卡皮托。尽管凶杀发生在晚上的第一个小时以后，但这位信使抵达阿迈利亚是在黎明时分。在那个晚上，在 10 个小时之内，他轻车简从走了 56 哩路，不仅把这个盼望已久的消息带给了这个敌人，而且也显示了他身上溅着的仇敌的鲜血和刚从仇敌身体中拔出来的匕首。四天以后，这些事情报告给了克利索格努，他当时正在设在沃拉太雷②的苏拉军营里。洛司基乌斯的幸运是众所周知的，他有大量的地产（因为他留下来的 13 处农庄几乎遍布台伯河岸），而我的当事人就孤立无援地住在那里。由此可见，他的父亲，一位名人，都可以毫无困难地被杀，那么干掉儿子也非常容易，不会引起怀疑，因为他生活在乡间，在罗马无人认识他。这两位洛司基乌斯许诺要为实现这一目的提供帮助。

【8】法官大人，没花多少时间，这种合伙关系就形成了。尽管这个时候剥夺公民权已经不再提起，甚至那些从前由于害怕而逃离的人也已经返回，他们认为自己现在已经脱离了危险，但这位贵族派的热情支持者塞克斯都·洛司基乌斯的名字被列入要剥夺公民权的人的名单，克利索格努成了追捕者。三个农庄，也许是最著名的三个，交到了卡皮托手中，成为他的私产，他就在这一天拥有了它们。至于其他地产，这位提多·洛司基乌斯自己说，是以克利索格努的名义占有的。这些地产价值 600 万小银币，被以

---

① 帕拉契那（Pallacina），靠近弗拉米纽斯杂技场（Circus Flaminius）。

② 沃拉太雷（Volaterrae），位于埃图利亚（Etruria），马略派在这里的一座高山上设立据点，抵抗苏拉的进攻达两年之久。

2,000个小银币的价格收购了。法官大人，我相信，这些事情都是在苏拉不知情的情况下发生的。因为那个时候他正在修补过去，未雨绸缪地准备对付未来可能发生的事情；只有他能够建立和平，只有他能够发动战争，所有的眼睛都在盯着他，只有他是一位绝对的统治者；他日理万机地处理着重大事情，甚至没有时间喘息，所以要是有一些事情他没有注意到，那么我们一定不要感到奇怪，尤其是在这样形势瞬息万变的时刻，他需要高度警惕，以便为实施他的计划捕捉到最有利的时机。此外，尽管他是"幸运的"，他也确实是幸运的，但没有人能够如此幸运，以至于在自己的家中有这样一些不诚实的奴隶或自由民。

与此同时，这位出色的提多·洛司基乌斯、克利索格努的经纪人来到阿迈利亚。他占据了我的当事人的农庄，在这个沉浸于悲伤之中的不幸的人能向他的父亲致以最后的敬意之前，就剥去他的衣衫，径自将他赶出庄园，使他离开他父亲的房屋和家神，而提多本人则成为这处丰饶的庄园的主人。他以前的生活相当拮据，几乎处于赤贫，等他占有了属于他人的财产以后，他就变得（一般情况下都是这样）非常傲慢和奢侈。他把许多财物公然搬到自己家中，秘密运送的更多，还随意将许多财物分送给那些帮过他的忙的人，剩余的财物则全部拍卖。

【9】对阿迈利亚的居民来说，这种行为显得如此蛮横，全镇的人都充满眼泪和悲伤。他们目睹了同一时间发生了诸多可悲的事件：最富有的公民塞克斯都·洛司基乌斯被残忍地谋杀；他的儿子被剥夺了所有财产而陷入赤贫，在如此丰富的遗产中，邪恶的强盗甚至没有给他留下家族的墓地；臭名昭著的购买、掠夺、偷窃、抢劫、赠送。人们宁愿看到其他任何事情，也不愿意看到提多·洛司基乌斯骑着高头大马，占据这位最优秀、最高尚的塞克斯都·洛司基乌斯的家产。于是，镇上的议员们① 马上签署了一纸上诉状，同时派出十名主要成员去找苏拉，告诉他塞克斯都·洛司基乌斯是一个什么

---

① 古罗马殖民地的元老、议员称做"decurion"，在这里指阿迈利亚自由镇的议员。

样的人，对那些人的不法行径提出抗议，请求苏拉关心这位死去的父亲的名誉，保护这位无辜儿子的幸福。我请你们注意听这道诉状的用词。[议员们的诉状宣读了。] 代表团抵达了苏拉的军营。法官大人，如我前述，人们很容易看到这些臭名昭著的罪行都是在苏拉不知情的情况下发生的。因为克利索格努马上私下来见代表团，代表某些等级的人请求代表团不要晋见苏拉，并且向代表团许诺，说克利索格努会按他们的意愿处理好所有事情。克利索格努十分警觉，因为他宁可去死，也不愿让苏拉知道发生了什么事。代表团的成员是一帮老好人，习惯于用自己的性格来判断其他人的性格，当克利索格努向他们保证从剥夺公民权的名单上去掉洛司基乌斯的名字，把未被占领的农庄交给他的儿子，而提多·洛司基乌斯·卡皮托，作为十名代表之一，又进一步保证这些诺言会实现的时候，他们就相信了这些保证，返回阿迈利亚，而没有把他们的状子递到苏拉面前。这些人①起初采取拖延战术愚弄代表团，时间一天天过去了，就是不见动静。最后，显而易见，他们开始策划夺去我的当事人的生命，他们想，只要这位真正的主人还活着，他们就不能保全抢占来的财产。

【10】在朋友和亲戚的提醒下，我的当事人察觉到了危险，逃往罗马避难。他投靠了凯西莉娅，她是涅波斯的姐姐，巴莱里库的女儿（我怀着敬意提到他们的名字），凯西莉娅是他父亲从前的一位亲密朋友。法官大人，如人们一般的看法，她可以被视为一个榜样，在她身上时至今日仍旧可以看到古老的正义感。她收留了塞克斯都·洛司基乌斯并且帮助他，而此时的洛司基乌斯被赶出家园，身无分文，充满不幸，生命堪忧，为了躲避匪徒的匕首和恫吓而到处流浪。由于她的勇敢、忠诚和警惕性，洛司基乌斯的名字在他活着的时候就进入了被告人的名单，而不是在他死后进入被剥夺公民权的人的名单。

事实上，当这些人得知塞克斯都·洛司基乌斯的生命已经得到严密的保

---

① 指克利索格努和卡皮托。

护，没有机会再将他杀害以后，他们就制定了这个指控他谋杀父亲的无耻计划；为了实现这个计划，他们找来一些老经验的讼棍，这些人擅长捕风捉影，能够毫无任何根据地提出指控。最后，由于他们不能提出任何真实的指控，于是就以当时的国家为武器。他们对自己说："在公众眼中，这个国家已经很长时间没有进行过审判了，公众舆论要求给第一个受审的人定罪，由于克利索格努的权势，我的当事人找不到任何人为他辩护，没有人会对出售财产和这种合伙关系说一个字，仅仅指控他谋杀父亲就足以让他伏法，因为他找不到人为他辩护。"法官大人，在实施这个计划的时候，他们相当愚蠢地把这个他们不能亲手杀死的人交到了你的手里，尽管他们想要杀死他。

【11】法官大人，我首先要提出什么样的抗辩？我从什么地方开始会比较好一些？我可以得到什么样的帮助，或者谁能为我提供帮助？我应当寻求不朽的诸神的庇护，还是应当寻求罗马人民的庇护，或者说我应当向你，当前执掌着最高权力的法官，寻求庇护？这位父亲被残忍地杀害了，他的房屋被仇敌占领了，他的财产被抢走了，他的儿子性命堪忧，明枪暗箭，防不胜防。在如此众多的错误行径中，又缺少了哪一种罪恶呢？然而，他们还在用其他不义行径为自己加冕，为自己增添罪过。他们虚构了这种不可信的指控，用我的当事人的钱财贿赂证人和指控者，使我的当事人不得不在二者之间做选择，要么把自己的喉咙送到提多·洛司基乌斯①的刀口上去，要么被捆进口袋里耻辱地死去。② 他们认为被告的辩护人不会成功，事实上也确实如此。但是法官大人，能够自由说话的人，能够忠诚地为他辩护的人——这在本案中足够了——肯定会成功。我在接手这个案子的时候也许由于年轻而有些鲁莽，然而，一旦我接下了这个案子，尽管有来自各处的恐吓、威胁、邪恶，但我以赫丘利的名义起誓，我会勇敢地面对，为我的当事人辩护到底。我已经下定决心，不仅要说出我认为与本案有关的必须要说的所有事

---

① 指提多·洛司基乌斯·玛格努斯。

② 罗马人惩罚杀害父母罪犯的习惯方式是先用杖责，然后把犯人装入口袋，同时在袋中放入狗、公鸡、毒蛇、猴，捆扎后掷入大海。

情，而且还要随心所欲地说，大胆地说，自由地说。法官大人，面对如此重大的事件，除了荣耀，没有其他方面的考虑会使我感到害怕或对我产生更大的影响。因为，面对如此残暴的罪行，还有人能够无动于衷、沉默不语、视若无睹吗？你们杀害了我的父亲，① 尽管他没有被剥夺公民权，在他被杀以后你们把他的名字写入剥夺公民权的人的名单；而我，你们用暴力把我赶出家园，占据了我祖传的家产。你们还想要什么？你们全副武装地来到这里，你们想要杀害塞克斯都·洛司基乌斯，还是要确保判他有罪？

【12】迄今，我们这个国家最胆大妄为的人是盖乌斯·菲姆利亚，② 他也是最疯狂的人，人们全都同意这种看法，除了那些疯子。他竟然要在盖乌斯·马略的葬礼上伤害这个国家最受人尊敬的、最杰出的昆图斯·斯卡沃拉③；这里既不是大肆赞扬斯卡沃拉的地方，即使是，那么也只要说出罗马人民仍旧在怀念他就够了。后来，在得知斯卡沃拉有可能发现了阴谋的时候，菲姆利亚对他提出了指控。在被问到为什么要指控这样一位其功绩无人能够予以恰当赞扬的人的时候，他做出了一个疯狂的回答，就好像他真的是个疯子，"因为他没有用他的身体来送死"④。直到斯卡沃拉本人被谋杀，罗马人从来没有见过比这更加可耻的一幕，为了不让公民们的整个身体⑤遭到毁灭与灾难，他想用和睦的方式处理争端，而他本人却被杀害了。在当前这个案子中，有些言辞和行为不是与菲姆利亚有着惊人的相似之处吗？你们指控塞克斯都·洛司基乌斯。为什么？因为他从你们手中逃脱了，因为他不让你们杀害他。菲姆利亚的罪行似乎更加可耻，因为它发生在斯卡沃拉的案子

---

① 此处西塞罗以当事人的口吻说话。

② 盖乌斯·菲姆利亚（Gaius Fimbria），一名凶狠的政客。在米特拉达梯战争中担任副将。公元前 84 年，他的士兵背叛他，投降苏拉。他逃往帕伽玛，后自杀。

③ 斯卡沃拉，全名昆图斯·穆西乌斯·斯卡沃拉（Quintus Mucius Scaevola），著名大法官、律师，公元前 95 年担任执政官，公元前 82 年被马略派剥夺公民权，被杀。

④ 按当时拳击比赛的习惯，当一名拳击手被打败，而观看拳击者叫喊"受死吧"的时候，他必须挺起胸膛接受胜利者的致命一击。

⑤ 公民们的整个身体（the whole body of citizens），指的是国家。

中，那么反对洛司基乌斯的罪行仅仅因为是由克利索格努犯下的，因此就可以容忍吗？不朽的诸神可以作证，这个案子有什么需要辩护的？它在什么问题上需要一名律师来发挥才能，或者需要一名演说家的雄辩？先生们，让我们揭开整个案件，把它放在你们眼皮底下考察，这样你们就很容易明白整个争端在哪里、我演讲的主题是什么、你们应当如何把握。

【13】就我能够判断的范围来说，塞克斯都·洛司基乌斯今天面临三大障碍：由他的对手提出来的指控、他们的胆大妄为、他们的权势。起诉者厄鲁昔乌虚构了这一指控；洛司基乌斯们扮演着胆大妄为的角色；而拥有最大权势的克利索格努用他的权力作武器反对我们。我感到逐一讨论这些要点是我的责任。那么我应该怎样开始呢？我一定不要以相同的方式讨论它们，因为揭示第一个要点的理由是我自己的责任，而罗马人民已经把说明其他两个要点的理由指定给你们。我不得不拒绝这一指控，因为只有这样做才能抗拒你们的胆大妄为，才能在第一时间扑灭危险，减缓这种令人无法承受的权势。

我的当事人被控杀了他的父亲——哦，不朽的诸神！这是一种罪恶的不义行为，在这　邪恶的行动中似乎包含着所有罪恶。事实上，哲学家们说得好，百恶不孝为先，这个人杀害了他的父亲，我们能给他找到什么足够严厉的惩罚？因为如果是这种情况，那么一切世俗的和神圣的法律都必然要将他处死。

这样一件如此重大而又稀奇古怪、极为少见的案子，人们一听到有这种事情就会把它当做骇人听闻的。厄鲁昔乌，我要问的是，你作为指控者认为自己必须使用什么样的论证？你难道不需要说明被你指控的这个人极为蛮横无理，粗野放肆，犯下过种种罪行，简言之，具有自甘堕落、纵情放任的性格？你在起诉我的当事人时一点儿也没有提到他有这样的性格，甚至也没有对我的当事人的品格泼污水。

【14】塞克斯都·洛司基乌斯杀了他的父亲。那么他是一个什么样的人？一个由于交友不慎而误入歧途的年轻人吗？可是他已经40多岁了。他无疑

是一名老练的、胆大包天的、经验丰富的杀人犯吗？但是你们没有听到过这种说法，甚至连指控者也没有提到这一点。那么驱使他犯罪的是放荡的生活、巨大的债务、无限的欲望吗？关于生活放荡，厄鲁昔乌本人已经为他澄清，因为他说塞克斯都·洛司基乌斯几乎从来不参加节日的集会；关于债务，他从来没有欠过债；至于贪婪，这个人一直住在乡下，把所有时间花在耕种土地上，这种生活完全说不上有什么邪恶的欲望，但与义务却是密不可分，这样的生活是指控者要加以谴责的吗？那么对塞克斯都·洛司基乌斯来说，这样的疯狂行为意味着什么呢？指控者说："他父亲讨厌他？"他的父亲不喜欢他？为什么？必须要有一个有效的、强大的、明显的理由，因为没有许多强烈的、适当的理由，做父亲的不会痛恨儿子，做儿子的若无重大动机也不会动手杀死父亲。回到我们的要点上来：我们要问的是，这个儿子干了什么令人震惊的事使他的父亲厌恶他。但事情很清楚，他没有干什么坏事。那么是这位父亲毫无理由地痛恨自己的亲生儿子，他疯了吗？情况正好相反，他是一个性格极为稳重的人。因此，事情确实非常清楚，如果说父亲没有发疯，儿子也没有恣意挥霍，那么父亲没有理由恨儿子，儿子也没有理由杀父亲。

【15】指控者说："我不知道这种仇恨的原因是什么，我只知道有这种仇恨，因为先前他的两个儿子都活着的时候，他要那个已经死去的儿子始终陪伴他，而把这个受到指控的儿子派往乡间农场。"厄鲁昔乌提出如此邪恶、轻浮的指控，他的想法确实就是我在为一个重要案件辩护时的经验。他找不到任何证据来支持他虚假的指控，而我也找不到什么办法来否证或驳斥这些微不足道的论断。厄鲁昔乌，你这样说的意思是什么？塞克斯都·洛司基乌斯把这么多美丽丰产的农庄交给他的儿子耕种和照料，是为了摆脱他和惩罚他吗？什么？有子女的家长们，尤其是洛司基乌斯这样一类来自乡间小镇的家长，难道不认为他们的儿子最好应当尽力献身于家产的管理，把他们的大部分劳动和精力花在农庄的耕耘上吗？或者说他有意识地把儿子打发走，这样做是为了让他能待在乡下觅食而同时被剥夺所有好处吗？什么？如果可以

确定洛司基乌斯不仅负责农庄的耕种，而且，甚至在他父亲活着的时候，就得到了某些家产的用益权①，而你，尽管如此，仍旧把他的生活称做被打发到乡间受惩罚吗？厄鲁昔乌，你瞧你的推理距离案子的事实真相有多远。这是做父亲的常有的事，而你却认为这是一件新鲜事；这是一项仁慈的行为，却被你指责为由于仇恨而引发；父亲赐给儿子的东西明明可以视为一种尊重，而你断言这是一种惩罚。这不是因为你不明白，而是因为你几乎找不到什么论据，而你又认为自己不得不反对我们，甚至还要反对事实真相、反对人类习俗、反对人们公认的看法。

【16】好吧，但是你说，当洛司基乌斯有两个儿子的时候，他从来没有把其中的一个打发走，而把另一个留在乡下生活。厄鲁昔乌，我请你善意地接受我要说的话，因为我不想驳斥你，只想提醒你。如果你生来没有这样一位父亲，那真是一个错误，因为从他那里你可以学到父亲对子女的情感，至少自然赋予你的人性并不少，还有对学习的爱好，这样你对学问就不显得陌生。让我们从舞台上取一个例子来说明问题。我要问你，你是否真的认为凯西留斯剧中的那个老人为住在乡间的欧提库斯想得比另一个儿子凯瑞特拉图（我想这是他的名字）要少，他把一个儿子留在城里与他住在一起，这是爱护的象征，而把另一个儿子送到乡村去受惩罚。你会说："为什么要提这些毫不相干的事情？"这些事情其实并非毫不相干，不提一个连你这样的人听了都会感到高兴的我的同胞或邻居的名字，他希望自己最喜欢的儿子献身于农业，那么连我自己都会感到理解起来有困难！举一个大家都熟悉的人为例是一个很好的突破口，他们是否愿意自己的名字被提到是不确定的。此外，他们中间没有人能像你这样有名，而对干这个论证来说，无论我用的是这出喜剧中的这个年轻人的名字，还是用来自维伊人②地区的任何人的名字，都

---

① 用益权（usufruct），指的是在不损害产业的条件下使用他人产业并享受其收益的权利。

② 维伊人（Veii），埃图利亚的一个部落，罗马的早期对手，于公元前396年被卡弥鲁斯（Camillus）摧毁，它的领地被罗马人占领。

确实没有什么差别。事实上，我认为诗人们的这些创作旨在用其他人的性格再现我们的品性，描绘一幅我们日常生活的生动图景。现在，要是你乐意的话，我们可以回到现实中来，考虑一下这些家长最重视哪一种事业，不仅在翁布里亚①和周边地区，而且在我们自治的老城镇里。你肯定会发现，由于缺少有着良好根据的指控，你把对洛司基乌斯的最高信任当成了罪过。

【17】这些做儿子的献身于农业不仅仅是为了服从父亲们的希望，我本人，除非我弄错了，还有你们每个人，也会知道一切行业都与农耕有关。他们有自己的想法，因此有务农的热情，把被你当做可耻的罪过来指控的过一种乡村生活当做最光荣、最舒适的生活。关于这位洛司基乌斯本人，你对他在乡间事务中表现出来的热情和知识怎么看？我从他在场的亲戚，一些最高尚的人那里知道，你在你们这些指控者的行当中的精明程度还不如他在他的行业中的精明程度。但我假设，由于这是没有给洛司基乌斯留下一处农庄的克利索格努喜欢做的事情，所以要是他愿意，他可以忘记他的行当，放弃对农业的兴趣。尽管这是一种耻辱，是一件丢脸的事情，先生们，要是你们批准他重新享有这种生活和荣耀，那么他会泰然处之；但不能忍受的是，他拥有大量优良的农庄使他陷入当前的困境，他努力耕种的农庄成为对他歧视的特别理由，就好像他为了他人进行耕种，而不是为自己耕种还不够倒霉，还要为务农而受到指控。

【18】厄鲁昔乌，说实话，你要是出生在一个从犁边招人来选举执政官的时代，那么你会成为一个荒谬绝伦的指控者。由于你认为管理庄园是一种罪恶，所以你肯定认为著名的、亲自在地里播种的阿提留斯②是一个最卑劣、最可耻的人。但是凭天发誓！对于阿提留斯和其他像他一样的人，我们的祖先有着非常不同的看法。依据这样的原则行事，我们的祖先从一个极为

---

① 翁布里亚（Umbria），意大利中部的一个地区。

② 即阿提留斯·塞拉努斯（Atilius Serranus），公元前257年担任执政官。按照普林尼的说法（《自然史》第18卷第20章），当任命他为执政官的消息传来的时候，他正在地里播种，因此他的外号就叫"播种者"（Serranus）。

弱小的国家开始发展，最后给我们留下了一个繁荣昌盛的大国。因为他们辛勤耕种自己的土地，也不去贪婪地窥探他人的土地，他们的土地和城市以这样的方式增加，从城邦变成共和国，造就了罗马人民的统治和罗马这个名字。我指出这些事实并非要拿它来与我们现在正在考察的人做比较，我的目的是使人明白，在那个时代，那些地位和性格都极为优秀的人在任何时候都可以召来为国家掌舵，但又在耕种他们自己的土地上花费了许多时间和辛劳。所以，要是有人自称乡下人，始终住在乡下，那么我们应当原谅他，尤其是这样做更符合他父亲的心愿，更令他自己高兴，或者说更加光荣的时候。

所以，厄鲁昔乌，我假定，你说这位父亲对儿子怀有强烈仇恨竟然是通过允许儿子留在乡下表现出来的！此外还有什么吗？他说："确实还有，因为这位父亲想要剥夺儿子的继承权。"我很高兴听到你这样说，因为你现在说的话与案子有点关系了，但我想连你自己也承认这样的论证是微不足道的、荒谬的："他从来不和他的父亲一道去任何娱乐场所。"当然不会，因为他极少到城里来。"人们极少邀请他到家里做客。"这一点儿也不奇怪，因为他不住在城里，不可能接受他们的邀请。

【19】但是你自己明白这样的论证是无效的。现在让我们来考虑刚才说的话，"这位父亲想要剥夺儿子的继承权"，这句话可以清楚地表明你说的这种仇恨根本不存在。我不问你为什么，我问你是怎么知道的。你确实必须陈述和列举所有理由，因为这是一位始终一致的指控者的责任，指控者的目标就是要让任何人相信有这种罪行，你要指出这位儿子所有的罪恶和过失，因此使得这位父亲无比愤怒，克制了他的天然亲情，排除了心中深深扎根的爱护，最后忘记自己是个父亲，而在我看来，我的当事人要是没有犯下如此巨大的过失，那么这样的事情绝不可能发生。

然而，我允许你放过这些错误，你的沉默表示你承认这些事情不存在；至于你确定他想要剥夺他儿子的继承权，那么你必须加以证明。你能提出什么证据来说服我们相信他有这种意图呢？与事实真相一致的话你一句也说不出来，但你至少可以虚构一些理由来使人们相信你做的事情——如此明显地骚扰不幸的洛司基乌斯，蔑视法官的尊严。这位父亲想要剥夺儿子的继承权，为什么？"我不知道。"他剥夺了吗？"没有。"谁阻止他这样做了？"他只是在心里想。"在心里想？他对谁说过吗？"没有。"我要问，像这样的指控和诋毁，你不仅不能证明，而且甚至不打算证明。先生们，这样做不是在蔑视法庭、法律、你们的尊严以满足他们奢侈的欲望又是什么？厄鲁昔乌，我们中间无人不知你和洛司基乌斯之间并不存在个人的敌意，每个人都明白你为什么要以他的敌人的身份出现在法庭上，每个人都知道你已经被金钱拉下水了。所以，你还有什么话要说？然而，不管你多么想要挣钱，你必须想一想法官对你的看法，"诽谤法"① 总是会生效的。

【20】这个国家有许多指控者，不法之徒由于害怕被指控而抑制他们的罪行，这样做是有用的，但只有在指控者不把我们当做傻瓜公开戏弄的情况下才有用。某某是无辜的，但是尽管他无罪，仍旧逃脱不了怀疑。还有，尽管这对他来说是一种不幸，但我在一定程度上对那个指控他的人表示遗憾。由于指控者讲述的某些事情可以使被指控者蒙上罪名，使人们对他产生疑心，但被指控者不会把我们当做傻瓜公开戏弄，或者对我们散布谣言。正是由于这个原因，所以我们允许有尽可能多的指控者，因为无辜者受到指控以后可以被判无罪，而有罪者要是不被指控就不能定罪，然而判处无辜者无罪比对有罪者不提起审判更加要紧。卡皮托利圣山上的鹅群由公费喂养，但那里也还养着提防盗贼的看门狗。② 鹅确实不能识别盗贼，但要是晚上有人进来，它们会发出惊叫，因为这是可疑的。它们是动物，如果它们犯了错误，那么至少也会使人提高警惕。但若看门狗在大白天也狂吠起来，在有人

---

① 此处原文为"Remmian Law"，是一项法律的名称，涉及对诽谤罪的处置。这项法律何时立法或由谁提出均不详。其中规定了一些处罚，包括在诽谤者额头上刻上一个 K 字，诽谤（Calumnia）一词的第一个字母。拉丁文中的 C 和 K 在许多词中相通，读音也相同。

② 卡皮托利山（Capitoline），罗马七山丘之一，山顶上建有多处神庙。公元前 390 年，高卢人侵犯此地，那里公费饲养的鹅群发出惊叫，而看门狗则没有报警。在这里西塞罗把指控者比做鹅群不准确，因为鹅群由公费喂养，而指控者不向国家领薪水。

进来崇拜诸神的时候，那么我想应该打断它们的腿，因为这种时候没有理由怀疑，乃至于狂吠。指控者的情况与此相同。你们中有些人是鹅，只会叫唤，不会伤人；另一些人是狗，不仅会狂吠，而且会咬人。你们可以吃提供给你们的食物，① 但你们必须攻击那些应该攻击的人，这才是好样儿的。其次，要是某人有可能犯了罪，要是你怀疑，那么只要你愿意，你可以叫唤，这也是允许的。但若你以这样一种方式行事，努力证明一名儿子杀害了他的父亲，而又说不出为什么或怎么样，在毫无理由的情况下只管叫唤，那么即使你的腿不会被打断，但我知道这些先生们肯定会给你的额头上刻上那个 K 字，② 对你们指控者来说，这个字显得如此丑恶，乃至于你们痛恨所有月份的第一天，到那个时候你们没有人可以指控，只能指控你们自己的厄运。

【21】我尊敬的指控者，你还有什么可以提供给我驳斥的？你引起这些先生们的怀疑有什么根据？"他害怕被剥夺继承权。"我听你这样说过，但无人提供任何理由说明他为什么要害怕。"他的父亲想要剥夺他的继承权。"证明给我看。没有任何证据，你们既说不出他曾经就此事向某人咨询，或者把这个意图告诉过某人，也说不出你们心中为什么会产生这样的怀疑。厄鲁昔乌，当你以这种方式提出指控，这岂不是在公开宣布："我知道我得到了什么，但我不知道我要说什么；我唯一想到的就是克利索格努的断言，没有人会为这个人辩护，在这种时候没有人会对购买地产或这种合伙关系说一句话？"我凭天发誓，正是这种幻想使你自我欺骗！如果你想过有人会对你做出回答，那么你就一个词也不会说了。

先生们，如果你们注意到了的话，那么花时间想一想这个人在提出指控时的草率态度是值得的。当他看清有谁坐在这些板凳上的时候，我禁不住想他会问自己有谁会愿意出来辩护，他甚至从来没有想到过我，因为我以前从

---

① 像厄鲁昔乌这样的指控人是从私人那里收取费用的，在本案中是从两位洛司基乌斯那里收取费用。

② 参见前注，刻上 K 字的另一个意思是欠债者要按日历（Kalends）支付债务的利益（每月第一天）。

来没有为刑事案做过辩护。发现没有有能力、有经验的人愿意辩护以后，他就开始显示出满不在乎的样子来，在该他说话的时候他坐下了，然后四处走动，有时还传唤他的奴隶（我猜想是为了订晚餐）；事实上他丝毫也不尊重你们这些坐在法官席和公众席上的人，就好像这里绝对只有他一个人。

【22】最后他做了总结，然后坐了下来，而我站了起来。他似乎又开始喘气了，因为除了我没有其他人想要说话。我开始讲话。先生们，我注意到他在和别人开玩笑，一点儿也不注意听，直到我提到克利索格努的名字。我一提到他，这个人马上就蹦了起来，似乎感到非常惊讶。我明白是什么东西刺伤了他。我第二次、第三次提到了克利索格努的名字。然后，就有人不停地跑来跑去，我假定那是有人去告诉克利索格努，在罗马竟然有人胆大包天违反他的意志讲话，案子发生了出乎他意料之外的逆转，低价强购家产的事情被揭露了，他的合伙人受到严厉批判，他的权势受到了挑战，法官们在注意地听，人们认定这件事情是恶意诽谤。由于你在这些事情上已经犯了错误，由于你看到一切事情都发生了改变，有人为塞克斯都·洛司基乌斯的案子提出了抗辩，这种抗辩即使不恰当，至少也是完全自由的，由于你看到这个被你认为遭到人们抛弃的人得到了辩护，而那些你认为会抛弃他的人充当了法官，所以你至少需要把你的精明老道和明智远见再次表现给我们看，承认你是带着某种希望到这里来的，因为你想象自己在这里能找到抢劫的机会，而不是把这里当做正义之家。

这场官司要审判一桩弑父案，但指控者没有解释诱使这位儿子杀死父亲的动机。在日常频繁发生的小案中，许多罪犯的行为是一些轻微的过失，在这种情况下审判的首要目标都是充分弄清冒犯者的动机，而在这样一桩弑父案中，厄鲁昔乌却不认为这样的考察是必要的。先生们，在这样的罪案中，即使有许多动机出现并且相互吻合，也不能在缺乏思考的情况下就轻易相信，不能单凭猜测定案，也不能轻信指控者提供的证据，不能根据指控者的能力来定案。如果指出被告犯过许多罪、过着荒淫无度的生活，就可证明被告格外胆大妄为，甚至不仅是胆大妄为，而且是极为疯狂。但即使所有这些都被证明了，指控者仍旧要提供犯罪的明确无误的证据：何处、如何、用什么手段，犯罪的时间。除非有充分的证据，否则不能相信发生了如此邪恶、罪大恶极、令人憎恨的罪行。人的情感力量、血缘关系是非常强大的，自然本身也会反对这样的怀疑，这种罪行无疑是一种违反自然的怪现象。人之所以为人，正在于他能超越野兽般的凶残，他不可能在光天化日之下对抚养他的恩人下如此毒手，甚至连野兽也会由于出生、抚养和本性而结合在一起。

【23】若干年以前，据说有一位特腊契纳①的著名公民提多·凯留斯晚饭后上床睡觉，同一房间里还有他的两个成年儿子。到了早晨，有人发现他的喉咙被割断了，死在床上。由于找不到可以怀疑杀了人的奴隶或自由民，而睡在父亲近旁的两个成年儿子说自己什么也没有听到，于是人们就怀疑他们杀害了父亲。这难道还不值得怀疑吗？他们俩谁也没有听到什么动静？有人大胆地闯进了他们的房间，而这时候两个儿子在房间里，他们很容易发现有人进来并且进行抵抗？再说，其他再也没有可以合理怀疑的对象了。然而法官发现，这些年轻人在早晨被人发现的时候还在呼呼大睡，而这时候门是开着的，于是法官宣判他们无罪，所有怀疑都被排除。事实上，没有人会认为有人在犯了这种违反一切世俗和神圣法律的罪行之后还能马上安然入睡，犯下这种罪行的人不仅不能安宁地休息，而且连喘气都会感到害怕。

【24】按照诗人传递下来的传说，有的子女杀死母亲，为父亲复仇，你们难道不知道吗？尽管他们据说是按照不朽诸神的命令和神谕行事的，然而你们读到过复仇女神如何骚扰他们，不让他们有片刻的安宁，因为他们不犯罪就无法完成他们要对父亲承担的义务。先生们，事实真相是这样的：父母的血拥有巨大的力量，是一种约束力，是神圣的；一滴父母的血就会产生个污点，不仅无法洗去，而且会渗入心脏，使人暴躁与疯狂。你一定不要以为，像经常在剧本中看到的那样，那些犯下任何不义之罪的人会受到复仇女神的火炬的追索和骚扰。是他们自己的恶行、他们自己内心的恐惧比其他任

---

① 特腊契纳（Tarracina），位于罗马东南约 60 英里处。

何东西给他们带来更大的折磨，是他们自己的罪行在骚扰他们，驱使他们疯狂，是他们自己的恶念使他们的良心受到折腾，使他们恐怖。复仇女神从来不会把这些东西留在他们心里，这些东西是从他们自己心里长出来的，这些东西在夜以继日地为被杀害的父母向被罪恶玷污了的子女索取生命的气息。

由于罪名重大，除非弑父罪能够得到确认，否则不可轻信。一个人除非年轻时候就有过可耻的行径，他的生活被各种罪行玷污，他的放荡不羁伴随着无耻，他的胆大妄为不受约束，他的鲁莽行事与疯狂无异。只有对这样的人，我们可以说他的父亲痛恨他，而他害怕父亲的教训，有一帮坏朋友，有恶奴陪伴，有很好的机会，有杀人的恰当地点。只有在这种情况下我会说，如果法官相信发生了如此罪大恶极和凶狠残暴的罪行，那么他们一定要看到这个儿子的双手沾满了父亲的鲜血。

由于这个原因，弑父罪不可轻信，除非清楚地得到证明，而一旦罪行被证实，那就要更加严厉地予以惩处。

【25】还有，我们知道我们的祖先在许多事情上超过其他民族，不仅在武力上，而且在智慧和谨慎上。事实上，为了惩罚不义之人，他们发明了非常奇怪的惩罚办法，其智慧由此可见一斑。想一想他们有多么精明吧，他们在这件事情上的智慧胜过那些以智慧著称的其他所有民族的最聪明的人。按照传说，雅典人在拥有希腊霸权的时候是所有国家中间最精明的；还有，她最聪明的公民据说是梭伦，他制定的法律至今还在他们中间实行。当有人问他为什么不制定一条惩罚弑父罪的法律时，他回答说，他认为没有人会犯这样的罪。不去规定人们从来不会犯的罪行的法律，他这样做据说是很聪明的，因为他担心这样做与其说可以防范这种罪行，倒不如说在提示人们犯罪。我们的祖先要聪明得多！他们知道没有比父母的生命更神圣的了，为了使它不至于在某个时候被鲁莽的行动所侵犯，他们想出了一种非常奇怪的办法惩罚弑父罪，目的就是想用严峻的惩罚来防范这种罪行，使那些单凭本性还不能孝顺父母的人能够尽义务。他们的办法是把杀害父母的罪犯活活地捆在袋子里，然后扔进河中。

【26】先生们，这是智慧的典型例证！这样的处罚和折磨可以使那些完全丧失本性的人送命，马上剥夺他们的天空、阳光、大地和水，弑父母的罪犯杀死了生育他们、赋予他们生命的人，而我们知道现存一切事物都是因为有了这些元素才能有生命，不是吗？古人不想把罪犯的身体扔给野兽吃，免得野兽在碰了这些可怕的东西以后会对我们更加凶残；古人也不想把罪犯的身体赤裸裸地扔进河里，免得在尸体冲到海里之前会污染各种生命的元素，而据说海水可以洗涤一切被玷污了的东西，总之，这些元素是极为普遍的。还有什么事情会如此平白无奇，就如空气之于生灵，大地之于死者，大海之于在浪涛中颠簸的人，海岸之于翻船的水手？这就是他们的命，他们就这样丧命，不再能自由地呼吸空气，他们就这样死去，他们的骨骼不再能触及大地，他们在波涛中翻滚，却洗不净他们的身体，尽管他们死了，被海浪冲回岸边，但是连岩石也不能成为他们的栖身之地。

你们指控洛司基乌斯犯了这种滔天大罪，而针对这种罪行有如此怪异的惩罚。厄鲁昔乌，如果连一个犯罪的理由都提不出来，那么你认为你能向人们证明他的罪行吗？如果你，还有正在主持这场审判的克利索格努，在购买他的地产之前就指控他，那么你们无论如何应当比较仔细地做好准备。你们不知道案子的性质吗，或者不知道你们在谁面前提出这种指控吗？这种罪行是杀害父母，没有人会在没有许多动机的情况下犯这种罪；你们在最精明、最审慎的人面前提出指控，他们知道，若无动机人们连最微不足道的过失也不会有。

【27】很好，你提不出任何动机。尽管你们必须认为我马上就打赢了这场官司，但我不仅不坚持我的权利，而且还要在这个案子中对你们做出让步，而在其他案子中我是不会让步的，因为我非常相信我的当事人是无辜的。我不要你说明为什么塞克斯都·洛司基乌斯要杀害他的父亲了，我要问你他如何杀害他的父亲。哦，是的，盖乌斯·厄鲁昔乌，我要问你他如何杀害。尽管这是我的讲话时间，但我允许你马上回答，要是你愿意，也可以打断我的话向我提问。他是如何杀害他的父亲的？他殴打他的父亲了吗，或者

他让别人动手了？如果你坚持说是他自己干的，那么我要说他当时不在罗马；如果你说是他指使别人干的，那么我要问，他们是谁？他们是奴隶还是自由民？如果他们是从阿迈利亚来的，那么他们是谁？为什么不把他们的名字说出来？如果凶手是罗马人，那么洛司基乌斯已经好几年没有来过罗马，从前来的时候逗留的时间也绝不超过三天，既然如此，他怎么和他们认识的？他在什么地方与他们会面？他怎么和他们牵上线的？他怎么劝说他们的？他给了他们贿赂。他贿赂了谁，通过谁把贿赂给了他们？钱是从哪里来的，有多少？人们一般不就是这样追踪线索，最后找到罪行的起点吗？你们同时别忘了自己是如何描述我的当事人的生活的。你们说他是粗鲁的、野蛮的，从来不和人说话，从来不在阿迈利亚镇上逗留。说到这一点，我要提出一个可能对证明他的无辜非常有利的很强的论证——简朴的生活、朴实的品性、不文明的生活一般不是产生这种罪恶的温床。就好比你不可能在一个地方发现各种谷物或树木，所以一种生活也不会产生各种行为。城市创造奢侈，不可避免地产生邪恶，而从邪恶会滋生出胆大妄为，这是一切罪过的源泉。另一方面，这种被你称做粗野的乡村生活会教导人们节俭、精心和正义。

【28】但我把这些想法撇在一边。我要提出这样一个问题：这个人，像你们所说的那样，从来不在人群中厮混，那么他在谁的帮助下在他本人不在场的时候实施这样一桩神秘的罪行？先生们，指控经常是虚假的，然而却建立在足以引起怀疑的事实之上；以这样的事实为依据，要是发现值得怀疑的事情，那么我会承认罪恶的存在。塞克斯都·洛司基乌斯在罗马被杀害，那个时候他的儿子在阿迈利亚。我假定他在罗马不认识什么人，于是他写了一封信给罗马的杀手。你们说："他派遣某人。"谁？什么时候？"他派遣一名使者。"使者是谁，或者给谁送信？"他通过贿赂、权势、许诺说服了某些人。"就算这些解释都不是捏造出来的，然而我们在这里为之抗辩的是一桩关于弑父罪的指控。

剩下的可能性就是他通过奴隶犯下了这一罪行。哦，不朽的诸神，这有多么不幸啊！这是一场什么样的灾难啊！那么在这种指控中，作为一条规矩，把他的奴隶装进口袋就可以用来证明当事人的无辜并拯救他，然而塞克斯都·洛司基乌斯的要求竟然得不到允许！我的当事人的指控者们，你们已经占有了他的所有奴隶；在他家众多奴隶中，没有留一个奴隶来照料他的日常饮食。普伯里乌·西庇阿，现在我要向你求情，马库斯·麦特鲁斯，我也要向你求情。当你们支持塞克斯都·洛司基乌斯并且代表他行事的时候，他几次建议要拷问他父亲的两个奴隶，不是吗？你们不记得提多·洛司基乌斯对他的建议表示拒绝了吗？好吧，这些奴隶到哪里去了？先生们，他们现在成了克利索格努的随从，克利索格努非常尊敬他们，认为他们很有用。哪怕现在我仍旧要求提审他们，我的当事人恳求你们要提审他们。你们怎么想？为什么要拒绝？先生们，你们现在可以仔细想一想：塞克斯都·洛司基乌斯到底是被谁杀死的？是这个人吗？是他发现自己一贫如洗，危机四伏以后动手杀死了父亲吗？可是他甚至没有机会询问他父亲的死因。或者说，是那些占有死者的财产、躲避任何查询的人，他们生来就是杀人凶手，靠谋杀过活？先生们，这桩案子中的所有细节都令人遗憾，荒谬绝伦，但没有比这一点更加触目惊心、更加不公平的了——竟然不允许做儿子的向他父亲的奴仆查问他父亲的死因。难道他不再是他自己的奴隶的主人，因此不能查问他们吗？我很快就来讨论这个主题，因为这些事情都和两位洛司基乌斯有关。我答应，在驳斥了厄鲁昔乌的指控以后就来谈论他们的胆大妄为。

【29】厄鲁昔乌，现在我要对你说话。我们必须取得一致意见，如果我的当事人与这桩罪行有关，那么他要么亲自动手，但你们无法证明这一点，要么他假借他人之手犯了罪，无论这个人是自由民还是奴隶。这个人是自由民吗？你们不能说明他如何会见他们，用什么手段说服他们，在哪里、通过什么人，他做出了什么许诺，提供了什么贿赂。而我正好相反，证明了塞克斯都·洛司基乌斯不仅没有做这些事，而且不可能做这些事，因为几年来他不仅没有住在罗马，而且从来没有无缘无故地离开过他的农庄。现在留给你唯一要说的似乎就是这些奴隶的名字。这就好比一个港湾，当你从其他错误

论断返回时，可以在这里得到庇护，而不是一头撞在礁石上。你不仅可以看到塞克斯都·洛司基乌斯受到的指控被开脱，而且可以明白所有疑点都落到了你们自己身上。

那么，怎么办呢？我问的是：这位指控者的论证实在贫乏，他应该去哪里避难呢？他说："有许多时候，杀人的事比比皆是，凶手也不会受到惩罚；因此，在凶杀案频频发生的时候，你不难犯下这一罪行。"厄鲁昔乌，你有时候在我看来是想要一石二鸟，用法律程序来困住我们，而同时又指控自己从他们那里得到过许多好处的人。你在说什么？杀人的事比比皆是？通过谁？是谁在杀人？你忘了那些让你到这里来的人就是那些被征用的财产的购买者吗？接下去是什么？我们难道不知道，在你说的这些时间里杀人总少不了抢劫吗？最后，那些带着武器跑来跑去、从来没有离开罗马、一直干着抢劫杀人勾当的人，他们要用那些时候的残忍和恶行来指责塞克斯都·洛司基乌斯吗？你们可以想象那时候有许多杀人犯，而他们自己就是杀人犯的首领。这些人有理由指控我的当事人吗？他当时不在罗马，而且完全不知道那里发生了什么事，因为你们自己承认他始终待在乡下。

先生们，要是我继续讨论如此清楚明白的事情，我怕你们会感到厌倦，或者会不相信你们的理智。我要大胆地想，厄鲁昔乌的指控已经被完全推翻了，除非你们也许正在等着我反驳他今天带来的同一类关于盗用财产①的指控。到今天为止我们还从来没有听说过这些指控，它们对我们相当新颖。我听他讲这些话的时候就好像似曾相识，在其他人的演讲中听到过，但与当前审判的弑父案几乎没有什么联系。只有他自己的话语在支持这个指控，对此我们简单地给以否定也就足够了。但若他还想要给这些指控寻找证据，那么就像对待案子本身一样，他会发现我们的准备比他预料得还要充分。

【30】现在我要说一些必须说的事情，这些事不是我特别喜欢说的，但我对当事人的忠诚在引导着我。如果指控别人可以提高自己的声望，那么我

---

① 指责洛司基乌斯扣留某些原来属于他父亲、现在已经被征用属于国家的财产。

宁可去指控别人，但在这件案子中，如果我可以选择指控或不指控的话，那么我决心不指控。因为这个人在我看来是最高尚的，他凭着自己的功绩，而不是通过他人的不幸和灾难，获得了较好的地位。让我们停留一会儿，考察一下这些愚蠢的指控，让我们来找一找罪恶在哪里，在哪里可以发现罪恶。然后你就会明白，厄鲁昔乌，要用多少个疑点才能证明一个真正的指控，尽管我不会提到所有疑点，而且每个疑点都只是点到为止。除非有必要，我甚至不用这样做；事实上，我不会去深究，只要能保证我的当事人的安全，而我的义务感也不会使我感到后悔。

你在塞克斯都·洛司基乌斯那里找不到杀人动机，但我在提多·洛司基乌斯①那里找到了一个动机。提多，我说的是你，因为你坐在原告席上，向你的对手公开发过誓。我们以后再来对付卡皮托，我知道他已经做好了上前作证的准备；然后他会知道他还有其他荣誉，他不会怀疑我以前曾经听说过这些荣誉。杰出的卢西乌斯·卡西乌斯被罗马人视为最聪明、最谨慎的法官，他在审讯中习惯于反复追问"有谁从中得益?"这是一条普世真理：没有获得利益的希望，就没有犯罪。那些受到犯罪指控的人回避他，害怕受到他的审判，因为，尽管他热爱真理，但他的天性使他缺乏怜悯，以至于倾向于严峻。至于我本人，我抱着巨大的勇气为无辜者塞克斯都·洛司基乌斯进行辩护，把这样做视为对无辜者的仁慈，哪怕面对像卡西乌斯这样苛刻的审判本身或法官，他的威名直到现在还令那些接受审判的人感到害怕。

【31】在这个案子中，由于指控者抢占了巨大的财产，而我的当事人沦为乞丐，所以他们没有必要去考究"有谁从中得益"。既然在这一点上没什么可怀疑的，那么罪行和疑心应当与抢劫者相关，而不是与这个穷人相联。此外，如果你们从前是贫穷的、邪恶的、胆大妄为的，那又该如何? 如果你们是被杀者最凶狠的敌人，那又该如何? 还需要寻找其他任何能够驱使你们犯下这一可恶罪行的动机吗? 这些事实有哪一样能够否认? 这个人的贫困是

---

① 指提多·洛司基乌斯·玛格努斯。

无法隐瞒的，你越想隐瞒，它就越明显。由于你和一名善良的陌生人缔结了合伙关系，占有了一位同胞和亲戚的幸福，所以你展现了你的邪恶。而其他事情都不必提了，每个人都能从这一事实中明白你的胡作非为，在所有与此案有关的人中间，换言之，在所有参与谋杀的人中间，只有你会让自己坐在原告席上，不仅让我们看到你的无耻嘴脸，而且看到你的表演。你必须承认你和塞克斯都·洛司基乌斯之间在家庭事务上存在着敌意和严重争执。先生们，剩下的唯一事情就是考虑这两个人哪一个更像杀人凶手：是凶杀以后发了大财的，还是凶杀以后一贫如洗的；是以前贫穷的，还是现在沦为乞丐的；是充满邪恶，攻击自己亲戚的，还是始终过着简朴生活、除了用自己的汗水换来果实，而对其他事情一无所知的；是一名最胆大妄为的凶徒，还是一个由于缺乏集会和法庭经验，不仅害怕看到法庭的席位，而且害怕这座城市本身的人；最后，先生们——我认为这一点在本案中最重要——是洛司基乌斯的敌人，还是洛司基乌斯的儿子。

【32】哦，厄鲁昔乌，如果你的指控有许多令人信服的证据，那么你会多么投入，会有多少话要讲！我以赫丘利的名义起誓，是时间，而不是话语，使你失败。事实上，材料如此丰富，你可以花一整天来讲述每一细节。而我要这样做也并非不可能，因为除了不受欺骗之外，我自己并非没有什么看法，以至于会认为你比我有更多的话要讲。但是，考虑到参加辩护的人数甚多，我只能算做其中之一，所以我就不多讲了。卡奈战役①使你成为一名尚可容忍的不错的指控者。我们已经看到了许多屠杀，不是在特拉昔曼努湖畔，②而是在塞维利洼地。"有谁在那里没有被弗里吉亚人的刀剑伤害过？"③我们没有必要逐一列举他们的名字，一位库提乌斯，一位马略，最后还有一

① 卡奈（Cannae），意大利阿普利亚地区的一个村庄，汉尼拔于公元前216年在此打败罗马人。西塞罗在辩护中指出，在这场诉讼中厄鲁昔乌是指控者，而罗马人在追杀那些被剥夺了公民权的政敌时，有许多指控者被杀。西塞罗把这场诉讼比做卡奈之役。

② 特拉昔曼努湖（Lake Trasimenus=Trasumenus），意大利埃特鲁里亚东部的一个湖，公元前217年，汉尼拔大败罗马军队于此湖滨。

③ 这句引文出自恩尼乌斯的诗歌《阿喀琉斯》。

位美米乌斯，他们都由于年迈而从战场上撤退了。最后还有年迈的普利亚姆本人，安提司提乌，被禁止参战，不仅是由于他的年纪，而且也由于法律的规定。进一步说，还有数百人的名字由于他们不那么显赫而从来没有被提到，他们在凶杀案或投毒案中充当指控者。就我个人意愿来说，我希望他们全都活着。因为，有许多狗并没有什么坏处，有许多人提高警惕提防罪恶也没有什么坏处。但是一般说来，战争的暴力和动乱会给公众带来许多意外。掌握最高权力的人专注于处理某些事情，而与此同时会有人只顾舔干他们自己的伤口；①这些人在黑暗中行事，无法无天，使漫漫长夜笼罩整个国家。使我感到惊讶的是他们为什么不把这些板凳也一把火烧了，这样就不能进行任何法律审判，因为他们已经使指控和审判偏离了正道。然而幸运的是，他们无法消灭所有证据，即使他们想要这样做也做不到。因为只要人类还存在，就不会缺乏指控他们的人；只要国家还存在，审判就将继续进行。但是如我上述，如果厄鲁昔乌在本案中拥有我已经提到过的可以支持他的立场的事实，那么他就能爱讲多久就讲多久，而我也可以这样做。但我在上面已经说过，我不想详细展开，只想点到即止。每个人都可以明白我不是出于某种偏向而在提出指控，而是出于对我的当事人的义务感。

【33】所以，我看到有许多动机可以驱使他犯罪。现在让我们来看他是否有机会这样做。塞克斯都·洛司基乌斯在什么地方被杀？"在罗马。"好吧，提多·洛司基乌斯，你当时在什么地方？"在罗马。但这有什么关系？其他许多人也在那里。"这样说就好像当前的问题是在许多人中找出是谁犯了罪，而不是洛司基乌斯更有可能被谁杀害，一个长期待在罗马的人，还是一个多年没有靠近罗马的人。

好吧，让我们来考虑他还有什么其他机会。厄鲁昔乌告诉我们，当时有一群杀人犯，他们杀了人而不受任何惩罚。那么，我们来想一想这群人是谁。我想，他们要么是购买财产的人，要么是受雇于他们的人。如果你认为

---

① 指有人借机消灭私敌，或只顾为自己捞好处。

凶手是那些觊觎他人财产的人，那么你是其中之一，你是一个依靠我们的财富而发了横财的人；但若你认为凶手是那些比较温和一些的盗贼，那么就要问谁在庇护他们，他们依附谁，相信我，这样做你会发现你的同伙。无论你说出什么与我的辩护相反的话，对照一下塞克斯都·洛司基乌斯的情况与你自己的情况可以很容易理解事情的真相。你会说："如果我一直在罗马，那又怎样？"我会回答说："我从来没有去过那里。""我承认我是一个经纪人，但有许多人也是经纪人。""但是我，就像你谴责我的那样，是一名农夫，是乡下人。""也许我正好与一群凶手待在一起，但不能由此证明我是凶手。""但我可以斩钉截铁地告诉你，我根本不认识任何凶手，更不必说受到这样的指控了。"类似的对照还可以说出许多，由此可见，你的犯罪嫌疑显然最大，但我还是愿意把它们忽略，不仅因为我不喜欢指控你，而且因为，要是我谈论杀害塞克斯都·洛司基乌斯的所有凶手，那么我担心我的讲话会变成针对其他人的话。

【34】现在，像你的其他诉讼一样，让我们非常简洁地考察一下你在洛司基乌斯死后提出的诉讼及其程序。它们如此明显，以至于（希望信心之神能帮助我！）我会后悔谈论它们。因为我担心，提多·洛司基乌斯，无论你是何种人，我本来希望在拯救我的当事人的时候也不饶恕你，但我后来有了宽恕你的想法，只要我不放弃对我的当事人应尽的义务。我改变了自己的想法，因为我想到了你的厚颜无耻。你的其他同伙逃跑并隐藏起来，而这时候你却创造了这样一个印象，这场审判的对象不是他们的抢劫，而是我的当事人所犯的罪行，你认为自己可以当众扮演这样的角色，认为自己应当出庭，坐在原告的席位上。但你这种行动，除了使每个人都知道你的厚颜无耻和冒失无礼以外，不会有任何成就。在塞克斯都·洛司基乌斯被杀以后，第一个把消息带到阿迈利亚的是谁？我前面提到过，是玛略·格劳西亚，你的依附者和亲密朋友。如果这条消息与你的关系比和其他人的关系要小，那么他为什么要告诉你？你是不是参与了谋杀塞克斯都并夺取他的财产的计划？"玛略愿意把消息告诉谁就告诉谁。"我问的是这件事和他有什么关系？或者说，

他到阿迈利亚不是为了传递消息，而只是偶然把他在罗马听到的消息说了出来？他为什么要来阿迈利亚？"我猜不出来。"我的问题不需要猜测。为什么要把这条消息首先告诉卡皮托？尽管塞克斯都·洛司基乌斯在阿迈利亚有房子、妻子、儿女，尽管他有许多亲戚朋友，他和他们一直和睦相处，但这个人，你的当事人，为什么要把有关你的罪恶的消息首先告诉卡皮托，而不先告诉别人？洛司基乌斯赴晚宴以后被杀，而在阿迈利亚的人天亮以前就知道了。这种难以置信的快速传递意味着什么？我问的不是谁动手杀人，你没有什么好害怕的，格劳西亚，我不想知道你身上是否藏有武器，也不想搜你的身，因为只要我发现是谁策划了这场谋杀，我就不难找到动手杀人的凶手。我只提出这样一个观点，这是你极为明显的罪恶与事实给我提供的：格劳西亚从什么地方，从谁哪里听到杀人的消息？他怎么会知道得这么快？即使他马上知道了这条消息，那么是什么原因使他连夜赶了那么长的路？如果他出于自己的意愿去阿迈利亚，那么他有什么必要马上从罗马出发，整夜赶路？

【35】事实如此明显，我们还有必要去寻找论证或进行猜测吗？先生们，这岂不意味着你们实际上已经看到了你们听说的这些事情了吗？你们不是看到这个不幸的人去赴晚宴，丝毫也不怀疑等待他的命运吗？你们难道没有看到精心的埋伏和突如其来的攻击？在你们眼里格劳西亚不就是凶手吗？提多·洛司基乌斯不是也在场吗？他不是亲自乘上由奥托美冬①驾驶的马车，传递他的罪行和最不义的胜利消息吗？他不是请求驭手一个晚上不睡觉，尽快把消息递给卡皮托，不得延误吗？他为什么希望卡皮托第一个知道这条消息？我不知道，但我注意到卡皮托是洛司基乌斯财产的分享者，我知道他占有了十三个农庄中最好的三个。再说，我不止一次听说卡皮托以往的交易受到过怀疑，他在以往成功的交易中获得了巨额佣金，但这是第一次从罗马给他带来的巨大胜利，他不雇人下手就不会有其他谋杀方式，有的用匕首，有的用毒药。我甚至可以给你们举个例子，有个人，甚至还不到 60 岁，从桥

---

① 奥托美冬（Automedon），希腊神话中英雄阿喀琉斯的驭手，擅长快速驾驭马车。

上被扔进台伯河里，这种做法与我们的祖先习俗相反。他的所有成就，或者在他作为证人前来时——我知道他会这样做——都可以从我这里听到有关他的事。只要让他来，让他说出他的证词，我就可以证明这是厄鲁昔乌替他写的，据说他曾经拿着证词在塞克斯都·洛司基乌斯面前展示过，并且威胁说他会公布所有包含在证词中的明显事实。先生们，这是一位多么令人敬佩的证人啊！一位值得你们所有人给予关注的权威！他有如此高尚的品德，无疑应当接受他的证词！确实，我们无法如此清晰地看到这些人的罪恶，除非他们自己被贪婪、邪恶和鲁莽弄瞎了眼睛。

【36】在凶杀发生以后，他们中有一个人①马上派了一位信使给他在阿迈利亚的合伙人送信，或者给他的头领传消息，所以，哪怕所有人都想要隐瞒谁是凶手，但他本人却把他的罪行公开暴露在所有人面前。另一个人②（要是这样说能使不朽的诸神喜悦）也要提出反对塞克斯都·洛司基乌斯的证据，就好像现在的问题是他的话语是否可信，而不是对他的行为进行惩罚。所以，按照我们祖先的习俗，哪怕是最不重要的事情，最伟大的人物在与他们自己有关的案子中也不要提供证据。阿非利加努③的外号声称他征服了这个世界的第三个组成部分，但他在一个涉及他本人利益的案子中拒绝提供证据，涉及这样一个人，我不好说，哪怕他说了人们也不会相信。想一想吧，现在一切都发生了改变，情况变得越来越糟。现在问题的症结是财产和凶手，一个将要提供证据的人既是经纪人又是凶手，也就是说，他就是有争议的财产的购买者和占有者，是他策划了谋杀本案调查的对象。最尊敬的先生们，这算什么审判？你们有什么要说的吗？没有，那么听我说。请注意，你并没有背弃你自己，但你的个人利益也与此密切相关。你胆大妄为、厚颜无耻，犯下了许多罪行。但是你也足够愚蠢，这无疑是出于你的意愿，而非

---

① 指提多·洛司基乌斯·玛格努斯。

② 指卡皮托。

③ 指小西庇阿，全名普伯里乌·高奈留·西庇阿·艾米利亚努·阿非利加努，阿非利加努是他的外号，意思是"阿非利加的征服者"。

出于厄鲁昔乌的提议。你其实不需要坐在那里，因为没有人会去雇一名哑巴当指控人，也不会要一名哑巴从原告席上站起来作证。另外，你和他们的合伙关系在某种程度上更加隐晦。然而，有谁想要从你这里听到些什么吗？因为你所做的一切就好像是在故意代表我们来反对你自己。

来吧，先生们，现在让我们来看谋杀过后马上发生了什么事。在洛司基乌斯被杀四天以后，消息传到了克利索格努那里，他当时在卢西乌斯·苏拉设在沃拉太雷的军营里。

【37】有谁仍旧要问是谁派的使者？难道不就是派人去阿迈利亚的同一个人吗？克利索格努知道洛司基乌斯的财产马上被出售的消息，尽管他既不知道洛司基乌斯是谁，也不知道案子的事实真相。但是，他心里怎么会有觊觎一个他不认识的人的财产这种想法？他从来没有见过这个人。先生们，听到这种事情，你们总是习惯地马上说："肯定有一些同乡或邻居把消息告诉了他，由于他们提供了消息，才使许多人被出卖。"在本案中没有证据可以说明你们的怀疑。因为我不会做出这样的推论："洛司基乌斯家族的人把消息告诉克利索格努是可能的，因为他们长期友好相处，尽管他们实际上有许多老的财产监护人和宾客，但这些人的意见不受尊重，他们更愿意向克利索格努寻求庇护。"这样的推论我可以说一说，但在本案中不需要这样的猜测。我相信他们自己不会否认克利索格努是在他们的唆使下占有了这笔财产。如果亲眼看到这位送信者拿到了一份财产，那么你们还会怀疑他就是这一消息的制造者吗？在财产问题上，克利索格努把一份财产给了谁？给了两位洛司基乌斯。还有别人吗？先生们，没有了。那么还有什么疑问，这一战利品不就是由从中分有一份财产的那些人献给克利索格努的吗？

但是现在让我们回到克利索格努本人，考虑一下他对两位洛司基乌斯做的事情如何判断。如果他们在这样的斗争中没有出力，克利索格努为什么要慷慨地赏赐他们？如果他们除了传递消息以外其他什么都没干，那么只要对他们说声谢谢，或者顶多给他们一点儿小费，不也就可以了吗？他为什么要把如此值钱的三个农庄一下子送给卡皮托？提多·洛司基乌斯为什么要和克利索格努一道占有剩下的财产？先生们，事情还不清楚吗？这位克利索格努在调查完以后就把这些财产当做战利品送给了这两位洛司基乌斯。

【38】卡皮托作为全镇议员的十名代表之一来到军营。① 我们仅从他作为代表的行为就可彻底了解这个人的生活方式、本质和性格。先生们，如果你们相信他的邪恶和背信弃义违反或践踏了神圣的义务和权利，那么为什么还要把他当做最高尚的人。他不让苏拉知道这些事情，把其他代表的计划和意图泄露给克利索格努，建议对方采取措施不要公开处理这件事。他指出，要是取消出售财产，克利索格努就会失去一大笔金钱，而他自己也会处在生命危险之中。他欺骗他自己的同伴。他挑唆克利索格努，不断地提醒他要提高警惕。他使用狡猾的手段让其他人抱有幻想，而把他们的意图泄露出去，并与克利索格努一道策划了反对他们的诡计。他通过不断地编造虚假的理由剥夺其他人接近苏拉的机会，与此同时他和克利索格努达成协议，分享一份战利品。最后，在他的鼓动、提议和保证之下，他阻止其他代表去见苏拉。受到他的支离破碎的话语的欺骗——如果指控者想要召集他们作证，那么你们可以从他们那里听到他是怎么说的——这些人带着虚假的希望，而不是带着积极的后果返回家乡。在私人事务中，不兑现诺言——且不说这个人自己得了多少好处，也不说他有多么不在意——被我们的祖先视为最可耻的品质，因此才有对违反诺言者的指控，把这样的可耻行径视同盗贼。我假定这样做的原因在于，当我们自己不能直接处理某些事情时，我们的朋友的诺言可以代表我们，违反诺言会给所有人的公共安全带来威胁，会在违反诺言者所能影响的范围内危害社会生活。我们不可能事必躬亲，而是术业有专攻，这样才能在某一具体领域比其他人更加有用。通过相互服务可以推进共同利益，友谊也就由此而形成。如果你疏忽别人托付给你的东西，或者将它转为自己的财产，那么你为什么要接受托付？你说要给我提供帮助，但为什么又要用虚假的帮助来阻碍我的利益得以实现的道路？你滚吧，我会找其他人来

---

① 参见本文第9章。

处理我的生意。你去承担你认为自己应尽的责任，而这样的责任对那些心灵并不虚弱的人来说决非沉重而不堪重负。

【39】这就是不履行诺言为什么是一种罪过的原因，因为这种人违反了两样最神圣的东西——友谊和诚信。一般说来，除了朋友，人们不会把一种使命托付给别人，而只会托付给他相信忠实于他的人。因此，背信弃义是对友谊的摧毁，同时又是对信任他的人的欺骗，而这位受骗者本不应受到不公正的对待。难道不是这样吗？如果在一些微不足道的小事上背信弃义都要受到可耻的审判，那么在当前如此重大的案子中，受到托付，承担一项事关死者名誉和活人幸福的使命，结果却使死者名声败坏，使活人变得赤贫，这样的人还能算做一名高尚的人，或者算做活人中的高尚者吗？在最不重要的私人事务中，哪怕疏忽了受托付的事情的一部分也会受到指控和不名誉的审判，因为，即使一切井然有序，有权疏忽的也是托付者，而非受托者。我要问你们，在如此重大的由公众安排的托付中，他不仅由于疏忽而伤害了一些人的私人利益，而且由于他的背信弃义而违反和玷污了受托人的神圣性质，所以，他应该受到什么样的惩罚？应当给他定什么罪？如果塞克斯都作为个人把这件事托付给他处理，让他与克利索格努达成协议，如果卡皮托认为有必要用他的话语去推动这一目标的实现，如果他承担了这一使命，但在处理事务时却没有为托付人取得任何利益，那么他难道不应当在仲裁者面前受审定罪、负责赔偿并完全失去他的好名声吗？事情就是这样，把这件事托付给他的不是塞克斯都·洛司基乌斯——事情要严重得多——而是议员们把塞克斯都·洛司基乌斯本人，连同他的名誉、生命、所有财产都托付给了提多·洛司基乌斯照料，结果他不仅把大量的财产化为己有，而且把我的当事人从农庄里赶出去，占领了他的三个农庄，并以此为荣，丝毫也不顾及代表团和全镇同胞的意愿。

【40】先生们，我现在开始考察他的其他行为，由此你们可以明白，我们简直无法想象有什么样的坏事是他没有拿来玷污他自己的。在一些微不足道的小事上欺骗合伙人是最可耻的，就像我前面已经提到过的行为一样可

耻。以这种态度看待这种事情是正确的，因为一个与他人结成伙伴关系的人总认为伙伴会提供帮助。受到他所信赖的人的伤害，这种时候他能上哪里去寻找诚信？此外，对这种最难提防的冒犯应当施以最严厉的惩罚。与陌生人打交道我们会有所保留，我们的亲密朋友对我们的行为也一定会看得比较清楚，但我们怎么能够提高警惕提防一位合伙人，哪怕是对他违反税法的行为感到不安？因此，我们的祖先正确地认为欺骗合伙人的人一定不能算做高尚的人。实际上，提多・洛司基乌斯在金钱问题上欺骗的不仅仅是一位合伙人，如果只欺骗了一位，那么尽管这是一项巨大的过失，但在一定程度上尚可容忍。他欺骗的是九位高尚的人，这些人与他一道组成代表团，承担着同样的使命、义务和托付，而他把他们引入圈套，欺骗他们，背弃他们，向对手出卖他们，使用了各种阴谋诡计。这些人没有怀疑他的邪恶，没有对他感到焦虑，也看不到他的无赖，而是相信了他骗人的鬼话。这就是为什么这些最高尚的人，由于他的狡诈，现在看起来显得缺少警惕性和预见，他从一开始就是一个叛徒，然后是一个逃兵，先把同伴们的意图泄露给对手，然后与对手结成同盟，并且还恫吓和威胁我们，占领三个农庄作为对他的罪恶的奖赏。先生们，在这样一种生活中，在如此众多可耻的行为中，你们还可以发现作为这场审判对象的罪恶。因为你们必须按照下列原则进行调查：无论你们在何处发现大量的贪婪、胆大妄为、堕落的例子，你们就可以确信所有这些可耻行径中隐藏着罪恶。然而，这种罪恶没有隐藏，它是如此清晰地暴露在光天化日之下，不仅可以从他明确犯下的恶行中推论出来，而且要是有什么疑问的话，也可以清晰地加以证明。先生们，我要问你们的看法是什么？这位格斗大师已经把他的剑全都亮了出来，他的学生会在技艺上不如老师吗？他们的贪婪是一样的，他们的堕落是相同的，他们的厚颜无耻是一回事，他们的胆大妄为是双胞胎。

【41】由于你们已经知道这位格斗大师有什么样的诚信，现在来看这位学生有什么样的公正。我在前面说过，你的对手一直在不断地索要与本案相关的两名奴隶。而你，提多・洛司基乌斯，总是拒绝。我问你：难道提出这

一要求的人不配得到他们想要的东西吗？代表他们向你提出要求的人没有激起你的同情吗？这一要求本身在你看来不公正吗？提出这一要求的人是我们这座城市里最高尚、最正直的人，他们的名字我已经提到过了，他们的生活和罗马人民对他们的尊重使他们无论说什么，都不会有人认为不公正。还有，他们代表一位最凄惨、最不幸的人提出这项要求，只要能对他父亲的死因进行调查，那么要是有必要，他自己也会做好准备接受拷问。退一步说，向你提出来的这项要求对于你否认或承认罪行没有什么关系。既然如此，我要问你为什么要拒绝。当洛司基乌斯被杀的时候，这些奴隶在场。我既不指控他们，也不说他们无罪，而你们反对他们出庭则非常可疑。你们出于某种考虑而不让他们出庭，表明他们一定知道一些事情，要是他们把这些事情揭露出来，就会把你给毁了。"对反主人的奴隶进行调查是不公正的。"① 但这样的调查既不是在反对你——本案受到指控的是塞克斯都·洛司基乌斯——也不是在反对他们的主人，因为这项调查与我的当事人有关——而你说过你是他们的主人。② "他们在克利索格努那里。"是的，当然了，他们所受的教养和优雅风度吸引了克利索格努，他们比阿迈利亚那些乡村人家训练出来的苦力要强一些，所以克利索格努把他们要了过去，和他那些风度迷人的、从许多高门大户挑选来的年轻奴隶待在一起。

不，先生们，肯定不是这么回事。克利索格努不大可能想到他们的教养和良好品性，或者赞扬他们在主人的家庭事务中的勤劳和忠诚。事情另有隐情，他们越是尽力想要压制或隐瞒它，事情也就变得更加清晰或更加可疑。

【42】那又如何呢？克利索格努为了隐瞒自己的罪行而不愿意让法庭提审他们吗？先生们，绝非如此，我不认为对任何人都可以提出所有指控。就我所关心的范围来说，对克利索格努我没有提出这样的怀疑，我说这样的话

---

① 由奴隶提供的证据不被接受，除了某些特殊案件，比如喀提林谋反案。

② 在本案中，洛司基乌斯的奴隶所处的地位很模糊，他们过去是洛司基乌斯的奴隶，但这时候不是了。他们的证词可以用来证明卡皮托和玛格努斯有罪，但不可能是决定性的，因为塞克斯都·洛司基乌斯是被告。

已经不是第一次了。你们记得，在我讲话开始的时候，我对本案做了下述划分：有人把提出指控的任务完全留给了厄鲁昔乌，而把胆大妄为指定给了两位洛司基乌斯。所以我们无论发现有什么恶行、罪过或凶杀，都应当确定是他们干的。至于克利索格努，我们说他滥用权力阻挡我们，这是我们不能忍受的。因此，先生们，由于是你们手中握有权力，因此应当由你们来削弱这种权势，并施加惩罚。我坚持这样的看法：凶杀发生时和事件相关的这些人肯定在场，因此我的当事人希望通过提审他们而揭示事情真相，而拒绝提审这些人的人也已经用他的行动承认自己有罪，尽管他不敢用话语把它说出来。先生们，我在我的讲话这一部分开头处说过，除了案情需要或者说有必要，我不希望多说这些人的罪行。因为人们可以提出许多论断，而对每一论断又可以提出许多论证来加以讨论。但我不能把时间或精力花在我不愿意或被迫做的事情上。先生们，我只是简明扼要地涉及了这些无法忽略或保持沉默的要点，至于那些仅仅是有点儿怀疑的事情——对这样的怀疑，如果我开始谈论，就必须详细展开——我留给你们的理智去推测。

【43】现在我要提到克利索格努的"金名"，[①] 这个名字后面隐藏着整个团伙。先生们，我有点犹豫不决，不知该如何谈论这个名字或者保持沉默。如果我保持沉默，那么我省略了我的论证中的一个最重要的部分；如果我提到这个名字，那么我害怕不仅克利索格努——对他我倒无所谓——而且还有其他一些人会认为自己受到侮辱。不管怎么说，这个案子具有这样一种性质，我似乎不需要说许多反对一般"经纪人"的话，因为这个案子确实有一种新奇的、令人惊讶的特点。

克利索格努购买了塞克斯都·洛司基乌斯的地产。让我们首先考虑这样一个问题：出售这些地产有什么正当理由，或者说它是怎样被出售的？先生们，我不想以让人感到出售一位无辜公民的财产令人愤慨这样的方式提问。

---

① 克利索格努（Chrysogonus）的名字是个复合词，由"Chryso"（金子的）和"gonus"（出生）两部分组成。

因为这种事情要是有人愿意听或者可以自由讨论，就会显得塞克斯都·洛司基乌斯在这个国家里不重要，我们对他的案子也不会比其他人的案子提出更多的抱怨。我的问题是：为什么依据有关剥夺公民权的法案，瓦勒留法案或高奈留法案①——我对高奈留法案一无所知，也不知应该依据哪一部法案——能够出售塞克斯都·洛司基乌斯的财产？据说有这样的条文："那些已经被剥夺了公民权的人的财产"——塞克斯都·洛司基乌斯不属于这样的人——"或者那些已经被杀的、站在敌人一边的人的财产，应当出售。"不管站在哪一边，他是与支持苏拉的人站在一起的。在我们已经结束了战争，在一个完全和平的时期，他在罗马被杀，在赴晚宴以后回家的时候。如果杀害他有法律可循，那么我承认他的财产也要依法出售；但若杀害他没有任何法律依据，无论是旧法还是新法，那么我要问出售他的财产有什么法律依据，用什么方式出售，谁有权出售。

【44】你要问，我的话语针对谁吗？我针对的不是你们所想象的人，因为我的话语，以及苏拉自己高尚的美德，从一开始就已经宣布苏拉无罪。我断定，所有这些都是克利索格努干的，是他撒了谎，是他把塞克斯都·洛司基乌斯说成一个坏公民，是他认为塞克斯都·洛司基乌斯被当做苏拉的敌人杀死，是他不让苏拉知道来自阿迈利亚的代表团申诉的这些事情。最后，我甚至怀疑这些财产根本没有出售，先生们，关于这一点我等下再说，② 要是你们允许。

我现在相信剥夺公民权和出售财产的最后期限在法令中有说明，也就是 6 月 1 日。然而洛司基乌斯是在这个期限几个月之后被杀的，他的财产据说也被出售了。不管怎么说，这次财产出售要么没有进行过公家的登记，那么是负责登记的官员以某种方式受到阻挠，因为这些财产显然不是依法出售

---

① 公元前 82 年，执政官卢西乌斯·瓦勒留·福拉库斯（Lucius Valerius Flaccus）颁布"公民放逐法"，后来在苏拉当政期间添加一个补充性法案——"高奈留法案"（lex Cornelia de Proscritione）。

② 参见本文第 45 章末。

的，我们受到这个无赖的欺骗，他比我们想象的还要精明。先生们，我明白自己正在不够成熟地追究这个问题，几乎走上错误的道路，就好像没有头脑似的，因为我的目的是要拯救我的当事人的生命。他担心的不是钱，也不在乎他自己的利益，他认为自己只要能够摆脱这些卑劣的怀疑和虚假的指控就行了，至于财产方面的损失是容易忍受的。但是，先生们，我请求你们听我说一些必须要说的事情，一部分有我自己的感觉在内，一部分是为塞克斯都·洛司基乌斯而说。这些事情在我看来令人愤慨、无法忍受，这些事情在我看来会影响我们所有人，除非我们提高警惕。按照我自己对这些事情的解释，怀着我心中的义愤，我宣布这些事情危及我的当事人的生命和法律对他的生命应有的尊重。至于他希望我代表他说些什么，什么样的状况会使他满意，先生们，在我讲话结束时你们就能听到。

【45】按照我自己的解释，撇下塞克斯都·洛司基乌斯不谈，我对克利索格努提出下列问题：首先，为什么要出售这样一位杰出公民的财产？其次，为什么这样一位既没有被剥夺公民权，又不是作为苏拉的敌人被杀的人，——这部法案要针对的只是这些人——他的财产要被出售？再次，为什么要在剥夺公民权的法案规定的期限以后出售这些财产？最后，为什么要以如此低廉的价格出售这些财产？按照一般卑劣、邪恶的自由民的方式，他会要他的庇护者对所有这些行为做出反应，但他没有。每个人都知道有许多人在私底下犯了许多罪，苏拉对这些罪行有些不赞同，有些则因为事务繁忙而根本不知道。那么，由此而忽略这些事情对吗？先生们，这是不对的，但又是不可避免的。事实上，要是说最伟大、最优秀的朱庇特用他的允诺和意志统治着天空、大地、海洋，而连他也经常会用狂风、巨浪、酷热、严寒给人类带来可悲的伤害，摧毁他们的城市，毁坏他们的粮食，但我们并不因此而把这些灾难归于神圣的意志和引起毁灭的欲望，而是仅仅归因于自然的巨大力量。但另一方面，我们获得的各种利益、我们享受的阳光、我们呼吸的空气，都是朱庇特赐给我们的恩惠。先生们，既然苏拉在由他单独指导这个国家和影响整个世界的时候，在用法律来加强他用武力获得的最

高权力的尊严时，会不可避免地允许一些事情受到忽略，那么我们为什么还要感到奇怪？除非我们对人的理智不能获得、而神的力量能够达到的结果也感到惊讶。

撇开过去不谈，每个人都会明白，事情从一开始，尤其是在当前时刻，策划这些阴谋诡计的人就是克利索格努，是他使塞克斯都·洛司基乌斯受到指控，是他指使厄鲁昔乌提出指控。①

＊　　　　　＊　　　　　＊

【46】……生活在萨伦提人的区域或者布鲁提人的区域②消息很闭塞，一年也难得有三次消息传来，但住在那里的人认为自己拥有乡间别墅，排列有序，非常便利。而在这里，你们看到这个人③来自他在帕拉丁山麓的精舍。那里有许多精美的农庄、邻近城市。他在这个郊区享受着美好的田园生活，别墅里塞满了德洛斯和科林斯出产的器皿，其中还有自炊壶④，是他最近花高价买来的。他在拍卖会上听着拍卖师的高声叫嚷，想到这里的地产正在出售。除了有浮雕的银器、绣花被褥、绘画、雕塑、大理石以外，你能想象他还拥有多少财富吗？当然很多，可以堆满一屋子，都是在动乱和抢劫的时代从许多贵人家中搜刮来的。我还需要提到他数量惊人的奴仆和这些奴仆掌握的各种技艺吗？对那些普通行当，比如厨师、面包师、清洁工，我就不说了。为了愉悦他的心灵和耳朵，他拥有许多艺术家，所有邻居都能听到他家里歌声缭绕、乐曲悠扬，宴饮的喧哗声通宵达旦。先生们，当一个人过着这样的生活，你们能够想象他的日常开支、他的奢侈浪费、他的无休止的宴饮吗？带着几分敬意，我想这样一所别墅与其称做房子，倒不如称做藏污纳垢之所、各种罪恶的孳生地。先生们，你们看看这个人吧，他的头发精心梳

---

① 原文从这里开始有一些缺失。

② 萨伦提人（Sallentini），生活在意大利东南端半岛卡拉布里亚（Calabria）的一个部族，布鲁提人（Bruttii），生活在卡拉布里亚的南部。

③ 指克利索格努。

④ 自炊壶，原文"authephes"，这是一个希腊词，类似小茶壶。

理，散发着香味，他在法庭上昂首阔步，有一大群随从给他捧着"托袈"①。你们瞧他有多么趾高气扬，藐视一切。他认为世上无人可以与他相比，自信只有他自己才是有权有势的，富有的。先生们，要是我把他的所作所为都讲出来，我想有些知之甚少的人可能会认为我在这里想要攻击贵族和他们的胜利，尽管这个阶层中有任何事情令我不悦，我都有权加以批评，因为我不害怕任何人认为我对贵族的态度不友好。

【47】那些了解我的人明白，就我最可怜的和软弱的能力而言，在他们达成一致的时候，我的最高愿望要想实现已经不可能了，我真诚地想要努力确保那些已经赢得胜利的人的成果。因为，有谁看不到出身低微的人正在与出身高贵者争夺最高荣耀呢？在这样的竞争中，有些人的安全与维护国家尊严相关，无论是在国内还是在国外，不支持这些人是公民的堕落行为。先生们，我很高兴，也非常兴奋，这项事业已经完成，每个参与者都受到了奖赏，苏拉的等级也得以恢复。我明白所有成果都要归功于诸神的意志，归功于罗马人民的热忱，归功于苏拉的智慧、最高权力和好运。至于以各种方式惩罚反对我们的人，在这方面我一定不要挑剔。我赞成奖励那些在这些事件中表现出特殊热情的人。我认为这场斗争的目的是要取得这些成果，我承认我对这个党派是忠诚的。但若我们的目的是使最低等级的民众也可以用武力致富，可以把他人的财产化为己有，如果对这样的事情不仅不能采取行动来防范，而且连一句批评的话都不能说，那么这场战争不仅不能重塑或再造罗马人民，而且会征服或摧残他们。先生们，要是你们不能采取这样的行动，事情的性质就完全不一样，你们对这些人的抗拒不仅无损于高贵者的事业，而且正好相反，它会使高贵者获得额外的光荣。

【48】事实上，有些人想要批评这件事，指出克利索格努滥用权力，有些人则想要赞扬这件事，声称没有人把这样的权力赋予克利索格努。我们没

---

① 托袈（toga），罗马人的便服上装，种类繁多，罗马贵族子弟一般穿紫红色，帝王穿绛色，公职候选人穿白色。

有任何理由认为有人会如此愚蠢或不诚实，以至于说："我希望这样做是允许的，我想要这样说。"你可以这样说。"我会这样做。"你可以这样做，没有人会阻拦你。"我会就此提出议案。"① 那你就提吧，只要你的议案正确，每个人都会赞同。"我应当这样审判。"② 如果你的审判正确，并且合乎法规，每个人都会赞扬你。在这个国家的特殊时期，由一个人掌握所有权力是必要的，但在他建立了安定和法律之后，每个人的义务和权利也就又恢复了。那些恢复了安定和法律的人想要保持安定并永久保持权力，但若他们实施或批准这样的凶杀和掠夺，造成如此巨大的浪费——我不希望对他们说得过分严厉——那么一切事情都显得如此不详。③ 我只能说，我们的贵族，除非他们能够显示出自己是谨慎的、仁慈的、勇敢的、怜悯的，否则就不能对那些拥有这些品质的人表现出自己的卓越。因此，让他们最终停止说坦率地讲真话的人是谋反，让他们停止为克利索格努寻找那些普通辩解的理由，让他们停止认为要是伤害他，他们自己也会遭受损失，让他们考虑要是不能承受骑士等级的辉煌，那就可耻地、可悲地承受最卑劣的奴隶的控制。先生们，这种控制先前只用于其他事情，但现在你们看到已经建起了一条什么样的道路，进入了什么样的轨道。它针对你们的忠诚、你们的誓言、你们的裁决，针对这个国家至今尚未遭到腐蚀和侵犯的唯一的东西。克利索格努甚至在这个方面也认为自己拥有权势吗？他希望在这方面也拥有权力吗？多么可悲啊！多么残忍！然而，以赫丘利的名义起誓，我并不因为害怕他拥有权力而感到愤慨，而且实际上他也已经显示出这样的胆大妄为，而且抱着这样的希望，要利用他的权势影响其他人来毁灭这个无辜者，这才是我要加以抱怨的。

【49】那么，贵族，至少那些头脑清醒的贵族，用武力和刀剑恢复了统治，其目的只是为了让这些贵族的被释放了的奴隶和最卑劣的奴仆能够攻击我们的家产和幸福吗？如果这就是他们的目的，那么我承认自己犯了错误，

---

① 以议员的口吻说。
② 以审判助理的口吻说。
③ 通过这段话，西塞罗努力攻击克利索格努，但避免触犯苏拉和贵族派。

竟然对他们的胜利欢欣鼓舞，我承认自己昏了头，竟然赞同他们的看法，尽管我在这样做的时候并没有参加战斗。但若贵族的胜利对罗马国家和人民是光荣的、有益的，那么我的讲话确实要对所有最优秀、最高贵的公民表示最衷心的欢迎。但若有人认为要是克利索格努受到攻击，他自己和这个案子就会受到损害，那么他实际上不明白这个案子，而只是对自己应当站在哪一边做出了一个良好的估计。要是抵抗一切无赖，那么这个案子会变得比较荣耀，但是无耻地支持克利索格努的人认为自己与克利索格努之间的密切关系正在受到伤害，因为他自己已经与案子的荣耀与否无关了。

但我要重复一下，我已经说过的一切都是以我自己的名义说的，这是国家的当前形势、我的义愤、那些迫使我说话的人的不公正，使我说了这些话。塞克斯都·洛司基乌斯对这些不公正的行为没有愤怒，他没有指控任何人，没有抱怨失去他父亲的遗产。由于不懂人情世故，这个乡下人和农夫相信你们所说的一切都是按照法律、习俗、民法得出的，他的愿望是能够摆脱一切罪名，离开这个法庭，被宣判无罪。如果能够摆脱毫无根据的怀疑，他会宣布自己不怕失去所有财产。他向你祈求，克利索格努，他已经从他父亲般的富有和幸福转变为他现在这样的一无所有，他没有对你进行过任何诽谤，他情愿把自己的所有财产交给你，把它们一样样数给你，把身上穿的衣服一件件脱给你，把手上戴的戒指一个个摘下来递给你，把他身上所有的一切都交给你，他祈求你允许一位清白无辜者在朋友的帮助下能够在贫困中度过一生。

【50】你占有了我的农庄，而我现在靠别人的施舍生活。我屈服了，因为我听天由命，因为我必须顺从。我家的大门对你敞开，却对我紧闭，但我认命了。你按你的意愿支配我的大批奴仆，但我连一个仆人也没有。我忍受了，并且认为这些都是可以忍受的。你还想要什么呢？为什么还要逼迫我？为什么还要攻击我？你认为我在什么方面会阻挠你实现你的欲望？在什么方面我会反对你的利益？在什么方面会拦你的路？如果你杀人的目的是想要得到他的财产，那么你已经得到了，此外你还要什么呢？如果这样做是出于敌意，

那么在你和一个你在认识他之前就已经占有了他的农庄的人之间能有什么敌意呢？如果是因为害怕，那么像你这样一个无恶不作的人有什么可害怕呢？但若是因为塞克斯都·洛司基乌斯的财产变成了你的财产，因此你想要摧毁他的儿子，那么你并没有弄清楚你应当害怕什么，任何害怕总要有一些理由，省得有朝一日父辈的财产又归还给被剥夺了公民权的那些人的子女，对吗？

克利索格努，如果你把更大的希望寄托在我的当事人的死亡上，而不是寄托在苏拉上，那么你错了。但若你没有理由希望这个不幸的人受到巨大灾难的伤害，如果他已经把除了他的身体气息之外的一切都交给了你，如果他没有隐藏属于他父亲所有的一切，甚至连他对父亲的纪念都没有，那么，不朽的天神啊，你这样的野蛮无耻的行径到底有什么意义？有什么样的盗贼会如此邪恶，如此野蛮，在抢走了所有财物之后还要让受害者流血？你知道我的当事人已经一无所有，他不敢做任何事情，不能做任何事情，决不会有任何反对你的利益的任何打算，而你却攻击他。对于他你一定不会害怕，也一定不要仇恨，你明白他已经没有任何东西可供你掠夺了，除非你认为看到他穿着衣服、坐在这个法庭上就是十恶不赦——他的祖传遗产已经被你剥夺，就好像在海上遭遇了海难。你好像不知道，他现在的衣食是由巴莱里库之女、涅波斯之妹凯西莉娅供给的，这位妇女的品质令人敬佩，尽管她有一位卓越的父亲，一位杰出的舅父，一位优秀的哥哥，然而作为一个女人，她表现了自身的价值，丝毫也不会被这些男人的光彩所遮掩，而她也由于自己的功绩而为他们增添了荣耀。

【51】或者说，你认为他热衷于为自己辩护是十恶不赦的吗？相信我吧，考虑到他可能会遭到的敌视以及与他的父亲有关的友谊，要是他的所有朋友都愿意出庭为他公开辩护，那么他肯定会有足够的辩护者，而且不一定都用得上。然而考虑到非正义的力量过于强大，而且事实上这个国家的最高利益正在受到攻击，处在危难之中，而他本人也因此受到恫吓，如果所有人都想要惩罚这样的行为，那么我以赫丘利的名义起誓，你不会得到允许，站在你现在所站的地方。在当前情况下，他得到的辩护肯定不会惹恼我们的对手，

或者使他们认为自己被最高力量打败了。至于他的家务事现在正由凯西莉娅照料，而他在元老院和法庭上的事务，先生们，你们看到，已经由美萨拉①接手。如果美萨拉足够成熟和强大，那么他应该为塞克斯都·洛司基乌斯提出抗辩，但他还很年轻，也很谦虚——这是很好的品质——因此阻碍了他的讲话。但他知道我有这种义务感，会接手处理这个案子，所以他把这个案子托付给我。从个人来说，他不停地出庭，提出建议，施加影响，不知疲倦地关注案情的进展，成功地从掮客手中解救了塞克斯都·洛司基乌斯的生命，交给法官来裁决。先生们，无可置疑的是大部分公民会举手赞同美萨拉的高尚行动，他们的目标是应当让这些高尚的人恢复他们的权利。公民们打算做你们所看到的美萨拉正在做的事——为一位清白无辜者辩护，抗拒非正义，在他们的权力范围内拯救而非摧毁一位同胞。如果出生在相同等级的人都这样做，那么这个国家会较少受到他们的伤害，而他们自己也会较少受到妒忌者的伤害。

【52】但是，先生们，如果我们不能劝说克利索格努争夺我们的钱财，而不要针对我们的生命，如果在拿走了属于我们的一切以后还不能使他转向，还要继续掠夺我们，乃至于要剥夺我们与世人共享的阳光，如果他不认为金钱已经能够满足他的邪恶，非要流血才能满足他的兽性，那么，先生们，唯一留下来的避难所，唯一留给塞克斯都·洛司基乌斯的求生希望也就和留给这个国家的求生希望相同，全靠你们早先表现过的仁慈和同情了。如果这些情感还存在，我们甚至现在就能得到拯救。但若只有最近在这个国家里盛行的野蛮和铁石心肠——当然肯定不会是这个样子——那么，先生们，一切都完了，人们最好还是去兽群中度日，而不是生活在如此可怕的魔鬼中间。不正是因为你们能够谴责那些强盗和杀人犯，你们才得以存留，才被选为法官吗？优秀的将军们，当你们参加战斗的时候，你们习惯派兵扼守敌人可能撤退的地方，以便对他们发起突然袭击。而这些被充公的财物的购买者

---

① 美萨拉（Messalla），公元前 61 年的罗马执政官。

无疑会像你们一样以相同的方式坐在这里，试图捕获那些逃脱你们魔掌的人。先生们，以上苍的名义起誓，这个被我们的祖先视为公共集会的地方已经被捐客们视为避风港！先生们，你们确实不明白，实施这些法庭程序的唯一目标是使用公正的或愚蠢的手段消灭那些被剥夺公民权的人的子女，而在你们审判的这个案子和塞克斯都·洛司基乌斯面临的危险中我们看到第一步已经迈出，不是吗？当你们一方面看到一名捐客、敌人、杀人凶手在充当指控者，另一方面你们看到我的当事人被剥夺了一切财产，他是受到朋友和亲戚尊敬的这个人的儿子，他不仅不应当受谴责，而且不应当有任何怀疑，看到这一切，那么谁要对这项罪行负责还有什么疑问吗？除了他父亲的财产已经被出售，你们还能看到有什么事情对洛司基乌斯不利吗？

【53】如果你们支持这个案子，要你们的助手确保审判的成功，如果你们坐在这里为的是那些财产被出售的人的子女可以来到你们面前，那么我以不朽天神的名义起誓，先生们，你们一定要小心，免得好像要发起一项新的、更加残酷的剥夺公民权的法案。第一次行动针对那些可以拿起武器的人，但不管怎么说元老院拒绝支持它，害怕这项严峻的法案得到公民议会的批准，而我们的祖先会批准它。第二次行动涉及被剥夺公民权的那些人的子女和尚在褓褓中的婴儿。除非你们用藐视的态度在这场审判中否决它，否则我以不朽的诸神的名义起誓，想一想吧，先生们，你们认为这个国家会被带入一种什么样的状态。

这个国家需要你们这些拥有权威和权力的聪明人对这些施加于公众的罪恶提供最有效的治疗。你们中间没有人不知道罗马人民从前对他们的敌人是最宽大的，而今天他们却正在残忍地对待自己的公民。先生们，从这个国家把这种残忍驱逐出去，不允许它再蔓延到国外，它还不仅仅是罪恶，它已经用最残忍的手段夺走了许多公民的生命，并在人们心中留下遗憾，人们的心灵由于熟悉了各种罪恶而窒息。如果我们每日每时都看到或听到残忍的行为，那么久而久之，哪怕是我们中间天生仁慈的人也会由于麻烦不断出现而从心中失去一切人道的情感。

为喜剧演员洛司基乌斯辩护

提　要

本文的拉丁文标题是"Pro Q. Riscio Comodeo Oratio"，英文标题为"In Defence of Quintus Roscius the Comedian"，意思是"为喜剧演员昆图斯·洛司基乌斯辩护"。中文标题定为"为喜剧演员洛司基乌斯辩护"。

这篇演说的发表时间很不确定，学者们根据文中第 12 章的文字推测这篇演说发表于公元前 70 年。某位盖乌斯·芳尼乌斯·凯瑞亚（Gaius Fannius Chaerea）拥有一位名叫帕努古斯（Panurgus）的奴隶，这名奴隶很有表演才能。于是凯瑞亚与著名演员昆图斯·洛司基乌斯（Quintus Roscius）合伙联手对他进行培养。双方同意把这名奴隶作为他们的共同财产，洛司基乌斯负责训练他的舞台表演，而以后通过表演得到的盈利亦由他们分享。帕努古斯的表演天赋和洛司基乌斯的训练有素以及名气使得帕努古斯的表演很快获得成功，但没过多久，帕努古斯就被塔尔奎尼（Tarquinii）的昆图斯·弗拉维乌（Quintus Flavius）杀害。洛司基乌斯对弗拉维乌起诉，要他赔偿损失。凯瑞亚担任洛司基乌斯的诉讼代理人。但是在审判进行前，洛司基乌斯与弗拉维乌达成一项协议，接受了弗拉维乌的一个农场作为赔偿，而这个农场后来又在洛司基乌斯的良好管理下获利甚丰。于是凯瑞亚向洛司基乌斯提出了分取这个农庄一半收益的要求，理由是这项协议是以两人合伙的名义缔结的，而非仅仅只有洛司基乌斯一人。西塞罗担任洛司基乌斯的律师进行这场抗辩。

全文共分为 18 章，译成中文约 1.5 万字。文中许多地方极为晦涩，存有许多疑点。

正　文

【1】……① 无疑，作为一名最优秀、极为正直的人，他试图在自己的诉讼中用自己的账本作证据。那些想用一名老实人的收支账② 来证明有这笔支出的人习惯上会说："我会为了我的私利而唆使他做假账、败坏他的名誉吗？"我在等待凯瑞亚要过多久才会说"我怎么能够用这只充满欺诈的手和我的这些手指头伪造这笔债务呢？"但若他出示他的收支账，那么洛司基乌斯也会出示他的收支账。这笔款项可以在凯瑞亚的收支账中找到，但在洛司基乌斯的收支账中找不到。③ 既然如此，为什么要相信凯瑞亚的收支账，胜过相信洛司基乌斯的收支账呢？除非得到洛司基乌斯的认可，否则怎么能说凯瑞亚已经支付了这笔钱呢？要是洛司基乌斯承认凯瑞亚支付了这笔钱，那么他不也会记下这笔款项吗？因为不记下自己所欠的债务和别人已经归还的债务是不诚实的。不记载真实情况的收支账就像那些造假的人一样，应当受到谴责。但是你们瞧，在为这个案子辩护时我打算利用各种手段尽力而为。如果盖乌斯·芳尼乌斯出示他的收支账，按照他自己的心愿结算他的盈余，那么我不会反对你们做出有利于他的判决。有哪位兄弟或父亲会高度认可他的兄弟或儿子，以至于确认他的收支账中所记载的一切？但洛司基乌斯会确认它，只要出示你的收支账，你认为可信的内容他都会表示信服，你已经认可的东西他都会认可。刚才我们要马库斯·培尔朋纳和普伯里乌·萨

---

① 原文开头处有佚失。

② 文中提到两种账本，一种是收支账（account-book），一种是日记账（day-book）。

③ 一般说来欠债的人会在他自己的记录中记下这笔财务，但若他是一个老实人，那么即使没有记录他也不会赖账。

图里乌①出示收支账，但我们现在只敦促你盖乌斯·芳尼乌斯·凯瑞亚出示收支账。既然我们不反对他们做出有利于你的判决，你为什么还不出示收支账？这个人没有好好地记账，是吗？情况正好相反，他记得非常仔细。他的收支账不记小笔款项吗？正好相反，每一笔都记了。这笔债务太小，不重要吗？这笔债务有 10 万小银币。这么大一笔款项怎么会在收支账中省略呢？10 万小银币怎么会不入账呢？哦，不朽的诸神啊！想一想吧，有人如此胆大妄为，竟然对这么一大笔他不敢记入账本的钱提出要求，他在法庭上可以毫不犹豫地发誓，却不愿把这笔钱记入他的账本，他努力说服别人相信他，但却不能令他自己信服。

【2】他说我过于匆忙地表达了对账本的愤怒，他承认自己没有把这笔款项记入收支账，但是他坚持说任何人都可以在他的日记账中看到这笔款项。你对自己就那么相信，那么崇拜，乃至于不仅凭着你的收支账，而且凭着你的日记账，就提出金钱方面的要求？引用收支账为证据是唐突的，引用日记账中涂涂改改的记载为证据岂不更是十足的疯狂？如果日记账也有收支账一样的价值、一样的精确、一样的权威，那么做好收支账，把各项收支都记录下来，排列有序，当做文件保管又有什么用？但若由于我们不相信日记账而采取编制收支账的做法，那么这些被所有人认为没有用和不重要的、呈送给法官的东西岂不应当赋予权威性和神圣性吗？为什么我们记日记账很随意，记收支账却很仔细？其原因何在？这是因为日记账只保存一个月，而收支账要永远保存；日记账马上就会销毁，而收支账要完善地保存；日记账包含着瞬时的记忆，而收支账考验着一个人的诚实和谨慎，关乎一个人的永久名声；日记账杂乱不堪，而收支账井然有序。由于这个原因，没有人在法庭上出示日记账，应当出示的是收支账，这也是我们应当阅读的东西。

【3】你盖乌斯·庇索②由于正直、美德、尊严、权威而是一位非常杰出

---

① 马库斯·培尔朋纳（Marcus Perpenna）和普伯里乌·萨图里乌（Publius Saturius）身份不明，也不清楚为什么要他们出示账本。

② 盖乌斯·庇索（Gaius Piso），在这场审判中是陪审助理，但以前曾做过本案调解人。

的人，但你不会凭着一本日记账的记载就大胆地索要金钱。至于我自己，我一定不会纠缠某些习惯上已经非常清楚的事情，但我要问一个与本案适宜的问题：芳尼乌斯，你把这笔款项记入日记账有多久了？他脸红了，不知该如何回答，突如其来的问题使他不知所措。你会说："大概两个月以前吧。"但这样的债务应当记入收支账。"六个月都不止了。"那么，为什么这件事长期不记入收支账？如果这是三年以前的事，那你又该怎么说？当其他所有做账人几乎每个月都要把他们的日记账归入收支账的时候，你竟然允许这笔款项三年多不入账？你在收支账中排列其他收入与开支吗？如果你不排，那么你是如何记账的？如果你排了，为什么其他收支都入了账，唯独这一项就不入账呢，这笔账数目巨大，而你让它在日记账中留了三年？你不想让人们知道你欠了洛司基乌斯的债。如果是这样，那么你为什么要把它记下来？"有人要你不要记。"那么你为什么要把它记入日记账？

尽管我认为考虑到这些情况足以令人信服，但除非我能直接从芳尼乌斯本人那里得到证据，说明他没有欠这笔钱，否则我不会感到满意。我在尝试一项艰巨的任务，要实现我的许诺非常困难。除非洛司基乌斯使这个人既是他的对手又是他的证人，否则我不认为他能打赢这场官司。

【4】有人欠你一笔钱，你现在站在法官面前要求得到它，此外还有法律①指定的第三方参与偿付。在这个案子中，要是你比别人欠你的钱多要一个小银币，那么你就输了，因为裁决是一回事，调解是另外一回事。裁决处理的钱的数额是确定的，调解处理的钱的数额是不确定的。我们来到法官面前，明白自己要么全赢要么全输；我们来到调解人面前，既不希望所得多于我们的要求，也不希望输掉一切。这些法律条款的用语本身就是这些道

---

① "西利乌斯法案"（Lex Silia）引入一种新的法律程序，称做"约定"（condictio），由原告发出通知，约被告在 30 日内出庭，选一名法官裁决。这种程序适用于确定数量的涉案金额。本案由庇索裁定给芳尼乌斯的 5 万小银币是全部 10 万小银币中的第二笔。这种程序需要一个参与偿付的第三方。在审判开始前，原告和被告都需要通过一名担保人交出相当于原告索要的金钱，此外还要交付同样的一笔钱作为罚款。这种审判程序用于合约（书面的或口头的）纠纷。

理的明证。什么是裁决中的条款？它是精确的、严格的、简要的，"如果表明这 5 万小银币必须支付"。除非认领人能够证明对方欠他 5 万小银币，否则他就会输掉这场官司。什么是调解中的条款？它是温和的、适度的，"只要显得公平和公正就可以了"。然而在这个案子中，认领者承认自己提的要求比对方欠他的更多，但他说如果通过调解也能解决问题，那么他会感到更加满意。因此在本案中，一方对自己充满信心，另一方则不是。事情就是这样，我要问的是你为什么要以这种方式处理这笔钱，对这 5 万小银币你有记载，但你却同意接受调解。你为什么要接受一位调解人，使你对这笔钱的认领竟然以这种方式进行，乃至于要确定支付多少或向另一方许诺多少，然后才是"公平和公正的"？谁是这件事的调解人？他当时在罗马吗？他在罗马。他当时在调解席上吗？他在。他当时担任着庇索的审判助理！当时进行审判的就是这位庇索。你接受同一个人既是法官又是调解人吗？你允许同一个人既有无限的审判自由，又和调解协议最细小的条文相连吗？有谁曾在调解人面前得到过他想要认领的全部东西？一个都没有，因为他只能领到似乎显得公平和公正的东西。你现在来到法官面前，你要认领的东西与你在调解人面前要认领的东西一样多！其他人感到自己的案子会在法官面前输掉就会求助于调解人，但芳尼乌斯竟敢向法官要求调解！这个人在提到这笔钱的时候设定他的记载是可靠的，他接受了一位调解人，由此得到不需要支付这笔钱的裁决。①

本案的两个部分现在已经结束了。芳尼乌斯承认他没有支付这笔钱，他没有说在他的收支账上记着付过这笔钱，因为他没有引述他的收支账上的记录。他唯一剩下可以说的就是他出具了约定书。②因为我不能想象认领一笔确定数目的钱还有其他方式。

【5】你做了约定。什么时候？哪一天？什么时辰？有谁在场？谁说我做

---

① 如果记载是诚实的，那就不需要调解，如果接受调解就表明有欺诈。

② 证明一笔债务有三种方式，但芳尼乌斯一种都没用。这笔钱没有用现金支付，也没有写下欠条放在收支账里，也没有当着证人的面立下字据。

过这样的许诺？没有。如果我在这个要点上结束我的抗辩，那么我应当认为自己已经说过的话足以证明我的忠诚与仔细，我说过的话对本案及其争论要点来说已经足够了，对约定书的条款已经足够了，甚至对说服法官、让他们做出有利于洛司基乌斯的判决也已经足够了。一方已经提出要认领一笔数额确定的钱，一份合约已经由第三方提供。这笔钱要么是一笔贷款，要么有书面或口头的约定。芳尼乌斯承认它不是贷款，他的收支账表明没有书面约定，也缺乏证据表明有这样的口头约定。我还需要再说些什么吗？但是，由于被告是一个很少考虑金钱、但极为看重名声的人，由于法官持有对我们有利的观点，我们也期待他做出有利于我们的判决，由于出席法庭审判的律师和审判助理们非常杰出与高尚，使我们可以把他们当做一个法官来敬重，所以我们只要像其他所有民事诉讼一样为之辩护也就可以了，所有个人义务都包括在相关的法律条款中，这是我们讨论的基础。我前面说的话是必要的，我下面要说的话是自愿的；刚才我在对法官说话，现在我要对盖乌斯·庇索说话；刚才我为一名受到指控的人抗辩，现在要为洛司基乌斯抗辩；为了打赢官司，我前面的讲话是有准备的，而我下面要说的话是为了拯救良好的名声。

【6】你，芳尼乌斯，向洛司基乌斯索取这笔钱。这是什么钱？你可以大胆地说，直截了当地说。是我的当事人由于和你合伙而欠你的钱，还是他仁慈地向你许诺或提供这笔钱？一种情况会招致严重的、仇恨的指控，另一种情况则不那么重要，比较容易处理。这笔债务是由于合伙而产生的吗？你说什么？这种指控不会随意提出，也不能任意排除。要是有谁的私人行为深深地影响了一个人的名誉——我几乎要说影响他的存在——那么这样的人有三种：托付人、监护人、合伙人。欺骗商务中的合伙人，欺骗受我们监护的人，是可恶的、有罪的行为，因为这是一种背信弃义，而使社会凝聚在一起的就是诚信。如果是这样的话，那么让我们考虑谁在欺骗合伙人，因为他过去的生活会使我们闭嘴，而有利于他或反对他的证据是有分量的，可以使我们折服。是昆图斯·洛司基乌斯吗？你说什么？如果炽热的焦炭掷入水中会

马上变凉和熄灭，那么诽谤者炽热的火箭射向一位清白无辜、品德高尚的人时，难道不会马上坠落在地熄灭吗？洛司基乌斯欺骗了他的合伙人！他会犯下这种罪过吗？真理之神，帮帮我吧（我要无畏地这样说），这个人比技艺还要老实，比学问还要真诚，罗马人民对这个人的尊重超过对一名演员的尊重，他由于他的才能而在舞台上被视为最有价值的，他由于他的纯洁的生活而在元老院里被视为最有价值的。但我为什么还要如此愚蠢地在庇索面前谈论洛司基乌斯？无疑，我在一定程度上是在赞扬他，这个默默无闻的人！你认为在这个世界上还有比他更好的人吗？你认为这个世界上还有人比他更加有美德、更加谦虚、更加节制、更加有义务感、更加仁慈吗？对吧？你，萨图里乌反对他，你有什么不同的看法吗？在本案中你像平常一样有机会提到他的名字，你不是每次都说他是一个高尚的人，提到他的名字的时候都带着敬意吗？这样的赞美通常只用于最杰出的人士或最亲密的朋友。在我看来，你在这一点上自相矛盾，既赞扬又攻击同一个人，一方面称他是最卓越的人，一方面把他称做彻头彻尾的无赖。你怀着敬意提到这个人，称他为最卓越的，同时又指控他欺骗了他的合伙人，不是吗？但我假定，你的赞扬有助于揭露事实真相，而你的指控是对权势的让步。过去赞扬洛司基乌斯的是你，你认为他确实值得赞扬；而现在你为了芳尼乌斯的快乐而对他提出指控。

【7】洛司基乌斯骗人！任何人听到这样的话或这样想都是极为荒谬的。我要问的是，要是他发现有某些神经质的、疯狂的、无可救药的富人，连法律都无法约束他，那该怎么办？即便如此也不可信。但不管怎么说，让我们先来看他欺骗了谁。洛司基乌斯欺骗了盖乌斯・芳尼乌斯・凯瑞亚！我求求你们了，认识他们的人可以把他们的生活做一个比较，不认识他们的人可以看看他们的脸。这颗脑袋和那些精心梳理过的眼睫毛不是在泄露邪恶和宣布傲慢的狡诈吗？如果有人能够根据人的沉默的形体进行猜测，那么芳尼乌斯从头到脚，从嘴唇到脚趾，难道不显得完全是由傲慢和诡计组成的吗？他的头发和眼睫毛总是精心修饰，以为这样就可以拥有高贵者的外表而不受指

控。洛司基乌斯在舞台上的形象总是光彩照人，然而他的仁慈并非总能得到恰当的回报。因为当他扮演巴里奥①，一个最无耻、作伪证的妓院老板时，他确实再现了凯瑞亚；这个肮脏的、不洁的、令人厌恶的角色就是凯瑞亚在品性、气质、生活方面的形象。令我惊讶的是，为什么他会认为洛司基乌斯在傲慢和邪恶方面与他相似，这也许是因为他认为洛司基乌斯扮演妓院老板是在带着敬意模仿他。因此，盖乌斯·庇索，我要问你，请你再三考虑一下到底是谁在欺骗谁。洛司基乌斯欺骗芳尼乌斯！这是什么意思？一个好人欺骗一个无赖，一个谦虚的人欺骗一个无耻的人，一个品德高尚的人欺骗一个作伪证的人，一个无经验的人欺骗一个狡猾的无赖，一个仁慈的人欺骗一个贪婪的人？这是不可置信的。正如我们说芳尼乌斯有可能欺骗洛司基乌斯一样，从他们的性格来判断，芳尼乌斯做事就像一名无赖，而洛司基乌斯上当受骗是因为缺乏警惕；同理，当洛司基乌斯受到欺骗芳尼乌斯的指控时，说洛司基乌斯由于邪恶而竭力保护自己的利益，或者说芳尼乌斯由于他的良好品性而失去什么，就显得不可信了。

【8】这就是这件事的起点，让我们看后来发生的事情。昆图斯·洛司基乌斯骗了芳尼乌斯 5 万小银币。原因是什么？萨图里乌笑了，狡猾的老家伙，他认为自己够狡猾的。他说原因就是这 5 万小银币。我明白了，我应当问为什么他有如此强烈的欲望想要拥有这些银币，因为这样一笔钱肯定不足以让你们动心，使你马库斯·培尔朋纳，或者使你盖乌斯·庇索，去欺骗一名合伙人。那么洛司基乌斯为什么如此看重这笔钱，这是我想要知道的。他缺钱花吗？不，他很富有。他欠债了吗？没有，他有很多钱。他遇上不幸了吗？没有，甚至在变得富有之前，他一直是最慷慨大方的。我的天哪！一个拒绝挣 30 万小银币的人会去使用各种诡计，邪恶地诈骗 5 万小银币吗？如果狄奥尼西娅② 每年能挣 20 万小银币，那么洛司基乌斯肯定能挣 30 万。第

---

① 巴里奥（Ballio），普劳图斯（Plautus）喜剧《虚假的圈套》（Pseudolus）中的一个角色，一名妓院老板。

② 狄奥尼西娅（Dionysia），当时一位著名的女舞蹈演员。

一笔 30 万小银币数额巨大，获取的方式也很光荣，而第二笔 5 万小银币则是卑鄙的、肮脏的、令人苦恼的、引起诉讼的。在最近十年里，洛司基乌斯可以挣到 600 万小银币，但他没有挣。他从事的劳动使他能够获得幸运，但他拒绝了这种劳动给他带来的幸运。他从来没有停止为罗马人民服务，他已经很长时间不再为个人谋私利。芳尼乌斯，你这样做过吗？如果能谋取丰厚的收入，你难道不会兴奋得狂呼乱叫，乃至于喘不过气来吗？就算洛司基乌斯骗了你 5 万小银币，他拒绝把这笔钱付钱给你，但这不是因为洛司基乌斯太懒惰，挣不到钱，而是因为他太仁慈了。先生们，为什么我要把你们的想法说出来？洛司基乌斯在合伙生意中骗了你！我们有法律，有适用于各种行为的法律条文，所以没有人会弄错，乃至于不知道自己所受伤害的性质或者要诉诸的法律程序。执法官按照每个公民所遭受的损失、麻烦、不便、灾难、伤害来决定采用何种用语精确的、适用于所有个人行为的法律条文。

【9】如果是这样的话，我要问你为什么不要求洛司基乌斯同意在合伙生意中指定一名仲裁者？你不知道相关的条文？但这是人所周知的。你不愿意对他提出会带来严重后果的诉讼？为什么会是这样？根据你和他持久的友谊？那么你后来为什么又要攻击他？根据正直原则？那么你后来为什么又要指控他？根据罪行重大？这桩罪名果真成立吗？你能确保一位对这类事情没有仲裁权力的法官在仲裁人面前恰当地发挥作用，给这样一位好人准确地定罪吗？所以，要么开始这样的诉讼、提出这样的指控是合法的，要么不该提出这种不应有的指控。然而，你们自己的证据已经驳斥了这种指控。因为当你拒绝使用那一法律条款时，你已经表明洛司基乌斯并没有在合伙生意中欺诈合伙人。你有没有收支账？如果没有，又怎么可能会有这笔账？如果有，你为什么不把它们说出来？假定洛司基乌斯现在要你接受他的一位朋友为仲裁人！他实际上没有这样做。假定他为了被宣判无罪而记过这笔账！但他实际上没有。要问他为什么是无罪的。因为他是完全无辜的，是一位非常正直的人。到底发生了什么事？你可以随意去洛司基乌斯家，你已经申辩过了，你请求他宽恕你仓促的行动，并通知仲裁者已经做了安排，你说你不会再来

了，并且大声宣布说洛司基乌斯在这项合伙生意中没有欠你什么东西。洛司基乌斯通知了法官，被宣判无罪。然而，你还要大胆地再提洛司基乌斯的欺诈和盗窃吗？芳尼乌斯坚持了他的厚颜无耻。他说："是的，不过他已经和我有了约定。"当然了，这样做的目的是为了避免受到谴责。但是，什么原因使他害怕受到谴责？事实是清楚的，盗贼是明显的。什么东西被偷了？当每个人都翘首以待的时候，律师开始讲述合作培养演员的事情。

【10】他说："帕努古斯是芳尼乌斯的奴隶，后来成了芳尼乌斯和洛司基乌斯的共同财产。"在这一点上，萨图里乌首先深深地抱怨洛司基乌斯什么代价也没有付出，就成为这名奴隶的共同拥有者，因为这名奴隶是芳尼乌斯买来的，是他的私人财产。当然了，芳尼乌斯是仁慈的，对金钱一点儿也不在乎，慷慨地把这名奴隶作为礼物送给了洛司基乌斯。我假定是这么回事！由于萨图里乌就此已经讲了许多，所以我也必须多说一些。萨图里乌，你断言帕努古斯是芳尼乌斯的个人财产，但我认为他完全属于洛司基乌斯。他的哪个部分属于芳尼乌斯？他的身体。他的哪个部分属于洛司基乌斯？他的训练。不是他的身体形象，而是他的技艺，才使他成为有价值的演员。属于芳尼乌斯的那个部分的价值不超过 4,000 小银币，而属于洛司基乌斯的那个部分的价值超过 10 万，因为没有人会按照他的身体判断他，而是按照他的技艺估量他作为喜剧演员的价值。凭其自身的肢体能够挣的钱不超过 12 个银币[①]，但是他从洛司基乌斯那里得到的训练，其价值绝不少于 10 万小银币。这是一种多么狡猾和卑劣的合伙啊，一方贡献了 4,000 小银币，而另一方的贡献价值是 10 万小银币。从保险箱里取出 4,000 小银币也许令你们烦恼，而洛司基乌斯的训练和技艺带来的结果价值 10 万小银币。会有什么样的希望、期待、热情、厚爱陪伴舞台上的帕努古斯，因为他是洛司基乌斯的学生！所有喜爱、崇拜、敬佩洛司基乌斯的人都会喜爱和认可他的学生。简言之，一切听说过洛司基乌斯这个名字的人都会认为帕努古斯是一名训练

---

① 此处银币的原文"assarius"。

有素、演艺精湛的喜剧演员。这就是民众的思维方式，他们做出的判断很少以真理为基础，绝大多数判断的基础都是意见。很少有人理解并欣赏他认识的东西，但每个人都想知道这些东西他是从哪里学来的。他们认为一切不规则的或错误的东西不会来自洛司基乌斯。要是他来自斯塔提留①，哪怕他的演技超过洛司基乌斯，也不会有人来看他的表演，因为没有人会认为一名很差的演员能够培养出一名优秀的喜剧演员，就好像一名卑劣的父亲生不出高贵的儿子。由于帕努古斯来自洛司基乌斯，所以他显得比他的实际情况更有知识。

【11】同样的事情最近也发生在喜剧演员厄洛斯②的案子中。他被观众的嘘声和辱骂声赶下舞台，在洛司基乌斯家中的祭坛旁避难，是洛司基乌斯给了他庇护、指点，连厄洛斯这个名字也是洛司基乌斯给的。因此在很短的时间里，这个从来不被看好的末流演员在最杰出的喜剧演员的行列中占据了一席之地。使他的地位提升得如此之高的原因是什么？洛司基乌斯的推荐。在此之后，洛司基乌斯不仅把帕努古斯带到自己家中，像对待学生一样对他讲话，而且努力教诲他。有时他还为此大发脾气，实际上，一个人越是能干，越是有才能，他在教导别人时就显得脾气越坏，越是性急，因为当他看到学生进步缓慢、无法掌握他本人很快就掌握了的技艺时，他会感到非常烦恼。我不知不觉地已经提到了这些细节，为的是让你们能准确地知道这种合伙关系是在什么条件下形成的。

接下去又如何？芳尼乌斯说："帕努古斯这名共有的奴隶被塔尔奎尼的昆图斯·弗拉维乌杀害了。你指定我做你的诉讼代理人③处理这件事情。在诉讼进行到法庭取证的时候，你未经与我商议便与弗拉维乌达成了协议。"你讲的是一部分合作还是整个合作？讲清楚一些。只为我自己，还是为了我们双方？只为我自己，那么这样做是我的权利，有许多先例可循，

---

① 斯塔提留（Statilius），当时的一名二流演员。
② 厄洛斯（Eros），希腊爱神的名字。
③ 诉讼代理人拉丁原文"cognitor"。

是法律允许的，许多人都这样做过，我这样做，对你并没有什么伤害。你要求你的那一份，那么你已经得到了你应得的报酬，每个人都可以要求法律上属于自己的东西，并尽力去获得。"你非常能干地处理了你的生意。"你自己也可以这样做。"你参与合伙的那一份东西卖了高价。"你自己也可以这样做。"你得了10万小银币。"如果事情真是这样的话，你也可以得到10万小银币。

【12】但是洛司基乌斯置办地产很容易被公共舆论夸大，事实上你会发现他的处理方式是有节制的、不张扬的。在乡村地产价格很低的时候，他得到了一处农场，破落而又荒芜，但现在非常值钱。这并没有什么可奇怪的。因为在那个时候，由于整个国家遭受灾难，没有一个人的财产是安全的；而现在，感谢不朽诸神的仁慈，每个人的财产都有了保障。这个农庄当时一片荒芜，一座房子都没有；而现在，它得到了精心开发，成了一处极好的私宅。然而，由于你生性如此，我无法让你摆脱焦虑和忧愁。① 洛司基乌斯做了一笔好交易，得到了一个物产丰富的农场，但这与你有什么关系？你也可以用你的那一份收益去购置地产。于是对方改变了策略，试图预防他无法举证的事情。他说："你购置家产与整个合作有关。"

所以，整个案子就走到了这一步：洛司基乌斯与弗拉维乌达成协议仅仅代表他自己，还是代表合作双方？如果洛司基乌斯在合作中得到过任何收益，那么我承认他必须把它交出来。"当他从弗拉维乌接受这个农庄的时候，他代表我们之间的合作，而不仅仅代表他自己。"既然如此，那么为什么他没有做出保证，不再会有人提出对这个农庄拥有所有权？任何只代表自己提出协议的人会给其他人留下了毋庸置疑的行动权利；代表合伙人达成协议的人则要提供保证，不会再有人提出所有权方面的要求。为什么弗拉维乌没有照料好他自己的利益？我设想，这是因为他不知道帕努古斯属于合伙的双方。他不知道。他确实不知道芳尼乌斯是洛司基乌斯的合伙人。是这样吗？

① 指凯瑞亚的妒忌心。

其实他完全知道，因为他当时在跟他打官司。那么为什么他做了这样的处置而没有要求做出相关的规定，任何人都不可再认领这个农场？为什么他要从这个农场退出而又不能使他自己从诉讼中解脱？为什么他如此笨拙和疏忽大意，不用一条规定来约束洛司基乌斯，免得再去与芳尼乌斯打官司？这是第一个最令人信服的、最有分量的论证，涉及民法和习俗中有关提供保障的条款，如果这个案子本身没有其他更加清楚、更加确定的证据，我会更为详细地发挥。

【13】你可能会说我大言不惭地许诺了我无法做到的事情，我说的是你，芳尼乌斯，我想使你从板凳上站起来，做一名反对你自己的证人。你的指控是什么？洛司基乌斯代表合伙双方与弗拉维乌达成协议。什么时候？15年以前。我的辩护是什么？洛司基乌斯只代表他自己与弗拉维乌达成协议。三年前你对洛司基乌斯做出了一个相反的诺言。什么？请你清楚地念一遍当时的规定。庇索，我请你注意听。芳尼乌斯在我的推动下违反他自己的意愿，来回摇摆不定地提出了反对他自己的证据。那条规定讲的是什么？"我保证把我从弗拉维乌得到的东西的一半支付给洛司基乌斯。"芳尼乌斯，这些话是你自己说的。如果弗拉维乌没有欠你任何东西，你能从他那里得到什么？为什么洛司基乌斯没有就他很久以前得到的东西做出相应的规定？弗拉维乌给了你什么，因为他付给洛司基乌斯的东西抵偿了他所有的债务？为什么对一件很早以前就已经解决了的事情要引进这条新的相反的规定？它是谁提出来的，谁为它作证？谁是仲裁者？你，庇索，因为是你要求洛司基乌斯支付给芳尼乌斯10万小银币以补偿他的麻烦和辛劳，因为他曾是洛司基乌斯的代理人，因为他曾数次出庭，但相应的条件是芳尼乌斯支付他从弗拉维乌那里得到的东西的一半。这条相反的规定本身不就充分证明了洛司基乌斯达成的协议只代表他自己吗？但也许你可以认为芳尼乌斯做出了相反的许诺，把他从弗拉维乌那里得到的东西付给洛司基乌斯一半，但他什么也没有得到。这又怎么办呢？你必须考虑的不是认领的结果，而是这个相反的诺言的起源。如果他不想起诉弗拉维乌，那么他也不会因此而在他力

所能及的范围内提出任何相反的规定，承认洛司基乌斯只代表他自己达成协议，而不代表合作的双方。但若我弄清在洛司基乌斯这个老协议和芳尼乌斯这个最近相反的诺言之后，芳尼乌斯由于帕努古斯而从弗拉维乌那里得到了10万小银币，那又如何？他还会大胆地侮辱这位最杰出的昆图斯·洛司基乌斯的名誉吗？

【14】刚才我问了一个对本案至关重要的问题：为什么弗拉维乌就整个诉讼达成协议的时候既没有从洛司基乌斯那里得到保证，也没有摆脱芳尼乌斯的诉讼？但是现在我想知道一些十分奇怪、无法置信的事情的意义：在已经就整件事与洛司基乌斯达成协议以后，他为什么要单独支付10万小银币给芳尼乌斯？萨图里乌，在这一点上，我想知道你会做出什么回答，芳尼乌斯从来就没有从弗拉维乌那里得到过10万小银币，还是由于其他原因或其他认领而得到了这笔钱？如果有其他某些原因你得到了这笔钱，那么你以前与他打过什么交道？没有。帕努古斯曾经被当做抵债物而交到你这位债权人手中吗？没有。我一直在无望地等待，浪费了许多时间。他说："芳尼乌斯既没有从弗拉维乌那里得到10万小银币，也没有因为帕努古斯或其他任何人而得到这笔钱。"如果我证明，在洛司基乌斯最近制定的规定之后，你从弗拉维乌那里得到了10万小银币，那么你能提出理由说明你为什么不会输掉官司、可耻地离开法庭吗？所以，我要借助谁的证据来证明这一点呢？我相信，这件事情要对簿公堂。当然了。谁是原告？芳尼乌斯。谁是法官？克鲁维乌。我必须提出要以这些人中的某一个人作为证人，说明这笔钱已经支付了。谁的证词分量最重？无可争议，那个被一般的判决（法官）认可的那个人。那么，在这三个人中，你们期待我提出由谁来作证？原告？原告是芳尼乌斯，他绝不会提供反对他自己的证词。被告？被告是弗拉维乌，他已经死了很长时间，要是他还活着，你们就能听到他讲话了。法官？法官是克鲁维乌。他会说些什么？弗拉维乌由于帕努古斯的缘故而向芳尼乌斯支付了10万小银币。考虑到克鲁维乌的情况，他是一位罗马骑士，考虑到他的生平，他是一个最杰出的人，考虑到他的自信心，

你们接受他担任法官，考虑到他的诚实，他只会说他能够说或肯定知道的事情。说吧，你现在就说出来，一位罗马骑士、一位高尚的人、你们的法官，竟然是一定不能相信的人！他在看着他，他有点激动了，他宣称我们一定不要念克鲁维乌的证据。我们要念。你错了，你在用虚弱的希望安慰自己。念一下提多·玛尼留斯和盖乌斯·鲁基乌斯·奥克莱亚这两位最卓越的元老的证词，他们听克鲁维乌念过。"提多·玛尼留斯和盖乌斯·鲁基乌斯·奥克莱亚的证词。"你是说我们一定不能相信鲁基乌斯、玛尼留斯或克鲁维乌吗？

【15】我会说得更清楚、更坦率一些。关于这 10 万小银币，鲁基乌斯和玛尼留斯从克鲁维乌那里什么都没听说，还是克鲁维乌没有对鲁基乌斯和玛尼留斯说真话？在这一点上我很冷静，也不着急。我一点儿也不在乎你会做出什么样的回答，因为洛司基乌斯的案子由于有了最卓越的人提供的最强大、最神圣的证据而变得确定。如果你已经想清楚你应当发誓拒绝相信他们中的哪一位的证词，那就请你回答吧。你断定一定不能相信玛尼留斯和鲁基乌斯吗？如果你胆敢这样说，那你就说吧；这样的话语与你的冥顽不灵、你的傲慢无礼、你的整个生活正好匹配。你还在等什么？你们瞧，在我把鲁基乌斯和玛尼留斯的情况告诉你以后又过了多久？他们就等级来说是元老院的议员，他们是老年人，他们的性格是虔诚的，他们有充足的个人财产。我不会这样做，我不会借用他们的名声来伤害我自己。我自己由于年轻而需要借助他们的良好意见，但这种需要大于期待借用他们的年迈来赞扬我自己。倒是你，庇索，需要十分谨慎地思考一下，是应当相信凯瑞亚——尽管不是依据他在这个牵涉到他的个人利益的案子中的誓言——还是应当相信玛尼留斯和鲁基乌斯在一个与他们本人无关的案子里的誓言。还有另一种选择，他可以坚持说克鲁维乌对鲁基乌斯和玛尼留斯撒了谎。如果他这样做了——他实际上相当谨慎——他就能否定这个他认为可以做法官的人的证词吗？他就会说一定不能相信这个人的话，而他自己却相信他吗？他就会在一名法官面前贬低他作为证人的诚信，否定他提供的证词吗？而这个人以前是由于他的诚

信和正直才成为法官的。如果说我应当提议由他来当法官，那么他必定会拒绝，而当我把他带来作证人时，他会大胆地挑剔他的毛病吗？

【16】他说："好吧，但在他还没有发誓的时候，克鲁维乌就已经把事情告诉了鲁基乌斯和玛尼留斯。"如果他发誓以后再告诉他们，你就会相信他吗？伤害者与撒谎者之间有什么区别？习惯于撒谎的人也会习惯于伤人。如果我能说服一个人撒谎，那么我也能轻易地诱导他伤人。因为一个人一旦偏离了真相，他在被说服去伤人方面就不会比被说服去撒谎方面有更大的顾忌。如果不是受到他自己的良心的谴责，又有谁会因为向诸神发过誓，而有所顾忌呢？诸神既惩罚伤人者，也惩罚撒谎者，因为不是由于话语的形式，发誓也包含在话语之中，而是由于背信弃义和邪恶地给他人设圈套，激起了不朽诸神的怒火和义愤。但我正好相反，我坚持，要是克鲁维乌恪守他的誓言，那么他的权威性就会比他没有发誓所说的话分量要轻。因为在那个时候，要是看到他曾在一个他自己担任过法官的案子中作证，那么他们会认为他显得偏心，但是现在每个公民都必须把他视为一名最正直、最坚定的人，他会把他知道的事情告诉他自己的亲密朋友。

现在就说吧，要是你能说的话，要是这个案子的事实允许你说，要是克鲁维乌撒了谎！克鲁维乌撒谎了吗？真理本身在推动我停止这样想。那么，他们到处传播的这些谎言根源何在？在他眼中，洛司基乌斯当然是一个十分狡猾、诡计多端的人。我们来看他是怎么开始推论的："由于芳尼乌斯向我索取 5 万小银币，所以我要求盖乌斯·克鲁维乌这位杰出的罗马骑士为我撒谎，说这项协议没有达成，原先要弗拉维乌给芳尼乌斯 10 万小银币，实际上没有给。"这就是这个不诚实的、令人遗憾的、缺乏理智的心灵最初的想法。接下去又如何？在鼓足勇气之后，他去接近克鲁维乌。他是一个什么样的人？一个闹着玩的人吗？不，他是一名最严肃的人。墙头草？不，他立场坚定。洛司基乌斯的朋友？不，他们完全不认识。在一般的问候之后，洛司基乌斯当然要用礼貌的话语开始询问："你会用谎言来束缚我吗，在你的某些最卓越、最亲密的朋友在场的时候，说弗拉维乌与芳尼乌斯就帕努古斯达成了协议，尽管他什么也没有，说他给了他 10 万小银币，尽管他一个子儿也没有给他。"他的回答是什么呢？"当然了，我会乐意为你撒谎，要是你在任何时候要我伤害人，使你能够因此而赢得蝇头小利，你可以放心我都已经准备好了。你不需麻烦你自己，亲自来找我，你可以通过信使来安排这样的小事。"

【17】我的天哪！洛司基乌斯会要求克鲁维乌这样做吗，哪怕他的几百万家产都遭受危险，克鲁维乌会同意洛司基乌斯这样的请求吗，哪怕他能获得所有战利品？我以真理之神的名义起誓，你本人，芳尼乌斯，几乎不可能胆大妄为到这种地步，竟然会向巴里奥或者像他那样的人要求这样的许诺。实际上这是虚假的，实际上这是不可信的，因为我忘了洛司基乌斯和克鲁维乌具有最卓越的性格，因为我此刻假定他们是不诚实的。洛司基乌斯唆使克鲁维乌作伪证。为什么这件事情发生得那么迟？为什么克鲁维乌不说这笔钱在第一次分期支付时就已经支付了，而不是等到第二次分期支付的时候再支付？因为洛司基乌斯已经付出了 5 万小银币。其次，要是克鲁维乌已经被说服作伪证，那么他为什么要说弗拉维乌给了芳尼乌斯 10 万小银币，而不是 30 万小银币，因为按照相关的规定，这笔钱中的一半属于洛司基乌斯？你现在可以明白了，庇索，洛司基乌斯只代表他自己认领这笔钱，而不代表合作的双方。由于萨图里乌感到这一点是相当清楚的，所以他没有大胆地坚持与事实真相搏斗，而是马上为傲慢和欺诈找了另一条退路。他说："我承认洛司基乌斯只代表自己向弗拉维乌索取自己的一份，我承认他留给芳尼乌斯的那一份没有动，但我坚持他为他自己得到的东西变成了合作双方的共同财产。"没有什么推理方式能比这个推理更加可疑、更加令人愤慨了。我要问：洛司基乌斯能不能按照合伙关系来认领他自己应得的份额？如果他不能，他又如何能拿到钱？如果他能，他为什么不提这样的要求，而是只为他自己认领，因为只代表某人自己认领的人肯定不能代表他人认领，对吗？难道不是这样吗？如果洛司基乌斯宣布属于这种合伙关系的东西是一个整体，那么他得到的金钱应当由合伙者分享，但他现在只认领属于他自己的一份，

难道他就不能只为自己认领吗？

【18】为自己打官司的人与代表别人打官司的人有什么差别？亲自打官司的人只为自己讲话，不会代表其他人提出要求，除非其他人让他做代理人。你不是这样说的吗？如果洛司基乌斯让你做代理人，你会在他赢得官司后得到的东西中得到你的好处，但由于他的认领是以他自己的名字进行的，所以他得到的东西是为你取得的，而不是为他自己取得的，是吗？但若有人能为别人认领，但并没有被其他人指定为代理人，那么我要问，在帕努古斯被杀以后，在针对弗拉维乌的诉讼开始以后，为什么是你成了洛司基乌斯在这场官司中的代理人，尤其是你论证说，无论你用你的名字提出什么要求，都是在为洛司基乌斯提出要求，无论你认领什么和为自己得到什么，都属于所有合伙人。但若你从弗拉维乌那里得到的东西没有给洛司基乌斯，除非他指定你在这个官司中做他的代理人，那么洛司基乌斯从弗拉维乌那里得到的东西也一定不会到你手里，因为他并没有指定你当他的代理人。芳尼乌斯，对此你能做出什么样的回答？当洛司基乌斯代表他自己与弗拉维乌达成协议时，他给你留下诉讼的权利了吗？如果没有，那么你后来从弗拉维乌那里得到过 10 万小银币吗？如果你得到了，为什么还要向洛司基乌斯索取你可以通过自己的诉讼来获得的东西？事实上，合伙关系很像继承遗产，它们就像双生子。正如合伙人在合作中有份额，继承人在遗产中也有份额。继承人只为自己认领其中的一份，不能为其他继承人认领，所以合伙人只为自己认领，不能为其他合伙人认领。正因为他只认领属于自己的那一份，所以支付方也只支付这一份，继承人按比例取得他的那份遗产，合伙人按比例取得他的那份收益。正如洛司基乌斯可以放弃他以自己的名义从弗拉维乌那里取得赔偿一样，所以你没有权利认领这一份，所以他在得到自己的一份时也给你留下了无可怀疑的认领的权利，他一定不能与你分享你的一份，除非由于黑白颠倒，你才可以剥夺属于洛司基乌斯的东西，但你不能向其他人勒索。萨图里乌始终坚持说，合伙人无论为自己认领什么，都会变成合作者的共同财产。如果是这样的话，那就混乱不堪了！洛司基乌斯是一个什么样的傻瓜，

他在一名精通法律的权威的建议下，与芳尼乌斯做出了一个精确的相关规定，要把自己从弗拉维乌那里得到的东西的一半支付给芳尼乌斯，由于没有任何保证或相关诺言，不管怎么说，芳尼乌斯由于合作关系而拥有它，也就是说，由于洛司基乌斯……①

① 原文到此中断。

论土地法案

提　要

　　西塞罗现存论土地法案的演说共有三篇，拉丁文标题分别是"De Lege Agraria Oratio Prima"、"De Lege Agraria Oratio Secunda"、"De Lege Agraria Oratio Tertia"。中文标题定为"论土地法案"。

　　公有土地（ager Publicus）是罗马共和国的主要税收来源之一。罗马人在意大利全境取得胜利以后没收了大约三分之一乃至一半的土地总量作为公有土地，而就坎帕尼亚地区来说，那里的所有土地都是公有土地。到了共和国末期，许多被征服的周边小国也把他们的土地"自愿"送给罗马人，成为公有土地。罗马共和国曾有过多部土地法案，这些法案不涉及私有土地，只处理公有土地问题，各部法案的实施情况也很不相同。

　　公元前79年，罗马独裁者苏拉退隐，长期受苏拉压制的民主派逐渐抬起头来。在公元前64年年底的时候，新一任保民官就职。普伯里乌·塞维留斯·鲁卢斯，新任保民官之一，提出一部土地法案，赋予一个由十人组成的委员会（称做十人团）处理公有土地的权利，以确保民主派的利益。实施这部法案不仅会耗尽国库的财力，增加赋税，引起公有土地流失，而且会由于十人团拥有过分的权力而影响国家安全。西塞罗和盖乌斯·安东尼乌斯·许布里达在这一年的选举中当选执政官。公元前63年1月1日，亦即西塞罗就任执政官的第一天，他在元老院的集会上发表了反对鲁卢斯的演讲，指出这部法案隐藏的危险。此后，他又两次在公民大会上发表演讲，反对鲁卢斯提出的土地法案。

全文共分三篇，50 章以及 4 段残篇。译成中文约 4.4 万字。第一篇演说词残缺，现存 9 章；第二篇演说词共分 37 章；第三篇演说词共有 4 章，还有 4 段残篇。

正　文

论土地法案（一）

（在元老院演讲，反对保民官普伯里乌·塞维留斯·鲁卢斯）

【1】……当时公开的事情现在变成了要秘密决定的。因为十人团^①会说：这些都是老生常谈了，在同一批人^②执政以后，这个王国^③按照国王亚历山大的意志变成了罗马人的。那么，当他们秘密地对亚历山大里亚提出要求时，你会把它给他们吗？尽管当时他们相当公开地反对你，而你也对他们进行了抵制？我以不朽诸神的名义起誓！你心里的这些想法是清醒人的计划还是醉鬼的美梦？是聪明人的审慎观点还是疯子的胡言乱语？现在你们看到了，在下面这个法案中，这个臭名昭著的饕餮之徒在这个国家里如何制造麻烦，如何浪费和毁灭我们的祖先留下来的遗产，把罗马人民的财富当做他自己的财富来挥霍。在他的法案中，他列举了某些税收的来源，是十人团有权出售的，也就是说，他贴出告示，出售这些属于国家的东西。他希望人们前来购买土地，以达到分配的目的，他想要钱。我料定他会想出某些计划来推进这件事。因为在从前的合作中，罗马人民的尊严受到了侵犯，我们这个国度的名字激起了全世界的公愤，因为许多城市被平定，我们的同盟者的土地

---

① 十人团（decemviri），古代罗马由十名行政官员组成的委员会。
② 指公元前 88 年担任执政官的苏拉和庞培。
③ 指亚历山大里亚和埃及。

以及他们的国王们的雕像被呈送到十人团面前，而现在他却想要弄一笔现钱。我在等着，不知我们这位警醒的、明智的保民官会怎么想。他说："我们要出售坎帕尼亚的森林①。"我要问的是，你发现这处森林属于被遗弃的财产，还是属于由监察官登记在册的牧场？如果你猎取、发现、挖掘到任何东西，尽管把它们全都拿走是不公平的，但你毕竟可以很方便地把它们带走，因为把它们弄出来的是你，但你能在我们还是执政官、这个元老院还存在的时候就出售坎帕尼亚的森林吗？你能在那个时候就贴通告吗？你能在那个时候就剥夺罗马人民战争时期的生计与和平时期的装饰品吗？与我们祖先时代最勇敢的人相比，我判定自己确实是一名无能的执政官，因为他们担任执政官的时候为罗马人民获得大量的税源，而我在担任执政官的时候却不能加以保持。

【2】他正在一样接一样地出售这个国家在意大利的公共财产。他无疑正在为此事忙碌，一样财产都不放过。他按照监察官的登记搜索了整个西西里，没有哪座房屋、哪片土地是没有受到他的注意的。你们已经听说了，有一位保民官建议从1月份开始安排出售罗马人民的公有财产。我想，你们丝毫也不怀疑那些凭借武力取得这些财产的人是为了充实国库而出售它们，而我们会有一些公共财产是由于某些人受贿而被出售的。

现在请注意他们会在什么事情上比以前更公开。因为在这部法案的前面部分，他们攻击庞培，是我把有关庞培的信息给了他们，而现在他们应当提供关于他们自己的信息了。他们下令出售阿塔利亚和奥林波斯的居民的土地，这些城镇由于普伯里乌·塞维留斯的辉煌胜利而被添加到罗马人民的支配之下；②其次是出售马其顿的王家领地，部分是由于提多·弗拉米努③的

---

① 指意大利坎帕尼亚的森林（Scantia silva）。

② 普伯里乌·塞维留斯（Publius Servilius），公元前79年任罗马执政官。阿塔利亚（Attalia），小亚细亚庞培利亚的一个海滨城市。

③ 提多·弗拉米努（Titus Flamininus），公元前197年打败马其顿国王菲力；卢西乌斯·保卢斯（Lucius Paullus），公元前168年打败最后一位马其顿国王珀耳塞斯（Perses）。

勇敢，部分是由于卢西乌斯·保卢斯的勇敢，是他征服了珀耳塞斯；接下去是科林斯最肥沃的土地，由于卢西乌斯·姆米乌斯成功发动了那场战役而成为罗马人民的新的税源；接下去是位于西班牙的、邻近新迦太基的土地，由于两位西庇阿的卓越胜利而成为罗马的财产，后来他们出售了老迦太基本身，普伯里乌·阿非利加努以迦太基为祭品的事情永远值得纪念，在举行了某种宗教仪式后它被夷为平地，既标志着迦太基人的灾难，又标志着我们的胜利。这些土地都是我们的祖先传给我们用来装饰这个国家的，在出售了这些我们王冠上的珍宝之后，他们下令出售国王米特拉达铁斯①在帕弗拉戈尼亚、本都和卡帕多西亚占领的那些土地。他们责成你出售通过战争获取的大片土地，哪怕战争还在进行，就好像要用拍卖者的叉子攻击庞培的军队，对此还有什么疑问吗？

【3】但是他们现在正在安排的拍卖为什么不固定在某个地方呢？因为十人团得到允许，依法出售他们认为适宜的任何地方。监察官不能让这些作为税源的农场流失，除非处在罗马人民的视线之下，而这些人就可以出售它们，哪怕它们是在大地的边陲？即使是最腐败的人，在他们祖传的财产变得荒芜以后，也习惯于在拍卖大厅里出售他们的地产，而不是在大马路边或十字路口出售；而这个人允许十人团在他们觉得适合的任何地方，或者在他们选择的人烟稀少的任何地方，出售罗马人民的公共土地。十人团有经常来回巡视各个行省、王国和自由部族的义务，难道你们看不到他们的巡视有多么苛刻、多么可怕、多么有利可图？你们无疑也已经听说了这些承担处理遗产使命的人的到来一般会给我们的同盟者带来多么大的负担，他们把城市变成了私人经营的家产，既没有大量的资源，也没有最高当局的投资。作为这一法案的后果，恐怖与灾难悬挂在所有民族的头顶上，由于这个原因，你们认为一旦握有最高权力的十人团对这个世界的统治变得松懈，那些想要获取

---

① 米特拉达铁斯（Mithridates），本都国王（公元前120年—前63年），军事征服小亚细亚和希腊，对罗马构成威胁，罗马人发动三次战争打击他，最后被庞培打败。

一切的欲望还能得到控制吗？他们的到来是一种负担，作为权威的象征他们是恐怖的，他们专横的司法权力是无法忍受的，他们得到了许可，随心所欲地宣布任何东西为公共财产并加以出售。这部法案允许他们做那些甚至连正直的人都不愿做的事。其结果，你们想，按照这样的法案，还有什么样的抢劫、什么样的讨价还价、什么样的拿人们的幸福做交易不会到处盛行与猖獗？对这些事情，"当苏拉和庞培担任执政官的时候"，在较早的法律中做过明确的规定，而他们又重新解除了这些规定和限制。

【4】这部法案命令十人团对所有公共土地征收很高的税，这样他们就可以得到他们想要的土地，宣布这些土地为公共财产。在做出这个决定的时候，人们看不出是他们的严厉变成了苛刻，还是他们的仁慈变成了唯利是图。

然而，这个法案中有两个可疑的例外，而非仅仅是不公正。就征税来说，一个例外是西西里的新扩展地区，那里的土地是私人财产，受条约保护，不得出售。后一个例外是阿非利加，那里的土地是国王们①的财产。在这里我要问，如果条约足以保护国王，新扩展地区的土地是私人财产，那么有这种例外的法案制定出来有什么用？但若条约有不确定性的地方，新扩展地区的土地有时被说成是公共财产，那么他会想，有谁认为这个世界上只有这两样土地是他可以放过的？有哪个硬币可以隐藏起来，不会被这个法案的制定者嗅出味道来？他们正在榨取各个行省、自由市、我们的同盟者和朋友，最后是国王；他们正在把魔爪伸向罗马人民的税源。这还不够。听着，你们这些在人民和元老院给予充分批准之后指挥军队发动战争的人，法案中规定，一切战利品、掠夺物、献金②，以及其他既没有花费在纪念活动上又没有上交国库的东西，都要上交给十人团！他们对这一条款抱有很大希望。他们按照自己的判断安排了一次调查，针对所有将军和他们的后代，但他们

---

① 此处原文"Hiempsal"，指非洲努米底亚部分地区的国王。

② 这里的原意是奉献黄金，最初是指为获胜的将军制作的一项金冠，在他返回罗马入城时使用，后来则指金钱的犒赏。

认为从福斯图斯^①那里可以获得的金钱最多。法官们发誓不愿审理的案子由十人团的成员审理了，也许他们认为法官们忽略的这个案子是为他们保留的。接下去，法案又极为仔细地规定了从今以后每个将军无论得到什么钱，都要马上交给十人团。然而在这里，在我看来这部法案以极为相似的方式把庞培作为例外，就像那部法案^②一样，外国人都被赶出罗马，而格劳昔普成了例外。这个例外不是一个人得到仁慈的对待，而是摆脱了非正义。但是，这部法案攻击这个人交的税，而对他的掠夺物却不闻不问。因为这部法案授权十人团有权使用我们担任执政官以后通过新开辟的税源征收的钱。就好像我们不明白似的，他们想要出售的就是格奈乌斯·庞培取得的新税源！

【5】应征入伍的父老乡亲们，你们瞧，通过各种税收和搜刮，十人团的金钱堆积如山。"把它花在购买土地上，就能减轻人们对这笔财富的怨恨。"好极了！那么由谁来购买这些土地呢？还是十人团。你，鲁卢斯（其他人我就不说了），你可想买什么就买什么，想卖什么就卖什么，想卖什么价就卖什么价，想出什么价买地就出什么价。因为卓越者不会向不愿出售土地的人购买。我们并非不明白，向不愿出售者购买是无利可图的，向愿意出售者购买是有利可图的。关于其他人我就不说了，你们的岳父卖给你们多少土地？如果我正确地理解了他的不偏不倚的习性，有谁会不愿意出售给他。其他人都会乐意这样做，把他们拥有的没有什么收益的土地变成现钱，放弃他们感到难以维持的东西，得到他们一心向往的金钱。

现在来看一下所有这些条款中的无限制、不堪忍受的许可。购买土地的钱被集中在一起；不能从那些不愿出售土地的人那里收购土地。但若业主不同意出售，那会发生什么事？购买土地的钱会重新回到国库里去吗？这是不允许的。可以向十人团提出这种要求吗？这是禁止的。但若假定是这种情况，你按业主的要求支付了购地款，但又没有什么土地可购。让我们抢劫这

---

① 福斯图斯（Faustus），独裁者之子。他的敌人威胁说要起诉他，要他归还父老乡亲给他的钱，而元老院总是反对进行调查。

② 指公元前65年制定的"帕庇乌斯法案"（Lex Papia），把外国人驱逐出罗马。

个世界、出售这些税源、把国库榨干，为的是无论发生什么事，通过购买可以把恶名的"拥有者"或者灾难变成财富。

接下去又会怎么样？在这些土地上会安排什么样的定居？安排整件事的方法是什么？他说："我们会在那里建立殖民地。"在哪里？什么人去定居？在什么地方？有谁不知道所有这些事情都应当作为殖民事务来考虑？你，鲁卢斯，认为我们应当把整个解除了武装的意大利都交给你和这些计划的实施者，以便你用军营来加强它，用殖民方式来占领它，用各种各样的锁链来束缚它吗？你在雅尼库卢①建立殖民城邦的计划有什么保障，能使这个城邦不受围攻？他说："我们不会这样做。"首先，我不确定；其次，我有点害怕；最后，我从来不会采取这样的行动，把我们的安全建立在你的仁慈上，而不是建立在我们自己的智慧上。

【6】你以为我们中间没有一个人会明白你的计划的用意，使殖民城邦布满整个意大利吗？因为法案中写道："十人团将会按照他们的意愿向他们认为合适的城镇派遣殖民者，建立殖民城邦，把土地指派给他们。"所以，在他们用武力占领了整个意大利以后，他们几乎没有给我们留下任何重获尊严的希望，而恢复独立的希望更为渺茫。我这样的看法更多的是出于怀疑和猜测。现在我们要消除各方面犯错误的可能；现在他们会公开展示这个共和国的名字、我们的城市和帝国的王座；最后，我们要展示这个最优秀、最伟大的朱庇特神庙，世上所有民族都会带着他们的不同意见相聚在这个城堡。他们在卡普阿②有殖民者进行指导，那是他们想要用来再度与这座城市相对抗的城市；这就是他们想要消灭当地的财富和我们帝国名字的地方。据说某个地方由于土地肥沃和物产丰富就会产生骄傲和残忍，于是十人团会派出殖民者去那里定居，这些人由于犯有各种罪行而被挑选去殖民。我假定，出身高贵和幸福的人已经证明自己不能有节制地在一座城市里承受一切充裕，在那

---

① 雅尼库卢（Janiculum），罗马城郊的一个小山丘，在台伯河左岸。

② 卡普阿（Capua），意大利坎帕尼亚的主要城市。

座城市里，你们的亲信能够治疗他们的蛮横。在卡普阿，我们的祖先消灭了执政官、元老院、公民大会和其他一切共和国的标志，除了卡普阿这个空洞的名字以外其他什么也没有留下，这不是出于残忍，（因为还有谁会比这些人更加宽厚，他们把财产不断地归还给被征服的意大利以外的敌人？）而是出于审慎；因为他们看到，要是在那些城墙里应当继续保持共和国的踪迹，那么城市本身就可以为帝国提供生存之地；我想，你不会看不到这个计划完全是灾难性的，除非你想要推翻共和国，建立你自己的新的暴政。

【7】在建立殖民地的时候有什么事情需要提防？如果要提防的是奢侈，那么卡普阿已经腐蚀了汉尼拔本人；如果要提防的是骄傲，那么从当地居民的骄傲中也会产生出新的骄傲来；如果我们的目标是保护，那么殖民地不是建立在我们前面，而是建立起来反对我们。它是如何被武装起来的，哦，不朽的诸神啊！在布匿战争中，无论卡普阿有什么样的建树，都是由它自己完成的，而现在所有围绕卡普阿的城市都将被十人团派遣的定居者占领。所以，正是由于这个原因，这部法案允许十人团指派这样的定居者随意进入任何城镇。这部法案命令这些定居者划分坎帕尼亚地区和斯特拉平原①。我不想抱怨税收的增加，也不想抱怨这种损坏罪行的增加，我把这些每个人都会最真实、最伤心地感受到的悲哀都省略掉——我们已经不能够保存这个国家的遗产、罗马人民最美丽的财富、罗马人的战备粮仓中的最主要部分了，这里的税收以往一直由国家牢牢地控制。最后，我们已经顺从地把这个地区交给了普伯里乌·鲁卢斯，而这个地区凭借自己的力量曾经单独抵抗过苏拉的专制和革拉古的贿赂。我不说这是整个国家的税源丧失之后留下来的唯一税源，不说这里仍旧能征到税，而在其他地区征不到税，因为它在和平时期是繁荣的，在战争时期也没有丧失它的价值，是它支持了战事，也使我们可以不害怕敌人——对这些我现在都不说了，我把必须要说的话都留到公民大会上再说。我现在要说的是我们的安全与自由面临的危险。因为，在鲁卢斯，还有那些比鲁卢斯更使你们害怕的人，用他的

---

① 斯特拉（Stella），意大利坎帕尼亚地区的一个肥沃地区。

乞丐和流氓团伙，用他的所有力量，用他的金子和银子，占领了卡普阿和周围的城市以后，你们认为这个国家还有什么是无可怀疑的，或者在保持你们的自由和尊严方面还有什么是无懈可击的呢？

应征入伍的父老乡亲们，像这样一些事情我要竭尽全力加以抵抗。在我担任执政官的时候，我不会允许人们实现这些他们蓄谋已久的、反对国家的计划。鲁卢斯，你和你的一些年轻的同事犯了一个很大的错误，你们希望通过反对一位真正深得民心而非伪善的执政官来获取民心，使你们自己在推翻国家的时候也被认为是符合民心的。我要向你挑战，我要召唤你们去参加公共集会，我希望由罗马人民来对我们做出裁决。

【8】在考虑民众感到快乐或者赞同的一切事情时，我们会发现没有任何事情会像和平、和谐、安宁那样深得民心。你们把一个受到怀疑、由于害怕而犹豫不定并被你们的法案、公共集会和殖民者的定居激怒了的国家交给我。你们把希望给了恶人，你们用恐惧刺激了好人。你们从法庭上驱逐了信誉，你们从这个国家驱逐了尊严。处在动荡的人心和混乱的形势之中，一名执政官的声音和权威突然显现，好似一线光明照亮了笼罩在黑暗之中的罗马人民。他说没有什么可怕的，只要我们是执政官，就不会有那些军队、盗匪、殖民、出售税源、新的统治、十人团的统治、第二个罗马或其他帝国的宝座，就会有一个完全平静、和平、安宁的时期。所以我假定，我们不得不害怕你们这个奇妙的土地法案会获取民心。但是，当我揭露了你邪恶的计划、你狡诈的法案和你这位受到民众欢迎的保民官给罗马人民设下的圈套以后，那么我假定，我要害怕的不是在公共集会上人们不允许我采取坚定的立场反对你，尤其是我已经下定决心，只要我担负着执政官的职责，我就只能按照保持我的尊严和自由的方式反对你。我绝不会去谋求获得行省、荣誉、名声或利益，也不谋求保民官能够阻止我去获取任何东西。你们的执政官，在这个 1 月 1 日，在座无虚席的元老院里宣布，如果这个国家继续现在的状态，那么除非有某种危险产生使他无法光荣地避免出席会议，否则他就不会接受任命，去统治一个行省。应征入伍的父老乡亲们，我将继续尽我的职责，如果说有一位民众的保民官与国家不和，

与我发生争吵，那么他应当设法控制他的坏脾气。

【9】因此，我要以不朽诸神的名义起誓！我要向你请求，人民的保民官，快快清醒过来吧！你要小心地抛弃那些计划，因为你很快就会发现，最后被抛弃的是你自己。你要和我们一起想一想，你要赞同好人的意见，你要和我们抱着共同的热情，保卫我们共同的国家。这个国家现在有许多内伤，一些邪恶的公民正在策划阴谋。这不是空穴来风，丧失了人民、丧失了国家才是最可怕的事情。我们要把邪恶限制在大门之内，让它成为内部的事情。我们要努力治愈国家的伤口，使之恢复到最佳状态，这是我们每个人的责任。要是你们认为只有元老院赞同我的意见，而民众有别的倾向，那么你们错了。作为一名摆脱了一切野心、不受恶行困扰、在危险中极为审慎、在斗争中英勇的执政官，我想这种执政官的权威是所有希望安全的人都会遵循的。但若你们中有人用虚假希望来激励，以为能够用扰乱政局的方法来使自己的名望提升，那么，第一，只要我是执政官，他的希望应当抛弃；第二，他应当以我为榜样，我出身于骑士阶层，现在担任执政官，他可以明白一种什么样的生活方式能够明确地引导优秀公民走向荣誉和尊严。应征入伍的父老乡亲们，如果把你们维护共同尊严的热情应许给我，那么我肯定能够实现这个国家最热忱的希望。这样的统治，在我们祖先时代存在过，而现在，在长时间的间隔以后，可以看做国家复兴的象征。

论土地法案（二）

（在公民大会上演讲，反对保民官普伯里乌·塞维留斯·鲁卢斯）

【1】哦，罗马人啊，这是一种由我们的祖先建立的习俗，那些由于你们的青睐而获得权利在家中存放他们塑像的人，① 在向民众第一次发表演

---

① 祖上有人担任显要公职（执政官、监察官、执法官等）的罗马家庭有权在家中保留塑像，这些塑像通常是蜡像。拥有这种蜡像的家庭是贵族。

说的时候，应当把对你们的青睐的感谢和对祖先的赞扬结合起来。在这样的演讲中，人们有时候可以发现，有些人的等级确实高贵，这是由他们的祖先获得的，但大多数人的演讲则会表明，祖先们留下的巨大债务有些是要由他们的后代来偿还的。至于我自己，罗马人啊，我没有机会在你们面前谈论我的祖先，不是因为他们在你们眼中不是我们①这样的人，他们有自己的血统和成长原则，而是因为他们从来没有享有过大众的青睐或者由你们赐予荣耀而带来的卓越。②至于在你们面前讲述我自己，我担心会显得自高自大，而我若是保持沉默，又会显得忘恩负义。因为提到我自己通过何种努力获得这种尊严是一件难事，但我也无法对你们赐予我的青睐保持沉默。由于这个原因，我要十分仔细、有所保留、非常节制地讲话，以便在我呼唤从你们那里可以得到的所有仁慈的时候，在你们考虑我为什么被你们判定为配得上赐予最高荣誉、享有最高尊重的时候，我本人可以用有节制的语言来说明你们对我的判断没有错，你们仍旧可以坚持相同的看法。

我是第一位"新人"③，在经历了一个漫长的时期以后，比我们所能记忆的时间更漫长，你们使我成了执政官。众多的卫士与保护措施显示出这个职位的高贵，而你们已经公开表明，希望今后要按照公民的德行来选举执政官，并允许我担任这个职位。你们不仅选我当了执政官，这个职位本身就是一个非常高的荣誉，而且还是以这样一种方式，在这座城市里很少有贵族被选为执政官，在我之前没有"新人"。

【2】确实，要是你们的记忆力相当好，你们会发现那些顺利当选执政官而没有遭到拒斥的人是在经历了长时间的辛勤劳动并抓住了有利时机才当选的，他们要在担任了执法官以后许多年才能成为执政官的候选人，并且要受

---

① 指西塞罗自己和他的兄弟。
② 在讲这些话的时候，西塞罗想到自己担任了执政官。
③ 西塞罗在他的家族中是第一位担任显要公职的人。

法律规定的年龄限制的制约；① 但是那些按照自己的年纪② 成为候选人的，没有哪个人不是先落选的；而我是我们所能记得的所有"新人"中唯一的一个，在法律允许的年纪成了执政官的候选人，并且第一次参加竞选就得到了这个职位，所以我的这个荣誉来自你们。我的竞选成功不是因为我抓住了什么良好的机会，或者是由于另一名候选人太低劣，或者是有某种紧迫的需要，我取得这个职位凭的是功德。我刚才提到，我是你们在那么多年以后赐予这种荣誉的第一位新人，这的确是一件幸事。我在符合法定的年龄第一次提出担任执政官的请求。没有什么事情能比这样一个事实更加光荣，更加荣耀，我是在选举执政官的人民集会上当选的，而你并没有交出你的选举牌。选举的秘密性保证了你们的选举自由，但是全场欢呼表现了你们的良好意愿和对我的信任。这样，在最后的选举牌还没有全部处理完的时候，③ 那些先来到选举站的人，不是个别呼喊者的声音，而是罗马人民的一致声音，宣布我当选执政官。罗马人啊，我把你们这种惊人的、额外的青睐视为精神享受和愉悦的一个巨大来源，但它也引起了我的忧虑和关切。因为许多严肃的思想占据了我的心灵，使我昼夜不得安宁——尤其是考虑如何保持执政官的尊严，这对任何人来说都是一项巨大的、困难的任务，但对我自己来说，我毕竟不会沉溺在荣耀之中。如果我获得了成功，那么我几乎不需要赞美，我不会期待那些不情愿的人的赞扬；如果我有疑惑，那么我看不到可信的建议；如果我遇到困难，那么我看不到忠诚的支持。

【3】罗马人啊，要是只有我陷入了危险，那么我能够平静地忍受。但是，我遇到了某些人，他们认为我已经犯了某些轻微的错误，不管涉及什么事，不管是故意的还是偶然的，他们都会驳斥你们，指责你们为什么要青睐

---

① 罗马法律对担任公职者的最低年龄有限制，担任财务官的最低年龄是 31 岁，担任市政官的最低年龄是 37 岁，担任执法官的最低年龄是 40 岁，担任执政官的最低年龄是 43 岁。这些规定后来做过修改，也有某些例外。

② 指达到法定年龄。

③ 他没有必要等待最后的部族投完票，只要得到多数票就已经当选了。

我，而不喜欢我的高贵的竞争者。但是，罗马人啊，这是我的看法，忍受这些事情比不能成功地履行执政官的职责要好，我的所作所为都不是为了获得赞扬。除此之外，履行我的职责还有一项最辛苦、最困难的任务，因为我已经下定决心要遵循与我的前辈不同的体系和原则。他们中间有些人刻意回避，不愿出现在这里，出现在你们的视线之中，有些人没有多大热情表现自己。而我不仅打算在这里①讲话，这很容易做到，而且要在元老院里讲话。在元老院里似乎不该讲这种话，但我已经在1月1日发表了我的第一篇演说，因为我要成为人民的执政官。由于我明白自己当选执政官不是通过那些有权势的人的努力，也不依靠少数杰出人士的青睐，而是依靠罗马人民的一致赞同，我是由于大多数人而不是少数最高等级的人的赞同而当选的，所以我要问，我怎么能够在担任执政官期间，乃至于我的一生，不做人民的朋友呢？但是我迫切地需要你们的智慧来帮助我解释这个词②的力量和意思。因为，由于某些人的虚伪表现，有一个很大的谬误正在到处传播，他们不仅在损害人民的利益，而且在妨碍人民的安全，他们在这种时候努力用他们的演说来赢得人民的支持。罗马人啊，我明白这个国家在1月1日递交到我手里时是什么状况，她充满了忧虑，充满了恐惧。在这个国家里，没有什么邪恶与灾难是好公民不害怕、坏公民不期待的。有报告说现在存在各种反对现有政府和你们的安宁的分裂阴谋，有些已经在实施，有些在我们当选为执政官的时候就已经开始了。法庭上的信任被一扫而空，不是因为遭受到某些新灾难的打击，而是由于人们对法庭的怀疑和法庭的混乱，已经做出的判决变得无效，新的暴政出现，人们认为这些非凡的权力不仅是军事的，而且是暴君的。

---

① 指罗马市政广场所建立的讲坛或审判台（"rostrum"，复数"rostra"），台周回廊上饰有公元前338年战争中所获敌舰之船头。

② "这个词"指"popularis"。"这个词"有同胞、同乡、伙伴、大众、民主派、平民等多种含义。西塞罗在与"optimates"（贵族）或"nobiles"（贵族）相对的意义上使用这个词。"Optimates"这个词包含贵族和富裕的骑士阶层。西塞罗在这里定义这个词以适合他自己的观点，而他在元老院讲话时，则站在贵族一边，以民主派的姿态出现。

【4】由于我不仅怀疑正在进行的事情，而且非常清楚地看到这些事情（因为所有事情都相当公开），所以我在元老院宣布，只要我拥有这个职位，我就是人民的执政官。对人民来说，还有什么东西比和平更受欢迎？不仅那些拥有理性的动物会感到欢欣鼓舞，而且连房屋和田野在我看来都会喜乐。对人民来说，还有什么东西比自由更受欢迎？你们看到不仅人类盼望自由，而且连野兽也喜爱自由。对人民来说，还有什么东西比安宁更受欢迎？你们的祖先、你们，还有最勇敢的人，都认为安宁是令人高兴的，为了能够在某些日子享受安宁，必须从事最艰巨的劳动，尤其是当这种安宁伴随着权威和尊严的时候。对我们的祖先，我们要表示特别的赞扬和最衷心的感谢，其原因在于有了他们的辛勤劳动，我们才能享受安宁，摆脱危险。那么，罗马人啊，当我看到这些事情的时候——尚未到来的和平、作为你们的名字和种族特征的自由、在家中的安宁，简言之，在你们看来最亲密的东西，被托付给我，并以某种方式处在我这位执政官的保护之下——我怎能不站在人民一边？哦，罗马人啊，对你们显得快乐的东西并非一定就符合人民的利益——可以口头公布要颁布某些赏赐，但在付诸实施时不可能不动用国库；法庭发生骚乱、已经做出的决定失效、恢复被判有罪者的名誉①、危急状况下孤注一掷、采取行动最后毁灭整座城市，这样的事情通常也不能视为有益于人民幸福的行为。假定有些人虚假地把土地许诺给罗马人民，使你们眼前充满希望，而在暗地里却做着某些不同的事情，那么这些人不配成为罗马人民的朋友。

【5】罗马人啊，坦率地说，我并不想否定各种各样的土地法案本身。因为我记得有两位最杰出的公民，罗马人最能干、最忠诚的朋友，提比略·革拉古和盖乌斯·革拉古，他们让平民在公共土地上定居，而这些土地从前为私人占有。我和大多数执政官不一样，我不认为这是一种罪恶，而是赞扬革拉古兄弟，凭着他们的建议、智慧和法律，我看到许多管理部门有序地建立

---

① 指被苏拉放逐的那些人的子女。

起来。因此，在我当选执政官以后，当我得知当选的保民官正在起草土地法案的时候，我有一种了解他们意图的欲望；因为我想，由于我们必须在同一年内成为同事，完成执政官的功能，那么我们之间必须要有些约束，以便明智地处理国家事务。然而，当我试图无保留地与他们交谈的时候，我感到无从谈起，最后不得不沉默。我在努力理解他们的意图，要是这部法案在我看来对罗马平民有用，我会支持和帮助它通过。但他们嘲笑我的善意，声称我绝不会批准任何赏赐。于是我撤回了我提供的帮助，因为我担心继续坚持下去会显得虚情假意和蛮横无理。同时，他们继续秘密集会，邀请某些人参加他们的会议以取得支持。从你们自己当时的忧虑，你们可以轻易想象我的这种表示理解的态度。最后，这些保民官提出了动议，鲁卢斯的演讲尤其为人们所期待，因为他既是土地法案的主要推动者，又比他的同事更为好斗。他一当选保民官，就有了不同的表达、不同的声音、不同的步态；他的衣服是破旧的，他的人格是低劣的，他留长发、蓄长须，他的眼睛和外貌显得像要在这个世界上捍卫保民官的权力并威胁这个国家。我等着他提出这部人们期待的法案和演讲。最初，他没有提交法案。他下令在12月12日召开会议。人们聚集在一起，翘首以待。他以非常精美的语言做了长篇演讲。我发现唯一错误就是，在所有人中没有一个人能够发现有谁能够明白他在说些什么。我无法说他这样做有什么阴险的目的，或者是在以这种雄辩的方式取乐，尽管在公民集会上有些更加聪明的人怀疑他是在谈论某些事情，或者说他在谈论土地法案。然而，最后，在我当选执政官以后，这个法案张贴出来。在我的指示下，一些抄写员到处去收集，给我带来了一份准确的抄本。

【6】罗马人啊，我急切地向你们保证，要是我发现这个法案适合你们，能够推进你们的利益，那么我会宣读和考察这部法案，并且会宣传它和推进它。尽管闹派性的、有邪恶意图的保民官经常驱逐抵抗他们的善良无畏的执政官，而保民官的权力有时候也有义务以同样的方式抵抗执政官们过分的欲望，但是执政官与保民官之间发生战争，既不是由于生来相互厌恶，也不是由于有公开的分歧，更不是因为生来就有仇恨。引起分歧的不是他们的权力

不相匹配，而是他们精神上的分歧。同理，我手里拿着这个法案，想要发现它对你们有益，一位真正的而非口头上是人民的朋友的执政官可以光荣地、愉快地支持它。罗马人啊，从法案的第一条到最后一条，我只看到这些保民官的想法、计划和目标。他们想要做的事情是以土地法案的名义建立他们的统治，包括国库、税收、所有行省、整个国家、友好王国、自由民族的十名国王，他们实际上想成为统治整个世界的十名君主。

因此我坚持，哦，罗马人啊，这部令人敬佩、受到民众欢迎的法案其实没有给你们任何东西，而是把一切都作为礼物给了某些个人；当着罗马人的面，它要掌握土地，甚至随意抢占；它增加了私人的财富而耗尽国家的幸福；最后，最可耻的事情是，一位人民的保民官，一位我们的祖先想要使他成为自由的庇护者和卫士的行政官员，竟然要在这个国家确立国王。我把所有这些事实摆在你们面前，要是它们对你们显得不真实，那么我会顺从你们的权威，改变我的观点。但若你们承认一项反对你们的自由的阴谋正在以赏赐的名义进行，那么你们不要犹豫不决，因为有一位执政官在帮助你们。你们要捍卫你们的自由，你们的祖先流血流汗获得自由，然后交到你们手中，而你们自己对此没有做过任何努力。

【7】读了这部土地法案的第一条，你们略做尝试就可明白，它在攻击你们的自由，你们该用什么样的态度来对待它。按照规定，执行法律的保民官经由17个部族的投票产生十人团，每个获得9个部族选票的人都将成为十人团的成员。在这里我要问，鲁卢斯为什么要提出他的动议和法案，剥夺罗马人民的选举权。与土地法案相关，他的几次动议都是任命三人团、五人团、十人团的成员为法案的执行人。我要问这位保民官，人民的朋友，他们是否由35个部族选举出来的。因为一切权力、命令、委任都应来自整个罗马人民，这才是恰当的，尤其是涉及那些为了全体人民的福利和权益而建立的权力时。因为在这种时候，全体公民不得不选举他们认为能够尽力帮助人民的人，而每个人则凭着他的热心和选票为自己获得某些利益铺平道路。如何剥夺全体罗马人民的选举权，只邀请某些部族的人不是按照既定的法规而

是凭着个人的好恶行使他们的自由权力，^① 这是一位保民官的想法而不是其他人的想法。这部法案的第二条说："还有，要按照与选举大祭司^②相同的方式进行。"他甚至没有看到我们的祖先敬重人民，因为按照宗教的理由，授予这样的职位被认为是非法的，但不管怎么说，就他而言，考虑到祭司职位的重要性，候选人应当卑微地恳求人民赋予他们这样的职位。保民官格奈乌斯·多米提乌^③是一位出身高贵的人，就如何挑选其他祭司他通过了一项相似的法律，出于宗教的理由，人民不能授予祭司职位，因此他只邀请一小半人参加挑选，而新祭司原先由祭司团成员来增选。你们明白他们之间的区别了吗？一位是格奈乌斯·多米提乌，人民的保民官，贵族中的贵族；另一位是普伯里乌·鲁卢斯，在我看来他想要考验你们的耐心，所以称他自己为贵族。由于宗教方面的障碍，多米提乌尽其所能、在允许的范围内、在合法的范围内，通过把全体人民的选举权赋予部分人民的方法来实施遭到禁止的事情；而鲁卢斯努力想要从你们手中抓走始终是人民特权的东西、无人可以违反的东西、无人可以更换的东西——亦即他使所有那些将要把土地分配给人民的人在这样做之前都从罗马人民那里得到福利。一个人把无法赋予人民的东西以某种方式给了人民；而另一个人却努力用某种方式剥夺人民绝不能被剥夺的东西。

【8】有些人会问，他这样非正义和不审慎的目的何在。他并非没有任何预谋就采取行动，而是对罗马人民绝对没有诚信。罗马公民们，他对你们和你们的自由毫无公正可言。因为他下达了命令，选举产生十人团的人民大会要由提出这项法案的人来掌握。说得更清楚一些，鲁卢斯，一个既不邪恶又不贪婪的人，下令人民大会应当由鲁卢斯来主持。我还不是在责备他，我看

---

① 即行使选举权。

② 祭司长的选举最初是通过老的祭司团成员对新成员增选的方式进行，公元前 3 世纪时，选举的方法转变为由 17 个部族选举。

③ 保民官格奈乌斯·多米提乌（Gnaeus Domitius），由于祭司团不能选他担任祭司，接替他父亲的位置，于公元前 104 年把选举祭司的权力给了人民。用抽签的方法从 35 个部族中抽出 17 个部族进行选举，得到半数以上部族同意的候选人便可当选。

到其他人也这样做过。但是考虑到他的目的是只召集一小部分人参加选举，这就是一件从无先例的事了。他想要掌握人民大会，想要宣布那些凭借这部法案获得神圣权威的人当选。他本人既没有把自己托付给全体人民，对这些计划进行调查的那些人也不认为这样的托付是正确的。哪些部族参加选举要进行抽签，而抽签者还是这位鲁卢斯。多么幸运的人啊！他当然只要他所希望的部族来参加选举。如我所示，这位决定用九个部族来选举十人团的鲁卢斯将要变成我们的绝对主人。为了表示他们对这种青睐是感恩的而非健忘的，他们会承认自己确实应当感谢这九个部族中的臭名昭著的人，[①] 至于剩下的 26 个部族则根本不被他们放在眼里，因为这些人也没有正义地拒绝他们的做法。那么我要问，他希望哪些人当选十人团呢？第一个是他自己。但这样做合法吗？在现存的原有法案中，不是执政官提出的法案——要是你认为这有什么重要性的话——而是由保民官提出的法案，对你和你的祖先来说是完全可以接受和同意的。这些法案是李锡尼法案和埃图提亚第二法案，[②] 它们不仅禁止任何提出法案的人插手法案的执行或执法，甚至还排斥他的同事、家人、姻亲。确实，要是你心中装的是人民的利益，那就要避免与个人利益有关的一切嫌疑，表明你除了公共利益之外不为自己谋求任何利益，把执法的权柄留给他人执掌，让他人对你的青睐所表示的感恩成为你的奖赏。因为，其他任何东西都不配成为自由的人民对你的精神和激情的奖赏。

【9】是谁提出了这部法案？鲁卢斯。是谁剥夺了大部分人民的投票权？鲁卢斯。是谁掌握了公民集会？是谁召集了他想要召集的部族？是谁在没有任何监督的情况下抽签？是谁宣布他所希望的十人团当选？都是这位鲁卢斯。是谁宣布他成为十人团之首？鲁卢斯。以赫丘利的名义起誓，我很难想象他能说服任何人赞同这样的做法，连他的奴隶也不会，更不要说你们这些世界的主人了！

---

① 指那些公开接受贿赂，为了金钱敢做一切事情，因而出名的人。

② 这两部法案大约于公元前 170 年制定，"李锡尼法案"的制定者是卢西乌斯·李锡尼·克拉苏（Lucius Licinius Crassus）。

因此，没有任何例外的最优秀的法律①会被这部法案取消，然而凭着他自己的这部法案，他要为自己谋求执行这部法案的权力，在大部分人民被剥夺选举权以后，他将掌握公民集会，他将宣布他喜欢的那些人当选，其中包括他自己。我也不认为他会拒绝支持这部土地法案的他的那些同事，是他们把这部法案的首席执行官的头衔给了他，而人民希望通过这部法案获得的其他所有好处都被他们以相互承诺的方式留给了他们自己。

但是，只要你们想一想鲁卢斯是怎么考虑问题的，或者想一想他的念头，就可以看出这个人的细心之处。这个阴谋诡计的策划者预见到，凡人危机产生时，都需要有忠诚、公正、勇敢和权威，要是你们有权从所有公民中选择执政官，那么你们会毫不犹豫地把事情托付给格奈乌斯·庞培去处理。事实上，你们从所有公民中选择了一个人以后，可以任命他为战争统帅，指挥对所有国家的战争，陆上的也好，海上的也好，而在产生十人团的时候，他们肯定明白这是一种托付和荣誉，应当充满信心地把这件事交到他的手里，相信他完全配得上这个职务。然而，没有低于法定年龄，没有法律方面的障碍，没有权柄，没有执政官，没有其他事务和法律的阻碍，甚至没有任何法律指控妨碍这个人当选十人团成员，但是格奈乌斯·庞培受到了阻碍，不能与普伯里乌·鲁卢斯（其他人我就不说了）一同成为十人团成员。因为他必须首先要成为候选人。所以是这部法案禁止他成为候选人，而这种事情是其他法案从来没有要求过的，在一般的行政官员选举的时候也没有。他无疑害怕，要是他的法案被采用，你们会让格奈乌斯·庞培成为他的同事，监视他，惩罚他的欲望。

【10】在这里，由于我看到这个人的尊严和法律提供的意见使你们的良心受到了感动，所以我要重复一下我一开始就说过的话，你们这是在确立国王，你们的自由被这部法案完全剥夺了。或者说你们还有别的想法？你们难

---

① 这句话的意思并非一切最优秀的法律都是没有设定例外的，这里仅就两部法案而言。

道不认为，当少数人把贪婪的眼睛投向你们的所有财产时，他们要做的第一件事情就是剥夺庞培作为你们的自由的监护人，剥夺他的所有权力和职务，使他无法保护你们的利益？他们过去明白现在也明白，要是对你们缺乏预见或者不注意我的观点，结果就会是，要是你们采纳了一部你们对之一无所知的法案，一旦你们明白过来这是个圈套，那么在选举十人团的时候，你们就会认为自己的职责是反对这部法案针对格奈乌斯·庞培权力的那些有缺陷的、罪恶的条款。当你们看到这位保卫着你们的自由的人被排斥在这个执法团体之外的时候，难道还不能充分证明某些人正在谋求控制一切的绝对权力和权威吗？

现在要弄清十人团被赋予什么样的权柄，它的实施范围有多大。首先，他把一部"经过民众会议通过的法律"的荣耀赋予十人团。其中一开始就规定，这是史无前例、闻所未闻的，行政官员的职位可以由一项经过民众会议通过的法律来授予，而无需像先前那样由公民大会来选举。他下令，首先被任命为执法官的人有权提出立法动议。但是，以什么方式呢？"为的是那些由平民选出的人能够掌握十人团。"他忘了，他们中没有一个人是由平民选举出来的。想用新法律来约束这个世界的人就是这样一个在写法案的第三条时忘了第二条做过什么规定的人吗？在此我们清楚地看到，你们来自祖先的权力，由于这个人民的保民官，现在还剩下些什么。

【11】我们的祖先希望你们在选举行政官员的时候可以投两次票。因为我们已经有一部按照百人队投票选举监察官的法案，还有一部在元老院投票选举其他行政官员的法案，如果当选者是同一个人，那么就需要第二次做决定，如果人民对原先投的票后悔了，那么他们有权重投。现在，罗马人啊，当你们以这些由公民集会选举出来的人为首，那么保留按照百人队投票选出来的人和按照部族投票选出来的人就只是为了占卜。除了给民众或平民下令，这个部族没有一个人能够行使权威，它已经确认了按照部族组合进行投票的人民集会赋予的权威，而这正是你们没有做并且试图加以压制的事情。因此，你们的祖先希望你们能做出决定，选举每个行政官员都要在两个公民

集会上进行，但这位人民的朋友甚至连参加一个公民集会的权利都没有给人民留下。但是你们注意一下这个人的审慎和一丝不苟！他看到并且明白，要是十人团没有一部经过民众集会通过的法律，就没有权威，因为任命他们的只有 9 个部族。因此他下令应当在民众集会上通过一部有关他们的法律，他对执法官签发了他的命令①。这一荒唐的安排与我没有任何关系。因为他命令已经当选的执法官首先提出一部法案供民众会议审议，但若他能够这样做，那么最后的结果就表明他既没有在如此重要的事情上开玩笑，也没有其他目的或看法。让我们把这一安排撇在一边，它是荒唐的又是邪恶的，或者说邪恶得难以理解，回过头来说一说这个人的一丝不苟。他看到没有一部民众集会通过的法案，十人团将一事无成。然而，要是法案通不过，那又该如何？请注意他的灵巧。"在这种情况下，这些十人团成员将拥有与按照最严格的法律程序当选的行政官员相同的权力。"如果在这样一个国家里，在一个自由权力远远超过其他国家的地方可以这样做，那么任何人都能获得内政或军事权力而无需任何公民集会的批准。这样一来，法案第三条提到的要制定一部经过民众集会通过的法案又有什么用？因为在你们允许的第四条中，没有公民集会的批准他们也能取得与按照最严格的法律程序任命的行政官员相同的权力。哦，罗马人啊，这是在给我们指定国王，而不是十人团。这就是他们的权力的开端与基础，甚至从他们被任命的那一刻起，而非仅仅从他们行使权力开始，你们的所有权利、力量、全部自由，都被一扫而光。

【12】但是，请你们注意他如何精心维护保民官的特权。在提出一项将由民众集会讨论通过的法律时，执政官通常已经受到保民官的投票的阻挠。我们并不抱怨保民官有权力这样做，但只要有人滥用这种权力，我们就要表明自己的看法。但是这位人民的保民官在涉及一项由执法官提出、经由公民集会投票的法案时，取消了调解的力量。当部族的权力被一位人民的保民官

---

① 用签发命令这个说法是西塞罗有意地选用的，因为保民官不能对执法官或其他行政官员下令，他只能通过投票反对他们。

削弱、因此他必须受责备的时候，人们禁不住要嘲笑他，因为，执政官不得干预军事事务，除非得到公民大会的授权，而尽管存在着调解，他禁止这个人（执法官）去调解并且赋予他相同的权力，就好像这项法案已经执行了。所以我无法理解为什么他要禁止调解和为什么有人要调解，因为调解只会表明调解者的愚蠢，而不会阻碍任何事情。

所以，为了占卜的目的，让30位侍从官来代表这些并非由真正的公民大会任命的十人团，也就是说他们并非由人民投票选举，他们的公民集会仅仅在形式上保持着古代的做法，但却是极不完善的。你们瞧，那些没有从你们那里得到授权的人现在有了多么大的荣耀，超过我们这些得到你们全部授权的人。他下令要十人团就殖民地的定居问题占卜。他说："让他们赋予照料圣鸡的人①拥有与塞普洛尼乌法②赋予十人团成员的权力相同的权力。"鲁卢斯，你竟敢提到塞普洛尼乌法？这一法案本身不是在提醒你，这些三人团成员是由35个部族投票选举产生的吗？还有，由于你在正义和节制方面远远不如提比略・革拉古，所以你认为按照如此不同的精神制定的法案一定会拥有相同的权威吗？

【13】除此之外，他赋予十人团一项名义上是执法官的、实际上是国王的权柄。他把法案的时间限制在五年，但实际上却使它永久长存，因为这些人拥有的特权和力量是他人无法违反他们的意志加以剥夺的。然后他向这些执法者提供公仆、吏员、书记员、法令宣读员、建筑师，此外还有驴子、帐篷、给养、家具。他从国库里拨付经费供养他们，超过他们从同盟国那里获得的供养；共有200名丈量员，每个丈量员又有20名侍从和亲信。

哦，罗马人啊，迄今为止你们看到的仅仅是僭主的外貌。你们看到了权力的标志，但还没有看到权力本身。有人也许会说："吏员、侍从官、法令宣读员或照料圣鸡的人会给我带来什么伤害？"未经你们的批准拥有这些事

---

①　这是罗马人的风俗，由专人饲养某些鸡，供占卜用。

②　提比略・塞普洛尼乌・革拉古（Tiberius Sempronius Gracchus）任命三名行政官员组成三人团，执行他于公元前133年制定的土地法。

物的人要么像个国王，要么像个人们无法容忍的疯子。只要看一下赋予他们的巨大权力就可以明白这一点了。你们会认识到，这不是某个人的疯狂，而是令人无法忍受的国王式的蛮横。首先，他们拥有无限的权力，有权聚敛大量金钱，不是通过税收，而是通过出让税收；其次，他们有权未经审判就拷问世上每一个人，未经申诉就予以处罚，未经保民官调解就进行惩罚。因为在长达五年的期限里，甚至连保民官自己都有服从他们的义务，而他们却不用对任何人负责。他们有行政官员的权力，但自己却不受任何审判；他们有权购买喜欢的任何土地，愿意付多少钱就付多少。他们有权建立新殖民地，恢复旧殖民地，使之布满整个意大利。他们带着绝对的权威视察所有行省，没收自由民的土地，出售整个王国。只要喜欢，他们可以待在罗马，而在方便的时候，他们可以随心所欲地到处闲逛，带着支配一切的绝对权威，军事的或司法的。同时，他们可以把刑事审判放在一边，由个人决定最重要的事情，让一名财务官代行他们的权力，他们有权派出调查员，有权批准调查员向他派出的某个人所做的报告。

【14】罗马人啊，每当我想起这种国王一般的权力时，我找不到恰当的语言来描述它，但它肯定比我讲述的更大。因为还从来没有一位国王的权力是不受任何约束的，即使不受法律的限制，但至少要有某些限制。而在这种情况下没有任何限制，所有王国，你们统治下的最广阔的地域，所有不受你们统治的农村，还有你们现在甚至还不了解的地方，都被包括在这项法案的实施范围之内。

首先，他们有权出售元老院在马库斯·图利乌斯和格奈乌斯·高奈留担任执政官期间①或之后批准的一切东西。为什么要说得那么晦涩？出于什么原因？元老院下决心要出售的所有东西在法案中不是都有了清楚的表述吗？罗马人啊，这种晦涩有两个原因：要说这样的无耻行径有什么可耻的地方，

---

① 公元前 81 年，马库斯·图利乌斯（Marcus Tullius）和格奈乌斯·高奈留（Gnaeus Cornelius）担任执政官。

那么第一个原因是羞耻，另一个原因是罪恶的意图。因为法案不敢说明哪些东西是元老院决定要出售的，它不敢一样样点出来，因为它们是这座城市的公共土地，自从保民官的权力得以恢复①以来，没有人敢打这些圣地的主意，还有一些土地是我们的祖先在这个城市中设立的避难所。而按照这个保民官的法案，所有这些地方都要由十人团来出售。除此之外，有高鲁斯山、敏图尔奈的杞柳林，还要加上通往赫丘兰努的大道，②这些地方由于周围都是风景秀丽、土壤肥沃的农村而非常值钱。还有一些地方，元老院之所以想要出售是由于国库的空虚，而执政官不想出售是由于害怕失去民心。所以，法案中没有提到这些土地的原因也许是由于感到羞耻。但更加确定、更加令人恐惧的是十人团的胆大妄为，他们竟然可以不顾公共登记，伪造元老院从来没有通过的决定，因为在那个时期担任执政官的人有许多已经死了。我们怀疑这些人的胆大妄为也许错了，但整个世界与他们的贪婪相比确实显得不够大。

【15】这是一种出售，我明白它对你们来说是重要的，但是请注意聆听我下面的话，你们会明白这只是为了达到其他结果而迈出的第一步或使用的第一种方法。"无论什么土地、场所、建筑物。"还能有什么呢？财产还有其他许多类型：奴隶、牲畜、金银、象牙、衣服、家具以及其他东西。我想要说些什么？如果他具体说出是哪些东西，会使他丧失民心吗？不，他不怕丧失民心。那么原因何在？他在想，要是开列一个详细的清单那就显得太长了，他害怕这样的话就不容易通过了。所以他又添上"或者其他任何东西"。也就是说，像你们看到的那样，说得非常简洁，但却把一切都包括在内。就这样，他下令十人团出售意大利以外的那些在卢西乌斯·苏拉和昆图斯·庞

---

① 庞培于公元前 70 年担任执政官，恢复了保民官的所有特权，而苏拉在公元前 82 年担任执政官期间曾极大地加以削减。

② 高鲁斯山（Gaurus），位于意大利坎帕尼亚（Campania）；敏图尔奈（Minturnae），位于意大利拉丁姆地区的城市，在坎帕尼亚南部；赫丘兰努（Herculaneum），位于意大利坎帕尼亚的城市，维苏威火山的西部。

培担任执政官期间或者后来变成罗马人民公共财产的一切东西。罗马人啊，按照这一条款，我断言所有民族、人民、行省、王国都已经成为免费的礼物交到了十人团手中，受他们的支配、裁决和控制。首先，我要问在这个大地上还有哪个地方是十人团不能说它已经变成罗马人民的公共财产的？当说这种话的人有权判定自己正确、有权对事情做决定的时候，他还有什么不能说的？他们同样也有权说，帕伽玛、士每拿、特腊勒斯、以弗所、米利都、西泽库，事实上整个亚细亚，在卢西乌斯·苏拉和昆图斯·庞培担任执政官以后得以收复的地方，都已经变成了罗马人民的财产。在这种情况下，他还会在争论中无话可说吗，或者说由于同一个人既在提出争论，又在做裁决，在这种情况下他还会被人诱导而做出错误决定吗？或者说，要是不愿意谴责亚细亚，他难道不会提出他认为适宜的价格来使这些地方摆脱遭受惩罚的恐惧吗？我们所谈的事情是无可争议的，因为事情由我们自己来判决。涉及我们得到的馈赠，庇提尼亚王国①，它不是确实已经成为罗马人民的公共财产了吗？有什么力量能够阻止十人团出售那里所有的土地、城市、河流、港口，实际上出售整个庇提尼亚？

【16】哦，罗马人啊，米提利尼情况如何？②按照战争法和胜利者的权力，它确实已经成为你们的了。这座城市也被包括在这部法案的同一条款中，它以自然条件和地理位置著称，城市建筑精美，周围有大量肥沃的土地。亚历山大里亚和整个埃及又如何？它被秘密地藏匿了！它被悄悄地搁置在一边！它被偷偷地全部交给十人团！你们中有谁会如此无知，竟然会说由于国王亚历山大的意愿，他的王国成了罗马人民的公共财产？③在这里，作为罗马人民的执政官，我不仅要宣布有关这个问题没有任何裁定，而且甚至不愿说出我的想法，因为这件事情在我看来不仅非常重要，需要做决定，而

---

① 庇提尼亚（Bithynia），国王尼哥美底三世（Nicomedes III）。把他的王国献给罗马人民。

② 米提利尼（Mytilene），莱斯堡岛（Lesbos）主要城市，后被苏拉攻克摧毁。

③ 参见《论土地法案（一）》第 1 章。

且讨论起来非常困难。我看到有人断言亚历山大国王留下了遗嘱，我明白有一项元老院的法案记载了这笔遗产，亚历山大国王死后，我们派了一些使者为我们的人民去推罗找回由他存放在那里的一大笔钱。我记得，卢西乌斯·腓力普斯①在元老院里频繁地证明这些事实，他还说，几乎每个人都同意今天仍旧占有着王位的这个人②在出身上和精神上都不像国王。另一方面，有人说根本没有什么遗嘱，罗马人民一定不要表现出攫取世上一切王国的渴望；被那里的肥沃土地和丰富物产所吸引，我们的公民全都像是要离开罗马，移民到那个国家去。鲁卢斯和他的十人团同事将要决定这件重要的事情吗？他会用什么方式决定这件事？在诸如此类的重要事情上，你们都不能对他让步，或者交由他处理。如果鲁卢斯想要成为人民的朋友，他会把这个王国奖赏给罗马人民。所以，按照他的法案，他会出售亚历山大里亚，他会出售埃及，我们会发现他既是法官，又是仲裁者，是一个最富有的城市和最美丽的国家的所有者，简言之，他是一个最昌盛的国家的国王。哦，但是，他不会为他自己拿得太多，他不会太贪婪，他会做出决定，亚历山大里亚是这位国王的，他会裁决它不属于罗马人民。

【17】首先，既然你们任命了一个百人团③来裁决有关个人遗产的争论，为什么还要由十人团来裁决罗马人民的这项遗产？其次，由谁来代表罗马人民起诉？诉讼在什么地方进行？这个十人团会由哪些人组成，我们预见到，他们似乎想把这个亚历山大里亚王国无代价地奖赏给托勒密？但若他们把目标定在亚历山大里亚，为什么不遵循卢西乌斯·科塔和卢西乌斯·托夸图斯④担任执政官时所采用的程序？为什么不像从前那样公开？为什么不像

---

① 卢西乌斯·腓力普斯（Lucius Philippus），公元前 91 年担任执政官。

② 西塞罗在这里转述腓力普斯的话，指埃及托勒密王朝的国王托勒密·奥莱特（Ptolemy Auletes），Auletes 是他的绰号，意思是"吹笛者"。他是埃及国王托勒密·拉昔鲁斯（Ptolemy Lathyrus）的非婚生子，托勒密·拉昔鲁斯，即托勒密·索特尔二世（Soter II）。

③ 这个百人团实际上有 105 人，每年选举出来组成法庭，处理民事诉讼，尤其是与遗产相关的案子。

④ 两人在公元前 65 年担任执政官。

从前那样坦率地、直截了当地对这个国家做出裁决？要么，罗马人啊，这些在光天化日之下沿着大路都不能到达这个王国的人现在想象自己可以在黑暗和迷雾中抵达亚历山大里亚？

接下去，请用你们的思想和情感想一想这件事。外族人很难忍受我们的使者，这些人没有什么权威，却有权为他们自己的私人事务"自由地"视察各个行省。仅仅是"帝国的"[①]这个名称就令人恐惧和仇恨，无论使用这个名称的人有多么无足轻重，但他们离开这个城市后，用的不是他们自己的名字，而是在滥用你们的名字。你们认为，当这些十人团成员带着显示职务的权杖，带着一群精选的年轻调查员，以帝国的名义对全世界咆哮的时候，那会是一种什么样的状况？你们认为，当这样的危险威胁着这些不幸的民族时，他们会有一种什么样的情感和想法？这些帝国的全权使者在激发恐怖，他们不得不顺从它。这些"自由使者"的到来要耗费大量开支，这要由他们来承担。如果要他们送礼，他们也无法拒绝。这是一种什么样的震惊啊！哦，罗马人啊，如果一名十人团成员抵达了某个城市，他要么已经发出通知，会被当做贵客来款待，他要么作为不速之客突然降临，并以主人的口气宣布他要去哪里、这些款待他的地方都是罗马人民的公共财产！如果他这样说，那么对人民来说无异于一场灾难！如果他不这样说，那么对他来说又是一项巨大的收益！[②] 然而对这些东西同样贪婪的人们有时候习惯于抱怨说，所有土地和海洋都处在庞培的支配之下！[③] 所以，把重大使命托付出去和把一切都当做礼物来赠送当然是一回事，派人去执行艰巨的使命和派人去照料战利品当然是一回事，派人去解放我们的同盟者和派人去摧毁他们当然是一回事！[④] 最后，如果这是某种额外的荣誉，那么罗马人民是把它授了他们选择的某个人，或是依据某个邪恶的法案把它从罗马人民那里悄悄地拿走，不

---

① "帝国的"原文"imperium"，亦有"全权的"、"统治的"等意思。
② 意即这是十人团成员收受贿赂的结果。
③ 根据"伽庇尼乌法案"（Gabinian Laws）和"玛尼乌斯法案"（Manilian Laws）。
④ 这是西塞罗讥讽的说法。

就没有什么区别了吗？

【18】你们现在已经看到，在这部法案的允许下十人团有权出售多少东西，或者出售多么有价值的东西。但这还不够。当他们已经用同盟者、外国民族、国王们的鲜血灌饱自己的肚子的时候，这部法案允许他们割断罗马人民的肌腱，让他们把手伸向你们的税收，让他们闯进国库。因为下一条款不是简单地许可，而是驱使和命令十人团出售你们纳税的土地。要是说这种事情在一个资金极度缺乏的时候应当发生，那么执行前面的条款不仅不会出现缺乏资金的时候，而且可以获得大量的金钱，这一点在条款中有着清晰的表达。现在请你们把依据这部法案的条文要拍卖出售的罗马人民的财产念给我听。我以赫丘利的名义起誓！我认为宣读条文会给法令宣读员本人带来悲伤和痛苦。正如对待他自己的财产，在这个涉及国家财产的案子中，他是一个奢侈的浪荡公子，在出售他的葡萄园之前就已经卖掉了他的森林。你已经卖完了意大利的财产，现在可以去西西里了。这个行省没有什么可卖的，我们的祖先留给我们的东西都是我们的私人财产，鲁卢斯没有下令出售它们。至于那些通过最近的胜利获得的财产、你们的祖先留给你们的财产、位于那些城市里或者位于我们同盟者的边境上的财产，既作为和平的担保，又作为战争的纪念，在你们从这些人手中得到这些财产以后会按照这个人的命令出售它们吗？

哦，罗马人啊，我此刻似乎要影响你们的情感，我揭露了他们用来反对格奈乌斯·庞培的荣耀的圈套，这个圈套是完全秘密地设下的。要是说我经常提到这位伟大人物的名字，那么我要请求你们的原谅。两年前，同样是在这里，我当时是执法官，你们要我在他缺席的时候尽一切力量与你们一道公正地维护他的尊严。时至今日，我已经做了一切可能做到的事情，尽管我这样做并非出于个人之间的亲密关系，亦非出于对职位的希冀，我在他没有出席但并非他的善意不存在的情况下，在你们的同意下，维护了他的最高尊严。然而，由于我清楚地看到这部法案的建立几乎完全是为了推翻这个人的权力，所以我既要抵抗他的这个敌人的阴谋，也要使你们所有人不仅看清这一点，而且能够站稳立场，对付正在准备发动的叛乱。

【19】鲁卢斯下令出售一切属于阿塔利亚、法赛里斯、奥林波斯居民的财产和位于阿格拉、奥洛安达、格杜沙的土地。这些地方之所以变成了你们的财产是由于著名的普伯里乌·塞维留斯①发动的战役取得了辉煌的胜利。他还使庇提尼亚成为我们国家的土地，为国家提供税收的农夫现在幸福地生活在那里。接下去是阿塔路斯在凯索尼塞的土地，②那些位于马其顿的属于腓力或珀耳塞斯的土地也由监察官下令耕种，成为税收的确定来源。他还把那些属于阿庇翁③的位于科林斯和昔勒尼的肥沃土地也包括在出售范围之内。在他的顾问的建议下，你们在西班牙拥有的邻近新迦太基地区和在阿非利加的老迦太基本身都被出售，对其悠久的历史没有表示任何宗教方面的虔敬，而普伯里乌·阿非利加努曾把这些地方划为圣地。④那个地方本身没有显示出灾难的征兆，而那里的人原先曾与罗马人争夺这个世界大帝国。但是西庇阿不像鲁卢斯那样是个精明的商人，或者说他也许找不到人购买那个地方。然而，为了让十人团有土地可以出售，除了这些通过我们古代的战争，凭着我们最伟大的统帅们的勇敢而获得的土地，他又添上了位于帕弗拉戈尼亚、卡帕多西亚、本都的原先属于米特拉达铁斯的土地。情况难道不是这样吗？没有具体的安排，没有听到这位将军的报告，在战争还没有结束之前，十人团就开始出售这些土地。当时国王米特拉达铁斯已经被驱逐出他的国家，钻进了深山峡谷、在崇山峻岭中躲避庞培率领的不可战胜的军队，但仍旧在大地的那一端策划反对我们的活动。⑤我们的统帅仍旧在从事战争，在

---

① 全名普伯里乌·塞维留斯·瓦提亚（Publius Servilius Vatia），公元前 79 年任执政官。
② 阿塔路斯（Attalus），帕伽玛王国的国王，最后一位阿塔路斯（公元前 138 年—前 133 年）把他的财产献给了罗马人民。
③ 阿庇翁（Apion），昔勒尼（Cyrene）国王，在公元前 96 年也把他的王国献给了罗马人民。
④ 被划为圣地的地方禁止耕种。
⑤ 米特拉达铁斯在西徐亚聚集军队，试图对意大利发起战争。

这些地区战事不断，按照我们祖先的习俗，格奈乌斯·庞培在这个时候对这些地区仍旧拥有一切军政大权。我想，普伯里乌·鲁卢斯（他的行为表明他认为自己已经是一名当选的十人团成员）必定会采取一切具体步骤，进行这场买卖。

【20】同样明显的事实是，在抵达本都之前，他会送信给格奈乌斯·庞培，我想他可能已经按照下列样式拟好信稿。他会写道："普伯里乌·塞维留斯·鲁卢斯、保民官、十人团成员，致格奈乌斯之子格奈乌斯·庞培，问安"。我不认为他会写上"伟大的"这个字眼，因为他此时还不会使用他通过这部法案正在努力获得的称号。"我希望在昔诺佩能够见到你，你要准时来见我，带上你的部队，我正在这里按照我的法案出售你努力征服得来的土地。"或者说，他甚至不会邀请庞培，对吗？他会在这位将军的行省里出售他的战利品，是吗？想象一下鲁卢斯在本都主持拍卖，地点就设在我们的营地和敌人的营地之间，他把他的长枪插在地上，而英俊的调查员们围在他的身边。尽管军事统帅还在指挥战争，还没有对战争获取的东西做出任何安排，但他在这个时候已经在出让这些东西——我不说出售，而是说出让——这样的做法非比寻常、史无前例，但还不是对统帅的唯一侮辱。这些人的所作所为还有进一步的目标，而非仅仅旨在侮辱这位统帅。他们希望，要是允许格奈乌斯·庞培的敌人带着军事权力、绝对的司法权力、无限的民政权力在这些地区任意活动，甚至允许他们进入这位将军的营地，那么就等于给庞培设下了一个圈套，就能削弱他的军队、资源和名声。他们想，军队的士兵们都在期待，想要从格奈乌斯·庞培那里得到一块土地作为礼物或赏赐，他们要是看到分配土地的权力转移到了十人团手中，对这位将军就不会再有什么期待了。我并非讨厌有人会如此愚蠢地抱有这样的希望，如此审慎，以至于想要打消他们的期待；我想要抱怨的是，他们对我如此轻视，竟然策划出这样的阴谋，尤其是在我担任执政官期间。

在出售所有这些土地和房屋的时候，十人团有权在他们认为合适的任何地方进行。这有多么违背常理，不可思议，无法无天，荒唐透顶！

【21】在这座城市里，在这里和那里，①面对你们集会的广场，任何纳税的土地都不允许出售。那么，我们在外地的财产被出售，永远与我们分离是合法的吗？哪怕是帕弗拉戈尼亚的<u>丛林</u>或卡帕多西亚的旷野？卢西乌斯·苏拉在那场不幸的拍卖中出售没有定罪的公民的财产，并伪称他出售的是他的战利品，但他从来没有在我现在站的这个地方出售，因为他不敢面对那些仇视他的眼光。哦，罗马人啊，十人团会出售你们纳税的土地吗？不仅没有你们的批准，而且连一位可以作为证人的宣读公告的人都没有。

法案接下去就说"意大利以外的所有土地"，②但不像从前一样有"在苏拉和庞培执政期间"这样的时间限制。某块土地是私地还是公地要由十人团调查以后做决定，而对这样的土地要课以重税。有谁不明白这是一种多么广泛、多么无法容忍、暴君般的司法权力？他们可以在他们选择的任何地方，在未经任何讨论、没有任何法律援助的情况下，使私人财产变成公有财产，使公有财产豁免税务。这一条款把最近在西西里岛获得的那些地区作为例外，这样做给了我极大的快乐，既因为我和那里的居民有亲密友谊，③又因为这样做是公正的。但他们的整个做法太无耻了！那些占领着新区的人依据他们自己的长期占有而非他们的权力为自己辩护，他们依靠元老院的同情，而不是这些土地的性质。因为，他们承认这些土地是公地，但他们说，要是不让他们占有，把他们从祖先的家业上赶走，使他们离开家族之神，那么这样做是不公正的。如果说新近占领的这些土地是私地，你为什么不把它当做例外来处理？如果说私地也可以被判定为公地，这些土地上的居民也承认它是公地，那么又该如何公平地对待其他土地？所以，除了与鲁卢斯有某些特殊关系的人④可以例外，其他所有人的土地，无论位于何处，都可以在未经罗马人民调查、元老院核准的情况下，交给十人团，是吗？

---

① 西塞罗在演讲时手指着市政广场和其他建筑物。
② 指公共土地。
③ 西塞罗在西西里担任过执法官。
④ 指贿赂鲁卢斯的人。

【22】前面的条款认可了一般的出售，也提到了一件例外的有利可图的事情，这就是那些受条约保护的土地。在元老院里鲁卢斯经常听到人们讨论这件事，在这个讲坛上有时候也可以听到，但不是我在谈论，而是其他人。努米底亚国王①在沿海地区拥有一些土地，普伯里乌·阿非利加努把这些土地分配给了罗马人民，但是执政官盖乌斯·科塔很迟才使他们拥有这些土地有了法律保障。由于你没有下令立约，努米底亚国王担心阿非利加努的做法缺乏约束力，得不到批准。但不管整个条约有没有被接受和批准，你都已经自行其是。我批准了这个条约，因为它限制了十人团出售土地的权利；我不可能不批准，因为它保证了国王对罗马人民的友好；但使我感到愤慨的是那里的土地转让不是无偿的。我看到这位国王的儿子犹巴在这些人面前表现出来的焦急，这位年轻人的钱包和他的长披发一样有吸引力。

甚至到现在似乎还没有足够的库房存放如此大量的金钱，他不停地搜刮、添加、聚敛。他下令"一切战利品、掠夺物、献金，以及其他没有花费在纪念活动上又没有上交国库的东西"②都要上交给十人团，由他们支配。按照这一条款你们看到，甚至调查和勒索最杰出的罗马将军的权力也已经转移到了十人团手中。他们现在有权判定每位将军得到了多少战利品，向国库交纳了多少，留下了多少。按照这个法案，你们所有的指挥官将来在离开行省的时候都要把战利品、掠夺物、献金上交给十人团。而这位杰出人士却豁免了格奈乌斯·庞培，似乎对他怀有深情。为什么会有如此突如其来的仁慈？这个人的名字几乎已经被排除出十人团，被剥夺了裁决权和提出法案的权利，不能调查凭着他的勇敢征服的那些土地的情况；而十人团派出的那些拥有军权、无限的金钱、绝对的决定权的人不仅可以进入他的行省，而且可以进入他的营地。其他将军享有的与这位将军一样的权利也被夺走，但只有这位将军被这部法案豁免，不必交纳通过出售战利品得来的金钱。制定这一

① 原文"Hiempsal"，指非洲努米底亚部分地区的国王，庞培于公元前81年恢复了这个王国。

② 参见《论土地法案（一）》第4章。

条款的目的到底是赋予这个人荣誉，还是使他不得人心？

【23】庞培拒绝了鲁卢斯的提议，这部法案提供的特权对他来说没有什么用，十人团的仁慈对他来说也没有什么用。如果说这样做是公正的，那么我们的将军不应当用他们的战利品和献金建造纪念碑，献给不朽的诸神，也不应当用这些钱来装扮罗马，而应当把它们交给十人团，就好像十人团是他们的主人。但庞培本人什么也不想要，他一无所求，只希望能在习惯法下生活，像其他人一样接受同一部法律的统治。如果说这样做是不公正的，哦，罗马人啊，如果说这样做是耻辱的，如果十人团可以任命税吏对每个人征税，不仅调查国王和外国人，而且调查你们的将军，那么在我看来庞培并没有得到特殊待遇，而只是由于他的敌人担心不能像侮辱其他人一样侮辱他。庞培感到他必须服从你们批准的任何决定，但是你们自己不能服从的决定，他肯定也不会服从，因为这样的决定违反你们的意愿。然而，这部法案规定在我们担任执政官以后从新税源征收来的任何钱财都必须交给十人团处理。还有，鲁卢斯看到庞培的任何开拓都会成为新的税源。于是他把战利品留给庞培，但认为自己必须享有由于庞培的勇敢而获得的这些税收。

让十人团去占有这个世界上的所有金钱吧，一样也别放过；让他们出售所有的城市、土地、王国，最后连你们纳税的土地也要出售；让你们的将军把获得的战利品堆积在国库里。在所有诸如此类的决定中，在他们无限的绝对权力之中，你们看到在如此大规模的出售活动中，十人团的目标是聚敛巨大的财富。

【24】现在来了解一下其他不可原谅的巨大收益，你们会明白，原先对人民来说非常亲密的试图寻求的土地法案，现在已经变得仅仅为了满足某些个人永远无法满足的邪恶欲望。鲁卢斯下令出售的土地是你们可以作为殖民者在那里定居的土地。哦，罗马人啊，我不习惯直接点出人们的名字，除非受到鼓励。我希望能够在不侮辱他们的情况下点出那些希望成为十人团成员的人的名字，这样一来，你们马上可以看到你们授权购买和出售一切的人是些什么人。但我想还是不提为好，你们其实很容易猜到他们的名字。然而

有一件事情我肯定可以完全真实地说出来：这个国家有过像卢基努斯、卡拉提努、阿基狄努这样一些人①，他们的名声不仅在于人民赋予他们的荣誉和他们自己的成就，而且还在于他们耐心忍受贫困；这个国家还有过加图、菲鲁斯、莱利乌斯②生活的时代，他们用智慧和节制处理你们非常熟悉的公共的、私人的、法庭的和内政的事务。在这些时代这个国家从来没有把这样的权力授予过任何人，让他们既是仲裁人，又是出售者，时间长达五年，范围遍布全世界。他们可以把罗马人民纳税的土地分割出去，为他自己聚敛大量的金钱，在没有任何证人的情况下，完全随心所欲地处理这些问题，只要他认为好的东西就购买，他想要向谁购买就向谁购买。哦，罗马人啊，你们现在把所有权力托付给这些人吧，你们怀疑他们在向这个十人团摇尾乞怜，你们会发现他们中有些人从来不认为自己有足够的东西可以保存，有些人从来不认为自己有足够的东西可供挥霍。

【25】在此我甚至不想就一个绝对清楚的要点进行论证，哦，罗马人啊，我们的祖先没有留给我们向私人购买土地这样的规矩，以便让普通人可以作为殖民者在这些土地上定居，而依据所有法律，私人可以在公共土地上定居。我承认我在期待这位最粗野、最残忍的保民官说出这样的话来，但我总认为这种最赚钱的、最可耻的买卖与保民官的功能不吻合，与罗马人民的尊严不一致。他下令购买土地。我首先要问，什么土地，在哪里？我不希望罗马人民怀着空洞的希望盲目期待，犹豫不决。阿尔巴、塞提亚、普里维尔努姆、芳迪、维西亚、法勒努姆、利特努姆、库迈、卡西利努姆有土地。③ 我

---

① 盖乌斯·法伯里修·卢基努斯（Fabricius Luscinus），公元前282年和前278年担任执政官；阿提留斯·卡拉提努（Atilius Calatinus），公元前258年和前254年担任执政官；曼留斯·阿基狄努（Manlius Acidinus），公元前179年担任执政官。

② 马库斯·波喜乌斯·加图（Marcus Porcius Cato），公元前195年担任执政官；卢西乌斯·富里乌斯·菲鲁斯（Lucius Furius Philus），公元前136年担任执政官；盖乌斯·莱利乌斯（Gaius Laelius），公元前140年担任执政官。

③ 阿尔巴（Alba）、塞提亚（Setia）、普里维尔努姆（Privernum）、芳迪（Fundi）、维西亚（Vescia）、法勒努姆（Falernum）、利特努姆（Liternum）、库迈（Cumae）、卡西利努姆（Casilinum），这些地方在罗马城的南面。

听说过。从另一个城门出去，我们有卡佩那、法利昔、莱亚特、维那卢姆、阿利费、特瑞布拉这些地区和萨宾人的地方。① 你们的财富如此巨大，不仅可以购买这些土地和其他类似的东西，而且可以把它们堆积在一起；你们为什么不限制它们，给它们起个名字，让罗马人民至少可以考虑一下这样做有什么好处，有什么收益？他们把出售和购买这些土地的权力赋予你时有多少信心？鲁卢斯说，我说的确实是意大利。这真是一个非常清楚地标明了价格的地区！先生们，你们定居在马西科山②的山脚下还是定居在意大利③，或者定居在其他地方，有什么区别？噢，你没有确定具体地点，或者说你没有说明那里的土地的情况？他说，这部法案里说的是"可以耕种和开发的地方"。他说，"可以耕种和开发的地方"不是已经耕种和开发的地方。这是一部法案，还是奈拉提乌④的拍卖公告？据说公告上写道："有 200 尤格⑤ 土地可以种橄榄，有 300 尤格土地可以建一个葡萄园。"你们用大量的金钱想要购买的就是这样的土地——可以耕种和开发的地方吗？什么土壤如此贫瘠多石，乃至于用犁铧无法耕种，费尽辛劳也无法开发？他说："我不提这些土地的细节，原因在于我不想涉及那些不想出售土地的人的土地。"哦，罗马人啊，要是他从来不强购土地，那么他就会显得不那么蛮横了。因为，先生们，与你们的金钱有关的土地买卖会有一个磋商的过程，只有买卖双方都有利可图时，交易才会完成。

【26】考虑一下这部土地法案的力量。哪怕是占有公共土地的人也不会放弃土地，除非受到非常有利的条件和大笔金钱的诱惑。整个制度发生了变化。从前，每当保民官提出土地法案的动议，所有占据公共土地的人，以及那些由于占有公地而丧失民心的人，马上就会警觉起来。而这部法案使这些

---

① 卡佩那（Capena）、法利昔（Falisci）、莱亚特（Reate）、维那卢姆（Venafrum）、阿利费（Allifae）、特瑞布拉（Trebula），这些地方在罗马城的北面。

② 马西科山（Massic Hill），位于意大利关岛坎帕尼亚的一座山。

③ 有学者建议此处应为"Italiam"，但下面马上讲到意大利在这里是不确定的名称。

④ 奈拉提乌（Neratius），一位拍卖师。

⑤ 原文"尤格"（Iugera，Iugerum），罗马人的土地面积单位。

人发财，也不会名誉扫地。哦，罗马人啊，你们认为有多少人不能保护他们占有的土地，或者不能忍受由于接受苏拉赐予的土地而丧失名誉①；谁想出售它们但找不到购买者；事实上，有谁乐意以任何条件放弃这些土地？那些前不久无论昼夜听到保民官的名字就打哆嗦的人，那些恐惧你的暴力的人，那些对提出土地法案的动议感到战栗的人，现在自己要求把土地交给十人团，无论他们出什么价，这些土地中有些是公地，有些使土地占有者名誉扫地，并给他们带来危险。这位人民的保民官正在歌唱，但不是为你们歌唱，而是在为他自己歌唱。②他有一位杰出的岳父，在那些黑暗的日子里伸出贪婪的手占有了很多土地。由于接受苏拉的赏赐使他名声扫地，几乎要被摧垮，而鲁卢斯希望能帮助他。所以，依据他的法案，他的岳父不但可以恢复名誉，而且还能得到一大笔现钱。出售通过你们的祖先流血流汗获得的纳税地，以增加那些接受苏拉没收来的财产的人的财富，并使他们摆脱危险，这样做你们不犹豫吗？哦，罗马人啊，十人团购买的土地有两种。一种土地是拥有者希望放弃的，因为占有这些土地会名誉扫地；另一种土地过于偏僻，拥有者希望放弃。苏拉赏赐的土地数量巨大，超过了某些人承受的限度，只要有一位真正勇敢的保民官发出一声不满，就会给他们带来无法忍受的耻辱。因为所有这种土地，无论是用什么价钱购买的，在我们看来都付出了高昂的代价。而另一种由于贫瘠而没有得到开发的土地很容易产生瘟疫，出售这种土地的人明白，要是找不到买主，那么他们必须抛弃这些土地。这个城市的普通人拥有太多的国家权力，一定要把他们"排干"，这无疑就是这位人民的保民官在元老院所说的意思。他说这些话就好像在谈论阴沟里的污水，而不是在谈论可敬的公民。

【27】但是你们，罗马人啊，如果接受我的指导，你们就能继续享有你们的影响、自由、选票、尊严、城市、论坛、赛会、节日，以及其他所有娱

---

① 指那些购买了被剥夺公民权人的土地的人。

② 意指他在为自己谋利益，而不是为你们谋利益。

乐，除非你们宁愿放弃这些特权和这个伟大的国家，以鲁卢斯为首，去昔朋图干燥的沙地和撒拉庇亚那些容易染上瘟疫的沼泽地①定居。让他告诉我们，他打算购买什么样的土地，让他宣布要给予什么，给谁。他已经出售了你们所有的城市、土地、税源、王国，所以我要问你们，请你们告诉我，你们允许他购买一些沙地和沼泽吗？此外，这是一件非同寻常的事，按照这部法案，每样东西都要出售，而在购买第一块土地之前，就要聚敛堆积如山的金钱。然后这部法案下令要人们购买土地，但没有任何人被迫出售土地。我要问，要是没有任何人想出售土地，为什么要聚敛大量的金钱？这部法案禁止把金钱上交国库，禁止向十人团索取金钱。所以，十人团将拥有所有金钱，但并没有为你们购买什么土地；你们的纳税的土地被转移了，你们的同盟者感到恼火了，那些国王和所有民族都被折腾死了，十人团将掌握你们的金钱，而你们将没有土地。鲁卢斯说："只要出大价钱，很容易诱使他们出售土地。"所以，我们明白法案的意思了：我们要尽可能多地出售我们的地产，而在购买其他民族的地产时他们可以任意要价。

这部法案下令由十人团在他们按照法案购买的土地上建立殖民点。接下去又如何？在每个这样的地方建不建殖民点对国家来说没有什么区别，还是有些地方要建殖民点，有些地方绝对不能建殖民点？在那些地方，就像在这个国家的其他部分一样，值得回想一下我们祖先的谨慎，他们只在适宜的地方建立殖民点，要能够保卫它，抗击一切危险，所以它们显得不像是意大利的城镇，而像是帝国的堡垒。这些十人团要在他们购买的土地上建立殖民点，如果它对国家无益，他们还要这样做吗？"在他们认为好的任何地方。"那么有什么办法阻止他们在雅尼库卢②建立殖民点，在我们的脑袋和脖子上建立他们的兵营？你们不想具体指出在哪里建殖民点，需要多少殖民者吗？你们想要攫取便于你们行使暴力的地方建立殖民点，使它成为兵营，用罗马

---

① 昔朋图（Sipontum）、撒拉庇亚（Salapia），均在艾普利亚（Apulia）地区。
② 雅尼库卢（Janiculum），罗马的一个小山丘，位于台伯河左岸。

人民的税收和资源来强迫和摧毁罗马人民，使之处于十人团的淫威和你们的权柄的统治之下吗？

【28】哦，罗马人啊，我请求你们观察一下他是怎样策划用他的兵营包围和占领整个意大利的。他命令十人团带领他们挑选的任何公民进入整个意大利的所有城市和殖民点，他下令把土地分配给这些殖民者。这岂不是很明显，他正在寻求的资源已经超过了你们的自由所能容忍的限度，他建立的国家保卫力量已经过于强大了吗？你们岂不是正在拥立一位国王，你们的自由岂不是正在被摧毁？这些人将要占有所有财富，广大的人民将要处在他们的控制之下，这些人将用他们的资源包围整个意大利，他们的兵营和殖民点将围困你们的自由，我要问，在这样的时候，你们还有什么希望和什么办法恢复自由。

但是，我们将被告知，按照这部法案，世上最肥沃的坎帕尼亚的土地要被分割，在卡普阿这个巨大的城市里面将要建一个殖民点。对此我们能说什么？首先，我要谈论你们的利益，哦，罗马人啊！然后我要回过头来谈论你们的荣誉和尊严。要是有人被肥沃的土地和美丽的城市所诱惑，那么他们可以不指望从中获取什么利益；要是其他人被这件事情[1]激怒，那么他们会拒绝这一意向中的赏赐。首先我要谈论这座城市，在这里的人中间也许有人认为卡普阿比罗马还要迷人。鲁卢斯下令为卡普阿的殖民点征召5000个殖民者；每个十人团成员挑选500人，构成这个总数。我请求你们不要对这些虚假的希望着迷，仔细考虑一下这个方案和它的真实意图。你们认为那里还有足够的空间能够容纳这么多像你们这样拥有崇高的荣誉、爱好和平、爱好安宁的人吗？要是那里还有足够的空间容纳你们，或者容纳你们中的大多数人，那么尽管我现在的职务要求我的眼睛昼夜不停地注视国家的各个部分，但我仍旧打算，要是这对你们有益，注视一下这个地方。如果带着暴力、罪行、凶杀的观点为5,000人找一个能够组织和发动战争的地方和城

---

① 指分割卡普阿的建议。

市，那么你们无论如何要准备加强他们的资源，武装他们的兵营，承认这些城市、土地、军队以你们的名义反对你们，是吗？因为他们自己长期以来觊觎应许给你们的卡普阿地区，他们会在那里聚集他们真正的朋友，在那里开始占有和享受。此外，他们会向缺少土地的人购买用于分配的土地，有了 10 尤格土地还要另外 10 尤格。如果说这是这部法案禁止的，那么这样做确实合乎高奈留法案①；然而（不用走得很远）我们看到整个普赖奈司特②被少数个人占有。但是我看不到这些人会变得更加富有，除了有一些农场帮助他们维持巨大的住宅，以及在库迈和普特利的乡间别墅的庞大开支。如果鲁卢斯想着你们的利益，那就让他当着你们的面来和我讨论分割坎帕尼亚的事。

【29】1 月 1 日，我问过他，想把这些土地分给谁，怎么分。他回答说，他要从罗米利乡区开始。③ 首先，分割罗马人的一部分，打乱这些市区和乡区的顺序，这是一种傲慢的、侮辱人的想法。在市区居民之前就把土地分给居住在乡间的已经拥有土地的人，他想拿拥有土地做诱饵吗？或者说，他否认他说过的话，想要满足你们所有人的希望，那就让他把计划拿出来，让他把配地分成 10 尤格一份，写上你们市区的名字，从苏布拉到阿尼昔斯④。如果你们认识到，不仅每人 10 尤格土地不会分给你们，而且这么多的人甚至不能在坎帕尼亚安身，那么你们还会允许国家受到骚扰、罗马人民的尊严受到侮辱、你们本人被这位人民的保民官欺骗吗？即使这个地区的某些部分能够分配给你们，你们难道不情愿保留一部分你们祖传的财产吗？它是属于罗马人民的最美丽的财产之一、你们财富的源泉、和平的装饰、战争的支

---

① 高奈留法案（lex Cornelia），苏拉颁布的法案之一。十人团以其他人的名义购买坎帕尼亚的配地，成为大量地产的拥有者。

② 苏拉处死普赖奈司特（Praeneste）曾经庇护过小马略的居民，把他们的土地赐给这些人。

③ 罗马居民被划分为 4 个市区（tribus，urbanae）和 26 个（后改为 31 个）乡区（tribus rusticae）。罗米利乡区（Romilia tribu）排在 4 个市区之后，因此在顺序上排第五。

④ 苏布拉（Suburra），排名第一的市区，阿尼昔斯（Arniensis），排名最后的市区。

撑、税收的基地、军团的谷仓、谷物的产地，你们难道会允许它灭亡吗？你们忘了，当你们在意大利战争①中失去其他所有税收的时候，你们用来自坎帕尼亚地区的收入供给了多少军队？或者说，你们不知道罗马人民的其他大量税收经常会由于年景变化而受影响？一旦有关于海盗或敌人的谣言在到处流行，那么亚细亚的港口、公共牧场征收的赋税，以及其他海外税收，会起什么变化？但是坎帕尼亚地区的税收始终是保险的、安全的，它就在我们家里，受到我们所有军队的护卫；不会受到战争的困扰，那里的物产虽然品种不多，但不会受气候影响而有什么变化。我们的祖先不仅不会减少从坎帕尼亚获取的供给，而且购买那些不能公正地加以剥夺的人的土地。由于这个原因，两位最热心于维护罗马平民利益的革拉古，还有对他挑选的人毫无顾忌地赏赐一切的卢西乌斯·苏拉，都不敢染指坎帕尼亚地区。剥夺国家对这个地区的所有权，鲁卢斯想要做的事情是仁慈的革拉古和拥有绝对权力的苏拉都不敢做的！

【30】在你们不注意的时候，你们说这些土地是你们的，而那些正在被分割的外国人的土地（本不是你们的）又不能说成是你们的。谁将是所有者？首先，充满激情的人，总是乐意诉诸暴力、准备革命的人，他们，只要十人团一发出信号，就会兴兵反对我们的公民并屠杀他们；其次，你们会看到整个坎帕尼亚地区转移到少数拥有强权和财富的个人手中。同时，对你们这些人来说，你们得自祖先的、最好的纳税的土地，由于他们的勇敢才获得，也就荡然无存了。你们与那些人关心的事情之间有多么大的差别啊！当时担任元老院首领的普伯里乌·伦图卢斯②被派往坎帕尼亚用公家的钱购买某些私人的土地，使之变为国有土地，他报告说，无论他出多大的价，都无法购买某个人的地产，那个不愿出售土地的人提出来的理由是他不能够没有这块土地，因为尽管他有几处地产，但只有这一块地产的收成最稳定。情况

---

① 指公元前 90 年—前 88 年的同盟战争（The Social War）。

② 普伯里乌·伦图卢斯（Publius Lentulus），公元前 162 年担任执政官。

不就是如此吗？这种原因影响着私人的判断，所以在鲁卢斯下令把坎帕尼亚地区的土地无代价地交给私人去掌握的时候，罗马人民的判断不也受到这样的原因的影响吗？关于这些纳税的土地，罗马人民也可以做出相同的回答，与这位不愿出售土地的人提出的理由相同。因为多年来，亚细亚在米特拉达梯战争期间没有给你们带来任何税收；塞尔托利乌叛乱期间，①西班牙的税收几乎等于零；玛尼乌斯·阿奎留斯在奴隶战争期间②甚至要向西西里的各个城市借粮；只有坎帕尼亚从来就没有传来过税收方面的坏消息。其他纳税地由于战争引起的困难而毁灭，只有坎帕尼亚在困难时期仍旧提供税收。此外，就这些被分配的土地而言，就像提到其他土地一样，不能说这些土地一定不会被人抛弃或者缺少自由民去耕种。

【31】因为我说了，如果坎帕尼亚地区被分割，那里的人民会被迫离开那里的土地，无法在那里安居。整个坎帕尼亚地区是由一些最诚实、最谦虚的人租种的；这些人同时作为农夫和士兵，具有最卓越的性格，但这位蛊惑民心的政客和保民官想要把他们赶走。这些不幸的人在这些土地上出生和成长，精通耕作，现在他们就要无家可归、被人遗忘了。坎帕尼亚的所有权将要完全交给十人团的这些粗野的、强壮的、胆大妄为的奴仆。就像你们现在提到你们的祖先，"我们的祖先给我们留下了这片土地"，你们的后代会这样提到你们，"我们的父辈继承了这块土地，但却失去了它们"。我确实在想，假如此刻战神广场被分割，你们每人得到一间房子大小的土地，那么你们会宁愿共同拥有这个营地，而不愿拥有一小块属于你自己的土地。因此，即使这个地区的某些土地，许诺给你们但实际上又是留给别人的，真的到了你们手里，你们共同占有这些土地也会比你们分别占有一份更光荣。然而，由于这些土地并没有到你们手中，而是把从你们这里剥夺的所有土地都留给了别

---

① 昆图斯·塞尔托利乌（Quintus Sertorius），马略的部将，公元前80年—前72年在西班牙长期抵抗苏拉。

② 原文为"the Servile War"，指公元前101年—前99年的奴隶造反。执政官玛尼乌斯·阿奎留斯（Manius Aquilius）镇压了这次起义。

人，你们难道不愿努力抵抗这部法案，就好像它是武装起来的敌人，捍卫你们的土地吗？

鲁卢斯把斯特拉平原添加到坎帕尼亚地区，给每位殖民者分配了 12 尤格土地，就好像二者没有什么差别似的！但是，罗马人啊，事实真相是，需要有大量的人才能填满这些城市。因为，如我前面所说，这部法案允许十人团用他们自己的殖民者占领他们喜欢的自治城市，也就是他们喜欢的那些老殖民地。他们会填满开来斯的自治城市，会涌向忒阿努姆，会在经过阿梯拉、库迈、尼亚玻里、庞贝、努塞里亚的地方建造起一连串的兵营，但是迄今为止保持着独立、享受着自由、有着自己司法权力的普特利，会被一群新人和外来的力量完全占领。

【32】然后，十人团会在卡普阿推行一套对我们的帝国显得如此可怕的坎帕尼亚殖民地的标准，然后他们会试图创建第二个罗马，与我们的罗马、我们所有人的祖国相抗衡。正是在这个城市里，这些邪恶的无赖正在努力改变我们的国家。我们的祖先深信这个世界上只有三个城市——迦太基、科林斯、卡普阿——能够支持帝国城市的尊严和名字，所以他们决定这座城市不应当拥有共和国的统治形式。迦太基已经被摧毁了，因为它有着众多的居民，占据着优越的地理位置，有着便利的港口和雄伟坚固的城墙，靠近非洲，从而威胁着罗马人民那些物产最丰富的岛屿。科林斯也已经不复存在。因为，它位于海峡通道，扼守着进入希腊的大门，它的陆地是连接各地的枢纽，一片狭长的土地把两个大海分开，特别有利于航海。这些城市远离我们的国土，然而我们的祖先不仅推翻了它们，而且防止它们复辟或复兴，如我所说，他们彻底摧毁了这些城市。很长时间以来，哦，罗马人啊，卡普阿的命运就是最热烈的讨论主题，元老院的公开记录和几项法令历历在目。我们的祖先聪明地决定，如果他们剥夺了那里的坎帕尼亚人，消灭了那座城市里的行政官、元老院、公民大会，使它不留下任何共和国的痕迹，那么我们就没有理由害怕卡普阿。同理，你们会发现古代文献记载着有一座城市可以为坎帕尼亚地区的开发提供手段，有一

个地方可以征集和储藏粮食，为的是那里的劳动者，在田野里的劳动困倦以后可以使用这座城市里的房屋休息，由于这个原因，那里的建筑物不能摧毁。

【33】你们瞧，我们祖先的建议和这些人的疯狂之间有多么大的差别！前者希望卡普阿成为劳动者的休息地，成为乡间的一个市场，成为坎帕尼亚地区的谷仓；而后者在驱逐了劳动者以后，在浪费和挥霍了你们的金钱之后，打算在这个卡普阿建立一个新的共和国，在那里积聚起强大的力量来对付老共和国。但若我们的祖先曾经想过，在如此辉煌的帝国和如此高度组织起来的罗马人民中间，竟然可以发现有像马库斯·布鲁图或普伯里乌·鲁卢斯这样的人（他们是我们看到的仅有的两个想要把这个共和国完全迁往卡普阿的人），那么他们肯定不会允许这个城市的名字继续存在了。但是他们认为，即使消灭了科林斯和迦太基的元老院、行政官和公民，也不乏有人想要恢复它们，并且在我们听到消息之前就改变一切；而坎帕尼亚就在元老院和罗马人民的眼皮底下，有任何暴动的苗头出现，都会马上被扑灭。事实表明那些拥有神圣智慧和洞见的人是正确的。因为，在昆图斯·伏尔维乌和昆图斯·法比乌斯担任执政官以后①，在卡普阿被征服和占领期间，这座城市里发生的事情没有哪一件被认为违反了国家的利益。从那时起，我们已经对许多国王发动了战争——腓力、安提奥库斯、珀耳塞斯、伪腓力普斯、阿里斯托尼卡、米特拉达铁斯；此外还有一些严峻的战争——攻打迦太基、科林斯、努曼提亚；还有许多内部纠纷，这些我就省略不提了；还有针对我们的同盟者的战争，攻打福莱格赖人和马尔西人。在所有这些外战与内乱中，卡普阿不仅没有在我们前进的道路上设置障碍，而且总是表现出热心为我们服务，无论是提供战争资源装备部队，还是提供他们的住房和家园给士兵驻扎。但是在那个时候，这座城市里没有人用煽动性的语言、元老院的法令、

---

① 昆图斯·伏尔维乌（Quintus Fulvius）和昆图斯·法比乌斯（Quintus Fabius），公元前209年担任执政官。

非正义的权威来寻找革命的借口，鼓动人们起来推翻政府。因为无人有权召集民众大会或主持公共集会，居民们也不受追求荣耀的欲望的裹挟，那里没有一项荣誉是由官方授予的，因此不存在获取荣耀的欲望，不会由于竞争或野心而造成分裂。不再有任何东西留下来值得人们去竞争，没有任何事情会引起相互之间的偏见，没有任何矛盾会引起人们之间的分歧。因此，由于我们祖先的系统的谨慎，坎帕尼亚人的傲慢和无法容忍的凶猛转变成了懒惰与涣散。这样一来，尽管坎帕尼亚人的神经已经被割去，已经受到了削弱和损害，但他们避免了残忍，不会从意大利的脸上抹去这座最美丽的城市，使城市本身保留下来。

【34】我们祖先的这些聪明做法，在马库斯·布鲁图看来，还有在普伯里乌·鲁卢斯看来，如我前述，应当受到谴责；但是布鲁图遇到的预兆和神迹并不能威慑你鲁卢斯，你们处在同样疯狂的状态。因为在卡普阿建立了殖民地的他，还有那些在他创造的政府中担任行政官员的人，以及在殖民地担任各种职务的人，全都因为不虔诚而受到了最可怕的惩罚。由于我已经提到了布鲁图和他那个时候，所以我将叙述我本人抵达卡普阿时看到的事情，从这个殖民点建立之初的情况就能使你们清楚地看到和明白这个地方激发出一种什么样的傲慢，那时候，这个殖民地刚由卢西乌斯·康西狄乌和塞克斯都·萨尔提乌这两位"执法官"（这是他们对自己的称呼）建立起来。如我所说，首先，其他所有殖民地的行政长官都称做"杜姆维利"，① 而卡普阿的行政长官自称为"执法官"。担任行政长官第一年就产生了这种欲望，你们难道不认为过几年他们就会渴望执政官这个头衔吗？其次，他们由两名手持"束棒"② 的侍从官开道，而非两名随从，就像我们在罗马的执法官一样。庞

---

① 杜姆维利（duumviri），罗马自治城市和殖民地的最高行政长官的名称，另一个意思是两人委员会成员。

② 束棒（fasces），古罗马高级执法官的标志，束棒中捆有一柄突出的斧头。音译"法西斯"。

大的牺牲① 供奉在祭坛上，等着这些"执法官"前往视察，就像我们的执政官在听取祭司团的提议以后所做的那样，然后在悠扬的笛声和雄壮的号角声中献祭。后来，应征入伍的士兵们的父亲被召集起来。这时候康西狄乌的傲慢表情几乎是不可容忍的。这个在罗马受到我们藐视的"干瘪"的人带着坎帕尼亚人的轻蔑和国王般的傲慢出现在我们面前，我在这个时候想，我正在看一名布罗西或维贝利。② 但那些普通人惊恐万分！人们在阿尔班和塞普拉西亚的大路上来回奔跑，想要知道这位执法官的法令，还有他在哪里用晚餐，他还要去哪里。而我们这些从罗马来的刚刚抵达这里的人不被称做贵客，而被称做陌生人和外国人！

【35】那些预见到这种事情的人——我指的是我们的祖先，哦，罗马人啊——必定要得到我们的崇拜，位列诸神。他们看到了什么？我恳求你们自己想一想。这些人的性格养成更多的不是由于血缘和种族，就好像自然本身提供给我们的东西形成了我们的生活习惯，借助这些东西我们得到滋养和生命。迦太基人之所以傲慢和喜欢撒谎，更多的不是由于种族，而是由于他们所处的地理位置。迦太基有许多海港，便于他们与商人和陌生人交往，会讲许多种语言，在这种生活的激励下，他们变得喜爱赢利和欺骗。利古里亚人是吃苦耐劳的山民和乡下人，土地本身教育了他们，因为那里的土地除了让你费尽无穷的辛劳，几乎不出产任何东西。坎帕尼亚人总是骄傲的，因为那里土地肥沃，物产丰富，城市井井有条，十分美丽。就是这种充裕影响了人们的一切，这就是坎帕尼亚人傲慢的起源。出于这种傲慢，他们向我们的祖先提出要求，罗马的执政官应当有一名从卡普阿选出；其次是奢侈，它甚至征服了汉尼拔本人，使他无法去征服别的国家。十人团的成员按照鲁卢斯法案派遣 500 名殖民者去那里定居，设置 100 名十人队长、10 名占卜官、6 名祭司，在这种时候，想一想他们的心灵状态与凶狠残暴吧！他们会嘲笑和藐

---

① 而不是用幼畜作牺牲。
② 布罗西（Blossii）和维贝利（Vibellii），指爱国的卡普阿人。

视罗马，因为罗马建在许多山岗和深谷中，城里楼房高耸，没有一条最好的大路，支路也非常狭窄，而他们的卡普阿，整座城市建立在广阔无垠的大平原上，一望无际。我们的梵蒂冈和普皮尼亚①肯定不合适与他们肥沃多产的大平原相比。作为我们邻居的那些城镇要是与他们的城镇相比，一定会受到他们的嘲笑——拿拉比锡、费德奈、科拉提亚、拉努维乌、阿里西亚、图斯库卢与开来斯、忒阿努姆、尼亚玻里、普特利、库迈、庞贝、努塞里亚相比。受到这些观念的影响和熏染，也许不是一次性的，要是他们能延续一段时间，变得比较强大，他们肯定会放松对自己的约束，会扫除拦在他们面前的任何东西。个人掌握了巨大的财富和资源，除非拥有罕见的智慧，否则几乎不可能把自己限制在义务规定的界限之内；由于其他更多的原因，那些由鲁卢斯和像他这样的人寻找和挑选出来的殖民者，一旦在卡普阿建立起傲慢与奢侈的宝座，马上就会犯罪和做坏事。他们确实会比那些真正的老坎帕尼亚人更加凶狠，因为他们在一个幸运的环境中出生和成长，由于供给十分充裕而受到腐蚀，而新的一代，从极端贫穷转入十分富裕，因此不仅被充裕的财富，而且被它的新颖性所激励。

【36】你，普伯里乌·鲁卢斯，宁可遵循马库斯·布鲁图罪恶的踪迹，也不愿回忆我们祖先的智慧。你和你的支持者提出了一个榨取我们古老的纳税地、寻找新税源、建立一个新城市以对抗罗马的尊严，把那些自治城市、民族、行省、自由民、国王，事实上整个世界，置于你们的法案统治之下的计划，为的是从国库榨取一切钱财，从纳税地征集一切财物，向所有国王、人民和我们的将军尽可能多地勒索，他们要按照你们的意思向你们交纳金钱；你们购买的土地有些购自苏拉派遣的占领者，必定会引起公愤，有些购自我们的同胞，甚至购自你们自己那些被抛弃的、受瘟疫打击的土地，但无论要付什么代价，你们可以耕种这些土地。你们可以派遣殖民者占领意大

---

① 梵蒂冈（Vatican），台伯河西岸的罗马七个小山岗之一，即现今梵蒂冈。普皮尼亚（Pupinia），意大利拉丁姆地区一个土地不肥沃的地方。

利的所有自治城镇和殖民地，在你们喜欢的任何地方建立新殖民点，你们可以用你们的士兵、城镇、兵营包围整个共和国，使她垮台；你们也许能够侮辱庞培本人，使他从人们的视野中消失，但正是依靠他的保护，这个国家才能经常抵抗最凶狠的敌人和最卑劣的公民；也许没有任何东西是你们不应该攫取的，用金银诱惑、用选票腐蚀、诉诸武力；你们也许可以借助军事的至高权威、无限的司法权力、巨大的金钱，同时对各个民族和王国发出怒吼；你们也许可以进入格奈乌斯·庞培的军营，乃至于出售军营本身，要是这种做法对你们有利可图；不受任何法律限制、不怕任何法庭审判、不冒任何危险，你们可以召唤其他行政官员；无人能够把你们带到罗马人民面前来，传呼你们出庭，迫使你们参加元老院会议，没有执政官能够控制你们，没有保民官能够阻拦你们。

考虑到你们的愚蠢和放肆，我对你们想要取得这些特权不感到奇怪，使我感到惊诧的是在我担任执政官的时候你们希望得到特权。严肃地关注和保护这个共和国是每个执政官的义务，对此，每个执政官都义不容辞，不是在他们的摇篮里，而是在兵营里。① 我的祖先中没有人为此替我向罗马人民做出保证，但是你们相信我，你们有权向我宣布我欠你们什么，你们要召唤的是我；正如我是执政官候选人的时候，我的祖先没有人向你们推荐我，所以要是我有什么过错，我也不会让他们中的任何人来代表我向你们求情。

【37】因此，哦，罗马人啊，只要我的生命还在延续，我就会努力保护你们。我诚实地向你们保证，你们已经把这个国家托付给了一个高度警觉但不怯懦的人，一个十分活跃但不愚蠢的人。要是一位保民官下令把我带到这里来，我，一名执政官会害怕公民集会吗，会害怕一位保民官吗，会无理由地、频繁地烦躁不安吗，会害怕被关进监狱吗？由于我有你们作为我的武

---

① 这里指马略的兵营，罗马以选民单位派代表参加的人民集会（comitia centuriata）在马略兵营中举行。"在他们的摇篮里"，指那些由于祖先的功绩一生下来就注定会当选的人。

器，我有你们作为我的职务的最荣耀的标志，我有你们的命令和权威，因此我不怕到这个讲坛上来。我有你们的支持，能够抵抗这个人的邪恶，所以我不担心这个共和国在如此强大的护卫者们的保护下会被这样一些人征服或压垮。如果说我以前曾经害怕过，那么在这个公民大会上罗马人民肯定已经驱逐了我的恐惧。因为有谁曾经见过这样的公民大会，如此欢迎讨论一部土地法案——好比说是在"讨论"，而不是在废除或推翻这部法案——就像我的讨论一样？哦，罗马人啊，你们由此可以明白，没有任何东西会比我作为执政官今年向你们提供的东西那样为人们所向往——和平、安宁、平静。在我们还是当选执政官的时候，我已经做出决定，采取一系列步骤防止你们担心的事情发生。你们不仅会如你们一直所向往的那样享受安宁，而且我也会使那些不喜欢安宁的人变得最喜欢和平与安宁。这些人通常正是通过动乱和纷争来获得荣誉、权力和财富。你们发挥影响的基础在于你们的选票，你们自由的基础在于法律，你们权力的基础在于法庭的公正和行政官员的公平，你们财产的基础在于和平，你们不得不尽一切可能维护你们的安宁。如果那些由于懒惰而过着一种平静生活的人仍旧在可耻的懒惰中取乐，而不是从安宁本身取乐，那么你们有多么幸运！你们享有的条件要求你们紧紧把握这种安宁，不是通过懒惰来获得安宁，而是靠你们的勇敢和努力来获得安宁。由于我和我的同事①已经取得了一致意见，要与那些最可恶的人为敌，所以在我们执政期间，我已经聪明地采取了各种措施处理各种突发事件，并尽力让这些人恢复对国家的忠诚。我还告知这位保民官，在我执政期间不可煽动叛乱。但是，哦，罗马人啊，我们共同幸福的最强有力的支持在于你们的表现，为了你们自身的安全，你们要在共和国的将来的任何时候都要有像今天参加这个伟大的集会这样的表现。最后，我要诚挚地向你们保证，你们选择我担任执政官，把这项荣誉赐予我，你们在做出抉择时所表现的智慧是最伟大的。

---

① 指盖乌斯·安东尼乌斯·许布里达（Gaius Antonius Hybrida），一位性格冷漠的人。

论土地法案（三）

（在公民大会上演讲，反对保民官普伯里乌·塞维留斯·鲁卢斯）

【1】哦，罗马人啊，这位人民的保民官可以干得更加漂亮一些，但不是向你们指控我。他们按照他们的前任的惯例，运用他们的特权，已经当面公开对我进行攻击，因为这样做他们可以重新取得公平讨论这件事情的机会。然而，从那以后他们一直回避公开争论，所以他们现在要是喜欢，可以到这个由我主持的公民大会上来。尽管在受到我的挑战时，他们拒绝接受我的要求，但至少他们现在可以回来，以便我能再次向他们提问。哦，罗马人啊，从你们现在的窃窃私语，我看到你们中有些人的表情与上次参加大会时不一样。因此，我要请求你们中间不信任我的人保留对我一直抱有的善意；但对你们中间对我的情感略有改变的人，我请你们保持良好的见解，如果我向你们做了证明，那么你们的观点要坚持到底；如果我没有做出证明，那么你们可以马上放弃、离席、回家。哦，罗马人啊，你们的耳朵和心灵一直不停地受到喧扰，说我希望满足七名僭主的要求，以及占有苏拉分配的土地的那些人的要求，反对这部土地法案以及你们的利益。如果有人确实相信这一点，那么他们首先必须相信，这部土地法案提出没收苏拉的土地，在你们中间进行分配，或者说要减少被私人占有的公有土地，使你们能够在公有土地上定居。如果我证明，苏拉的土地一块都没有被拿走，这部法案的具体条款最审慎地批准和保证了苏拉的土地，要是我说明鲁卢斯依据他的法案照顾了由苏拉分配的土地，那么很容易看出这部法案不是由捍卫你们利益的人提出来的，而是由瓦吉乌斯的女婿提出来的。哦，罗马人啊，出于什么理由，他要在我缺席的时候对我提出虚假的指控？他不应当表现出他的藐视，不仅藐视我的谨慎和预见，而且藐视你们的谨慎和预见？

【2】这部法案有一个第40条，从前我故意不向你们提起，以免在一个最不幸的时刻重新揭开元老院的一个已经治愈的老伤口，引起新的分歧。我现在要讨论这个问题的理由是：我认为我们现在不应当努力捍卫元老院，尤

其是我宣布自己要做罗马人民今年的安宁与和谐的捍卫者，要做到这一点，只需告诉鲁卢斯从今以后保持沉默就可以了，至少在提到他本人那些不愿意被提到的事情或行为时保持沉默。在所有法律中，我认为由临时执政的元老卢西乌斯·福拉库斯①颁布的涉及苏拉的这部法案最不公平，最不像法律。其中提到，凡是苏拉颁布的法令，无论内容如何，都应当批准。因为，在其他所有国家，一旦建立了暴君统治，所有法律都被废除和取消，而福拉库斯用他的法案在一个共和国里确立了一名暴君。如我所说，这是一部令人痛恨的法案，但它的出现有某些原因，它似乎不是一部人的法律，而是一个时代的法律。②但若我指出这部法案更加可耻，那又如何？因为，实施瓦勒留法案和高奈留法案的地方出现了抢占土地的现象，一种无耻的倾向与一种可悲的错误结合在一起，但这些法案仍旧给被抢劫的人和犹豫不定的人留下了某些希望。鲁卢斯的法案则有一些预见，它提到"盖乌斯·马略和格奈乌斯·帕皮留斯担任执政官③以后的人"。通过具体指出反对苏拉最坚定的执政官的名字，他相当彻底地避免了怀疑！因为，要是提到独裁者苏拉的名字，那么他会认为这样做显然要丧失民心。但他认为我们中有谁会如此迟钝，以至于不记得苏拉是在这些人担任执政官以后才成为独裁者的？所以，这位正在使我们苏拉派的人失去民心的马略派的保民官在说些什么？"在马略和卡波担任执政官以后，一切由国家赐予、分配、给予和出售的所有土地、房屋、湖泊、沼泽、地方、财物（他省略了天空和海洋，其他什么都包括在内了，但由谁来赐予，鲁卢斯吗？在马略和卡波担任执政官以后，除了苏拉，还能由谁来分配、赐予和授予？）都要处在相同的名称下（什么名称？我想他将以某种方式颠覆这些名称。我们的保民官过于积极和富有活力，他

---

① 指公元前 82 年临时执政的元老（interrex）卢西乌斯·瓦勒留·福拉库斯（Lucius Valerius Flaccus）颁布的"公民放逐法"，后来在苏拉当政期间又添加一个补充性法案——"高奈留法案"（lex Cornelia de Proscritione）。

② 即它是时代的需要，而非出自个人的意愿。

③ 格奈乌斯·帕皮留斯·卡波（Gnaeus Papirius Carbo），公元前 82 年担任执政官。

正在废除苏拉的某些法令），如同那些以最好的名称属于私人财产的东西一样。"那么一个人可以用比我们的前辈或祖先传给我们的财产更好的名称拥有它们吗？用一个更好的名称。但是瓦勒留法案没有这样说，高奈留法案没有批准这一条，苏拉本人也没有提出这种要求。如果这些土地具有某些合法性，与私人所有权有某些相似的地方，有永久拥有的希望，那么没有一个人会如此谨慎，以至于不认为自己得到了极好的款待。那么你想要得到什么，鲁卢斯？他们可以保持他们拥有的东西吗？有谁禁止了？他们可以把这些东西当做私人财产来占有吗？是这样规定的。那么你的岳父在希庇努区占有的农场——或者倒不如说在希庇努地区（要是他占有整个地区）——所使用的名称比我在阿尔皮诺①的祖传农场要好吗？是的，这是你想要的预见。因为这些土地确实是以"最佳名称"，亦即最有利的条件占有的。用一个比稳定状态下的土地更好的名称去占有从稳定状态下摆脱出来的土地，按照这一条款，所有稳定状态下的土地都将不再稳定，那些没有抵押的土地处在比已经抵押了的土地更好的状态下；按照同一条款，所有无法出售的土地，只要它们是由苏拉分配的，都可以被出售，那些免税的土地所处的地位比纳税的土地更优越。我在图斯库兰的土地由于使用克拉拉水渠②必须交税，因为我的农庄是通过合法的手续购买的；但若它是苏拉赐给我的，那么按照鲁卢斯的法案，我不需要交纳任何税款。

【3】我的朋友们，我看到在这件事的逼迫下，你们被这部法案或鲁卢斯的讲话的厚颜无耻所激怒，因为这部法案给苏拉分配的土地指定了一个比祖传财产更好的名称，而他的讲话，在这种情况下，竟敢凶狠地指责任何捍卫苏拉所建立的原则的人。如果他要争论的仅仅是为了认可苏拉分配的土地，那么我什么都不会说，只要他承认他是苏拉派的成员就可以了。但他不仅把安全赋予苏拉派的成员，而且还通过赠送来增加他们的财产。这个人指责我

---

① 阿尔皮诺（Arpinum），西塞罗的出生地。

② 克拉拉水渠（Aqua Crabra），流经西塞罗的地产。

捍卫苏拉的捐赠，不仅认可它们的合法性，而且为自己取得新的份地。你们瞧，难道苏拉在这里突然死而复活了！考虑到赐予土地的巨大数量，这位指控我的人用一句话来总括，"一切分配、赐予、捐赠、授予或出售的土地"。很好，我听到了。接下去是什么？占有。所以，这就是一位人民的保民官胆敢提出的法案——自从马略和卡波担任执政官以来，任何人实际占有的公共财产都可以用最好的私人财产的名义加以占有！你们瞧！哪怕是他本人，也在用暴力改变所有权。这样做是一种偷窃还是凭借某种默许？所以，这部法案将会废除民法，废除财产所有权的名称，废除执法官的裁决。我的朋友们，这件事非同小可，决非是一件可以用可耻的偷窃这种表述来隐瞒的小事。因为高奈留法案没收了一大批土地，这些土地既没有分配也没有出售给任何人，但被少数人以最可耻的方式占有。对此，他给予保障和确认，使之成为私人的财产。鲁卢斯不想把苏拉没有指定给任何人的土地分配给你们，而是想把它们当做商品卖给那些实际占有它们的人。我要问，当你们看到你们自己的土地被这部法案交到当前的占有者手中时，你们为什么要允许出售这些由你们的祖先在意大利、西西里、阿非利加、西班牙、马其顿、亚细亚留给你们的土地？你们现在明白了，整部法案把控制权赋予少数人，然后完全采用了苏拉分配土地的制度。这全都是因为鲁卢斯的岳父是一个善良的老家伙！我不是在攻击他的善良，而是在讨论他的女婿的厚颜无耻。

【4】这位岳父想要保存他拥有的东西，承认自己属于苏拉派；这位女婿为了得到他不拥有的东西，想要在你们的帮助下批准这些不确定的名称；当他变得比苏拉本人更加贪婪的时候，坚定地反对这些做法的我反而受到了这些捍卫苏拉法令的人的指控。"我的岳父有一些废弃了的土地，按照我的法案，他可以按他喜欢的任何价钱出售它们。他还有其他一些不确定的财产是他根本无权拥有的；他们会用一切可能的名称对他提供保障。他拥有的是公共财产，我来使它变成私人财产。最后，涉及他那些富饶多产的土地——那是他在卡西努一块又一块地购置的，按照他的邻居的描述，一望无际，几乎遍布整个地区——他现在有些担心的土地，现在都可以毫无顾忌地加以占有。"

由于我已经向你们说明鲁卢斯提出这部法案的原因，以及这法案为谁提出，因此现在要由他来让你们理解，当我在反对这部法案的时候，我予以捍卫的是什么样的占有者。你们正在出售坎帕尼亚的森林，它是罗马人民的财产，而我在捍卫它。你们正在分割坎帕尼亚地区，你们在占有它，而我拒绝放弃它。接下去，我看到意大利、西西里和其他行省的财产正在依据这部法案被出售和剥夺，这些财产是你们的财产。我要抵抗，反对这样做，只要我还是执政官，我不允许罗马人民的财产转到任何人手中，尤其是这样做并没有给你们带来任何利益。你们一定不要再有任何恐惧。你们中还有谁倾向于使用暴力、犯罪乃至于凶杀吗？没有。然而，相信我，坎帕尼亚地区和美丽的卡普阿是保留给这种人的；那里正在建立一支军队反对你们，反对你们的自由，反对格奈乌斯·庞培，正是为了反对罗马，卡普阿才组织了一帮胆大妄为的无赖；正是为了反对格奈乌斯·庞培，才任命了十位将军。让他们来吧，既然他们已经按照你们的要求，把我召唤到公民大会上来，那就让他们与我面对面地争论吧！

残 篇

[卡里西乌：《语法学技艺》(Ars Grammatica) 第 1 卷，第 95 节]

(1) "无胡须的少年。"

(2) "他们会占领卡普阿，派遣殖民者去那里；他们会在阿梯拉建立兵营，保卫那里的安全；他们会占有努塞里亚的财产，用一大批他们的人占领库迈；他们会用兵营把其他城镇连在一起。"

(3) "因此，整个普罗朋提和赫勒斯旁将在公开的叫卖声下出售，吕西亚和西里西亚的整个沿海地区将拍卖，密西亚和弗里吉亚也会按同样的条件和法案处理。"

(4) "十人团将出售战利品和抢劫来的财物（没收的财物），最后出售格奈乌斯·庞培的军营，而这位将军不得不安静地坐在那里。"

反凯西留斯

提　要

本文的拉丁文标题是"In Q. Caecilium Oratio quae Divinatio Dicitur"，英文标题为"Speech Delivered against Quintus Caecilius Niger"，意思是"反对昆图斯·凯西留斯·尼吉的演说词"，中文标题定为"反凯西留斯"。

公元前 70 年夏天，西塞罗代表西西里人民起诉西西里行省总督盖乌斯·威尔瑞斯，罪名是勒索民众。要是罪名成立，被告不仅要赔偿损失，而且要失去罗马公民权。在此之前，西塞罗担任过辩护律师，但从来没有担任过起诉人。与西塞罗争夺起诉权的是曾经担任过威尔瑞斯的财务官的昆图斯·凯西留斯。西塞罗与此案件相关的演说除了本篇以外，还有《控威尔瑞斯——一审控词》、《控威尔瑞斯——二审控词》（五卷）。

全文共分为 22 章，译成中文约 1.7 万字。

正　文

【1】先生们，你们中有些人，或者有些听众，对我偏离这些年来一直遵循的刑事诉讼程序也许会感到惊讶。我为许多受到指控的人进行辩护，但没有攻击任何人，而我现在改变了我的政策，以起诉人的身份进入法庭。而对此感到惊讶的人只要明白了我的动机，他就不仅会认为我的行动是正确的，

而且肯定会认为没有人比我更适宜担任我们面前这桩案子的起诉人。

先生们，我曾在西西里担任执法官，但现在已经卸任离开那里，在所有西西里人民的心中，都留有对我任职的那一年以及对我本人的持久的、令人愉快的记忆。结果就是，当他们把许多古代勇士当做他们幸福的保障时，他们感到从我这里也得到了某些类似的东西。因此，直到现在，在遭到抢劫或掠夺的时候，他们会不断地来找我，让我接手他们的案子，保卫他们的共同幸福。他们对我说，我过去许诺，一旦他们有需要，我就会为了捍卫他们的利益而努力。现在，他们声称需要我，不仅为了捍卫他们的利益，而且为了捍卫整个行省的生存，因为自从威尔瑞斯从他们最神圣的神庙里劫走神像以来，连诸神都想远走高飞，离开他们的城市去别处寻求庇护。在这三年中，这个人是他们的执法官。他们说自己忍受了各种暴行、折磨、践踏和羞辱，受到各种邪恶、残暴、贪婪和蛮横的伤害。他们恳求我一定不要拒绝他们的要求，只要我还活着；要是说连他们都不需要我的帮助，那么这个世上没有任何人需要我的帮助了。

【2】先生们，我发现自己陷入了痛苦的境地。要么，我必须使这些前来求援的人失望，要么在形势的逼迫下，承担原告的义务，从早年就已熟悉的辩护人角色转换为起诉人的角色。我告诉他们，可以去找凯西留斯处理他们的案子，因为他也有担任那个行省财务官的经历。然而，实际上，我希望能够帮我摆脱麻烦的事反过来给我带来比其他任何事情更多的麻烦，要是西西里人对凯西留斯一无所知，或者他没有在他们中间当过财务官，那么西西里人就不会再坚持他们原来的请求。义务、荣誉、遗憾的情感、其他许多高尚的榜样、我们的祖先建立的传统——先生们，所有这些都在迫使我得出同样的结论。不是出于我自己的兴趣，而是为了我的这些朋友，我不得不承担这一繁重和艰苦的任务。

然而这件事也给我带来了一些安慰。形式上，这是一项起诉，但它同样也可以视为一项辩护。事实上，我在为一系列个人、一系列社团辩护，我在为整个西西里行省辩护，因此，受到起诉的只有一个人，我感到自己似乎仍旧保持着原有的习惯，并没有完全抛弃原来承担的拯救者和救援者的使命。

但是假定另一种情况。假定与事实相比，我的起诉不那么合适，不那么可信，不那么有说服力。假定西西里人没有向我提出这项要求，或者我与他们之间的坚强友谊并没有给我多大的影响。假定我说我正在做的事情是为了我的祖国。而这里有一个人间的恶魔，无比贪婪、可耻、邪恶。我们知道他的抢劫非常野蛮——不仅在西西里，而且在阿该亚、亚细亚、西里西亚、潘斐利亚，甚至在罗马，在我们所有人的眼皮底下。如果我把这个人带来接受审判，有谁会对我的行动或者我这样做的目的进行挑剔？

【3】以一切正义和神圣的名义起誓，告诉我，当前我能为我的国家提供什么更好的服务。没有什么比这样做更能为这个国家的人民接受了。没有什么比这样做更能为我们的同盟者和其他民族向往了。没有什么比这样做更能对我们所有人的安全与繁荣有所贡献了。我们的行省已经受到抢劫与掠夺，完全毁灭了；罗马民族的同盟者和依附者已经陷入最悲惨的境地；他们不再抱有获得拯救的希望，只能在深重的灾难中寻求一丝安慰。他们看到我们的法庭秩序还不错，但是他们感到焦虑，抱怨找不到恰当人选担任起诉人。而那些可以担任原告律师的人轻视在我们的法庭上施行的严格的正义。同时，这个国家的人民也已经承受了许多艰辛和伤害。然而在所有民族生活中，他们失去的任何东西都比不上我们的法庭在以往岁月中丧失的活力与责任感。因为，他们感到缺少一个法庭，在这个法庭里通过骚动就能恢复这位保民官的权力。我们的法庭的不可靠激发了另一个阶级的公民提出要法庭进一步为他们服务的要求。由于我们法官的可耻行径，从前很少能够获得民心的执政官现在吵嚷着并且已经掌握了一个卓越的民主机构。当邪恶的罪犯为所欲为，当我们日复一日听到大众的不满，当法庭遭受耻辱、整个元老院的秩序令人厌恶时，我感到，面对种种邪恶，只有一种可能的治疗方法——让能干的和诚实的人来处理与国家事务有关的案子和国家的法律。因此我承认，使我挺身而出的是整个国家的安全，我要在她最需要帮助的地方帮助她。

解释了使我接受这个案子的动机之后，我必须处理一下凯西留斯和我自己之间的竞争，供你们选择起诉人时做参考。先生们，我以这样的方式理解这件事。如果在谁有权起诉的问题上有争执，那么在起诉某人犯有勒索罪的时候，心里会有两种主要的考虑。受勒索的人最希望由谁来审理有不义行为的人？被指控有不义行为的人最不希望由谁来审理？

【4】先生们，就当前的案子来说，对这些问题的回答在我看来是清楚的。然而，我要逐个处理它们。首先我要处理在这两个问题中你们必然认为较为重要的问题，我指的是被指控有不义行为的人希望由谁来审理，事实上，任命这个法庭来处理勒索问题就是为了这些人的利益。

对盖乌斯·威尔瑞斯的指控是：他在三年时间里糟蹋了西西里行省，抢劫那里的居民，剥夺他们的财产，甚至洗劫那里的神庙。在你们面前站立的，说着这些很难令人置信的故事的，是全体西西里人。我是他们的代表，我证明西西里过去看不到贫穷，而现在他们要逃离那里去别处寻求庇护。他们要通过我来寻求你们的帮助，寻求罗马法律的帮助。他们选择了我，而不是别人，来保护他们免受灾难，为他们报仇，捍卫他们的权利，全盘处理他们的案子。凯西留斯，你能断言我接手这个案子不是应西西里人的要求吗？或者说这个法庭不需要严肃关注我们这些善良忠诚的同盟者的希望？如果你胆敢断言西西里人没有要我接手这个案子——你虚伪的敌人威尔瑞斯尤其想要我们相信这一点——那么我不得不说的第一件事情就是你的说法反而帮助了你的敌人。这件事众所周知，所有西西里人都一直在找人来代表他们，反对他的蛮横，使人感到对他已经有了一项不仅是基本的，而且也是确定的、最终的判决。事实胜于雄辩，对此他不敢否认。如果你，他的敌人，否认这一点，那么我担心人民会把你当做故人，而不是当做朋友来对待。其次，在这个国家里，某些杰出人士已经确认这些事实真相。我不需要把他们的名字全都说出来，只需要求助于某些出席审判的人；要是我在撒谎，我就不会要他们来揭露我的无耻了。盖乌斯·马尔采鲁斯知道这一事实，他在这里，是法庭成员；格奈乌斯·伦图卢斯·马凯利努斯也知道这一事实，我看到他也在这里。西西里人特别相信他们的庇护，因为整个西西里在各方面与他们的家族有密切联系。他们明白，西西里人不仅一直向我提出这种请求，而且是经常性的，非常诚恳的，而我要么接受这个案子，要么否认有这种友谊的责任。然而，我毕竟不需要请他们提供证词，尽管事实本身仍可质疑或遭受误解。先生们，这些地位很高的人，来自这个行省每一部分，站在你们面前，请求你们在挑选起诉人的时候，希望你们做出的判断和他们的判断没有什么差别。这些代表来自西西里的每个城市，只有两个城市没有，如果这两个城市也有代表，那么只会减弱这两项针对威尔瑞斯的极为严重的指控的力量，因为在这些事情上，他使这两个城市的人成为他的帮凶。① 可以问的是，为什么他们所有人都要请求我的保护。好吧，你们要是对事实无可置疑，那么我打算把出现这一事实的原因告诉你们。由于事实完全清楚，你们自己的眼睛可以告诉你们这一点，所以我看不出这些特意挑选的指控如何能够恰当地反对我的说法。然而，我不敢声称，他们认为我比他们的其他支持者更好；在这篇讲话中我不会这样说，甚至不允许任何人这样想，因为这不是真的。但对其他支持者，他们不得不逐一考虑他们是否合适，他们的健康是否允许，他们是否真的有能力为他们起诉。我对这个案子的所有感觉和希望就是，最好有其他适当的人来接手这个案子，而不是由我来处理，我自己并不比其他任何人更希望处理这个案子。

【5】所以，西西里人无疑向我提出了这种请求，我们只需要问在什么范围内这一事实会影响你们，在什么范围内你们必须考虑这些罗马人的同盟者的要求，他们谦卑地来到你们面前，恳求纠正对他们的伤害。对此我需要说的确实很少。设置整部涉及敲诈的法律无疑是为了我们的同盟者的利益。因为若是我们自己公民的钱财被敲诈，他们通常会按照民法提起诉讼，把钱要回来。而设置这种法律是为了我们的同盟者。这是外国人的权利。这是他们的坚强屏障，现在虽然有点弱，但肯定还是比以前强。要是说我们的同盟者

---

① 指墨撒纳（Messana）和叙拉古（Syracuse），这两座城市的居民反对由西塞罗担任起诉人。

还留有任何希望，足以安慰他们凄凉的心，那就全靠这部法律了。不仅是罗马人，而且连大地上最遥远的国度，都在寻找能够严格维护这部法律的人，但他们长时间的寻求总是落空。然而有谁能够否认，其利益受这部法律保护的人应当有权选择恰当的诉讼程序？要是整个西西里能够用一个声音讲话，那么她会说："在我的城市、房屋、神庙里曾经有过黄金、白银和一切美好的东西，在罗马元老院和罗马人民的青睐下，我曾经拥有各种特权，而你，威尔瑞斯，把这些东西从我这里全都偷走了，抢走了，因此按照这部法律，我要你赔偿100万小银币。"如我所说，要是整个西西里能以一个声音讲话，那么这就是她会说的话；但由于她不能，所以她选择了一个她本人认为适当的人为她提起诉讼。讲到这一步，要是有人还是去承担别的案子，或者希望承担其他案子，而那些利益与此休戚相关的人却没有人为他们起诉，那么这确实是一种令人无法置信的厚颜无耻！

【6】凯西留斯，假定西西里人正在对你说："我们不认识你，我们不知道你是谁，我们从来没有见过你。请你允许我们借助一个值得信赖的人来捍卫我们的幸福。"他们确实只会这样说，任何人都会认为这样做是对的。他们的实际意思是他们认识我们俩，他们渴望我们中的一个人来保护他们的利益，但根本不想要另一个人。他们为什么不想要另一个人？这一点他们已经让我们知道得够清楚了，他们本来只需要保持沉默就可以了，但他们并没有保持沉默。因此，你仍旧要违反他们的意愿充当他们的起诉人吗？你仍旧要接手这个与你无关的案子吗？你想保护这些遭到弃绝的民众吗？如果你想，那么你能对他们许下诺言吗？因为他们认为你既不愿为他们服务，又不能为他们服务。你为什么要依靠那些严峻的法律和执法者剥夺他们仍旧保存的关于未来幸福的微小希望？你为什么要强迫自己反对所有那些特别关注法律的人的希望？作为一名统治他们的官员，你几乎没有对他们干什么好事，而现在你又要这样做，其结果岂不是要毁灭他们吗？你为什么要使他们不仅无法为自己的权利奋斗，而且不能为他们受到的冤屈感到悲伤？你必须知道，如果由你来审判他们的案子，那么他们一个人也不会出席审判。你必须知道，

他们不担心你会对某些人进行报复，而是担心你会受到某些人的报复。①

【7】那么好吧，对此你可以争论说，只有我才是西西里人最希望为他们担当起诉人的。另一个要点是，威尔瑞斯最不希望谁担当起诉人？有谁不曾如此公开、野蛮地赢得选举，或者拯救他自己的生命，就像威尔瑞斯和他的朋友努力奋斗以阻止把起诉的任务指派给我？凯西留斯，威尔瑞斯相信我拥有许多他知道你不具有的品质。至于我们俩都适宜的那些方面，我会在晚些时候再讲；而现在我只说——你可以用沉默来表示对我的支持——我身上没有任何东西是威尔瑞斯能够加以藐视的，而在你身上没有任何东西是能使威尔瑞斯免除忧虑的。由于这个原因，他伟大的朋友和辩护人正在代表你对我进行游说，想方设法反对我。他公开要求法庭给他某些超过我的偏袒。他说，这是一项完全恰当的要求，不会引起任何人的反感和厌恶。他说："我的要求没有超过一般的要求。我没有要求宣判被告无罪，而只是要求这两个人中间的这一个，而不是另一个，成为他的起诉人。请你们允许我的要求，对我做出简单、公正的让步，没有人会因此而责备你们，而在这样做的同时你们对我的允许不会招致任何对你们的不信任，确保我正在为之辩护的这位先生被宣判无罪。"与此同时，他诉诸你们一定程度的恐惧和仁慈。他告诉你们，他希望向某些法庭成员出示投票板（这很容易做到），②因为投票结果不是当场逐一记录，而是同时进行；还有，每个投票人都应拿到一块涂抹均匀的蜡板，这是法律的要求，而不是以那种你可以记得的令人愤慨和震惊的方式进行投票。③这并非表明他非常深切地关心威尔瑞斯的情况，倒不如说这是他厌恶整个事件的表现。到目前为止，起诉人都有很高的社会地位，这些人都是他能够凭智慧取胜的。其他一些人都是谋利者，对这些人他总是有

---

① 从第 10 章开始，西塞罗指出凯西留斯在西西里某些行为的细节，证明他是威尔瑞斯在西西里的同谋。

② 为了确保投票的秘密性，霍腾修斯吩咐他贿赂或恫吓过的法官采取两项预防措施，取消把他们的投票板向他在他们中间的代理人显示这一程序。

③ 这些投票用的蜡板都是一样的，在蜡板上没有任何区别标记或颜色。

很好的理由予以藐视和忽略。现在，他看到有勇敢者、拥有良好名声的人愿意承担起诉工作；他明白，要是发生这种变化，他自己在法庭中的最高权力就要终止。

【8】我预先向这位先生提出了很严厉的警告：要是你决定由我来处理这个案子，那么他的辩护方法将有极大的改变。他会发现自己被迫处在一个比他所希望得到的更加有利、更加体面的位置。他不得不以他认识的像卢西乌斯·克拉苏和马库斯·安东尼乌斯这样的杰出人士为榜样，除了他们自己的诚实和才能，这些人不认为自己有权在法庭上采取任何手段帮助他们的朋友。要是由我来处理这个案子，那么他将没有理由认为法官受贿而不会给许多人带来严重威胁。在这场审判中有了这样的感受，我肯定要同意承担西西里人的案子，但也会选择罗马人的案子——我不仅必须去做西西里人要求我做的事情，而且也要去做这个国家的人民长期以来一直要求我做的事情——我必须扑灭和终止各种各样的流氓行径。至于能在多大范围内取得成功，达到这一目的，我宁可留给其他人去期望，而不是亲口宣布。

凯西留斯，现在我要问你能做什么。你在什么时候或什么地方做过什么事，使其他人可以相信你，或者可以用你自己的言行检验你？把整个刑事案件的全部分量担当起来意味着什么，这种事对你来说可能从来没有遇到过。你必须详细了解一个人的生活和历史的全部细节。你不仅要使法庭清晰地理解它，而且必须对它进行生动的描述，使之栩栩如生地呈现在所有听众眼前。你必须维护我们同盟者的安全、我们领地的繁荣、我们法律的有效、我们法庭的权威。

【9】让我来指点你担任起诉人必须拥有哪些品质，这是你第一次有机会得到这样的教导。要是你发现自己拥有这些品质中的某一项，那么你可以实现你追求的目的，因为在这种情况下我愿意按照你的意愿撤离。

首先，一名起诉人必须拥有格外正直和清白的性格，没有什么事情比自己品行不端却去批评别人言行不轨更加令人无法容忍。在这方面我不想较多地谈论你，但我想有一个事实是任何人都不会忽略的。尽管西西里人对你持有敌意，而你承认自己是他们的敌人，但西西里人是迄今为止唯一有机会深入了解你的。然而他们说的是，如果由你来处理这个案子，那么他们将拒绝出庭。他们为什么要这样说，我不会告诉你，还是让这些先生们自己去猜测他们无法不猜测的事情吧。确实，西西里人的意见不是你担忧的要从他们国家努力获得反对威尔瑞斯的文件证据。他们是一个极为审慎和多疑的种族。他们怀疑的是，你急于从西西里安全地获得某些盖着同一印章的文件，其中包含的内容不仅涉及担任执法官的威尔瑞斯，而且也涉及担任财务官的你。

其次，一名起诉人必须表现坚定和诚实。即使我认为你急于显示这样的品质，但我很容易看出你做不到。要是向你发问，我不会提某些你肯定无法回应的事实。我不提你在离开西西里之前又和威尔瑞斯成了朋友，我不提你的书记官和密友波塔漠在你离开的时候被威尔瑞斯留在了西西里；我也不提你优秀杰出的弟弟马库斯不仅没能与你一起到这里来，帮助你弥补过错，而且实际上作为一名十分亲密的朋友留在了威尔瑞斯那里。种种迹象都表明你是一个虚伪的起诉人，此外还有许多表现。但我现在不想使用它们。然而，我要坚持的全部意见就是，无论你多么急于想成为一名真正的起诉人，但你实际上都完全不可能做到。因为我注意到对威尔瑞斯的指控有许多事情与你有关，你根本不可能以起诉人的身份提到这些事情。

【10】西西里人普遍抱怨的是，威尔瑞斯为他自己的私人用途向农夫征收谷物，当每斗①小麦的价格是 2 个小银币时，他要农夫交纳 12 个小银币替代实物。这是一项严重的指控，这是一笔巨大的金钱，这是一种无耻的偷窃，这是一项不可容忍的冤屈。我不能保证对他的谴责仅仅是由于这件事，但你会怎么起诉，凯西留斯？你会忽略这件重要的事情，还是起诉他？如果你起诉他，那么你打算起诉一个在相同的时间和地点做了和你一样的事情的人吗？你胆敢以这样的方式起诉一个人，而这样的起诉会使你自己也无法避免受审吗？另一方面，要是你忽略这件事，那么你担任起诉人又有什么价值

---

① 斗（modius），罗马的容量单位，约等于公制的 9 升。

呢？由于这项指控的严重和确凿，你个人将要遇到的危险会使你不仅不认为这件事情是真实的，而且认为这件事情根本不存在。

还有，威尔瑞斯在担任执法官期间，依据元老院的法令，向西西里的种植者收购了大量谷物，但有一部分从来就没有付过款。这是一项针对威尔瑞斯的严重指控——要是由我来起诉，那么它是严重的；但若你是起诉人，那么它根本就不算一回事。因为你是他的财务官，这项公款是你处理的，保证不截留公款在很大程度上是你权力范围内的事，而无论你作为财务官多么想要截留它。所以，这是另一项指控，要是由你来担任起诉人，你根本不会提到它。在整个审判中，你不会对臭名昭著的威尔瑞斯的不诚实和不公正的行为说一个字。凯西留斯，相信我，如果一个人是被告的同谋和帮凶，那么作为起诉人他决不会诚实地为我们的同盟者辩护。

还有，征收谷物时要求各个村落交纳现金来代替谷物。好吧，我们可以问，这种事情只发生在威尔瑞斯担任执法官的时候吗？不，肯定不是，这种事也发生在凯西留斯担任财务官的时候。所以，凯西留斯，你能够也应当阻止他的行为，你针对他的指控打算包括这项内容吗？或者说你会完全忽略这件事？所以，威尔瑞斯在受审的时候根本就听不到你说他有什么恶行，而在他犯下这些罪行时他会想这些罪行都是不可能做出什么辩解的。

【11】我提到的这些事实现在都已经暴露在光天化日之下了。但还有其他一些秘密的抢劫，威尔瑞斯仁慈地让他的财务官也分享一份，这样做无疑是为了平息他的财务官对他的敌意。你要知道，这些事情后来报告到我这里来了。要是我公布它们，大家马上就会明白你们相互之间不仅有亲密的合作，而且也会由于分赃不均而出现分裂。因此，如果你要求提供有关他的恶行的证据，而这些恶行得到过你的帮助，那么我不反对，只要这样做是合法的。但若我们正在讨论的是起诉的权利，那么你必须撤离，这样你就不会由于自己犯有恶行而妨碍你揭露其他人的罪恶，以满足受冤屈的人的要求。请你注意，你的起诉方法与我自己的起诉方法有巨大差别。我会把你在没有他的帮助下犯下的罪行也算在威尔瑞斯头上，理由是他是最高首领，然而却没

有制止你这样做；而另一方面，你甚至不会指控他自己做的事情，因为你害怕由此会证明你自己或多或少是他的同谋。

凯西留斯，还有其他一些品质你可能会认为微不足道，但若没有这些品质，就无人可能处理任何案子，尤其是这样的大案。起诉人必须有一点担任辩护律师的能力，有一点作为演讲者的经验，有一些基本的训练，或者在论坛和法庭上有一些法律方面的实践。我明白我正在涉足一个危险和艰难的区域。虚荣心有许多种，它们之间各不相同，但是理智和演讲才能方面的虚荣心比其他任何种类的虚荣心更令人作呕。因此我对自己的理智能力不置一词。我没什么可说的，即使有什么可说的，我也不想说。因为我在这方面拥有的能力，无论大小，足以实现我的目的。或者说，要是我的能力不够，我也不可能通过谈论它来提高。

【12】至于你，凯西留斯——我向你保证，我现在要像对朋友那样对你说话，不提我们之间当前的竞争——我诚恳地建议你检验一下你的心灵。你回忆一下自己。想一想你是什么，你适合做什么。这是一项非常艰巨和痛苦的工作，涉及我们同盟者和行省的福利，涉及我们自己国家的权力，涉及我们的法律和法庭的权威。你要处理的事情绝非轻而易举的，简单的，要挑起这样一副重担，你有嗓音、记忆力，有足够的理智能力吗？想一想威尔瑞斯犯下的罪行，作为财务官、使节、执法官，在罗马和意大利，在阿该亚、亚细亚、潘斐利亚，你认为自己能够起诉他的这些罪行，按照它们发生的时间和地点，恰当地安排和区分这些事情吗？你认为自己能够胜任起诉这样一个人的各种罪行吗——怀着巨大的义愤，把他所有贪婪、无耻、残忍的行为都栩栩如生地在这里讲述出来，就像这些事情当场发生一样？我向你保证，我告诉你的这些事情不是微不足道的，你一定不可认为它们很容易。你必须提到一切事情，确定所有事实，充分陈述每一件事。你不仅要叙述你的案子，还必须用大量充分的细节来解释它。如果你希望取得任何一类成功，那么你一定不要只让人们听你讲话，你必须使他们能带着渴望愉快地听你讲话。假定你有巨大的天赋才能给你带来的便利，假定你从小就接受过最好的教导，

接受过全面细致的教育，假定你在雅典而不是在利里拜乌①研究过希腊文献，在罗马而不是在西西里学习过拉丁文献，即便如此，面对一个如此重大的案子，一个引起公众如此广泛兴趣的案子，你也很难找到能够把握案子所需要的勤奋、记住案情所需要的记忆力、陈述案情所需要的口才、把起诉进行到底所需要的嗓音和身体的力量。

你会说："好吧，那又如何？你自己拥有所有这些品质吗？"我拥有，我确实拥有。要是我能做到的话，我会尽最大努力，为了获得这些品质，我从童年起就开始努力学习。如果说要获取这些品质非常艰难，那么我已经把我的整个生命用于获取这些品质；而你不管怎么说仍旧是失败者，你必须看到你自己距离拥有这些品质还差多远——在你马上就要使用它们的时候，你甚至还从来没有想过它们，不知道它们的性质和范围。

【13】每个人都知道我的生活以论坛和法庭为中心，很少有人在我这样的年纪已经为许多案子做过辩护，要是有的话。我把与朋友交往的时间都省了下来，努力学习，艰苦工作，以满足这种职业的需要，使自己比较适宜从事法庭的实践活动。然而连我也感到需要上苍的特别青睐，每当我想到就要召集被告出庭，而我必须发表演讲的伟大日子，我不仅心灵感到焦虑，而且身体从头到脚都在颤抖。甚至现在，我还在对自己描述着大批民众的激动情绪，这场审判的重要性将会引起民众巨大的兴趣，提到威尔瑞斯这个罪恶的名字将会引来数量巨大的听众，我对他的指控演说将会引发人们密切关注他的恶行。甚至现在，我想到的所有这些事情正在使我充满恐惧，怀疑自己的演讲是否能够满足讨厌这个人、对他深恶痛绝的那些人的义愤，或者说是否配得上公众的期待和这一伟大的场合。而你没有这样的恐惧，没有这样的想法，没有这样的焦虑。你想象，只要能够背诵一两段古代的演讲，比如"我恳求万能的、最仁慈的神"，或者"先生们，只要可能，我希望拥有它"，你就已经为你进入法庭做了良好的准备。

---

①　利里拜乌（Lilybaeum），西西里岛西部海岬。

即使无人对你做出回答，我也不相信你能证实你的案子。但是，尽管你没有实际经历过这样的事情，你仍旧要给自己设立一个雄辩的演讲者作为对手，有时候要证明，有时候要用各种适宜的武器发起攻击。对我自己来说，我可以赞扬他的能力，但不会害怕；我可以敬佩他，但认为他有可能使我迷惑，但不能使我落入圈套。

【14】他绝不可能凭着他的能力把我打垮，也绝不可能凭着他的机智把我引入歧途，他绝不可能用他的巨大力量削弱我，使我发生动摇。我非常熟悉这位先生的所有进攻方法和演讲技巧。我们经常谋面，站在同一边或处在对立的位置上。无论他有多么能干，当他反对我的时候，他会感到这场审判就是对他自己能力的审判。至于你，凯西留斯，用我心灵之眼，我已经能够看到他会如何战胜你，他会用一百种方式戏弄你，他会给你充分的自由，让你经常在两难中选择——一件事发生了还是没发生，一个陈述是真还是假，无论你做出何种选择，其结果都会反对你自己。可怜的清白无辜的人啊，上苍会帮助你，无论你有多么困惑、沮丧、糊涂！想一想吧，他开始剖析你的起诉演说，扳着手指头列举案情的各个组成部分！想一想吧，他开始摧毁它们，把它们一个又一个地清除掉！我向你保证，你想到自己有可能正在试图毁灭一个清白无辜的人，你自己马上就会警觉起来。想一想吧，他开始为他的当事人的不幸处境哭泣，以减轻人们对威尔瑞斯的偏见，从而把它转移到你的背上来；他提醒我们要注意一位财务官与他的首领之间的密切联系，提醒我们要注意我们国家的传统和命运赋予他们的庄严义务。在这种情况下，你能面对将由这些论证引发的对你的敌意吗？你要当心，千万要当心，我请你考虑一下自己面临的危险。我禁不住感到，他不仅会用他的论证把你打倒，而且会用他的手势和体态模糊你的感觉，直到迫使你放弃整个行动意图。此外，我注意到，我们马上就能解决这个问题。要是你表示自己今天能够回答我现在提的问题，要是你能使用一种并非来自其他人的演讲，而是某些学校的老师教给你的表达方法，那么我不会认为你将是审判中的失败者，而会认为你将正义地行事，完成你的职责。但若你在这场小小的遭遇战中无

所作为，那么我们又如何能够期待你在实际大战中抗击凶狠的敌人？

【15】好吧，凯西留斯本人其实什么也不是，不值一提。但有人认为，要是他和一些富有经验的、雄辩的支持者一起来，那又如何？这肯定有用，但是还不够，案子的主要指控人必须做好充分准备，他本人也应当训练有素。还有，他的这些支持者又是谁呢？我看到了，卢西乌斯·阿普莱乌斯是他们中的第一个，尽管年纪不小，但在辩论训练和经验方面他还仅仅是个初学者。下一个是提多·阿里努斯，我要说他甚至刚刚才离开听众席，我也不曾仔细观察过他的演讲能力，尽管我肯定他是一个大嗓门的、老练的呼喊者。他是你们主要的希望所在，要是你们指定他处理这个案子，那么他将肩负起全部重担。即便如此，他的演讲也不能发挥全部力量。他将不得不思考你的信誉和名声。他会用他自己的演讲获得他可能取得的成功，为的是让你不至于成为一个彻头彻尾的失败者。我们知道希腊演员在舞台上如何表演；一般说来，担当第二角色或第三角色的演员可以比担当第一角色的演员讲得更清楚，但音调比较低沉，为的是能凸显主要演员的声音。这就是阿里努斯要做的事。他会服从你，配合你，不会喧宾夺主。要是能力显著的阿里努斯需要约束他自己，不能发挥他拥有的全部力量，而凯西留斯的成功希望仅仅在于阿里努斯克制自己的能力，把主要起诉人的地位拱手让给他，那么现在请允许我向法庭提问，在这场重要审判中，我们需要什么样的起诉人？我无法想象，除了从那些妨碍议案通过的人中间挑选一个，他还会找什么样的人作为第四演讲者，他们专门支持法庭选中的起诉人，而无论他是谁。这样的演讲人比阿里努斯更糟，但凯西留斯在这样的情况下来到这里，会把他的善意用到他们中的某个人身上。我不会保留一部分演讲谈论对他们的观察，并以此向他们表示敬意，我也不会逐一回答他们。我根本没有打算提到他们，即使提到了也相当偶然。因此，我再匆匆忙忙地说几句话就把他们打发了。

【16】由于他们会假定我缺少朋友，因此我必须从大街上而不是从我带来的人中间寻找一名支持者吗？他们要从我手中把案子夺过去，但他们缺少

起诉人，结果发现自己成了在法庭上坐在柱廊旁边的那些人①的牺牲品，对吗？他们中有人说："派我去监视图利乌斯吧。"我向你们保证，要是我曾经让你们接近过我的食橱，那么我需要许多人来监视我。你们肯定想要监视我，或者说你们不仅要泄露我的秘密，而且要偷走我的财产。然而，要回答让这些先生们来监视我的提议，几个字就够了。这个大案已经由我来承担，已经托付给我，当前这个法庭不像是会允许任何人谋求担任我的起诉助手的荣誉，除非我想要他们担任助手，事实上我的正直驳斥了派监视人的需要，我的审慎警告我要防范间谍。

还是回到你这里来，凯西留斯。你知道自己缺乏多少条件。你现在一定明白你就是任何恶人想要的那种起诉人。你对所有这些方面能做什么样的回答？请注意，我问的不是你想要做出什么回答。我非常明白你的回答不会出于你自己，而会出于你的顾问手里拿着的那本书，要是他真的想给你提一条好建议，那么他会坚持要你离开法庭，不要对我做出任何回答。因为你又能做出什么回答呢？你也许会老调重弹，说威尔瑞斯对你不公正。我很相信这一点。他对西西里的每个人都不公正，要是指望他能通过增加你的利益而使你成为例外，那么这种指望太高。但若其他西西里人已经找到一个能够替自己复仇的人，这时候你还在试图满足你自己的要求，那么你不能做这件事，你不可能找到一条既能惩罚和报复他人的恶行，也能防止由此带来伤害的正确道路。你忘了，人们一般问的不仅是谁应当报复他们，而且是谁能报复他们。拥有两种性质的人比其他任何人都要好，但若只具有一种性质，那么人们一般要的是能报复他们的人，而不是应当报复他们的人。然而，你要是真的认为应当把指控威尔瑞斯的权利给予他的恶行的最大受害者，因为这样做毕竟可以在法庭上激起人们心灵上的义愤，那么他要么伤害过你，要么抢劫和毁灭了我们的西西里行省。我肯定你会认为后者更严重，更容易在人们的心中引起震撼和义愤。因此你必须允许这个行省在起诉方面拥有比你更多的

---

① 此原文"Maenian Column"，指法庭上靠近柱子的席位，供社会等级较低的人使用。

特权，因为要起诉的是这个行省，她明确地选择了某个人做她的起诉人，以维护她的权力，对她受到的伤害进行复仇，完全地代理她的案子。

【17】你可以反对说，威尔瑞斯对你犯下的过错十分严重，足以使其他人心灵震撼，尽管与他们没有直接关系。我反对这种观点。我认为，要是问他对你犯下了什么过错使你对他产生个人的敌意，这样问并没有偏离主题。因此让我来告诉法庭这个过错是什么：这是因为无用的凯西留斯是一个地道的笨蛋，而他自己从来不承认。利里拜乌有一位妇女名叫阿果尼丝，从前是厄律克斯的维纳斯的奴隶。这个女人在凯西留斯担任财务官之前非常富有，有大量财产。安东尼乌斯①部下的一位海军将领无礼地对待她，抢走了她的几个奴隶乐师，说他需要这些乐师在海军里服务。因此她遵循那些属于维纳斯的西西里人，或者获得自由以后属于维纳斯的人的习惯做法。她使用了维纳斯的名字，以便使这位海军将领害怕自己犯下了盗窃圣物罪，还说她和所有属于她的人都是这位女神的财产。这件事报告到财务官凯西留斯那里去以后，他马上指派一位出色的法官去处理这件事，下令马上组织一个法庭，以决定"她是否有罪，因为她说她和她的财产是维纳斯的财产"。这个法庭的成员做出了唯一可能的决定，因为没有任何人怀疑阿果尼丝曾经说过这样的话。凯西留斯占有了这位妇女的财产，判决这个女人自己也是维纳斯的奴隶，然后出售了她的财产，把从中得到的金钱据为己有。就这样，仅仅由于使用了维纳斯的神圣名字以保留那几名奴隶，阿果尼丝被凯西留斯不公正地剥夺了她的所有财产以及她的自由。后来，威尔瑞斯抵达利里拜乌。他调查了这件事，废除了原有的判决，下令要他的财务官向阿果尼丝偿还所有家产。我看到，你们全都惊讶地看到，就此而言，威尔瑞斯不是威尔瑞斯，而是一位完美的斯卡沃拉②。他还能为他的公共名声增添更多的光彩，或者更加公正地解救一位陷于绝境的妇女，或者更加有效地约束放荡的下属吗？他

---

① 这位安东尼乌斯是马库斯·安东尼乌斯之父，当时受元老院指派，镇压叛乱。

② 昆图斯·穆西乌斯·斯卡沃拉（Quintus Mucius Scaevola），杰出的法官，公元前94年担任亚细亚行省总督，由于其公正的统治而使他的名字成为正直总督的代名词。

在这件事上的整个行为似乎值得受到最高赞扬。但是突如其来，就好像喝了喀耳刻酒杯里的酒，他从一个人变成了一头公猪，就好像威尔瑞斯这个名字的含义所表示的那样，恢复了他的本性。① 他吞没了这笔钱中的一大部分，只将少量钱还给了那个女人。

【18】现在，要是你坚持说威尔瑞斯在这件事情上伤害了你，那么很好，我会承认这一点。但若你抱怨说他冤枉你，那么我要说没有，他没有冤枉你。最后还有，要是你受到过什么不公正的对待，那么我们中没有人会对这件事表示怨恨，而会断定你罪有应得。但若你后来又和他成了朋友，要是你频繁地拜访他，要是后来他请你吃晚饭，那么你让我们怎么看待你，一名出卖朋友的叛徒，还是一名出卖正义的叛徒？我很清楚你必定是二者之一，但我不想和你争论这个问题，你自己可以在这两种可能性中做选择。

现在，要是你抗辩说威尔瑞斯冤枉你，但是失败了，就像其他人冤枉你失败了一样，那么你能提出什么好理由来说明这一点，使我能够接受，或者使每个人都能接受吗？你能提出来的理由也许就是你打算说出来的那个事实，你是他的财务官。要是我们之间的争执是我们中的哪一方与他是朋友，对他更有感情，那么这样的理由是很有说服力的。但是事实上，我们之间正在争夺把他当做敌人来攻击的权利，而假定一个需要像对待朋友一样对待他的理由也可以作为确保使他垮台的理由是荒谬的。事实上，即使你的执法官对你犯下许多过错，你通过耐心忍受而不是寻求报复只会取得更多的信任。实际上，他从来没有做过更好的事情，而这些事情被你称做过错。所以，这个法庭怎么能够接受这样一个无效的理由？哪怕是其他人也能判明，这完全是你自愿的。然而，作为他的财务官，要是没有其他事情，即使他深深地伤害你，你也不能指控他；要是他根本没有伤害你，没有对你犯下什么罪行，你不可能指控他。因此，你所谓的过错是无法证明的。你能想象在这个法庭

---

① 喀耳刻（Circe），希腊神话中的女仙，精通巫术，住在地中海一个小岛上。航海者经过该岛受到她的诱惑就会变成牲畜，奥德修斯及其同伴曾被她变成猪。参见荷马：《奥德赛》第 10 卷。威尔瑞斯这个名字的词意是"公猪"。

上有谁不认为，你最好还是不要管这件事，以免遭到有罪的谴责吗？

【19】只要想一想在这件事情上你我有多大差距就可以了。你在各个方面都比我低劣，只不过你自称比我强，这样说的唯一理由就是你是威尔瑞斯的财务官；但即使你在所有方面都比我强，你担任指控人的要求也会由于这一理由而遭到拒绝。我们从祖先那里继承下来一个传统，执法官和他的财务官之间的关系一定要像父亲与儿子一样；命运指定他们担任国家的公仆，他们由于承担这种义务而结成亲密关系，我们无法想象还能有什么关系能比这种友谊更加必然，更加庄严。由此可以推论，由于威尔瑞斯和你有着父子般的关系，因此他要是没有违反自然的罪恶行径，你就不能指控他，哪怕在法律上你有理由这样做；由于你事实上试图确保你自己的上司的垮台，而他根本没有对你犯下什么过错，所以你无法否认，你攻击他的意向既违反自然，又不符合正义。你担任过他的财务官，结果就是你想对他进行合理的指控变得极为困难，也无法为你担任指控人提供理由，而你自称被他专门选为指控人。担任过一个人的财务官而又想争夺指控这个人的权利，这种要求几乎从来不可能不遭到拒绝。由于这个原因，卢西乌斯·斐洛没有得到指控盖乌斯·塞维留斯的许可，马库斯·奥勒留·斯考鲁斯没有得到指控卢西乌斯·福拉库斯的许可，格奈乌斯·庞培没有得到指控提多·阿布西乌的许可。他们被拒绝，没有一个是因为法庭认为他们能力不够，法庭这样做的目的是为了避免由于这种友谊而产生的偏袒，维护法庭的权威。我可以指出，格奈乌斯·庞培和盖乌斯·朱利乌斯之间的竞争很像当前我和你之间的竞争。庞培曾经担任阿布西乌的财务官，正如你曾经担任过威尔瑞斯的财务官；朱利乌斯担任指控人的力量由于受到撒丁岛人的请求而得到增强，正如我担任指控人的力量由于受到西西里人的请求而得到增强。

没有哪个指控者在引起民众的敌意，面临危险，而他自己既没有努力、又没有热情、更没有艰苦工作的时候，能够很好地承担指控人的职责，很好地代表我们的同盟者，捍卫我们的领地，为异族人的利益辩护。

【20】事实上，为自己所受到的虐待而寻求报复的人的动机是可以反对

的，因为他的动力是他自己的怨恨，而不是他维护国家利益的愿望；而当一个人由于看到我们国家的同盟者和朋友所遭受的虐待和不幸而产生义愤，而不是由于他个人受到什么虐待，那么这个动机肯定比较高尚，不仅不应当反对，而且应当欢迎。不久前，一位勇敢而又高尚的先生卢西乌斯·庞索申请取得指控卢西乌斯·伽比纽斯的权利。昆图斯·凯西留斯也提出了同样的申请，说自己之所以要指控是因为他与伽比纽斯之间长期存在敌意。庞索的个人影响力与性格和他的成功有很大关系。还有，最重要的原因是阿该亚人选他为自己打官司。

毕竟，有关勒索的法律本身就意味着保护罗马国家的同盟者和朋友。因此，当我们的同盟者决定了他们希望某个人来接手他们的案子、捍卫他们的利益时，正义确实就要求我们相信让这个人来担任指控者是正确的选择。那么一个人为了支持他自己的要求而提出更加可信的论证，对此能加以否认吗？没错，下面两个动机中哪一个更可信，更值得提出？"我对着古老传统发誓，我凭着天地的审判而庄严发誓，我曾经当过我指控的这个人的财务官，由于命运的安排，我和他有密切的联系。""我应我们的同盟者和朋友的要求对他提出指控，整个行省选择我来捍卫它的权利和利益。"为了帮助曾经服务过的人而担任他们的指控人，这个理由比攻击一个他曾经服侍过的上司更可信，对此还有什么可怀疑的吗？

在我们历史上的最好时期，我们国家最杰出的人物把保持国家繁荣、接受外民族的朋友进入罗马国家、保护这些客人和接待他们的人免受伤害，算做最光荣、最辉煌的成就之一。历史告诉我们，最聪明、最优秀的马库斯·加图·萨皮恩斯由于站出来为不幸的西班牙人说话而和许多人结下深怨，他曾经在西班牙人中间担任行省总督。我们还可以记得，格奈乌斯·多米提乌前不久指控马库斯·西拉努斯，起因是他父亲的一位朋友和客人埃利托马鲁所犯的过失。

【21】在长时间的废弃以后，确实需要复兴和再次引入我们祖先的这种传统做法，没有什么事能够像这件事一样对僭主和镇压者提出警告，而按照

这种做法，我们的同盟者可以向那个并非麻木不仁的人申冤，并由一位他们相信足够体面和努力的人来成功地保护他们的利益。由于这个原因，这种做法在国家的某些地区引起了警觉和忧虑。引进这一做法的人遭到怨恨，或者倒不如说他们重新发现和复兴了这种做法，因为过去就有人这样做。人们预见到，随着这些做法的逐步延伸和扩展，法律和法庭会落到高尚无畏的人手中，摆脱那些初出茅庐者和谋利者的控制，就像我们在那里的朋友。这样的传统做法在元老院的老议员普伯里乌·伦图卢斯指控玛尼乌斯·阿奎留斯，而盖乌斯·鲁提留斯·鲁富斯支持他的时候，曾经是我们的祖先的骄傲；与此相仿的还有卢西乌斯·科塔受到普伯里乌·阿非利加努的传唤，出庭受审，当时这个伟大幸运的人已经两次担任执政官，还当过监察官，正处在他的辉煌而又成功的生涯的顶峰。在那些日子里，这个国家有一个伟大的名字，并且配得上这个名字；罗马大帝国的重要性和威望在当时确实是伟大的，名副其实的。阿非利加努在那个时候这样做，没有人会感到奇怪，而今天要是由我这样财富和能力均属中等的人来做，人们就会感到奇怪。他们会抱怨说："这个家伙想干什么？至今为止他一直担任辩护人，为什么他想要得到担任起诉人的名声，尤其是他现在已经到了可以当选市政官的年龄了？"好吧，我认为起诉恶人、保护那些处境悲惨的人，对我这样年龄的人来说是适当的，对比我年长的人也是合适的；我认为这样做，对拥有这个国家最高职位的人来说也是恰当的。最能确定的是，我们当前的公共生活几乎处在一种严重衰退的状态，我们的法庭中的某些成员的堕落已经影响了它的全体成员，而治疗这种病态的方法就是让最高尚、最正直、最勤劳的人出来捍卫我们的法律，匡正我们的法庭；或者说，要是这样做仍旧没有什么用，那么所有这些精心策划的巨大罪恶确实已经无药可治。起诉人应当深切地关心自己的信誉和荣誉，就好像他要起诉的人关心自己的生命和财产，没有人比这样的起诉人能更好地保护国家的利益。由于这个原因，最有活力和最勤奋的起诉人总是那些感到自己的名声处于危险之中的人。

【22】因此，先生们，下面就是你们必须接受的结论。在当前这个案子

中，没有人想到过昆图斯·凯西留斯，没有人对他有什么期望。他不具有急于想要保存的先前的名声，他想要获得今后的名声也没有什么希望。所以在处理这个案子时，他不可能表现出任何严谨、精心或努力。因为，即使失败了他也不会有任何损失，人们会把他当做一个臭名昭著的无赖，只是他原先拥有的名声还会受损。而我已经把许多东西抵押给罗马人民，要想不受任何损失地保留它们，保护它们，确保能够重新赎回来，那么我必须使用一切可以使用的武器进行战斗。这些抵押品是什么呢？我要参加竞选的职位，我内心极为珍视的雄心，我很早就已拥有的名声，我努力想要获得的名望。如果在这个案子中我能够说明自己尽了最大的努力，履行了自己的职责，那么在我的同胞们的青睐下，我将能够一如既往地保留这些珍贵的东西，不受伤害。但若我失败了，哪怕仅仅迈出了错误的一小步，我将在瞬息之间失去我在漫长的时间里逐一获得的所有好东西。所以，先生们，权利在你们手里，选择一个你们认为拥有诚信、勤奋、明智的品质，最适宜处理此案的人吧。要是你们选了昆图斯·凯西留斯而没有选择我，那么我不会认为自己被一个更好的人打败了，但是罗马会认为你们想要的起诉人并不是像我这样高尚、严谨、充满活力的人，你们要选的人也不是元老院的议员们想要的人。先生们，我衷心希望这样的事情不会发生。

控威尔瑞斯——一审控词

提　要

本文的拉丁文标题是"In C. Verrem Actio Prima"，英文标题为"First Part of the Speech against Gaius Verres at the First Hearing"，意思是"在第一次审讯时反对盖乌斯·威尔瑞斯的演说的第一部分"。中文标题定为"控威尔瑞斯——一审控词"。

公元前 70 年夏天，西塞罗代表西西里人民起诉西西里行省总督盖乌斯·威尔瑞斯。在这篇起诉演说中，西塞罗指控他对罗马公民和罗马的同盟者犯下了滔天大罪，无耻地冒犯了神和人，从西西里非法地抢劫了大批金钱。担任这一法庭主席的是玛尼乌斯·格拉里奥。

全文共分为 18 章，译成中文约 1.4 万字。

正　文

【1】法官先生：在这重大的政治危机时刻，我能向你们奉献的东西是最值得向往的，不是通过人的智慧，而几乎是来自上天的直接恩赐，它比其他任何东西都更能缓解人们对你们判决的失望和对法庭的不信任。现在产生了这样一种看法，既对整个国家有害，也会伤害你们自己，表达这种看法的不仅有你们自己分布各地的民众，而且还有外国人；人们相信，按照现在这种

状况组成的法庭不可能使人认罪，只要有钱，无论犯下什么滔天大罪都没有关系。你们的裁决和司法特权正处在一个极端危险的时刻，有人已经预谋，想要通过公共集会和立法动议点燃人们对元老院不满的火焰。盖乌斯·威尔瑞斯已经到场了，站在你们面前接受审判。由于这个人的生活和行为，他在世人的舆论中已经受到谴责；但是按照他自己充满自信的声明，他已经极为幸运地被宣判无罪。法官先生们，我在这个案子中以指控者的身份出现，得到全国人民的强烈认可和热情的支持，但我的所作所为不是为了使你们的判决更加不得人心，而是为了缓和人们对我以及对你们的不信任。我指控的这个人具有这样的品性，你们可以用他来恢复法庭已经失去了的好名声，重新获得国民的青睐，同时也可以使外国人感到满意。他抢劫国库，洗劫亚细亚和潘斐利亚，在他担任执法官的城市里，他的行为就像一名强盗，就像是给他的西西里行省带来毁灭的瘟疫。只有本着良心公正地宣布这个人有罪，你们才能继续享有人们对你们的尊重，而这样的尊重必须始终属于你们。然而，要是他拥有的巨大财富能够在这些法庭上粉碎法官的良心和诚实，那么我至少能够得到一样东西，我会感到这个国家在这个案子中缺乏公正的法官，而不是法官缺乏能够认罪的正直的犯人，或者缺乏正直的人去指控罪犯。

【2】先生们，我可以向你们做一番个人的告解吗？威尔瑞斯从四面八方对我发起了许多隐秘的攻击，由于我的谨慎，有些攻击被我躲避了，另一些攻击被我热心和忠实的朋友击退了。然而，我从来没有像现在这样感到自己面临着如此巨大的危险，当审讯开始的时候，我也从来没有像现在这样高度警惕。对我产生影响的不是我急于要发表的指控演说，也不是聚集在这里的大量听众产生的骚动，而是威尔瑞斯无耻地正在发起的秘密攻击，不仅针对我，而且针对你，执法官玛尼乌斯·格拉里奥①，还有罗马人民、他们的同盟者、外部世界、元老院的法令，还有元老院以及这个名字意味的一切。他

---

① 执法官玛尼乌斯·格拉里奥（Manius Glabrio）担任审判勒索罪法庭的主席。

会说民众有理由只害怕会给自己带来伤害的后果，而他自己则已经裹挟了相当多的人，没有任何圣地可以圣洁得不被金钱玷污，也没有任何堡垒可以坚固得不被金钱攻占。

要是他厚颜无耻的阴谋与他的秘密行动相一致，那么他也许能在某个时候或在某些细节上精心隐藏。但极为幸运的是，迄今为止，他的厚颜无耻一直伴随着无与伦比的愚蠢。正如他相当公开地聚集他偷来的财富，他也对每个人都相当清晰地说明了他腐蚀法官的计划。他说他自己有生以来第一次真正地感到害怕，即在我第一次召他出庭的那一天，不仅是因为他去过他的行省以面对人们强烈的仇恨和厌恶，这种情感已经不是什么新鲜事了，而是长期以来一直在延续和增长，而且由于他在一个不恰当的时候试图腐蚀法庭已经栽了跟头。由于这个原因，当我申请一个非常短暂的时间去西西里收集证据时，他也找了另外一个人申请一个更短的两天的时间在阿该亚做同样的事。这个人谈不上细心，也谈不上精力旺盛，不能像我这样努力工作。在阿该亚，他的踪迹最远还没有到达布隆狄西①，而我在50天内走遍了整个西西里，有效地考察了那里发生的过错，收集了记录过错的文件，涉及所有相关的居民区和个人。所以，任何人都能相当清楚地看到，威尔瑞斯想要确保这个人不会指控他自己，而又能以某种方式阻拦我。

【3】让我把他内心可耻而又疯狂的计划告诉你们。他很清楚，我接手这个案子时训练有素、准备充分，能够揭露他强盗和罪犯的真面目，不仅在这个法庭上，而且面对全世界人民。他明白会有多少元老院议员和罗马骑士前来证明他邪恶地使用了暴力，也明白自己曾对多少人犯下明显的罪行，不仅对我们自己的公民，也对同盟国的公民；更明白有多少个由负责任的人组成的代表团聚集在这里反对他，他们来自各个居民点，带着官方的文件，是我们最好的朋友。尽管如此，他仍旧轻视整个上层阶级的看法，相信元老院的法庭是腐败的和令人厌恶的，所以他公开提出要想尽一切办法搞钱，因为他

---

① 布隆狄西（Brundisium），意大利卡拉布里亚地区的城市。

发现金钱是他的力量的顶峰，他在为自己购买最难买到的东西，即他接受审判的恰当日期，以便今后能够更加方便地购买其他一切东西，即使不能逃脱受到指控的命运，但至少可以避免急风暴雨。要是说还有什么可以确信的地方，我指的不是他的案子，而是指光荣的辩护，在雄辩或者获得支持方面，他肯定不能支配和控制这样的游戏，也不应当轻视元老院的法令，随意挑选一位议员作为他的指控目标，首先出来受审，而他自己却在进行必要的准备。

在所有这些事情中，我很容易看到他有什么希望，他有什么目的，但是在这样的法庭上，与这样的法庭主席在一起，我无法知道他如何能够实现他的目的。我只明白一件事，当法官做出判决的时候，罗马人民能够对判决表示信服。他的希望寄托在金钱上，把金钱视为逃脱罪名的唯一手段，要是没有金钱的支持，那么没有其他任何东西能够帮他的忙。

【4】确实，有谁的头脑能足够强大，足以雄辩地为威尔瑞斯部分成功的生涯进行辩护？我们可以确证他的生涯包含着无数的邪恶和罪行，很久以前就受到世人的谴责和审判。我省略他青年时代的污点和可耻行为，只说他担任财务官时干了些什么，财务官是他担任的第一项公职。有故事说格奈乌斯·卡波在担任执政官的时候遭到他自己的财务官的抢劫，损失了大量原属于国家的金钱，也有故事说一名官职高于威尔瑞斯的执政官无望地离开，受到驱逐，离开了他率领的军队，抛下尚未完成的义务，威尔瑞斯的所作所为违反了命运规定的个人之间的关系。他担任军中副将对整个亚细亚行省和潘斐利亚行省来说都是一场灾难，只有很少的私人住宅和城市能够逃脱他的洗劫，而圣地则无一能够幸免。以格奈乌斯·多拉贝拉为代价，他现在又在表现一项新的有别于他担任财务官时的邪恶，通过他自己的错误行为给他的上司带来不信任，他不仅当过他这位上司的副将，而且也代理过他的财务官，但在危难时刻，他不仅没有及时增援，而且故意攻击和出卖他。他在担任这座城市的财务官时抢劫了一系列圣地和公共建筑，在法庭上违反所有法律程序，错误地剥夺私人财产。

但是没有哪个地方能够像西西里那样对他的邪恶品质的不断增加和增强留下深刻的记忆，他在三年中如此有效地洗劫和摧毁了这片土地，使之无法恢复到先前状况，人们几乎看不到她有任何可能性通过长时间部分恢复从前的繁荣。在威尔瑞斯统治期间，她的人民既不能按照他们自己的法律来保护自己，又不能按照罗马元老院的法令来保护自己，也不能按照属于一切民族的权利来保护自己。除了逃避这个邪恶的、毫无节制的恶棍的注意，或者甘愿忍受他贪婪的掠夺，他们一筹莫展。

【5】在这三年中，除了威尔瑞斯选择同意的条款，法律不起任何作用。只要有威尔瑞斯的命令，任何人的祖传家产都会被剥夺。按照新的规定，农夫们缴纳了无数的金钱。我们最忠诚的盟友被当做国家的敌人来对待，罗马公民受到折磨就像是奴隶。罪大恶极的罪犯买到了法律上的豁免权，而最高尚、最诚实的人却受到秘密指控，未经审判就被定罪和流放。那里坚固的、设防严密的港口和固若金汤的城市变得人烟稀少，任由海盗出没。西西里的士兵和水手、我们的同盟者和朋友，忍受着饥饿，奄奄一息，装备精良的舰队在远海遭到毁灭。那些著名的古代艺术品，有些是富有的国王赠送的礼品，他们想要装饰他们自己曾经逗留过的城市，有些是罗马将领们的礼品，他们在胜利的时刻把这些艺术品归还给西西里人，而这位总督却抢劫了每一件艺术品。他不仅这样对待城市的雕塑和艺术品，而且还洗劫了最神圣、最圣洁的圣地。事实上，他没有给西西里人留下一尊他认为做工精良、具有艺术价值的神像。至于他的荒淫无耻，我实在难以启齿，不愿重复他的荒诞故事。此外还有他造成的大量灾难，我也不愿重复，为了保护自己的妻女不受这些好色之徒的凌辱，人们奋起抗争。这样说的意思是他行事诡秘，所以人们都不知道吗？我不相信有人听说过威尔瑞斯这个名字而不能复述有关他的恶行的故事。因此我更有理由害怕受到批评，说我忽略了指控他的罪恶，胜过说我虚构罪名指控这个清白无辜的人。我想，聚集在这里聆听审判的大批听众的目的不是从我这里了解这个案子的事实，而是和我一起评论他们已经知道的事实。

【6】对所有这些事情的了解引导这个可恶的疯子采取一种新方法与我搏斗。寻找一名雄辩的律师来反对我不是他的真正目的。他不依靠任何人的名声、影响或权力。他确实不想假装他的自信与此相关，但我能够看出他的目的，这一点是确定的，他并没有把它当做一个巨大的秘密。他举出一系列有头衔的名字来反对我，一些非常傲慢的人的名字，用他们的高贵，而不是用他们的名声来伤害我。他假装相信他们，寻求他们的保护，同时又在实施另一个极为不同的计划。先生们，我会简要地向你们解释他现在抱有的希望和他当前想要达到的目标。但在这样做之前，我请你们注意在这个事件的较早阶段他的目标是什么。

从他的行省返回之后不久，他就给这个法庭送来一大笔钱。相关的约定安排得很好，直到遇上了挑战。当挑战发生的时候——当法庭成员受到挑战时，由于我们国家的好运压倒了威尔瑞斯的希望，我的细心压倒了他和他的支持者的厚颜无耻——缔约者完全放弃了与他的合作。有关的一切都许下了很好的诺言。① 每个人都能知道作为法庭成员的你们这些人的名字；在投票板上可以涂上特殊的标记和颜色，而这个决定似乎不会令人害怕。威尔瑞斯从原先的欢欣鼓舞一下子变得窘迫和忧伤，看上去就像是受到了所有罗马人（包括他自己在内）的谴责。现在，你们瞧，同样是突如其来，在选举执政官的结果知晓以后的几天里，同样的老办法又再次使用，在这些事情上花费比从前更多的钱。先生们，同样阴险的攻击又在组织，由同样的人进行，针对你们良好的名声，针对各个自由社群的幸福。是我首先通过一些蛛丝马迹了解到了这一事实，怀疑的大门一旦打开，引导我通向威尔瑞斯及其朋友的最深的秘密的道路也就铺平了。

【7】事情是这样的。选举结果一宣布，霍腾修斯当选为执政官，由一大群他的支持者簇拥着回家，他们正好碰上了盖乌斯·库里奥。② （我不希

---

① 对西塞罗和法官。

② 选举在战神广场举行。盖乌斯·库里奥（Gaius Curio），公元前76年的执政官。

望我提到这个人被人视为毁谤，而应视为尊敬。要是他不希望我引述他的
讲话，那么他就不应该在有那么多人聆听的时候讲话。但不管怎么说，我
在继续往下说的时候要小心，以表明我对他身居高位以及我们之间的个人
友谊是在意的。）就在法比乌斯拱门附近，他看到威尔瑞斯在人群当中。他
大声喊叫他，向他表示祝贺。而对新当选的执政官霍腾修斯，他没说一个
词，也没有对在场的霍腾修斯的亲朋好友说话。没有，他停下来与之攀谈
的是威尔瑞斯。他拥抱了威尔瑞斯，要他不必忧伤。他说："我正式通知
你，今天的选举意味着你被宣判无罪了。"许多诚实的先生都听到了这句
话，是他们告诉我的，或者我倒不如说，每个人一见到我就把这句话告诉
我。有些人说这件事令人担心，有些人说这件事荒唐透顶。对那些认为这
个案子的结局取决于证据的可信度、指控的方法、法庭的裁决权，而不取
决于执政官选举的人来说，这件事是荒唐透顶的；而对那些能够透过表面
看问题的人，能够看到这些弹冠相庆的话意味着法庭成员腐败的人来说，
这件事令人沮丧。他们为此而议论纷纷，诚实的人则不断地对我说，这件
事最终清楚地表明我们的法庭是卑劣的。一名受到指控的人在某一天被判
定有罪，而到了第二天，由于他的律师当选了执政官就可以被宣判无罪?
哦，整个西西里连着罗马，她的所有居民和生意人来到罗马，带着他们所
有的记录，公家的和私人的，这些难道都一钱不值吗？ 不，不是这样的，
哪怕是新当选的执政官也不会这样看。哦，法庭会无视指控陈述、证人们
的证据、罗马民族的信誉吗？ 不会，但有一位拥有巨大权力的人的手在操纵
一切。

【8】先生们，我要坦率地说话。这种情况令我深深地感到沮丧。正直的
人到处说："威尔瑞斯肯定会逃脱你的指控，而这个法庭也不受我们的支配。
要是威尔瑞斯被宣判无罪，那么有谁会犹豫要把这些事情转交给其他人?"
每个人都感到沮丧，一位身居高位的人的祝贺词给我们带来的沮丧要胜过这
个无赖突如其来的狂喜。我在尽力掩饰自己的不安，通过保持冷静和沉默来
控制我的愤怒。

　　然而令我惊讶的是，仅仅是几天以后，新当选的财务官们举行抽签，①那时正好轮到马库斯·麦特鲁斯担任处理勒索事件的法庭的主席，我得到消息说威尔瑞斯对此欢欣鼓舞，甚至派遣奴仆去家里向他的妻子报告。我现在承认，这种抽签方式是使我感到后悔的一个新的来源。但我仍旧看不出有什么特别理由要提高警惕。我从我的某些眼线那里知道有这样一件事，某个元老院议员把好几箩筐西西里钱币送到了某位骑士家中，还有十筐或者更多的钱币留在他的家中待用，其用途和我的竞选②有关。某个夜晚在威尔瑞斯家中召开了会议，接受贿赂的人来自所有部族。参加会议的某些人想要尽力帮助我，有人当天晚上就来拜访我，把威尔瑞斯对他们说的话转告我。威尔瑞斯在开会时提醒他们，他在以往与他们相处时有多么慷慨，无论是前不久他还是财务官的候选人的时候，还是在最近的执政官和执法官选举当中，然后他就开始许诺，只要能使我竞选市政官的可能性落空，他们的任何要求都能满足。这时候，他们中有些人说自己不敢做这样的尝试，其他一些人回答说他们不相信这个目标能够实现。然而，有一位身材粗壮的同盟者从他自己的同胞中站出来，他就是罗米利乡区③的昆图斯·威尔瑞斯，一位纯种的擅长贿赂的人，曾经是盖乌斯·威尔瑞斯之父的学生和朋友。这个人曾经管理过15,000万个罗马小银币的生意，他表示愿意做这件事，而其他一些人也说愿意和他一起承担。鉴于所有这些情况，我的朋友非常善意地警告我要采取一切可能的预防措施。

　　【9】这件事过后没多久，我又面临更加迫在眉睫的忧虑。我的竞选就要来临了，有人使用大量金钱与我搏斗。审判正在迫近，那些装着西西里人的黄金的筐子也在威胁我。想到竞选，我在处理案子时无法自由地思考；而审判又在妨碍我把全部精力投入竞选；更为重要的是，试图对行贿者进行威胁

---

　　① 通过抽签决定每个人的职责范围。

　　② 西塞罗在竞选市政官，这些钱用来贿赂投票人，要他们不投西塞罗的票。

　　③ 罗马居民最初被划归3个部族，后来划分为4个部族、4个市区以及26个（后改为31个）乡区（tribus rusticae）。这里提到的罗米利乡区（Romilia tribu）是其中的一个。

已经没有意义，^① 因为我能看到，他们全都明白当前的审判完全束缚了我的手脚。就在这一时刻，我第一次听说霍腾修斯派人去他家中拜访，把西西里人的话转告他，而这些人又像自由的独立人那样行事，在明白了为什么要派他们去的原因以后予以拒绝。现在，我的竞选开始了，就像今年的其他所有选举一样，这场选举也受到威尔瑞斯的控制。这个有权有势的人到处活动，与他友善的、受民众喜爱的儿子一道，去各个部族游说，遍访那些朋友——亦即对那些人行贿——召集他们参与殴斗。罗马人民，带着受到怂恿的热情，一旦知道和关注这件事，就会在这个人的金钱的作用下不投我的票，而他的财富在过去并不能剥夺我的荣耀。

从竞选的沉重负担中解脱出来以后，我变得不那么紧张和心烦意乱，开始把我的思想和活力集中于审判。先生们，现在我发现威尔瑞斯和他的朋友设计和采用的诉讼计划是这样的：采用一切必要的方法拖延审判的进程，让最后的判决在执法官马库斯·麦特鲁斯担任法庭主席时进行。这样做有几项好处：首先，可以得到马库斯·麦特鲁斯强有力的、友好的支持；其次，将要成为执政官的不仅有霍腾修斯，而且还有昆图斯·麦特鲁斯，这些人对威尔瑞斯的友好是我要提请你们注意的。他确实已经向他们清晰地表达了善意，乃至于威尔瑞斯感到自己已经在那些预备性的选举中有了充分的表示。确实如此吗？对我如此严肃地加以谈论的事情，你们不会无动于衷。这个国家和我个人的名声处在危难之中，除了义务和荣誉，我还会在意其他事情吗？第二位当选的执政官派人去请西西里人到罗马来，他们中有些人来了，你们要记住，卢西乌斯·麦特鲁斯当时还是西西里的执法官。他以这样的方式对他们说："我是执政官，我的一位兄弟正在统治西西里，还有一位兄弟将要执掌审理勒索案的法庭。我们已经采取了许多措施，确保无人能够伤害威尔瑞斯。"

【10】他们试图恐吓证人，尤其是恐吓那些屡遭灾难、胆小如鼠的西西

---

① 指威胁要起诉行贿者。

里人，不仅利用你的个人影响，而且利用证人们的恐惧，不仅对你这位执政官，而且还对两位执法官——如果这不是司法腐败，麦特鲁斯，那么我很乐意知道这是什么。如果你为了一个根本不是你的同胞的无赖而放弃你的职责和荣誉，使那些不了解你的人有可能相信他的那些有关你的断言，那么你对一位无辜的同胞还有什么不能做的呢？因为据说威尔瑞斯说过这样的话，你成为执政官与你的其他家族成员成为执政官不同，不是凭借命运的垂青，而是凭借他的运作。那么好吧，他将接受两位执政官和一位法庭主席的审判。他对自己说："我们不仅要避免让玛尼乌斯・格拉里奥担任这个法庭的主席，因为这个人过于看重和服从国家的荣耀，而且还将按下列方式取胜。当前的法官之一是马库斯・凯索尼乌，他是我们指控人的同事。① 他担任法官已经经受公开的考验并得到大家的认可，但我们最不希望这个人担任法官，因为用任何方法似乎都无法腐蚀他。在审判这件案子之前，他在由朱尼乌斯主持的法庭中担任法官，不仅将那些邪恶的罪行定罪，而且还采取措施公之于众。1月1日以后我们就不要这个人担任法官了，我们也不要昆图斯・曼留斯和昆图斯・考尼费昔担任法官，因为这俩人具有完全审慎和正直的性格，他们将要担任平民的保民官。而那个坚持原则和正直的法官普伯里乌・苏皮西乌将于12月5日担任行政官。马库斯・瑞佩莱乌出身于最严格的传统的骑士家族，卢西乌斯・卡西乌斯的家族在司法以及其他事务中享有正直的名声，格奈乌斯・特美留斯是一个特别审慎和有良心的人——这三位属于古老传统的人都已经被任命为军法官，1月1日以后就不再担任法官了。我们还会举行一次补充投票，选出填补马库斯・麦特鲁斯位置的人，而他将是这个法庭的主席。所以1月1日以后，法庭主席和整个法庭实际上都要改变，这样我们就能抵挡起诉人的令人生畏的威胁，我们对这场审判充满着希望，正如我们想象和感觉的一样。"今天是8月5日，法庭到了3点钟还没有集会，他们已经算到今天不可能开

① 西塞罗担任营造官时的同事。

庭了。距离格奈乌斯·庞培主持向神宣誓的赛会① 只有 10 天了，这些活动将要延续 15 天，然后马上就要接着举行罗马赛会。因此，中间至少有将近 40 天的间隔，他们才会开始对我们指控方做出答复。他们盘算着到那个时候就能借助冗长的演讲和技术性的借口把审判拖延到胜利赛会开始。这些赛会后面没有间隔，紧接着就是平民赛会，此后才会有几天时间，或者根本没有，法庭能够开庭。他们盘算着以这种方式耗尽起诉者的全部动力，使整个案子在马库斯·麦特鲁斯成为法庭主席之前面目全非。现在，就这位先生而言，要是对他的诚实有任何怀疑，我就不会坚持让他成为法庭成员，但即便如此，我的感觉还是我宁可本案在他还是法庭成员的时候就进行判决，而不是等他成为法庭主席的时候再判决，我宁可相信他拿着自己的选举牌时的誓言，而不是他拿着其他人的选举牌时的誓言。

【11】先生们，我现在确实想问一下你们的看法，也就是你们认为我必须做什么，因为我敢肯定，你们尚未说出来的对我的建议只能在我自己的理智表明我必须照办的时候才会付诸实现。如果我把法律给我规定的时间全部用于演讲，那么我确实可以保证将它全部用于我十分辛苦的和全力以赴的索赔，我的起诉行动将表明，像我这样上法庭时有着充分准备和高度警惕的人史无前例。但存在着这样一个最大的危险，当我由于艰苦工作而获得声誉时，我正在起诉的这个人会从我的掌心滑脱。那么，要做的事情是什么呢？有一件事情相当确定，也非常明显。通过发表长篇演说可以获取名声，但这样的事情让我们另外找机会再做，而现在让我们开始起诉，运用各种文件和证人，书面的陈述和官方的通告，无论涉及私人事务还是公共团体。霍腾修斯，我将不得不彻底地对你进行一番估量。我要坦率地讲话。在这个案子中，如果我猜想你用来反对我的方法是用漂亮的演讲来减缓我正在提出的指控，那么我也会投入全副精力发表一篇演讲，完整地提出我的指控。但由于

---

① 这里提到了一些赛会（运动会）的名称：向神宣誓的赛会（the Votive Games）、罗马赛会（the Roman Games）、胜利赛会（the Games of Victory）、平民赛会（the Plebeian Games）。

你选择了一种不那么适合你的个人品性的方法来反对我，而不是像威尔瑞斯本人那样想要采取紧急措施，所以我无论如何要反对你采取的策略。你的计划是：在两个节庆结束之前都不开始你的辩护演说。我的计划是：在第一个节庆开始前使本案告一段落。如此一来，你会拥有策划一种精巧动议的名声，而我则无法回避对它做出回答。

【12】但是涉及我刚才要开始谈论的事情——我不得不对你进行估量——我的意思是这样的。当我在西西里人的请求下接手这个案子的时候，尽管我感到这实际上是我的一种荣誉，因为对我的正直和自制进行过考验的西西里人现在想要考验我的诚信和能力，然而，一旦接手这个案子，我给自己提出了一个更加伟大的目标，要借助此案使罗马人民接受我对祖国的忠诚。因为我感到，在法庭上指控一个已经受到民众谴责的人远远不值得我花费辛苦和努力，正是由于你们对专制力量的宽容，以及你们近年来在不止一次的审判中表现出来的对个人利益的追求，才使得这个处于穷途末路的无赖不止一次有了辩护的机会。但是鉴于现状，由于你们乐意接受受到专制力量控制的法庭，由于确实有一些行为荒唐、名声恶劣、厚颜无耻、令人作呕的人抱着特定的目的向罗马人民发起挑战，仇视罗马人民，所以我要大胆地宣布，我担负的重担对我自己来说确实是沉重的和危险的，但不管怎么说，我仍旧能够抱着大无畏的精神和坚定的意志承受这副重担。由于整个较为贫困的阶级正在承受肆意的罪恶压迫，在我们法庭的恶行下呻吟，所以我要宣布自己是这些罪犯的敌人，我要固执地、严峻地、坚持不懈地指控他们。这就是我的选择，这就是我宣布要承担的义务，这就是罗马人民希望我担任的这个公职对我的要求，为了公众的幸福和惩罚恶人，从明年1月1日起我要担任执政官。这是我在担任罗马人民的市政官时所能许诺的最雄伟壮丽、最高尚的一幕。在这里我要发布一项预警和公告：任何习惯于存放或接受贿赂之物的人，任何行贿和受贿的人，任何作为中介腐蚀我们的法官的人，任何滥用手中权力或者出于无耻的目的行事的人，在当前这场审判中，你们要小心，让你们的双手和心灵远离这桩邪恶的罪行。

【13】霍腾修斯将要担任执政官，拥有最高的指挥权，而我是一名市政官，比一位普通的公民伟大不到哪里去；然而我现在许诺要做的事情受到罗马人民欢迎和接受，所以要是可能的话，这位执政官在这场案子中与我对峙时，他本人必定要比普通公民还要渺小。

我们不仅要回忆整个故事，而且要列举和确证细节，我们要历数自从这个法庭转为由元老院担任以来十年中所犯的司法罪行和邪恶的行径。先生们，罗马人民将从我这里知道它是什么样的。当法庭由骑士等级来掌管的时候，在将近 50 年的时间里，不曾有过一项微弱的怀疑落到过一位在法庭上担任法官的罗马骑士身上，他们没有接受贿赂，从而做出特殊的裁决。而当法庭转由元老们掌管的时候，人民的个人权利被剥夺了，昆图斯·卡利狄乌在裁决时看到，一位执法官等级的人花的钱要是少于 15,000 万个小银币，就不能被恰当地定罪，而当昆图斯·霍腾修斯是这个关于勒索的法庭的主席时，被判有罪的元老院议员普伯里乌·塞提米乌受到的惩罚是按照他在担任法官时接受的贿赂来确定的。在元老院议员盖乌斯·赫瑞纽斯和盖乌斯·波皮留斯的案子中，他们都被发现犯有贪污罪，而在马库斯·阿提留斯的案子中，他被发现犯有叛国罪，他们在担任法官时接受贿赂的事实都得到确认。当盖乌斯·威尔瑞斯作为这个城市的执法官主持审判的时候，发现有元老院的议员投票反对某个人，他们认定他有罪，但却没有参加对他的审判；有一位元老院的议员曾被发现在担任某个案子的法官时从被告那里接受金钱，并拿来贿赂其他法官，而同时又从原告那里接受金钱，并判定被告有罪。现在我还有什么话可说，这些事情给我们整个等级的荣誉带来了沉重的、灾难性的打击，事实上，在我们这块土地上，由元老院议员们掌控的法庭也会发生这样的事情，法官们宣过誓，但他们拿到的投票板涂着不同颜色的蜡？我向你们庄重许诺，我要坚定诚实地处理这些事情。

【14】现在你们该明白了，要是在当前这场审判中我发现有谁违反了规定，我会有一种什么样的感觉？你们必须注意到我能带许多证人前来证明，盖乌斯·威尔瑞斯在西西里时当众频繁地说他有一位有权有势的朋友，在此

人的庇护下，他可以在抢劫整个行省的时候仍旧受到信任；他不想只给自己挣钱，而是要在他担任西西里的执法官的三年中感受到整个事业的成功，他要把第一年搞到的钱用来增进他自己的幸福，把第二年搞到的钱交给他的律师和辩护人，把整个第三年——大丰收的第三年搞到的钱，留给审判他的法官。这使我想要重复一下我最近面对玛尼乌斯·格拉里奥提出抗辩时说过的话，这些话能深深地打动罗马人民。我说，我相信有一天我们的外国臣民会向罗马人民派遣一个代表团，要求废除现存法律，撤销有关勒索案的法庭。他们认为，要是没有这样的法庭，每位总督只会掠走足够他自己和他的家庭享用的财物，而有了现在这样的法庭，每位总督带走的东西不仅要满足他自己，而且还要满足他的辩护人和支持者、他的法官以及法庭主席，这样一来要花费的钱财也就无止境了。他们感到他们可以满足一个人的贪婪，但不能接受一个罪人被宣判无罪。如果罗马人的同盟者都希望废除我们的祖先为了这些同盟者的利益而建立起来的处理勒索案的法庭，那么我们的法庭该有多么出名，我们这个等级的荣誉该有多么辉煌！确实，要是威尔瑞斯心中没有浸透你们这个愚蠢的看法，他会为自己而珍惜这种美好的愿望吗？这种看法会使他变得更加令人作呕，因为要是可能的话，这个人相信是你们，而不是罗马人民，是邪恶的罪犯，因为你们像他本人一样作伪证。

【15】先生们，现在我要以神的名义起誓，我恳求你们好好想一想该如何处理这件事。我要警告你们，并且用我自己清楚明白的看法庄重地提醒你们，上苍已经把机会赋予你们，要你们把我们整个等级从臭名昭著和不得人心中拯救出来，从名誉扫地和羞耻中拯救出来。人们认为我们的法庭已经丧失尊严，丧失良心，连其名字也已经荡然无存。其结果就是我们受到罗马人民的轻蔑和鄙视。多年以来，我们已经由于声名狼藉而呻吟不已。让我告诉你们，正是由于这个原因，而不是由于其他原因，罗马人民已经表达了要恢复保民官权力的强烈愿望。这种要求其实只是表面的，他们的真实要求是要有一个诚实的法庭。聪明过人的昆图斯·卡图鲁斯没有忽略

这个事实。当我们杰出的将军格奈乌斯·庞培引入他的标准恢复保民官的权力时，被召来发表意见的卡图鲁斯开始讲话，给人留下了深刻的印象，他宣布元老院的成员被证明是无能的，是我们正义法庭的不道德的保卫者，要是按照能力挑选他们担任法官只是为了维护罗马的荣誉，那么人民就不会如此深切地为保民官失去权力感到痛心了。事实上，当格奈乌斯·庞培本人第一次作为当选的执政官在这座城市近郊向公众讲话时，面对人们普遍的期望，他宣布了自己恢复保民官权力的意图，他的话语引起了巨大的反响和公众的赞同，但是当他在发表同一演讲时想到我们的行省已经遭到蹂躏和废弃，我们的法庭已经变得非常邪恶的时候，他表示要采取措施对付这种罪恶，这个时候公众不再是喃喃低语，而是发出巨大的吼声，这是罗马人民满意的表示。

【16】今天，全世界的眼睛在注视着我们，瞧我们中间的每个人在遵守良心和法律方面会有什么样的表现。值得注意的是，由于保民官法的通过，一名元老院的议员，一个擅长计谋的人，已经受到谴责，尽管没有判决，但这一行为无论如何值得赞扬，因为在无人有权或想要腐蚀法庭的地方，正直不需要赞扬。在当前的审判中，就像你们能给囚犯定罪一样，罗马人将给你们定罪。在一个由元老院的议员组成的法庭上，这个人的案子将确定这样的法庭有无可能给一个劣迹斑斑而又十分富有的人定罪。进一步说，这名囚犯之所以出名在于他犯有巨大的罪行和拥有巨量的财富，因此，要是他被审判无罪，那么就不可能想象除了说这一判决极为无耻之外，对此还能有什么解释。不会再有其他像他一样的人，不会再有任何像他那样的家庭，不会再有其他较好的审判记录和诉讼，甚至不会再有任何相对较小的罪恶，能够减轻他所犯罪恶的数量之多和罪行之大。先生们，最后我要这样来处理这个案子，我要把事实摆在你们面前——有关这些臭名昭著的罪行的证据令人震惊和信服——没有人想要敦促你们宣判这个人无罪。我已经制定了一个具体计划，要揭露他的阴谋，把他的同伙都抓出来。我要以这样一种方式处理这件事，把他们的阴谋都亮出来，公之于众，不仅要让这个国家的每个人都听

到，而且要让这个国家的每个人都看到。

你们有权力消除和摧毁以往几年来蒙在我们这个等级身上的耻辱。人们全都可以承认，自从这些法庭第一次具有当前这个模样以来，由法官组成的审判团没有一个能像现在这样杰出和优秀。如果这个审判团也以某种方式感到悲哀，那么人们的普遍看法就会是，为了伸张正义，我们必须从其他等级，而不是从这个等级，寻找恰当的人选，因为从这个等级中一个恰当的人选也找不到。

【17】因此，先生们，首先，我要祈求上苍确认我的自信，除了这个早就已经被发现有罪的人以外，这个法庭中将不会发现有人犯下罪恶；其次，先生们，我要向你们和罗马人民宣布，要是还发现有其他罪犯，在神的帮助下，我宁可尽快失去我的生命，也不愿失去惩罚他们所犯罪行的勇气和决心。

确实，一旦发生同样的丑闻，我就要以我的辛苦、危险和所受到的敌意为代价来确保巨大的惩罚，而你玛尼乌斯・格拉里奥，在你的力量、智慧和警觉的帮助下，能够完全避免这样的危险。你要做这个法庭的卫士，要做正义、正直、荣誉、良心的卫士，要做元老院的卫士，通过这场审判你可以经受考验，重新赢得罗马人民的尊敬和信赖。想一想你掌握的巨大国土，想一想你对罗马应当履行的义务，想一想你对自己的祖先应当表达的尊敬。要记住，"阿西利乌法案"①是你的祖先的杰作，凭着这部法案，这个国家才有了有效的法庭，有了极为高尚的法官来处理有关勒索的案件。你有一大批惯例可循，你不能忘记你的家族赢得的高尚荣誉，你勇敢的父亲、你聪明的祖父、你高贵的岳父都在日日夜夜提醒你。因此，格拉里奥，拿出你父亲的勇敢来，击退一切无耻的攻击，拿出你祖父斯卡沃拉的洞察力来，用先发制人的手段，粉碎那些剥夺你和这些先生们的荣誉的阴谋，拿出你岳父斯考鲁斯的坚定来，不要让任何人动摇你的审判的真实性和确定性。罗马人民将会看

---

① 阿西利乌法案（Acilian Law）规定这样的案子由骑士担任法官。

到，当一个高尚和正直的人在主持这个挑选出来的法庭时，要是被告有罪，那么他会发现自己的巨大幸运在于他相信自己有罪，而不在于法庭为他提供了逃避命中注定的惩罚的手段。

【18】我要坚定地防止本案的法庭主席或法官发生改变。当一位当选的执政官的仆人已经把人召集到他面前来的时候，我不允许拖延审判。① 这样做没有多少新意，对那些拒绝出席的人可以派出稽查去把他们找来。那些不幸的人，他们曾经是罗马的同盟者和朋友，但现在已经成了奴隶和乞援者，他们不仅被这些人的官方权力剥夺了他们的权利和全部幸福，而且被剥夺了他们提出抗议的机会。我肯定不能忍受我的起诉演说发表以后要等40天才能得到回答，时间的流逝会模糊人们的记忆，忘记我们提出的控告。我不允许这桩案子的裁决推迟到大批民众离去，他们从意大利各地聚集到罗马来参加选举、赛会和法庭调查。在这场审判中，丧失民心和被否定的是你们，而我们要面对的是相关的辛苦和焦虑。所以我认为，要让所有人都知道这里发生的事情，要在他们的心中留下每位演讲者的讲话。我马上就要传唤证人，这不是什么新鲜事。这种事以前就发生过，而那些现在仍旧担任这个国家领导职务的人也这样做过。先生们，你们可以注意到的新颖之处是：我的证人们提出来的证据将由我来处理，首先详细说明每一项指控，然后通过提问、论证和评价来支持这些指控，然后再就具体指控内容传唤我的证人。除了前者在所有演讲结束之前不传唤证人，而后者在提到每一具体指控时都要传唤证人，人们使用的指控方法与我的这种新方法没有什么根本差别。所以，进一步说，我们的对手和我们拥有一样的权利——提问、论证和评价。要是有人没能完整地听到起诉演讲，那么他可以在审判的下一阶段再听。他肯定能看到我们的诉讼方针是以合理的手段，阻挠我们对手的诡计，这是唯一可能的办法。这场审判的第一阶段的范围是这样的：我们指控盖乌斯·威尔瑞斯有罪，他对罗马公民和罗马的

---

① 西塞罗在这里所说的拖延，参见本文第9章。

同盟者采取了许多罪恶的行动，无耻地冒犯神和人；还有，他非法地从西西里抢劫了 40 万个罗马大银币。[①] 我们将使用证人、私人记录、官方文件向你们证明这一事实。而你们会认为，即使我们有时间闲谈，也没有必要把每一细节都说一遍。先生们，我向你们致谢!

---

① 1 个罗马大银币（sestertium）等于 1,000 个罗马小银币（sestertius）。

控威尔瑞斯——二审控词

提　要

本文的拉丁文标题是"Actionis Secundae in C. Verrem Liber Primus"，英文标题为"The Second Speech against Gaius Verres"，意思是"在第二次审讯时反对盖乌斯·威尔瑞斯的演说"。中文标题定为"控威尔瑞斯——二审控词"。

公元前 70 年夏天，西塞罗代表西西里人民起诉西西里行省总督盖乌斯·威尔瑞斯，罪名是敲诈勒索民众。本篇演说篇幅甚巨，共分五卷。第 1 卷共 61 章，主要揭露威尔瑞斯在担任行政官员期间的扰民、抢劫、欺诈等各种罪行；第 2 卷共 78 章，主要控诉威尔瑞斯滥用司法权力，掠夺居民遗产等罪行；第 3 卷共 98 章，主要控诉威尔瑞斯及其助手在征收"什一税"、征购粮食时的种种罪行；第 4 卷共 67 章，主要控诉威尔瑞斯抢劫西西里各地圣地和神庙里的宝藏；第 5 卷共 72 章，主要控诉威尔瑞斯利用向西西里各地征募兵员和船只、防御海盗的机会收受贿赂，疏于职守，造成舰队覆灭，随意杀害罗马公民等罪行。

全文共有五卷，376 章，译成中文共约 27 万字（第一卷 4.6 万字；第二卷 5.3 万字；第三卷 7.2 万字；第四卷 4.7 万字；第五卷 5.2 万字）。

正　文

第一卷

【1】先生们，你们可能无人不知，盖乌斯·威尔瑞斯不会在第二次审讯时出庭辩护已经成了最近几天人们普遍谈论的话题，而且几乎所有人都表示相信。这个传闻之所以广泛流传不仅在于他自己有明确的故意不出庭的意向，而且在于人们普遍认为，一个令人憎恨的、被众多证据证明有罪的人不会如此大胆、轻率、疯狂、冒失地面对他的法官，或者面对罗马人民。但他毕竟是威尔瑞斯，就像他的名字一样，①面对绝境仍能毫不犹豫，听到最难堪的事情也能无动于衷。他到这里来了，面对着我们，对我的指控做出回答，继续他的辩护。他带着邪恶的冒犯公然回家，甚至不让他自己收敛他的舌头，放弃某些行动，以便使他不体面的生涯有一个体面的结尾。很好，先生们。现在我要欣然采摘我通过艰苦工作得来的果实，而你们也会由于勇敢而得到报答。要是威尔瑞斯坚持他原先不出庭的意向，那么我在作为一名起诉人处理这一案件时所从事的艰苦工作，就不会得到我的兴趣所要求的那么多的承认。先生们，人们对你们的信任也会因此而被严重削弱和模糊。但是，罗马人民正在要求你们采取更好的行动，而不仅仅是对拒绝回答指控的人进行谴责；你们惩罚一名没有人胆敢为之辩护的人，由此展示你们的勇气，但这样做并不能令罗马人民满意。不，不，你们要动用一切手段让他出庭，让他回答我的指控，让他运用所有的财富、能力、土地来让人替他辩护。让他所有伟大的朋友都以极大的热情来反对我的努力，用他的金钱来反对你们的正直，用他的强有力的辩护者的威胁来反对我们的证人的确凿证

---

① 威尔瑞斯这个名字的词义是"公猪"。

据。在这些敌对力量都站出来与我们搏斗之前，它们是不会垮台的。要是威尔瑞斯不出庭接受审判，人们就会感到他是在妒忌你们的信誉，而不是已经竭尽全力。

【2】确实，在这些日子里，除了使罗马人民相信一个由元老院议员组成的法庭——由起诉人对裁决做出细致的质疑——能够安全地保护我们的同盟者、我们的法律、我们的国家，此外不可能发明一种能够更加确定地保障我们国家幸福的办法，也不会有比一部分罗马人相信元老院议员这个等级已经把他们对真理、正直、诚实和义务的全部尊重抛在一边更大的将要降临到我们身上的灾难。由此，我感到自己是在抢救我们政体的一个重要部分，一个已经重病缠身、行将就木、难以康复的部分。在这样做的时候，我试图为你们的信誉和好名声工作，而不是为了我自己。因为我已经开始减少人们对我们这个法庭的厌恶情绪，消除人们对它敌意的判断；我的意图是，通过我的努力使当前这个案子能够按照罗马人民的意愿进行判决，由此增强我们的法庭的地位；最后，无论法庭做出什么样的判决，都要使当前有关法庭的争论走向终结。因为，先生们，当前这个案子的争论焦点无疑就在这里。受到指控的这个人是一名最无耻的罪犯。如果判他有罪，那么人们就不会再说金钱在法庭上起了主要作用；如果判他无罪，那么我们会毫不犹豫地要求由其他人来组成法庭。

然而，判他无罪毕竟是一件他本人都不再期盼、而罗马也不再害怕的事情。倒是他在这里回答指控者的时候所表现出来的无与伦比的厚颜无耻令某些人感到惊讶。对我来说，由于清楚地记得他的轻率与疯狂的生涯，甚至连这样的表现也不能引起我的惊讶。想到自己的恶行将要受到报应，想到自己反对上苍和反对人类的罪行将要受到惩罚，他精神恍惚，失去了理智。

【3】这些被他处死的罗马公民的遗属把他逼得要发疯，这些人要么被他斩首，要么被他监禁至死，要么在徒劳地上诉以后被钉死在十字架上，他们想要捍卫自己作为自由人和罗马人的权利。我们祖先的诸神正在强拉他去受罚，因为人们发现他把做子女的从他们的父亲怀中强行拉走，加以杀害，还

要父母花钱购买埋葬他们的子女的权利。他玷污了所有神龛和圣地的崇拜，不仅从神庙里搬走全部神像，而且把神像堆放在黑暗的角落里，这些行为当然会使他心神不宁，精神错乱，胡言乱语。还有，我感到他本人不愿出庭只是因为害怕被定罪，而他犯有如此众多的罪行，仅仅按照其他人由于贪婪而受到的惩罚对他进行惩罚是远远不够的。这个野蛮可怕的家伙必定渴望受到某些独特的惩罚。我们的要求不是简单地给他定罪，将他偷来的财产归还原主，我们还要他必须为他冒犯不朽诸神的圣洁而赎罪，必须为他刑讯拷打罗马公民而做出赔偿，必须为他使许多清白无辜的人流血牺牲而做出补偿。他不是普通的小偷，而是使用暴力的强盗；他不是普通的通奸犯，而是贞洁的蹂躏者；他不是普通的亵渎者，而是一切神圣者的大敌；他不是普通的杀人犯，而是我们的公民和臣民的野蛮的屠夫。我们把这个人强拉到你们这些法官面前。他如此邪恶，在历史上难觅先例。我们必须指控他，我们的指控只能胜利，不能失败。

【4】有谁看不到，尽管他以前藐视神与人被判无罪，但没有任何力量能使他逃脱罗马人民的手掌？有谁不明白，要是罗马人民可以对这个人被判有罪而感到喜悦，以后不再要求对他实施更重的惩罚，那么我们元老院的议员们确实太幸运了。威尔瑞斯犯了滔天大罪，他抢劫圣地，屠杀大量无辜者，拷打、刑讯、处死了许多罗马公民，接受贿赂私放盗匪，然而，他并不比那些在宣誓以后投票裁定这个可怕的、罪恶累累的魔鬼无罪的人更有罪。这个人的案子并没有给任何人提供犯错误的自由，没有，先生们，一点儿也没有。原告就是这样，时间就是这样，法庭就是这样——要是以这样的方式提到听众而不显得唐突——我们甚至可以说起诉者就是这样，没有任何偷窃可以不被察觉，没有任何暴力可以不受惩罚，没有任何有罪的、可恶的、清楚明白地被判定有罪的人可以逃脱惩罚。在这样的法官席前，我难道还会无法证明盖乌斯·威尔瑞斯非法获取了大量财富吗？像这样的人难道还会继续不相信这些国家栋梁——元老院议员、骑士、高贵行省的可敬的居民——的公共和私人记录吗？他们难道还会继续拒绝罗马人民如此强烈的要求吗？假定

他们会这样做，那么要是我能活着把他带到另一个法庭上，我会发现在那里有人会确信他在担任财务官期间盗用了归行省总督格奈乌斯·卡波支配的大量公款；还有一些人，我能使他们相信你们在第一次审判时已经听到的事情，他使用另一个人的名字盗用这个城市的财务官的公款；也会有人指责他的无耻行径，而他自己则在那里出神地思考向西西里人征收粮食"什一税"。还有，先生们，可能会有一些人认为像他这样侵吞公款的人应当受到十分严厉的惩罚，他在给马库斯·马尔采鲁斯和普伯里乌·阿非利加努建立纪念碑的时候——名义上是献给这些伟大人物的礼物，而实际上是献给罗马人民的礼物——毫不犹豫地抢劫最神圣的圣地，抢劫我们的同盟者和我们的朋友的城市。

【5】假定他也逃过了处理贪污罪的法庭，那么就让他想一想受贿而放走敌军指挥官的事，让他考虑一下怎么回答秘密捕捉并关押在他家中，用来替换敌军指挥官的那些人的问题，让他不仅问自己应该如何回答我们提出的指控，而且问自己应该如何把他已经承认的事情掩饰过去。让他记住，他在第一次接受审讯时，在仇视他的公众发出的怒吼声中，承认自己没有处死那些盗贼的首领，承认自己害怕有一天会受到受贿或私放盗贼的指控。让他承认这些无法否认的事实，他在卸任返回罗马以后仍旧在自己家中豢养那些盗贼首领，直到我出面干预。要是能够做到，让他在处理叛国罪的法庭上证明这一行为是合法的，而我也将承认这是他的职责所在。然后我会与法官打交道，罗马人民的声音一直要求我这样做，因为法官掌握着自由人和公民的权利，他应当在他的管辖范围之内公正地行使他的权力。假定威尔瑞斯的暴力可以粉碎元老等级，顺利逃脱各种法庭的惩罚，逃脱你们的审判，那么你们要相信我，当他站在罗马人民面前的时候，会有绳索将他更紧地捆绑。罗马人民会相信这些被召到你们面前来作证的罗马骑士，他们会向你们证明亲眼见过一位罗马公民被钉死在十字架上，尽管有许多体面的人为他担保。罗马所有 35 个乡区都会相信像马库斯·安尼乌斯这样优秀的、有责任心的人说的话，一名罗马公民当着他的面被处死。罗马人民会聆听像卢西乌斯·弗拉

维乌骑士这样的重要人物说话，他宣誓作证，他的一位熟人赫瑞纽斯，一位来自阿非利加的钱庄老板，在叙拉古被斩首，尽管有 100 多名罗马公民在那里热泪盈眶地为他说情。荣誉、尊严、良心会确证像卢西乌斯·苏提乌斯这样各方面都非常杰出的人讲的话，他在你们面前发誓，证明在威尔瑞斯的命令下，有许多罗马公民被残忍地处死在采石场①。罗马人民的青睐使我能站在高处提出起诉，我不怕任何力量能够拯救他，因为罗马人民已经给他定了罪；我作为市政官也不能把其他美景呈现给他们，或者能给他们提供更大的快乐。

【6】因此，在与这个法庭打交道时，让全世界都做最坏的打算。先生们，除了你们自己要冒风险以外，这个案子没有给你们中的任何人留下犯错误的空间。我自己的起诉方针已经定了，并且在朝着既定方向前进，而你们从已经发生了的事情中也熟悉了我的方针。应罗马的同盟者和朋友的要求（他们也是我的熟人），我在长期外出之后返回罗马，起诉这个胆大妄为的狂徒，从那一刻起我就表现出对祖国的热爱。我的起诉得到了品格高尚的杰出人士的批准，其中也包括你们中间的一些人，他们拒绝了那个曾经担任威尔瑞斯的财务官的人的要求——他与威尔瑞斯有过争吵，要求起诉威尔瑞斯对他造成的伤害——不仅没有给他担任起诉人的机会，而且也没有给他支持起诉人的机会，尽管他自己提出过这样的要求。我启程去西西里收集证据，我在很短时间内就返回罗马，以此表明了我的能力。我带回来的大量文件和证据表现了我的审慎。我十分注意礼貌，尽管我是以元老院议员的身份在一个我曾经担任过执法官的行省访问罗马人的同盟者，尽管我是整个社群的卫士，但我从来没有在我的老主人或熟人家中逗留，而是与那些向我请求帮助的人待在一起。我的访问没有给任何人带来麻烦或者要他们破费，无论是官方的还是非官方的。我在法律允许的范围内努力调查，甚至放弃了某些受到威尔瑞斯伤害的人热情地想要提供给我的材料。在我从西西里返回罗马的时候，威

---

① 指叙拉古著名的采石场。

尔瑞斯和他的朋友到处散布谣言，说我接受贿赂，试图以此阻挡我的证人，给我的起诉蒙上可耻的名声。尽管没有证人相信这些谣言——我曾担任西西里行省的执法官，那些来自西西里的证人了解我的为人，而那些来自罗马的证人都有很好的名声，具有和我一样的品格，我的支持者中的每个人都熟悉我，就像这个世界熟悉他们——但无论如何，人们对我的荣誉和正直的不信任使我在面对法官的质疑时感到悲伤。

【7】面对法官的质询，我非常明白我们这个时代有些人没能摆脱法官认为他们秘密调查的怀疑，因此在起诉时需要努力证明自己。而作为我自己奋斗的结果，人们看到自从当前这种形式的统治①建立以后，还从来没有一个法庭有过这么优秀的美德。这位威尔瑞斯声称享有和我一样的信誉。他拒绝普伯里乌·加尔巴担任法官，保留了马库斯·卢克莱修，并在他的辩护人问他为什么同意他的亲密朋友塞克斯都·佩都凯乌、昆图斯·康西狄乌、昆图斯·朱尼乌斯不担任法官时说，这是因为他认为他们在思考问题和投票方式上过于独立！那么好极了，法官们的质疑结束了，我开始希望我的重担有一部分现在可以由你们来承担了，我感到我的诚实和警觉也已经被那些我不太熟悉的人认可了。我没有弄错，因为在我参加选举的时候，尽管威尔瑞斯试图使用大量金钱挫败我的竞选，但是罗马人民表现了他们的判断力，就好像这个人的金钱不能有效地毁坏我的荣誉，他的金钱也一定不能毁坏我的成功。确实，先生们，在首次把你们召来审判这个人的那一天，人们仇恨元老等级，渴望能有新的安排、新的法庭、新的法官，而你们此刻的目光深切地表达着这种要求。这一幕高尚的景象对我的耐心和努力来说是一种奖赏，但我的收获比它更多。在我长达一小时的首次演讲之前，我已经打消了这个富有的恶棍和可耻的盗贼头脑中试图贿赂审判他的法官的希望。在这场审判的第一天，在大批证人被传唤到法庭上来的时候，罗马人民已经明白，要是威尔瑞斯被宣判无罪，那么这个国家就失败了。第二天的审判不仅打消了他的

---

① 指由独裁者苏拉建立起来的统治，已有十年的历史。

朋友和辩护人的所有获胜的希望，而且使他们失去了继续辩护的勇气。第三天的审判彻底降服了这个人，使他佯称有病，他头脑里想的不是如何回答问题，而是如何避而不答。后来几天的指控，以及来自罗马和西西里两地的证据，把他彻底摧毁，乃至于因赛会而休庭期间，每个人都以为对他的审判不是暂停，而是已经了结。

【8】先生们，结果就是，到目前为止，我的官司打赢了，因为它不仅战胜了盖乌斯·威尔瑞斯，而且保护了罗马的荣誉，这就是我的用意。我的义务使我有很好的理由担任起诉人，还有什么理由能比由一个如此出名的行省选择和任命为辩护人更加光荣？我的义务就是为我们的国家着想，面对这样一个不得人心的法庭，我们的国家除了在罗马人民的批准和青睐下为了我们整个阶层而把这个人送上法庭定罪，还能有什么更好的办法？我的义务是证明并使人相信在法庭上受审的这个人有罪，从第一次审讯以来罗马人全都相信，把以往所有罪人所犯的罪行加在一起还不及这个人所犯罪行的十分之一，或者根本无法与之相比。先生们，你们必须考虑和证明你们的信誉和名声，考虑你们所有人的安全。你们杰出的品德使你们不可能犯错误，而要是犯了错误，它的代价就是整个国家遭受重大伤害和危险。因为罗马人民不可能希望，要是你们不能做出正义的审判，还会有元老院的其他成员来做。要我们去寻求其他类型的人和其他伸张正义的办法，这对于整个元老阶层来说是令人绝望的。如果你们认为这样做无关紧要，因为你们把自己的审判责任当做一项沉重的、令人厌烦的负担，那么你们首先要记住，按照你们自己的意愿抛弃这副重担是一回事，由于无法在罗马人民面前证明你们的诚实和良心，由此被剥夺审判权是另一回事。其次，你们必须进一步考虑到现在这些人将会面临巨大危险，这些人痛恨我们，而罗马民众想要我们担任法官。是的，先生们，我还要把我的一项发现告诉你们。你们肯定知道，有些人对我们这个等级充满仇恨，仅仅由于元老院的司法权被不光彩地剥夺了，他们就经常公开说希望判威尔瑞斯无罪，尽管他们知道他是个彻头彻尾的恶棍。我感到有必要提请你们注意这个问题，先生们，不是由于害怕我自己无法得到

你们的信任，而是因为威尔瑞斯和他的朋友产生了新的希望，正是这种希望把他从城门口突然拽回到这个法庭上来，使人怀疑他匆忙改变他的计划有很好的理由。

【9】我现在明白了，霍腾修斯没有理由提出新的抗议，说指控人拒绝发言会毁掉这场官司，指控者的哑口无言会给清白无辜者的幸福带来更大的危害。他也没有理由对我的能力提出不恰当的评价，说我已经长时间地发起攻击，现在应当帮助受到我攻击的人，而由于我没有提供这种帮助，他遭到了毁灭。因此，我要迫使他继续发表讲话，不是因为有这种需要，而是因为我到那个时候就知道他是否会更加强烈地反对我沉默，或是反对我现在的讲话。霍腾修斯，我要大胆地说，你现在正在密切注视着我，看我的讲话会不会超过法律规定的一小时。除非我充分使用每一分钟，否则你就要对着天地发誓，提出抗议，证明盖乌斯·威尔瑞斯受到了不公正的待遇，因为指控者拒绝在法律允许的时间范围内继续说话。那么，我就不可以合法地拒绝法律为了我的幸福而赋予我的一项特权吗？作为起诉人，法律允许我有足够的时间提出指控，并解释我的立场，这肯定是为了我自己的幸福。要是我没有用完这些时间，也不会给你造成什么伤害，而只是在某些方面减少了我自己的权利和好处。你说："是的，但是这个案子必须进行恰当的调查。"那当然了，但是为什么呢？因为否则的话，无论被告犯了多大的罪，也不能判他有罪。这不就是你的悲哀之处吗？我已经做过的事情会使你更难判他有罪。案子调查过以后，通常要对被告进行宣判，而要是不调查，就不可能证明被告有罪。你说：哦，是这样的，但是我正在考虑的是第二次审讯的目的。是的，根据最麻烦的法律条款，需要进行强制性的双重抗辩。做这种安排更多的是为了我的利益，而不是为了你的利益，或者至少应当说这样做既为了我的利益，也为了你的利益，因为要是把这种利益讲两次，那么它肯定为双方共享。如果拒绝最后一位发言人的论证是一件大事，那么安排第二次抗辩就是为了起诉者的利益。要是我没有记错，那是格劳西亚制定的法律最先规定了休庭，而在那之前，案子既可以马上判决，也可以推迟，以便做进一步的

调查。① 那么，好吧，你认为哪一个法案中的条款比较适中？肯定是老法案中的条款，法庭既可以很快宣判被告无罪，也可以延期判决。但是为了你的利益，我试图恢复古老的阿西利乌法案，依据这部法案，许多人只经过一次起诉、一次抗辩、一次听证，就被发现有罪，而他们的罪行实际上还没有非常清楚地得到证明，就像你们的当事人现在已经被证明有罪一样。现在假定你自己在抗辩，不是在现存苛刻的法律之下进行，而是在较老的、较为宽容的法律之下进行。我提出指控，你做出回答，并传唤证人作证；我把争议提交给法庭，由法庭判决，无论法律允许判决可以推迟多久，这些先生都会耻于不做判决。

【10】还有，假定不得不审判这个案子，那么不是已经充分审判过了吗？霍腾修斯，我们对自己的法庭经验反复向我们显示的事情装做一无所知。在这种类型的案子中，只要指控某人盗窃或贪污，还会有谁过分在意辩护者说的话？法官们整个关注的不就是证人提供的证词和书证吗？在第一次审讯时我说过要证明盖乌斯·威尔瑞斯非法盗用了 40 万个罗马大银币。难道我不应该通过下面这些话更加清晰地证明这一点？"哈莱萨② 有个人名叫狄奥，在盖乌斯·萨凯多斯担任执法官期间，他的儿子从一位亲戚那里继承了一大笔财产；这件事在当时没有引起争论，也没有给狄奥带来任何麻烦。但威尔瑞斯踏上西西里的土地没多久，就从墨撒纳写信传唤狄奥，并安排他的同伙中的一些人指控狄奥，说这笔财产有争议，它已经被没收，成了厄律克斯的维纳斯神庙的财产，并且宣布将由他本人审判这个案子。"我可以继续详细解释整个事件，并且在最后说：狄奥实际上已经支付了 1 万个罗马大银币，以确保他无可争议的权利，此外，威尔瑞斯还抢走了他马厩中的全部马匹和他家中陈设的地毯和器皿。我可以陈述这些事实，你们也可以加以否认，但我们讲的话所起的作用很小。那么法官应当在什么时候集中注意力，竖起耳

---

① 格劳西亚制定的法律（Glaucia's Law），即塞维留斯法案（Lex Servilia），约为公元前 106 年，该法案规定了具体的休庭时间，而以往的休庭时间由法庭自己决定。

② 哈莱萨（Halaesa），西西里岛北岸中部城市。

朵来听呢？哦，当狄奥本人走上前来的时候，当那些与此事有关的人出庭的时候（这件事发生的时候他们在西西里，知道狄奥到处借钱，收回债务，出售土地），当这些诚实的人在法庭上作证的时候，当那些借钱给狄奥的人说他们知道他把借来的钱都给了威尔瑞斯的时候，当这些优秀的人证明自己听说过这件事的时候，他们是狄奥的朋友、主人、保护人。我要说，就是这件事发生的时候，你们要注意听，你们也确实应当注意听，只有在这种时候你们会感到这是真正的审判。在第一次审判的时候，我以这样的方式陈述了整个案情，要是我偏离整个指控，那么你们中间不会有人感到我有必要继续进行指控演说。我坚持，这些证人提供的证据没有任何细节是你们弄不懂的，或者还需要添加辩护者的解释。

【11】你们确实会记得，我自己考察证人的程序首先是介绍和解释每一条具体指控，所以我在清楚地陈述与指控相关的整个事实之前从来不询问证人。其结果就是，不仅你们这些必须做出判决的人可以清楚地掌握指控，而且罗马人民也可以熟悉审判的整个案情。

然而，霍腾修斯，尽管我的性格取向支配着我的行动，而不会受到你和你的朋友的不公正的引导，但我还是要谈到我的行动。我要求用不多于110天的时间去西西里收集证据，这时候你试图对我进行阻拦，让另外一名指控人去阿该亚收集证据，时间不超过两天。① 剥夺了我要求的与司法程序相符的三个月时间以后，你要我把这一年剩下的时间全部留给你，你试图让我们把时间耗光，而你在40天以后，在间隔了两场赛会以后，才开始你的演讲。但这个时候玛尼乌斯·格拉里奥已经不再是法庭主席，这些先生大多数也不再是法庭成员，我们不得不面对新的法庭主席和新的法官。对此我并非毫无察觉——每个人，无论是朋友还是陌生人，都向我指出你的阴谋和计划，你的目的就是要推迟判决——我要是感到有必要把全部时间都用于指控演讲，那么我就会担心指控不够全面，口才不够好，声音不够洪亮，精力不够饱

---

① 参见《控威尔瑞斯——一审控词》第2章。

满，不能第二次向这个人发起进攻，而这个人在接受第一次审讯时没有人胆敢为他辩护！我对着法庭和罗马人民公开阐述了我采用的步骤，没有人会假定我的对手们的可耻的、不公正的行为能够阻挠我的计划。当那些行贿者在他们的约定中塞入"只要案子能推迟到 1 月 1 日之后"这样的条件以后，我要是故意落入圈套，等着那些行贿者伺机安排威尔瑞斯逃跑，那么我确实是个大傻瓜。不过我现在要小心计算一下我的演讲时间，因为我试图充分阐述这个案子。

【12】所以我要忽略威尔瑞斯早期所犯下的臭名昭著的罪恶和不道德的行为。从我这里，他听不到他童年犯下的过错，也听不到他青年时期的斑斑劣迹，这些事情你们自己就能回想起来，或者可以根据他在法庭上的表现进行推论。我也要省略那些我难以启齿的事情，而采用适宜的方式来讲述。恳请你们对我宽容，使我在提到他的可耻生涯时能够自由地把握我的舌头。据我所知，他在进入公共政治生活，担任公职之前，基本上是清白的。至于他整夜酗酒的事情那就不用说了，他参与拉皮条、赌博、诱奸的事情也不用提了。让我们就当他没有偷他父亲的钱包，也没有玷污他自己的品德，就当他这些早年的丑行都没有什么证据。让我们只考虑他在其他阶段的表现是否值得我提出指控。威尔瑞斯，你在 14 年前成了行省总督格奈乌斯·帕皮留斯①的财务官。我想请你回想一下自那以来你做过的事情。我们看到，没有一个小时你能与抢劫、犯罪、残忍、邪恶摆脱干系。这些年来，你在亚细亚担任财务官和副将，在西西里担任一座城市的执法官和整个西西里的执法官，因此我要把我的演讲相应地分成四个部分。

【13】按照元老院的法令，你作为财务官的职责范围是由抽签决定的。②有一项使命落到你的头上，你要陪伴总督格奈乌斯·卡波，担任他的财务

---

① 全名格奈乌斯·帕皮留斯·卡波（Gnaeus Papirius Carbo）。公元前 87 年，独裁者苏拉离开罗马去了东部，卡波与其他民主派领导人一起占领罗马。

② 通常由抽签决定，但元老院也可以给某些财务官或所有财务官指定具体的职责范围。

官。那个时候战乱盛行，我不说你在这方面必须承担的责任，但有一件事我要说一下。在这样的危急时刻，命运把职责赋予你，而你必须决定自己站在哪一边，应当支持谁。卡波很恼火，因为命运把一个特别懒惰和自我放纵的人派给他做财务官，但无论如何，卡波还是抱着善意，对他很关心。让我们长话短说，卡波把征集资金的事情交给这位财务官，然后自己带着充足的经费离开了他的行省，去高卢带兵。这时候，威尔瑞斯发现自己的机会来了——请注意这个人担任公职和管理者的第一步——这个宝贝财务官挪用公共资金，抛弃了他的总督，他的总督的军队和他的神圣职责。哦，我明白我触到他的痛处了。他正在抬起头来，希望有人能对我的指控为他进行一些辩解，因为有些人憎恨格奈乌斯·卡波后期的作为，他希望这些人会喜欢他这种抛弃和背叛。尽管他这样做是为了他们的事业，一种支持贵族专制的热诚在激发他的行动！尽管他所做的一切只是公开地对付总督、军队和行省，然后无耻地进行抢劫！这确实是一项难以理喻的行动！它似乎表明盖乌斯·威尔瑞斯投向了贵族专制——当然，这是他自己所属的党派——因为他成了政治上的暴发户，由于执掌财政，他有相当大的自主权！

让我们来看他如何提交他的账目，他向我们证明自己为什么要离开卡波，但他提供的证据正好反对他自己。

【14】首先请注意账目的简洁。收入：2,235,417 个罗马小银币；支出（军饷，征收谷物，副将、副财务官、统帅的私人雇员）：1,635,417 个罗马小银币；结余（在阿里米努姆①时）：600,000 个罗马小银币。这就是提交账目的方式吗？你或我，霍腾修斯，这个世界上有哪个人曾以这种方式提交过账目？这个人的无耻到了何等地步！这是什么意思？在提交给法庭作为证据的成千上万的账目中，有哪一本能与这种东西相比？即便如此，他还有600,000 个罗马小银币无法摆平。他把这笔钱记在那里，称做在阿里米努姆时的结余，但卡波从来没有动过这笔钱，苏拉也没有见过这笔钱，更没有看

---

① 阿里米努姆（Ariminum），意大利翁布里亚地区的港口城市。

到这笔钱交还国库。他故意选择阿里米努姆，因为在他返回该地时，这个城镇遭到洗劫。出乎他意料之外的是有相当多的人在这场灾难中活了下来，这下子他该知道他要付出什么代价了。让我们再读一下这个文件，"财务报告：呈送城市财务官普伯里乌·伦图卢斯与卢西乌斯·特里亚留"。上面写着："按照元老院的法令……"他之所以有机会提交这样的财务报告，乃是因为他突然加入苏拉派，而不是恢复贵族专制的权力和尊严。

哪怕你落得两手空空，你那可耻的逃跑也要被当做一种罪恶的行为来看待，因为这是对你的总督的叛变。哦，你说卡波是个坏总督，是叛徒，要造反。也许有人这样想，但你什么时候开始有这种想法？不会在他已经把资金、粮食供应、全部账本、全部军队托付给你以后吧。要是在那之前就反对他，那么你会像一年以后马库斯·庞索所做的那样去对待他。抽签指定庞索担任总督卢西乌斯·西庞阿的财务官，但他既没有接手财务，也没有加入西庞阿的军队。他试图坚持他的政治观点，既不损害他个人的荣誉或罗马的传统，也不违反抽签要他保持的忠诚。

【15】事实上，要是我们打算把所有原则搞得一团糟，我们会发现我们的生活充满危险和怨恨，到处充满敌意——要是抽签做出的决定全都失去了它们的神圣性，要是人们感觉不到相互之间在分享好的或坏的运气时应有的约束，要是我们不尊重我们祖先的习俗和传统。对待自己的朋友像对待敌人一样，这种人必定也是每个人的敌人。没有一个聪明人会感到有必要相信一名叛徒。苏拉自己也许欢迎这个人，但还是要他带着军队离开，去本尼凡都驻扎。苏拉知道那里的人完全站在自己一边，这个家伙在那个地方不可能对苏拉的事业造成什么伤害。当然了，后来他找机会贿赂苏拉，把本尼凡都地区某些被剥夺了公民权的人的财产送给苏拉。他不仅给了苏拉朋友间的信任，而且也支付了一名叛徒要缴纳的费用。有些人也许想起卡波就感到厌恶，但这些人现在要考虑的不是他们希望命运赋予卡波什么任务，而是像威尔瑞斯这样的行为在相同情况下发生会给他们自己带来什么危险。我们所有人都会受到伤害，我们所有人都要警觉，我们所有人都处在危险之中。没有

哪一种卖国行为比隐藏在虚假的忠诚服务或者表面上忠实地履行个人义务之中的卖国行为更难察觉。面对公开的敌人，你们很容易提高警惕，尽力躲避他，但是对于隐藏在你们自己的圈子里，或者在你们自己的屋檐下的危险，它们不仅不会自己冒出来，而且会在你有时间思考如何对付的时候就把你淹没。会有这样的事情吗？你作为一名财务官加入军队，托付给你的不仅有钱，而且有总督的人，你被他们接受了，分享他的所有行动和秘密，而他则按罗马的古老方式，像对待自己的儿子一样对待你。在这样的时候你怎么能够抛弃他，站到他的敌人那边去？这是一种违反自然本性的罪行，应当被驱逐到遥远的地角！一个做这种事情的人不会只有这一种恶行，他必定会不断地寻求实现这一目的，不断地忙于可耻的背叛。

因此，我们发现，盖乌斯·马莱奥鲁被杀以后，威尔瑞斯被格奈乌斯·多拉贝拉任命为代理财务官，我不敢肯定威尔瑞斯和这个人的关系是否比卡波更亲近，或者命运的安排是否比这样自由地做出的决定更具有约束力，但是我们发现他对待格奈乌斯·多拉贝拉就像他对待卡波一样。威尔瑞斯把人们对他的指控都转移到多拉贝拉身上，并且提供了详细解释，把正在起诉他的这个人说成是他的仇敌。威尔瑞斯以更加凶狠的敌人和彻头彻尾的恶棍的面貌出现，亲自提供证据，而他以前曾经是这个人的副将和代理财务官。可怜的多拉贝拉真倒霉，威尔瑞斯可耻地背叛他，捏造了许多无耻的谎言，提供了许多虚假的证据，多拉贝拉的大部分痛苦来自对威尔瑞斯所犯罪行的厌恶。

【16】对这样的人该怎么办？对付如此野蛮无耻的家伙有什么办法可用？他对选择他的多拉贝拉并没有比由命运指定他担任其财务官的卡波表现出更多的尊敬和更多的忠诚。他不仅使卡波和多拉贝拉都遭到失败，而且故意背叛他们，向他们进攻。先生们，我要请求你们，在判断这些指控的分量时不要过多地依据我讲述它们的时间，而要依据事实本身的严重性。因为，要是我能按照原计划向你们充分讲述整个案情，那么我必须加速。因此，在描述了这个人担任财务官时的表现，清晰地揭示他在第一次担任公职时的虚伪和

罪行之后，我请求你们注意这个故事的其余部分。其中有些属于苏拉颁布"剥夺公民权令"期间，至于抢劫行为我就略去不提了。我不允许威尔瑞斯在辩解时从我们民族的不幸中提取任何论证。我只起诉他那些确定的罪行，这些罪行完全属于他自己。因此我要把属于苏拉掌权时期的所有指控都挑出来，让我们现在就来考察他担任总督助理时的辉煌纪录。

【17】仁慈的上苍啊，命运使西里西亚成为格奈乌斯·多拉贝拉统治的行省，而威尔瑞斯强行要求担任他的总督助理显得多么贪婪，多么急迫！这确实就是多拉贝拉迈向重大灾难的第一步。威尔瑞斯离开了罗马，他途经各地时的行为都像一名瘟神，而不像一名罗马派来的总督助理。在阿该亚——我省略所有小事，其中有些事堪与他人的作为相比，但我只提那些独特的事，只提那些他人几乎不可能做的事——他向昔居翁的主要地方官索要一笔钱。但让我们不要就此指控威尔瑞斯，其他人也做了同样的事。当地的行政官员拒绝了这一要求，威尔瑞斯对他进行了惩罚。这样做肯定是错的，但并非没有先例。然而请注意他的惩罚手段，你们也许会感到困惑，不知道应该把他称做什么样的恶人。他下令在密闭的地窖中用湿柴点起篝火，把这个自由人、这个在他自己的城镇中拥有很高地位的人、罗马的一位同盟者和朋友，关进这个有限的空间，让他在那里痛苦地挣扎，最后闷死。在这里，我就不讲他在阿该亚的所作所为了，我的演讲还有另外一个部分① 会谈到他的贪婪性格。你们已经知道在雅典有人从密涅瓦的神庙中运走一大笔金子。这一事实在审讯多拉贝拉时就陈述过了，是这样的吗？回答得很肯定。你们会发现，在这一事件中，威尔瑞斯不只是参与，而且在指挥。

威尔瑞斯后来去了德洛斯岛。有一天晚上他秘密地从极为神圣的阿波罗圣地运走了几尊古老而又美丽的雕像，准备在他离开时带走。第二天，德洛斯的居民看到他们圣地里的珍宝不见了，他们感到十分震惊，因为在他们的

---

① 指本文第四卷。

心目中，这个圣地极为古老，极为神圣，他们相信这是阿波罗的诞生地。然而他们不敢提出追查，害怕多拉贝拉本人与这一暴行有关。

【18】后来一场狂风暴雨突然降临，先生们，多拉贝拉本来想要动身，但被迫继续留在镇上，因为海上起了巨浪。暴风雨把那艘上面装着神像的海盗船拍向岸边，打得粉碎。暴风雨过后，人们发现阿波罗的雕像躺在沙滩上。多拉贝拉下令把雕像送回原处，然后离开了德洛斯。

威尔瑞斯，我丝毫也不怀疑，像你这样的人总是缺乏人类的情感和宗教的原则，当你处于焦虑和危险的时候，你会再次出现犯罪的念头。只要你还记得你对天上诸神犯下的罪行有多么不虔诚、多么邪恶时，你认为自己还可能逃避惩罚吗？你竟敢抢劫阿波罗，德洛斯的阿波罗？这座神庙非常古老，非常神圣，令人敬畏，而你竟然向它伸出不虔诚的、亵渎圣物的手？尽管你在童年的时候没有受到良好的教育和训练，没有学习或理解史籍，但是后来有机会来到现场，难道你仍旧不能了解传统和史籍告诉我们的故事？拉托娜①长时间的逃亡，后来怀孕早产，在德洛斯找到避难所，在那里生下阿波罗和狄安娜。由于相信这个故事，所以人们把这个岛屿当做这些神灵的圣地，对它产生强烈的敬畏感，并且始终如此，甚至连波斯人——尽管他们对整个希腊宣战，对希腊的诸神和所有人，派了多达 1,000 艘的战船抵达德洛斯——也不敢亵渎它，动那里的任何东西。而你却极端愚蠢、极端邪恶地想要洗劫它？以前曾有过这样的贪婪吗，竟然想要摧毁如此崇高和神圣的地方？即使你当时没有这样的想法，现在你对自己所犯的邪恶罪行就没有一点儿反思吗？

【19】威尔瑞斯一到亚细亚，就有数不清的晚宴，就有人给他送来马匹和其他东西，对此我们还需要一一细说吗？我不会就这些日常琐事起诉威尔瑞斯这样的人。但是我断言，他从开俄斯，还有埃里色雷亚和哈利卡尔纳苏斯，运走了巨型的美丽雕像。威尔瑞斯从泰奈多斯运走了泰奈斯的

---

① 拉托娜（Latona），希腊神祇，相当于勒托，是阿波罗和狄安娜之母。

雕像①——泰奈斯是泰奈多斯人特别崇敬的一位神灵，据说他就是这座城的创建者，这座城因他而得名，我要说，这位泰奈斯本身是一座美丽的艺术品，你们曾经有机会在人民大会的会场上见过它，②——当地的公民为此而悲伤哭泣。然后请你们注意，他突如其来地抢劫萨摩斯岛上的朱诺神庙，抢劫悲伤的萨摩斯人，令整个亚细亚感到忧伤！这个故事传遍全世界，所以你们无人不晓！萨摩斯人派了一个代表团去亚细亚向盖乌斯·尼禄抱怨这一可耻的暴行，因为他们得知，凡涉及由国家指派的总督助理所犯的罪行一定不要向行省总督投诉，而要向罗马投诉。③ 他从岛上抢走了绘画和雕塑！那天我去他家辨认并查封了这些雕像。④ 威尔瑞斯，这些雕像现在何处？我指的是我们在你家中看到的雕像，靠着走廊里的柱子放着，堆得满满的，是的，有些甚至还丢在院子里的灌木丛中。为什么在你期待一位新主席主持对你的审判，用你投票选出的法官取代这些先生们的位置的时候，它们一直待在你家中，而后来，当你们发现传唤证人出庭的时间适合我们，而不适合你的时候，除了其中的两尊雕像还留在那里，其他的雕像都不见了？这两尊雕像也是从萨摩斯运来的吧？你难道从来没有想到我会在这种时候传唤一位一直住在你家的朋友出庭，让他说出先前在那里的雕像现在都到哪里去了？

【20】当法官们发现你现在试图阻挠的不是指控者，而是执法官和他的助理的时候，你期待他们会给你下什么样的结论？⑤ 第一次审讯时，开俄斯的卡利德谟已经就此事作证。他当时和威尔瑞斯在一起，接到多拉贝拉的命令以后他陪同威尔瑞斯离开亚细亚，知道当时发生的抢劫朱诺圣地和萨摩斯的事。后来他受到官方指控，在开俄斯他自己的同胞面前受审，由萨摩斯人

---

① 泰奈多斯（Tenedos），爱琴海岛屿，邻近特洛伊城。泰奈斯（Tenes）是该城居民的保护神。

② 威尔瑞斯担任市政官时曾将泰奈斯神像作为装饰品，在举行节庆时展出。

③ 盖乌斯·尼禄（Gaius Nero）无权惩罚其他行省总督的助理。西塞罗在这里不是指责他，而是指出威尔瑞斯所犯罪行的严重性。

④ 西塞罗去威尔瑞斯家中调查取证，给雕像贴上封条，以备审讯时作为证物。

⑤ 城市执法官下令没收和出售定罪者的财产，他的助手负责监察这些财产的出售。

的代表审判，但他被宣判无罪，因为他清楚地证明了萨摩斯人的代表抱怨的
那些行动都是威尔瑞斯的作为，而不是他自己的作为。

先生们，你们知道阿斯潘都是潘斐利亚的一个古老而又美丽的城镇，那
里有许多漂亮的圣地。我指控的不是这座或那座雕像从城里被搬走。我指控
威尔瑞斯连一座雕像都没有给这座城镇留下，无论是神庙里的还是公共场所
的，整个阿斯潘都城，只要能看见的雕像，都被公开装上车子运走。是的，
甚至连阿斯潘都那座最著名的竖琴师雕像也难逃厄运。你们经常听人说起过
的希腊人的谚语，"他的所有音乐都在他心中"，讲的就是这位琴师。^① 威尔
瑞斯把这尊雕像也运走了，放在他自己家中。他由此得到一项名声，说他在
他自己的游戏中鞭打这位琴师。^② 在佩尔加，我们知道，有一处非常古老、
香火旺盛的狄安娜圣地。我断言，他也抢劫了这处圣地，把狄安娜神像上的
所有金子都剥下来运走。

你真是个无赖、强盗、傻瓜，你这样做是什么意思？你带着总督助理的
权力和头衔去访问这些罗马同盟者的友好城市，而你却像一名敌军将领一样
用暴力侵犯他们，哪怕你把从他们那里抢来的雕像或艺术品不是运到自己家
里或者运到你的朋友在郊区的庄园里，而是为了国家的利益运到罗马。

【21】我需要以占领叙拉古这座艺术宝库的马库斯·马尔采鲁斯为例吗？
或者以卢西乌斯·西庇阿为例？他指挥对亚细亚的战争，征服了强大的君主
安提奥库斯。或者以弗拉米纽斯为例？他征服了腓力国王和马其顿。或者以
卢西乌斯·鲍鲁斯为例？他的能力和勇敢征服了国王珀耳修斯。或者以卢西
乌斯·姆米乌斯为例？他占领了科林斯这座美丽的城市，那里堆满了各种艺
术珍品，并且把阿该亚和波埃提亚置于罗马国家的主权之下。这些人具有崇
高地位和优秀品德，但他们家中没有什么雕像和绘画；而我们的整座城市，
在诸神的神庙里，在意大利的每个部分，都装饰着他们给我们带来的礼物和

---

① 这一谚语主要指那些为了自己的快乐而不是为了其他人的快乐而做事的人。这位热
爱生活的琴师陶醉于他自己的音乐，而其他任何人也听不到。

② 威尔瑞斯更加知道如何"自娱自乐"。

纪念碑。但是我担心，在有些人看来这些例子太陈旧，已经过时，因为在那些日子里，这样的优秀品德和公正司空见惯，所以我对他们的赞扬必须扩展到他们生活的那个时代，而不局限于这些大人物。那么好吧，你们法官中间坐着普伯里乌·塞维留斯，一位功勋卓著的英雄，由于他的勇猛善战，我们的军队占领了奥林波斯古城，一个堆满财富和艺术品的地方。我要以此为例说明一名勇敢者应当如何行事，塞维留斯率领罗马军队攻克奥林波斯这座敌人的城市，而在此期间，你威尔瑞斯作为执法官和行省总督，在同一个地方，抢劫和摧毁与我们友好的同盟者的城市。我们只能在你和你的朋友的私人住宅中看到你从圣地罪恶地抢来的东西，而塞维留斯按照战争的权力和将军的权力，从被他的力量和勇敢征服了的敌人的城市中搬走雕像和艺术品，把它们带给他的同胞，在胜利凯旋的游行中展示，然后全部登记造册，上交国库。让官方记录把这位杰出人物一丝不苟的精神告诉我们。请你们大声念吧。"普伯里乌·塞维留斯呈送的清单。"你们看到这些清单不是简单地记录雕像的数量，而且还记载着每样东西的尺寸和形状。你们瞧，一位胜利的征服者如何超越来自自我放纵和贪婪的快乐！我宣布，塞维留斯在取得这些战利品、这些国家财产的时候，仔细地登记造册，比你威尔瑞斯对待为你自己偷来的东西还要仔细得多。

【22】你会抗辩说，你的雕塑和绘画，也像他的一样，装饰着这座城市和罗马人民举行集会的会场。是的，我知道我正站在罗马人民中间，我看到会场上的各种装饰光彩夺目，但却又令人心痛和意气消沉，因为我看到这些精品是你偷来的，是你抢劫你的行省，抢劫我们的朋友和同盟者的结果。所以，先生们，请你们注意，威尔瑞斯从那以后得到了继续抢劫的勇气，他看到在法庭上被称做夫子的人实际上是欲望的奴隶。另一方面，我们的同盟者和外国人从那以后失去了谋求繁荣昌盛的最后希望，因为有大量代表来自亚细亚和阿该亚，他们到达罗马以后，看到在我们的讲坛上摆放着从他们的圣地里抢来的神像，当他们不时地辨认出他们被抢走的雕像和其他艺术品时，他们会含着眼泪凝视它们。我们听到这些人不断地诉说这件事，这些同盟者

和朋友无疑会失去，因为在罗马的讲坛上，在这个虐待我们的同盟者的人受到指控并定罪的地方，现在仍旧摆放着这些罪犯和强盗从我们的同盟者那里抢来的东西。

现在，我不认为威尔瑞斯会否认他的财产中有无数的雕像和数不清的绘画。但我明白，不时地断言这些通过欺骗偷来的东西是他已经买下来的，这是他的习惯。他被派往阿该亚、亚细亚和潘斐利亚看起来就好像是顶着总督助理的头衔，用公款购买雕像和绘画。

【23】我已经得到他自己的账本和他父亲的账本，并且已经仔细阅读和研究。他父亲的账本一直记到死的时候为止，而他自己的账本记到他声称拥有这些东西的时候为止。先生们，你们会看到这是威尔瑞斯案的新颖之处。你们听说过有人从来不保存任何账本吗？人们普遍相信安提奥库斯就是这样的，但其实不是，因为他仔细记下每一笔账。我们也可以承认有这种事，但这决不意味着这样做是对的。我们也听说有人没有从一开始就记账，而是从某个时间以后才开始记账，这在一定意义上也可以理解。但我们在这里看到的是一件荒唐的新鲜事。我要他交出账本，他告诉我所有账目都已经向总督马库斯·特伦提乌斯和盖乌斯·卡西乌斯报告，他自己不再保留账目。我们会在别处考虑这件事的意义，而眼下我们暂时不去管它，因为我已经搞到了你威尔瑞斯自己的账本和你父亲的账本，与我现在正在提到的这个时期有关。你不否认自己带走了大量美丽的雕塑和精美的绘画。我只希望你会否认！只要你能拿出一样记录，或者是你自己的账本，或者是你父亲的账本，说明这样东西是你们自己花钱买的，那么我就认输。你甚至无法说明现在还在你家门厅水池旁放着的两尊美丽的雕塑是你花钱买来的，它们从前一直安放在萨摩斯的朱诺神庙大门口——我指的是那两尊仍旧孤独地留在你家里在那里等候买主的雕塑，而其他雕塑都已离开它们去了别处。

【24】但我们无疑明白，这个人的贪婪欲望只在这些方面摆脱了一切约束或控制，而在其他方面仍旧有某些限制或制约。你们知道他在担任总督助理这段愚蠢而又令人厌恶的时间里用暴力伤害过多少自由民和高贵的已婚妇

女吗？有哪一个他驻足过的城镇在他离去以后没有留下奸淫和凶杀的踪迹？然而，我要省略他可以用执行任务为理由加以否认的所有暴行，我甚至也可以省略那些完全无法否认的、臭名昭著的事件，而只选择他的一样恶行，以便能尽快谈到西西里，是这个地方的人把这一沉重负担放在我的肩上。

先生们，赫勒斯旁海边有一个名叫兰普萨库的城镇，它是亚细亚行省最出名、最美丽的城市。那里的居民非常服从罗马公民，此外，他们十分安宁，行为端庄，比其他希腊人更加从容不迫，不喜欢任何暴力或动乱。威尔瑞斯缠着多拉贝拉，要求多拉贝拉派他去尼哥美底国王和萨达拉国王那里执行任务。这次旅行更像是为了增加他自己的收入，而不是为了推进罗马的利益，他在旅途中抵达兰普萨库，给那里的居民带来可怕的、几乎是毁灭性的后果。有个名叫雅尼托尔的人在家中把威尔瑞斯当做贵客接待，而他的随员也得到热情款待，在其他居民家中借宿。威尔瑞斯按照自己的习惯，在邪恶的情欲的推动下，指示他那些无耻堕落的随员四处察看，寻觅漂亮姑娘和女人，以判明是否值得在兰普萨库延长逗留时间。

【25】有一位随员名叫鲁伯里乌，他专门负责为威尔瑞斯找女人满足他的淫欲。这个人十分灵巧，无论他们去哪里，他就去察看这种事情。鲁伯里乌向威尔瑞斯报告说，当地有一家人，主人名叫斐洛达谟，出身高贵，地位显赫，十分富有，名声很好，是兰普萨库镇上的首富。他有一个女儿尚未婚配，人长得十分漂亮而又非常贞洁。听了这些话，这个无赖就好像全身着火，不仅他本人从来没有见过这种事，而且也没有听别人说起过这种事，于是他马上宣布要住到斐洛达谟家里去。他的房东雅尼托尔没有起什么疑心，只是担心由于自己招待不周而引起了他的不满，所以竭力劝他不要走。由于不能找到恰当的理由换房东，所以威尔瑞斯就采用新方法来达到他的邪恶目的。他抱怨当地给他喜爱的鲁伯里乌以及其他助手和随员安排的房子太差，要鲁伯里乌搬到斐洛达谟家里去。得知消息以后，斐洛达谟不知此事将会给他和他的家庭带来巨大伤害，前去会见了威尔瑞斯，要求尽自己款待客人的本分，说自己习惯上邀请执法官和总督到他家居住，而不是他们的随员。而

威尔瑞斯则按照他的预谋，拒绝了他的请求，强制性地要鲁伯里乌搬到斐洛达谟家中去。

【26】由于请不到威尔瑞斯，于是斐洛达谟就尽力按照他的习惯有礼貌地款待客人。他总是真心款待我们的人，不希望给像鲁伯里乌这样的人留下不愿款待他们的印象。与他作为当地首富的地位相称，他安排了一席丰盛的晚宴，让鲁伯里乌想请什么人就请什么人，只要给他自己留一个位置就可以了，甚至连他的儿子，一位非常好的青年，也被他打发去亲戚家吃晚饭。鲁伯里乌把威尔瑞斯的随员都请了来，而威尔瑞斯告诉他们该怎么做。这些客人准时到达，然后入席。谈话开始了，他们按照希腊人的方式喝酒，主人请他们喝，而他们一饮而尽，整个晚宴很快变得喧哗嘈杂。鲁伯里乌以为时机到了，于是他说：“斐洛达谟，怎么不请你的女儿出来见见我们？”这位可敬的、年长的父亲听到这个要求后惊呆了。在鲁伯里乌的坚持下，为了搪塞，他回答说女人出席男人的晚宴不符合希腊人的习惯。这时席间就有人喊叫：“不行，这是不可容忍的，应该有女人！”此刻鲁伯里乌派遣自己的奴仆关闭前门，在那里把守。斐洛达谟明白他们的目的是要强暴他的女儿，于是召唤他的仆人，要他们不要管他，而去尽力保护他的女儿，有一名仆人机智地跑出去找到了主人的儿子，把家中发生的事情告诉他。整个宅子里一片吼叫，它的尊贵的、富有的主人在他自己的奴仆和鲁伯里乌的奴仆的扭打中被击倒在地，每个人都试图伸出手去抓住他，鲁伯里乌本人甚至还拿了一壶开水倒在他身上。他的儿子，接到报信以后吓坏了，马上冲回家去抢救他父亲的生命和姐姐的名誉。团结一致的兰普萨库人民听到消息后十分震惊，对于施加于这位受他尊敬的绅士的暴行他们义愤填膺，当天晚上他们团团围住了这所房子。后来，威尔瑞斯的一位侍从官高奈留送了命，鲁伯里乌指定他绑架姑娘，还有几名奴仆受伤，鲁伯里乌本人也在殴打中受伤。看到他的淫欲引起了民众的义愤，威尔瑞斯开始感到焦虑，试图想办法摆脱困境。

【27】第二天清晨当地居民集会，考虑怎么处理这件事。那些说话最有分量的人在集会上讲话，分别讲述他们自己的看法。他们几乎众口一词地认

为，罗马人民的元老院会以为这个城镇应当受到这样的惩罚，但是兰普萨库人受到这样的暴力侵犯一定不能害怕，要是罗马的总督助理对待同盟者和附属国人民的权力竟然不让他们反抗他的淫欲，保护自己的子女，那么任何命运都比生活在这样一个强暴和邪恶的环境中更容易忍受。这种观点取得了普遍的支持，人们争先恐后地说话，表达着他们的义愤。有一位将军带人包围了威尔瑞斯的住处。他们用石头和铁器砸门，并在房子周围堆上柴禾，点火焚烧。这时候有些正好在兰普萨库办事的罗马公民赶到现场，开始请求镇上的人民尊重威尔瑞斯的职位，饶恕他的暴行。他们承认这个人是个肮脏的无赖，但由于他的企图没有实现，并且永不再来，因此就请他们犯一个小小的错误，饶恕一个罪犯的生命，而不是杀死一位总督助理。

结果就是，尽管威尔瑞斯的罪恶比臭名昭著的哈德良①还要大，但他的运气比哈德良好。哈德良在尤提卡的住所里被活活烧死，由于他的邪恶已经使罗马公民无法忍受，所以在事情发生以后人们都认为他罪有应得，没有采取任何步骤惩罚纵火者。而尽管焚烧威尔瑞斯的大火是许多人一起点的，也几乎把他烧死，但威尔瑞斯最终还是逃脱了危险。为什么要去冒这么大的险，这需要他花时间做出比以前更多的解释。因为他无法声称这件事情的发生是由于他想要镇压叛乱、征集粮食、征税，或者不管怎么说，为了履行公务，而是由于苛刻的命令、骚扰或威胁。即使他说有这样的原因，但他仍旧需要肯定他遇到这么大的危险是由于他对我们的同盟者下达了如此野蛮的命令。

【28】事情就是如此，他不敢承认这场骚乱的真相，也不敢虚构。普伯里乌·特提乌斯当时是盖乌斯·尼禄属下的治安官员，也是那一行当中最受尊敬的。他把他所了解的发生在兰普萨库的相同的故事告诉了我们，而像盖乌斯·瓦罗这样优秀的人是亚细亚军队中的一名军官，他把他本人从斐洛达谟那里听到的完全相同的故事告诉了我们，因此，你们还能怀疑命运女神使

---

① 哈德良（Hadrianus），几年前阿非利加行省的总督。

威尔瑞斯脱险的目的就是为了让他活着接受你们的审判吗？然而，他也许会像霍腾修斯一样争辩——那是在这场审判的第一部分，法庭向特提乌斯调查的时候，霍腾修斯当时的表现清楚地表明他能说的都已经说了，所以在对其他证人进行调查时，他始终保持沉默，我们可以肯定他已经无话可说——他会争辩说斐洛达谟和他的儿子已经受到盖乌斯·尼禄的审判，并且定了罪。我不想详细讨论这一点，只想说尼禄和他的法庭奉行的准则是杀死侍从官高奈留的事实成立，杀人者必须受到惩罚，哪怕他们是在进行报复。在我看来很清楚，尼禄的决定只是发现两个杀人者有罪，但并没有宣判威尔瑞斯所犯的巨大恶行无罪。

然而，这项珍贵的关于杀人的判决是如何得来的？先生们，让我把整个故事告诉你们，让你们的良心最终能对我们的同盟者表示同情，让他们明白他们可以相信你们的荣誉，可以得到你们的保护。

【29】由于整个亚细亚都把杀死这个人——即威尔瑞斯的侍从官，他实际上是愚蠢地帮助威尔瑞斯发泄淫欲的助手——当做一项正义的行动，威尔瑞斯非常担心尼禄的法庭宣判斐洛达谟无罪。他请求多拉贝拉离开他的行省，前来会见尼禄。他指出要是允许斐洛达谟活着来到罗马，那么他自己就是输家。多拉贝拉被他的请求说动了，为了这个绝对卑劣的人，他采取了这一步骤，离开他的军队，离开他的行省，离开他正在指挥的战争，前往由另一个人统治的行省亚细亚。见到尼禄以后，他表达了自己审判斐洛达谟的强烈意愿。他自己成了法庭成员之一，并且首先提出了自己的判决。与他同行的文武官员也全都受邀成为尼禄法庭的成员。威尔瑞斯本人也成了一名最不公正的法官，参加审判的还有 些向希腊人放债的罗马公民，他们发现博得这位无耻的总督助理的青睐对自己非常有用。不幸的斐洛达谟找不到任何人为他辩护，因为有哪位罗马公民能避免受到讨好多拉贝拉的愿望的影响，有哪位希腊人不害怕掌握着军权的多拉贝拉的权威？挑选来起诉斐洛达谟的是一位罗马公民，一位在兰普萨库放债的人，他可能期待着多拉贝拉的侍从官的帮助，从债务人那里收回他的债务，所以多拉贝拉命令他怎么说，他就怎

么说。然而，尽管受到重重压迫和威胁，尽管这位可怜的受害人面对这么多人的起诉，而他自己却没有一个辩护人，尽管多拉贝拉和他的随员担任着法庭成员，而威尔瑞斯声称自己的生命受到威胁，尽管威尔瑞斯本人曾经是证人，而现在又是法庭成员，诉讼的组织者，尽管上述种种情况，尽管杀人的事实得到承认，但无论如何威尔瑞斯犯下的过错被认为是严重的，他的品德是邪恶的，所以这个法庭对斐洛达谟的判决是："需要进一步审讯"。

【30】在此我不需要讲述多拉贝拉如何在第二次审讯中大发雷霆，如何遭到惨败，威尔瑞斯如何向他哭诉，也不需要讲述像尼禄这样有着良好清白记录的人怎么会在某些方面如此胆怯和过分服从，尽管在这个案子中他有难言之隐，但也许每个人都会对他当时没有做到的事情表示遗憾，也就是说他应当在没有威尔瑞斯或多拉贝拉插手的情况下审理此案。如果是这样的话，那么每个人都会赞同审判结果，无论结果如何，而现有宣判结果更多地出于多拉贝拉所搞的阴谋，而不是出于尼禄的判断。法庭以微弱多数判决斐洛达谟和他的儿子犯了杀人罪。多拉贝拉叫嚷着要尽快处决他们，以便能从这些受害者嘴里听到威尔瑞斯所犯罪行的人越少越好。残忍的一幕发生在劳迪凯亚的广场上，整个亚细亚行省都陷入深深的不幸和悲哀中。这位年长的父亲被处决，还有他的儿子，一个为了保护女儿的贞洁，另一个为了抢救父亲的生命和姐姐的荣誉。他们都流了泪，但都不是为了自己。父亲为儿子的命运流泪，儿子为父亲的命运哭泣。我们可以想象尼禄本人也一定流下了眼泪，整个亚细亚都在悲伤，兰普萨库人民哀声四起，因为这些出身高贵、清白无辜的公民，罗马人民友好的同盟者，竟然被这个罪大恶极的淫棍所杀害。

多拉贝拉，从今以后我再也无法对你表示遗憾，你死以后，我也无法对你的子女将会遭受的贫困和孤独表示同情。威尔瑞斯对你如此宝贵，使你竟然想要用无辜者的鲜血来清洗他的淫欲留下的踪迹？当你的军队与敌军对峙时，你竟然抛弃他们，仅仅为了用暴力和残忍的手段减轻一名无赖面临的危险？你以为让他担任代理执法官就能使他成为你永久的朋友？你难道不知道他过去担任过总督格奈乌斯·卡波的执法官，但他不仅出卖了卡波，而且还劫走了卡波的供给和金钱？好吧，等到威尔瑞斯哪天加入了你的敌人的阵营，自身罪大恶极的他会对你提出虚假的指控，并在有关方面听到你的解释之前就用伪证给你定罪，到那时你就会明白他有多么不值得信赖了。

【31】威尔瑞斯，你的淫荡想要增长和加倍，达到罗马人和世上所有异邦人都感到难以忍受的地步吗？你只要一看到，或者听说有某个对象，或者心中一有欲望或者念头，就想要马上弄到手以满足你的情欲和贪婪，就一定要对那些城镇发起进攻，是吗？不仅针对那些被征服的敌人的城镇，而且针对我们的同盟者和朋友的城镇，迫使他们也必须用武力来抵抗你的进攻，保护他们自己和他们的子女，抵抗一名罗马总督助理的邪恶情欲。你否认这些事实吗？你在兰普萨库被民众包围，人们开始放火焚烧你的住所。他们想要把一名罗马总督助理活活烧死。不，你无法否认，因为你把证据交给了尼禄，而我已经掌握了你写给尼禄的信。我下面仁慈地读一下他的证据中的某些段落。盖乌斯·威尔瑞斯提供的反对阿特米多罗[①]的证据：“在进入房子以后，马上就……”兰普萨库镇想要对罗马开战吗？这意味着造反，不再服从我们的统治吗？汇集我已经读过和听说过的事情，我注意到在这个城镇里有一位罗马人的代表的尊严受到冒犯，我不说受到围困，也不说受到火与剑的大规模的人身攻击，对此要是不能做出正式的赔偿，通常就要宣战或发动战争。那么是什么原因使兰普萨库所有居民聚集在一起，如你信中所说，攻击你的住处？在你写给尼禄的信中，还有在你自己提供的证据中，你都没有说明骚乱的原因。你说自己被包围了，有人在门口堆上柴禾纵火，你的侍从官被杀，你无法逃到大街上去，但你没有说明为什么会发生这样的事情。如果鲁伯里乌犯下的暴行是他自己的主意，而不是出于你的唆使和为了满足你的情欲，那么兰普萨库人就会到你面前来抱怨你的随员给他们造成了伤害，而不是对你发起进攻。然而，由于我提供的证据说明了骚乱的原因，而威尔瑞斯隐瞒了这个原因，所以他们的证据和他连续保持沉默不就是肯定了我的陈

---

① 阿特米多罗（Artemidorus），可能是斐洛达谟的儿子。

述吗？

【32】先生们，你们还会对这样的人有任何怜悯吗？他犯下如此可怕的罪行，以至于受害人无法等待法律为他们复仇，也无法推迟用暴力来表达他们的怨恨。威尔瑞斯，你被包围了。包围你的是什么人？兰普萨库人民。野蛮吗？当然野蛮。他们是那些不畏惧罗马这个名字的人吗？远非如此。按照他们的本性、习惯和教养，他们是人类中最温和的人。以他们作为罗马人的同盟者的地位，以他们对罗马人的服从以及他们谦卑的品格，每个人都很容易看到，要是没有发生这样的罪恶就不会有这样的暴行，因为他们宁愿死，也不愿继续忍受。他们从来没有达到这样的地步，由于痛恨你的淫荡而不怕你作为总督助理拥有的权力。先生们，我以神的名义起誓，哪怕你们不能成为他们的保护者，也不要强迫我们国家和其他国家的民族走上这样的绝路，而他们现在不得不这样做。除非相信这个人会在罗马受到惩罚，否则没有任何办法能够减轻兰普萨库人对这个人的愤怒。尽管他们承受了罪恶，而又没有法律能够给他们恰当的补偿，但他们仍旧诉诸我们的法律和法官，做他们能做的事，而不是让他们的怨恨支配他们的行动，以此减轻他们的不幸。请你告诉我，威尔瑞斯，你由于自己的罪行而在那个著名的城镇里受到民众的围攻，你在迫害这些不幸的人，使他们对我们的法律和法庭失去希望，从而诉诸武力，以暴抗暴，你在这些友好国家的领土和城镇里的行为不像罗马派来的总督，而像一名淫秽无耻的暴君，你的邪恶行为玷污了罗马人的统治在所有外国民族中的公正名声，你忘记了这些罗马人的朋友向你举起了刀剑，你忘记自己侥幸逃脱了罗马人的同盟者点燃的想要烧死你的烈火。你认为自己在这里还能为自己找到一个安全的地方吗？不可能。他们认为这个地方是你的一个陷阱，而不是你避难的港湾，或者说，他们决不会让你活着离开这里。

【33】按照你的说法，判决斐洛达谟和他的儿子意味着围攻兰普萨库的那所房子就是对你犯下的一起罪行。按照你自己提供的证据，我可以证明你把点火围攻你的责任转移到其他一些完全不同的人身上，因此你不肯放过这

些被你断言有罪的人。这些证据虽然是由一名卑鄙无耻的人提供的，但对于我的目的来说仍旧有用。我要说的是，尼禄法庭的判决对你也不利。读一下威尔瑞斯写给尼禄的信吧。盖乌斯·威尔瑞斯致尼禄。"塞米斯塔戈拉、塞萨鲁斯……"你在信中说塞米斯塔戈拉和塞萨鲁斯煽动民众。煽动民众干什么？包围你的住处，试图把你活活烧死。那么我们在什么地方可以发现你对这些人采取了措施，或者迫害他们，或者维护你自己作为总督助理的权力和尊严？你会假装说审判斐洛达谟的时候这件事已经完成了吗？我们拥有威尔瑞斯本人在那里提供的证据，让我们来看一下这位先生作为一名宣誓过的证人说了些什么。读一下这段话吧。"在回答起诉人的指控时，他说自己没有采取与此案相关的任何措施，只在某些其他场合打算这样做。"那么现在请你告诉我，尼禄法庭的判决，或者给斐洛达谟定罪，如何帮助了你？尽管你，一名总督助理，在你的住处受到围攻，尽管，按照你本人写给尼禄的信，这是对罗马国家和所有总督助理犯下的过错，然而你并没有采取措施。你断言你打算在其他某些场合这样做。这些场合是什么时候？你什么时候会采取措施？你为什么要滥用总督助理的特权？你为什么不能保持对罗马的忠诚？你为什么不能坚持行使权力，针对与你自己的罪行有紧密联系的那些过错？把这个案子提交元老院不是你的责任吗？对这些暴行提出抗议不是你的责任吗？取得执政官的同意，把这些煽动民众的人召到罗马来受审不是你的责任吗？前不久，马库斯·奥勒留·斯考鲁斯断言，在他担任以弗所的执法官期间，他的奴仆试图从狄安娜神庙会中搬走圣像，受到暴力的阻挠，按照他的请求，一名等级最高的名叫伯里克利的以弗所人被召到罗马来受审，理由是他对这一不正义的行为负有责任。要是你已经通知元老院，说你作为一位总督助理受到兰普萨库人的威胁，一部分随员受伤，你的侍从官被杀，你本人被包围，差点被活活烧死，而领头闹事的人就是塞米斯塔戈拉和塞萨鲁斯，那么有谁不会对此感到义愤？有谁不会认为你遭际的危险也有可能发生在自己身上？有谁不会认为，尽管事情只与你有关，但每个人的利益都处在危险之中？确实，仅仅是"助理"这个名字就应当引起人们的尊重，拥有这一头衔的人应当能够自由活动而不受伤害，不仅在承认我们权力的同盟者当中，而且在那些用刀剑反对我们的人当中。

【34】发生在兰普萨库的这件罪行就讲到这里。你们下面要听到的是另外一项指控，涉及邪恶的贪婪，几乎一点儿也不比刚才讲过的罪行逊色。威尔瑞斯向米利都人征召一艘船，陪同和护送他去明都斯。米利都人及时地从他们的船队里找了一条装备精良的快船，在这条快船的护送下，威尔瑞斯启程前往明都斯。尽管人们已经用犀利的语言讲述了他以国家名义偷窃米利都人的羊毛的故事，还有他的来访引起的庞大开支，他对这座城市的行政官的不义行为，但为了证据的完整，我无论如何还要讲一遍。现在我要请你们听另外一个故事，既不是不得不讲，也不是非常值得一提。威尔瑞斯下令要那些水手和桨手弃船，从明都斯徒步返回米利都，而他本人占有了这条从十艘米利都快船中挑选出来的船，把它卖给了两位米利都居民：卢西乌斯·芳尼乌斯和卢西乌斯·玛吉乌斯。元老院最近宣布这些人是公敌，他们用这艘快船航行，在这个国家的敌人之间传递消息，从狄安娜神庙到昔诺佩。

神保佑我们，这是一种多么难以置信的贪婪，一种多么无与伦比的无耻！这艘船属于罗马海军，米利都人把它借给你是为了护送你，而你竟然把它卖了！尽管你对这种巨大的冒犯和由此产生的人们对你的不信任无动于衷，但你难道就没有想过，这种无耻的盗卖，或者倒不如说这种邪恶的海盗行为，会被这座著名城市提供的证据所确认？或者说，要是多拉贝拉听了你的话，采取措施惩罚向米利都人报告了这件事情的那艘快船的船长，或者说，要是多拉贝拉下令从米利都人的公共记录中取消这条记载——这是米利都的法律所要求记录的——你就认为自己可以逃避这一指控吗？

【35】这种虚幻的想法在捉弄你，并且经常起作用。你总是在那里盘算，尤其是在西西里，以为只要下令禁止把这种事情记入公共记录，或者从公共记录中消除已经记载的相关文字，就可以有效地抵御别人的指控。你的这种想法是无效的，确实无效。我们在第一次审讯的时候，不仅从西西里的一些城镇可以知道这一点，而且从米利都城也可以知道这一点。要是下命令消除

记录的人还在当地，那么他们肯定会服从命令，但只要他一离开，他们就不仅会记载被禁止记录的事情，而且还要添加为什么没有及时记载的原因。你在米利都的所作所为都有记录。根据卢西乌斯·穆瑞纳[①]的命令，米利都人建造了十艘快船，作为献给国家的贡品的一部分，亚细亚的其他城镇也这么做，各自缴纳相应的份额。这就是丢失一艘快船会载入他们的公共记录的原因——不是由于海盗的突袭，而是被总督助理公开抢走，不是海上刮起了狂风，而是人为的狂风使我们的同盟者翻了船。来自米利都的使团现在就在罗马，由一些地位很高、政治上很重要的人组成。知道了当选执政官的名字以后，他们在等着2月份的到来，[②] 但不管怎么说，他们不能在审讯的时候否认他们知道这一邪恶的行动，甚至也不能在作证时不提这件事。我再重复一遍，他们会告诉我们——凭着他们的良心，凭着他们对自己的法律的尊重，他们会讲的——那艘船到底怎么了；他们会证明盖乌斯·威尔瑞斯对待这艘造起来对付海盗的快船就像最恶毒的描写中所说的海盗。

【36】当多拉贝拉的执法官盖乌斯·马莱奥鲁被杀的时候，威尔瑞斯盘算着自己将得到两样东西：一样是执法官的职位，因为多拉贝拉马上就命令他代理执法官；另一样是担任小马莱奥鲁的监护人，他可以伺机夺取他的财产。马莱奥鲁前往供应充足的行省时，在老家没有留下任何东西。还有，他在当地放债，积攒了大批现钱。他曾经购买大量精美的银盘，这种病态的欲望是他和威尔瑞斯之间联系的一条纽带。他死的时候留下了这批银盘，还有大量的家奴，包括许多技艺娴熟的工匠和许多英俊的侍从。威尔瑞斯从马莱奥鲁的遗产中接收了所有银盘，带走了他想要的所有奴仆，用船运走了马莱奥鲁留下的美酒和其他在亚细亚很容易获得的东西。他卖掉了其他东西，拿到一笔现钱。尽管他得到的钱财显然不少于2.5万个罗马大银币，但他回到罗马以后，没有向被监护人、被监护人的母亲，或者其他监护人说过一句感

①　卢西乌斯·穆瑞纳（Lucius Murena），罗马将领，苏拉于公元前83年把他留在亚细亚，掌管在那里的罗马军团。

②　2月份通常是接见外国或同盟国使团的日子。

谢的话。他把那些技艺娴熟的工匠都留下来供自己使唤，用那些相貌姣好、训练有素的奴仆替换他自己以前用钱买来的奴隶。这个男孩的母亲和外祖母反复要求威尔瑞斯，哪怕他不把钱交出来，不提供一张清单，至少也要告诉他们有多少属于马莱奥鲁的钱被他拿走了；而其他各地提供的材料表明马莱奥鲁至少还有 1 万个罗马大银币。后来，威尔瑞斯就可耻地涂改这个账本①的最后一页，写上最后一笔，表示他从被监护人马莱奥鲁那里得到 6,000 个罗马大银币已经付给了他的奴仆克利索格努。1 万个罗马大银币怎么变成了 6,000 个，6,000 个罗马大银币的整数是如何得出来的，为什么会和卡波账上 6,000 个罗马大银币的结余一模一样；这笔钱怎么又会作为支付给克利索格努的钱记在账上；为什么这一笔要记在账本这一页的最下面，而且写在涂改过的地方。所有这些，先生们，就由你们自己来判断。即便如此，尽管账上记有马莱奥鲁 6,000 个罗马大银币的收入，但追讨回来的不到 500 个罗马大银币；有些奴仆在对威尔瑞斯的审判开始以后把钱交了回来，有些至今没交，而马莱奥鲁的私人物品和他们自己的奴仆至今还被扣留着。

【37】这就是他担任监护人的故事，寓意深长。就是这样一个人，你们向他托孤！这就是他对死去的亡友的忠诚，和对活人的舆论的尊重！威尔瑞斯，有整个亚细亚供你抢劫，有整个潘斐利亚供你蹂躏，有这么多的财富还不能使你满意吗？你就不能履行一下监护人的责任，放过你的被监护人，放过你朋友的儿子吗？这件事（按你自己坚持的说法）不是西西里人，不是农民，不是那些被你的决定和法令激怒了的人试图包围你，而是你骗走了小马莱奥鲁的遗产。可怜的人啊，我把他带上法庭，他和他的母亲、外祖母一起含着热泪作证。你还想怎么样？难道马莱奥鲁本人应当从阴间复活，要求你履行监护人、卫士、朋友的责任吗？让我们想象一下他就在这里。你这个贪婪、肮脏的家伙，把财产还给你朋友的儿子，即使不能退还你偷去的所有东西，至少也要退还你自己承认偷来的东西。你朋友的儿子在我们法庭上被迫

---

① 马莱奥鲁财产的账本。

说出来的最初的话为什么竟然是痛苦的呼喊和抗议？你为什么要迫使你朋友的妻子，你朋友的妻子的母亲，你的亡友的所有家人，出庭作证反对你？这些妇人庄重贤淑，从不愿抛头露面，而你为什么要强迫她们这样做。读一读她们提供的证词吧，母亲的和外祖母的。

【38】作为代理执法官他如何蹂躏米亚得居民，伤害与摧残整个吕西亚、潘斐利亚、庇西狄亚、弗里吉亚，向他们征用粮食，并且要他们用钱折合实物来缴纳，这就是在那个时期他最先在西西里发明的制度——这些事情我都不需要详细解释。但是你们应当注意到这件事的后果，向许多城市征用粮食、衣服、器皿、麻袋，但又不收实物，而要折算成钱来缴纳。在审判格奈乌斯·多拉贝拉的时候，我们知道，以这些名目征收的金钱总数达到 3 万罗马大银币，尽管这些事情都是多拉贝拉批准的，但却是根据威尔瑞斯的指示征收的。我下面要停下来，只考虑一件事情，而类似的事情很多。请读一下这段话。对执法官格奈乌斯·多拉贝拉以国家名义非法征收金钱所造成的损失的评估。"从米亚得居民中征收……"我断言，是你，威尔瑞斯，提出了这些要求，是你规定了这些东西的价值，是你接受了这些金钱。我要说明大量的金钱是如何通过大量的暴力和不公正积聚起来的，而你就像一场飓风或瘟疫横扫整个行省的每一区域。这就是为什么，先生们，多拉贝拉的原告马库斯·斯考鲁斯要把威尔瑞斯置于自己的掌控之下的原因。他在调查过程中采取了灵活的办法，发现这个人犯有无数罪行。他把记满了威尔瑞斯罪行的本子拿给威尔瑞斯看，要威尔瑞斯提供他需要的信息，出庭指证多拉贝拉，在这种情况下，这个无赖说自己会按照这名起诉者的要求去做。（要是我想使用威尔瑞斯抢劫时的帮凶作证，那么我可以找到这种类型的证人，他们为了逃避自己的罪责会按照我的要求去做。但我放弃使用这样的证人，不愿意在我的阵营里安置叛徒，甚至不想安置逃兵。那些使用这种证人的指控者也许可以算是做得比我好。这样很好。但我认为这是辩护方做的事，而不是起诉方做的事，而我现在就是在雄心勃勃地指控，并赢得听众的掌声。）好吧，威尔瑞斯不敢向国库提交报告，直到多拉贝拉被定罪。他得到元老院

的许可，可以离开一段时间，理由是他的账本被多拉贝拉的起诉者扣留了，就好像他没有自由再复制一份似的！他是一个从来不向国库提交他的账本的人。

【39】你们已经听到了与他担任执法官相关的账目，只有三行；还有那些与他担任总督助理有关的账目，是在有可能暴露账目的这个人已经被定罪和受到处罚的时候才交出来的；最后，还有那些他担任执法官时的账目，根据元老院的法令，他必须提交，不得延误，而他到了规定的期限仍旧没有提交。他告诉元老院他正在等他的财务官。荒唐！一名财务官可以在他的执法官不在的情况下提交账目，就像你霍腾修斯以及其他人所做的一样，而一名执法官同样也可以在他的财务官不在的情况下这样做。他说多拉贝拉已经答应做出同样的让步，而元老院看到证据不足，只有一些相关暗示，所以也就同意了。但是很早以前财务官就已经到了，为什么还不提交账本？前面的账目是你担任总督助理和财务官期间的，其中有些项目必须加到指控你的朋友多拉贝拉时所做的损失评估中去。下面的话选自指控执法官和城市执政官多拉贝拉时所做的损失评估："由威尔瑞斯付给多拉贝拉，但由多拉贝拉以较少数额归还给威尔瑞斯的经费：5,350 个罗马大银币；由多拉贝拉付给威尔瑞斯，但超过威尔瑞斯账面上的部分：2,320 个罗马大银币；多拉贝拉账上显示的由威尔瑞斯接受的超过实收的部分：1.8 万个罗马大银币。"这就是像你这样没有污点的、诚实的人随手记下来的账目。我不得不在没有任何帮助的情况下查找这些没有记录的款项，因为由威尔瑞斯和波斯图米乌·库提乌斯、格奈乌斯、昆图斯一起经手的许多收支账目，没有一笔出现在他的账本中。所以我提出证据，证明那 4 万个罗马大银币在雅典支付给了普伯里乌·塔狄乌斯，为威尔瑞斯无耻地买到了执法官的职位。或者说，威尔瑞斯使自己成为执法官的方式也有某些疑点吗？也许可以说这个人辛勤工作，成绩卓著，十分正直，或者说这个人极为正直，敢于处理任何棘手的事情！然而这个人在成为执法官之前把时间花在嫖妓上，而成为执法官以后又放弃职责。这些事情你们已经听说过了，在执法官任期结束之前，他很少能在罗马待满三

天，很少能有不缺席的时候，但人们却在不断地谈论他的各种恶行，这样一来使他在来到罗马之前确实成了没有任何责任的执法官。为了阻止对他的指控，他付出去的钱更多。我认为，这些钱付给谁是一个问题，但既和我无关，也和我们当前要处理的事情无关。这笔钱在这个案子刚开始审理时就付了出去，那个时候没有人会对此起疑心。啊，你确实是个傻瓜和疯子，在编造账本，想要逃脱与这些未经记录的金钱相关的指控时，你以为只要不记录把钱付给谁，或者提供一本没有这些账目的账本，库提乌斯的账本完全没有这方面的收支，你就可以摆脱一切怀疑吗？你怎么能够不记下你付给他们多少钱？你怎么能够想象对你的审判除了以你自己的账本为证据，其他就没有任何人的账本作证据？

【40】但是，现在让我们来谈谈他担任执法官的臭名昭著的生涯。让我们开始谈论他的冒犯，听众们对此比我们更加熟悉，对我们现在审理的案子更有思想准备。在谈论这些冒犯的时候，我无法成功地避免说我不够彻底地指责。下述抱怨是常见的："他没有提到诸如此类的例子，这是我关心的；他没有涉及诸如此类的不义行为，而我是受害人，我的朋友是受害人，这些事情是我关心的。"面对非常熟悉这个人的不义行为的所有人——他的不义更多的是对整个罗马国家的不义——我希望能够做出我自己的强烈辩护。使我忽略大量事例的原因不是我缺乏彻底性，而是我希望不要触及某些事情，把它们留给我的证人来证明。还有，我无法提到许多事情是为了演说简洁和节约时间。我也必须有点后悔地承认，由于威尔瑞斯无时无刻不在干坏事，所以我不可能了解他的每一罪行。所以在听我讲述的时候，在我讲到他担任执法官时期所犯的罪行，我要你们关注两个方面：司法审判和公共建筑的维护，因为提这些方面的罪行非常适宜一个从来没有受到过任何细微或中等指控的人的尊严。因为，一旦成为执法官——在占卜以后，在他接受凯莉冬①

---

① 凯莉冬（Chelidon），威尔瑞斯的情妇，威尔瑞斯在担任执法官之前没有按照习俗去神庙占卜，而是在和情妇幽会的地方占卜。

的拥抱以后——他就开始把这个职务当做自己的活动范围，抽签的结果更能使他和凯莉冬感到满意，而不是使罗马国家感到满意。首先，让我们来看他的执法官的法令是怎么写成的。

【41】在盖乌斯·萨凯多斯 ① 担任总督期间，有一个名叫普伯里乌·安尼乌斯·阿塞鲁斯的人死了。他只有一个孩子，是个女儿，但他自己从来没有登记过户口，天然的情感使他想立他的女儿为继承人。由于没有法律 ② 禁止这样做，所以她也就理所当然地成了继承人。所有的论证都对这个孩子有利——平等、父亲的心愿、以往执法官的法令、阿塞鲁斯去世时存在的法律条文。在参加选举以后——我无法指出是否有人把这些事情告诉他，或者是因为他对这些事情有他自己天生的敏感性，在没有人指点或提供消息的情况下，他进入了这样一个无耻的过程；我能告诉你们的只有他做事情的轻率与无耻——威尔瑞斯拜访了卢西乌斯·安尼乌斯，一个也享有继承权的人（有人说是安尼乌斯先去拜访威尔瑞斯，但我不相信这种说法），把他能做的事情都告诉了安尼乌斯，威尔瑞斯指的是他可以制定法令，让安尼乌斯拿到遗产。威尔瑞斯派安尼乌斯去谈判，而他自己则在算计着价钱。尽管威尔瑞斯胆大妄为，但不管怎么说他还是秘密地派人向孩子的母亲提出一项建议，说自己在收到贿赂之后保证在他的法令中做出有利于她们的决定，而不会野蛮无耻地处理这件事。孩子的监护人不喜欢这个主意，因为需要代表被监护人支付给威尔瑞斯一大笔钱。他们既不知这笔钱该如何入账，也不知道支付这笔钱以后对他们有无危险。他们也没有假定他有这么邪恶。尽管经常受到压迫，他们还是拒绝了这一要求。你们要是喜欢，请听写进他的法令中的相关条款，看他如何以这笔遗产的所有者的孩子为代价取得这笔遗产。"由于我明白伏科尼乌法案……"有谁曾经怀疑威尔瑞斯会成为妇女的敌人？我怀疑

---

① 盖乌斯·萨凯多斯（Caius Sacerdos），公元前 75 年担任执法官。威尔瑞斯的前任，既是城市执法官，又是西西里行省的总督。

② 伏科尼乌法案（Lex Voconia）显然禁止男子让一名女子做她的财产继承人，但似乎没有登记过的男人都不受这一法律制约。

他曾经做过伤害她们的事，因为为了避免留下不好的印象，他写下的整部法令都适合凯莉冬的嗜好。他告诉我们自己正在采取措施，反对贪婪。在我们自己的时代，或者在我们历史上的任何时候，又有谁更适合做这项工作？请让我们听一听法令的其他部分，能看到这个人道德方面的高论，看到他的法律知识，看到他令人感动的人格，确实是一件令人愉快的事。读吧，请。"任何人，自从担任监察官以来，或者在后续的任何一年……已经做了的，或者将这样做的。""已经做了的，或者将这样做的？"这样的说法在以前的法令中出现过吗？给一项法令签署之后不能当做错误来攻击，而在法令签署之前又无法避免的行为添加不合法的性质，或者要惩罚这样的行为，从前曾经有过这样的法令吗？

【42】法律，法典，以及所有咨询专家，都宣布普伯里乌·安尼乌斯立下过遗嘱，这个遗嘱既不是错误的，也没有什么疏忽大意或不合情理之处。既然如此，那么在他死后就没有理由制定针对他的遗嘱的法律条款。你似乎赞同伏科尼乌法案。那么你最好以昆图斯·伏科尼乌本人为榜样，因为他的法律没有剥夺任何姑娘或妇女的继承人地位，要是她已经拥有这一地位。它只是要求，在以这位监察官命名的那一年的人口登记以后，不要再让姑娘或妇女成为继承人。在伏科尼乌法案中我们没有发现"已经做了的，或者将这样做的"这种话，也没有任何法律要求追究过去的行为，除非有些人自己的本性是有罪的和邪恶的，所以人们不得不逃避他们，哪怕法律没有禁止他们出现。我们经常看到有法律禁止这样的行为，对那些违反禁令的人进行起诉，例如高奈留法案禁止伪造遗嘱、伪造硬币，还禁止其他一些行为。它虽然没有制定新的法律原则，但规定了在某个确定日期之后一些事实上不道德的行为也将成为法律管辖的对象。但是，当一个人在民法中添加某些新条款时，他必须允许从前的行为不受新法律的追究。看一看这些法案吧，如我所说，阿提尼乌法案、富里乌法案、富西乌法案、伏科尼乌法案本身，以及其他所有与公民权利有关的法案。在所有法案中你们会发现相同的事情，即规定法案自颁布之日起生效。即使那些特别强调执法官的法令的人也说，法

令就是有效期为 12 个月的法律，而你却使你的法令的有效期比法律还要长。如果一名执法官的法令的有效期在 1 月 1 日结束，为什么它的有效期不也从 1 月 1 日开始呢？没有人会在其他人担任执法官的年份里执行他的法令，所以，他会在从前的执法官任职的年份里执行他自己的法令吗？还有，要是你在法令中写上这句话是为了改善法律，而不是为了实现个人愿望，那么你在这样做的时候应当更加小心。

【43】你写道："任何人，已经指定继承人的或将要指定继承人的……"除了留给一名继承人或几名继承人，他的其他遗产应当如何处置？按照伏科尼乌法，不向监察官登记是合法的，而你为什么不想办法防止这种行为，因为这种行为与整个阶层有关？这是因为你制定的法令不是针对一个阶层，而是针对某个个人，这马上就表明你的动机不是法律的，而是金钱的。要是你制定的法令只适用于未来，那么它就不会那么令人厌恶了。它仍将是个错误，但在这个案子中，可以对这种行为审判，但是不能当做犯罪，因为没有人有什么冒犯。事情就是这样，这句话表明，它对整个社群无益，而只对普伯里乌·安尼乌斯的有继承权的继承人有益。这句话非常啰嗦，而你采用这句条文的目的就是为了谋取私利。你会发现，以后的执法官不会在他的法令中讲这样的话。不仅如此，至今为止也没有人害怕这一条文。因为在你担任执法官期间，有许多人面临同样处境。他们中间有一位富有的妇女，名叫阿奈娅，她也没有登记，并在她的许多家族成员的同意下，让她的女儿做了她的继承人。这岂不就表明给这个人定罪是错误的吗？盖乌斯·威尔瑞斯自己做出一项规定，但没有人担心会有任何执法官去执行它！而你，威尔瑞斯，确实不仅对修改活人所立的遗嘱不满意，而且还想要废除死者的遗嘱。你本人后来从你的西西里法令中去掉了这句话，只表达了用你的城市法令的原则处理任何不可预见的紧急情况的意愿。你的有关未来的保守的防卫方针证明你遇到了阻力。结果是，你用你自己的适用于整个行省的法令否认了自己的判断有任何意义。

【44】我丝毫也不怀疑，我的女儿在我心中占有非常重要的地位。就像

这个案子会给我带来痛苦和怨恨，你们中的任何人，凡是会被温柔的亲情所扰动的，都会有同样的感觉，因为我们的天性会让我们的女儿成为我们幸福的巨大源泉，也会让我们的女儿成为我们钟爱的对象，而其他任何事情都不值得我们如此精心照料。野蛮可耻的家伙！你为什么要对死去了的普伯里乌·安尼乌斯犯下如此愚蠢的罪行？你为什么要怀着巨大的仇恨对他鞭尸扬灰，从他的孩子那里夺取由法律、法令，以及他父亲的遗愿给予她的财产，把它们转交给另一个与你相宜的人手中？我们的财产在某些执法官手里可以安然无恙，而我们死后到了某些执法官手里就要被剥夺吗？这个人告诉我们："我不允许提起诉讼或强行占有。"① 那么，你就可以从这个孩子的衣服上撕去花边，剥夺她自由与幸福的保障吗？兰普萨库人拔出利剑对付你这样的人会令我们感到惊讶吗？你在离开这个行省时从叙拉古仓皇出逃会令我们感到惊讶吗？要是我们也像自己受苦一样感受他人遭受的痛苦，那么就不会有他的任何踪迹留存在我们的法庭上了。② 父亲给女儿某些东西，你禁止！法律允许这样做，而你横加干涉！他从他自己的财产中做出一项完全合法的馈赠，你从中能找到什么错？一点儿也没有，如我所说。但我不会阻拦你。要是你能做到，要是你能找到任何人听你的，要是有人能服从你的命令，那你就干涉吧。你要剥夺死者的选择权，剥夺活人的财产，剥夺死人与活人的合法权利吗？罗马人民难道不会因此而把你打倒，难道就不会像现在这样把你送上法庭受审吗？

自从有执法官的法令以来，我们总是强制性地执行下列条款：如果死者没有留下书面遗嘱，那么他的财产应当给予最有权认领遗产的人。这一条款的公平显而易见，我们只要说人们从前在日常事务中做出的所有决定都遵循这一原则，这句法令条文是古老的，始终为人们所遵循，也就够了。

【45】现在让我们注意另一项新发明，威尔瑞斯的法令用它来取代古代

---

① 这是威尔瑞斯颁布法令中的一句话。
② 指威尔瑞斯的所有判决都会被废除。

的惯例。我们同时也要派比较年轻的一代去他那里接受民法训练，希望在他那里仍旧有人能够教他们，他的能力和他的法律知识确实非同寻常。在他成为执法官之前，有一个名叫米诺西乌的人死了。由于没有找到他立下的遗嘱，因此按照法律他的遗产应当属于米诺西乌家族。① 如果威尔瑞斯的法令含有所有在他前后的那些执法官的法令中的内容，那么这笔财产也应当属于整个家族。如果有人相信自己按照当时没有找到的遗嘱是合法继承人，那么他可以直接提起诉讼，或者采取恰当的措施保全这些财产，并通过合约的形式确保他对遗产的认领。要是我没有弄错，这就是法律起作用的方式，既在我们祖先的时代，又在我们自己所处的时代。让我们来看威尔瑞斯是怎么改进这条法令的。他在法令中写了这样一句话，无论谁都能明白它适用于具体案例，除了具体的人名，其他内容都不缺。他确实详细地框定了整个案子，但他忽略了法律、惯例、公平，以及先前所有的法令。引自城市法令："如果某项财产的继承权有争议……除非拥有财产的一方同意所提出来的合约。"要点是执法官该如何对待想要继承遗产的双方？他应当如何确定双方必须拥有的财产？所以你并没有排斥实际拥有财产的人，因为他在场，那么要是他不在了，你就要拒绝他吗？你没有在任何地方提到这一点。除了你要处理的案子以外，你的法令没有为其他任何案子提供准则。你的法令条文非常荒谬。"如果某项财产的继承有争议，如果当事人在我面前能提供符合法律规定的、有足够多的人签署的书面遗嘱，那么我将按照书面遗嘱判定遗产的归属。"到此为止，先前的法令都采用了这样的条文，但是问题在于下面的话："如果没有书面遗嘱……"威尔瑞斯说什么呢？他要把遗产判给声称是继承人的人！那么，有没有书面遗嘱又有什么区别呢？要是认领者伪造遗嘱，按照法律的要求弄到足够多的人签署遗嘱，那么你还会拒绝让他认领吗？要是这个人根本没有书面遗嘱，你会把财产判给他吗？对此我们该做什么样的评价呢？以后的执法官不会采纳他的法令中的这句话吗？没有人想要把自己的

---

① 死者没有子女或兄弟。

品性与威尔瑞斯的品性相比，这一点确实令人惊讶。这句话也没有出现在他
自己的西西里法令中。当然了，他那个时候已经拿到了他要的钱。就像我刚
才讲到过的那句话一样，所以现在，在他的西西里法令中，就遗产的归属
而言，所有城市的执法官都是一样的，只有他自己除外。引自西西里法令：
"如果某项财产的继承权有争议……"

【46】我以上苍的名义起誓，若为西西里法令中的这句话辩护，我还有
什么话可说？威尔瑞斯，我要再次就关于遗产继承的这句话向你提问。我刚
才提到的这句话（与安尼乌斯的利益有关）与妇女的继承权有关，我要问的
是，你为什么不在你的行省法令中采用这句话。你认为居住在行省里的人民
比我们这里的人更加应该得到公正的待遇吗？或者说，一件事情在罗马是公
正的，另一件事情在西西里是公正的？在这种比较下，我们肯定无法争论为
什么一项行省法令必定有许多变化，它在任何情况下都不能应用于遗产的继
承，也不能用于妇女的继承权。因为我注意到，你在西西里行省的法令和在
罗马都使用了完全相同的词句，只有这句话是你在罗马受贿之后塞入你的法
令的，为了不在你的行省留下坏名声，只有这句话是你从你的西西里法令中
去掉的。

他在当选和担任公职期间写下了整个法令，以便那些拿公正与他做交易
的人实现他们自己的目的，所以他在担任公职期间对于要不要做出与法令本
身相矛盾的决定丝毫也不犹豫。结果就是卢西乌斯·庇索①记录了一大堆被
他否决的案子，而在威尔瑞斯看来庇索的这些决定与威尔瑞斯的法令是不吻
合的。我想你们没有忘记，在威尔瑞斯担任公职的那一年，有一大批人围着
庇索要求卜诉。由于庇索是威尔瑞斯的同事，所以威尔瑞斯会被一阵石雨埋
葬在公民大会上。庇索所犯的错误比较容易得到人们的宽容，因为人民发现
庇索的公正品性和法律知识是对他们开放的庇护所，他们可以加以利用而不
会感到麻烦或不快，或者需要大笔开销，甚至需要律师的帮助。先生们，请

---

① 卢西乌斯·庇索（Lucius Piso），当年担任执法官的人之一。

你们回顾一下威尔瑞斯在担任执法官期间的荒淫品格、他那些自相矛盾的判决、他私下进行的交易，请你们回想一下拥有许多民法专家的法庭有多么空虚，而凯莉冬家里又是如何宾客云集。只要这个女人来看他，对着他咬一阵耳朵，他就会把他刚刚审完的案子收回重审，改变他的判决；而在其他时间，他又会毫不犹豫地改变他几分钟以前刚刚做出的判决。因此，那些尊严受到伤害的人用诙谐的语调反复说："威尔瑞斯执法当然就是一塌糊涂。"①其他一些比较笨的人在发火的时候就诅咒萨凯多斯②，因为在他身后留下了这样一头可怕的公猪。我不想回忆这些笑话，这些笑话也并非特别机智；还有，我也不想在需要保持法庭尊严的时候让你回忆威尔瑞斯如何违反道德与正义，以至于在民众的闲谈中成为笑料。

【47】至于他对待罗马民众的行为，我应当先谈他的势利还是先谈他的残忍？大家都说残忍具有更加可怕的、野蛮的性质。那么，好，先生们，你们认为这些听众会忘记威尔瑞斯鞭打罗马普通百姓，使他们皮开肉绽的方式吗？有一位平民的保民官在一次公共集会上揭露了这一事实，把一位挨了打的人带到威尔瑞斯面前。我在这里提到残忍这个主题是为了给你们一个机会，以便在恰当之处再加以考虑。③他的势利则无疑是你们所有人都熟悉的。他藐视穷人，像对待奴隶一样对待他们。普伯里乌·却波尼乌把他的财产遗赠给几位诚实的、可敬的人，其中有一位是他自己的获释奴隶。他的兄弟奥鲁斯·却波尼乌是一名罪犯。为了能够给他的兄弟提供生活来源，普伯里乌·却波尼乌在遗嘱中要求他的继承人发誓，把他们得到的遗产的一半分给犯了法的奥鲁斯。这位以前是奴隶后来是自由民的人发了誓，但是其他继承人没有这样做。他们去见威尔瑞斯，说明自己不能发誓，不能按照普伯里乌·却波尼乌的要求去做，因为高奈留法案禁止帮助犯罪者。他们的要求得

---

① 此处原文是一语双关，"威尔瑞斯执法"（Ius Verrinum）和"猪肉汁"（ius verrinum）在拉丁文中读音完全一样。意译为"一塌糊涂"。

② 萨凯多斯，威尔瑞斯的前任。

③ 威尔瑞斯在西西里的残忍行为是本文第五卷的主题。

到了批准，威尔瑞斯让他们继承了遗产。我不批评这一行动本身，尽管一名处于困境中的犯人不能拥有他的兄弟给予他的任何财产确实不公平。要是这位被释放的奴隶不按照他的老主人的遗嘱的要求发誓，他心中就会充满罪恶感。威尔瑞斯拒绝把他应当继承的财产判给他，这样一来他就不能帮助老主人的犯了法的兄弟了，而威尔瑞斯同时又想对他进行惩罚，因为他想要遵循他的老主人的指示办事。好吧，威尔瑞斯，你把遗产判给了没有发誓的人，对此我不反对，一名执法官有权这样做。但你剥夺了一名发过誓的人的权利，这样做有先例吗？假定他确实帮助了这名犯人，那么自有相关的法律对他进行惩罚。但这对执法官的判决会产生什么差别吗？你谴责这个被释放的奴隶想要帮助他处于极度困境中的老主人的兄弟吗？或者说你想谴责他选择了执行他的老主人的生前遗嘱，而他自己的一切都来自他的老主人？你要谴责的是这两种冒犯中的哪一种？是的，在那个场合，这位完美的先生，坐在他的办公椅上，想到"一名被释放的奴隶成了一名骑士的继承人，他竟然有这样的运气"！具有自我约束能力的被释放奴隶阶层中的人有谁会希望他活着离开他的椅子！

我能说出他藐视先例、违反公正原则予以处理的数百件事情，都与金钱有关。但我只要求你们聆听其中的一件事，这件事是你们首次听说，听了这件事你们就可以推测其他类似的事情。

【48】有个人名叫盖乌斯·苏皮西乌·奥林普斯，死于盖乌斯·萨凯多斯担任执法官期间，或者我宁可说他的死早于威尔瑞斯开始游说，竞选执法官。苏皮西乌把财产留给了马库斯·屋大维·利古斯，他认领了财产，并且在萨凯多斯担任执法官期间享有无可争议的财产权。威尔瑞斯担任执法官后，苏皮西乌的女儿依据威尔瑞斯法令中有，而在萨凯多斯法令中没有的一句话提出上诉，要求从利古斯那里认领六分之一的财产。利古斯不在罗马，他的兄弟卢西乌斯在朋友和亲戚的支持下代他出庭。威尔瑞斯宣布，除非他们能够对这位妇人的要求做出很好的安排，否则他就要下令帮助她取得财产。支持利古斯的卢西乌斯·盖留斯争辩说，威尔瑞斯的法令不适用于任何

在他担任总督之前已经被继承了的财产，而要是强制执行当前的规定，利古斯就不会选择继承财产了。这场诉讼是公平的，没有涉及任何金钱交易。利古斯回到罗马。他确信，要是自己去见威尔瑞斯，那么他的案子的公正性以及他个人的影响会对这个人起作用。去他家见到威尔瑞斯以后，他谈到整个事实，指出这些遗产早已归属于他。他从容不迫地谈论了整个案情，使用了一系列可以公之于世的论证，最后提醒威尔瑞斯不要小看他，要注意到他的善意，不要由于忽略这些事实而对他做出不公正的处理。这时候，这个家伙勃然大怒，开始辱骂利古斯，说他只不过是由于幸运才继承了那么多财产。利古斯不得不考虑威尔瑞斯的观点和自己的想法。威尔瑞斯本人的要求需要考虑，他手下豢养的那群走狗的需要也要考虑。我不可能像利古斯本人作证那样把整个故事说得更加清楚。那么，威尔瑞斯，你有什么话必须要说吗？连这样的证据都不可信或者不相干吗？我们不应当相信马库斯·屋大维·利古斯吗？我们不应当相信卢西乌斯·利古斯吗？那么有谁会相信我们，我们应当相信谁？如果这样的证据都无法证明，那么证据还有什么用？或者说他们认为这件事是鸡毛蒜皮的小事？这件事不是小事，不亚于一名城市执法官在卸任前规定自己将成为一切财产继承人的共同继承者。当我们听到他毫不犹豫地从一名像马库斯·屋大维·利古斯这样在地位、等级、名字、品性、能力、运气都非常优秀和杰出的人那里为他在法庭上的判决索取贿赂，我们难道看不出他会以这种可耻的方式向所有地位比他低下的人，向那些来自乡村的简朴的人，向那些已经成为自由民但地位不被他承认的奴隶提出要求吗？

【49】他在处理公共建筑的维护时的行为我几乎不需要细讲。某些受害人已经对此做了描述，还有其他一些人也能说明。已经揭发出来的事情骇人听闻而又令人信服，随着时间的推移，还会揭露更多的事实。昆图斯·提梯纽斯是你的法官之一，他的兄弟格奈乌斯·芳尼乌斯证明他向你付过钱。读一下证词吧："格奈乌斯·芳尼乌斯的证词。"先生们，请不要相信芳尼乌斯所说的话；我再重复一遍，昆图斯·提梯纽斯不要相信自己的兄弟格奈乌

斯·芳尼乌斯所说的话，因为他说的话不可信，因为他试图指责盖乌斯·威尔瑞斯对金钱极为贪婪，我们感到这一指责适合其他任何人，但就是不适合他。我们已经听说过昆图斯·塔狄乌斯，他是威尔瑞斯父亲的亲密朋友，从出身和名字上来看，他与威尔瑞斯的母亲也并非没有关系。塔狄乌斯提交了自己的账本，证明他曾经向威尔瑞斯付过钱。读一读吧，"昆图斯·塔狄乌斯的账目"，此外还有"昆图斯·塔狄乌斯的证词"。我们连塔狄乌斯的账目或证词都不相信吗？要是这样的话，那么我们在审判时该怎么办？要是我们想让每个人都为所欲为，犯下各种罪行，伤害他人，那么除了拒绝接受可敬的人提供的证词和诚实的人保管的账目，我们还需要做什么？

现在我该如何谈论一件引起公愤的事情，这件事是整个罗马在一段时间里长期讨论的主题——他的厚颜无耻的盗窃行为和前所未有的公开抢劫？想一想卡斯托耳神庙吧！这座著名的神庙记载着以往辉煌的历史，我们整个民族的眼睛每天注视着这个圣地，元老院经常在那里聚会，商议和决定最重要的事务。然后，再想一想威尔瑞斯由于胆大妄为的罪行而在人们心中留下的记忆！

【50】先生们，自从卢西乌斯·苏拉和昆图斯·麦特鲁斯担任总督以来①，按照合约看护卡斯托耳神庙的人是普伯里乌·尤尼乌斯。他死了，留下一个未成年的儿子。卢西乌斯·屋大维和盖乌斯·奥勒留在他们担任总督期间②订下了维护神庙的合约，由于他们自己没有时间实施，两位执法官也没有时间，于是就把这项任务交给盖乌斯·萨凯多斯和马库斯·凯西乌斯。后来，元老院颁布了法令，要新任执法官盖乌斯·威尔瑞斯和普伯里乌·凯留斯检查和敦促尚未实施的合约。你们从格奈乌斯·芳尼乌斯和昆图斯·塔狄乌斯那里已经知道威尔瑞斯如何滥用赋予他的权力。他的行为像他过去所有的抢劫行为一样公开和无耻，而他这一次选择的盗窃方法尤其给我们留下

---

① 公元前 80 年。
② 公元前 75 年。

深刻印象。有些事情我们也许不会每天听到，但却能够每天亲眼看到。他询问负责处理卡斯托耳神庙修缮事宜的是谁。他知道尤尼乌斯本人已经死了，但想知道现在与此责任相关的是谁。他得知是尤尼乌斯的儿子，尚未成年。威尔瑞斯老是习惯性地公开说，未成年人，男的或女的，是执法官最安全的猎物。他对自己说这真是一桩有利可图的买卖。面对一座如此宏大和精致的建筑物，哪怕它现在的状况非常好，也能通过修缮获利。他仔细地算计着，想要给自己找到赚钱的途径。修缮神庙的合约已经转移到卢西乌斯·哈波纽斯身上。这个人在事情发生时已经根据尤尼乌斯的遗嘱成了他的儿子的监护人之一，关于合约的转移他已经与其他监护人做出恰当安排。威尔瑞斯要哈波纽斯去见他，询问他的监护有无困难，是否需要帮助。哈波纽斯说了实话，说他的监护没有任何问题，修缮神庙时搬迁器物也没有问题，没有丢失神像或供品，庙宇本身维护得非常好。威尔瑞斯开始感到，要是不能利用这座宏大精美的神庙，以极小的代价使自己的口袋装满钱财，那真是一项耻辱。

【51】他自己去了卡斯托耳神庙考察这座神圣的殿堂。他看到神庙的整个屋顶装饰得非常精美，其他一切都完好如新。他转过身来问自己怎么办才好。平时为他整理行装的一名侍从利古斯看到此景就对他说："威尔瑞斯，你瞧，你在这里没有什么事情可做，除非，也许，你想把这些柱子都弄得笔直。"这个已经失望了的蠢货问"笔直"是什么意思。侍从们告诉他，任何柱子实际上都不可能竖得完全笔直。威尔瑞斯说："该死的，这是为什么，让我们就这么办吧，让我们来把柱子弄得完全笔直。"哈波纽斯熟悉合约中的用语，里面仅仅提到可以更新柱子的数量，但没有提到需要矫正柱子。他还想到，这样的修理拿不到工钱，而且他还必须把神庙照原样交给他的继承人。因此，他坚持自己没有权力这样做，说这样做实际上没有必要。威尔瑞斯要哈波纽斯闭嘴，同时暗示他有机会分享好处。说服这个谦卑灵活的人威尔瑞斯没有碰上什么麻烦，哈波纽斯马上明确地说他会就柱子的修理提出申请。

对年轻的尤尼乌斯来说，这种事情很新鲜。他很快就把这件事告诉了他的继父盖乌斯·穆斯提乌（最近去世了）、他的舅父马库斯·尤尼乌斯，还有另外一位诚实的监护人，普伯里乌·提提乌斯。这三人把事情告诉了最优秀、最值得信赖的马库斯·马尔采鲁斯，他也是监护人之一。马尔采鲁斯去见威尔瑞斯，像那些高尚的、仁慈的人一样，他敦促威尔瑞斯收回成命，不要因这样的修缮而用光尤尼乌斯留下的财产。威尔瑞斯本人已经有了预见，知道该如何吞食他的猎物，这项请求的公正和恳求者的重要性都不能打动他。他回答说，神庙的修缮必须按他的指示办事。监护人们明白要他改变主意是困难的，于是就想方设法找人说情，因为与他直接商谈的途径都被阻塞了。跟这个人既不能讲法律和公平，也不能恳求他的怜悯、亲戚的劝告、朋友的希望、任何人的影响或善意对他来说都没有用。所以，监护人们决定他们的最佳途径是找凯莉冬帮忙（这样的主意会在每个人头脑中出现），这个女人在威尔瑞斯担任执法官期间不仅控制了这个国家的法律诉讼和私人纷争，而且也在处理所有合约方面起着支配作用。

【52】是的，品德高尚的骑士和税务官盖乌斯·穆斯提乌、诚实而正直的孩子的舅舅马库斯·尤尼乌斯、宅心仁厚的孩子的监护人普伯里乌·提提乌斯，人们认为他那个等级无人比他更正直，他们去见了凯莉冬。啊，威尔瑞斯，你担任总督助理给多少人带来痛苦、悲伤和耻辱！其他就不用说了，我只要你想一想，这样的人也必须进妓院会有什么样的羞耻感和厌恶感。若非义务和友谊的驱使，不会有其他考虑使他们如此卑躬屈膝。如我所说，他们去见了凯莉冬。她的住处挤满了求情的人，为了审理、判决、审判程序，真是闻所未闻。"请他把财产判给我"，"要他不要把它拿走"，"要他别给我定罪"，"要他把这项家产奖给我"。有些人向她付现钱，有些人在打借条。整个屋子挤满了人，他们不是嫖客，而是将要出庭的诉讼人。得到许可以后，我提到过名字的这些先生就进去见那个女人。讲话的是盖乌斯·穆斯提乌，他解释了事实，请求帮助，并许诺付钱。凯莉冬以她那种类型的女人的口吻回答，说自己乐意效劳，一定会向威尔瑞斯求情，要他们晚些时候

再来。他们走了，第二天又回来。凯莉冬对他们说这个人主意已定，无法改变，决心要从这项修缮中挣一大笔，这是他自己说的。

【53】我担心有些没有出席第一次审判的听众会以为这个故事是我杜撰的，因为事情本身的极度丑恶令人难以置信。法官先生们，你们以前全都听说过这件事。小尤尼乌斯的监护人普伯里乌·提提乌斯宣誓以后讲述过这件事。他的监护人和舅舅马库斯·尤尼乌斯讲过这件事。要是穆斯提乌还活着，他肯定也会讲述这件事，人们在他死前不久还听他讲过。卢西乌斯·多米提乌讲过这件事，尽管他知道我在穆斯提乌去世之前已经听穆斯提乌讲过了，但由于我和穆斯提乌很熟——事实上，穆斯提乌在我的独立支持下，打赢了一场与他整个人生幸福密切相连的官司——尽管多米提乌知道这一点，而我知道穆斯提乌习惯于把一切都告诉多米提乌，但事情一旦涉及凯莉冬，他就会约束自己的舌头，回避我的问题。① 这位等级很高、名声很好的年轻人非常羞涩，当我向他逼问时，他会回答任何问题，但就是不愿提到凯莉冬的名字。他提到了尤尼乌斯的朋友们去见威尔瑞斯，但直到最后才在实在无法遮掩的情况下说出了凯莉冬的名字。威尔瑞斯，作为一名执法官，你的全部行为受到多米提乌羞于启齿说出她的名字的女人的支配，难道不感到可耻吗？

【54】遭到了凯莉冬的拒绝，他们一筹莫展，只能继续履行他们的义务。他们同意监护人哈波纽斯为此项修缮支付 2,000 个罗马大银币，而实际开支只有 400 个罗马大银币。哈波纽斯把情况报告给威尔瑞斯，在他看来这已经是一笔惊人的巨款。但威尔瑞斯心里想要得到的决非仅限于此，在对哈波纽斯说了一些不高兴的话以后，他表示自己无法接受这样的安排。让我们长话短说，他宣布要由自己来组织竞标。② 监护人们对此一无所知，他们以为与哈波纽斯做出的协商已经很好地解决了问题，一点也不担心他们的监护还会

---

① 当他作为证人接受西塞罗提问的时候。
② 承担修复神庙柱子的工作。

有更糟糕的事情出现。威尔瑞斯没有浪费时间。他没有发布公告，也没有宣布竞标的日子，然后就在一个最不恰当的时候组织竞标了，那时候罗马城市中心广场已经全部装修完了，而罗马赛会也进行到了一半。与此同时，哈波纽斯也取消了与其他监护人之间的协议。但是不管怎么匆忙，监护人还是在规定的时间里赶到竞标现场。孩子的舅舅尤尼乌斯投了标。威尔瑞斯的脸色变得苍白，声音颤抖，脑子就好像麻木了似的。他开始疑惑，不知道该怎么办。如果这些监护人拿到了合约，而他自己安排的承包人没有拿到，那么他就无利可图了。他有预谋。但他的预谋是什么呢？啊，没有什么新花样，没有什么东西像人们所说的那样"不诚实，但非常精明"。从威尔瑞斯那里，你们找不到高超的技艺，也找不到老麻雀似的老练与狡猾。你们会发现一切都显而易见，除了愚蠢、厚颜无耻、鲁莽，其他什么也不是。"要是监护人拿到了合约，猎物就要从我的掌控中溜走了。那么我们该如何阻止它呢？怎么办？哦，让我们阻止监护人投标？"接下去就要看具体怎么做了。执政官、监察官、执法官，甚至财务官，都以国家的名义强制出售地产，由购买者提供保证，支付相关款项。这样做可以保证地产所有者的利益，使他不会在出售地产时遭受损失。威尔瑞斯要排斥监护人投标，而他们拥有这样的权力。他这样做有什么用意？有谁能对我的钱动歪脑筋？这项关于修缮的合约要由我来付钱，我决定由我自己来修。而这项合约是你制定的，你看到这项工作完成得很好。合约人已经向国家提供了个人的和真正的担保。即使你认为担保不够充分，但这是否意味着你作为执法官可以随意让任何人来抢劫我的财产，而不允许我采取行动保护我自己的钱袋？

【55】先生们，你们可以注意一下合约的条文。你们能够认出它的作者就是那部与遗产继承有关的法案的作者。合约中写道："关于尤尼乌斯的监护……"（请你们更加清楚地读一下）"盖乌斯·威尔瑞斯，城市执法官，进一步规定……"这是在改进监察官制定的合约！哦，好吧，在许多老合约中我们看到有这样的话："监察官格奈乌斯·多米提乌和卢西乌斯·麦特鲁斯进一步规定"、"监察官卢西乌斯·卡西乌斯和格奈乌斯·塞维留斯进一步规

定"。盖乌斯・威尔瑞斯的规定就属于这一类。那么请告诉我们，进一步规定什么，大声读！"任何由监察官卢西乌斯・玛基乌斯和马库斯・培尔珀那派遣的人……一定不能担任合伙人，也不能分担相关工作，他自己也不能签订合约。"为什么要有这样的安排？不就是为了防止工程质量低劣吗？你们能够看清这一点。为了确保订立合约者有必要的资金？但他已经向国家提供了个人的、真正的担保，要是你感到有这种需要，他还可以继续提供。在此请允许我问一个细节。哪怕你在做这种事情时一点也不感到羞耻，哪怕那个孩子的破产、他的亲属的眼泪、与此事相关的狄西摩斯・布鲁图的土地面临危险、孩子的监护人马库斯・马尔采鲁斯的个人权威，在你眼中都等于零，你也不能否认你的恶行（因为你在账本中记下了这一合约），不能以任何方式证明合约的公正性。这项合约需要资金 5,600 个罗马大银币，而为了满足这个无赖所提出来的暴君似的要求，监护人们大声宣布由他们来完成这项工作只需要 400 个罗马大银币。那么到底需要多少钱？先生们，你们自己看了就明白了。神庙的柱子边上搭了脚手架，但这些石柱都是雪白的，把它们放倒再竖起，用的还是以前的石头。就是这样的工作，合约人竟然要拿到 5,600 个罗马大银币！是的，我要断定，有些石柱他从来没有修过，有些石柱只是清洗一下也就焕然一新。如果我认为清洗石柱就需要花费那么多钱，那么我肯定不会成为市政官的候选人。

【56】然而，为了使这件事看上去像是一桩生意，而不像对那个孩子的抢劫，合约中写道："在修理过程中任何拆除的部分都必须重新复原。"可他只是把每根石柱放回原处，他在那里拆除了什么？"立约者必须提供担保，在修复过程中可能出现的损坏都要由最初的立约人的继承者负责。"这真是一个很好的玩笑，要求哈波纽斯为他自己提供担保！"相关开支要用现金支付。"从谁的财产中支付？有人清清楚楚地宣布，你们要支付给立约者 5,600 个罗马大银币的工作要是由他来做只需要支付 400 个罗马大银币！我要再次发问，从谁的财产中支付？从这个尚未成年的孩子的财产中支付。他是个孤儿，年纪又小，尽管有监护人，仍旧需要执法官的庇护。他确实有监护人，

他们试图保护他，而你，威尔瑞斯，不仅盗窃他父亲的财产，而且也盗窃监护人的财产。"必须对每个部分使用恰当的材料进行完善的维修。""对每个部分使用恰当的材料"是什么意思？用恰当的工具切割一定数量的大理石，然后运到现场。这就是全部。运到那里的既没有石材，也没有木材，与合约相关的全部开支就是一些匠人几天的工钱，再加上脚手架的材料。先生们，你们算算看哪一项工作开支大，造一根全新的石柱用来取代旧石柱，还是把四根石柱放回原先所在的地方？没有人会怀疑造一根新石柱的开支要大得多。现在我要向你们证明，如果使用相同的石柱建造私人住宅，尽管要在很差的道路上长途运送，还要把它在水塘边竖立起来，总的开支也只需要 200个罗马大银币。他的行为厚颜无耻，而在这样的时候我们继续争论这些细节显然是愚蠢的，尤其是他在合同用语中公开表示出对其他人的轻视，乃至于在合约最后添上"订立合约者可以保留任何没有使用过的旧材料"——当整个修理用的全都是旧料时，这样说就好像有什么旧料在修理中被运走似的。

然而，即使不允许小人物拿到合约，那么合约也不一定要落到威尔瑞斯手里。这个国家的任何成员都可以接下这桩生意。但是不行，他们全都受到阻拦，就像这个小人物一样。威尔瑞斯规定的完工时间是 12 月 1 日，而他开始招标的时间是 9 月 13 日。时间的短暂几乎使所有人望而却步。

【57】那么好吧，哈波纽斯又是如何在规定的时间里完工的呢？没有人给哈波纽斯于 12 月 1 日完工制造麻烦，实际完工的时间或者是一周以后，或者是两周以后。事实上，威尔瑞斯在工程完工之前就已经离开他的行省。受到起诉以后，他起先说自己不能提供这项维修已经按时完成的证明；然后在哈波纽斯的追问下，他对哈波纽斯提到了我，说我手头有被查封的备忘录。哈波纽斯向我索取，派了他的朋友来支持威尔瑞斯。哈波纽斯的要求马上得到批准。威尔瑞斯当时根本没有看到工程是如何完成的。他拒绝证明，那是因为他想找理由为自己辩护。[①] 当时他明白，在这个案子里哈波纽斯会

---

① 借此表明他自己打算指责哈波纽斯破坏合约。

暴露实情，尽管整件事情还有什么时候能比现在更清楚？为了少一个反对他的证人，他把批准书给了哈波纽斯——在这项工程所谓完工以后的第四年！任何公共项目的承包者都不可能享有如此优惠的条件。其他人不仅受阻于工期，而且害怕听从这样一位有权有势的人的支配，他要把捕捉到的猎物撕成碎片。我们不需要争论这笔钱的去向——他自己就已经告诉了我们。首先，狄西摩斯·布鲁图一开始就从自己的钱袋里支付了5,600个罗马大银币，而在工程已经完成，质量担保被接受以后，威尔瑞斯经不住布鲁图的再三追讨，把其中1,100个罗马大银币还给了他。如果这件事与他不再有什么关系，那么威尔瑞斯是不会这样做的。其次，这笔钱①交给了威尔瑞斯的随员考尼费昔，威尔瑞斯无法抵赖这一点。最后，哈波纽斯自己的账目就能说明事实，这笔钱落入了威尔瑞斯的口袋。请大声地朗读："哈波纽斯的账目。"

【58】我还要说，为此案辩护的霍腾修斯在第一次审讯时抱怨说不应该把小尤尼乌斯带到法庭上来给你们看，当时他的舅舅在出庭作证，而他就站在他舅舅身边。霍腾修斯大声地说我这样做是故意的，说我传唤这个孩子出庭是为了激起听众对威尔瑞斯的厌恶。霍腾修斯，我现在要问的是，传唤这个孩子出庭与激起公众对威尔瑞斯的厌恶有什么关系？人们可以这样想，说我把像革拉古或萨图尼努斯这样的人的儿子带上法庭，是为了唤起人们对他父亲的回忆，由此可以点燃不理智的大众的激情。但他实际上是一个非常普通的名叫普伯里乌·尤尼乌斯的罗马人的儿子，他死去的父亲以为他从今以后不仅可以得到他的监护人和亲属的照料，而且也可以得到法律的保护，得到我们这位仁慈的总督助理的关照，得到由你们组成的法庭的庇护。然而这个罪恶的盗贼亲手毁掉了这位父亲留给他的孩子的财产和幸福。这个孩子上法庭只有一个目的，要是没有其他目的的话，就是看一看使他这些年来衣衫褴褛的这个人现在自己穿起了旧衣烂衫。所以，霍腾修斯，不是他的年幼，而是他的案子，不是他的衣服，而是他的不幸，才是你认为应当显示给

---

① 指整个5,600个罗马大银币。

公众的。你不那么在意他穿着滚边的"托袈"① 到这里来，反倒在意他没有佩戴饰品。看到他穿着习俗和他的自由出身允许他穿的衣服，没有人会深深地感动，而孩子的父亲给孩子的饰品是他幸福生活的标志——看到这个强盗如何抢走他的饰品，人们确实会在意和忧心。人们流了泪，我流了泪，你霍腾修斯流了泪，那些出庭作证的人也流了泪，因为这个案子与我们所有人都有关，因为这种危险威胁着我们所有人，只有依靠我们所有人伸出援助之手，才能制止这种邪恶，就像灭火一样。因为我们是幼小孩子的父亲，我们中没有人能说出自己能活多久。我们必须听取建议，在我们死之前，给孩子提供生活保障，使他们孤独的童年有所依靠，就像建立一道防护墙。有谁能保护我们幼小的孩子不受邪恶的行政官员的侵犯？当然了，他们的母亲能这样做。小阿妮娅确实从她母亲那里得到了有力的保护，这是一位伟大的母亲！她竭尽全力，用哭声呼喊神和人的帮助，阻止威尔瑞斯抢夺孩子的父亲留给女儿的遗产！监护人能拯救他们吗？确实轻而易举，马库斯·马尔采鲁斯担任了尤尼乌斯的监护人，然而面对这样一位执法官，他发现自己的雄辩、自己的诚实意愿、自己的影响力，全都毫无作用！

【59】现在我们要问威尔瑞斯在遥远的弗里吉亚，或者在潘斐利亚的边远地区行为如何吗？或者要问他如何在打击海盗的战斗中自己成为海盗吗？我们在这罗马的心脏地区也能发现威尔瑞斯无耻的盗窃行为。看到他糟蹋卢西乌斯·麦特鲁斯为我们取得的战利品，付给他的合约人清洗四根石柱的钱比麦特鲁斯支付整座建筑的造价还要多，我们能怀疑他出售了大量战利品吗？我们还要等待来自西西里的证人的证词吗？每个看了神庙的人都马上会成为证人，证明你的贪婪、不公正、厚颜无耻、邪恶，对吗？行走在从威图姆斯② 塑像到马克西姆圆形杂技场之间的大道上，有谁会想不起你无耻的贪婪？在维修神轿和游行队伍必经的那条大道时，你捞取了那么多好处，乃至

---

① "托袈"（toga），罗马人的便服上装，滚边的托袈表示尤尼乌斯年幼。

② 威图姆斯（Vertumnus），罗马的变幻之神，包括一年四季的变化、商品交换和感情变化等。

于工程完工后连你自己都不敢冒险在那里驱车行驶。有谁会相信，一旦离开意大利，被海水阻隔，你会怜悯我们的同盟者？卡斯托耳神庙成了你盗窃的证据。罗马的眼睛每日每时注视着神庙，审判你的法官也将一边看着神庙，一边宣布对你的判决。

【60】他在担任执法官期间既审理刑事案件，又审理民事案件，下列事实不容忽略。有一桩与罚金有关的案子告到威尔瑞斯面前。受到指控的是昆图斯·奥皮米乌，他在担任保民官期间违反了高奈留法案使用否决权，但罪名不大，而其真实原因是他在任职期间发表了一篇演说，冒犯了某些等级很高的人。如果我在这场审判中细述这个故事，那么我不得不提到许多人的名字，引起他们的痛苦。但我的案子不需要我这样做，我只需要看到有一小撮傲慢的人（我无法更温和地描述他们）在威尔瑞斯的帮助下，把昆图斯·奥皮米乌轻率无情地推向彻底毁灭。

当昆图斯·奥皮米乌，一位罗马元老院的议员，被威尔瑞斯主持的法庭在三个小时内彻底剥夺全部财产和金钱的时候，威尔瑞斯还要抱怨我不公正，说我对他的第一次审判只用了九天时间吗？一次正义的误用使得元老院反复提出动议，想要取消对这个阶层的所有罚金和所有起诉，不是吗？还有，在指挥出售奥皮米乌的家产时，威尔瑞斯公然邪恶地从他那里抢走大量财物。这些事情说起来话长，但我要说，先生们，除非我能根据账本和诚实的证词向你们证明事实，否则你们会把整件事情当做我的临时虚构。现在这个人想要通过他主持的法庭审判一位罗马元老院议员，毁灭他，以便从中获利，把他的财产搬回家，以此为奖品举行胜利游行。这样的人有权向上苍祈祷，使自己不遭受任何形式的毁灭吗？

【61】这就够了，因为我还没有提到尤尼乌斯当主席的那个法庭举行可耻的增补新成员的投票。哦，我怎么敢冒险怀疑你已经在法庭上留下的记录呢？这不是一件容易的事。我不敢这样做不仅是出于尊重你的品格，威尔瑞斯，而且出于尊重法庭其他成员的品格。而那个投票记录却是由你的随员签署的。我无法断定这一点，因为难以证明。但我要重复一下，许多地位很高

的人都听到你说过这样的话，你必须为你制造虚假的投票记录请求宽恕。人们对盖乌斯·尤尼乌斯的仇恨如此强烈，要是你不起诉他，就会给你自己带来毁灭。这就是威尔瑞斯要提出起诉的原因，为的是他自己的安全。他为此做了记录，有些是私下的，有些是公开的，他涂涂改改，抹去真实的记载，虚构一些从来没有发生过的事。他在犯罪的道路上越走越远，为了逃避以前犯的罪所带来的后果，他需要不断地犯新的罪。这个丧失理智的无赖认为，在昆图斯·库提乌斯的帮助下，他可以主持一场增补陪审团成员的投票，而库提乌斯是另外一个法庭的主席。要是没有人民对我的巨大支持，用最响亮的声音表达他们的义愤，我就无法抵抗这一动议，而库提乌斯就会通过投票来决定陪审团成员。由哪些人参加陪审团对我来说非常重要，我需要有最自由的通道，而库提乌斯增补的法庭成员无法保证最低程度的公正，而这些人也是威尔瑞斯想要去掉的。

第二卷

【1】先生们，要是我想尽我的最大努力，或早或迟地处理托付给我的事情，那么我不可避免地要省略许多内容。我许下过诺言要保卫西西里，是西西里这个行省使我难以推卸当前的责任。尽管这就是我当前承担的重任，尽管我确实许下过保卫西西里的诺言，但我的想法逐渐有了更加长远的目标。事实上，我自己许诺要保卫整个元老等级，而不仅仅是保卫罗马本身。要在这个法庭上贯彻正义，仅仅起诉罪人还不够，还必须要有有能力的、有良心的人出场，承担起诉的任务。因此，我一定不要再去触及威尔瑞斯其他的抢劫与暴行，而要毫不拖延地捍卫西西里，这样我就能精力旺盛地做到这一点，也有充沛的时间可供我支配，把必须要说的话都说出来。

但是，在我谈论西西里遭受的苦难之前，我感到有必要说一下这个行省的重要地位和悠久历史。先生们，你们有许多很好的理由关注我们所有同盟国和所有行省的利益，尤其是关注西西里，其中首要的原因是西西里在所有异邦人中占据首位，是罗马的忠实朋友。她是第一个获得行省地位的，是我们这个大帝国皇冠上的第一颗明珠。她是使我们的祖先明白一个帝国该如何辉煌的第一个国家。在对待我们的忠诚态度和善意方面，没有一个国家能与之相比，这个岛屿上的各个城邦一旦与我们建立了友谊，就决不再退出，最主要的是它们中的大多数一直是我们坚定的盟友。因此，我们的祖先在建立一个大帝国的征程中，第一步是从这个行省迈出的，向阿非利加进军。要是没有西西里供我们支配，向我们提供粮食，为我们的舰队提供安全的港口，我们就无法摧毁强大的迦太基。

【2】这就是为什么西庇阿·阿非利加努 ①，在摧毁迦太基以后，要用最精美的雕塑和纪念品盛大地装饰西西里的城市的原因，他有意识地把罗马获得这场胜利的纪念品赠给他认为贡献最大的地方。在西西里，马库斯·马尔采鲁斯本人在他的敌人眼中是可怕的，但他对待其他人却是那么仁慈，是所有其他人的忠实朋友。马尔采鲁斯不仅保护了那些当时为我们战斗的人，而且在胜利的时候赦免了那些反对我们的人。当叙拉古这座建筑华丽、易守难攻的著名城市在马尔采鲁斯的强大军队和高超军事技艺的打击下陷落的时候，他不仅没有伤害她，而且把这座城市装饰得很美丽，使叙拉古成了他的胜利、仁慈、节制的纪念，他俘虏了扼守堡垒的人，宽恕了那里的人民，没有抢劫那里的珍宝。他如此敬重我们盟友的这座岛屿，乃至于不愿意掠夺我们敌人的这座城市。②

按照我们与这个行省的关系，我们从不把那里的物产看做长在他人的土地上的东西，而是看做已经收进我们家乡的粮仓。她什么时候没有按时向我

---

① 指小西庇阿。

② 西西里岛东部原为希腊人的殖民地，西部则为迦太基人控制。公元前 264 年，西西里岛上发生地方性战争，迦太基和罗马各自派军队援助，这是第一次布匿战争的开始。罗马军队在希腊城邦叙拉古的策应下很快占领西西里岛东部，与迦太基人对阵。直至最后消灭迦太基军队，把西西里岛收为属地，设行省治理，只让叙拉古城邦保持半独立地位，与之结为"同盟"。

们缴纳粮食？她什么时候忘了在缴纳粮食的时候也把我们需要的东西一并奉上？她什么时候拒绝过我们命令她缴纳的东西？加图·萨皮恩斯后来把她称做"罗马国家的粮仓，罗马人民的奶妈。"不仅如此，在我们的时代，在伟大的意大利战争期间，我们发现西西里对我们来说不仅是粮仓，而且像我们祖先时代充实的国库，免费提供盔甲、衣衫和粮食，装备我们庞大的军队。

【3】是的，她在服侍我们，她为我们提供了大量的服务，先生们，我要大胆地说我们甚至不明白这一点。我们有许多公民在这个忠诚的行省中拥有许多丰产的土地，他们可以自由地去那里，也可以自由地从事他们的事业。西西里为某些罗马公民提供了商机，使他们获利丰厚。还有一些罗马公民移居那里，按照他们的个人喜好，成为农民、牧民、生意人，简言之，在那里定居安家。大批罗马公民在距离他们自己的国家不远的地方定居，从事诚实而利润丰厚的职业，这是一项重要的国家利益。我们的部族和行省在一定意义上就是我们国家的陆上地产，这样，先生们，就像你们自己从邻近罗马的地产中获得快乐一样，我们国家也从这个邻近首都的行省获取快乐。

还有，那里的居民品性良好，他们坚强、正直、诚实，确实能够使我们想起古代罗马人拥有什么样的品格，而不像我们现在周围人拥有的品格。他们也不像其他希腊人，既不懒惰，也不放纵。情况正好相反，他们非常勤劳，既为他们自己，也为公共利益，他们生活俭朴，言行谨慎。还有，他们顺从在西西里的罗马人，而在别处都没有这种情况，当然了，这些罗马人既不是令人厌恶的税吏，也不是放高利贷者。还有，他们耐心忍受来自罗马方面的压迫，一次又一次，而在此之前他们还从来没有作为一个团体寻求法律和你们的保护。然而，他们不得不活过那个可怕的年份①，那一年他们过得非常悲惨，要不是盖乌斯·马尔采鲁斯来了，他们肯定已经灭绝，他的到来就好像第二位马尔采鲁斯再临，他是西西里的大救星。可是后来他们又要忍受罗马赋予马库斯·安东尼乌斯的独裁权力。这是一种他们传承已久的传

---

① 指公元前 80 年，雷必达担任西西里总督，此人是后来"前三头"之一雷必达之父。

统，把罗马当做西西里的伟大恩人，只要压迫者是罗马人，那么哪怕受压迫也要忍耐。威尔瑞斯是被他们城市正式派遣代表团起诉的第一人。事实上，要是威尔瑞斯保持沉默，要是他犯下的罪行是普通人的罪行，要是他犯下的罪行是普通的过失，还能让人忍受，那么他们还会忍受下去。然而他的奢侈、残忍、贪婪、蛮横，已经到了忍无可忍的地步。由于有了这样一个可耻的无赖，罗马元老院和国家赋予他们的所有权利和恩惠都被剥夺。他们定下心来要做两件事中的一件：要是认为你们能够提供帮助，那么起诉他们的压迫者，索取赔偿；要是你们认为他们不配得到你们的帮助，那么他们就要抛弃自己的城市和家园，而实际上他们已经受到压迫者的驱赶。

【4】这就是他们全体代表向卢西乌斯・麦特鲁斯恳求帮助的全部目的，他将要取代威尔瑞斯的职位，越早越好。就是这些想法引导他们把自己的遭遇不断地向支持他们的罗马人倾诉。就是这种苦难推动着他们向执政官呼吁，他们的请求非常清楚；它实际上不是请求，而是在起诉远远地站在那里的这个人。还有，他们的苦难与悲伤成功地说服了我，他们认为我是高尚正直的人，结果使我违反了自己的原则，接受了自己不愿做的工作，担任了起诉威尔瑞斯的公诉人。即便如此，我在这个特殊案子中仍旧宁愿把自己视为辩护者而非起诉者。最后，有许多在当地出身和地位最高的人，代表地方或以私人的名义，从这个行省的各个部分，从西西里的每一个大城市来到罗马，急切地想要参与这项复仇。

但是，先生们，他们在一种什么样的情况下寻找我们？我感到，我此刻必须毫无保留地代表西西里人说话，这是他们的意愿。我现在的目标是促使他们获救，而不是帮助他们实现愿望。你们想一想，有哪个行省受到指控的人可以在他本人缺席的情况下举行耗费金钱和精力的法庭调查？他下属的两名财务官在那些侍从官的支持下反对我，他们的继任人是他最热忱的支持者，这些人可以任意花他的钱到处旅行，因此也激烈地反对我。想一想这个人手中拥有的权力，他在一个行省里就有四名财务官在竭力保护他。他们和这位执法官的其他下属为他做了那么多事情，地点不在西西里，因为他们发现那里已经被掏空了，而西西里行省的总督也已经走了。他们威胁西西里的居民，要是他们指定代表提供证据反对威尔瑞斯，或者要是有人去罗马，那么就会受到报复。他们到处许诺，要人们按照他们的意思说话。他们带走重要的证人，包括我要传唤的，派人用武力阻止证人离开他们的国家。

【5】尽管如此，让我只提一座城市的情况，玛美提涅 ① 的城市，他们在威尔瑞斯的支持下派了一个官方代表团。这个代表团的首领盖乌斯·海乌斯是这座城市的头面人物，你们听到他宣誓以后的发言，由当地征用的工匠在墨撒纳为威尔瑞斯建造了一艘大货船，这位玛美提涅的代表和威尔瑞斯的赞美者指控威尔瑞斯不仅运走了他的个人财物，而且抢走了他家里的传家宝——圣物和家神。这确实是一首给人留下深刻印象的颂歌，派到罗马来讲话的人分成了两派，一部分赞扬他的盗窃，另一部分斥责他的盗窃！还有，你们会听到墨撒纳最早什么时候开始依附威尔瑞斯，那时你们就会看到这座城市的公民对他表示善意的理由本身足以证明他有罪。其他一些城市，不止一座，先生们，也对他表示了正式的支持。他至高无上的权势所具有的全部力量只能影响一小撮人，而不能影响整个城市。在某些情况下，这些人来自一些衰败的城镇，地位并不重要，他们想到罗马来，但没有接受他们所在城镇或地方议会的派遣；在另外一些情况下，有些人受地方上的指派，带着正式的证据到罗马来反对他，但他们受到威胁，被迫滞留在家中。对此我并不感到遗憾，这种情况确实发生了，但它必定会增加你们对所有这些伟大城市的敬重。事实上，西西里作为一个整体，一旦发现你们关心自己最长久、最忠诚的同盟者，为他们担忧，就会向你们表明任何武力都不可能阻拦他们，任何危险都不可能使他们回头。至于叙拉古人正在给予他官方褒奖的说法，你们中间有些人可能已经听说了，你们还可以从叙拉古人赫拉克利乌在第一次审判时提供的证据中知道这一点。你们会知道案子的整个事实，在叙拉古发生的事情会清楚地摆在你们面前。你们肯定会明白，人们内心对这个人的

---

① 玛美提涅（Mamertines），征服墨撒纳城雇佣军的绰号，词意为战神的儿孙们。

深恶痛绝，叙拉古人对这个人的仇视，超过任何人。

【6】也许有人说只有西西里人是他的敌人，而那些在西西里做生意的罗马公民支持他，像他一样，希望宣判他无罪。对这种看法，我的第一个回答是：即便如此，也要看到为我们的同盟者特设的审判勒索罪的法庭已经建立，为了我们的同盟者的利益，已经通过相关法律，确定了相关程序。因此，我们的同盟者的悲伤是你们作为这个法庭的成员必须聆听的。但是，你们的注意力在第一次审判时实际上被来自西西里的大量著名的罗马公民所提供的重要证据所吸引，这些证据既说明了威尔瑞斯对他们犯下的过错，也说明了他们所知道的威尔瑞斯对其他人犯下的过错。我要告诉这个法庭一件事，我确信这件事情是真的。我相信凭着自己的努力，以辛勤劳动为代价，甘冒敌视和危险，努力为他们寻求补偿，我已经使西西里人感到满意。我知道我的行动同样也已经使我们的同胞感到满意，他们相信保存他们的权利、自由、财产、幸福，取决于给现在站在你们面前的这个人定罪。因此，要是他既不是他们所有人的敌人，又不是强盗，那么我就会满足于你们能够聆听我对他统治西西里的解释，看他是否能使任何人满意——西西里人或罗马人，农民、牧人、商人，或其他任何阶层的人。事实上，只要你们发现他曾经在什么地方宽恕过任何人，那么你们就会掉过头来宽恕他。

一旦命运把西西里交到他的手中，使西西里成为他统治的行省，当他还在罗马的时候，在他离开罗马之前，他就问自己，并且和他的朋友讨论，用什么方法可以在统治这个行省的一年中弄到尽可能多的钱，尽管他不是初次任职。他不满足找到一些发财的方法，西西里是他的猎物，在去西西里之前他做了精心策划和准备。人们在街头巷尾议论着一个到处流传的谣言，有一位占卜师从威尔瑞斯的名字中推论出他在西西里的行为，这一则关于这个不幸行省的预测确实可敬！当然了，考虑到他在担任财务官时曾经逃跑和盗窃，想到他作为总督助理时曾抢劫城镇和神庙，看到他担任执法官时在法庭上土匪般的行为，又有谁怀疑他会在他一生戏剧的第四幕中做出丑恶的表演？

【7】现在，为了向你们不仅说明他在西西里进行的具有偷窃性质的搜刮，而且说明他的牺牲品的准确名字，让我们把某些证据放在你们面前，帮助你们判断他奇特的可耻行为。

他在西西里上岸的那一天标志着罗马有关他的名字的预言开始实现。他做好了充分准备，一到西西里就要扫荡整个行省。上岸以后，他马上从墨撒纳派人给哈莱萨①送去一封信，我猜想这封信是他在意大利就写好的，因为他刚上岸就把信送出了。他在信中传唤哈莱萨的狄奥，要他不得延误，马上来见他。他说，他要调查狄奥的儿子从他的一位亲戚阿波罗多洛·拉斐洛那里接受的一笔遗产。先生们，这笔遗产数额巨大。你们应当知道，狄奥现在已经是罗马公民，是昆图斯·麦特鲁斯授予他公民权的。他在本案一审的时候已经用大量可靠的人证和物证清楚地向你们表明，为了能够在威尔瑞斯经手审判的一桩没有任何疑点的案子中得到他的同情，他向威尔瑞斯支付了1万个罗马大银币。此外，他成群的纯种公马被牵走，他住处的所有银器和挂毯都被抢走。就这样，仅仅因为接受了一笔遗产，狄奥损失了1万个罗马大银币。那么，当狄奥的儿子继承这笔遗产时，谁是执法官？哦，当元老普伯里乌·安尼乌斯的女儿阿妮娅接受遗产时，这个人是执法官，当遗产到了元老马库斯·利古斯手里时，盖乌斯·萨凯多斯是执法官。那么，当时就没有人给狄奥找麻烦吗？在萨凯多斯担任执法官的时候，除了利古斯，没有其他人。那么是谁把消息告诉威尔瑞斯的？没有其他人，除非我们假定这个告密者已经在码头上等候威尔瑞斯。

【8】还在罗马的时候，威尔瑞斯就得到消息，说有一大笔遗产落到了一个名叫狄奥的人手里。遗产继承者要在市政广场竖一些雕塑，要是做不到这一点，遗产就要被没收，归厄律克斯山的维纳斯所有。② 尽管他们已经按照遗嘱这样做了，但是提起维纳斯就足以使威尔瑞斯提出一场虚假的指控。于

---

① 哈莱萨（Halaesa），西西里岛北岸中部城市。
② 西西里西部的厄律克斯山（Eryx）有著名的维纳斯神庙。

是，他安排了一个人代表厄律克斯山的维纳斯认领遗产。与以往同类案子中的认领不一样，以往案子由厄律克斯山所属地区的执法官认领，而这一次的认领者是一个名叫奈维乌斯·图尔皮奥的人，他是威尔瑞斯的代理人和眼线，是那个地区①最无耻的告密者之一，他在萨凯多斯担任执法官期间已经由于骚扰平民而被判刑。这个案子确实就是这种情况，执法官本人想要冒领遗产，但他甚至找不出比这个人更加体面的人来代理。狄奥在与维纳斯神庙对抗时赢得了官司，但在与威尔瑞斯对抗时输掉了官司。②我们的法官当然允许他对大地犯下过错，但不允许他对上苍犯下罪行，允许他不道德地剥夺狄奥的财产，但不允许他剥夺维纳斯的财产。

我现在需要向你们宣读塞克斯都·庞培·基洛鲁斯的证词吗？他是狄奥的律师，熟悉所有情况，他品行高尚，功劳卓著，早就取得了罗马公民权，可以视其为最重要、最杰出的西西里人。或者说我需要向你们宣读高尚、正直的昆图斯·凯西留斯·狄奥本人的证词？或者说我需要向你们宣读卢西乌斯·凯西留斯、卢西乌斯·利古斯、提多·曼留斯、卢西乌斯·卡勒努斯的证词？他们每个人都证明了与狄奥付钱有关的事实。相同的证据来自马库斯·卢库鲁斯，他说自己由于很早就和狄奥有密切联系。因此知道这个不幸的人碰上了什么倒霉事。再说，霍腾修斯，卢库鲁斯当时在马其顿，对这些事情比你知道得多，狄奥向你寻求帮助，而你却十万火急地写信给威尔瑞斯去证明狄奥有过失，是吗？这一指控是第一次进入你的耳朵吗？从狄奥那里你难道什么都没有听说吗？你的岳母塞维莉娅与狄奥过从甚密，从这位可敬的老妇人那里你难道什么都没有听说吗？有许多事实我的证人不知道，而你知道，是吗？不是由于你的当事人的无知，而是法律给你的豁免权，使我无法传唤你出庭为本案作证。请读一下卢库鲁斯、基洛鲁斯和狄奥的证词。

【9】这位维纳斯的信徒刚刚离开凯莉冬的怀抱就来到他的行省，由于使

---

① 指西西里西部地区。
② 威尔瑞斯让狄奥支付 1 万个罗马大银币，以避免整个遗产被没收。

用了维纳斯的名字，法庭就能使他安全吗？

现在我要告诉你们另一件虚假的指控，尽管涉案金额较小，但并不因此而不那么可耻。埃吉里乌地方有两兄弟，名叫索昔普斯和斐洛克拉底。他们的父亲死于 22 年前。死者的遗嘱说，要是继承人没有执行某些规定，那么可以没收他的遗产，献给维纳斯。20 多年以后，尽管所有在此期间担任执法官、财务官的人提出过虚假的指控，这笔遗产最后还是由这两兄弟代表维纳斯认领了。威尔瑞斯审判了这个案子，这两兄弟通过伏凯提乌向他支付了 4,000 个罗马大银币——你们已经从一系列证人那里听到了证词。埃吉里乌这两兄弟虽然打赢了官司，但离开法庭时已经身无分文。

【10】但是，有人告诉我们，这笔钱没有落到威尔瑞斯手里。这样的辩护具有什么样的性质呢？是一种严肃的抗辩还是凭经验说话？我要提问，因为这种事情在我的经验中是新鲜事。威尔瑞斯派人假冒认领了遗产，他传唤被告，对被告进行审判，然后做出判决，要被告支付一大笔钱，这场官司就这样打赢了。我的对手在这时候回答说："这笔钱并没有付给威尔瑞斯。"完全正确，我自己的证人也记下了这个说法。他们告诉我，他们把钱付给了伏凯提乌。伏凯提乌是什么人，能够强迫这两兄弟向他支付 4,000 个罗马大银币？伏凯提乌在履行自己的职责时有谁向他支付过一个罗马小银币？现在就让他去，看看会发生什么事。没有人会让他进家门。我要把事情说得更清楚一些。我要证明你不合法地获取了 40 万个罗马大银币，但没有一个是直接付给你本人的。然而，由于迫使这些人交出金钱的是你颁布的法令和裁决，所以我们现在的争论要点不是谁经手收了钱，而是谁的暴政迫使这些人付钱。你精心挑选的随员就是你的手，你的管家、秘书、传令官、医生、占卜师、传呼员，都是你的手。这些人由于血缘、婚姻、友谊而与你越接近，就越容易成为你的手。你的随员组成了一个团队，他们在西西里造成的危害超过由 100 个造反的奴隶组成的团伙，他们毋庸置疑的是你的左膀右臂。必须把这些人接受金钱解释为，他们不仅把钱交给了你，而且把现钱交到了你本人手中。如果这个法庭接受"他本人没有收钱"作为有效的辩护，那么处理

勒索案的法庭的所有司法调查都将失效。一个人无论犯有多大的罪行，也决不会受到起诉。所以我们不能采用这样的辩护方针。威尔瑞斯现在想要使用这种方针，这样一来我们从今以后无法起诉任何人的罪行，只能把威尔瑞斯这样的人算做清白无辜的。我确实感到，我的对手在这件事情上的宗旨不是为威尔瑞斯本人辩护，而是在审判威尔瑞斯这个人的时候试验一种新的辩护方针的效果。

先生们，你们在这里面临一项危险，必须保持高度警惕，因为这件事关系到国家的利益、我们这个等级的良好名声、我们同盟者的幸福。如果我们让自己相信这个人是清白的，那么我们不仅要证明自己的清白，而且要证明我们随员的清白。所以，我们首先要尽力挑选维护我们名声和公民权的人。

【11】其次，在选择的时候，如果发现我们的朋友不值得信任，那么我们必须惩罚他们，或者把他们解雇，因为人们在期待我们对自己的行为做出解释。请允许我引用一句西庇阿·阿非利加努说过的非常谦恭的话，我们要看到，这样的彬彬有礼才是真正值得我们崇敬的品质，他像过去一样拥有良好的名声。他的一位老朋友，一位坚定的支持者，要求西庇阿带他去阿非利加担任骑兵军官，但是遭到了西庇阿的拒绝，因此他非常恼火。西庇阿对他说："我拒绝了你的请求，希望你不要感到惊讶。我自己想请一位朋友来做我的幕僚，我相信他会非常珍惜我的名誉，然而到现在为止，他仍旧拒绝我的请求。"确实，如果我们想要避免危险和怀疑，那么就要这样的人当我们的随员，而不是把职位当做恩惠提供。然而，你威尔瑞斯请朋友当你的随员就像加入一个强盗团伙。当你在他们的陪同下，或者以他们为工具进行抢劫时，当你戴着金耳环在公共集会上代表他们说话时，你难道不认为你应当对他们的行为作出解释，就像你自己的行为一样？

他派自己的随员组成法庭，然后通过这种法庭的帮助，在审案中获取大量金钱。下一步，他要使用另外一种方法，这种方法也能给他带来巨额的金钱。

【12】我们大家都很清楚，每个人上了法庭，他的全部幸福都取决于被

指派为法官和组成法庭的那些人的同情。要是说这个人的头衔在迄今为止的任何案子中都受到过怀疑，那么可以说他是一名无耻的执法官，不发通告就行使权力，自己选择法庭成员，如果由这样一个无耻的、不负责任的法庭按照这位执法官的命令做出判决，那么你们中没有一个人能够继续拥有自己的房产、田产和家产。此外，如果这位执法官还说，甚至连精通法律用语和职责的卢西乌斯·屋大维·巴尔布斯也无法表达争执要点，所以作为法庭的一名成员他改变了自己的审理要点，而由卢西乌斯·屋大维审理的案子要是按照罗马有关卡佩那地产的法律，那么普伯里乌·塞维留斯是合法的所有者，有争议的地产不应当还给昆图斯·卡图鲁斯，等等，如果这个法庭有这样的导向，那么屋大维作为法官，就不得不强迫塞维留斯把地产"归还"给卡图鲁斯，或者对他实施不公正的惩罚，对吗？在威尔瑞斯担任执法官的三年中，整个司法都以这种方式由这位执法官指导，由法庭执行。有关的法令属于这样一种类型："如果有人拒绝满足你的要求，不缴纳你所说的他欠你的所有东西，你有权起诉他；如果他要控告你，那么就逮捕他。"盖乌斯·富斐西乌、卢西乌斯·苏提乌斯、卢西乌斯·拉西留斯就是被他下令逮捕的那些人的律师。如果当事人是西西里人，尽管这个国家的法律要求任命西西里人为法官，但他的法庭仍旧由罗马公民组成。而要是当事人是罗马公民，组成法庭的人员则是西西里人。为了使你们能够明白他的整个审判方法，让我首先告诉你们西西里法律规定的权利，然后再说这个人的新发明。

【13】西西里人的法律权利是这样的。发生在同一城市的两位公民之间的案子应当按照这个城市的法律由这个城市的法庭审理。发生在不同城市的两位西西里人之间的案子，应当由执法官指定一个法庭，按照西西里人知道的卢庇留斯法案，抽签挑选法庭成员，这部法案是由普伯里乌·卢庇留斯 [1] 遵照十人委员会的推荐开始实施的。当个人控告团体或团体控告个人时，要指定某个城市的议会审理案件，每一方都有权否定所指定的审理案子的议

---

① 普伯里乌·卢庇留斯（Publius Rupilius），公元前131年任西西里行省总督。

会。罗马公民控告西西里人，要指定西西里人审理案子，西西里人控告罗马公民，则要指定罗马公民审理案子。在其他所有案子中，一般的程序就是从某个地区的一批罗马公民中挑选一些人组成法庭，只有发生在生产粮食的农民和征收"什一税"的官吏之间的案子要直接按照粮食法的规定审理，这部法律的名字大家知道叫做"希厄洛法"。①

由于这个人的任职，这些权利不仅都被扰乱了，而且从西西里人和罗马公民那里被剥夺了。一开始是每个城市的地方法律：在同一城市的两个公民之间，威尔瑞斯或者让他们在他任命的人面前受审，有些是他的随员中的传呼员，有些是他的占卜师，有些是他的医生；或者，要是法庭的组成合法，而诉讼当事人确实出现在他们自己的同胞面前，但按照规定他们的同胞是不允许参与审判的。请听这个人的宣告，他想要使这块土地上的每一个法庭都顺从他个人的意愿："我要将任何不能诚实审案的人绳之以法，对他进行惩罚。"每个人都可以清清楚楚地看到，这句话的意思是，审判每件案子的法官做出的判决本身回过头来也要接受审判，这也就意味着他会失去他自己的所有权利，因此他要时刻牢记这一点，要顺从很快就会成为审判他的法官的人的意愿。威尔瑞斯从来就没有从本地人中间，或者从当地的绅士中提名法官。② 如我所说，充当法官的是那些随员，但不是斯卡沃拉的随员——尽管任命随员充当法官不是斯卡沃拉的习惯——而是盖乌斯·威尔瑞斯的随员，他们的品性可以从他们的首领的性格中推论出来。以同样的方式，你们可以看到，在有"如果任何议会做出了任何不诚实的法律判决……"这种通告的地方，我要证明议会在威尔瑞斯的逼迫下实际上都做出了它并不同意的判决。那里没有按照卢庇留斯法案的规定抽签挑选法庭成员，除非在这个人不会损失什么的时候；他用一道命令就结束了无数需要按照希厄洛法案审理的案件，也没有从本地人或者绅士中间挑选法官。你们已经看到威尔瑞斯的权

---

① 希厄洛法，"Laws of Hiero"。
② 显然是指比当地永久居民更为优秀的外来移民。

力范围，现在让我来告诉你们他是如何使用这些权力的。

【14】叙拉古的赫拉克利乌，希厄洛之子，在他自己的同胞中等级最高，在威尔瑞斯担任执法官之前，他可能是叙拉古最富有的人。他的唯一灾难就是与这位贪婪的暴君发生了冲突，如今他成了那里最贫穷的人。按照与他同族的一位亲戚的遗嘱，他得到了一笔价值 3 万个罗马大银币的遗产，包括一座装饰得富丽堂皇的房子、精美的镂花银盘、大量的挂毯、训练有素的奴仆。我们中有谁不知道这个人[①]对这些东西充满疯狂的欲望？人们常说赫拉克利乌之父给他留下大量财产，他不仅有钱，而且拥有许多家具、银盘、丝绸、奴仆。威尔瑞斯也听说了这件事，于是就向赫拉克利乌发起了第一次进攻，用众所周知但却相对温和的方法，向赫拉克利乌借东西，但根本不打算归还。然后，在某些叙拉古公民，克勒奥美涅和埃基里奥的建议下——他们通过自己的妻子与他联系，而他总是把他们的妻子当做自己的妻子，她们对他产生影响，在其他一些指控中发挥作用——我要说，这些人向他指出这笔财产非常庞大，包括许多奇珍异宝，而赫拉克利乌本人已经年迈，精力不济，除了向马凯里乌家族寻求帮助，找不到其他保护人，而把财产留给他的那份遗嘱要求他在体育公园竖一些雕塑。"让我们把公园的管理员找来，让他们宣布赫拉克利乌没有按照遗嘱的要求竖立雕像，让他们出面认领这笔遗产，没收以后归公园所有。"这一策划使威尔瑞斯感到非常高兴。他预见到，这处庞大地产的所有权一旦有了争议，有人要认领它，那么他自己无疑就有了抢劫的机会。他批准了这一计划，要他们马上开始执行，不得延误，向这位年迈的、不愿打官司的老绅士发起可能的进攻。于是，赫拉克利乌被正式起诉。

【15】起初，人们普遍对这种虚假的认领所表现出来的邪恶感到惊讶。然后，那些了解威尔瑞斯的人开始怀疑或清楚地看到他已经在打这处地产的主意。按照卢庇留斯法案的规定，需要设立一个法庭来审理此案，日子

---

① 指威尔瑞斯。

近了，威尔瑞斯宣布要亲自听审。他到达叙拉古的法庭以后就要法官马上开始审理，而当法官赫拉克利乌来到那里的时候，却发现审讯无法在那一天举行，因为卢庇留斯法案规定，诉讼提起后 30 天内不得开庭，而这个时候 30 天还没有过去。赫拉克利乌希望能逃过这一天，只要能逃过一天，昆图斯·阿琉斯就能在案子开庭之前接替威尔瑞斯的职位，当时整个行省都在急切地等待他的到来。威尔瑞斯推迟了审判，指定了符合卢庇留斯法案规定的审判赫拉克利乌的新日子。那个日子到了，他开始假装愿意按常规方式公开审理此案。赫拉克利乌带着他的支持者来了，请求法官允许他以公民对公民的形式，对公园管理者提出抗辩——实际上，这是在反对叙拉古的管理机构。他的对手在威尔瑞斯的指使下，要求从属于这个法定区域的所有城市中为本案挑选陪审团。赫拉克利乌回答说，应当按照卢庇留斯法案任命陪审团，审判不能违反法律程序，因为这些程序有先例可循，由元老院批准，所有西西里人都必须遵守。

【16】还需要我向你们提供证据来说明这个人执法的邪恶方式吗？你们难道都没有看到他在罗马如何随心所欲地执行法律？在他任职期间，要是凯莉冬有别的想法，还能使用那些适用于任何时候的、恰当的司法程序吗？与其他人不一样，威尔瑞斯没有被他的行省从道德上毁灭，因为他在那里的作为和在罗马时一模一样。当赫拉克利乌就所有事实真相进行抗辩的时候，西西里人已经确定了他们在法律诉讼中的权利，已经有了卢庇留斯法案，这部法案是在十人委员会的推荐下，由总督普伯里乌·卢庇留斯签署实行的。西西里的所有总督和执法官一直实施这一法案，而威尔瑞斯宣布他不会按照卢庇留斯法案的要求抽签选择法官，而是任命五名最能起诉赫拉克利乌的人来审理这个案子。

面对这样一个人我们有什么办法？面对如此蛮横的行为我们能找到什么恰当的惩罚？你这厚颜无耻的恶棍！当你发现审理纯粹西西里的案子在法庭组成方面有明确规定时，当罗马主要行政官、十人委员会的权威禁止使用其他方法时，当元老院下令要卢庇留斯按照委员会的报告实施这部法案时，当你的所有前任都严格实行卢庇留斯法案，尤其严格遵守与司法程序相关的规定时，为了实施你自己的抢劫，你竟敢无视这些事实？你竟然从心里如此彻底地驱逐了法律、良心、羞耻感和对审判的敬畏？你怎么能够完全不在乎任何人的看法，以为没有任何人的行为值得效仿？

再回过头来说，他修改法律和法规，不允许有人提出挑战，不抽签决定陪审团，按照自己的意愿任命了五名法官，他们的职责不是调查事实，而是按他的要求进行审判。那一天的审判没有什么进展，第二天再审。

【17】赫拉克利乌此时已经看出这位行政官的奸诈伎俩，他接受了朋友和亲属的建议，决定不再出庭。那天晚上，他逃离了叙拉古。第二天清晨，威尔瑞斯起得比以往任何时候都要早，他下令今天要开庭。在得知赫拉克利乌没有出庭时，他指示法官对被告律师进行预定的审判。他们要求他遵照威尔瑞斯的规定，然后一直等到四点钟，等候事先确定好的有利于对方的判决，这样做也是他允许的。在等待的过程中他十分恼火，他和他的幕僚以及顾问们都感到有点麻烦，因为赫拉克利乌逃跑了。他们感到按预先确定的方案对他进行审判，尤其是与这样一大笔财产有关，会比他本人出庭接受判决引起人们更大的厌恶。还有，这个法庭没有按照卢庇留斯法案的规定组成，这一事实会使判决显得更加不可信和不公正。他试图解决这个问题，而其结果更加清楚地暴露了他的贪婪和邪恶。他宣布不再使用已经提到过的那五名法官，下令要按照卢庇留斯法案的规定做那些从一开始就应该做的事，传唤赫拉克利乌以及那些提起诉讼的人，他说自己打算按照法案的规定抽签组成法庭。赫拉克利乌的所有眼泪和祈求在此之前都没有能够使他回心转意，而在那一天，他自己的职责就要求他按照卢庇留斯法案的规定任命法庭。他从抽签用的瓦瓮中抽出三个名字，下令由这些人组成法庭，按预定方案审判赫拉克利乌，于是他们就照办了。

哦，你这个无赖，你这个傻瓜！你难道从来就没有出庭申辩过吗？你难道从来没有想到这个体面的法庭听说过这个故事吗？一项地产将要从它的合法所有者那里被认领，成为总督的猎物吗？一个城市的名字要被牵扯进来，一个光荣的团体要被迫扮演愚蠢的角色，冒领遗产吗？不仅如此，这样不公正的行为还要假冒公正，到处传扬吗？我以上苍的名义起誓，由总督下令强迫一个人交出他的全部财产，或者组织一场官司陷害他，让他在没有听到审判的时候就被剥夺全部财产，这两种做法没有什么区别。

【18】你肯定无法否认你的职责是按照卢庇留斯法案的规定组织法庭，由于赫拉克利乌提出了这样的要求，你更有必要这样做。要是你声称自己违反法律是他同意的，那么你就阻塞了自己的道路，在辩护中束缚了你自己。因为，首先，要是审判赫拉克利乌的法官来自他自己要求的那个等级，那么他为什么还要拒绝出庭？其次，要是你以前任命的法官得到过他的同意，那么在他逃跑之后你为什么要用抽签的方法指定新法官？还要注意的是，那个地区所有其他案子都由财务官马库斯·波斯图米乌审理，而由你本人审理的案子只有这一桩。

喔，有人告诉我，说他把这处地产给了叙拉古的公民。即使我相信这件事是真的，你也必须宣判这个人有罪，因为我们不允许随意抢劫一个人，把他的东西拿去给别人。实际上你会发现他设法隐瞒抢劫来的这处地产，你会发现叙拉古的公民对这种事表示厌恶，当好处落到别人手里时，他们只会表示不相信。少数叙拉古人当时参与抢劫这处地产，现在他们说自己受官方派遣到这里来证明这个人的功德，不过他们需要证明的不是这个人的功德，而是要和这个人一道商量该如何分担赔偿。在预先安排的审判对赫拉克利乌做出判决以后，叙拉古的公园，换句话说，叙拉古的人民，不仅得到了这笔有争议、价值 3 万罗马大银币、原先由他继承的地产，而且也得到了他的整个家产，其价值少说也要比这笔地产更值钱。这就是你统治这个地区的方式！你抢走了一个人的地产，这处地产是他的亲属留给他的，有遗嘱为证，因此是合法的。立遗嘱的这个人在死前立下遗嘱，把它全部留给赫拉克利乌，虽然立遗嘱人早在你任职之前很久就死了，但这项遗产并没有发生什么争执，没有人提出异议，也没有人提出指控。

【19】但是，不要紧。抢劫这笔亲属留下的遗产，把它献给公园的管理

者，以他同胞的名义抢劫另一个人的财产，推翻法律的规定和继承遗产的权利，只要愿意，你就可以违背死者的意愿和活人的公正认领。但是你连赫拉克利乌的父亲留给他的财产也要迫使他放弃吗？他逃跑以后没多久，这件事就发生了。神保佑我们，这件事有多么无耻，多么残忍！这是一幅什么样的情景！赫拉克利乌悲惨地呻吟，威尔瑞斯得到好处洋洋得意，叙拉古人因为羞耻而面红耳赤，人人心中充满忧伤！有一件事马上就能看到，赫拉克利乌家中的镂花银盘、科林斯铜器和挂毯全都运到威尔瑞斯那里，无人怀疑这样的东西必须集中起来送给他，不仅来自一个被洗劫一空的家庭，而且来自整个广大的行省。他带走他喜欢的奴隶，把其他奴隶都卖掉，他让那些无法无天的追随者举行拍卖，所有东西都归他们支配。有一件事确实给人留下深刻印象。负责正式出售赫拉克利乌这项地产的叙拉古人向他们自己的议会提交了一个报告。他们说有几对高脚杯、一些值钱的银壶、大量的织物、一些训练有素的奴隶献给了威尔瑞斯。他们列举了按照他的命令向各种人支付的金钱的数量，对此参加会议的公民们感到惊诧，但没有人提出抗议。然后又突然读到有一项 3,000 个罗马大银币的支出，也是这位执法官下达的命令。这就引发了一阵响亮的吼声，喊叫的不仅有那些老实巴交的人，而且还有那些早就心存不满的人。他们感到，私人受到如此不公正的对待，要以团体的名义剥夺私人的财产，这太可怕了。即使那些实际上支持这一暴行、分享过一些好处的人也开始喊叫起来："让他保留这项地产吧。"元老院大厅里吼声不断，吸引了大批镇上的人前来围观。

【20】这一消息传遍整个地区，很快有人把消息传给威尔瑞斯。这个家伙勃然大怒，心中充满了对那些向元老院报告的人的怨恨和对所有骚动者的仇视。不管怎么说，他那个时候的行为举止已经和平常不一样了。你们知道他的鲁莽和冒失，但他此刻高度警觉，因为公众已经对他抢劫大量财产的行动表示了愤怒。回过神来以后，他召集了一次公民大会。由于无法否认收受了那笔钱，所以他不敢抬头远望，因为没有人会相信他，而是只看着与他有着最近的亲属关系的人，也就是他自己的女婿，好比他的第二个儿子，指

责他的女婿收了这笔钱，声称自己会要他把这笔钱交回去。听了这番话以后，他女婿的表现符合他的等级、年龄和出身。他在这个元老院发言，说明自己在这件事情上是清白的，人人都知道这件事是威尔瑞斯干的。由于他的表现，叙拉古人等他能够抛弃威尔瑞斯、离开这个行省以后，为他竖了一尊雕像，褒奖他的荣耀。然而我们得知，威尔瑞斯不时抱怨自己运气不佳，碰上这样的倒霉事情，说这些指控与他本人无关，是跟随他的那些人干的！威尔瑞斯，你统治西西里三年，你优秀的女婿和你一起在那里有一年之久，你的亲密朋友，那些高尚的人，甚至你的总督助理都在第一年离你而去。普伯里乌·塔狄乌斯，总督助理之一，与你在一起的时间很少，要是他能够把所有时间用在使你和他的名誉不受损失，那么他待在那里的时间确实应当长一些。你有什么理由指责其他人？什么原因使你要把由于你自己的冒犯所引来的指责转嫁到其他人头上，或者要与其他人共同承担？先生们，我要用文件和人证告诉你们，上面提到的还给叙拉古人的 3,000 罗马大银币后来又如何从后门回到了威尔瑞斯手中。

【21】先生们，把抢来的财产分给许多叙拉古人，这种不义的邪恶行为违反了叙拉古元老院和人民的意愿，可以比做受到叙拉古人强烈谴责的、通过塞奥纳斯图、狄奥尼索多洛、埃基里奥、克勒奥美涅所犯下的罪行。按照我的计划，下面我要开始我的演讲的另外一个部分，告诉你们这整座城市的珍宝是如何被剥夺的。在我上面提到过的这些人的帮助下，他从这座城市的神庙里运走了所有的雕塑、象牙雕刻、绘画，还有他试图占为己有的神像。然后，你们瞧，在叙拉古的元老院大厅里发生了什么事？他们把这个地方称做"议事厅"①，一个神圣的地方，一个充满着光荣的回忆的地方，伟大的马库斯·马尔采鲁斯的铜像也竖立在那里，按照战争的习惯，这个人本来可以把所有东西都搬走，但他没有这样做，而是让它保持原样。但是他们②在那

---

① 原文"bouleuterion"。
② 指塞奥纳斯图等人，也许是叙拉古公民被迫这样做的。

里竖了一尊威尔瑞斯的镀金像，还有一尊他儿子的像，在对这个人还保有记忆的时候，叙拉古的元老们坐在那里就不能不流泪和发出痛苦的呻吟。也是在这些人的帮助下，按照他的命令，马尔采鲁斯节被取缔，给整个城市带来悲伤和灾难，这些人与威尔瑞斯一起抢劫，一起施暴，一起作恶，一起分享他们的妻子。这个节日有一部分是为了感谢盖乌斯·马尔采鲁斯①最近施予他们的恩惠，有一部分是作为一种真诚的奉献，表达他们对伟大的马尔采鲁斯家族的尊敬。当米特拉达铁斯横行亚细亚的时候，威尔瑞斯并没有取缔斯卡沃拉节，尽管斯卡沃拉是我们最野蛮、最惨无人道的敌人，但是考虑到这个节日是为了纪念伟人，带有宗教的神圣性，因此他就没有伸手。那么，这样一个不让叙拉古人向马尔采鲁斯家族奉献一天节日的人，能让他们保留其他所有节日吗？啊，是的，最神奇的是他竟然要举办威尔瑞斯节！这是一个什么样的节日，为了纪念数年以前订立的合约，要叙拉古人提供大量物品，举行仪式和宴会吗？提到如此厚颜无耻的行为，我感到必须让自己先冷静下来，松懈一下自己的神经，克制一下自己的愤怒，然后再说话。事实上，我无法用语言来表达我对举行这个节日所感到的可耻和遗憾，因为这样做就是让那些相信威尔瑞斯对毁灭他们负有责任的人民去荣耀威尔瑞斯。哈，威尔瑞斯节，真是神奇极了！威尔瑞斯，我想知道你有无去过什么地方，而忘掉你举行宴会的日子？什么样的房屋、城镇、圣地你去访问而没有把它们洗劫一空？哦，不管怎么说，把你的节日称做"威尔瑞亚节"②吧，我们可以看到设立这个节日不是为了庆祝你的名字，而是为了纪念你贪婪的本性。

【22】先生们，现在请你们注意，不义会轻易地传播，而要矫正习惯性的错误则极为困难。比狄斯是一个很小的镇子，离叙拉古不远。镇上最重要的公民是厄庇克拉底。这个人从一位女性亲属那里继承了5,000个罗马大银币的遗产，他们的关系很近，哪怕她死的时候没有留下遗嘱，按照比狄斯的

---

① 参见本文本卷第 3 章。
② 拉丁文"verrere"，意思是"扫除"，是春天里一个节日的名称。

法律，厄庇克拉底也是她的财产继承人。这件事发生在叙拉古人赫拉克利乌的事情之后不久，我已经向你们说过赫拉克利乌，他由于继承了一项遗产而遭受毁灭。如我所说，厄庇克拉底这个人也得到一项遗产。他的敌人开始想，剥夺赫拉克利乌财产的这位执政官仍旧在任，因此也有可能剥夺厄庇克拉底的财产。密谋之后，他们把有关情况通过代理人告诉了威尔瑞斯。他们提起了诉讼，而声称要认领遗产的原告又是一处体育公园的管理人。这些比狄斯人与那些想要认领赫拉克利乌遗产的叙拉古人在手法上如出一辙。你们从来没有见过如此热衷体育的执法官，虽然他对这些管理者的保护通常以他自己得到经济上的好处而告终。威尔瑞斯突然提出要求，要这些人向他的一个朋友支付 800 个罗马大银币现钱。这桩密谋不可能不露一点风声，厄庇克拉底从有关人士那里得到了消息。他起初不以为然，也没拿它当回事，因为他认为自己并没有做什么违法的事。但他后来想起了赫拉克利乌，也知道无恶不作的威尔瑞斯是个什么样的人，所以他明白自己最好还是秘密离开这个行省。于是他逃往勒佐。

【23】事情马上传开，那些已经付了钱的人非常生气，他们相信要是厄庇克拉底不露面，那么这件事肯定黄了。赫拉克利乌至少还在第一次审判时露过面，而厄庇克拉底在审判还没有开始，实际上在还没有人提出认领遗产之前就不见了，所以他们相信这项行动无法继续下去。他们渡海去了勒佐，把厄庇克拉底已经知道的一些事情告诉他，还说他们已经为此支付了 800 个罗马大银币。他们提议由厄庇克拉底以任何情愿的方式对他们做一些补偿，这样他们就可以保证不再就这笔遗产提起诉讼。厄庇克拉底非常愤怒，和他们说了很长时间，让他们碰了一鼻子灰。他们从勒佐回到叙拉古，开始为他们支付了 800 个罗马大银币但一无所获感到伤心，这是人们一般会有的表现。这件事情传了开来，到处都在议论。威尔瑞斯在叙拉古故伎重演，他传唤了许多人，说是要调查这 800 个罗马大银币的事。来自比狄斯的这些人声称把钱付给了伏凯提乌，但没有添上"按照威尔瑞斯的命令"这句话。威尔瑞斯派人找来伏凯提乌，要他立即归还这笔钱。伏凯提乌在这一事件中没有

任何损失，他带着钱来到法庭，当着众多证人的面归还了这笔钱，于是来自比狄斯的人就带着钱离开了。有人会说："哦，你从这件事情中能找到威尔瑞斯什么错，他不仅本人不是盗贼，而且还防止其他人做贼？"但请等一等，你们马上就会明白，你们刚才看到的、离他而去的这笔钱马上又会通过另一条秘密通道回到他手中。法庭调查证明他有许多随员接受贿赂，在审判中做出过不公正的判决——这种事是执法官本人的耻辱，也表明他的权力应当被剥夺——比狄斯人的贿赂已经损害了这位执法官的形象和命运，在这种时候他作为一名执法官还有什么可说？他难道就不惩罚受贿者和行贿者吗？你宣布要惩罚奖励不当者，这种事通常是由于疏忽，但你会让行贿者和受贿者逃跑而不受惩罚，让这样的人来颠覆你自己的法令和决定吗？

【24】对一名绅士来说，还有什么事情比接到行政官员的命令、被迫在众目睽睽之下归还偷来的东西更可耻，对一个自由人来说，还有什么事情比这种事情更令人丧气？尽管作为一名罗马骑士的颜面已经丢尽，但是伏凯提乌仍旧与你保持从前那样的关系。他还有一名骑士的尊严吗？不，没有。哪怕是最卑贱的自由在受到这样的对待以后也无法面对，他必定会痛恨你，私下里或公开地；受到这样的羞辱，他们决不会像从前那样捍卫你的荣誉胜过捍卫他们自己的荣誉。然而，他仍旧是你的亲密朋友，不仅在你任职西西里的整个时期，而且当你最终被其他朋友抛弃的时候，他依然如此。对此你很清楚，而我们也能猜到。伏凯提乌没有对威尔瑞斯生气，威尔瑞斯也没有惩罚伏凯提乌或比狄斯人，那么我们就没有证据揭露整个秘密吗？我们有许多证据，有财务方面的证据。他有理由对那些比狄斯人发火，因为他发现他们试图通过贿赂来确保让他做出错误的判决，因为即使厄庇克拉底露面，他们也没有合法的理由起诉他。我要再重复一遍，他不仅把厄庇克拉底继承的财产判给这些人，而且还以他对待叙拉古的赫拉克利乌的方式对待厄庇克拉底（只是更加愚蠢，因为厄庇克拉底从来没有露面），把厄庇克拉底从他父亲那里继承来的财产也判给这些比狄斯人。以一种新的方式，他表明自己已经做好准备，要在当事人缺席的情况下判决认领遗产案。比狄斯人露面了，

提出要认领遗产，厄庇克拉底的代表要求威尔瑞斯按照地方法律或者按照卢庇留斯法处理这一案子。另一方则不敢提出反对，因为他们找不到反对的理由。后来他们就声称，被告由于不愿支付欠款已经潜逃，要求执法官颁布命令，由他们前去接收被告的财产。厄庇克拉底没有欠任何人的钱，他的朋友宣布，他们愿意在法庭上对任何冒领者做出回答，也愿意为法庭做出的判决提供担保。

【25】原告又在威尔瑞斯的建议下开始指责厄庇克拉底伪造公共记录——没有任何证据支持这种怀疑——要求执法官允许对厄庇克拉底进行指控，这时候整个阴谋开始拖延。原告的朋友在被告缺席时建议原告不要开始法庭调查，同时继续重申他们的要求，要威尔瑞斯按照他们自己的法律处理本案。这就给了威尔瑞斯一个很好的借口，他现在发现了被告的一项罪名，厄庇克拉底的朋友不打算在他缺席时为他辩护，于是他宣布早些时候举行的审讯有效。就像每个人都可以清楚地看到的那样，那笔表面上归还了的钱又回到他手中，而且后来他又把手伸向更多的钱，厄庇克拉底的朋友放弃了辩护。威尔瑞斯下令由比狄斯人占有厄庇克拉底的所有财产，包括他原有的值1.5万个罗马大银币的家产，以及后来值5,000个罗马大银币的遗产。到了这一步，我们还能认为我所说的这桩诉讼涉及的金额很小，没有什么意义吗？

先生们，现在让我来告诉你们这些西西里人的悲惨处境。被剥夺了所有财产以后，叙拉古的赫拉克利乌和比狄斯的厄庇克拉底都到罗马来了，他们穷困潦倒，衣衫褴褛，蓬头垢面，这种情况已经持续了将近两年。当卢西乌斯·麦特鲁斯启程去这个行省的时候，他们也跟着去了，希望能得到他的保护。麦特鲁斯一到叙拉古，就废除了这两项对厄庇克拉底和赫拉克利乌的判决。但此时，除了那些搬不动的东西，他们两人的家产已经荡然无存。

【26】麦特鲁斯第一次赴西西里所采取的行动是可敬的。他尽力废除威尔瑞斯颁布的所有压迫人的法令，宣布赫拉克利乌原来的供述无效，下令逮捕参与迫害赫拉克利乌的所有叙拉古元老院成员，而且后来也确实逮捕了某些人。厄庇克拉底马上恢复了名誉。在利里拜乌、阿格里根图、帕诺姆等

地，有许多判决通过赔偿令而被废除。麦特鲁斯发出通告，不承认威尔瑞斯担任执政官期间征税的有效性，并宣布了他自己的意愿，要按照希厄洛法转让征收"什一税"的权利，而威尔瑞斯出售征税权是违反这部法律的。所有这些行动使他显得不是在完成他自己作为执法官的工作，而是在摧毁他的前任的工作。但就在我到达西西里以后没多久，他变成了另外一个人。早些日子，他见了一位名叫莱提留斯的人。这个人并非不识字的文盲，替威尔瑞斯传送信件。莱提留斯带来了几封信，其中包括麦特鲁斯的一封家书，就是这封信使麦特鲁斯发生了彻底改变。他开始退缩，告诉人们自己是威尔瑞斯的朋友和亲戚，打算为威尔瑞斯做任何事。在下达了这么多正式命令废除威尔瑞斯的已有规定以后，他在这种时候产生这样的想法使人们普遍感到惊讶，有些人怀疑是威尔瑞斯派来的莱提留斯提醒了麦特鲁斯，威尔瑞斯向麦特鲁斯表达了良好的祝愿，是他的朋友和亲戚。从那以后，麦特鲁斯开始敦促不同的城市向威尔瑞斯奉献赞美词，他不仅恐吓我的证人，而且用武力限制他们的行动。要是我在访问西西里的时候没有设法反对麦特鲁斯的这种努力，要是我和西西里人打交道时没有带上格拉里奥而非麦特鲁斯授予的书面法律文件，那么我就不可能确保有这么多西西里人出席这场审判。

【27】现在让我们回过头来，继续我已经开始讲述的我们的同盟者的悲惨处境。赫拉克利乌和厄庞克拉底，以及他们的所有朋友，走了很远的路来见我。他们流着泪，感谢我到叙拉古来，并且表达要和我一起回罗马的迫切愿望。由于还有几个城镇要访问，我安排了一个日子与他们在墨撒纳碰面。但他们后来派人捎来口信，这位执法官下令拦阻他们。我正式传唤的这些证人到现在还没有来，我把他们的名字给了麦特鲁斯，他们渴望到罗马来，因为他们是这些无耻暴行的受害人。我们同盟者的权利甚至不包括允许他们对自己所受的痛苦进行抱怨。

你们已经听说了有关坎图里帕的赫拉克利乌、这位品德和地位都很高的年轻人的证词，有人对他进行虚假指控，要索取 1,000 个罗马大银币。威尔瑞斯强迫被告缴纳 4,000 个罗马大银币保证金，然后由仲裁人出面协商，确定赔偿额。当仲裁人——一位坎图里帕人——做出的裁决偏向赫拉克利乌时，威尔瑞斯废除裁决，宣布仲裁人有罪。他禁止这个人在元老院露面，参加镇里的居民集会，或者享有民法特权，并且发出通告不允许他起诉任何冒犯他的人。威尔瑞斯指派了自己的一位随员来裁决其他人想要认领的这个人的财产，但不允许他起诉任何人。尽管这位执法官已经正式允许或鼓动人们围攻这个人，但这个人在当地拥有的权威使得无人敢这样做；尽管威尔瑞斯正式宣布可以领取他的财产，但没有人提出起诉。然而，在威尔瑞斯任职期间，这个人蒙受的痛苦和耻辱一直在延续。面对如此史无前例、闻所未闻的法庭恫吓，你们能想象有什么案子可以不按照威尔瑞斯的指示审理吗？你们不认为唯一确定的事情就是抢走属于赫拉克利乌的这笔钱吗？这岂不就是进一步抢劫的结果？这个强盗以法律的名义抢钱，要把所有人的财产和幸福置于他的支配之下。

【28】现在我们再来谈谈他在审理案件时的行为。我不需要叙述所有案子的细节，只从大量类似案件中选出那些格外邪恶的。哈里基艾的索帕特是这个城镇最富有、最受人尊敬的人之一。他的仇敌在盖乌斯·萨凯多斯担任执法官期间起诉他，但他没有碰上什么大麻烦，被宣判无罪。威尔瑞斯接替萨凯多斯以后，这位索帕特又受到那些仇敌的指控，罪名与原来相同。他以为自己没有什么危险，因为他无罪，又因为他不认为威尔瑞斯胆敢改变萨凯多斯的判决。他被传唤出庭，地点在叙拉古。他的罪名原先不仅得到成功的辩护，而且已经有了法庭判决。这一次为他辩护的是昆图斯·米诺西乌，此人属于优秀的、受人尊敬的骑士等级，法庭成员也都认识他。这个案子似乎没有留下什么缺陷，甚至也没有什么不清楚的地方。审判开始以后，威尔瑞斯的一名跟班提玛基德出现了。这个人在第一次审讯威尔瑞斯时是无数证人之一，曾帮助威尔瑞斯处理所有这类事情。他走近索帕特，警告索帕特不要过于相信萨凯多斯的判决或者过于相信自己的力量，因为索帕特的原告和仇敌正在给执法官送钱，然而执法官本人宁可在得到一些金钱以后开释索帕特，要是可以的话，执法官宁可不去推翻先前的判决。发现自己竟然陷入这

种事先毫无预兆的危险处境，索帕特心中充满焦虑，无法马上回答提玛基德。他要先想清楚该怎么办，同时他也注意到自己的经济状况已经十分窘迫。后来，他把这些事告诉了朋友，他们为他打通了关节，让他逃走，而他又去找了提玛基德。在详细讲述了自己的情况后，他与提玛基德讨价还价，直到最后同意支付 800 个罗马大银币。

【29】法庭审判开始了，索帕特的所有支持者摆脱了恐惧和焦虑，因为指控毫无根据，案子过去也审过，威尔瑞斯已经拿到了钱，还会有什么样的结果呢？但直到休庭，审判仍旧没有结果。然后，提玛基德又去找索帕特，告诉他原告给执法官的钱比他给执法官的钱多得多，因此他无法保证最后结果会怎样。索帕特是西西里人，而且正在受审，处在这样的位置，也就是说处在政治上不利而且危险的境地，但无论如何，他无法继续忍受任由提玛基德摆布。他回答道："你到底想要什么，我不会再给你任何东西。"他的朋友和律师也同意这样做，威尔瑞斯想怎么审判随他的便，因为法庭成员中也还有其他一些来自叙拉古地区的代表，他们当初曾在萨凯多斯主持审判时宣判索帕特无罪。索帕特的朋友认为从前宣判他无罪的人决不会同意现在以同样的指控和同样的证据宣判他有罪。抱着这个唯一的希望他们上了法庭。开庭了，以往经常出席审判的法庭成员也到了，索帕特寄希望于这些人能为他说话，我提到过，他们实际上就是上一次曾经判决索帕特无罪的人。但是要记住，主持这次审判的是这个无耻的恶棍，他的邪恶甚至不需要任何掩饰和隐瞒。他告诉马库斯·庇提留斯，一位参与审判的罗马骑士，可以去履行另一项公务了，担任法官去审判另一项民事案。庇提留斯提出反对意见，因为威尔瑞斯有意让庇提留斯的一些朋友留下。我们这位谦恭的先生回答说，凡是想和庇提留斯在一起的人一个都不留。所以他们全都走了，其他一些人也请求允许离开，因为他们说自己希望去支持另外一个案子中的某一方。就这样，留下来的法庭成员只有威尔瑞斯和他的那些无赖随员。准备为索帕特辩护的米诺西乌以为威尔瑞斯让他们离去意味着当天就不开庭审判了，但他突然接到命令马上开始辩护演讲。米诺西乌问："对谁演讲？""对我，要是你

认为我有资格审判这头西西里的希腊小畜生。"米诺西乌说："你当然有资格，但要是从前参加过审判、熟悉这个案子的人在场，那么我就会感到很高兴。"威尔瑞斯说："他们不能继续参加审判。"米诺西乌说："为什么？实际上庇提留斯也要我参加他那个法庭的审判。"于是，米诺西乌也离开了那里。威尔瑞斯勃然大怒，用恶毒的语言咒骂他，甚至威胁要派人干掉他。

【30】米诺西乌在叙拉古有他自己的商业利益，但他认为不能因此而忘记自己的权利和职责，他明白在西西里追求财富不能以失去他的个人自由为代价，他坦率地表达了他对这个案子及其进展的看法，拒绝在法庭成员都被打发走的情况下为当事人辩护。他离开了那里，索帕特的其他朋友和支持者——西西里人除外——也离开了那里。像威尔瑞斯这样难以置信的、蛮横和邪恶的人看到自己突然成了孤家寡人，于是惊慌失措，不知道该怎么办。如果让那些被他赶走的人参与审判，那么索帕特就会被宣判无罪，如果他现在就给这个不幸的无辜者定罪，没有审判团的其他成员，也没有被告的辩护律师和支持者，改变萨凯多斯以前的判决，那么他感到自己将会无法面对这样的判决会带来的仇恨。处在犹豫不决的痛苦之中，他内心和身体躁动不安，所有在场的人都能看出他在担心。而在场的人们也都死一般地沉默，看他用什么办法来解决难题。他的随从提玛基德不停地弯下腰来和他交头接耳。最后他说："现在就开庭审判！"于是被告按常规做了祈祷，请求他的审讯。这时候威尔瑞斯又突然传唤证人，两三名证人匆匆忙忙地作证，没有进行法庭调查，然后法庭传呼员就宣布审判结束。这时候威尔瑞斯赶紧站起身来，就好像担心庇提留斯完成了另一个民事法庭上的审判，会和其他人又到这里来似的。而这位曾被萨凯多斯宣判无罪的无辜者却在这样三个人的一致同意下被判决有罪：一名随员、一个卖药的、一个占卜的。

【31】先生们，救救威尔瑞斯！救救他，为了罗马！宽恕他，让他平安！你们需要这样的人主持法庭。你们需要他参加元老院，用他那大公无私的嗓门讨论和平或战争。当然了，这后一种考虑——他在元老院会如何说话与我们有关，与这个国家有关——相对来说并不重要。因为他的意见能有多少分

量呢？他什么时候有勇气或能力发表自己的意见？除了2月份，① 这么懒惰的淫棍什么时候会到元老院来？但不管怎么说，让他参加元老院的会议吧，让他对克里特宣战，让他把自由奖励给拜占庭，让他把王冠授给托勒密，让他去说霍腾修斯要他说的话，让他去想霍腾修斯要他想的事。这样的事情，对我们生活的安宁和幸福的保障来说，相对不太要紧。致命的、可怕的、一切诚实的人必定会害怕的事情是，要是暴力能使威尔瑞斯逃脱当前的审判，那么他肯定会成为审判我们的法官之一，他的判决将限制罗马公民的自由。他将在这个人② 的军队中担负一项使命，而这个人热切希望指挥我们的法庭。对此罗马人举行了抗议，对此他们不能屈从。他们呼喊道，要是你们以这样的人为荣，要是你们选择这种人来为你们的等级增添光彩，为元老院提高声望，还有，要是你们喜欢他，那么你们可以让他当法官来审判你们自己。但我们不是你们这个等级的成员，苏拉的伟大法律甚至不允许我们质疑三名以上的法官，③ 所以我们拒绝接受这个残忍的、臭名昭著的无赖的审判。

【32】法官接受贿赂确实是一件邪恶的事——在我看来这种事情是世上最愚蠢、最邪恶的——这样做意味着金钱成了他的荣誉和良心的主人。然而更为邪恶与可耻的是，他许诺可以判行贿者无罪，然而在收受贿赂后又宣判这个人有罪。作为一名行政官员，他对诺言的恪守甚至还不如土匪！从被告那里拿钱是一种罪，从原告那里拿钱更坏，从双方拿钱最坏！你在你的行省中展示你的荣耀并加以出售，最喜欢你的人付给你的钱最多，那么好吧，请别在意，也许有某些人也会做这种事。但是当你的荣誉和良心已经成为他人的财产，而购买它的钱已经支付的时候，你仍旧要把你的荣誉和良心出售给购买者的对手，因为他的对手们的钱更多吗？你会欺骗他们双方，选择你自己的购买者，甚至不把钱还给你的受害人吗？不要跟我提起布尔布斯和斯塔

---

① 罗马元老院通常在这个月接受附属国或同盟国的请求，而腐败的元老院议员会接受贿赂对他们的请求表示支持。

② 指霍腾修斯，参见《控威尔瑞斯——一审控词》第4章。

③ 元老院议员可以质疑六名法官。

厄努斯①，我们在哪里看到过或听说过像这个人一样的违反人性的无赖？一方面与原告讨价还价，另一方面与被告讨价还价，然后把了解事实的可敬的人从法庭上驱逐出去，给孤立无援的、已经被判无罪的人定罪，拿了他的钱而又拒绝还钱。我们要这样的人当我们的法官吗？这个人的名字还能再出现在元老院议员组成的法庭中吗？一名自由人的处境要取决于他的判决吗？如果把记录判决的书板放到他的手中，要是他产生狂想，那么他不仅会用蜡，而且会用人的鲜血涂改书板。

【33】他否定了哪些指控？无疑，只有一样指控是他必然要加以否认的——他拿了钱。他想要否认这一点吗？他当然要否认。但是为索帕特辩护的罗马骑士昆图斯·米诺西乌知道索帕特的全部作为，他发誓，这笔钱已经付了，他发誓，提玛基德说过起诉者正在付更多的钱。在西西里很多人都会这样说，还有，索帕特的小儿子会说，这个无赖残忍地抢劫了他无辜的父亲，抢走了他父亲本会留给他的钱。即使我不能提供证据，证明这笔钱已经支付，但你能否认，或者你现在能否认，你先把你的法庭成员打发走，然后赶走那些曾经坐在萨凯多斯的法庭上和一直坐在你的法庭上的那些人，然后再对一个曾经判决过的案子进行宣判？这个人曾经得到萨凯多斯的法庭的支持，首先公正地审判，然后判决他无罪，而你首先打发了你的法庭成员，然后就在没有什么审判的情况下宣布他有罪？当你承认这些事情都是公开的，审判是在叙拉古的市集广场上进行的，整个行省的人都能看见的时候，你竭力否认拿了这个人的钱。当然了，你有可能发现某些人，他们曾经看到白天发生的事，然而不能确定你夜晚干了些什么，你也有可能找到某些人，他们不能确定应当相信我的证人还是相信你的支持者。我已经说过，我不想列举威尔瑞斯所有这一类成就，而只选择其中最惊人的。

【34】现在让我来告诉你们他的另一桩臭名昭著的罪行，它本身包含着

---

① 布尔布斯（Bulbus）和斯塔厄努斯（Staienus），几年前审判奥庇安尼库（Oppianicus）一案时的两位唯利是图、臭名昭著的法官。

各种邪恶的行为，被人们广泛传说，远近闻名。我请你们密切关注这个故事，你们将会看到，这一罪行从贪婪中产生，受到淫欲的滋养，最后由残忍来完成。

在我附近坐着的这位先生是塞尔迈的塞尼乌斯，他高贵的等级和品德曾经使我们中间很多人都熟悉他的名字，而他在威尔瑞斯手里遭受的不幸与痛苦又是我们所有人都熟知的。尽管威尔瑞斯乐意享受他的盛情款待，不仅经常去塞尔迈看他，而且住在他家，最后把他家中各种好东西劫掠一空。塞尼乌斯实际上是一位热心的收藏家，藏有一名塞尔迈人所能允许拥有的来自德洛斯岛和科林斯的精美铜像、绘画、银器。如我所说，作为一名亚细亚的年轻人，他热心收藏这些东西，但他收藏的目的更多的不是为了自己享受，而是为了能够把我们的人民当做他的朋友和客人来接待。威尔瑞斯抢走他的所有藏品之后，塞尼乌斯恳求某些人的帮助，同时尽力忍受他的损失。当然了，他几乎陷入一无所有的赤贫境地，而威尔瑞斯后来又把他的家变成了自己漂亮的住宅。但是塞尼乌斯仍旧独自忍受着不幸，他感到自己必须默默地承受一名总督和那些客人的暴行。与此同时，贪婪出名的威尔瑞斯又爱上了他看到的竖在塞尔迈公园里的一些非常精美、非常古老的雕塑。他开始强迫塞尼乌斯帮他把这些雕塑搞到手。然而，塞尼乌斯拒绝了他的要求，并且向他指出，只要塞尔迈和罗马国家还存在，就不可能从塞尔迈搬走这些纪念西庇阿·阿非利加努的古代雕塑。

【35】要是我可以顺便说一说这位征服阿非利加的大英雄所拥有的同情心和公正心，塞尼乌斯的意思是这样的。很久以前①，迦太基人攻占了希墨腊这座到那时为止西西里最著名、装饰得最漂亮的城镇。在西庇阿看来，在战争结束的时候，我们的胜利应当引导我们的同盟者收复属于他们的东西，这是罗马荣誉的要求。战胜迦太基以后，他认为应当尽力赔偿所有西西里人受到的损失。希墨腊被毁以后，某些幸存的公民前往塞尔迈定居，就在

---

① 指公元前 408 年。

离这座古老城市不远的辖区内。看到他们祖先的珍宝竖立在他们的城镇里时，他们感到自己重新开始获得祖先所享有的繁荣昌盛与重要地位。那里有许多青铜雕像，其中有一座格外美丽，是一尊妇女像，代表希墨腊本身，它的名字就叫希墨腊，既是城镇的名字，又是河流的名字。还有一尊诗人斯特昔科鲁的雕像，塑成一位老人的样子，身体前倾，手里拿着一本书，也被视为一件精美的艺术品，它的主人公生活在希墨腊，但由于他的天才而闻名于整个希腊世界。这两尊雕塑都是威尔瑞斯渴望占为己有的。我几乎忘了，还有一座母山羊的像，哪怕我们这些不懂雕塑的人也能肯定这是一件精巧神奇的艺术珍品。西庇阿没有粗心地把这些艺术品扔在一边，任由威尔瑞斯这样的鉴赏家去评估，而是归还给它们的主人塞尔迈人，这样做不是因为他在罗马没有花园，或者在罗马附近没有宅邸，或者没有其他地方可以安放这些雕塑，而是因为，要是他把它们弄回家，那么它们只能一时被称做西庇阿的雕塑，而在他死以后就只能被称做他的继承人的雕塑，但若让它们留在原来的地方，我感到，它们就永远属于西庇阿，而人们现在正是这样说的。

【36】当威尔瑞斯试图夺取这些珍宝时，这件事在地方议会引起了争论。塞尼乌斯在那里发表长篇演讲，猛烈地攻击这个建议，并提醒他的听众注意事实，他在演讲中展示了杰出的口才。他说他们最好还是放弃塞尔迈，不要从塞尔迈搬走那些纪念他们祖先的雕塑、那些胜利纪念品、那些由他们的恩人赠送给他们的礼物、那些与罗马人结成同盟和友谊的象征。他的话深深地打动了所有听众，他们都愿意拼死保护这些珍宝。这几乎是世上唯一的城镇，威尔瑞斯迄今为止无法从那里搬走任何公共所有的珍宝，无论是偷，是抢，还是行使权威、许以恩惠、出钱购买。然而我现在要回过头来讲塞尼乌斯，告诉你们威尔瑞斯在其他地方表现出来的贪婪。由于对塞尼乌斯的态度十分恼火，他拒绝了塞尼乌斯的款待，从他家搬走，或者说他离开了，因为他已经把那里的东西都搬空了。塞尼乌斯的一些主要仇敌马上邀请威尔瑞斯去他们的家中居住，他们虚构了一些事情来增加威尔瑞斯对塞尼乌斯的怨恨。塞尼乌斯的仇敌中有一位名叫阿伽昔努，还有一位叫多洛修斯，多洛修

斯与阿伽昔努的女儿卡利达玛结婚。威尔瑞斯听说过这个妇人，于是就选了这位女婿的家作为他的新住处。仅仅过了一个晚上，他就非常喜欢多洛修斯，人们可以推测他们在所有方面都有共同点，而威尔瑞斯由于有了这层亲密关系也更加在意阿伽昔努，甚至显得不再关心希墨腊的雕塑，因为他的女房东的美貌给了他更大的满足。

【37】结果就是他开始鼓励这些人想方设法毁灭塞尼乌斯，要他们找出理由来指控塞尼乌斯。那些人对他说想不出什么理由。这时候他就公开告诉他们，只要他们提出任何反对塞尼乌斯的指控，就一定能打赢官司。他们没有拖延多久就传唤了塞尼乌斯，说他伪造了一份官方文书。塞尼乌斯提出如下申请：鉴于他受到同胞公民关于伪造官方文书的指控，鉴于塞尔迈的法律规定了审判这种过错的形式，鉴于罗马元老院和人民考虑到塞尔迈人民对罗马的忠诚和两者牢不可破的友好关系，把他们的城市、土地、法律归还给他们，鉴于公民之间按照自己的法律提出指控的权利从今以后建立在由普伯里乌·卢庇留斯为西西里人制定的法律的基础之上，与元老院的法令和十人委员会的意见相一致，鉴于威尔瑞斯在他的法令中确认了这种权利，根据上述种种理由，威尔瑞斯应当按照这个城市的法律审理他的案子。但是这位"大公无私"的典范却宣布要由他亲自审判这个案子，下令要塞尼乌斯做好准备，在下午进行辩护。这个无赖的邪恶计划很清楚，因为他自己并不想隐瞒什么，也不想要那个发迹了的女人管住自己的舌头。我们可以看出他的目的是要在没有证据或证词支持的情况下宣判塞尼乌斯有罪，然后鞭打这位可敬的长者，而塞尼乌斯曾经款待过这个无赖。由于威尔瑞斯的目的非常明显，塞尼乌斯接受了他的密友的建议，从塞尔迈逃往罗马，为了能够逃脱这场吞没整个西西里的飓风，他做好了面对冬季的狂风巨浪的准备前往罗马。

【38】我们这位守时的生意人威尔瑞斯在这天下午规定的时辰到场了，他下令传唤塞尼乌斯。发现他的受害人没有来，他勃然大怒，立即派遣几名手下去塞尼乌斯家里抓人，同时派出一些人骑马前去包围他的农庄。他一直待在法庭上等候消息，直到夜深才离开。第二天上午他来得很早。他派人请

来阿伽昔努，要他在塞尼乌斯缺席时起诉他伪造公文。这个案子的证据非常薄弱，尽管塞尼乌斯没有到场，审判塞尼乌斯的人也是塞尼乌斯的仇敌，但阿伽昔努还是想不出有什么能够提交的证据，所以在那里他只是翻来覆去地说塞尼乌斯在萨凯多斯担任执法官期间伪造了一份官方文书。威尔瑞斯宣判的时候声音也非常低沉，"塞尼乌斯伪造官方文书有罪"。随后他的忠实追随者又说："对塞尼乌斯处以 5,000 个罗马大银币的罚款，用他的地产折抵，上交给厄律克斯的女神。"随后，威尔瑞斯派人去出售塞尼乌斯的家产，没有丝毫拖延，威尔瑞斯就得到了 5,000 个罗马大银币。罚款收到了，但是践踏正义的威尔瑞斯仍旧不满意。他在法官席上公开宣布，允许任何人在塞尼乌斯缺席时起诉塞尼乌斯。他催促他的新房东和密友阿伽昔努前来起诉塞尼乌斯。阿伽昔努用所有人都能听得见的响亮声音回答说，他不想这样做，因为他并不是塞尼乌斯的死敌，不想置他于死地。这时候，在没有发出任何警告的情况下，有一位既无地位又无美德的帕昔留斯走上前来，说自己已经准备好了，要是允许的话，他要在塞尼乌斯缺席时指控他。威尔瑞斯回答说：这样做是允许的，也很平常，你的要求应当得到满足。于是，威尔瑞斯马上发出传票，要塞尼乌斯于 12 月 1 日在叙拉古出庭受审。

经过一段航程，塞尼乌斯到了罗马，尽管那时海上刮大风的季节已经开始，但他还是相当满意，因为不管怎么说，海上的大风还是比他的客人，那位执政官的坏脾气要平静得多。他把自己的遭遇告诉他的朋友，他们全都认为这样做极不公正。

【39】由此带来的直接后果就是执政官格奈乌斯·伦图卢斯和卢西乌斯·盖留斯在元老院主持通过了以下动议："按照本元老院的意见，在各个行省应当禁止缺席审判各种大案。"塞尼乌斯的案情和威尔瑞斯的极度残忍在元老院广为传扬。威尔瑞斯的父亲老威尔瑞斯也在元老院里。他老泪纵横，恳求元老们怜悯他的儿子，但他的哭诉并不成功。人们发言支持这个动议。"鉴于塞尼乌斯已经受到缺席指控，本院同意不得再对他进行缺席审判，已经进行过的缺席审判无效。"当天无法做出最终裁决，因为时间已迟，又

因为威尔瑞斯之父请了某些人发表长篇演说。会议休会的时候，这位老先生请塞尼乌斯的所有支持者和密友来见他，恳请他们不要继续攻击他的儿子。他对他们说："你们不需要为塞尼乌斯焦虑。我向你们保证，从今以后我的儿子不会再伤害他，我会派出可靠的信使，无论走陆路还是水路，去西西里传达我的意思。"距离威尔瑞斯给塞尼乌斯在叙拉古出庭所规定的 12 月 1 日还有 30 天。上诉成功了，塞尼乌斯的朋友们确信，这位父亲的书信和派出的信使会使这个儿子放弃疯狂的目的。这个问题在元老院没有进一步讨论。信使把威尔瑞斯父亲的信送到威尔瑞斯的住处，时间是在 12 月 1 日之前，威尔瑞斯当时也还没有决定对塞尼乌斯采取什么行动。与此同时，威尔瑞斯的许多朋友和熟人也给他写信来，谈的都是同一件事。

【40】然而情欲总是使威尔瑞斯头脑发昏，他丝毫不顾忌道德，不考虑他人的情感，决心既不接受他父亲的警告，也不顺从他父亲的愿望。12 月 1 日上午，按照原先的通告，他下令传唤塞尼乌斯出庭受审。你父亲在一些朋友的帮助下难道没有对你提出要求？他的目的无论是出于仁慈还是自私，你都应当对父母的意愿表示最大的敬意。他要你这样做是为了拯救你自己，为了不毁灭自己，他从家里派出负责任的使者，在你还没有采取最后行动之前找到你，此时你难道就没有想一想你的职责，你难道就没有敬畏长辈这种普通的情感？即使不是出于对你父亲的敬意，你至少也要想到自己的安全。威尔瑞斯传唤了被告，无人应答。然后他又传唤原告。先生们，我请你们注意，你们瞧幸运女神有多么伟大，她亲自来和这个疯子作对，同时我也要请你们注意命运女神如何帮助塞尼乌斯这个案子。原告马库斯·帕昔留斯，由于某种原因，也没有回答，因为他没有露面。要是当时塞尼乌斯在场，在这种情况下他的罪行还能被揭露或定罪吗？即使能被揭露和定罪，没有原告在场判他有罪也是错误的。哦，要是在原告缺席的情况下可以判处被告有罪，那么我就决不会冒着受到反叛的奴隶和匪徒无数次攻击的危险——还有你的攻击——乘一艘小船从维博到维利亚。我冒着生命危险尽快完成了我的整个旅行，为的只是能在规定的时间内出庭指控，不让你获得摆脱指控的机会。

你可以希望我受到传唤但无法出庭，这样你就可以不受审判，但你为什么不认为当塞尼乌斯的原告不能出席时，塞尼乌斯也拥有同样的权利？如此看来，威尔瑞斯审判的最后阶段与第一阶段是一样的。他首先让别人在塞尼乌斯本人缺席时提出指控，而现在，他在原告缺席时宣判塞尼乌斯有罪。

【41】后来，元老院终审的消息很快就来了，他父亲也在一封长信中告诉他元老院讨论了他的审判。还有，保民官马库斯·帕里卡努在一次公共集会上宣布他对塞尼乌斯的审判无效。最后，我本人向保民官提出要求，要他们从每年联合公布的驱逐重大罪犯的名单中去掉塞尼乌斯。我把事实告诉他们（就像刚才我把事实告诉你们一样），指出这个判决一定不能当做有效判决来对待。结果，十位保民官都同意了我的看法，他们一致做出决定："本委员会认为把重大罪犯驱逐出罗马的公告不适用于塞尼乌斯。"得到消息以后，威尔瑞斯极为震惊和恼火，他对审判记录做了生硬的处理，这样一来既堵住了宣判被告无罪的可能，也没有给他本人留下任何辩解的余地。因为，他要么抗辩说"起诉缺席者是合法的，在这个行省没有法律禁止这样做"——这种辩解是虚弱的、低劣的，但仍旧还算是一种辩解；要么他可以到最后穷凶极恶地抗辩说他以为这样做是合法的，自己的行为出于无知——这样的辩解相当无望，但至少说出了某些理由。他从审判记录中抹去事实真相，使它显得好像塞尼乌斯受指控时在场。

【42】现在请注意这个人的变化多端，但没有一样是他的真面目。首先，他本人在西西里经常在公开场合或私下里说，缺席指控是合法的，有先例可循。他所说的先例就是塞克斯都·庞培·基洛鲁斯在第一次审判时提到过的案例，我已经说过基洛鲁斯的品德很高尚；还有格奈乌斯·庞培·塞奥多洛的案例，他在许多重要事务中的表现赢得了杰出的格奈乌斯·庞培的充分肯定，在各地享有很高的声望；还有索鲁斯的波塞德斯·马克洛的案例，一位地位、名声和品性都属于最高等级的人。你们要是注意听的话，本次审判中的许多证人也提供了类似的根据，有些证人是我们自己这个等级的杰出成员，他们从威尔瑞斯自己嘴里听到了上述看法，有些证人在威尔瑞斯允许别

人在塞尼乌斯缺席时对他提出指控时在场。其次，当这件事传到罗马元老院的时候，威尔瑞斯的所有朋友，包括他的父亲在内，为他做了辩护，说他的行动是合法的，过去也常有这样的事，这样做有先例可循。但是，我所陈述的事实得到整个西西里的证明，在西西里所有城市写给执政官的呈文中，它们恳求尊贵的元老院颁布一项法令，禁止一切缺席指控。你们已经听到西西里杰出的年轻卫士格奈乌斯·伦图卢斯的讲话。西西里人向他阐述了这个问题，把塞尼乌斯的不幸遭遇告诉他，所以他在元老院里对他们表示支持。正是威尔瑞斯对塞尼乌斯所犯的罪行促使他们提出上述恳求。威尔瑞斯，面对所有事实，你怎么能够利令智昏，乃至于鲁莽地修改一份清楚地记载着事实真相的官方文书？而这一事实真相已经得到充分确认，你的行为已经广为人知。你是怎样要人做出这种修改的？哦，以这种方式，我们在这里的人什么都不用说，你的法庭记录就足以证明你有罪。把那些书板拿过来，绕场一周，给法庭上的所有人看看。先生们，你们看到上面有一整段话都是在抹去原来的记载后重写的，说塞尼乌斯在受到指控时在场，对吗？那么以前写的是什么？这个法庭何必要我们来证明这个问题？我们不必说话，当时的法庭记录就在你们面前，它们已经被改得面目全非了。我们在这里实行追踪，依据的不是猜测，而是你自己的脚印，你以为自己能够逃脱吗，你能说明这份官方文书是清楚的，没有动过手脚吗？我发现，这个人未经审判就判决塞尼乌斯修改官方文书有罪，而无法否认的是，在审理塞尼乌斯一案时，他自己就修改了正式记录，不是吗？

【43】下面请注意他做的另一件蠢事，他越是想要洗刷自己，就越纠缠不清。他给塞尼乌斯指定了一位律师。谁担任了律师？是塞尼乌斯的亲戚和密友吗？不是。是塞尔迈某些可敬的、重要的公民吗？也不是。那么是某些高贵、杰出、优秀的西西里人吗？同样也不是。那么，担任律师的是谁？一位罗马公民。是谁同意的？塞尼乌斯是他那个城市最重要的公民，他家族庞大，朋友众多，此外，他的名气和影响遍及整个西西里。那么，他找不到西西里人来为他辩护吗？你要我们相信这一点吗？或者说，是他本人宁可请一

位罗马公民？你能给我举一个被告是西西里人，而他的律师是一名罗马公民的例子吗？查一查你以前的执法官的审判记录，要是你能找到一个这样的案例，我就承认你那份记录是真的。但我们也许要假设，塞尼乌斯也很有可能从我们罗马公民中选一位律师，因为他有很多朋友和客人是罗马公民。那么，他选了谁？他的名字在记录中吗？"盖乌斯·克劳狄，盖乌斯·克劳狄之子①，来自帕拉丁乡区。"我现在不问这位克劳狄是谁，有多么出名或多么受尊敬，有多大影响力和功劳，能使塞尼乌斯违反西西里的习惯，让一名罗马公民担任他的律师。我不问这样的问题，因为我敢说，致使塞尼乌斯做出选择的不是显赫的地位，而是和他的友谊。好吧，假定活人中无人能比这位克劳狄更仇恨塞尼乌斯，而大多数人在这件事上，在这种时候，总是与塞尼乌斯为敌，你要他们对塞尼乌斯提出虚假的指控，用各种适用的武器反对他，那么我们应当相信你让塞尼乌斯的敌人担任他的律师是为了挽救他，还是应当说你虚伪地使用塞尼乌斯敌人的名字是为了毁灭塞尼乌斯？

【44】现在，尽管我知道你们所有人都非常透彻地了解这个人的邪恶，但为了消除你们对整件事情的任何怀疑，我请求你们进一步注意整个事态。你们看到那个长着一头漂亮卷发、黑皮肤的人正在用敏锐的目光看着我们，他挨着威尔瑞斯坐，正在那里处理文书，写记录，提建议。他就是克劳狄，是威尔瑞斯在西西里的代理人、斡旋者和管家。他也有相当于提玛基德那样的官职。他处于如此高的地位，似乎非常乐意得到这位大人物的宠信，不亚于著名的阿波尼乌。他曾经说自己不是提玛基德的副手，而是威尔瑞斯本人的副手。如果愿意，你们仍旧可以犹豫不决，认为威尔瑞斯特意从所有人中选择克劳狄扮演一名假律师的角色，只因为威尔瑞斯把他视为塞尼乌斯最凶恶的敌人和自己最好的朋友。先生们，惩罚这个蛮横无理、毫无人性、凶残暴虐的人，你们还在犹豫吗？遵循格奈乌斯·多拉贝拉的先例，废除对奥布斯的斐洛达谟的判决，你们还在犹豫吗？斐洛达谟受到指控，不是在他缺席

---

① 这里提到的盖乌斯·克劳狄父子同名。

的时候，而是在他受到同胞公民的指派作为代表团的成员访问罗马以后，还有比这更不公正、更残忍的事情吗？正义的原则引导那个法庭依据相对较弱的证据做出审判。而在相关证据很强的时候，尤其是在有先例可循的时候，你们还有什么可犹豫的吗？

【45】哦，威尔瑞斯，这是一个什么样的人，你要对他如此凶残？这是一个什么样的人，还没有审讯，你就宣判他犯了伪造文书罪？这是一个什么样的人，你允许其他人对他进行缺席指控？这是一个什么样的人，你要对他进行缺席审判，他的原告不仅没有说任何话或者提供任何证据，而且没有露面？这到底是一个什么样的人？神灵保佑我，我不想述说你和他之间的友谊，友谊是世上最美好的东西，也不想叙说他的殷勤好客，这是世上最神圣的美德，因为在塞尼乌斯身上没有什么东西是我不太愿意记录的，我在他身上也看不到有什么东西可以公开批评，唯有这个正直和诚实的人竟然把一个像你这样荒淫无耻的罪犯邀请到他家中做客，另外，他直到现在也还在款待你的支持者盖乌斯·马略、格奈乌斯·庞培、盖乌斯·马尔采鲁斯、卢西乌斯·西森那，以及其他那些社会名流，你的名字也被他列入其中。因此，我不想申斥你对这位殷勤好客的人所犯下的罪行。而我不得不说的是，你竟然选中这样一个人，作为残害的对象，无论是从你的行为本身的不正义来看，还是从受害人拥有的高度美德来看。我这样说不是针对那些认识塞尼乌斯的人，换言之，不是针对任何曾经在西西里的人，因为所有这样的人都知道他在自己的城市里有多么出名，在所有西西里人眼中他的名声有多么高贵和伟大，但我甚至想要那些从来都没有去过那个行省的人也知道这个人的品德。

【46】塞尼乌斯是什么样的人？塞尼乌斯设法让自己所在城市的所有官员都对他放心，放手让他承担公共责任，让他自己掏钱装饰小镇、建造漂亮的公共建筑、摆放精美的艺术品；镶嵌在塞尔迈议会大厅墙上的一块铜板证明他为塞尔迈和整个西西里提供的服务，铜板上的铭文记载着他的捐献；被你下令拆除的这块铜板我现在把它带来了，每个人现在都能看到他在自己的人民中间享有的伟大与光荣。塞尼乌斯是什么样的人？杰出的格奈乌斯·庞

培斥责塞尼乌斯，视他为敌，他与盖乌斯·马略的友谊以及对马略的款待被用来证明他对这个国家的不忠；无论这项指控有多么虚假，但还是激起了人们对塞尼乌斯的恶意，然而庞培最终宣判他无罪，因为塞尼乌斯是庞培最好的客人，他本人也殷勤地接待过庞培本人；此外，还有谁能得到所有西西里人的热情赞扬和保护，通过宣判这个人无罪，庞培感到自己不仅得到了这个人的感恩，而且得到了整个行省的感恩。最后，塞尼乌斯是什么样的人？他热爱他的城市，为他的同胞公民付出了许多心血，在你担任执法官期间取得了无人能够做到的成就，不仅超过任何西西里人个人能够做的事，而且超过了所有西西里人加在一起能够做的事——他使你无法染指那里的任何一尊雕塑、艺术品、奉献给诸神或归国家所有的任何东西。那里有许多东西价值很高，而你想要把它们全部占为己有。我们现在可以拿他来与你相比，你在西西里人民中享有荣耀，为此西西里人举行崇高的威尔瑞斯节来庆祝，你的镀金塑像竖在罗马，也是西西里人奉献的。我要再次重复一下，我们可以拿他来与你相比，你是西西里的庇护者，但你把这个西西里人当做罪犯来审判。他的功绩通过为此目的而派到这里来的代表们的嘴，从一个个西西里城市得到了直接的、正式的证明。而你这位西西里的保卫者的功绩只得到玛迈提涅一个城市的证明，你的同伙在那里抢劫和作恶，当你的名声在那里得到颂扬时，那里派出的代表正在鞭挞你的罪恶，而其他所有城市都给我们发来正式信件或派出代表指控你的罪行，并且说如果判你无罪也就意味着他们自己的彻底毁灭。

【47】以这个人以及他的财产为代价，你确实在厄律克斯山为你自己的野蛮行径竖起了一座纪念碑，上面刻着塞尔迈的塞尼乌斯的名字。我看到它了——一尊手持火炬的丘比特银像。① 现在我要问的是，你出于什么理由或考虑要把塞尼乌斯的财产用于这一特殊目的？你想把这座雕像当做愚蠢的象征，还是友谊与好客的标志，还是你的奸情的记录？这种人的处世方式就是

---

① 丘比特（Cupid），罗马小爱神，相当于希腊神话中的爱神厄洛斯（Eros）。

这样，不仅兴高采烈地淫荡，而且乐意恶名远扬，喜欢在身后到处留下他们邪恶行为的标志和脚印。他的心中充满对女房东的欲念，为了她不惜损害与他从前房东的关系。他不仅想要人们知道这件事，而且希望人们永远记住这件事。他要这个女人的父亲充当原告，在他的帮助下打赢这场官司。所以，他要特别感谢爱情女神，是爱情女神的力量在起诉与审判中发挥了作用，给他带来了幸运。如果你向维纳斯做奉献用的不是塞尼乌斯的钱，而是你自己的钱，那么我会相信你是在感谢上苍，这也是你必须做的，尤其是你每年都能从凯莉冬那里得到一笔财产。

现在我要说另外一个问题。哪怕西西里人没有说服我接受这桩案子，哪怕整个行省没有联合起来要我提供这种服务，哪怕我对祖国的忠诚、我在我们等级和这些法庭上的名声没有强迫我做我现在正在做的事，哪怕我这样做的唯一动机就是你竟然如此对待我的朋友和房东塞尼乌斯，我仍旧感到我想要保护这位仁慈的朋友的幸福和命运是激起这名愚蠢无赖敌意的一个充足理由；我感到，在我担任财务官期间，我对塞尼乌斯拥有最温暖的友情和最崇高的敬意，我很清楚，我自己在那个行省里的名声对塞尼乌斯来说也是最值得关切的对象，而你竟然用我已经描述过的最令人厌恶的野蛮方式对待他。在我们祖先的时代，有许多人这样做，杰出的格奈乌斯·多米提乌前不久指控和他一同担任执政官的马库斯·西拉努斯，说他错误地对待以前的房东，山外高卢①的埃利托马鲁。我感到，我也可以很好地模仿这种有人情味的、正直的行为。我应当向那些殷勤接待我的友好房东提供某些保证，使他们认为自己将会过上一种比较安定的生活，因为我在这里保护他们。但是我发现塞尼乌斯一案只是整个行省同类案件之一，我作为一名公民为他辩护，不仅是在为一名房东辩护，而且是在为我的许多老房东和老朋友辩护。所以，除了承认这是我应尽的职责以外，我确实不用担心有人以为我的行为有其他动机，或者是被迫的。

---

① 山外高卢（Transalpine Gaul），即那旁高卢。

【48】现在，我不能无限延长我的讲话，谈论威尔瑞斯审判的案子、他做出的判决、他批准的审判程序。他所犯的错误多得不可计数，而我的指控必须尽可能简短，否则我的讲话就永远不能结束。因此，我要选择一些其他种类的例子。你们已经听了昆图斯·瓦里乌斯的陈述，他的代理人向威尔瑞斯支付了 1,300 个罗马大银币以确保得到有利的判决。你们记得瓦里乌斯提供的证据，以及整个案子的事实如何由杰出的萨凯多斯所提供的证据来证实。你们知道罗马骑士格奈乌斯·塞提乌斯和马库斯·摩狄乌斯、其他二十几名罗马公民、大量西西里人证明他们给威尔瑞斯送过钱，以保证得到有利的判决。在拥有众多证人的情况下，我还需要讨论这种指控吗？在无人能对他们的指控提出质疑的情况下，我还需要花费气力去证明事实吗？当我们知道他在罗马就曾经用他的所有法令和司法裁决来换钱时，还会有人怀疑他在西西里出卖他的法律裁决吗？当他为了做出最终有利的判决而向马库斯·屋大维·利古斯要钱的时候，还有人怀疑他制定补充性的法律条款是为了向西西里人要钱吗？哦，有什么勒索钱财的其他方法他放弃过？有什么其他人忽视的勒索方法他没有使用过？在西西里的城市里，有什么雄心勃勃的政治目标、显赫的官职、权力或责任没有成为他发财的工具？

【49】这类官方或非官方的证据在第一次审判时就已经提供了，是由来自坎图里帕、哈莱萨、卡提那、帕诺姆等许多城市派来的代表，还有一大批非官方派遣的证人。先生们，这些人提供的证据向你们充分表明，在这三年中，在西西里的每一座城市里，元老院议员等级的人一直在受到指控，除了威尔瑞斯口头的或书面的命令，那里从来没有以投票的方式制定过法律，在补充元老院议员的空缺时，不仅没有进行选举，而且丝毫也不顾忌新议员的资格限制，财富、年龄等方面的要求都变得没有任何意义。无论谁想要成为元老院议员，无论他多么年轻、多么无能、多么不符合法律规定，只要他贿赂威尔瑞斯的钱比适合担任议员的人要多，那么他肯定能成为议员。在这个问题上，不仅西西里的地方法律被完全撂在一边，而且连罗马元老院和人民制定的法律也被完全搁置。但我要指出，这些法律由罗马元老院和人民赐给

我们的同盟者和朋友，只要军事指挥权来自人民，立法权来自元老院，他们就必须把这些法律当做罗马人民和元老院赠送给他们的礼物。

哈莱萨人民本身和他们的祖先由于为罗马提供了许多有价值的服务和利益而取得独立，但是不久以前，在卢西乌斯·李锡尼和昆图斯·穆西乌斯担任执政官的时候，[①] 发生了一场内部争执，涉及如何填补元老院议员的空缺，他们要求罗马元老院替他们立法。元老院通过了一项法令，任命执法官盖乌斯·克劳狄·浦尔彻（阿庇乌斯·克劳狄之子）为他们起草填补议员空缺的法律。克劳狄得到马尔采鲁斯家族所有成员的帮助，按照他们的建议为哈莱萨制定了相关法律条文，确定了一系列要点，比如候选人的年龄（年龄不到30岁的人被排除在外）、职业方面的限制、财产方面的限制，以及其他一系列规定。我们的行政官员和当地居民完全支持这些规定，并且忠实地遵守，直到威尔瑞斯成为执法官。威尔瑞斯接受了贿赂，把议员头衔卖给了一位想要拥有这一头衔的拍卖师，还有一些十六七岁的年轻人也从威尔瑞斯那里买到了议员头衔。这种事情是非法的，罗马对此做出过具体规定，我们长久而又忠实的朋友和同盟者哈莱萨遵守这些规定，而威尔瑞斯却让贿赂他的人当上了议员！

【50】阿格里根图拥有古老的法律，用来控制它的元老院选举，这些法律是由西庇阿制定的。这些法律包含上面已经提到过的那些条款，此外也还有我在下面将会提到的条款。阿格里根图有两个民众团体：一个是原来的居民，另一个是从西西里城镇迁来的定居者，由执法官提多·曼留斯根据我们元老院的法令在那里建立。有鉴于此，西庇阿的法律规定定居者团体在元老院中的代表不得超过原居民团体。威尔瑞斯接受贿赂以后总是表现为一个平等主义者，打算消除一切差别和界线，不仅取消年龄、等级、职业等方面的限制，而且试图混淆这两个公民团体。有一位属于老团体的议员死了，两个团体分别拥有的议员数量相同了，于是从法律上说增选一名属于老团体的议

---

① 指公元前 95 年。

员就成为必要，这样才能使老团体的议员数量在元老院能够占多数。尽管如此，那些想要得到这一席位的人都去找威尔瑞斯，既有属于新团体的，也有属于老团体的。结果是属于新团体的一个人给的钱最多，于是他成功了，带着这位执法官签署的命令回到阿格里根图。阿格里根图人派了一个代表团去找威尔瑞斯，把必须遵守的法律规定告诉他，让他明白出售元老院席位是不允许的，也没有讨价还价的余地。由于已经接受了贿赂，威尔瑞斯对他们说的话无动于衷。在赫拉克利亚，威尔瑞斯的行为如出一辙。那里也有定居者团体，是由普伯里乌·卢庇留斯建立的，他也制定了类似的法律规定了选举议员的程序和新老公民团体代表的比例。威尔瑞斯在那里也像在任何地方一样收敛钱财，无视新老团体的差别以及相关的比例。

【51】你们不要指望我逐一提到每个城市，我们可以看到，在威尔瑞斯担任执法官期间，除非先付钱给他，否则就没有人能够成为元老院议员。

选任行政官员和祭司的情况也一样，在处理这种事情的时候他不仅践踏公民权，而且践踏有关上述职位的所有规定。在叙拉古有一个宗教团体需要每年抽签选举朱庇特的祭司，这是当地最重要的职位，先从每三个区的公民中选出一名候选人，然后在候选人中再抽签决定祭司。威尔瑞斯运用他所代表的官方权力影响选举，成功地让他的挚友塞奥纳斯图成为三名候选人之一，当地人想要看他如何对待抽签，这是他的命令无法改变的。这个人起先简单地试图取消抽签，下令由已经回来的塞奥纳斯图担任祭司。叙拉古人回答说，这样做违反神圣的祭仪，实际上是一种罪行。他让他们把法律条文念给他听，他们这样做了。法律条文中有一句话规定应当把写着提名候选人的名字的签全部放入瓮中，然后名字最先被摇出来的候选人担任祭司。狡诈的威尔瑞斯说："很好，法律规定要有多名候选人，现在，我们已经提名了多少候选人？"回答是："三个。""那么把三个名字放进瓮中，然后再摇出来，其他就不需要再做什么吧？""没有了。"这时候，他下令把三枚全都刻着塞奥纳斯图名字的签放进瓮中。面对他的无耻行径，人们发出了阵阵怒吼。就是以这样的方式，朱庇特的大祭司的职位授予了塞奥纳斯图。

【52】在塞发洛迪有一个固定的月份任命大祭司。有个名叫阿特莫·克里玛基亚的人觊觎这个职位，他是当地地位很高的一名富人。然而，要是有个叫希罗多德的人出来当候选人，那么他可能就当不上大祭司了，希罗多德声称要当大祭司，并得到广泛支持，克里玛基亚无法与他对抗。事情报告给了威尔瑞斯，他又以他习惯的方式处理这件事——一些价值昂贵的银器送到了他的手里。希罗多德当时在罗马任职，他算准了返乡时间以便参加选举。为了避免在不合法的月份举行选举和让希罗多德在他卸任时参选（不是希罗多德参选给威尔瑞斯带来麻烦，而是克里玛基亚反对希罗多德参选），威尔瑞斯做出一项安排——我刚说过，没有人比他更狡猾，从来没有——既能使选举在合法的月份进行，又能使希罗多德不在场。这是西西里人的习惯，就像所有其他希腊人一样，为了使每个月份的日子能与太阳和月亮的运动一致，他们会从某个月中去掉一天，或顶多两天，这些被去掉的日子他们称做"取消了的"，他们有时也会给某个月延长一两天。当我们的这位新天文学家知道这一点的时候，他更多地想到的是银器，而不是银月。于是，他做了规定，不是从每个月里去掉一天，而是从一年里头去掉一个半月，所以（举例来说）原为 1 月 13 日的那一天按照他的历法就是 3 月 1 日。尽管遭到所有人的不满和怨恨，但这种事还是发生了。3 月 1 日是合法选举日，克里玛基亚按时赶回，参加了大祭司选举。而希罗多德按照他的预想，在选举日之前15 天从罗马启程，等他到达的时候他发现已经是 4 月份，选举已经结束一个月了。塞发洛迪人后来引进过一个长达 45 天的闰月，使其他月份能够都像以前那样正确。如果这种事情也有可能在罗马发生，那么威尔瑞斯肯定会推动取消两个节期之间的 35 大，这样一来对他的审判就不可能进行。

【53】现在值得我们注意的是他在担任执法官期间如何任命监察官。西西里人最在意监察官的职位，他们希望这个职位由正直的人来担任，因为所有西西里人都要按他们拥有的财富缴纳一定比例的税金，监察官拥有全权评估每一项财产的价值，以确定应当缴纳的税金。因此，一方面当地社团在选择监察官时极为留心；另一方面这个职位的竞争也最为激烈，因为担任监察

官拥有巨大的权力。威尔瑞斯决定相当公开地处理这件事，他不想举行不诚实的抽签，也不想改变年历。他在这里确实不想欺诈，为了排除导致许多城邦毁灭的对这一职位的渴求和觊觎，他宣布将由他本人任命各城市的监察官。这位执法官一宣布要开设大市场，就有许多人去叙拉古求见，他的官邸里挤满了兴奋的、谋求职位的蠢人。当所有城市的投票站现在都集中在一座房子里，整个行省的强烈野心都被关在一个房间里时，这种情况也就不值得惊讶了。公开定价，公开出售，然后由提玛基德为每个城邦签署两名监察官的任命状。这个人负责这项工作，与候选人面谈，然后辛辛苦苦地把大量金钱送到威尔瑞斯那里，一点儿也不嫌麻烦。到现在为止你们还没有准确听到提玛基德这个人一共谋取了多少利润，但你们在第一次审判时确实已经从许多证人提供的证据中知道了这个人会用多少种无赖的方法抢劫受害人。

【54】现在你们会感到奇怪，这个自由人怎么会受到威尔瑞斯那么多的控制，所以我要简洁地告诉你们这个人是个什么样的人，这样你们就可以评价这个人，他把一个相当高的职位给了他的一名随员，由此给这个行省带来的灾难。我知道，在所有诱奸妇女以及诸如此类的荒唐行为中，提玛基德这个家伙都表现出惊人的才干，他沉湎酒色，堪称无赖之王，盯梢、搭话、勾引，无所不用其极，狡诈、胆大，十足的厚颜无耻。我还知道，他的本事还包括发明一种偷窃的技巧，因为威尔瑞斯实际上没什么本事，只有张嘴吞吃猎物的贪婪，没有才能或思想，所以威尔瑞斯自己的盗窃，如你们在罗马所见，都包含着更多的暴力，而不是诡计。但提玛基德这个家伙的本事和无赖是惊人的，他可以追踪或嗅出行省里的每一个人的不幸和需要，他不怕麻烦地寻找每个人的对手和仇敌，与他们交谈，引诱他们，寻找目标，以及双方可用的资源，在必要时恐吓，在需要时鼓动。所有以谋利起诉的人都在他的掌控之中，他想要找谁的麻烦轻而易举。他以最完善的技巧把来自威尔瑞斯的法令、命令、书面指令都放在市场上出售。他也不仅仅是在帮助他的主人满足贪婪的欲望，他自己也极为贪婪，不仅会捡起威尔瑞斯掉下的任何硬

币，由此为自己积攒大量金钱，而且收集威尔瑞斯荒淫后的余乐。因此，你们必定知道，这三年来，不是从来没有攻占过一个城镇的阿塞尼奥，而是提玛基德才是统治西西里所有城镇的国王，罗马最古老、最亲近的同盟者的妻子、儿女、财物、金钱都要由提玛基德来摆布。哦，就是这个提玛基德，如我所说，他接受贿赂，给各个城市指派监察官，只要威尔瑞斯是执法官，就根本不会有通过假选举任命监察官的事。

【55】这里还有一件很大胆的事。威尔瑞斯下达了一项命令——下命令是合法的，我们一定不要怀疑——每个监察官都要为他们的执法官的雕塑贡献 12 个罗马大银币。一共任命了 130 名监察官，为了确保得到任命，他们还秘密地非法送钱，而这项公开合法的命令征收的钱就多达 1,560 个罗马大银币。首先，为什么要收这么多钱？其次，为什么你的雕像要向监察官收钱？监察官以任何方式组成一个等级、一个团体、一个确定的阶层吗？这种荣耀要么由一个地区授予，要么由个人或个人组成的某些团体授予，比如农民、商人、船主；但为什么要由监察官，而不是由市政官来做这件事？是为了让那些得到利益的人做出回报吗？我明白了，你会承认这些职位是他们向你求来的——用"购买"这个词你可能就不敢承认——你把这些职位当做恩惠授予他们，而不是为了公众的利益？当你自己承认这样做不是为了赢得民心或公正地施恩时，你受到行省的全体人民的痛恨和厌恶还有什么疑问吗？

当然了，这些监察官的行为就像我们自己政府中通过贿赂获取职位的那些成员；他们想方设法在履行公务时弥补他们财务上的亏空。在你担任执法官期间，财产评估以这样一种方式进行，几乎使每个城市的财务管理陷于瘫痪。因为所有最有钱的人都在试图低估他们财产的价值，结果就使必须缴纳的税金转嫁到比较贫穷的等级身上。哪怕没有人对这种事情说三道四，我们只要看一下案子的事实马上就可以明白了。

【56】在我去西西里收集证据以后，卢西乌斯·莱提留斯的到达突然使卢西乌斯·麦特鲁斯变成了威尔瑞斯的朋友，甚至变成了他的堂兄弟，但是麦特鲁斯发现完全无法使用威尔瑞斯的财产评估结果，于是下令使用由莱

提留斯这位勇敢的执法官和不可腐蚀的塞克斯都·佩都凯乌的财产评估结果。那时候监察官的选任是合法的，由他们自己的城市选举，如果他们犯了错误，就要受到法律规定的惩罚。但是在你的统治下，有哪位监察官害怕法律？因为对监察官的任命是不合法的，执法官也不会因为把你卖给他们的东西转卖给别人而受到你的惩罚。现在，不管怎么说让麦特鲁斯扣押我的证人吧，让他强迫其他人颂扬这名被告吧，我只要求他做他正在做的事。因为有谁曾以这种方式羞辱过别人？整个西西里每四年评估一次财产，佩都凯乌担任执法官时评估过；后来四年是你当执法官，于是又进行财产评估；一年以后，麦特鲁斯禁止使用你的评估结果，告诉我们他决定重新任命监察官，同时下令使用佩都凯乌评估的结果。即使这项决定是由你的仇敌做出的，只要这个行省感到满意，那么你的敌人对你做出的判决也是严肃的。而它实际上是由你的朋友做出的，你的自愿的堂兄弟，之所以这样做乃是因为他不可能有别的办法，只要他想继续待在西西里总督这个位置上，或者想要安全地生活在那里。

【57】在此之后，你还需要等着聆听这个法庭的判决吗？要是麦特鲁斯撤了你的职，那么他给你带来的羞辱还会比取消你的正式法令、宣布它们无效带给你的羞辱要小。这也不是他做的唯一的事，在我到达之前，他在其他非常重要的方面做了相同的事。他命令你在叙拉古的那些随员对赫拉克利乌做出赔偿，命令你在比狄斯的那些随员向厄庇克拉底做出赔偿，命令奥鲁斯·克劳狄向他在德瑞帕努的受监护人做出赔偿。要不是莱提留斯带着那封信快速抵达西西里，那么麦特鲁斯会在不到一个月的时间里把你三年来下的命令全部取消。

提到为了给你塑像而向监察官们收钱，我想我还应当说一下你榨取金钱的方式，你为了炫耀自己而要各个城市提供雕塑。我注意到，整个金额非常巨大，不少于 2 万个罗马大银币，有各个城市提供的证人和书面文件为证。威尔瑞斯确实承认了这个数额，因为他无法否认；他无法否认的罪过尚且如此严重，那么我们又应该怎么看他予以否认的那些过失呢？哦，你使我们得出了什么样的结论？这些钱全都花在雕塑上了吗？即使这是事实，但要我们的同盟者交钱，用来为这个荒淫无耻的无赖塑像，安放在每一条小巷里，甚至放在那些人们会认为很不安全的地方，这样做仍旧是不可容忍的。

【58】但是你的钱用在哪里，花在什么雕像上了？你会回答说，我就这么花了。我要说，我们已经等了五年，光荣的、合法的五年，要是他在这段时间里没有把钱花完，那么现在是起诉他的时候了，他要为此做出赔偿！他现在站在这里接受一大堆严重的指控，我们发现，光是在这一名目下，他就弄到了 2 万罗马大银币。要是我们判你有罪，我想你的罪名不会是在五年内把这笔钱花在雕像上；但若我们判你无罪，那么我想无人会傻到在你逃过所有严重指控以后，控告你在这五年中有关雕塑的行为。所以，如果这笔钱还没有花掉，要是这笔钱显然还不打算花，那么我们现在可以看到的是威尔瑞斯发明了一种征集并偷窃 2 万个罗马大银币的办法，要是你们认可这个人的行为，那么其他所有总督都能以同样的借口偷到这么大一笔钱。要察觉这种偷窃行为不容易，因为我们认可了具体的偷窃，并给邪恶的行为冠以令人尊敬的名称。确实，要是威尔瑞斯，让我们举例来说，只向坎图里帕人民索取 1,000 个罗马大银币，从他们那里拿走这笔钱，那么这一事实无疑是他有罪的证据。而现在，他向各地人民索取、征集、抢劫了 2,000 个罗马大银币，但他肯定不会被判有罪，因为他说这笔钱用来支付制造雕像的费用了，是这样的吗？我认为不是，当然，除非我们的目标是阻止我们的官员以这样的名目征集金钱，而是鼓励我们的同盟者支付金钱。

现在有一个人可以从这些雕像中获得巨大的快乐，雕像所代表的荣誉和荣耀吸引着他，但他必须接受某些规定：用于雕塑的钱一定不能用于其他私人目的；雕像的实际制作一定不能超过某个规定的数量；一定不能向不愿捐献雕塑的人征收这种钱。

【59】关于第一点，我想问你，这些城市本身是否与制造雕像者签订合同，让他们造出令人满意的雕像，或者任命某些代理人监督他们的制造，或者他们只是付现钱给你，或者把现钱付给你指派的某些人。如果雕像制造者

就是那些想把这种荣誉赋予你的人，那么这样做很好；但若制造雕像的钱实际上付给了提玛基德，那么在这种虚假的对荣誉的渴望背后，你显然犯了盗窃罪。

再说，有可能证明雕像的数量无限多吗？哦，这是不可能的。让我们这样来看。叙拉古，要是我能以它为例的话，这座城市要为自己竖立一座雕像，用来荣耀自己；然后它又要为它的父亲竖立一座雕得非常漂亮的雕像，这样做是有报酬的，因为它想以此表明自己是个乖孩子；然后它又要为它的儿子竖立一座雕像，这样做也是可以容忍的，因为人们并不憎恨这个孩子。但是你找了多少借口，频繁地向叙拉古人索要雕像？你向他们索要一尊雕像竖在他们的市集广场上，又勒索另一尊竖在他们的元老院里。然后你又下令制造雕像，说要把它们摆放在罗马。付钱的是同一批人，他们是农民，他们付了钱；然后，他们又要分担整个西西里需要缴纳的贡金，他们又交了钱。先生们，当你们发现一个城市在所有这些名目下认购雕像，其他所有城市也都这样做时，这一简单的事实难道不会促使你们承认需要有某些限制来制约这种对荣耀的追求？但若进一步说这些城市这样做没有一个是出于它们的自由意志，它们名义上认购你的雕像全都是由于你的命令、胁迫、暴力和虐待，那么，愿神保佑我，任何人也都相当清楚，即使他认定为了竖立雕像可以接受金钱，他仍旧要承认不允许用暴力取得金钱。哦，首先，我要把整个西西里称做这一事实的证人，它的民众众口一词地证明你名义上的目的是塑造雕像，而实际上是用武力征收钱财。来自西西里的各个城市的使者在发出呼吁的时候，几乎都引用了你的专制法案中的一个句子："他们不可以许诺为任何官员竖立雕像，除非他已经离开行省，或者直到他离开行省。"

【60】有多少总督统治过西西里？在我们的记忆中，在我们祖先的时代，去过元老院的西西里人又有多少？然而，从你担任执法官起，这种新鲜事就开始了。它的形式和内容都是新的，而你所犯的其他过失倒没有什么新颖之处。就这样，西西里人谦卑地向荣耀的元老院提出恳求，我们的总督

将来要按照希厄洛法的规定出售征收"什一税"的权力。① 而你们第一个采用了别的办法，而这一点我们就不详谈了。他们请求总督固定税额，而不是按照他们的家境来确定应当缴纳的金额。他们还首次提出一项请求，起因在于你要榨取三个德纳留②。当然，他们提出请求的方式并不奇怪。他们请求不得进行缺席起诉，起因在于你对塞尼乌斯犯下过失，毁了他的幸福。其他要点我就不讲了。西西里人的请求看上去就像是一个汇集，包含着对你的所有指控。他们虽然提到了新的压迫，但是利用监护权做文章是大家都熟悉的，而和雕像有关的请求对任何不明白其真实含义的人来说都必定是荒唐的。因为他们提出的要求不是可以不服从竖立雕像的命令，而是不应当竖立雕像。这能是什么意思呢？你们要求我不要允许你们做某事，而做不做这件事的权力就在你们手中，所以你们倒不如提出这样的请求，没有人可以强迫你们做事，或者强迫你们违反自己的意愿做事。我的回答是："这对我没有什么用，因为他们全都说没有强迫我；如果你们想拯救我，那么还是请你们强迫吧，这样我就可以不再简单地应允什么了。"你威尔瑞斯是执法官，你的权力引发了这种请求，你使他们表示，不，你使他们公开宣布，认购你的雕像违反了他们的意愿，认购你的雕像是他们受到恐吓和虐待的结果。

要是他们没有说过这样的话，为什么不承认这些话是你自己说的呢？你要当心你的辩护方针，涉及雕像，你马上就会看到你不得不承认自己说过这些话。

【61】我得知你能干的律师正在按照下列方针准备为你辩护，他们拘泥于形式，也得到你的指示。由于已经有许多来自西西里的名人带着非凡的热情出庭作证，所以你马上就对你的律师说："他恨我，因为他是一个农

---

① "什一税"的购买者不需要把钱付给国家，然后保留征收来的粮食，而是自己先征收，然后把一定量的粮食上缴，剩余部分则为他自己的利润。

② 货币名，1 德纳留（denarius）等于 4 个小银币（sestertii）。本文第三卷第 84—94 章详细处理威尔瑞斯借征收"什一税"勒索金钱的事。

民。"——我揣测你们这些先生①的意思是把所有农民算做一类，说他们带着怨恨和敌意到这里来，因为威尔瑞斯在处理谷物"什一税"的时候尤其使用了强迫的手段。那么好吧，农民全都是你们的敌人和对手，是吗？他们全都想要你们完蛋，是吗？就算如此，你们认为，当人类最优秀、最令人尊敬的部分，在这个行省或整个国家的农民都算在一起，这个等级比起其他等级来，更加是你们在世上的敌人吗？但在这里我们不谈这一点，因为我会在别处谈论农民的情感和过错，当前我接受你的说法，农民是你们在世上的敌人。当然了，你们这样说是因为"什一税"。是的，是的，非常好，我不问你们是否配得上他们的敌视。我现在要说的是，那些特别令人反感、竖立在罗马伏尔甘神庙附近的镀金骑士塑像有什么含义？我看到有一段铭文说这些雕像中有一尊是农民奉献的。要是他们奉献了这尊雕像来荣耀你，那么他们不是你的敌人，所以让我们相信他们提供的证据；他们当时想着你的荣耀，他们现在想着自己的良心。另一方面，要是他们做出这种奉献是由于害怕，那么你不得不承认，作为一名总督，你使用暴力和胁迫来勒索金钱，而名义上是为了雕像。你自己挑选适用的解释吧！

【62】要是你肯向我承认农民按照他们自己的意愿认购雕像最有利于你的信誉，那么我很高兴在这一点上放弃有关雕像的指控。请允许我这样做，这样你也可以去掉你的辩护的主要支撑点，然后你就不能坚持声称农民对你怀有愤怒和敌意。这是一种多么令人惊讶的立场，这是一种多么可悲的、无望的辩护方针！这个受到指控的人，在担任西西里总督以后，不得不否认，指控他的人想要允许那些农民和全体人民按照他们的自由意志为他建立一座雕像，这些农民想着他，对他抱有朋友之情，希望他能逃脱指控！你们相信的就是他害怕的，因为摧毁他的是这些农民的证据。所以我要强调他让你们相信的东西。你们必定会得出结论，这些人是他的死敌，他肯定希望你们这样想，因为这些人没有按照他们的自由意志交钱认购雕像以荣耀和纪念威尔

---

① 此处西塞罗对着威尔瑞斯的支持者说话。

瑞斯。为了使整件事情更加清楚，你，威尔瑞斯，要是喜欢询问任何证人，那么我将传唤那些从西西里来的人，他们是罗马公民或西西里人——是的，甚至是那些你所谓的你的死敌，那些声称你抢劫了他们的人——无论这个人是否认购了你的雕像，你会发现没有人说个不字，因为当时每一个人都认购了。然后，你会确定谁肯定是你的敌人，谁承受了你最严重的过错，谁支付了所谓用于雕像的钱，因为他接受命令被迫出钱，而不是他希望付钱或者感到必须支付，对此你还有什么疑问吗？先生们，这笔巨款是从那些不情愿的人那里无耻地勒索来的，我没有计算，也无法计算，有多少是从农民那里勒索来的，有多少是从商人那里勒索来的，在叙拉古或阿格里根图，在帕诺姆或利里拜乌。根据他自己承认的事情以及其他证据，你们现在知道那些钱是从那些完全不情愿的人那里勒索来的。

【63】现在让我们来考虑西西里的城市，要检验它们是否情愿很容易。噢，连西西里人也不情愿认购吗？我们简直难以置信！但这确实很好理解，盖乌斯·威尔瑞斯，西西里的总督，发现不可能满足双方——西西里人和罗马人。与其让他对我们同盟者的义务感指挥自己的行动，不如让他对自己公民的善意来指挥。这就是为什么我在西西里看到的一段铭文描写他不仅是这个岛屿的卫士，而且是它的"索特尔"①。这个词是什么意思？它的含义如此丰富，以至于无法用一个拉丁词来转换。"索特尔"实际上是"拯救的赋予者"。还有，为了纪念他还设立了一个节日，著名的"威尔瑞斯节"，这样做不是模仿，而是用来取代"马尔采鲁斯节"，按照他下达的命令，他们废除了"马尔采鲁斯节"。在叙拉古市政广场上，竖起了荣耀他自己的拱门，拱门上立着他的儿子的裸体像，还有他本人的骑马雕像，他正在视察被他剥夺得一干二净的行省。到处都有他的雕像，似乎在证明他在叙拉古竖立的雕像和他从叙拉古运走的雕像一样多。甚至在罗马，我们也能看到许多赞美他的碑文，用大字刻在他雕像的底座上，由全体西西里人奉献。所有人都被这些事情迷

---

① 原文为"Soter"。

惑，从而难以相信西西里人违背他们自己的意愿而赋予你这样高的荣耀。

【64】在此你必须考虑采用一条更好的辩护路线，就像对待刚才提到的农民一样。你选择把西西里人，个人或集体，当做你的朋友还是敌人，关系极大。如果把他们当做你的敌人，那么你成了什么？你能找到什么样的避难所，有什么地方可以让你立足？你刚刚才和农民发生争论，可敬而富有的农民，西西里人和罗马人；你现在该如何对待西西里的城市？你会宣布西西里人是你的朋友吗？你怎么能这样做？在此之前，他们从来没有提出过这么多证据正式控诉一个人，尽管从前有许多受到指控的行省总督被宣判有罪，只有两名被宣判无罪，然而他们现在到这里来，带着地方政府或民众写的正式信件、正式文件、正式证据。如果他们赞扬你，那么我们认为使他们这样做的是他们自己的行为，而不是你的功绩。然而他们正在谴责你，所以他们难道不会说自己的过失非常严重，所以宁可放弃指控，而对你的作为保持沉默？因此，你有义务承认西西里人与你为敌，他们实际上向执政官呈递了诉状，对你发起猛烈攻击，并且让我处理这个案子，保护他们，不至于受到伤害。尽管执法官对他们进行阻拦，但只要能逃避伤害，他们还是提供了各种线索。第一次审判时，他们提供的证据给人留下深刻印象，就好像霍腾修斯指控阿特莫这位来自坎图里帕的代表和证人，但他不像一名证人，而像一名指控者。阿特莫确实是他的同胞公民选派的代表，和他一起来的还有安德洛，他有着令人敬佩的正直品性和雄辩的口才，他能够把威尔瑞斯所犯的各种罪行最清楚、最令人信服地呈现在法庭上。

【65】哈莱萨、卡提那、廷达里斯、赫纳、荷庇塔、埃吉里乌、奈图姆、塞吉斯塔，这些城市都已经发言，我不需要一一列举；你们知道在第一次审判时有多少城市发言，有多少话不得不说。这些城市现在要再次发言，其他城市也一样。最后，在本案中有一点是所有人都明白的，按照西西里人的脾气，要是不惩罚这个邪恶的家伙，他们就只能抛弃家园，离开或逃离西西里。这些人就是你想要说服我们相信自愿缴纳一大笔钱以荣耀你的人吗？也许是的，他们不愿意让你离开自己的国家，因为你还没有受到惩罚，他们想

要纪念你的形象，记住你光荣的名字！事实会表明他们想要什么。我确实感到我的讲话过于冗长，过于具体，我已经证明了西西里人对你的情感，我现在要问的是：他们为你竖雕像是情愿的还是被迫的？

你遭遇的事情其他人也碰到过吗？——在这个人统治的行省里，他的雕像竖立在公共场所，甚至竖立在神圣的建筑里，但它们受到攻击，被民众推倒。让我们想一想所有坏统治者吧，亚细亚的，阿非利加的，西班牙的，高卢的，撒丁岛的，西西里自己的，这个法庭听说过他们中的任何人碰到过这种事情吗？闻所未闻，先生们。这种行为对西西里人来说，对任何希腊人来说，都是极为可怕的。要是我没有看到那些雕像躺在那里，底座被砸烂，我绝不会相信这种事，因为所有希腊人都会认为以这种方式得到纪念的人必定是神圣的。尽管罗得岛人几乎独立抗击米特拉达铁斯国王，在第一次战争中用他们的城墙、海岸、舰队抗击这位国王的全部军队，粉碎了他的进攻，尽管他们痛恨这位国王，胜过其他城市的人，但不管怎么说，甚至在这座城市危在旦夕的时候，他们也没有去碰竖立在城市最繁华部分的他的雕像。当他们渴望打倒这个人的时候，他们确实很难保留这个人的雕像。但我发现，当我处在他们中间的时候，他们对这些东西有一种从前辈那里继承下来的神圣感。他们论证说，面对雕像他们想到的是竖立雕像的那个时代，而面对这个人他们想到的是他怎样与他们战斗，把他们当做敌人。

【66】你们现在看到希腊人对传统的尊敬了，一般说来，他们在与敌人交战时都能保持对敌方尊重，然而在长期的和平中，他们却不能保护奉献给罗马人民的总督雕像。陶洛美纽，一个罗马的附属国，那里的人民最不会反抗，他们与罗马签订的和约一直在保护他们不受我们官员的压迫，然而他们却毫不犹豫地推翻了威尔瑞斯的雕像。在把它推倒以后，他们决定把雕像的基座保留在他们的市集广场上，认为用它可以提醒陶洛美纽人更加强烈地反抗威尔瑞斯，而不仅仅是使人相信从来就没有竖立过这尊雕像。廷达里斯人推翻了竖立在他们的市集广场上的威尔瑞斯雕像，出于同样的动机，他们也把雕像的坐骑留在那里，只是没有了骑手。在林地尼，虽然这是一个极度贫

困的地方，但他竖立在体育场上的雕像还是被推倒了。我需要讲叙拉古人干了些什么吗？他们的行动不仅是他们自己的，而且也有整个地区参与，几乎是整个行省共同参与。有人告诉我们，拆毁他的雕像的那一天有大量的人聚集在那里，人山人海！想一想事情发生的地点吧，这个地方面对塞拉皮斯神庙，靠近神庙的入口处！事实上，要是麦特鲁斯没有严厉制止这种行动，那么整个西西里大地就不会留下一尊这个家伙的塑像。

我并不害怕人们会发现这些行动与我的调查有关，或者确实与我的访问有联系。因为这些行动不仅在我到达西西里之前就结束了，而且在威尔瑞斯抵达意大利之前就结束了。我在西西里期间，没有一尊雕像被推倒。现在让我告诉你们我走了以后发生的事情。

【67】在坎图里帕，依据元老院的法令并经人民确认，这些执法官应当承诺拆除威尔瑞斯、威尔瑞斯之父、威尔瑞斯之子的雕像，到拆除现场的元老院议员不得少于30人。请注意，这个地方的人民采取这一行动时保持着清醒的尊严。他们不要这些雕像留在他们的城市里，因为他们奉献这些雕像是被迫的，违反了他们的意愿。他们派了代表团到罗马来，提供庄严的证词，就是要反对这些雕像代表的这个人，而他们以前从来没有派遣过代表团。他们认为，如果这项行动被视为地方政府的决定，而不是暴乱，那么他们的行动会更有分量。当坎图里帕人通过这样的官方行动拆除雕像时，麦特鲁斯听说了这件事，非常生气。他派人找来坎图里帕的行政官员和十名公民代表，威胁他们，要是他们不把雕像放回原处，就要对他们施以严厉的惩罚。这些人把这件事向他们的元老院作了报告，因此这些不能给威尔瑞斯带来任何好处的雕像又被放了回去，但是坎图里帕人民通过的关于雕像的法令没有撤销。

现在有一些人，对他们进行某些补偿是必要的，但我只是不能原谅像麦特鲁斯这样敏感的人所表现出来的愚蠢。哦，他认为威尔瑞斯一案会仅仅由于他的雕像被推倒而遭到贬损吗？大风或者某些事故，也经常是雕像倒塌的根源。这里没有指控的根据，甚至也没有批评的根据。那么能为指控提供根据的是什么呢？是人的判断和情感。

【68】如果麦特鲁斯没有强迫坎图里帕人重新安放那些雕像，那么我应当以这样的方式对你们说话：先生们，你们瞧，这个恶人的镇压给我们的朋友和同盟者带来了多么巨大的痛苦啊，坎图里帕这座完全友好和忠诚的城市，不仅对罗马人有着忠实的情感，而且对任何一位仅仅拥有"罗马人"这个名称的人都如此忠诚，她审慎地使用其政府的权威，宣布盖乌斯·威尔瑞斯的雕像不应留在她的城墙之内。我应当对你们引述坎图里帕通过的法令，我应当以我最真诚的力量歌颂这座城市，我应当提醒你们，我们光荣而又忠诚的同盟者、坎图里帕的公民有 1 万人，他们中的每个人都下定决心，不让威尔瑞斯的纪念像在他们的土地上存在。要是麦特鲁斯没有把这些雕像安放回去，那么这就是我要对你们说的话，而现在麦特鲁斯对权力的滥用使我无法这样说。我一个词都不需要改变，无论有多少座雕像被推倒，我都不会告诉你们这些雕像曾经躺倒在地。我只能从一件事实出发进行论证，这个重要的城市宣布了它的决定，盖乌斯·威尔瑞斯的雕像应当拆除。麦特鲁斯没有推翻我这个论证，而且他确实还给我提供了其他论证，如果我可以选择的话，我会对那些压迫我们同盟者和朋友的法令提抗议，因为这些法令甚至不允许他们对自己将要实施的仁慈行为做出判断。鉴于麦特鲁斯在这件事情上没有阻拦我，没有赤裸裸地表现出偏袒，所以我可以请你们猜测为什么麦特鲁斯肯定要在他有权阻拦我的事情上对付我。然而，我不想与麦特鲁斯争论，也不想剥夺所有人给予他的东西，尤其要避免把他设想为带着邪恶目的精心策划阴谋。

【69】好吧，威尔瑞斯，现在事情一清二楚了，没有一尊雕像是人们自愿奉献给你的，也没有任何购买雕像的钱不是你靠武力榨取和勒索来的。我不想继续讨论这项指控，说你为了竖立雕像勒索了 2 万个罗马大银币。重要的是，所有西西里的农民以及那里的人都已经十分痛恨这个人。我在这里无法猜测你会采用什么辩护路线。"没错，西西里人痛恨我，因为我做这些事都是为了罗马人的利益。"哦，那么这些人就是你最坚定的仇敌。"我会因为

保护我们同盟者的利益，而让罗马公民成为我的敌人吗？"哦，我们的同盟者会指责你勒索他们，就好像我们在向同盟者开战。"征收'什一税'，农民就成了我的敌人吗？"那些免缴"什一税"的农民又如何，他们为什么也会痛恨你？为什么哈莱萨、坎图里帕、塞吉斯塔、哈里基艾的农民会仇恨你？我可以提到有哪个类型、哪个等级、哪个阶层的人不痛恨你的，无论他们是罗马人还是西西里人？因此，即使我无法说出他们痛恨你的理由，我仍然感到有一件事是我可以说的：一个为所有人痛恨的人不可能不是这个法庭痛恨的对象。你敢说农民或者所有西西里人认为你是个好人，或者他们会认为你与此事无关？你不敢这样说，即使你想这样说，你也不敢。所有人都在谈论西西里人的事情，或者在谈论农民们试图阻拦你竖立那些带有碑文的骑士雕像。在你返回罗马之前不久，你希望这样做能够阻挡你的敌人和指控者对你发起的猛烈攻击。无论谁看到这些雕像，在这个由商人和农民组成的西西里又有谁还会打搅你，或者找你的麻烦？除了商人和农民，这个行省其他还有什么等级？哦，一个也没有。很好，我们在这里讲的是整个行省，由多个阶层组成，而不是一个人，就像这个人一样，人们只能对他表示敬意。那么，现在还有谁敢碰他！你用名字刻在雕像上的这些人来保护你，希望以此抵挡落在你头上的憎恶和罪名，在这种时候你还可以说不允许用农民、商人和所有西西里人提供的证据来反对你吗？你试图用他们的话支持你，让你的雕像受人尊敬，而我就可以不要他们的支持来使我的论证令人信服吗？

你在那些包税人中享有的名声也许会使你产生自信和安逸感，是吗？然而，我的高度警惕使你的名声对你的案子毫无帮助；而你的理智一旦起作用，也会使你的名声成为反对你的因素。先生们，让我用最简单的话语，把整个故事摆在你们面前。

【70】负责征收西西里牧场税 ① 的人名叫卢西乌斯·卡庇纳提乌。这个人为了他自己的收益，可能也顾及股东们的利益，想方设法，很快就成为威

---

① 一种对使用国有土地者征收的税。

尔瑞斯的密友。他曾经跟随这位执法官走了一个又一个贸易城镇，从来没有离开过威尔瑞斯。在与威尔瑞斯形成亲密关系之前，他精心谋划，把钱借贷给那些想要向威尔瑞斯购买某些东西的人，这使他看上去就是第二个提玛基德，甚至比提玛基德更坏。先生们，这种借贷管理是这样的，利润甚至可以通过这样一种途径落到我们这位朋友手里，因为卡庇纳提乌借出去的钱来自威尔瑞斯的秘书，或者来自提玛基德，甚至来自威尔瑞斯本人；① 除此之外，他也以自己的名义把威尔瑞斯的大量金钱借出去，根本不入账。起初，在与威尔瑞斯建立密切关系之前，卡庇纳提乌几次写信给公司，抱怨威尔瑞斯所犯的种种过失；而卡努莱乌——他的工作与管理叙拉古港口有关——给公司送去一张详细的清单，列举威尔瑞斯没有交出口税就从叙拉古偷运出去的大量货物，这个公司也是港口的承包者，就像承包征收牧场税一样。其结果就是给我们提供了大量证据，我们可以从公司的记录中引用一系列要点，用来反对威尔瑞斯。

但是在成为威尔瑞斯的亲密朋友之前很久，卡庇纳提乌也做过这种事——也是由于同样的基本原因——他给公司写了一系列信件，说威尔瑞斯提供的良好服务给公司带来大量利益。确实，在威尔瑞斯常规性地按卡庇纳提乌的要求办事时，后者给公司写信就更频繁了，要是可能的话，他希望自己较早写出的信件所产生的效果能完全消失。最后，当威尔瑞斯将要离开西西里的时候，卡庇纳提乌写信催促公司的成员到码头集合，在那里为威尔瑞斯送行，以表达他们的谢意，并保证将会坚定地执行他可能下达的任何命令。这家公司同样遵照税收承包的传统做法，这不是因为他们认为他值得尊敬，而是因为他们感到这样做可以得到很好的回报。他们向他表达了感谢，并且告诉他卡庇纳提乌经常写信给他们，提到威尔瑞斯为他们提供的服务。

【71】他回答说这是他的荣幸，并对卡庇纳提乌的工作做了高度评价。然后他指示他的一个朋友——当时担任公司的主席——尽力保管好公司的记

① 账本表明威尔瑞斯本人把钱贷给他的受害者。

录，不要让公司的账目中包含任何有损他的地位或品性的内容。于是这位主席在股东们散去后召开了承包各种税收项目的负责人的会议，把威尔瑞斯的要求告诉他们。这次会议通过一项决定，任何有损于威尔瑞斯名声的记录都要删除，要采取措施停止有损盖乌斯·威尔瑞斯的行为。如果我证明这些项目负责人通过了这个决定，证明他们按照这个决定删除了记录，那么这个法庭还能拥有什么呢？我还能更加清楚地提出今后要裁决的争端，或者更加清楚地指控将要定罪的人吗？要宣判他有罪，应当依据谁的判决呢？哦，应当依据那些将要成为法官团成员的人的判决，如果那些期待恢复严格审判的法官是正直的，则应当依据我们国家现在需要任命的人的判决。我们看到这些人的任职建议不是由我们这种类型的人提出来的，也不是由骑士等级的人提出来的，而是由一位最古老的贵族提出来的。①"什一税"承包者，换句话说，那些主要负责人——我们几乎可以说他们属于议员等级，是税收承包商中的一部分——同意删除那些记录。我将要传唤某些当时参加会议的人，他们地位很高，品性很好，是骑士等级的领袖，我在这件事情上相信他们，上述措施就是针对他们的优秀品德提出来的。他们将要出现在你们面前，将会告诉你们他们同意做些什么。如果我对他们的认识没错，那么他们肯定会把事实真相告诉你们，因为他们能够删除公司的记录，但他们不能放弃自己的荣誉和良心。所以情况就变成这样：罗马骑士自己的判断就已经宣布这个人有罪，他们不希望由这个法庭来判决他有罪；现在是这个法庭考虑应当受他们的判断还是愿望引导的时候了。

【72】威尔瑞斯，你现在可以问自己：你的朋友对你有多么热心，你的同盟者能为你的筹划、为你的事情出多少力。我要说得大胆一些，因为我现在不怕被人看做说起话来更像一名公正的起诉人。如果这些项目负责人没有按"什一税"承包人的要求删除那些记录，那么我就可以按照我发现的记录指控你的罪行；然而，由于这个决定得到了执行，记录被删除了，所以我

---

① 指卢西乌斯·奥勒留·科塔（Lucius Aurelius Cotta）。

只能按最坏的情况来谈论你，对这个法庭的每一成员朝着最坏的方面提出对你的怀疑。我断定，你从叙拉古运走大量黄金、白银、象牙、紫色织布、大量马耳他产的布匹和挂毯、大量德洛斯产的货物、大量科林斯产的器皿、大批粮食、大批蜂蜜；而港口管理人卢西乌斯·卡努莱乌在写给他公司的信中抱怨这些商品都没有缴纳出口税。这难道不是一项严重的指控吗？我无法想象更严重的了。霍腾修斯对此会做出什么样的辩护呢？他会要求我提交卡努莱乌的信件吗？他会坚持说这样的口头指控没有用，除非有书面证据的支持吗？我要愤怒地回答说，按照公司的决定，有关记录已经被删除，我已经失去有关这个人偷逃税款的记录。他要么必须承认这种事情从来没有发生过，要么他必须做好准备面对这样的指控。你说没有这种事吗？那么好吧，这就是你要采取的辩护路线，我已经做好了准备。这件事发生的时候有许多人在一起，现在让他们继续在一起。只要对他们进行调查，他们必然会说出真相，这不仅是因为说假话要冒着作伪证和背上恶名的危险，而且是因为作为同伙他们了解事实。如果这样一来就可以确定事实如我所说的那样发生了，那么霍腾修斯，你很难证明这些文件中没有什么伤害威尔瑞斯的内容。你不仅不会这样说，而且甚至不可能坚持说我的指控在细节上不符合事实。好吧，你的计划和倾向现在成功了，如我刚才所说，让我自由地提出指控，而这个法庭上的每一成员都有充分的权利相信它们。

【73】尽管如此，我不会虚构任何东西。我会在心里记住我现在不是在按照自己的意愿提出指控，而是在应他人的要求进行辩护；先生们，你们将听到我接手的这个案子不是我主动要求的，而是他人托付给我的；如果我认真地提到的这些事实是我从西西里人那里听来的，出自他们自己之口，那么我对西西里人尽到了责任；如果我拒绝接受任何人的暴力或权势的恐吓，那么我对我自己的国家尽到了责任；如果我的诚实和勤勉能使法庭成员做出一个真正公正的判决，那么我对这个法庭尽到了责任；如果我坚定地贯彻一直在规范我职业生涯的行为原则，那么我对自己尽到了责任。因此，威尔瑞斯，你没有理由害怕我会虚构对你的指控。不需要！你可以在某种意义上恭

喜你自己。我知道你有许多罪行，在我看来它们要么太愚蠢，要么太难以置信。我不想让你悬在那里太久，所以我要问：那个决定是你同意的吗？当我已经触及事实的时候，我要问：那些文件销毁了吗？要是这一点也能确定，那么我不需要再说什么了，因为法庭马上就会相信：要是为了帮助威尔瑞斯而通过那个决定的骑士们现在坐在这里作为法官审判他，他们无疑会发现他有罪，因为他们知道那些能证明他偷窃的信件是写给他们的，而按照他们的决定，这些信件被销毁了。这些骑士对他非常热心，而他对他们也多有关照，但他们无法避免判他有罪。有鉴于此，先生们，你们还有什么办法或理由判他无罪吗？

还有，与此事相关的证据都已经被拿走，被藏匿，存放在暗无天日之处，无论我如何努力都无法查获。所以，为了不让人们以为我丢失这些证据完全是偶然的，我要说，先生们，用理智和预见去寻找曾被发现的东西是极为可能的，你们现在就能将这个人当场抓获。我可以说，我一生中的大部分时间也许都在关注与包税人有关的案子，我密切关注社会上这部分人的习惯，相信我的实际经验已经使我对他们非常熟悉。

【74】因此在我发现这个公司的相关记录已经被销毁的时候，我注意到威尔瑞斯在西西里的那些年份，然后很容易就发现谁在这些年里负责管理公司的账目。我知道管理账目的人通常在把账目移交给继任者时，自己都会再保留一份副本。知道这一点后，我首先访问了卢西乌斯·维庞乌斯——骑士等级的一位杰出成员，我发现他是最值得调查的那一年的账目管理人。我的意外来访使他非常惊讶。我调查了所能调查的一切，询问了所能询问的一切。我只发现了两张纸，是卡努莱乌打算从叙拉古港口送往公司的，上面写着他在几个月中代表威尔瑞斯运送出去的、没有缴纳出口税的货物；因此我马上封存了这些材料。它们就是我急于在公司记录中发现的内容，但我在这里把它呈送给你们仅仅作为一个样本。还有，这些纸张无论包含什么内容，里面提到的事情无论看上去多么微不足道，但至少有一点是明显的，你们必定可以从你们看到的事情出发，对其他事情做出推论。首先请读一下这张

纸，然后再读那份"卡努莱乌写的材料"。

我现在不问你从哪里弄来这 400 桶蜂蜜，或者所有马耳他布匹，或者供 50 人的餐厅使用的躺椅，或者其他所有各种各样的东西。我再重复一遍，我现在不问你从哪里搞来这些东西，我现在要问的是，你要这些东西干什么？蜂蜜就别提了，但为什么要那么多马耳他布匹？就好像你想用这些布匹给你所有朋友的妻子做衣服似的。为什么要那么多躺椅？就好像你想给他们所有乡间别墅配家具似的。

【75】还有，再看看其他几张纸，上面的记录只有几个月。所以，先生们，你们必定会认为整个三年里情况都是这样。我的意图是从一位公司负责人的手中找到的这些简单的记录，而你们可以公正地从中推论出这个人在这个行省任职期间强盗生涯的性质、他的各种无休止的贪婪欲望、他弄到手的大量金钱，不仅有现钱，而且还有以上述方式进行的投资。有关这件事更多的细节我们以后再说，现在我请求你们注意这个要点。在已经读过的那个出口记录中，写下这两张纸的人说公司损失了 600 个罗马大银币，而叙拉古征收的出口税率是百分之五。因此，在短短的几个月里，就像这几张临时草就的记录告诉我们的那样，我们的执法官仅仅从一个城市非法走私出去的货物总值 1.2 万罗马大银币。现在问问你们自己吧，西西里这个岛国周围有多少港口？从其他地方运出去的走私物品会有多少？从阿格里根图、利里拜乌、哈莱萨、卡提那，以及从所有其他城镇，尤其是从墨撒纳，他把墨撒纳视为最安全的港口，在那里他总是感到最轻松，最愉快，而他把玛迈提涅选为最需要当心的地方，或者需要秘密偷运的地方。在发现了这些文件以后——其他记录都已经被小心翼翼地销毁了——我们一方希望大家都能对我们处理这件事情表现出来的合理精神表示赞扬，而摆在我们面前的这些文件已经令我们感到满意。

【76】我们现在要回到这家公司没有用高超的手段加以隐瞒的收支账目上，并且回到你的朋友卡庇纳提乌那里。我在叙拉古看到了由卡庇纳提乌保存的公司账本，有许多人向卡庇纳提乌借了钱去向威尔瑞斯缴纳大笔款项。

先生们，这是十分清楚的事实，你们将要看到的公司账本表明，为了能够摆脱困境，这些人在这段时间里年复一年、月复一月地借钱来贿赂威尔瑞斯。我打开手中的账本，仔细察看里面的记录，突然看到有一些地方是涂改过，表明账目有假。起了这种疑心后，我开始更加小心。有好几笔进账来自"盖乌斯之子盖乌斯·威鲁西乌"①，第二个"r"之前的字母显然没有动过，而后面的所有字母都是在抹去字迹的地方重写的，此外还有第二处、第三处、第四处，许多进账都具有相同的性质。这些涂改太明显了，可见有某些可耻的行为和肮脏的交易，所以我问卡庇纳提乌，这位和他有着大笔金钱往来的威鲁西乌是谁。卡庇纳提乌犹豫不决，遮遮掩掩，面红耳赤。由于法律免除包税人向罗马呈送账本的责任，而我希望弄清事实，尽可能收集证据，所以我向麦特鲁斯起诉了卡庇纳提乌，要他把公司账本呈送法庭。当时有许多人聚集在那里。由于卡庇纳提乌臭名昭著，他是总督威尔瑞斯的合伙人，又是放高利贷的，所以人们抱着极大的好奇心，想知道账本里记着什么。

【77】我向麦特鲁斯做了陈述，说我已经检查了这家公司的账本，其中包括一笔很大的款项，分成许多名目，记在盖乌斯·威鲁西乌的名下；比较了年月，我发现在威尔瑞斯到来之前和他离去之后，这位威鲁西乌都没有和卡庇纳提乌有经济上的来往。因此，我要求卡庇纳提乌告诉我这位威鲁西乌是谁，是商人、银行家，还是种地或放牧的农民，他是否还在西西里，或是已经走了。所有听众都大声叫喊，西西里从来没有叫威鲁西乌的人。我要他回答我的问题，说出他是谁，在哪里，从哪里来，为什么公司记账的奴隶在写威鲁西乌的名字时总要写错。我后来没有再坚持，因为我想被迫回答我的问题可能会违反他的意愿，而我的目的是让大家弄清楚威尔瑞斯的考虑、卡庇纳提乌的错误行为，以及他们俩的大胆。所以我让这个人留在执法官面前。他在那里缄口不语，深受良心折磨，然后就在市集广场上，在众目睽睽之下开始复制一份账本。当地一些有身份的人帮他写字，凡是账本上有涂改

---

① 原文为"Gaius Verrucius son of Gaius"。

的地方都准确地恢复原样。整件事情经过详细调查和仔细比对，最后由某些地位很高的绅士签字盖章。

如果说卡庇纳提乌当时不愿意回答我的问题，那么，威尔瑞斯，你现在愿意回答我的问题吗？说说看，你认为这个威鲁西乌是谁，是你们家族的一员吗？我看到这个人在你担任执法官期间待在西西里，那些账目足以表明他很富有，而你在自己的行省里对他并不熟悉。或者为了简洁和明晰，走上前来，先生们，打开这本临摹的账本，这样一来我们就不必继续跟踪他贪婪的脚印，而是现在就能看到他贪婪的巢穴了。

【78】你们看见"威鲁西乌"① 这个词了吗？你们看到前面几个字母没有涂改吗？你们看到名字的后半部分写在涂抹过的地方吗？笔画下垂，就像一头公猪的尾巴浸在烂泥里。好吧，先生们，你们已经看了这些账目，你们还在等什么？你们还要什么？威尔瑞斯，你本人为什么坐在那里没有动静呢？你必须告诉我们，你要么认识威鲁西乌，要么承认威鲁西乌就是你自己。

以往著名的演说家，比如克拉苏和安东尼乌斯，擅长巧妙瓦解原告的指控，提出一大堆论证支持被告。但事实上，他们不仅比今日的律师拥有更好的脑子，而且拥有更好的运气。因为在那个时代没有这样的罪犯，想要为他辩护也找不到任何理由；在那个时代没有人如此邪恶，他的生活的每一部分都极为愚蠢；在那个时代没有人所犯的罪行会如此确定无疑地被识破，也不会有人认为他犯罪的无耻还不如他否认罪行的无耻。但是霍腾修斯在这个案子中要干什么？要通过赞美他的当事人来减轻对他当事人的贪婪的指控吗？哦，这位当事人是一个荒淫无耻、无恶不作的无赖。要用这个人的鲁莽来转移你们对这个人的邪恶德行的注意吗？哦，这位当事人是懒汉、胆小鬼，一个在女人堆里周旋的男人，一个受男子汉轻视的堕落的女人，我们在任何地方都无法找到第二个。有人说他脾气很好吗？没有人比他更粗鲁、更冷漠、

---

① 原文为"Verrucius"。

更残忍。有人说他的缺点不会伤害其他人吗？没有人比他更刻薄、更邪恶、更野蛮。有这样的当事人，接手这样的案子，即使是克拉苏和安东尼乌斯又能怎么办？确实，霍腾修斯，我说够了，他们根本不会接手这桩案子，他们的荣誉也不会因此而受损，这样的人根本不值得为他辩护。他们空手走上法庭时总是那么坚定，为了避免为一名无赖辩护所带来的耻辱，他们只能拒绝为他辩护，哪怕被人认为忘恩负义。

第三卷

【1】先生们，既不受个人敌意的鼓动，不因为承受着私人的伤害，也不受获得奖赏的希望的指引，其动机仅仅是爱国主义的所有起诉者，此刻必须考虑的不仅是他们肩负的重担，而且是他们正在寻求的、希望终身承担的巨大责任。让别人解释他的行为就是对我们自己提出要求，必须具有正直、自制，以及其他所有的美德，如我所说，当我们的行为除了公共利益以外没有其他动机时尤其如此。当一个人审慎地批评其他人的品性，谴责其他人的错误行为时，要是他在任何地方偏离了他要承担的义务，那么他还能找到什么样的仁慈吗？因此，他应当拥有公众的称赞和尊敬，因为他把国家从一名无赖的手中拯救出来，更因为他确信，并向他们保证，他自己的生活将是，而且必定是正直和高尚的，对他来说，一种强制式的必须性进一步增强了他追求美德和履行义务的一般倾向。先生们，这就是为什么人们经常听著名演说家卢西乌斯·克拉苏说，没有比起诉盖乌斯·卡玻更让他感到后悔的事了。从那以后，他在各方面都无法比较自由地做他想做的事，他很后悔，因为他感到有太多的批判的眼睛在盯着他的生活。克拉苏受到他的天才和幸福所能带来的好处的保护，然而他感到这种考虑牵制着自己，他不是在有了成熟的判断力以后，而是在很年轻的时候就这样了。那些很年轻就进入这一行的人比起那些很成熟以后再进入这一行的

人，在美德和正直方面都不那么有把握。年轻人为了赢得名声和显示能力而起诉，而这时候他们还不明白那些从来不起诉的人享有更加自由的生活。而我们这些年纪较大，已经显示了力量和理智的人必须自觉约束我们的欲望，或者说我们绝不应当故意剥夺我们的这种自由，按照自己的选择引导我们的生活。

【2】确实，正是这种考虑使我自己的负担比其他任何指控者更加沉重——或者说，要是"负担"对满意而快乐地挑起重担来说不是一个正确的名称，那么让我们说，正是这种考虑使我的工作范围比其他指控者更加广泛——世人要求指控者在斥责他人时自己尤其要当心，不能沾染这种罪恶。你指控某些人盗窃和抢劫吗？那么你必须避免其他人怀疑你觊觎。你指控某些人不人道和残忍吗？那么你必须小心谨慎，在任何事情上都不要给人留下你苛刻和不体谅别人的印象。你指控某些人勾引或通奸吗？那么你要小心自己的生活不能有一点放纵的痕迹。事实上，你指控他人所犯的一切过失，你自己都必须尽全力避免。确实，指责他人犯下过失而这项指控也可以用在自己身上，那么对这样的人来说，不要说是指控，而且连指责都是无法容忍的。现在，我指控一名遭人唾弃的无赖犯下了各种罪行，我断言在这个人的一生中你们可以察觉荒淫无耻这种罪恶的所有可能的表现。先生们，指控他的时候我也在给自己的生活做出限定，无论过去还是现在我的生活决不能有一点与这个人的言行相似的地方，甚至连一点儿骄傲的表情也不能有，就像你们看到这个人脸上现在挂着的那种傲慢。先生们，我这样做不是因为我对自己迄今为止采用的自由风格不满，这样做确实令我快乐，而是由于我要限制自己今后的讲话不仅仅是快乐，而且是一种义务。

【3】但是你，霍腾修斯，能够继续问我，什么私人之间的敌意和过失能够引导我承担起诉这样一个人的任务吗？此刻，我不想解释由于我和西西里人民之间的密切联系而强加于我的义务，我仅就私人之间的敌意问题做出直接的回答。哦，你认为私人之间的任何敌意能比从他们之间的理想冲突和目

标的多样性中产生出来的敌意更加激烈吗？这个人担任执法官，为他的总督从事机密工作，负责处理财政，在各方面得到信任，而他竟然毫无顾忌地偷窃、背叛、反对他的总督，在生活中坚持忠于最神圣的事物的人会不痛恨这样的人吗？敬重端庄和贞洁的人会对日常生活中的通奸、苟合、拉皮条无动于衷吗？一个寻求宗教信条的人面对普遍泛滥的圣地抢劫，乃至于无耻地出售神轿的轮子谋利，怎么能不痛恨这个人呢？威尔瑞斯，一个相信普遍公平正义的人想到你把司法审判变成了满足你荒唐的快乐，难道不会成为你的死敌？一个对我们的同盟者的过失和我们的行省的不幸感到悲痛的人会不埋怨你吗？你盘剥亚细亚，破坏潘斐利亚，抢劫西西里，使那里的人充满眼泪与悲伤。当一位拥有神圣的、罗马公民的权利和自由的人想起你如何对待罗马公民，如何鞭打他们，如何砍他们的头，如何竖起十字架处死他们的时候，他怎么能不成为你的死敌？哦，霍腾修斯，要是这个人的某些决定的某些方面有损我的私人钱包，那么你会允许我有恨他的理由，而他的整个政治生涯都在伤害人们的钱包，摧毁各种原则，损害人民的利益，踩躏诚实者的情感，在这种时候你却问我为什么要仇恨这个罗马国家都不喜欢的人？我，以及所有人，都必须做好准备，付出更大的辛劳，服从国家的意志，承担比一般义务更加沉重的重任。

【4】不，有些事情似乎不那么重要，但足以激起人们对他的仇恨。霍腾修斯，事实上，你和所有不同等级和出身的人都更加任意地向这个无法无天的无赖提供友谊，超过向我们这些诚实而又高尚的人。当人们的等级提高时，你痛恨他们的勤劳，你讽刺他们的诚实，你嘲笑他们的体面，你试图阻挠和压制他们的能力和美德，而你自己却投靠威尔瑞斯！啊，很好，他可以缺乏美德、勤奋、正直、荣誉感和体面感，但你无疑赞赏他的谈话、他的教养、他的嗜好？他没有这些品质，正好相反，他的整个行为除了浸透着极端的不体面和邪恶以外，还更多地浸透着出奇的愚蠢和粗鲁。有人向这个人打开自己的家门，你认为应该这样做吗？把家门打开，它不就是一张寻求食物的嘴吗？就是这个人喜欢你的那些搬运工和苦力，就是这个人取得了你的那

些自由人①和男女奴仆的忠心,就是这个人吩咐他们在他返回之前到达,只有你可以与他见面,而我们这些人,善良诚实的人,经常遭到你的拒绝。因此我们可以得出结论,你最有价值的朋友就是那些离开你的保护就不能逃避灾难的人。还有,你认为会有人发现这是可以容忍的吗?我们这些最诚实的人——我们的力量就像我们的资金一样薄弱——不希望增添一丝一毫财富,而希望使我们的功德,而不是我们的金钱,成为保持罗马民族赐予我们的尊严的手段;而你却想要这个无耻的盗贼逃脱一切惩罚,奢侈地享有剩余的一切。你想用从他那里得来的银器装饰你和你的朋友的宴会,你想用从他那里得来的雕塑和绘画装饰市政广场和其他公共集会场所,尽管你通过自己的事业已经得到了大量的财富,是吗?威尔瑞斯应当用他抢来的赃物装备你的乡间别墅吗?我们发现,姆米乌斯抢劫了我们的敌人的城市,而威尔瑞斯抢劫了我们的同盟者的城市,威尔瑞斯抢劫的城市更多,用赃物装饰的乡间别墅更多,那么威尔瑞斯应当超过姆米乌斯吗?为了能够管束你们自己贪婪的欲望,甘冒自己毁灭的危险,这就是你们忠实于他的原因吗?

【5】然而,我已经谈过这一点,也会在另一个场合再提,现在我要处理我的其他指控了。但是,首先,先生们,请允许我讲几句话请求你们的帮助。在我演讲的前一部分,我已经得到你们的密切关注,令我非常满意;但若你们仁慈地继续给予关注,那么我会更加满意。在我迄今为止说过的所有话中,事实与指控的多样性和新颖性已经给你们提供了某种享受,而我现在要处理的是我的案子中的农业部分;尽管该部分非常重要,是整个指控中最重要的部分,但对它的阐述不会那么多样化和吸引人。然而,对你们这样能够及时做出反应和有能力做出判断的人来说,这个话题显然是适宜的,因为你们考虑庄严的义务胜过考虑快乐。先生们,当你们调查本案的农业部分时请记住这样一个事实:你们要调查的是所有西西里人民的地位和幸福、在西西里务农的罗马公民拥有的地产、我们从前辈那里继承下来的税收、罗马民

---

① 指被主人释放不再是奴隶的人。

族食物和生活必需品的来源。如果你们认为这些事情是重要的，不，是极为重要的，那么对我在处理这些事情时缺乏丰富性和多样性你们就不会感到着急了。

先生们，你们所有人都必须明白，就我们所关心的罗马民族利益而言，我们的西西里行省的有用性主要表现在他们给我们运送粮食，它的其他贡献对我们也有用，但粮食是我们赖以为生的东西。有关农业的指控分为三部分。我首先处理粮食"什一税"，然后处理粮食的收购，最后处理粮食的运送。

【6】请允许我提醒这个法庭西西里和我们其他行省在土地税制度方面的差别。在其他行省，要么征收固定的税，被称做"贡税"，比如向西班牙人和大部分迦太基人征收的税，这种税收可以视为对胜利的奖赏和对失败者的惩罚；要么实行另外一种税收制度，通过监察官的合约，就好像在亚细亚按照塞普洛尼乌法征税。但是对西西里的这些城市国家来说，我们给予它们信任和友谊，因此西西里人原有的权利得以保持，他们作为罗马臣民的地位也和以前处在他们自己的统治者之下没有什么两样。我们的祖先凭借武力征服的西西里人很少，这些人的土地就成了罗马的财产，但后来又归还他们，这样的土地税一般通过监察官的合约来管理。两个城市，玛迈提涅和陶洛美纽，有专门的同盟条约而没有征收"什一税"的专门合约；另外五个城市，即坎图里帕、哈莱苏斯、塞吉斯塔、哈里基艾、帕诺姆，尽管按照条约不是同盟者，但却是免税的自由城市。除此之外，西西里所有城市的土地都要缴纳"什一税"，这是由它们自己的居民在罗马统治西西里之前自愿制定的规矩。请注意，我们的祖先在处理这件事情时非常聪明。他们占领了西西里，获得了战争与和平的一项巨大资源，然后他们就热心地取得并保持西西里人民对罗马的忠诚；他们不仅不向西西里的土地征收新税，而且不改变出售"什一税"的条件，或者不改变出售的时间和地点，所以西西里人会在每一年的固定时间不断地出售承包权，最后由希厄洛法令做了规定。他们决定让西西里人管理他们自己的事务，不用新的法律或者新名称下的旧法律激怒他

们。所以他们决定始终按照希厄洛法令的规定出售"什一税"，这样做可以让这项义务变得不那么令人厌烦，让西西里人在新的统治下保留这项义务。不仅那些统治机构，而且他们那些最受民众欢迎的国王，都无可争议地享有这些权利，直到威尔瑞斯成为执法官。他是胆敢消除和改变普遍执行的法令的第一人，这是一项他们从祖先那里继承下来的习惯，是他们作为罗马的同盟者和朋友所享有的法律规定的特权和权利。

【7】现在，威尔瑞斯，我作为指控者的第一步就是要求你回答：你为什么要改变这样一套时间久远、长期实施的制度？你的强大的脑子发现其中有什么错误吗？你的理智和你的判断比所有在你之前统治行省的那些精明能干的人都要强吗？我们应当对你有这样的期待，我们对一颗像你这样深刻而又活跃的心灵应当有这样的期待——我很希望能够如此。我明白，当你担任罗马的执法官时，你的法令让陌生人而不是让死者的子女、让排序很后的继承人而不是让排序在先的继承人，按照你甜蜜的意愿而不是按照法律的规定继承死者的遗产。我明白你矫正了你的所有前辈法令中的一项错误，你不把遗产判给遗嘱规定的人，支持他们认领遗产，而是判给那些仅仅说有遗嘱的人。我还明白，你的这些新发明和新举措为你自己提供了大量的利润。我记得也是你，改变或废除了监察官签订的维护公共建筑的合约，拒绝与直接有关的人订立合约，禁止弱小者的监护人和亲戚采取步骤拯救他，免得被剥夺所有财产。你缩短了完成合同的时间，为的是阻拦其他人承包，而你自己的承包人完成合约的时间则不受任何限制。我对你制定出这样一部关于粮食"什一税"的法律不感到惊讶，尤其是你在制定了许多执法官的法令和监察官的规定，做出许多判断和获得许多经验以后。我再重复一遍，我对你会冒出这样的念头不感到惊讶。作为指控者我要对你提出的指控是：由于你自身的原因，而不是由于这个国家的人民或元老院的命令，你践踏了西西里行省的权力。

在卢西乌斯·屋大维和盖乌斯·科塔担任执政官期间，元老院确实批准过在罗马出售酒、油、谷物等等"什一税"的权力，从那以后也一直由执法官在西西里实行，使这件事成了一项适宜的规定。当出售征税权的通告发布时，纳税的农民们会要求元老院对这些规定做一些补充，但要注意的是，他们全都同意由监察官为我们的其他行省做出的规定。这项要求遭到一个当时正好在罗马的人的反对——威尔瑞斯，他就是你的房东，我再重复一遍，他就是你的房东和老熟人——塞尔迈的塞尼乌斯，他现在就在这里。执政官们进行了调查，在咨询了罗马最重要、最显赫的人士以后，他们宣布将按照这些人的建议遵循希厄洛法出售这项权力。

【8】这确实形成了一项鲜明的对照！这些人有着成熟的判断力，他们的观点所有人都必须尊重，元老院和罗马人民赋予他们充分的权力制定出售征税权的规则，而这些人由于遇到一个西西里人的抗议，拒绝改变希厄洛法，哪怕是名义上的改变，尽管这样做意味着增加税收。然而你是一个没有判断力的人，你的观点没有人表示尊重，也没有来自元老院或人民的授权，在面对来自整个西西里的抗议的时候，你竟然全部废除希厄洛法，大幅度减少税收，尽管不是完全断绝。

先生们，我请你们注意他践踏的法律的性质，事实上这部法律已经被完全废除了。请注意这部法律对纳税的能力和需要注意的地方所做的规定。它规定要尽可能保障农民的安全，同时也要求纳税者，无论粮食在地里，还是已经在晒谷场上或收进粮仓，或是已经运往海边出口，他都不能欺骗征税者，否则就要受到最严厉的惩罚。这部法律的条款的谨慎表明它的作者没有别的税源，条款的精明表明它的作者是西西里人，条款的严厉表明它的作者是一名独裁者。不管怎么说，它维护了西西里农民的利益，不能强迫农民缴的税超过其收成的十分之一，也保障了"什一税"征收者的权利。

可是经过这么多年以后，不，过了好几个世纪，你们瞧，威尔瑞斯不仅干涉这些令人尊重的安排，而且推翻它们，把这些保障我们同盟者的存在和我们国家利益的措施转变为他个人谋利的手段。首先，他指定某些人名义上担任征税者，实际上是他自己贪婪欲望的仆人和管家，在他们的代理下，如我所示，先生们，这个行省在三年中就遭到彻底的强暴和蹂躏，以至于后续诚实能干的总督在许多年里都无法弥补她受到的伤害。

【9】在所有拥有"什一税"征收者头衔的人里头,最重要的是臭名昭著的昆图斯·阿普洛纽,他现在就在法庭上。你们已经听到那些相关的代表团对这名世上仅有的无赖的申斥。先生们,你们瞧这个家伙的样子,从他的穿戴中透露的胆大妄为你们可以在自己心中描绘出一幅他在西西里时从他的鼻孔中喷发怒火的样子,当时的一切都已消失,而只有这一点仍然存留。这就是阿普洛纽,威尔瑞斯找遍了整个行省以后把这个他认为在恶毒、挥霍、粗鲁等方面最像他自己的无赖收罗到身边,结果就在很短时间里,没有任何业务联系,没有合理的利益,没有他人的推荐,仅仅由于拥有相同的堕落的目标和嗜好就使他们成了知心朋友。你们知道威尔瑞斯愚蠢和邪恶的品性,要是可能的话,你们可以想象有一个人在各种罪恶行径中,在难以言表的各种荒唐中都能赶上威尔瑞斯,这个人就是著名的阿普洛纽。他用他的生活,不,用他的容貌和形象,宣布他自己是一片巨大的充满邪恶的、吞食生人的沼泽。他就是威尔瑞斯沉湎酒色、盗窃圣物、寻欢作乐时的左右手。其他人都把阿普洛纽视为食人生番,而由于品性相同而产生的同情与情感,使得阿普洛纽在威尔瑞斯看来是一个讨人喜欢的文明人。其他人都不喜欢他,离他远远的,而威尔瑞斯没有他就活不下去。其他人不能在同一房间与他一道饮酒,而威尔瑞斯愿意喝他杯中残酒,闻他嘴里和身上散发的臭气,我们听说,这种气味连动物都不能忍受,而唯有对威尔瑞斯来说似乎是香甜的,好闻的。阿普洛纽坐在他的办公桌旁边,与他共用一个房间,是威尔瑞斯节日聚会的主心骨,而最惊人的事情就是,当这位总督的儿子到来时,他开始脱得精光,当众跳舞。

【10】就是这个人,如我所说,被威尔瑞斯选为他抢劫和毁灭农民阶层的左右手。就是这个品性极端堕落和残忍的人,如你们所知,先生们,在威尔瑞斯担任执法官期间按照他的新法令被当做我们最忠诚、最高贵的同胞公民,而我已经说过,整部希厄洛法被废除,扔在一边。

先生们,让我们先来看这些杰出的法令。它规定征税者可以任意向农民征收粮食，而农民必须按他的要求缴纳。换言之，阿普洛纽向他要多少，他就必须缴多少。这算是什么？一名罗马行政官员为我们的同盟者做出的规定，还是一个暴君式的疯子对被征服的敌人颁布的法令？他要多少我就必须缴多少吗？他会要我把全部收成缴给他。我说的是我的全部收成吗？要是他喜欢的话，可能还不止。那该怎么办？哦，你会怎么想？你要么继续缴，要么就违反了这项法令，有罪。我以神的名义起誓，这意味着什么？简直无法置信。你们可能认为不要把威尔瑞斯想得太坏了，但我感到，至少使你们无法置信的这件事情是确定的。尽管整个西西里都会宣布这件事情是真的，但我本人不敢断定，除非我能从他自己的记录中逐字逐句地引用法律条款。请把这份记录递给庭吏，请他大声朗读，从这一段开始。读吧，请。[这段话大声地读了。]他说我没有全读，这似乎是他站在那里摇头的意思。哦，没有读的部分是什么？是你为了保障西西里的安全而为那些倒霉的农民说的话吗？你在那里说，要是征税人征收的东西超过应当缴纳的数额，你会允许他提出申诉，赔偿可达超过部分的八倍。我不会忽略任何内容，我会按他的要求把所有段落都读一遍。就是现在，请。[庭吏读了允许起诉得到八倍赔偿的那段话。]你这是在允许农民起诉收税人吗？这种公正多么可悲。你把这个可怜的人从他的农庄里拉到城里，从他的犁边拉到原告的板凳上，从他熟悉的乡间生活拉到法庭这个他陌生的世界上来。

【11】在其他各地的税收案中，在亚细亚、马其顿、西班牙、高卢、阿非利加、撒丁岛，在意大利本身的直接纳税区，我要说，在所有这些案子中，通常都是征税人在起诉并支付保证金。但他不能夺取和占有被告的财产。农民是这个社会中最高尚、最诚实、最可敬的组成部分，而你把支配他们的权力给了别人，直接反对农民在世界其他任何地方都拥有的权益吗？征税者收缴谷物的时候，或者农民把粮食认领回来的时候，公正以什么方式存在？税收案得到判决之前或之后，粮食已经离开所有者手中的时候，公正以什么方式存在？这时候应该由谁来掌握粮食？是那些辛辛苦苦生产粮食的人，还是那些从来就没有用一根手指头碰过粮食的人？你们瞧，现在什么农

民只有一张犁，不停地耕作，而在你成为总督之前，西西里很大一部分土地都属于这个阶层的人，当阿普洛纽要他们按照他的意愿缴纳粮食时，他们该怎么办？抛弃他们的土地和家园吗？去叙拉古在一个无疑不公正、听从你的旨意的法庭上起诉你心爱的阿普洛纽吗？好吧，假定如此，让我们说，有些农民会足够大胆，有足够的经验，在按照征税者的要求缴纳粮食以后起诉征税者，要求得到八倍的赔偿。我们要看这项法令有没有执行，行政官员能否公正办事。为了农民，我们希望判处阿普洛纽做出八倍的赔偿。这个农民的要求到底是什么？只不过是按法令规定起诉，索取八倍的赔偿。他要起诉阿普洛纽吗？非常想。他要起诉总督吗？法官是他下令选择的。"我可以知道法官的名字吗？"威尔瑞斯说："法官？审判你的法官将从我自己的随员中挑选。""你的随员有哪些？""哦，我的占卜师伏鲁西乌，我的医生高奈留，还有你们看到的那些躺在法官席上舔舌头的狗。"事实上，他从来没有从本地居民中任命过一名法官或者法庭成员。他曾经断言，任何人只要拥有一小片土地，都会对征税人有偏见。所以起诉阿普洛纽的案子必须由那些在他最后一次宴会上喝得醉醺醺、满身酒气的人来审判。

【12】多么令人难以忘怀的优秀法庭！它执行法律有多么严格！它是农民多么好的避难所啊！要是你们想知道那些审判索赔案的人怎么想，想知道从威尔瑞斯随员中挑选出来的法庭成员，那么让我来告诉你们一些事情。你们希望征税者任意向农民征收粮食，反复征收，超过农民应当承担的部分吗？问问你们自己愿不愿意受到这样的对待，请记住这种事情由于粗心以及贪婪是会发生的。它一定会反复发生。确实，我向你保证，他们中的每个人都会拿走更多粮食，远远超过农民应缴的百分之十。好吧，有谁在你三年任职期间被判决做出八倍的赔偿，说出一个名字来。判决，我说过判决吗？说出一个名字来，这个人按照你法令的规定开始索赔。似乎没有一个农民会对这种虐待发出抱怨，也没有一名征税者会超额征收粮食。到那时为止，阿普洛纽征收和运走了许多粮食，整个国家的所有农民都说他们被抢劫了，尽管如此，还是看不到有人对他起诉。这意味着什么？为什么这些优秀、高尚、

有影响力的人——所有这些西西里人，所有这些罗马骑士——在受到这名肮脏的无赖的伤害以后，不去索取无疑能够得到的八倍赔偿呢？为什么会这样？原因何在？先生们，原因只有一个，你们知道为什么。因为他们知道自己会输掉官司，会受到嘲笑和讨价还价的戏弄。确实，从坐在那里审理索赔案的那些所谓法官，亦即那些从他的随从中挑选出来的人的口中，他们还能听到什么话？人们不仅要通过他的父亲传话，还要得到他那邪恶的情妇的推荐。当然了，农民们会在起诉时说，阿普洛纽一粒粮食也没有给他们留下，他们的财产被抢走，还遭到殴打。而这些高贵的法官先生会把他们的脑袋凑在一起，醉醺醺地谈论怎么把漂亮的姑娘搞到手，或者怎么在这些姑娘离开总督住处时截住她，而他们这个时候的样子好像是在讨论案情。然后阿普洛纽露面了，他是一位新潮人士，而不是你们所想象的衣衫破旧，满身尘土的税吏，他身上洒着香水，由于酗酒和晚起而肌肉松弛。他的第一个举动，他喷出来的第一口气，会让这个地方弥漫酒气、香水味和这个人的体味。他会说一番陈词滥调，说自己没有购买"什一税"的权力，他买下的是农民的财产和幸福，他不是征税者阿普洛纽，而是威尔瑞斯第二，是农民的主人。他讲完以后，从威尔瑞斯的随员中挑出来的优秀人士组成的法庭不是开始讨论如何处罚阿普洛纽，而是试图看他们能否发现指控阿普洛纽并索取赔偿的农民有罪。

【13】当你把剥夺农民的自由，想征收多少粮食就征收多少的自由赋予征税者——换言之，赋予阿普洛纽——这时候你在法令中说你允许农民索取八倍的赔偿。这就是你在接受审判时为自己所作的辩护吗？假定你从叙拉古地区中挑选了那些优秀的、令人尊敬的人士处理征税案，你允许农民不仅可以起诉，而且可以挑选法官，这种前所未闻的程序也没有什么不公正的地方，一个人必须首先把全部收成交给征税者，让他自己的财产离开他的控制，然后再向法庭提出诉讼，把它认领回来；但由于你的法令名义上规定的税收索赔实际上是由你那些无耻的随员与你的盟友（或者倒不如说你的代理人）合谋上演的一场闹剧，鉴于这一事实，你还敢说你的税收索赔还有什么

意义吗？你的诸如此类的辩护都会遭到驳斥，不仅被我的论证，而且被这些明白的事实所驳斥。我们发现农民们忍受着征税者的所有过错和伤害，没有发生过你的法令所允许的诉讼，也没有人申请起诉。

还有，我们发现他对待农民不像可能的那么严厉。因为他的法令允许被过量征税的农民起诉征税者，索取八倍的赔偿，但它也同时允许征税者起诉没有缴足税的农民，惩罚是不足部分的四倍。现在还有谁断言他敌视农民或对农民不友好？他对征税者要严厉得多！好吧，既然他的法令要求地方官员强迫农民缴纳征税者说他该缴的数额，那么还有什么必要允许针对农民的法律诉讼？威尔瑞斯想："噢，让农民心里知道有这种惩罚没有什么坏处，这样的话，粮食收缴以后，对法律诉讼的恐惧就会使他们保持沉默。"你要靠法庭来征收我的粮食吗？那么就让地方官员靠边站。你更喜欢后一种形式的强迫吗？那么设立法庭还有什么必要？另外，任何人都宁愿把全部收成缴给你的征税者，而不愿被判处有罪，缴纳四倍的惩罚。

【14】还有，你的法令中有一句令人敬佩的话，它规定农民与征税者之间的任何争执都将应双方的要求在一个由你自己任命的法庭上裁决。我要问的是：除了一方拿走粮食，拿走的不是应该缴纳的粮食，而是为了满足快乐而拿走的部分，而另一方没有任何机会通过起诉拿回他自己的粮食，那么双方还会产生什么争执？进一步，请注意，当这个傻瓜使用"将应双方的要求在由我任命的一个法庭前裁决"这句话的时候，他假装很有经验。他以为自己是一个什么样的机灵的盗贼！他要双方提出要求，但他的用语无论是"应双方的要求"还是"应征税者的要求"都没有什么关系，因为这些法庭从来不会听到由农民提出来的要求。

接下去让我们来看他在阿普洛纽的鼓动下颁布的紧急法令。有一名地位很高的罗马骑士昆图斯·塞提修斯站出来向阿普洛纽宣布，他要缴纳的粮食不会超过收成的十分之一。然而突然间就有了一道特别法令，禁止任何农民把粮食从打谷场上运走，直到与征税者谈妥应该缴纳多少。塞提修斯甚至忍受了这样的不公正，让他的粮食在打谷场上淋雨腐烂。你们再来看，没有任何事先的通知，他在一个丰收年又颁布了一道法令，要求所有"什一税"都必须在 8 月 1 日前运抵港口。这道法令虽然没有给西西里人带来多大损失和灾难性的后果——他的前一道法令已经足以造成毁灭与灾难——但却让这些罗马骑士受制于阿普洛纽，他们认为自己能够维护自己的权利，而其他总督对待这些等级很高的人都非常小心。请特别注意这两道法令的意思。第一道说："不得从打谷场上运走粮食，除非已经与征税者谈妥。"凭着这条法令本身就足以强迫农民接受不公平的条件。农民们宁可多交粮食，也不愿把所有粮食长时间地留在打谷场上。啊，但是你发现用这条法令对付塞提修斯和其他像他一样的人是无效的，他会说："要我接受这些条件，我宁可让粮食躺在打谷场上。"然而他们碰上了命令："8 月 1 日前将粮食运抵港口。"好吧，那么我会这样做。"不对，不得从打谷场上运走粮食，除非已经与征税者谈妥。"你们看到了吗？一方面确定一个日期，强迫农民把粮食运走；另一方面又禁止他们在与征税者谈妥条件之前搬运粮食，这就表明这些条件并非自愿接受的，而是强制性的。

【15】还有一件事情不仅违反希厄洛法，违反以往总督的惯例，而且违反罗马元老院和罗马人民作为礼物送给西西里人的所有权利，这就是西西里人不需要去外地出庭。但是维尔瑞斯规定由征税者选择法庭，而被起诉的农民必须出庭。所以为了实现自己的目的，阿普洛纽可以把人从林地尼传唤到利里拜乌，用虚假的罪名指控他们，从这些不幸的农民身上进一步捞取好处。①

然而，为了通过虚假的指控谋利，他们还发明了另外一种特别狡诈的方法，规定按土地面积归还农民超额征收的粮食。我要解释，这种方法对于迫使农民与征税者达成不公平的协议特别有效，但对公共利益没有任何好处。除此之外，这种方法用来对付阿普洛纽想要指控的那些农民十分有效。只要

---

① 由于法庭所在地遥远，即使指控毫无根据，但为了避免长途跋涉，被告宁可付钱给原告，让他撤诉。

有人提出申诉，说没有按照规定归还超额征收的粮食，那么马上就会引发从许多人那里运走大量的粮食，勒索大量的金钱。按照土地面积归还超额征收的粮食这样做其实并不难，而且相当安全。问题是无法根据农民的申诉召集审讯，无法真正地归还超额征收的粮食。如果你们心里记得他的官员和随员有什么样的品性，那么你们会明白威尔瑞斯担任执法官会有什么样的审讯。

先生们，涉及这些邪恶的新规定的后果，我希望弄清楚的要点是什么呢？是对我们的同盟者犯下的过失吗？这一点你们自己就能看明白。是这个人对他的前任们的意见的嫌恶吗？这一点是他不敢否认的。

【16】是在他担任总督期间，阿普洛纽享有的巨大权力吗？对此他无法否认。但是在这种联系中，你们会问，法律也要求你们问，他在这些事情中是否给自己挣了钱。我要证明他挣了许多钱，数量惊人。我要依据事实说明我已经提到过的这些邪恶方法都是他发明的，都是为了他个人的私利。但我首先必须摧毁他用来保护自己而在他的堡垒周围建立起来的土堤，以此削弱他的辩护。

他曾告诉我们："我出售了'什一税'，卖了一个很高的价钱。"——你这个无赖！你这个傻瓜在说些什么？你卖掉的是"什一税"吗？罗马元老院和人民要你做的是什么？是出售征收这部分收成的权力，还是出售整个收成？不，要你出售农民的所有财产和生活来源？如果传令官根据你的命令公开宣布出售的不是收成的十分之一，而是收成的一半，而购买者根据他们自己的理解认为自己购买的是收成的一半，那么要是你出售的是收成的一半，而不是其他行政官出售的收成的十分之一，那么无人会感到惊讶。那么好，如果传令官宣布出售收成的十分之一，而事实上——也就是按照你的法令规定的条件——出售的还不止收成的一半，面对这些情况，你还会自吹自播你比那些按恰当比例出售的人取得了更多的收益，因为你出售了你无权出售的东西？你征收到的"什一税"比其他人都要多，是吗？你是如何取得这一成果的？靠你的诚实？看着那边的卡斯托耳神庙吧，要是你敢的话，你就谈论你的诚实吧。靠你的谨慎？睁开眼睛看看这些涂涂改改的记录，涉及塞尔迈的塞尼乌斯的那个部分，然后你就可以说你自己谨慎了。靠你的能力吗？你在第一次审讯时拒绝调查，宁可让他们看你的脸，但就是一言不发，你可以宣布这种能力是你为自己和你的律师特意挑选的。那么你是怎么取得你所说的这种成果的呢？如果你比你的前任能干，堪为你的后任留下可供仿效的先例，那么你值得信赖。很有可能，无人能够好到能成为你的榜样，而你作为这些良好方法的发明者和实施者，会成为我们所有人的模范。在你任职期间，哪些农民只缴纳收成的十分之一？或者百分之二十？哪些农民不认为自己得到了仁慈的对待，要是他缴纳的不是百分之十而是百分之三十——除非有少数人，作为你的抢劫的帮凶，一点儿都不用缴？比较一下你的野蛮和元老院的仁慈吧。当国家的紧急事件迫使元老院下令征收额外的"什一税"时，它的法令规定要用现钱向农民购买，使得征收第二次"什一税"看上去像是在征购，而不是缴纳。你向农民征收粮食，一次接一次地征收"什一税"，你的权威不是来自元老院，而是出于你自己的法令，并且带有从来没有人听说过的令人嫌恶的规定，但你却把它算做一项伟大的成就，因为你卖了一个大价钱，甚至超过你的律师、昆图斯的父亲卢西乌斯·霍腾修斯，或者超过格奈乌斯·庞培，或者超过马库斯·马尔采鲁斯，而他们都没有偏离公正的、合法的、公认的习惯做法？

你考虑的只是一两年的结果，丝毫也不关心西西里今后的休息养生、农业发展、民族幸福，是吗？你取消了一种使罗马能够从西西里得到充足粮食供应的制度，而在这种制度下，农民同时可以有利可图地耕种他们的土地。你影响了什么，你获得了什么？你微不足道地增加了国家的"什一税"收入，但你使农民放弃耕作，抛弃土地。你的继任人是卢西乌斯·麦特鲁斯。你比麦特鲁斯更加诚实吗？或者比他更加渴望出人头地和得到更高的职务？你雄心勃勃，很想成为执政官，而麦特鲁斯对于担任他父亲和祖父在他之前已经担任过的这一职务并不在乎！哦，他以很低的价格出售"什一税"，比你的价格低，甚至比你的前任的价格还要低。

【17】如果他自己想不出该如何卖最高的价钱，那么他也无法追随前任

总督的榜样，使用由你最早想象和发明出来的那些令人敬佩的法令和规定吗？但是他感到，表明他自己是麦特鲁斯的最后办法就是在任何事情上都遵循你的榜样，所以他做了无人知道也无人做过的事情。当他还在罗马的时候，想到自己就要去西西里了，于是他就写了一封信给西西里的一些社团，敦促和恳求他们耕种。这位总督在他到达那里之前请求他们这样做，作为一种帮助。与此同时，他告诉他们自己将按照希厄洛法的规定出售"什一税"，事实上，就征收"什一税"的整个制度而言，他根本就没有效法威尔瑞斯的做法。这样做的时候，他不是在任何获取个人利益的欲望的引导下写信去另外一个人的行省。这是一项谨慎的举动。因为我们知道播种季节一旦过了，我们就无法从西西里行省得到一粒粮食。大家注意听这封信，请大声宣读。[这封信由庭吏宣读了。]

【18】先生们，你们刚才听到的就是麦特鲁斯写的信，那里的庄稼长起来了，我们后来才有了粮食。如果麦特鲁斯没有写这封信，那么在缴纳"什一税"的西西里的各个地区，没有一个人会去耕种。现在我要问你，他这样做是因为出现了奇迹吗？或者说，是大批逃亡罗马的西西里人建议他这样做的，还是与西西里有关的商人提出来的建议？大家都知道有大量的代表不断地被派去找马尔采鲁斯家族的成员，他们在历史上就是西西里的庇护人，去找格奈乌斯·庞培，在他执政官卸任的时候，去找这个行省的其他所有朋友。先生们，这是一件其他人从来没有遇到过的事情——被公开起诉，在他本人缺席的时候，由一个对他的财产和家庭拥有绝对的命令和权威的人。只要能够哀怨地起诉这个恶人，他们原来打算忍受一切痛苦。尽管麦特鲁斯把他写的信送往西西里的每个城市，他的信包含着几乎是谦卑的恳求，即便如此，他还是不能成功地让那里的播种达到原来的水平。因为就像我现在告诉你们的那样，由于威尔瑞斯所犯的过失，大量的人走了，不仅抛弃了他们的土地，而且抛弃了他们的家园。

请相信我，先生们，我不会为了打赢官司而夸大事实，我会把自己亲眼看到的事实和真实的印象尽可能生动地摆在你们面前。时隔四年以后我到达西西里，我看到的情景就好像那里经历了一场长期的残酷的战争。原先郁郁葱葱的田野和山坡都已经荒芜，乡村里的土地也好像知道昔日耕种它的主人已经离去，叹息着表示对它们的老主人的悲哀。荷庇塔和赫纳的庄稼地，姆吉提亚和阿索鲁斯的庄稼地，伊玛卡拉和埃吉里乌的庄稼地，大部分都已经荒芜，不仅看不到耕牛，而且找不到业主，而过去这里曾经有过大量的农民。埃特那周围的土地曾经那么肥沃，林地尼的平原本来是地地道道的粮仓，以往只要一看到那里的庄稼就足以使我们摆脱对粮食稀缺的恐惧，而如今，这个西西里最肥沃的地区已经渺无人烟，没有什么遗留下来的东西可以提醒我们这是西西里。前一年置农民于死地，最后一年把他们彻底毁灭。

【19】你现在还敢告诉我，你出售的是"什一税"吗？虚伪，残忍，强暴，犯下如此众多的可悲过错之后，当你知道西西里的幸福依赖她的农业和保障她的农民的权利以后，当她的农民全都被毁灭，她的土地被抛弃以后，当你使这个富裕的行省没有人拥有什么财产或者希望拥有什么财产的时候，靠着告诉我们你出售"什一税"的价格比其他任何人都要高，你认为自己还能博得掌声吗？你以征收"什一税"为借口剥夺农民的生计，剥夺罗马在未来的岁月里能够获得的利益。有人会认为这是国家想要得到的，元老院指示你这样，而你以为，只要能多征"什一税"，也就为罗马国家和罗马人民提供了良好的服务。

我现在痛骂这个人的罪行，这样说的原因似乎仅仅在于他在确保"什一税"征收总量方面渴望获得超过其他总督的荣誉，在于他通过颁布法令引入过分苛刻的法律和过分严格的规定，在于他拒绝接受他的所有前任的指导。你高价出售了"什一税"吗？那么好，要是我证明你装进自己腰包里的东西不亚于送往罗马的赋税，那么你想为你自己赢得多少掌声？你从属于国家的这个行省为自己先搜刮够了，然后再把赋税送回罗马。要是我进一步证明你贪污的粮食是你送回罗马的两倍，那么我们甚至还应该看一下你的律师吗？他在处理这个案子时竭力表演，想要博得听众的赞赏。先生们，这些事情你们已经听说过了。但是，你们听到的也许仅仅是谣传和流言。现在让我来告诉你们，"什一税"是一笔巨大的款项。你们听了以后就会明白，这名无赖的审慎表明他从"什一税"中得到的好处就足以为他买到躲避任何风险的保障。

【20】我们很久以前就已经提到"什一税"征收者是他的合伙人，我敢肯定，先生们，你们每个人都已经听了几遍。现在我相信这就是那些厌恶他的人所说的有关他的事情中唯一虚假的事情。我们必须把"合伙人"定义为分享好处的人，我断言农民们的幸福和财产都落到他的手中，而阿普洛纽，维纳斯的奴隶们——从威尔瑞斯担任执法官开始产生的"征税者"新阶层——以及其他"什一税"征收者，都是他的代理人和助手，都在为他抢劫。我如何证明？就好像我已经证明过的、他如何订立维修神庙柱子的合约一样，我认为最好的论证就是指出他的规定违反了已经确定的权利和习惯。有谁曾经全盘剥夺这些已经确定的人的权利，改变人们普遍遵守的习惯？我还要进一步说明，为了在更紧俏的状况下出售这些"什一税"，你规定了不公正的条件。在征税权已经出售的时候，在别人得到它已经太迟，而你自己得到它还不算太迟的时候，你为什么要做出这些新的紧急规定呢？凡是征税者发出传唤，农民必须出庭而无论征税者选择的法庭在哪里，在与征税者谈好条件之前农民不得从打谷场运走粮食，农民必须在 8 月 1 日之前把要缴纳的"什一税"运往海边——我断定所有这些法令都是在你已经出售征税权以后颁布的，在你任职的第三年。如果颁布这些法令是为了公共利益，那么在出售征税权时就应该公开说明。而颁布这些法令的目的是为了你自己的利益，由于这个原因，当你的聪明才智在谋利的机会的激励下变得敏锐时，你就发明出这些从前没有预见到的办法。有谁会相信，它除了意味着利益，你自己的巨大利益以外，还影响着你的仕途和幸福，尽管所有西西里人的呻吟和抱怨每日里传入你的耳中，尽管你承认自己等着受到指控，尽管你在这场审判中所冒的危险不比你当初想象的大，但由此产生的怀疑和恐惧对你几乎没有什么影响。不管怎么说，你允许让这些无辜的农民受到迫害和抢劫。可以非常肯定的是，即使无人能在残忍方面与你相提并论，但要是没有对金钱的贪婪和

马上发大财的愿望压倒了为你自己的安全所做的理性思考，那么你不会让整个行省来反对你，不会让所有富人都站到你的对面，成为你的死敌。

先生们，我确实无法向你们展示他的全部强暴行为。逐一列举他的受害人的不幸将是一项永无止境的任务。因此，我要在你们离去之前仅仅陈述典型事例。

【21】坎图里帕有个人名叫尼福，一个积极、努力工作的人，一名谨慎而又老练的农民。他租了一个大农场，这在西西里很普遍，即使像他这样的人也租赁农场耕种。为了保证收成，他投入了大笔资金。但他受到威尔瑞斯极不公正的对待，最后不仅抛弃了农场，而且实际上逃离了西西里，与其他许多受到威尔瑞斯迫害的人一道来到罗马。威尔瑞斯让一名征税者对尼福说，尼福没有按照他的精明的法令所要求的那样按照土地面积预缴粮食税，这样的要求实际上是保证威尔瑞斯自己能从中谋利。尼福声称自己已经做好准备，在一个公正的法庭上为自己的行为辩护，而威尔瑞斯指定了一些杰出人士审判此案：有他的那位医生高奈留，别名阿特米多罗，在他原先的小镇佩尔加，他曾是威尔瑞斯洗劫狄安娜神庙的向导；威尔瑞斯的占卜师伏鲁西乌；还有威尔瑞斯的传令官瓦勒留。尼福甚至还没有站在被告席上就已经受到判决。法令没有规定什么处罚，而这个法庭没收了尼福打谷场上的所有粮食。就这样，征税人阿普洛纽从尼福的农场里运走的不仅是应缴的"什一税"，也不是那些隐藏起来的粮食，而是 7,000 斗小麦，当做对尼福违反法令的惩罚，而不是依据尼福的合约赋予他的任何权利。

【22】美奈有一位出身高贵的公民名叫塞诺，他的妻子把一处地产租给佃户。佃户由于无法忍受征税者的强征暴敛而逃离农场。威尔瑞斯下令按照他最喜欢的罪名起诉塞诺，说他没有按照土地面积缴纳粮食税。塞诺否认自己有责任，他指出，这处地产已经租给别人了。威尔瑞斯指示法庭寻找塞诺有罪的证据，"看相关农场需要征收粮食税的面积是否超过佃户所报的面积。"塞诺争辩说，他不仅没有耕种这块土地——这本身就是一项有效的辩护——而且也不是这块土地的所有者或者出租者，这块地属于他的妻子，她

管理着她自己的产业，出租了这块土地。为他辩护的是一位非常优秀、得到人们高度敬重的人，马库斯·考苏提乌。威尔瑞斯不分青红皂白判他有罪，处以 500 个罗马大银币的罚款。尽管塞诺明白审理他的案子的法庭是由一帮强盗组成的，但仍旧同意接受它的判决。而此时此刻，威尔瑞斯对着塞诺大声咆哮，在案子还在审理时下令让他的神庙奴隶逮捕塞诺，把他带到自己的面前来，他想塞诺也许很富有，对罚款满不在乎，但要是遭到鞭打，他可能就不会那么满不在乎了。由于他的暴行，塞诺按威尔瑞斯的命令向征税者缴纳了罚款。

【23】波勒玛库斯是姆吉提亚一位可敬的居民，他接到命令要为他的一个 50 尤格 ① 的农场缴纳 700 斗粮食的"什一税"。由于拒绝缴纳，他被带到威尔瑞斯的住处。当我们的这个朋友还在床上时，犯人被带进他的卧室，这种待遇只有征税者和女人才能享受。他在那里遭到野蛮的毒打，在拒绝缴纳 700 斗粮食以后，他不得不同意缴纳 1,000 斗。

坎图里帕的欧布利达·格劳普斯是该镇的头面人物，他的品性、出身，还有财富，使他拥有了这样的地位。可是，先生们，你们要知道，面对这个高尚社区中的这位最高尚的成员，阿普洛纽除了按照自己的意愿和快乐认为适宜留给他的东西以外，不仅没有给他留下粮食，而且没有给他留下他的生命和鲜血。暴力、痛苦和殴打没有使他缴纳应当缴纳的粮食，而是缴纳了被迫缴纳的粮食。

在同一城镇有三兄弟一起劳作，他们的名字是索特拉图、努美纽斯、尼福多洛。他们逃离了他们的土地，因为命令他们缴纳的粮食超过了他们的所有收成。阿普洛纽带着他的一帮随从闯进他们的农场，抢走了所有东西，带走了所有奴隶，牵走了所有牲畜。尼福多洛后来去埃特那见他，恳求能把他自己的财产还给他。就在他苦苦哀求的时候，阿普洛纽下令把他吊在埃特那市场边上的一棵橄榄树上。先生们，这位罗马的朋友和同盟者就这样被吊在

---

① 尤格（Iugera，Iugerum），罗马人使用土地面积单位。

那棵树上，吊在我们帝国的一个小镇的市集广场上，阿普洛纽想吊他多久就吊他多久。

我刚才一直在对你们讲述各种各样非正义的典型案例，每一类只讲一个例子，省略了大量的具体案例。我请求你们自己来观察，自己来想象，从西西里的这一端到那一头，这些征税者怎样抢劫农民，怎么屠杀农民，威尔瑞斯有多么野蛮，阿普洛纽有多么残暴。威尔瑞斯藐视西西里人——几乎不把他们当做人——相信他们自己不费什么气力就能得到满足，而你们对他们的罪恶也几乎毫不关心。

【24】好吧，他对西西里人的看法是错误的，他对你们的看法也不会使你们满意，但至少，尽管像对待那里的西西里人一样，他也会审判那里的罗马公民，但他会尽量宽容他们，满足和安慰他们。他确实这样吗？哦，他仇恨他们，起诉他们，超过其他所有人。我不说锁链、牢房、鞭打、处死，也不说他把人钉死在十字架上以表达他对罗马公民的仁慈和善意，我再重复一遍，这些事情我都不说了，保留下来作为我的演讲的另一部分。我现在讨论"什一税"和罗马公民的农场受到何种对待。先生们，从他们自己的嘴里你们已经听说过这些事情如何处理，已经得知他们如何遭抢劫。还有，这些事情的处理都有这么好的理由，认为这样的事情必须忍受，正义变得一钱不值，既定的习惯变得一钱不值。至于身体方面的伤害，先生们，没有比这更严重了，连最勇敢、最高尚、最仁慈的人都发现自己无法忍受。如果站在那里的人仍旧是总督，阿普洛纽仍旧在毫不犹豫地殴打罗马骑士——不是默默无闻的，而是十分出名的罗马骑士——那么又该如何？这对你们来说还不够吗？你们感到我还应当进一步阐发吗？或者说，要是我们不能尽力赶快处理威尔瑞斯，我们就不能像在我离开西西里时许诺的那样尽快处理阿普洛纽？先生们，阿普洛纽抓了马特利纽这位优秀的、努力工作的、大家喜欢的盖乌斯·马特利纽，把他关押在林地尼的一个公开场所。是的，先生们，这是昆图斯·阿普洛纽的命令，一个出身于羞耻和愚蠢，生下来就是为了侍候威尔瑞斯的邪恶淫欲的人的命令。一名罗马骑士就这样被关了两天，滴水未进，

由阿普洛纽的警卫在林地尼市集广场上看守，直到他同意按照阿普洛纽的要求缴纳粮食。

【25】现在我要提到高尚可敬的罗马骑士昆图斯·洛利乌斯的案子。我将要描述的事情是众所周知的，整个西西里都知道和谈论这件事。他是埃特那地区的一个农民。当这个地区像其他地区一样缴到阿普洛纽手中，当传统的尊敬和善意都托付给他的命令时，洛利乌斯声称自己不会向征税者缴纳超过应缴数额的粮食。有人把他的话报告给了阿普洛纽。当然了，阿普洛纽笑了，心里感到奇怪，以为洛利乌斯一定没有听说过马特利纽和其他一些人的事情。然后他派了他的神庙奴隶去抓洛利乌斯。请你们也要注意这一事实："什一税"的征收者也有总督为他指派的正式随从。我要问，这是否也可以作为一个较弱的证据，证明威尔瑞斯充分利用征收"什一税"的机会，以此为借口使自己富裕。洛利乌斯被带来了，或者倒不如说被奴隶抓起来了，这时候阿普洛纽正好从体育场回来，在餐桌边坐下，这是他让人在埃特那的市集广场上布置的。当这些无赖在傍晚时分开始喝酒时，他们让洛利乌斯笔直地站着。先生们，我向你们保证，在到处听人讲过这个故事以后，我宁可相信这个故事不是真的，除非这位老人亲自以完全令人信服的方式告诉我，当时他流着眼泪向我表示感谢，因为我准备担任起诉人。如我所说，当时这位已经快要 90 岁的罗马老骑士就这样站着，而阿普洛纽开始往脸上和头上涂抹香水，准备进行节日般的狂欢。他说："怎么回事，洛利乌斯？不受惩罚你就跟我过不去吗？"这位可怜的老人，尽管年迈和受人尊敬，但不知如何回答，或者说不知道该怎么办。他站在那里的时候，阿普洛纽下令晚宴开始。他的那些奴仆，那些在品性、出身、做事方式上都和他们的主人一模一样的人，把所有食物都从洛利乌斯鼻子下端过，想要引发来宾和阿普洛纽本人的哄笑。你们会同意我的看法，阿普洛纽几乎没有什么场合不笑，尤其是他在喝酒取乐的时候，甚至现在，当他受到毁灭的威胁时，他仍旧无法约束他的笑。好吧，长话短说，先生们，你们知道昆图斯·洛利乌斯在受尽羞辱以后被迫答应阿普洛纽强加的条件。

年迈体弱阻止他来这里作证。但是我们不需要洛利乌斯作证。每个人都知道这个故事是真的。威尔瑞斯，你可以提问，没有一个你的朋友，没有一个你的人，会断定自己头一次听说这件事。我们有洛利乌斯的儿子马库斯在这里，一位优秀的年轻人，法庭将听取他的证词。他的另一个儿子昆图斯，以前曾起诉过卡利狄乌①，是一位优秀、正直、才能出众的年轻人。在听到他的父亲所受的羞辱后，他愤怒地赶赴西西里，②但在途中被人杀害。据说一些造反的奴隶要对他的死负责任，但实际上在西西里没有人怀疑他是被谋杀的，因为他不能把他对威尔瑞斯的态度当做秘密来保守。我们还可以说，公众对威尔瑞斯的义愤已经使威尔瑞斯无疑想要乘这个人返回西西里的时候迫害他，因为他把他父亲的遭遇视为自己的悲哀，怀着满腔义愤。

【26】先生们，你们现在开始明白在我们这个最古老、最忠诚、最邻近的行省中横行的这个瘟疫般的魔鬼具有什么样的品性了吗？你们现在明白，在忍受了那么多盗窃和抢劫以后，在忍受了那么多伤害和骚扰以后，这个行省为什么不能再像过去一样任由他们践踏和羞辱？就像这些罪行一样闻所未闻，无与伦比，无法置信。现在全世界都明白为什么这个行省要像一个人似的寻找一名卫士和拯救者，他的荣誉、他的警惕、他的坚定，将使威尔瑞斯无法逃脱罪责。你们参加过许多审判，从你们自己的经验中，从以往的记录中，你们知道有多少罪人受到过指控。但你们有无看到，有无听到过哪个人从事如此广泛而又公开的抢劫，恬不知耻，肆无忌惮？阿普洛纽让跟随他的神庙奴隶当他的保镖，领着他们从一个城镇逛到另一个城镇。他要当地供给晚宴，在市集广场上为他摆放躺椅。他传唤地位最高的人，不仅有西西里人，还有罗马骑士。在日常生活中除了一个肮脏的黑鬼保镖无人愿意与这个家伙为邻，而在这里，最受人尊敬的人被迫

---

① 无疑是指《控威尔瑞斯——一审控词》第13章提到的案子。
② 可能从罗马。

站在他的餐桌旁。威尔瑞斯，你这个最无耻的无赖，这些事情你都知道，每天都知道，天天都听到，天天都在看着它们发生。除非这些事情会给你带来巨大的收益，否则你就不会冒着它们可能会给你带来的危险，任由它们发生。你估计过阿普洛纽的财富吗？他的无耻谈话、他的下流淫荡、他丝毫也不顾忌你的利益，这些事情曾经使你心里感到麻烦吗？先生们，你们明白这些征税者如何对待农民，就像烈火席卷他们的农田；不仅席卷他们的农田，而且席卷他们的财产；不仅席卷他们的财产，而且当威尔瑞斯在西西里当总督的时候，席卷他们作为自由人和公民的一切权利。你们看到有些农民被吊在树上，有些被鞭打，有些被当做囚犯露天关押，有些在宴会的餐桌旁罚站，有些在法庭上被执法官的医生和传令官判刑。他们的财产都被席卷而去，他们的农场像从前一样被扫荡干净。所有这些意味着什么？这就是罗马的统治吗？这就是罗马政府执行的法律吗？这就是审判我们忠实同盟者的法庭吗？这就是西西里——离我们最近的行省吗？造反的奴隶头子、残暴的阿塞尼奥当时要是胜利了，也不会以这种方式对待西西里。先生们，我向你们保证，这些造反的奴隶哪怕再粗野，也不会有这个无赖那么邪恶。

【27】关于他如何对待个人，我们就说到这里！现在让我们来看他如何对待社团。先生们，你们已经听过大量城镇提供的证据，你们还将听到其他城镇提供的。让我首先简要地告诉你们忠诚的、拥有良好声誉的埃吉里乌人。这个镇是西西里最重要的城镇之一，它的居民，直到威尔瑞斯成为总督之前，都是人丁兴旺的、勤劳的农民。我们的朋友阿普洛纽作为该地粮食"什一税"的购买者来到埃吉里乌。与他的随从一起到达以后，他开始使用暴力和恫吓索取一大笔钱，以便发一笔横财以后再去别的城镇。他说，他不希望遇上任何麻烦，只是希望尽快收到钱，然后去其他城镇。西西里人，所有西西里人，只要我们的行政官员不要去惹他们，绝非一个桀骜不驯的种族；他们确实是好人，非常诚实，品行端庄，尤其对我正在说的这个城镇更是完全如此。他们对这个无赖说，他们会把应当缴纳的"什一税"交给他，

但他们不会付给他红利，① 尤其是他花了很大的代价买下了"什一税"。阿普洛纽把情况向利益与此相关的那些人做了报告。

【28】由于这里过去发生过某些反对国家的阴谋，或者这位总督的代表在这里挨过打，威尔瑞斯马上传唤了埃吉里乌的地方行政官和五名主要公民。他们抵达叙拉古的时候，阿普洛纽已经在那里等着他们。他指责这些人破坏了总督定下的规矩。他们问他什么地方破坏了，他回答说，等上了法庭再对法官说。站在那边的"平等典范"② 开始用一些通常的手段恐吓这些不幸的人，这些手段选自他的那些随员。他们坚定地说愿意受审。威尔瑞斯把案子交给了他的医生高奈留·阿特米多罗、画家高奈留·勒波莱莫，以及像他们一样的人，作为法庭成员。这些无赖的希腊人以前曾经抢劫神庙，后来又突然成了高奈留家族的成员。③ 这些来自埃吉里乌的人看到，在这样的法庭上，阿普洛纽可以提出任何指控，而不会遇到什么麻烦。于是他们决定宁可被判有罪也不接受指控者对他们提出的条件，试图以此表达对威尔瑞斯的厌恶，以此羞辱威尔瑞斯。他们问阿普洛纽向他们提出什么指控。他回答说，他们破坏了规定，将会按照法令的相关规定审判他们。于是他们选择宁可面对一项不公正的指控、一个邪恶的法庭，也不接受这个人自己提出来的任何条件。后来阿普洛纽派提玛基德秘密地去和他们接触，向他们提出警告，要他们放聪明一些。但他们仍旧拒绝了。"噢，那么你们宁可被罚款500个大银币？"他们说，是的，他们愿意。然后威尔瑞斯说话了，声音之大任何人都能听见。"任何人被发现有罪，都将被鞭笞至死。"到了这个时候，他们开始流着泪恳求，只要能让他们离开，不受刑罚和差辱，他们愿意把他们的农场和所有收成全都交给阿普洛纽。

先生们，这些就是威尔瑞斯出售"什一税"的情况。要是霍腾修斯愿意，

---

① 指"什一税"定额与实收之间的差额。

② 指威尔瑞斯，西塞罗在这里用讽刺的语调说话。

③ 此处暗示这些人不是高奈留·苏拉（独裁者）已经释放的奴隶，只是未经批准就用了一个罗马人的姓氏。

那么他可以说威尔瑞斯高价出售了征税权。

【29】威尔瑞斯担任西西里总督的时候，农民的处境就是这样，要是得到允许把农庄和收成交给阿普洛纽，他们会认为自己得到了很好的待遇，他们只希望尽快逃离摆在他们面前的痛苦。法令要求他们按照阿普洛纽的要求缴纳粮食。哪怕阿普洛纽的要求超过他们的全部收成呢？是的，按照威尔瑞斯的法令，那是地方行政官必须向他们征收的。哦，农民有权向征税者把粮食认领回来。威尔瑞斯是有这种权力，但是听取认领粮食的要求的人是阿特米多罗。要是农民缴纳的粮食少于阿普洛纽的要求，那又怎么办？他会受到指控，要是罪名成立，处以四倍的罚款。法庭是怎么组成的？选自总督本人最令人尊敬的随员。就这些吗？不，我下面还要指控你隐瞒自己的土地面积，指控你违反规定。在什么法庭上受审？在一个由前面说过的那些人组成的法庭上。最后，要是发现你有罪——或者倒不如说，当你被发现有罪的时候，因为在这样的法庭上做出这样的判决又有什么疑问呢——你必须被鞭打至死。在这样的条件下，会有人简单地认为这里出售的权力仅仅是征税权吗？就好像认为法令允许农民保存十分之九的粮食？就好像看不到农民们的财产都已经成为这位强盗总督抢劫的对象？

所以，威胁那些埃吉里乌人，让他们答应按命令办事的是鞭笞的恐吓。

【30】现在来听听威尔瑞斯命令他们做什么，然后要是你们能做到的话，再去隐藏你们的定论，而整个西西里都清楚地看到，购买"什一税"的人实际上是总督本人，或者倒不如说，他是骑在农民头上的主人和暴君。他下令要埃吉里乌人，作为一个社区，缴纳"什一税"，还要向阿普洛纽支付红利。亲爱的威尔瑞斯，我可以向你提问吗？如果阿普洛纽购买了这些"什一税"，而你对这些税收的价值有仔细的评估，并且告诉我们你已经出售了这些税收，你为什么认为购买者应当得到红利？哦，你确实认为他应当得到红利，但为什么支付红利要由你来下令？这不是"勒索金钱"又是什么？滥用你的权威，用暴力强迫不自愿的人向另一个人支付红利，换句话说，付钱给他，这不就是勒索吗？好极了。他们接到命令，要向总督的这位朋友阿普洛纽支

付微不足道的红利。先生们，要是你们以为这是给阿普洛纽的一小笔红利，而不是在为这位总督抢劫，那么你们会相信这是阿普洛纽应得的。可是你下令要他们缴纳"什一税"，并付给阿普洛纽 3.3 万斗小麦的红利。什么？这么多粮食仅仅来自一个小镇的土地，依据这位总督的命令，这个小镇被迫向阿普洛纽献礼，足够罗马人吃一个月！你说你以高价出售了"什一税"，而购买这一税收的人可以得到这么多的好处吗？如果你在出售"什一税"时仔细调查过它的价值，那么我敢肯定，这个城镇还会再加上另外 1 万斗小麦，而不是后来增加的 600 个大银币。①

先生们，你们会认为这是一项利润丰厚的抢劫。听一听这个故事的其他内容吧，我请你们精力集中。由此来看，西西里人当时必然转向求助于他们的赞助人，求助于我们的执政官和元老院，求助于我们的法律和法庭，也就不奇怪了。威尔瑞斯还下令，埃吉里乌人每缴纳一斗小麦，必须向阿普洛纽支付一个罗马小银币的费用。②

【31】这到底算什么？除了下令勒索大量的小麦作为所谓的红利，还要为这些小麦得到阿普洛纽的批准缴纳费用？为什么阿普洛纽，或者其他任何人，可以拒收西西里小麦，哪怕它们是从军队仓库里拿来的？还有，要是他选中了，那就没有什么人能够阻止他直接从打谷场上拿走粮食。而所有这些粮食都是按照你的命令拿走的或抢走的。这还不够。你还下令要农民交钱。农民们交了钱，但仍然还不够。另外一笔钱是以缴纳大麦"什一税"为借口勒索的，此外你的命令还要求农民缴纳红利 300 个罗马大银币。所以我们发现这名暴君式的总督，通过威胁和使用暴力，从一个镇正式抢走了 3.3 万斗小麦，还有讨价还价以后收缴的 600 个罗马大银币。③

这些事情是隐秘的吗？即使整个世界都想隐瞒这些事，能够隐瞒得了

---

① 这个钱数代表 3.3 万斗小麦的价值。

② 作为劳务费，用于检验小麦质量。

③ 征收 3.3 万斗小麦的劳务费是 330 个罗马大银币，加上征收大麦的红利 300 个罗马大银币，一共是 630 个罗马大银币，讨价还价后是 600 个罗马大银币。

吗？你的行为是公开的。这个地区的人民听到你下达了命令。你的勒索在光天化日之下进行。你为了自己发财，把埃吉里乌的官员和五名主要公民传唤到法庭上来。回家以后，他们把你的命令和行动向他们自己的元老院做了报告。那个报告，按照地方法律的要求，已经记入他们的公共记载。他们地位很高的代表现在就在罗马，已经在证人席上陈述了我在这里讲的内容。我请求法庭宣布一下记载中的正式记录，然后听一下这个镇子的正式证词。请读一下。[庭吏大声朗读了来自该镇记载的段落以及正式证词。] 先生们，你们会注意到，当这些证人说话的时候，这个社区的主要公民阿波罗多洛·皮拉格鲁如何哭着作证。他告诉你们，自从罗马这个名字为西西里人的耳朵所熟悉以来，从来没有一名埃吉里乌人谈论或用行动反对一位最卑微的罗马公民，然而由于这些人的巨大过失，他们所遭受的巨大痛苦迫使他们公开作证，反对一位罗马来的总督。我以神的名义起誓，威尔瑞斯，这一个镇子就足以打败你的辩护，这些人的忠诚给人留下深刻印象，他们所遭受的痛苦刻骨铭心，他们的证词极为审慎。承受相同的罪恶、受到同样的伤害、派代表用公开的证词来帮助你的指控者的城镇，确实不是只有一个，而是西西里的所有城镇。

【32】因此，现在让我们转向荷庇塔，看威尔瑞斯如何蹂躏和强暴这个著名的、到那时为止一直繁荣昌盛的社区。他们是多么善良的人啊！他们是优秀的农民，城市生活中的诉讼和纷争是他们所不知道的。——你这个愚蠢的无赖，你的责任是为他们着想，为他们谋利益，尽最大的努力不让他们受到伤害。——在威尔瑞斯的第一年，那个地区的"什一税"卖了 1.8 万升①小麦。征收权卖给了阿提狄乌，他是这个人干这种事情的另外一名助手。他表面上是这个地区的一名法官，带着一群神庙奴隶到达荷庇塔，他们在那里的住宿由这个镇子提供。这个镇子被迫给他的红利是 3.88 万升小麦，而这里的"什一税"只卖了 1.8 万升小麦！这个社区一次就被迫付给他一大笔红利，

---

① 原文"modius"，译为"升"，相当于西西里"斗"的六分之一。

而个别农民由于受到征税者的非法骚扰、抢劫和驱赶，已经逃离了农庄。第二年，阿普洛纽用2.58万升小麦购买了这里的"什一税"，由一大群从前在大路上抢劫的强盗担任保镖，他抵达了荷庇塔。当地居民作为一个社团交给他2.1万升小麦做红利，此外还有20个罗马大银币的附加费用。说到这笔附加费，可能是为了补偿他遇到的麻烦——他丝毫也不感到脸红的恶行；但是说到这批小麦，我们至少都会认为，落到了坐在那边的粮食强盗手里，就像埃吉里乌的粮食一样。

【33】第三年，他采用了一种可以准确地被描述为"王家的"办法。我们得知，波斯和叙利亚这些地方的国王们有一个习惯，他们有许多妻子，他们给每个妻子指定一些城镇，一个负责为她提供腰带，另一个负责为她提供项链，还有一个负责为她提供头饰，这就是所谓王家的办法。就这样，他们不仅让所有人为他们保守秘密，而且还让所有人为他们的享乐提供服务。我现在将要解释，坐在那边的那位自封的西西里王所享受的无法无天的快乐用的就是这种办法。

叙拉古的埃基里奥有一位妻子名叫皮帕，由于威尔瑞斯与她邪恶的奸情使她的名字在整个西西里成为通奸的代名词，影射这对男女的涂鸦不断出现。这位埃基里奥，皮帕光荣的丈夫，被派去荷庇塔征收"什一税"。荷庇塔人明白，要是不能在埃基里奥提出的数字上再增加一些，那么他们就会遭到抢劫，因为埃基里奥的妻子是个不守规矩的女人，她想要多少，他们就要缴纳多少。因此，他们按照自己最大的可能申报了能够缴纳的粮食数。埃基里奥要的粮食超过这个数字，他相当确定，有威尔瑞斯这位西西里的总督，他不用担心女征税者会损失什么金钱。"什一税"最后确定为8,100斗，几乎和上一年一样多。这对农民意味着彻底破产，因为他们在前两年已经被剥夺得差不多了。威尔瑞斯明白这个数字定得很高，已经不可能从荷庇塔人那里榨取更多的粮食了，所以他从总数中减去了600斗，下令荷庇塔的"什一税"价格从8,100斗减为7,500斗。

【34】同一地区的大麦"什一税"由多西姆斯购得。多西姆斯是威尔瑞

斯给舞蹈家伊西多洛之女忒提娅指派的"丈夫"，那是在威尔瑞斯把她从她那位罗得岛的笛手身边抢走以后。这位忒提娅对威尔瑞斯的影响比他的任何女人都要大，甚至超过皮帕。我几乎要大胆地说，她在威尔瑞斯担任西西里执法官时对他产生的影响就像凯莉冬在威尔瑞斯担任罗马执法官时对他产生的影响一样大。我们的总督在爱情方面的这两位对手——这个下贱的、臭名远扬的女人——到达了荷庇塔。他们开始要这要那，恫吓其他人。他们试图模仿阿普洛纽的做法，但确实没有获得成功；他们没能吓倒自己的同胞，但对他们提出了各种虚假的指控，迫使他们接受传唤，赴叙拉古出庭。在他们去了叙拉古以后，荷庇塔人被迫向埃基里奥——换句话说，也就是向皮帕——缴纳了 3,600 升小麦，也就是从出售总价减下来的部分。威尔瑞斯认为最好不要让这位女征税者征收太多的"什一税"，或者认为她也许会把她的主要精力用于征收农业税，而忽略了她自己的夜间职业可以挣到的大钱。威尔瑞斯说："好吧，关于大麦和我亲爱的朋友多西姆斯，你们怎么想？"当他这么说的时候，荷庇塔人以为他们的事情已经解决了。先生们，请注意，他在他的卧室里处理这件事，而且确实在床上。他们说："关于这些事情，我们没有得到指示。""噢，胡说，缴 120 个大银币。"这些可怜的人该怎么办？他们能拒绝吗？尤其是他们在他的床上还看到了这位女征税者最近留下的痕迹，可见他的决定显然受到干扰。在这种情况下，这个忠诚、友好的社团在威尔瑞斯担任西西里总督的时候，成为不是一个而是两个下贱女人的进贡者。

再往下说。我刚才已经告诉你们，荷庇塔人作为一个社团向这些"什一税"征收者缴纳的粮食和金钱的数量。但是要记住，他们用这些粮食和金钱并没有为他们的同胞买到不受这些征税者压迫的自由。农民们破了产，他们的财物已经被抢走，向征税者缴税只是在引导他们最后放弃他们的村庄和小镇。所以，先生们，当荷庇塔的斐力努斯，一位受过良好教育、在他的人民中拥有很高地位的人，作为正式证人，说到农民们的灾难与困境、他们如何逃跑、那里的农民所剩无几的时候，你们听到每天大批聚集在这里参加这场审判的我们的同胞发出什么样的叹息。还有多少农民留在那里我以后再说，而此刻，我想有一个被我省略的要点必须提一下。

【35】我要说一下威尔瑞斯降低整个出售"什一税"价格的事。我以神的名义起誓，你们认为这样的事情是能够容忍的吗？不，你们能够容忍听我讲述这样的事情吗？在罗马的全部历史中只有一个人——神灵在上，绝不会再有第二个——在他的手中，我们的祖国被内战和灾害打败了，毫无保留地投降了。卢西乌斯·苏拉的权力巨大，要是他不希望，那么就没有人能够平安地逃离贫困、流放和死亡。所以，他毫不掩饰地在一篇公共演说中说，出售罗马公民的财产就是出售属于他自己的抢来的东西。他建立的整个税收制度不是从今天才开始实行的，由于有国家权威的支持，它不会发生变化，而我们担心的麻烦和邪恶却在改变它。它的一个细节在元老院的几个法令中受到谴责，规定由苏拉下令削减的税额必须由购买者上缴国库。元老院认为苏拉这样做是非法的，尽管税收购买者因削减税额而获得的收益最后还是归国家所有。威尔瑞斯，光荣的元老院认为苏拉无权削减对罗马公民有利的税收，那么当前这个法庭的成员会认为你有权为了一个下贱的女人而削减税额吗？为了苏拉的利益，罗马人民按照古时候的做法通过一项规定，批准他按自己的意愿执行这项法律，并且保证不在这件事情上谴责他；然而对于你，一个破坏了世上一切法律而应当受到惩罚的人，罗马人民会同意让你按自己的意愿执行法律，以满足你自己的荒淫无耻的欲望和快乐吗？苏拉由于允许减少一项他为我们取得的税收而受到谴责，而你会由于允许减少一项由罗马国家征收的税收而被宣判无罪吗？

【36】这种类型的无赖行为的一个更加无耻的例子是他和阿凯斯坦人的"什一税"有关的行为。他以5,000升小麦和15个罗马大银币的附加费把这项税收卖给多西姆斯——实际上是卖给忒提娅——然后他强迫那里的居民作为一个团体向多西姆斯缴纳这个数额的粮食和金钱。从阿凯斯坦人的官方证词中，你们将听到这一事实。请读一下。[庭吏宣读了证词。]你们已经听到了,5,000升小麦，再加上附加费。现在请注意威尔瑞斯自己记载的数额。[庭

吏宣读威尔瑞斯担任执法官期间出售的"什一税"。] 你们注意到，在这个名目下有 3,000 升小麦从总数中减去了。失去这批粮食可以让罗马人挨饿，可以让他们的税收减少，可以让他们的国库流血，而他把这批粮食当做礼物送给情妇忒提娅。无耻地抢劫我们的同盟者、可耻地给情妇送礼、邪恶地偷窃罗马人民的东西、无耻地伪造官方记录，这些事情中哪一件最坏？有什么样的暴力，什么样的腐败，能够把你从这个法庭的严峻的正义中解救出去？没有，但若有的话，你难道看不到我刚才说的事情在另一个法庭也有一场重要的听证——指控你盗用公款？由于这个原因，我在我的演讲的这一部分不再使用这些材料，而是集中力量处理粮食和"什一税"。

现在，当威尔瑞斯本人——我指的是阿普洛纽，他的另一个自我——惯于蹂躏最大、最富裕的地区时，他还让其他一些人像他松了绑的猎狗一样扑向其他较小的社区，他把这些地方指定给这些卑鄙的无赖，让他们去征收粮食和金钱。

【37】例如，在西西里有一位翻译，名叫奥鲁斯·瓦伦提乌。威尔瑞斯雇用他不是为了翻译希腊语，而是帮助他盗窃和通奸。这个身无分文、微不足道的翻译突然间成了"什一税"征收者，用 600 斗小麦买下了里帕拉岛上那些贫瘠的土地的"什一税"。里帕拉的居民被召集在一起缴纳粮食，并付给瓦伦提乌 300 个罗马大银币的现金。我以神的名义起誓，你在这里能采用什么样的辩护说你以很低的价格出售了这些"什一税"，以至于这个地方出于自愿在 600 斗小麦之外又添加了 300 个罗马大银币的红利，而这笔红利相当于 2,000 斗小麦，还是说你以高价出售了这些"什一税"，然后又向犹豫不决的居民索取这笔钱？但我丁吗要问你采用什么样的辩护路线，而不是去发现里帕拉本身到底出了什么事？请读一下里帕拉社团的正式证词，然后读一下他们把这笔钱送给瓦伦提乌时的说法。[庭吏宣读正式证词，然后宣读引自公共记载，说明这笔钱怎么支付的一段话。] 噢，甚至连这个可怜的小地方的粮食也已经成为你的猎物和财源。它是那么遥远，远离你的视野，远离西西里，位于一个贫瘠的小岛，但你已经给那里增加负担，犯下可悲的过

失。你把这个小岛完全交给你的一个熟人，就好像给他一些小费，但从他那里取回勒索到的红利，好像它就在西西里的中心？是的，所以这些人年复一年地从强盗手中赎回他们自己的土地，而你作为西西里的总督，现在不得不支付你要求的数额和把他们从你手中赎出来的赎价。

【38】现在我们来谈谈提萨的情况。这是一个非常贫穷的小社团，虽然它的人民是诚实、勤劳的农民。你从那里收取的红利比他们的全部收成还要多。你派去的征税人是狄奥奈图，一名神庙奴隶。（先生们，这在征收农业税的行当中是一个新发明，有来自威尔瑞斯的支持，为什么不让这些国奴也在罗马征收农业税呢？）在你第二年，提萨人不情愿地支付了 210 个罗马大银币的红利；在你第三年，他们被迫向狄奥奈图这个神庙奴隶缴纳了 1.2 万升小麦。先生们，这位狄奥奈图从国家税收中挣了那么多钱，不是出于他自己的劳动，也不是因为他的节省。即使你今后还会这样做，我们也很难说清这些粮食是这个神庙奴隶为自己征收的，还是为威尔瑞斯征收的。让我们听一听提萨的正式证词是怎么说的。[庭吏宣读了证词。]我们的总督自己关心的是从这些城镇勒索粮食和金钱，他个人拿的红利比向罗马人民缴纳的"什一税"还要多，在这种时候我们确实很难肯定他自己是不是征税者。这样一来，你确实在用平等包裹你的权力，用尊严包裹你的职责——通过使神庙奴隶成为西西里人的主人。这样一来，你在担任西西里总督时也就算是遵守了社会等级差别——通过把农民当做奴隶，把奴隶当做征税者。

【39】下面请考虑可怜的阿美特拉图居民缴纳了那么多"什一税"以后什么也没有留下，但还要被迫缴纳现金。那里的"什一税"在有当地代表在场时卖给了马库斯·凯西乌斯；还强迫当地代表之一赫拉克利乌缴纳 220 个罗马大银币的现金。威尔瑞斯，这样做是什么意思？请解释一下你的抢劫和暴力，解释一下你如何抢劫我们的同盟者！赫拉克利乌没有从他的地方议会得到购买这些"什一税"的指示，或者说他想购买。要是没有得到指示，他如何能够自愿付这笔钱？好吧，他的报告说他向凯西乌斯支付了这笔钱。你们将会听到记入当地记录的他的报告。请读一下。[庭吏读了报告。]当地的

议会有命令要他的代表这样做吗？他这样做是被迫的。谁说他是被迫的？整个社团。请读一下正式的证词。[庭吏读了证词。]下一年，以同样的方式从这个小镇勒索的钱给了塞克斯都·维诺纽斯，你们从这项证据中已经知道了。在以 800 斗小麦的价格把这些阿美特拉图人的"什一税"出售给神庙奴隶巴里奥巴利以后——记住，他们是穷人——你强迫他们再添加比"什一税"售价还要高的红利。他们给了巴里奥巴利 850 斗粮食，外加 15 个罗马大银币的现钱。可以非常肯定的是，威尔瑞斯还从来没有见过如此疯狂的行为——允许一名神庙奴隶征收大量粮食，这些粮食长在罗马的土地上，但没有交给罗马人民——除非所有抢来的东西，名义上是那个奴隶的，最后落到威尔瑞斯自己手里。

佩特拉的"什一税"以很高的价格出售了，但无论如何还是违反它的意愿，被迫支付 520 个罗马大银币给一名极端的无赖。他叫普伯里乌·奈维乌斯·图尔皮奥，在萨凯多斯担任执法官期间被发现犯有骚扰和殴打罪。你的意思是说，你在出售这些"什一税"时太粗心，所以只卖了 3,000 斗小麦——也就是说卖了 450 个罗马大银币，一斗小麦值十分之三个罗马大银币——然而付给征税者的还有 520 个罗马大银币的红利，是吗？噢，你断言以非常高的价格出售了那个地区的"什一税"，是吗？那么非常好，他必须吹嘘的不是给图尔皮奥的红利，而是对佩特拉人的抢劫。

【40】下面轮到哈里基艾，那里的佃户要缴"什一税"，但那里的公民豁免"什一税"。它也被迫交给这位图尔皮奥 150 个罗马大银币，虽然那里的"什一税"只卖了 100 斗小麦。要是你能做到的话，那么你可以证明你非常想要证明的东西，这些红利都到了征税者手里，而你自己从来没有拿到过；然而即使如此，勒索这些钱也会给你带来灾难，要判你的罪。由于你无法使我们任何人相信你糊涂到会让自己或你的子女冒这样的险，仅仅为了让阿普洛纽和图尔皮奥这样的奴隶发财，所以任何人都会怀疑这些人仅仅是你的代理人，只有你才拿到了所有勒索来的钱。

塞吉斯塔是另一个豁免"什一税"的社团，但那里也派有一位神庙奴隶征税，他的名字叫绪玛库斯。这个人带着威尔瑞斯的信，信中授权他可以在这个地区之外的法庭传唤该地的农民——这样做蔑视我们元老院的所有法令，蔑视居民的所有权利，蔑视卢庇留斯法。听一听威尔瑞斯写给塞吉斯塔人的信。[庭吏读了这封信。] 你们不用费太大力气就可以明白这个神庙奴隶对这些农民玩的把戏，看他怎么解决一名令人尊敬的、有名望的人的案子，而他的其他行为都属于相同类型。帕诺姆有一位著名的绅士，名叫狄奥克勒·斐美斯，他在塞吉斯塔地区经营一个租来的农场，租金 60 个罗马大银币，因为只有塞吉斯塔人可以在当地拥有农场。在挨了这名神庙奴隶的打以后，他同意向这个人缴纳 160 罗马大银币的"什一税"，还有 654 斗小麦。你们将会听到，他自己的账本证实了这件事。[庭吏大声宣读了账目。]

盖乌斯·安东尼乌斯·布洛库斯，我们元老院的一位议员，你们全都承认他的优秀品德，被迫向这个绪玛库斯交钱交粮。是的，一个罗马元老院的议员成了一名神庙奴隶发财的对象——当威尔瑞斯是西西里总督的时候！

【41】威尔瑞斯，你可以把人们对元老等级的最大尊重不当一回事，但你甚至不明白这个等级是我们法庭的法官吗？从前，当法官来自骑士等级的时候，我们那些诚实的或贪婪的行省总督是征税者卑微的仆人；他们勤勤恳恳，只要有一名骑士在他们的行省里待着，他们就会提供殷勤的服务。在这种情况下，没有哪个犯罪的总督能够发财，也不太听到有伤害或冒犯骑士等级的事情发生。在那些日子里，骑士们依据总的协议固守传统，如果有人想挑战一名骑士，那么整个等级都会要他倒霉。然而你蔑视元老等级，想把世上的人都降到和你一样的水平，像你一样不正义和荒淫无耻，是吗？你下定决心要从这个法庭成员中除去那些在你担任西西里总督时生活在西西里的人，或者去过那里的人，是吗？所有这些都会妨碍你的记性吗？你最终不得不面对这样一个法庭，它的成员来自元老等级，他们的心也许不会为个人受到的伤害忧伤，但绝不会不知道其他元老所受的伤害就是他们自己所受的伤害，伤害其他元老就意味着他们所属的等级被轻蔑地踢在一边。先生们，我以上苍的名义起誓，我无法认为这样说只能唤起人们的日常情感。这样一种

侮辱就像一根针，是那些富有感情的、高尚的人无法忍受的。你糟蹋了西西里人，好吧，他们在受到伤害时保持沉默，那是他们的事。你伤害了这些生意人，好吧，他们还没有打算离开西西里回罗马。你使罗马骑士屈从阿普洛纽的残暴，好吧，他们已经不再是你的法官，怎能伤害到你？现在，当你可悲地伤害罗马元老院的议员时，你难道不会简单地说："让我们把那个元老也抓起来，世人都将看到元老院议员最庄严的头衔不仅暴露在愚昧无知的傻瓜的妒忌面前，而且也暴露在无赖的邪恶面前？"阿奈乌斯不是唯一他以这种方式对付过的议员，他以这种方式对付所有议员，元老院议员的名字给他们带来的不是荣誉，而是羞辱。对付伟大、杰出的盖乌斯·卡西乌斯——他那时虽然是执政官——他在他担任执法官的第一年以同样最邪恶的方式行事，让"什一税"征收者运走了林地尼一处农场的所有收成，这个农场是卡西乌斯的妻子，一位最高尚的妇人，从她父亲那里继承下来的。威尔瑞斯，你在这场审判中将会看到卡西乌斯，在证人席上，尽管你设法阻止他出庭。先生们，现在该你们来承认把我们联系在一起的纽带了。我们的等级有沉重的负担，有许多任务、许多辛劳、许多危险，不仅有立法和司法方面的，还有敌对的谣言和政治不稳定带来的后果。我们的等级处于如此崇高之处，我们不得不面对来自四面八方的狂风。在这样一种不幸和不利的条件下度日，我们还能为了维护我们自己的权利而反对我们自己的官员吗？我们必定会成为他们蔑视和嘲笑的对象吗？

【42】塞尔迈人派代表购买他们那个地区的"什一税"，因为他们想这样做对他们非常重要，哪怕花一大笔钱，也要比"什一税"落入这位总督的代理人之一的手中要好。威尔瑞斯派了一个名叫维努莱乌的人前去购买"什一税"。这个人一次又一次地出高价，而他们也只好不断提价，只要还能支付，但到了最后只好停下来。"什一税"以 8,000 斗小麦的价格出售给了维努莱乌。这个城镇的代表之一波西多鲁报告了结果。这个价格在任何人看来都无法接受，但维努莱乌提出可以转让他的权利，只要 7,000 升小麦和 20 个罗马大银币。这是一个相当明显的证据，说明征税者原先的期待和这位总督实施的

抢劫。让我们来看一下塞尔迈人的书面证据，请。[这个城镇的账本和证据宣读了。]

你运走了伊玛卡拉人的全部收成，你的各种勒索使他们沦为赤贫，尤其是，你强迫这些不幸的人捐给阿普洛纽 200 个罗马大银币，而这笔钱实际上给了你。把关于捐款的法令和这个城镇提供的证据读一下。[镇议会关于捐赠的法令和伊玛卡拉的证据宣读了。]

赫纳地区的"什一税"卖了 8,200 斗小麦，然后这个镇子被迫付给阿普洛纽 1.8 万升小麦和 30 个罗马大银币。我请求你们仔细注意从这片"什一税"缴纳者的土地上勒索的粮食数量之巨。我正在把缴纳"什一税"的社团的名单很快过一遍。我现在正在处理的案子类型不是剥夺个别农民的所有财物，而是整个社团向"什一税"征收者支付各种费用，为的是让他们最终能够离开城镇和乡村，而征税者最后的收获也确实堆积如山。

【43】在你的第三年，为什么你要命令卡拉特人向在阿美特拉图的征税者马库斯·凯西乌斯运送他们的"什一税"，而他们以前一直在卡拉特缴纳？在你成为总督之前，他们从来没有上别处去缴"什一税"，连你自己在前两年也没有做过这样的安排。

你为什么要纵容叙拉古的塞奥纳斯图骚扰姆提卡地区？这个人野蛮地骚扰那里的农民，要他们补交"什一税"——我将说明，这种事情在其他城镇也发生了——他们被迫去外地购粮，因为他们自己一点儿粮食都没有了。

先生们，你们将会进一步从许伯拉镇与征税者格奈乌斯·塞吉乌斯商定的税额中看到，从农民那里拿走的粮食不少于播下种子的六倍。请读一下这个镇的记载，涉及播种和缴纳"什一税"的数量那一段。请注意听美奈人所缴纳的数量，是与一名神庙奴隶商定的，还有美奈人播种的数量。先生们，你们会允许我们的这些同盟者——这些在罗马的土地上为你们辛勤耕作的农民，他们为你们服务，愿意供养罗马人，只要还有足够的粮食剩余，能使他们自己和他们的子女活命——你们会允许这些人，以如此不公正、羞辱人的方式遭受劫掠，他们缴纳的粮食要超过他们的全部收成吗？

我感到，先生们，现在是我克制自己的时候了，免得我用太多的细节让你们感到疲劳。我将不再停滞在这个主题上。但是这一主题的其他内容，虽然我不讲述，但都会摆到你们面前。你们将会听到阿格里根图的公民——好人，热情的农民——讲述他们的悲哀。你们将会听到精力充沛、努力工作的恩特拉人所遭受的侵犯和痛苦。赫拉克利亚、格拉、索伦图的艰辛将会摆在你们面前。你们将听到阿普洛纽如何使繁荣昌盛和友好的卡提那人的土地荒芜。你们将明白廷达里斯、塞发洛迪、哈伦提乌、阿波罗尼亚、安吉乌姆、卡庇提乌这些著名的地方由于这种邪恶的"什一税"买卖而遭到毁灭；伊纳、姆吉提亚、阿索鲁斯、赫洛鲁斯、伊厄泰这些地方变得一无所有；凯塔里亚和舍拉这些小地方完全废弃。事实上，在三年的时间里，所有这些土地都要缴"什一税"，收成的十分之一作为贡物送往罗马，其余的部分都成了给盖乌斯·威尔瑞斯的贡品而没有给农民留下粮食。如果我们发现某些地方给农民留下或返还了粮食，那只能是满足了威尔瑞斯的贪欲以后剩下来的残渣碎屑。

【44】然而有两座城市，关于它们的庄稼地我至今保存着有关它们的故事——埃特那和林地尼，那里的土地可能是所有土地中最肥沃、最出名的。关于威尔瑞斯在这些地区的所作所为时，我不想讲整个三年。我现在要说的只是选其中一年，把事实简单地摆在你们面前。我选第三年，这一年离我们最近。威尔瑞斯知道这肯定是他的最后一年，所以在处理事情的时候根本不考虑在他离开西西里以后还会不会有农民剩下。我们来考虑一下埃特那和林地尼的"什一税"。先生们，请特别注意我说的这些情况：土地是肥沃的，时间是第三年，征税人是阿普洛纽。

关于埃特那，我会说得非常简单。她的公民在这次审讯的第一部分已经做了正式发言，我想你们仍旧记得埃特纳代表团的首领阿特米多罗所做的正式陈词。他告诉你们，阿普洛纽带着一群神庙奴隶抵达埃特纳，传唤地方行政官员，下令要他们在市集广场中心为阿普洛纽布置宴会用的躺椅。他告诉你们，沉迷宴会是这个人的日常生活习惯，公众不仅是他的这种习惯的见证人，而且还要支付宴会的费用；当他欣赏乐队演奏，享受美酒佳肴的时候，农民们被逮捕关押，阿普洛纽肆意勒索他们，还伴有伤害与骚扰。先生们，这些事情你们都已经听说过了，我不再提。阿普洛纽的奢侈和无耻、他如何得到威尔瑞斯的许可、他无与伦比的、令人极端厌恶的堕落我也不说了。我只说一下他在一年里从一个地区得到的好处，帮助你们建立一个观念，看他在整个三年时间里从整个西西里弄到了多少好处。我不得不说的故事不长。埃特纳人个别来见我们，亲手送来正式的陈述，里面提到最卑鄙的阿普洛纽，我们总督的最亲密的朋友，极为克制地捞到了多少好处。要是你们愿意，让他们自己的证词把这些事实摆在你们面前。请读一下。[证词宣读了。]

【45】你在说什么？请大声一点读，让罗马能够听到这个关于罗马的税收、罗马的农民、罗马的同盟者和朋友的故事。5 万斗粮食，500 个罗马大银币！神保佑我们！一个地区在一年中要向阿普洛纽缴纳 30 万升小麦和500 个罗马大银币！这些"什一税"的售价全都低于它的价值吗？或者说"什一税"卖得很贵，这些粮食和钱都是从农民那里抢来的？你愿意选择哪一种答案：前一种还是后一种？你受到的指控是无法回答的。至少有一件事情你不会说——我希望你会说——这样一笔巨大的财富并没有落到阿普洛纽手中。我将用相关的合约、账目和个人来证明这一事实是确定的，你会发现我对你的盗窃行为的调查还不如你犯罪那么彻底。你能面对这一事实吗？有人能证明这一事实吗？这个法庭——尽管它倾向于仁慈——能抗拒这一事实的力量吗？一次到访，一个地方，除了我已经提到的现钱外，昆图斯·阿普洛纽运走了不少于 30 万升小麦的红利？还有，断定这一事实的只有埃特纳吗？那个镇议会给它的优秀代表——安德洛和阿特莫——的指示确实局限于这个社团的共同利益；那个镇子的议会和人民不会派代表去交涉他们自己区域以外的同胞遭受的虐待。但是那个镇子的个别农民在西西里形成了一个很大的、受人尊敬的、繁荣昌盛的团体，他们从他们自己的同胞公民中选派了三名代表，当着你的面提供证明，揭露你的罪行不仅仅发生在一个地区，而是几乎遍及整个西西里。因为几乎整个西西里都有坎图里帕的农民。他们反

对威尔瑞斯的证据更有说服力，因为其他地方的人都只涉及自己遇上的麻烦，而这些人在所有城镇租种土地，因此他们对其他人遭受的损失和伤害也很敏感。

【46】然而，如我所见，有关埃特纳的事实是确定的，有官方和私人的书面证据担保。在涉及林地尼的土地时我需要非常认真，因为我必须承认，作为一个团体，林地尼人没有给我多少帮助。事实上，在威尔瑞斯担任总督期间，征税者们犯下的暴行没有给他们带来什么伤害，或者倒不如说有助于他们。先生们，你们可以认为这种说法很奇怪，甚至不可信，因为当农民承受如此深重痛苦的时候，林地尼这个粮食生产的基地怎么会不遭受损失或伤害。造成这种情况的原因是，除了纳西拉图家族的人，林地尼的公民无人在这个城市的管辖区内拥有土地。因此，先生们，你们已经听到可敬的、杰出的纳西拉图的证词，你们不用期待在这里能看到其他公民作证，他们甚至不会遭受天气变化而带来的农业灾害，更不要说遭受来自阿普洛纽的伤害了。确实，他们不仅没有遭受来自阿普洛纽的袭击，而且还从中得到了好处。

因此，由于上述原因，林地尼没有派代表来支持我、帮助我，我必须自己想办法，找到一条证实阿普洛纽榨取钱财，或者倒不说我们的总督掠夺大量钱财的道路。在他任职的第三年，那个地区的“什一税”卖了 3.6 万斗，也就是 21.6 万升。先生们，我确实无法否认这个售价很高。由此可以推论，买下这笔“什一税”的征税者肯定要亏本，或者挣得不多，这是那些高价购买“什一税”的人的一般命运。但若我能证明在这项买卖中征税者挣了 10 万、20 万、30 万乃至 40 万升小麦，那又该如何？你们还会怀疑他们购买的“什一税”就像一个保险箱，能把抢来的粮食全都装进去吗？从这项利润之巨大推论他们的盗窃和抢劫也许不公平。那么好，先生们，要是我能证明那些挣到 40 万升小麦的人在你和你的随员组成的法庭的干涉下亏本了，那又该如何？在这样的利润和不义行为面前，每个人难道还不能马上清楚地看到，你的邪恶是你获得巨大利润的原因，巨大的利润推动了你的邪恶吗？

【47】因此，先生们，我该如何成功地发现这笔利润有多大呢？不能从

阿普洛纽的账本中去找，我搜查他的账本，但是没有找到，我当着地方行政官的面要他交出来，他说他没有保存过任何账本。要是他在撒谎，那么他为什么要把账本处理掉，除非它们对你不利？要是他事实上没有保留账本，那么这件事本身就足以证明他并不是在为他自己做事？先生们，征收"什一税"没有非常详细的账目是不可能的。基本上每个农民都有详细的账本，每个人都会与征税者签订几个合约。

好吧，为了服从你的命令和规定，所有农民都可以按照实际种植面积把一部分收成认领回来。但是并非所有农民都认领了，因为如果他去认领，就会碰上你的那些随员，就会受折磨，受惩罚，受审问。林地尼地区的土地一般每亩①播种一斗小麦种子，要是年成不错，那么可以收 8 斗小麦，要是能收 10 斗，那就是上苍的恩赐了。当后一种情况出现时，"什一税"规定缴纳的粮食就和播下的种子一样多；换言之，每种一亩土地，缴一斗小麦的"什一税"。既然如此，我不得不说的第一件事情是：林地尼地区出售的"什一税"比该地区播在数千亩土地上的种子多了数千斗。要是这些土地不可能每亩出产 10 斗小麦，要是"什一税"规定的纳税标准是每亩一斗，要是那里的土地能出产十倍于种子的粮食——这种情况很少发生——那么敏感的征税者会有什么动力——如果出售的是"什一税"，而不是农民的财产——以令人赞赏的、多于种植面积数量的小麦购买这些"什一税"？这个地区确定退还粮食的土地面积顶多 3 万亩，而"什一税"出售了 3.6 万斗。

【48】是阿普洛纽算错了吗，或者说他头脑发昏了吗？他没有，他愿意这样做，要是允许农民们只缴纳法律规定的数额，而不是被迫按照阿普洛纽的要求缴纳。

现在，要是我证明他们中间没有人缴纳的"什一税"少于每亩 3 斗，那么我假定，即使获得丰收，打下的粮食是种子的十倍，也没有人缴纳的粮食少于三次"什一税"，这是不容否认的。事实上，有人请求阿普洛纽的恩惠，

---

① 这里的亩是指"罗马亩"，英文译为"acre"。

请他同意每亩缴 3 斗。许多人被迫每亩缴 4 斗，甚至 5 斗，还有许多人缴完税以后一粒粮食都没有留下；不对，经过一年的辛勤劳动获得丰收以后，连谷壳都没有留下。在这个时候，遍布林地尼地区的坎图里帕农民举行了一次会议，选派他们的同胞公民、出身和名声都最为优秀的安德隆为代表——在本次审判中，坎图里帕派来的代表就是这位安德隆——去等候阿普洛纽，代表农民们讨好他，请求他向坎图里帕农民征收的粮食不要超过每亩 3 斗。他们费尽艰难，最后使阿普洛纽在这个范围内同意了他们的请求，这被视为一项最大的恩惠。请注意，得到同意的请求是只缴三份"什一税"，而不是只缴一份！如果征收到的粮食并非都是你的好处，那么他们为什么不向你提出顶多只缴一份的请求，而不是像阿普洛纽所同意的那样不超过三份？现在让我们暂时不提阿普洛纽用来对付这些农民的"王家"手段，或者倒不如说"暴君"的手段，也不再提他剥夺了这些人的全部粮食，或者说他不仅没有给他们留下任何粮食，而且没有给他们留下任何私人物品，让我来告诉你们，从他作为恩惠仁慈地同意了每亩地所缴的 3 斗粮食中，他一共得到了多少好处。

【49】这个地区可以退还粮食的土地面积大约 3 万亩。这就给了我们 9 万斗小麦，或者 54 万升小麦。减去 21.6 万升，这是出售"什一税"的价格，我们还有 32.4 万升小麦。再加上 54 万升这个总数的百分之六，得 3.24 万升——因为从每个农民那里要征收百分之六的附加费——现在我们得到总数差不多是 36 万升。好吧，我不是说过他能挣到 40 万升小麦的利润吗？是的，我在上面的计算中还没有算入那些没有得到允许每亩缴 3 斗小麦的人。然而，这部分不算，让我告诉你们，还要按照承诺的总数征收现钱，有许多农民每缴 1 斗小麦还要缴 2 个罗马小银币，有些农民每缴 1 斗小麦要缴 1 个半小银币，最少的是每斗小麦缴 1 个罗马小银币。我们按最低数字算，粮食总量是 9 万斗，所以我们必须给这个无赖的这项发明加上 9 万个罗马小银币（900 个罗马大银币）。当这个人为自己弄到的好处两倍于他从这个地区征收的、供罗马人民食用的粮食时，他还敢告诉我们他以高价出售了"什一税"

吗？你以 21.6 万升小麦的价格出售了林地尼的"什一税"。如果你的方法是合法的，那么这是一个高价，但若你的办法仅仅是在用你的荒唐来考验法律——比如将名义上的百分之十变成实际的百分之五十——那么这是一个很低的价格，因为要是罗马元老院和人民命令你这样做，西西里一年的收成可以卖的价格要高得多。事实上，按照希厄洛法律的规定出售"什一税"的价格经常和按照威尔瑞斯法令的规定出售"什一税"的价格一样高。如果你乐意，让我们来看一下盖乌斯·诺巴努斯时期的"什一税"记录。[相关记录宣读了。]然而，那个时候人们不会因为要求按照种植面积退税而受到起诉，不会因为提出认领而遭到法官高奈留·阿特米多罗的审判，不会有地方行政官使农民按照征税者宣布的数额缴纳粮食，不会有征税者同意农民每亩缴纳3 斗小麦，还自以为非常仁慈，没有农民被迫缴纳附加费和按比例额外征收的粮食。尽管如此，当时仍有充足的粮食运往罗马，供应给罗马人。

【50】我还要问，这些按比例额外征收的粮食和附加费是什么意思？你凭着什么法律权利，或者凭着什么道德权利征收？向农民要现钱，他什么时候，怎样去搞现钱？要是能够做到，他也许会缴纳粮食，就像他缴纳"什一税"一样，只要"什一税"是在公平的条件下出售的，但说到缴纳现金，他到哪里去搞钱？出售他的粮食吗？当你是总督的时候，他还有粮食出售吗？哦，好吧，在把全部收成给了阿普洛纽以后，他还必须拿出现金来交给阿普洛纽。还有，他们这样做是自愿的还是不自愿的？自愿的？那么好，他们喜欢阿普洛纽。不自愿？那么好，除非使用野蛮的暴力，其他还有什么办法可以让他们缴纳？

我还要说，在征收"什一税"时征收这种愚蠢的附加费在每个地区都有。数额不大，每个地区 20 或 30 个罗马大银币，在整个三年中，总数也许可以达到 5,000 个罗马大银币。他这样做无先例可循，也没有法律的支持，他从来没有对此做过任何解释，也没有任何人能猜到这个人将会如何对这项小小的指控辩解。

这些事情一清二楚，你出售的是农民的财产和生计，你出售它们不是为了罗马民族的利益，而是为了你自己。面对所有这些事实，你胆敢告诉我们你高价出售了"什一税"吗？这就好像一位农场经理人把一个相当富裕、每年能带来 100 个罗马大银币收入的农场卖掉，砍树，卖房，出售农场里的各种家具和生活用品，然后交给农场主 200 个罗马大银币，而不是 100 个，但同时也给自己口袋里装进 1,000 个罗马大银币。农场主对这种行为的危害一无所知，一开始他会非常高兴，因为他的经理人使他的农场有了很大的回报。但是当他听说农场的生产所依赖的一切都被拿走或出售时，他会认为自己受到愚弄，会最严厉地惩罚这名经理人。罗马民族也无两样，在听到盖乌斯·威尔瑞斯以高于他的正直的前任盖乌斯·萨凯多斯的价格出售了"什一税"时，她以为自己有了一个很好的管家在经营她的土地和收成。后来她完全明白威尔瑞斯出售了农民的所有生产动力和我们的全部税源，他的贪婪已经葬送了我们对今后的全部希望，把向我们纳税的农场和土地变成了荒芜的沙漠，而通过这样的抢劫自己发了大财，这个时候她会认识到自己被愚弄了，会把这个人抓起来，让他受到最严厉的惩罚。

【51】你可以问，我说的这些事情真相如何证明？最清楚的证明是，由于威尔瑞斯的贪婪，西西里行省缴纳"什一税"的土地事实上都荒芜了。那些继续留在那里的农民耕种面积比以前少得多，而有许多富裕的农民则完全抛弃了他们肥沃的土地。这一说法的真实性可以由各个社团的公共记载加以确认，因为按照希厄洛法的规定，正式回来耕种的农民数量每年都要报告给地方行政官员。现在请读一下威尔瑞斯到达西西里时回到林地尼的农民的数量。84 人。现在读一下在他任职第三年回来的数目。32 人。我们看到，52 个农民离开了，没有人愿意前来顶替他们。那么当你前往西西里的时候，姆提卡地区有多少农民？让我们来看一下官方记录。187 人。下一项是你任职第三年时有多少农民？86 人。由于威尔瑞斯的压迫，这一个地区失去了 101 名农民。不，由于我们现在讲的是罗马人民的税收，所以失去这些农民和他们的家庭是我们自己国家的悲哀，我们需要他们回来。在他任职的第一年，荷庇塔地区有 252 个农民，在他任职的第三年有 120 名，有 132 户农民

逃离家园去了别处。埃吉里乌地区的农民——他们是善良的、可信的、顽强的——在你担任总督的第一年数量达到 250 人。那么，在你担任总督的第三年还有多少人？80 人。先生们，这是你们从埃吉里乌人的代表那里听到的，他们宣读了他们的官方记录。

【52】神灵保佑！哪怕你从整个西西里赶走了 170 个农民，严峻、正义的法庭能够判你无罪吗？但是，先生们，仅仅是埃吉里乌一个地区就少了 170 个农民，这使你们可以判断整个西西里又少了多少。你们会发现这种状况遍及所有缴纳"什一税"的地方。你们会发现有些人留了下来，那些还剩有一部分继承下来的遗产的人，但他们的农具减少了，他们的耕牛比过去少得多，但他们还是留了下来，害怕失去一切赖以生存的东西。你们会发现威尔瑞斯使他们一无所有的人不仅逃离了他们的农场，而且逃离了他们的国家。即使那些仍旧留在农场里的人，不足总数的十分之一，也打算离开，要不是麦特鲁斯在他从罗马写来的一封信中告诉他们，他会按照希厄洛法的规定出售"什一税"，会尽一切可能允许他们自由地耕种自己的土地——就像他们以往那样，不需要别人来告诉他们怎么做，只要他们感到需要，他们就可以播种，花钱，努力工作，给他们自己带来好处，也给罗马民族带来利益，而不是给威尔瑞斯和阿普洛纽带来好处——那么他们已经离开了。

现在，先生们，尽管你们不关注这些西西里人的命运，罗马行政官员如何对待同盟者也不会引起你们的关心，然而我请求你们接受保护罗马民族共同利益的任务。我断言威尔瑞斯赶走了这些农民，为我们提供税收的土地遭到了蹂躏而变得荒芜，我们的行省遭到了抢劫和破坏。我用这些城镇的书面陈述证明了这些论断的真实，我用这些城镇中最重要的城镇提供的正式证据和那些最著名的人士提供的私人证据证明了这些论断。

【53】你们还要什么？你们期待运用官方权威阻拦许多人提供反对威尔瑞斯证据的卢西乌斯·麦特鲁斯自己会从西西里证明威尔瑞斯的无耻罪行吗？也许不。然而，可以争论的是，威尔瑞斯的后任格外有机会了解它。他有这样的机会，但是个人间的友谊束缚了他的手脚。还有，你们敦促他把这

个行省当前的情况告诉你们。他不得不这样做，但同时他这样做又不是强制性的。有谁希望麦特鲁斯提供反对威尔瑞斯的证据吗？没有。或者对他提出这种要求？不，还是让我来提供吧。所以，要是我用证据确证麦特鲁斯在他的一封信中所说的这些事情的真相，那么你们会说些什么？说他写的事情是假的，或者说他急于毁掉他的朋友，或者身为总督他不明白他的行省遭到的毁灭？为我们读一下卢西乌斯·麦特鲁斯写的信，写给执政官格奈乌斯·庞培和马库斯·克拉苏、执法官马库斯·姆米乌斯，还有城市的财务官们。[信中写道："我已经按照希厄洛法的规定出售了'什一税'……"]当他在信中说他已经按照希厄洛法的规定出售了"什一税"的时候，他在说什么？他已经像所有总督一样出售了"什一税"，除了威尔瑞斯。我要再次发问，当他使用这些语词的时候，他在说什么？他把威尔瑞斯从西西里人手中夺走的东西还给了他们：我们的祖先给他们的恩惠、他们自己的法律权利、由条约规定的同盟者的地位和友谊。他把他出售每个地区的"什一税"的售价告诉了我们，接下去他说了些什么呢？请读一下信的其他部分。"我已经尽了最大努力，以确保按照对他们来说有可能的最高价格出售。"那么，麦特鲁斯，你为什么要确保按照对他们来说最有可能的价格出售？因为你发现农民们抛弃了被剥夺得一无所有的乡村，这个行省遭到了可悲的毁灭。进一步说，他到哪里去找愿意播种的人？请继续读下去。他告诉我们，他写信给农民鼓励他们，他也运用了他的官方权力。麦特鲁斯所做的只是向农民们保证，他的行为在各方面都不会像威尔瑞斯那样。但是请告诉我，他所说的他忍受的复杂痛苦到底是什么？请再往下读。["幸存的农民应当尽可能多地播种。"]"幸存的农民？""幸存"是什么意思？他们从什么战争或火难中幸存下来？当你是西西里总督的时候，有什么可怕的灾难和持久的战争降临西西里，使你的继任人要让我们感到他在把那些"幸存的"农民聚集起来，用新的生活激励他们？

【54】在西西里岛由于迦太基战争而遭受蹂躏的日子里，在后来我们的前辈和我们自己都还能记得的两股逃亡奴隶在这个行省逞凶的时候，也没有

发生过农民遭到毁灭的事情。在这种时候，播种会受到阻挠，收成会有损失，那些年的辛苦会没有回报，但农户或农民的总数不会减少，在那些时候接替马库斯·莱维努斯、普伯里乌、卢庇留斯、玛尼乌斯·阿奎留斯担任行省总督的执法官也没有把"幸存的"农民聚拢在一起。威尔瑞斯和他的副将阿普洛纽给我们的西西里行省带来的灾难比哈德鲁巴和他的迦太基军队或者哈德鲁巴和他的大群匪徒更加可怕吗？而在早先的时候，一旦敌人受到打击，各地又会开始耕种，不需要总督写信恳求农民，也不需要以他个人的名义请他们自由地耕种他们的土地。然而现在，即使在这个带来灾难的魔鬼离去以后，那里也找不到一个农民愿意恢复他从前的工作，以至于少数幸存者需要麦特鲁斯用他的权威来引导才会返回他们的农场和家园吗？

你这个无法无天的疯子！你难道感觉不到这封信就像架在你脖子上的刀子？当你的继任者说到"幸存的"农民时，你难道看不出他这封信表达的是什么意思？这些人不是战争或任何灾难的幸存者，而是你自己残忍的邪恶和无穷的贪婪的幸存者。请读一下信的其他部分。["然而，就形势的严峻和农民的稀少而言，允许……"] 他说了，"农民的稀少"。先生们，如果我自己，作为指控者，经常提到这样的观点，我担心你们会感到我太单调。麦特鲁斯喊，"要是我没有写"——但这与他没有什么关系；他喊"要是我个人没有鼓励他们"——但这对他来说也不够。他写了"幸存的农民"，在描述西西里的困境时用了一个几乎带着葬礼忧伤色彩的词——然后他又添上"农民的稀少"。

【55】坚持一下，先生们，要是能够做到，当我进一步确认我的指控时请你们再坚持一下。我告诉你们农民是被威尔瑞斯的贪婪赶走的——麦特鲁斯写了他鼓励过那些"幸存的"农民。我告诉你们庄稼地被抛弃了，农场荒芜了——麦特鲁斯写了农民的稀少，这些都表明罗马民族的朋友和同盟者被赶走了，离开了一切可以称做是他们自己的东西。哪怕威尔瑞斯没有让我们的税收受损而让这些人遭受这样的灾难，惩罚他仍旧是你们的责任，尤其是因为法律是为这些人的幸福制定的，而你们坐在这里审判他依据的就是法

律。我们同盟者遭受毁灭、沦为乞丐，再加上国家税收受损——因为威尔瑞斯的贪婪毁掉了今后的粮食生产，毁掉了今后我们的城市生活和军队必须依赖的粮食供应——这种时候你们为了罗马的利益必须提高警惕，尽管你们不一定会关心为我们忠诚的同盟者提供幸福。为了使你们信服威尔瑞斯只顾眼前当下的利益而根本没有考虑过你们今后的税收，我要告诉你们麦特鲁斯在他的信快要结尾时写了些什么。"然而我已经采取步骤来确保将来的税收。"他说他已经采取步骤来确保将来的税收。除非他的意思是说明你已经破坏了这些税收，否则他不会说他已经采取步骤来确保将来的税收。除非威尔瑞斯已经把这个国家的税收转移到他自己的钱柜里，否则麦特鲁斯为什么要采取步骤来确保"什一税"或一般的粮食生产呢？还有，"正在采取步骤确保税收"的麦特鲁斯本人正在把"幸存的"农民聚集起来。他的目标无非就是恢复粮食生产，依靠那些能够务农的人，依靠那些威尔瑞斯通过阿普洛纽以"幸存"的方式给他们留下了一些耕种土地所需要的东西的人，依靠那些尽管一切都还在他们的庄稼地里，但满怀希望等待麦特鲁斯到来的人。那么其他人怎么样？大量的农民不仅从他们的土地上被赶走，而且逃离了他们所在的地区，不，逃离了西西里，抛弃了他们所有财产和赖以生存的东西。怎样才能把他们叫回来？在所有这些农民最终能在他们自己的土地和家园安身之前，我们需要多少诚实而又理智的总督？

【56】现在，要是这些逃亡的农民返回原地在你们看来是一件奇妙的事情，那么你们必须知道威尔瑞斯对待农民有多么残忍和邪恶，有些人由于忍受不了那些飞扬跋扈的征税者的虐待而被迫自杀。先生们，这种事情看起来不可信，但却是事实，是整个西西里都知道的事实。这是确定的事实，有一位坎图里帕的富人狄奥克勒在得知阿普洛纽购买了他的"什一税"的当天上吊自杀。还有一位提拉昔努，镇上的首户，就像你们在审判时所说的赫洛鲁斯的阿考尼达一样，他在得知征税者按照威尔瑞斯的法令宣布对他征收的税将超过他的全部财产时自杀了。你们从来没有见过这样的邪恶和残忍，这样的恐怖是你们绝对不会允许的，因为他们在西西里激起的悲愤意味着你们自

己毁灭的危险。我要说，除非这种压迫意味着为你谋利和为你抢劫，否则你不会允许人们用自杀的方式来摆脱你的压迫。

还有另外一件事情是你们不会允许的。先生们，我请你们注意，他要用他的钱来换得被判无罪，而我必须努力证明这个世界有多么无耻、多么明显地充分承认这样的行为。这是一项可怕的指控。自从我们的赔偿法庭建立以来，这是任何人所能记得的最可怕的事情：对一名总督的指控与"什一税"征收者联系在一起。

【57】由他的私敌和正式指控人提出来的这项指控，他并非第一次听到。他以前就听到过。当他还坐在他的衙门里的椅子上时，他就听到过。尽管他当时掌握着西西里行省的最高权力，尽管他拥有的权力和其他每一位总督相同，而残忍则是他自己的特性，使他对所有人都显得可怕，他还是一次又一次地听到了这种指控；他也不是由于他的粗心而没有对指控者采取措施，而是他自己的犯罪感和贪婪意识在强制性地约束他。这些征税者曾经公开说——就此而言无人能与这个在威尔瑞斯那里最说得上话、使广大区域荒芜的人相比，我指的是阿普洛纽——为什么如此巨大的利润几乎没有落到他们自己手里，因为这位总督是他们的同伙。当征税者在整个西西里公开这样说的时候，当这样一桩邪恶和可耻的生意与你的名字联系在一起时，你难道从来没有关注过你的名声，以便摆脱沦为乞丐或遭到毁灭的命运？你的可怕的名字在农民们的耳边和心中回响；征税者们用来反对农民，强迫他们达成协议的是你的名字、你的邪恶，而不是他们自己的力量。你认为罗马的任何法庭会如此松弛、如此不道德、如此腐败，会有任何拯救的力量能把你从法庭手中解救出去吗？在违反各种习惯、规定、先例出售"什一税"以后，在"什一税"的征税者不断地说你是他们剥夺和蹂躏农民的同伙、这是你的生意，是你在抢劫他们，而你对此什么也没说，但又不能佯装无知的时候，你认为自己还能忍受，因为你获得的巨大利润掩盖着你面临的巨大危险，贪婪和收益给你的推动超过审判给你带来的恐惧，是吗？

很好，你无法否认这一切。但我还有一点没提到。你能宣布你没有听说过这些事情吗？有关你的恶行的报告一个字都没有进入你的耳朵吗？不，你甚至没有权利这样说。农民们痛苦地抱怨他们所受的伤害，你难道一无所知吗？整个行省议论纷纷，难道没有人向你报告吗？为了反抗你的压迫，有人在罗马举行集会，你难道不知道吗？或者说你对这些事情都一无所知？不可能。再说，卢西乌斯·鲁伯里乌在叙拉古的一次大型集会上公开正式挑战昆图斯·阿普洛纽，证明阿普洛纽反复说你在征收"什一税"这件事情上是他的同伙，在这样的时候，这些话语难道不能穿透你的傲慢，或者促使你考虑一下自己的命运和安全吗？你闭口不谈，你试图缓解这两个人的争执，你尽一切力量阻止这一挑战继续进行下去。

【58】以神的名义起誓，我要问是否有清白无辜的人能够忍受这种事情，而罪大恶极的人要是想到将在罗马举行的审判已经迫近，会不会伪装成清白无辜，以便逃之夭夭。这意味着什么，有人对你提出指控，想要打倒你，毁灭你，而你却坐在那里无动于衷？是你听不明白吗？是你无法应对吗？你不想问一问阿普洛纽这些话是对谁说的，或者谁听到他这样说了？种瓜得瓜，种豆得豆。要是有人到你这里来嘀咕，告诉你阿普洛纽对人说你是他的同伙，这样的消息会令你震惊，你会要求阿普洛纽做出解释，你不会认为他无罪直到公众认为你无罪。鉴于这一说法表面上和阿普洛纽有关，而实际上和你有关，所以在一个人口众多的城市的大型集会上，除非你认定一言不发才不会使事态恶化，否则你不可能忍受攻击而一言不发，对吗？许多总督解除财务官、代理财务官、地区长官、偏将的职务，让他们离开他的行省，这是因为他相信自己无法忍受他的代理人说的话，或者认为这些人的行为有错误。你不会忍受一名像阿普洛纽这样的准奴隶，一头肮脏的、不道德的野兽，他的心灵必然是不完整的，从他嘴里说出来的话必定是愚蠢的——要是你不明白这些事实已经人人皆知，一清二楚，你肯定不会承担这样的耻辱，允许这样一个人逃脱而不受你的严辞谴责，这样一名同伙的忠诚没有高尚的意义，会使你忽视自己被打倒的危险。

普伯里乌·斯坎狄留，一位你们大家都熟悉的罗马骑士，后来又向这位阿普洛纽发起了挑战，情况和鲁伯里乌一样。他坚持起诉阿普洛纽，拒绝和解。起诉被接受了，保证金是 50 个罗马大银币。斯坎狄留开始申请审理案子的法庭或法官。

【59】你们会同意，当时的情况就像一张密集的渔网撒在一个不诚实的总督头上。在他自己的行省里，他理应出席审判，要么亲自坐在法官席上，要么允许组成一个法庭，但这样做就会使导致他自己毁灭的事情当着他的面受审，要么认为没有法庭可以审判他，判他有罪。阿普洛纽受到的指控是否认他曾经说过你是他征收"什一税"的同伙。你是西西里的总督，你当时在那里，有人向你申请审理这个案子的法庭。而你干了些什么？你做了什么决定？你回答说你会任命法官。很好，尽管我们可以发现法官有足够的支持，能够当着行省总督的面做出一个不仅与他的愿望而且与他的利益相敌对的判决，但这一点我们就不说了。事实很清楚。不会有人清楚地说出听到过这样的话。但最重要的、最可信的人会证明它。整个西西里无人不晓"什一税"的利润在总督手里，他们听到阿普洛纽讲了一遍又一遍。叙拉古是一大批高尚、可敬的罗马骑士的大本营，应当从他们中间挑选法庭成员，否则就不可能做出其他裁决。斯坎狄留敦促任命法庭的请求，而威尔瑞斯——这名急于摆脱谣言、洗刷自己的名字的无辜者——说他会从他自己的随员中挑选。

【60】我以一切正义和神圣事物的名义起誓，我正在指控的这个人具有什么样的品性，乃至于我要设法证明自己是一个热忱的、精力充沛的指控人？用什么样的语言或方法，我才能取得或确保这一结果？我们看到他深深地插手罗马的税收和西西里行省的粮食；我说了，我们看到这名盗贼在我们眼皮底下盗走了所有粮食和大量金钱；我再重复一下，我们看得一清二楚，他无力否认。而在这里，他会说些什么？——有人指控你的代理人阿普洛纽，说他曾经说你是他征收"什一税"的同伙，这个指控把你吓得要死，于是要他反驳这样的说法。公众渴望看到这项指控会给你带来什么样的麻烦，你会采用什么样的步骤来澄清自己，以便在世人眼中建立你清白无辜的形象。在这种时候，你还会任命你的医生、占卜师或传令官审理案件吗？甚至

对帕皮留斯·波塔漠这样恪守古代传统的骑士，你也要派你的随员担任法官处理如此重要的案子吗？后来斯坎狄留要求有一个由当地罗马公民组成的法庭，而威尔瑞斯说事关自己的名声，他不相信任何人，只相信他自己的随员做出的判决。生意人会拒绝让那些与他们的生意有关、对他们持有偏见的本地公民担任法官，而这位总督拒绝他的行省里的所有人担任法官，怕他们对他怀有偏见！决不会有比这更加厚颜无耻的事情了。他请求在罗马被宣判无罪，而他在自己的行省里已经不可能被判无罪。他认为贿赂元老院的优秀议员比恐吓这些商人要容易！好吧，后来斯坎狄留宣布他不再说话，直到法庭由像阿特米多罗这样的人组成。与此同时，他向你提出了最仁慈和最自由的选择，只要你能接受。要是你认为整个西西里行省都找不到适宜的人审判这个案子，你或其他人都不合适，那么他要求你把这个案子送到罗马去审理。要是你喜欢，你可以对他的不公正大喊大叫，因为他要把一个涉及你的名誉的案子送到一个你很不受欢迎的地方去审理，他很清楚这一点。后来你说了，你一定要让自己的随员当法官，不会把这个案子送到罗马去，也不会从该地区的罗马公民中选择法官。斯坎狄留说，那么他就完全放弃这个案子，到适当时候再提出起诉。你对此做了什么回答？你当时做了什么？你强迫斯坎狄留做了什么？承认这个案子已经解决了吗？不，不是这样的。这样的话会使期待审判你的公众感到失望吗？你做了什么？允许阿普洛纽按他的爱好选择你的一些随员来审理案子吗？不，不是这样的。允许诉讼的一方从那些对另一方有偏见的人中间选择法庭成员，而不是允许诉讼双方都有这样做的权利，让另一方也这样做，那是不公正的。你既没有这样做，也没有那样做。那么你做了什么？还有什么不那么可耻的办法在等着你吗？有。他当时强迫斯坎狄留付给阿普洛纽 50 个罗马大银币。

你们能够想象一位想要获得好名声的总督会有更加文雅的行为吗？他想要排除他人对他的一切怀疑，挽救他自己的名誉，不至于名声扫地。

【61】他使自己成为臭名昭著的、可耻的、该受谴责的。那个肮脏的无赖阿普洛纽曾经断言总督是他的同伙。事情的真相在公开审判中已经得到证

明。有人把惩罚阿普洛纽的机会提供给正直的、无可指责的威尔瑞斯，借此他可以使自己的名誉不受损失。可是，他对阿普洛纽做了什么惩罚？这个独特无耻的恶棍断言他和威尔瑞斯有邪恶的同伙关系，而他则强迫斯坎狄留付给阿普洛纽50个罗马大银币，作为损失或补偿给予回报。你这个无耻的家伙！你自己承认阿普洛纽说的话和让他重复过去说过的话，二者之间有什么区别？如果你们还有羞耻感——不，假如你们还有危机感——那么你们决不应当允许这个人逃脱惩罚，你们决不会允许他离开，直到实现你们的目标！

先生们，我已经说了斯坎狄留的遭遇，事情本身足以向你们说明一切。首先，它告诉你们这种有关征收"什一税"的同伙的指控不是在罗马提出来的。它也不是由指控者虚构的。它不是——按议员们有时用来自我辩解的话来说——空穴来风。它不是东拼西凑拿来给威尔瑞斯定罪的东西。这项指控来历已久，威尔瑞斯在任期间就已经到处流传。它不是由他的私敌在罗马提出来的，而是从他的行省带到罗马来的。这件事同时也告诉你们威尔瑞斯如何关照阿普洛纽，阿普洛纽不仅承认这种关照，而且公开吹嘘。它也把这样一个事实告诉你们：威尔瑞斯确实感到任何法庭判决都会影响他的名誉，除了他自己的随员，没有任何人能够保证他在他的行省里能有脱身的机会。

【62】这个法庭的成员有谁还不相信这个关于"什一税"的指控的开头部分——威尔瑞斯用暴力掠夺农民的财产和生计？还有谁不能马上得出我所说的结论？他按照一部新法律出售"什一税"，或者倒不如说，他出售"什一税"违反了以往的习惯和以往所有总督的法令。不，且不说我以前在法庭上与这样的人打过交道，看到他所犯下的巨大过失，他所下达的无耻的命令，他所主持的不公正的审讯，你们中间有谁还不能确认这样的结论？我们甚至可以假定你们中间的这个人担任法官极为懒惰，他的法令是极为可耻的，然而他的责任就是执行他的国家的法律，执行他的国家的朋友和同盟者的法律。那又怎样？一旦知道威尔瑞斯所获得的巨大利润，那些可耻的协议是在武力威胁下达成的，农民要缴纳大量好处费，他们害怕鞭打或被处死，这些城市不仅被迫要向阿普洛纽缴税，而且还要向和他一样的神庙奴隶

缴税，他还能对威尔瑞斯有罪表示怀疑吗？即使我们的同盟者碰上的各种麻烦，那些农民的毁灭、逃跑、放逐、自杀还没能打动你们中间某些人的心，但在了解了各座城市送来的证据和麦特鲁斯写的信，说了西西里的农场如何荒芜的实情以后，我仍旧无法怀疑你们会认为威尔瑞斯不可能逃脱最严厉的惩罚。仍旧会有人假装不知道这些事实吗？我请你们注意：关于威尔瑞斯是征收"什一税"的同谋者的指控是当着他的面提出来的，而他本人阻挠调查，所以，还会有要求我提供更加清晰的证据吗？

先生们，我不怀疑你们会对从我这里听到的内容感到满意。无论如何，我会继续下去。不，相信我，我这样做是为了增加事实的确定性，我相当肯定对这种确定性你们已经感觉到了，为了使威尔瑞斯能够最终放弃他的鲁莽伎俩，能够最终停止他能买到自己始终认为能够买到的东西的妄想——荣誉、诚实、对誓言的尊重、对人和神的责任，为了使他的朋友最终停止说那些会给我们所有人①带来伤害、耻辱、坏名声、丢脸的话。至于他的朋友，想想这些人吧！少数卑劣的元老院议员的错误行为损害了整个等级，使他丢脸和丧失民心！艾米留斯·阿尔巴坐在通往市集广场的入口处，公开议论威尔瑞斯那天如何打赢了官司——他如何带着自己的法官，向一个人支付 4,000 个罗马大银币，向另外一个人支付 5,000 个罗马大银币，最少的是 3,000 个罗马大银币！有人说事情不可能就这样了结，还有许多证人将出庭作证，还有我要作为指控人起诉他，在这个时候，他说："我的天哪，他们爱怎么说就怎么说，我们该做的都已经做了，事实很清楚，我们无话可说，我们赢了。"很好，阿尔巴，我要用你的话来对付你。你相信在我们的法庭上没有人会受到推论和不确定的证据的影响而发生动摇，也不会有人受那些确凿的证据的影响，不会有人受那些负责任的公民团体提供的书面证词的影响，你坚持清楚明白的事实。好吧，我不要求有像卡西乌斯家族那样严谨的法官，也不寻求古时候那样严格的审讯，也不祈求这个法庭的成员会给审判

---

① 指整个元老院议员等级，涉及他们的司法功能。

带来他们的诚实、严肃、庄严的责任感。不，我要让阿尔巴当法官，他以追求粗野的机智为目标，他说话总是很机智，但比野兽还要粗野。但我要引证的只是一个与"什一税"相关的事实，阿尔巴本人也承认威尔瑞斯公开抢劫了我们的粮食供应和农民的财产。

【63】你对我们说，你以高价出售了林地尼地区的"什一税"。而我从一开始就已经说明，仅仅是名义上的高价出售不能被认为是真正的高价；事实上，由于他制定的条件和规定，以及征税者的不法，使得农民剩下的粮食还不如他们缴纳的粮食那么多。我还进一步说明其他总督曾经以高价出售过林地尼地区和其他地区的"什一税"，他们按照希厄洛法出售，价格比你的价格还要高，而农民们对此并没有什么埋怨。实际上农民们也无从抱怨，因为征税是按照公平的法律进行的，"什一税"售价再高对农民来说没有什么区别。并非"什一税"售价高了农民就要多缴纳，售价低了农民就会少缴纳。"什一税"的售价与收成相应，粮食丰收了对农民有益，而"什一税"也能以最高的价格出售。然而，从我收集到的情况看，你的办法是请求以高价出售这项"什一税"，而出售其他地区的"什一税"时的定价则与具体收成相关，最后你以21.6万升小麦的价格出售了物产最丰富的林地尼地区的"什一税"。要是我证明你本来可以按更高的价格出售，但你拒绝把售价抬到由那些反对阿普洛纽的人提出来的价格，并以很低的价格把征税权交给了阿普洛纽，那么阿尔巴本人，你最老的朋友，确实也是你最老的情人，就能投票判你无罪吗？

【64】我断定昆图斯・米诺西乌，一位罗马骑士和地位很高的人，与他自己那个阶层的其他人一道，准备缴纳的该地区"什一税"超过售价，超过的部分不是1,000升，也不是2,000升，也不是3,000升，而是3万升，这仅仅是一个地区的"什一税"的情况；他没有得到购买"什一税"的许可，因为阿普洛纽购买"什一税"的权利不能剥夺。你不可能否认这一点，除非你下定决心否定一切。这件事在叙拉古的一次公开集会上完成。整个行省事实上都是证人，因为行省各个部分的人按照惯例来到叙拉古参加"什一税"

的出售。你要么现在就承认，要么以后再承认——你难道看不出反对你的证据事实确凿，铁证如山吗？首先，这是你的事，抢来的东西归你。如果不是，那么你为什么不将林地尼的"什一税"出售给米诺西乌，而出售给阿普洛纽？每个人都说他是你的"什一税"买卖代理人，替你处理这项生意。其次，已经证明所获利润巨大，即使3万升小麦对你没有吸引力，米诺西乌无疑也会乐意向阿普洛纽支付同样数量的小麦作为红利，要是阿普洛纽愿意接受。因此我们可以明白这个人的眼前闪现着什么样的抢劫的希望，使他可以轻视如此巨大的一笔无需勒索就能得到的红利。再次，如果你按照希厄洛法的规定出售"什一税"，那么米诺西乌本人肯定不愿意在缴纳"什一税"时缴纳那么多小麦；他之所以愿意这样做乃是因为他看到你的邪恶的法令和新规定使他能够比原先缴纳收成的十分之一更加有利可图。阿普洛纽总是被允许获得好处，甚至超过你的法规的允许。因此我们可以想象这个人获得利润的数量不受任何限制，而其他人要是购买了"什一税"则不可能得到相同的许可获得如此大量的红利。最后，你出售"什一税"的请求中所说的理由——为了增进罗马人的利益而以高价出售"什一税"、采取步骤使粮食丰收——无法掩饰你所有的盗窃和无赖行为，但你自己总是认为可以掩盖。一个无法否认以3万升小麦的低价出售了一个地区的"什一税"的人是无法这样说的。所以，即使我承认你的看法——你没有把"什一税"出售给米诺西乌，因为你已经把它卖给阿普洛纽了（有人说这是你说过的话，我衷心希望你能对此做出辩护）——当你承认还有一个人打算支付更高的价钱时，你仍旧不能声称自己以高价出售了"什一税"，并以此为一项光荣的成就。

【65】好了，先生们，这个人的贪婪、邪恶和不知羞耻已经得到了证明，已经得到了准确无误的证明。现在，要是我的证据都是他的朋友和支持者的看法，你们还想要得到什么样的证据呢？在卢西乌斯·麦特鲁斯作为总督到达西西里的时候，威尔瑞斯通过大量贿赂而把麦特鲁斯的所有随员都变成了他自己的朋友。有人向阿普洛纽发出一张传唤单，要在总督面前起诉他。这张传唤单是一位地位很高的元老院议员盖乌斯·伽卢斯发出的，他按照这

位总督本人的法令向麦特鲁斯提出起诉阿普洛纽的请求，指控他"用暴力或恐吓抢劫"。这种诉讼形式由屋大维①所创，麦特鲁斯在罗马时②接受这种做法，在西西里也认为这样的起诉有效。但是麦特鲁斯以被告不愿意为理由拒绝审判阿普洛纽，并且宣布要进一步审理那些反对威尔瑞斯的主要指控。他的所有随员都通过支持阿普洛纽来表示他们的感谢，而盖乌斯·伽卢斯，一位像你们一样的元老院议员则因他的请求遭到拒绝而离去，尽管他和麦特鲁斯很熟悉，这样的审判是按照总督的法令批准的。我不责备麦特鲁斯，他对他的这个朋友已经尽了力；我确实听他说过，这个人是他的亲密朋友。我再重复一遍，我不责备麦特鲁斯，但使我感到惊讶的是，当他拒绝让那个法庭对威尔瑞斯做出进一步判决的时候，他本人又怎么能够做出进一步的判决，不，做出最有分量的最终判决？因为，第一，如果他认为阿普洛纽应当被宣判无罪，而每个人都认为威尔瑞斯的命运取决于此，那么麦特鲁斯无论如何已经确定阿普洛纽的认罪也就是对威尔瑞斯的进一步审判，他确实宣布这两个人的命运被捆在一起了。与此同时，当我们发现麦特鲁斯确定阿普洛纽的认罪必然会导致对威尔瑞斯罪行的谴责时，这一事实也就证明了其他两项事实：农民们被迫或受到恐吓而向阿普洛纽缴纳的粮食远远超过他们应当缴纳的数额；阿普洛纽名义上独立行事，而实际上是在为威尔瑞斯做事。

【66】现在我要提到威尔瑞斯的一名侍从、自由民提玛基德写的信，借此完成我有关"什一税"的指控。先生们，在我们去叙拉古搜寻书面证据的过程中，我们在阿普洛纽的住处发现了这封信。信中的内容表明它是提玛基德所写，时间是在威尔瑞斯离开他的行省的途中。请大声宣读一下。[庭吏宣读了信件："威尔瑞斯的侍从提玛基德，问候……"]我并不反对他称自己为"侍从"。但随员们为什么要假装拥有这种特权，在书信的开头写上"随员卢西乌斯·帕皮留斯"？我会让他们和侍从、警员、传令员共同拥有这种

---

① 可能是公元前 75 年的罗马执政官。
② 公元前 71 年担任执法官的时候。

权利。"请尽力保护总督的名誉。"他代表威尔瑞斯要求阿普洛纽这样做，吩咐他努力反击威尔瑞斯的敌人。所以很好，要是努力工作、受人尊敬的阿普洛纽这样做的话，那么你的名誉确实得到了维护。"你品性良好、口才出众。"提玛基德对阿普洛纽的赞扬多么充分，给人深刻印象！我想，对于提玛基德给予如此热情赞扬的人，又有谁会不满意？"你有钱可以用于这些开支。"当然了，你从粮食生意中为你的主人所获取的额外利润都应当归功于你的代理。"设法寻找新的随员和助手。卢西乌斯·伏泰乌斯能做许多事，与他合作，和他们一起推进你最艰难的工作。"提玛基德甚至在给阿普洛纽传授干坏事的经验，我们从中可以看到提玛基德这个无赖所拥有的自信。看一看这些话："与他合作，和他们一起推进你最艰难的工作。"我们看到他还用了他从前的主人的一种表达法，适用于一切类型的邪恶。"我希望，老伙计，你能相信你的小兄弟。"是的，提到挣钱和盗窃，他是他父亲的儿子，提到不道德、无赖、厚颜无耻，他是阿普洛纽的双胞胎和复制品。

【67】"随员们 ① 会对你忠心耿耿。"你这样说是什么意思？教你的老祖母！由于你给阿普洛纽指了这条道，或者按照他自己的理解，阿普洛纽就会去找威尔瑞斯的随员吗？"让每个人都拥有必需的一切。"想象一下这个人大权在握时的无耻，而在被放逐的时候仍旧这样无法无天。他说，一切事情都能用金钱摆平，你必须给钱，如果你想赢就必须花钱。使我困惑的不是提玛基德敦促阿普洛纽要这样做，而是他敦促他的老主人也要这样做。②"每一个来找你商谈这件事的人。"是的，在威尔瑞斯当总督的时候，但不是在萨凯多斯和佩都凯乌当总督，或者现在麦特鲁斯本人当总督的时候。"如你所知，麦特鲁斯是个聪明人。"这样说确实令人无法容忍。像麦特鲁斯这样的大人物的能力竟然遭到像提玛基德这样的流氓的嘲笑和愚弄。"找伏泰乌斯来帮忙，你会发现整件事情是小菜一碟。"提玛基德在这里确实搞错了，他

---

① 指麦特鲁斯的随员。

② 即贿赂当前这个法庭的成员。

以为伏泰乌斯会接受贿赂，麦特鲁斯的统治会受任何人的控制。但是他的错误是从他自己的经验中得出来的推论。他看到许多人认为搞定威尔瑞斯是小菜一碟，直接地或者通过其他人，因此就相信可以用相同的方法对付所有总督。你们这些无赖为什么会认为从威尔瑞斯那里获得你们想要的东西是小菜一碟？因为你们非常熟悉这些小家伙的把戏。"麦特鲁斯和伏泰乌斯已经给他们留下了印象，是你毁灭了农民。"当阿普洛纽在毁灭这个或那个农民时，有谁曾经为此责备过他？或者说，当提玛基德通过贿赂确保某项法令或判决，或者使某个人颁布法令，或者使某些人得到原谅时，有谁责备过提玛基德？或者说，当侍从官塞克提乌斯砍下这个或那个无辜者的脑袋时，有谁责备过他？没有，每个人责备的都是他们现在希望看到判他有罪的这个人。"你是总督的同伙，这话已经传到了他的耳朵里。"威尔瑞斯，现在你可以看到事实有多么明显，甚至连提玛基德也害怕这一点？你会承认这项指控不是我们的虚构，而是一个与你的自由民有来往的人在过去几个月里试图为之找到辩护的指控吗？你的自由民和侍从，一个与你和你的子女有着最紧密联系的人，在他写给阿普洛纽的信中认为，你在"什一税"的生意中与阿普洛纽是同伙，这一事实反复引起所有人的注意。"让他明白这些农民是一群无赖。他们将为此而付出代价。"以神的名义起誓，我们该如何看待这种对农民的刻骨仇恨，什么事情激起了这种仇恨？农民们对威尔瑞斯干了什么错事，甚至连他的这个自由民和侍从也会产生这种感觉，竟写下这么多对农民表示愤怒的话？

【68】先生们，我把这封流氓的信读给你们听，这样做的唯一目的就是让你们知道这帮匪徒的规矩、原则和方法。你们看到他在指点阿普洛纽必须用哪些方法，必须给谁送礼，以便赢得麦特鲁斯的青睐，应当如何引诱伏泰乌斯，贿赂随员和侍从，使他们顺从。他的教导建立在经验的基础上；他正在用他在家里学到的智慧指点一个外行。但他犯了一个错误，以为这条路对任何人都有效。我有很好的理由对麦特鲁斯表示愤怒，但我无论如何要诚实地这样说。就麦特鲁斯本人而言，阿普洛纽不能像引诱威尔瑞斯一样用金

钱、宴会、女人、肮脏的谈话来引诱他，而用这些方法，阿普洛纽不仅悄悄地、不知不觉地影响了威尔瑞斯的情感，而且很快就完全支配了他，既作为一个人，也作为一名总督。就他提到的麦特鲁斯的随员而言，他们中间没有一个人被指定参加对农民的审判，这种时候他为什么试图诱惑他们？当他说麦特鲁斯有一个小儿子时，他犯了一个很大的错误，因为并非总督们的所有儿子都会接受诱惑。我亲爱的提玛基德，麦特鲁斯身边的儿子不是一个小孩，而是一位正直而又谦虚的年轻人，配得上他的等级和名字；而你们在西西里的那个年轻人[①]的行为，要是我认为受谴责的应当是这个年轻人而不是他的父亲，那么我甚至不会提到他。威尔瑞斯，你知道自己过着一种什么样的生活，怎么能够把一个小儿子带去西西里？因为他已经不再是个孩子了，所以，即使他的天性倾向于抵制他父亲的恶行，使他不像他的家里人，但是他接受的习惯和训练无论如何也不能使他保持本性。假定他的本性和气质可以使他自己成为莱利乌斯，或成为加图，但一个孩子生活在他父亲的放荡生活之中，从来就没有见过体面的、庄重的宴会，在他少年时代的三年中，每天就在一群淫荡的女人和醉醺醺的男人之间度过，从来没有听到他的父亲对他说过什么能使他比较谦虚或具有更多美德的话，或者做过任何使他能够模仿的事，使他能够不被其他人视为他父亲的儿子，一个愚蠢的可耻的人，那么我们还能对他抱有什么样的希望，或者他还能成为一个什么样的人？

【69】威尔瑞斯，你以这种方式对待你的儿子，不仅害了他，而且害了你的国家。因为生儿育女不仅是为了自己，而且是为了国家；子女不仅是你个人的快乐，而且也要在恰当的时候为你的国家提供良好的服务。按照我们的祖先和国家的生活传统，而不是用你堕落可耻的方式教育和指导他们，这是你的责任。如果你的儿子在他父亲的愚蠢、虚伪、肮脏的生活环境中成长，但仍旧能够积极、诚实和体面，那么你至少为国家尽到了某些责任。但事实上，你只是为这个国家提供了另一个能接替你的威尔瑞斯；甚至有可能

---

① 指威尔瑞斯之子。

的话，提供一个更坏的威尔瑞斯，就好像你自己不是在接受了一名淫棍，而是在接受了一名盗贼和行贿者的训练和教育之后发生的转变一样。如果他生来就是你的儿子，是你训练出来的学生，是你的品性的模仿者，那么我们还能希望看到一个令人高兴的年轻人吗？先生们，我本人非常愿意使这个孩子变成一名非常坚强和诚实的人；我不会受到他和我之间可能会有的敌意的干扰。因为，要是我今后仍旧像过去一样保持正直，那么他的敌意又能给我带来什么伤害呢？但若我以这样或那样的方式变成和威尔瑞斯一样的人，那么我会发现我的敌人，就像威尔瑞斯发现他的敌人一样确定。先生们，事实上，如果我们的法庭尽到了它的责任，那么我们国家的生活应当是这样的：人们对有罪者必然会产生个人的敌意，但对清白无辜者无害。因此我没有理由不应当希望这个年轻人没有他父亲那样可耻和邪恶；这对他来说非常艰难，但并非不可能，尤其是如果他的朋友给他指定的监护人就像现在这样不停地监视他，使他完全摆脱他父亲那样的恶行。

但是说这些话，我已经偏离了主题，在读提玛基德的信的时候，我说过要以此结束我的指控中涉及"什一税"的部分。我现在要说的则是表明，在这三年中，这个国家受到了欺骗，农民遭受抢劫，大量粮食被抢走，几乎无法计算。

【70】先生们，我下面要做的事情是把和征购粮食有关的巨大的、野蛮的盗窃行为摆放在你们面前。当我陈述一些确实重要的相关事实时，我请你们集中精力。

按照元老院的法令，以及按照特伦提乌斯和卡西乌斯那一年的粮食法的条款规定，在西西里征购粮食是威尔瑞斯的责任。有两种征购方法：第一种是按照"什一税"的方式征购；第二种是额外的购买，在各个社团之间公平地分配征购额。① 前者征购的数量与最初的"什一税"相同，后者——求购的粮食——是每年 80 万升小麦。价格定为，按"什一税"征收的粮食每升

① 西西里所有生产粮食的地方，而不仅仅是那些要缴纳"什一税"的地方。

小麦 3 个罗马小银币，求购的小麦每升 3 个半罗马小银币。因此威尔瑞斯每年得到 2.8 万个罗马大银币购粮款支付求购的粮食，每年得到大约 9 万个罗马大银币支付第二次"什一税"。因此，在这三年中，国家拨给威尔瑞斯的西西里粮食征购款接近 12 万个罗马大银币。

这么一大笔钱，由空虚、拮据的国库拨付给你，让你去征购粮食——生存的首要必需品——让你支付给西西里的农民，因为这个国家给他们强行添加了沉重的负担。而关于这笔钱，我可以断言，我能使我的听众相信你把它全部放进了自己的腰包，因为你以这样一种方式处理整件事，确实会使这个法庭最无偏见的成员也会相信我的说法。但是我没有忘记人们对我的托付。我没有忘记我为这个国家辩护的精神和目的。在和你打交道时，我不会滥用指控者的权力。我不会陷入幻想，也不希望别人相信幻想，因为我说了，除非我自己已经相信，否则我不会让别人相信。先生们，他盗窃公款的方法有三种。第一，他以百分之二十四的利息把钱借给钱庄，在需要的时候由钱庄把钱支付给农民；第二，有许多城市，他一分钱都没有付过；第三，在付钱给任何城市的时候，他都按照自己的意愿打了折扣，从来没有全额支付。

【71】我首先要问你一个问题。我们知道由于卡庇纳提乌给纳税的农民们写了信，因此他们投票同意向你表示感谢。但是，当支付购粮款的命令已经下达、公款已经从国库拨付给你的时候，这笔钱成了你放贷的本钱，给你带来百分之二十四的利息，这是真的吗？你无疑会否定这项指控，因为你要是承认这是真的，那么确实难以置信，相当危险。对我来说这也是一个证明起来非常麻烦的指控。我能提出什么样的证据？那些纳税的农民提供的证据吗？你很巧妙地蒙蔽他们，所以他们什么也不会说。提供他们的记录作证据吗？在投票确定"什一税"承包者时，这些记录已经被毁掉了。那么我该从哪里开始呢？我会因为缺乏证人和文件，因此放弃指控如此厚颜无耻的行为吗？先生们，不是这样的。我有证人。他是谁？他是一位最杰出的、最令人尊敬的骑士等级的人，普伯里乌·威提乌斯·基洛，他对威尔瑞斯如此友好，关系非常亲密，所以即使他不是一个诚实的人，我们也应当重视他所说

的反对威尔瑞斯的话，而若他是一个诚实的人，那么即使他对威尔瑞斯抱有最深刻的敌意，我们也必须相信他提供的证据。我明白，我们的朋友会对威提乌斯说的话感到惊讶，不太明白他所说的意思。而在这种场合，他什么也不会说，也没有什么话能与他自己的目的相吻合，尽管他确实会说一些礼节性的话。威提乌斯是一个钱庄的经理，代征牧场税和其他六种税，他在西西里给卡庇纳提乌写了一封信，我从卡庇纳提乌在叙拉古的家中，在他家的信袋里发现了这封信，另一位经理卢西乌斯·图里乌斯——威尔瑞斯，他是你的亲密朋友——在罗马的家中有一份抄件。我请求法庭注意：这封信揭发了我们这位高利贷者的无耻行为。[这封信宣读了。署名的是钱庄的经理威提乌斯、塞维留斯、安提司提乌。]威提乌斯说，他在你到达以后会及时核对你向国库提交的账目，以便让你向钱庄退还你作为利息收到的那笔钱，除非你的账目表明这笔钱已经上交国库。这个人的证据、像塞维留斯、安提司提乌这样一些可敬的经理们的签字、我引用的这家钱庄的记录，这些证据足以证明我的陈述。我还有必要去寻找其他更有说服力的证据吗？

【72】威提乌斯是你特别亲密的朋友，是你的亲戚，你娶了他的姐姐，他是你的小舅子，他的兄弟还是你自己的财务官。威提乌斯的信证明你确实犯有这种无耻的盗窃或盗用公款的行为——对于这种挪用公款为自己谋利的行为我们还能有其他什么名称？他告诉我们，你的这笔贷款是由你的随员经手的；他们信中那些经理威胁你的随员和你本人——事情就这样发生了，两位经理，威提乌斯的同事，本身就是钱庄的职员。他们感到从他们那里拿走百分之二十四的利息是不可容忍的。他们这样想是公正的。因为其他又有哪位行政官员做过这种鲁莽的事，或者想这样做，或者认为有可能这样做？当元老院不断地帮助纳税的农民减税的时候，这里有一位行政官员通过拿走利息抢劫他们！要是这个法庭由纳税的农民组成，换言之，由罗马骑士组成，那么这个人肯定没有机会逃避惩罚。先生们，由你们来调查这个案子，他逃脱惩罚的机会更小，与涉及亲身利益的案子相比，你们更容易对其他人所犯的过失表示义愤。

对于这项指控你想如何回答？否认它的真实性吗？说你的行为是合法的吗？否认它的真实性——你能做到吗？你可以试试看，但只能遭到所有这些令人信服的文件和这些纳税农民所提供的所有证据的驳斥。你怎么能说你的行为是合法的呢？苍天在上，我已经没有必要证明你在担任行省总督时还用你自己的钱放高利贷，我刚才的证明已经足够了。这是公款，是用来购买粮食的，是从纳税的农民那里征收来的，再加上已经有的利息。① 你怎么能够使任何人都相信你贷出去的公款是合法的？不用说别人了，你本人都从来没有做过比这更加无耻、更不诚实的事情；先生们，我向你们保证，我下面要说到的行为——他从许多城市征收粮食根本不付钱，所有人都会认为这是同类行为，——甚至连这样的行为，我也不敢说会比你用公款放贷更加可耻。征收粮食不付钱也许更有利可图，但肯定不如用公款放贷更可耻。现在，关于借贷我们已经说够了，要是你们允许的话，下面我要详细叙说他以其他方式搞钱的事。

【73】先生们，西西里有许多著名的城市，其中首屈一指的要算哈莱萨，因为你们会发现，没有城市比她尽的义务更多，她的资源非常丰富，她的看法当然也更值得尊重。威尔瑞斯下令要这座城市每年提供 6 万升小麦，要她按照西西里小麦的市价缴纳可购 6 万升小麦的钱。② 当我第一次听到这一消息时，我感到十分震惊。当地一位极为能干、贤明、有影响的公民埃涅阿斯在哈莱萨城市议会的一次集会上受议会的委托，向我和我的堂弟③表达这座城市的谢意，并且向我们提供了与这场审判有关的信息。埃涅阿斯告诉我，威尔瑞斯的常用办法如下：以征收"什一税"为借口，让农民把所有粮食都运到他能集中处理的地方，然后他会让一些城市缴纳现钱，但不把已经缴纳的粮食退还，而是从这些缴纳的粮食中向罗马运送他必须缴纳的部分。我索取了这座城市的账本，检查了相关记录。我发现接到缴纳 6 万升小麦命令的

---

① 指从国库拨付给钱庄再到支付给农民，在此期间钱庄用这笔钱获利。

② 即按照每升 3 个半罗马小银币的价格缴纳。

③ 西塞罗的堂弟与西塞罗一道赴西西里收集证据。

哈莱萨并没有交一粒粮食，但向伏凯提乌、提玛基德和威尔瑞斯的其他随员交了钱。先生们，瞧这种奇异的盗窃方式。一位负有征购粮食职责的总督却在出售粮食，他的责任是把钱付给各个城市，但他却在收钱。我感到把这种极端邪恶的行为仅仅称做盗窃是不够的，这种方法不是把征购来的粮食送往罗马，而是把他自己收缴的粮食送往罗马，然后给这些粮食定价，使之与征粮款相当，进而把罗马国家付给他的购粮款据为己有。

【74】如果我采取逐步揭露威尔瑞斯的盗窃罪行的做法，那么你们会让我走多远，使他无法再做任何辩护？你拒绝把西西里人缴纳的粮食送往罗马，为什么？你送往罗马的粮食是什么样的？你在西西里有私人土地可以为你提供不同质量的粮食吗？当元老院颁布法令、公民大会投票同意购买西西里的粮食时，大家都清楚要送往罗马的粮食是西西里产的，而当你拒绝接受西西里生产的粮食时，我想你这样做的意思不会是要从埃及或者叙利亚运送粮食去罗马。你拒绝接受哈莱萨、塞发洛迪、阿美特拉图、廷达里斯、荷庇塔，以及其他许多地方生产的粮食。我可以问一下这些地方的土地发生了什么事吗？当你是总督的时候，这些地方在历史上第一次生产出质量不符合你和你的民族的要求的粮食，尽管当时在同样的土地上已经有一些同一年生产的粮食作为"什一税"运往罗马。为什么作为"什一税"缴纳的粮食就是合格的，而从同一个粮仓里征购的粮食就是不合格的？你拒绝接收某些粮食显然是你为了勒索金钱而做出的发明。

好吧，你拒绝接收哈莱萨的粮食，但还有其他一些地方生产的粮食你可以接收。购买你满意的粮食吧，那些被你拒绝接收的粮食就算了。哦，不对，根本不是那么回事。你从这些粮食被你拒绝的人那里勒索了一大笔钱，足以买到你下令要他们提供的粮食。我明白了，从哈莱萨这座城市的公共记载中，征购一斗小麦他们要付给你 15 个罗马小银币。我证明，根据当地最富裕的农民的账本，当时没有人在西西里能以这么高的价格出售小麦。

【75】我们在这里碰上的是什么样的伎俩，或者什么样的疯狂？罗马元老院和人民说他们要在那里购买粮食，但你拒绝接受那里生产的粮食，而那

里生产的粮食中的一部分你已经作为"什一税"征收了，然后在国库已经把购粮款支付给你的时候，你向这些城市勒索购买征购粮食的钱。难道特伦提乌斯的法律要求你用西西里人的钱购买粮食，而不是用罗马人的钱购买粮食吗？先生们，你们明白所有来自国库的钱都必须用来支付购买的粮食，但都进了这个人的腰包。因为你每征购 1 斗小麦就得到 15 个罗马小银币，这是当地的小麦价格，而你还从国库得到 21 个罗马小银币，这是法律规定的要支付给西西里人的。你这样做，拒收当地的小麦，和收下当地的小麦但拒不支付购粮款，把购粮款都留下，又有什么区别呢？法律规定的征购粮食的价格在其他任何时候都要让西西里人满意，而你是他们的总督，必须让他们感到高兴，法定的价格是 1 升小麦 3 个半罗马小银币，而实际上，当你是总督时，你花了 2 个小银币就买到 1 升小麦，这是你在写给你的一些朋友的信中吹嘘的。不管怎么样，让我们说你从这些城市征收小麦的实际价格是 2 个半小银币 1 升。要是你按照罗马国家的要求把购粮款付给西西里人，那么农民们会很高兴，然而，你不仅没有让他们得到他们应得的购粮款，而且实际上还让他们支付了他们不应当支付的金钱。先生们，你们应当从这些城市送呈的记录和证据中知道这样的事情确实发生了，不是虚构，也没有按照我的目的做过调整。我告诉你们的一切都在这些城市的记载中，没有任何篡改、重排或突然的添加，而是非常清晰和明白，所有事实都以恰当的秩序排列。请读给我们听。[哈莱萨的记载宣读了。]它说把钱付给谁了？请你再大声一点。"钱付给了伏凯提乌、提玛基德、麦维乌斯。"

【76】现在，维尔瑞斯，与此事有关的那些商人负责检查粮食的质量、安排这些城市交钱、从你那里拿钱支付给这些城市，而后来他们为了自己的目的拿这笔钱购买了粮食，而你否定他们的陈述，说自己与这些行为没有关系。在我看来，一位总督提出这样的说法实在是太虚弱了。"我从来没有处理过这些粮食，甚至都没有亲眼见过，我批准这些商人去检查它的质量，向这些城市征粮，我已经把必须付给这些城市的钱付给这些商人了。"这样的辩解是虚弱的，不，用这样的理由来解释巨大的错误行为是毫无希望的。它

里面蕴含着承认不公正和懒惰，而不是针对指控做出的辩护。然而，要是你愿意，你可以不用这个很糟糕的辩解。最讨你欢心的伏凯提乌要你不要提起"商人"；你的家务的支柱提玛基德否认你的辩解，而哈莱萨人的钱就是付给他和伏凯提乌的；确实，你的这些戴着金戒指处理这些事情的随员不让你采取这样一条辩护路线。所以剩下来你只能承认自己把用西西里人的钱购买的粮食送往罗马，而征购粮食的公款进了你的腰包，是吗？

这些毫无原则和羞耻感的人，在逃脱了惩罚而感到自由自在的时候，他们会有多么快乐！这不是第一次发现威尔瑞斯抢劫这个国家，尽管现在是第一次证明他有罪。我们已经看到他担任财务官的时候，国库拨钱给他供给执政官的军队，但几个月后，军队和执政官的这笔钱消失得无影无踪。还有，在担任财务官的时候——这一次是他继承下来的——他从多拉贝拉那里得到一大笔钱，由于多拉贝拉已经认罪，所以他也负有责任。而现在他作为一名总督，有这么大一笔钱托付给他，你们不难发现这个人通过精心策划，毫不犹豫地把这笔公款一口吞下去。做坏事的习惯遇上这样的机会，使他天生的邪恶得到极大的发展，乃至于无法约束自己的鲁莽行为。他的罪行终于真相大白，暴露无遗。我认为他的落网是天意，所以他能做的不仅是为他最近的行为，而且也要为他从前反对卡玻和多拉贝拉的罪行接受公正的惩罚。

【77】先生们，这一指控确实凸显了一样新的特殊事实，并由它最后确证了与"什一税"相关的先前的指控。即使我应当放弃大量农民没有粮食可以缴纳第二次"什一税"这个要点，因为他们需要出售80万升粮食给罗马国家，他们不得不向你的代理人购买，换句话说，向阿普洛纽购买——也足以清楚地表明你没有给这些农民留下任何粮食。即使我忽略有许多证人提供了清晰证据的这一事实，还有什么事实能比在这三年中西西里的所有粮食、缴纳"什一税"的所有土地里的收成都在你的谷仓里，都处在你的控制之下这一事实更加确定？当你向这些城市征收代替粮食的金钱时，你从哪里找粮食运往罗马，除非你把那里的粮食全都锁起来，由你自己保管着钥匙？就这样，你从这些粮食中得到的第一笔好处是你强迫农民缴纳的粮食中的一部

分，你从中获得的其他好处则是你以各种可耻的方式在这三年中获取的，你两次而不是一次出售同一批粮食，不是按一种而是两种价格出售，首先以每斗 15 个罗马小银币的价格卖给这些城市，然后再把粮食运往罗马，从每斗粮食中你骗到 21 个罗马小银币。

可以争论的是，你确实征购过坎图里帕、阿格里根图，还有其他一些地方的粮食，向这些社团付过钱。好吧，假定有一些城市属于这一类，你征购了那里的粮食，那又如何？这些城市得到了应得的钱了吗？你给我找出一个社团来，找出一个农民来，看是否有一个，在这个行省里，在你统治的这三年里，不希望你去死的；还有为你捐钱塑像的农民，我再重复一下，你给我找一个出来，说你已经把他应得的粮食款全部付清了。先生们，我要告诉你们，他们没有一个人会这样说。

【78】你还经常从你应当付给农民的购粮款中打折扣。第一种折扣是为了"检查和兑换银钱"，第二种折扣称做"成色不足"。所有这些名称并非真实发生的损耗，而是你野蛮抢劫的一部分。在使用一种银币的地方，有什么需要兑换的？至于"成色不足"，这样的名称怎么会和行政官员的记载和公款发生联系？另一方面，第三种折扣带着合理的面貌，好像是允许的，完全必要的。整个购粮款的五十分之二以"随员"的名目被扣除。谁给你这项权力？有什么法律依据或来自元老院的权威，还有，依据什么样的公正原则，让你的随员，无论是从农民那里，还是从罗马国家的税收中，拿走这些钱？如果扣除这部分钱能够不损害农民，那么这部分钱应当归国家，尤其是国库像现在一样空虚；如果国家认为这些钱应当付给农民，那么每星期由国家支付薪金为你工作的人应当去抢劫农民的财产吗？

霍腾修斯为这种制度辩护，旨在激起整个随员阶层对我的敌意，并说我正在危害这个阶层的利益和攻击它的权利，就好像随员们这样做有先例可循，或有权这样做似的。我不需要回溯到远古时代，也不需要谈到那些我们全都认为非常高尚的随员。先生们，我并非不清楚古代的先例现在听起来就像浪漫的虚构，所以我只限于谈论我们这个不幸的、堕落的时代。霍腾修斯，你几年前曾经是财务官，你最能告诉我们你的随员的表现。而我的随员表现如何我现在就告诉你们。同样也是在西西里行省，我有两名随员是非常诚实的人，卢西乌斯·玛米留斯和卢西乌斯·塞吉乌斯；当我向这些城市支付粮食征购款时，不仅没有威尔瑞斯这样的五十分之二的扣除，也没有在付给任何人的款项中打过任何折扣。

【79】先生们，要是这些人曾经请求我允许他们这样做，或者曾经有一刻想过要这样做，那么我就只能相信我自己了。确实，为什么要有折扣留下来给随员？为什么不给那些运送银钱的马夫、送信的信使、押送银钱的侍从、搬运空麻袋的苦力或神庙奴隶这样的折扣呢？这些随员在征粮中的工作并不那么劳累，不至于还要在他们的薪金之外给他们这么大一笔钱。你告诉我们："随员的职业有很高的地位。"有谁否定这一点？这与我们要讲的事情有什么关系？事实上，随员阶层有很高的地位，因为在他们身上寄托着公众的信任，还关系到我们的行政官员的名声。去找那些高尚的随员，找那些诚实而又有良好名声的家族的成员，问他们这五十分之二的折扣是什么意思。你很快就能发现他们全都把这种事情当做无耻的新发明。但请让我只涉及这样的随员。不要认为这些从当前的演出和观众的小费中挣够了钱的人会为他们自己购买这种职业的会员费，然后吹嘘自己已经从喧哗的戏院里的前排位置升到了公共服务中的第二等级。^① 面对摆在我们面前的指控，你和我都必须接受人们对随员这个阶层的抱怨，尽管事实上，我们发现这个阶层有许多人不合格，无论是他们的勤奋还是他们的品性，我们几乎不会感到奇怪，待在这种任何人只要付钱都可以得到的位置上有些人自己会感到丢脸。

【80】至于你，威尔瑞斯，当你承认你的随员在你的同意下拿走了1.3万个罗马大银币的公款时，你认为自己还有可能对此做出进一步的辩护吗？你还能假定有人会容忍这样的行为吗？甚至在你自己的支持者中，会有人

---

① 西塞罗在这里以演员比随员。剧场里的常客会向他特别喜欢的演员付小费，以保证他们自己喜欢的戏目能够上演，而新观众要付一大笔入场费成为某个观众团体的成员。

听到这样的事情而不感到气愤吗？在这个国家里，像杰出的前执政官盖乌斯·加图这样的人都要被定罪，要支付 80 个大银币的罚款，而你的官员们的助手却得到允许，在一个名目下就吞没了 1.3 万个大银币。

因此，你把金戒指公开奖励给你的那些随员，令整个西西里大吃一惊，也超过我最初的想象。确实，当敌人被打败，为罗马取得伟大胜利的时候，军队的统帅经常公开把金戒指赐给他们的随员。但是你获得了什么胜利，打败了什么敌人，使你竟敢召集一个公开的集会来颁奖？因为你不仅赐给你的随员金戒指，而且还赐给一些人珠宝、胸甲、项链。他们是：与你类型很不相同的，以勇敢、权势、富裕出名的昆图斯·鲁伯里乌、正直和令人尊敬的马库斯·考苏提乌、优秀、能干和得民心的马库斯·卡却西乌。把这些东西赐给三位罗马公民是什么意思？你还把其他一些东西赐给一些地位很高的西西里人，但他们热衷于对你起诉令你大为沮丧，这并不是你希望看到的，你自己说的话现在都成了他们提供的证据。什么样的战利品，什么样的胜利，什么样的抢劫为你提供了这些奖品？是因为，当你是西西里总督时，海盗乘着新造的快船袭来，放火烧毁了保卫行省安全的漂亮的舰队吗？是因为，当你是西西里总督时，叙拉古地方遭到了匪帮的焚烧和抢劫吗？是因为你的海军将领的鲜血洒在叙拉古的市集广场上吗？或者是因为那些海盗的快船驶进了叙拉古的海港吗？我无法为你的这种疯狂举动找到原因，除非你的目的就是为了让这个世界不要忘记你的恶行，更不要说不要原谅了。

你在一个有证人在场作证的公共集会上把金戒指赐给这名随员。你怎么能够无耻到这种地步？在这样的集会上，被授予金戒指的人是靠民众供养的，这些金戒指就是从他们和他们的子女手上捋下来的，他们供养了你的随员，你却把他们的捐款赐给你的随员！在颁奖的时候你讲了什么话？假定你沿用我们的将军们使用的传统仪式，"由于你在战斗和军事行动中的卓越表现……"而当你是西西里总督时从来没有这样说过这样的话。也许你说的是"由于你从来没有在任何愚蠢和肮脏的事情上遭到失败，参与了我的所有愚蠢的行动，当我是总督助理的时候，当我在罗马以及在西西里担任执法官的时候，为了表彰你的卓越表现，我现在把这枚金戒指颁给你，以资鼓励"，是吗？这也许是真话，因为那枚金戒指，作为你的礼物，并没有宣布你的随员是一个勇敢的人，只宣布了他是一个富裕的人。那枚戒指，由其他任何人授予，我们都会认为这是接受者勇敢的标志，而由你来授予，我们只会视为他的金钱的装饰。

【81】先生们，我已经说了"什一税"，说了征购粮，现在剩下来要说的是粮食的折算。这里头涉及大量的盗窃，听后足以使任何人的内心感到愤怒；之所以如此，不仅因为这项指控有许多清白无辜者提供的真实证据，而且还有罪人的不知羞耻地公开承认。按照元老院的法律和法令，威尔瑞斯有权得到一批粮食维持自己的生活，而元老院为这批粮食确定的价格是 1 升小麦 4 个小银币，1 升大麦 2 个小银币，他把他的大麦的定量换成了小麦的定量，然后要求农民按 1 升小麦 12 个小银币的价格折成银钱给他。霍腾修斯，我在这里不是指控他把粮食换成钱。你要是想这样回答是无用的：许多善良、正直的老实人也要多次给农民或社团缴纳供他们维持生活的粮食定价，不拿粮食而是拿钱。我知道通常的做法是什么，我知道怎么做是允许的，我在这里攻击的不是威尔瑞斯迄今为止与老实人相同的行为。我攻击的是：按照威尔瑞斯写给你的信，还有我们全体证人的证词和农民们的记录为证，威尔瑞斯从农民那里每升小麦要勒索 12 个小银币，而当地的价格 1 升小麦值 2 个小银币，或者顶多值 3 个小银币。

【82】这就是我的指控。让我向你们解释清楚。这项指控不是说他不收粮食而收钱，而是说他在粮食市价很低的时候每升小麦要收 12 个小银币。

先生们，事实上，这种把粮食折算成钱的做法最初不是为了我们的执法官和总督们的利益，而是为了农民和社团的利益。最初，没有一位行政官员会无耻地要钱而不要粮食。无疑，这种做法始于农民或者社团，是出于他们的需要。他们要么把粮食卖了，要么想保存粮食，要么不愿意把粮食运到某个具体的地点，于是请求官员们发慈悲，允许他们交钱而不是缴纳粮食。从这样一个源头——出于行政官员乐于助人的善良性格——以钱代粮的做法就出现了。后来就有一些行政官员比较贪婪。这些人不仅发明了一种发财的办法，而且还为自己找到了一条体面的辩护路线。他们用的方法总是让农民把他们的粮食运到一个最远的地方，由于运输会带来很多麻烦，所以官员们就可以按照自己所提的条件确定粮食的价格。我们现在来想一下这种行为的可恶比攻击它要容易。我们可以认为做这种事情的人是一个贪婪的家伙，但要按照这种解释起诉他却不那么容易，因为我们一定不能否认我们的行政官员拥有在他们希望的地方收到粮食的权力。因此，我要大胆地说，这种事情是经常发生的，但对我们认识的这些邪恶的家伙来说并不常有，当然也有不做这种事的人。

【83】霍腾修斯，现在我要问你，你认为威尔瑞斯的行为可以和哪一种行为做比较。无疑，和那些天性善良的人相比，这些人出于对社团的仁慈，作为一种恩惠和帮助，允许社团支付银钱而不是缴纳粮食。我们完全可以相信农民们不可能把小麦以每升 3 个小银币的价格出售，然后再把需要缴纳的粮食按照每升 12 个小银币的价格折算成银钱缴纳。或者你也许不敢这样说，所以你会说由于交通困难，他们宁可付 12 个小银币，是吗？运输？什么运输，从哪里运到哪里，会让农民那么想要避免吗？可以假设是从斐洛美留运到以弗所！我知道这两个地方一般的粮食差价，我知道这段路有多长，我知道斐洛美留的农民宁可在弗里吉亚缴纳一笔相当于粮食的银钱，而不愿把粮食运往以弗所，或者派人带钱去以弗所购买粮食缴纳。但这些情况对西西里都不适用。没有一个西西里的城镇距离海岸线比赫纳更远，你可以强迫赫纳人把粮食运到海边，但你不能强迫他们把粮食运得更远——他们会在一天之内把粮食送到任何一个像芬提亚、哈莱萨、卡提那这样偏远的地方。先生们，这种以钱代粮的做法之所以产生利润全在于不同地方的粮食差价，因为我们的行政官员在他们的行省中可以让农民把粮食送到粮食价格最高的地方去，这种调换制度在亚细亚有效，在西班牙有效，在各地粮价不一的任何行省都有效。但是在西西里，有谁会在意把粮食运到哪里去呢？他实际上不必运粮食，无论有没有接到运送粮食的命令，他都可以去指定的地方购买，购

粮的价格和他在当地出售的价格是一样的。因此，霍腾修斯，要是你想说明威尔瑞斯这种以钱代粮的行为与其他人的行为有相同之处，那么你就必须说明在西西里有某个地方，当威尔瑞斯是总督的时候，小麦的价格是 12 个小银币 1 升。

【84】请注意我向你们展现的这条辩护路线，注意这条辩护路线所包含的我们的同盟者所受到的不公平待遇，它与公共利益不一致的地方，相关法律的目的和含义的矛盾之处。我准备从我自己的土地上，从我自己所在的城镇里，把交给你的粮食运到你所在的地方，运到你将要去的地方，你将要在那里做你的工作，履行你总督的职责。而你却在这个行省里找一个不被人注意的角落，要我把粮食交到那里去，我无法把粮食运到那里去，也无法在那里购买粮食，是吗？先生们，这是一项无赖的行为，一项无法容忍的行为，这种事情没有人可以合法地做，哪怕迄今为止做这种事情的人还没有受到惩罚。先生们，不管怎么说，我会说这件事对威尔瑞斯来说是允许的，并且是可以容忍的。如果他的整个行省有一个地方的粮价达到他以钱代粮的价格，我都会说这项指控一定不能算是一项严重的指控。但是事实上当你 1 升小麦要勒索 12 个小银币的时候，整个行省没有一个地方的粮价是 2 个小银币，或者顶多 3 个小银币。如果你不能驳斥我所说的粮价或者你的以钱代粮的行为，那么你为什么还要坐在那里？你有什么希望？你能做什么辩护？你知道你违反法律和公共利益勒索金钱、极不公正地对待我们的同盟者有罪吗？或者说你真的想为你的行为辩护，把它说成是正直的，是为了公共的利益，不是对任何人的不公正吗？

元老院从国库拨钱给你，指示你每征购一升小麦要付给农民 4 个小银币，这种时候你必须做什么？要是你像著名的第一部赔偿法的立法者卢西乌斯·庇索·福鲁吉那样行事，那么你会按照市价购买粮食，把结余的购粮款交给国库。要是你像其他一些人那样仁慈或者追求名望，元老院确定的价格比市价高，你就会按照元老院的定价而不是按照市价付钱给农民。要是你像大多数人一样想挣钱，但以一种可敬的、人们认可的方式挣钱，那么你会拒绝购粮，因为它们不太值钱，按照元老院的规定收取你的生活费用。

【85】但是现在，我们看到你干了些什么，你又能做出什么样的解释？我问的甚至不是你能做出什么诚实的解释，而是你能做出什么不诚实的、可耻的解释。在任的总督很少有什么行为不能公开解释的，无论行为有多么可耻，哪怕不是一个很好的解释，但至少也算一种解释。但我们在这里能得到什么解释？这就要问这位总督了。他说："有人以为我买了你们的粮食。"哦，好吧，就算是。"每升小麦付给你们 4 个小银币。"你太仁慈了，因为我连 3 个小银币也拿不到。"但我不需要粮食，我要钱。"农民说，我不希望去摆弄钱，不过，要是必须这样做，那么你会注意现在的市价。"是的，我知道，2 个小银币。"好吧，由于元老院给了你每升粮食 4 个小银币，那么我该给你多少钱呢？先生们，他要了多少？我请你们注意一下这个数字，注意一下我们这位公正的总督的行为。"元老院从国库拨给我的每升粮食 4 个小银币我要留着，让它从公款变成我腰包里的私钱。"好吧，还要怎样？"规定给我的粮食折成钱，你们每升小麦给我 8 个小银币。"这是什么意思？"意思？意思？这件事没有意思，这就是获利和抢劫。"我们的农民说，我实在不明白你的意思。元老院要你付钱给我，因为我给你粮食。而你现在把元老院要你付给我的钱留下来，还要我每升小麦交两倍于 4 个小银币的钱，这样的抢劫行为你还称做"维持生活的费用"？当你是西西里总督的时候，你只需要用这种灾难性的不公正就能让农民灭亡。遇到这样的横征暴敛，不仅失去全部收成，而且卖掉所有的牲畜和家具，他还能剩下什么？除此之外他还能做什么？他还有什么结余可以拿去换钱给你？他从农民那里拿走的所谓"什一税"使阿普洛纽的快乐得到了极大的满足。至于第二次"什一税"和征购粮，要么他什么也没有得到，要么他得到了还没有被其他随员吞没的一点儿东西，要么，从我这里你们可以知道，他实际上抢到了更多的东西。

【86】除此之外，他没有再向农民勒索吗？按照什么制度？本着什么样的公正原则？遵循什么样的先例？农民们的收成被扫荡一空，各种不公正的行为使他们的土地支离破碎，他们看着自己的犁、自己的辛劳、自己的土地

和庄稼给他带来的一切统统失去。然而，在忍受着这些可怕的罪恶时他至少还有某种可悲的慰藉，因为他看到自己在其他某些总督手里失去的东西还有来年再生的希望。但是要农民交钱——他没办法种钱，他的犁和辛劳也不能弄到钱——那么他必须卖掉他的耕牛、犁、农具和牲畜。你一定不要争辩说这个人有钱或者在镇上有地。当这样或那样的负担加在农民肩上时，要解释的不是他作为个人可以拥有其他资源，而是考虑他的农场本身有多大能力，它能够和应该给农民带来多大的利润。事实上，即使像这样的人也被威尔瑞斯榨干了，以各种可见的方式灭亡了。此外，你不得不决定，作为一个农民，你指望他承担多少公共负担。你向他们征收"什一税"，他们交了；你向他们征收额外的"什一税"，他们感到这是你的紧迫需要，他们必须为你服务；你吩咐他们提供征购粮，如果你要粮食，那么他们也会提供。这些要求多么繁重——先生们，你们可以想一想，你们可以猜一猜，你们在自己的乡间土地上花了多少力气，它们给你们带来了多少收成。再想一想威尔瑞斯其他的命令、规定和压迫行为，想一想阿普洛纽和神庙奴隶对缴纳"什一税"的地区的彻底抢劫。然而这些都不是我现在要关心的。我正在说的是维持行政官员生活的粮食。你让西西里人给你无偿提供生活用粮了吗？没有比这样做更不合适、更不公正的了。但现在我向你们保证，当威尔瑞斯是西西里总督的时候，农民们宁可恳求得到这样的待遇。

【87】你们将会听到索西塞乌必须要说的话，他是一位最聪明的人，在他自己的社团里地位很高。他作为正式代表被派来参加这场审判，与他同行的还有另外两位地位很高的人，阿特莫和美尼库斯。在恩特拉的议会的一次会议上索西塞乌发表了长篇讲话，向我介绍了威尔瑞斯的压榨行为。他说，如果威尔瑞斯这种与兑换粮食相关的行为是允许的，那么西西里人会向我们的元老院许诺，免费向这些行政官员供应粮食以维持他们的生活，防止进一步通过法令的形式让官员收取大笔银钱。我敢确定，你感到这个世界都在帮助西西里人，不是为了确保他们得到公平的待遇，而是为了让他们尽可能少受邪恶。因为这个农民在他自己的收成之外，已经免费向威尔瑞斯提供了

1,000 升粮食作为他的生活费用，若换成银钱，他要交给威尔瑞斯 20 个罗马大银币，或者顶多交 30 个罗马大银币，但实际情况是他被迫要为这笔粮食交付 80 个罗马大银币。肯定没有农民能连续三年从他的收成中支付这么多钱，他不得不卖掉他的农具和牲畜。如果务农确实能够对付这样的税收——换句话说，如果西西里能够承受这样的负担——那就让它为罗马的利益，而不是为罗马官员的利益承受它。它意味着一大笔钱，如果我们能够得到它而又不伤害我们的行省和同盟者，那么我们可以增加一大笔税收，那确实好极了。而我们的官员也没有损失，因为他们的生活费用始终能得到供给。所以，要是农民无力支付，那就让他们拒绝威尔瑞斯进一步提出的要求；要是农民有能力支付，那就让这笔钱进到国库里去，而不是成为总督掠夺的目标。还有，如果你这种兑换制度是公正的和可以容忍的，为什么只有一种兑换类型？西西里不得不向罗马缴纳"什一税"，但为什么不让它把粮食留下，每升小麦支付 12 个小银币给我们？你得到了一笔钱购买粮食，用于维持你自己的生活，又得到另一笔钱向西西里社团购买粮食，运往罗马。用于你个人生活的钱你收到了，留下了，此外你又得到很大一笔附加费用，你断言它归你所有。很好。以同样的方式，把应当归罗马所有的粮食以同样的兑换比例向社团征收现钱，然后交给国家，那么罗马国库会前所未有地充实。你会回答说："是的，但西西里无力以这种方式承担整个国库，只能以这种方式承担供给我的粮食。"哦，这是因为你的兑换制度会给你带来利润，而不能给国家带来利润吗？我所说的涉及一大笔钱，比你已经涉及的还要多，但里面包含着的不公正完全相同。

但是，西西里人事实上不可能承担维持你的生活的粮食。即使其他人都愿意这样做，即使从今以后他们不再受到你当政期间的各种虐待，他们告诉我们，即便如此，他们也不可能以这种方式承担你的生活费用和你的兑换制度。

【88】不久前，据说阿格里根图的索昔普斯——一位雄辩、高尚、优秀的人——当着我们执政官格奈乌斯·庞培的面发表了一篇讲话。他代表整个

西西里，用详尽的、给人留下深刻印象的细节展现了农民阶层的可悲困境，他的讲话中没有其他内容能比这一点更能激起听众们的义愤了。他用大量的数字说明我们的元老院对待农民是非常仁慈的，尤其是规定了一个一般的、灵活的粮价，但是这位执法官却以此作为抢劫和毁灭农民的机会，这样的事情不仅发生了，而且还以合理合法的面貌出现。

霍腾修斯对此会有什么答复？这项指控是假的吗？他决不会这样说。用这种方法弄到的钱很少吗？他也决不会这样说。西西里的人民，西西里的农民，没有受到伤害吗？他怎么可能这样说呢？那么，他会做出什么样的答复？其他人也做过同样的事情。这是什么意思？是想驳斥我对威尔瑞斯的指控，还是想把他的同伙一起拉来审判？面对如此混乱的公共事务——滥用权力盛行，直到今天在我们的法庭上，错误行为仍在流行并得到纵容——鉴于我对威尔瑞斯这些行为的攻击，你霍腾修斯在为他辩护时不是把这种行为当做他的权力范围内的事，不是把它当做公平的事，不是把它当做合法的事，不以这些行为得到过他的允许，他对此负有不可推卸的责任为理由，而是以有些人已经这样做了为理由吗？有人也以许多其他的方式做错事，你为什么要把你当前的辩护路线限定在这一点上呢？威尔瑞斯，你的有些罪行完全是你特有的，不可能转嫁给其他人，也和其他任何人的品性不合，但有一些品格是你与许多人共有的。放下你的盗窃、你接受贿赂做出错误的法律判决，以及诸如此类的错误不提，只提我已经猛烈攻击过的你的罪行——接受贿赂做出错误的判决——你也会提供相同的辩护，说其他人也做过这种事吗？我可以在你的陈述中找到真相，我将否定你的论证的价值。或者倒不如说，我会找到给你定罪的理由，而不是判你无罪，免得给其他人留下借口，用你犯的罪行为他们自己的错误行为辩解，以此求得赦免。

【89】由于罗马的贪婪和不公正，我们所有行省都在悲泣，我们所有自由的社团都在抱怨，甚至那些附属国也在抗议。远至大洋沿岸，无论多么遥远，无论多么偏僻，现在没有一个地方不渗透着罗马人的放荡和压迫。不是与全世界的军队为敌，而是这些地方的呻吟、眼泪和悲伤使罗马无法延续。

面对这样一些事实，按照这样的道德标准，如果任何人受到指控并在他的罪行得到清楚地证明时说其他人也这样做，那么他真的会发现自己这样做是史无前例的；但若判处一名无赖无罪而由此开了先河，其他相同的人也不受惩罚，那么罗马会发现自己没有希望摆脱毁灭。你对当前盛行的道德标准感到满意吗？你对我们的总督们的统治方式感到满意吗？你对我们的同盟者在将来也要受到你所知的最近几年来的待遇感到满意吗？要是这样的话，我为什么还要浪费我的劳动，你为什么还要坐在那里？你为什么不在我对你讲话的时候站起来离去？另一方面，你会做一些事情来减少像这些人一样无法无天的、邪恶的恶棍吗？要是这样的话，你就不会在为了许多无赖的利益而赦免一名恶棍和为了告诫许多无赖而惩罚一名恶棍之间摇摆不定了。

【90】然而，你说的许多先例是什么？在如此重要的审判中，面对如此严重的指控，当辩护律师开始以"有人经常这样做"为理由提出恳求时，他的听众会期待他从以往由雕塑家的凿子和历史学家的笔写就的历史中引用这些带着以往峥嵘岁月的先例，因为这些内容会令我们欣喜若狂，令我们的判断信服。我要问我博学的朋友：他会对我们谈论西庇阿、加图、莱利乌斯，并断言他们做了同样的事吗？然而我几乎无法证明有这种事，因为我无法反对这些人的权威。假如不谈这些，他会提起我们自己这个时代的人——老卡图鲁斯、马略、斯卡沃拉、斯考鲁斯、麦特鲁斯吗？所有这些人都担任过行省总督，征收过他们自己维持生活的粮食。这些人确实有很大权威，足以掩饰他们的错误。但即使从我们自己时代的这样的人中间，他也找不到一个像威尔瑞斯这样兑换粮食的。那么他能告诉我什么样的先例呢？他会忽略这些生活在一个道德标准很高、公共舆论受到尊重、我们的法庭非常诚实的时代的人的生涯，而提到现在一些道德败坏、不受约束的无赖，引用一些这块土地上的人民认为应当赦免的例子，来为他的当事人辩护吗？不是我拒绝考虑现在甚至在我们中间盛行的标准，但除非我们有可以作为我们行动指南的、由全民的良心批准而不是予以谴责的先例。这样的话，我不需要向远处看或者往远处找。像他一样，在我面前就有两位法庭的成员，普伯里乌·塞维留

斯和昆图斯·卡图鲁斯，他们是罗马的杰出人物，受到高度尊重，由于他们为国家提供了优良的服务而闻名遐迩，可以与我已经提到的那些遥远的历史名人相比。我们正在寻找先例，寻找当前的先例，而他们就是。不久以前，他们两位还在指挥军队。① 由于寻找当代的例子是我这位博学的朋友的嗜好，请他注意他们干了些什么。简直不可思议！卡图鲁斯要了粮食，但没有要钱。塞维留斯指挥军队长达五年之久，如果他是威尔瑞斯，那么他肯定能积攒一大笔钱，但是他感到自己受到阻拦，不能去做他父亲或他那位出名的舅舅麦特鲁斯没有做过的事情。我们可以把有利可图就是恰当的这个问题留给盖乌斯·威尔瑞斯去论证，让他以其他人都没有做过而只有无赖才会做的事情为例加以证明，好吗？

【91】你会对我说，这种事情经常在西西里发生。"在西西里"会有助于你的论证吗？西西里的古老、忠诚与亲和使她有权得到特别的喜爱，你有什么理由要把她说成是特别不公正的行为发生的条件？但若你愿意，你就说西西里好了。即使在这里我也不用去遥远的地方寻找先例。我在来这里参加集会的人中间就能找到。盖乌斯·马尔采鲁斯，我说的就是你。作为一名总督，你统治过西西里行省。在你的任期中，你为了维持自己的生活征收过金钱吗？我不会根据这一点来赞扬你。我要赞扬你的是，你发明和实施了一种相当不同的办法，使这个奄奄一息、支离破碎的行省恢复勃勃生机，这是我对你的最高赞扬。但即使你的前任雷必达也没有征收过生活费用。如果不光是马尔采鲁斯，而且连雷必达都不能作为先例提出来回答我的指控，那么我博学的朋友还能提出什么样的先例来？难道他的意思是指给粮食定价、把粮食兑换成钱的马库斯·安东尼乌斯吗？他回答说："是的，是马库斯·安东尼乌斯。"我把他点头理解为同意。所以，威尔瑞斯，在所有罗马的执法官、执政官和军队统帅中，你选了马库斯·安东尼乌斯作为你的榜样——然而糟

---

① 卡图鲁斯，公元前 78 年担任罗马执政官。塞维留斯，公元前 79 年—前 75 年担任罗马执政官和小亚细亚行省总督。

糕的是连马库斯·安东尼乌斯也没有干过这种事！如果马库斯·安东尼乌斯在掌权期间用他拥有的无限权力这样做，那么他对国家的损害会比威尔瑞斯大得多，然而与其说威尔瑞斯精心模仿安东尼乌斯的错误，倒不如说他在他的生活中从来没有模仿过安东尼乌斯。对此我现在还需要犹豫吗？或者我的听众是否同意我的看法还需要犹豫吗？受审的人不得不对某些指控进行驳斥，他们习惯上提出来的不仅是这样那样的行为，而且是他的行为确实得到过批准。安东尼乌斯计划毁掉我们的同盟者，毁掉我们的行省，但在他那贪婪和不正义的生涯中，他中途突然死去。霍腾修斯会论证我们的元老院、人民、法庭批准过安东尼乌斯的所有行为和政策，并以此为例来证明威尔瑞斯的可耻行为有理吗？

【92】但是我们将会得知，萨凯多斯"做过同样的事"。萨凯多斯是一位正直的、明辨是非的人。他"做过同样的事"吗？如果我们发现他由于相同的原因做过相同的事，那么我们只能说是的。我从来没有发现以钱换粮的原则本身有什么错。它是否公正取决于农民们的利益和希望。不仅有利于农民，而且受到农民欢迎的兑换是挑不出任何毛病来的。萨凯多斯在到达他的行省以后，确实征收过供他自己维持生活的粮食。在庄稼成熟之前，小麦的价格是 5 个德纳留一升，社团请求他把粮食换成钱。他确定的价格与当时市场上的价格相比是相当低的，他只要求 3 个德纳留一升。威尔瑞斯，你瞧，同样的兑换率由于季节不同而产生的差别使我们要赞扬他而指控你，同样的兑换率表现出他的恩惠和你的压迫。在同一时期①，执法官安东尼乌斯也以 3 个德纳留的比率兑换了，粮食收获以后粮价变得最低，这时候农民们宁可免费向他提供粮食。安东尼乌斯曾经说他确定的兑换率和萨凯多斯的相同，这不是假话，你的兑换率也一样，但是萨凯多斯用相同的兑换率帮助农民，而安东尼乌斯用相同的兑换率摧残农民。我注意到，整个粮食的价值要和季节、市场价格联系起来考虑，而不仅仅是一个数量和质量的问题，否则，霍

---

① 指公元前 78 年，此时萨凯多斯担任总督，而安东尼乌斯在执行特殊使命。

腾修斯，你的每人 3 升半决不会那么受欢迎，这是你给罗马人民规定的供给额，想让每个人都能满意，由于市场价格很高而使你的配额成了一项惠赠，事情本身很小，但环境使它显得很大。如果你选择在粮食最便宜的时候向罗马人民赠送相同的粮食，那么你的恩惠只会引起嘲笑和蔑视。

【93】那么，看到威尔瑞斯并非在同样的季节和同样的市场价格下兑换粮食，你还会说威尔瑞斯做的事情和萨凯多斯相同吗？倒不如说，你必须说——由于你现在有了一个恰当的先例可以引用——安东尼乌斯这样做只是一次访问，顶多一个月，而威尔瑞斯这样做延续了三年；安东尼乌斯的行为是一个先例，但仅仅在你必须把你的当事人的行为称做合理的时候才成立。你肯定不能求助于杰出、正直的塞克斯都·佩都凯乌，没有任何农民抱怨过他，人们普遍认为他是有史以来最正直、最仁慈的总督。他统治这个行省两年①，有一年粮食非常便宜，另一年粮食很贵；粮食便宜的时候，没有一个农民向他付过现钱，粮食很贵的时候，也没有人抱怨过他的兑换。你可以回答说，当粮食很贵时，他兑换了。②很像是这么回事，但这并不是什么新鲜事，也没有什么可反对的。盖乌斯·山提乌斯是一位非常传统类型的正人君子，但不久前我们听说他离开马其顿时带回来一大笔钱，因为那里的粮食价格很高，使他有可能把剩余的粮食换成钱。因此，威尔瑞斯，我并非不让你合法地积累利润。但我抱怨你不公正的行动，我攻击你不道德的行为，我斥责、指控你的贪婪和掠夺。

如果你和你的朋友能够使我们相信当前的指控也适用于我们的许多行省和许多统治行省的人，那么我不会躲避你的辩护路线；正好相反，我会宣布自己正在为所有行省辩护。我要这样说，大声地说，这种事情无论在哪里发生都是错误的，无论谁这样做都要受到惩罚。

【94】先生们，以神的名义起誓，请展望一下未来，预见一下必定会发

---

① 公元前 76 年—前 75 年。

② 以较高的市场价出售多余的粮食。

生的事。有许多人，像威尔瑞斯，以收取生活费为名，从那些很不情愿的社团和农民那里掠走了许多钱。（事实上，除了威尔瑞斯以外，我不清楚有谁是这样的，但我还要把这个看法告诉我的对手，让我们假定有许多人是这样的。）现在对威尔瑞斯来说，我们已经把这种行为提交到你们面前审判。那么你们能做什么呢？你们是审判勒索案的法庭的成员，你们能无视这样大规模的勒索吗？通过这项关于勒索的法律是为了帮助我们的同盟者，你们能对我们同盟者的抗议视而不见吗？但即使这样的论证我也不会用来反对我的对手。先生们，要是你们愿意，那么你们可以无视过去，但是你们心中对未来的希望还没有熄灭，所以看一看这些行为将给我们所有行省带来的毁灭吧。迄今为止，各种抱怨都是通过曲折蜿蜒的小道传过来的，因为你们的权威使它不能沿着宽阔的大道传送。如果你们想批准这样的行为，宣布在这样的情况下勒索金钱是合法的，那么可以说迄今为止只有一名彻底的无赖做过这种事，从今以后也只有一名彻底的傻瓜在这样做的时候会失败。他们是不合法地勒索金钱的无赖，也是拒绝做已经被宣称合法的事情的傻瓜。先生们，也请注意你们将为这些强盗提供无限的机会。判处一个每升小麦勒索 3 个德纳留的人无罪，那么另一个人会勒索 4 个德纳留、5 个德纳留，不对，10 个德纳留，甚至 20 个德纳留。那么还有什么理由对这种事情提出指控？不正义的行为要达到什么程度才能唤醒法官的良心？每升小麦要规定换多少个德纳留才被认为是不允许的，或者兑换率是多少才能被当做不正义和有罪的行为遭到攻击？你们要赞同的不是兑换率而是兑换的原则，你们不能宣布每升小麦收 3 个德纳留是合法的，而收 10 个德纳留就是不合法的。一旦忽视市场价格和农民的愿望，事情就变成总督喜欢什么，对粮食兑换有可能做出的限制既非由法律确定，又非由道德原则确定，而是由个人的贪婪倾向来确定。

【95】因此你们必须明白，你们对威尔瑞斯的判决一旦践踏了正义和法律的屏障，那么你们就没有留下任何东西可以用来约束其他人，用来规定他们的兑换率，使他们远离罪大恶极的贪婪。

所以，请注意他对你们提出来的这种要求包含着多少内容。你们将判处一个承认自己极不公正地向我们的同盟者勒索了大笔金钱的人无罪。这还不够。还有其他一些人做了同样的事，所以还要判处他们中的任何人无罪，使一项判决赦免尽可能多的无赖。甚至这样也还不够，你们要保证今后每个人都能做同样的事情。你们要做出这样的保证，但这仍旧还不够。你们要允许每个人可以按照自己的意愿确定兑换粮食的价格。你们瞧，如果这样做了，那么从今以后只有傻瓜才会确定最低的兑换率。确实，先生们，你们现在看到了，如果你们赦免威尔瑞斯的这种行为，从今以后贪婪会到处盛行而无法约束，邪恶将到处猖獗而不受惩罚。那么，霍腾修斯，你要小心了。你是当选的执政官，很快就要抽签决定你要去的行省。当你向这个法庭解说粮食兑换的时候，我们应当把你的意思理解为你打算做这些你认为威尔瑞斯才有权这样做的事情吗？你急切地想要告诉我们他这样做是合法的，以此为你今后想做的事情找到合法依据吗？先生们，如果这也是合法的，那么你们没有理由认为从今以后会有人去冒险，犯勒索罪。任何人只要想弄到钱，都可以确定这样做是合法的，只要以征收生活费为名，确定一个相当高的兑换率。

【96】确实还有一种考虑是霍腾修斯不会公开包含在他的辩护论证中的，但他说的话包含着一种你们也相当明白的建议，也就是说，他认为这件事会影响元老院议员们的利益，会影响这个法庭某些成员未来的利益，他们期待着有一天能成为这些行省的行政官或行政官的助手。如果我这位博学的朋友认为这个法庭的成员也会像他一样允许其他人犯罪，以便为自己今后犯罪获得许可，那么他确实为他们想得很多。那么，这是一种可以不用冒受到指控的危险而极不公正地勒索一大笔钱的方法吗？我们这些受到罗马人民、我们的行省、我们的同盟者、我们的附属国信任的人，至少在这里，要不要相信这一点？如果这是真的，我们将如何回答执法官的指控？他每日在公民大会里占据着他的位置，坚持说除非法庭恢复公平的秩序，否则不可能获得政治上的安定。如果他论证说，这是一种整个议员等级普遍适用的勒索金钱的方法，这种方法现在被判定为正确，用这种方法可以从我们的同盟者那里勒索到大量金钱，这样做没有任何危险，不会受到由元老院议员组成的法庭的起

诉，也不会被骑士们组成的法庭定罪，那么又有谁会反对他？要是这样的话，你这个阶层的支持者还有谁会热心地忠于你，就好像反对换法庭一样？

【97】我确实希望威尔瑞斯能够找到契合这一指控的回答，做出还比较文明的、符合习惯的请求。而你们坐在那里审判，既对你们自己，又对我们所有的行省，可以不那么危险。如果他像过去一样否认勒索而你们相信了，那么人们会感到你们相信这个人，不会定他的罪。但是他不可能否定这一指控，整个西西里都在推进这一指控，向他缴纳"生活费"的不是一个人。我甚至希望他能这样说，整件事情与他无关，他的财务官处理与粮食有关的一切事情。但即使这样的话他也无法说出口，因为在法庭大声宣读他的亲笔信的时候，我们已经听到他向这些社团每升小麦索取 3 个德纳留。那么他的辩解是什么呢？"我确实做了你们攻击我的这些事情，我积攒了大量的生活费，但我这样做是合法的，要是你们往前看，要是你们自己这样做，也是允许的。"先生们，你们的判决将把如此不正义的行为确定为原则，这对我们的行省来说是一种危险，如果这个国家认为担任我们这个法庭的法官不能坚持法律、伸张正义，那么这对我们的等级来说是致命的。

进一步说，先生们，当威尔瑞斯是总督时，不仅对兑换粮食没有限制，而且对粮食的需求数量也没有限制，他索取的粮食数量不是符合他的实际需要，而是适合他的嗜好。我要把来自社团的正式记录和证词放在你们面前，里面提到索取的用来维持生活的粮食总量，你们会发现他的索取五倍于合法的数量。这个人既规定了一个无法容忍的粮食兑换率，同时又索取了大量粮食，远远超过法律允许的数量。还能有比这更加无耻的事情吗？

现在，先生们，关于农民和他们的粮食的事情已经完整地摆在你们面前，你们很容易明白，罗马国家已经失去了物产丰富、价值很高的西西里，除非你们打算通过判威尔瑞斯有罪去复兴它。如果你们去掉了它的农业，如果你们赶走了农民，如果那里没有人耕种，那么它还算什么？那里还会有什么隐藏着的不幸，伴随着最不正义和最荒唐的形式，进一步降临到处在威尔瑞斯统治之下的不幸的农民头上？他们被迫缴纳"什一税"，但没有留下任何粮食供自己食用。他们应得的钱没有支付给他们。元老院想要他们按照比较灵活的兑换率在缴纳给这位总督维持生活的粮食时拿到一笔钱，而他们被迫要卖掉他们的农具和牲畜。

【98】先生们，除了诸如此类的伤害外，我已经阐明，务农的最大理由在于生活的成功与快乐的可能性，而不在于实际获得的利润。年复一年，肯定要耗费无穷辛劳和无数金钱的工作所谋求的结果却是不肯定的，多样化的。进一步说，市场价格从来就不会高，除非丰收是一个错误；当大量的粮食聚集在一起的时候，低廉的售价是其必然的后果；所以你们发现，在丰收的时候你们只能低价出售粮食，如果你们想要卖个好价钱，那么只能是在粮食歉收的年份。务农的结果不仅取决于理智和勤劳，而且取决于那些最不确定的事情，刮风和天气。由于法律和古代的习俗已经从全部收成中扣去"什一税"，而依据最近的立法，由于粮食缺乏又要增收另外一个十分之一，每年还必须出售一些粮食给政府，最后还有为了维持我们的行政官员和他们的助手的生活要交售一些粮食，所以，留给农民和农场主自由支配他们自己的粮食的权力还有多大，留下来可供他自由支配的粮食还有多少？如果他们忍受了所有这些勒索——如果他们的辛勤劳动和开支为你们和你们的国家提供的服务比他们自己的利益还要好——他们也还必须忍受这些由我们的总督们签署的前所未闻的法令，忍受像阿普洛纽这样残暴的人和神庙奴隶的盗窃和抢劫吗？他们不是出售粮食，而是必须供应粮食而什么也得不到吗？即使他们渴望供应粮食而什么也得不到，他们还必须支付大笔金钱吗？他们甚至必须屈从各种形式的伤害和损失，以及与之俱来的最不公正、最可耻的骚扰吗？

好吧，先生们，他们没有完全屈从于这种完全无法忍受的状况。你们已经知道整个西西里的耕地已经被它的所有者抛弃，所以这场审判最重要的问题只不过是：你们愿意凭着你们的良心和热忱，按照我的引导和指点，使我们最长久、最忠诚的同盟者西西里人，使罗马人自己的农民和耕种者，再一次返回他们的土地和家园吗？

第四卷

【1】现在我要来说一说他本人如何谈论他最喜爱的事业、如何像一个愚蠢的弱者谈论他的朋友、如何像一个拦路抢劫的强盗谈论西西里。我不知道该给这些内容起一个什么样的名称，只是把事实摆在你们面前，你们可以按照它的性质而不是它的名称做出判断。让我先以一般的术语描述它，听了以后你们可能就不难给出一个恰当的名称了。我断定整个西西里，这个富裕的、古老的行省——在它的所有城镇，在它所有的富裕家庭——没有一斗白银、一尊科林斯或者德洛斯的青铜像、珍珠和首饰、黄金或象牙制品、青铜的、大理石的、象牙的雕像、绘画和绣花制品，是他没有找出来检查和（要是他喜欢）据为己有的。这个说法似乎显得过于大胆，但请你们注意我这样说到底是什么意思。这些无限定的说法不是演说家的夸张，也不是试图扩大被指控者的罪行。当我断言他没有给西西里的任何地方留下一样我说过的这些东西时，你们要明白我不是在使用指控者的习惯用语，而是在讲述事实。我还会更加准确地提到这些事实。在他住过的人家，尽管这个人是他的房东，在公共场所，尽管这个地方是圣地，没有一个人的财产，西西里人的或罗马公民的，简言之，在整个西西里，他没有给任何地方留下过任何东西，无论是私人的还是公共的财产，无论是已经奉献给神的还是没有奉献给神的，无论是他亲眼看见的还是心中觊觎的。

好吧，威尔瑞斯，从你最喜欢的城市开始，我可以更好地指控，你对这座城市的喜爱超过其他所有城市，那里有许多人是你的赞扬者。等我们发现了你用来抢劫你自己的墨撒纳人民的粗野方式，我们会看到那里的人为什么比较容易赞扬你对待你的敌人、对手、指控者的行为。

【2】去过墨撒纳的所有人都会允许我这样说，从各方面来看盖乌斯·海乌斯都是墨撒纳最主要、最富有的公民。他的房子也许是当地最漂亮的，也是最出名的，他家里好客的大门总是对着我们自己的同胞敞开。在威尔瑞斯

到达之前，那里堆满了漂亮的东西，令整个墨撒纳增色，因为墨撒纳的迷人之处主要在于它的位置、城墙和港口，而没有那些能给威尔瑞斯带来快乐的东西。

在海乌斯的这处住宅里有一个神龛，这是他从他的祖先那里继承下来的遗产，里面竖有四尊雕像。这些瑰丽的艺术珍品不仅能够使威尔瑞斯这样非常有天赋的专家感到快乐，而且也能把快乐给予我们这样的"外行"，他把我们称做外行。有一尊大理石的丘比特像是普拉克西特勒的作品，你们要知道，我作为指控者在进行调查时知道了这位艺术家的名字。我相信，这位雕塑家也是塞司庇埃那尊丘比特像的作者，人们去塞司庇埃就是为了看这尊雕像而没有其他原因。我还要提到著名的卢西乌斯·姆米乌斯，尽管他从这个镇上拿走了所有未曾奉献的塑像，包括现在安放在幸运女神庙边上的"塞司庇埃的缪斯女神像"，但他没有碰这尊大理石的丘比特，因为它已经被奉献了。

【3】但是回到海乌斯的神龛，我讲的大理石的丘比特像安放在那里，它的对面是一尊令人敬仰的青铜赫丘利像，据说是密戎的作品，我相信是他的。在神圣的雕塑前摆放着祭坛，确实无误地表明了这处神龛的神圣性。还有两尊青铜少女塑像，不是很大，但在形态和外观上相当迷人，就像把某些圣物顶在头上的雅典少女。这些塑像叫做"卡涅佛洛"（顶篮者），但是雕塑家是谁？谁能告诉我吗？哦，是的，谢谢你，他是波吕克利图。在访问墨撒纳的时候，我们所有的同胞都会去看这些塑像，这所房子每天对访问者开放，它的美丽给全镇人带来的快乐不亚于房子的主人。

盖乌斯·克劳狄①在担任市政官期间的坏脾气是出了名的，他曾经借用过这尊丘比特像，用来装饰市政广场，藉此荣耀诸神和罗马国家。他是海乌斯家庭的客人和朋友，也是墨撒纳人的庇护者。看到他们愿意借出雕塑的善

---

① 盖乌斯·克劳狄（Gaius Claudius），公元前 99 年任罗马市政官，父名浦尔彻（Pulcher）。

意，他后来小心翼翼地将它归还原处。先生们，这就是我们的杰出人士不久以前的做事方式。我说的是"不久以前"吗？不，就在最近。确实就在几天前，我们看到用来装饰市政广场和柱廊的不是从我们的行省抢来的东西，而是朋友的私人收藏品，不是罪恶的双手偷来的东西，而是从它们的主人那里借来的东西，用完之后无论如何要把这些雕塑和艺术珍品归还给它们的主人。可是，这些人假装像市政官一样，以庆祝一个四天的节日为理由借用它们，把它们从我们的朋友和同盟者的城市里运走，然后把它们运到自己在镇上的住宅和乡间别墅里去。先生们，威尔瑞斯从海乌斯的这座神龛里运走了所有我提到过的雕像。我向你们保证，一尊都没有留下，除了一尊古代的木制雕像，其他什么东西都没有留下，我相信这尊木头像是"幸运女神"的，他没有设法把这座像弄到他家里去。

【4】以一切正义和神圣的事物之名起誓，我们在这里还有什么？从前有过这样粗野的无赖为这种事情受指控吗？直到我说的这些雕像被你运走之前，没有哪位总督来到墨撒纳不去看它们的。西西里的所有总督、执法官、地方行政官，在和平时期或战争时期，所有那些总督，好的或坏的，不，不提那些诚实的、无可指责的、有良心的，我只讲那些贪婪的、不道德的、无耻的，所有这些人，没有一个认为自己有决心、有力量，或者有那么大的名气，敢于索取、搬动、染指那座神龛里的任何东西。威尔瑞斯要从各地运走它所拥有的最美丽的东西吗？没有别的人因为收藏东西而遭受痛苦吗？那些富有人家的东西都要拿去满足他那一座房子吗？他的前任不去碰这些东西是为了让他可以来搬吗？盖乌斯·克劳狄·浦尔彻归还这些东西是为了让盖乌斯·威尔瑞斯可以把它们运走吗？对他的豪华住宅或成群的情妇，丘比特不会感到向往。它愿意待在这座家庭神龛的围墙里，它知道自己是海乌斯从祖上继承下来的神圣遗产的一部分，而不希望自己属于一个妓女的财产继承人。①

---

① 威尔瑞斯的情妇凯莉冬死后把钱留给威尔瑞斯，参见本文第二卷第 47 章。

　　然而，为什么要如此猛烈地攻击威尔瑞斯？一个词就能使他原形毕露。他告诉我们：这些东西是我"借"来的。神灵保佑，多么高超的辩护！我们把总督的权力和徽章给了一个生意人，派他去我们的行省购买所有的雕塑和绘画，所有的金盘和银盘，所有的珠宝和象牙，不给任何人留下任何东西！是的，面对每一桩抢劫的指控，他显然都打算回答说，他是"借"的。我首先要说，甚至连我也会由于你的陈述的真实性——你想对同类指控做出的唯一回答——而对你感到满意；当你告诉罗马法庭的成员，你在担任总督期间借了那么多贵重的东西，不，只要值钱，把你行省里的每样东西都借用了的时候，如果你认为罗马法庭的任何成员会接受你的这种辩护，我真想知道你把罗马法庭当成了什么。

　　【5】先生们，请观察我们祖先的预见。尽管不怕威尔瑞斯这样的错误行为，但他们确实希望提防在小事情上犯错误。当一个人带着总督或助理总督的权力去他的行省，他们不会假定他会像一个去那里购买银盘的傻瓜，因为有公共开支为他提供，或者像一个去那里购买毛织物的傻瓜，因为这些东西也有法律规定为他提供。他们假定他可能会购买奴隶，我们全都使用奴隶，这是国家没有提供给他的；所以他们禁止官员购买奴隶，除非原来的奴隶死了。他有奴隶在罗马死了吗？没有，只有一个死在行省。你不可以用行省来装备你在罗马的家，而只能填补你在那里的家务空缺。为什么他们要小心翼翼地阻止我们在行省里购买东西呢？先生们，原因是他们相信这样做意味着不是购买而是掠夺，因为这样的购买不会允许出售者按自己的定价出售。他们看到，如果在行省里有掌握军事或民政权力的人想要向这个或那个人购买，并且法律允许他这样做，那么他会以他自己的价格得到他所想要的任何东西，无论这些东西的主人是否想要出售。

　　有人会说："你说的没错，但不能按这种方式考虑威尔瑞斯，不能用已经废弃的严谨标准来衡量他的行为。只要威尔瑞斯的购买是公平交易，只要他没有滥用他的权力，没有强制出售，没有不公平，那就不要为这些购买而惩罚他。"我完全同意，只要海乌斯有东西愿意出售，而且按照他自己的愿望定价，那么我就不再要求你在购买中要公平了。

【6】好吧，那么我该如何开始呢？在这样的案子中，真有必要提供证据吗？我要说，我们要问海乌斯这个人是否负债，是不是要出售他的财产，他是否有经济困难和贫困压力，以至于要出售他的神龛和他的家族神的塑像。好吧，我发现他不想出售他的财产，除了他的土地里的产物，他从来没有出售过任何东西。他没有负债，而是有很多钱。即使他的情况和我说的完全不同，他也不会出售这些在他家和他的神龛中已经保存了那么多年的东西。"哦，难道出高价就不会引诱他出售吗？"一个如此富裕而又有地位的人会如此看重金钱，而不顾他对这些祖先的遗产具有的义务吗？"也许如此，但不管怎么说，只要给人足够的钱，他们有时候就会抛弃指导他们生活的原则。"那么让我们来看一看，多大一笔钱可以使一个像海乌斯这样富有而不在乎钱的人不再像一名高尚的、有良心的绅士那样行事。你好像个别地告诉他要在账本上把出售这些雕塑的情况记下来，它们是普拉克西特勒、密戎、波吕克利图的作品，出售给威尔瑞斯，总价 65 个罗马大银币，他这样做了。请大声朗读他的账本中的这条记载。[庭吏朗读了。]听了这些记载确实令人啼笑皆非。那些为希腊人推崇，被他们吹上天的艺术家在威尔瑞斯的判断中完全不是那么回事。普拉克西特勒的丘比特只售 16 个大银币！这确实道出了一句古谚的真谛："购买胜于乞讨。"

【7】有些人会说："好吧，那么你自己又能给这些东西定多高的价呢？"我要回答说，从我自己的观点来看，从我自己的目的来看，我无法确定。但我想，你们必须考虑的是这些东西在那些确实在意它们的人心目中值多少钱、出售它们的原则是什么，要是公开自由地出售，这些具体的东西会是什么价，最后，威尔瑞斯本人认为它们值多少钱。如果他真的把那尊丘比特的价钱定得不超过 16 个大银币，那就暴露了他自己是一个无赖和强盗。先生们，你们全都明白这些东西有多么值钱。我们不是见过尺寸不大的青铜塑像在出售时卖过 400 个大银币吗？我难道说不出支付这么多钱，甚至支付更多的钱购买青铜塑像的人的名字吗？事实上这些东西的价钱与人们对它们的需

求相对应，你很难限定它们的价格，除非你能限定人们的欲望。

所以我清楚了，既非倾向，又非暂时的经济困难，又非高额的售价，引诱海乌斯出售这些塑像，而是你，威尔瑞斯，以购买为借口，使用你的官方权威强迫和恐吓他，抢劫了一个像我们在这里的其他同盟者一样的人，这个国家不仅要他们接受你的命令，而且也要你保护他们。

先生们，在提出这项指控的时候，我肯定没有抱太大的希望，要海乌斯本人提供证据来支持我的陈述。但是这样的希望太大吗？海乌斯是墨撒纳的公民，只有墨撒纳的社团曾经对威尔瑞斯表达过颂扬。当其他西西里人全都憎恨他的时候，这个社团喜欢他，而那个率领代表团前去向威尔瑞斯宣读颂词的就是海乌斯，他确实是那个社团的头号公民。那么他对他要履行的公共义务的忠诚会使他对自己遭受的祸害保持沉默吗？先生们，尽管我看到这一点，并且对此做过解释，但无论如何我在第一次审判时曾经大胆地要海乌斯出庭作证。现在，事情是这样的，这样做毕竟有一定的风险，因为在向海乌斯提问的时候，连海乌斯这个最老实的人恐怕也不能保证说老实话，是吗？那尊雕塑仍旧在他自己家里，而不是在威尔瑞斯家里，是吗？他不可能这样说。即使他会说这种最可恶、最可耻的假话，那么他能说的也只是他希望出售这些雕像，并且卖了一个满意的价钱。但是这个人，这位墨撒纳最杰出的公民，尽管想到你曾经把他当做当地最荣耀的绅士，但他说自己受到指示才代表地方正式赞颂威尔瑞斯，他说自己要是有任何选择的机会，那么他不希望出售这些雕像，无论出什么价，他也不想出售他家神龛中的古老的家传雕塑。

【8】威尔瑞斯，你仍旧坐在那里，你还在指望什么？你怎么能够断定坎图里帕和卡提那、哈莱苏斯和廷达里斯、赫纳和埃吉里乌，以及西西里的其他城市，正在策划推翻你的阴谋？这是你自己的墨撒纳干的——你的第二故乡，这是你自己说过的——我再重复一遍，是你自己的墨撒纳在做这件事，这座城市帮助你作恶，也见证了你的荒淫，它帮助你把抢劫和偷窃来的东西运走。它最杰出的公民在这里，和我们待在一起，被派到这里来参加这次审

判。他就是负责颂扬你的人，以他处理公务的能力宣读了颂词，他被指派做这件事，即便如此，你记得他在被问到那条货船的事情时所做的回答——造船的工匠是由官方征召和雇用的，有一位墨撒纳议会的议员受正式指派负责这件事。先生们，这同一个人，作为个人，现在寻求你们的帮助，他向这个法庭提出了上诉，求助于我们的同盟者共同的堡垒——法律，而这个法庭就是按照法律组成的。但是，虽然法律规定要归还被勒索的金钱，但他告诉我们，他的目的不是索回被勒索的金钱，而是索回他家里的神圣的神龛，他要你威尔瑞斯归还他和他的祖先的诸神。你难道不感到羞耻吗？你难道不敬畏神灵吗？你难道不在乎你自己的安全吗？你在墨撒纳的时候住在海乌斯家里，你已经看到他几乎每天都要在神龛里侍奉诸神。好吧，金钱方面的损失没有给海乌斯带来很大的麻烦，他期盼的确实也不是那些纯粹装饰性的东西，要是你愿意，那你就把"顶篮者"① 留下，把他的那些神像还给他。因为他已经这样说了，因为一旦有了机会，这位罗马的朋友和同盟者就向这个法庭表达了他的悲哀，他家里祖传的神灵和他发誓以后提供的证据都在激励着他对上苍的敬畏。你们必须知道，威尔瑞斯派过一名代表回墨撒纳，他受官方指派负责威尔瑞斯的那艘货船，还要求那里的议会剥夺海乌斯的公民权。

【9】威尔瑞斯，你这个彻头彻尾的傻瓜，你在寻找什么？你的要求会得到批准吗？你难道不知道海乌斯的同胞公民对他的评价有多么高，对他有多么尊敬吗？假定你的要求将得到批准，假定墨撒纳人同意严厉惩罚海乌斯，那么在对这个他们公认说真话的见证人施以惩罚之后，你期待他们对你的颂扬还有多少分量？在任何情况下这种赞颂很可怜，一经考察就必定会把颂扬你的人转变为你的敌人，你的颂扬者不就是我的证人吗？海乌斯是你的颂扬者，但是他的证据给你带来了巨大伤害。假定我也传唤其他人，那么他们尽管会尽量管住他们的舌头，但必须要说的话他们还是会的，无论多么犹豫。

---

① 参见本文本卷第 3 章。

他们否认墨撒纳的那艘大货船是为威尔瑞斯建造的吗？如果他们能否认，那就让他们否认好了。他们否认墨撒纳的那名议员受到正式指派负责建造那艘船吗？我喜欢听到他们这样说。然而这些都无法否认，我现在宁可什么也不说，给这些人提供一点时间，让他们好好想一想，如何把伪证做得更圆满一些。

现在我要问，这种颂扬与你的目的相吻合吗？这些人给你的支持能给人留下深刻印象吗？能帮你的人不愿帮你，愿意帮你的人不能帮你，因为你已经一次又一次地伤害和骚扰这些人，在他们的镇子上你用你的淫秽行为给一家又一家带来持久的耻辱。有人会说你给他们的社团做了好事。但他肯定给罗马和西西里行省的利益带来许多伤害。墨撒纳有义务每年必须卖给罗马6万升小麦，通常它也是这样做的。但是你，也只有你，豁免了它的这项义务。罗马的利益受到伤害，因为由于你的行为，罗马国家对这一社团拥有的权利受到了侵犯；西西里人受到了伤害，因为墨撒纳要交售的粮食没有全部从西西里人要交售的粮食中扣除，而是转移给坎图里帕和哈莱萨这些自由城邦，使得它们的负担超过它们所能承受的限度。

按照条约，征用战船是你的义务。① 但是在这三年中，你没有征用过一艘战船，没有为了军务征用过一个人。你的行为和海盗不一样。他们是全人类的敌人，但无论如何还会和一些人交朋友，不仅宽恕这些人，而且还分给他们抢来的财富。为了这个目的，他们会选择一些比较方便的城镇，与那里的居民交朋友，使那里成为他们的据点。

【10】就这样，你们知道被普伯里乌·塞维留斯占领的法赛里斯原先不是一个西里西亚海盗镇，而是吕西亚人居住的地方，他们是希腊人。但由于它的地理位置非常重要，是西里西亚海盗出海的必经之地，也是西里西亚海盗返回时的休整地，所以他们起先与法赛里斯居民做生意，然后就和他们有了合作。墨撒纳早些时候也不是一个无赖的社团，当然它也不是无赖的敌

---

① 墨撒纳作为罗马帝国的一部分需要在罗马海军中保持一艘战船。

人，从它扣留执政官盖乌斯·加图的财产就可以看出这一点来。加图不是一个普通人，而是一个有权有势的人。然而，尽管是一名前执政官，他还是照样受到指控，被判有罪；他是两位著名人士，卢西乌斯·鲍鲁斯和马库斯·加图的孙子和外孙，是普伯里乌·阿非利加努的外甥；当我们的法庭还非常严明公正时，他被判有罪，处以 80 个罗马大银币的罚款！像加图这样的人引起了这个社团的不满，而这个社团用于款待提玛基德晚宴的开支超过加图不得不对它做出的赔偿。然而就是这个社团成了法赛里斯，成了抢劫西西里的海盗。从那以后，其他地方都遭到抢劫，而这些人却毫发无损。一切需要藏匿的东西都由他们装船运走。在他们的帮助下，威尔瑞斯对抢劫来的东西进行挑选，然后装上船偷偷地从西西里运走。他要这些人为他建造一艘大船，把他偷来的东西运往意大利。为了回报他们的侍奉，威尔瑞斯豁免了他们的税收、劳役、兵役，豁免了一切。在这三年中，他们不是西西里唯一得到这种待遇的人，但我相信，他们是那个时候，不管怎么说，整个世界上唯一完全免除各种形式的开销、劳累、义务的人。因此才会有威尔瑞斯节，才会有他下令把塞克提乌斯·考米纽斯拉走的晚宴——他朝这个人扔酒杯，下令把他关进黑暗的牢房；因此才会有一位罗马公民被钉死在十字架上，[①] 当着一大群人的面——他不敢在其他地方竖十字架，但却敢在这个追随他抢劫的从犯们的居处这样做。

【11】墨撒纳人啊，你们现在还敢到我们这里来赞扬一个人吗？谁会留意你们说的话？罗马的元老院，或者是罗马人民？不仅在我们自己的行省里，而且也在大地上最遥远的地方，在如此强大、如此独立，不，在如此野蛮、如此不开化的民族里——甚至在这样的外国国王那里——有哪个社团敢不给罗马元老院的议员提供住处和款待吗？这种荣耀的标志不是给予个人的，而首先是给予罗马民族的，在他们的青睐下我们的议员才获得他们的等级，其次是给予伟大的元老等级，如果要维持我们帝国统治的荣耀和尊严，

---

① 参见本文第五卷第 61 章。被处死的罗马公民是普伯里乌·盖维乌斯。

我们的同盟者和附属国的人民必须给予罗马民族和罗马的元老这样的尊重。墨撒纳人没有向我提供正式的款待。个人受到骚扰是微不足道的，但以这样的方式对待罗马的议员是不行的，他们不是没有对我表现应有的尊重，而是没有对元老院表现应有的尊重。而对我个人，平凡的图利乌斯·西塞罗来说，富有的、高贵的格奈乌斯·庞培·巴西里斯库家的大门总是为我敞开，我会和他待在一起，哪怕你们为我提供了住处。深受人们尊敬的珀塞纽斯家族也有一所房子现在成了庞培的财产，我的外甥卢西乌斯住在他家，是他最受欢迎的客人。但就和你们有关的事情来看，一位元老院的议员，在你们自己的镇子里，要在户外露宿。从来没有一个社团像这样行事。"呃，这是因为你在起诉我们的朋友。"你在说什么，一个人可以通过怠慢一位元老院的议员来表达对我个人所处理的事务的看法吗？我将保留我的抱怨，直到你们的行为由你们所属的整个等级加以检讨为止，迄今只有你们轻慢一位议员。

现在我要问，你们该如何大胆面对罗马人民？你们为什么在你们靠近罗马和在这里聚会的罗马人之前，不先把那个十字架放倒？那上面仍旧滴着一位罗马公民的血迹，竖立在你们的镇子和港口边上，你们应当放倒它，送入大海，洗涤它经过的一切地方。这个表示威尔瑞斯残忍的标志就竖在我们拥有特权的同盟者墨撒纳的和平土地上。你们这个镇子想要让来自意大利的所有人在能看到罗马人的朋友之前就看到一位罗马公民的十字架？你们要指着十字架对公民权遭到你们妒忌的勒佐人，以及生活在你们中间的罗马公民说话，吩咐他们不要那么自傲，也不要太轻视你们，因为他们看到对罗马公民权的奖赏就是这样的惩罚。

【12】好吧，你告诉我们，你向海乌斯购买了这些雕塑。那么他那些闻名整个西西里的镶金边挂毯又是怎么回事？你忘了购买它们吗？你可能已经买了，正如你买了那些雕塑一样。那么到底是怎么回事？是你希望节约记账的纸吗？不，这个傻瓜决不会这样想，他想象抢劫一个碗橱要比抢劫一个神龛不那么引人注意。抢劫是怎么进行的？这些事情我无法比海乌斯本人说得更清楚。当我问他有无其他财产落到威尔瑞斯手里时，他回答说威尔瑞斯派

人传话，要他把挂毯送往阿格里根图。我问他是否送去了，他回答说他服从了总督的命令，把挂毯送去了；这是他必须回答的。我问他挂毯是否送到了阿格里根图，他说是的。我问他挂毯怎么又回到他手里，他说迄今为止还没有见到威尔瑞斯把挂毯送回来。威尔瑞斯，你为什么不命令海乌斯在他的账本上也记载这些东西以 65 个大银币的价格出售给你了？如果你支付 65 个大银币就买到可以卖 2,000 个大银币的东西，你还怕亏本吗？我向你保证，这种事值得做，这样你就有了辩护的理由，没有人会问这些东西值多少钱，只要你说这些东西是你买来的，那么你的行为就很容易在任何人眼里显得很公正，而现在你却没有办法说清楚这些挂毯是怎么回事。

其次，在有关那些漂亮的浮雕的事情上，你如何对待坎图里帕的那位富有而又高贵的斐拉库斯？你只是拿走了它们，或者我可以问，你买下来了吗？当我在西西里时，这件事传得沸沸扬扬，我听坎图里帕人或是其他人说情况是这样的：你只是从坎图里帕的斐拉库斯那里运走了这些浮雕，就好像你从帕诺姆的阿里斯图那里运走了另外一套著名的浮雕，从廷达里斯的克拉提普那里运走了第三套。假定斐拉库斯把它们卖给你，那么你在受到指控以后为什么要许诺归还它们？由于许多人都知道事情的真相，所以你认为要是归还这些东西，你就会变得比较穷，而事情本身不管怎么说已经暴露，所以你就拒不归还。斐拉库斯发誓说，作为你的朋友他知道你的弱点，他着急的是你把他的浮雕藏起来了，当你问他的时候，他否认有这些浮雕。还有，威尔瑞斯把这些东西交给另外一个人保管，防止它们被发现。你真是太能干了，让别人来看管这些赃物，但抵赖是没有用的，我们可以看到这些浮雕是他用暴力夺来的，没有付过钱。

【13】先生们，现在我们有必要看一下这个人如何追踪和发现所有诸如此类的宝藏。有兄弟俩，名叫勒波莱莫和希厄洛，是西比腊地方人。我相信，他们中有一位是蜡匠，有一位是画匠。我知道，他们的同胞公民怀疑他们抢劫西比腊的阿波罗神庙，他们由于担心受到起诉和惩罚而流亡他乡。当威尔瑞斯在西比腊的时候，如我的证人所说，这兄弟俩就发现他很喜欢

他们的蜡制品和绘画；后来当他在小亚细亚时，他们就在流亡的时候去投奔他。威尔瑞斯把他们留在身边，利用他们的帮助和建议实施他担任总督助理期间的偷窃和抢劫。① 在昆图斯·塔狄乌斯的账本中，这些人被记做"希腊画匠"，按照威尔瑞斯的命令发放饷银。在对他们进行了考验，知道了他们的价值以后，威尔瑞斯带着他们前往西西里。到了那里以后，他们就像猎犬一样开始凭着他们灵敏的嗅觉搜寻和追踪猎物，没有什么是他们发现不了的。有时候威胁，有时候许诺，有时候让奴隶帮忙，有时候让自由民带路，有时靠朋友，有时靠敌人，只要被他们看中了，没有什么东西能有保留下来的希望。要是没有勒波莱莫和希厄洛的许可，那里一只银盘也不可能留下。

【14】先生们，现在有一个故事确实是你们必须听的。我记得这个故事是我在利里拜乌的朋友和房东潘菲鲁斯告诉我的，他在当地的地位很高。他对我说了威尔瑞斯如何使用权力抢走了他的一只玻苏斯制作的酒壶，一件非常美丽的工艺品，是他的祖上传下来的，习惯上在宴会的时候使用，招待尊贵的客人。酒壶被抢以后，他只能忧伤地回家。他对我说："我伤心地坐在家里，有一个神庙奴隶找上门来，命令我带上我的雕花酒杯去见总督，不得延误。我更加担心了。我有一对雕花酒杯，我赶紧要仆人给我找出来，带着去见总督，没有比这更倒霉的事情了。当我到了那里的时候，执法官在休息，而来自西比腊的两兄弟在那里走动。看到我的时候，他们喊道：'潘菲鲁斯，酒杯在哪里？'我很伤心地拿给他们看了，他们感到很满意。我抱怨说，要是这对酒杯也被抢走，那么我自己已经没有什么值钱的东西留下来了。听到我这样说，他们就对我说：'要是我们不拿走酒杯，你愿意付钱给我们吗？'"长话短说。潘菲鲁斯对我说："他们要我付 10 个罗马大银币，我答应了。而这个时候总督传唤我们，索要那对酒杯。"然后他说，这两兄弟开始告诉总督，他们原先听说潘菲鲁斯的酒杯很值钱，但实际上磨损得太厉

---

① 威尔瑞斯在这一时期的行为在本文第一卷中处理。

害，不配威尔瑞斯收藏。威尔瑞斯说他也这样想，于是潘菲鲁斯就带着他最美丽的酒杯安全地回了家。

现在，尽管我明白要对这些东西拥有专门知识相当繁琐，但我承认在那个时候我仍然惊讶威尔瑞斯怎么会对这些东西那么在行，因为我知道他在其他各方面都低于一般人的水平。

【15】但是，说到这里，我第一次明白来自西比腊的两兄弟起什么作用了，他们是威尔瑞斯偷窃时的手和眼睛。然而威尔瑞斯渴望拥有这方面的行家的名声，仅仅是在审讯休庭的某一天——这表明你是一个多么愚蠢的家伙——当时他已经受到指控，但就在赛会期间，他还是去参加了我们的一位荣耀的同胞公民卢西乌斯·西森那家中举办的晚宴，用的是银盘子。西森那请了整整一屋子他那个等级的尊贵客人。威尔瑞斯径直走向那堆银盘，十分自在地一个个翻看。这种行为确证了他的愚蠢，因为在受审期间人们指控他是一个贪婪的罪犯，有些人感到十分惊讶，有些人则感到这是十足的疯狂，因为这时候审讯才进行了一半，证人们都提供了证据。西森那的家奴无疑听说过这些证据，他们走近银盘，牢牢地监视他。有能力的法官可以从这种境况部分推论出这个人对这种东西拥有多大的贪欲，竟然无法约束他的欲望。他还在受审，审讯只进行了一半，事实和公众的看法已经认定他有罪，而他竟然不能管住自己的双手，要在众目睽睽之下贪婪地察看那些银盘。那么还有谁会相信，当他是统治这个行省的总督时，他能管住自己的心和手，克制他对西西里人的银盘的占有？

【16】在这段离题话后，让我们返回利里拜乌。酒壶被抢走的潘菲鲁斯有一个女婿，名叫狄奥克勒，父名波皮留斯，威尔瑞斯把他家橱柜里的器皿一扫而光。要是能选择，威尔瑞斯可以声称他购买了。但在本案中，我相信，这个用心良苦的盗贼会记下一些事情。他吩咐提玛基德去计算一下银器的价值，并且像给演员送礼一样，把价钱估得很低。① 但是，当我只需要用

---

① 法律规定了礼品的最高价值。

一个词①就能解决问题的时候，对我来说，如此详尽地谈论你的购买、问你有没有买这样、有没有买那样、你是怎么买的、付了多少钱，那确实是荒唐的。给我一个"成文的"清单，把你在西西里购买的银盘以及其他几种器皿的价格和出售者给我，行吗？我并非一定要向你索要这样的清单，因为我已经有了你的账目，已经把有关内容抄了下来。但你告诉我们，你在这三年中有一部分时间没有记账。那么好吧，满足一下我的要求，把我们已经提到的银器写下来，其他东西我也许可以忽略。"我没有记账，写不出来。"那么该怎么办呢？你假定这个法庭的成员能做些什么呢？甚至在你成为执法官之前，你老家的房子里已经堆满了美丽的雕像，还有更多的雕像放在你的乡间别墅里，放在你朋友的家里，作为礼物送人，而你没有任何账目说明它们是你买来的。你把西西里的银盘洗劫一空，一个也没有留给它们的主人。你的辩护律师信誓旦旦地说我们的总督保证这些银器都是买来的，但却没有任何账目可以证明这是真的。如果账目中没有记录，你怎能表明你拥有这些东西？你声称自己在这个时期购买的大量物品都是没有账目的，无论有没有记账都必然使你深信无疑吗？

【17】马库斯·科厄留斯是住在利里拜乌的一位年轻、优秀的罗马骑士，你从他那里运走了你想要的所有东西。盖乌斯·卡库里乌学识渊博、深得民心，而你毫不犹豫地从他家里搬走了所有家具。在昆图斯·卡图鲁斯施仁政期间，昆图斯·鲁塔提乌·狄奥多洛斯通过卢西乌斯·苏拉而成为罗马公民，你从他家里运走了一张漂亮的柠檬木的大桌子，利里拜乌的每个人多少都知道这件事情。我不会指责你虐待德瑞帕努的阿波罗尼乌斯，尼各的儿子，他现在名叫奥鲁斯·克劳狄，②你拿走了他的所有银盘。这件事就算了吧，因为这个人不认为自己受到伤害，当他陷入困境时你救了他，然后和他一道分享从他在德瑞帕努的被监护人那里抢来的遗产。你从他那里偷走的每

---

① 指下一句话中的"成文的"（written）这个词。
② 参见本文第二卷第57章。

一样东西都会给我带来快乐，我认为你没有比这更诚实的行为了。但是从吕索那里运走一尊阿波罗的塑像肯定不妥，他是利里拜乌的首户，你在他家做客。你会对我说那是你买下来的。我知道你买了，10个大银币。"对，我是这样想的。"我告诉你，我知道你会这样想。"我有账可查。"这样做仍旧不妥。至于海乌斯这个孩子，他的监护人是盖乌斯·马尔采鲁斯，你从他那里弄走一大笔钱。你会说你在利里拜乌买了他那些人人羡慕的高脚酒杯，还是承认你只是拿走了这些酒杯？

但是，在处理这个人的这部分罪行时，我为什么要把他大量的普通暴行都汇集在一起呢？这些事情无非就是说他自己如何抢劫和偷窃，如何给人带来伤害罢了。让我现在来告诉你们一件事，它不仅能向你们揭示他的贪婪，而且能向你们揭示他的疯狂，正是这一点使他有别于其他所有人。

【18】梅利塔有一个人名叫狄奥多洛斯，你们已经听过他作证。许多年来他一直住在利里拜乌，然后入赘梅利塔的一个良好家庭，由于品德高尚，他在这个接纳他的新家里很得人心。威尔瑞斯得知他有一些非常珍贵的银器，尤其是一种被称做"塞里克利亚"①的酒杯，是一些优秀的工匠精心制作的。听到这个消息，威尔瑞斯难以抑制贪婪的欲望，不仅想看到这些酒杯，还想拿走它们。于是威尔瑞斯传唤狄奥多洛斯，向他索要酒杯。狄奥多洛斯无奈，回答说这些东西不在利里拜乌，他把它们留在梅利塔的一位亲戚家里了。威尔瑞斯马上派人去梅利塔，还写信给那里的某些人，要他们马上搜查这些器皿。此外他还要狄奥多洛斯写信给他的亲戚。威尔瑞斯焦急地等待着能看到这些银器，只觉得时间过得太慢。狄奥多洛斯是一个精明的人，急于保护他自己的东西。他写信给他的亲戚，要他等威尔瑞斯的人到达以后告诉他们最近几天他正好已经把这批银器送到利里拜乌去了。与此同时，狄奥多洛斯本人也逃离这个国家，短暂的流亡似乎胜过留在那里看着自己失去精致的银盘。威尔瑞斯听到这个消息以后勃然大怒，他身边的人都感到他气

---

① 原文"Thericlia"。

得发昏。由于无法亲自抢走狄奥多洛斯的银器，于是他就自言自语，说自己"可爱的银器被抢走了"，他不时地流泪，甚至还对并不在场的狄奥多洛斯发出野蛮的威胁。这个故事告诉我们，当厄律斐勒看到项链时——我想是用黄金和珠宝做成的——这个女人的欲望被项链的魅力所激荡，使她背叛和杀害了她的丈夫。威尔瑞斯的贪婪就像这个女人的贪婪，但更加炽热和野蛮，因为她的欲望是想要得到她看到的一样东西，而威尔瑞斯的贪欲不仅可以被他眼睛看到的东西激起，而且也会被他听到的东西激起。

【19】他下令在整个行省搜捕狄奥多洛斯，然而狄奥多洛斯已经收拾好细软离开了西西里。为了能把狄奥多洛斯抓回来，威尔瑞斯想出了一个计划——要是"计划"这个词可以胡乱地用于任何事情——让他的"猎犬"之一指控梅利塔的狄奥多洛斯犯了大罪。听到这个十分温顺的人受到指控，人们一开始都感到惊讶，因为没有人会怀疑他有罪，也不会认为他做了什么错事；但是事情很快就清楚了，他的银盘就是整件事情的起因。威尔瑞斯毫不犹豫地下令对案件进行审讯——要是我没弄错的话，这是他第一次批准在被告缺席的情况下进行审判。所有西西里人都明白，引发这种指控的原因是他贪婪地想要得到人们手中那些雕花的银盘，所以他不仅指控这些银盘的主人，而且还要在他们缺席的时候这样做。在罗马，狄奥多洛斯穿着破旧的衣衫去找他的支持者和从前的客人，到处讲述他的遭遇。威尔瑞斯的父亲给儿子写了信，威尔瑞斯的朋友也给他写了信，要他慎重对待狄奥多洛斯，不要把事情做得太过分，这件事已经传开，激起了人们的反感，他这样做肯定不理智，要是再不小心，这一件事就足以给他定罪。威尔瑞斯对他的父亲还算敬重，哪怕不是他的父亲，至少也是一个人。此时他还没有对审判做出具体规定。这是他在那个行省的第一年，还没有全心全意地搜刮金钱，就像他在处理塞尼乌斯 ① 的事情时一样。他的疯狂后来受到遏制，但不是为了体面，而是由于害怕和胆怯。他担心缺席审判狄奥多洛斯会带来的后果，于是取消

---

① 塞尼乌斯也被缺席审判，参见本文第二卷第 34—40 章。

了对狄奥多洛斯的审判。但是在他担任总督的三年时间里，狄奥多洛斯不得不远离家乡。任何人都肯定相信，无论是罗马公民还是西西里人，威尔瑞斯的贪婪会带来这样的结果，只要被威尔瑞斯相中，没有人有望保存自己家中的任何东西。

【20】他们知道整个行省都在期待的、勇敢的昆图斯·阿琉斯不会来接替威尔瑞斯的职位了，这时候他们确实明白自己不可能再保存什么东西了，不管是锁起来还是藏起来，或者想办法阻止他贪婪的欲望。

接下去，他又抢劫了一位优秀的、深得民心的罗马骑士格奈乌斯·卡利狄乌，他知道这位罗马骑士的儿子是一位元老院的议员，在我们的法庭里担任过法官审理他的案子，涉及他的"银马"①，这样东西曾一度属于马克西姆。哦，先生们，我在这里迈出了虚假的一步，他没有抢劫这些银马，他是买下来的。我向你们表示歉意。他将骑着这些马胜利地离去。"我是买来的，我付了钱。"我要大胆地说你没有。"我会出具收据。"好吧，我很愿意看到，让我们来看一看你的收据。这也许可以说明有关卡利狄乌的指控，只要我能看到收据。但是，为什么卡利狄乌要在罗马抱怨，他在西西里做了那么多年的生意，但只有你嘲笑他，轻视他，甚至像其他西西里人一样被剥夺财产——你还能说你这些东西是买来的吗？如果他自愿卖给你，那么他为什么要向你索还他的银器？再说，你能不把这些东西还给像卡利狄乌这样的人吗？尤其是他和你的支持者卢西乌斯·西森那关系十分亲密，你已经归还了西森那的其他亲密朋友的财产。最后，我想你不会否定，卢西乌斯·库里狄乌通过你的朋友波塔漠要回了他的银器，他的确很优秀，但不会比卡利狄乌更加受人尊重。库里狄乌确实使事情发生了改变，其他人更难和你打交道了。尽管还有许多人得到你的许诺，归还他们的财产，然而等到库里狄乌提供了证据、说你已经把财产归还给他的时候，你马上就停止归还，因为你发现，这样做只能失去你抢来的东西，而不能避免受害人提供证据。骑士格奈

---

① 马形的或马头形的银酒器。

乌斯·卡利狄乌已经得到其他所有总督的许可拥有这些美丽的银盘，他也得到允许用他家里的这些东西装备和装饰餐厅，款待高级官员和有身份的人。许多掌握着军政大权的人是他的客人，但是他们中没有一个人表现得像个疯子，要把这些精美的盘子拿走，也没有一个人如此不知羞耻地索要这些盘子，更没有一个人如此鲁莽地要求他出售这些盘子。这样做确实太傲慢，先生们，这是一种无法容忍的傲慢，因为这位行省总督对一个拥有品德、财富和地位的人说："把你的这些雕花银盘卖给我。"这就等于说"你不配拥有这些艺术品，它们只适合我这样地位很高的人。"威尔瑞斯，你的地位比卡利狄乌高吗？我不想比较你和他的生活方式和名声，因为这样的比较是不可能的。我只能比较你们的高明程度。所以，你实际上支付了 3,000 个罗马大银币给代你行贿的人，确保你当选为执法官，你支付了 3,000 个罗马大银币给原告，让他不要给你找麻烦，使你有资格嘲笑和轻视骑士等级？你认为你比卡利狄乌更适合成为你喜欢的这些东西的主人就是因为这个原因吗？

【21】他一直在吹嘘自己如何对待卡利狄乌，他告诉所有人自己买下了卡利狄乌的东西。著名的卢西乌斯·帕庇纽斯是一位骑士，他富有而又受人高度尊敬，属于他的那个香炉是什么样的？你把他的香炉也买下来了吗？帕庇纽斯在证人席上说，你要他把香炉送去给他看，你扭下了上面的浮雕，然后再送还给他。先生们，你们明白我们的朋友是一位艺术品鉴赏家，不是一个抢钱的人，珍贵的艺术品在他眼里不是贵重的金属。并非只有在帕庇纽斯的案子里他表现出这种倾向。他对整个西西里的香炉都实行了同样的计划。这些香炉的数量和美丽都超过我们的想象。我知道，当西西里处在繁荣昌盛的顶峰时，岛上生产了大量工艺品。但是在威尔瑞斯成为它的总督之前，那里已经没有人能比较富有，家藏银盘已属罕见。你已经找不到雕着神像的大盘，妇女们敬神时用的碗，还有香炉。所有这些东西都是古代艺术家的作品，制作精良。人们可以推论，西西里的其他东西也都是精美的，在遭受被剥夺的厄运时，出于宗教情感的需要，西西里人仍旧紧紧地抓住这些东西不放。我已经说过这类东西曾经很多，在西西里几乎每个人家都有，但是现

在，先生们，我要告诉你们，一件也找不到了。你们想一想这意味着什么。我们派去统治我们行省的是一个什么样的恶魔？人们也可以认为这是他的目标，当他再回到罗马时，不仅可以满足他个人的一种嗜好，可以满足他自己的眼睛的欲望，而且可以满足所有恶人的最邪恶的欲望。他一到某个小镇，他的那些西比腊"猎犬"就马上四处搜寻。任何银盘或者大件艺术品只要被他们看到了，都会成为他们的囊中之物。要是找不到这些大件，那么他们也会在口袋里装上我提到的这些小东西——盘子、碗、香炉。所以我们可以想象这种事情发生时妇女们的哭泣和悲哀，你们可以认为这些东西微不足道，但引起了很大的麻烦和痛苦。对贫穷的妇女来说，被抢走的这些东西通常是她们用来敬神的，是她们祖上传下来的，一直为她们的家庭所有。

【22】现在，别指望我一家又一家地列举他的所有这一类罪行，指控他从廷达里斯的埃斯库罗斯那里拿走了一只碗，从斯拉索那里拿走了一只盘子，他也是廷达里斯的，从阿格里根图的尼福多洛那里拿走了一只香炉。当我传唤我的西西里证人时，可以让他对我的问题做选择，他可以回答盘子的问题，也可以回答碗，也可以回答香炉。你们会发现，不仅没有一个城镇，而且没有一户人家，没有遭到过抢劫，能够逃避这样的暴行。当他参加晚宴时，只要让他看到有花纹的盘子，我向你们保证，他肯定不会松手。廷达里斯有个人名叫格奈乌斯·庞培，从前叫斐洛，他曾经在廷达里斯地区的一处乡间别墅里设宴招待威尔瑞斯。他做了一件西西里人不敢做的事情，作为一名罗马公民，他想自己可以冒一点儿险，在他的餐桌上摆了一件精美的器皿。威尔瑞斯一看到就毫不犹豫地拿起这件标志着主人敬畏家神和好客的器皿，他确实就像找已经提到过的那样有节制，把它上面的浮雕扭了下来，然后再把它放回原处。还有，他以同样的方式对待卡拉特的欧波勒莫。这是一个善良的家庭，欧波勒莫本人是卢库鲁斯家族的客人和亲密朋友，现在和卢西乌斯·卢库鲁斯一道在我们的军队里服务。威尔瑞斯在这个人家中吃饭，放在桌上的银器大部分是没有雕花的，因为欧波勒莫不想被他拿走，但是有两只酒杯是有雕花的。我们在这里的这位朋友，就像要确保在离开前留下小

费，当着众多客人的面，把酒杯上的浮雕扭了下来。

完整地列举威尔瑞斯的行为不是我当前的目的，也没有必要，更无可能。他的无赖行为有多种表现形式，我所做的无非就是把一些样品摆在你们面前。在做这些事情的时候，他确实从来没有想过有一天会有人来清算他，而只是想要么根本就不会受到指控，要么与他的抢劫相比这些事情微不足道，哪怕面对法庭，也没有多大危险。他做了我现在说的这些事情，不是偷偷地进行，也不是通过他的朋友或代理人，而是利用他掌握的民政和军事权力公开进行。

【23】到达富有、繁荣、兴旺、发达的卡提那镇以后，威尔瑞斯派人找来当地的首领狄奥尼西亚库——也就是当地主要的行政官员——公然下令要他去搜查当地所有人家的银盘，全部送到威尔瑞斯这里来。你们已经听说过斐拉库斯，论出身他是富有的、品德高尚的，是坎图里帕的首户，他发过誓，威尔瑞斯确实下令要他把坎图里帕的所有银盘找出来——这个社团是整个西西里最富有的，也是最大的——全部送到威尔瑞斯这里来。以同样的方式，他还下令把埃吉里乌的科林斯青铜塑像全部运往叙拉古，这件事情的执行者是阿波罗多洛，你们已经听过他的证词。我们这位积极努力、不怕困难的总督还有一些惊人之举。到达哈伦提乌的时候，他不愿亲自攀上山头上的小镇，于是派人找来整个哈伦提乌乃至整个西西里最优秀的人之一阿卡伽苏，命令他把哈伦提乌镇上的所有雕花银盘，还有科林斯青铜雕像，马上从镇里运到悬崖边上来。阿卡伽苏又回到镇里。威尔瑞斯强加给这个好人的任务使他陷入极大的痛苦，因为他珍视自己的人民对他的情感和尊敬。但他想不出办法来，只好向全镇人宣布了威尔瑞斯的命令，吩咐大家把东西拿出来。命令引起了很大的骚动，而威尔瑞斯本人此时仍旧坐在轿子里，离镇子不远，等着阿卡伽苏带银盘回来。镇上的人乱成一团，哀号声、女人的哭泣声，看到这幅景象，每个人都会以为特洛伊战争中的木马拉进了城，城市落入敌人手中。许多房屋的锁扭断，房门大开。那些隐藏起来的银器被找出来，从女人抗拒的手中夺过来，拿出了家门。对此你们会感到惊讶吗？即使

在战争紧急状况下，个人也还能有地方逃命，主人们也还不愿意放弃财产，尽管他们知道这样做是为了换取性命。你也许可以肯定，把自己美丽的银器拿出来交给一个陌生人，让他拿走的时候，每个人都会感到非常气愤。东西都送到了悬崖边，西比腊的两兄弟被派过去检查。有些小东西他们就不要了，而只要他们点头，那些器皿上的雕花就扭下来。就这样，哈伦提乌人的珍品被抢走，带着那些被扭去了雕花的器皿回家去。

【24】先生们，有哪个行省经受过像威尔瑞斯这样真正的扫荡？有相当多的人会利用担任公职时的权力悄悄地吞没一些公款。有时候他们也会勒索一些私人的钱，但也是悄悄的，这些人无论如何要受审和定罪。确实，要是你让我讲出对自己最无益的话，那么我感到，通过一些蛛丝马迹追踪他们的盗窃行为，起诉这些人才算得上是真正的公诉人。观察公猪①在泥潭里打滚的整个身体的印记对我追踪威尔瑞斯能起什么作用？这实在太可怕了，他在经过一个镇子的时候发起攻击，他命令停轿休息，然后不是用他娴熟的技巧，而是公开运用他的官方权力下令抢劫整个镇子，挨家挨户！他确实要阿卡伽苏向银器的所有者付几个硬币，以便形式上他可以说自己买下了这些东西。但阿卡伽苏发现很少有人愿意接受这点钱。然而就是这一点购买银器的钱，威尔瑞斯也从来没有付给阿卡伽苏。后者想要为此事在罗马起诉威尔瑞斯，但受到格奈乌斯·伦图卢斯·马凯利努斯的劝阻，你们听他自己说过这件事。请读一下他们的陈述。[庭吏宣读了阿卡伽苏和伦图卢斯的证词。]

现在我不想让你们认为这个人汇聚大量银饰品是毫无理由的。所以，让我来告诉你们他有多么在意你们会怎么想，罗马会怎么想，法律和法庭会怎么想，来自西西里的证人会怎么想。在积攒了大量银器、一件都没有留给别人以后，他在叙拉古的宫殿②里办了一个作坊，一个相当大的作坊。他下令召集所有熟练的工匠——雕刻匠、银匠，等等——到这个作坊里来工作，此

---

① 威尔瑞斯这个名字的词义是"公猪"，作者显然在这里玩弄词藻。
② 原为叙拉古国王的宫殿，后作威尔瑞斯的总督官邸。

外还有许多他原来的仆人，让他们忙碌了八个月，从不休息，尽管他们制造的器皿是金的。他从那些银盘和香炉上扭下来的饰品又被能干地焊接到那些金酒杯和金酒壶上，无论谁看了都会以为原先的设计就是这样的。而我们的总督本人告诉我们，为了确保西西里的安宁，他曾经在这间作坊里坐了大半天，穿着灰色的"托袈"和希腊式的披风。

【25】先生们，我不应该大胆地提到这些事情，因为你们可能会说你们已经从其他人的谈话中而不是从我自己在法庭上的讲话中听到了更多的关于这个人的事。因为，有谁没有听说过他的作坊、他的金器、他的希腊式的披风？你们可以随意点名传唤在叙拉古的罗马人的殖民地里的老实人，他们中的任何人都会说，哪怕没有亲眼看见，也听说过这些事。我们生活在一个什么样的时代！然而，我下面要谈论的这段历史距离我们并不遥远，你们中有许多人还记得卢西乌斯·庇索①，他是前执法官卢西乌斯·庇索的父亲。他在西班牙担任执法官时——他在那里执行公务时被杀——参加了一些军事训练，不小心把手上戴的金戒指弄坏了。为了想要一枚戒指，他在考杜巴市集广场边上的法庭上公开召来一名金匠，称了一些黄金交给他，让他就在市集广场上制作金戒指，每个人都能看到。有些人会说他过于审慎。要是他们愿意，他们可以这样说，但这也就是最糟糕的说法了。毕竟，我们必须宽恕他，他是执行第一部赔偿法的那位卢西乌斯·庇索的儿子。对我来说，要以谈论庇索·福鲁吉同样的语调来谈论威尔瑞斯是荒谬的，然而我们可以考虑一下他们之间的差别。威尔瑞斯打造的金杯足以装满半打酒柜，丝毫也不在乎在罗马法庭上人们会怎么说，更不要说在西西里了，而庇索在用半两黄金打造一只总督戒指时，他要让所有西班牙人都知道这件事，他的行为显然与他的第三个名字相同，正如威尔瑞斯的行为与他的第二个名字相同。②

【26】我现在不可能在我的演讲中总结这个人的所有罪行，我的目标只

---

① 全名卢西乌斯·庇索·福鲁吉（Lucius Piso Frugi）。

② 卢西乌斯·庇索的第三个名字福鲁吉的意思是"诚实"，威尔瑞斯的第二个名字词义是"公猪"，行为鲁莽。

是简要地说明他犯了哪些类型的罪，庇索的戒指正好对我做了提醒，使我想到一件事，我几乎快要忘记了。你们很难相信他从那些受人尊重的人士手上掳走了多少戒指。无论什么时候有谁的戒指或者戒指上的宝石引起了他的遐想，他就会毫不犹豫地掳走戒指。我现在要提到的事情很难使人相信，但这件事众所周知，我相信这个人自己也不会否认。一封来自阿格里根图的信送到了他的代理人瓦伦廷那里，信上的图章正好被他看到了。他喜欢这个图章的式样，就问这封信是哪里送来的，瓦伦廷告诉他是从阿格里根图来的。于是他写信给那里的人，命令他们把那个戒指[①]尽快送来。就这样，由于写了一封信，卢西乌斯·提提乌斯这位罗马公民和户主的戒指就被掳走了。

他还对另一件事情有着难以置信的热衷，人们会以为，他在罗马和乡下的房子里的餐厅已经配备了大量家具，但他的目标是配备30张躺椅[②]，以及靠垫、脚凳等等，供贵客使用。在西西里，没有哪个富裕人家没有为他织过靠垫。塞吉斯塔一位地位很高的妇女名叫拉弥娅，三年中她家里摆满织机为威尔瑞斯织羊毛，还要染成紫色。在奈图姆有富有的阿塔路斯，在利里拜乌有吕索，在埃特那有克里托劳斯，在叙拉古有埃基里奥、克勒奥美涅、塞奥纳斯图，在赫洛鲁斯有阿考尼达——时间太紧，我不能把他们的名字全部说出来。"他提供了染料，他的朋友只提供劳力。"哦，有可能，我愿意暂时省略他的一部分错误，只要人们认为我指控他提供所有染料、从那里拿走许多东西、生产他想要的东西，把他的朋友的劳动力用于这样的目的，也就够了。此外，你们想到过，叙拉古在这三年里生产的青铜躺椅和青铜灯柱全部都是为威尔瑞斯生产的吗？他付钱了吗？也许他付了。先生们，我现在正在做的事情是为你们提供一个有关威尔瑞斯的解释。作为一名行省总督，我不喜欢你们中的任何人把他当做一个缺乏能力的人，或者一个不能使用他的权力恰当地装备自己的人。

---

① 戒指图章。
② 一般的餐厅只配 3 张。

【27】在我看来，我现在要提到的行为不仅仅是偷窃，也不仅仅是愚蠢，而是包含多种可能类型的邪恶行为——亵渎、伤害罗马的名声和威望，抢劫客人的东西，由于威尔瑞斯的罪行，我们丧失了所有对我们表示友好的外国国王的善意，丧失了他们统治下的人民对我们的善意。你们知道那些年轻的叙利亚王子，国王安提奥库斯的儿子们，他们不久以前在罗马。他们的来访与叙利亚王室没有关系，叙利亚王权无疑属于他们，可以从他们的父亲和祖先那里继承，但与埃及王室有关，因为他们认为自己和他们的母亲塞勒涅有权继承埃及王位。由于受到一系列公共事务的严重阻碍，他们不能按照意愿向元老院起诉，于是返回他们的祖先在叙利亚的领地。他们中有一位安提奥库斯，选择了经过西西里的路线返回叙利亚，他来到叙拉古，而威尔瑞斯当时是总督。威尔瑞斯感到这真是天赐良机，因为有人告诉威尔瑞斯并且他也相信这个王子有许多珍宝，而这是威尔瑞斯的地盘，在他的控制之下。他慷慨地给这位王子送去了丰富的供给——他认为数量恰当的油和酒，还有从他自己征收来的"什一税"中拨付的小麦。然后他邀请这位王子共进晚餐。他把餐厅布置得富丽堂皇，十分奢华，摆上大量的银器——那时他还没有制造金酒器——应有尽有。当然了，这位王子回家时认为威尔瑞斯是一位富人，自己得到了盛情款待。然后他本人邀请总督共进晚餐，把他的所有珍贵器皿都摆上餐桌，包括大量的银盘，还有许多镶嵌着宝石的金杯，这些东西在国王那里是常见的，尤其是叙利亚王室。还有一把酒壶，壶盖上镶着一块硕大的宝石，把手是金的。关于这件事你们已经听过昆图斯·米诺西乌的证词，我也无法想象还有别的证词能比他的证词给人更加深刻的印象。威尔瑞斯拿起这些器皿，一件接一件地赞美，王子十分高兴，因为他的晚宴能够得到一位伟大的罗马总督的喜悦和欢心。晚宴结束了，威尔瑞斯唯一的想法就是如何把王子从这个行省打发走，剥夺他的所有财产。于是他派人去向王子借那些最美丽的器皿，说他希望能让自己的工匠鉴赏一下。这位王子不了解威尔瑞斯，也没有起疑心，就把这些器皿借给威尔瑞斯。威尔瑞斯也还派人去借那只镶宝石的酒壶，说他自己想再仔细看一看，这只酒壶也到了他的手中。

【28】现在，先生们，请注意这个故事的结尾。你们自己已经听说了相关事实，罗马人并不是第一次听到这件事，有关的传说到处流传，一直传到大地极远之处。有一盏灯，是一件神奇的工艺品，上面镶满了宝石，我说的这位王子把它带到罗马，想要献给卡皮托利圣山上的神庙。由于神庙尚未完工，^① 无法敬献他们的礼物，所以他们不愿意在这种时候让民众看到这盏灯，因为他们感到要在一个恰当的时候把它奉献给万能的、仁慈的朱庇特，如果在那个时候把它无比新颖的设计和精美的造型展现在人们面前，会给人留下更加深刻的印象。因此他们决定把这盏灯带回叙利亚，等他们听到朱庇特的神像完工，他们就会派使者把这件精美的工艺品与其他礼物一道送往卡皮托利圣山。威尔瑞斯或多或少知道这些事，这位王子希望保密，不是因为他害怕或有疑心，而是为了让尽可能少的罗马人的眼睛看到它们。威尔瑞斯详细地向这位王子询问了细节，要王子把灯送到他那里去，他要仔细看一看，而且不会让其他任何人看到它。年轻的王子当然没有怀疑他的邪恶用心，吩咐手下人把灯包扎得严严实实，送到总督家去。东西送来了，威尔瑞斯迫不及待地撕开包扎，大声惊呼——这确实是来自叙利亚王家的慷慨馈赠，配得上卡皮托利圣山。这盏灯堪称杰作，上面镶满了各种宝石，设计精巧，富丽堂皇。它体积硕大，显然不是普通人家里用的，而是专门用来装饰最宏伟的庙宇。等到威尔瑞斯看得差不多了，王子的随从想要重新把灯包起来。威尔瑞斯阻止他们，说他还要再看看，最后，他要那些人先回去，把灯留下。于是这些随从只好空手回去见安提奥库斯。

【29】一开始，这位王子并没有担心或怀疑。一天过去了，又一天过去了，好几天过去了，威尔瑞斯还是没有把灯归还。于是王子派人去找他，温和地请他归还。他的回答是："你明天再来。"安提奥库斯有点惊讶了，再次派人去，但仍旧没有得到答复。最后他亲自去见威尔瑞斯，请他归还那盏灯。现在，你们来看这个无耻、下流、冷血的无赖。尽管他从王子的口中知

---

① 指修复。公元前 83 年，卡皮托利圣山上的神庙遭到火灾，直到公元前 69 年修复。

道这盏灯是奉献给卡皮托利圣山的神庙的，尽管他明白这盏灯是保留给万能的朱庇特和罗马人民的，但他仍旧要王子把这盏灯留给他。安提奥库斯声称自己敬畏卡皮托利圣山的朱庇特，同时也要尊重公众的意见，所以不能把灯留给他，因为许多人都会问这盏灯是为谁造的，造的时候对谁发誓。这时候，威尔瑞斯开始以最严厉的方式吓唬王子，等到他发现恐吓对王子几乎没有什么作用时，他就下令要王子在天黑前离开这个行省，说他自己得到消息，有海盗入侵西西里。王子在叙拉古市集广场上，当着公众的面——我提这件事是为了免得有些人会以为我在虚构，用一些别人都不知道的事情指控威尔瑞斯——我重复一遍，在叙拉古的市集广场上，这位王子泪流满面地大声宣布，这盏镶满宝石的灯他打算送往卡皮托利圣山，想要以此作为他与罗马民族的联盟和友谊的最后标志，但是现在被威尔瑞斯夺走了；他不在意他的其他艺术品，无论是黄金还是宝石，落在威尔瑞斯手里，但若不能拿回这盏灯，那真是奇耻大辱。按照他的弟兄和他本人的意愿，这盏灯要献给神，他在罗马公民大会上当着罗马公民的面已经宣布要把它献给万能的、最仁慈的朱庇特，他请求"神圣的父神"见证他庄严、神圣的目的。

【30】有哪个人的声音或身体的力量能够恰当地描述威尔瑞斯这一行为的邪恶？这位安提奥库斯王子带着那些忠诚的随员在罗马住了将近两年，在我们的眼皮底下生活，他是罗马人民的朋友和同盟者，罗马人民与他的父亲，他的祖先，与这个富裕而又强大的国家的最古老、最著名的君主，始终维持着最友好的关系，而罗马的一个行省竟然把他赶走。你们认为这件事会在异邦人心中引起什么样的感情？如果这些丑事传到其他国王统治的国度，传到十分遥远的地方——一位罗马总督在他的行省里冒犯一位国王的尊严，抢劫他自己的贵客，赶走罗马的同盟者和朋友——那么会有什么样的结果？先生们，你们一定要明白，如果不惩罚威尔瑞斯的愚蠢行为，你们的名字和罗马的名字都会受到所有外国人的咒骂和痛恨。他们全都很容易相信这种事情，因为有关罗马人的邪恶和贪婪变成了人们日常谈论的话题，这种罪行不仅仅是威尔瑞斯的罪行，而且也是认可这种行为的人的罪行。许多王国、许

多自由邦、许多有权有势的富人，肯定会停止向我们的卡皮托利圣山奉献装饰品，这将有损于帝国所需要的荣誉。你们要让这些人明白，你们对抢劫国王的礼物感到愤怒，你们和罗马会接受他们的善意和馈赠。让他们听到你们公正地处理了这件事，涉及这位著名王子的礼物，使他们改变不愿在这些事情上花费劳动和金钱的态度。

【31】昆图斯·卡图鲁斯，关于这件事，我要向你呼吁，因为你自己也有漂亮的住所。你要认真对待这项指控，不仅要严格地保持法官的公正，而且要有和敌人做斗争的力量。由于元老院和罗马人民的光荣，你自己的荣耀也在那座神庙里变得神圣，由于有了这座神庙，你自己的名字也变得神圣。你必须亲自关注这件事，努力确保把卡皮托利圣山重新建设得更加宏伟，把它装饰得比从前更加富丽堂皇，让我们由此可以感到发生大火灾是天意，其目的不是摧毁万能的朱庇特的神庙，而是要求我们把它变得更加辉煌和伟大。你们已经听到昆图斯·米诺西乌说安提奥库斯王子在叙拉古的时候住在他家里，据他所知，那盏灯被送到威尔瑞斯那里去了，据他所知，那盏灯没有送回来。你们已经听到在叙拉古的罗马公民的陈述，你们还将听到来自其他城邦的公民们的陈述，他们亲耳听到那盏灯是安提奥库斯王子发誓要奉献给万能的朱庇特的。如果你们在这个法庭上不是法官，如果你们只是应邀来指控这种罪行，那么就用法律惩罚这种暴行吧，让它得到报应是你们自己的责任，而不是其他人的责任。因此，我丝毫也不怀疑你们作为法官对这桩案子会拥有恰当的态度，如果你们是在起诉别人，我相信你们的指控会比我猛烈得多。

【32】但是，我请求这个法庭的全体成员明白，没有比这种行为更加可恶、更加不可容忍的了。威尔瑞斯会把这盏敬献给朱庇特的镶满宝石的灯用做自己的家具吗？这盏光明灿烂的灯本来应当用来照亮万能的朱庇特的神庙，难道要让它待在威尔瑞斯的私人住宅里，使他淫荡、邪恶的名声更加臭名昭著吗？在这个愚蠢的、挥金如土的人的家里，卡皮托利圣山的装饰品难

道要和其他凯莉冬①的东西放在一起吗？你们认为，对这样一个犯下如此可怕罪行的人来说，还会有什么东西是神圣的，而现在他没有丝毫羞耻感，竟敢为这件事直面审判，他的行动甚至没有给他留下任何可能，向万能的朱庇特祈求怜悯，向朱庇特请求其他任何人都无需请求的帮助？对于这样一个人，连诸神本身都要来到这个为人所设的法庭向他索取赔偿。这个人把手伸向卡皮托利圣山，不能约束自己，他在雅典反对密涅瓦，在德洛斯反对阿波罗，在萨摩斯反对朱诺，在佩尔加反对狄安娜，在亚细亚和希腊反对许多其他的神灵，我们会对这样的罪行感到惊讶吗？作为个人，有人愿意把他们的财富用于装饰圣山，而一位王子用来装饰圣山的东西却受到盖乌斯·威尔瑞斯的阻拦。

　　一旦做出如此大胆的、罪恶的安排，他当然不会感到在整个西西里从今以后会有什么神圣的东西。他在这三年里的行为使人感到，他不仅向全人类宣战，而且向天上的诸神宣战。

　　【33】先生们，西西里有一个古老的镇子名叫塞吉斯塔，据说是由埃涅阿斯创建的，当时他从特洛伊逃亡，来到了我们这个地方。塞吉斯塔人后来把罗马人当做自己的亲戚，不仅由于永久的同盟和友谊，而且由于血缘关系。很久以前，塞吉斯塔独立对抗迦太基，迦太基人攻占了这个镇子，俘虏了镇里的居民，摧毁了镇子，任何能给迦太基增添美丽的东西都被运走。镇上有一尊狄安娜的青铜塑像，年代久远，非常神圣，是一件精美的艺术品。它被运到迦太基，但无非就像换了一个家，换了一批崇拜者。从前人们对它的敬畏仍旧保留着，它的格外美丽甚至使得敌对的迦太基人都感到它配得上最虔诚的崇拜。第三次布匿战争期间，普伯里乌·西庇阿攻占了迦太基。我想让你们知道西庇阿严谨的正直，使你们可以对我们的同胞给我们提供的这种类型的正义行为感到喜悦，由此也可看出威尔瑞斯行为的鲁莽和邪恶。在胜利的时刻，西庇阿知道西西里曾经长期遭受迦太基人的蹂躏，他派出一位

---

① 凯莉冬是威尔瑞斯的情妇，参见本文第一卷第 40 章。

将军到处搜寻，要把那里的所有西西里人都聚集在一起，下令归还曾经属于西西里人的几个社团的东西。后来，如我已经说过的那样，从前来自希墨腊的这些珍宝有些还给了塞尔迈人，有些给了格拉人，有些给了阿格里根图人，包括那头据说原先属于最残忍的暴君法拉利斯的公牛，法拉利斯把活人扔进牛圈，并点燃火把激怒公牛。在把这头公牛归还阿格里根图人的时候，西庇阿赞扬了西西里人，问他们愿意当自己同胞的奴隶，还是当罗马的臣民，因为他们现在有了这样一件纪念品，既表现了他们同胞的残忍，又表现了罗马的仁慈。

【34】这个时候，人们最关心的是把我说的这尊狄安娜塑像归还给塞吉斯塔人。塑像被搬回镇上，在这些感恩的公民的欢笑声中再次安放在原来的地方。塞吉斯塔人给它添加了一个基座，上面刻着普伯里乌·西庇阿的名字，记载了他在攻占迦太基以后如何送还这尊塑像。镇上的人崇拜它，来访的客人也都来看它，当我是执法官时，这是他们带我去看的第一样东西。塑像十分高大，狄安娜斜披长袍，微微颤动，表现出少女的优雅，她左手执弓，右手高举熊熊燃烧的火炬。一看到这尊塑像，这个一切宗教的敌人和抢劫圣物者心中就燃起疯狂的欲望，好似那火炬已经把他点燃。他下令当地行政官员把塑像拆下来给他，作为当地能给他提供的最大优惠。他们回答说，这样做是罪大恶极，他们害怕受到法律的惩罚，强大的宗教方面的原因也在禁止他们这样做。威尔瑞斯变换手法引诱和威胁他们，一会儿鼓励他们这样做，一会儿又恫吓他们。而他们则提出各种反对的理由，其中有一条就是向威尔瑞斯提起阿非利加努的名字，说这尊雕像是罗马国家的财产，他们没有权力违背一位杰出的罗马将军的安排，他在攻克敌人的城市以后，把这尊塑像安放在这里作为罗马人胜利的纪念。威尔瑞斯想要得到塑像的急迫心情一点儿也没有减弱，而是逐日变得更加炽热。当地议会讨论了这件事情，所有人都激烈地表示反对。就这样，威尔瑞斯在第一次访问的时候没有得到这尊塑像。于是，威尔瑞斯就给塞吉斯塔增派比西西里其他地方更加沉重的负担，以征用水手和桨手的方式，或者以征收粮食的方式，远远超过他们能够

承受的限度。此外，他还传唤当地的行政官员，抓走当地的名士，派人押着他们到西西里的各个城镇游街。他发誓要毁掉塞吉斯塔整个社团。就这样，到了最后，在遭受许多痛苦和折磨之后，塞吉斯塔人同意服从这位总督的命令。整个社团，全镇的男男女女流着泪，眼睁睁地看着狄安娜的塑像被搬走。

【35】现在请大家注意塞吉斯塔人的宗教情感的力量。先生们，我向你们保证，你们在当地找不到一个人，无论是自由民还是奴隶，无论是公民还是侨民，胆敢冒险搬走这尊神像。有些来自利里拜乌的外国劳工为了一笔工钱动手搬运神像，他们对事情的经过和神像的宗教内涵一无所知。你们可以想象，在这尊神像运走的时候，全镇的妇女聚集在镇口，老人们的脸上挂着泪珠，他们中有些人仍旧记得那个伟大的日子，狄安娜塑像从迦太基运回塞吉斯塔，带着罗马胜利的消息。他们的感受有多么大的差别啊！那个时候，罗马军队的杰出统帅从敌人的城市里找到这位塞吉斯塔的神，把她送回家乡；而现在，一位邪恶肮脏的罗马总督犯下可怕的罪行，把她从一个结盟的、友好的城市搬走。当狄安娜被运走的时候，少女们拥上前去，送上鲜花，用香水涂抹她，给她戴上花冠，焚香膜拜，送她上路，整个西西里没有比这更动人的故事了。当时，在你掌权的时候，邪恶的贪婪蒙蔽了你的双眼，你无法感受到这种神圣的力量；而现在，当处在险境时，你仍旧不会害怕得发抖吗？上苍禁止任何人帮助你，你又能向谁请求帮助？已经违反了宗教的禁令，你又能求助于哪一位神灵？你对和平时期的神像不感到敬畏吗？这座神像尽管看到它待过的两座城市的沦陷和焚毁，但它两次在刀剑和战火中安然无恙，罗马战胜迦太基以后，它回到家乡，但没有失去神性，伟大的阿非利加努在把它送回家乡时，它的神性也恢复了。我还要说，在神像被搬走以后，看到刻着阿非利加努名字的光秃秃的基座，每个人的心中都会激起强烈的仇恨，不仅是因为圣物遭到抢劫，而且因为威尔瑞斯这个人用这样的行为抹去了人们对勇士的记忆，消除了对我们勇敢的普伯里乌·阿非利加努的胜利的记载。当有人把神像的基座和铭文告诉威尔瑞斯的时候，他以为只

要将足以揭露他的邪恶行为的基座也一起搬走，人们就会把整件事情忘记。因此，在他的命令下，塞吉斯塔人签署了一个协议，同意把基座运走。这个协议的文字，引自塞吉斯塔的公共记录，在这场审判的第一部分已经大声地读给你们听了。

【36】现在，普伯里乌·西庇阿①，我要向你提出请求——你年轻，品德高尚，能力非同一般——请你履行你的名字和家族赋予你的义务。你为什么要为一个盗窃西庇阿的荣誉和光荣的人奋斗？你为什么要希望他的辩护成功？为什么要由我来扮演应当由你扮演的角色，承担应当由你承担的任务？为什么要由一名图里乌斯来提出恢复对阿非利加努的纪念，而一名西庇阿却在为运走这些纪念物的人辩护？每个人都应当坚定地保护他自己的祖先的纪念物，不让它落到其他人手中成为装饰品，这是我们从我们的祖先那里继承下来的传统。你要支持这个人吗？他没有以这样或那样的方式取消对普伯里乌·西庇阿的纪念，但却把纪念物完全摧毁。我以神的名义起誓，如果你放弃保护它，不仅让它受到抢劫，而且支持抢劫者，那么应当由谁来保护普伯里乌·西庇阿的坟地，纪念他的伟大的那些记载和标志应当由谁来保护？

塞吉斯塔人在法庭上，他们依靠你，是罗马的同盟者和朋友。他们告诉你，在攻克迦太基以后，阿非利加努把狄安娜的神像归还给他们的祖先，以这位伟大将军的名字安放和供奉在塞吉斯塔。他们告诉你，威尔瑞斯运走了这座神像，普伯里乌·西庇阿的名声完全被消除了，摧毁了。他们请求你归还他们崇拜的东西，恢复你的家族的荣誉和光荣，以便使他们在阿非利加努的帮助下曾经一度从他们的敌人的城市里拿回来的东西能在你的帮助下再次从这名强盗家中拿回。

【37】对此你能做出什么样的体面回答？除了向你提出请求，诉诸你的荣誉，他们还能怎么办？瞧，他们就在这里，正在向你提出请求。

西庇阿，保持你的家族光荣传统是你的权利，它确实是你的权利，因为

---

① 父名纳西卡（Nasica）。

你拥有一个凡人所能拥有的所有便利和幸运。我不会拿走完成这项义务给你带来的奖赏，也不会把属于其他人的信誉转为己有。当有一名普伯里乌·西庇阿还活着，活得很好，精力十分充沛的时候，我不会自告奋勇地担任普伯里乌·西庇阿的纪念物的卫士和保护者。因此，如果你愿意承担保护你的家族的伟大名字的任务，那么我不仅不需要提到西庇阿的纪念物，而且还会感到喜悦，因为西庇阿·阿非利加努死后还能在他的亲属中看到有人保护他的纪念物，不需要外人的帮助。然而，要是你和威尔瑞斯的友谊捆住了你的手，要是你认为我敦促你做的事不是你的义务，那么我会接替你的工作，免除你的义务，扮演我认为应当由另一个人来扮演的角色。如果我这样做了，让你身为其中成员的贵族阶层停止抱怨罗马国家总是乐意把公共事务托付给出身卑微的积极的人。当品格使罗马成为世界之主的时候，没有人可以抱怨罗马总是把品格看得高于其他一切。不要让西庇阿们独占西庇阿·阿非利加努的肖像，也不要让他们淡化这位伟大的英雄的光彩。他是这样一个人，他为罗马服务，不仅是他的家族，而且整个国家都有权保护他的名声。作为一个帝国的公民，我本人也享有这种权利，这个帝国自豪而光荣的名声有许多要归功于他。我越是尽力追随他的正义、节制、坚忍不拔的道路，我越是感到要做一名受压迫者的卫士和邪恶者的敌人。目标和追求的一致使我与他结成的亲密关系丝毫不亚于受到你们珍视的、由于名字和血缘和他产生的关系。

【38】所以，威尔瑞斯，我向你索要这件西庇阿·阿非利加努的纪念物。我放弃我正在承担的代表西西里人对你的起诉；此刻，让关于勒索的审判不要发生，让塞吉斯塔的过失不受注意。但是，让刻着西庇阿的名字的那个基座放回原处，让我们战无不胜的统帅的名字刻在那上面，让他从迦太基运回来的那座可爱的神像再次复归原位。向你提出这些要求的是谁？不是西西里的卫士，不是指控你的人，也不是塞吉斯塔人民，而是保卫和保存伟大的西庇阿的名字和名声的人。我肯定这个法庭上有一个人，普伯里乌·塞维留斯，会批准我履行我的义务。他是一个做了许多大事的人，他在此刻必定想

要为他自己的业绩竖立纪念物，会把他的全部精力用于这件事，他肯定想要
这些纪念物得到保护，不仅由他自己的后代，而且由所有勇士和真正的爱国
者，不让它们被无赖抢走。你，昆图斯·卡图鲁斯，你的纪念物是全世界最
大、最高尚的，我敢肯定，你一定不会对我们的纪念物要有那么多人加以保
护而感到遗憾，也不会对每个诚实的人都把保护其他著名人物的名声当做自
己的义务感到遗憾。至于我自己，威尔瑞斯的其他抢劫行为在我心中激起的
义愤使我要对它们加以斥责，而这件事给我带来了剧烈的痛苦，使我感到没
有比这更耻辱的事，没有比这更不能容忍的事。威尔瑞斯要把阿非利加努的
西庇阿的纪念物拿去装饰他自己那座充满淫秽、邪恶和愚蠢的房子吗？威尔
瑞斯要把这位极为节制、正直的人的纪念物和处女神狄安娜的神像安放在一
所淫荡不止、像妓院一样肮脏的房子里吗？

【39】你要告诉我们，被你运走的这尊神像是你唯一染指的西庇阿的纪
念物吗？你抢走了同一位仁慈的恩人安放在廷达里斯的美丽的墨丘利的神
像，那又该怎么讲？神保佑我们，他的办法有多么邪恶、荒唐、可耻！一两
天前，你们听到代表廷达里斯社团的一些优秀公民所做的陈述。他们如何深
深地敬畏墨丘利，如何每年为它举行庆典，攻占迦太基以后，西庇阿如何把
这尊神像给了他们，不仅用来标志和纪念他自己的胜利，而且标志着他们作
为我们的同盟者的忠诚，威尔瑞斯如何使用邪恶的暴力从他们那里夺走这尊
神像。在第一次访问他们的镇子时，他突然下令，要他们把这座神像运往墨
撒纳，他这样做几乎毫不犹豫，不管行为是否恰当，也不管这样做有无必
要，就好像在执行罗马元老院的命令和罗马国家的法令。听到命令的人感到
深深的震惊，感到不可思议。威尔瑞斯离开的时候要当地的首领索帕特把神
像拿来，遭到拒绝以后，威尔瑞斯对他发出凶狠的威胁，然后离开了镇子。
索帕特把事情报告给当地的议会，引来阵阵愤怒的吼声。过了一些时候威尔
瑞斯又来到廷达里斯索要神像。听到索帕特说当地的议会没有批准，而没有
议会的批准碰一下神像是大罪，当地人崇拜这尊神像，威尔瑞斯喊道："崇
拜、大罪、议会的批准？全都是胡说八道！我要你们的命，你们不把神像交

给我，我要把你们活活打死。"索帕特泪流满面地向议会报告了事态，转述了这个人的愚蠢和威胁的话语。没有人答话，整个议会乱成一团。这位总督又派人来传唤索帕特，他向威尔瑞斯做了解释，并说这件事几乎不可能。

【40】接下去发生了什么事？这位总督组织了一个法庭公开审判索帕特，我要详细说明这个无赖的作为才对。时值深冬，如索帕特本人告诉你们的那样，天气非常寒冷，天上下着大雨，威尔瑞斯命令他的侍从官剥去索帕特的衣服，捆绑起来，吊在柱廊里，而他自己则坐在下面的市集广场上。威尔瑞斯的话还没说完，他的侍从已经把索帕特团团围住，动手剥他的衣服，好像每个人都想看到这个可怜无辜的人受到鞭打。你在胡说什么？威尔瑞斯会毫无理由地鞭打罗马的朋友和同盟者吗？哦，不，他还不是这样的无赖，他没那么坏，威尔瑞斯从来不残忍，他对待这个人相当温和。廷达里斯市集广场中心，就像大多数其他西西里城镇一样，竖立着马尔采鲁斯家族的骑马塑像。威尔瑞斯选中了盖乌斯·马尔采鲁斯的塑像，他为廷达里斯服务，也为整个行省服务，时间最近，范围最广。威尔瑞斯下令将索帕特捆在这尊塑像上，索帕特在他们的社团里拥有很高的地位，是当地最高的行政官员。在寒冷的风雨中将一个人赤身绑在青铜塑像上，威尔瑞斯的残忍暴露无遗。这种暴行一直持续，直到聚集在那里的人都喊叫起来，受到这种野蛮行为的恐吓，出于对受害者的同情，他们迫使当地议会同意把墨丘利像给威尔瑞斯。他们哭喊着，天上的诸神会有一天处罚他们自己的错误，但他们一定不能让一位无辜的人死去。因此，整个议会等着拜见威尔瑞斯，许诺把神像给他，然后才把已经冻得半死的索帕特从盖乌斯·马尔采鲁斯塑像上放下来。

我希望自己能以系统的方式指控威尔瑞斯，但我做不到，因为这样做不仅需要有能力，而且需要格外机智。

【41】关于廷达里斯的墨丘利像，我已经提出了指控。它是一项指控，但实际上是一组指控，我不知道如何能把这些指控区分开来。我可以指控他勒索金钱，因为他从我们的同盟者那里抢走的塑像值很多钱；我也可以指控他盗窃公物，因为他不敢运走的神像属于罗马国家，是从罗马敌人那里夺回

来的，是一位罗马将军下令安放在那里的；我也可以指控他卖国，因为他竟
敢推倒和运走标志着我们国家的权力、名声、胜利的东西；我也可以指控他
不虔敬，因为他亵渎了最神圣的宗教物品；我也可以指控他残忍，因为他发
明了一种新颖的、独特的刑罚，折磨一位罗马的朋友和同盟者。他用马尔采
鲁斯的塑像来犯罪，他的罪行应当归入哪一类，用什么名称来描述才恰当，
这确实超出了我的能力。这样做意味着什么？因为马尔采鲁斯是他们的恩人
吗？马尔采鲁斯为他们服务，所以你要用他的塑像来毁灭绑在塑像上的这个
人吗？你的目的也许是为了说明没有任何保护人能够把你的受害人从你的暴
力下解救出来？道理非常清楚，一名现任无赖总督的法律权威远远超过遥远
的最诚实的庇护人的保护。我们要拿这件事来证明使你与其他所有人区别开
来的傲慢与专横吗？你算计过了，要做一些事情来使马尔采鲁斯家族的名声
晦暗。当然了，这就是为什么这个家族的成员现在已经不再是西西里的庇护
人，威尔瑞斯已经取代了他们的位置。你认为自己拥有什么样的信誉和尊
严，使你认为自己应当寻求这个著名的行省的人民对你的忠诚，并废除那些
曾经长时间为行省服务的忠实的庇护人？你这个懒惰的、头脑空虚的无赖，
你能够保护他们的利益吗，我说的不仅是西西里，而且是最贫穷的西西里
人？你会把安放马尔采鲁斯塑像的地方当做一个鞭笞忠实地依附这个家族的
人的地方吗？你会寻求把他荣誉的标志变成折磨荣耀他的那些人的工具吗？
至于将来，我可以问，你自己的塑像会发生什么事？对这些塑像发生的事也
可能会落到你的塑像头上，因为你已经命令廷达里斯人在马尔采鲁斯家族的
塑像旁边竖起一尊你的塑像，可是那里的人一听说你的继任人到了，就把你
的塑像推倒。

【42】好吧，西西里人碰上了好运，马尔采鲁斯被指定担任你们的法官
之一，在马尔采鲁斯担任总督期间，西西里人被绑在他的塑像上，而现在我
们把你们解放了，把你们被捆绑的手脚解放了，因为他会对你们行使正义。

先生们，我还要说，威尔瑞斯最初断言廷达里斯人把这尊墨丘利的神像
卖给了一位名叫马库斯·马尔采鲁斯·埃塞尼努的人，他现在就在法庭上，

然而他希望马库斯·马尔采鲁斯本人会说这种话来支持他。他是西西里的庇护人，在我看来，像他这样等级的一位年轻人，他的名字绝不可能成为威尔瑞斯用来逃避指控的工具。无论如何，我出于预见而在这件事情上已经提高了警惕，无论马尔采鲁斯是否愿意为威尔瑞斯顶罪，他最后都会遭到彻底的失败。我从西西里带来了其他证人，还有一些书面文件，足以让每个人都明白威尔瑞斯罪行的真相。有官方记录表明，廷达里斯人把那尊墨丘利像运到墨撒纳，由公家开支费用，他们会告诉你们一共花了多少钱，有一位波利阿斯被指派处理这件事。波利阿斯在哪里？作为一名证人他就在法庭上。进一步说，廷达里斯人办这件事有他们的首领索帕特的命令。谁是索帕特？那个被捆在塑像上的人。他在哪里？你们已经见过他，听过他的陈述。负责看守体育场的德米特利看到这尊塑像被运走。这是我说的吗？正好相反，德米特利本人就在这里，是他说的。威尔瑞斯本人不久前在罗马向廷达里斯的代表许诺归还这尊塑像，只要他们能够撤回对他的书面指控，保证不出庭作证。你们从佐西普斯那里听到这些事情，他也来自伊司美尼亚，他等级很高，在廷达里斯有重要的政治影响。

【43】下面我要指控你犯的另一桩盗窃罪，从阿格里根图的香火旺盛的埃斯库拉庇俄斯医神庙运走了一尊美丽的阿波罗神像，它是西庇阿的另一件纪念物，在阿波罗神像的腿部刻有密戒的名字，字很小，是银色的。先生们，这一次是他偷走的，在找到一些无赖为他引路和帮忙之后，他犯了这桩亵渎神灵的肮脏罪行。整个社团极为悲伤，感到一下子失去了很多东西：西庇阿的恩惠、他们虔诚的心灵的安宁、他们城市的艺术珍宝、我们罗马人的胜利的记载、他们与罗马同盟的见证。当地政府后来指控负责看守神庙的人和负责城市安全的人失职。事实上，威尔瑞斯不敢在阿格里根图公开索要或搬走他喜爱的神像，这无疑是因为城里人太多，公民们有着坚强的品德，也因为有一大批杰出的、受人尊敬的罗马公民生活在这座城市里，与居民们保持着友好的关系。离阿格里根图市集广场不远有一座赫丘利神庙，深受当地居民的敬畏和崇拜。这座神庙里有一尊赫丘利的青铜神像，我不知道还有没

有看到过比它更加精美的艺术品，我对这些神像的理解与我看到的神像的数量并不相配。但它确实非常美丽，先生们，它的嘴和下巴塑得栩栩如生，惹人喜爱，所以当人们供奉它的时候，不仅向它致敬，而且还亲吻它。一天深夜，一群武装奴隶在提玛基德的率领下突然闯进这座神庙，当时威尔瑞斯正在镇上过夜。神庙的看守和卫士发出警告，拼死抵抗，试图打退进攻，但被棍棒野蛮地打倒在地，最后被打死。庙门被打开，匪徒们用绳索捆绑神像，想要用撬棍把它从基座上抬起来。这时候全镇响起了呼喊声，有强盗或海盗偷袭，想要抢走他们祖传的神像，而这群武装的匪徒实际上来自总督的官邸。那天晚上在阿格里根图没有一个人是睡了安稳觉的，镇上的居民一听到消息，就从床上起来，拿起武器，从四面八方向神庙跑去。那群匪徒已经在神庙里待了一个多小时，有的想用棍子把神像撬离它的底座，有的想用绳子捆住神像的胳膊和腿把它从底座上拉下来，但不管怎么努力神像纹丝不动。镇上的民众朝他们冲去，石头像雨点似的飞向他们，我们杰出的指挥官的夜间巡逻队也闻讯赶到，匪徒们逃窜了。然而他们还是盗走了一些小雕像，这样还不至于空手而归。西西里人总是会开一些得体的玩笑，哪怕是在审判的环境下；所以，在这种情况下他们看到的这头可怕的公猪必须算做赫丘利的劳作，就好像出名的厄律曼西亚野猪。

【44】这些阿格里根图人的追击行为后来被阿索鲁斯人重演；他们是一些性格坚强、忠实可信的人，尽管他们属于一个更小、更偏僻的社团。克律萨斯河流经他们的土地，他们把这条河当做神来崇拜和敬畏。河神庙邻近阿索鲁斯通往赫纳的大路，庙里有一尊河神像，是一件美丽的大理石作品。由于神庙的格外神圣，威尔瑞斯不敢向阿索鲁斯人索要这尊神像，但把任务交给勒波莱莫和希厄洛。他们召集了一些人，武装起来，在一天夜晚去了神庙，破门而入。神庙的守夜人和警卫及时发出警报，邻人们听到熟悉的牛角声响起，纷纷赶来增援，勒波莱莫只好带人逃跑，除了一尊小小的青铜像外，克律萨斯的神庙没有丢失什么东西。

恩吉瓮附近有一处大母神的圣地。（我现在必须简洁地谈一些案子，把许多案子省略掉，这样我们才可以如我们现在所考虑的那样，进到这个人盗窃圣物的行为中更加重要和更加臭名昭著的例子。）这处圣地里有科林斯人精心制造的青铜护胸和头盔，有一些很大的水壶，风格相同，制造精美，我们说的这位伟大的西庇阿，人类美德的化身，把它们放置在圣地里，还立了一块石碑，上面刻有他的名字。我不想就这些珍宝的悲惨命运讲一个很长的故事。先生们，威尔瑞斯把它们全都拿走了。除了盗窃圣物时留下的痕迹和那块刻有西庇阿名字的石碑，他什么都没有留下。这些从我们的敌人那里缴获的战利品，这些用来纪念我们伟大统帅的纪念品，这些装饰这处圣地的装饰品，将不再能说成高贵的，而只能作为盖乌斯·威尔瑞斯家里的陈设。看起来你是科林斯青铜器的专家，你能够评价这些东西的设计和制造工艺，像西庇阿这样有教养的人不懂这些事情，而像你这样野蛮的、没有教养的、愚蠢的、没文化的人却能理解和鉴定这些东西。问一问你自己吧，西庇阿是否在理智和教养上不如你和你的那些所谓有品位的朋友。他确实懂得这些东西有多么美丽，由于这个原因，他不是把这些东西当做个人享用的奢侈品，而是用来装饰神庙和城市，让它们在后人的注视中成为神圣的纪念物。

【45】先生们，现在让我来告诉你们这个疯子和极端贪婪的人的一个突出的例子，他亵渎了一些神圣的东西，这些东西不仅用手触摸是犯罪，而且连在心里亵渎它也是犯罪。在卡提那有一座刻瑞斯①的小神庙，但人们对它的崇拜不亚于罗马和世界各地的刻瑞斯神庙。这座神庙的最神圣的地方有一尊非常古老的刻瑞斯神像，非常隐秘，外人不知道它的相貌，甚至不知道有这样一尊神像，因为神庙不允许男人进入，那里的祭仪由妇女和姑娘们举行。威尔瑞斯的奴隶在一天夜晚从这座古老的神庙里盗走了这尊神像。第二天，刻瑞斯的女祭司和负责管理这处圣地的女长者报了官，消息传开，引起民众的悲哀、义愤和哭泣。犯下这种亵渎的罪行以后，为了转移人们的怀疑视线，威尔瑞斯要一个和他在一起的人去另外找个人来顶罪，指控这个人

---

① 刻瑞斯（Ceres），谷物女神。

犯了盗窃圣物罪，而他自己就可以不受指控了。那个人迅速执行了他的命令，在威尔瑞斯离开卡提那以后，一名奴隶受到指控，还有几名证人作了伪证。按照城邦的法律，审判在整个卡提那的地方议会举行。女祭司被传唤到法庭上来秘密地审讯。在问到当时的情况，神像如何被偷的时候，她们说以前在圣地见过总督的这名奴隶。即使在审讯之前，几乎没有人怀疑事情的真相，女祭司的证据已经说得非常清楚。法庭全体法官做出了那名奴隶无罪的判决——这就使你们全体更加容易发现站在你们面前的这个人有罪。哦，威尔瑞斯，你还有什么话可说？你还有什么希望？你还指望从神或人那里得到什么帮助？你竟然派奴隶盗窃一处圣地的珍宝，而这个地方甚至连自由民进到里头奉献珍宝也是一种罪行？你竟然对这些圣物下手，而宗教的法律规定你甚至连看一眼都是不允许的？尽管推动你犯下这桩愚蠢、邪恶罪行的确可能不是你眼睛的欲望，但你确实想要得到一样从未见过的东西——对，你对一样你的眼睛还没有看到过的东西产生了欲望，是你的耳朵使你产生了这种炽烈的贪婪欲望，诸神的力量和凡人的谴责都无法使你的欲望熄灭。哦，你无疑可以从一些能对你说真话的人那里听说过这尊神像。要说你没有从任何人那里听说过这尊神像，这怎么可能呢？由此可以推论，你从一位妇女那里听说过，因为男人既不能看见它，也不知道它。好吧，先生们，什么样的妇女会跟威尔瑞斯谈起这尊神像？要是她是一位贞洁的妇女，她会和威尔瑞斯谈起这尊神像吗？要是她是一位敬畏神灵的妇女，她会告诉他如何抢劫圣地吗？如此神圣的东西被威尔瑞斯邪恶的淫欲所亵渎完全不是一件稀奇的事。

【46】他没有亲眼见过，但却在听人说了以后就在心中产生强烈欲望的唯一的东西就是这尊神像吗？远远不是。其他还有许多这样的事例，我只是从中选择，讲述一件事，他盗窃了一处最著名、最古老的圣地，你们在这场审判的第一部分听到过相关的证据。如果你们愿意，我把这个故事再讲一遍，希望你们能集中精力，到现在为止你们一直在关注我的讲话。

先生们，梅利塔岛由一片宽阔的、水流湍急的海峡与西西里岛分开。岛上有一个镇子，也叫梅利塔。威尔瑞斯从来没有去过那里，但却在三年时间里把它变成了织造妇女衣服的作坊。离镇子不远，在一片海岬上耸立着古老的朱诺神庙，人们敬畏这座神庙，不仅在布匿战争期间不敢冒犯这处圣地，当时战争就在它附近进行，而且在海盗盛行的今天，人们也不敢冒犯它。对了，还有一个故事说到国王玛西尼萨的战舰如何在那里驻守，国王的海军统帅从神庙里拿走一些硕大的象牙，运往阿非利加，献给玛西尼萨。起初，国王看到礼物很高兴，但知道这些礼物来自何处以后，他派了一队人马把这些象牙送还原处，还在象牙上刻上布匿人的文字，记载国王玛西尼萨如何在不知情的情况下接受了这些象牙，但在知道事情真相后就把它们送还原处。除了这些象牙，那里还有许多艺术品，包括胜利女神的象牙雕像，非常古老，制作精美。好吧，细节我们就不说了，威尔瑞斯在得知消息后派出奴隶，运走了那里的每一件宝物。

【47】以神的名义起誓，我正在起诉的是个什么样的人？我需要诉诸法律来反对他，这个法庭需要主持正义吗？先生们，你们要对谁进行判决，把它记下来？梅利塔城邦的正式代表说朱诺神庙遭到了抢劫，威尔瑞斯把这个最神圣的地方洗劫一空。我们的敌人经常登陆那个地方，海盗也在每年冬天经过那里，但没有任何海盗曾经亵渎它，也没有任何敌人敢对它下手，然而这个地方现在已经被威尔瑞斯抢空了，没有留下任何东西。我要问，按照正确的词义，这个人是被告吗？我是原告吗？这是一场审判吗？这个人正在接受有论证和推论支持的指控吗？我们发现神像被偷，圣地被劫，整个城市被抢得只剩一个躯壳。有关所有这些行为，威尔瑞斯既没有给自己留下否认的理由，又没有给自己找到声称他的某个行为正确的根据。我用起诉人的言词，证人的证词，他自己的供词，已经证明他有罪。他的罪行确凿无疑，没有逃避惩罚的任何可能。然而，他还是站在那里，默默地听我揭露他的罪行！

先生们，我感到自己指控这一类罪行时间太长了，你们的耳朵和心灵已经听得太多了。所以我会省略许多事例，但有些事情还是要告诉你们。先生们，我希望你们能够注意听，我以永生之神的名义起誓，以诸神的名义起誓，威尔瑞斯有一项行为深深地惊扰了整个行省。要是我把事情扯得太远，要是我过多地牵涉到宗教方面的事情，请你们原谅。这件事的重要性迫使我不能肤浅地处理这一可怕的指控。

【48】先生们，最古老的希腊典籍和铭文说有一条古老的信念，整个西西里岛都是刻瑞斯和利伯拉①的圣地。其他民族信奉这一信条，而西西里人更是与生俱来相信这一点，就好像扎根在他们的心灵上。他们认为这些女神诞生在西西里，在西西里的土地上最先种植谷物。利伯拉，他们也称她为普罗塞庇娜，在赫纳附近的树林中被劫走，这个地方位于海岛中央，是西西里的中心。故事又说，刻瑞斯焦急地到处寻找她丢失的女儿，手里擎着用埃特纳山顶的圣火点燃的火炬，在大地上到处寻找。赫纳是这件事发生的地方，它建在一块台地上，那里有终年不息的清泉，四周都是悬崖峭壁，还有无数的湖泊和池塘围绕，一年四季，鸟语花香。那里的风景似乎就在证明这个少女被劫的故事是真的，我们从小在摇篮里就听这个故事。与赫纳相邻的北面有一处无底深渊，我们得知冥王狄斯②从那里驾着马车突然跃出，抢走了这位少女，在驶到距离叙拉古不远的地方又钻入地下。那里突然冒出许多湖泊，叙拉古人后来每年在这里举行节日庆典，有大批男女信众参加。

【49】古老的信念在这些地方找到了印证，那里的个人和社团自幼熟悉这些神灵的事迹，对赫纳的刻瑞斯顶礼膜拜。确实有无数的征兆不断地证明她的威力和临在，许多人在危难时刻得到她及时的救助，所以人们认为她不仅关心这个岛屿，而且就住在岛上，保卫着西西里。不仅有西西里人，而且还有其他地方的种族和人民深深地敬仰赫纳的刻瑞斯。人们渴望参加雅典人的神圣祭仪③，据说刻瑞斯在寻找女儿的时候去过那里，把谷物作为礼物送给他们，那么可以想象，在她出生的地方，在她最先发明谷物的地方，在人

---

① 利伯拉（Libera），女酒神。

② 狄斯（Dis），拉丁神祇，后来混同于希腊冥神普路托。

③ 指厄琉息斯秘仪，祭拜得墨忒耳（Demeter）和珀耳塞福涅（Persephone）。雅典人说厄琉息斯是最早种植谷物的地方。

们的心目中她的圣地有多么伟大。因此我们也能理解在我们的父辈所遇到的危机。在普伯里乌·穆西乌斯和卢西乌斯·卡普纽斯担任执政官的时候①，发生了一场严重的政治危机。提比略·革拉古被杀，有异兆表明我们正面临巨大的危险。人们去查看西彼拉圣书，从中发现这样的词句：必须与"最古老的刻瑞斯"和解。因此，尽管在我们自己的城市里也有美丽的刻瑞斯神庙，然而罗马国家的祭司团和十人委员会的成员还是离开罗马前往赫纳。他们感到那里的祭坛如此古老，充满灵气，去赫纳朝圣不是去参拜刻瑞斯神庙，而是去参拜刻瑞斯本人。

我不想进一步用这样的描述使你们感到疲倦了，因为我有时候感到不安，在法庭上起诉用我这种方式讲话不那么合适。我的指控是：一切国家和民众的女神祭仪的源头，最古老、最神圣的刻瑞斯，被盖乌斯·威尔瑞斯偷走了，这是她自己的神庙，是她自己的家。访问过赫纳的人见过她的大理石神像，利伯拉在另一处神龛。这些神像是伟大的作品，格外美丽，但不太古老；那里还有一尊青铜塑像，虽然体积不大，但手擎火炬，十分独特，这尊像非常古老。但是，在这处圣地里，连这尊神像也不算最古老的。威尔瑞斯偷走了这尊神像，但仍旧不满意。刻瑞斯神庙前的空地上有两尊塑像，一尊是刻瑞斯，一尊是特利托勒莫，两尊神像的体积都很庞大，非常美丽。它们的美丽害了它们，它们的体积救了它们；因为要想把它们搬走是非常困难的。但是，刻瑞斯的左手上原来还站着胜利女神，威尔瑞斯让人把它扭下来运走了。

【50】现在我要问，把这个人大量的亵渎行为汇集在一起必定会在人们心中激起什么样的情感？而我本人，仅仅是在讲述这些行为的时候，不仅心中感到忧虑，而且感到全身发抖。我想到那处圣地，想到那个神圣的地方，想到庄严的崇拜，就在眼前浮现出我访问赫纳时的情景，当时我受到刻瑞斯的祭司们的接待，他们扎着束发带，拿着他们神圣的树枝，我对汇集在

---

① 指公元前 143 年。

那里的镇上的人讲话，他们啜泣着聆听我的讲话，全镇人都陷入巨大的痛苦之中。使他们崩溃的不是残酷地征收"什一税"，不是他们的财产遭到抢劫，不是法庭的不公正，不是他们受到严刑拷打，也不是这个人的贪婪欲望和野蛮暴行，而是这种对刻瑞斯的古老的、神圣的崇拜和那处令人敬畏的圣地的亵渎，所以他们想要通过惩罚这个罪大恶极的人来赎罪。另外，他们也说自己会默默地忍受下去。他们的极端痛苦使人想到，要是这个黑暗的暴君再次来到赫纳，那么他不仅会抢走普罗塞庇娜，而且会抢走刻瑞斯。赫纳并不仅仅是一个城镇，而且是刻瑞斯的圣地。它的居民相信刻瑞斯住在他们中间，因此我在想到他们的时候不仅仅把他们当做镇上的公民，而且把他们全都当做刻瑞斯的祭司，当做刻瑞斯的仆人和使臣。你敢从赫纳搬走刻瑞斯的神像吗？在赫纳你不是从刻瑞斯神像的手中抢走了胜利女神像，从一位女神那里抢走另一位女神吗？看起来，不虔诚的人总是想要碰这些神圣的东西，而不是像宗教徒那样避免亵渎。在普伯里乌·波皮留斯和普伯里乌·卢庇留斯担任执政官期间，①这个地方落入奴隶之手——这些叛逃的、野蛮的、公共的敌人。然而他们对主人的服从不如你对淫欲的服从，他们对主人的叛逃不如你对正义和法律的叛逃，他们的出生和言语的野蛮不如你的气质和品性的野蛮，他们是人类的敌人，而你是天神的敌人。那么，对这个人来说，他还能够乞求什么样的怜悯？因为他比奴隶还要堕落，比叛逃者还要鲁莽，比野蛮人还要不虔诚，比战争中的敌人还要残忍。

【51】先生们，你们已经听了塞奥多洛、努美纽斯、尼卡西欧的陈述，他们是赫纳的代表，他们的同胞把这项使命正式赋予他们。他们找过威尔瑞斯，要求他归还刻瑞斯和胜利女神像。要是能够成功地要回神像，那么他们会遵守赫纳人的传统习惯，尽管威尔瑞斯践踏了西西里，但是按照他们的祖传惯例，他们不再出庭指控他。但若他不归还神像，那么他们就要在审判他的时候出庭，证明他做了这些事，把盗窃圣物列为他的首要罪行。我以神的

---

① 公元前 132 年，造反的奴隶占领赫纳，被罗马军队包围，长达两年之久。

名义起誓，请你们不要轻视这件事，也不要认为这些事不值一提。这里涉及我们受到伤害的同盟者的权利，涉及我们的法律的权威，涉及我们的法庭的名誉和荣耀，这些都是大事。但比这更重要的是，整个行省现在处在一片宗教恐慌之中，所有西西里人的心里都惶恐不安，害怕威尔瑞斯这一行为带来的可怕后果。他们相信，从今以后无论是公家还是私人遇上的不幸都是威尔瑞斯反对上苍的罪行的后果。你们已经听到了来自坎图里帕、埃吉里乌、卡提那、埃特纳、荷庇塔，还有其他许多地方的官方证词，说到乡村如何变成旷野，农民如何逃离庄园，良田如何被抛弃。尽管这是威尔瑞斯一系列罪行带来的后果，然而这些西西里人相信威尔瑞斯所犯的亵神罪是刻瑞斯的粮食在这个地区绝收的主要原因。先生们，你们会把我们的同盟者的宗教方面的心灵安宁还给他们吗？你们自己的心灵中还保存着宗教方面的心灵安宁吗？因为你们在这里确实遇上了一种宗教信仰，它对你们来说是外国的，外来的。即便不是这样，即使你们自己不愿意对此负责，但你们无论如何也要通过惩罚强暴这种信仰的人来维护这种信仰。然而这种信仰和祭仪实际上为所有民族所共有，我们的祖先引入和接纳了这种信仰，尽管在法令中仍旧称之为"希腊的"，它们确实也是希腊的，所以我们怎么能够无动于衷地对待它们呢？

【52】还有一个城市叙拉古，是所有城市中最富有、最美丽的，我要向你们讲述它遭遇抢劫的故事，以此来最后终结我的这部分演讲。你们中几乎无人不知，或者从史书中得知，马库斯·马尔采鲁斯如何攻占叙拉古。那么，比较一下这个和平时期与战争时期吧，把这位罗马总督的来访与那位罗马将军的胜利做一个比较，把这个人的一帮肮脏的随从与那个人不可战胜的军队相比较，把这个人的自我放纵与那个人的自我控制相比较，你们就会说叙拉古这个秩序井然的社团由攻克它的那个人所建，却被接手管理的那个人所毁。此时此刻，我就不说我在讲演的各个部分分别处理的事情，或者已经处理的事情了。叙拉古的市集广场，当马尔采鲁斯作为征服者进入这座城市的时候，如何避免了血腥屠杀，而威尔瑞斯作为总督到达那里的时候，那里

又如何洒满了无辜者的鲜血；叙拉古的港口，在抗击罗马和迦太基的时候曾经封闭，而到了后来又自由开放，而在威尔瑞斯当总督的时候，它成了西里西亚人的厨房和贼窝。在城市被占领的时期并没有发生很多妇女被抢婚、被强奸的事情，要知道，这些事情在战争时期，在战争习惯和征服者的权势下会大量发生。我再重复一遍，威尔瑞斯在这三年中的表现我就不说了，我要说的是其他一些事情。

经常有人告诉你们，叙拉古是最大、最可爱的希腊城市。先生们，这个说法是对的。它不仅是一个坚固的城市，而且从各个方向看，从海上看，或者从陆上看，都是一个美丽的城市。它的港口深入城市中心，几乎为城里的房子所拥抱，海港的几个入口相距很远，但它们的终点却汇聚在一起，形成一个岛屿，这个地方叫做中心岛，由狭长的海湾与城市其他部分分隔，但有桥梁相连。

【53】这座城市非常大，就好像有四个大城市合在一起。一个是前面已经提到的中心岛，被两个海港围绕，一直延伸到它的两个入口，或者称做"嘴"。中心岛曾经是国王希厄洛的王宫所在地，我们的总督通常用它做官邸。这里也有许多神庙，其中有两座比其他神庙好得多，亦即狄安娜神庙和密涅瓦神庙，在威尔瑞斯到达那里之前，神庙里有着丰富的珍宝。中心岛的另一端是一条小河，名叫阿瑞苏萨，河里有很多鱼；海浪的拍打在岛上形成了许多沼泽地，但有利于保护巨大的城墙。然后是第二个镇子，称做阿克拉狄那，这部分包括宽阔的市集广场，有一些漂亮的柱廊，一幢富丽堂皇的市政大厅，一座庞大的议会楼，还有高贵的奥林波斯的朱庇特神庙，镇子的其他部分都是民宅，一条宽阔的大道把它们连贯起来。第三个镇子名叫提卡，由曾经建立在那里的幸运女神庙得名。那里有宽敞的运动场和一些神庙，也是这座城市居民最拥挤的地方。还有第四个镇子，建得最晚，名叫"新城"。最高处建有一个大剧院，此外还有两座漂亮的神庙，一座是刻瑞斯的，一座是利伯拉的。那里还有一尊美丽的泰曼尼特的阿波罗神像，要是威尔瑞斯能够搬走它，那么他会毫不犹豫。

【54】现在我要回到马尔采鲁斯，这样你们就会明白我为什么要向你们讲述这些事情的原因了。马尔采鲁斯率领军队攻克了这座巨大的城市，他认为要是摧毁这座美丽的城市对罗马的功德无益，尤其是它已经不再是对罗马的一种威胁了。所以他放过了那里的所有房屋，公共的或私人的，神圣的或世俗的，就好像他的到来完全是为了保卫它，而不是为了攻击它。面对城里的珍宝，他既没有忘记自己是一名征服者，又没有忘记自己是一个有人性的人。作为征服者，他认为运一些有助于装饰城市的东西去罗马是恰当的，作为一个有人性的人，他不想把这个地方剥夺得一干二净，尤其是他已经决定不让它毁灭。他的人性使他对城里的珍宝做了划分，留给叙拉古的和献给罗马的至少一样多。我们能在靠近"荣誉"神庙、"美德"神庙的地方，或别的地方看到所有运往罗马的东西。他在自己靠近罗马的别墅和花园里没有留下任何东西。他感到只有在他自己的房子里不放这些装饰品，他自己的房子才能成为整个城市的装饰品之一。他离开叙拉古时运走大量精美的东西，但没有亵渎神灵的行为或掠走那里的圣物。拿他和威尔瑞斯做一番比较吧。我不希望这种比较会损害我们对这位大英雄的记忆，而应当注意和平时期和战争时期的差别，法律权威与暴力权威的差别，法庭的民事审判与战场上的兵戎相见的差别，一位总督带着他的随从来访与一位将军带着他的军队取胜的差别。

【55】我已经提到中心岛上有一座密涅瓦神庙。马尔采鲁斯没有碰这座庙，里面珍贵的东西全都保存下来，而威尔瑞斯彻底地抢劫了神庙，就好像在战争中遭到敌人的践踏。战场上的敌人至少还能保持某种宗教的敬畏和对当地习俗的尊重，而威尔瑞斯的行为完全就是海盗行为。神庙的内墙上有许多绘画，上面画着国王阿伽索克莱的骑兵；这些画非常出名，在叙拉古最值得看的东西就是这些绘画。尽管军事胜利使马尔采鲁斯有权处理一切非神圣的东西，但由于宗教上的顾忌，他还是没有去碰这些绘画；而威尔瑞斯尽管知道这些绘画由于叙拉古人长时间的和平与忠诚已经转变为神圣的东西，但他还是把这些已经在那里挂了好几个世纪，逃过了许多战争的绘画全

部运走。马尔采鲁斯曾经发誓，拿下叙拉古以后要向罗马的两座神庙做奉献，但对于那些可以拿来装饰神庙的东西，他还是没有染指；而威尔瑞斯也发过誓，但不是向"荣誉"神和"美德"神发誓，而是向维纳斯和丘比特发誓，所以他要抢劫这座密涅瓦神庙。马尔采鲁斯不会用从一位神灵那里抢来的东西向另一位神灵奉献，而威尔瑞斯把处女神密涅瓦的珍宝转移到一群妓女居住的房子里。他从这座神庙拿走了 27 幅画，包括叙拉古的国王和僭主的肖像，这些绘画的魅力不仅在于它们的艺术成就，而且还在于这些人的形象所体现的教诲。你们要注意，这个人比叙拉古的任何一位僭主更加可恨，他们毕竟还装饰了诸神的神庙，而这个人把他们送来的纪念品和装饰品全部搬走。

【56】现在我要说一说这座神庙的门。我担心从来没有见过这些庙门的人会怀疑我在尽力夸大事实，但人们绝对不可以假设我热烈地希望所有去过叙拉古、见过这些庙门的人，尤其是这个法庭的成员，发现我的陈述是鲁莽的、不可靠的。先生们，我可以清醒地断言，那些庙门十分漂亮，门上镶着象牙和黄金，其他任何神庙都没有这样的庙门。你们很难相信会有那么多希腊作家给我们留下关于那些美丽的庙门的描述。他们也许因为敬佩这些东西而把它们描写得太好了，然而即使他们这样做了，我们仍旧可以相信我们的军队的统帅在战争时期都要保存的美丽的东西却在一个和平时期被我们的总督拿走。这些庙门上有许多象牙的雕刻，精心刻着美丽的图景，而威尔瑞斯把它们全都拿走了。其中有一幅是戈耳工的脸，她的头发都是毒蛇。① 威尔瑞斯的行动表明，吸引他的不仅是这些东西的艺术价值，而且还有金钱价值，因为那些门上还有许多巨大的黄金把手，他毫不犹豫地把它们全都拿走，驱使他这样做的不是制造这些把手的工艺，而是这些黄金的重量。这些庙门原先起着装饰作用，经过他的洗劫，成了普通庙门。威尔瑞斯，甚至连

---

① 戈耳工（Gorgon），希腊神话人物，福耳库斯与刻托所生的三个女儿之一，她们的头发都是毒蛇，嘴里长有野猪的尖牙，身上还长有翅膀。

那些没有任何艺术价值，或者没有任何美感的芦苇秆做的长矛，仅仅由于它们的巨大尺寸（先生们，我注意到你们在这一点上会对相关证据非常感兴趣）——你不仅听说过这些长矛，而且还不止一次去看过——你也想要贪婪地弄到手吗？

【57】你偷走了市政厅里的萨福像，当然了，为此你做过一些合理的辩护，所以这件事几乎可以忽略。然而，面对这样一尊昔拉尼翁①的完美杰作，有哪个人，甚至有哪个国家，能够声称是比威尔瑞斯更好的鉴赏家？很明显，没有人敢这样说。至于我们可没有他那么伟大，即使我们中任何人有机会去看这些艺术品，让我们去幸运女神神庙，或者去卡图鲁斯建造的神庙，或者去美特鲁斯的柱廊，或者允许我们去威尔瑞斯在图斯库兰的乡间别墅，或者让我们去看一看用这个家伙从他的收藏品中借给市政官的东西装饰的市政广场，我们也无福消受这样的奢侈。威尔瑞斯是这些东西的拥有者，威尔瑞斯在城里的住宅和乡间的别墅装满了来自各个城市和神庙的珍宝。先生们，对于这种四处猎取珍宝的邪恶嗜好你们还要容忍多久？这个人的出身，这个人所受的教育，他的脑力和体力，都表明他更适宜去搬运塑像，而不是把塑像搬走。这尊萨福像的被窃给人留下难以言表的痛苦。它本身是一件杰出的艺术品，基座上刻着希腊铭文，作者在献辞中评价了希腊文化，表达了对这些事情的独特见解，要是威尔瑞斯懂一个希腊词，那么他肯定会把基座连同塑像一起搬走。而现在，留在那里的基座告诉我们塑像曾经竖立在那里，也告诉我们塑像已经被搬走了。

接下去，你从埃斯库拉庇俄斯神庙拿走了一件精美的雕像，深受爱戴的佩安②神像，它的美丽和圣洁吸引了许多人，这是你不能否认的。还有，你不是公开下令从利伯尔神庙搬走一尊阿里泰乌的塑像吗？你不是从朱庇特神庙搬走了被希腊人称之为乌里奥斯的、美丽的、深受敬仰的天父朱庇特的神

① 昔拉尼翁（Silanion），希腊化时期的雕刻家。
② 佩安（Paean），即作为医者的阿波罗，埃斯库拉庇俄斯是他的儿子。

像吗？你从利伯拉神庙搬走……① 可爱的头像时犹豫过吗？我们曾经去那里看过这座神像，叙拉古人每年为佩安举行祭祀，而阿里泰乌——据说橄榄是他发现的——与他的父亲利伯尔在同一座神庙里一道接受供奉。

【58】至于天父朱庇特，他在自己的神庙里必定会受到非常隆重的祭拜，你要是记得提多·弗拉米尼努从马其顿搬来，安放在卡皮托利圣山，形状和设计都相同的朱庇特神像受到多么热烈的崇拜，你就可以判断这一点。据说全世界这种类型的美丽的天父朱庇特神像有三座，第一座就是从马其顿搬来的，我们现在可以在卡皮托利圣山上看到；第二座在通往黑海的那道狭长的海峡岸边；第三座曾经在叙拉古，在威尔瑞斯担任总督期间。弗拉米尼努把第一座神像从原来的神庙里运走，但是把它安放在卡皮托利圣山上，那是朱庇特在大地上的住所。位于黑海入口处的第二座一直安全地保留到现在，没有遭受亵渎或损坏，尽管那条海峡不断掀起战争的波浪，从岸上到海里。在叙拉古的第三座塑像，马库斯·马尔采鲁斯率军挥剑占领那里的时候也由于敬畏而没有把它搬走，不仅受到叙拉古公民和其他居民的崇拜，而且受到前往那里的旅行者的敬拜。而威尔瑞斯把它搬出神庙运走。先生们，要是我可以再次推论，那么我要说叙拉古人不得不对丢失神像感到悲哀，由于威尔瑞斯的来访而丢失的神像多于马尔采鲁斯的占领。确实，马尔采鲁斯据说还派人寻找过阿基米德，知道阿基米德已经被杀死之后感到十分遗憾，而威尔瑞斯寻找每一样东西都不是为了它的安全，而是为了把它拿走。

【59】有些罪行不算太严重，我就省略不说了，比如他拿走了叙拉古的所有大厦里的德尔斐的大理石碑、青铜碗，还有大量的科林斯瓷器。先生们，结果就是这个人得到了"导游"的雅号。导游带领人们参观各种各样值得看的东西，只是他们的解说词现在要改变了。他们从前告诉你这些东西是什么，而现在他们每到一处就向你们解释某某东西已经被拿走了。

先生们，你们假定这些事引起的痛苦相对比较轻微吗？事实决非如此。

---

① 此处原文有佚失。

首先，相信宗教的所有民众都认为努力崇拜圣物、安全地保存祖上传下来的神像是他们的义务。进一步说，这些装饰性的东西，艺术品，塑像和绘画等等，不仅仅是向所有希腊人提供许多快乐，所以我们在听到他们讲述他们的痛苦时要明白他们为什么对那些我们也许会认为微不足道的事情感到刻骨铭心的痛苦。相信我，先生们——尽管我相当确定你们自己也已经听说了我告诉你们的这些事情——尽管最近几年种种灾难降落到我们的同盟者和外族人头上，他们承受了种种伤害，但对希腊人来说，没有一样灾难引起的痛苦，或曾经引起的痛苦，超过我现在所说的抢劫神庙和城镇。威尔瑞斯可以说，他通常就是这样说的，这些东西都是他买下来的，但是请你们相信我，先生们，在亚细亚或者在希腊，没有任何地方的任何社团自愿在任何场合向任何人出售过雕像、绘画，或者其他艺术品。你们很难设想，自从罗马法庭停止行使严格的正义以来，这些希腊人开始出售这一类东西，而在正义的法庭确实还存在的时候，他们不仅不会出售，而且愿意大量购买。你们也不能假设像卢西乌斯·克拉苏、昆图斯·斯卡沃拉、盖乌斯·克劳狄这些强人就没有机会向希腊人购买这些东西，我们已经看到他们的市政官展示了许多这样的东西，而自从我们的法庭瓦解以来担任市政官的人也有这样的购买机会。

【60】我要你们知道，这些虚假地说已经购买了这些东西的论断比任何秘密盗窃或公开抢劫给这些社团带来更大的痛苦。要是在他们的公共记录中记载他们曾经在金钱的诱惑下出售这些东西，为了一点钱而出售从祖宗那里继承下来的东西，这对他们来说是极大的耻辱。希腊人从这些罗马人轻视的东西中可以得到巨大的快乐，这确实令人惊讶。正因如此，我们的前辈打算让他们尽可能多地保留这些东西，让我们的同盟者保留这些东西，让他们作为我们帝国的成员享有他们的辉煌和繁荣昌盛。我们甚至可以让这些东西留在已经成为我们的子民和贡臣的人手里，既然他们如此看重我们轻视的这些东西，所以就让他们留下吧，让他们处于臣属地位的时候也能得到快乐和安慰。你们能够想象，在离开他们著名的大理石维纳斯的时候，现在已经是罗马公民的勒佐人会索要多少钱？或者塔壬同人在失去他们的"公牛背上的

欧罗巴"①，失去他们的维斯太神庙里的萨堤罗斯像，以及失去他们其他珍宝时，会索要多少钱？或者塞司庇埃人为了他们的丘比特像会索要多少钱，那是塔壬同唯一吸引游客的东西？或者尼都斯人为了他们的大理石维纳斯像，或者科斯人为了他们的维纳斯画像，会索要多少钱？或者以弗所人为了他们的亚历山大像，或者西泽库人为了他们的埃阿斯或美狄亚，或者罗得岛人为了他们的雅律苏斯像？或者雅典人为了他们的伊阿库斯像，为他们的帕拉卢斯的画像，为他们的密戎的浮雕？想要列举所有在希腊和亚细亚的城镇能够看到的东西实在太冗长，也没有必要。我提到少许几样东西的目的就是让你们相信，抢走这样的珍宝会引起这些城镇的巨大痛苦。

【61】省略其他城镇，让我来描述叙拉古本身的痛苦。最初，在我去那里之前，我从威尔瑞斯的朋友那里得知的印象是叙拉古对他相当友好，这是由于赫拉克利乌遗产②的缘故，就像墨撒纳参与了威尔瑞斯的所有盗窃和抢劫。与此同时我又担心，要是我试图从叙拉古人的记载中收集证据，我会遭到拥戴他的那些人的反对，还有支持他的那些贵妇人，她们的希望在他任职的三年中就是他的法律，得到他的极度宽容，也得到这些贵妇人合法丈夫们的热情支持。我在叙拉古考察了在那里的罗马公民的看法，也考察了他们受到的伤害。经过长时间的调查以后，我感到需要休息和精神上的松弛，所以我回过头来看卡庇纳提乌的那些珍贵记载，③在一些骑士的帮助下我解决了"威鲁西乌"的问题，他们在罗马社团中的地位很高。关于这个问题我已经讲过了。我不再寻求叙拉古的帮助，也不再寻求它的个别公民的帮助，也不打算这样做。

正当我这样想的时候，赫拉克利乌突然来访，他当时是叙拉古的主要行

---

① 这里指一座塑像。欧罗巴（Europa），希腊神话人物，腓尼基国王阿革诺耳的女儿，卡德摩斯的姐妹，被宙斯化做白牛劫到克里特，生下弥诺斯、拉达曼堤斯、萨耳培冬，后嫁给克里特王阿斯忒里俄斯。

② 关于这一事件，参见本文第二卷第 14 章以下。

③ 参见本文第三卷第 71 章以下。

政官员之一，地位很高，担任朱庇特的祭司职务，作为一名叙拉古人，这是他能得到的最高荣誉。他请求我和我的外甥仁慈地参加他们地方议会的集会，参加者很多，让我们参加会议是他们的一致要求。我们起初有些狐疑，后来感到我们一定不能回避这样的会议，于是我们就去了议会厅。

【62】我们进入大厅时，在场的人都带着敬意站了起来，会议主席邀请我们在他旁边就座。然后，提玛基德之子狄奥多洛斯——我想他可能是他们中间最年长、最有影响、最有经验的人——开始讲话。他的讲话通篇主旨就是，由于我在西西里的其他社团都说了我的使命是帮助和解救西西里人，并从他们那里得到了许多指点和引自官方文书的证据，因此叙拉古人民和议会感到深深的担忧，他们认为在叙拉古没有发生过这种事。我答道，西西里人在罗马的一次集会上，所有来自西西里的代表都向我表达了一致的要求，请我提供帮助，把整个行省的案子都交到我的手里，但是叙拉古的代表当时不在场。我不指望任何反对盖乌斯·威尔瑞斯的决定能在这个议会里通过，因为我看到面前竖立着盖乌斯·威尔瑞斯的镀金铜像。我的讲话引起轰动，出席者看着那尊像议论纷纷，我们可以假定竖立在大厅里的这尊金像是为了纪念威尔瑞斯的罪行，而不是他的服务。然后参加会议的人一个接一个地发言，用他们雄辩的口才，把我刚才几分钟前告诉你们的事实告诉我。他们说了他们的城市和神庙如何遭受抢劫、威尔瑞斯本人如何通过奖赏运动员公园的管理人占有赫拉克利乌绝大部分遗产、他甚至偷走了那位发明用油的神灵①的像，所以不必怀疑他与运动员公园的管理人有什么友谊，竖那座神像用的不是城市的开支，也不是城市的奉献，而是由那些参与了抢劫的人竖立和奉献的、他们派往罗马的代表就是这些人，他们是威尔瑞斯犯罪的帮凶，分享赃赃，秘密参与可耻的行为，所以他们拒绝支持西西里其他地方的代表的看法，也不愿意参加辩护，对此我不必感到奇怪。

【63】我马上就明白了，威尔瑞斯的行为给这些人带来的伤害和痛苦不

---

① 指运动员用涂油的方法健身，关于偷走阿里泰乌神像，参见本文本卷第57章。

仅像其他西西里人一样大，而且更大，我把我的感觉告诉了他们，把我想要做的事和想要完成的使命的基础和原则全都摆在他们面前。我敦促他们要实事求是，为拯救西西里提供帮助，撤销对威尔瑞斯的赞颂词。他们告诉我，这是他们几天前被迫通过的。先生们，威尔瑞斯的追随者和朋友叙拉古人已经采取了行动。首先，他们为我的视察提供了一些公共记录，这些文件曾经隐藏在他们的库房里，包括一份和已经跟你们讲过的失窃清单，里面列举的失窃比我已经讲过的还要多得多。记录中开列了失窃的地点和失窃的物品，密涅瓦神庙丢了哪些东西，朱庇特神庙丢了哪些东西，利伯尔神庙丢了哪些东西，等等。每一条目下还列有对这些物品负有保护责任的人的名字。这些人曾经按照法律的要求前来作证，在证实这些东西确实失窃以后被判无罪，也没有要他们赔偿。我封存了这些文件，并且正式调用这些证据。

有关对威尔瑞斯的赞颂辞，我得到了下列解释。首先，在我到达那里之前，他们收到威尔瑞斯的一封来信，要求叙拉古赞颂他的功德，但是议会没有颁布相关的法令。后来，他的一些朋友敦促议会这样做，但在愤怒的吼声中遭到拒绝。再往后，当我快要到达那里的时候，掌握最高权力的人①下令要他们这样做，他们服从了，但在赞颂辞中说威尔瑞斯给他们带来的伤害多于做好事。这就是他们告诉我的事实。

【64】在叙拉古的议会有动议提出的时候，习惯上任何人都可以发表意见，没有什么特别的人要专门讲话。一般说来年长者和地位显赫者会先讲，其他人也会让他们先讲。然而，有时候没有人站起来讲话，在每个人不得不表态的时候就用抽签来决定讲话的次序。当时，一项关于向威尔瑞斯致以赞颂辞的动议按照惯例在他们的议会里提了出来。对它的最初反应是一部分成员为了拖延决议的通过而提出了一项修正案，他们提到了塞克斯都·佩都凯乌。他们说，佩都凯乌在叙拉古和整个西西里都有杰出的表现，但是当他们前不久听到他遇上某些麻烦，想要对他所做的工作予以正式褒奖的时候却遭

---

① 指接替威尔瑞斯的总督。

到盖乌斯·威尔瑞斯的禁止。所以，要是不按先前的标准行事，不对佩都凯乌致赞颂辞，强行通过对威尔瑞斯的颂扬是不公正的。他们的看法得到了热烈的掌声，人们同意这样做。于是关于佩都凯乌的动议又提了出来，议会成员按照年纪或职位的顺序发表了他们的意见。让我借用他们的法令的用语来向你们确证他们的看法，完整记录主要的发言人表达的观点是他们的习惯。请宣读一下当时的记录。[庭吏宣读了有关塞克斯都·佩都凯乌的动议。] 请告诉我们，哪些人支持这项动议。这项动议通过了，然后又提出关于威尔瑞斯的动议。请继续往下读。[庭吏宣读了关于威尔瑞斯的动议。] 接下去怎么了？没有一个人站起来在议会里讲话。哦，确实如此吗？接下去是抽签。威尔瑞斯，为什么会这样呢？这是因为没有一个人愿意颂扬你作为总督的行为，愿意在你危险的时候支持你，以此赢得现任总督的好感吗？但当时就是没有人讲话，甚至你那些死党、顾问、同谋、同伙也一言不发。议会厅里竖立着你的塑像，还有你儿子的裸体像，但是你儿子的裸体像的魅力并不能激起议会厅里的人对你的同情，因为这个行省被你剥夺得一干二净。有人进一步向我指出，他们把颂辞写成这个样子是为了让任何人读后都明白这实际上不是一篇真正的颂辞，而是一出讽刺剧，吸引人们注意威尔瑞斯统治的灾难性质。里面有"因为他没有鞭笞过任何人"这样的句子，而你们已经了解他处决过一些地位很高、品质高尚的人；或者"他十分警惕地保卫他的行省"，而人们都知道他每个夜晚都在奸淫和通奸；或者"因为他防止了海盗逼近西西里岛"，而实际上他允许海盗登陆叙拉古。

向他们了解了这些事实以后，我和我的外甥离开了议会厅，让他们能在我们不在场的情况下通过他们希望通过的决议。

【65】他们马上做出决定，首先让我成为这座城市的官方客人，我的外甥卢西乌斯也一样，因为他和我一样表现了对叙拉古人的友好。他们不仅马上把这条决议记录在案，而且还盖上印章拿给我们看。你经常提到"你的叙拉古朋友"，在我看来他们必定深深地依附你，而现在他们与你的指控者结成了友谊，并且根据这位指控者指控你的意向以及他前来收集的证据认为自

己这样做是完全正义的。其次他们同意，不是少数人同意，而几乎是全体一致同意，废除已经献给盖乌斯·威尔瑞斯的颂辞。这项决定不仅投票通过，而且进入他们的记录，并且在给总督的一项指控中告诉了总督。提出这项指控的是谁？是一位行政官员吗？不是。是一位议员吗？也不是。是某些叙拉古公民吗？扯远了。那么向总督提出指控的是谁？普伯里乌·凯塞提乌，威尔瑞斯从前的财务官。天哪，这多么可笑！可怜的、绝望的、遭人唾弃的威尔瑞斯！这位西西里的行政官员[①]，为了防止西西里的议员们通过决议，曾经阻止他们按照他们自己的习惯和法律行使他们的权力。而现在向罗马总督提出的这项指控不是来自威尔瑞斯的朋友，也不是来自威尔瑞斯的房东，事实上也不是来自一位西西里人，而是来自一位罗马财务官。你们从前看见或听说过这样的事情吗？我们审慎、公平的总督解散了会议。但参加会议的许多人马上又聚集到我这里来。议员们纷纷抱怨他们的权利和自由被剥夺，而公民们则用热烈的掌声来表达他们对这些议员的支持和对我的感谢，有许多在那里的罗马公民陪着我。那一天确实是最困难的一天，我做出了巨大努力，这些人才不至于把手伸向这个已经提出指控的人。

当我们出庭，站在总督面前时，他想出了一种机智的方式来解决问题，在我开口说话之前，他站起来离开了法庭。时间已晚，所以我们也只好离开那里回家。

【66】第二天清晨，我向总督提出申请，请求他允许叙拉古人向我提供一份他们前天通过的决议的抄件。他坚决予以拒绝，还说我在一个希腊人的议会中讲话是不恰当的，说我用希腊语向听众讲话是不可容忍的。对此我做出了我能够，我愿意，我不得不做出的唯一的回答。我记得我在说到一些其他事情时对他说，要察觉这位麦特鲁斯和麦特鲁斯家族真正的成员、著名的努米狄库[②]之间的差别是很容易的，那一位麦特鲁斯拒绝给予颂扬性的证词

---

① 指叙拉古议会的主席。

② 努米狄库（Numidicus），公元前109年的罗马执政官，曾在朱古特战争中指挥罗马军队。

来支持卢西乌斯·卢库鲁斯，尽管卢库鲁斯是他的小舅子，与他关系密切，而这一位麦特鲁斯使用暴力和威胁使一座城市颂扬一个与他完全不同的人。哦，等我明白他已经受到后来的消息的影响，受到那封不是说明情况，而是做了某种许诺的信的影响以后，我在叙拉古人自己的建议下试图拿到记录着那项决议的写字板。但我马上惹来新的麻烦和争执。我毕竟不能让你们假定威尔瑞斯在叙拉古完全没有朋友和款待他的人，或者没有一个人会为他说话。有一个名叫塞奥纳斯图的疯子抢走了那块写字板。镇上的人叫他"塞奥拉克图"①，这个傻瓜只要一出行就会有一群孩子跟在后头，只要一张口说话就会使人人发笑。然而他的疯狂令他的同胞开心，而在这种情况下令我十分讨厌。他张嘴狂吼乱叫，双眼露着凶光，说我骚扰他，一直走到执法官的面前，我们还在扭打。我向执法官提出要封存那块写字板，而他提出抗议，说总督已经下令这些决议无效，不能把这些决议交给我。我引用法律条文说明我有权取得所有记录和文件，而这个疯子坚持我们的法律对他没有任何作用。我们明察秋毫的总督决定我不能带走这些无效的议会决议。于是，除了强调法律中的相关规定并对他做出警告以外，我无法带走这块写字板。至于我那个疯子对手，尽管他曾经代表威尔瑞斯用野蛮的行动来反对我，但当他后来发现了我的善意以后，还是给了我一个记录，里面列举了威尔瑞斯在叙拉古的所有盗窃行为，不过这时候我已经从其他人提供给我的消息中知道了这些事。

【67】现在，让你的墨撒纳的朋友颂扬你吧，因为他们是整个行省唯一欢迎你被判无罪的人，但当他们颂扬时，让他们的主要代表海乌斯在场；当他们这样做的时候，让他们做好回答问题的准备。由于我不希望在不向他们提出警告的情况下就摧毁他们，所以我把我要提出的问题说一下。他们有义务向罗马海军提供一艘船吗？他们会承认是的。他们在威尔瑞斯担任总督期间这样做了吗？他们会说没有。他们用公费建造了一艘大货船献给威尔瑞斯

---

① 塞奥拉克图（Theoractus），意为"遭神谴的"。

吗？对此他们无法说没有。威尔瑞斯像他的前任一样把粮食送往罗马，供应给罗马人民了吗？他们会说没有。他们在这三年中采取了什么行动支持军事或海军？他们会说他们连一个人也没有提供。他们无法否认墨撒纳接受了威尔瑞斯所有抢来的和偷来的东西，他们会承认有大量东西经过他们的镇子用不同的船运出，直到最后，他们提供的大货船使威尔瑞斯可以满载而归。

由于这些事实，你当然欢迎墨撒纳人的颂扬，而我们完全明白叙拉古人对你的情感与你对待他们的态度是相对应的。可耻的威尔瑞斯节庆虽然已经在他们中间废除，但把一种神圣的荣耀赋予一名抢劫他们神像的人确实极不合适。我还要说，要是叙拉古人已经取消了庆祝麦特鲁斯占领叙拉古的纪念日，而在威尔瑞斯已经剥夺了他们从先前的灾难中遗留下来的一切时，他们还在继续保留纪念威尔瑞斯的节日，那么叙拉古人应该受到谴责。先生们，请注意这个家伙在这件事情上的鲁莽和傲慢。不满足于建立他的这个无耻的、可笑的威尔瑞斯节——利用赫拉克利乌的金钱来做到这一点——他确实还下令废除马尔采鲁斯节。叙拉古人过去每年举行神圣的崇拜，以荣耀他们不得不感到谢恩的人，而这个人给他们带来的恩典就是摧毁以往的一切崇拜，抢走他们祖先的神，而他们废除的节日则是为了荣耀这个家族，通过这个家族他们才恢复了坚持那个节日和其他节日的权利。

第五卷

【1】先生们，我想你们都已经相信盖乌斯·威尔瑞斯公然抢劫了西西里的所有珍宝，无论这些珍宝是神圣的还是世俗的，是私人的还是公共的；他实施了各种各样的偷窃和抢劫，不仅没有丝毫犹豫，而且没有丝毫隐瞒。但我明白，真正高明、令人印象深刻的指控应当在他进行辩护时提出，我必须做好这方面的准备，论述精当，勇往直前。我现在要证明，在那些危难的岁月里，凭着超人的勇气和威尔瑞斯的警惕，西西里行省顶住了奴隶造反和战

争的威胁。先生们，那么我该怎么办呢？我该沿着哪一条路线发起进攻呢？我该走哪一条道路呢？把他说成一位伟大的军事统帅就像是筑起一道堡垒，挡住我自己的所有进攻。我清楚论证的类型，我明白霍腾修斯会胜利地扩张他的论题。他会用当前的军情提醒你们，说国家面临危机，缺乏优秀将领，然后恳求你们，不，坚持让你们不要根据西西里人的证据让罗马失去这样一位战士，也不要因为审判他的邪恶而抹去一位伟大战士的光辉纪录。

先生们，我必须最诚实地对待你们。我确实担心盖乌斯·威尔瑞斯在军事方面的功劳会成为他所犯的一切罪行不受惩罚的理由。我记得，在审判玛尼乌斯·阿奎留斯的时候，马库斯·安东尼乌斯的演讲给人留下孔武有力的深刻印象。在演讲快要结束的时候，作为一名大胆的、能干的演说家，他伸手抓住阿奎留斯，让他站到所有人都能看见的地方，撕开他的上衣，让他袒露胸膛，让他的同胞都能看见他胸前的伤痕，以及敌人的首领在他头上留下的伤口，以此要求人们不要做出令国家颤抖的决定。幸运女神从敌人的刀剑下拯救了一位勇敢的战士，而这位战士并没有想要自救；要是他逃避，那么他不仅不是罗马的英雄，而且还会成为残忍的法官的牺牲品，是吗？这就是我的对手现在想要采取的辩护方针，以便实现他想要达到的目的。可以假定威尔瑞斯是一名盗贼，一名盗窃圣物的窃贼，罪大恶极，作恶多端，然而他又是一名伟大的军队指挥官，一名幸运的指挥官，一名拯救国家危难的指挥官，因此我们必须保全他的性命。

【2】威尔瑞斯，我现在要对付的不是你，尽管我完全有权对付你。我不会使用那些我相信完全有效的论证——法律要求我们针对具体问题进行审判，因此你必须要证明的不是你作为一名士兵立下了丰功伟绩，而是你没有剥夺其他人的财产。我再重复一遍，我不会用这样的方式对付你。但是既然你想要让我考察你的功劳，那么我就来对你所谓军事成就的性质和内容进行考察。

你是怎么宣称的？你采取了果断的措施，把西西里从造反奴隶的战火中拯救出来，是吗？这真是一项最值得赞扬的成就，一种令人敬佩的论证。然而，是什么战争？我通常认为，自从玛尼乌斯·阿奎留斯结束了战争，西西里就没有发生针对造反奴隶的战争。意大利有这样的战争吗？确实有，而且规模很大，战斗很残酷。但你肯定不会宣称结束这场战争有你的一份功劳，是吗？你肯定不会认为自己与马库斯·克拉苏和格奈乌斯·庞培平分秋色，因为结束了这场战争而出名，是吗？我确实相信，你的鲁莽倒是与你的某些宣称相对应。有人想让我们相信，你使得那些造反奴隶的军团无法从意大利渡海到西西里。在什么地方？什么时候？从哪里出发？你阻击了乘船登陆的企图吗？我从来没有听说过这种事。我听到的是：伟大的战士马库斯·克拉苏粉碎了造反奴隶的企图，这些奴隶想要建造一座浮桥，在墨撒纳渡过海峡。这种渡海企图其实无需过分防范，只要西西里的驻军在奴隶登陆时予以痛击就可以了。还会有人告诉我们：与西西里邻近的意大利地区有战争，但是在西西里没有战争。这很奇特吗？以同样的方式说，西西里有战争，与意大利邻近，但战事并没有影响意大利。

【3】确实，在这里强调两地邻近想要证明什么？证明我们的敌人很容易进入西西里吗？或者说奴隶造反有扩散到西西里的危险？要是没有船只，不仅无法找到通向西西里的道路，而且根本不可能进入西西里。你提到的那些邻近西西里的人去大西洋比去佩洛里斯海岬更容易。至于你所说的奴隶造反的扩散，为什么是你而不是我们在其他行省的总督中的任何一位带来这种扩散？因为在西西里有过镇压奴隶造反的战争吗？哦，正是由于这个原因，你的行省现在，或者当时，几乎没有这种危险。自从玛尼乌斯·阿奎留斯离开西西里以后，历任总督都有规定，严防奴隶拥有武器。我要对一个老故事做一番回忆，以此说明当时的严厉程度，这件事非常出名，你们可能全都知道。卢西乌斯·多米提乌斯担任西西里总督的时候，有人抬了一只巨大的野猪到他面前。他说："这只野兽真漂亮，是谁杀的？"得知是某个人的牧羊奴杀的以后，他派人去把牧羊奴找来，那个牧羊奴很快就来了，还以为会受到赞扬和奖赏。多米提乌问他是怎么杀死这头怪兽的。牧羊奴答道："用一根打猎的长矛。"听到这个回答，这位总督立即下令把他钉死在十字架上。这件

事听起来相当残忍，我不说它是或不是。在我看来多米提乌的意思是清楚的，他宁可这样做而被人认为残忍，也不愿意放过这个牧羊奴而被人认为执法不严。

【4】哦，这些西西里的规定带来的结果就是，在盖乌斯·诺巴努斯担任总督的时候，尽管整个意大利弥漫着"同盟战争"的烽烟，没有哪位坚定勇敢的总督没有碰上过麻烦，而西西里镇压内部叛乱，保卫自己却相当容易。通过日常交往、物质利益、共同意识和友好情感，罗马生意人与西西里人有着最紧密的联系。和平状态对西西里人有利，他们对罗马的统治相当满意，丝毫也不想削弱或改变这种统治。总督们制定的各种规定和奴隶主的管束已经使他们可以克服我们提到的这种奴隶造反带来的危险。由于所有这些原因，这个行省内部不可能产生什么麻烦。

哦，那么在威尔瑞斯担任总督期间西西里就没有发生奴隶造反吗？没有，确实没这种消息传入罗马元老院和罗马人民的耳朵，威尔瑞斯送来的正式文书中也没有这种消息。尽管如此，我仍旧有理由认为，西西里的某些地方有奴隶试图造反。之所以得出这个结论，不是因为我有什么直接的证据，譬如说我观察到威尔瑞斯的行为或由他下令做的事。我请你们注意，我将要说的事情没有什么恶毒的意思，我要叙述和揭示的只不过是按照我自己的意愿说的一些相关的实情，而这些事情正是威尔瑞斯急于建立①，而你们到现在为止还没有听说过的。

在特利奥卡拉地区——该地区过去曾被造反的奴隶占领——有人怀疑一个名叫莱奥尼达的西西里奴隶想要造反。这件事报告给了威尔瑞斯，在他的命令下这个人很快被逮捕，送往利里拜乌。他的主人也被召来，开庭审问的结果证明这名奴隶有罪。

【5】哦，接下去你们认为会怎么样？也许你们会听到几桩偷窃案和抢劫案。但不要每次都期待相同的事情。在战争的恐慌中怎么会有偷东西的机

---

① 指威尔瑞斯试图用防范奴隶造反来掩饰自己的罪行。

会？此外，即使有这样的机会也会稍纵即逝。这个人在传唤莱奥尼达出庭的时候也许可以向他勒索几个银币，然后销案，也许还会讨价还价——这不是什么新鲜事——但还是有另外一种可能性，也就是判处被关押者无罪。但若发现这些奴隶有罪，那么还有什么方法可以敲诈呢？他们必然要被处死。案子由利里拜乌这座优秀城市的法庭成员审讯，有正式的记录，当地还有无数受人尊敬的罗马公民的社团。再怎么努力也无济于事，这些人必须死，必须上绞刑架。先生们，你们在看着我，你们仍旧在担心听到某种结果，因为你们知道这个人要是不能获得一些利益或者弄到一些好处是不会做出什么决定的。但是在这种情况下又能做什么呢？对此你们可以尽力想象，但我的故事会超过你们想象的最大限度。法庭宣判这些人犯了谋反罪，判处死刑，他们被绑在绞刑架上，可是突然又当着成千上万的人的面松绑，交付给他们的主人，那个来自特利奥卡拉的人。

对此你还有什么可说？你这个疯子，除非你能回答一个我还没有提出来的问题——要是有一丝公平那么这个问题确实不应当问，哪怕事实是明显的，回答也还会是可疑的——我的问题是你从中得到了什么，得到了多少，是怎么得到的？我还是饶恕你吧，省去你回答这个问题的麻烦。我不担心任何人会受到误导以至于相信在这个案子中没有人向你付钱，这种案子不会使除你之外的任何人犯罪。然而，我不再关注你盗窃和抢劫的方法，我现在关心的是你作为一位伟大统帅的名声。

【6】现在，请你这位行省的高尚卫士告诉我，你发现这些奴隶试图掌握武器在西西里武装起义，法庭判决他们有罪，然后就像传说中描写的那样，当他们被押出去受刑的时候，你竟然把他们放了，把他们从死神手里拉回来——你无疑想要把给判死刑的奴隶准备的绞刑架留给没有判死刑的罗马公民，是吗？一个被摧毁的、毫无希望的国家经常会进行灾难性的赦免，释放囚犯，让流放者回归，废除法庭判决。当这种事情发生时，每个人都知道这个国家正在摇摇欲坠，行将就木，在发生这种事情的地方，没有人相信能有指望逃避灾难。无论何处采取这种措施的结果就是有些人被处死，有些人

被流放，无论他们是民主派还是贵族派；然而即便如此，危害他们所有同胞的性命和幸福的不是实际的审判者。但是在这里，我们看到了一件新奇的事情，我们相信它的出现更多的是因为罪犯的品性，而不是因为犯罪的事实。在这里被释放的是奴隶，而释放他们的人就是审判他们的人。这些奴隶马上被释放，而对他们的审判已经生效；这里的犯人是已被判刑的奴隶，他们犯了罪，危害了所有自由民的生命。他真是一名伟大的指挥官！让我们不要再拿他来与玛尼乌斯·阿奎留斯相比，他是一个鲍鲁斯，一个西庇阿，一个马略。你们瞧，在这个行省面临危险时，他显示出多么深刻的判断力！你们看，意大利的奴隶造反引发了西西里的奴隶骚动。但他多么有效地威慑了他们，使他们安定下来！他下令逮捕他们——这样的举动一定令奴隶感到震惊，他已经传唤了他们的主人出庭——还有什么举动能比这样做能使奴隶感到更大的恐惧？他宣布这些受到指控的人有罪，判处一些人死刑，以此扑灭奴隶造反的苗头。但下一步是什么呢？鞭笞、烙铁，还有惩罚罪犯和威胁其他人的最后一步，钉十字架。但是这些奴隶免去了所有刑罚。当人们发现我们的总督如此容易对付，行刑者本人就是代理人，可以从他那里买到被判谋反的这些奴隶的性命时，有谁能怀疑威尔瑞斯已经对奴隶进行了威慑？

【7】你在阿波罗尼亚的阿里托达莫一案中不也采用了同样的方式吗？还有伊玛卡拉的莱翁的案子？你说"奴隶中不安分的人"和"突如其来的武装阴谋"阻碍了你确保行省安全的热情，或者说你由此找到一种发财致富的下流办法，是这样吗？哈里基艾的欧曼尼德斯地位崇高、非常富有，你在调查中判决他的一名管家犯有谋反罪；你从他的主人那里索取600个罗马大银币，欧曼尼德斯本人最近就此事宣誓作证。在罗马骑士盖乌斯·马特利纽不在的情况下，你掌握了他的管家和牧人谋反的证据，从他那里弄到6,000个罗马大银币。这件事情是卢西乌斯·弗拉维乌说的，他负责处理马特利纽的事务，把这笔钱付给你；马特利纽本人也说过这件事；我们杰出的监察官格奈乌斯·伦图卢斯还会提起这件事，他为了马特利纽很早就写信给你，其他人也为此事给你写过信。

　　然后还有帕诺姆的阿波罗尼乌斯的案子，他是狄奥克勒之子，父名盖米努斯。这件案子我们不能省略不提。在整个西西里我都无法找到比这更加臭名昭著、更加可耻、更加确凿无疑的案子，摆在你们面前。抵达帕诺姆以后，威尔瑞斯签发了一张正式的传票，传唤阿波罗尼乌斯出庭，审判的时候人山人海，当地罗马社团也有许多人参加。人们议论纷纷，说"我感到奇怪，像阿波罗尼乌斯这样的富人怎么能够长期躲过我们站在那里的朋友，他已经想出了计策，已经实行了，只要威尔瑞斯突然对某个富人签发传票，那肯定意味着有事"。人们在焦急地等待事情的发展，这时候阿波罗尼乌斯匆匆赶到，气喘吁吁，满面焦虑，由他年轻的儿子陪伴着，而他的老父亲是骑马过来的。威尔瑞斯说了一个奴隶的名字，说他是阿波罗尼乌斯的牧奴们的首领，指控他阴谋鼓动奴隶造反。而实际上阿波罗尼乌斯的庄园里没有这个奴隶。然而，威尔瑞斯命令阿波罗尼乌斯招认。当他坚持说自己根本就没有叫这个名字的奴隶时，威尔瑞斯下令把他关进监牢。被拉出去的时候，这个无辜的人哭喊着说自己冤枉，说自己没有做什么错事，说他的所有钱都拿去投资了，没有准备现钱。这就是他当着大批人的面讲述的事实，每个人都可以看出他受到审判的原因是他不愿意付钱，我要说，正是因为他哭喊着说没有钱，所以他被关进牢房。

　　【8】请注意我们这位总督的坚定不移，请记住在这些事情上为他辩护的人不仅说他是一名有功劳的总督，而且赞扬他是一名伟大的军事指挥官。出于对奴隶起义的恐惧，他用那些奴隶可以得到豁免的刑罚来伤害奴隶的主人。阿波罗尼乌斯是一名富人，如果奴隶造反占领西西里，那么他会失去他的财产，然而威尔瑞斯指控阿波罗尼乌斯是奴隶造反的同谋，未经审判就把他关进监狱。在随从的支持下，他判决这些奴隶犯有谋反罪；然而出于他本人的意愿，在没有随从支持的情况下，他赦免了这些奴隶。进一步说，有人会问我们，假定阿波罗尼乌斯做过一些该受惩罚的坏事，我们是否还认为用这件事来反对威尔瑞斯是恰当的，或者说用威尔瑞斯过分严厉地处罚一名富人来激起人们对他的恶意。不，我不会对他如此苛刻，我不会采用指控者

众所周知的习惯做法，把仁慈说成松懈，在正义还没有被驯化成仁慈的地方用激起人们恶意的方式来证明被告的残忍。这不是我要采取的方针。威尔瑞斯，我会接受你的判决，但是当你开始废除你自己的判决时，你必须停止对我的话不满，因为我完全有权证明，必须由法庭的庄严审判来宣布一个人有罪。我不会让自己显得好像急于通过为我的朋友和托付人抗辩来废除你对阿波罗尼乌斯的判决。关于他的诚实、善良、节俭我一概不说。我也会省略我已经说过的事实——他投资雇用劳工、购买牲畜、建设庄园、放债给别人，这样的人在西西里发生战争或奴隶造反的时候，没有人会比他损失更多。我甚至也不争辩，无论阿波罗尼乌斯应当受到多么严厉的谴责，像他这样一位出身高贵的成员不应当未经审判就被判决，并受到重罚。我也不想通过讲述这个高尚的人被关进狭小肮脏的囚室，而你暴君似的禁止他可怜的老父和幼子去探监来挑起人们对你的仇恨。我还要省略这样一个事实，在阿波罗尼乌斯被监禁的 18 个月中，你每次来到帕诺姆，当地的议会成员，以及它的行政官员和城市的祭司，都要谦卑地等候，请求你释放这名无辜的、不幸的人。这些事情我都不说了，然而，只要我还和他们在一起，我可以很容易说明你自己对待他人的残忍使得这个法庭不会对你表现任何仁慈。

【9】我并不急于坚持诸如此类反对你的论证，因为我预见到霍腾修斯为你辩护时会提到这些事情。先生们，他会告诉你们，在威尔瑞斯眼中，父亲的老迈、儿子的年幼、他们的眼泪，根本无法与他的行省的幸福与安全相提并论；他会宣称，威胁和严酷是统治必不可少的组成部分。他会问你们，我们的总督为什么要带权杖，为什么要带斧子，为什么要造监狱，我们的传统中为什么要对罪犯制定许多种刑罚？但是，当他以一种傲慢的语调说这些话的时候，我要向他提一个问题：没有添加新的事实，没有提交新的上诉，没有提供正当理由，这同一位威尔瑞斯为什么又突然下令从监狱里释放阿波罗尼乌斯呢？我要肯定这一指控中的相关证据非常有力，所以我可以允许这个法庭的成员不听我自己的任何论证，而由他们自己推论这件案子中使用了什么样的强盗手段，这种方法有多么可恶，有多么可耻，它提供的发财机会有

多么巨大。我要你们首先考虑一下这个人虐待阿波罗尼乌斯的几个特点，然后计算一下这样做能值多少钱。你们会发现，他故意以一个富人为例，恐吓其他情况相同的人，让他们明白将要面临的危险。第一个特点是突然宣布某人犯了大罪，然后确定一个价格，凡是支付这笔钱的人就可以逃避受苦。第二个特点是，没有指控人，没有法庭判决，也没有辩护。把这些都计算一下吧，想一想阿波罗尼乌斯实际上是这些暴行的一个牺牲品，其他人用金钱向这种非正义买到了自由。最后一个特点是黑暗。枷锁、监狱，折磨、不许探监，不允许自由呼吸，见不到阳光。能从这样的邪恶中逃命，我实在无法用金钱来估量。处在各种恐怖中，阿波罗尼乌斯最终买到了他的自由，但已经被折磨得不像人样。然而，我们不是在教育其他人该如何对付这个无赖。你们可以假定他选择一个富人进行打击就是为了发财，或者说他只是在对这种讹诈方法进行尝试，由于某种原因他突然又释放了这个人，这种方法只用于一个人，而不是对西西里所有富人的恐吓。

【10】先生们，我希望我们这位杰出的朋友，当我谈论他的显赫军功时，能提醒我有可能没提到的事情。然而，我相信，到现在为止我已经把他的全部成就告诉你们了，至少是在他们不得不处理所谓奴隶起义的征兆时所做的事情，我确实没有有意忽略。带着谨慎、关心、警惕，他照料和保护着他的行省，这些事情我都已经摆在你们面前。世上有各种类型的将领，我的总的目的是告诉你们威尔瑞斯属于哪一类；由于当前缺乏伟大的军人，我敢肯定他的杰出品质得到人们公认。昆图斯·马克西姆的勇猛，老阿非利加努的敏捷，小阿非利加努的独特的足智多谋，鲍鲁斯的方略，盖乌斯·马略的勇敢，但他并不属于这些类型。要是你们允许，我要向你们描述一位不同类型的将领，这种类型的将领是我们必须小心加以控制以确保安全的。

首先让我们来说一下艰苦的巡视，这是军事总督各项义务中最辛苦的事情，而在西西里这是最基本的，让我来告诉你们他如何运用他的理智和聪明使这种巡视变得容易和惬意。冬季出巡时，他做了以下令人佩服的安排以抵御严寒、风暴、河水泛滥。他选择去叙拉古，那里地理位置优越，群山环绕，即使在最恶劣的暴风季节，那里仍旧每日阳光灿烂。我们这位杰出的将领就在这里过冬，人们很难见到他出门或者下床。短暂的白天在连续的宴会中度过，漫长的夜晚在连续的奸淫中逝去。

春天到了，他的行踪既不是按照春风，也不是按照星宿开始。当他看到第一朵玫瑰时，他就明白春天到了，然后开始辛苦地旅行，但从来没有人看到他骑在马背上。

【11】他确实没有。按照庇提尼亚的老国王的派头，他坐八人抬的大轿，里面摆着马耳他产的、绣着玫瑰花叶的精美靠垫。他本人头戴花冠，脖子上套着花圈，鼻子嗅着细麻布香袋，里面盛着晒干的玫瑰花。这就是他的旅行，每到一个城镇，他就坐着这样的轿子，一直抬进他的卧室。西西里的行政官员要到这里来见他，罗马的骑士也要到这里来见他，你们已经听许多证人说过这是真的。许多法律纠纷就在这里秘密讨论，由他做出决定后再公布于众。按照利益原则而非公平原则，简洁地处理公务一两个小时以后，他感到有义务把剩余的时间用来侍奉维纳斯和巴库斯。我认为应该说我们这位优秀统帅的突出表现是独一无二的。你们都知道，在西西里所有城镇中，这个地方是总督最喜欢逗留的地方，镇上没有哪位名门闺秀没有被选来满足他的淫欲。有些女人公开出现在他的餐桌上，还有一些在约定的晚些时候到来，避开大白天和他的贵客。他的晚宴也不是一个与他罗马总督和军队统帅身份相配的安静的集会，在我们的行政官员的餐桌上他们也没有保持什么体面。他们狂吼乱叫，污言秽语，有时候甚至还会大打出手。我们这位严厉的、一生中从不遵守罗马法律的总督在这种时候倒是十分小心地遵守有关饮酒的法律，乃至于到了最后，个个醉得不省人事，要么躺在那里像死人一样，要么被人架出去，好像从战场上下来。所以，任何旁观者都会认为他看到的不是总督的宴会，而是两帮无赖之间发生的灾难性的搏斗。

【12】仲夏是所有西西里总督巡视的季节。他们认为这个季节非常重要，因为粮食已经在打谷场上，而这个时候劳工聚集，有多少奴隶看得清清楚楚，也很容易看到他们如何劳动，此外，丰收在望，天气也很适宜旅行。我

再重复一下，其他总督在这个季节经常巡视各地，而这位标新立异的军事统帅却在叙拉古最漂亮的地方为自己修建了一处固定的军营。他在海港的入口处，在一个美丽的海湾，修建了一些楼台亭阁，搭起许多帆布帐篷。这位总督的官邸过去曾经是国王希厄洛的王宫，他从王宫搬到这个地方来住，从外面根本看不到里面的情况。他也不允许任何人进入，除了那些有资格与他分享邪恶的人。和他有关系的女人都上这里来，多得令人难以置信；他的朋友也都上这里来，与他共享这样的生活。威尔瑞斯的儿子整天就和这样的男人和这样的女人待在一起，但他已经不再是一个孩子了。哪怕他的天性敦促他不要像他父亲一样，耳濡目染也会使他成为他父亲的真正的儿子。那位狡诈地勾引了她的罗得岛笛手的女人忒提娅 ① 后来被带到威尔瑞斯的这处营地，据说在此引起一场严重的风波，就好像叙拉古的克勒奥美涅之妻，一位贵妇人，还有埃基里奥之妻，出身高贵，此外还有舞蹈演员伊西多洛之女。但是我们的这位汉尼拔 ② 认为，在他的军营里得到提升的依据应当是功绩而不是出身，所以他极度迷恋忒提娅，在离开行省的时候仍旧把她带在身边。

【13】在这几周里，他一直穿着一件短袖衣，披着一件希腊式的紫袍，与他的女人们狂欢作乐，既不会见地方行政官员商议政务，也不上法庭判案。海边的营地里乐声悠扬，美女欢笑，而市集广场上的法庭一片沉寂。但这并没有引起什么不满。人们感到在市集广场上进行的审判毫无行政机构和法院所应具备的公正，权威，秩序可言。

那么，霍腾修斯，你要把这样一个人当做一位伟大的军事统帅来为之辩护吗？你想通过赞扬他作为一名统帅的行为和名声来掩盖他的偷窃和抢劫、贪婪和残忍、骄奢淫逸和邪恶吗？如你在讲话结尾处所说，我们需要担心你采用安东尼乌斯所惯用的、生动的论证方法吗？你会让威尔瑞斯站出来，露出他的胸膛，让罗马人民观看他的伤疤吗？这个伤疤是女人的牙齿咬的，是

---

① 参见本文第三卷第 34 章。
② 汉尼拔，抗击罗马的迦太基统帅，此处喻指威尔瑞斯。

他骄奢淫逸的证据。我确实衷心希望你能大胆地讲述战争和他在军队中的表现。先生们，要是霍腾修斯这样做了，那么有关威尔瑞斯从前参加的那些战役的事实就会摆在你们面前，你们不仅能够知道他作为统帅时的行为，也能知道他归别人指挥时的行为。他最早的那件风流艳事应当再讲一遍，他从市政厅出来以后，不是像他声称的那样，去了他的住处，而是投入了他的那些情人的怀抱。你们将再次听到他经常去普拉珊提亚的赌场，就好像去履行不可或缺的义务。你们还会听到他刚刚参军的时候经常赌博，只好凭着年轻力壮来对付讨债人。然后，在他做了种种蠢事以后变得较为成熟时，他和其他一些人野蛮地糟蹋了许多贞洁的妇女——需要我来讲这方面的事情吗，或者需要我来讲述他的这些事并给其他人带来羞耻吗？不，先生们，我不会这样做，我会把所有较早发生的事情都省略掉，只把最近发生的两件事情摆在你们面前，你们从中可以推论出其他所有事情。一件事情是，在卢库鲁斯和科塔担任执政官期间，哪怕是来自行省最偏远城镇的最朴素的乡下人，都知道由这里的法庭审判、由执法官最后判决的任何案子，实际上是由那个妓女凯莉冬控制的。另一件事情是，在已经披上统帅的战袍，在已经宣誓要为国家的幸福战斗以后，威尔瑞斯不断地在夜幕初降的时候回到城里来找一个女人，满足他的情欲，这个女人是一个男人的妻子，但却受所有男人的役使，他的行为违反了神的法律，违反了宗教与道德的每一条原则。

【14】不同的人在性情和气质方面的差别确实大得惊人！要是我不承担迄今国家交付给我的责任，感到自己必须履行全部义务，那么我可以不要你们的批准，不要国家的批准，放弃我的雄心和对未来的期望。当选财务官对我意味着不仅要承担这个职务，而且还要承担责任。当我在西西里行省履行财务官的职责时，我感到所有人的眼睛都在盯着我，而且只盯着我。我想象我自己和我的衙门就好像设在一个戏台上，全世界都是观众。我拒绝使用讨人喜欢的方法，不仅拒绝让那些反常的欲望得到满足，而且拒绝满足那些最自然的、不可避免的欲望。我现在是一名当选候任市政官，我了解国家将要赋予我的职位。我会最勤勉、最庄严地庆祝刻瑞斯、利伯拉、利伯尔节。通

过举行庄严的"福罗拉女神节"①，确保她对罗马人民的青睐。我以最高贵、最虔诚的方式举行了最古老、最早带有"罗马"名字、荣耀朱庇特、朱诺、密涅瓦的节日庆典。我还负责地维护我们神圣的公共建筑，保卫我们整个城市。作为战战兢兢地辛勤工作的回报，我得到了某些特权：在元老院优先发言、穿镶紫边的"托袈"、坐靠背椅、有权把我的肖像留给继任者。想到所有这些事情，先生们，我要宣布，我希望得到所有天神的青睐，我从获得这个公共职位的兴奋中得到的快乐远少于我的沉重负担和忧思，人们应当这样想，我得到这个职位不是因为必须把这个职位给予寻求这个职位的这个人或那个人，而是把适当的职位给了最恰当的人，是国家审慎的判断落到了恰当的地方。

【15】但是你呢，威尔瑞斯？当宣布你当选为执法官的时候，无论当时是如何宣布的——那些事情我都省略不提了——如我所说，当司仪宣布你经过年长的和年轻的投票人的选举被授予那项高级职位时，他响亮的声音在你心中激起过你的荣耀感吗？这个国家把一部分统治责任托付给你，而从那时候起，你必须停止光顾那个妓女的住处。要是你顾及这一点，那么当命运赋予你管理国家法律的责任时，你想过这项责任有多么困难，多么繁重吗？这一格外需要智慧和正直的职位已经给了一个最愚蠢、最腐败的人。没有，迄今，你担任这些职务的时候虽然禁止凯莉冬上你家，但你基本上把你的官邸搬到了凯莉冬的家里。而你统治这个行省的时候，你心里从来没有想到过，柴棒与斧子、权威与尊严，这些东西赋予你不是为了让你打破有关体面或义务的顾忌，或者让你可以把所有人的财产当做你的猎物，或者让每个人都丧失人身安全，让所有人的房子都有危险，让每个人的人身和贞洁都需要保卫，以对抗你的愚蠢和肆无忌惮的邪恶。你在这一时期的行为需要你在这个有关奴隶造反的论证中为自己寻求庇护，说明人们确信你犯下的罪行与你无关。你现在明白了，情况并非如此，这正是你引发大量指控的根源。我假定

---

① 福罗拉（Flora），罗马女神，主掌事物的青春期。

你几乎不会提到在意大利的奴隶战争中或者在坦普萨还有少量的幸存者，这会给你提供机会，要是他们中间有人能够为你辩护，也许能证明你的勇敢，而你自己所做的辩护只能说明你的一贯表现。

【16】瓦伦提亚派了一个代表团来见你，它的发言人马库斯·马略地位很高，善于雄辩。他要求你处理局势，因为你拥有执法官的权威和地位，而你明明看到一小股匪徒造成的危害，就是不愿接手处理这件事，不是吗？你不仅回避这种责任，而且在那个时期和你的那个女人忒提娅待在海滨，你把她带在身边，人人都能看见。在对如此著名和重要的瓦伦提亚镇的人民做出回答时，你穿着黑色短袖衣和希腊人的长袍。看到他行走在回家的路上，你们可以很容易地察觉这个人在离开行省时以及在那里是如何行动的，因为他不是凯旋，而是面临受审，甚至准备用不能给他带来快乐的行为羞辱他自己。在柏洛娜①神庙里举行的元老院会议十分拥挤、人声鼎沸，他在那里的表现多么令人敬佩啊！先生们，你们仍旧记得那天下午很晚的时候，有人报告了坦普萨的情形，当时派不出一个握有兵权的人，有人说威尔瑞斯离坦普萨不远，建议派他去处理，然而马上遭到一阵阵反对，我们的主要发言人也公开反对这个建议。在对这个人开始审判之前人们的呼声已经公开宣告他有罪，这种时候这个有众多证人证明其有罪的人还能把任何希望寄托在法官的投票上吗？

【17】好吧，假定他在镇压或恫吓奴隶叛乱中没有立下任何功劳，因为在西西里既没有这样的叛乱，也没有理由担心会有这种叛乱，他更没有必要采取任何措施防止叛乱。但是有人将会告诉我们，他精心维护他的舰队，以便与海盗作战，他格外关注这件事，因此他令人敬佩地捍卫了他的行省。先生们，我不得不把西西里舰队的情况告诉你们，告诉你们这支舰队是如何运作的。我可以向你们保证，他在这件事上从一开始就表现出种种邪恶，把他的愚蠢发挥到顶点，他叛卖祖国，荒淫无耻，凶狠残忍。我请求你们仍旧像

---

① 柏洛娜（Bellona），罗马人的女战神，有时候被说成玛斯的妻子。

以前一样对我简要陈述的事实给予充分的关注。

首先，我断言他处理这些航海事务不是为了保卫行省，而是为了从花在舰队的开支中大捞一把。要求各城镇提供战船和一定数量的水手是前任总督们的常规做法，但是你威尔瑞斯豁免了墨撒纳这个庞大富有的城镇提供船只和水手的义务。墨撒纳人秘密地付给你多少钱使你这么做，如有可能，我们可以通过检查他们自己的记录和听取他们的证词来弄明白。我现在断定他们为你公开建造了一艘货船，一艘很大的货船，像一艘三排水手划桨的大船那么大，一艘装备十分完善的大船，由这个城镇出钱建造，整个西西里都知道，墨撒纳的主要行政官和地方议会把这艘船正式奉献给你。当时他本人正在离开这个国家，船上装满赃物，在维利亚卸下大批货物，包括那些他不想直接运往罗马的东西，因为这些东西具有巨大的价值或者受到他的青睐。我本人不久前在维利亚看到过这艘货船，其他许多人也看到了。先生们，这真是一艘漂亮的船，装备精良。我还可以说，所有见过它的人都会觉得它预示着船主将遭受放逐，他为流放做好了一切准备。

【18】对此你有什么回答？我假定，你只能完全否认犯了勒索罪，也就是说，你只能说这艘船是你自己花钱造的。来吧，把这句话说出来，因为你不得不说。霍腾修斯，你不要害怕我要问一名元老院议员有什么权力建造一艘船。很早以前的法律就禁止这样做，而你常把这些法律称做"死文字"。我们的法庭曾有一个时期极为严厉，这样的行为会受到最严厉的指控。你有拥有一条船的必要吗？为了你的安全，你的每次公务旅行都有船只供应，由公费开支；但若是非公务旅行，那么你就没有权利向这些地区征用船只，更不要说拥有船只了。其次，我要问你，为什么要违反法律获得这样的财产？如果是在古代实施严格道德准则的时候，你会受到严厉的惩罚。而今天我提出这一点不是作为一项指控，我甚至不想通过问你这样的问题来表达一般的感情："在自己统治的行省里，在一个人口众多的行省中心为自己公开建造这样一艘商船，你难道从来没有考虑过你的信誉、危险和民众的厌恶吗？"你认为，那些看到这艘船的人会说些什么？那些听到这件事情的人又会怎么

想？你会驾着空船驶向意大利吗？你回到罗马以后要做货运生意吗？甚至没有人会假定你在意大利海岸边有码头，你要用这艘货船来输出你的产品。你使每个人都以这种方式议论你，说你弄到这艘船是为了把你从西西里抢来的东西运走，派遣这艘船回去，把你留在那里的东西运回来。然而，我可以按照你的喜好收回所有这些指控，只要你能说明这艘船是你自己出钱造的。但是，你真是个傻瓜，你难道不明白在第一次审讯时你的朋友和颂扬者、那些墨撒纳人已经指出，建造这艘船不是你出的钱。派来为你敬献颂辞的代表团的首领海乌斯已经说了，为你造这艘船的工匠是墨撒纳雇的，还正式任命了一位墨撒纳的议员负责这项工作。还有造船用的木头。墨撒纳人没有造船用的木材，你正式下令要勒佐镇提供，这是那里的公民告诉我们的，对此你无法抵赖。

【19】如果造船的材料和造船的工匠都是你用权力征集的，不是你私人花的钱，那么我要问，我们如何判断这笔开支是你自己掏的腰包呢？有人争论说墨撒纳的城市账目中没有任何记载。但是我注意到，第一，这笔开支不可能由城市的银库支付，哪怕我们的祖先建造卡皮托利山上的神庙，也是通过官方征集材料和工匠来完成的。第二，我清楚地看到，当我把相关证人的名字放入证人盒中时，根据他们自己的解释，有大量的付给威尔瑞斯的金钱在记入账目时变成假账，变成用于支付一些从来不存在的合约。墨撒纳人要是隐瞒能够使他们的主子遭到毁灭的账目确实也不值得奇怪，他们认为这个人是他们的好朋友，他们之间的友谊胜过他和罗马人的友谊。但无论怎么说，要是墨撒纳人没有把付给你的钱记入账本可以证明他们没有向你付钱，那么你无法提供购买造船材料的证明或者合同必定可以证明你在这艘船上没有花一分钱。

你告诉我们，你要墨撒纳人提供这艘船的理由是他们拥有条约规定的特权。哦，天哪！我们在这里居然发现了一位国际法专家，比其他任何人都要更加小心谨慎地关注我们庄严的条约所规定的各民族的义务。让在你之前的所有总督都不要因为他们破坏条约、要求拥有一艘船而惩罚墨撒纳人。不管怎么说，为什么像你这样小心谨慎的人会向陶洛美纽人征用一条船，他们也拥有条约规定的特权？你要让我们相信里面没有金钱交易，这两个有着同样主张的社团的地位实际上是不同的，应当区别对待吗？先生们，如果我进一步证明，与陶洛美纽人签订的条约实际上在条文中规定了陶洛美纽人可以豁免供应船只的义务，而与墨撒纳人签订的条约明文规定墨撒纳人必须提供一条船，而威尔瑞斯同时破坏了这两个条约，向陶洛美纽征用一条船，而豁免了墨撒纳这方面的义务，那么当威尔瑞斯担任西西里总督的时候，还有可能怀疑这艘货船对墨撒纳的帮助比那个条约对陶洛美纽的帮助更大吗？请大声宣读一下这些条约。

【20】好吧，通过这个你自称为恩惠而事实表明只不过是贿赂和腐败的行动，你降低了你的国家的地位，减少了罗马民族的资源，削弱了我们的祖先用勇敢和智慧为我们构筑起来的力量，废除了我们帝国的权力，阻止我们的同盟者履行义务和遵守条约。按照条约的字面条款，如果接到命令，他们必须装备和派遣一条战船，哪怕远航至大西洋，也要由他们自己出钱并承担一切风险；而通过贿赂，你完全豁免了条约规定的义务，作为罗马附属地他们必须履行的义务，他们甚至不需要在他们自己的房屋前的海峡里巡逻，也不需要保护他们自己的城墙和港口。先生们，你们想一想，在墨撒纳人与罗马签订条约的时候，他们要是能够从我们的祖先那里取得让步，那么他们非常乐意，无论需要耗费多少辛劳，奉献多少金钱，要知道只要一个社团被迫接受沉重的负担，就会给同盟条约添加奴役的象征。有一种特权是他们没有能够通过协议从我们的祖先那里获得的，尽管他们为我们提供了良好的服务，因为既无先例，罗马的资源也没有干涸，然而在许多年以后，他们通过贿赂从威尔瑞斯那里取得了这种特权，尽管他们并没有为我们提供新的服务，而在这方面我们帝国的权力已经行使了许多年，从未间断，我们的海军力量现在又非常紧张。他们获得的权利也不仅仅是不需要提供一艘船，在你担任总督的三年中，你让墨撒纳人提供或派遣过一名上船服役或者驻守兵营的水手或士兵吗？

【21】最后，要按公平的原则向西西里的所有城镇征购粮食①，这是元老院的法令规定的，也是特伦提亚法案和卡西亚法案规定的，而你豁免了墨撒纳人，尽管这项义务不重，也很普通。你会告诉我们墨撒纳人没有必要提供粮食。为什么没有必要提供粮食？为什么没有必要把粮食卖给我们？这种粮食不是作为贡品征收的，而是付钱购买的。我明白了，要是我们接受你的看法和解释，那么墨撒纳人甚至没有必要通过缴售粮食来帮助罗马国家。那么请你告诉我哪些社团有义务这样做？这个国家公地上的农民必须按照监察官规定的数量提供粮食，你为什么还要他们交纳另外一笔粮食？还有，按照希厄洛法案，每一名缴纳"什一税"的农民只需要缴纳这种税，但你为什么要规定他们另外再缴纳征购粮？有些城镇按照规定可以豁免，至少不是必要的。然而你不仅下令要他们这样做，而且下令要他们出售大量的粮食，向他们征收 6 万升小麦，远远超出他们的能力范围，以便让墨撒纳人可以保留粮食。我的意思不是说向其他城镇征购粮食就是错的。我的意思是，墨撒纳人也应当像其他城镇一样承担义务，从前的总督都向他们征购粮食，和其他城镇一样，并且按照元老院的法令和相关法律直接把钱付给他们，因此不向他们征购粮食是错误的。

记住这项给予一切人的所谓恩惠。这个人向他的议事会提交了墨撒纳人的状况，宣布"按照他的议事会的决定"，他没有要求墨撒纳人提供粮食。让我们来听一听这位商人总督的命令，出自他自己的记事本，注意一下他庄严的行文风格和给人留下鲜明印象的法律判决。请宣读一下。[庭吏宣读了这段引文。] 他说，他很乐意地看到最后结果，议事会通过了他的说明，等等。你说"乐意"这个词是什么意思？我们应当假定，你无疑厌恶用这种方式挣钱。还有，"按照他的议事会的决定！"你们听，先生们，这个杰出的议事会的成员是哪些人，你们听到这些大声读出来的名字，会把他们当做一名总督的真正的议事会，还是当做一个无耻匪徒的同伙或联系人？就是这些人

---

① 关于强制性的征购粮食，参见本文第三卷第 70—80 章。

在向我们解释这些条约，与我们的同盟者进行谈判，教导我们要履行庄严的义务！直到威尔瑞斯做出这种选择，让他的杰出的议事会做出这种决定之前，墨撒纳人从来没有得到过这种豁免，他做出了这种决定，然后就可以按照常规办事，向墨撒纳人要钱。他的这条法令一直不恰当地维持着，直到卢西乌斯·麦特鲁斯接替他担任总督。麦特鲁斯遵循盖乌斯·萨凯多斯和塞克斯都·佩都凯乌的做法，向墨撒纳人征购粮食。这时候，墨撒纳人明白自己不能继续保持他们向这个无权出售这种权利的人购得的权利。

【22】还有，告诉我们，你是如何负责任地解释这些条约的？当陶洛美纽和奈图姆这两个城镇都享有条约规定的特权时，你为什么要向它们征收粮食？确实，奈图姆人为自己站了出来，当你宣布自己很乐意豁免墨撒纳人的时候，他们逼近你，指出他们的条约也赋予他们享有同样待遇的权利。当两地的情况相同时，你不能下命令区别对待，于是你口头上宣布奈图姆不必缴售粮食，但实际上仍旧强迫他们这样做。让我们来听一听我们这位总督写的征购粮食的法令。[庭吏宣读了这项法令。]先生们，看到这样可耻的区别对待，我们不可避免地得出结论，要么是他向奈图姆索要一笔钱遭到了拒绝，要么是为了向墨撒纳人表明他们的贿赂和礼物会给他们带来了多么大的利益，于是他就拒绝豁免其他城镇，不是吗？

我发现，在这种情况下他竟然敢用墨撒纳人的颂辞来提醒我。先生们，你们全都能够察觉这样的颂辞毫无价值的原因。首先，当一个受到指控的人不能举出十个其他的人来说出他的良好品性时，那么对他的名声来说，他最好还是一个都不要举了，而不是不能满足这个习惯规定的数字。然而被你统治了三年的无数的西西里社团几乎全都反对你，少数几个与你保持亲密联系的小社团则保持沉默，只有一个社团为你说话。这就清楚了，你知道一首真正的颂辞会给你带来的好处，然而你当总督时的行为已经剥夺了你的这种好处。其次，重复一下我在别处说过的话，当我们听到那些派来敬献颂辞的人的讲话，他们的首领讲的话，知道了他们为你出钱建造货船，他们都遭到你的抢劫和剥夺以后，这首颂辞还能给你带来什么好处呢？最后，当你的这些朋友赞颂你的时候，西西里再也没有别人像他们一样了，他们的所作所为只是在我们面前证明了你通过抢劫我们的国家来赐予他们恩惠。在整个意大利有像墨撒纳这样享有特权的殖民地吗？有墨撒纳这样在好几年里可以豁免各种负担的城镇吗？因为在三年时间里，只有他们不用履行由条约规定的义务；只有他们，当威尔瑞斯担任总督的时候，可以免除各种负担；在受威尔瑞斯管辖的所有城镇中，只有他们可以在满足了威尔瑞斯一切要求之后不对罗马承担任何义务。

【23】但是回到我现在的论题上来——那艘货船。你违反法律，从墨撒纳人那里接受了一条船，你违反条约的规定，豁免了要他们提供的其他东西。在你与这一个城镇打交道时你犯了两条罪：不恰当地豁免他们的义务，不合法地接受他们的礼物。你的责任是让他们提供一条船，用来驱逐强盗，而不是运送强盗；用来保护行省不受抢劫，而不是运送从这个行省里抢来的赃物。墨撒纳人为你提供了一个海港，用来汇集从全岛各地偷来的珍宝，还提供了一条船，用来运送它们，这个镇是你的赃物的接收站，这个镇上的居民是你盗窃的见证人和保管员，他们给你提供了一个地方存放你偷来的东西，为你提供了一条船来运送它们。这样做的结果就是，整个西西里行省由于缺乏战船而面临灾难，你本来可以大胆地要求墨撒纳人提供战船，他们也会按照条约向你提供，而这样一来，他们把提供战船当做给你的恩惠，你的贪婪和邪恶导致整个舰队毁灭。那艘臭名昭著的货船实际上阻碍着本该严格执行的命令和紧迫的要求，他们不是严格地履行义务，把战船交给罗马国家，而是把一艘货船友善地献给这位罗马总督。送出了这条船，他们就不再接受命令，不再提供帮助，不再履行习俗和条约规定的义务。

你们现在已经听到了这件事，一个城镇本来可以提供强有力的帮助，但却受到这种阻挠，于是罗马人失去了这种帮助。下面让我来告诉你们，威尔瑞斯充满想象力的脑子如何首次制定出一个确保抢劫成功的计划。

【24】按照常规，每个城邦都要分担海军的开支和供应，还要提供它自己的指挥官。指挥官一定要向他的同胞负责，向他们报告一切。他的职责不

仅非常辛苦，而且包含个人的责任，他决不敢冒被他人指控的危险。我重复一遍，这是永久不变的规矩，不仅在西西里是这样，而且在我们所有行省都是这样。作为意大利的同盟者，这些城邦向我们拉丁人提供辅助性的部队。自从我们的国家建立以来，威尔瑞斯是第一个让所有社团把军饷直接交到他手里，并且由他本人任命的指挥官支配的人。每个人都肯定清楚你为什么要改变一项如此古老、普遍遵守的习惯做法，为什么如此放心让其他人来代表你处理这笔钱，为什么要给自己找麻烦，在承担这项困难任务的同时甘冒受到怀疑和指控的危险。其他发财方法当时还没有发明，先生们，你们瞧，光是由各个社团提供的船只就有多少，这些社团愿意付钱给他，这样就不用派遣水手了，他会以各种名目豁免它们派遣水手的义务，他不仅向所有得到豁免的社团收钱，而且坚持要其他社团付钱。你们将会在这些社团提供的证词中看到所有事实。请把这些证词读给我们听。[庭吏宣读了相关证词。]

【25】先生们，你们看一看这个家伙，看一看他肆无忌惮的鲁莽。想一想他开列的收费清单，与这个清单相应，有多少城镇，多少个人必须支付他规定的费用，少出一名水手要交 6 个大银币。任何人只要交 6 个大银币就可以离开，整个夏天不用承担义务，威尔瑞斯收的这笔钱就进了他自己的腰包，就这样，豁免一个人的义务会给他带来双份收入。尽管这个行省海盗猖獗，但这个疯子公开这样做，海盗们知道，整个行省都知道。

尽管由于他的愚蠢行为带来的后果是使西西里的舰队徒有其名，实际上只是一些空船，只适宜运输这位总督的黄金，而不会让海盗们感到害怕，然而当普伯里乌·凯塞提乌和普伯里乌·塔狄乌斯率领他们的十艘战船与一艘海盗船相遇时，他们还是俘虏了那条海盗船，但实际上不能说他们俘虏了这条海盗船，因为这条船上装满了货物，行动不变。船上满是年轻的战俘、银盘、银币，还有大量毛织品。我们的舰队在麦加拉海边离叙拉古不远的地方发现了这艘海盗船，但不能说是我们的舰队俘虏的。当这个消息报告给威尔瑞斯的时候，他正躺在海边的营地里和那些女人一道喝得醉醺醺的；不过他马上站起来，派出几名卫士把他的财务官和总督助理找来，要他们把战利品全部送来，不得延误。他们把那艘海盗船带到叙拉古。每个人都在看着他如何公正行事，然而威尔瑞斯的行为不太像捕获了海盗，倒像是接受赃物。他把那些又老又丑的俘虏都当做公敌来处置①，他还带走了所有年轻貌美或者拥有技艺的俘虏，一部分作为礼物给了他的儿子、幕僚和随从，还送了半打乐师给他在罗马的朋友。他把整个夜晚都花在卸船上。那名海盗船长本来肯定要处死，但却踪影全无。今天每个人都相信——你们必须自己进行推论，看这样的说法在多大程度上是正确的——威尔瑞斯秘密地接受了贿赂，饶恕了这名海盗船长的性命。

【26】这仅仅是一种推论吗？有谁能够不受令人信服的相关证据的影响而有能力做出判断？你们知道这个人，你们明白普遍的习俗——捕获了敌军将领或者海盗首领，将他们游街示众会使民众高兴。先生们，在叙拉古这个人口众多的城市里，我找不到一个人说他亲眼见过这名海盗首领，尽管在那里经常有全城人的集会，民众也习惯上出来看热闹。是什么原因使他能够彻底藏匿，无人能够看上一眼？叙拉古的渔民听到他的名字就会颤抖，他们希望能够大饱眼福，看到这个海盗首领受刑和处死以满足他们的心愿，但没有一个人得到允许看上一眼？普伯里乌·塞维留斯俘虏的海盗头子比他的所有前任俘虏的加在一起还要多，但有谁受到阻碍看一眼这些俘虏了吗？从来没有。塞维留斯在出巡时押着这些戴着枷锁的囚犯，让人观看，民众来自四面八方，不仅有本城的人，而且还有来自相邻城镇的人。塞维留斯在罗马取得的胜利为什么在叙拉古受到民众的欢迎？因为没有什么比胜利更令人高兴了，没有什么能比亲眼看到我们一想起就会怕得发抖的人被戴上枷锁、处死更令人高兴的事了。你为什么不采取同样的行动呢？你为什么要把海盗头子藏起来，不让人看见，就好像拿他游街是一种罪？你为什么不处死他？你有什么理由让他活命？你知道在西西里有哪一名海盗头子被捕获以后没有被处死的？你说一个得到豁免的先例给我听，用来支持你的行为。你让这个海盗

---

① 即处死他们。

头子活着——目的何在？无疑，让他在你得胜时为你牵马。在你丧失了罗马人的舰队时，在你抢劫罗马行省的时候，他确实仍旧在提醒我们，要奖励一下你的海战胜利。

【27】好吧，他喜欢让这名海盗头子活着，而不是按照习惯做法将他处死。我现在要问，关押他的监狱是什么样的？这名海盗头子和什么人关在一起，监狱的状况如何？你们全都听说过叙拉古人的石室，大部分人也亲眼见过，巨大无比，是由国王和僭主建造的，用了许多石匠在巨大的岩石上开凿。把囚犯关在这里最安全、最可靠，超过人们的想象。被判监禁的囚犯送到这些石室里关押，不仅来自叙拉古，而且来自西西里的其他城镇。现在，由于威尔瑞斯把许多罗马公民关进这些囚室，也下令将其他海盗关在那里，他知道要是把一名假海盗头子送到那里去关押，那么监狱里的其他囚犯不会注意真正的海盗头子不在那里。然而，他不敢把这个人关进这处最安全的监狱，对他来说叙拉古确实找不到安全的地方，于是他把这个海盗头子送走了。告诉我们，送到哪里去了？也许是利里拜乌？哦，很好，毕竟，他不是真的害怕居住在海岸边的人？不，先生们，不是那里。那么，送到帕诺姆去了？哦，也许是吧，但这个海盗头子是在叙拉古海域捕获的，如果说叙拉古不是适合处死他的地方的话，那么叙拉古才是适合关押他的地方。但是，不对，也不是帕诺姆。那么到底是哪里呢？你认为是哪里？一个当地居民对海盗毫不恐惧或毫不关心的地方，与海事没有任何关系的地方。也许是坎图里帕，那里住的全是内陆农民，对他们来说，海盗的名字不会引起他们的恐慌，他们唯一害怕的就是你威尔瑞斯总督，你威尔瑞斯就是这片干燥土地上的匪首阿普洛纽。大家很容易看出，威尔瑞斯这样做的目的就是让这名替身不会碰上什么麻烦，他下令要坎图里帕的居民盛情款待这个人，并为他提供各种生活便利。

【28】与此同时，叙拉古人是有经验的、有教养的人，他们不仅明白那些显而易见的事情，而且能够就那些不公开的事情得出正确的结论，他们全都在计算着这名海盗头子要被处斩的日子。要是他们计算这艘海盗船的大小

和它的划桨数，那么会用多大的数字。威尔瑞斯带走了那些年轻美貌和有艺术才能的俘虏以后，他知道人们会感到惊讶，因为他带走的俘虏数超过留下的，有违常规。所以他决定在不同的日子里分别处死部分海盗。但不管怎么说，在这个人口众多的城市不会算不出一共处决了多少海盗，人们也不会忽视有些海盗失踪了，他们会提出问题，甚至会提出要求。许多海盗失踪了，这个令人厌恶的无赖把海盗带到自己家里，并且用罗马公民做他们的替身，投入监狱。他声称这些人有些是军队中的逃兵，在去西班牙的路上被抓获。他们中有些人是被海盗抓去的，有些是被海盗裹挟的商人。他把这些人都说成是海盗，蒙上头当做海盗处死，以防止有人认出他们来，有些人尽管被他的同胞认出来，而且都说他们是无辜的，但仍旧被处死。有关这些人的死亡，有关这些人所受的残忍折磨，我会在恰当时间再谈，而现在我要怀着义愤指控这个人残忍地屠杀罗马公民，只要我的力气，不，只要我还活着，我就要这样做，我认为这是一件值得自豪和高兴的事情。与此同时请你们注意这种成就，这种高尚的胜利。一群海盗被捕获了，但它的首领得到释放，那些乐师被送往罗马，那些年轻文雅、相貌美丽的俘虏被带到总督家里，而相同数量的罗马公民成了他们的替身，就好像他们是罗马的敌人，遭到折磨和杀害，所有毛织品、金银财宝都被他运走。

【29】你们还记得威尔瑞斯在第一次审判时如何认罪。他开始的时候一直不说话，但是当优秀的马库斯·安尼乌斯出庭作证，断言有一名罗马公民被处死，而那名海盗头子却没有被处死的时候，威尔瑞斯突然站起身来，在邪恶和疯狂的驱使下，他声称知道自己会被指控接受贿赂私放真正的海盗头子，所以他没有处死这名海盗头子，他还宣布自己家里就有两名海盗头子。你向罗马人民证明了你有多么仁慈，或者我要说，这件事有多么令人惊讶！罗马骑士马库斯·安尼乌斯指出有一名罗马公民被处死，对此你什么也不说；那名海盗头子没有被处死，而你承认这是事实。呻吟和呼喊从每一个喉咙发出，罗马人完全可以在那个特定的时机和场合对你行使正义，但是他们退缩了，他们克制了自己，他们想依靠严厉的法庭来保护他们的生命。你知

道有人会对你提出这种指控，是吗？你是怎么知道的？是什么原因使你想到这一点？你没有敌人，即使你有敌人，你也不会在众目睽睽之下采取这样的行动！或者说确实是你自己的犯罪感使你知道有人会指控你，就像犯罪感会使其他人感到害怕或担忧一样？好吧，要是你在仍旧掌权时会在审判和处死海盗时感到发抖，那么你能指望在全体证人确认了你的罪行以后还能被判无罪吗？但是假定你害怕受到用替身来取代应当被处死的海盗头子的指控，那么你认为以什么样的方式为自己辩护比较有效，是在受到审讯，在我的逼迫之下，在陌生人面前，在长时间的审讯以后，断言有些人是海盗头子，还是毫不犹豫地说，在叙拉古，当着你认识的那些人的面，当着所有西西里人的面，你已经处死了那个海盗头子？你应当选择哪一种辩护方式是没有什么问题的，后一种方式不会给人留下攻击你的根据，而用前一种方式你根本无法保护自己。这就是为什么所有总督总是按照前一种方式办事，而除了你，我还不知道在你之前有哪位总督采用过前一种方式。

你让那名海盗活了下来，多久？一直延续到你的整个任期。有什么根据，有什么先例，有什么原因，你要延续那么久？我再重复一遍，有什么理由，当那些被海盗裹挟的罗马公民马上就被处决的时候，你要让海盗本人长时间地享受阳光？然而，就算我们允许你在担任公职时有权自由处置，但是在你的任期满了以后，甚至在所有海盗都经过了审讯，都判定有罪以后，你为什么还要让他们活下来，在你的私人住所豢养这些你的国家的敌人的头目？一个月，两个月，将近一年，他们被捕获以后一直住在你家里，直到我来终结它，直到玛尼乌斯·格拉里奥来终结它，也就是说，应我的要求，格拉里奥下令把这些海盗关进监狱。

【30】你能说出你有什么权力这样做，你遵循的是什么习惯，有什么先例吗？这个罗马民族的残忍的死敌——倒不如让我说，这个一切国家和人民的共同敌人——世上有哪个人会允许他继续活在他自己家的围墙里面？假定有一天我当着你们的面处死一些罗马公民，然后强迫你们接受海盗头子，要你们允许他和你们住在一起，假定有一天他从你家里逃走，又能组织一支队

伍起来造反，那么你会怎么说？"他住在我家里，他和我做伴，我让他活着，我不会让他拿起武器来反对我今天的审判，在我的敌人对我进行指控时，他会给我提供帮助。"事实就是这样！你想通过危害国家的安全来保全自己，你想向被我们打败的敌人勒索钱财，这种情况适合你，但不适合你的国家，让已经成为囚犯的罗马敌人住在私人家里！哦，甚至打了胜仗的将军也会把敌军将领关押一段时间，以便在胜利凯旋时拉着他们游行，让罗马人民能够看到胜利的场面，摘取胜利的奖赏，甚至连他们，在他们的马车离开市政广场向卡皮托利圣山疾驰而去的时候，也会下令把战俘押送去监狱，征服者的权柄结束的日子也就是被征服者的生命结束的日子。

我们大家现在可以大胆地推论——按你自己所承认的，你已经下定决心要处死海盗——你不太像要冒险的样子，不处死海盗头子，而是让他活着，因为这样做显然会给你自己带来危险，是吗？你告诉我们你害怕遭到指控，要是这个人已经死了，我要问，有谁会相信你的回答？在叙拉古没有人见过这名海盗船长，也没有人怀疑你接受了贿赂，给了他自由，而说你已经给他找了一个替身是人们的街谈巷议，你已经承认那么长时间以来你一直害怕受到指控，要是你告诉我们这个人现在已经死了，还有谁会相信你呢？就算这样吧，当你让那个人活着的时候，不管他到底是谁，你明白我们在嘲笑你；要是你的海盗已经逃跑了，他已经像著名的海盗尼科一样砸碎了锁链——普伯里乌·塞维留斯两次幸运地抓获他——那么你还能说些什么呢？然而事实真相是：一旦处死了真正的海盗，你的金钱就会遭受损失；如果这名假海盗死亡了或者逃跑了，那么用第二个替身来代替第一个是很容易的。我已经比我的预想更加详尽地谈论了这名海盗船长，尽管到现在为止我还没有提出我最令人信服的证据，我确实希望这样的证据能在审判这种案子最恰当的地方提供，当着最恰当的法官的面，接受最恰当的法律的检验。①

【31】占有了所有战利品，再加上得到大量奴隶、银器、毛织物，使得

---

① 指审理叛国罪的法庭。

威尔瑞斯不再关心他的舰队的装备，或者想他自己的职责，虽然这对他个人来说意味着更多的抢劫，但对他的行省来说则会比较安全。其他所有总督在仲夏季节通常忙于巡视各地，甚至冒着受到海盗攻击的危险出海巡逻，而在这个季节，那处原先曾是希厄洛国王的宫殿、后来成为总督官邸的住处也不能满足威尔瑞斯骄奢淫逸的嗜好。我们已经讲过，为了消夏，他下令在叙拉古的那个岛屿的海滨建造帆布营帐，靠近阿瑞苏萨河，邻近海港的入口。这当然是一个好地方，非常隐蔽，外人无从觊觎。就在这里，这位罗马的总督、我们行省的监护人和保卫者度过他的夏日。他每天和那些女人在一起大摆宴席，酒桌旁除了他本人和他的小儿子以外没有其他男人；如果他们也可以算是男人，那么我完全可以说根本就没有男人出席宴会。自由人提玛基德有时候接到邀请。这些女人全都是有地位的、结过婚的妇人，只有一个例外，舞蹈演员伊西多洛之女。在把她从那名罗得岛的笛手那里抢过来以后，威尔瑞斯对她如此忠心。在这些贵妇人中有皮帕，叙拉古的埃基里奥之妻，关于她，人们写了许多诗篇，讽刺威尔瑞斯对她的情欲，传遍整个西西里。还有尼刻，据说极为美丽，叙拉古的克勒奥美涅之妻。尼刻的丈夫非常爱她，但既没有力量没有勇气阻挡威尔瑞斯的淫欲，他的双手被威尔瑞斯送给他的许多礼物和恩惠捆住了。尽管你们知道威尔瑞斯是一名无耻的淫棍，但在那个时候他感到只要克勒奥美涅本人仍旧待在叙拉古，他就无法让克勒奥美涅的妻子一直安心地在海滨陪伴他。于是他想出一个极富创意的办法解决这个困难，这就是把舰队交给克勒奥美涅统领，而在此之前，这支舰队一直是由总督助理统领的。就这样，统领一支罗马舰队的大权交给了叙拉古人克勒奥美涅。他这样做的目的不仅是让这个人待在海上，离开他自己的家，而且是让他乐意待在海上，因为担任这个职务有莫大的荣耀和好处。随着丈夫被放逐到一个安全的距离之外，威尔瑞斯本人就能享受他的妻子的陪伴。这件事我不想进一步细说了，因为没有人曾经试图阻拦威尔瑞斯满足他的淫欲，而且人们对一个不仅是这个女人的丈夫而且是威尔瑞斯的对手的人的离去多少感到一些快意。

【32】所以，你们瞧，我们的同盟者和朋友的战船交到了叙拉古人克勒奥美涅手里，我几乎不知道应该首先处理这一暴行的哪个方面。从权威、尊严和权力等方面考虑一下这个事实，一个本来应由总督助理、财务官或总督本人来担任的职位给了一名西西里人。你自己的全部时间无疑都已经贡献给了宴会和女人，但是你的财务官和将领们呢？为什么一升小麦要值 12 个小银币？罗马元老院和人民托付了大量骡子、帐篷和许多装备给他们的行政官和助理行政官，他们又上哪里去了？你的那些百人队长和副将又上哪里去了？如果没有一位罗马公民适合担任这个职务，不是还有一些始终对罗马保持着忠诚和友谊的社团吗？不是还有塞吉斯塔和坎图里帕吗？不仅由于良好的服务、忠诚、古老，那里的人与我们有紧密的联系，而且由于血缘，他们几乎可以配得上罗马人这个名称？威尔瑞斯让叙拉古的克勒奥美涅统领这些社团提供的人、船、船长，神保佑我们，这岂不是在践踏正义、公平、公正吗？我们曾经对西西里发动战争，有哪一次坎图里帕不是我们的同盟者而叙拉古不是我们的敌人？我说这样的话不是在诽谤叙拉古，而只是回忆古代的历史事实。正是由于这些事实，伟大的、著名的将领马库斯·马尔采鲁斯凭着他的勇敢攻克了叙拉古，又由于他的仁慈而把叙拉古保全下来，不然的话，没有一个叙拉古人可以活在那个岛上的那座城市里，直到今天我还是要告诉你们，不会有一个叙拉古人得到允许活命。这是一个只需很少人就可保卫的地方，由于这个原因，马尔采鲁斯不会把它交给一些完全不受信任的人。进一步的原因是，这座城市有一面朝向大海，叙拉古人经常拒绝我们的军队进入，因此马尔采鲁斯认为这座城市的钥匙断然不能交到叙拉古人手中。威尔瑞斯，对照一下你的软弱无能、骄奢淫逸与我们祖先的聪明理智、深谋远虑之间的巨大反差。他们从叙拉古人手中夺取了通向大海的道路，而你让叙拉古人去控制海洋；他们不让战船能够抵达的地方有一个叙拉古人活着，而你同意让一名叙拉古人统领我们的舰队；我们的祖先剥夺了这些人的一部分城市，而你向他们献上了我们帝国的一部分权力；有了我们的同盟者提供的帮助，叙拉古人能服从我们的命令，而你却让我们的同盟者服从一名

叙拉古人的命令。

【33】克勒奥美涅乘坐着坎图里帕人提供的一艘四层桨的战船驶离港口，后面跟着六条战船，分别来自塞吉斯塔、廷达里斯、荷庇塔、赫拉克利亚、阿波罗尼亚、哈伦提乌。这支舰队看上去十分雄壮，但实际上极为虚弱，因为有许多水手和桨手得到豁免，不在岗位上。我们的总督只在这支舰队驶过他举行无耻酒宴的海滨时看到这支舰队。他已经有许多天不露面，但在这种情况下他确实露面了。这位罗马总督穿着拖鞋站在海边，他穿着长下摆的托袈衫，身披希腊紫袍，斜倚在他的一个女人身上，此前已有不少西西里人和罗马公民见过他这副打扮。这支舰队在海上航行了不到四天，然后就回到帕基努斯。当时食物短缺，水手们上岸挖野棕榈的根充饥，这种东西在西西里各地很多。当这些可怜人要靠这些东西活命的时候，克勒奥美涅认为自己享有和威尔瑞斯一样的权力。他模仿威尔瑞斯的荒淫无耻，在海滨扎下营帐，整天饮酒作乐。

【34】就在他醉得不省人事，而他的手下快要饿死的时候，突然有消息传来，有海盗船进犯一个名叫奥德塞亚的海港，而我们的舰队停靠在帕基努斯港。那里原有一座陆上军营，或者倒不如说，人们以为那里有一座军营，克勒奥美涅指望能从那里调一些士兵来充当水手或划桨手。但是威尔瑞斯似乎也把挣钱的伎俩用到了步兵中间，大部分士兵交了钱以后离开了军营，留在那里的只有几个人。

克勒奥美涅是第一个逃窜的。他乘上那艘四层桨的战船，下令扬帆启航，水手们砍断了缆绳，与此同时，他给其他船只发出信号，要它们跟随。由坎图里帕提供的这艘战船速度很快——当威尔瑞斯是总督的时候，没有人告诉他这艘船能有多快——尽管这艘四层桨的战船不会对克勒奥美涅这样的人致敬，但他喜欢在船上配备许多水手和士兵。当这艘船已经快要消失得无影无踪的时候，其他船才刚刚驶出港口。这些被抛弃的人表现出足够的勇气，他们打算用经历了饥饿之后还留存在他们身体里的生命和力量抗击敌人的刀剑。确实，要是克勒奥美涅没有提前逃走，那么他们仍旧有希望打胜仗。克勒奥美涅的战船最大，完全可以掩护其他战船，在与海盗交锋时，它可以像一道城墙阻挡那些海盗的小船。然而在这样一个胆小鬼的统领下，这些战船所能做的一切就是跟随克勒奥美涅的战船，追逐它掀起的浪花。所以就像克勒奥美涅本人一样，他们也驾着战船追随着他们的统领驶向赫洛鲁斯，以免受到海盗的攻击。等到海盗追上他们的时候，最后离开的战船最先受到攻击。最先被俘虏的那条战船来自哈伦提乌，它的船长出身于一个良好的家庭，名叫斐拉库斯，他被海盗俘虏以后由洛克里亚人用公费替他赎身。在本案第一次审讯时，你们听到过他的证词，详细阐述了事情的经过和原因。第二艘被俘的战船来自阿波罗尼亚，它的指挥员安塞罗庞努被杀。

【35】与此同时，克勒奥美涅的战船已经抵达赫洛鲁斯，他赶紧上了岸，丢下那艘大船在海上漂浮。其他船长发现他们的统领已经上了岸，明白自己既无可能打败敌人，也不能从海上逃走，于是就尾随克勒奥美涅在赫洛鲁斯上岸。海盗头子赫拉克莱奥面对这不期而至的胜利喜出望外——尽管不是通过他自己的勇敢得来的，而是威尔瑞斯的极端愚蠢造成的——看到这支漂亮的罗马舰队停靠在海岸边，他下令在天黑前采用火攻，焚毁这些战船。

这是西西里历史上多么悲惨的一幕啊！数百名无辜者被烧死，这是多么大的灾难！在威尔瑞斯的愚蠢造成的后果中这是最惨痛的！这支罗马舰队在海盗点燃的烈火中熊熊燃烧，而在同一个夜晚，我们看到这位罗马总督欲火炽烈。这场灾难的坏消息在当天夜晚就传回叙拉古，很快传到总督的住处，而这时候他刚参加完辉煌的节日庆典，由他的那些女人陪伴着欣赏轻歌曼舞。尽管已经是深夜，克勒奥美涅也不敢公开露面，他逃回自己家里藏了起来，可怜的家伙，在他倒霉的时候他的妻子却不能在那里安慰他。至于我们这位杰出统帅的家庭纪律如此严格，甚至在这样的危急时刻，也没有人敢在他还没睡或已经睡了的时候去打扰他，向他报告坏消息。但是事情很快就传开了，来自城市各处的居民聚集起来。因为海盗已经逼近，被焚烧的战船已经代替通常烽火台上报警的狼烟向人们宣告了灾难和危险已经迫在眉睫。

【36】这位总督在哪里？一旦明白无人能把坏消息向他报告以后，居民

们群情激奋，冲向他的住处。他终于起来了，提玛基德把整件事情告诉他。他披着斗篷走了出来，满脸酒气，睡眼朦胧，这时已是黎明时分。等着他露面的是民众的喧哗声，他明白自己又一次陷入了在兰普萨库①那样的危险境地。他这一次面临的危险似乎比那一次更大，包围他的人比上次更多。人们愤怒地谈论着他在海滨的住处，谈论他在那里举行的荒淫无耻的宴会，公开指责他长时间不露面，无人能够见到他，要他把担任舰队统领的克勒奥美涅交出来。在叙拉古发生的事情就好像是另一位臭名昭著的总督哈德良在尤提卡行省所遭遇的事情的翻版。②然而，叙拉古的居民想到武装的敌人已经迫近，为了叙拉古的尊严和名誉，他们约束自己，没有对威尔瑞斯动手。居住在叙拉古的罗马公民群体认为自己不仅要给西西里，而且要给罗马增添光彩。所以，当威尔瑞斯还迷迷糊糊地站在那里时，他们已经主动地武装起来，占据了整个市集广场和这个被称做岛的部分。

海盗们在赫洛鲁斯只待了一个晚上，就丢下我们那些仍在冒烟的战船，朝叙拉古方向开来。他们无疑得知，整个叙拉古最好的景色要算它的要塞和港口，如果他们不能在威尔瑞斯担任总督时看到它，那么他们就永远没有机会看到这些景色。

【37】海盗们到达的第一站就是这位总督著名的夏令营，也就是威尔瑞斯前几周在那里寻欢作乐的位于海滨的营地。他们发现这个地方已经被抛弃了，这位总督已经去了别处，于是他们就继续向港口前进。先生们，当我说这些海盗进入港口时，我必须做一番解释，以便让不熟悉那里的人能够明白我的意思。我说的进入港口实际上就是进入城市最中心的部分，因为叙拉古城不是被港口的水域包围，而是叙拉古城包围着港口的水域；不是海水冲刷着叙拉古城墙，而是港口的水流入城市的胸怀。就是在这里，当你是行省总督的时候，匪首赫拉克莱奥带着他的四只小船畅通无阻。神保佑我们！叙拉

---

① 关于兰普萨库事件，参见本文第一卷第 24 章。

② 哈德良（Hadrianus），几年前阿非利加行省的总督，相关事件参见本文第一卷第 27 章。

古是罗马帝国的一部分，由一位罗马行政官统治，而一小队海盗竟然能够直达它的市中心，进入它的每一个部分，而从前迦太基的舰队一次又一次地想要进入这个地方都未能成功。这里曾是罗马海军的骄傲，直到你担任总督之前，这里从来不知道什么是战败，在与迦太基人和西西里人的战争中它从来没有失守；一发现敌人的船只进入港口，叙拉古人就会扼守他们的堤坝，扼守他们的城市，扼守他们的市集广场。在你统治的时候，这些小小的海盗船却能自由地航行到这里，雅典人曾用三百条战船才挺进到这里，而凭着港口周围的有利地形，这支舰队还是被消灭了。从那以后，这个强大的国家元气大伤，这个港口会使我们想到雅典人的骄傲、力量和荣耀曾在这里遭受重创。

【38】那么，这是因为这个海盗长驱直入挺进到那里，把大部分城市甩在后面，使这座城市不能面对他吗？他是从那个岛启航的，叙拉古的这个岛本身就可以算做一座城市，有它自己的城墙。我提到过，我们的祖先禁止任何叙拉古人居住在这个地方，因为他们预见到住在这里的人可以控制港口。这个海盗自由地来回行驶，他的手下挥舞着在我们的战船里找到的野棕榈的根，把威尔瑞斯这个无赖的作为和西西里人的不幸告诉所有人。西西里的士兵是辛勤耕种的农民的儿子，他们生产了足够的粮食供应罗马人民和整个意大利，但他们在刻瑞斯女神自己的岛上，在这个首先发现谷物的地方，不得不吃这些可怜的野棕榈的根。由于发现了谷物，他们的祖先曾经拯救了他们自己和世上所有人。当你是西西里总督的时候，西西里的士兵吃野棕榈的根，而西西里人的粮食成了海盗的食物！想一想这一幕令人遗憾的、可悲的场景吧！想一想罗马的荣耀、罗马人民的光荣吧！众多罗马公民居住在那里，竟然被一小撮海盗嘲笑和骚扰！想一想这群海盗是怎样用胜利游行到叙拉古港口来庆祝他消灭罗马舰队的胜利的，他的船桨拨开的水花溅在这个懒惰的无赖总督的脸上！

这些海盗驶离港口以后——不是因为害怕而逃走，而是已经看够了——人们开始问是谁导致了这场灾难。每个人都在谈论并且相当公开地争执这件事，他们谈到那些被豁免服役的划桨手和士兵，谈到还留在船上的人缺少粮食和必需品，谈到总督一天到晚与他的女人饮酒作乐，由于这些原因，这种可耻事件的发生是必然的。那些战船的船长们支持人们对威尔瑞斯行为和品性进行攻击，他们的船长职位是由社团任命的。这些船长在失去战船以后逃到叙拉古，说出自己的船上有多少水手得到豁免。这样一来，整件事情也就非常清楚了，威尔瑞斯的可耻行为不仅有了间接证据，而且有了直接证人。

【39】威尔瑞斯得知，市集广场上的民众和罗马公民社团整天关注的就是向船长们询问舰队是怎么覆没的，船长们的回答是：有许多划桨手不在船上，剩下的水手在挨饿，克勒奥美涅这个胆小鬼临阵脱逃。这些消息让他不得不考虑。就如你们听他自己在本案第一次审讯时所说，他心里已经明白自己肯定要为这件事受到指控。他的第一个计划是愚蠢的，但还算不上残忍。他把那些船长找来，听他们说明情况，然后要他们记住，他们必须说威尔瑞斯已经为每条船配备了适当数量的水手，他没有豁免过任何人。他要他们按照他的要求去做。然后，他马上又召集他的朋友，要这些船长当着这些朋友的面一个个说明自己船上有多少水手。船长们按他的要求说了，威尔瑞斯让人把这些话记下来，由他的朋友们画押作证。凭着他的远见，他采用这种办法来对付我们的指控。我要说，这个傻瓜自己的顾问也会笑话他，会对他说这样的书面证据对他没有什么用，事实上，一名总督采用如此过分的预防措施只会使人感到指控是有理的。这决不是他第一次使用这样愚蠢的办法，他甚至曾经下令要官方代表团为他作证，或者在各个城镇的公共记录中塞入符合他心愿的文字。他现在明白了，所有这些办法对他的案子都没有什么帮助，因为已经有确凿无疑的书面证据和证人证明他有罪。

【40】当威尔瑞斯看到船长们的陈述，看到他自己炮制的书面材料没有什么用时，他就像一个野蛮疯狂的暴君开始实施另一项计划——这是任何一个肆无忌惮的行政官员都不会实施的。他决定，要想削弱这种指控的力量——他看到想要完全取消指控是不可能的——必须处死那些会发誓说他有罪的船长。但是有一个念头在他心中不断浮现："克勒奥美涅怎么办？我有

可能惩罚他的下属，而放过这个我把全部权力赋予他的人吗？我能处死克勒奥美涅的追随者而宣布下令要他们跟随他逃跑的克勒奥美涅无罪吗？我能对这些船上缺少水手和装备的船长如此严厉而宽容这个船上装备精良、水手较多的人吗？看起来只能把克勒奥美涅和其他船长一同吊死!"啊，但是那些美妙的诺言怎么办，那些表示友谊的鼓掌和拥抱该怎么办，那些在海滨的营帐里、在爱情的战场上结下的同志友谊该怎么办？不，无论代价有多么大，也一定要宽恕克勒奥美涅。他派人去找克勒奥美涅，告诉他出于自身安全的考虑，威尔瑞斯决定惩罚所有船长。"我只宽恕你一个人，我宁可暴露自己，被人们认为我对你的错误行动负有责任，并为此受到用人不当的指责，但我不会对你残忍，也不会留下那么多活口来反对我。"克勒奥美涅向他表示感谢，对他的计划表示同意，说他的计划完全正确，但同时又提醒他忽视了一个要点，不能惩罚坎图里帕的船长法拉克鲁，因为他和克勒奥美涅一道待在那艘坎图里帕的四层桨的战船上。好吧，但是法拉克鲁，一个地位很高的年轻人，一个来自著名城市的公民，要是把他留下，他会出来作证吗？克勒奥美涅说："有这种可能，但是我们现在可以马上采取措施，防止他给我们带来麻烦。"

【41】这个计划就这样决定了，威尔瑞斯带着他邪恶、疯狂、残忍的目的，从总督官邸匆忙赶去市集广场。他派人去把船长们找来，他们马上来了，丝毫也没有感到害怕或怀疑有什么麻烦。威尔瑞斯下令逮捕这些可怜的无辜者，用锁链把他们捆绑起来。他们激烈地表示反抗，并且要他说出这样做的理由。对此他回答说，因为他们把舰队出卖给海盗。旁观者一片惊诧，这个人怎能如此下流，把这场本来该由他自己来承担责任的灾难的罪责强加到别人头上，在人们普遍认为他自己和海盗勾结的时候指控别人出卖舰队？还有，为什么要在舰队被消灭 14 天以后才提出这样的指控？另外，克勒奥美涅在哪里？任何人都认为克勒奥美涅才是应当受到严厉惩罚的人，无论他的品性怎样。克勒奥美涅干了些什么？我不能对任何人提出虚假的指控，我再重复一遍，但是在这里我需要提到的是，由于威尔瑞斯的贪婪使得战船上

的水手人数大减，克勒奥美涅在船上又能怎么样？但是，他在这种时候坐在这位总督的身旁，按照以往的亲密方式与他交谈。民众们愤怒地看到这些地位很高，由他们的社团挑选来指挥战船的船长被逮捕和捆绑，而克勒奥美涅却仍旧是总督的朋友和同伴，因为他是这位总督无耻的通奸的合伙人。最后有一个人被派去迫害这些囚犯，他的名字叫做奈维乌斯·图尔皮奥，他在盖乌斯·萨凯多斯担任总督时被发现犯有骚扰罪，是无耻的威尔瑞斯的一件最得心应手的工具，受威尔瑞斯的派遣征收"什一税"，迫害无辜者，作各种各样的伪证。

【42】这些可怜的年轻人的父母和亲属听到这个消息赶到叙拉古来，他们看到他们的儿子被锁链捆绑，他们的脖子和肩膀上承受着由于威尔瑞斯的愚蠢而带来的惩罚。他们进入法庭，为他们自己抗辩，求助于你们的正义感，大声呼喊着希望得到宽恕——这样的事情过去从来没有发生过。这些父母中有一位是廷达里斯的德克索，他地位最高，你曾经是他的客人。你曾经在他家住过，称他为房东，现在你看到这位极受尊敬的人充满了忧伤和痛苦。他过去对你的盛情款待、他的眼泪、他的满头白发也不能使你回心转意，使你从邪恶变得有那么一点儿人性吗？但是我为什么要提起和这头野兽和魔鬼有关的盛情款待呢？他曾经是塞尔迈的塞尼乌斯的房客，但他抢走了房东屋里的所有东西，在这位房东不在场的时候起诉他，未经审判就判他有罪，给予严厉的惩罚。知道了这些事，我们现在还能期待他尊重房东的权利或承担房客的义务吗？不，我们看到的这个人是最残忍的，像野兽一样残忍，不是吗？这位父亲的眼泪不可能感动你的心，他的无辜的儿子所面临的危险使他泪流满面。你也有父亲，你也有儿子，你的儿子正和你在一起，但这并不能提醒你子女对父母来说有多么重要，你不在场的父亲也不能提醒你这位父亲有多么热爱他的儿子。德克索的儿子阿里泰乌是你的房东，他被锁链捆绑在那里。为什么呢？因为出卖了他的舰队吗？为什么要遭到这样的报应呢？因为他逃跑吗？克勒奥美涅干了些什么？因为胆怯吗？那么，你为什么说他勇敢？因为允许他的水手可以不服役吗？那么你为什么要把他们缴纳

的豁免服役的费用装进自己的口袋。还有，荷庇塔的欧布利达站在那边，他是他们镇上的名人，由于说了一些反对克勒奥美涅的事情，试图为他自己的儿子辩护，结果就被剥去衣衫毒打。那么还有人可以提出抗辩吗？"一律不准提到克勒奥美涅的名字。"我在为自己辩护的时候必须提到他。"你要是敢提到他的名字，必死无疑。"威尔瑞斯的恫吓决不是说着玩的。哦，但是还有划桨手短缺的问题。"你想指控总督吗？扭断他的脖子。"好吧，如果我们既不能提到总督，又不能提到总督的女人的丈夫，我们还能说些什么？我们的整个辩护都与这两个人有关。

【43】在受到指控的人中间有塞吉斯塔的赫拉克利乌，出身于他那个城市的一个最优秀的家庭。先生们，我讲这个故事是想要博得你们的同情，因为这个故事涉及我们西西里同盟者所遭受的巨大痛苦和虐待。你们知道赫拉克利乌的情况，由于患有严重的眼疾，他这一次没有出海，而是经过批准留在叙拉古。他肯定没有出卖舰队，也没有因为惊慌失措而逃跑，或者私离岗位，但他为什么要在舰队从叙拉古启航时受惩罚呢？他受到的对待就好像被当场抓获的罪犯，而指控他的人根本找不到起诉他的借口。

这些船长中有一位是赫拉克利亚的富里乌斯——有些希腊人有这样的拉丁名字——这个人在当地非常出名，而在死后他的名声甚至传遍整个西西里。他拥有非凡的勇气，不仅毫无保留地斥责威尔瑞斯——知道自己命中注定要这样做，所以他不认为这有什么危险——而且当面表达对威尔瑞斯的痛恨。他的母亲在囚禁他的监狱里在他身边日夜哭泣。他写了一篇演讲为自己辩护，今天在西西里人们竞相传颂这篇演讲，几乎无人不晓。威尔瑞斯，我们从中得知你的罪行和残忍。在他的演讲辞中，他告诉我们他的城镇一共指派了多少水手给威尔瑞斯，而他豁免了多少水手的义务，这些水手交了多少赎金，和他在一起的还剩多少人。他也告诉我们其他船只的情况。他所说的这些事实就摆在你们面前，而他却遭到杖责。尽管死亡迫在眉睫，他仍旧忍住疼痛，保持镇静，大声宣布自己已经留下书面证词，一位母亲的眼泪竟然也不能使你宽恕他的生命，而那个与你通奸的女人的亲吻却能使你饶恕克勒奥美涅，这样做有多么可耻。我得知他还说了另外一件事，先生们，一位将死的人给你们提供的证词，要是罗马没有受你的骗，那么这篇证词具有充分的合理性。他说，威尔瑞斯可以杀死证人，但不能杀死正义。我就是在坟墓里也要提供这样的证据，胜过我作为一个活人被传上法庭作证。活着，我要证明这个人的愚蠢，死了，我也要证明他的无耻和残忍。他最后说，噢，威尔瑞斯，这不是证人的队伍在向法庭挺进，而是无辜者复仇的精灵从坟墓中兴起，是愤怒女神在追索这个邪恶的无赖。他喊道，我自己的命运是一件小事，因为我看到你的斧子已经磨得十分锋利，看到你的行刑官塞克提乌斯狰狞的面孔，看到他的双手在干什么，在这个罗马公民自己的家里，在你的命令下，将利斧砍向罗马公民的脖子。先生们，总而言之，你假定我们的同盟者享有自由，而富里乌斯把这种自由发挥到了极致，在他忍受最残忍的死刑时，他的处境就像是最悲惨的奴隶。

【44】威尔瑞斯的法庭宣判这些人全都有罪。促使这个法庭对这么多人做出如此大胆的判决的原因何在？威尔瑞斯没有找他的财务官提多·威提乌斯帮忙，也没有要助理总督普伯里乌·凯维乌斯插手，因为这个高尚的人是第一个挑战威尔瑞斯的法官，当威尔瑞斯是总督的时候，他是助理总督。没有，威尔瑞斯只是按照他自己的那伙心腹，换言之，按照那伙强盗组成的法庭的意见判处这些人有罪。这一判决令所有西西里人都惊骇不已，因为这已经威胁到他们自己的生命和幸福，而他们是我们祖先最古老、最忠诚的同盟者，我们的祖先把恩惠赐给他们。他们之所以惊骇是由于我们以往温和仁慈的统治已经转变为野蛮的残忍，这个无赖总督为了逃避他自己的强盗罪行应受的惩罚，竟然判处所有这些无辜者有罪。

先生们，你们会认为这个人的疯狂与无赖必定已经达到顶点。你们会这样想是很自然的。要是与其他无赖竞争，那么他会轻易地使其他无赖望尘莫及。然而，他是他自己的竞争者，他犯下每一桩新罪行的目的就是打破他先前的纪录。我已经说过，由于克勒奥美涅的建议，他从受惩罚的名单上去掉了坎图里帕的法拉克鲁，因为克勒奥美涅待在他那条四层桨的战船上。知道其他与自己处境相仿的人都已经被判刑，这位年轻人心里感到极大的不安。所以提玛基德前去看他，说他没有生命危险，但最好想想办法以免受到鞭笞。具体细节我就不讲了，你们已经从这个年轻人嘴里听到他的讲述，受到恫吓以后他花钱贿赂提玛基德。然而与威尔瑞斯亲自对他进行的审判相比，他花的这点钱微不足道。如果他是他那个城镇的最著名的人物，被任命为这艘船的船长，那么他还需要用贿赂来避免受到鞭笞吗？但他确实就是这样做的。如果接受了贿赂，那么威尔瑞斯会宣判其他人无罪吗？这种事从前已经发生了。这个国家并不期待我们对威尔瑞斯提出陈旧的指控。她要求我们提出新的指控，她希望听到史无先例的事情，因为她感到这不是一位西西里总督进行的审判，而是某些愚蠢的暴君进行的审判。

【45】威尔瑞斯把这些判了死刑的人关进了监狱，禁止他们不幸的父母探监，或给他们的儿子送食物和衣服。父亲们——你们现在也能在法庭上看到他们——只能蜷伏在监狱外的道路旁，不幸的母亲们只能在监狱的入口处过夜，无法见到他们的儿子，也无法乞求什么，只希望知道他们的儿子还活着。总督的行刑官塞克提乌斯和监狱的看守们一起到来，他们是送来死亡的人，是用死亡威胁罗马的同盟者和公民的人，对塞克提乌斯来说，犯人的剧痛和每一声呻吟都可以给他带来好处。"来探监的太多了，送食物和衣服来的人太多了"，他们每个人都付了钱。"行，现在我要用斧子砍下你儿子的脑袋，没有痛苦，也不用砍第二下，你能给我什么好处？"是的，行刑官甚至连杀人也要收取好处费。想一想，这是艰难的负担，这些不幸的父母被迫花钱购买的不是他们的儿子的生命，而是让他们死得痛快一些。不，这些可怜的年轻人自己也在讨论怎么死法，想要塞克提乌斯在行刑时利索一些，他们对父母的最后请求是贿赂行刑官，以减轻他们的痛苦。

好吧，我们看到了折磨犯人父母和亲属的许多方法，非常可怕，但是这些方法能让他们的儿子痛快地死去吗？不会。哦，那么还有其他更加残忍的方法吗？有，还有一种。用斧子杀死这些年轻人以后，他们的尸体要被扔出去喂野兽。他们的父母想要埋葬他们，就得花钱购买许可。你们已经听到塞吉斯塔的公民奥纳苏斯作证，他向提玛基德付了钱，才得到埋葬赫拉克利乌船长的许可。所以，你们争辩说这些伤心的父亲由于失去儿子而夸大其词，这种论证是无用的，因为我们在这里有一位地位最高的绅士的陈述，他不属于儿子被杀的父亲。这种事情在叙拉古人人皆知，甚至连受害者本人在死前也要向提玛基德争取能够得到安葬。他们公开和这个人讨论这件事，也请他们的亲属帮忙，想要在他们还活着的时候安排好他们的葬礼。等所有这些事情都谈妥了，他们才被提出监狱处死。

【46】除了你自己，还有谁会如此铁石心肠，没有人性，会对这些大家都知道的非常优秀的年轻人的不幸遭遇无动于衷？有谁不掉眼泪的吗？有谁不感到这些人的灾难就是对自己的打击，就是对一切生命的威胁？斧子砍在他们头上，悲伤的哭喊接连不断，只有你得意洋洋，乐意看到这些可以证明你愚蠢的证人消灭。但是，威尔瑞斯，你错了，想要用这些我们的同盟者的鲜血来洗涤你盗窃与通奸的地方，你大错特错了。以为你的贪婪带来的毁损可以用你的残忍来治愈，这是一名固执的疯子的想法。这些可以指控你的罪行的证人虽然不在了，但是他们的亲属既不会支持他们，也不会支持你；不管怎么说，这些船长中还有人活着，他们就在这个法庭上。我得想，这是由于命运的眷顾，他们活了下来，出现在这场审判中，为他们无辜的同伴复仇。哈伦提乌的斐拉库斯在这里，在克勒奥美涅逃跑的时候他没有逃，后来被海盗俘虏。这场灾难反而救了他，要不是被海盗俘虏，他肯定也会成为这个抢劫了整个西西里的屠夫的猎物。他告诉我们船上的水手如何缺员，如何缺乏粮食，克勒奥美涅如何逃跑。坎图里帕的法拉克鲁，一个优秀城市的杰出公民，在这里，他的证词在各个细节上都与斐拉库斯的证词相同。

现在我要以神的名义向你们发问，听我讲述这些事情，你们有什么感觉和想法？我自己的判断有什么误导你们的地方吗？降临在我们的不幸的同盟者身上的这些灾难使我丧失理智了吗？或者说，这些无辜者所遭受的痛苦也会使你们感到同样的忧伤？对我来说，当我告诉你们这些荷庇塔人和赫拉克利亚人惨死在刽子手的利斧下时，他们所遭受的不公正的命运使我心潮起伏，久久不能平息。

【47】他们是国家的公民，出生和成长在这块土地上，他们辛勤劳动，生产了大量的粮食供养罗马人民，他们的父母教育他们要相信罗马统治的公正，但他们最后却要成为威尔瑞斯惨无人道的罪行和他的行刑官的利斧的牺牲品吗？每当我想起这些来自廷达里斯和塞吉斯塔的船长，我就会想起他们应当享有的优待和他们提供的服务。西庇阿判断那些战利品会使这些城市比以前更漂亮，而邪恶的无赖威尔瑞斯不仅抢走了他们那些美好的东西，而且剥夺了他们最高贵的儿子的生命。廷达里斯人说到他们自己时可以自豪地说："我们是西西里 17 个最忠诚的城邦之一，我们在布匿战争和西西里战争中从来没有中断过与罗马人民的友谊；我们从来没有停止过向罗马人民供应粮食，以及其他一切有助于它的战争时期的成功与和平时期繁荣的东西。"所以当他们处在威尔瑞斯的统治之下时，他们确实应当享有各种优待！西庇阿曾经率领着你们的水手打击迦太基，而今天是克勒奥美涅带领你们空空荡荡的战船打击海盗。阿非利加的英雄把战利品分给你们一份，这是对胜利者的光荣的奖赏，但是威尔瑞斯抢走了你们的战利品，海盗掳走了你们的战船，你们自己被威尔瑞斯当做叛徒。从前罗马人和塞吉斯塔人有深厚的血缘关系，不仅在塞吉斯塔的档案中有记载，而且有它的演说家讲述，塞吉斯塔为我们提供的各种服务进一步确证了这种关系；而在威尔瑞斯统治的日子里，这种血缘关系又给他们带来了什么好处呢？先生们，为什么塞吉斯塔的地位那么高，而她最优秀的儿子要从她的怀中被夺走，交给这个人的行刑官塞克提乌斯去杀害。我们的祖先赐予她广阔肥沃的土地，豁免她的各种公共负担；而你，威尔瑞斯，完全无视她和我们的血缘关系，她对我们的忠诚，她的古老和重要性。她徒劳地向你恳求，希望你能宽恕她的一个儿子的生命，不要杀害一个拥有高贵血统的、无辜的人。

【48】我们的同盟者要上哪里去寻求庇护呢，他们应当寻求谁的帮助，不，先生们，要是你们不能帮助他们，他们还能拥有什么希望，认为自己活着还有价值？他们应当去找元老院吗？这样做的目的是什么？让它惩罚威尔

瑞斯吗？这不合习惯，这不是元老院的功能。他们应当向公民大会申诉吗？有很好的理由说他们不应该这样做，因为它可以对他们说，它已经通过了一部关于同盟者的利益的法律，这部法律仍在生效。因此，这里才是他们可以寻求庇护的地方，这里才是我们同盟者的港湾，这里才是他们的堡垒，这里才是他们的圣地。他们现在想要寻求的庇护不是他们曾经上诉过的赔偿被偷走的财产。他们现在的要求不是领回他们的黄金、他们的白银、他们的挂毯、他们的奴隶，也不是领回从他们的城市和神龛中抢走的艺术珍品。这些可怜人以为罗马国家允许这样的行为，于是就眼睁睁地看着这些事情一件件地发生。一年又一年，我们确实在允许这些事情发生，我们看着全世界的财富成为一小撮人的财产；我们对这些行为的默许和容忍更加清楚，因为这些人从来不隐瞒他们的愚蠢行为，也没有人对这些事实提出疑问。那些从被我们打败的敌人手中夺过来的、用来装扮我们这座美丽城市的所有珍宝中还有一座雕像或一幅绘画保留下来吗？而我提到的这些人家里堆满了无数从我们忠诚的同盟者那里夺来的美丽的东西。当你看到雅典、帕伽玛、西泽库斯、米利都、开俄斯、萨摩斯，不，看到整个亚细亚和阿该亚，看到整个希腊和西西里都已经变得如此贫穷，原有的财富都已经集中到这些人的乡间别墅中去的时候，你们会怎么想？先生们，我再重复一遍，今天你们的同盟者并不是在尝试，或者想要拿回他们的珍宝。他们想要做的事情是用他们忠诚和良好的服务来保护自己，反对用罗马国家的公共法律来剥夺他们。但是他们无法抗拒这个人的贪婪，他们只能用这样或那样的方法去满足他。由于他们失去了权力，从头不仅无法抵抗这种贪婪，而且不能满足这些人向他们提出的要求。因此，他们关心的不是他们的财产，而这个法庭拥有的名字表明他们是可以到这里来要求赔偿的。他们到这里来了，向你们提出申诉，穿着你们看到的这种衣服 ①。先生们，请你们看一看我们这些忠诚朋友的肮脏穿着！

【49】塞尔迈的塞尼乌斯站在你们面前。你们看到他乱糟糟的头发和脏

---

① 指参加葬礼穿的丧服。

兮兮的丧服。威尔瑞斯，尽管你洗劫了他家的每一个角落，但他并没有提到你的抢劫。他要你归还的是他自己——除此就没有别的了——因为你邪恶地把他从他出生的土地上赶走，而在那里他的美德和仁慈为他赢得了很好的名声。先生们，你们看到廷达里斯的德克索在这里。噢，威尔瑞斯，他对你提出什么要求了吗？他没有提到你从他的镇上抢走的财宝，也没有提到你对他的抢劫。这个不幸的人要求归还的是他唯一的儿子，他的高贵的、完全无辜的儿子。他不想从判决你要赔偿的钱中带一笔钱回去，而只想带走他死去的儿子的骨灰作为可怜的安慰，这是你造成的毁灭所要支付的。年迈的欧布利达在这里，尽管年事已高，但他还是长途跋涉来到罗马，不是抱着收回部分财产的希望，而是要亲眼看到你认罪，因为他曾亲眼看到他的儿子被斩首时脖子上喷出的鲜血。先生们，这些孤立无援者的母亲和姐妹们也想到这里来，只要卢西乌斯·麦特鲁斯允许。在我去赫拉克利亚的一个晚上，他们中间有一个人前来见我，城里已婚妇女也都和她一起来了，许多人手里拿着火把。这个可怜的人跪倒在我面前，把我称做她的救星，把威尔瑞斯称做她的迫害者，她口中念叨着她的儿子，就好像我有权能使她的儿子从死里复活。其他城镇里的年迈的母亲们也这样做，对，还有这些可怜的年轻人的幼子，他们都试图唤起我代表他们指控的热情和勤奋，唤起你们的荣誉感和同情心。在这种情况下，先生们，西西里责成我述说这一罪行和其他罪行，我讲述这些罪行的动力是同情心而非野心。我的目的是说明这些无罪的人被锁链捆绑和监禁，受到鞭笞，被利斧斩首，不能允许我们的同盟者的痛苦和他们的无辜的儿子们的鲜血，还有死者的尸体和他们的父母和亲属的悲伤，成为罗马的官员们发财的手段。先生们，要是你们的荣誉心和正义感使我能够这样做，通过给这个无赖定罪，让西西里不再担心发生这种事情，那么我感到我的良心和那些请求我为他们辩护的人的希望能够得到充分的满足。

【50】因此，威尔瑞斯，如果你能找到一些人来为你损失舰队这件事辩护，那么就让他们把那些与此无关的、精心构思的论证提出来吧。让他不要说我正在把厄运称做恶行，把罪恶的成功说成罪恶的行为，因为我的指控是

你损失了舰队。尽管我们的舰队有许多勇敢的领袖，像我们所有人一样敢于在战争中冒险，但他们有许多时候会酿成惨剧。我对你的指控不是你交了厄运。提到其他人不成功的行动，列举许多人由于倒霉而触礁，对你来说是无用的。我的指控是：这些战船上人手不足，你豁免了许多水手和划桨手，剩下的人没有足够的粮食，只能吃野棕榈的根；你派一名西西里人来指挥这支罗马舰队，这些水手一直是我们的同盟者和朋友，但却要由一名叙拉古人来指挥；而你在那个时候，一直待在海边的营地里，在一群无耻的女人的陪伴下饮酒作乐。这就是我的指控，我提供了证据来确证我的每一个词。我现在难道是在落井下石吗？我难道是在阻止你用运气不佳为理由进行抗辩吗？我难道是在利用一些战争中常见的不利事件攻击和诬蔑你吗？受到这种指控而声称自己运气不佳，这种理由是不受欢迎的，因为众所周知，我们不能把那些坚忍不拔和不怕危险的说成是交好运。在这场灾难中，命运没有起任何作用。在战争中碰运气的地方是战场，而不是在酒桌旁；在你的灾难中负有一份责任的不是战神，而是爱情女神。所以，要是说指责你不够幸运是不恰当的，那么你为什么根本不考虑宽恕那些交了厄运的无辜者呢？

你论证说，我指控你用斧子作为行刑的工具，我这样做的目的是试图激起人们对你的公愤，而这是我们祖先的一贯做法，然而你的这个论证也不见得好到哪里。我的指控与你的行刑方法没有什么关系。我没有断言不可以砍头，也没有主张在我们的军队中不应当执行严格的纪律，惩罚错误的行为。我承认，我们的同盟者，不，我们的公民和士兵，经常受到严厉的惩罚。

【51】因此，你可以提出这样的抗辩。然而我正在证明的是，该受指责的是你，而不是那些船长。我指控你收钱豁免划桨手和水手们的义务。这是其他所有船长都说过的，对此我们享有特权的同盟者奈图姆正式做过陈述，阿美特拉图与荷庇塔正式做过陈述，赫纳、埃吉里乌、廷达里斯做过陈述，最后还有你自己的证人、你自己的将军，你的情敌，你的房东，亦即克勒奥美涅，他说他去帕基努斯海岸边的陆上营地征召一些人上船，然而即使那里的士兵体力足够强壮，他也无法保证能找到合格的划桨手，因为一艘配置恰

当的战船是不可能随意找人来替补的，更不要说要补充许多人了。还有，我确认，那些仍旧留在船上执勤的人的健康和体力由于缺乏食物和其他必需品而衰减。我确认，他们中的任何人不应当受到指责，或者说他们中只有一个人应受指责，因为这个人乘坐的船是最快的，水手配备齐全，并且授权指挥整个舰队；或者说，即使他们都应当受到指责，也不能让克勒奥美涅成为旁观者，看着这些人被残忍地处死。我也确认，在这些人被处死时还有人向他们悲伤的亲友收钱，这些被处死的人也要交钱，以便死的时候可以少受一些痛苦，死后能够得到安葬。因此，要是你决定回答我的指控，你必须这样回答我：这支舰队人员配备齐全，装备精良，划桨手中没有人缺勤，船上有充足的食物；船长们的陈述，所有相关城镇的陈述，整个西西里的陈述都是虚假的；克勒奥美涅说他去帕基努斯征召一些士兵上船执勤，这是无耻的谎言；船长们不需要更多的人，而需要更大的勇气，当克勒奥美涅与敌人英勇作战时，是他们抛弃了克勒奥美涅；没有人出钱埋葬这些被处死的人。要是你这样说，那么就证明了你在撒谎；要是你做出其他回答，那么你没有回答我的指控。

【52】现在你敢说"我的法官中有些是我的私人朋友，有些是我父亲的朋友"吗？一个人与你关系越近，面对这些针对你的指控就越会为你感到可耻。你父亲的朋友？如果你的父亲就是你的法官之一，那么，我以神的名义起誓，他能怎么办呢？他岂不是必定会这样回答："你是一位罗马行省总督，对海战负有责任，因为墨撒纳人按照条约的规定有提供战船的义务，而你却豁免了他们三年。为了私人目的，你让墨撒纳人用公费建造了一艘大货船。你向西西里的城镇勒索金钱，名义上是海军税，而这些城镇提供的划桨手只要向你付钱，他们执勤的义务就得到豁免。你的财务官和总督助理捕获了一艘海盗船，而你把海盗船长隐藏起来，没有人能够找到他。你残忍地处死了那些船长，他们是罗马公民，得到广泛的承认。你把海盗带到你自己家里，在审判你的时候，你让你的一名家奴冒名顶替。你生活在这个优秀的行省里，生活在你忠诚、高尚的同盟者中间，然而当这个行省不断遭受海盗侵

袭的威胁时，你一直在海边的营地里花天酒地。家里从来找不到你，市政厅里从来看不到你。参加你那些荒淫无耻的酒宴的是那些结了婚的女人，是西西里同盟者和朋友的妻子。你让你的小儿子——属于我们的孙子辈——与这些人打交道，在他的一生最不稳定、最容易受影响的时期，他自己的父亲的行为会给他树立一个邪恶的榜样。你作为一名罗马行省的总督，身上穿的是希腊式的短袖衣，身上披着紫袍。你，为了满足可耻的情欲，从罗马助理总督手中拿走了舰队的指挥权，把它交给一名叙拉古人。你的部队在盛产粮食的西西里行省里缺粮。由于你的奢侈和贪婪，一支罗马舰队被海盗捕获和焚毁了。在你的统治下，这些海盗首先航行到叙拉古港口，而在这座城市的历史上，即使在战争时期都没有敌人能够进到这里。你没有假装不知情，通过防止人们谈论和回想来掩饰这些可耻的事情。相反，你匆忙逮捕了那些无辜的船长——把他们从父母的拥抱中抓走，你曾经是他们的房客——折磨他们，把他们处死。这些不幸的、哭泣的父母没有向你上诉，而我，作为你的父亲，也不能使你残忍的心软化。对你来说，这些无辜者的鲜血不仅给你带来快乐，而且给你带来利润。"

【53】如果这些就是你父亲会对你说的话，那么你会如何对待他的仁慈，或者请求他对你的宽恕呢？

现在我代表西西里人民进行的指控已经足够了，我的指控足以与我对他们的友谊相配，足以兑现我对他们的许诺。先生们，这个案子剩下的事情不是我接受来的，而是从我内心生出来的，不是来自外部，而是深深地扎根于我自身。它已经不再是一个维护我们的同盟者的问题，而是一个罗马公民的生存问题，换句话说，这是我们每个人的问题。先生们，你们在这个问题上不要要求我证明我的陈述，就好像其中有些事情有疑问似的。我要向你们提供的事实全都广为人知，乃至于我可以让整个西西里充当证人来证明它们的真实性。极度的邪恶伴随着疯狂，使这个人不加任何约束的欲望和野蛮达到愚昧的地步，他当着我们同胞的面，毫不犹豫地使用对付奴隶的刑罚来惩罚罗马公民。需要我提醒你们他下令鞭打了多少人吗？先生们，事实上，当威尔瑞斯是西西里总督的时候，在这个方面，罗马公民和其他人之间没有任何差别。这种事情长期发生的结果就是，他的侍卫官殴打罗马公民已经成了家常便饭，不用等他下达命令以后才动手。

【54】你能否认这一点吗，威尔瑞斯？利里拜乌的市集广场边上有一个很大的罗马社团，一位年迈的生意人名叫盖乌斯·塞维留斯，他是罗马公民，属于帕诺姆社团，他就在你的法官席前受到杖责，摔倒在你的脚下。要是你能做到的话，否认这第一位的指控吧；整个利里拜乌都看到了这件事，整个西西里都听说了这件事。我的指控是：你的侍卫官殴打一位罗马公民，他摔倒在你面前。神保佑我们，这样做究竟是为什么！尽管这件事情确实损害到我们的共同利益，牵涉到我们作为公民的生存状态，但我要问的是塞维留斯遭受毒打的原因，有无任何可能的原因可以使我们这种事情落到一位罗马公民头上是合理的。先生们，在这个例子中请你们原谅我，我不会花很长时间来追问其他例子的原因。塞维留斯相当公开地谈论威尔瑞斯的无赖与邪恶。有人向威尔瑞斯做了报告，于是他马上派人去把塞维留斯召到利里拜乌来受审，说有一名神庙奴隶对他提出了指控。塞维留斯服从了命令，但在法庭上并没有人出庭指控他。威尔瑞斯在这种时候迫使塞维留斯接受他自己的一名侍从官的指控——事情涉及一笔 10 个罗马大银币的钱，恰好证明威尔瑞斯通过抢劫发了财——他任命了自己的一些随从组成法庭来审判这个案子。在没有人出庭指控的时候要接受这样一个充满偏见的法庭的审判，塞维留斯对此表示强烈抗议。当他提出抗辩的时候，六名侍从官围住他，这些人膀大腰圆，习惯打人，用棍杖毒打他，最后那个我多次提到的老侍从官塞克提乌斯的棍梢打中了这个可怜人的眼睛，他满脸鲜血地倒在地上。即使在这样的时候，棍棒仍旧不停地落在他的身上，直到他答应接受审判。他昏死过去，被抬了出去，后来很快就死了；这就是一位罗马公民受到的待遇。这个忠实于威尔瑞斯的侍从官就站在那边，他得到威尔瑞斯的各种恩惠，用从受害者那里弄来的钱购买了一尊丘比特的银像，献给维纳斯神庙，他愚蠢地滥用他人的财产来确保他夜间的淫欲得到满足。

【55】现在，我最好还是综述一下其他罗马公民所受的虐待和折磨，而不是一件件地讲。叙拉古有一处被称做"采石坑"的监狱，是由残暴的僭主狄奥尼修斯修建的，当威尔瑞斯是总督的时候，那里成了某些罗马公民的永久住处，要是有罗马公民埋怨他，就会被关进监狱。先生们，这种事情会在你们所有人心中激起义愤，我在本场审判的第一部分由证人陈述事实的时候也看到了同样的情形。你们理所当然地认为，我们不仅在罗马享有各种自由的权利，而且在设有保民官的地方，在有其他政府官员的地方，在我们拥挤的法庭上，在我们的元老院的权威存在的地方，在罗马的公民大会上公开发表意见，都享有自由的权利。不，无论在何处，无论处在何种民众之中，只要罗马公民的权利受到侵犯，你们的判断都会认为这是一件影响到所有罗马公民的自由和尊严的事情。在这个关押外国罪犯和无赖的地方，在这个囚禁海盗和人民公敌的地方，威尔瑞斯，你竟敢关押众多的罗马公民？你在审判的时候就从来就没有想过这一点吗？你就没有想到同胞们会聚集在一起吗？你就没有想到会有这么多人聚在一起，用愤怒和敌视的眼光盯着你吗？即使在他们还没有聚在一起的时候，你就从来没有想到会有这么多罗马人民前来听取对你的审判，你的想象中就从来没有这样拥挤的场面吗？你想到过自己再也不可能回到他们能看见你的地方，再也不能进入罗马公民的议事会，再也不能成为我们的法律和法庭的主体吗？

【56】现在，这个人如此荒唐和残忍的表现，如此深重的罪孽，其原因何在？先生们，这只是一种确保抢劫的新方法。诗人告诉我们，海盗过去经常在海边骚扰，他们出没在陡峭的悬崖边，杀害遇上海难的过往的水手；而威尔瑞斯抱着和海盗相同的目的，威胁着西西里的每一个地方。他的巡逻队会突然抓获来自亚细亚或叙利亚、推罗或亚历山大里亚的货船，航海者被关进"采石坑"，货物被运往总督官邸。时隔多年以后，西西里又一次成为猎物。我不说它成了狄奥尼修斯的猎物，也不说它成为岛上出现的多名僭主之一的法拉利斯的猎物，而宁可说它成为一头新的怪兽的猎物，这头新的怪兽就像古代传说中所说出没于这一地区的怪兽一样野蛮。我确实知道，对那些

在海峡里航行的水手而言，卡里狄斯和斯库拉都没有它那么危险，因为它有着更多的、可怕的猎犬。他是第二个库克罗普斯 ①，但是比库克罗普斯更可怕，因为他骚扰整个岛屿，而库克罗普斯只占据着埃特那和相邻地区。

威尔瑞斯如此残忍的原因何在？先生们，其原因与他的辩护律师将要提出的原因是一样的。他扣留来到西西里的货船，把货物送往塞尔托利乌的军营，把船上的奴隶送往狄安娜神庙。这些商人试图通过展示他们的货物来逃避他的愤怒——推罗的染料、香料、香水、亚麻布、珠宝、珍珠、希腊酒、亚细亚奴隶——用他们的货物的性质证明他们来自何方。但是他们没有预见到，他们希望能够拯救他们的东西正是导致他们毁灭的原因。威尔瑞斯声称这些商人与海盗做交易，下令把他们全部押送"采石坑"，而他们的船只和货物则被小心地保管起来。

【57】使用这些方法的结果是这所监狱人满为患，里面都是诚实的商人，而后来发生的事情你们已经从一位优秀的罗马骑士卢西乌斯·苏提乌斯那里听说过了，从其他一些相同的人那里你们可以听到更多这方面的事。最无耻的事情是这些无辜的罗马公民在监狱里被勒死。以往"我是罗马公民"的喊声可以使他们在大地最遥远的角落、在最野蛮的种族中得到帮助和救援，而在这所监狱里这样的喊声只能加速他们受到伤害，只能增加他们临死前的怨恨。

好吧，威尔瑞斯，你对这一指控有什么回答？我想，你会说我在撒谎，在虚构，在夸张，是吗？你的辩护律师在这里，所以你几乎不会提出这样的建议？要是你喜欢，让我们不提那些有关他的专门库房的文件，他认为这个专门的仓库是按照他自己的愿望建造的，让我们来谈谈那所监狱的记录，上面精心记载着犯人入狱的时间和死亡或者被处死的时间。[庭吏宣读了相关的记录。] 先生们，你们瞧，罗马公民如何被赶进这个"采石坑"，你们这些诚实的同胞又如何一个又一个地被关进这个可耻的地方。你们找一找有多少

---

① 库克罗普斯（Cyclopes），希腊神话中的独眼巨人。

人活着离开那里？一个也没有！所有人都死在那里了？这样说是一个有效的辩护，但即使他这样说了，我们也不会相信。在同一份文件上我们发现了一个他由于粗心或者教养不够而忽略了的字眼："edikaiothesan"，用西西里的话来说就是"对他们处以死刑"。

【58】要是某些国王，或者外国社团，或者野蛮的部落，对罗马公民采取这样的行动，那么我们作为一个民族难道不会采取措施惩罚冒犯者，派遣我们的军队去攻打它们吗？我们能够忍受这样的骚扰，这样的羞辱，而不对他们进行报复吗？你们想一想，由于罗马公民受到骚扰，罗马的水手被逮捕，罗马的商人遭受抢劫，我们的祖先发动过多少场伟大的战争？然而我现在不是在抱怨这些人被逮捕，我也不是感到这些人遭受抢劫的行为不可容忍，我的指控是，这些罗马公民在被剥夺了船只、奴隶和货物之后，被关进监狱，被处死。要是我在对西徐亚人讲话，而不是在罗马面对大批罗马公民讲话，有许多作为罗马最杰出公民的元老在场听证，在这个罗马国家的议事会上，谈论大批罗马公民被残忍地处死，我的话语仍旧会激起听众的义愤，哪怕听众的灵魂是野蛮人的灵魂，因为我们伟大的帝国是如此光荣，罗马这个名字在全世界享有极高的声望，用这样残忍的方法对待我们的同胞显然越出了任何人的权利。现在，威尔瑞斯，让我来想一想你还有什么逃避指控的办法或者还有什么庇难所，因为我看到，在严厉的法官和大批聚集在这里的民众中间，你已经像一只掉进猎人陷网里的野兽。我要庄严地告诉你：如果我知道的这些事情不可能发生——如果你能摆脱现在把你捆住的陷网，如果你能发现某些办法使自己自由——那么其后果只会使你落入一个更加难以对付的陷阱，我肯定能抓住你，而追击你的猎手们也会处在一个抓获你的更加有利的位置上。

即使我打算承认他那些以虚构为基础的陈述，这种陈述也注定会起到我以事实为基础对他提出的指控所产生的相同作用。那么他的辩护是什么呢？他说他拦截和处死了来自西班牙的逃犯。谁授权你这样做？你有什么权力这样做？你以什么名目做这种无人做过的事？我们看到我们的市集广场和法庭上挤满了人，他们的眼光并没有使我们不安。我们的内部纷争——我们的疯狂、我们的悲惨命运、我们的厄运，我不知该如何称呼它——已经幸运地终结了，我们至少要允许那些从中幸存下来的同胞不受伤害。但是我们记得，威尔瑞斯一直想要出卖他的上级，对其他阵营表忠心，盗用国家的公款，自视为制定国家政策的重要人物，他纠集人出现在市集广场参加投票，而我们的元老院、人民、行政官员没有阻止他们参加投票，他住在罗马与他们进行政治密谋，而与此同时判处那些由于各种偶然原因在西西里海岸的任何地方上岸的人死刑。在培尔珀那被处死以后，塞尔托利乌的军队中的许多人都对勇敢的格奈乌斯·庞培表示了同情，因为庞培尽了最大努力保障他们中的每一个人的安全和幸福，他那支不可战胜的军队也起着保护他们的作用，并培养了他们得到宽恕的希望。我们能够相信这些已经找到安全保障的人要被你这种在政治上投机的小人折磨和处死吗？

【59】你明白自己应当采取什么有效的辩护路线！然而，我宁可让这个法庭和罗马国家相信你在辩护中的说法，而不是相信我作为你的指控者的断言。是的，我宁可谈论这样的人，而不是谈论那些成为你的牺牲品的商人和水手；我的论证确证了你无比的贪婪，而你自己的辩护确证了你是一个疯狂的恶魔，你做的事情无与伦比的残忍，实际上是一种新的迫害。

但是威尔瑞斯向我提供的这种有力的支持并不归我支配。不，先生们，为什么呢？因为在这里有许多普特奥利①人，他们是富有的、令人尊敬的商人，前来参加这个审判，这些人告诉我们，他们的合伙人和他们雇佣的自由民受到抢劫，被关进监狱，有些在监狱中被处死，有些被斩首。威尔瑞斯，现在请注意，我会很公平地对待你。当我传唤普伯里乌·格拉纽斯上来作证的时候，他可以告诉我们他的雇工怎么被你杀害，他的船只和货物怎样被你没收，而你要是能做到的话，你可以证明他在撒谎，而我完全可以站在你一边，放弃我自己的证人，坚决支持你。你要证明他的人一直与塞尔托利

---

① 普特奥利（Puteoli），当时意大利海岸最重要的贸易中心。

乌在一起，他们从狄安娜神庙出发，在航行中在西西里登陆。我认为你无法使你的法官相信任何东西，因为你的罪行比其他任何能发现的、摆在他们面前的罪行更应当受到严厉的惩罚。如果你希望的话，我可以再次传唤卢西乌斯·弗拉维乌出庭作证，因为事实上——看起来这是你的辩护律师的一项新发明，而实际上每个人都知道这样做的真正原因是你的罪恶感和我的证人提供的证据已经确证了你的罪行——你在这场审判的第一部分没有盘问过任何人。如果你愿意，你可以盘问弗拉维乌，问他被他说成是莱普提斯的钱庄老板的卢西乌斯·赫瑞纽斯是谁，尽管有上百个叙拉古社团的罗马公民出面证明他的身份，流着眼泪为他求情，但还是当着所有叙拉古人的面被斩首。我确实希望你能证明我的第二名证人在撒谎，并且能令法庭满意地证明赫瑞纽斯一直是塞尔托利乌的人。

【60】这些人被蒙上头和许多被捕获的海盗一起拉出去处死，对此我们还有什么可说？你这种新的预防措施有什么意义，你发明这种方法出于何种考虑？是你在下令杀害赫瑞纽斯时听到弗拉维乌和其他人发出的痛苦的呼喊使你感动了吗？或者是出于对马库斯·安尼乌斯的坚强人品的高度敬重使你变得不像平时那样粗暴和鲁莽？我的意思是，安尼乌斯在一两天以前宣誓作证，你下令斩首的这个人不是刚从海外来的外国人，而是一名在叙拉古出生的罗马公民。在这些人发出怒吼之后，在这种野蛮的暴行传出去以后，威尔瑞斯在处死他的牺牲品时确实不像从前那样野蛮，而是变得比较小心。他在处死这些罗马公民时给他们蒙上头，但处决仍旧公开进行，因为我告诉过你们，这个地区的民众在仔细地计算着有多少被捕获的海盗失踪。当你是西西里总督时，这就是法令规定的对付诚实的罗马人的方法吗？这就是他们的职业给他们带来的昌盛吗？这就是他们的权利和生命使他们得到的尊敬吗？在罗马的行省里，在罗马总督们的手中，所有商人都不可避免地要经受这样的危险和承担这样的变故吗？西西里为什么要成为我们的近邻和忠诚的附属、我们忠诚的同盟者和我们光荣的同胞之家？她为什么总是欢迎希望居住在这里的每一位罗马公民？难道仅仅是为了在到达西西里，以为自己已经到家，

已经安全的时候被斩首？这些人从遥远的叙利亚和埃及海岸航行归来，他们的罗马服饰使他们甚至在野蛮人中间也能得到尊重，他们逃过了海盗的拦截，经历过汹涌澎湃的大海。

【61】先生们，现在我要提到普伯里乌·伽维乌斯，他是孔萨镇的一名地方议员。我在提到他的时候要用什么样的语音，要用什么样的口才，要抱着什么样的悲伤！不，我的心不乏悲伤，倒不如说，语音和口才是我必须努力拿来装备自己的，这样才能与我的打算和悲伤相适应。在首次得知我现在要提出指控的这些事实时，我看不到自己将会使用它们，尽管我知道这些事情是真实的，但我看不出有多少人会相信。了解了这些在西西里经商的罗马公民的可悲遭遇，在维博①的那些高贵居民提供的证词的鼓励下，在全体勒佐人的鼓励下，在当时正在墨撒纳的那些罗马骑士的鼓励下，我在这个案子中担任起诉人，但我在第一次审判中传唤的证人不多，以能够证明这些事实为限。我现在要做什么呢？我花了一个又一个时辰来讲述威尔瑞斯可恶的残忍行为。在讲到其他例子时，我几乎筋疲力尽，找不到合适的词来描述他的邪恶，也没有采取措施，使你们能关注我的指控的不同性质。因此，我该如何处理这件可怕的事情呢？我想，只有一种可能，只有一种办法。我要把赤裸裸的事实摆在你们面前。事实胜于雄辩，事实本身就是力量，它不需要口才，不需要我用虚弱的嘴唇来点燃你们的义愤。

我要讲的这个人是孔萨的普伯里乌·伽维乌斯，他是被威尔瑞斯关进监狱的罗马公民之一。但他设法从采石坑逃了出来，去了墨撒纳。这里距意大利只有几里路，勒佐的城墙和居住在那里的罗马公民已经能看得见了，他从死亡的阴影中逃了出来，自由的光明和正义的新鲜空气给了他力量，所以他把自己的遭遇告诉了墨撒纳人，说自己作为一名罗马公民竟然被关进监狱，说自己打算去罗马，已经做好了控诉威尔瑞斯的准备。

【62】这个可怜的人不明白，在墨撒纳讲这样的话就等于在这个总督的

---

① 维博（Vibo），地名，亦称瓦伦提亚（Valentia）。

家里讲这样的话，因为我已经讲过，威尔瑞斯挑选了这个镇子做他犯罪的帮凶，接受他抢来的东西，分享他所有可恶行为的秘密。结果就是伽维乌斯马上被逮捕，押送墨撒纳的最高行政官。威尔瑞斯正好也在同一天到达墨撒纳，他得到报告说有一名罗马公民在讲他的坏话，这个人是从叙拉古的采石坑里逃出来的，已经准备乘船离开，发誓要指控威尔瑞斯，而他们把他抓了回来，交给威尔瑞斯处理。威尔瑞斯向他们表示感谢，热烈赞扬他们精心维护他的利益。然后，他面目狰狞地下令在市集广场上点起篝火，人们都感到纳闷，不知他到底要干什么。他下令把这个人带来，剥去他的衣裳，吊在市集广场上，把棍棒准备好。这个不幸的人叫喊着自己是罗马公民，是孔萨地方的一名议员，曾经在杰出的罗马骑士卢西乌斯·莱西乌斯领导的部队中服役，他去帕诺姆做生意，他可以向威尔瑞斯证明他说的是真话。对此威尔瑞斯答道，伽维乌斯被一支逃亡部队的首领派到西西里来当间谍，他这个指控没有任何告密者，也没有任何证据，更没有任何人有理由相信。然后他下令毒打这个人。就这样，先生们，在墨撒纳的集市广场上，一位罗马公民遭到毒打，这个不幸的人在棍棒下没有发出痛苦的呻吟，只听到他喊"我是罗马公民"。他希望这样的话语能够抵挡毒打他的棍棒，使他的身体免受折磨；然而，他不仅未能逃脱毒打，而且当他坚持自己拥有公民权的时候，一副十字架已经准备好了——是的，一副用来处死这位孤立无援的人的十字架，这位受苦难的人到这个时候为止还从来没有见过。

【63】最珍贵的自由可以一钱不值吗？罗马公民足以自豪的特权一钱不值吗？"波喜乌斯法"和"塞普洛尼乌法"一钱不值吗？保民官的权力一钱不值吗？当保民官失去权力的时候我们的人民感到深深的悲伤，直到他们恢复权力。所有这些东西都不起作用吗？由于罗马人民的青睐，这个人才获得他的棍棒和斧子，而他在一个罗马行省里，在一个拥有特权的人居住的城镇里，竟然公开逮捕和毒打一名罗马公民。当熊熊的炉火和炽热的烙铁在折磨他的时候，他的抗议和喊叫也不能使你停手，那些站在一旁的罗马公民们的眼泪和响亮的喊声也不能触动你的灵魂吗？你竟敢处死声称自己是罗马公民

的人？先生们，在这场审判的第一部分我尽力约束自己，不像现在这样猛烈地谴责这件事，你们可以明白，我这样做的原因是因为当时听众们的心灵已经被一种痛苦、仇恨、为公共安全焦虑的情感所激荡。在那个场合，我有意识地克制我自己的讲话，也没有使用盖乌斯·努米托尔的证据。当时我要请这位杰出的罗马骑士出庭作证，但我很高兴地看到格拉里奥非常聪明地做了他要做的事情，这就是当证人还在讲话的时候，他突然宣布休庭。他这样做是害怕罗马人民由于担心威尔瑞斯会逃脱法律的惩罚，逃脱由你们担任法官的这个法庭的审判，因此会强迫威尔瑞斯做出赔偿。但是，威尔瑞斯，现在每个人都清楚案子会是一个什么结果，所以现在我要毫无保留地完成我的指控。你突如其来地宣布伽维乌斯是间谍。我要证明你把伽维乌斯关押在叙拉古的采石坑。我不光是用叙拉古人的监狱记录来证明，因此你不能说我从那些记录中找到一个伽维乌斯的名字，然后就说伽维乌斯被关押。不，我现在就要传唤证人来证明这个被你关进采石坑的人就是被你处死的伽维乌斯。我还要传唤来自孔萨的他的朋友和亲属，他们会向你和你的法官证明——这对你来说可能太迟，但对他们来说还不迟——被你钉死在十字架上的普伯里乌·伽维乌斯是一名罗马公民，是孔萨的一名地方议员，而不是一支叛军的间谍。

【64】现在，当我向你的朋友和支持者提供充分的证据来证明所有这些事实的时候，我打算列举你对我做出让步的每一个要点，并宣布我自己对此表示满意。那天，你的同胞们的愤怒的呼喊声使你感到惊恐的时候，你说了什么？你那时候是怎么说的？这个人不停地声称自己是罗马公民，这只不过是为了拖延行刑，而实际上他就是一名间谍。很好，让我的证人来说明事实真相。让盖乌斯·努米托尔来告诉我们到底是怎么一回事，让两位来自陶洛美纽地区的著名绅士，马库斯·考提乌斯和普伯里乌·考提乌斯，来说明到底是怎么一回事，让勒佐的重要钱庄老板昆图斯·卢凯乌斯来告诉我们到底是怎么一回事，还有其他一些人。迄今，我传唤的证人不是选自那些说他们自己认识伽维乌斯的人，而是选自那些说他们看见他被钉死在十字架上的

人，尽管他声称自己是罗马公民。威尔瑞斯，这确实就是你说的话，是你自己承认的，他不断地声称自己是罗马公民，但他这种对公民权利的声明不仅没有使你产生一丝一毫的犹豫，而且也没有能够使你考虑一下延迟施行残忍的死刑。先生们，只要他承认这一点我就满意了，其他一切都可以不提；他承认了这一点也就必定使他落入陷阱，也就等于把刀子对着他自己的喉咙。你既然不知道他是谁，也就没有理由相信他是间谍，不是吗？我要问的不是你有什么理由相信他是间谍。我要指责你的是，这个人宣称自己是罗马公民，这是你自己说的。威尔瑞斯，要是你自己在波斯或者在遥远的印度的某个地方被拉出去处死，除了声称自己是罗马公民，你还会怎样喊叫？作为身处陌生人中间的一名陌生人，身处野蛮人之中，身处边远地区的居民之中，宣布自己拥有世界闻名的、光荣的罗马公民权，你就会受到很好的待遇；可是，你为什么要匆匆忙忙地处死这个人呢？不管他是谁，你虽然不认识他，但他声明自己是罗马公民，这样的声明、这样的对公民权的宣称，为什么就不能从你这里得到认可，至少推迟处死他呢？

【65】那些漂洋过海抵达陌生区域的出身卑微的可怜人总是发现自己身处陌生人之中，他们不可能总是与认识的人在一起保障自己的安全。然而，他们拥有公民权这一事实足以使他们感到安全，不仅在那些他们能够找到我们的行政官员的地方，他们受到法律和公共舆论的约束，也不仅在他们自己的同胞中间，共同的语言和享有的公民权利以及其他一些东西把他们紧密地联系在一起，他们由于自己是罗马公民就会充满自信，感到自己的安全是有保障的。撇开这种自信心不谈，撇开这种来自罗马公民权的安全保障不谈，就算"我是罗马公民"的呼喊根本不能帮助任何人，就算总督或其他人在他们不知道对方是谁的时候可以对声称自己是罗马公民的人施行他们选择的任何残酷的刑罚，就算你可以这样做，你也不能把罗马公民从我们的所有行省都赶出去，从罗马以外的所有王国和国家赶出去，从世界上的每一个地区赶出去，要知道迄今，罗马公民比任何人都有权自由地进入这些地方。还有，伽维乌斯提到过罗马骑士卢西乌斯·莱西乌斯的名字，你至少曾经给他写过

信，是吗？你的墨撒纳朋友会把他安全地监禁起来，你也可以用锁链把他捆绑起来，直至莱西乌斯从帕诺姆赶到。他会向你证明这个人，可以打消你的怀疑，不再对他施以极刑；要是莱西乌斯做不到这一点，那么你可以创造一个先例，在没有重要人士担保的情况下，你可以把他钉死在十字架上，哪怕他是一位罗马公民。

【66】我不需要再谈伽维乌斯了。你表现出来的仇恨不是针对伽维乌斯的，你在对所有罗马公民的权利宣战。我要再说一遍，你不仅是伽维乌斯一个人的敌人，而且是我们所有人共享的自由的敌人。若非如此，你命令墨撒纳人常规性地监视镇子后面的庞培大道和海峡还有什么意义？你为什么要说自己特意选择了一个地点，把这个宣称自己是罗马公民的人钉死在十字架上，以便让他在那里能看到意大利和他的家乡，你为什么要这样说，并且公开地说，让所有在场的人都能听见？先生们，在墨撒纳的历史上，在这个地方竖起十字架是唯一的一次，你们现在明白为什么要这样做了。威尔瑞斯特意挑选了这个能看到意大利的地方，让受害人在痛苦和愤怒中死去，让他们能够感受到实行奴隶制的土地和实行自由的土地之间有多大差距，让意大利可以看见她自己的儿子遭受极刑，而这种刑罚是用来对付奴隶的。捆绑罗马公民是一种罪行，鞭打罗马公民是可恶的行为，杀害罗马公民几乎就相当于犯了谋杀罪，那么把罗马公民钉死在十字架上算什么？我已经找不到恰当的言语来描述这种可怕的行为。但是威尔瑞斯对我已经向你们讲过的各种残忍行为还不满足，他狂喊着"让他看看他的家乡，让他带着正义和自由去死"！被你钉在十字架上的不是身份不明的伽维乌斯，而是罗马公民是自由人这一普遍的原则！请你们注意这个无赖的可耻！可以想象，他会因为不可能在我们的集市广场和公民议事的地方竖起十字架来把我们钉死而感到恼火，所以他选择了他统治的行省的一个角落，选择了一个在人口数量上最像罗马，在距离上最接近罗马的城市这样做，他要在西西里进入意大利的门户，在这个由海路进入意大利的所有人的必经之处，用他的邪恶行为在那里留一个标志。

【67】哪怕我在这里谈的不是罗马公民，不是我们国家的朋友，不是那些听说过罗马的名字和名声的人，甚至哪怕我在谈的不是人，而是野兽，不，说得再极端一些，哪怕我谈的只是荒野中不知痛苦的石头，这种可怕的、残忍的、非正义的行为也会在这个不会说话的、无生命的世界里激起同情。由于我现在实际上是在对罗马的元老们讲话，你们是支撑我们的法律、法庭、公民权利的主要柱石，所以我可以向你们表明，威尔瑞斯把一位罗马公民钉死在十字架上不可能是一种恰当的惩罚，完全不合适。先生们，我们前面讲过的那些无辜船长的悲惨命运使我们流泪。为我们无辜的同盟者所遭受的悲惨命运感到痛苦是正确的，恰当的。现在听到我们自己的同胞遭遇不幸，我们难道不应该更加痛苦？我说的是我们的同胞，我们必须承认所有罗马公民都是血肉相连的，真理要求我们这样做，这种要求不亚于安全对我们提出的要求。现在，所有罗马公民，在这里的或者在别处的，都在看着你们如何行使正义，他们在求助于你们的荣誉，恳求得到你们的帮助。他们相信自己拥有的各种权利、利益、好处，他们的整个自由，都维系于你们将要做出的判决。他们不会再向我提出进一步的要求，即使他们向我提出进一步的要求，也无非就是他们现在的要求。要是有人用暴力把站在这里的这个人从你们正义的法庭上抢走，我不担心这种情况发生，先生们，也不认为这种情况有可能发生，然而，要是我发现自己错了，那么西西里人确实会为他们遭受的失败感到无比的愤怒，也会感到我感觉到的痛苦；但是罗马人民，在赋予我向法庭起诉这桩案子的权力以后，会很快——在1月份结束之前——恢复它的权力，会对我起诉的这桩案件做出它自己的判决。至于我自己的名声的增长，先生们，把威尔瑞斯从当前的审判中拉走，留待将来当着罗马人民的面进行审判，很符合我的利益。那确实会是一桩值得庆贺的事情，除了肯定会给我带来一些成功之外，还会给罗马人民提供满足和快乐。假定我存有这样的希望——尽管到现在为止我还没有这种要求——尽力推进对威尔瑞斯的审判，而他却被宣判无罪，那么这种情况确实会使我以许多人的利益为代价来推进我自己的名声，但这种情况只有在大多数人都像罪犯一样行事时才

有可能。

【68】先生们，为了你们，为了我们的国家，我确实不想冒犯像你们这样精心挑选出来的法官，我确实不想让我自己参加选择并批准的这个法庭的成员由于判决威尔瑞斯无罪而在我们的城市里臭名远扬，以至于看到他们的名字不是用蜡涂抹，而是用污泥涂抹。①因此，霍腾修斯，如果我站立的地方是一个提供建议的位置，那么我也要向你提一些建议。我希望你仔细观察和考虑一下你现在的作为，想一想你这样做会把你引向何方，你在为谁辩护，用什么样的方法为他辩护。我不想限制你运用各种才能和资源来反对我的自由。但除此之外，要是你相信凭着你在这个法庭外的秘密活动就能影响法庭内发生的事，要是你认为凭借威尔瑞斯的金钱和势力，通过作假就能以某种方式颠覆正义的诉讼，那么我会热诚地告诫你放弃这一目的，至于我已经追踪和发现了的威尔瑞斯想要腐蚀法官的企图，我建议你去粉碎它，不要让它进一步得逞。你在这场审判中的错误行为对你来说非常危险，比你想象的还要危险。因为你是当选的执政官，曾经担任过国家的所有公职，你可以认为自己已经不用为自己的名望发愁，但是请你相信我，要保持这些罗马人民仁慈地赐予你的荣誉比获取它们更加困难。这个国家在可能和必要的情况下一直忍受着你和你的朋友对法庭和一般公共事务的专断控制，然而在罗马国家重新确立了平民的保民官的那一天，你马上就丧失了这些权力，尽管你还不明白这一事实。此刻，所有人的眼睛都在看着我们，看我的指控有多么诚实，看这些先生们的判决有多么严谨，看你用什么方法进行辩护。让我们全都离开这条道路，无论它显得何等狭窄，让最后的结果不是你和你的朋友们习惯于无视的事情沉默地遭受否决，而是让这些事情在罗马人民手中遭受猛烈的谴责。昆图斯②，这个人不是你的亲戚，也不是你的私人朋友，你过去经常在不同的审判中为人进行抗辩，但人们原谅了你的偏见，而你在为威

① 此处含义晦涩，参见《控威尔瑞斯——一审控词》第 13 章。

② 霍腾修斯，全名为昆图斯·霍腾修斯，在这里直称昆图斯产生的效果相当于"你瞧，老朋友"。

尔瑞斯进行辩护的时候没有什么论据可以供你支配。在他统治他的行省的时候，他曾经多次公开地说他在做他正在做的事，因为他对你有信心。所以你要十分小心，否则人们会认为他有很好的理由这样说。

【69】在我自己应尽的责任的范围内，我确实感到那些贬低我的人会把我自己完全放弃了的义务强加在我头上。因为在这场审判的第一次审讯的几个小时里，我向全世界宣布威尔瑞斯有罪。那么这场审判还剩下些什么呢？不是我的诚实，这一点已经得到证明；也不是威尔瑞斯的行为，这些已经受到谴责；剩下的是这个法庭的成员，还有，说得坦率一些，你自己。

这场审判是在什么形势下进行的？这一点值得严肃考虑。因为在政治生活中，就像在其他领域中一样，特定时期的形势极为重要。你会明白，当一个国家急于将它的司法权威转化为一种新的类型并交到一个新的阶层手中时，当有关赔款法庭的建立及其成员的文告得以公布的时候，这种情况就发生了。这项文告实际上并非属于他的名字在上面的那个人①，它是站在你们面前接受指控的这个人的作品，是这个人希望获得你的帮助，是这个人对你的品性做了估量，然后起草和公布了这个文告。本案开始审理之前，这项文告还没有公布；威尔瑞斯根据许多迹象知道你的严厉，所以他当时没有谈论文告，也没有为自己进行辩护，而这项文告公布的时候就是他重新恢复自信的时候。你的优秀品质本身就是反对法律的强大论证，威尔瑞斯虚幻的希望和空洞的鲁莽则为它提供了最大的支持。这样一来，法庭上的每个人都成了有罪的，都犯有某种该受谴责的行为，结果要么是罗马人民将要审判这个已经被他们判定为不值得进行任何审判的人，要么是将由根据这部新法案指定的新法官来审判那些已经犯下许多错误的老法官。

【70】至于我自己，任何活着的人都不可能看不到我已经决定性地推进了这一案件。霍腾修斯，当这个国家的心脏公然受到这样的打击，当我们的行省被剥夺得一干二净，当我们的同盟者受到驱赶和抢劫，当诸神的宝库遭

---

① 指执法官卢西乌斯·奥勒留·科塔。

受抢劫，当罗马公民受到折磨和死刑，而被我起诉的罪犯却可以不受惩罚地离开，我能保持沉默吗？我能表现得无动于衷吗？要我在离开这个法庭时放弃这样的责任是不可能的，要我继续这个案子而什么也不说也是不可能的。我能放下这件事吗？我可以不让它真相大白吗？我能够不捍卫罗马国家的荣誉吗？面对他们所犯的可怕罪行，我能不指控这些腐蚀我们的法官的人，不指控这些荣誉受到玷污的法官吗？

有人会问我："你确实想要承担如此艰巨的任务，给你自己招来这么多死敌吗？"我这样做确实谈不上迫切，也不是出于我的自由意志。但我不像出身高贵的人那样拥有同样的特权，他们只需要坐在那里，等着我们的国家把荣誉放在他们面前。当前的政治生活的状况迫使我必须有所作为。聪明的、富有远见的马库斯·加图提醒了我。尽管他的出身并不高贵，但我相信他的功德正在为他获得同胞们的认可，他希望自己能够成为一个著名家族的创始人和推进者，甘愿面对有权有势的人的敌意，作为一个年迈的老人和名人，他愿意为此付出极大的代价。继他之后有昆图斯·庞培，一个出身卑微的人，他四处树敌，经历了无数的辛劳和巨大的危险，最终登上国家的最高职位。离现在更近一些，我们有菲姆利亚、马略、凯留斯，他们历经千辛万苦，遭遇无数对手，才获得你们这些人一辈子无所事事、对任何事情都无动于衷就能获得的最高地位。像我这样的人，我们的生命必须有计划地沿着这条道路，朝着相同的方向前进，我们属于我提到的这些人的同一类，采用相同的方法。

【71】我们清楚被某些"贵族"视为"新人"的这些人的功德和能力会遇上多少妒忌和厌恶；只要把眼睛闭上一会儿，我们就会发现自己已经落入陷阱；只要我们稍有不慎，或者犯了一点儿小错误，马上就会招来怀疑或受到惩罚；我们必须永不懈怠，永远不能有假日。我们有敌人面对，我们有任务承担；但不要忘记，隐蔽的敌人比公开的敌人更难对付。那些古老家族的成员很难看好我们的行动，要是不能向他们提供我们的服务，我们又怎能获得他们的善意。他们竭力维护他们自己的利益，就好像我们和他们是完全不

同的两种人。由于这个原因，我们不需要害怕这些人的敌意，因为在你们做任何与他们为敌的事情之前，他们已经对你们抱有恶意和妒忌了。

所以，先生们，我急切地希望我已经完成了罗马人民期待我做的事情，已经充分履行了我的西西里朋友们赋予我的职责，将以指控威尔瑞斯结束我作为指控者的生涯。但是，即使我错误地估量了你的人品，但由于我已经说明了的这些原因，我也要下定决心把正义不仅带给对腐蚀这个法庭的成员负有主要责任的那些人，而且带给对罪行负有一定责任的那些协同者。与此同理，所有使用他们的权力、鲁莽、虚伪来腐蚀当前这个案子的法庭的人，再加上自己打算在这个国家的法庭上与我竞争的人，如果他们发现我缺乏作为指控者应当具有的力量、韧性、警惕，并对西西里人有敌意，那就让他们继续去寻找更加有力、更加严厉的指控者，而我在捍卫罗马人的主要利益时将有意表现出对这些人的敌意。

【72】噢，万能的、仁慈的天父朱庇特，请听我说：在卡皮托利圣山这座全世界的要塞，你的神圣的祭品和高贵的神庙，还有王子们奉献或许诺要奉献给你的珍贵礼物，都被邪恶的威尔瑞斯抢走了，他从叙拉古把你神圣美丽的神像都运走了。

天后朱诺，请听我说：我们的同盟者在梅利塔和萨摩斯这两座岛上为你建造了古老的神庙，里面所有的饰品和供物都被这个邪恶的威尔瑞斯抢走了。

密涅瓦，请听我说：他也抢劫了你的两座神庙，一座在雅典，里面有大量黄金，一座在叙拉古，里面的一切都被抢走，只剩下屋顶和墙壁。

拉托娜①、阿波罗、狄安娜，请听我说：他在夜晚闯进你们在德洛斯的神庙，抢走了它的珍宝，不，虔诚的人相信，这是你们过去的住所。

阿波罗，请你再次听我说：你在开俄斯的神像被他运走了。

狄安娜，请你再次听我说：他在佩尔加抢劫了你的圣地，你在塞吉斯塔

---

① 拉托娜（Latona），希腊神祇，相当于勒托，是阿波罗和狄安娜之母。

的神像两次祝圣，一次是虔诚的塞吉斯塔人，一次是阿非利加的西庇阿在胜利的时刻，而威尔瑞斯推倒了你的神像，把它运走了。

墨丘利，请你听我说：你的神像被威尔瑞斯放在某个私人的摔跤场上，而不是按照西庇阿的要求安放在我们的同盟者廷达里斯人的运动场上，使它成为这座年轻城市的卫士和监护人。

赫丘利，请听我说：在一个伸手不见五指的夜晚，他带着一帮武装奴隶把你在阿格里根图的神像挖出来运走。

伊达山的圣母，请听我说：他抢劫了你在恩吉瓮的神庙，除了刻有西庇阿名字、纪念他的虔诚行为的基座，其他什么也没有留下，那些装饰神庙的珍宝不复存在。

卡斯托耳和波吕克斯，请听我说：你们在人口稠密的罗马市中心有自己的位置，你们见证着我们在市集广场上完成的一切事情，见证着我们的慎重，见证着我们的法律和法庭，而威尔瑞斯极为愚蠢地抢劫了你们的神庙。

一切诞生在神轿里的神灵，请听我说：你们看到我们在特定季节里举行庆典，可是为了实现他自己的目的，威尔瑞斯为他自己举行和你们一样的庆典。

刻瑞斯和利伯拉，请听我说：虔诚的人相信并告诉我们，崇拜你们的仪式超过其他一切深奥的秘仪，是你们最先赐予我们食物和营养、美德与法律、仁慈与教养，并且传播到世界各地和各民族。罗马人从希腊人那里接受了这种崇拜，并且表现得特别热心和忠诚，使它显得不像是从希腊传来的，而像是从罗马传向全世界。但是这个人亵渎了神圣的崇拜，刻瑞斯在卡提那的神像只有女人才能触摸，甚至只有女人才能观看，但却被他从神庙里运走，刻瑞斯在赫纳的其他神像也被运走，看到这些神像的人以为这些神像就是女神本身，或者认为它们不是人手制造的，而是从天上降临人间的。最神圣的女神啊，我请求你再听我说：你的家在赫纳的湖泊和森林里，你是西西里这片土地的保护神，你为全世界发现了谷物，世上所有民族都对你充满了敬畏。

其他一切神灵和女神，请听我的诉说和祈祷：这个疯狂的无赖公然向你们的圣地和神圣的崇拜发动了亵渎的、盗窃圣物的战争。当我对这个人提出指控并在本案中进行争辩时，我要兼顾我们的同盟者的根本利益、罗马的荣誉和我的良心的命令，如果说我的所有努力、关注和思想都在努力履行我的义务，并且仅仅如此，那么我接手这个案子的目的，我在处理这个案子时的正直，同样会激励这个法庭的成员对它做出判决。如果盖乌斯·威尔瑞斯的一切行为确实无比邪恶，无比可耻，无比丑陋，无比贪婪，无比残忍，是任何人都前所未闻的，那么愿这个法庭可以做出他的生活与行为应得的毁灭性判决；愿我的国家和我的良心允许我在担任本案的指控者以后能得到休息；愿从今以后我可以自由地为诚实人辩护，而不必被迫承担指控恶人的责任。

关于任命庞培的演说

提　要

本文的拉丁文标题是"De M. Tulli Ciceronis De Imperio Cn. Pompei ad Quirites Oratio Pompei"，英文标题为"The Speech Addressed to His Fellow-Citizens by Marcus Tullius Cicero on the Appointment of Gnaeus Pomeius"，意思是"马库斯·图利乌斯·西塞罗对同胞公民的演说：关于任命格奈乌斯·庞培"；本篇标题亦做"Pro Lege Manilia"，英文译为"On the Manilian Law"，意思是"论玛尼乌斯法案"。中文标题定为"关于任命庞培的演说"。

这篇演说发表于公元前66年。西塞罗于该年当选执法官，由此第一次获得向罗马人民提交议案的权力。他在演讲中盛赞庞培的军功与品德，要求任命庞培担任反海盗战争的统帅。

全文共分为24章，译成中文约1.9万字。

正　文

【1】我的同胞公民们，尽管看到你们聚集在这个地方总是给我带来一种特别的快乐，尤其是这个地方意味着给我提供行动的广阔天地和施展口才的最好舞台，然而，这条通向名誉的、自建立以来一直开放着的通道，迄今对我来说都是一种障碍，这种状况肯定不是由于我希望如此，而是由于我从

早年就已经为自己立下的生活志向。从前，由于我年轻，因此我无法谋求这个荣耀的职位，因此我下定决心，除了在这里使我的才能臻于成熟，其他我一无所求，于是我努力工作，认为我的每个时辰都应当奉献给那些处在危险之中的朋友。因此，当这个平台并不缺乏你们事业的恰当卫士的时候，我的劳动都花在无利可图、无可指摘的私人诉讼中，而你们的判断一定会给这种诉讼加上尊严的冠冕。因为在那次执法官选举中，由于选举的拖延，我的名字三次被宣布为最先当选①，先生们，所以我不会不明白你们对我下了什么样的判断，也不会不明白你们对其他人怎么看。现在，由于你们授予我的职务，我拥有了一定程度的影响力，而这也是你们所希望的。这种公共演讲几乎可以作为一种诉讼的日常练习，演讲者在法庭上的经验可以使他明白自己应当学习什么，而我在他们中间进行的练习肯定会使我受益，我作为一名演说家所获得的成就也会使我主要向那些认为演讲有其价值的人进行演讲。我明白我特别应当向自己表示祝贺，事实上我对这种演讲风格的不习惯造就了这个平台，我必须为之辩护的事业不会令任何人失语。我要谈的是格奈乌斯·庞培独特超群的功绩，有这样的演讲主题，结束比开始更难。所以，作为一名演讲者，我的主要任务不是寻找相关的材料，而是要注意节制。

【2】这件事情与整个形势有关，我们就从这里说起。有两位强大的国王，米特拉达铁斯和提格拉尼斯②，正在对你们的附属国和同盟者发动一系列危险的战争，他们中一个受到免罚的诱惑，另一个受到愤怒的引导，以为现在是他们占领亚细亚③的天赐良机。我们的朋友每日里收到来自亚细亚的信

---

① 执法官由百人队代表大会（comitia centuriata）进行选举。西塞罗得到了所有百人队的选票，所以最先当选，而继续进行的对其他职位的选举由于某种原因而中断，所以在重新开始时都要宣布西塞罗已经当选。

② 米特拉达铁斯（Mithridates），本都国王（公元前 120 年—前 63 年），军事征服小亚细亚和希腊，对罗马构成威胁，罗马人发动三次战争打击他，最后被庞培打败；提格拉尼斯（Tigranes），亚美尼亚国王（公元前 96 年—前 57 年）。

③ 指罗马的亚细亚行省，当时由弗里吉亚（Phrygia）、密西亚（Mysia）、卡里亚（Caria）、吕底亚（Lydia）组成。

件，他们是罗马骑士，在那里大量投资农场，为你们提供税收；由于我和这个等级有着密切联系，他们向我叙述了那里的公共利益和私人幸福所面临的危险。他们提到：庞提尼亚①，现在已经是你们的一个行省，有许多村庄被焚毁；与你们的附属国疆界相邻的阿齐奥巴扎尼的王国完全落入敌人手中；卢西乌斯·卢库鲁斯，尽管取得了巨大成就，但现在正在退休；要指挥这样一场大战，他的继承人能力显然不足；我们的公民和同盟者全都想要一位能够赢得这场战争的统帅，他要能使敌人感到恐惧，而除了他，这些敌人什么也不怕。

你们已经明白了当前的形势，现在请考虑该做些什么。我想最好先考虑战争的性质，然后考虑战争的规模，最后考虑选择一位统帅。

了解这场战争的性质最能激起你们将战争进行到底的决心，因为它关系到罗马的荣耀，这种荣耀是你们的祖先传下来的，他们在一切事情上都很伟大，而他们在战争中的表现是一切事情中最伟大的；它也关系到你们的同盟者和朋友的安全，为了保卫他们，你们的前辈进行了许多伟大的战争；它也关系到国家最稳定的、巨大的税源，失去它你们就没有钱在和平时期进行装饰和补充军械；它也关系到许多公民的财产，为了他们自己，也为了这个国家，你们必须考虑他们的利益。

【3】与其他民族相比，由于你们已经惯于追求荣耀和名声，所以我呼吁你们要洗刷第一次米特拉达梯战争留下的污点，这些污点一直令罗马人民蒙羞；米特拉达铁斯在一日之内横扫整个亚细亚和许多国家，凭着一道命令就屠杀我们的公民，而迄今，他不仅没有为他的罪行受到任何惩罚，而且从那时起仍旧在他的王座上待了 22 年。现在，这个国王并不满足于悄悄地严格控制本都或卡帕多西亚，而是要从他这个世袭的王国出发占领整个亚细亚，在你们的附属国的领土上耀武扬威。迄今，我们的将领们与这个暴君的战斗都是在抵抗他的侵犯，而不是战胜他，把胜利带回家。卢西乌斯·苏拉对米

---

① 庞提尼亚（Bithynia），公元前 75 年并入罗马。

特拉达铁斯取得了一次胜利，卢西乌斯·穆瑞纳也打了一次胜仗，这两人都是勇士和伟大的将领，但是受到打击以后的米特拉达铁斯仍旧待在他的王座上！不管怎么说，这些将领做的事情值得赞扬，而他们没有做的事情令人遗憾，因为他们都从战场上被召回意大利，苏拉是因为国内的危机，而穆瑞纳是被苏拉召回的。

【4】然而，米特拉达铁斯在后来的各个时期不是努力消除上一次战争的记忆，而是在积极准备新的战争。为此，他建造和装备了强大的舰队，发出攻打博斯普鲁斯海峡的邻国的威胁，以此为借口征召各个民族的人组建庞大的军队，派遣使者远至西班牙，送信给那些正在与我们作战的将领，为的是联合他们从陆上和海上共同发起夹击，使你们不得不腹背受敌。西班牙的塞尔托利乌是来自西部的严重的、致命的威胁，但是格奈乌斯·庞培用他高明的战略和非凡的勇气消除了这种威胁；而在东部前线，由优秀将领卢西乌斯·卢库鲁斯所发动的战役表明由此开始的伟大的、光荣的成就更多地要归结为他的良好素质，而非他的好运，而表示这场战役终结的最近的事件更多地不应当归结于他的失误，而应当归结于他的厄运。先生们，关于卢库鲁斯，我会单独再谈，当我这样做的时候你们就会看到我的话既不会剥夺他的真正的光荣，也没有虚假地奉承他。至于你们的帝国的荣耀，由于这是我的演讲开始时的主题，所以请你们考虑一下它会激起你们什么样的感情。

【5】我们的前辈经常进行战争，以保护我们的商人或水手不受任何专横的虐待①，所以当一道命令就可以在瞬间处死数千罗马公民的时候，你们会有什么样的感觉？他们的使者发表了一通冒犯罗马人民的讲话，因此你们的前辈决定消灭希腊之星——科林多②，而这个国王囚禁、鞭笞、处死罗马派遣的执政官等级的使者③，你们会不让他受惩罚吗？我们的前辈不愿给罗马公民的自由设置任何限制，而你们会对他们的丧生漠不关心吗？我们的前辈

---

① 指反抗公元前 229 年伊利里亚的海盗。
② 于公元前 146 年。
③ 指玛尼乌斯·阿奎留斯。

对一位拥有特权的使者的口头污辱实施报复，而你们会对你们的使者受到各种折磨而死视而不见吗？你们瞧，你们的前辈最值得自豪的成就是把一个如此辉煌的帝国传授给你们，所以无力保护和维持这份遗产难道不是你们最大的耻辱？

还有，你们的同盟者现在处于危难时刻，请告诉我，对此你们有什么感觉？国王阿齐奥巴扎尼，罗马的同盟者和朋友，被赶出他的王国，亚细亚受到那两位国王的威胁，他们是你们的同盟者和朋友的死敌，也是你们自己的死敌；希腊和亚细亚的每一个城邦，由于面临巨大的威胁，都不得不向你们寻求帮助；他们请求你们派一位将军（特别是像你们以前派过的那些将军①）给他们，如果不是处于极端危险的时刻，他们不会这样做，甚至连想都不会想。像你们自己一样，他们看到并且感到没有任何人拥有全部这些最高的素质，而他近在咫尺，因此，要是没有他，他们会感到悲伤。事实上他已经到达那里，他们认为仅仅是他的名声，尽管他到那里以后只进行了一场海战，都足以约束敌人的疯狂屠杀。所以他们公开发出请求，并且默默地希望得到你们的眷顾，像你们在其他行省里的同盟者一样，他们认为值得把自己的安全托付给这位伟人。之所以如此，更重要的原因是我们通常派去统治这些行省的总督属于这样一种类型，他们只是到了一个不同的同盟者的城市，但几乎无法抗击敌人的进攻，尽管他们保卫着这些城市；而这个人，就像他们以前听说，而现在亲眼目睹的那样，非常节制，非常仁慈，非常有人性，以至于他们都认为，要是他能驻守在那里，那是一件最值得期盼的事情。

【6】如果说，仅仅是为了他们的同盟者的缘故，我们的前辈，虽然他们自己没有受到任何伤害，也要对安提奥库斯，对腓力，对埃托利亚·利古②，对迦太基发动战争③，那么当受到某种伤害时，在同一时间既要保卫你们的同盟者，又要捍卫你们帝国的荣誉时，尤其是这场战争与你们的主要税

---

① 指玛尼乌斯·格拉里奥。
② 约于公元前2世纪初。
③ 指第一次布匿战争，公元前264年—前241年。

源地有关时，你们的热情该有多么巨大！先生们，我们其他行省的税收并不充裕，却也值得我们加以保护，而亚细亚在土地肥沃、物产丰富、谷物多样、牧场辽阔、巨量输出方面轻而易举地超过其他所有国家。先生们，如果这个行省是你们希望保持的，要么使战争成为可能的，要么使和平成为光荣的，那么你们的责任是，不但要抵抗灾难，还要抵抗对灾难的恐惧。因为在大多数情况下，灾难的发生就是遭受损失的时候，而对于税收来说，不仅是灾难的发生，而且哪怕仅仅是对灾难的恐惧就足以带来灾难；因为当敌人的军队逼近的时候，即使他们还没有越过边境，牧场也会被抛弃，耕地会荒芜，海岸贸易会结束。这样一来，按照惯例要承担的义务，粮食"什一税"或者牧业税，都无法保持；所以，一则危险的谣言，一声战争的警报，经常意味着丧失全年的收入。请你们告诉我，当两位国王率领强大的军队逼近的时候，你们认为那些向我们缴税的人或者那些代我们征税的人会怎么想？那些在港口和海防代替我们征税的包税商会感到雇用大量人员在牧场和农田里劳动有巨大风险吗？如我前述，除非你们能够使他们不仅免除灾难，而且也免除对灾难的恐惧，你们想象自己能够享有这些好处吗？

【7】在开始讨论战争性质的时候，还有另外一个要点，我决定放到最后再讲——对这个要点你们一定不能视而不见，我指的是有许多罗马公民的财产受到这场战争的影响这一事实，像你们这样的聪明人知道他们的利益要求你们仔细加以考虑。因为，首先，那些优秀人士把他们的生意和资源转移到那个行省，耕种我们的纳税地，从个人的角度来看，他们的利益和幸福是你们必须关心的。要是我们一直认为我们的税收是国家力量的来源，那么我们要说耕种这些纳税地的阶级是其他阶级的主要依靠，这样说肯定是对的。其次，其他阶级也有精力充沛，吃苦耐劳的人，经常个别参与亚细亚的生意，当他们不在这里的时候，当他们中的其他一些人在那个行省拥有巨大投资的时候，你们必须考虑他们的利益。因此，你们的仁慈在吩咐你们应当拯救这个巨大的公民群体，不让它毁灭，你们的智慧在向你们显示，当这个国家的许多公民遭受毁灭的时候，她不可能毫无干系。首先，我们的税收要通过战

争的胜利得以恢复，使之与原已丧失的包税商所差无几，原有的税务承包商因为遭受毁灭或者具有恐惧倾向而无力签订包税合约。其次，我们必须牢记这场亚细亚战争开始时从这位米特拉达铁斯那里得来的教训，我们是从灾难中接受教育的。我们知道，与许多人在亚细亚丧失幸福的同时，罗马由于停止支付而导致信用的崩溃。① 确实，许多人在一个国家失去他们的财产和幸福不可能不在他们自己的毁灭中牵涉更多的人。你们要捍卫这个国家，不让她遭受这种危险吗？那么请你们相信我。我要告诉你们——你们自己也能亲眼看到——在罗马市场上运作的信用和金融制度受制并依赖于在亚细亚的巨大投资，个人的损失不可避免地会损害其他人，并引起整个制度的崩溃。因此，想一想吧，捍卫你们光荣的名字、捍卫你们同盟者的幸福、捍卫你们最重要的税收来源——这件事与整个国家密切相关——热情地投入一场捍卫公民幸福的战争，对此你们还要不要犹豫不决。

【8】谈论了战争性质以后，我现在要说一说战争的规模。也许有人会催促我说，既然战争性质如此必要，既然我们必须进行这场战争，那么我们就没有必要对战争规模表示恐惧了。与此相关，我在对你们进行劝说时的主要任务就不是贬低那些你们需要详细提供的事实。为了使事情清楚明白，我要颂扬卢西乌斯·卢库鲁斯这位勇士，这是他应得的赞颂。我要断言，他是一个聪明人和一名伟大的将军，在他抵达的时候，米特拉达铁斯麾下的军队庞大无比，装备精良，训练有素。这位国王亲自率领一支强大的部队包围了西泽库这个亚细亚最优秀、最忠诚的城市，对它发起强大的攻击；而卢西乌斯·卢库鲁斯凭着他的勇敢、坚定和技能，使这座城市解围；这位将军还在意大利海面上打败了由塞尔托利乌指挥的凶恶的舰队；还有，经过多次战斗，他歼灭了大量敌人，为我们的军团进入本都开辟了一条通道，而到那时为止，罗马人民抵达本都的所有道路都无法通行。卢库鲁斯攻占了昔诺佩和阿米苏，这两个地方有这位国王的宫殿，堆满了军队的各种给养，他还攻占

---

① 于公元前 88 年。

了本都和卡帕多西亚的许多城市；而这位国王，丧失了他的父亲和祖父传给他的王国，被迫去其他国家的宫廷乞援；所有这些都是在没有给罗马的同盟者带来危险或者丧失罗马税收的情况下完成的。先生们，我要想我的赞扬已经够了，也能令你们满意，因为迄今还没有任何人在这个讲坛上对卢库鲁斯做过像我这样的赞颂。

【9】现在，也许有人要问我："既然如此，还会有什么大规模的战争吗？"先生们，让我来告诉你们，因为这个问题似乎并非是不合理的。首先，米特拉达铁斯从他的王国逃跑使我们想起很久以前传说中的美狄亚①也是从本都逃跑的。故事说，美狄亚一边逃跑，一边把她兄弟的尸体一块块地扔在路边，为的是让追赶她的父亲由于悲伤而停下来收集那些散乱的尸体。以同样的方式，米特拉达铁斯在逃离本都时扔下了所有金银财宝，既有他继承下来的，也有他本人积累的、在以往战争中从整个亚细亚获得的战利品。当我们的士兵过于仔细地收集所有这些战利品时，这位国王本人却从他们手中溜走了。所幸，在仓促的追赶中，埃厄忒斯由于悲伤而拖延，而我们的军队由于喜悦而拖延。与此同时，仓皇逃跑的米特拉达铁斯受到亚美尼亚国王提格拉尼斯的欢迎，他安抚前者的绝望，提升前者低落的士气，恢复了前者已经遭到毁灭的命运。然而，卢库鲁斯和他的部队抵达亚美尼亚以后，其他国家起来反抗我们的将军，因为恐惧落到了这些罗马从未打算攻打甚至骚扰的民众的头上；除此之外，这些野蛮国家的人普遍相信我们的军队将会长驱直入，洗劫一处非常富有的、神圣的庙宇。出于恐惧和警觉，大量民众动员起来进行抵抗。而我们的军队，尽管他们攻占了提格拉尼斯王国的一座城市，但他们开始感到自己所在的地方太遥远，想要回家。关于这一点我不想再多说了，因为这件事情的结局是我们的士兵急于从这些地区撤回，而不是继续前进。与此同时，米特拉达铁斯得以招揽旧部，并且从许多国王和民众那里

---

① 美狄亚（Medea），希腊神话中的人物，她的父亲是科尔喀斯王埃厄忒斯（Aeetes）。美狄亚精通巫术，帮助阿耳戈英雄取得金羊毛，并与他们逃走。她的弟弟阿布绪耳托斯（Absyrtus）奉父亲之命追赶，也被杀害。

得到大量支援。我们看到这种情况是很普遍的，遭受厄运的国王很容易得到许多能够帮助他们的人的怜悯，尤其是当这些人自己也是国王或者是一个王国的居住者，只要他们保持着对这个国王的名字的最大敬畏。其结果就是米特拉达铁斯的力量比他打败仗以前更强大了，超过了他从前的期望。在回到自己的王国时，他并不满足能够意外地返回故土，而是不顾我们的军队拥有的名声和已经取得的胜利，向我们的军队发起攻击。先生，在此请允许我使用那些描写罗马历史的诗人的诗句来说明这场灾难，因为信使并没有带来有关这场战斗的消息，只有在乡间流传的谣言一阵又一阵地传入这位将军的耳中。在形势发生严重逆转的时刻，你们却认为这种事情史无先例，应当给卢库鲁斯长期掌管军队添加某些限制，而有能力采取措施弥补这些损失的卢库鲁斯在你们的命令下被迫放弃部分军队的指挥权，把这些原来归他指挥的部队移交给了玛尼乌斯·格拉里奥。我有意省略不说的事情还很多，而你们自己必须弥补这些细节，一位新的罗马将军将要面对的是两位最强大的国王，在他们原来的军队被打败以后，他们从许多部落得到补充，你们想一想这样的战争会有什么样的规模。

【10】我认为我已经说过的话足以表明这场战争的必要，而其规模相当危险。我认为，剩下要说的就是选择一位将军指挥这场战争，任命他担任极为重要的统帅职位。

先生们，我只希望你们提供了那么多勇敢正直的人，以至于现在难以决定由谁来处理这些大事和指挥这场伟大的战争！然而，格奈乌斯·庞培的功绩不仅超过了他的同时代人，而且超过了以往历史上记载的任何人，所以在这个关口上有什么考虑会使你们犹豫不决呢？我认为一名完善的将军必须拥有四种属性——战争知识、能力、威望、幸运。有谁能比庞培拥有更多的战争知识，他从童年起就离开学校，加入他父亲的部队，参加了一系列重大战役，抗击顽强的敌人；他还没有成年，就已经在一位伟大的将军指挥的部队中当兵，而在刚成年的时候，他本人也成了一名指挥大批军队的将军；他对这个国家的敌人进行的战争超过其他任何竞争者，他完成的战役超过其他所有人，他放弃的公共职位超过其他任何觊觎这些职位的人；他青年时期学习战争不是通过他人的指导，而是通过亲身实践，不是通过打败仗，而是通过打胜仗，不是通过许多战役，而是通过许多战役的胜利。简言之，这个国家的盛衰并没有给他提供经验，在这种情况下进行的战争能有什么样的性质？内战、阿非利加战争、山外高卢和西班牙战争、奴隶战争、海战①，这些战争的类型、地域和敌人都不同，然而我们看到，他不仅在孤立无援的情况下赢得了战争的胜利，而且使我们必然得出这样一个结论，在军事经验的领域显然没有一个人的知识能超过庞培的知识。

【11】还有，就格奈乌斯·庞培的能力而言，我们要找到什么样的字眼来描述才算公正？那些用来颂扬其他人的话语已经不新鲜、是人人都熟悉的，有哪一条是他配不上的？一名将军应当拥有的品质不仅仅是那些人们通常认为他们适宜拥有的品质——忠于职守、临危不惊、行动坚定、反应敏捷、战术明智——庞培拥有这些品质，胜过其他所有我们看见过或听说过的将军。意大利是我的证人，最伟大的征服者卢西乌斯·苏拉本人承认意大利是在能干的庞培的合作下获得自由的。② 西西里是我的证人，不是庞培军队的恐怖，而是他闪电般的战略使它在重重包围下得救。③ 阿非利加是我的证人，尽管那里敌军密布，但这些敌人也要用他们的鲜血浇灌那里的土地。④ 高卢是我的证人，我们的军团彻底摧毁了盘踞在那里的高卢人，开通了前往西班牙的大道。⑤ 西班牙是我的证人，他在那里多次征服无数的敌人。⑥ 意大利一次又一次地成为我的证人，受到可耻的、危险的奴隶战争的威胁，意大利向远在他乡的庞培求援，希望他能赶回来平息叛乱，而等他抵达时，意

---

① 指公元前 67 年抗击海盗的战争。
② 于公元前 83 年。
③ 公元前 81 年，庞培从马略派的将军卡波手中夺回西西里。
④ 公元前 81 年，庞培在尤提卡打败由马略和努米底亚国王的军队组成的联军。
⑤ 公元前 76 年，庞培清除了在塞尔托利乌的支持下占领阿尔卑斯山的高卢人。
⑥ 公元前 72 年，庞培结束了对塞尔托利乌的战争。

大利已经尸横遍野。① 不，每个地区、每个国家和人民、每一片海洋，整个国家也好，每一条小河或海岸边的港口也罢，都是我的证人。② 在那些年中，在整个海岸，有哪个地方得到过如此安全的庇护，或者说如此隐蔽，鲜为人知？有谁在海盗猖狂的时候，在冬天冒着死亡或被俘当奴隶的危险在海上航行而不暴露自己？有谁曾经设想过有哪位将军能在许多年里或者有哪些将军一起能在一年里结束一场规模如此宏大，时间如此持久，范围如此广阔的战争？你们在那些年里，保护了哪个行省，使之不受海盗侵扰？你们有哪些税收得到保证？你们保护了哪些同盟者？你们的海军保护了什么人？由于害怕海盗，或者被海盗攻占，你们放弃了多少岛屿和同盟者的城市？

【12】但是，为什么我要提醒你们这些发生在遥远地方的事件呢？因为很长时间以来，罗马都在自吹自擂，说她发动的战争都是在远离家园的地方，都是在帝国外围，目的是捍卫她的同盟者的繁荣，而不是为了保卫她自己的公民的家园。除了在冬天，你们自己的军队从来没有跨越过布隆狄西③，这种时候我需要提及这片海域在这些战争期间对我们的同盟者来说是被封锁的吗？当罗马需要为她自己的使节支付赎金的时候，我需要为这些外国派到罗马来的使者被俘虏感到悲伤吗？当12位侍从官落入海盗之手的时候，我需要提及这片海域对商人来说是不安全的吗？当你们非常清楚你们祖祖辈辈生活在那里的那些港口已经落入海盗之手的时候，我需要记载尼都斯、科罗封、萨摩斯，以及其他无数城市的港口的沦陷吗？你们确实不知道著名的、聚集着许多船只的卡伊塔港在执法官的眼皮下被海盗洗劫，那个来自密塞努的、先前与海盗作过战的人④的子女被海盗绑架吗？几乎是当着你们的面，按照一位罗马执政官的命令一支舰队被交出去，被海盗俘虏和摧

---

① 公元前 71 年，庞培打败斯巴达克斯。

② 公元前 67 年，庞培消灭海盗。

③ 布隆狄西（Brundisium），意大利卡拉布里亚地区的城市。

④ 可能是指演说家马库斯·安东尼乌斯（Marcus Antonius），他于公元前 103 年打败海盗，但他的女儿被绑架。

毁，这种时候我为什么要对奥斯提人的战败感到悲伤呢？苍天在上！一个令人难以置信的、超人的天才在如此短暂的时间里有可能照亮笼罩在黑暗之中的他的国家吗？后来你们亲眼看到敌人的船队进入台伯河的港口，而现在则听说大洋入口处已经没有一艘海盗船了。这项功绩你们全都知道，但我不能在我的演讲中省略它。有哪个追逐利益的商人能像庞培一样率领强大的船队横扫大海，在如此短暂的时间里成功地到访许多地方，或者以同样的速度完成长距离航行？尽管海上仍旧不宜航行，但是庞培访问了西西里，探察了阿非利加，行经撒丁岛，用强大的部队与战船确保我们国家的粮食供应。然后他返回意大利，保护了西班牙和山外高卢这两个行省，并派遣船队巡逻伊利里亚海岸，远抵阿该亚和整个希腊，为意大利的两个海提供了强大的护卫力量；而他本人，在49天内，从布隆狄西开始，把整个西里西亚纳入罗马帝国的版图。所有海盗，无论他们在哪里，要么被俘与处死，要么向他的军队和权威投降，而且只向他投降。还有，克里特的海盗派遣使者来见他，他当时远在潘斐利亚，他同意接受他们的投降，但要他们派出人质抵押。所以，格奈乌斯·庞培从冬季末开始组织，从初春开始作战，到仲夏就结束了这场大战，这场对所有国家和人民都有重大影响的战争。

【13】作为一名统帅，这就是他天才的超人表现，实在令人难以置信。至于他的其他品质，我只能略提，因为这些事迹太多了！对于一名最完善、最高等的将军，我们一定不能只看他的军事天才。因为军事才能要有许多重要品质作为支撑。首先，他应当十分正直；其次，他在各个方面都需要有自制能力；你们知道他需要什么样的信誉，什么样的屈尊俯就，什么样的头脑，什么样的心灵！让我们简述格奈乌斯·庞培拥有的品质。先生们，你们在他身上可以看到所有品质，这些品质在他身上有着完善的表现。拿他的品质与其他的品质相比较，比单独论及他的品质，我们可以更好地认识与评价他的品质。如果在一支军队里百夫长的职位是拿来出售的，那么我们会尊重它的将军吗？如果一位将军在当总督的野心的诱惑下，把国库拨给他的军费私分给行政官，或者由于贪婪而把这些钱留在罗马赢利，我们会说这名将军

拥有伟大的、高尚的爱国情操吗？先生们，你们的哼声表明你们认识做过这种事情的人，而对我来说，我不想提到他们的名字，这样就不会有人怨恨我，除非他自己承认这顶帽子对他来说是适宜的。那么有谁不知道，由于我们部分将领的贪婪，我们的军队所到之处引起的毁灭有多大？想一想最近几年我们的将领在意大利本身穿越罗马公民的土地和城镇的巡游，你们就会更加容易判断他们在外国人中间会怎么做？你们对最近几年更加频繁发生的毁灭事件怎么看——你们的士兵毁灭你们敌人的城市，或者他们在冬季营地里驻扎时毁灭你们朋友的领地？统帅不控制他自己，就不能控制军队；不希望别人严厉地审判他，他自己也不能成为一名严厉的法官。那么，发现庞培远远优于其他统帅，我们对此感到惊讶吗？我们得知他率领军团抵达亚细亚的时候，没有人倒在他的士兵的脚下，甚至在这支伟大军队经过时也没有人受到暴力伤害。进一步说，每天都有消息和书信传来说明我们的士兵在冬季营地里的行为，迄今无人被迫承担士兵的开支，即使当地居民愿意这样做，也不会得到允许。因为我们的前辈希望他们的同盟者和朋友的屋顶为他们抵御严寒，而不是用来遮蔽贪婪。

【14】还有，想一想他以其他方式表现的节制。他的行动敏捷和惊人的运动速度秘密何在？因为，并非他的划桨手具有非同寻常的力量，亦非他有什么航海的秘诀，或者说有什么顺风能把他很快地送往遥远的地方，倒不如说是那些会使其他大部分人拖延的事情没有拉住他的后腿。贪婪不能诱惑他在某个地方停下来抢劫，也不能让他在某地放纵享乐，游览观光，他甚至也不会花费气力去那些不在计划之中的地方。最后还有，在大多数人的眼中那些拥有大量雕塑和绘画的希腊城镇值得去抢，而他甚至连看都不看。因此，那些地区的每一个人都把格奈乌斯·庞培当做天使，而不是一名来自这个城市的使者。他们终于开始相信曾经有过喜爱自制的罗马人，尽管外国人认为这种事情不可信，仅仅是一则错误的传说。你们帝国的光芒现在开始照耀这些民族的希望之光，他们现在开始相信他们的祖先，在我们拥有喜爱节制的行政官员时，并非毫无理由地喜欢侍候罗马人，而不是去统治其他民族。还

有，人们说他平易近人，乐意聆听普通民众对所受伤害的抱怨，他的伟大超过了那些亲民的国王。他的力量还在于他拥有雄辩的口才，与一名统帅的身份相配，他的演讲具有庄严的特点。先生们，就在这个地方，你们经常有机会做出自己的判断。当他的所有敌人，无论是什么人，都已经做了评价，认为他的讲话非常高尚时，你们还认为必须要由他的同盟者来衡量他的讲话有多么伟大吗？还有，他的仁慈也一样，很难说他的敌人在与他作战时更害怕他的勇敢还是在被消灭时更欢迎他的仁慈。这个人是按照上苍的旨意派到这个世界上来的，让这个人来指挥这场伟大的战争，以此终结我们时代的一切战争，对此还有人会犹豫不决吗？

【15】威望对于统领军队和指挥战争来说也极为重要，我敢肯定没有人会怀疑我提到的这位统帅在这个方面也是最杰出的。确实，有谁不明白敌人和同盟者对我们的将领的看法对于战役的指挥非常重要？因为我们知道在这样的战争危机中，人们非常容易凭想象办事或者听信谣言，导致恐惧或责备、热爱或仇恨，就像在任何推理过程中一样？所以，当今整个世界上谁的名字最出名？有谁的成就可以与他的成就相比？除了他，你们还曾对谁表示过如此巨大的尊敬？你们确实认为全体罗马人民曾经在那个伟大的日子里涌向市政广场的每一座神庙，在公民大会的讲坛上要求任命格奈乌斯·庞培在一场世界性战争中担任他们的将军，而有关的消息根本不可能传到如此荒凉的海岸边的任何地方吗？所以，在还没有继续用其他人的例子证明威望在战争中有多大的影响之前，让我再一次引用庞培作为这种品质的一个例证。在你们任命他担任那场海战的统帅的那一天，他的名字和这一任命所激励出来的希望使小麦价格在经历了粮食供应长期短缺以后突然下跌，其价格之低，甚至连长时间和平与农业丰收之后也不能降到这个水平。我在前面犹豫不决，不愿提到那场发生在本都的战斗所引发的灾难，我们的同盟者受到巨大伤害，那个行省没有恰当的部队驻守，而我们的敌人在资源和决心两方面得到增强，所以，先生们，你们必定会失去亚细亚，除非在关键时刻罗马交了好运，而在天意的指引下格奈乌斯·庞培及时赶到。他的到达征服了由

于非比寻常的胜利而得意洋洋的米特拉达铁斯，也遏制了指挥大军威胁亚细亚的提格拉尼斯。当他的威望已经产生如此重大影响的时候，有谁怀疑他的勇敢将起重大作用，或者说，仅凭他的名声他就可以确保他们的安全时，又有谁会怀疑由他指挥的军队能够轻易地保障我们的同盟者的安全和我们的税收？

【16】还有，庞培在罗马的敌人中间享有多么大的威望可以由下述事实说明，在如此短暂的时间里，所有敌人都向他投降，无论这些敌人离他有多么遥远；还有，尽管有一位罗马将军率领他的部队在克里特①，但克里特的使者还是风尘仆仆地去远方寻找庞培，表示克里特的所有城邦都希望向庞培投降。你们看，怎么样？这位米特拉达铁斯不也曾经再次派遣使者前往西班牙去见格奈乌斯·庞培吗？（庞培总是把他当做一名使者，而人们对这名使者与庞培接触感到恼火，把他当做一名间谍而不是使者。）所以现在该由你们来决定像这样的威望对我们所说的这些国王会产生多么大的影响，对这些外族人会产生多么大的影响？而后来的许多成就以及你们对他所表示的尊重在进一步增强这种威望。

讨论诸神的特权适宜简洁和循序渐进，我剩下来要说的是好运，没有人可以声称好运是他自己的，但我们在回忆和记载其他人的事情时可以说他交好运。在我看来，伟大的昆图斯·法比乌斯、马尔采鲁斯、西庇阿、马略，以及其他伟大的将军，人们之所把军队指挥权交给他们，不仅仅是因为他们的功绩，而且经常因为他们享有好运。有些伟大人物获得荣誉、荣耀和成功无疑得到上苍的帮助，交了好运。至于我们现在讨论的这些人的好运，我要倒过来说交好运并非他的特权，我本人过去非常在意交好运，也非常希望将来交好运，尽量使我的言行不要对不朽的诸神不感恩或者冒犯它们。所以，我不打算宣布庞培在和平时期与战争时期，在海上与陆上取得的伟大成就，也不打算宣布好运将始终伴随庞培，他的愿望总是得到

---

① 指昆图斯·麦特鲁斯，庞培就此事件与他发生争吵。

他的同胞公民的赞同，他的同盟者的接受，他的敌人的服从，甚至连风向和天气也顺从他的意愿，但我要简洁地断言，没有人敢在心中假设上苍对他的青睐胜过上苍给庞培的馈赠。先生们，愿好运始终伴随庞培，就像现在一样，这是你们最虔诚的希望，既是为了他，同样也是为了我们的共同体和我们的帝国。

因此，先生们，由于这场战争的不可忽视的重要性，必须有人精心指挥，又由于你们有权把指挥权交给一个拥有杰出的战争知识、非凡的能力、崇高的威望、运气极佳的人，所以让上苍赐予你们的这个人来保护这个国家，推进国家的利益，对此你们还有什么可犹豫的？

【17】即使庞培此刻在罗马是一个普通公民，你们肯定也会选择他，派他去指挥这场伟大的战争。而现在的情况是，他拥有许多伟大的品质，又身处战场，指挥着他自己的军队，并能够马上接管其他罗马军队，既然如此，我们还在等什么呢？我们为什么就不能遵循上苍的指点，把这场米特拉达铁斯战争托付给这个在其他涉及国家利益的事情上曾经接受过我们的重托的人呢？

但是有人会说这种看法遭到相当出名的爱国者昆图斯·卡图鲁斯的反对，他享有你们最高的崇敬，对此表示反对的还有拥有最高才智、幸运和品德的昆图斯·霍腾修斯。我承认，这些人的观点必然并已经在许多场合对你们产生重大影响，但是就我们现在讨论的事情来说，尽管你们看到有一些勇敢的、优秀的人在反对我，但我们仍旧能够把这些反对意见搁在一边，通过考虑事实而达到真理，而且我的对手们也承认迄今我已经说过的都是真话，也就是说这场战争是必要的、伟大的，只有庞培拥有全部最优秀的品质。霍腾修斯当时是怎么说的？如果要任命一位最高统帅，那么这个正确的人就是庞培；但是最高统帅的位置一定不能只授予一个人。这种论证路线现在过时了，不仅要遭到语词的批评，而且要遭到事实的驳斥。因为就是你自己，昆图斯·霍腾修斯，用你完善的口才和无与伦比的影响力，既在元老院发表的一篇重要演说中驳斥了勇敢的奥鲁斯·伽比纽斯为了抗击海盗而任命一位统帅的提议，又在这个论坛上发表长篇演说反对相同的提议。现在我要以上苍的名义问你，要是在那个场合罗马人民更多地想到你的看法，而不是他们自己的幸福与真正的利益，我们今天还能拥有现在的荣耀和我们的世界性的大帝国吗？或者说，当罗马的使者、财务官、执法官都变成战俘的时候，当我们与各个行省的交通都受到海盗阻拦的时候，当我们所有的海洋都受到封锁，实际上无法从事私人的或公共的海上贸易活动的时候，我们还能说我们的帝国存在吗？

【18】过去是否曾经有一个城邦——我说的不是雅典，她的海上力量据说相当强大，也不是迦太基，她拥有强大的海军，擅长海战，也不是罗得岛，她的水手的航海技能所享有的盛名一直传到我们这个时代——我要说，过去是否曾经有过一个城邦，有过一个岛屿，弱小到不能凭借她自己的资源捍卫她自己的港口、田野、海洋与海岸？这对罗马人民来说是一个绝对的事实，直到我们自己这个时代为止罗马人都保持着他们在海上不可战胜的名声，然而在伽比纽斯法案颁布以前的若干年里，不仅是原先属于他们的利益，而且是他们维持帝国地位的力量，有相当大一大部分被剥夺了。我们的祖先在海上战胜了安提奥库斯国王和珀耳塞斯国王①，打败了这些富有航海经验的民族，并且像迦太基人一样拥有装备精良的海军，然而我们却没有把握机会打击海盗。从前，除了保持整个意大利的安全之外，我们能够凭着我们帝国的威望保障居住在我们最遥远的海岸边的所有同盟者——例如德洛斯岛②，在那些日子里，尽管位于远离罗马的爱琴海，但是来自各个国家的人都去那里访问，商人们也带着货物去那里去交易，这个岛屿虽小，但非常富有，尽管没有什么防卫，但却无所畏惧——我再重复一下，我们当时不仅能够使用我们的行省、意大利的海岸、我们自己的港口，甚至也能使用阿庇乌

---

① 安提奥库斯国王，公元前 190 年被罗马打败；珀耳塞斯国王，公元前 168 年被罗马打败。

② 德洛斯岛（Delos），旧译提洛岛。

斯大路！①尽管我们的祖先给我们留下了海战胜利品装饰这个讲坛，但罗马的行政官并不耻于登上这个讲坛！

【19】昆图斯·霍腾修斯，罗马人民明白你和支持你的看法的那些人在表达你们的情感时的良好用意，但是在这个人民的共同幸福处于危险之中的时候，你们的用意并不能阻止罗马人民受他们自己的情感的指引。结果就是一部法案、一个人、一年时间，不仅使你们解除了痛苦和责备，而且也使你们能够最终掌握真理，把帝国置于所有陆上和海上的国家和民族之上。庞培提出了任命伽比纽斯为他的副将的紧迫要求，但迄今我的意见仍旧遭到可恶的反对（无论是刁难伽比纽斯还是刁难庞培，或者比较接近事实的是刁难他们俩）。有些将军为了抢劫同盟者和掠夺那些行省，选择了一些人做他们的副将，而庞培为了这场伟大的战争而挑选这个人做他的副将就不适当吗？或者说，凭着这个人提出的法案，罗马人民和其他民族的安全和荣誉才得以建立，而他本人一定不能分享这位将军的荣耀以及前去统领他冒着危险提出建议才派遣上战场的军队吗？或者说，盖乌斯·法基狄乌、昆图斯·麦特鲁斯、昆图斯·凯留斯·拉提能昔、格奈乌斯·伦图卢斯（我提到他们的时候满怀敬意）在担任一年保民官以后可以担任副将，而对伽比纽斯就有那么多的顾忌？这场战争就是在伽比纽斯法案下进行的，指挥这场战争的将军和军队也是经过你们的投票，由他派遣上战场的，为什么他本人却不能享有特别的权利呢？我希望执政官能够在元老院提出任命他的问题，如果他们犹豫不决，或者反对这样做，那么我会提出抗议，并且亲自提出动议。任何行政官员的可恶统治都不能阻挡我，因为我有你们的支持，有你们授予我的权力，除了投票表决，我也不会遇到任何障碍。但若保民官们威胁说现在就进行投票，那么我想这就再一次证明了他们偏离正道有多么远。先生们，我个人认为只有奥鲁斯·伽比纽斯与庞培所获得的海战胜利有关，在那场战争中，通

①　阿庇乌斯大路（Appian Way），公元前312年根据监察官阿庇乌斯的倡议而开辟的一条战略通道，经过卡普阿直达布隆狄西。

过投票，你们把指挥这场战争的重任托付给一位统帅，而他也不负众望地结束了这场战争。

【20】我认为，接下来我还要提到昆图斯·卡图鲁斯所表达的观点。当时你们几乎全都一致赞成把希望寄托在格奈乌斯·庞培身上，让他去处理各种事情，使他的贡献越来越大，地位越来越高，但若他发生了什么事，你们又能把希望寄托在谁的身上。庞培确实是这样一个人，他承担的任务越困难，他的智慧就越能指导这项任务，他的正直就越能保障这项任务，他的能力就越能结束这项任务。但在这个具体事例中，我表示最强烈的不同意见，因为人生越是不确定和短暂，就越需要在上苍允许的时候利用一个伟人的能力，让他为国家承担更多的义务。

但是有人对我说："不要违反我们祖先定下的规矩和原则。"我不打算在这里提到我们的祖先在和平时期总是遵循先例，而在战争期间则采取权宜之计，以适应新鲜力量的产生和政策的发展；我不打算在这里提到有两场伟大的战争，迦太基战争与西班牙战争，是由一位统帅完成的，而迦太基和努曼提亚这两个最强大、对我们的帝国构成最大威胁的城市是由西庇阿加以摧毁的。我不打算提醒你们，就在最近你们和你们的父辈做出决定，只能把这个帝国的希望寄托在盖乌斯·马略身上，认为他应当能够成功地指导打击朱古达、钦布里人、条顿人的战争。昆图斯·卡图鲁斯不希望在格奈乌斯·庞培身上破例，但却使我们想起我们曾经屡次破例，并且得到昆图斯·卡图鲁斯的完全赞同。

【21】在国家的危难时刻提升一名没有公职的年轻人统帅军队，这种事情很新鲜吧？然而，他确实得到了提升。或者说，应当由他来统帅军队吗？他确实做了军队统帅。或者说，他能引导自己获得伟大成功吗？他确实获得了胜利。把军事指挥权授予一个血气方刚的年轻人，把西西里行省和阿非利加行省托付给他，让他承担执政官等级的人的义务，指挥那里的战役，这样做与习惯完全不同吗？但他确实以正直的品德和杰出的能力履行了这些义务；阿非利加的战役是一场重大的战役，但他胜利地结束了战争，率领他的

军队班师。一名罗马骑士能取得这样的胜利确实前所未闻，是吗？然而罗马人民不仅见证了这场胜利，而且无比热情地参与了庆祝活动。尽管当时有两名杰出勇敢的执政官，但却派遣一名罗马骑士去指挥这场危险的重大战争，这样做确实史无前例，是吗？但他受到了派遣。当时有不少人在元老院说不能派遣一名普通公民去担任执政官才能担任的职务，而听说卢西乌斯·腓力普斯这样说过："我投票同意派遣他，但不是让他去履行一名执政官的职责，而是两名执政官的职责！"人们寄托在他身上的希望有多么大，把应当由两名执政官承担的职责都托付给一位年轻人。不受元老院法令的限制，在没有担任其他较低职务之前就担任执政官，这样的事情史无前例，是吗？元老院的法令把取得第二次胜利的荣誉奖给一位罗马骑士，真是难以置信，是吗？有史以来，所有不循先例的事情加在一起，还不如我们在这一个人身上看到的不循先例的事情多。然而，所有这些重要、深刻的新鲜事之所以发生，都是由于昆图斯·卡图鲁斯以及其他相同地位的人对庞培的青睐以及他们所提出的动议。

【22】因此让他们明白，就格奈乌斯·庞培的高尚品德而言，你们同意了他们的权威判断，但是他们却否决了你们对同一个人的看法和罗马人民的权威判断，这是不公正的和无法忍受的；罗马人民可以运用自己的权利反对整个世界，捍卫自己的权威，所以这些人现在也会发出呐喊，选择庞培担任反海盗战争的统帅。如果你们这样做未经详细考虑，也没有顾及国家利益，那么这些人试图用他们的建议来压制你们的热情是正确的；但若反过来是你们这些能够清楚地看到国家利益的人，也只有你们，能够给我们的帝国带来荣誉，并带来世界的安全，那么这些伟大人物至少应当承认，他们自己，以及其他所有人，都应当向罗马人民的权威低头。

再说，在这场反亚细亚君主的战争中，不仅需要这些军事品质，这在格奈乌斯·庞培身上尤其能够找到，也需要其他重要的道德品质。要是对敌人不了解，要是不向往荣誉，要担任我们派往亚细亚、西里西亚、叙利亚，以及其他附属国的将军是困难的。还有，即使有人是比较正派，也能在一定程度上节制自己，但由于贪婪，这些品质几乎不起作用。先生们，由于最近几年我们派去统治这些附属国的人有多么荒淫无耻，我很难用话语来表达这些国家的人有多么痛恨我们。你们认为，我们的官员在这些国家里敬畏过哪座神庙？有哪个国家没有受到骚扰？有哪个家庭能够夜不闭户？呃，他们想要找机会攻打这些繁荣昌盛的城市，以满足他们抢劫的欲望。我很乐意有机会与昆图斯·霍腾修斯和昆图斯·卡图鲁斯这样的杰出人士私下里讨论这个问题，因为他们知道我们的同盟者的痛苦，看到他们的毁灭，听到他们的呻吟。派遣军队保卫我们的同盟者，打击我们的敌人，或者以打击敌人为借口，攻击你们的同盟者和朋友，对此你们能够想象吗？亚细亚的状况不是已经足以表明我们的军法官的傲慢与蛮横吗，更不要说将军或者他的副将了？

【23】因此，即使你们拥有一名将军，他似乎有能力征服国王的军队，但他仍旧要能约束他自己的双手，他的眼睛，他的念头，不去碰我们同盟者的财富，不去碰他们的妻儿，不去碰他们神庙和城市里的饰品，不去碰国王们的金银财宝，否则他就不是一个率兵攻打亚细亚君主的合适人选。你们能够设想一种"安宁"①而又富裕，或者一种富裕而又"安宁"的状态吗？先生们，沿海地区之所以要求任命格奈乌斯·庞培，不仅是因为他作为一名战士的名誉，而且是因为他的自制能力；因为他们看到，总督们，当然只是少数总督，每年都从公共拨款中发大财，而我们所谓的舰队，除了可耻的战败一无所获。贪婪诱使总督动身前往行省上任，里面包含着讨价还价，这些事情对于那些认为最高指挥权不应当由一人执掌的人来说是不知道的；尽管庞培的伟大不仅仅在于他自己的功绩，而且也有其他人的功劳。所以，你们不要再犹豫不决，把最高指挥权交给这个人吧，他和他的军队是我们的那些同盟者在所有这些年里唯一欢迎入城的。

---

① "安宁"原文"pacata"（平定、绥靖），用在此处带有讽刺意味，一名总督决不会认为只有把行省剥夺得一干二净才能平安。

先生们，但若你们认为我的动议需要得到权威的支持，那么你们有一位权威，普伯里乌·塞维留斯，他拥有处理战争和各种事务的丰富经验，在陆战和海战中取得过非常伟大的成就，谈论战争问题没有一个人的权威性能超过他。你们还有一位权威，盖乌斯·库里奥，他由于你们的青睐而被提升到最高职位，由于他所取得的辉煌成就，由于他完善的能力和远见，他在短期内就名扬天下。你们还有一位权威，格奈乌斯·伦图卢斯，你们有各种机会赞扬他，他拥有最高的智慧和尊严，适宜担任你们赋予他的最高职位；还有盖乌斯·卡西乌斯，他的性格极为正直、高尚和坚定。所以，你们瞧，对那些反对我们的意见的人，这些权威人士会让我们做出什么样的回答！

【24】盖乌斯·玛尼留斯，由于情况就是这样，所以，首先，我最衷心地赞扬你的这部法案，赞扬你的目的和你的建议；其次，罗马人民的权威在你身后鼓励你，你要坚持你的建议，不要让它受到任何人、任何暴力、任何恐吓的阻挠。第一，我明白你自己拥有足够的热情和决断；第二，鉴于我们已经看到人们热情高涨，愿意第二次集会重新任命庞培，那么对于这项动议本身，或者对于我们是否具有把它推进到底的能力还有什么可怀疑的呢？在我看来，无论我具有什么样的忠诚、智慧、精力或才能，无论我在罗马人民的青睐下担任执法官能取得什么样的成绩，或者凭我的德行、影响、忠诚、决断能够达到什么样的目的，我都许诺要将这些能力都奉献给你们和罗马人民，我请全体神灵为证——尤其是这个拥挤的地方的监护神，它能清楚地看到进入公共生活的每个人的内心——我提出这个动议既不是为了顺从任何人的要求，也不是为了通过我的支持赢得庞培的好感，更不是为我自己谋取高级职务寻求安全方面的庇护。就一个人所能保证的范围来说，我将用自己的清白来抗拒可能存在的危险，而关于提升，如果这是你们的善意所致，我不会凭借任何人的青睐，也不会通过在这个讲坛上的演讲来获得，而是视之为我努力工作所获得的奖赏。因此，先生们，我在这个动议中所做的一切努力都是为了捍卫我们的国家，而决不是为了自己的名声。我明白，我这样做会

引发许多敌意，有些是公开的，有些是秘密的，而这些我都可以避免，尽管这样做会对你们有伤害。但我已经下定决心，由于我担任着这个高级职务，并享有你们善意的巨大奖赏，因此我有义务把你们的希望、国家的荣誉、我们行省和所有同盟者的幸福置于我个人的一切利益之上。

为凯基纳辩护

提　要

本文的拉丁文标题是"M. Tulli Ciceronis Pro A. Caecina Oratio"，英文标题为"The Speech of M. Tullius Cicero in Defence of Aulius Caecina"，意思是"马库斯·图利乌斯·西塞罗为奥鲁斯·凯基纳辩护的演讲"，中文标题定为"为凯基纳辩护"。本篇中的"奥鲁斯"这个译名在拉丁原文中仅为缩略语 A.，英文出现了两种译法（Aulius，Aulus），中译名统一译为"奥鲁斯"。

凯基纳一案的基本情况如下：马库斯·福基纽斯在与凯塞尼娅结婚时，用她的嫁妆购买了一处地产，而在他自己死前不久，又购买了与之相邻的另一片土地。按照他的遗嘱，他的妻子和他们的儿子共同继承这些地产。后来，他们的儿子也死了，按照马库斯·福基纽斯遗嘱的规定，他儿子的财产继承人普伯里乌·凯塞纽斯必须拍卖他的遗产。在这桩买卖中，凯塞尼娅决定用她从儿子那里继承来的钱购买土地，而这些土地从前属于她的丈夫，与她自己的地产相邻，她委托艾布提乌办理此事。凯塞尼娅拥有了这片土地，把它租了出去，此后不久她也死了。她留有遗嘱让奥鲁斯·凯基纳做她的继承人，也留了一小笔钱给艾布提乌。艾布提乌认为凯基纳没有资格做凯塞尼娅的财产继承人，声称这块土地是他的。按照解决这类问题通常的方式，凯基纳同意与艾布提乌在有争议的土地上见面，但是当凯基纳到达那里时，受到艾布提乌及其武装追随者的驱赶和威胁。于是，凯基纳向法庭提出诉讼，要求法官命令艾布提乌归还土地。

这篇演说词大约发表于公元前68年。全文共分为36章，译成中文约3万字。

正　文

【1】如果说在法官面前厚颜无耻被视为有效，就好像在偏僻乡间的胆大妄为，那么奥鲁斯·凯基纳在今天的审讯中几乎没有什么机会反对塞克斯都·艾布提乌的厚颜无耻，就好像他曾经用武力抵抗后者的胆大妄为。然而出于谨慎，他想到自己原先打算用武力来解决的问题必须由法律来决定，也是出于坚定，他要借助法律程序来反对这个他倾向于用武力来打击的人。我个人认为，艾布提乌在聚集和武装他的追随者方面已经表现得非常胆大妄为，而在法庭审讯时也表现得十分厚颜无耻，不仅在于竟敢提起这样的诉讼（本案的性质表明由他来提出诉讼是错误的，这样的行为完全是流氓无赖的行为），而且在于毫不犹豫地公开承认我们想要证明的各个要点。确实，他的想法也许是——由于他从前习惯于大量使用暴力，所以在无利可图的情况下他也会保持这样做——正是因为他违反法律和习俗，使用了一定的暴力，奥鲁斯·凯基纳和他的朋友才狼狈地逃跑了。所以，现在这个时候，要是在诉讼中遵循普遍的习俗，那么我们在辩护中就不会有任何不利之处，而要是抛弃先例，那么他的行为越是胆大妄为，他最后得到的好处就越大。如果不诚实在法庭上确实被当做有效的辩解，就好像暴力事件中的勇敢一样，那么我们更乐意对他的胆大妄为不予抵抗，以便更容易抵御他在法庭上的厚颜无耻！所以，先生们，我在这些审讯中的辩护计划与他们原先的计划很不一样，因为在那个时候我们的案子之所以获得成功，依赖的是我的辩护能力，而现在它却取决于我的对手的认可，在那个时候依赖于我们的证人，而现在却取决于他们的证人。他们的证人一度使我感到焦虑，要是他们的证词是诚实的，那么必须相信他们说的话。而现在我对他们所说的话感到非常高兴，

因为他们若是好人，那么他们宣誓以后说的话实际上是在帮助我的那些建议，而我在提出建议之前并没有发过誓；如果他们说的话不那么令我满意，他们对我的案子也没有什么伤害，因为法庭若是相信他们说的话，那么法庭所相信的东西就是我们想要证实的，如果法庭不相信他们说的话，那就表明我的对手的证人是不可信的。

【2】然而，当我想到我的对手在本案中的行为时，我无法想象有什么事能更加令人愤慨；我虽然考虑到你们在宣布判决时的犹豫不决，但我担心他们会变得更加厚颜无耻。如果他们否认使用过暴力，他们就能轻易地、无可辩驳地与那些非指控性的证据相合；如果他们承认事实，然后提出辩护，就能说明他们所做的那些不合法的事情在当时的情况下是合法的。他们希望——他们的希望实现了——能给你们提供一个仔细考虑的理由，使你们感到在定案时应当有所顾忌。他们进一步算计——尽管这是一件令人愤慨的事，而且确实如此——这场审判的要害似乎不是塞克斯都·艾布提乌的堕落，而是一个法律问题。现在，要是在这场审讯中我坚持为奥鲁斯·凯基纳，而不为其他人辩护，那么我承认自己完全有资格担任辩护人，并保证做到诚实和努力，尤其是在如此简单明白的案子中并不需要什么非凡的能力。但由于我不得不谈论由我们的祖先建立并保持至今、影响我们所有人的法律，而推翻法律不仅对我们某些方面的权利造成伤害，而且会变得像是在对使用武力提供法律上的支持，这绝对是违法的。所以，我明白这个案子所需要的最高能力不是证明那些一眼就能看清的事情，而是不要让人认为你在如此重要的问题上采取的立场是虚假的。所以，与其说是我出卖了我的案子，倒不如说是你们出卖了你们的良心。

然而，先生们，有人劝我，你们处理这同一个案子两次犹豫不决的理由不是因为有什么地方模糊不清，或者对法律有什么疑问，而是因为这场审判似乎从根本上打击了被告的名誉，从而诱导你们推迟判决，以便给他时间考虑。这一已经成为习惯的、像你们自己这样诚实的人在担任法官时也会遵循的做法看起来也许会较少受到责骂，但实际上更加令人悲伤，因为所有法律程序的设计要么是为了解决争执，要么是为了惩罚罪行。这些功能，前者不太严重，因为它所带来的伤害不大，常用于私人纷争，而后者极为严重，在处理重大事务时，它不是在对一个朋友提供非正式的帮助，而是法官严肃、坚定的判决。然而这项更加重要的功能，也是我们的法庭之所以存在的主要目的，被这一邪恶的做法取消了。因为冒犯越可恶，应受的惩罚就应当越重和越快。这个案子就是这种情况，它伤害着一个人的名誉，但在判决上是最缓慢的。

【3】这个案子关系到这个正义的法庭是否存在，那么这个法庭是否也要对判决的拖延负责呢？在严肃的合同案中，要是一个人没有履行他所说的那个词①的义务，那么法官无需任何顾忌就可以马上给他定罪。但是在监护权中产生的欺诈案，有一名合伙人，有一项非正式的合约，或者是为了保险，那么放缓惩罚对于重大的冒犯来说是恰当的。你说："是的，因为定罪会把人弄得声名狼藉。"当然如此，因为它针对的是邪恶的行为。那么，声名狼藉是对邪恶行为的惩罚，而邪恶的行为一直不受惩罚只是因为声名狼藉是对它的惩罚，这有多么不公平！

如果有哪位法官或调解员②对我说，"但你可以按照不那么严格的程序提出你的诉讼，一种比较轻松、比较方便的审判形式也可以确保你的权利，所以你可以采纳一种与此不同的程序，或者不要迫使我宣布判决"，那么他似乎或多或少地过于多虑，而不像一名坚定的法官，或者过于唐突，而不像一个聪明人。因为，他要么是缺乏亲自审理此案的勇气，要么是在试图限制我正在使用的寻求我的权利的方法。要是一名执法官允许人们提出诉讼，那么他绝不会把诉讼限制在他所希望的范围之内。而当人们已经获得诉讼的许可，法官却又认为这些诉讼的方针不合适，希望能够如此这般地进行申诉，这该有多么不公正啊！但不管怎么说，我们应当乐意接受你过分的仁慈；只

---

① 那个词是指"spondeo"（I pledge myself，我保证）。

② 调解员（assessor），原先由执法官在非正式地处理公民与非公民之间的争执时任命，在凯基纳一案中任命调解员可能是因为有人质疑凯基纳的公民身份。

要有可能恢复我们的权利，不管用什么程序都行。但在当下的情况下，有谁能够设定使用武器的暴力一定不能遭受惩罚，或者有谁能够告诉我们处理这类事情的不那么严格的程序是什么？当我们的对手断言这样的冒犯是恰当的，甚至还要提出重大指控时，当你看到我们的所有要求就是通过执法官的干预收回这块土地时，你能指责我们不宽容吗？

【4】但是，被告有无名誉受损的危险，或者你们对某个法律要点感到不确定，从而使得你们犹豫不决，不敢断然做出判决，是吗？关于前者，你们自己频繁的审讯就已经表明不需要考虑，而关于后者，所有犹豫不决的理由我都要在今天加以否定，使你们不能再对我们之间的争执或一般的权利问题犹豫不决。如果你们认为我应当进一步回过头来追溯案子的起源，而不是相关的法律原则在迫使我这样做，那么我要恳求你们的宽容。因为我的当事人所焦虑的似乎不是把他的权利推到极致，而是不要在索回明显属于他的权利时遭受失败。

先生们，马库斯·福基纽斯是塔尔奎尼人，在他的家乡享有极高的名声，在罗马有很大的生意，是钱庄老板。他娶了同一镇子出身名门、性格温顺的凯塞尼娅，无论是在生前还是在遗嘱里，他以各种方式赞扬他的妻子。在现金短缺的时候，他把塔尔奎尼的一处地产卖给这位凯塞尼娅，当他使用他妻子嫁妆中的现金时，他采取预防措施，购买农场，为的是使这位妇女今后的生活更有保障。一些日子以后，福基纽斯放弃了钱庄生意，购买了与他妻子的地产相邻的一些土地。福基纽斯死了——我要省略许多细节，因为它们与本案关系不大——他在遗嘱中让他和凯塞尼娅生的儿子做他的继承人，让凯塞尼娅终身享有他的所有不动产的收益，从而让她与儿子一道分享这些地产。她非常感谢丈夫的这项安排，使她能够长期与儿子分享这些利益，她的继承人也是她的儿子，而儿子正是她一生最大的希望所在。可是命运之神过早地剥夺了她的希望，因为不久以后年轻的马库斯·福基纽斯就死了，让普伯里乌·凯塞纽斯做他的继承人，把大笔现金给了他的妻子，而把大部分地产给了他的母亲。在这种情况下，两位妇人得到通知享有她们的那份遗产。

【5】通过这样的遗赠所获得的地产按规定要拍卖出售。① 当地的艾布提乌在凯塞尼娅寡居的时候与她有长期来往，他巧妙地赢得了凯塞尼娅的信任，无论什么生意上的事情，或者有什么争端产生，他都代表凯塞尼娅出面处理，同时也为自己获得一些利益。在分配和出售地产这件事情上，他也积极介入，诱使凯塞尼娅相信自己经验不足，没有艾布提乌的在场，很难处理拍卖地产的事。先生们，你们根据自己的日常经验就可以知道这个人的性格，属于那种女人的奉承者、寡妇的卫士、爱打官司的讼师、市集广场上的常客，他在男人中间是愚蠢的笨蛋，但在女人中间却是精明能干的律师——这就是你们应当归于艾布提乌的性格，而他已经向凯塞尼娅证明了自己的性格。你们也许会问："他是她的亲戚吗？"远远不是。"他是她父亲或丈夫的老朋友吗？"没有像他这样更陌生的朋友了。"那么他是谁？"呃，我刚才已经向你们描述了他的形象，他是自己找上门来的朋友，与这位寡妇没有什么亲戚关系，他的送上门来的热情服务使凯塞尼娅同意让他作代理人，但更主要的是艾布提乌自己有利可图。如我所说，当拍卖定下来在罗马举行的时候，凯塞尼娅的朋友和亲戚开始劝她（她自己其实也有相同的想法）找机会买下属于马库斯·福基纽斯的、与她自己原来的农庄相邻的地产，没有理由让这样的机会溜走，特别是购买土地的钱可以用分得的遗产来支付，没有比这更好的投资了。因此她决定把购买土地的事托付给一个人去做。那么这个人是谁呢？你们认为是谁？你们中的每个人都会认为这种事情基本上属于一个愿意为女人效力的人，不精明和缺乏远见是办不成这种事的，是吗？你们说对了。这件事情托付给了艾布提乌。

【6】艾布提乌参加了拍卖。他做了托付给他的事情。他击败了其他一些竞拍者，这些人有些考虑的是与凯塞尼娅的地产为邻，有些考虑的是这项地

---

① 在这样的拍卖中，继承人要出售必要数量的地产，使他不能成为继承整个地产的合法继承人。

产的价值。艾布提乌竞拍成功。他答应把购地款交付给钱庄——这件事后来
也就成为我们这位高尚朋友的证据，用来证明他为自己购买了这块土地。这
样一来，就好像是我们在否认这块土地拍给他了！是否当时就有人怀疑这块
地是为凯塞尼娅购买的呢？我们可以说大部分人知道这一点，每个人都听说
过这件事，没有听说过这件事情的人也可以猜到这一点，因为在遗嘱中这笔
钱归凯塞尼娅所有，由于这笔钱最好用来投资购买土地，而这块拍卖的土地
又特别适合她的需要，因此由艾布提乌代表凯塞尼娅竞拍这块土地不会有任
何人感到惊讶，没有人会假定艾布提乌是在为自己购买土地。因为要购买土
地就要用到凯塞尼娅的钱，尽管我们的朋友算计到没有什么转账的记录，因
为他本人已经把相关的账目弄没了，而他自己则保留着钱庄的记录，写明这
笔钱是他付给钱庄的，钱庄已经收到。即使还有其他手续，那也都没错！在
整件事情以我叙述的这种方式完成后，凯塞尼娅拥有了这处地产，并把它租
了出去。此后不久，她再嫁给奥鲁斯·凯基纳。我得快些把整个故事说完，
后来她死了。她在遗嘱中把她的地产分为 24 份，其中 23 份给了凯基纳，又
将她的地产的三十六分之一赠给马库斯·福基纽斯，她的第一个丈夫的一
名获得自由的奴隶，把剩下的七十二分之一赠给了艾布提乌。她打算用这
七十二分之一的地产来感谢艾布提乌的衷心服务，以及由此而来的辛苦。然
而我们的朋友把他得到的这份地产当做一个挑起争讼的把柄。

【7】艾布提乌开始厚颜无耻地说凯基纳不能成为凯塞尼娅的继承人，因
为凯基纳是沃拉太雷城堡的居民，不能像其他公民一样拥有全部权利。所以
我假定，就像一个胆怯的、无经验的人，由于既缺少勇气，又缺乏资源，我
的当事人会认为不值得为了这笔遗产的缘故而使人怀疑他作为公民的权利，
因此会放弃遗产，让艾布提乌拥有他想要的凯塞尼娅的任何财产！然而事实
并非如此。凯基纳的行动既勇敢又聪明，击退了这项愚蠢的、不诚实的认
领。由于凯基纳实际占有这项地产，于是艾布提乌就以财产继承人的身份，
想方设法把他那七十二分之一弄大一些，他要求派一位仲裁者来划分这项遗
产。后来那几天，当他明白用打官司来威胁凯基纳不起任何作用以后，艾布

提乌正式通知凯基纳，说这处地产是他的，是他在罗马市集广场的拍卖中为自己购买的，这一点我已经讲过了，我已经说过他受凯塞尼娅的委托购买这块土地。那么，在凯塞尼娅无可争议地实际拥有这处地产四年之后，亦即从地产售出到她去世，艾布提乌是这处地产的拥有者吗？艾布提乌的回答是："是的，因为按照她丈夫的遗嘱，她终生拥有的是这些地产的收益。"

当艾布提乌带着邪恶的意图盘算他的诉讼时，凯基纳在他的朋友的建议下决定确定一个日子，对那处地产做一些修整，但他从那里被赶了出来。争执双方约了一个合适地点碰面。凯基纳带着他的朋友在约定的时间去了埃克西亚的城堡，距离那处有争执的地产不是很远。有人告诉他，艾布提乌召集了一大群自由民和奴隶，带着武器等候在那里。你们瞧，有些人感到十分惊讶，有些人根本不相信！艾布提乌本人来到城堡，他对凯基纳说自己带着打手和刀剑，要是凯基纳还想要这份地产，那就别回去了。凯基纳和他的朋友决定，只要不对他们的生命造成威胁，他们还是要坚持下去。离开城堡以后，他们去了那处地产。我想，他们这样做太仓促了，但之所以这样做是有原因的，艾布提乌的行动比他的威胁来得更快。

【8】然后，这名被告不仅派人把守通往那处地产的各条通道，而且还派人驻守与之相邻的无争执的地方。情况就是这样，凯基纳起初想要进入最初的那处地产，因为那里也是通往其他地产的最近的道路，但他在那里遇上一群手持武器的人。

在那里遭到驱逐以后，凯基纳还想寻找其他的通道，这处地产的边界是一排橄榄树。当他走近这些橄榄树的时候，这名被告带着人正在那里等候。艾布提乌把他的一名奴隶安提奥库斯喊过来，大声命令他杀死任何胆敢踏入橄榄树里侧的任何人。凯基纳在我看来是个小心谨慎的人，但在这个场合却表现得很勇敢。尽管他看到一大群手持武器的人，也听到我讲过的艾布提乌给奴隶下达的命令，但他仍旧向前走；当安提奥库斯拿着刀向他冲过来时，他实际上已经踏入橄榄树里侧。此外，还有其他人向他投标枪，于是他只好撤退。他的朋友和支持者也在这个时候退了回来，我的对手的证人是这样说的，而你们也已经听到过。这就是本案的事实，执法官普伯里乌·多拉贝拉签署了一道普通的"关于武力冲突"的命令，要艾布提乌无条件归还"把凯基纳从那里赶走的那处地产"。而艾布提乌回答说："我已经归还了。"这里面已经有一种誓约断讼 ① 的意味，对此你们必须做出自己的判断。

【9】先生们，首先，凯基纳最希望的是不与任何人争执；其次，他最希望的是不与这样的无赖争执；最后，他最希望的是不与这样的傻瓜争执！因为实际上艾布提乌的愚蠢给我们带来的好处与他的无赖带给我们的坏处一样多。他是一个无赖，因为他把人召集在一起，让他们拿起刀枪，"聚众武装闹事"。因此，他给凯基纳带来伤害，也给他自己带来好处。他在这场审判中提供的证据充分表明了他的无赖性。所以，先生们，在陈述案情并召集我的证人之前，我就已经决定使用他自己承认的事情和他的证人。那么，先生们，他承认了什么呢？他不仅供认了自己做的这些事，而且表明自己这样做是自觉的。"我把我的人召集起来，让他们拿起武器，用死亡威胁你，不让你接近那处地产。"他说："凭着刀剑。"是的，他在法庭上说："我用刀剑把你赶走，不让你靠近。"

还有，他的证人说了些什么？他的邻居普伯里乌·维提留斯说，他和一些带着武器的奴隶应艾布提乌之召而来。进一步如何？那里有一大群拿武器的人。还有什么？艾布提乌恐吓凯基纳。先生们，面对这样的证词，除了希望你们不要太相信这个人，因为他的为人不那么可靠，但要相信他为了维护我的对手所说的整个故事对我的对手来说是最不利的之外，我还能说些什么？第二名证人奥鲁斯·特伦提乌斯不仅指控艾布提乌，而且指控他自己犯下可恶的罪行。他说那里有许多拿着武器的人，这样说对艾布提乌不利；他声称是他而不是艾布提乌向艾布提乌的奴隶安提奥库斯下令，要是凯基纳来

---

① 誓约（sponsio），古罗马公民之间达成任何性质的协议的最早因而也是最神圣的方法。一方向对方提出："你愿意对此做出保证吗？"另一方回答："我保证。"由此达成协议。这种方法也用于法律审判。一方保证自己的陈述是事实，否则愿向对手支付一大笔钱。而这笔钱就可以是对打输官司一方的罚款。

到就用刀杀死他，这样说是对他自己的指控。对这个人我还有什么可说？我绝不想说出这些对他不利的话，尽管凯基纳要求我这样做，因为这样做似乎就是在对他提出重大指控，但是现在令我彷徨的是我怎么能够既谈论他的不是，又不谈论他的不是，因为这些事情都是在他宣誓以后说的。下一个证人是卢西乌斯·凯留斯，他除了说艾布提乌带领一大帮武装人员外，还说凯基纳只带了很少几个支持者来到那里。

【10】我要贬低这个证人吗？不，我请求你们相信他，就像相信我的证人一样。接下去是普伯里乌·美米乌斯，他讲述了他如何相当仁慈地给凯基纳的朋友提供了穿过他兄弟的土地逃跑的道路，当时他们全都处在相当危险的境地。我要请这位证人接受我诚挚的谢意，他用他的行为表现了他的仁慈，用他的证词表现了他的审慎。奥鲁斯·阿提留斯和他的儿子卢西乌斯·阿提留斯都说那里有许多带武器的人，他们也带着自己的奴隶去了那里；他们还说，当艾布提乌威胁凯基纳的时候，凯基纳再三说要把他赶走需要有正式的命令。普伯里乌·鲁提留斯，以及所有那些希望在法庭上小心谨慎的人，都是这样说的！还有两位证人提供了证据，尽管他们讲的不是使用武力，而是只涉及最初的事实和地产的购买。然后是普伯里乌·凯塞纽斯，这处地产的卖主，一个四肢发达、头脑简单的人。还有钱庄老板塞克斯都·克劳狄，别名福米奥，他就像特伦斯笔下的福米奥一样黑心和厚脸皮。① 他们没有提供使用武力的证据或者与你们法庭有关的任何事情。

罗马元老院的一位议员是第十位证人，他被排在最后一个，焦急地等着提供证据。他这样等级的人到法庭上来，令法庭蓬荜生辉，是法庭的骄傲。他是古代类型的那种正直的一位典范。他就是费狄库拉纽·法库拉，他气冲冲地来到法庭，不仅带着偏见攻击凯基纳，而且还想用他的伪证反对我本人。我尽力使他的情绪平稳下来，你们记得，他甚至不敢第二遍说出他的农

---

① 特伦斯（Terence），即诗人特伦提乌斯。

庄离城里有多远。当他说"将近 5 万"的时候，[①] 人们大笑着喊道："好极了！"因为每个人都记得在审判奥庇安尼库的时候他捞到多少钱。关于这个人，我还能说些什么，除了说他无法否认他参加过一次公开的审判，但陪审员一个都没有到场。在审判中，尽管他没有聆听案情，不可能做判断，但他还是投了"有罪"票，因为他在还没有聆听审讯之前就做了决定，宁可投"有罪"票而不是投"无罪"票。由于给被告定罪少一票都不行，所以他到那里去的目的不是调查案情，而是确保给被告定罪，不是吗？说他接受贿赂给一个从未谋面或听说过的人定罪，为了反对一个人，还有比这样说更糟糕的吗？或者说，对某事做出断定，哪怕摇头也不予改变，还有什么断言比这更加不容辩驳吗？然而这位证人就是这样，他好像要令你们相信他并不在意我们的对手正在起诉的案子，他的证词在提供证据，但同时他的心在想着被告的其他审判，尽管前面的证人都说有大批武装起来的人与艾布提乌在一起，然而唯有他说那里一个拿武器的人都没有。首先，我认为这个老无赖清楚地明白他在本案中能得到什么好处；而要得到好处，他必须使人们不要相信前面的证词。但他本人突然又说在那里有两名奴隶拿着武器。我要问你，艾布提乌，对如此愚蠢的人你该怎么办？你难道不应当让他避免这种最大的愚蠢带来的最大的邪恶？

【11】先生们，当你们不赞同一项判决的时候，你们就不相信相关的证词，是吗？然而它们无可辩驳地道出了真情。或者说你们无法确定有没有召集大量的人、有没有武器和投枪、有没有死亡的恐惧和明显的谋杀危险、这算不算以某种方式使用武力？如果这样的行为不算使用武力，那么什么样的情况才算使用武力？或者说我的对手的辩护令你们震惊——"我没有驱逐你，我在阻拦你，因为我不允许你进入这处地产，我安排了手持武器的人拦住你的去路，为的是让你明白，要是你胆敢踏入这片土地，你就会死在这里？"这样说是什么意思？受到武力威胁，遭到驱赶，这在你看来还不算是驱逐

吗？我们以后会在恰当的时候考虑该怎么表达，但此刻让我来确定连我的对手都没有否认的本案的事实，考察与这些事实相关的法律与程序。

下列事实是确定的，我的对手们没有否认：凯基纳在指定的日子、指定的时辰到达那个地方，目的是正式与对方交涉地产，但他被一批聚集在那里的武装人员用武力驱逐。一旦同意这一点，即使像我这样在法律和诉讼方面不熟练的人也会想到有一种法律程序保障我的权利，使我能够处理你们用一道命令给我造成的伤害。把人召集起来是因为非法地占有这项地产，把人武装起来是为了维持一项非法的权利；没有什么事情比用武力侵犯私人权利更可恶，也没有什么事情比召集武装更有违公共正义。

【12】情况就是这样，行政官员们都认为本案重大，所以我要问："有什么法律程序适用于本案？或者没有？"你们要说"没有"吗？我急于想听到你们的回答。在一个和平安宁的时期，聚众施暴，把人召集起来，让他们拿起武器，凭着人多势众，威胁、恐吓、驱逐赤手空拳前来谋求通过法律程序解决争端的人。而他对这件事的看法是："我确实没有做过你所说的这些事，这样的行动是暴乱，是鲁莽的，危险的。但这又怎么样？我这样做了但没有受到惩罚，因为法律与习惯都没有让你们来纠正我，不是吗？"先生们，他确实说过这些话吗？你们愿意不止一次地听到这样的说法吗？我们的祖先非常细心，拥有远见，所以他们不仅在像本案一样的重要事情上，而且在一些小事情上都规定并保障每个人拥有的权利。所以他们不会让事情造成这样的后果，我有权纠正这个人把我从我家中驱逐出去的行为，但却无权纠正阻止我回家的这个人。我还没有为我的当事人辩护，还没有谈到我们的财产权，我现在反对的是你盖乌斯·庇索的辩护①。你的讲话和结论是这样的：如果凯基纳在那个农场里，后来从那里被驱赶出去，那么在这种情况下他有权根据这项执法官的命令得到赔偿；但实际上，他当时不在那里，所以他并没有从那个地方被驱逐出去；根据这项命令我们也没有得到任何东西。所以，我要

---

① 盖乌斯·庇索，艾布提乌的律师。

问你：你今天回家以后要做些什么？有手持武器的人聚集在那里阻拦你，不让你靠近，也不让你进屋，甚至不让你进入前院吗？我的朋友卢西乌斯·卡普纽斯建议你像他一样回答："这是一起骚扰行为。"但是这和地产、赔偿、民法、执法官的通告与认可又有什么关系呢？假定你提出受到骚扰的指控，不，我假定你不仅提出受到骚扰的指控，而且打赢了官司，但你因此就会离你的地产近一些吗？因为起诉他人犯了骚扰罪，其目的并非为了确定地产权，而仅仅是通过审讯和惩罚骚扰者给人身自由受到侵犯的人以安慰。

【13】庇索，对如此重要的事情，这位执法官什么都没说吗？他无权把你的家园归还给你吗？我要说，这位执法官，把一整天时间用来确定能不能使用武力，签署了有关水渠、道路之类纷争的命令，怎么会突然变成哑巴，没有能力处理这类事情呢？按照习惯与先例，他会没有办法解救盖乌斯·庇索，让他在回家时不受武装人员的阻挠，返回自己的家园吗？面对如此重大的伤害，他会用什么罪名，或者你会要求他用什么罪名来给这样的行为定罪？"你什么时候受到武力的阻挠？"从来就没有发布过这样的命令，这是一项新发明，不仅非同寻常，而且闻所未闻。"你什么时候受到驱逐？"你的对手们的回答和我现在的回答是一样的，他们用武器阻拦你回家。没有人能够从一个他从未进入过的地方被驱赶，这样的说法对你有帮助吗？你说："如果我的家庭成员受到驱逐，这也就意味着我受到驱逐。"必定如此。这是一个很好的抗辩，因为你在抛弃字面之争而诉之于法律的精神。如果我们选择坚持实际的用词，那么你的仆人被驱逐怎么会是你被驱逐呢？但你这样说是对的，我必须认为你也受到了驱逐，哪怕没有人碰你，是吗？好吧，现在假定你的家人一个都没有遭到驱赶，而是全都安全地待在家里，只有你受到武力阻拦和恐吓，不能回家，那么你有权使用与我们现在相同的或者不同的法律程序吗？面对如此重大的、令人愤慨的案子说没有适用的法律程序，既不符合你的常识，也不符合你的立场。要是还有什么事情我没能注意到，那么请你们告诉我，我急于想听到那是什么。但若我们现在使用的程序适用此案，那就请你们运用你们的判断，把决定告诉我们。我不怕你们说同类案子

可以签署归还令，但对凯基纳不能这样做。确实，有谁看不到，要是归还令的任何方面在范围或力度上受到削弱，全体人民的利益、幸福、财产都会受到损害；要是武装人员的暴力，在你们这样的权威人士面前，显得像是由法庭批准的，而在法庭上又说不用争辩武力问题，把讨论仅限于罪行的名称，那将会导致什么样的后果？有人为自己辩护说："我用武装起来的人把你赶回去，但我没有把你赶出去。"这句话给人留下的印象是法庭关注的不是辩护的公正，而是法律条文中的一字之差。^① 你们会对这样的人做出判决吗？当一个人受到武装人员的阻拦，被大批聚集起来的暴徒阻击，不仅无法进入他自己的庄园，甚至无法靠近它，你们认为这样的案子没有适用的程序，法律也没有做出相关的规定吗？

【14】现在该怎么说？我被驱逐和我踏上我的庄园之后被驱赶之间有什么区别，我受到手拿武器的人的攻击和我受到这样的攻击、不能进入甚至接近我的庄园之间有什么区别，这样一类的争辩有什么说服力？强制对一个进入庄园以后遭到驱逐的人进行赔偿，不强制对一个正在进入庄园而遭到驱逐的人进行赔偿，这两种情况有什么差别？我以上苍的名义发誓，请你们考虑一下要把什么样的判决强加给我们，你们站在什么立场上，不，你们依据的是什么样的国家法律！一种程序只适用于一类案子，也就是说，用我们现在正在使用的禁令。如果这种手段无效，或者不适用于本案，那么我们的祖先有多么疏忽和愚蠢，他们没有设置一种手段来处理如此重大的事务，也没有能够对本案的性质以及相关的法律原则提供充分的表达，是这样的吗？危险的是这种禁令还要遭到废除，如果认为用法律做不到的事情可以用武力来做到，那么危险就大了。我们甚至可以说，如果你们认为我们前辈会认为没有适用于本案的法律手段，那么聪明人也会被发现有罪，这是最大的耻辱。

庇索说："我们确实会感到后悔，但是不管怎么说这道禁令并不适用于艾布提乌。"为什么呢？"因为对凯基纳并没有使用武力。"我们能说在本案

---

① "赶回去"（reieci）和"赶出去"（deieci）在拉丁文中只差一个字母。

中当时有武器，有大量召集起来的人，在具体的地点拿着武器防守，有邪恶、危险、死亡的恐惧，但却没有武力吗？他回答说："没有人被杀或者受伤。"什么？当我们处理一场财产纷争、一场私人诉讼的时候，你会说除非真的有人被杀死，否则就没有使用武力吗？我要提醒你，哪怕是军队打仗，也经常会有强敌压境而令对手望风而逃，并不一定要有人受伤或被杀。

【15】先生们，实际上，武力有无触及我们的人身或伤及我们的生命不是使用武力的唯一形式，更严重的是通过死亡的威胁在人心中留下令人震惊的恐怖，驱使一个人离开具体的位置或地方。因此，在许多情况下身体受到伤害而心灵拒绝放弃，不愿离开他们想要捍卫的地方；而与此相反，有些人尽管身体没有受到伤害，但却被赶走了。这就表明对心灵造成伤害比对身体造成伤害更能证明使用了武力。如果我们说一支军队由于恐惧或怀疑有危险而逃跑，那么我们说他们被武力赶走了；如果我们既听说又看见一支军队被打退，不是由于敌人的盾牌和进攻，也不是由于近战中的拳打脚踢或远处投来的标枪，而仅仅是由于敌人的呐喊，那么在战场上看到的这些事情被称做使用武力，而在平时就不算使用武力吗？战士的行为被称做勇敢，而同样的行为在民法中就被称做温和吗？士兵打仗时摆出的阵形被称做使用武力，而在和平时期公民的类似行为就不是使用武力吗？我们认为，受伤的肉体比受到恐吓的心灵更是使用武力的证据吗？当溃退已是事实的时候，我们还要去找寻伤口吗？你自己的一名证人说他给我的当事人受到恐吓的支持者指了一条逃跑的道路。对那些不仅想要逃离，而且想要找一条安全的道路的人，可以认为并没有对他们使用武力吗？他们为什么要逃跑？因为他们害怕了。他们害怕什么？显然是害怕武力。你能在承认结果的时候否认原因吗？你承认他们由于害怕才逃跑，而你所说的他们逃跑的原因是我们也知道的——有人拿着武器，聚集在一起，对他们进行残忍的阻击。这已经是一个公认的事实，这个时候谁还能否认使用了武力？

【16】但不管怎么说，为了避免武力冲突，只要看到对方拿着武器，无论有多么遥远，那么另一方可以马上逃离，这是一个高尚的原则，我们的前

辈以往的实践在支持这一原则。就好像以法律形式达成誓约，以这样的形式开头："要是不使用武力反而违反了执法官的法令……"不是吗？为了证明有人使用了武力，只要知道有武装人员在场就够了，而落入敌人手中却不足以证明使用了武力，不是吗？看到有大批武装人员在场就构成了使用武力的证据，难道他们在那里凶狠地阻击别人却不是证据吗？走开比逃跑更容易证明一个人受到武力威胁吗？到此为止我要说的就是，艾布提乌在城堡边上告诉凯基纳以及他自己召集起来的武装人员，要是凯基纳到达那里，他就别想再回去，而在这时候要是凯基纳马上离开那里，你就没有理由怀疑凯基纳使用武力，更不会怀疑他看到远处的人拿着武器就撤退。凡是凭着恐吓驱使我们离开，或者阻止我们到达某处，也就构成了使用武力。否则你们就会做出其他判断，要么认为对一个活着离开的人根本没有使用过武力，要么认为凡是牵涉到财产争议都必须诉诸武力来解决争端，要么把法庭当战场，受惩罚的是那些逃跑的人，而不是那些战斗到底的人。当我们谈论权利与法律争执，以及"武力"一词的用法时，我们应当明白有一种程度轻微的武力。我看见有武装人员，无论人数多少，都是武力的一部分。有人朝我掷标枪，我受到恐吓而逃跑，我受到驱赶。如果你们这样定了，那么你们就消除了将来为了夺回财产而进行武斗的所有动机，不，更有甚者，武斗的动机根本不会产生。但若你们认为没有屠杀、伤口和流血就不算使用武力，那么你们会认为人们必定想要拥有更多的财产，而不是拥有生命本身。

【17】好吧，艾布提乌，你可以就使用武力问题得出你自己的判断。要是你愿意，请你回答我的问题。凯基纳到底是不愿意进入这处地产，还是不能够进入这处地产？你说自己成功地抵御了我的当事人，把他赶了回去，你说他有进入这处地产的愿望。那么当他受到一大群人的阻拦而无法进到那里去的时候，你能说阻拦他的不是武力吗，尽管他想要进到那里，有这样的意愿？如果他实在无法做到他很想做的事，那么肯定有某些力量在阻拦他，否则就请你们告诉我，为什么他想进入而没能进入。

不，你无法否认使用了武力，而真正的问题在于他是如何"被驱逐"的。

如果一个人被赶走，那么肯定会有某种推动和位移。但若他从来没有到过他受驱逐的地方，他又怎么会遭到驱赶呢？好吧，假定他去了那里，看到武装人员以后感到害怕而逃跑，在这种情况下你会说他被赶走了吗？我认为你会。你处理争端依据法律的字义而非法律的精神，你解释法律依据法律的词句而非普遍的良善，你在这方面表现得细致而又娴熟，而我要说的是你会说一个人受到驱逐而没有被触及吗？或者，你会说他被"推了出去"吗，这是执法官的命令中的常用术语？好吧，能有人被"推了出去"但没有被触及吗？如果我们拘泥于词义，那么我们必定认为一定要用手碰到他才能把他推出去。再重复一遍，如果我们希望赋予这个语词以明确的意义，那么除非受到武力的驱赶，否则就不可能有任何人被抓住推出去。从字义上说，如果不从高处移动到低处，谁有可能被"扔"① 出去？他可以受到驱逐而逃跑或被赶走，但若没有人碰到他，或者地是平的，就不能说把他扔出去了。那么该怎么办？我们要想象这个禁令是为了那些声称自己被人从高处扔下去的人的利益（他们可以正确地被称做"受到驱逐"）而设定的吗？或者倒不如说，我们明白这条禁令的意向、意图和意思，如果只关心字面含义而抛弃案情事实与公众利益，那么我们难道不应当认为这样做是极端愚蠢和鲁莽的吗？

【18】我们的语言据说是有缺陷的，我们用大量的语词，具体独特的术语来区别每个概念，对此我们都要加以怀疑吗？或者说我们要怀疑语词最初创造出来的时候所要表达的概念是清楚的，而语词是肤浅的吗？如果我们选择了词义而不解释法律条文的作者的意图、目的和意向，那么什么样的法律，什么样的元老院的法令，什么样的执政官的敕令，什么样的条约、协定，或者说(再说一遍我们私人关心的) 什么样的证词、法规、协议、承诺、保证，不会无效和废除呢？呃，如果我们相互之间设立语言圈套，那么我们日常熟悉的语言就没有前后一贯的含义。如果我们允许我们的奴隶仅仅从字面上服从我们的命令，而无需注意我们的语词所包含的意思，那么我们在家

---

① "射"的拉丁原文是"iectus"，有"扔、抛"等意思。

中的权威也会不复存在。现在我假定，我必须提供所有这些论点的例证，尽管某些例子是你们任何人都不会想到的，它们在以这样或那样的方式支持我的说法：正确并不取决于我们的语词，而是语词服从于人的目的和意图。在我被传上百人法庭前不久①，伟大的演说家卢西乌斯·克拉苏在法庭上发表了一次优雅而内容丰富的讲演，他的讲演支持我的这个观点，尽管博学的昆图斯·穆西乌斯②反对他，从容不迫地向每个人证明，玛尼乌斯·库里乌斯成功地为一桩"遗腹子③之死"的案件进行了辩护，而事实上这位遗腹子从来没有出生！那么，这份遗嘱为这种情况提供了恰当的语词吗？远远没有。那么我们在判决时要考虑的是什么？意图，因为我们的意图要是得到了清楚的体现，但还没有讲出来，那么我们就根本不需要使用语词；然而由于语词已经发明出来了，所以语词不能够遮蔽意图，而只能揭示意图。

【19】依据成文的法律，土地在被占两年以后产权就终止了；我们在房产案中也采用同样的原则，而这一点在法律中没有具体规定。依据成文的法律，如果一条道路不能通行，那么人们可以按照他喜欢的方式驱赶他的畜群④；这句话的实际含义是，如果布鲁提乌的一条道路不能通行，那么要是喜欢的话，一个人可以赶着他的畜群穿越位于图斯库卢的马库斯·斯考鲁斯的土地。如果在法庭上，以"鉴于我在法庭上看到你……"这样的语词开始一种反对卖主的诉讼，如果人们恪守词义而不考虑它们想要表达的意思，那么老阿庇乌斯·克劳狄就不能使用这种形式。如果一项地产按照遗嘱是留给"小高奈留"⑤的，而他现在已经20岁了，那么按照你的解释，他就要失去

---

① 西塞罗于公元前93年被百人法庭传唤。百人法庭是每一年度由105人组成的特别法庭，审理民事诉讼案，尤其是处理遗产问题。

② 全名昆图斯·穆西乌斯·斯卡沃拉（Quintus Mucius Scaevola），罗马大祭司，西塞罗是他忠实的学生。

③ 遗腹子在罗马的意义上是一个在父亲已经立下遗嘱后出生的儿子，而不一定是在父亲死后才出生。

④ 这句话的意思是说，他可以通过那些他有权穿越的地产。

⑤ 男孩子成年的法定年龄是14岁。

他的遗产。

我的脑海中涌现出大量的例证，我肯定也能给你们提供更多的例子，但是为了不至于使我的考察过分繁琐，不至于跑题，让我现在就来谈谈我们关心的这条实际的法令。你们很清楚，如果我们拘泥于法令的字面含义，喜欢施展我们的虚伪和狡诈，那么我们将失去所有的利益。"当你或你的家庭[①]，或你的代理人……"如果把我赶走的是你的仆人，那么他肯定不是你的家庭，而只是你家庭里的一个成员，必然如此。那么这种时候你有资格说"我已经归还了"吗？[②]确实，只要懂得拉丁语，还有什么能比"家庭"这个词不适用于奴仆更容易证明？假定在那名把我赶走的奴仆之外没有其他奴仆了，那么你无疑会大声宣布："我承认我的家庭把你赶走了，要是我有家庭的话！"无可置疑，如果我们的判断追随法律的字句而不是法律的精神，那么我们会把"家庭"理解为包括几名奴仆，一名奴仆不是家庭；真实的语词不是需要而是迫使这种解释产生，然而这样的辩护方针必定要受到法律的原则、法令的力量、执法官的目的、聪明的立法者的设计和意向的拒斥。

【20】那该如何？我提到的那些人拉丁语讲得不好吗？正好相反，他们的拉丁语讲得相当好，足以说清他们的意向是什么；当他们判断把我赶走的是你，还是你的一个亲戚、朋友或奴仆时，他们能够说明有一群奴仆在那里，他们是你的家庭成员，而无需具体说明他们的数量；他们能够说明有一些自由民与此事有关，他们是你的代理人。并非任何替我们做事的人就是我们的代理人，或者可以被说成是我们的代理人，而是在案子完全清楚的特定意义上才是，这些人倾向于对每个词进行细致的考察。就保持审案的公平而言，涉案的奴隶是一个还是几个没有什么差别；就坚持法律原则而言——至少在本案中——我是否被你的代理人（"代理人"这个词的法律意义是指地产的主人不在意大利，或者由于为国家服务而不能出庭，因此地产主人拥有

---

① 此处家庭的拉丁原文"familia"，英文译为"household"（户、家庭）。

② 参见本文第 8 章。

的权利要由另一个人来代表）赶走，或者应你的要求或以你的名义召集起来的人是你的佃户、邻居、自由民，或是其他人，也不会产生什么差别，不会影响是否在驱赶时使用了武力的问题。因此，要是公平原则在武力驱逐案中具有同样的力量，那么一旦立案，再去考虑语词和名字肯定与断案不相干。要是驱赶我的是你的被释放的奴隶，那么你要做出同样的"赔偿"，就好比你的代理人驱逐我一样；并非任何替我们做事的人都是我们的代理人，但这一点与本案无关。如果做这件事的是一名奴隶，那么你要做出同样的"赔偿"，就好像你的整个家庭做了这件事一样；这不是因为你的一名奴隶就等于你的家庭，而是因为我们关心的不是词义，而是整个法律条文的内容。即使（仅从字面理解而一点也不考虑法律的精神）做这件事情的不是你自己的奴隶，而是别人的奴隶或者是你雇来的人，他们无论如何也都应当算做你的家庭成员。

【21】让我们现在开始对这条禁令进行考察。"通过召集在一起的人。"假定你没有召集任何人，而是他们自愿到来。无疑，召集意味着召唤和邀请，这些人受到某人的召唤而聚集在某个地方。假定在受到邀请的范围内，他们根本没有聚集，在那里的人只有一些习惯在那里出现的人，他们去那里的目的不是使用武力，而是耕种和放牧，那么你会提出抗辩，说那个地方根本没有人聚集，尽管我本人就是你的法官，你在口头申诉时仍会确认这个说法；但是，事实上，无论你的法官是谁，你都无法自圆其说。我们的立法者规定的赔偿条款适用于一群人使用暴力的案子，而不是仅仅适用于有一群人被召集在一起的案子；但由于需要一些人的时候通常总要召集，所以法律条文中写着的就是针对"被召集在一起的人"。所以，尽管看起来有语词上的差别，然而实际上是一回事，只要公平原则被视为同一，那么它将在所有案子中起相同的作用。

"或武装人员。"对此我们该怎么说？如果我们希望讲一口好拉丁语，那么我们能够恰当地把什么人说成是武装人员呢？假定，武装人员就是那些用盾牌和长枪装备起来的人。呃，假定你们用土块、木棒、石头把人从他的农庄里赶出去，然后接到命令要把农庄归还给"你们用武装人员赶走的人"，那么你会说"我已经归还了"吗？① 如果在一个案子中起作用的是语词和短语，而不是原则，那么我会允许你这样说。你无疑能够建立你的观点，那些自己从地上捡石头、扔石头的人不是武装人员，土块和草皮不是武器，那些在行进中走岔路的人不是武装人员；按照他们的定义，有些武器是防护性的，有些武器是进攻性的；你可以建立你的观点，不拥有这些武器的人不是武装人员。要是"武器"是诉讼的焦点，那你就把所有观点都提出来吧；但若诉讼的焦点是法律与公平，那么你就要明白，依靠如此空洞的伎俩是无法躲避罪责的。因为你找不到一位法官或调解员会仅仅在军事人员的意义上理解"武装人员"（拿武器的人）这个术语；正好相反，凡被发现拥有致死或致伤手段的人都会被视为武装到了牙齿。

【22】为了使你能够更好地理解仅仅执着于语词的字义是多么微不足道，假定你或其他人只用刀剑攻击我，而我因此受到驱赶，你敢说这条禁令中所说的具体的武装人员仅仅是指手持武器的人吗？我不相信你会这样厚颜无耻。然而请注意，你在本案中表现出的厚颜无耻已经到了无以复加的地步。你可以在想象中向全世界喊冤，因为在审理你的诉讼时，法庭忘记了"武装人员"的拉丁原文，把没有武器的人当做武装人员，又因为这条禁令针对的不止一个人，而参与这项行为的只有一个人，这个法庭把一个人当做许多人了。但是在当前的审判中，法庭上的争论焦点不是某个语词，而是使这些语词在禁令中起作用的实际事实。把"归还"这个词写入禁令的意图就是让它毫无例外地在人类生活中起作用；而这样的作用通常会有人的集合与武装。使用武力可以有不同的意向，但其结果都同样危险，可以使用同样的法律。错误的行为，无论是你的家庭成员干的，还是你的仆人干的，无论是你自己的奴隶干的，还是你借来或雇来的奴隶干的，无论是你的代理人干的，还是你的邻居、朋友干的，无论是由召集在一起的人干的，还是正好在那里的人

---

① 参见本文第 8 章。

帮的忙，甚至是你家里的管家干的，无论是武装人员干的，还是能像他们一样起到伤害作用的非武装人员干的，无论是一个武装人员干的，还是不止一个武装人员干的，这一行为的错误都不会因此而变大。法令中通常指出使用暴力的手段，如果使用暴力的手段是另一种，那么这种手段的名称即使没有包括在法令的术语中，但它们无论如何也为法律的意义和意向所包含。

【23】现在我要谈到你自己的论证："我没有把他赶出农庄，因为我从来没有让他到过这处农庄。"庇索，我相信你自己明白这样的论证与"他们不是武装人员，因为他们只有木棍和石头"相比，显得更加诡辩和不公正。我发誓，我一名可怜的演讲者不得不做选择，要么坚持说一个人试图进入某地时遇到了武力阻拦但不算遭到驱赶，要么坚持说那些没有盾牌或刀剑的人不是武装人员。我发现第一个观点是虚弱的、肤浅的，而第二个观点我想我能够找到某些事实来支持它，也就是说那些没有刀剑和盾牌的人不是武装人员。但若我确实不得不坚持说，一个遭到驱赶而逃走的人没有遭到驱逐，那么我确实感到困惑。

所以，你说我们一定不能从法律权威出发进行推论，我想这个说法是你整个辩护中最令人震惊的地方。这不是我第一次听你这样说，也不是仅仅在本案中听你这样说，但我完全不明白你为什么要这样说。大部分人在他们的案子中只要感到某些论点是高尚和公正的，就会努力坚持。如果他们遇上诉之于词句的对手，或者如俗话所说遇上"最苛刻的法律"，那么他们通常会在进行高尚、公平的重大诉讼时把诉之于语词当做不公平的手段。他们会在法庭上用"假如是"、"假如不是"来讽刺这种手段，指出使用流行语和语词圈套的可耻，大声地进行抗辩，要求法庭必须按照高尚与公正，而不是按照诡计和狡诈来定案。他们说："一名假的指控人依赖法律的字句，一名好的陪审员依据立法者的意愿。"但是在你们这个案子中，你的辩护依据法律条文的严格字义，你提出的辩护方针是："你什么时候被驱赶了？你在一个你并没有到达的地方受到阻拦吗？你被赶走，而不是被赶出。"尽管你说："我承认我把人召集在一起，我承认我把他们武装起来，我承认我用死亡来威胁你，我承认我受制于执法官的这项实际禁令，只要它的意向得到公正的解释，但是我能够躲藏在我从禁令中发现的一个词的背后。我没有把你从我阻拦你进入的那个地方赶出去。"我要说的是：这就是你的辩护，你据此发出反对权威的抱怨，而权威是一种记载下来的观点，我们应当受法律精神而非法律用语的引导。

【24】与此相联，你指出斯卡沃拉在百人法庭上打输了官司，但是我已经提醒法庭，当他采取像你一样的辩护方针时（尽管他有某些理由这样做，而你没有理由这样做），他没有能够成功把他的论证推荐给任何人，因为他的论证显得像是他在使用语词攻击法律的精神。

我确实感到惊讶你会在当前的例子中采取这样的方针——在一个错误的时刻，与你自己的利益相违背；同样也使我感到惊讶的是，有同样的论证既不遵循权威，又不具有法律上的必然性，而这是人们在审判中通常要加以坚持的，是能干的人常用的。要是那些坚持这个观点的人断言权威在某些观点有错误，但这并不构成理由可以说不应当关注权威的意向，而只是提供了理由可以说不应当关注那些愚蠢的个人。但若他们承认由权威提供的意见是正确的，但又说他们的意见也会有分歧，那么他们实际上是在说权威也会提供错误的判断。因为，要是法庭的判断与权威的意见在某个法律要点上不同，或者要是有人在法庭上决定不能依照法律办事，那么他的意见就不可能是正确的。"但是法庭有时也会与权威的意见相左。"首先，法庭这样做是对还是错？如果是对的，那么法庭制定的法律就是对的；如果是错的，那么调解员或者权威受到辱骂也是活该。其次，如果法庭确定了法律的某些疑点，而没有像穆西乌斯①制定法规时那样表示不同意权威的意见，而是依据玛尼留斯②的观点来做出正式的决定，那么法庭就是在反对权威。呃，克拉苏本人没有采用他以前在百人法庭上采用的辩护方针，为的是诋毁权威，但他说

---

① 指大祭司昆图斯·穆西乌斯·斯卡沃拉，杰出的律师。
② 玛尼留斯，西塞罗经常提到的著名律师。

服了法庭相信斯卡沃拉正在坚持的观点不是法律；除了这些用来支持他的意向的论证之外他还说得很远，引用了许多博学者的权威意见，包括他的岳父昆图斯·穆西乌斯。

【25】认为法律可以藐视的人不仅在切断维系着法律程序的东西，而且还在切断维系着国家幸福与生活的东西；发现法律的解释者有错误而称之为坏律师的人是在诽谤这些个人，而不是在诽谤法律。但若认为这个人尽管是好律师，但不配受到关注，那么受到伤害的不是个人，而是法律和正义。因此你必须接受这个结论，在我们国家里没有需要当做法律来精心维护的惯例。而一旦取消了法律，个人就没有办法确定什么东西属于他，什么东西属于别人，就不会有普遍的、统一的标准。因此，日常生活中经常发生的纷争就会闹上法庭，某件事到底是不是事实，某个辩解到底是真还是假，某个证人是否受到挑唆，提交的文件是否伪造，证人是否伪装公正和诚实，某个诚实的法官是否上当受骗，某个不诚实的法官是否确实故意做出错误的判决，他这样做是否受到证人或文件的引导。先生们，法律问题没有这种事，法律不会有伪造的文件，不会有撒谎的证人；甚至在公共生活中万能的权势，在这里，并且仅仅在这里，也不起作用；因为它没有机会发挥作用，没有机会伤害法官，甚至没有办法抬起一个小手指。因为一个更加唐突而不是更加体面的人可以对法官说，"请你判断这件事发生过，还是从来没有发生过，请你相信这些证人，承认这些文件"，但是他不能说："你要判决这项由遗腹子留给继承人的遗嘱有效，判决这项由一位妇女在没有得到她的托管人批准的情况下许下的诺言有效。"在这样的事情中，人的力量或权势都不能影响裁决；进一步说——为了说明法律有多么高尚和不可违反——在这样的联系中甚至金钱也不能腐蚀法官。你的这位证人①竟然敢在不知道指控罪名的时候声称一个人有罪，甚至连他也不敢下这样的判断：如果一位妇女把她从亡夫那里得到的产业给了她的丈夫而没有得到恰当的批准，那么这样的处理是有

---

① 指费狄库拉纽·法库拉，参见本文第10章。

约束力的。

【26】先生们，法律是美好的、高尚的，法律是你们的保护神！那么，我们应该如何描述法律呢？法律就是不会在权势的影响下弯曲的东西，没有什么力量能够使法律断裂，没有什么财富能使法律腐蚀；如果法律能够推翻，不，如果法律遭到忽视或者对法律的保护不足，那么任何人都不能确保他自己拥有的东西、从父亲那里继承来的东西，或者留给子女的东西。如果无法确定能否保有法律所有权给你的东西，如果法律不能提供适当的保障，如果法典不能保护我们的私人利益，那么你拥有你父亲留给你的一所房子或一处地产，或者拥有以其他某些方式合法地获得的东西，又有什么好处呢？我要说，如果我们的祖先已经恰当地规定了的所有涉及边界、属地、水源、道路的权利都可以因某种考虑而推翻或改变，那么拥有一处地产又有什么益处呢？相信我，我们中的任何人享有的财产在更大程度上都是我们的法律和法规的遗赠物，而不是在实际中把财产传给继承人的那个人的遗赠。因为任何人都可以通过他的遗嘱把一处地产赠给我，但若没有法律的帮助，没有人能够确保我可以保持已经成为我的财产的东西。一个人可以从他父亲那里接收一块地产，但这块地产要成为他的合法财产，也就是说，他可以无忧无虑地享有这块地产，不会有诉讼，那么他不是在向他的父亲，而是在向法律继承这块地产。他使用水源的权利、人或牲畜使用道路的权利，是从他的父亲那里接受下来的，但他享有这些权利是法律赋予的。因此，你们一定要紧紧把握从你们的祖先那里得到的东西——法律的公共遗产——对它的关心决不亚于你接受的私人财产；这不仅是因为私人财产依靠法律才能得到保障，而且因为放弃遗产只影响个人，而放弃法律就会严重影响整个国家。

【27】先生们，在当前的案子中，如果我们无法确定凯基纳受到手持武器的人的阻拦，遭到驱逐，"被武装人员用暴力驱赶出去"，那么他就没有失去他的财产，尽管他的财产确实失去了，但他也要承受损失；而此刻，他无法恢复对地产的占有，全部问题就在这里。但是这样一来，这个案子就成了罗马人民的案子，涉及整个国家的权利、财产、幸福，我们所有人对财产

的拥有又有了疑问和不确定。你们对这样的法律判决和法规负有责任："无论与谁有了财产纷争，你们必须把财产'归还'给他，仅当你在他进入地产之后把他驱赶出去；但若他正在进入这块土地时，你组织了一群手拿武器的人阻击他，当他靠近时把他赶走，把他赶跑，把他赶回去，而你也就不用把地产'归还'他了。"法律的声音宣布，在这里不仅要使用暴力杀人，而且确实有杀人的意向，而这个无法无天的声音声称没有看到流血就没有使用暴力；法律的声音宣布，只要人在进入某地时受到阻拦就是遭到驱赶，而这个无法无天的声音则说没有人能够从他还没有涉足的地方被赶出去；法律认为这第一种考虑体现了法律的根本、意义和精神，而这个无视法律的声音则宣称要对法律做出歪曲的解释，以适合法律的术语和字义。那么，先生们，你们判断这两种声音哪一种比较高尚，哪一种比较自私。

在这一点上正好有一个人可以做出最便利的解释，他现在不在法庭上，但最近他一直在这里，关注着本案的审理——我指的是优秀的盖乌斯·阿奎留斯。要是他在场，我在提到他的良好品德和健全判断时，心中会有点忐忑不安，既因为他在听到对他的赞扬时会感到难为情，又因为我当面赞扬他也会产生同样的感觉。有人告诉我他是一位权威，对此无需再做推论。对这样的人我不担心说出比你们自己能够感觉到的或者愿意记载的更多的东西，所以我会这样说，罗马人民在他实施辩护时已经看到了他的权威，在他身上不会有什么不恰当的重要性，他也绝不会欺骗罗马的公民。他的法律观念从来没有与公平分离，他的能力、勤奋和正直在那么多年里一直准备着为罗马人民服务。作为一个人，他是如此正直和善良，似乎生来就是一名律师，而不是通过训练才成为律师。他聪明而又理智，学习法律不仅使他拥有知识，而且使他产生善良。他能力很强，又非常正直，无论你从哪方面看，他都是一个明晰而又纯洁的人。当你们说他是一位权威，我们可以依据他的观点进行辩护时，你们实际上就是在表达我们对他的深刻谢意。而当你们说这位权威站在我这一边，是我的同党，我确实感到惊讶！

那么被你们视为你们的权威的人说过些什么？"无论以何种术语提出一

项建议或宣布某件事情……"

【28】我至少已经见过一位律师试图这样说服我。我相信，你们把这个人的话当做权威来引用，作为你们辩护的论据。他开始和我争论，说你们认为除非一个人曾经在那个地方，否则无人能够证明他从这个地方被赶出去。他要我承认，尽管法令的本质和含义是在我这边，但他的解释并没有偏离本意。我引用了许多例子，包括古代的一些先例，来说明凡是涉及法律条文的实际词句，人们对正义、原则、公平的理解总有歧义，而判决要以对法律条文最公平的解释为依据，并从中得到最好的支持。他安慰我说，在这个具体案子中我没有理由感到焦虑，因为我的对手使用的术语实际上对我是有利的，只要我考虑得仔细一些。我说："怎么会呢？"他说："因为凯基纳无疑'被一些武装人员用武力赶出了'某个地方。如果他不是从他想要进入的那个地方被赶走，那么肯定是从他逃离的那个地方被赶走。""那又怎样？"他答道："执法官签署了禁令，要他回到'他被赶走的地方'，也就是说他可以回到他被赶走的任何地方。现在由于艾布提乌承认凯基纳被从某个地方赶走了，那么他必定会让一名坏律师回答说他已经让凯基纳回到了那个地方。"好吧，庇索，让你一起与我咬文嚼字能使你高兴吗？让正义与公平的审判以及拥有财产的权利——不仅是我的当事人的，而且是每个人绝对拥有的——取决于某个词，会令你感到欣慰吗？我要告诉你我的看法是什么，我们的祖先是怎么做的，什么样的判决与那些对本案做出判决的人的尊严相吻合。真理、正义和善良结合在一起，要求我们不仅考虑构造具体法律的准确术语，而且考虑法律的目的和意图。你在讨论术语方面对我发起挑战，而我在没有首先锁定我的目标之前是不会接受的。我要说你的立场是错误的，我要说你站不住脚，我要说任何法律都不可能既做到术语或文字的尽善尽美，又能做到消除一切可疑或模糊之处，尽管法律的本质和意图是清晰的，但我们无法按照字义进行解释，而应当按照它所传达的意思进行解释。

【29】现在由于我已经相当清楚地锁定了我的目标，所以我接受你的挑战。我要问你，我被赶走了吗？我确实没有从福基纽斯的地产上被赶走，因

为执法官没有下令让我回归那里，"要是我从那处地产上被赶走"，但是他下令让我"回归我被赶走的那个地方"。我被赶走了——从我的邻居与我相邻的地产上被赶走了，我正在穿过那里去那块有争议的地产；我从大路上被赶走了，我确实从某个地方，无论是公共的还是私人的，被赶走了。这项法令下令让我回归那里。你断言已经让我回归那里，而我断言我还没有按照执法官的命令回归那里。我们在争论什么？你的案子注定要失败，你输就输在你自己的刀剑上，或者如俗话所说，死在我的刀剑下。如果你用执法官的这条法令来掩护自己，并且说我们必须弄清楚艾布提乌要归还给我的农庄是哪一个，如果你认为正义的力量会落入语词的圈套，那么你可以在我的营帐中藏身，躲在我的堡垒后面。我要说，这个辩护方针是我的——我的！我要大声疾呼，我要请天地为证，因为我们的祖先没有制定这样的法律条款，使用武力在法律上能得到辩护，法庭关心的不是被赶走的那个人的脚印，而是驱赶他的人的行为；受到驱赶的人逃跑了，他受到死亡的威胁。但若你放弃这个立场，逃避这个问题，如果你向我挑战，要把我所谓公开竞争的公平地偷换成精巧的语词之争，换成词义模糊的崎岖小道，那么你们会发现自己会落入这些你们想要引我上当的圈套。"我没有把你赶出去，我把你赶回去"——你认为这样说很巧妙，你用这一点作为辩护的论点；而依据这一点你的案子必输无疑！因为我的回答是："如果我没有从我受到阻拦而无法进入的那个地方被赶走，那么我必定从我到了的那个地方被赶走，从我逃离的那个地方被赶走。如果执法官下令我回归那里，而没有具体讲明回归什么地方，那么我还没有按照他的命令回归我应当回归的地方。"

先生们，如果我的所有论证在你们看来不像我以往的抗辩那么直截了当，那么我希望你们能够考虑：首先，这种办法不是我，而是其他某些人发明的；其次，甚至从一开始我就没有对这种方法表示过赞同——我使用它，不是拿来支持我的抗辩，而是用来回答他们的问题——我有权利说，我没有在我引用的具体例子中说，我们不要问执法官的法令中使用的真实术语是什么，而要问他颁布法令的意向在哪里，我也没有在任何"武装人员使用暴力"

的案子中说我们不应当问在什么地方使用暴力，而要问是否使用了暴力；另一方面，庇索，你有权说实际术语应当在哪些地方适合你，而不能说实际术语应当在哪些地方不适合你。

【30】与此同时，不仅是这项法令的本质和意义，甚至连它使用的术语，都没有什么需要改变的地方，你们对我刚才所做的这个陈述有可能做出任何回答吗？先生们，我请求你们仔细听一听，因为像你们这样能力的人会看到，这不是我的预见，而是我们祖先的预见，因为我要说的不是我的发现，而是某些他们没能看到的事情。他们明白一项处理武力事件的法令要适合两种情况：一种是某个人从他所在之处被武力驱赶出去；另一种是某个人受武力驱赶，不能去他想要去的地方。先生们，这两种情况都会产生，但没有第三种可能性。让我们进一步考察这个要点。如果有人把我的家人从我的地产上赶走，那么他就是把我赶走；如果有人派武装人员在我的地产外面阻拦我，不让我进入我的地产，那么他没有把我从我的地产上赶走，而是把我赶得离开那里。为了覆盖这两种情况，我们的祖先发明了一个词，能够恰当地表达两种意思，无论是我被赶出我的地产，还是我被赶得远离我的地产。同一项可以让我回归的法令的开头是："无论你从何处……""无论从何处"① 这个词覆盖了两种情况，一种是我从某处被赶出去，另一种是我被赶离某处。秦纳被赶到哪里去了？他被赶出城了。特勒昔努被赶到哪里去了？他被赶离城市。高卢人被赶往何处？他们被赶离卡皮托利圣山。革拉古的追随者被赶到哪里去了？他们被赶出卡皮托利圣山。所以你们瞧，"无论从何处"这一个词覆盖了两种情况：从某处出去和离开某个地方。现在，论及回归"到那个地方"，这项法令不是在这样的意义上使用这个词的，假定高卢人要求我们的祖先让他们回归到他们被赶出去的那个地方，并且用武力来做到这一点，那么在我看来，他们想要回归的不是他们在进攻卡皮托利圣山时所走的通道，而是回到卡皮托利圣山。因为"无论你从何处被赶出去"的意思是清

---

① "无论从何处"，拉丁文是"unde"，英文译为"whence"。

楚的，既是"从某个地方出去"又是"离开某个地方"。"你们将回归那里"的意思也是清楚的，你必须回归到这个实际的地方。如果你把一个人从这个地方赶走，那么就让他回归这个地方；如果你把他赶得离开这个地方，那就让他回归这个真实的地方，他没有从这个地方被赶走，而是被赶离这个地方。例如，要是一个人在航行中已经接近了他自己的国家，但是被暴风雨突然驱赶回去，由于他被赶离了他的国家，所以他希望能回归那里，我想，他会希望幸运女神让他回归他被赶离的地方，不是他被赶之处，不是回归海上，而是回归他要去的城市。以同样的方式（我们不得不使用比喻，以便掌握语词的准确含义），这个人要求回归他被赶离的地方，也就是"无论在何处"被赶离，他都是在要求回归那个实际的地方。

【31】不仅是法令的语词引导我们获得这个结论，而且事实也迫使我们接受这种观点和这种解释。实际上，庇索（我在这里又一次回到我演讲开始时的观点），要是任何人派武装人员把你从你的房子里赶走，你会怎么办？我假定你会开始用我们现在使用的这项法令反对他。那么要是有人派武装人员在你从市集广场回家的路上阻止你，那么你会怎么办？你会诉诸同样的法令。因此，当执法官签署了法令，下令让你回归你被赶出去的那个地方，那么你会对它做出和我一样的解释，而且必须这样解释；也就是说，由于"无论何处"这个词的意思覆盖了两种情况，所以这道法令让你回归"那个地方"，无论你是在前院被赶出去的，还是在房子外面被赶跑的，你都有权回到你自己的房子里去。

先生们，有关这项法令的本质和文字方面的疑问似乎全都消除了，你们必须把判决告诉我们。一个人可以被"赶出去"的论证会颠覆和毁灭我对手的案子，要是他于某个时间在某处，那么他就没有被赶出去，要是他于某个时间不在某处，那么他也没有被赶出去；与此同理，要是我从你的房子里被赶出去，那么我不会要求回到那里去，但若你自己从你的房子里被赶出去，那么你就会要求回到那里去。庇索，数一数这个论证的缺陷吧！首先，你要看到你已经被迫放弃了你的原则，这是你想要坚持的，无人能够从某处被赶

出去，除非他当时在那里。你现在承认他可以被赶出去，但是说要是他不拥
有那个地方，他就不可能从那个地方被赶出去。如果一个人不拥有那个地
方，他就不可能从那个地方被赶出去，那么在这种法令的通常形式"无论他
用武力把我从什么地方赶走"后面为什么要加上"我当时拥有那个地方"这
样的话呢？如果是否拥有的问题是不相关的，那么为什么他们不在当前这项
法令上加上"涉及武装人员"这样的话呢？你说"要是他不拥有这个地方，
就没有人能把他赶走"，而我证明，要是有人被赶出去，但不是被拿着武器
聚集在一起的人，那么承认把他赶出去的人只要能够证明其他人不拥有那个
地方就能战胜对手。你说"要是他不拥有这个地方，就没有人能把他赶走"，
而我证明，按照这项法令"涉及武装人员"这样的术语，一个能够证明这个
被赶出去的人并不拥有这个地方的人，只要他承认这个人被赶走了，那么他
无论如何肯定会输掉他的官司。

【32】把人赶走有两种方式：要么是不使用聚在一起、手拿武器的人；要
么是使用聚在一起、手拿武器的人。面对两种不同的案子，需要设置两种不
同的法令。在普通的使用武力的案子中，一名提出要求者仅仅表明他被赶走
还不够，还要能够证明他在遭受驱赶的时候拥有这块土地。甚至证明了这一
点也不够，他还要能够证明他拥有这块土地既不依靠暴力，又不依靠欺骗。
所以，听到一个人对法令做出"我已经归还"这样的回答，公开承认他自己
确实用武力进行过驱赶，而同时又说"他并不拥有这块土地"，这样的说法
是相当普通的。进一步说，即使承认了拥有土地这一事实，要是他清楚地说
明他的对手依靠武力或欺骗夺走了这块土地，他仍旧可以赢得这场官司。你
们瞧，我们的祖先给一名使用了武力但没有诉诸武器或人多势众的人提供了
多少辩护方针？而我的对手忘记了法律、责任和体面，他凭借的是刀剑、武
力、凶杀，你们瞧，这样一来就使得他在为他的案子辩护时变得赤裸裸的，
毫无防护能力，他拿起武器争夺财产，而这样的人在打官司的时候必定变得
赤手空拳。那么，庇索，这些法令之间有什么区别吗？我们的法令中是否包
含"奥鲁斯·凯基纳拥有的地产"这样的句子会造成什么差别吗？法律的原

则、法令之间的差异、我们祖先的意图，对你们留下什么印象吗？要是添加这样的字句，你的观点就会与此相关了。要是没有加上这样的字句，你的观点仍旧与此相关吗？

在这一点上，我不为凯基纳辩护。先生们，因为凯基纳拥有那块土地；尽管已经超出我的案子的范围，我仍旧要简略地考察一下这个问题，为的是让你们不那么急于保护我的当事人，胜过保护公众的权利。你，艾布提乌，不否认凯塞尼娅拥有这处地产作为她的生活保障。现在由于向凯塞尼娅承租土地的佃户根据契约仍旧保持着使用权，那么凯塞尼娅持有这些土地的所有权，她的继承人在她死后拥有这些土地的所有权还有什么疑问？进一步说，凯基纳来到这处农庄的时候是行走在他自己的土地上，他从他的佃户那里拿到了租约，有证据可以证明这一点。如果凯基纳对这块土地没有所有权，那么你艾布提乌为什么还要通知他不再耕种这个农庄，而不像对待其他你自己的农庄？还有，为什么凯基纳本人要同意正式放弃使用权，就好像在他的朋友和阿奎留斯本人的建议下通知你的那样？

【33】你可以说有一部苏拉的法令。不去回想苏拉掌权的日子或者当时弥漫整个国家的灾难，我对你的回答是这样的：这位苏拉在他的这部法令中加了这么一句话，"如果本法令中包含任何与法律相违背的建议，那么这项建议无效并作废。"有什么建议会是不合法的，或者有什么事情是民众无法下命令或者加以禁止的？我们无需离题太远，这个附加性的条款表明有这种事，否则就不用把这句话作为所有法令的附加条款了。但是我问你：如果民众命令我做你的奴隶或者你做我的奴隶，你认为这样的命令有约束力或具有效力吗？你当然明白，你会承认这样的命令无效，应当作废。在这样做的时候，你也就承认了：首先，并非民众命令的任何事情都必然有效；其次，你没有提出任何理由说明为什么自由不可能剥夺，而公民权能够剥夺。在这两个方面我们继承了同样的传统，如果公民权有可能剥夺，那么自由就不能保留。因为一个人如果不是罗马公民，怎么能享有罗马公民的自由权呢？我在相当年轻的时候提出过这个观点，但遭到罗马最博学的盖乌斯·科塔的反

对。我当时在为一位阿瑞提乌妇女的自由辩护，而科塔利用法庭的犹豫不决，对法官说不能把对方的抵押品①交给我们，因为阿瑞提乌人已经失去了他们的公民权；我极为勇敢地争辩说他们不可能失去公民权。法庭在一审时没有做出裁决，但后来经过详细的调查与讨论，他们把对方的抵押品给了我们；尽管有科塔的反对，苏拉当时也还活着，但他们还是这样做了。但是，我为什么要为你进一步引述处于相同情况下的民众的例子？他们采取法律手段，运用整个公民法保护他们的权利，不让任何人，执法官或陪审员、律师或普通人，怀疑他们有权这样做，而对此你们中任何人都不会感到有疑问。

我非常明白，有一个问题肯定会有人不断地问起（在此，庇索，我建议你提供某些你没有想到的论证）："如果公民权不会失去，怎么经常会有我们的公民加入拉丁殖民城邦？"他们这样做要么是出于自愿，要么是为了逃避法律惩罚。如果他们愿意接受惩罚，就会继续留在这个公民团体中。

【34】还有，凡有任何人被随军祭司团②的大祭司交出去，或者被他自己的父亲或国家出售为奴隶，这个人因此就会失去公民权，这样的做法合乎正义吗？把一名罗马公民交给敌人以保护国家的荣誉，如果对方接受了他，那么这个人就成为他们的人；如果他们拒绝接受他，就像努曼提亚人对待曼昔努斯③一样，那么他仍旧保留他原有的身份和公民权。如果父亲出卖他的儿子，儿子也就脱离家长权而获得解放。④与此同理，通过出卖一个逃避军役的人，国家并不能取消他的自由，而只是判决一个为了他自身自由的缘故

---

① "抵押"拉丁原文为"sacramentum"，最初的意思是诉讼双方在诉讼开始时交给法庭的一笔钱，在诉讼结束时，输掉官司一方的押金会被没收。

② 古罗马随军祭司团（Fetial College）掌管立法、司仪以及商讨宣战或媾和的决策。

③ 曼昔努斯，公元前137年任罗马执政官，全名盖乌斯·霍斯提留·曼昔努斯（Gaius Hostilius Mancinus）。

④ 《罗马十二铜牌法》第四表（家长权）第三条规定："家长如三次出卖他的儿子，该子即脱离家长权而获得解放。"中译文引自周枏：《罗马法原论》，商务印书馆1996年版，第934页。

拒绝冒险，因而自身并非自由人的人。在人口调查中，奴隶们通常以登记在册的方式获得他们的自由，① 国家出卖一个逃避人口调查的人所判决的是那些尽管本身是自由人、但拒绝登记在册的人，他们自愿拒绝获得自由。

如果这些情况就是公民权与自由可以失去的特别理由，那么引用这些理由的人没有理解我们祖先的意思，以为在这些情况下可能失去自由，而在其他情况下不可能失去自由，是这样的吗？当他们从我们的法律中引用这些例证时，我希望他们也能提供一些民众被某些法律或建议剥夺了公民权和自由的例子。有关流放的建议是非常清楚的。流放不是一种惩罚，而是逃避惩罚的港湾。由于民众想要逃避某些惩罚或灾难，他们"停止在海上的操劳"，也就是说，他们改变了他们居住的场所。所以在我们的法规和其他国家的法规中，你们都找不到流放是对任何罪行的惩罚，而是当我们的法律要对某些人施行监禁、死亡和羞辱时，他们想要逃避，于是就把流放当做了避难的圣地。如果他们同意留在公民团体中，接受严峻的法律，那么他们只能与失去公民权一道失去生命。但是他们不同意留在公民团体中，因此他们的公民权没有被剥夺，而是被他们自己抛弃了。我们的法律规定一个人不能成为两个国家的公民，当一个人逃走的时候他的罗马公民权就失去了，他成了流放者，也就是说他成了另一个国家的成员。

【35】先生们，尽管我没能提到与公民权相关的许多观点，但我不会看不到我所说的这些内容已经足以供你们思考你们的判决了。但我这样做并非由于我认为在这个案子中你们会寻求这种具体的辩护，而是为了告诉所有人，任何人的公民权都从来没有或决不能被剥夺。我希望所有人都知道这一点，无论是苏拉想要伤害的人，还是其他所有公民，无论是老公民还是新公民 ②。即使有可能剥夺任何新公民的公民权，也无法提出任何证据说明无法剥夺所有贵族、全体老公民的公民权。这样的考虑与当前的案子有多么不相

---

① 把奴隶的名字登记在监察官的名册上是解放奴隶的法律形式之一。
② 新公民，指公元前 91 年内战以后成为罗马公民的意大利人。

干可以从这样一个事实出发加以理解，首先，这个问题不是要你们做决定的问题；其次，根据苏拉自己的法律来处理这些社团的公民权，设置这部法律并非旨在剥夺他们的契约权和继承权。这部法律保障他们和阿里米努姆人一样拥有相同的权利，众所周知，这个城邦是十二个殖民地之一，有权继承罗马公民的遗产。甚至，即使有可能用法律剥夺奥鲁斯·凯基纳的公民权，但对作为优秀公民的我们来说，最关心的当然是以某种方式避免受到伤害，能继续像在家里一样由于拥有智慧、善良而成为最受尊敬的公民，而不是像现在这样，在公民权利不可能剥夺已经得到证明的时候，有人会像你的对手塞克斯都一样，愚蠢地、厚颜无耻地断言我的当事人的公民权已经被剥夺。

先生们，由于他不可能放弃他的权利，也不会屈从于他的对手的厚颜无耻和傲慢无礼，因此他把他的案子，也是你们的案子，以及人民的权利，托付给你们的荣誉感和责任感。

【36】这就是他的品性，这就是他一直希望你们，和像你们这样的人，能看到的品性。他在这个案子中的目的和他唯一的目标就是避免由于某些人的玩忽职守而失去本来属于他的权利。他同样既担心显得轻蔑地对待艾布提乌，又担心受到艾布提乌的轻蔑对待。因此，要是某些事情要归结为他的案子之外的他的功德，那么你们看到他是一个极为节制的人，具有杰出的品性和众所周知的忠诚，在整个埃图利亚享有盛誉，无论是交好运还是交厄运，都有充分的证据表明他既有男子汉的气概，又有仁慈的品性。如果是这样的话，那么另一方的情况也就很清楚了，我们不必多说了，这个挑起纷争的人承认自己召集人使用了武力。但若你们把人格放在一边，只考虑案子本身，那么由于你们已经对使用武力的问题做出了判断，由于被指控使用武力的人承认自己召集人使用了武力，由于他按照法律的文字而不是遵循法律的精神努力为自己辩护，由于你们看到甚至连这些法律文字也不能保护他，最博学的权威也站在我们这一边，尽管这个案子没有提到凯基纳对这处地产的占有权问题，而这种占有权无论如何都表明是属于他的，尽管凯基纳的所有权的

问题与本案没有关系，但我已经说明了他的所有权是一项确凿的事实；由于上述原因，我要说，你们在做出裁决时必须考虑到处理使用武力问题的公共政策，必须考虑到他自己已经承认使用了武力，必须考虑到我们要求获得公平的对待，必须考虑到有关本案的法令的精神。

为克伦提乌辩护

提　要

　　本文的拉丁文标题是"M. Tulli Ciceronis Pro A. Cluentio Habito Oratio Ad Iudices"，英文标题为"The Speech of Marcus Tullius Cicero in Defence of Aulus Cluentius Habitus"，意思是"马库斯·图利乌斯·西塞罗为奥鲁斯·克伦提乌·哈比图斯辩护的演讲词"。中文标题定为"为克伦提乌辩护"。

　　原告奥庇安尼库指控被告奥鲁斯·克伦提乌·哈比图斯投毒，西塞罗为被告辩护。西塞罗指出，案子的困难不在于本案情节复杂，而在于奥庇安尼库的指控演讲涉及 8 年前的另一场官司——克伦提乌控告原告的父亲斯塔提乌·阿比乌斯·奥庇安尼库。那场官司经法庭审判后做出了判决，但后来被怀疑有人行贿。人们怀疑保民官昆克修斯利用这个机会怂恿民众反对判决，而这样做又起着反对元老院的作用，因为法庭的陪审团是由元老院的议员组成的。而后来的一些审判又判决与审判这场官司有关的一些人有罪：继昆克修斯担任法庭主席的朱尼乌斯违反法庭程序，被判有罪；在原告和被告间协调沟通的斯塔厄努斯也被判有罪。受这些审判的影响，当克伦提乌被奥庇安尼库指控投毒杀害老奥庇安尼库的时候，人们对克伦提乌存在着大量偏见。为了替克伦提乌辩护，西塞罗把演讲的大部分篇幅用于说明老奥庇安尼库实际上是一个无赖，已有的证据实际上已经证明他有罪。

　　这篇演讲发表于公元前 66 年。全文共分为 71 章，译成中文约 5.9 万字。

正　文

【1】先生们，我注意到原告的整篇演讲分为两部分：在一个部分中他似乎充满自信地依据成见反对在朱尼乌斯面前的审判；① 在另一部分中他对被指控投毒似乎采取了犹豫不决和缺乏自信的方法，但仅仅是形式上的，而依据法律建立起来的这个法庭就是为了处理投毒这个问题的。因此我决定在我的辩护中模仿他，把我的演讲分为关于成见和实际的指控；借此我希望能够清楚地向所有人表明，我既不想因为说得太少而无法触及争论要点，又不想因为说得太多而使我的辩护变得模糊不清，这就是我的希望。但是当我开始考虑如何阐述这两个主题时，我非常明白其中一个主题阐述起来似乎不需要什么时间努力，它适宜由你们法庭和法律委派处理投毒案的保民官去考虑；而另一个主题似乎不适宜在法庭上冷静地审判，而适宜骚动的公共集会，处理这个主题会更加辛苦，会遇到更大的困难。

但是面对这种困难，我通过这样的反思来安慰自己，在听到一项指控时，你们的习惯是全神贯注地看着演讲者，以便寻找反驳之处，而不是想一想自己有没有责任对被告的公平有所贡献，能否通过对指控的驳斥或者被告的论证的合理性来确保他得到公平的对待；而另一方面，在带着成见处理案子时，你们必定会像在你们中间讨论这个案子一样，考虑自己应当做出什么样的抗辩，而不是考虑由律师提出的抗辩。因为在对被告的实际指控中，处于危险之中的只有我的当事人的利益，而成见的问题则与我们所有人的利益相关。所以，我在演讲的一个部分要使用证明的语言，在另一部分要使用恳求的语言；在一个部分我要你们仔细关注，在另一部分我必须寻求你们的善意。没有你们和像你们这样的人的支持，无人有望阻止成见。

对我来说，我承认我不知道自己在什么地方发生了转变。我要说从来就

---

① 指以前的一场诉讼，克伦提乌控告奥庇安尼库的父亲。

没有发生过法庭腐败的丑闻吗？或者说这种事情从来就没有在街头巷尾讨论、在法庭上谈论、在元老院议论过吗？我想从公共舆论中抹去如此坚实、深刻、根深蒂固的印象吗？这已经超出了我的能力。先生们，你们有能力帮助我清白无辜的当事人，把他从灾难性的谣言中解救出来，这种谣言就像一团熊熊烈火包围着他，同时也威胁着所有人。

【2】还有，尽管真相在别处显得不足与缺乏支持，但在这个地方，暴露出虚弱来的应当是虚假的成见。成见在公共集会上可以成为主人，但在法庭上必须藏头露尾；成见可以在人们的心灵和平民的言谈中盛行，但训练有素的知识人会予以驳斥；成见凭借着突如其来的攻击可以得逞一时，但它的活力会在时间审案中衰退。最后，让我们坚持公正审判的基本特点，这是我们从祖先那里继承下来的遗产，也就是说，法庭上要是没有成见，那么罪恶就会受到惩罚；而在现实中要是没有罪恶，成见也就会被搁置。

因此，先生们，由于这个原因，在我开始恰当处理本案之前，我对你们有一个要求。首先，你们不能把一些预先想好的判断带到法庭上来，而只有这样做才是公正的（除非我们能在这个地方把我们的判断建立在案子事实的基础上，而不是用一堆从家里带来的、事先准备好的判断来代替事实，否则人们确实会不再把我们当做法官来尊敬，而且甚至会不再把我们称做法官）。其次，假定你们已经有了某些成形的意见，也就是说，要是你的意见受到理性的阻击、受到论证的摇撼，或者最后被真理本身连根拔起，那么你们要毫不犹豫地把你们的意见从你们的心灵中消除，即使不能愉快地这样做，至少也要毫不犹豫。最后，在我开始对指控进行具体驳斥的时候，你们不要在任何要点上对我提出反对意见，而要等到我的演讲的最后，并且允许我以自己的方式进行辩护。当我的演讲做结论的时候，你们会有足够的时间向你们自己提问，为什么我的演讲会做出一些省略。

【3】先生们，我很容易明白我正在处理的案子是一个积年旧案，八年来，你们已经听到相反的观点，而公共舆论本身实际上已经对我的当事人做出无言的判决。但若上苍给我机会，使你们能够聆听我的辩护，那么我肯定能够

说服你们，一个人最害怕的东西莫过于成见，一个清白无辜的人——一旦偏见扎下了根——最大的希望莫过于公正的审判，我们至少可以说，只有在公正的审判中才能找到某些永远平息虚假的诽谤的方法。所以，我迫切希望，要是我能具体、完整地陈述有关本案的各种观点，那么这个法庭和陪审团将最终将为我的处于惊涛骇浪之中的当事人提供避难的港湾，而不是像他的敌人所设想的那样，成为我的当事人的恐怖的源泉和噩梦。

现在，尽管在涉及案子本身之前，关于成见的长远而又危险的后果我有许多话可说，但我不会让你们长时间地停留在这一点上，而会提到同时向你们提出的实际指控。先生们，要是我可以期待本案是第一次进行争论——它确实是第一次——而过去它虽然经常受到争论，但从来没有得到确认，那么我明白我不得不经常这样做。今天是第一个这样的日子，任何对实际指控的驳斥都是可能，而在此之前，误解和成见包围着整个案子。所以，当我简洁明了地回答一项提出多年的指控时，我会紧紧抓住你们已经开始赋予我的恩惠——你们的仁慈和关注。

【4】奥鲁斯·克伦提乌被指控贿赂法庭，以确保给一位清白无辜的人、他的仇敌斯塔提乌·阿比乌斯定罪。先生们，我将要说明：第一，由于对此恶毒成见应负主要责任的这个贿赂的牺牲品是清白无辜的，所以没有人曾经在被告席上受到过更为重大的控告或指证；第二，后来给他定罪的同一批法官先前做出的判决也给他带来重大伤害，以至于他们，或者其他任何人，都不可能宣布他无罪。然后，我将提出一个论点，我知道你们最急于摆脱偏见，我要说明在那场审判中确实有人尝试贿赂，尽管不是为了我的当事人的利益，而是为了反对我的当事人。我要使你们能对整个案子的构成作出判断，看其中有多少是真理的贡献，有多少是谬误的输入，有多少是成见的调和。

我们假定克伦提乌在案子中可以充满自信的第一个理由是这样一个事实，在提出指控的时候，他的根据和证据都是无法应对的。先生们，在此我必须停顿一下，为的是向你们复述一下控告阿比乌斯有罪的指控。我相信，我说仅仅出于我对我的当事人的义务我才提到你父亲的案子，而这个时候你作为他的儿子会相信我。如果我确实对你此刻的主张不满，那么我以后仍旧会有许多机会做修正；但若我不能满足我的当事人的主张，那么我决不会再有权这样做了。再说，在他的抗辩中有谁会感到犹豫不决，会为了对一个死去的重罪犯的充满污点的记忆而牺牲一位活着的公民的没有污点的品性，尤其是对这样的目标发起攻击不再需要担心丢脸，因为他已经被定罪了，甚至也不需要悲伤，因为他已经死了，而我为这个人做的辩护必定会给敏感的心灵带来最剧烈的挫折和巨大的耻辱？先生们，为了使你们可以理解克伦提乌受到引诱而去指控奥庇安尼库不是由于某种自我宣扬或自我满足的欲望，也不是由于热爱诉讼，而是由于遭到了令人愤慨的诽谤和阴谋，他的生命显然处在危险之中，如果我要从一个相当遥远的地方开始说起，我请求你们不要以为这是个错误，因为你们要是明白了案子的开端，也就非常容易把握它的终结。

【5】先生们，奥鲁斯·克伦提乌·哈比图斯是我的当事人的父亲，他的品性、名誉和出身都是最高贵的，不仅在他所属的拉利努姆镇，而且在整个地区和所有邻居中都是这样。他死于苏拉和庞培担任执政官的那一年①，留下了一个儿子，我的当事人，他那时候15岁；还留下一个已经成年、可以出嫁的女儿，在她父亲死后不久，她成了她母亲的外甥奥鲁斯·奥里乌斯·美利努斯的妻子，这个年轻人的品性和气质在他的同伴中间是非常出色的。这桩婚姻应当说相当美满，为所有人看好，但却激起一位老妇人的有违常情的愤怒，其中不仅含有耻辱，而且包含罪恶。我的当事人哈比图斯的母亲莎昔娅——作为一位母亲，我必须在整个案子中提到她——我要说，尽管他的母亲对待他就像对待仇敌般的残忍，但这位母亲的滔天罪行并未能剥夺自然赋予她的名字，因为这位母亲的名字的意思是热爱与温柔，越是憎恨这位母亲在这种时候的前所未闻的暴行，你们越会感到很难相信她竟然有这样

---

① 指公元前88年。

一个名字。许多年过去了，她一直想要毁灭她的儿子，然后，她，哈比图斯的母亲，对年轻的美利努斯，她的女婿，产生了不洁的情欲。一开始的时候，她还在努力克制，但很快就变得如此疯狂。她心荡神移，欲火中烧，丝毫也不考虑名誉、名节、亲情、家庭体面、公共流言、儿子的愤慨、女儿的眼泪。这位年轻丈夫的心此时还缺乏智慧与理智，她用某些像这种年纪的男人容易上当的伎俩勾引他。她的女儿无法忍受母亲成为她丈夫的情妇的邪恶景象，丈夫的愚蠢行为在她心中引发了怨恨，这是任何妇女都会产生的——她甚至认为对此发出抱怨都是有罪的——但她希望任何人都不要知道这件事。她终日以泪洗面，日见憔悴，很快苍老，只能向我的当事人、她最忠诚的兄弟倾诉。

但是，看哪，一场突如其来的离婚似乎终结了她的全部麻烦。克伦提娅离开了美利努斯，她这样做的时候既不感到悲伤，想到她这些年受的苦，又不感到高兴，想到他是她的丈夫。而这位典范，这位臭名昭著的母亲公开表达了她的兴奋，为她自己的胜利欢欣鼓舞，不是战胜了她的情欲，而是战胜了她的女儿。她不愿意让她的奸情被怀疑的眼光摧毁，她下令把女儿赶出家门，重新装饰两年前为女儿准备的婚床，拿女儿的房间做了自己的新房。就这样，岳母与女婿结了婚，没有人祝福，没有人批准，什么都没有，只有人们的预感。

【6】啊，想一想这个女人的罪恶吧，实在是前所未闻，难以置信！想一想她邪恶的情欲吧，粗野放荡，桀骜不驯！想一想她的大胆吧，哪怕不遭天谴，或者不受众议，至少在点燃新婚火炬的那个夜晚，在新房的门槛边，在她女儿的婚床上，甚至在见证了其他婚配的墙壁前，她该有所胆怯。情欲的疯狂打碎和扫除了一切障碍，情欲战胜了节制，荒淫战胜了顾忌，疯狂战胜了理智。对她的儿子来说，这种羞耻实难承受，这同样也影响了他的家人、他的亲戚和他的名誉，更有他姐姐每日的抱怨和无尽的泪水在给他增添烦恼。然而，他的结论是，尽管莎昔娅犯下如此可耻的罪行，但他除了疏远他的母亲以外一定不能采取更加强硬的措施，免得他会想起那些不可能不愤怒

的事情，如果他保持与母亲的关系，那么他不仅会看到这些事，而且会做出剧烈的举动。

你们现在已经听到我的当事人与他母亲之间的敌意的来源了，当你们继续往下听的时候，你们会明白它与现在这个案子的关系非常密切。因为我并非不明白，无论他的母亲具有什么样的品性，做儿子的总是很难在审判时提到他父母的堕落。先生们，如果有人要我为那些遭受指控的人辩护，而我又对深深扎根于人类共同的本能和人性的根本法则中的原则视而不见，那么我就不配接手这个案子。我充分认识到一个人要受到各种约束，不仅要隐瞒父母对他的冒犯，而且要忍辱负重地承受它；但我同时也认为，仅当沉默和忍受还有可能的时候，一个人才能默默地承受这样的冒犯。

在我的当事人的全部生活中，除了这件事，他没有什么灾难要面对，没有遇到死亡的威胁，也没有罪恶需要害怕，而这件事完全归咎于他母亲的伎俩和诱导。这些事情他一件也不愿提起，或者说他宁愿用沉默的面纱来掩盖这些事情，如果说不能完全忘却的话；然而这些问题确实存在，要想绝对保持沉默是不可能的。呃，这场审判、我的当事人受到的伤害、对他的指控、一大群证人，都是他母亲活动的结果，都是他母亲运用她所能支配的全部财富和资源鼓动起来的。只是到了最后，她本人才从拉利努姆飞到罗马去围剿她面临毁灭的儿子。她就在这里，这个女人，带着她的厚颜无耻、带着她的金钱，带着她残忍的心；她组织了起诉，安排了证据；她为被告穿上肮脏的丧服感到兴奋；①她期盼着他的毁灭；她渴望着流血牺牲，只要能看到她的儿子先流血。如果这场审判的过程还不能清楚地向你们揭示所有这些事实，那么就请你们相信我是唯一把她的名字荒唐地牵扯到这件事情中来的人；但若这些事情确实揭示了各种可怕的地方，那么你们必须原谅克伦提乌，因为他允许我把这些事情说出来；如果我不说这些事情，那么你们一定不会原谅我。

---

① 让被告穿上肮脏的丧服是一种习惯做法，以激起法庭的怜悯。

【7】在这一点上，我会简要地提出发现奥庇安尼库有罪的指控，为的是让你们能够明白奥鲁斯·克伦提乌提出指控的坚定态度和动机。首先，我要说的是我的当事人提出指控的理由，这样你就可以看到他被迫采取的行动是完全必要的。他的继父奥庇安尼库给他备下的毒药真的被发现了——这件事情不是一种推论，而是可见可摸的证据，没有任何值得怀疑的地方——这是诱使他控告奥庇安尼库的原因。他在起诉时有多么坚定和多么细心，我晚些时候再说。现在我要你们明白我的当事人提出控告的唯一动机就是他想要逃避这种危险，这是他揭穿阴谋、保全生命的唯一方法；为了使你们能够理解反对奥庇安尼库的指控具有原告无所畏惧，而被告也毫无希望的性质，我将在审判中提出一些指控。听了这些指控，听到被告由于抱着错误的希望而在斯塔厄努斯那里躲藏，并且进行贿赂，你们中没有一个人会感到惊讶。

有一位拉利努姆的妇人名叫狄奈娅，她是奥庇安尼库的岳母，有三个儿子：马库斯·奥里乌斯、努美利乌·奥里乌斯、格奈乌斯·玛吉乌斯，还有一个女儿玛吉娅，嫁给奥庇安尼库。同盟战争期间，当时还相当年轻的马库斯·奥里乌斯在阿斯库鲁落入元老院议员昆图斯·塞吉乌斯的手中——这位塞吉乌斯在谋杀法庭受审和定罪——被关在他的奴隶营中。他的兄弟努美利乌·奥里乌斯死了，把财产留给了他的兄弟格奈乌斯·玛吉乌斯。后来，奥庇安尼库的妻子玛吉娅死了；最后，狄奈娅唯一幸存的儿子格奈乌斯·玛吉乌斯也死了。他把他的财产留给了在这里的小奥庇安尼库，他的姐姐的儿子，并且在遗嘱中要求小奥庇安尼库与立遗嘱人的母亲狄奈娅分享这笔财产。与此同时，一位很可靠的报信人来找狄奈娅，说她的儿子马库斯·奥里乌斯还活着，在高卢做奴隶。这位妇人，在失去所有子女以后，突然有希望得到一个儿子，于是她把所有亲戚朋友召集在一起，流着眼泪请求他们帮她把儿子找回来，说这是命运女神对她的眷顾。找人的事情刚开始，她就病倒了；她在遗嘱中留了 4,000 个罗马大银币给她的这个儿子，但指定她的外孙小奥庇安尼库为主要继承人。几天以后，她就死了。尽管狄奈娅已经死了，但她的亲戚仍旧按照她活着时的决心，开始与那个最初的报信人一起去高卢寻找马库斯·奥里乌斯。

【8】与此同时，奥庇安尼库，带着无与伦比的邪恶和无耻，对此你们将会听到许多例子，首先在他的一位高卢朋友的帮助下贿赂这个报信人，然后成功地花了一小笔钱，派人谋杀了马库斯·奥里乌斯。那些出发去寻找马库斯·奥里乌斯的人写信给拉利努姆的奥里乌斯家族的人，即他们自己的亲戚和奥鲁斯的亲戚，说他们找人非常困难，因为报信人据他们所知已经接受了奥庇安尼库的贿赂。有一位勇敢的奥鲁斯·奥里乌斯，他出身高贵，与失踪者是近亲，他在集市广场，当着奥庇安尼库的面，读了这封信，大声说，要是马库斯·奥里乌斯遭到谋杀，他要起诉奥庇安尼库。那些启程去高卢找人的人很快就回来了，带来的消息是马库斯·奥里乌斯被谋杀了，不仅他的亲戚，而且全体拉利努姆人心中都充满了对奥庇安尼库的仇恨和对被谋杀者的遗憾。所以当先前表示要起诉他的奥里乌斯开始大声抨击他的时候，奥庇安尼库逃离了拉利努姆，在杰出的将军昆图斯·麦特鲁斯军营里藏身。这次逃跑既证明了他的罪行，又证明了他罪恶的心，把他自己暴露在法律审判面前，暴露在他的仇敌面前；但是，他借助苏拉在军事上得胜的便利，带领一批武装人员突袭拉利努姆，使人感到震惊。他废黜了镇上的人选举任命的四人委员会，宣布由苏拉任命的其他三个人和他接替，还说这是苏拉的命令，剥夺那个声称要起诉他的奥里乌斯的公权，并处死了他，一同被杀的还有这位奥里乌斯的儿子卢西乌斯·奥里乌斯，还有塞克斯都·维庇乌斯，据说这个人曾经作为中介人贿赂报信者。这些人被残忍地处死了，镇上的其他人对他滥用权力惊恐不已。当这些事实在法庭审判上暴露以后，有谁能够想象还有可能宣判他无罪？

【9】然而，这些事情还是微不足道的，听一听其他人的想法吧，你们会感到惊讶的不是奥庇安尼库被宣判有罪，而是他仍旧可以像自由人一样逍遥自在。

首先请你们注意这个家伙的蛮横无理！他产生了想要娶哈比图斯的母亲莎昔娅为妻的念头，莎昔娅的丈夫奥鲁斯·奥里乌斯就是他派人谋杀的。至于到底是他厚颜无耻地向莎昔娅提亲，还是莎昔娅可耻地接受他，那就很难说了；但不管怎么说，请允许我向你们描写一下这对男女在这件事上的微妙和坚定。奥庇安尼库向莎昔娅求婚，要她嫁给他；而她对奥庇安尼库的蛮横无理没有感到丝毫惊讶，或者说对他的无耻没有感到任何义愤，甚至在想起流淌着她丈夫鲜血的房子时也没有感到任何厌恶，而只是说她不想嫁给他的原因是他有三个儿子。奥庇安尼库贪图莎昔娅的财富，认为自己不需要看自己的房子就可以找到办法克服实现这桩婚姻的障碍。他让他和诺维娅生的尚在襁褓的小儿子跟他待在一起，而他和帕庇娅生的另一个儿子则和母亲一道被送往艾普利亚的忒阿努姆，那里距离拉利努姆有 18 哩路。① 没有说明任何理由，他突然派人去忒阿努姆把这个孩子接来，这种事情除非是在运动会或者其他节日的时候，否则对他来说是非同寻常的。这个孩子的可怜的母亲没有产生任何怀疑就把他送走了；同一天，奥庇安尼库假装启程去了塔壬同，而这个完全健康的孩子就在第 11 个时辰 ② 的时候，在日落之前，突然死去；而在第二天天还没有亮的时候，就被放在火葬堆上。关于这个孩子的可怕的死讯最先通过流言传到他母亲的耳朵里，早于奥庇安尼库家里的任何人前来报信。她同时听到自己既失去了儿子，又不能参加他的葬礼，于是满怀悲伤马上去了拉利努姆，在那里祭奠了儿子，尽管她的儿子此时已经躺在坟墓里。过了还不到十天，奥庇安尼库的另一个儿子，那个婴儿，也被谋杀了。所以，不用等待，莎昔娅兴高采烈地嫁给了奥庇安尼库，因为她的所有愿望都实现了。看到这个人向自己求婚用的不是聘礼，而是谋杀自己的孩子，她并不感到有什么惊讶！而奥庇安尼库远非像大多数人那样为了子女而觊觎财富，而是在为了金钱献上他子女的生命之中找到快乐。

【10】先生们，我知道，我对他愚蠢的罪行进行简要复述在撕扯着你们的心。那么你们想象他们的感觉不仅是听故事的人的感觉，而且是对它做出

---

① 这里的原文是 "mille"（千步、罗哩），复数 "mile"，古罗马长度单位。

② 此处英译者加注，指日落前的那一个时辰。

审判的人的感觉吗？你们正在听到的故事是这样一个人的故事，你们不是在对这个人进行审判，因为你们的眼睛看不到他，你们的仇恨无法触及他，但他要对自然和法律偿还他的债务，他要受到自然和法律的惩罚，法律要用流放来惩罚他，自然要用死亡来惩罚他。你们正在听到的这个故事不是出自他的敌人之口，或者是由证人提供的证据，你们听到的我的简明扼要的转述实际上可以讲得非常详细。但是他的法官听了这个人的故事，他们发誓要对这个人做出判决，这个人就站在他们面前，他们能够看到他邪恶的表情，这个人的厚颜无耻引发了普遍的仇恨，产生了这样一种公共舆论，他应当受到最严厉的惩罚；他们听他的原告讲述了这件事情，有许多证人提供证词，他们听雄辩的普伯里乌·坎努提乌详尽讲述了每一个要点。这样的事实摆在面前，有谁能够想象奥庇安尼库是司法腐败的无辜的牺牲品？

现在，先生们，我要把剩下还没有说的事情总的再考察一下，使我对这些事情的简述能够更加贴近我的当事人的案子。请你们在心里记住，尽管指控已经死去的奥庇安尼库不是我的任务，但不管怎么说，在我说服你们我的当事人没有贿赂法庭的尝试中，我主要把我的辩护建立在这样一个事实上：受到谴责的奥庇安尼库是一个地地道道的、有罪的恶棍。呃，奥庇安尼库亲手把杯子递给他的妻子克伦提娅，她是我的当事人哈比图斯的姨妈，就在喝的时候，她突然发出痛苦的嚎叫，一句话都还没能说出来就倒地而死。突如其来的死亡、临死前的喊声，后来在她的尸体上发现的症状，都表明她是中毒身亡。此外，奥庇安尼库还用毒药谋杀了他的兄弟格奈乌斯·奥庇安尼库。

【11】奥庇安尼库毒死了妻子以后还不满足，尽管他的杀人方式已经为人察觉，但他还是早就做好了准备，继续以这种方式作恶。他兄弟的妻子奥莉娅有孕在身，就快要生产了，然而为了斩草除根，他还是对她下了毒。接下去，他把注意力转向了他的兄弟。太迟了，他的兄弟已经饮下死亡之杯，在还没有对妻子的死亡发出呼喊之前，在还没有表达他想要更改遗嘱的意愿之前，他就死去了。所以，奥庇安尼库毒死了他兄弟的妻子，防止她生下一

个孩子来继承他兄弟的遗产，他在这个小生命能够接受自然的恩赐，看到光明之前就剥夺了他的财产；由此人人可知，没有任何东西能够阻挡奥庇安尼库，没有任何神圣的东西能阻拦这个蛮横无理的人，甚至连母亲的子宫也不能拯救他兄弟的孩子。记得这个案子发生时，我正在亚细亚，有一位米利都的妇女接受了一位轮替继承人的贿赂，自己服药流产，被判处死刑；这样做是对的，因为她欺骗了这个孩子的父亲的希望、欺骗了他想要延续的名字、欺骗了他的家族和他的继承人的家庭、欺骗了他所属的国家。奥庇安尼库所犯的相同的罪行应当受到更加严厉的惩罚，因为那个米利都妇人在对自己的身体施暴时给她自己造成伤痛，而奥庇安尼库通过另一个人的痛苦死亡来达到同样的结果。大多数人似乎无力一个又一个地杀人，而奥庇安尼库有了新发明，在一个牺牲品身上杀害了不止一个人。

【12】小奥庇安尼库的舅舅格奈乌斯·玛吉乌斯开始明白他的习惯性的蛮横了，所以他在身患重病的时候，在把他姐姐的儿子，在这里的小奥庇安尼库，立为他的继承人时，他把他的朋友召集起来，当着他的母亲狄奈娅的面，问他的妻子是否要孩子，她回答说要，于是他要求妻子在他死后与婆婆狄奈娅住在一起，直到分娩。他的妻子十分小心，最后终于平安地生下了她怀的孩子。按照玛吉乌斯的遗嘱，他把所有财产留给了儿子，而没有给轮替的财产继承人留下任何东西。你们由此可以看出他对奥庇安尼库的疑心，他对这个人的估计再明显不过了，因为他没有指定他的继承人的父亲作为他自己的子女的财产监护人。现在让我们来看一下奥庇安尼库的所作所为，你们就会明白玛吉乌斯在弥留之际对未来的预见看得还不够远。作为遗赠物的这笔钱本来要在她的儿子出生以后才会给这位妇女，而奥庇安尼库提前就把这笔钱付给她——如果这样的支付可以被称做支付遗赠物，而不是要她流产的价格。她收下了这笔钱，还有其他许多礼物，这从奥庇安尼库受审时引用的他的开支项目可以得知。她屈服于邪恶，把她腹中的孩子，她丈夫专门托付的对象，出卖给遭到唾弃的奥庇安尼库。你们会认为没有什么事比这件事更加邪恶，但是请你们等一下，听一听这件事的结尾：这个女人就像害怕她丈

夫的鬼魂一样，不敢冒险走进任何人家，而是在接下来的十个月里待在婆婆家里，在她丈夫死后五个月就嫁给了奥庇安尼库！他们之间的结合不是为了天长地久，他们之间的关系也不是神圣的婚姻，而是一对犯罪的伴侣！

【13】还有，我要说一下拉利努姆的一位富有的年轻人阿苏维乌被谋杀的事情。这件事情发生以后消息传得很快，人们广泛议论，真是臭名昭著！拉利努姆有位阿维留斯，是个穷光蛋，一名游手好闲的无赖，擅长装出一副天真无邪的样子骗人。通过奉承和谄媚，他成功地取得了阿苏维乌的信任；奥庇安尼库现在希望能够利用这个阿维留斯作为攻击阿苏维乌的武器，成功地包围这个年轻人，然后暴风骤雨般地夺走他祖上留给他的财产。拉利努姆看到了整个阴谋，但场景转到了罗马，因为他们认为偏僻的地方适宜酝酿阴谋，而喧哗的城市本身更适宜实现阴谋。阿苏维乌和阿维留斯一起去了罗马，奥庇安尼库尾随他们前往。他们在罗马如何花天酒地——宴会、妓院，恣意挥霍，而奥庇安尼库不仅参与，而且怂恿——这些事情讲起来太啰嗦，尤其是我急于转向另一个论题，所以让我来告诉你们这种虚假的友谊如何收场。

当这个年轻人待在某个情妇家里过夜的时候，阿维留斯按照原先的预谋，假装生了重病，想要立遗嘱。需要证人在遗嘱上封印的时候，奥庇安尼库找来一些阿苏维乌和阿维留斯都不认识的人，而他本人以阿苏维乌的名义代表阿维留斯讲话。证人们在这份遗嘱封了印，就好像是阿苏维乌的遗嘱，然后离去。阿维留斯的病马上就好了。几天以后，有人约了阿苏维乌出去散步，好像是去一处乐园，但实际上去了埃斯奎利门以外的一片沙地，在那里被杀害了。他失踪以后有一两天，人们在他常去的那些地方都无法找到他，而奥庇安尼库在拉利努姆的集市广场上宣布他和他的一些朋友最近作为证人签署了阿苏维乌的一份遗嘱。阿苏维乌家里获释的奴隶，以及他的几个朋友，知道在最后一天还看到阿苏维乌活着，有阿维留斯陪伴，还有许多人也看到他们在一起，因此他们对阿维留斯极为愤怒，把他揪到昆图斯·曼留斯的审判台前，曼留斯当时是三名负责治安的委员之一。这时候，尽管还没有任何人能提供证据，或者报告什么对他不利的消息，但阿维留斯在惊恐中把我刚才告诉你们的这件事全都抖搂出来，承认自己在奥庇安尼库的唆使下谋杀了阿苏维乌。曼留斯派人把躲藏在家中的奥庇安尼库抓来，让阿维留斯与他对质。你们还要我对你们说些什么？你们大部分人认识曼留斯，从童年起，他从未想过获取荣誉的道路、优秀品格的塑造、良好名声所能获得的奖赏。由于他的无耻和无赖，他在内战期间被民众选为保民官，而在此之前他经常被人抓住，遭到公众的辱骂。所以，他很快就与奥庇安尼库熟悉起来，接受了他的贿赂，放弃了这起完全清楚的、他自己也已经确认的案子。尽管在审判奥庇安尼库之前已有许多证人提供了证据，还有阿维留斯自己的供认，说明奥庇安尼库是主谋，但在这场腐败的审判中，他还是被宣布为一名可怜的、清白无辜的人！

【14】还有，奥庇安尼库，你的父亲不是谋杀了你的祖母狄奈娅，而你是她的财产继承人吗？当你的父亲给她介绍一位他的臭名昭著的、经常"成功"的医生时，这位可怜的妇人喊叫起来，坚决不要那个医生上门，因为这位医生的诊治曾使她失去所有的孩子。于是他又找到一位到处旅行的庸医，安科那的卢西乌斯·克劳狄。他正好来到拉利努姆，答应替奥庇安尼库办这件事，好处费是 2,000 个罗马小银币，这是他自己的账本上写明的。克劳狄匆匆忙忙地办完了这件事就走了，因为他有许多地方要去。他用给这位妇女的第一剂药就杀死了她，而不是在他另一次在拉利努姆逗留的时候。

还有，在狄奈娅立遗嘱的时候，奥庇安尼库利用他曾经是她女婿的地位拿到了遗嘱，用他的手指头抹去了上面写的遗产①，为了防止他的涂改暴露，他在狄奈娅死后把这份遗嘱抄成另一份文件，伪造了证人的封印。

我有意省略了许多细节，因为我担心，甚至连我说过了的事情都已经显得太多了。然而你们必须明白，奥庇安尼库在他一生的其他时期也一直是这

---

① 这份遗嘱是用"尖杆"（stilus）在蜡板上写成的。古罗马人在蜡板上写字时用的木棍一端稍尖，便于写字，一端圆钝，用于涂改。

个样子。拉利努姆镇上的议会发现他多次篡改他们的执法官的公共记录，没有人敢和他有什么金钱往来，也没有人愿意跟他打交道，他的亲戚朋友没有一个人敢立下遗嘱，让他担任子女的监护人。没有人认为去拜访他、与他见面、与他谈话、请他吃晚饭，是一件体面的事情。每个人都在躲避他，每个人都在诅咒他，每个人都把他当做一头凶残的野兽和瘟疫来回避。然而，只要还能保障自己的安全，哈比图斯从来没有想到要起诉奥庇安尼库的蛮横、邪恶和罪恶。奥庇安尼库确实是我的当事人的仇敌；是的，他的后父也是，而他的母亲则是一个没有亲情、仇恨儿子的女人，但她毕竟仍旧是他的母亲；最后，没有人比克伦提乌更不情愿提出指控了，无论是由于他的气质，还是他的同情心，还是他既定的生活方式。但是他面临这样的选择，要么尽到自己的义务，公正地起诉，要么在尚未成年时就可耻地死去，所以他选择了宁可起诉而不愿向这样的结局屈服。

现在，为了让你们相信我所说的都是真的，我将向你们讲述奥庇安尼库的一项罪行，这是已经完全发现了的。这个故事将使你们相信，我的当事人提出指控和奥庇安尼库受到谴责是同样不可避免的。

【15】在拉利努姆有一些人叫做"玛提阿勒"，他们是战神玛斯的祭司，按照地方上的规矩和远古的宗教传统献身于侍奉这位神灵。他们的人数相当多，还有，就好比在西西里的维纳斯的祭司，这些拉利努姆的玛斯的祭司被当做神的家人来看待。① 而这位奥庇安尼库突然提出抗辩说，这些人是自由民和罗马公民。这种说法对拉利努姆的镇议会和所有镇上的人都是一个沉重的打击，所以他们要求哈比图斯接手这个案子，站在公共利益的立场上参加抗辩。尽管哈比图斯一直远离诸如此类的事情，但考虑到他自己的地位、他的家族的古老，以及他自己的情感，他到这个世界上来并非只是为了自己的利益，而是为了他的同胞、镇上的人和其他朋友的利益，所以他也不愿意使拉利努姆人的强烈愿望落空。这桩案子上了法庭，后来又告到罗马，哈比图

---

① 也就是说，比神奴要好一些。

斯和奥庇安尼库之间每天都有激烈的争论，双方都希望打赢这个官司。奥庇安尼库的本性是难以驾驭的、残暴的，哈比图斯的母亲对儿子的仇恨和敌视进一步点燃了他的疯狂。然后，他们认为，为了他们的利益，必须使我的当事人脱离"玛提阿勒"的案子。但在这个原因之后还有另一个更有说服力的理由，这就是奥庇安尼库对金钱的贪婪；因为直到奥庇安尼库受审时，哈比图斯还没有立过遗嘱，他不能留下任何东西给这样一位母亲，或者在遗嘱上写上父母的名字。当奥庇安尼库知道这一点的时候（这件事无秘密可言），他明白在哈比图斯死的时候所有财产都会落到他母亲手中，而以后再弄死他的母亲，会给他本人带来更大的利益，这样做在外人看来像是命中注定，而且又较少风险，是她失去儿子所致。在这些动机的推动下，你们听听，他如何努力用毒药消灭哈比图斯。

【16】阿拉特利乌镇有一对双胞胎兄弟，盖乌斯·法伯里修和卢西乌斯·法伯里修；他们的相貌和性格都很相似，但与镇上的大多数同胞不一样，那个镇上的人的生活方式几乎个个都很良好，而他们属于那种无赖，只有奥庇安尼库与这两人始终保持着最亲密的关系。我要说，你们现在明白了，嗜好和性格在缔结友谊中会发挥多么大的作用。他们的生活建立在没有一个银币是肮脏的这样一个假设的前提下；他们使用各种伎俩行骗、欺诈，劣迹斑斑，臭名昭著；而我已经说过，奥庇安尼库多年来一直急于和他们建立友谊。所以，在这个具体时刻，他决定在针对哈比图斯的阴谋中起用盖乌斯·法伯里修，因为卢西乌斯此时已经死了。

哈比图斯这时候身体状况很差，请了一位克莱俄芳图来给他看病，这个人的医术还是不错的，名声也还行。法伯里修试图贿赂克莱俄芳图的一名奴隶第欧根尼，想要借他的手毒死哈比图斯。事实表明这名奴隶并不愚蠢，而且非常诚实和正直。他没有拒绝法伯里修的提议，但把事情报告了他的主人，而克莱俄芳图又去告诉哈比图斯。哈比图斯马上把这件事告诉了他的朋友，议员马库斯·拜庇乌斯，我想你们都能记得这位议员的荣誉、远见和细心。他的建议是，哈比图斯应当从克莱俄芳图那里把第欧根尼买过来，这样做就很容易判断第欧根尼所提供的消息的真伪。长话短说，哈比图斯购买了第欧根尼。几天以后，当法伯里修的一名释放奴隶斯卡曼德正在准备毒药的时候，几个可靠的人发现了他，还找到了一个小包，里面放着这项行动的报酬。我以上苍的名义发誓，有谁在听了这些事实以后会说奥庇安尼库是腐败的牺牲品？

【17】有哪个受审的人会如此蛮横无理，如此十恶不赦，如此明目张胆地行凶？有谁的才能和雄辩能够为这样的案子进行辩护？进一步说，有谁能怀疑摆在他面前的这些事实？这些已经被发现的罪行使克伦提乌面临死亡或者受到迫害。

先生们，我想我已经恰当地证明了，对奥庇安尼库提出的这些指控已经使得通过诚实的手段审判他无罪是不可能的事；所以现在让我来告诉你们，他在受到传讯，到法庭上来受审之前，就已经是一个被定罪的罪犯，因为他的案子已经判决了不是一次，而是两次。先生们，克伦提乌控告的第一个人就是那个在他手里找到毒药的斯卡曼德，法伯里修的被释放的奴隶。陪审团没有偏见，也没有怀疑法庭接受贿赂。摆在法庭面前的是直截了当的问题、确定的事实、单一的指控。在这个关节点上，盖乌斯·法伯里修——我前面已经提到过这个人——明白，要是他的获释奴隶被判定有罪，那么他自己也有被判罪的危险，于是他就把一个阿拉特利乌人的代表团带到我家里来；因为他知道我是他们的邻居①，与他们大部分人熟识。尽管他们对法伯里修的看法好不到哪里去，但由于他是他们镇上的同胞，所以出于自尊，他们尽力为他辩护。于是，他们请求我接手斯卡曼德的案子，为他辩护，这一点也事关他的庇护人的责任。由于无法拒绝我的这些善良、高尚的朋友的要求，也由于我当时的想法无非就是这些人对我的实际要求，而不知案子的严重性或确定性，所以我就答应了他们的全部要求。

【18】审判开始了，斯卡曼德被带上了被告席。原告的律师是普伯里

---

① 西塞罗在他的出生地阿尔皮诺有一处乡间房屋，靠近阿拉特利乌。

乌·坎努提乌，才能杰出，经验丰富。他把他对斯卡曼德的指控限定为三个词："发现了毒药"，而他的目标就是运用各种武器对奥庇安尼库展开进攻，揭露他的各种阴谋的动机，回忆他与法伯里修的友谊，讲述他生活中的蛮横无理，最后，在阐述了各种各样的观点以后，指出发现了毒药，把整个控告引向高潮。然后我站起来作答，上苍知道我有多么焦急，多么不安，多么畏惧！从个人角度讲，每当我开始讲话时，我总是非常紧张。每次发表演说，我都感到自己正在被交付审判，不仅是我的能力，而且甚至是我的品格和荣誉。我担心自己不能像许下的诺言那样有良好的表现，会显得无耻；或者担心不能完全施展才能，会显得不诚实和对论辩不用心。在这个具体场合，我就像一头紧张的猎物，担心自己要是什么也不说，会显得像是舌头被捆住了；而要是在这样一个论据不充分的论辩中说得太多，会显得无耻。

【19】最后，我总算回过神来，决心采取一条强硬的辩护路线，对一个年轻的抗辩者来说这样做一般认为是可取的，即使取胜的可能性不大，也不能对一个受审的人失信。我这样做了，运用了我所有的资源，只要对自己有帮助，在我力所能及的范围内，哪怕是使用法律上的秘方和遁词。尽管我很不愿意这样说，但我要说的是，最后的结果是没有人能够想象我不公正地为他的案子辩护。然而，每当我试图掌握一个论证，原告就扭曲它。我不是要求我的对手说明斯卡曼德和哈比图斯之间的敌意吗？他说他们之间没有任何敌意，但是奥庇安尼库过去是克伦提乌的仇敌，现在仍旧是克伦提乌最大的仇敌，而受到指控的这个人只不过是他的代理人。要是我采取这样的辩护路线，说斯卡曼德没有想过要从哈比图斯的死亡中得到任何东西，那么他会承认这一点，但会说在这种情况下，哈比图斯的所有财产都会落到奥庇安尼库的妻子手中，奥庇安尼库在过去是运用杀妻术的大师。当我做出一些在审判一名被释放奴隶的法庭上总会被认为非常体面的辩护时，亦即说他生来就拥有和他的庇护人一样的良好品格，他承认了，但追问谁能给这位庇护人以良好的品格。我说第欧根尼是用来给斯卡曼德设下的一个圈套，他们已经安排了一种不同的方式，第欧根尼应当带来的是药，而不是毒药，我还说这种

事情对任何人都会发生，他问我斯卡曼德为什么要到这样一个偏僻的地方来，而且一个人来，为什么还有一口袋有封印的钱。在这个要点上，我的论辩崩溃了，这些证据拥有无法驳斥的分量。马库斯·拜庇乌斯宣誓以后证实是他建议购买第欧根尼，斯卡曼德拿着毒药和金钱被抓获时他在现场。普伯里乌·昆图斯·瓦鲁斯，一名审慎的证人，他的证词有很重的分量，他宣誓以后证实了反对哈比图斯的阴谋，说事情发生以后不久克莱俄芳图在与他的一场谈话中讲到如何试图影响第欧根尼。在这场我为斯卡曼德进行辩护的审判中，他仅仅是名义上的被告，而真正的被告，真正面临定罪危险的人，在整个案子中，是奥庇安尼库。奥庇安尼库不想隐瞒，也没有任何办法伪装；他像平常一样出席法庭，鼓动他的支持者，尽一切努力参与斗争，施展他的所有影响力；最后他在辩护席上坐了下来，就好像他本人在受审，斯卡曼德有不小的理由可以对这个行动感到后悔。所有法官的视线都转了过来，不是看斯卡曼德，而是看奥庇安尼库，他的恐惧和恼怒，他的躁动不安和焦虑的表情，他的脸色红一阵、白一阵，这就公开证实了以往仅仅是引起怀疑的事情。

【20】陪审团考虑判决的时候到了，法庭主席格奈乌斯·朱尼乌斯按照苏拉的法律主持着审判，他问被告希望秘密投票还是公开投票。① 奥庇安尼库在这个时候说朱尼乌斯是哈比图斯的朋友，说斯卡曼德按照他的建议行事，并且回答说自己希望投票秘密举行。陪审团考虑了他们的判决。除了一票反对——斯塔厄努斯承认这一票是他投的——斯卡曼德在此案的一审中被判决有罪。在那个时候在法庭上有谁看不到对斯卡曼德的判决也是对奥庇安尼库的判决？被发现的毒药除了旨在毒死哈比图斯，否则与判决又有什么相干？要是没有受到唆使，我们会对斯卡曼德谋害哈比图斯的想法产生怀疑吗？

---

① 公元前 137 年，陪审团的投票表决是强制性的，但苏拉于公元前 80 年使陪审团投票成为可任意选择的，但他的法律在克伦提乌受审前不久被废除。

尽管这场审判实际上已经使奥庇安尼库被公共舆论认定有罪，只是还没有被法庭判罪，然而哈比图斯没有马上把他告上法庭；他想要发现陪审团是否只是严格地处理那些实际掌握着毒药的人，或者他们是否认为这种罪行的怂恿者或帮凶就不那么需要受到惩罚。所以他马上把盖乌斯·法伯里修告上法庭，从这个人与奥庇安尼库的友谊来看，他认为此人是我们说的这桩罪行的帮凶，并且由于此案与以前的案子的联系，他成功地确保了该案被放在首要位置。这一次，不仅法伯里修没有从阿拉特利乌把我的邻居和朋友带来找我，而且他自己也由于他的案子或由于他的人品而不能确保得到他们的支持。因为当该案尚未判决时，我们认为对案子无论如何不满意，但要不要接手这个案子还值得考虑，对案子中的这个人我们并非没有联系，但是我们感到，该案一旦判决，任何想要改判的企图都是疯狂的。后来，法伯里修在无人愿意为他辩护的绝望情况下请求凯帕西乌兄弟为他辩护，他们是勤奋的律师，不放弃任何出庭辩护的机会，把他人对他们的要求当做一种信赖和喜爱。

【21】现在我们可以用医生治病为例做一些不大公正的推论，请来的医生越是高明，越是优秀，说明患者的病情越重；而在审判罪犯时，律师的辩护越是简单和模糊不清，表明案子越糟糕。其中的原因也许在于，医生只是出借他的技艺，而律师还要出借他的良好名声。

法伯里修被召来了，坎努提乌的起诉以一篇简短的演讲开始，因为他认为此案以前已经审过了。大凯帕西乌出场了，发表了一篇冗长的、漫无边际的演讲。开始的时候人们还注意听，奥庇安尼库听得有点垂头丧气，法伯里修则感到高兴，因为他没有意识到给法官留下深刻印象的不是律师的雄辩，而是这种抗辩的蛮横。在辩护中，凯帕西乌给这个一开始就千疮百孔的案子又留下了许多没有必要的新伤，直到他的辩护似乎已经不是在为了他的当事人，而似乎是在与原告共谋为止，尽管他已经尽力而为了。例如，他认为自己的辩护十分机智，从他的秘密武库中搬出这样一些有分量的话来："先生们，看一看这个凡人吧！看一看这个案子的变化和机遇吧！看一看盖乌斯·法伯里修的年纪吧！"在多次重复使用修饰性的"看一看"这个短语之后，他最后终于看着他自己。嗨，你们瞧！盖乌斯·法伯里修歪着脑袋从位子上站了起来。此时法庭上爆发出哄堂大笑，法官大发脾气，用手示意要凯帕西乌停止演讲。凯帕西乌无法完成他以"看一看"开始的排比句，他说的话几乎是在追踪他的当事人，好像要抓住他的衣领把他拉回原来的位子，他也无法完成他的结束语。就这样，法伯里修被发现有罪，首先是他自己的良心对他做出了判决，其次是法律的运行和法庭的判决。

【22】在此之后，有关奥庇安尼库的品性和审判我还有什么话要说呢？他在同样的法官面前受审，已经两次被判决有罪。在判决法伯里修和他的同谋有罪的时候，同样的法官已经对奥庇安尼库做出了审判，并把对他的审判放在第一位；他被指控犯了最严重的罪行，包括我已经讲述过的和其他许多被我省略掉的罪行；他在那些已经对他的罪恶行径的代理人斯卡曼德和他的帮凶盖乌斯·法伯里修做出判决的那些人面前受审。我以上苍的名义起誓，最令人惊讶的是什么？是他被定罪，还是他竟敢在审判时争辩？对那些已经在判决法伯里修和斯卡曼德的时候带有偏见的法官有可能在审判奥庇安尼库的时候做到前后一致，并坚持他们原先的判决吗？或者说他们将撤销自己的判决，大多数人都会注意到他们会做出一项与其他人的判决并无差异的判决？那些已经对法伯里修的获释奴隶做出判决的人——这名获释奴隶作为奥庇安尼库犯罪的代理人，而法伯里修本人是犯罪的帮凶——会宣判这项罪行的实际策划者无罪吗？那些认为从前的判决对该案造成伤害的人能或多或少说服其他人相信摆在他们面前的证据，把自由给了这个在他出庭之前已经两次受到判决的家伙吗？这种做法确实带有那个时候的元老院的法官的特点，不是用带有偏见的虚假的污名，而是用真正的、明显的恶名，使他们遭受耻辱，使得他人为他们辩护成为不可能。这些法官在遇到问题时会这样回答："你们判决斯卡曼德有罪，根据在哪里？""呃，他打算通过这名医生的奴隶毒死哈比图斯。""斯卡曼德通过哈比图斯之死想得到什么？""什么也不想，但他是奥庇安尼库的工具。""你

们也判决盖乌斯·法伯里修有罪，为什么？"因为他是奥庇安尼库的亲密朋友，他的获释奴隶在作恶时被抓住了，我们不能相信法伯里修与此事无关。"所以，如果他们判决奥庇安尼库无罪，尽管他们自己的两次判决已经判决他有罪，有谁能容忍法庭这样的可耻，法律的判决这样自相矛盾，法官的判断如此反复无常？

如果你们现在明白我的整个演讲已经确立起来了，在奥庇安尼库受审的时候，判决被告有罪是不可避免的，那么你们一定要明白，审判他的法官中对他持有偏见的法官越多，原告越无可能产生贿赂法庭的动机。

【23】现在把所有其他论证都放在一边，我问你，提多·阿西乌斯，你是否也认为对法伯里修和斯卡曼德的判决是错误的，你是否在对他们进行审判的时候也说过法庭受到贿赂，而在对后者的审判中只有斯塔厄努斯一个人投票判他无罪，而前者自己在审判中实际上认了罪。还有，如果对他们的判决是正确的，那么他们的罪行是什么？对他们的指控不就是投毒杀害哈比图斯吗？在审判他们的时候，除了讨论奥庇安尼库通过法伯里修实施反哈比图斯的阴谋，还讨论过其他什么事情吗？没有，先生们，我再重复一遍，你们会看到，什么也没有。人们对这件事情记忆犹新，此外还有公共记录；要是我弄错了，那么你们可以提出来反对我，把这些记录读一读，可以告诉法庭，在审判他们的时候除了指控奥庇安尼库试图投毒以外还对他们提出过哪些指控？先生们，我有许多话可以说明这样的判决为什么不可避免，但我不得不考虑你们的不耐烦。因为，尽管我明白没有人能够像我一样得到你们仁慈的关注，但你们仍旧表现出不耐烦来，尽管你们口头上不说，而只是要我转换话题，用一些话来打断我。"噢，你现在否认法庭受贿吗？"我不否认，但我坚持我的当事人没有贿赂法庭。"那么贿赂法庭的是谁？"我考虑，首先，要是说这场审判的焦点有某种不确定的话，那就是法庭有可能受到那个害怕被判决有罪的人的贿赂，而不是那个担心他的对手会被法庭宣判无罪的人的贿赂；其次，由于法庭必定会做出这样的判决，这一点无可怀疑，因此贿赂法庭的人更像是那个没有理由自信的人，而不是那个有各种理由自信的人；

最后，贿赂法庭的人更像是那个两次在这些法官面前输掉官司的人，而不是那个在这些法官面前打赢了官司的人。有一点是肯定的，没有任何人，无论如何敌视克伦提乌，会向我承认失败；如果我们同意在这个案子中有贿赂现象，那么贿赂者要么是哈比图斯，要么是奥庇安尼库。如果我告诉你们，哈比图斯没有这样做，那么我实际上也就指出奥庇安尼库是贿赂者。如果我证明了奥庇安尼库贿赂，那么我就清除了哈比图斯贿赂的嫌疑。所以，尽管我后来向你们恰当地表明我的当事人没有任何理由要去贿赂法庭，从中可以推论贿赂法庭的是奥庇安尼库，但我仍旧请你们允许我向你们提供这一推论的证明。

【24】这样一些论证尽管是有分量的，但我不会过分强调：贿赂之罪必定属于那个处于被判罪的危险之中的人、那个没有其他办法逃脱这种危险的人、那个总是表现得极为蛮横无理的人。有许多这样的论证，但由于我的案子并非疑点重重，而是相当清楚明白，所以我不需要逐一重复我的证明。我断定斯塔提乌·阿比乌斯给了格奈乌斯·埃利乌斯·斯塔厄努斯一大笔钱，他是陪审员之一，目的是贿赂法庭。有谁否认这一点吗？我向你奥庇安尼库发起挑战，我向你阿西乌斯发起挑战，你们俩都对他被定罪感到痛惜，一个用的是律师的雄辩，另一个用的是儿子的无言的忠诚。如果你们胆敢否认奥庇安尼库把钱给了斯塔厄努斯，那么你们就否认吧。我要说，请你们现在就否认，尽管现在轮到我说话。怎么了！你们哑巴了吗？或者说你宁可被迫承认你提起诉讼的目的，你知道些什么，你干了些什么？当贿赂发生在你这一方的时候，你怎么有脸说你知道贿赂，承认这笔钱在审判之前就给了某位陪审员，而在审判之后又试图把它夺回来？这个世界上怎么会有这种事情？先生们，我在讲述中要稍微倒回去一点，把所有这些模糊不清的事情都说清楚，使你们可以像亲眼看到这些事情一样对这些事做到清楚明白。我请求你们能像迄今为止一样继续关注我下面的讲话。我向你们保证，我不会提到你们认为不值得在这个安静下来的集会中述说的那些事情、不值得你们同情地聆听的那些事情。

　　一旦奥庇安尼库从斯卡曼德受审的事实中开始怀疑有些事情将要落到自己头上，他就试图获得一个一文不值的、不知羞耻的、专门从事司法腐败的行家的友谊；还有，这位行家本人在这个时候担任陪审员，他就是斯塔厄努斯。起初，在斯卡曼德受审的时候，他通过送礼取得了成功，使斯塔厄努斯成为一个更加热心的党徒，而不是一名光荣的陪审员。但是后来，当斯卡曼德除了得到斯塔厄努斯判他无罪的一票以外一无所获，甚至连斯塔厄努斯自己也不为斯卡曼德辩护时，他感到需要采取更加重大的措施扭转局势，所以他开始为了他自己的幸福寻求斯塔厄努斯的帮助，他认为斯塔厄努斯是一个精明的策划者，又是一个不知羞耻的阴谋家，而且行动敏捷，所以他采取了某些重要的步骤，尽管不像他期望的那么大。

　　【25】先生们，你们不是不明白，即使是野兽，在受饥饿驱赶的时候，一般来说都会回到从前觅食的地方寻找食物。两年前，我们的朋友斯塔厄努斯在接手萨费纽斯·阿忒拉的地产案时许诺给法庭6万个罗马大银币；他从萨费纽斯的尚未成年的成员那里拿到了这笔钱，由他自己保管，但在判决之后既不把它还给萨费纽斯，又不把这笔钱给地产的购买者。当他把这笔钱挥霍一空，无法继续满足他的需要和快乐的时候，他决心再次回到法庭上来重施故伎。所以，看到奥庇安尼库已经打输了官司，前两次判决就像磨盘一样挂在他的脖子上，于是他就给奥庇安尼库打气，要他不要绝望。于是，奥庇安尼库开始和这个家伙商讨如何想办法贿赂法庭。

　　斯塔厄努斯——至少我们后来听奥庇安尼库本人讲了这个故事——说他是唯一能在法庭上办到这件事的人。但一开始，他说这件事非常困难，因为他正在谋求市政官的职位，很害怕受到那些贵族家庭的反对，担心在法庭上出丑闻。经过一番周折，他提出来需要很大一笔钱，但最后又降到一个实际的水平上，要奥庇安尼库送6,400个罗马大银币到他家里来。等这笔钱送到他家，这个愚蠢的家伙就开始改变主意。他对自己说："没有比判处奥庇安尼库有罪对我更加有利的事了，如果他被判处无罪，我就不得不把这笔钱分给法官，或者把钱还给他；但若他被判有罪，那么就不会有人把钱要回去了。"所以他制定了一个确实令人惊讶的计划。我越是真实地把这些事情讲给你们听,你们就越是容易相信,对斯塔厄努斯的生活和品性做一番回顾,借助于我们对他的生活习惯的估量,我们可以最好地判断这个人的行为。

【26】像这样一个穷光蛋,一个奢侈、放荡、无耻、狡诈、背信弃义的家伙,看到这样一大笔钱放在他那肮脏污秽的家里,他的念头马上开始转到各种形式的耍无赖和欺骗上去。他说:"我要把钱送给法官们吗?除了危险和坏名声,我自己还能得到什么?我能想办法使奥庇安尼库肯定被定罪吗?假定——没有什么事情是不可能的——发生了一些事情能使奥庇安尼库脱离火坑,那么我岂非必须归还这笔钱了吗?好吧,他现在站在悬崖边,让我们把他推下去,让我们现在就把他结果了。"这就是他的计划:首先向一些无耻的法官许诺,贿赂他们,然后把钱留在自己手里,为的是让那些正直的人不怀疑对该案判决时投票的独立性,这时候他就可以使那些想要接受贿赂的法官对奥庇安尼库的欺骗产生愤怒。所以,按照相反的顺序,他开始对"开胃的"布尔布斯① 做工作,看到布尔布斯正在忧郁地打哈欠(因为他什么也没得到),于是他轻轻地拍拍布尔布斯的肩膀说:"喂,布尔布斯,能帮个忙吗?我们在为国家服务,总得弄点好处吧?"一听到"弄点好处",布尔布斯马上答道:"你说怎么办就怎么办,你有什么主意?"这时候,斯塔厄努斯提出给他 4 万小银币,要是奥庇安尼库能被判无罪,还要布尔布斯向其他熟人提出同样的建议。而他本人,作为事情的策划者,试图把"美妙的"古塔② 和"开胃的"布尔布斯产生的效果结合起来,让后者尽量串联那些愿意接受贿赂的人。一两天过去了,这个计划看来并不保险,有人提出要押金,有人提出要预付。布尔布斯面带微笑去找斯塔厄努斯,用最巴结的口吻对他说:"你好,派图斯!"(斯塔厄努斯采用派图斯这个父名,因为他害怕要是

---

① 布尔布斯(Bulbus),这个名字的词义是洋葱这样的蔬菜,罗马人一般在饭后吃,作为开胃品。

② 古塔(Gutta),这个名字的原意是一滴橄榄油,作调味品。

用利古这个名字①，会被人认为他的父名来自他的部落，而不是来自他的家族）"有关你和我讨论的这件事，他们问我钱在哪里"。然后，尽管斯塔厄努斯已经把钱收藏起来，但这个恣意挥霍的无赖仍旧到处以此为钓饵，他皱紧眉头——你们知道他那张虚伪的脸和他那用来表示假定的表情，他的品性是不诚实和虚假的组合，他已经精心策划，以掩饰自己——大声断言奥庇安尼库骗了他，为了证明他自己的话，他还说自己在公开投票时会投票判决被告有罪。

【27】陪审员中有人接受贿赂的谣言在法庭上流传，整件事情既不像他们所希望的那样秘密，也不像公众所希望的那样公开。在这种一般的神秘化和不确定性中，坎努提乌，一个有经验的人，不知怎么得到了斯塔厄努斯接受贿赂的消息，但没有想到他的计划已经产生了效果，于是突然宣布："抗辩结束。"在这个节骨眼上，奥庇安尼库没有感到什么焦虑，因为他想到斯塔厄努斯正在努力贯彻他的计划。32 名陪审员在考虑判决，如果有 16 票同意，即可判处被告无罪。通过分给每个陪审员 4 万个罗马小银币可以确保得到这些票数，而斯塔厄努斯抱着更大的获取胜利的希望，加上他自己的 1票，他希望能确保得到 17 票。但是现在这件事落空了，因为坎努提乌采取了突然行动，而斯塔厄努斯本人还没有出庭（他当时正在某个仲裁者面前为其他案子辩护）。哈比图斯对他的缺席无动于衷，坎努提乌也一样；但是奥庇安尼库和他的律师卢西乌斯·昆克修斯就不同了，昆克修斯在当时作为保民官，用最尖锐的语言对法庭主席格奈乌斯·朱尼乌斯提出抗议，反对陪审团在斯塔厄努斯缺席的情况下判决，认为他的缺席责任在于法庭传呼员的故意疏忽。昆克修斯离开刑事法庭，去了斯塔厄努斯正在打官司的民事法庭，利用他的职务特权命令法庭休庭，把斯塔厄努斯带回刑事法庭上来。陪审员们起身考虑他们的判决，因为奥庇安尼库宣布他希望投票公开进行，就像一名被告在那种场合下所能做的一样，为的是让斯塔厄努斯知道他应当向哪些

---

① 当时有一个野蛮人的部落称做利古人。

陪审员付钱。陪审员们是形形色色的，唯利是图的陪审员虽然不多，但不管怎么说都被他激怒了。想在选举中接受贿赂的人通常是不愿贿赂投票人的候选人最凶恶的敌人，这些陪审员和想要接受贿赂的投票人一样在类似的场景中带着对被告的偏见投了票，而那些诚实的陪审员想到的则是被告的罪行，他们在等那些唯利是图的陪审员先投票，为的是能借此机会判断这个法庭是否有人受贿。

【28】嗨，你们瞧！按照抽签，布尔布斯、斯塔厄努斯和古塔应当先投票，人们的眼睛都在盯着他们，看这些无耻的、唯利是图的陪审员会留下什么样的记录；而他们，没有丝毫犹豫，就投票判原告有罪。这使得人们感到不安和产生怀疑，不知发生了什么事。他们投票之后，轮到那些按照古老的审判方式训练出来的谨慎的陪审员了，他们既不能判一个完全有罪的人无罪，又不能判那个在一审中有许多疑点，但也有可能是贿赂的牺牲品的被告有罪，在情况不明的时候，他们投了"罪证不足"的票。那些认真负责的人认为隐藏在任何行为后面的动机都应当检查。他们感到，尽管其他人转为做出真正的判决仅仅是因为接受了贿赂，但他们无论如何应当坚持原先的判决，于是他们投了被告有罪的票。总共还有五个人，要么是由于判断错误，要么是出于遗憾，要么是怀疑这场愚蠢的把戏，要么是出于利益动机，投票判决你们可怜无辜的奥庇安尼库无罪。

就在判决奥庇安尼库有罪的时候，眼观六路、耳听八方的卢西乌斯·昆克修斯，这个狂热的鼓动家，感到这是一个使元老院名誉扫地的好机会，同时也可以为自己谋取好处，因为当时的民众对元老院议员组成的法庭普遍感到不满。他发表了几次慷慨激昂的演讲，以保民官的身份大声抗议，说陪审团接受贿赂，判处一名无辜者有罪。他说："这是对我们每个人的伤害，公正的审判已经成为往事，只要你的仇敌有钱，你的安全就不能得到保障。"所以，那些对案子全然无知的民众以为奥庇安尼库是个受人尊重的好公民，而现在成了贿赂的牺牲品。他们的疑心越来越强，提出了重新审判的要求，原有的判决被撤销。那个时候，斯塔厄努斯正好应奥庇安尼库之召，夜间来到提多·安尼乌斯家中，安尼乌斯是个品性优良的人，是我的亲密朋友。后来发生的事情是大家都知道的了：奥庇安尼库提起了那笔钱的问题，斯塔厄努斯说他会归还这笔钱；他们的整个谈话被一些可靠的人听去，这些人出于怀疑而跟踪斯塔厄努斯；整个阴谋暴露了，斯塔厄努斯被带上法庭，被迫交出所有的贿金。

【29】斯塔厄努斯的品性一下子变得臭名昭著、成了大家怀疑的对象。那些参加公共集会的人之所以不明白他为什么要留下了那笔本来应当用于被告利益的金钱，只是因为这件事没有告诉他们。他们察觉到有人在谈论这个案子中的贿赂，他们听到一名无辜者被判处有罪，他们根据自己对这个人的了解得出结论，认为这个人之所以没有行贿是因为没有拿到钱。他们对布尔布斯、古塔，以及其他一些人，也产生了同样的怀疑。所以，我承认——我现在这样说可以不受任何惩罚，尤其是在这个高尚的法庭上——对这场审判产生了高度的怨恨和公愤首先是因为奥庇安尼库这个名字，不必说他的生活方式了，总的说来迄今为止不为人知，其次是因为一名无辜者被判有罪似乎是一件可耻的事情，最后是因为有关贿赂的疑心染上了斯塔厄努斯以及像他本人一样的某些陪审员的邪恶品性的色彩，还有是因为这个案子是由卢西乌斯·昆克修斯以他的职务的全部权威和鼓动民众激情的全部技艺来处理的。我记得法庭主席格奈乌斯·朱尼乌斯如何落入愤怒的火坑，一名已经是市政官、在公共舆论中被视为未来的执法官的人被撤销法庭主席的职务，并且永远离开公共生活，不是因为人们投了他的反对票，而是被民众的怒吼赶下台。

我对于自己在那些日子里为克伦提乌辩护并不感到遗憾，而令我遗憾的是人们在那些日子里对他的案子的看法如此难以改变，他的案子受到如此不公正的对待，而现在这些事情都已经过去了。当时留下的任何不利之处都不再能给我们带来伤害，而当时留下的有利之处都对我们仍旧有效。我明白对此案加以高度关注的不仅有那些拥有审判特权的人，而且也有那些对此案表达过看法的人。要是我在那个时候谈论案件，那么我不会听到同样的反应，这不是因为案子不同了——正好相反，案子是相同的——而是因为时间不同了。

【30】让我来举例说明这一点：当时有谁敢说对奥庇安尼库的判决是正确的？现在又有谁敢否认这一点？当时有谁能证明奥庇安尼库腐蚀法庭？有谁能任意指出只能判处奥庇安尼库有罪，因为他已经两次被判决有罪？在那些日子里有谁试图驳斥这一点？所以——现在我们已经摆脱了偏见，现在已经由时间对这种偏见做了修正，我的声音已经表达了对这种偏见的反对意见，你们的正义感和荣誉感已经通过对事实的考察而排除了偏见——对此我还需要回答什么吗？

人们同意贿赂在这场审判中起了作用，唯一的问题是：贿赂是从谁那里开始的？来自原告，还是来自被告？原告说："首先，我提出来的指控非常重大，以至于根本就不需要贿赂。其次，被我告上法庭的这个人已经被判决有罪，所以贿赂起不了任何作用，不，甚至无法救他的命。最后，即使判他无罪，我的幸福的基础不会动摇。"另一方面，被告又说些什么？"首先，我充分理解这些指控的重大。其次，我感到判处法伯里修和他的同谋有罪，作为我所犯罪行的从犯，也包含着判我有罪。最后，我已经明白我的整个幸福的基础全系于这场审判。"

所以，奥庇安尼库有许多贿赂法庭的重大动机，而我的当事人没有任何动机。让我们现在来考察：这笔钱是什么时候开支出去的？克伦提乌极为谨慎地保留着他的账本，家族的财产有任何增加或减少都会准确地在账本上反映出来。然而，在这八年中你一直在想着这个案子，检查、讨论你的账本和其他人的账本中每一项与此相关的开支，可是你没有找到克伦提乌有任何这方面的开支。而对奥庇安尼库的检查不是已经可以直接证明他在撒谎吗？我们在一个地方找到了 6,400 个罗马大银币，这个不知羞耻的无赖，这个陪审员的手中竟然拥有这么一大笔钱。你还有什么可说？你说："噢，但是斯塔厄努斯唆使他人贿赂法庭不是通过奥庇安尼库，而是通过克伦提乌。"那么，为什么在法庭考虑判决的时候，克伦提乌和坎努提乌准备让斯塔厄努斯缺席呢？那些给斯塔厄努斯钱的人为什么在结束审判时不坚持要他在场呢？当时坚持要他在场的是奥庇安尼库，是昆克修斯，是这位保民官动用了他的特权才阻止了法庭在斯塔厄努斯不在场时做出判决。"但是斯塔厄努斯投了判被告有罪的票。"是的，他和布尔布斯以及其他人约定要这样做，因为奥庇安尼库在他危难时对他舍弃不顾。现在，事实真相已经非常清楚，所有误解都可以消除。你们一方有贿赂法庭的动机，有斯塔厄努斯这样的无赖和不知羞耻的人；而我们这一方都是正直的人，没有人怀疑我们贿赂法庭，我们也没有这样做的动机。你们看到，我的当事人忍受着羞辱，在他门前还有其他罪行发生，而你们知道他没有犯下任何罪行。

【31】但是，你可以说，奥庇安尼库给斯塔厄努斯的钱，不是为了贿赂法庭，而是为了与克伦提乌和解。阿西乌斯，你想一想，你历来小心谨慎，有着丰富的实践经验，但你竟然会这样说！人们说，自己就能产生恰当念头的人最聪明，能够听取有益忠告的人等而次之。[①] 此话用到傻瓜头上要倒过来说：自己没有主见的人不会比那些接受邻居愚蠢意见的人更傻。关于和解的故事是斯塔厄努斯在遇到危机的时候虚构出来的，当时他被人捏住了喉咙，或者说当时有这样的谣传，于是普伯里乌·凯塞古斯给他出了这个主意。你们记得，当时确实有这样的谣传，使凯塞古斯非常痛恨这个家伙，不想在公共生活中看到这样的无赖；还有，他明白要判处这样的人无罪是毫无希望的，他承认自己在担任陪审员时秘密地、不合法地从被告那里接受了贿赂，于是他提出了这个虚假的建议。我想，要是说凯塞古斯的行为不合规矩，那么他是想借此消除一个对手。[②] 但若斯塔厄努斯不能否认他接受了这笔钱，那么没有什么事情能比他承认为了这样的目的接受金钱更加可耻，更应当遭受谴责，而凯塞古斯的建议也找不出有什么错。但是阿西乌斯，你当前的案子与斯塔厄努斯以前的案子没有什么联系，他处在毫无希望的困境中

---

① 此处间接引用赫西奥德《工作与时日》第 293 行："亲自思考一切事情，并且看到以后以及最终什么较善的那个人是至善的人，能听取有益忠告的人也是善者。"

② 可能是指凯塞古斯和斯塔厄努斯当时都是市政官的候选人。参见本文第 25 章。

把事情全都说了出来，这给他带来的耻辱要少于承认真相，而对于你来说，使我感到惊讶的是你竟然重新上演了一场会被观众哄下台的丑剧。在那个时候，克伦提乌怎么有可能与奥庇安尼库和解？或者说，他怎么有可能与他的母亲和解？他们的名字作为原告与被告出现在公共记录上，黑白分明；法伯里修和他的同谋已经被判处有罪；尽管另一个人被处决，但阿比乌斯无法逃跑，而克伦提乌也不可能撤回控告而不被打上诬告的烙印。

【32】或者说这笔钱是为了用来确保克伦提乌与被告的共谋？① 这也是一种司法腐败的行为。但是，一位陪审员这样做有什么必要？确实，整个指控为什么要由斯塔厄努斯这个肮脏的无赖来代理，他与双方都没有什么关系，而不是通过某些诚实的人、双方的朋友或熟人来进行呢？但是，当贿赂的实际数字不仅告诉我们它的总量，而且也显示了它的目的的时候，我为什么还要过于详尽地阐述我的观点，就好像有任何怀疑似的？我宣誓：为了确保判处奥庇安尼库无罪，必须贿赂 16 名陪审员，付给斯塔厄努斯的钱有 6,400 个罗马大银币。要是像你们坚持的那样，这样做是为了和解，那么多余的这 400 个大银币是做什么用的呢？要是像我坚持的那样，给 16 名陪审员每人 400 个罗马大银币，那么连阿基米德本人也无法算得更准确了。②

但是你可以说，前面多次审判的结果都证明克伦提乌贿赂法庭。情况远非如此，到今天为止，你的意向从来就没有在法庭上成为一个直接的论点。这个案子已经讨论得很多，已经有了长时间的调查，但到今天为止是为它进行辩护的第一天，在这个高尚的法庭的鼓励下，第一次发出回答偏见的声音。至于从前的多次审判，它还有什么意义？我已经为我的每一个论点设置了坚固的防线，我打算说明奥庇安尼库受审以后的那些审判与其说是审判或调查，不如说是山崩或飓风。有些人对哈比图斯抱有偏见，另外一些人实际

---

① "与被告共谋"原文"praevaricari"，词意"欺诈地行事"，用于原告，指他在指控中为对方的利益工作。

② 阿基米德，希腊伟大的数学家，西塞罗于公元前 75 年赴西西里任执法官时在叙拉古发现了他的墓地。

上支持他，还有一些人在审判中从来不说话或不思考。先生们，在此我要向你们提出一个要求，这不仅仅是个形式，因为你们并非那种没有要求就不去做的人，在我逐个说明这些审判的时候，请你们仔细关注我的解释。

【33】格奈乌斯·朱尼乌斯做过判决，在最初的审判中他是主席。进一步说，要是你们愿意听，他的判决是在他担任法庭主席期间发生的。这位保民官在审理此案时没有给予被告应有的权利，甚至也没有遵从法律。① 准确地说，当时他为了别的公务而离开了法庭，这样做是违法的，尽管他本人当时是被强拉着离开法庭，去了另一个法庭。他到底去了哪个法庭呢？我之所以这样向你提问，因为从你的脸部表情来看，你希望我能自由地把想说的话都说出来。

我要问，当时在法庭上确实进行过调查和审判吗？我要假定是的。让那些激动的民众中的任何人告诉我——这些民众在那些日子里是顺从的——朱尼乌斯在审判中坚持的指控是什么。无论你问谁，他的回答都是："接受贿赂，给无辜者带来毁灭。"这就是民众的想法。但若情况确实如此，他必须按照现在审判哈比图斯所依据的法律② 进行指控。但是，朱尼乌斯主持着执行这部法案的法庭。昆克修斯本来应当再等几天，但他急于提出指控，要么是在他卸任之前，要么是在流行的偏见得以平息之前。所以你们看到，这位原告依据的完全不是案子的法律依据，而是依据审案时的环境和他自己的特权。他需要惩罚，要是你们愿意，但依据什么法案呢？朱尼乌斯忽略了正式的宣誓，而这座城市的执法官、那位合乎道德的、谨慎的盖乌斯·威尔瑞斯所做的记录里面充满了涂改，完全没有关于由他填补空缺担任陪审员的记录。先生们，这些理由虽然微不足道，但却引导格奈乌斯·朱尼乌斯判处被告有罪，而这些原因本来在法庭上是决不会承认的。他的倒台原因不在于这些事实，而在于他审案时的环境。

---

① 按惯例被告有 10 天时间为自己的辩护做准备，而按照法律的要求，当值的法官不能离开法庭。

② 指高奈留法案。

【34】你们认为这场审判对克伦提乌有影响吗？为什么会有影响？如果朱尼乌斯填补空缺是不合法的，如果他在任何时候都忽略正式宣誓，那么他做出的判决包含着对克伦提乌的判决吗？我的对手说："不包含，但是他依据这些法案做出判决的理由包含着对其他法案的冒犯。"可是，那些承认这一点的人能坚持对他的审判配得上这个名称吗？他继续说："那么，罗马人对格奈乌斯·朱尼乌斯产生恶感的原因在于相信法庭在审判奥庇安尼库时发生腐败是通过他起作用的。"那么，这个案子从那以后改正了吗？现在，案子的事实、审判的动机、审判的程序与那时候有什么差别吗？我认为，案子的事实不可能有任何改变。那么为什么人们会十分安静地聆听我的案子，而朱尼乌斯甚至被剥夺了为自己辩护的机会呢？其原因在于这个案子当时处在带有偏见的怜悯、误解、怀疑之中，公共集会上充满了蔑视法律的精神和喧哗。保民官代表民众提出指控，无论是在公共集会上还是在法庭上，他都要保持冷静，而这位保民官从公共集会径直来到法庭；不，他把公共集会的气氛也带到法庭上来了。建造起来可以用做听众席的奥勒留台阶① 就在那里，那个时候台阶还很新；当指控者使那里挤满了激动的民众时，被告根本没有可能讲话，甚至连站起来讲话都不可能。不久前，在由我的同事盖乌斯·奥基维乌② 主持法庭的时候，法官们拒绝审理福斯图斯·苏拉③ 的案子，他被指控截留公共资金，这不是因为法官们认为苏拉高于法律，或者认为公共资金微不足道，不值得他们考虑，而是因为他们认为，只要有一位保民官提出指控，双方就不能平等地讨论案子。以此我可以进行什么样的对照呢？我会把朱尼乌斯比做苏拉，把昆克修斯比做保民官，或者把一种场合与另一种场合相比吗？苏拉极为富有，有许多亲戚朋友，有许多人依附他。朱尼乌斯只

---

① 奥勒留台阶（The Aurelian steps）通向集市广场，以公元前 74 年的执政官马库斯·奥勒留·科塔（Marcus Aurelius Cotta）的名字命名。这些台阶通向卡斯托耳神庙附近的奥勒留法庭，位于西塞罗演讲的法庭所在的市集广场另一端，法庭设在露天。

② 公元前 66 年与西塞罗一道任执法官。

③ 独裁者苏拉之子，全名卢西乌斯·高奈留·福斯图斯·苏拉。

拥有很少的优势，而且都是通过他自己的努力得来的。在苏拉一案中，保民官是一个沉稳的、令人尊敬的人，远非有无视法律的倾向，在别人眼中，他是那些无法无天的人的敌人；而在朱尼乌斯的案子中，保民官是一个恶毒、粗野的家伙，一个脾气暴躁的鼓动家。那个场合是安宁的、平静的，而这个场合被暴风骤雨般的偏见所干扰。尽管如此，福斯图斯一案中的陪审员无论如何还是认为被告在为自己抗辩时处于不利的形势下，因为他的对手，除了拥有作为原告的法律权利以外，还拥有作为保民官的权威。

【35】所以，先生们，出于这种考虑，作为明智的陪审员，你们应当仔细关注案子的进展，充分理解各种可能的伤害，要知道我们中的每个人都有可能遭遇这位保民官的暴力，尤其是在狂热的偏见和骚乱之中，在无视法律的公共集会之中，这是你们的职责。呃，即使在一个良好的时代，人们要想保护自己也不能以民众卫士的面貌出现，而应当依靠高尚和正直的生活，普伯里乌·波皮留斯和昆图斯·麦特鲁斯尽管非常优秀，也都不能抵抗保民官的暴力。更不要说在当前这样的时刻，有这样的民众和这样的行政官员，要是没有你们的智慧和由你们的法庭提供的保障，我们还能上哪里寻找安全？

先生们，没有相同的审判，我要说的是，没有审判是相同的，因为人们在这些审判中不遵守限度，不遵守传统，也没有任何辩护。事实上，有的只是暴力——或者如我以前经常说的那样是山崩和飓风——而不是审判、讨论、法律调查。但若有人认为审判是一种法律程序，并且认为它的判决是一种有约束力的法律决定，那么他无论如何也会把那个案子和这个案子区分开来。在朱尼乌斯的案子里，如我们所知，也有人建议惩罚他，要么因为他没有正式宣誓，要么是因为他不合法地填补了陪审团的空缺。但是克伦提乌一案与这些法案无关，而惩罚朱尼乌斯的建议就是依据这些法案提出的。

有人会说："但是布尔布斯也被判决有罪了。"是的，你还应当加上"由于谋反"，所以你可以明白我的当事人的案子与他的案子没有关系。"但是当前这个案子的指控也涉及布尔布斯。"我承认这一点，但盖乌斯·科司科尼乌的信件和许多证人提供的证据会弄清这一点，布尔布斯用不正当的手段影响了伊利里亚的一个军团，对他的指控是恰当的，这些事实足以让法庭判处他犯了谋反罪。"但这是对他的各种严重指控的另外一项。"你们现在纯粹是在猜谜，要是允许瞎猜，那么你们会看到我的推论比你们的猜测更加接近真理。因为在我看来，布尔布斯如此容易被定罪的原因是，他是一个无耻的、邪恶的无赖，他上法庭时，已经沾染了许多罪恶。在布尔布斯的整个案子中，你选择了适合你的案子的内容，然后说这一点与判决相关。

【36】所以没有更多的理由认为审判布尔布斯对当前案子产生的影响超过原告引用的普伯里乌·波皮留斯和古塔。他们因为腐败而受审，并且受到那些自己也因为腐败而被定罪的人的指控。我认为，他们作为原告的全部权利得以恢复的原因不是他们揭露了波皮留斯和古塔接受贿赂的罪行，而是因为他们向法庭证明，他们有权得到这种法律的奖赏，他们在揭露其他人这方面的罪行的同时也证明了他们自己的清白。因此我认为，这种对腐败行为的判决与克伦提乌的案子、与你法庭的审判没有任何联系，这一点是无可辩驳的。

斯塔厄努斯被定罪的事实是什么？先生们，我不准备在这里提到他被定罪是因为谋反，尽管我宁可想我必须提起。我不准备朗读那些可靠的证人提供的指控他的证据，他们在杰出的玛米留斯·艾米留斯手下担任将军、司令、军法官；他们的证据表明，斯塔厄努斯作为执法官对煽动军队叛变要负主要责任。我甚至不准备朗读证据，他侵吞了萨费纽斯受审时提供的6万个罗马大银币，而后来在审判奥庇安尼库时，他又偷偷地截留金钱。

我把这些证据和其他许多反对斯塔厄努斯的证据都省略掉；我要说的是，那两位高尚、雄辩的罗马骑士，普伯里乌·考米纽斯和卢西乌斯·考米纽斯，在那些日子里有着相同的反对斯塔厄努斯的意愿，他们指控他，就像我今天指控阿西乌斯。两位考米纽斯，像我现在一样，坚持说斯塔厄努斯从奥庇安尼库那里拿了钱贿赂法庭，而斯塔厄努斯说他拿了这笔钱用于和解。他在法庭上摆出一副老实人的样子而受到人们的嘲笑，此时他已经在朱图娜①神庙里竖了一尊镀金的雕像，基座上的铭文记载着那些与罗马恢复友谊的国王。后来，他所有的人生追求和欺诈行为被揭露，人们知道他个人缺乏资金，他的收入来自替人打官司，收受贿赂，而他的和平善意使他没有给坏人定罪，结果是他自己被判定有罪，要面对像阿西乌斯一样的指控。两位考米纽斯在整个案子中采取的辩护路线就像我说的一样，他们提出了有力的指控。因此，要是判处斯塔厄努斯有罪就等于做出奥庇安尼库试图贿赂法庭的法律判决，他把钱给了一位陪审员去购买表决票（由于人们同意这样做是有罪的，这样做的人要么是克伦提乌，要么是奥庇安尼库），在克伦提乌那里找不到任何踪迹证明他把钱给了陪审员，而奥庇安尼库提供的贿金却在审判结束后在一名陪审员家中发现了，所以斯塔厄努斯的定罪为我的案子和我的辩护提供了确凿的证据，而不是给克伦提乌带来了不利。对于这一点，你们还有什么可怀疑的吗？

【37】迄今为止，我对朱尼乌斯的审判的看法是这样的：它应当被说成是一场骚乱，一场暴动，一场伤害，而不是一场审判。但若有人把它说成是审判，那么他一定要承认朱尼乌斯宣布的判决与我的当事人的案子没有任何关系。所以，朱尼乌斯的案子是暴力的结果，布尔布斯、波皮留斯、古塔的案子对克伦提乌也没有任何影响，而斯塔厄努斯的案子对克伦提乌有积极作用。现在让我们来看是否有可能提出其他案子来支持克伦提乌。

费狄库拉纽·法库拉只是临时替代几天，担任陪审员，尽管他最后投票判决奥庇安尼库有罪，但他不是站出来为他辩护吗？这件事情在审判中给他带来许多偏见吗？事实上，费狄库拉纽参加过两次审判，另一次是为了卢西乌斯·昆克修斯，由昆克修斯主持的这场审判也是一次违法的、不守规矩的民众集会，激起了对奥庇安尼库的强烈偏见。有人试图指控他有罪，就像朱尼乌斯受到指控一样，因为还没有轮到他当值，他就非法地担任法庭主席。他在另一个比较平静的时刻受到指控，但与朱尼乌斯处于同样的状况之下，

---

① 朱图娜（Juturna），罗马人的女仙，马略的营区里有一座她的小神庙。

面对同样的指控，而又由于在审判他的时候没有出现混乱和暴力，所以他在第一次受审时很容易就被判无罪。但我不坚持这一审判结果，因为即使他在那个场合下没有被定罪，他仍旧接受了贿赂。（在遭到受贿的指控后，斯塔厄努斯没有在任何地方正式受审，这样的指控由这样的法庭来审判是不适当的。）那么对费狄库拉纽的指控是什么？从克伦提乌那里接受了 4,000 个罗马大银币。他属于哪个等级？卷入这种案子的元老院议员依据法令通常会被判处无罪，案子的审理是按照古代的良好习俗进行的，没有出现暴力、恫吓、危险；每个要点都提出来讨论和证明。法庭最后做出的结论是，不仅这个没有自始至终参加整个审判的人在投票判决时的行为是高尚的，而且这个人，当他坐在那里担任法官时，尽管对情况不了解，但人们公认的先前的判决已经有力地反对了奥庇安尼库，因此他没有必要再听进一步的证据。

【38】在那个时候，甚至连那出名的五个人① 也投票判处奥庇安尼库无罪，因为他们无法把握无知者愚蠢的喝彩，而在听到他们宽厚的赞扬时也不得不发出叹息。要是问他们在盖乌斯·法伯里修主持审判时是否在场担任陪审员，他们会说是的；要是问题是除了试图毒害哈比图斯以外还有没有其他反对奥庇安尼库的指控，他们会说没有。要是问他们做出的判决是什么，他们会回答说，判奥庇安尼库有罪，因为无人投票判他无罪。要是就斯卡曼德的案子向他们提出同样的问题，他们肯定会做出同样的回答；确实可以肯定奥庇安尼库得到一张判他无罪的票，但当时出名的五个人中没有一个会承认这一票是自己投的。那么，为了更容易对他自己的判决做解释，这个人会做出什么样的回答，他会说"我对我自己和对我的判决信守诺言"还是"我对这桩罪行的主犯表示仁慈，但对他的同谋和随从极为严厉"？讨论他们的投票方式不是我的事，但在这些人的审判中，我怀疑并非某些突如其来的怀疑使他们放弃了原先的立场。所以，当我在那些投无罪票的人身上找不到过错的时候，我也就证明那些依据自己的自由意志、不受斯塔厄努斯影响的人所

---

① 参见本文第 28 章。

坚持的就是他们原来已经做出的判断。我为那些投了"罪证不足"票的人鼓掌，他们不能判一名他们明知罪大恶极的人无罪，他们也已经两次判他有罪，但考虑到当时谣言四起，疑点不断，所以他们推迟判决，直到把所有事情都搞清楚。

现在，你们不仅可以从他们的行为推断他们的智慧，而且可以从他们的行为是否正确与聪明来判断他们的品性。我要问你们，他们中有谁比普伯里乌·屋大维·巴尔布斯的天赋更高，更精通法律，在荣誉、信仰、义务方面更加小心谨慎？他没有投票判被告无罪。有谁比昆图斯·康西狄乌更始终如一？有谁在审判中比他更富有经验，懂得公开审理重大案件的程序？还有谁的品性、判断、权威比他更加杰出？甚至连他也没有投票判被告无罪。时间不允许我逐一描述他们的品性，他们全都拥有的这些品质无须语言的修饰。想一想像马库斯·朱文提乌·佩多这样的人吧，他是经过良好训练的陪审员之一；想一想像卢西乌斯·考鲁斯、马库斯·巴西鲁斯、盖乌斯·考狄努斯这样的人吧！所有这些人在受到公开审问时所表现出来的伟大品质都与这个国家所处时代的伟大相吻合。卢西乌斯·卡西乌斯和格奈乌斯·海乌斯属于同样的类型，他们的荣誉和智慧相当。他们俩没有一个投票判奥庇安尼库无罪。这样的人还有普伯里乌·萨图里乌，他的年纪比前两位轻，但在能力、热情、忠于职守方面与我已经提到过的人相当。奥庇安尼库确实是一名神奇的无辜者，那些判他无罪的人被认为是有偏见的，而那些小心谨慎地推迟判决的人和那些判他有罪的人才是前后一致的！

【39】在昆克修斯审判的整个过程中，所有这些问题都没有指出，无论是在集会中还是在法庭上。因为昆克修斯本人不允许提到这些问题，而暴民的骚乱使得演讲者不可能坚持下去。所以，朱尼乌斯带来了毁灭，昆克修斯让整个案子崩溃。几天以后，他本人就离职了，他还意识到公众情感的热烈程度已经衰退。但若他选择花在指控朱尼乌斯的那些日子指控费狄库拉纽，那么费狄库拉纽根本没有机会做出回答，他确实开始恐吓所有投票判处奥庇安尼库有罪的陪审员。你们现在明白这个家伙的蛮横无理了；你们知道他的

傲慢和他担任保民官时的那副架势。我以上苍的名义发誓，他有多么趾高气扬，多么令人无法忍受！他对自己的评价有多么过分，他的欺骗有多么冗长和难以忍受！呃，他的一个伤心之处是（其他故事都从这里开始），奥庇安尼库没有作为他自己的同谋者被判无罪，他的辩护没有起任何作用；就好像由于缺乏足够的证据，因此当他本人进行这样的辩护时，每个人都抛弃了奥庇安尼库。罗马有许多律师，他们非常雄辩，地位也很高，要是感到为这样的案子辩护与他们的荣誉相吻合，那么他们中间肯定会有人站出来为这位地位很高的罗马骑士辩护。

【40】至于昆克修斯，他在他活过来的这 50 年中处理过什么案子？有谁见过他有能力出庭作证或担任法律顾问，更不要说担当辩护律师了？确实，自从罗马市政广场上的审判台无人问津，自从苏拉来到这个地方以后，人们再也没有听到保民官的声音，而他确实掌握了这个已经长期没有民众集会的地方，与从前一样召集某个等级的民众开会，这表明他暂时得到一些民众的支持。但是后来他遭到人们的痛恨，甚至连他自己的追随者也说他踏在他们背上想要攀上更高的地位！但是他们的仇恨对他来说并不冤枉，我们只需要想一想他的品性和傲慢，是的，甚至想一想他的表情和衣着，他那长到脚后跟的紫袍，就可以明白了。所以，他不愿在法庭上被击败，于是就将案子从法庭引向市政广场上的讲坛。后来，我们不是经常感到悲哀说我们的国家能给这样一个白手起家的人提供的东西实在太少了？我认为，要是一个出身卑微的人在生活中能够表现出对高等级人士的支持，而他自己的提升仅仅依靠艰苦的工作和无可指摘的记录，那么从来没有一个国家能像我们的国家给一名新人提供那么多的东西。一个除了出身低微没有其他缺点的人比出身高贵但有许多缺点的人进步得快。假定昆克修斯（我们不需要以他人为例）出身高贵，有谁会认为他的傲慢难以忍受？然而他的出身就是如此低微，人们在不得不忍受他的时候会这样想：他有可能获得的任何优良的天性都应当算做他的幸运，而像他这样出身低微的人所表现出来的傲慢和欺骗确实更加可笑，而不是更加危险。

【41】现在我们再回过头来说：在判决法库拉无罪的时候，你们这些喜欢引用判决的人认为，这一判决证明了什么？"当然是他没有出售他的表决票。"然而他投票判决被告有罪，在整个案子审理过程中没有始终在场，在公共集会上经常受到昆克修斯的愤怒攻击。所以，所有这些审判，昆克修斯的工作，都是非正义、谎言、暴力、蛊惑、骚乱的结果。你们说："很好，法库拉可能是无辜的。"所以结论就是：有些投票反对奥庇安尼库的人没有受贿，朱尼乌斯没有和那些接受贿赂去投票反对奥庇安尼库的人一道填补空缺，我们可以假定某些人诚实地投了反对奥庇安尼库的票，但没有在整个案子审理时始终在场。但是我要问，如果法库拉是无辜的，那么什么样的陪审员有罪？如果他没有接受贿赂投了被告有罪票，谁这样做了？我否认有一项单独的反对某个陪审员的指控是不反对费狄库拉纽的，或者说费狄库拉纽的案子具有的某个特点并不为他们的案子所具有。所以，你们这些依据法律判决进行起诉的人必定会发现他们在本案判决中的错误，或者说，要是你们认为判决是正确的，那么也就等于承认对奥庇安尼库的判决不能归因于贿赂。

然而，要证明这一点，没有比在法库拉被判决无罪以后不止一个与他一同担任陪审员的人被交付审判这一事实更好的证据了。我要问你们，依据不同的法案和许多证人提供的证据，他们被判犯了贿赂罪，引用这一点有什么用处？首先，这些陪审员应当被指控犯了接受贿赂罪，而不是提供贿赂罪。要是在审判中用所谓接受贿赂罪指控提供贿赂者，就要用到不同的法律条款，他们在受审时依据恰当的条款所受到的指控要更加明显。其次，要是你们无论依据何种条款提出的这种指控是强制性的，足以把任何陪审员送交审判，那么仍旧还有做出致命一击的指控，当指控者如此众多，而诱惑又如此之大的时候，为什么不是所有陪审员都被交付审判呢？

在这一点上，我在量刑的时候得到提醒——这一程序不能被定义为审判——普伯里乌·塞提姆斯·斯卡普拉因为贿赂法庭而受到过惩罚。详细讨论这一程序的性质不是我的事，因为我正在对拥有丰富经验的先生讲话，但是人们在审判中一般所表现的细心在判决他有罪时从来没有表现出来。我几乎可以说，陪审员们在量刑的时候，要么拒绝批准囚犯所提出的与民法有关的量刑方面的要求，因为他们会想，判他有罪已经使他成了自己的私敌；或者想象自己一旦做出判决，自己的责任就已经尽到了，对于后面的程序没有关心的必要。于是，有许多人没有被判决谋反罪，但在被判决犯有贿赂罪以后的惩罚仍旧按照谋反罪来计量；还有，我们每天都可在法庭上看到这样的景象，判决某人无罪，但在判他犯了贿赂罪之后就判处没收他的贿金。这种事情的发生不在于司法程序的无效，而在于量刑不是一种审判的程序。由于来自艾普利亚的大量证人提供的证据，斯卡普拉被判有罪。人们尽了最大努力确保按照民法来决定对他的惩罚，要是这种量刑具有审判程序的性质，那么他以后就会按照这条法律条款受审，无论是由于同一批人还是其他人的敌视。

【42】下面我就要说我的对手们是如何定义审判程序的，尽管我们的祖先从来没有提到过这个名称，也没有对审判程序表示过如此高度的尊重，也就是说，他们把它当做监察官给罪犯打上的一种烙印。但是在我开始考虑这个要点以前，我必须首先说一下我的主张，为的是让你们可以明白，我坚持要恰当地对待我的当事人的需要，这与我和其他一些人的友谊有关。我和两位监察官都很友好，你们知道他们是优秀的，是我们最后的监察官。你们中间大部分人都知道，我和其中一位监察官有着非常亲密的关系，因为我们在一起共过事。所以，无论我对他们的行为说了些什么，我都要表达这样的愿望，使你们感到我说的每个词都不是针对他们的行为，而是针对这种监察体系。至于格奈乌斯·伦图卢斯，我的朋友，我在提到他的名字时总是对他的高尚品质以及岁马人民让他担任的重要职位充满敬意，他会允许我从他那里吸取忠诚和细心，是的，吸取强烈的情感和自由的言语，他总是用这些东西来支持需要他帮助的朋友，我需要多少就吸取多少，以此满足我的当事人的需要。无论怎么说，我唯一正确的做法就是，小心谨慎地讲话，保留那些影响我正在为之辩护的当事人，或者会伤害他的名声、违反我们之间友谊的事情。

先生们，我现在看到监察官把他们的烙印打在某些在朱尼乌斯审判之前充当陪审员的一些人身上了，理由就是起诉时说过的那些。在此，我首先要提出一个一般的命题，我们的国家从来没有赋予监察官的要求和法律判决相同的分量；为了不在一件属于普通常识的事情上浪费时间，我只想简单地举一个例子来说明它。盖乌斯·格塔被监察官卢西乌斯·麦特鲁斯和格奈乌斯·多米提乌从元老院里降级，但他后来自己成了监察官；于是，一个被监察官蒙上道德污名的人成了监察罗马人民道德的人，包括那两个给他蒙上污名的人。但若这些污名被当做法律判决，那么没有一个曾经被监察官打上可耻烙印的人有望担任公职，或者重新进入元老院，就好像一个受到法律判决声名狼藉的人任何时候都不能担任公职或取得荣誉。事实上，如果格奈乌斯·伦图卢斯或卢西乌斯·盖留斯的被释放奴隶犯了盗窃罪，被剥夺所有公民权利，那么就决不能再恢复任何荣誉，然而我们这两位博学的、优秀的监察官，卢西乌斯·盖留斯或格奈乌斯·伦图卢斯，他们本人要是背上盗窃或接受贿赂的污名，那么他们不仅会重新被元老院接纳，而且会被处理这一类冒犯的法庭审判无罪。

【43】这是我们祖先的意愿：无人可以担任法官，除非争执的双方都同意接受他。我在这里说的不是个人的名声，而是微不足道的金钱利益方面的事。这就是为什么所有法案都要包含不适合担任公职、陪审员、公诉人的那些句子，但从来不提我们正在讨论的这条理由，亦即可耻；因为我们的祖先想要用激起恐惧的力量而不是用惩罚来装备监察官。所以，我要开始说明，监察官的保证一而再、再而三地被废除，不仅被你们已经知道的罗马人民的选举废除，而且被那些必须使用更加小心谨慎的语言发誓的人的法律判决废除。首先，罗马元老院的议员和骑士经常担任陪审员，他们在充当陪审员审判那些背上违反法律、接受贿赂污名的人的时候，都会顺从他们自己的良心的命令，而不是监察官的意见。其次，执法官必须在宣誓以后把最优秀的公民列入候选陪审员的手册，监察官必须对候选陪审员的当选做出限制，执法官从来不会感到监察官这样做是一种耻辱。最后，这些监察官本身多次推翻

他们的前任做出的判决，如果你们愿意把他们的决定称做判决的话。监察官对相互之间做出的决定不予重视，以至于不仅对同事的决定做出抨击，甚至还要废除它们。一名监察官会提议把一个人从元老院赶出去，而其他监察官会提议把他留下来，认为他配得上最荣耀的等级。一名监察官下令把某人从他的部落里赶出去，而其他监察官会禁止这样做。所以，当你们看到人民起来废除监察官的决定，宣誓过的陪审员拒绝接受监察官的决定，行政官员忽略监察官的决定，后来掌握监察权力的人或者联合掌握监察权力的人改变这些决定的时候，你们怎么还会把这些决定称做判决呢？

【44】情况就是这样，让我们来看这些监察官对于那个法庭的腐败做出了什么样的"判决"。让我们首先确定：到底是贿赂法庭的事情是真的，因为有监察官的认定呢，还是他们有这样的认定，因为贿赂法庭的事情是真的。如果是前一种情况，那么就请注意你们在做什么，你们在把权力托付给未来的监察官，让他们对我们每个人拥有僭主般的权力，我们可以证明监察官的认可是我们的公民所遇上的灾难的一大来源，就像那些残忍地剥夺公民权的命令；而我们的祖先采取多种措施加以限制的监察官的笔从今以后会在我们中间激起许多恐惧，就像独裁者曾经做过的那样。但是另一方面，如果判决是真的，监察官的认可必定会使它拥有更重的分量，那就让我们提出这样的问题："贿赂法庭是真的还是假的？"让我们把监察官的意见搁在一边，把不属于案子本身的事情都去掉，告诉我们克伦提乌提供了什么贿赂，他从哪里得到的这笔钱，他又是怎么使用的；事实上，请你们把有关克伦提乌贿赂的任何线索都告诉我们。然后你们要说服我们，奥庇安尼库是一个诚实的人，他的品性没有任何污点，没有任何人对他有过别的看法，以往对他没有做出任何判决。到那个时候，你们才可以倾向于监察官的意见，坚持对其他人的判决与案子的事实有某些联系。但只要奥庇安尼库已经被判决涂改了他的镇上的公共记录，他伪造了一份遗嘱，他伪造了这份可耻的遗嘱的证人的封印，他谋杀了这个人，这份遗嘱是以这个人的名字签署和封印的，他杀死了他的亲生儿子的舅舅，一名奴隶和俘虏，他使他自己的同胞被剥夺公民权

和处死，他杀死了他的兄弟，娶了兄弟的妻子，他提供贿赂让人流产，他杀害了他的岳母，他杀害了他的妻子，他同时又杀害了他兄弟的妻子和尚未出生的孩子，最后他杀害了他自己的孩子，在他打算毒死他后妻的孩子时被发现，他通过一些同谋和帮凶贿赂陪审员，我要说，只要这些都是确定的事实，只要这些确定的事实都是反对奥庇安尼库的，而指控克伦提乌贿赂法庭的指控没有任何证据，那么有什么可以想象出来的办法，有什么监察官的想法或者怪念头，能够对你们有帮助，或者能够毁灭我无辜的当事人呢？

【45】那么到底是什么在影响这些监察官呢？他们自己是不会说的，说到底，无非就是比街谈巷议和谣言略强一些的意见，或者说他们得到了某些口头或书面证据，或者说他们根据审讯得出了他们的结论。即便如此，这些结论也不一定可靠，乃至于根本无法动摇。我不想举一连串例子来证明这一点，尽管这方面有大量的例子存在，我也不想引用一个过时的例子，或者以一个有权势的人或者得到大众青睐的人为例。只是后来，我才在执法官马库斯·朱尼乌斯、昆图斯·浦伯里修，以及残忍的市政官马库斯·普赖托利乌、盖乌斯·弗拉米纽斯面前，为一位卑微的市政官的职员辩护。最后，我按照他们的宣誓说服了他们，任命一位被监察官降为最低等级的人马特利纽为职员，而这些监察官就是对你们的审判进行核准的人。在这个人身上他们找不出什么错，人们对他也没有什么议论使他们感到必须调查。还有，这些监察官在表示核准意见的时候提到"腐败的审判"，他们相信自己的判断经过深入的思考，或者有恰当的调查为依据吗？我看到他们提出了针对玛尼乌斯·阿奎留斯和提多·古塔的审核意见。[①] 这一点告诉我们什么呢？假定他们说只有这两名陪审员接受贿赂，那么其他人没有接受贿赂，投了被告"有罪"的票。所以奥庇安尼库并不是阴谋和贿赂的牺牲品，我们也不应当否定和怀疑所有那些投票判他有罪的陪审员，如昆克修斯在他的那些会议上所坚

---

① 这两人是在审判奥庇安尼库时投有罪票的陪审员。参见本文第38章。

持的那样，我注意到，被监察官的审核意见认为卷入丑闻的只有这两名陪审员。或者就让他们发誓，他们发现的可以用在这两个人头上的指控不适用于反对其他人。

【46】所以，要接受监察官们按照军队的习惯提出来的过分的要求是完全不可能的。我们的祖先决定，要是有一批人违反军纪，那么应当通过抽签来决定受惩罚的人，这样做可以使所有人受到警告，但受惩罚的只是少数人。但是监察官也这样做公正吗，无论是提升公民的等级或对公民做出判决，还是在对罪犯进行惩罚？一名擅离职守、临阵畏敌的士兵仍旧可以转变为一名好士兵、诚实人和好公民。所以，当一名士兵在战争中由于畏惧而没有履行他的职责时，我们祖先的法律会让他面对更大的恐惧，这就是惩罚和死亡；但是为了防止过多的人丧命，他们发明了这种抽签。在列举适宜担任监察官的元老院议员的名单时，你们打算做同样的事情吗？在有几个人接受贿赂给无辜者定罪的时候，你们不是给所有人定罪，而会按照你们的喜好，挑选其中的一些人降级吗？在你们知道的情况下，有人在你们面前通过出售荣誉和誓言试图毁灭无辜者而又不因此而遭受耻辱，那么元老院会保留这样的成员，罗马人民会保留这样的陪审员，国家会保留这样的公民吗？这个人为了钱的缘故，抢劫了他的国家的一位无辜的公民，剥夺了他的幸福和他的子女，我要说的是，难道他不应当被监察官打上耻辱的烙印？或者说，你们同样可以用我们祖先设计的用于警告战争时期胆小士兵的惩罚措施警告和平时期不诚实的元老院议员？要是这种来自军队习惯的先例适用于惩罚滥用职权的监察官，那么在使用时也要通过抽签来进行。如果说监察官投票判决实施何种惩罚的责任和裁决犯罪行为的责任是一致的，那么这样做确实是错误的，许多人犯了罪，但只挑选少数人承受耻辱。

【47】事实上我们全都知道这些审核是为了博得公众的青睐。案子被带上公共集会，尽管从来没有听说过这桩案子，公众就接受了这样的观点。无人有机会斥责这种观点，事实上没有人能够尽力表达相反的观点。还有，在

那些日子里①，法庭变得极为不得人心。呃，仅仅几个月以后，这些法庭就由于给投票板做标记而变得更加不得人心。这些给法庭荣誉带来污点的事情已经不可能逃脱监察官的注意了。看到这些人所引起的公愤以及种种不名誉的行为，他们希望通过审核给这些人进一步打上耻辱的烙印；事实上，就在他们任职期间，担任法官的人选扩展到骑士等级，这就使他们更加急于给适当的人降级，他们对以前组成的法庭正式展开抨击。然而，要是我或任何人得到允许，在这些监察官面前为这个案子辩护，像他们那么聪明的法官肯定会把判决告诉我。因为事实表明他们对案情一无所知，心中没有定见，他们进行审查的整个行动都是为了获取名声和民众的掌声。普伯里乌·波皮留斯投票判决奥庇安尼库有罪，卢西乌斯·盖留斯的审查产生了这样的效果，肯定波皮留斯接受贿赂判决一名无辜者有罪。情况就是这样，当那些极为明智的、参加过审讯的陪审员做出了"罪证不足"的判决的时候，他必须要有什么样的神奇力量才能知道一个他从来没有见过的人是无辜的，更不要说当那些陪审员投了"有罪"票的时候了。

但这一点我们就不说了，盖留斯发现波皮留斯有罪，他的判断是波皮留斯接受了克伦提乌的贿赂。伦图卢斯说他没有接受贿赂。他拒绝接受波皮留斯进元老院的理由是波皮留斯的父亲是一名被释放的奴隶，尽管他允许波皮留斯在举行赛会时得到一个元老院议员的座位，还能得到其他徽章，免除其他一切耻辱。在这样做的时候他的判断是，波皮留斯投票判处奥庇安尼库有罪时没有任何个人利益的牵扯。还有，伦图卢斯后来在一场贿赂案的审判中作证时，把这位波皮留斯提出来赞扬。既然伦图卢斯不受盖留斯的判断的约束，监察官也没有必要受他的同事的决定的约束，那么我们中的任何人有什么理由假定监察官的审查在所有案子中都无法改变，始终具有约束力？

【48】但我听说他们对哈比图斯本人进行了审查。是的，但在他那里查不出什么可耻的事情，因为他的整个人生过程没有任何行为，我不说是错误

---

① 公元前 81 年—前 70 年，这些法庭完全由元老院垄断。

的，而是说值得后悔的。因为没有任何人在履行各项义务时能比我的当事人
更加纯洁，更加光荣，更加审慎。监察官们没有否认这一点，他们只是在追
随最初有关贿赂法庭的谣言。不是他们对我的当事人的荣誉、无可指责，高
尚的品性有什么看法，而是他们认为审查了陪审员以后不能放过原告。我要
从以往的历史中引用一个例子，然后就不再多说什么。确实，我感到我无法
不提起伟大而又著名的普伯里乌·西庇阿·阿非利加努。他在担任监察官
期间①对骑士进行调查，轮到盖乌斯·李锡尼·萨凯多斯的时候，他以整个
公民大会都能听见的洪亮声音说，他知道李锡尼故意犯下作伪证罪；要是有
人希望提出指控，他会提供证据予以支持。然后，由于没有人提出指控，他
就要求李锡尼"卖掉他的马"②。所以当这个人在给另一个人降级的时候，他
的这些判断总是使罗马人民和外国人感到满意，但他自己的知识并不满意。
要是哈比图斯遇上这种事情，哪怕他把监察官当做自己的法官，他也能轻易
地反对那些毫无根据的怀疑和一名蛊惑民心的政客掀起的反对他的偏见。

　　还有一个观点给我带来很大的麻烦，这是一个论证，我发现自己很难回
答。我指的是你从年迈的厄格纳提乌的遗嘱中摘录的那段话，我几乎不需要
说他是一位最高尚、最聪明的人。这段话说他剥夺他儿子的继承权，因为他
的儿子接受贿赂，保证判处奥庇安尼库有罪。我不会夸大这个人的卑劣和不
可靠，你引用的这个遗嘱产生的效果是剥夺一名遭到立遗嘱人痛恨的儿子继
承财产的权力，同时又把一个绝对无关的陌生人与他热爱的儿子一道立为联
合继承人。至于你，阿西乌斯，我建议你仔细考虑一下，你是希望监察官来
调查，还是让厄格纳提乌的遗嘱生效。如果让厄格纳提乌的遗嘱生效，那么
它对监察官调查的其他案子不起作用，因为你们希望他的判断起作用的这位
格奈乌斯·厄格纳提乌被这些监察官从元老院中赶了出去。但若小厄格纳提

---

　　① 普伯里乌·西庇阿·阿非利加努（小西庇阿），公元前 142 年担任监察官。

　　② 罗马骑士等级的人最初是骑兵，监察官负责对他们的坐骑进行审查。如果坐骑不合
格，监察官可以下令他们把它卖掉。这种检查制度后来失去实际意义，仅成为对这个等级人
的品性的考察。

乌的父亲按照监察官的调查剥夺了他继承财产的权力，那么这些驱赶了他的父亲的监察官又会把小厄格纳提乌留在元老院！

【49】但是，是整个元老院在敦促说那场审判中有贿赂现象。怎么会这样呢？"元老院接手了这桩案子。"没错，当有人把案子带到元老院，它怎么能够视而不见呢？当一位保民官煽动民众，几乎想要摧毁一切的时候，当人们纷纷相信传言，说有一位优秀的公民和一位无辜者成了贿赂的牺牲品时，当元老院议员这个等级丧失民心的时候，他们怎么可能不做出这样的决定？他们怎么可能不极力夸大国家面临的危险，从而躲避暴乱的民众对他们的注意？但是他们通过了什么决定？这条决定的适当性、明智性和准确性在哪里？"要是有任何人对于正义的公共法庭的腐败负有责任……"这看上去像是元老院正在纠正已经发生的腐败，或者正在对已经发生的事情表达不满，是吗？如果问奥鲁斯·克伦提乌本人对审判有什么看法，他会表达与那些人相同的看法，而正是根据这些人的意见你们说应当判他有罪。但我要问你，元老院的这一所谓法令导致的结果是博学的执政官卢西乌斯·卢库鲁斯提出来的你们这种法律建议吗？马库斯·卢库鲁斯一年以后又将这条法律建议提了出来，而要等到盖乌斯·卡西乌斯这位执政官卸任以后才有机会在元老院里通过实施这项建议的法案？情况并非如此。哈比图斯通过贿赂影响了你们想要维持的东西，尽管没有模糊不清的疑点在支持你，这里的主要原因是这些执政官的公正而又聪明的行为，也就是说，他们决定不要把元老院通过的用来平息民众对这一法律建议不满的法令告诉民众。公众在卢西乌斯·卢库鲁斯虚伪的悲哀的策动下，对当时所要采取的措施吵闹不已，后来又受到格奈乌斯·朱尼乌斯的小儿子的眼泪的影响，聚集起来否认他们想要这样的调查或法律，这就是人们经常评说的事实真相，这就好像大海，尽管本性安宁，但一阵狂风吹来，就会掀起汹涌的波涛；罗马人民也是这样，他们自己是相当和平的，但若听到政客蛊惑性的言语，就会变成狂暴的飓风。

【50】还有一些分量很重的意见我难以启齿，只能省略，因为这些意见与我有关。阿西乌斯从某些演讲中引了一段话，断言是我说的，说我在这段

话中敦促陪审员回到诚实的判决上来，在提到其他不能令人满意的审判时，他还特别引用了由朱尼乌斯主持的这场审判。要是我在当下确实没有提到那场不得人心的审判就开始我的辩护，或者要是我没有在第一时间对付这些法庭上的无赖，那么我确实在当时没有提到任何人的看法！但若实际上我确实说过诸如此类的话，那么我既不是在谈论我个人知识范围内的一件事实，也不是在明显地谈论这件事，倒不如说我当时的讲话现场发挥，而不是我的一个审慎的判断。作为起诉者，我的第一个目标是公众和陪审员的情感，我在引述，但不是在引述我自己的意见，而是当时反对法庭的各种流言，因此我不能省略你提到的事情，因为这件事在当时臭名昭著。但是，把我们这些律师在法庭上的临时发挥假定为经过深思熟虑的、确定无疑的意见，那么这有可能是一个最大的错误，所有这样的话语都是某些具体案子的要求或紧急状况的反映，而不是律师的人格的反映。要是一桩案子能够为自己辩护，那么没有人会雇用一名律师。既然如此，我们受雇所要表达的不是用我们自己的判断做保证的结论，而是可以从案子的事实中演绎出来的推论。杰出的马库斯·安东尼乌斯有一个故事，他说自己从来不把任何演讲写下来的原因是，他想要有机会对他已经说过的话表示后悔，不写下来，他就可以否认他说过的话；这就好比，要是我们不把自己说过的话和做过的事写下来，那么人们确实不会记住我们所说的话和做过的事！

【51】对我自己来说，按照这种观点，在其他许多权威中间，我应当宁可追随雄辩的、博学的卢西乌斯·克拉苏。他为格奈乌斯·普兰库斯辩护，反对马库斯·布鲁图，一位强有力的、技艺娴熟的演讲者。布鲁图找来两个人，让他们轮流朗读从他的两篇演讲中找到的两段相互矛盾的话。他在一段话中反对通过一项预算，阻止在那边建立殖民城邦；而在另一段话中，他支持塞维留斯法案，高度赞扬那个团体。然后，为了煽动当时的陪审员反对克拉苏，布鲁图又让人从这篇演讲中朗读了另外一段话，他在这篇演讲中对罗马骑士发出了许多恶毒的攻击。这使克拉苏非常难堪。在克拉苏回答问题的时候，他首先解释了这两个场合有什么实际需要，表明他的讲话要适应

这些不同的需要；其次，为了让布鲁图看到被他激怒的这个人具有什么样的品性，不仅有着雄辩的口才，而且还拥有智慧和幽默，克拉苏找来三个人轮流朗读"诉讼者"① 马库斯・布鲁图父亲的三篇论法律的文章。他们开始朗读这些文章开头的段落，这些文章我想你们是知道的。一篇文章的开头是："我正好和我的儿子布鲁图一起待在我在普里维尔努姆的庄园里"，然后询问普里维尔努姆的地产；另一篇文章的开头是："我和我的儿子布鲁图在阿尔巴"，然后是向在阿尔巴的某个人询问；还有一篇文章的开头是："我正好与我的儿子布鲁图坐在我在蒂布尔的庄园里"，然后询问蒂布尔的地产情况。然后克拉苏宣布，老布鲁图像一个聪明人，看到他的儿子奢侈浪费，就想要留下一个记录，说明他给儿子留下了哪些遗产；于是他选择与他的儿子一道在澡堂里洗澡的时候把这些事情写下来，以保万无一失。克拉苏说："但是，要发现这些澡堂，我一定不能在你父亲的文章里找，而要在他的账本和监察官的登记册上找。"② 就这样，克拉苏报复了布鲁图，让他后悔不该找人朗读以往的讲话。因为在这样的场合人们期待的是连贯性，而不是这些在不同的公共场合进行的演讲。但我对你朗读我的讲话并不感到恼火，因为这些段落相对于讲话的时间和相关的案情来说并非不适宜的；在评价你的引用时，我没有必要对它负责任，就好像它们会影响我在本案中的光荣或自由似的。但若我应当选择承认我以前也有当时流行的偏见，尽管我现在正在审查奥鲁斯・克伦提乌的案子，那么请你告诉我，有谁能认为这是我的错误呢？尤其是，这对你们也是唯一公平的，先生们，我在一开始就对你们提出的要求应当得到满足，而现在我再次向你们提出这个要求，要是你们带着对那场审判的不良印象来到这个法庭，那么你现在已经明白了整个案子的真相，应当把原来的印象搁在一边。

【52】现在我已经回答了你们提出来的有关给奥庇安尼库定罪的所有问

---

① "诉讼者"，马库斯・布鲁图的外号，说明他喜欢打官司。
② 这些公共澡堂是由老布鲁图建造的，作为一种投资。

题。提多·阿西乌斯，你必须承认，你假定我为我的当事人的辩护不应当以它的是非曲直为基础，而应当以它的法律原因为基础，这是错误的。因为你再三声称说有人告诉你，我想要按照法案提供的保护来进行辩护。情况是这样的吗？我确实被我的朋友出卖了，而我自己还不知道吗？被我算做朋友的人中间会有人把我的计划告诉我的对手吗？谁会把这条消息告诉你？谁会那么不老实？我本人对他提过这件事吗？我相信没有人应当受到责备，毫无疑问，向你告密的是法案本身，但你肯定不会认为，我在进行辩护的时候间接提到这部法案，或者我做了别样的辩护，而不是假定这部法案适用于我的当事人，是吗？我可以明确地说，我否认了你充满偏见的看法。为什么呢？有人可能会问我，是否我不愿意躲藏在案子的法律层面，以防止被判处有罪的危险。先生们，远非如此，但我顺从我的习惯性做法。在为一位高尚的、优秀的人辩护时，仅仅顺从我自己的想法不是我的习惯做法，我也要听从我的当事人的想法和希望。当我拿到诉讼要点的时候，正是由于知道我们的工作依据是法案，所以我马上告诉哈比图斯这份要点开头的话，"凡是密谋给一个人定罪的人……"对他不适用，尽管适用于我自己所属的那个等级的人。然后他开始恳求我不要依据法案的字句来为他辩护。我把自己的想法告诉他，但他坚持自己的想法，并且流着泪说他自己更加关心保留自己的公民权，而不是保留自己的名誉。我同意了他的意见，我这次只能这样做（我们一定不能始终这样做），因为我看到凭着案子本身的是非曲直就能为他辩护，而不必诉之于法案。我看到我实际采用的辩护路线比我的当事人希望我不要采用的、比较容易实施的辩护路线更加有尊严。如果我们仅仅关心得到

个判决，那么我应当把这条法案大声读一下，然后就可以坐下了。

【53】阿西乌斯使用的论证也没有给我留下深刻印象，适用于一名试图扭转审判的元老院议员的法律，却不适用于做着同样事情的罗马骑士，这真是法律的奇耻大辱。如果我对你说这是一种耻辱——我现在正在考虑这个论点——那么你一定会对我说，一个国家不是依靠法律，而是偏离法律，这是一种更大的耻辱。因为法律是我们在国家中拥有权利的保障，是我们自由的

基础，是正义的源泉。国家的心灵和心脏，国家的判断和判决，就处在法律之中。没有法律的国家就像没有心灵的人体，无法使用人体的组成部分，也就是肌腱、血液和肢体。实施法律的官员，解释法律的陪审员——简言之，我们所有人——最终都要服从法律，这样我们才是自由的。

昆图斯·伏科尼乌·那索，什么原因使你可以坐在那张椅子上？什么权力使你可以控制像这些陪审员这样杰出的人？先生们，什么原因使你们能够从大批公民中选拔出来，可以对人们的幸福做出判决？阿西乌斯凭着什么权力可以说他高兴？我为什么有机会能在这里长时间地讲话？我看到这个法庭上有庭吏、侍卫，还有其他官员，他们的意义到底是什么？我要说这一切都是因为有了法律，我以前说过，整个审判都处在法律的指导之下，就好像有某些心灵在起控制作用。不，还不止这些。这个法庭是唯一受法律控制的法庭吗？马库斯·普赖托利乌和盖乌斯·弗拉米纽斯的审判谋杀的法庭怎么样？或者盖乌斯·奥基维乌的审判贪污的法庭怎么样？或者我们自己的审判贿赂的法庭怎么样？或者盖乌斯·阿奎留斯的法庭怎么样，在他面前正在审判行贿？环顾国家的每一个部门，你会发现它们全都处在法律的统治和支配之下。如果每个人都会在我的法庭上起诉你，那么你，提多·阿西乌斯，会大声断言关于贿赂的法案对你不适用。但你提出来的异议并不意味着你承认接受贿赂，而只是你逃避麻烦和那些并非由法律强加于你的危险的方式。

【54】现在，你们瞧，我们走到了哪一步，你们要建立什么样的法律原则。这个法庭得以建立所依据的法令在吩咐法庭的主席，也就是昆图斯·伏科尼乌，与这些选派的陪审员（先生们，这指的是你们）一道审判投毒案。审判谁？法令中没有做出什么区别："无论谁制造、出售、购买、拥有、使用毒药。"这条法令接下去是怎么说的。"要按照刑事案对他进行审判。"审判谁？策划或密谋投毒的人吗？并非如此。那么接下去还说了些什么？告诉我们。"前四个军团中的无论哪一位军法官，无论哪一位财务官、保民官"——然后按顺序提到了所有行政官员——"或者无论哪一位元老院的议员，都有权投票判决。"接下去怎么说？"他们中无论是谁，都可以通过一个

公共的法庭给投毒犯定罪。""他们中无论谁"——到底是谁？假定是上面具
体提到的那些人。尽管上面具体提到这些人的两种方式之间显然拥有巨大差
别，法令本身却把要点向我们做了解释，提到法令对所有人的哪些方面有约
束力，法令是这样说的："无论谁现在或将来制造毒药"，无论是男人还是女
人，无论是自由民还是奴隶，都要拉上法庭受审。如果这条法律的意向与对
待谋反罪是一样的，那么还应当加上："或者无论何人谋反。"实际上它接下
去就说："将在刑事法庭上审判那些将要担任行政职务的人或者将要在元老
院投票的人，无论他们是谁，只要他们犯下或将要犯下谋反罪。"克伦提乌
符合这条规定吗？肯定不符合。那么克伦提乌符合哪一条？这没有什么关
系，因为他拒绝从法律观点出发为他的案子辩护。于是我让步了，不从法律
方面出发辩护，我对克伦提乌让步了。但是对你，阿西乌斯，我有一个回
答，里面包含的观点与我的当事人的案子没什么关系。在这个案子中有一个
方面是克伦提乌认为需要关心的，但它还有另外一个方面是我认为需要关注
的。他认为，为了他的利益，要按照案子的是非曲直和事实进行辩护，而不
要按照某个法律观点进行辩护；而我考虑，为了我的利益，我不愿看到自己
顺从阿西乌斯的一个受到驳斥的观点。因为这不是我为之辩护的唯一案子。
我的所有努力都要由那些能够对我的辩护能力感到满意的人支配。我不愿意
出庭的任何人在我沉默时会想象我已经同意了阿西乌斯有关法令的阐述。所
以，为了迎合你克伦提乌的希望，我不朗读法令——在这一点上我也并不代
表你讲话——但与此同时，我也不会对我认为应当驳斥的论证沉默不语。

【55】阿西乌斯，你认为所有人不受相同法律的约束是不公平的。假定，
首先，我会承认这是一种巨大的不公正，但即便如此，也是形势要求对现存
的法律进行更换，而不是我们会不服从法律。其次，有哪位元老院的议员会
拒绝自己应受到更加严厉的法律约束，而他正是在罗马人民的青睐下才被提
升到更为尊严的地位上来的？服从法律我们会放弃多少好处，会有多少不变
和困难之处！而巨大的荣誉和我们地位的尊严是对所有这些不便之处的补
偿。现在把所有生活状况用于骑士阶层和其他阶层。他们不愿忍受这些阶层

的人，因为他们认为自己不应当受到过多的法律和法令的严格限制，如果是这样的话，他们要么不能取得国家的最高地位，要么不会去尝试获得它。由于忘掉了我们元老院议员要受其约束，而其他等级的人不必受其约束的法律，盖乌斯·革拉古提出这部防止"法庭陷害案"的法律。他提出这部法律是为了人民的利益，而不是反对人民的利益。现在卢西乌斯·苏拉除了不是民众的朋友，其他什么都是；但是后来在依据你们现在实施的这部法令组织起来的法庭处理这种事情的时候，他不敢使这种罗马人民组成的新型法庭受到伤害，他感到自己对罗马人民不负任何这样的责任。要是他认为还有可能做别样处理，那么没有其他任何事情会令他更高兴了，考虑到他对骑士阶层的仇恨是众所周知的，于是他把所有剥夺公民权的毒液全都在这个法庭上对着以前的陪审员喷洒。这样做的唯一目的（相信我，先生们，看一看你们面临的危险）是把国家依靠的范围扩展到骑士等级。并非所有元老院议员共同拥有这一目标，拥有这一目标的只是少数人。因为那些打算保护自己的正直的人和清白无辜的人（对你们我可以这样说，对所有保持着清白的人我也可以这样说）急于让骑士等级拥有仅次于自己这个等级的地位，并与之坚定地结盟。而那些希望看到所有权力被自己独占，而不希望其他个人或等级分享权力的那些人认为要使罗马骑士服从他们，因此就像现在这样，通过起诉那些当过陪审员的人来恐吓他们。因为他们看到这个阶层的力量在增强，由这个阶层主持的法庭深得民心。通过揭露你们的邪恶，他们充满自信，能够承受你们的苛刻带来的伤痛。因为，看到自己必须对谋反做出审判的时候，有谁真的有勇气敢对一个拥有哪怕比自己的资源略微多一点的人做出审判？

【56】有权有势的保民官马库斯·德鲁苏斯，在当时整个贵族阶层的支持下，以这些从前担任过法庭陪审员的人为打击目标，对他进行抵抗的罗马骑士表现出什么样的勇气！盖乌斯·弗拉维乌斯·普西奥、格奈乌斯·提梯纽斯、盖乌斯·马凯纳斯，这些罗马人民的精华，还有属于他们那个等级的其他一些人，进行了抗争，就像克伦提乌现在做的一样，揭露了他们应当受到某种程度的谴责。他们公开提出挑战，表示抗议，勇敢而又高尚地公开讲

话，要是他们选择获取荣誉为他们的全部雄心，那么他们可以依靠罗马人民的奖赏而达到最高地位。他们说："我们已经看到元老院议员生活的意义、特权和荣誉。我们不藐视这些东西，但对我们自己的等级很满意，这也是我们祖先的等级，我们宁可过一种和平安宁的生活，可以躲避流行偏见的风暴和这样的法律诉讼。你们必须把适宜用来追求政治目标的青年时代还给我们，或者说，由于这是不可能的，那就让我们过一种抛弃政治追求的生活。由于害怕数不清的危险，我们这些放弃担任公职的人不会得到公众的承认，也不能摆脱受到起诉的危险。但一名元老院议员没有资格发出这种抱怨，因为这些是他能够开始他的政治生涯的条件，因为他拥有许多特权可以减轻这种生活的缺陷——等级、地位、在国内外的名声和影响、豪华的排场、绣花长袍、公车、标志等级的徽章、侍从官的权杖、兵器、命令、行省。我们的祖先想要尽一切可能，用所有这些东西来奖赏正直的人，但是这些人犯错误的危险也比普通人大。"这些骑士的反对意见不是他们受到依据哈比图斯今天受到指控的相同法令的指控（那个时候是塞普洛尼乌法，今天是高奈留法），因为他们明白它不适用于骑士等级。但是他们的努力旨在防止受到新的法令的羁绊。哈比图斯从来不反对这些法令，哪怕需要交出他的生命，而这些法令实际上对他没有约束力；如果这种状态令你们感到高兴，那就让我们所有人尽力使这个法庭的审判尽可能扩展到所有等级！

【57】但与此同时，我以上苍的名义起誓，由于给我们所有人带来便利、权利、自由、安全的是法律，所以让我们遵守法律。进一步说，让我们想一想罗马人民不能得到法律的保护该有多么不公平。他们把他们的国家和他们的幸福交到你们手里，他们既不焦急也不害怕自己被一小撮陪审员绳之以法，因为这部法令是他们自己从来没有批准过的，而这个法庭对他们来说是可以得到赦免和自由的。我的高贵的、讲话流利的年轻朋友提多·阿西乌斯把他的案子建立在这样一个假设上，所有法律对所有公民都有约束力，而你，由于你的职责所有，只能聚精会神地听他说，而自己一言不发。作为一名罗马骑士，奥鲁斯·克伦提乌正在被一项只对元老院议员和前执政官有约

束作用的法令审判；我请他允许我开始辩护，把我实施辩护的堡垒建立在法律的优越基础上，但是遭到了他的拒绝。如果克伦提乌能确保最后的判决，如我充满自信地期待着的那样，依靠你们的正义感，每个人都会正确地相信能保证这一点的是他的清白无辜，那么这就是为他辩护所要遵循的路线，而他拒绝依靠的法令没有给他提供保护。

现在我要提到我前面说过的与我本人有关的一个问题，对此我需要向公众说清楚，因为这就是我今生为身陷法律危险的人尽一切努力进行辩护时的状况。我看到这个法庭想把原先设置用来反对我们元老院议员的法令努力扩展到整个罗马人民，起诉他们，这种倾向有多么重大、多么危险、多么无限制。这条法令说："无论谁与此相关"——你们瞧它的覆盖面有多么大——"或者图谋造反的人"——这同样非常模糊，无法界定，还有，非常神秘、不理智——"或者提供虚假证据的"——在阿西乌斯剥夺公民权的恐吓下，整个罗马人民有谁不提供证据？至于后来提供的证据，我可以向你们保证，如果罗马人民对这些审判负有责任，那么没有人会这样做。但是我答应你们，任何不受这条法令约束、不受相关审判骚扰的人，要是委托我进行辩护，那么我都会诉之于案子的法律层面，在论证时也不会有什么难处，我会在辩护中尽力运用法律提供的保障，而在现在这个场合我却没有得到这样做的允许。

【58】先生们，我没有权利怀疑，要是你们审判的这种案子的被告外在于这条法令，那么尽管你们把他当做偏见的目标，或者把他当做对众人的冒犯，尽管你们仇恨他，尽管你们不愿判他无罪，但若你们服从于你们的良心而不是敌意，那么你们无论如何还是要判他无罪。因为一名聪明的陪审员有责任想到罗马人民允许他所起的作用就是与他的使命和授权相一致；不仅要记住赋予他的权力，而且要记住对他的信任；尽管仇恨一个人，也要判他无罪，或者尽管不仇恨一个人也要判他有罪；不要只想到自己的喜好，而要想到他对他的良心和法律的责任；要遵守对被告适用的法令，要服从他正在审讯的被告的品性，要尊重案件的事实。上述要点必须摆在他面前，但进一

步说，这同样也是一个聪明的、高尚的人的责任，接过陪审员的投票板写下他的判决，想一想投票的并非只有他自己，不能为所欲为；而是要把法律和他的良心、正义、荣誉当做他的评审员；从心中驱除任性、邪恶、偏见、恐惧和各种情欲，而把他自己的良心的证言放在第一位。良心是神赐予我们所有人的礼物，我们不能与良心为敌，如果良心证明我们的生活拥有良好的意愿和良好的行为，那么我们的生命就会是毫无畏惧的，完全合乎美德的。要是提多·阿西乌斯明白或思考这些事情，他甚至不会说那些他实际上在反复敦促的事情，也就是说，一名陪审员必须在不受法令束缚的情况下做出他自己认为最好的决定。关于这一点我已经说过的话，尽管多于克伦提乌希望我说的而少于这个主题的重要性要求我说的，但我想，已经足以满足你们的善意。

剩下还有一些要点在这个法庭上讲也许是合适的，但若这样做的结果只是把偏见带上法庭，那么我担心它们只会受到那些最卑鄙的人的喜爱。

【59】现在，为了使你们可以明白我之所以详尽阐述我一直在处理的这个案件绝对是不得已而为之，所以请你们密切关注我下面说的话。我敢肯定，你们会明白我的观点可以用几句话来加以证明，我的辩护非常简洁。

你们已经说过萨莫奈人格奈乌斯·狄西迪乌——就是那个被剥夺公民权的人——不幸地受到我的当事人的奴隶的骚扰。而实际上他受到的对待没有比克伦提乌更仁慈的了。我的当事人用他的财富把他从极度困顿中解救出来，这是他的所有朋友和亲戚都知道的。你们已经说过我的当事人的管家骚扰和虐待安卡里乌和帕凯努斯的牧人，而实际上他的管家是在高地牧场牧人间的争吵中保护主人的地产和占有权。有一方发出了抱怨，另一方则做了解释，后来他们就分开了，并没有把争执带上法庭。"按照普伯里乌·埃利乌斯的遗嘱，他的亲戚被剥夺了继承权，而被告，尽管是个陌生人，却被立为继承人。"普伯里乌·埃利乌斯是在履行一项义务时这样做的，我的当事人也没有插手立遗嘱的事，这一点可以由他的敌人奥庇安尼库作见证。"他拒绝把一笔遗产留给福洛鲁斯。"情况正好相反，尽管文书上写的是 300 个大银币，而不是 3,000 个大银币，而按照克伦提乌的看法，福洛鲁斯的继承人资格不足，但他还是仁慈地履行他的义务。所以他最初否认有这项义务，但是后来就毫无争执地履行了。"有一位萨莫奈人凯乌斯，在同盟战争以后对他提起诉讼，想要索回自己的妻子。"实际上，当他听说这个女人是个自由人时，尽管他当时已经从代理人①那里买下了这个女人，但马上把她还给了凯乌斯而无需法庭的干预。"有一位恩尼乌斯的财产被哈比图斯扣留。"这位恩尼乌斯实际上是奥庇安尼库雇用的一个穷人，多年来没听说有什么事，直到最后他提出诉讼，指控哈比图斯的奴隶盗窃，要哈比图斯做出赔偿。相信我，在这场民事诉讼中，尽管他也有可能雇用你为他辩护，但他不能逃脱作为一名虚假指控人被定罪的命运。还有，我得知你们唆使一位非常好客的、在拉丁大道上开设小旅店的安比维乌说，他在自己的旅店里被克伦提乌和他的奴隶骚扰。安比维乌这个人到底如何，我现在没有必要谈论，要是他向我们发出通常的邀请，那么我们会得到热情的接待，而他会对自己的出格行为感到遗憾。先生们，在这里你们已经知道了奥鲁斯·克伦提乌性格的方方面面，而八年以后对他的审判充满偏见，旧事重提。这些罪名多么微不足道，多么虚伪，多么容易被驳倒！

【60】现在来谈一谈和你们的誓言有关、要做出裁决的事情，谈一谈你们根据这条法令聚集在这里要对什么事情承担责任。这也就是说，你们要对下毒的指控做出裁决。你们全都明白，我只要用几句话就可以完成我的辩护，而我已经说过的许多事情，尽管与我的当事人提出的要求有关，但对你们法庭来说没有什么关系。

我的当事人奥鲁斯·克伦提乌被指控投毒杀害维庇乌斯·卡帕多克。幸运的是，在法庭上就有一位杰出的、值得信赖的、品德高尚的元老院议员卢西乌斯·普赖托利乌，他是我们所说的维庇乌斯的房东和朋友。维庇乌斯在

---

① 被剥夺公民权的人的财产由某些经纪人拍卖。这桩具体的买卖包括这位妻子与奴隶。

罗马时住在他家里，后来生病，最后死在他家里。我断定他没有留下遗嘱就死了，而按照执法官签署的法令，我的当事人的外甥努美利乌·克伦提乌负责管理他的地产，你们看到他就在这里，他是一位优秀的、值得尊敬的、高尚的年轻人，一位罗马骑士。

第二项有关下毒的指控是哈比图斯试图毒死在这里的这位小奥庇安尼库，那是一场晚宴，奥庇安尼库按照拉利努姆的习俗，在结婚时宴请一大帮人。当下了毒药的蜂蜜酒端上去给他的时候，他的一位朋友巴布提乌把酒接了过去，喝下肚以后马上倒地身亡。如果我要处理这个案子，否认这项指控，那么我应当详细地叙述事情经过，而我现在三言两语就讲完了。你们还会想出什么比这更加恶毒的罪行用来指控哈比图斯？再说，到底有什么事情会使哈比图斯如此害怕奥庇安尼库——这个人在整个审判期间一个字都说不出来——而我的当事人在莎昔娅活着的时候，从来不缺指控者，就像你现在看到的一样？或者说他希望对他的指控不仅仍旧像从前一样严重，而且还会被一桩新的指控进一步增强？还有，在这样的日子里，在这么多人中间，他能有什么机会下毒？还有，他通过谁下的毒？他什么时候拿到的毒药？把酒接过去喝是什么意思？为什么不再上毒酒呢？对这些问题有许多可能的回答，但我不想因为我的沉默使人认为我在暗示某种答案，因为这项指控的本质已经提供了答案。我断言，按照你的说法，这个喝了酒以后马上就死去的年轻人在那天根本就没有死。这是一项可怕的指控，这是一个无耻的谎言。想一想下面这些情况：我断言我们说的参加晚宴的这个人消化不良，暴食暴饮，就像年轻人通常那样，生病以后，他拖了几天，慢慢死去。有谁能证明这一点？同一个人，这个人也见证了他自己的悲伤，他的父亲，我指的是我们正在谈论的这个年轻人的父亲，如果怀疑的阴影落到他极度痛苦的心灵上，那么他会做好准备，站出来提供反对克伦提乌的证据，代表这个年轻人提供真正的证据。请你读一下。[①] 先生，要是我的要求不过分，麻烦你站出

---

① 这是对法庭上的吏员讲话，他负责宣读这位父亲的作证书。

来一会儿，亲自重复一遍这一痛苦的、但不可回避的证言。我不会坚持这一点，因为你已经高尚地决定不会让你的悲伤卷入用虚假的指控毁灭无辜者。

【61】先生们，剩下还有一项指控，我在演讲开头时讲的话可以向你们说明这项指控的性质：这些年来无论有什么不幸落在奥鲁斯·克伦提乌的头上，无论有什么忧虑和困难困扰着他，都是因为他的母亲在起作用。你断言奥庇安尼库之死是由于他的一位朋友马库斯·阿塞留斯在给他的面包里下毒，哈比图斯是这一行为的唆使者。我的第一个问题是：哈比图斯希望毒杀奥庇安尼库的动机是什么？我承认他们之间存在着敌意，但一个人希望他的敌人死去要么是因为害怕，要么是因为仇恨。那么什么样的恐惧有可能会让哈比图斯在他自己的良心上担负这样的罪过？有什么原因会使人害怕奥庇安尼库，使他要为自己的恶行接受惩罚，被驱逐出这个国家？他害怕什么？一个毁灭了的人会攻击他，一个被定罪的罪犯会指控他，还是一项流放的证据会对他造成伤害？另一方面，要是对他的敌人的仇恨使哈比图斯不愿意再享受生活，那么他会是这样一个傻瓜，乃至于假定奥庇安尼库的生活要成为一名重罪犯的生活，一个流放犯的生活，一个被抛弃者的生活，而由于他的本性罪大恶极，没有人愿意在自己家中接待他，没有人愿意接近他，没有人愿意和他说话，甚至没有人会看他一眼？哈比图斯会不愿给一个人这样的生活吗？如果他强烈地憎恨这个人，那么他会不希望这个人尽可能长时间地过这样的生活吗？仇敌加速死亡同时也给这位仇敌提供了一个逃避不幸的机会，他要是有男子汉的气概，会像许多勇士所做的那样，在苦恼中结束自己的生命吗？那么为什么他的敌人希望把自己必然想要得到的东西给予他呢？死亡对他到底会有什么伤害，而现在他真的已经死了？除非我们受到那些愚蠢的故事的引导，认为他正在地下世界里忍受罪人所受的折磨，在那里他比留在这个世界上会遇上更多的敌人，他的岳母、妻子、兄弟、子女们的复仇的精灵会追赶他，一直把他赶到恶人的居处。但若这些故事都是虚假的，而每个人都知道这些故事是假的，那么除了感受痛苦的能力，死亡还能从他身上拿走什么呢？

【62】下一个问题，是谁下的毒？马库斯·阿塞留斯。他与哈比图斯有什么联系？什么都没有。他们之间更有可能是敌人，因为阿塞留斯与奥庇安尼库的关系密切。那么会不会是哈比图斯挑选了一个他知道或多或少与自己有些过节，但与奥庇安尼库关系密切的人作为自己犯罪和反对仇敌的阴谋的代理人呢？那么，出于忠诚而被迫起诉父亲的你为什么又允许这位阿塞留斯不受惩罚地逃脱呢？你为什么不追随哈比图斯的榜样①，通过那个下毒的人来确保判处我的当事人有罪呢？还有，令人难以置信的是——先生们，这种做法非同寻常，十分奇怪——在面包里下毒！这样做会比在杯子里下毒更加容易渗入人的血脉和身体的各部分吗？把毒药下在一团面里会比下在一块面包里更有效吗？把毒下在食物里会比下在饮料里更有效吗？要是有人注意，那么在面包里下毒比在酒杯里下毒更难以察觉吗？你说："但是，奥庇安尼库突然死亡。"假定他死了，那么当时在场的许多人都有下毒的嫌疑，他们下毒的可能性比哈比图斯更大。但是，这整个故事是彻头彻尾的谎言。把这个谎言带回家去吧，让我来告诉你有关他的死亡，以及在他死后克伦提乌的母亲如何想办法指控儿子。

奥庇安尼库在被放逐以后到处流浪，大家都不欢迎他，只好去投靠法勒尼亚区的卢西乌斯·昆克修斯。他在那里一病不起。莎昔娅和奥庇安尼库在一起，但同时又和另一位老相识自由农民塞克斯都·阿比乌斯打得火热，超过她丈夫所能容忍的限度，因为她认为她的丈夫被判罪已经解除了她对这桩婚姻所要承担的贞洁的义务。据说奥庇安尼库有一位喜爱的奴仆，名叫尼科司特拉图，他对主人十分忠诚，从不撒谎，又非常喜欢打探各种事情，把和这件事有关的许多故事报告了主人。这时候奥庇安尼库的身体稍好一些了，他无法继续忍受那个法勒尼亚人的恶行，所以启程来到罗马近郊，他的习惯是在罗马城门外的一些地方住宿。但是，据他们说，他从马上摔了下来，身负重伤，到达罗马以后发高烧，几天以后就死了。先生们，关于他的死亡情

---

① 在起诉奥庇安尼库之前起诉法伯里修和斯卡曼德。

况就是这样，没有什么可怀疑的；或者说，要是有什么可怀疑的话，那么就去怀疑他的房子和他的自己人。

【63】在他死后，这位坏得难以启齿的莎昔娅马上开始策划反对她的儿子的阴谋，决定对她丈夫的死亡进行调查。她从奥鲁斯·卢庇留斯那里购买了一个名叫斯特拉托的奴隶，奥庇安尼库曾经雇用卢庇留斯当医生，表面上看去就跟哈比图斯购买第欧根尼一样。① 她说她要严刑拷打这位斯特拉托和她自己的一位名叫阿司克拉的奴隶 ②，也要求在这里的这位小奥庇安尼库不要对他的奴隶尼科司特拉图进行同样的拷问，她担心这个奴隶不太管得住他的舌头，对他的主人太忠诚。奥庇安尼库此时还是个孩子，不敢拒绝他的母亲对他父亲的死因进行这样的调查，尽管他相信这个奴隶对他就像从前对他的父亲一样忠心。莎昔娅自己的和她丈夫的朋友和熟人被召集起来，里面包括许多值得尊敬的高贵人士。在随后的调查之中用了各种形式的拷打。但是，尽管在拷问中威胁与利诱并用，想要使这些奴隶说出一些证据来，无论对他们采用什么办法，他们仍旧坚持说实话，不肯乱说。最后在朋友们的建议下，那天的拷问暂停，但在隔了相当长一段时间后，这些人又第二次被召集起来，再次对这些奴隶进行拷问，用了最严厉的刑罚。证人们看不下去了，提出了抗议，而这个残暴的女人无动于衷，一味想要找到有利于实现她的阴谋的证据。最后，行刑者，甚至刑具，都疲倦了，她仍旧不肯结束。一位地位很高、品性正直的证人大声说，他相信通过这种严刑拷打不可能找到事实真相，而只会迫使奴隶讲假话。其他人也都同意了，认为拷问已经差不多了。尼科司特拉图回到了奥庇安尼库那里，莎昔娅带着她的人返回拉利努姆。想到她的儿子还很安全，想到找不出整治他的办法，甚至连这样的拷问也找不到能控告他的证据，不仅他的仇敌的公开骚扰，而且这样的阴谋也不能伤害他，想到这些，这位母亲暗暗伤心。到达拉利努姆以后，她给了斯特

---

① 参见本文第 16 章。
② 奴隶在作证以前通常要拷打一番，否则认为他们不会说真话。

拉托一家装修好的店铺，让他在那里行医，尽管她曾经假装相信这位斯特拉托毒死了她的丈夫。

【64】一年过去了，两年过去了，三年过去了，莎昔娅没有什么改变，而看上去她似乎仅仅满足于期待她的儿子有一天碰上灾难，而不再实际地搞什么阴谋。与此同时，在昆图斯·霍腾修斯和昆图斯·麦特鲁斯担任执政官的那一年①，为了强迫小奥庇安尼库接受这种指控，莎昔娅把她与她的女婿生的女儿许配给小奥庇安尼库，希望这种婚姻关系能够加强对儿子的控制，把儿子置于自己的权力之下，尽管她的儿子心思在别处，根本没有这种想法。

就在这个时候，这位斯特拉托医生在她家里犯了盗窃罪和谋杀罪。他知道在这个家里有一个保险柜藏有大量银币和黄金，所以，一天晚上，他杀死了两名入睡的奴隶伙伴，把他们扔进鱼塘，而他自己想办法弄开了保险箱的底部，偷走了……银币②和五磅重的黄金，还有一个小奴隶在场，但他佯装没看见。第二天事情被发现了，整个疑点落在两个没露面的奴隶身上。然后保险柜底部的痕迹被注意到了，他们感到奇怪，不知盗贼是怎么把它弄开的。莎昔娅的一个朋友想起最近在某个拍卖会上看到残剩的东西中有一把弯锯，保险柜上的痕迹好像就是用这种锯子留下的。长话短说，调查从那些拍卖商的伙计③那里开始，结果发现那把锯子是斯特拉托买走的。这就引起了对斯特拉托的怀疑，当他被抓起来拷问时，那个小奴隶害怕了，把整个事情经过告诉了他的女主人，两名被杀奴隶的尸体在鱼塘里找到，斯特拉托被关了起来，从他的店铺里找到了那些银币，尽管不是全部。对这个盗贼进行了审讯。这除了是一起盗窃案，有谁还会怀疑它是什么呢？或者说，你断言在保险柜被盗、找回部分被偷银币、发现两名奴隶被杀以后举行的这场审讯是为了发现奥庇安尼库的死因吗？有谁会相信你？你还能提出什么更加不可能

---

① 指公元前 69 年。

② 手稿中银币的数量缺失。

③ 这些伙计在拍卖结束后派出去从购买者那里收钱。

的建议？此外，这场奥庇安尼库死了三年以后的审讯是为了调查奥庇安尼库的死因吗？是的，但不止是为了调查死因，而是她从前的仇恨又重新点燃了，她现在要求再次拷问尼科司特拉图，没有任何理由。奥庇安尼库最初拒绝了她的要求，但当后来她恐吓说要从他那里带走她的女儿，修改她的遗嘱时，他把他忠诚的奴隶交给了这个残忍的女人，不是带走拷问，而是简单地被处死。

【65】所以，她丈夫的死亡问题三年后复活了，又有了新的调查，那么哪些奴隶受到拷问呢？我假定会有一些人提出新的事实，有一些新人被认为与此事有关，是吗？凶手就是斯特拉托和尼科司特拉图。是吗？这两个人不是在罗马拷问过了吗？可能吗？这个女人——她现在不仅是个疯子，而且充满邪恶——尽管在罗马进行过拷问，尽管在提多·安尼乌斯、卢西乌斯·鲁提留斯、普伯里乌·萨图鲁斯以及其他一些高贵人士看来，拷问已经进行得相当彻底了，但她仍旧想要打击她儿子的自由——我不敢保证她拷问时在场，但你们会说那个她熟悉的农民①在那里——在同一个人已经死去三年以后，对同样的人、同样的事实进行拷问，是吗？

或者你们会说——我正在想一些可能会说的话，但请记住我的朋友没有这样说过——在审讯这桩盗窃案的时候，斯特拉托承认了某些关于下毒的事？先生们，只有一条道路能够通向真理，才能显示真相，才能保护无辜者，尽管在这条道路上充满着大量的邪恶，令人窒息，这是因为那些惯于欺骗的人缺少勇气完成他们的阴谋，又因为那些地位显赫、胆大妄为的人发现他们的诡计不够周密，但若狡猾就是大胆，或者胆大就是诡诈，那么要想抵抗它们几乎是不可能的。有人盗窃吗？在拉利努姆没有别的事比这件事更臭名昭著了。或者有人怀疑此事与斯特拉托无关？但是那把锯子显然与他有关，那个与他合谋的年轻奴隶也已经承认。或者说这不是要调查的问题？那么进行调查的其他理由是什么呢？或者说，斯特拉托——这是你们必定会说

---

① 指本文第 62 章中提到的塞克斯都·阿比乌斯。

的话，也是莎昔娅当时经常说的话——在审讯盗窃案的时候，斯特拉托在严刑拷打下说了一些关于下毒的事情吗？在这里你们能知道的事情就是我告诉你们的事情：这个女人胆大妄为，但她的判断和常识是低劣的。法庭审讯留下了大量记录，在这里已经朗读过了，就摆在你们面前，她说过的这些事情都有证人作见证，并且有封印。这些记录中没有一个音节提到盗窃，也不像是先记录斯特拉托盗窃，后来又加上一些关于下毒的招供，就好像是逼供的产物，而不是询问的结果。这场审讯处理的是盗窃，任何有关下毒的怀疑都已经在以前的审讯中消除了，因为在罗马她已经决定接受她的朋友的建议，有关的拷问已经够了，在其后三年中，她对这位斯特拉托的喜爱超过对她的其他所有奴隶，给他特殊荣誉，表现出各种欢心。我们要假设，斯特拉托这名盗贼虽然已经承认有罪，但在审讯期间对要调查的事情一个字也没有说吗？他径直谈起过下毒吗？如果在不恰当的地方他没有多提盗窃，那么他在拷问的最后，或者在中间，或者在某个时候提到过盗窃吗？

【66】先生们，现在你们瞧，这个邪恶的女人要是有权力，她会亲手杀了她的儿子，伪造调查记录。至于这份所谓的记录，把签过字的证人名字告诉我。你一个都找不到，要是有一个都会令我高兴，强过一个都没有。现在怎么样，提多·阿西乌斯？你向这个法庭提出一桩重大的指控，一桩刑事方面的控告，你依据材料攻击另一个人的命运，而又说不出在这些证明材料上签了名的证人名字吗？你想把这个法庭当做工具，用来毁灭她清白无辜的儿子吗？够了，这些记录没有分量。为什么不用保存在陪审团那里的完整记录呢？为什么不询问那些当初被她召集起来的奥庇安尼库的朋友和熟人呢？为什么现在不这样做呢？这件事跟斯特拉托和尼科司特拉图这两个人有什么关系？奥庇安尼库，我要你说，这件事与你的奴隶尼科司特拉图有什么关系。想到你曾经有过指控我的当事人的短暂意愿，那么你一定会把他带到罗马来，保障他的安全，让他能够为法庭和当前的审判提供消息。至于斯特拉托，先生们，我不得不告诉你们，他已经被割去舌头，钉死在十字架上，拉利努姆的每个人都知道这件事。这个疯狂的女人不怕自己的良心受到谴责，

不怕邻居对她的仇恨，不怕一般的无赖，她忘记了所有人都会成为她的罪恶的见证人，而只是害怕这个可怜的、临死的奴隶最后发出的斥责她的声音。

苍天在上，这是一种多么可怕的行为！全世界还有比这更加反常、更加可恨、更加惨无人道的事情吗？如果有的话，发生这种事情的原因是什么？先生们，你们现在肯定明白发生这种事情肯定不是没有理由的，我在演讲一开始提到了我的当事人的母亲，因为她从一开始就希望或期待用种种邪恶的手段来对付她的儿子。我没有讲述她最初狂乱的情欲，没有讲述她与后夫的儿子的可耻婚姻，也没有讲述这位母亲的女儿与她的后夫的淫乱关系。这些事情构成了她的整个家庭的耻辱，但还不足以危及我的当事人的生命。我没有控告她嫁给奥庇安尼库的第二次婚姻①，从这样的婚姻中取得安全感以后她谋杀了奥庇安尼库的儿子，使他家里充满哀号。我省略了这样一个事实，当她得知曾经是她女婿、现在成了她自己的丈夫的奥鲁斯·奥里乌斯已经被奥庇安尼库设计剥夺了财产并且杀害以后，她选择了一处她每天都可以看到前夫死亡痕迹的房屋作为自己的长期住处，把前夫的地产当成了战利品。我的第一项控告所涉及的她的罪行现在终于真相大白，她试图通过法伯里修下毒，这件事发生以后人们只是一般的怀疑，连我的当事人也拒绝相信，但现在终于一清二楚了。他的母亲对此事当然不是一无所知，因为要是没有她的主意，奥庇安尼库想不出这样的诡计。如果情况不是这样的话，那么在阴谋被揭穿的时候，她就不会不离开这个邪恶的丈夫，而会像躲避一个残暴的敌人一样逃走，会永远抛弃发生了凶杀的房子。除此之外，这位母亲几乎没有一处不在设置陷阱，夜以继日地把整个心思都用于策划毁灭她的儿子的阴谋。为了让奥庇安尼库能够动手迫害她的儿子，她首先给他送礼，然后把女儿嫁给他，并且利用了他对她的家产的觊觎。

【67】所以，我们注意到了一个离婚或由于争吵而引起家庭关系破裂的通则。这个女人想到没有一个人值得充分依赖，会受她的指使去迫害她的儿

---

① 这实际上是她的第三次婚姻，西塞罗没有把她最初嫁给克伦提乌之父计算在内。

子，除非让这个人先娶她的女儿为妻。大多数人在看到新的关系建立以后就会把旧的争吵搁在一边，但她相信这种关系的建立可以保障她的争吵永存。她并非只想到要寻找一名指控者去指控儿子，以发泄她的痛苦，而且还想到如何把这名指控者武装起来，所以她就用许诺和恐吓策动奴隶，用残暴的刑讯调查奥庇安尼库的死因。这些酷刑的结束不是由于她的节制，而是由于奥庇安尼库的朋友的制止。此事三年后，她在拉利努姆重开刑讯，同样的疯狂驱使她伪造刑讯记录，同样的疯狂驱使她下令割去奴隶的舌头，整个精心构思的指控实际上都是她自己的想法和表现。在做了充分准备以后，她派人前来罗马对她儿子提出指控，而她自己则在拉利努姆等待，召集证人。当她得到我的当事人受审的时间逼近的消息以后，她认为打赢这场官司需要她的高度警惕，或者她的证人需要金钱，于是就用最快的速度赶来这里。她也许认为自己绝对不能放过儿子受审这一幕，要亲眼看见儿子身穿肮脏的丧服受审的样子。①

【68】但是你们想，这个女人到罗马来用的是什么方式？我从许多人那里听说过这件事，他们像我一样都住在阿奎努姆和法伯拉特利亚。② 他们在这些镇子里怎么会聚在一起！这个拉利努姆的女人带着大量随从和资金，经由亚得里亚海边大路来到罗马，为的就是指控她自己的儿子犯了大罪，世上的男男女女听到这件事会发出什么样的叹息！我只能说她的所作所为真的是匪夷所思，她经过的每一个地方都需要涤罪，每个人都会感到这位可诅咒的母亲的双脚玷污了大地，而大地是我们所有人的母亲。正因如此，没有一个城镇允许她逗留，大路边的旅店在被她看到之前，店主们就关上了店门。她只能在黑夜中感受无比的孤独，而无法得到任何城镇或旅店的欢迎。关于她当前的意图、计划和阴谋，我们中有谁能说她不知情？我们非常明白她要拉拢谁，向谁许诺金钱，她试图用贿赂动摇谁对法律的忠诚。我们还发现了她

---

① 参见本文第 6 章。
② 这些地方距离西塞罗的出生地阿尔皮诺不远。

在午夜进行的秘密祭祀、可耻的祈祷、亵渎的誓言，甚至要万能的神来见证她的罪行，她不明白上苍的青睐要靠履行对神和人的义务来获得，要靠虔诚的祈祷来获得，而不能为了成功作恶而依靠卑劣的迷信和供奉牺牲。但我知道，万能的神在他的祭坛和神庙里已经拒绝了这个女人的狂热和残暴。

【69】先生们，命运已经使你们成为诸神，让你们担负扫除我的当事人奥鲁斯·克伦提乌的厄运的责任，你们要面对这位有违常性的母亲保护她儿子的生命。迄今为止许多法官同情为子女掩饰罪行的父母，而我恳求你们不要把我的当事人高尚的过去当做牺牲品奉献给他残忍的母亲，尤其是当你们看到整个镇子都在愤怒地反对她的时候。先生们，愿你们大家都知道（陈述一般不被人信，而我要说我的真心话），拉利努姆镇上所有能来的人都已经来到罗马，凭着他们的力量、热情和数量，帮助我处在危难时刻的当事人。愿你们都知道，保护他们的镇子就是保护妇女儿童，他们的安全当前与整个意大利的和平相连，而不是与它自己的任何资源相连。而那些留在镇上的人与站在你们面前的人一样，由于不能知道这场审判的结果而日夜受煎熬。他们感到你们将要做出的审判触及的不仅是一位同胞的幸福，而且是整个城镇的地位、荣誉和全部权利。因为，先生们，没有任何东西能超过我的当事人对他的镇子的公共事业的忠心，他对镇上的人的仁慈，他对所有人的正直和诚实。还有，由他的祖先留给他的高贵出身和地位，以及并非隐藏在这些东西背后的他的庄严、稳重、声望、慷慨，都在支持他。与此相吻合，他们代表他们的社团所做的证词所表达的不仅仅是他们的证明和看法，而且也表达了他们内心的焦虑和遗憾。这份证词大声宣读以后，你们这些在场的人都会友好地站立起来表示支持。先生们，根据他们的眼泪你们可以判断镇上的所有议员在通过这份证词的时候也像这些人一样落泪。还有，他的邻居表现了何等真诚的热情、格外的善意、深刻的忧虑！他们决非仅仅是为了提交这份他们通过的证词，他们还希望许多像你们一样高尚的人到法庭上来个别地提供证词。在这个法庭上，有许多人来自菲壬图姆的最优秀的家庭，其他一些同样优秀的人来自玛鲁基尼。你们看到高尚的、来自艾普利亚的忒阿努姆和

来自卢凯利亚的罗马骑士在支持这一证词，从波维亚努和整个萨纽姆也送来了光荣的证词，由那些出身高贵的优秀人士护送。至于那些在拉利努姆地区有地产、生意、牲畜的人——他们全都是高尚的、优秀的——我发现他们很难表达他们的忧虑和挂念。我想，很少有人能像我的当事人一样，在一个社群里受到如此众多的人的热爱。

【70】先生们，对于杰出高尚的卢西乌斯·伏鲁西努没能出席审判我的当事人，我表示极大的后悔！在此我能提到才能最高的罗马骑士普伯里乌·赫维狄乌·鲁富斯的名字吗？为了能够维护被告的利益并对我的辩护进行指导，他日夜操劳，患了重病；但即便如此，他仍旧关心我的当事人的自由胜过关心他自己的生命。你们看到杰出优秀的参议员格奈乌斯·图狄库斯同样热情高涨，从他提供的证词中我们既看到了事实，又看到了人品。对于你，普伯里乌·伏鲁纽斯，我希望能够以同样的话语提到你，尽管会有较大的保留，因为你是奥鲁斯·克伦提乌一案的陪审员。简言之，我断定我的当事人的所有邻居都对他表现了最大的善意。所有这些人的热情、麻烦、痛苦，与我自己的努力结合在一起（因为按照古代的做法，我一个人为整个案子做了独立的辩护），此外还有你们自己的正义和怜悯精神，先生们，所有这些努力全都针对一个人——他的母亲。但这是一位什么样的母亲！你们看到，在残暴和罪恶的盲目推动下她堂而皇之地行走，她的淫欲从来没有因为羞耻而有所克制，她的道德水准羞辱着人类的一切习俗，把她称做一个人太疯狂，把她称做一个女人太粗鲁，把她称做一位母亲太野蛮。不，她是她女婿的妻子，她是她儿子的后母，她是她女儿的敌人，凡此种种她改变的不仅是自然本身赋予的名称和规定，而且是我们赋予这种关系的名称。到了最后，她失去了一切与人性相似的东西，而仅剩她的外壳。因此，先生们，如果你们仇恨邪恶，禁止一位母亲在儿子流血的时候前来观看，赋予父母担心儿子的安全而表达的无可言说的悲哀，那么你们不会允许她获得胜利，不会允许她对失去儿子感到喜悦，你们会用你们的正义感击败她的企图。另一方面，先生们，要是你们的本性要求你们热爱荣誉、真理和善良，你们最后终

于帮扶了向你们乞援的人，他许多年来一直受到虚假的偏见和危险的困扰，自从那些有关他犯罪的偏见愈演愈烈以来，他能够开始第一次依赖你们的正义感，能够享有短暂的喘息的机会，那么他所有的一切全系于你们，只有你们可以拯救他。先生们，哈比图斯恳求你们，满含热泪地恳求你们，不要让他成为偏见的牺牲品，偏见在法庭上不应当拥有分量；不要让他成为他母亲的牺牲品，你们应当从心里排除她的誓言和祈求；也不要让他成为可耻的奥庇安尼库的牺牲品，这个人已经被定罪，已经死了。

【71】但若灾难在这场审判中降临我的当事人，那么这个不幸的人，要是（尽管很难说）他继续活着，那么他对通过法伯里修对他下毒这件事被发现会经常深深地感到后悔。因为要是这件事没有被发现，那么毒药对我受苦受难的当事人来说就不是毒药，而是治疗他的许多悲伤的良药。唉，要是这样的话，甚至当他的母亲走在送葬的行列里的时候也会假装为失去儿子感到悲伤。然而事情已经明了，除了把他从死亡的陷阱里拯救出来，而不是把他送进坟墓，就像他的父亲一样，我们还能做什么？先生们，他的灾难延续的年头够长了，他处在偏见之下煎熬的年头够长了。尽管只有一个生育他的人在恨他，但我们可以感到他的怨恨已经过去。你们对所有人都非常仁慈，对那些最可恶的人也曾给予帮助，你们要救救奥鲁斯·克伦提乌，让他重新做一个他镇上的公民，把他还给他的朋友、邻居、熟人，他们的热情你们已经看到了，让他成为你们和你们的子孙的永远的债务人。先生们，这是你们的责任，你们是高尚的、仁慈的；我们要求你们把一个善良无辜的、为许多人珍惜和热爱的人从这些灾难中最终解放出来，借此让所有人知道：公共集会是偏见流行的地方；法庭才是真理的处所。

为拉比利乌辩护

提　要

本文的拉丁文标题是"M. Tulli Ciceronis Pro C. Rabirio Perduellionis Reo Ad Quirites Oratio"，英文标题为"The Speech Addressed to His Fellow Citizens by Marcus Tullius Cicero in Defence of Gaius Rabirius Charged with High Treason"，意思是"马库斯·图利乌斯·西塞罗对同胞公民的演说：为盖乌斯·拉比利乌被控重度叛国罪辩护"。中文标题定为"为拉比利乌辩护"。

被告盖乌斯·拉比利乌是一位年迈的元老院议员。有人告发他在 36 年前杀害政客萨图尼努斯，但无人知道拉比利乌是否真的有罪，也很少有人关心这件事。整个案子的焦点不在于个人，而在于政治。西塞罗在演讲中阐明他为之辩护的不是一位名不见经传的元老院议员，而是元老院实施统治的根基，他要面对的不仅是保民官拉庇努斯的刁难，而且还有民主派有计划的攻击。

本篇演说的发表时间约在公元前 63 年。全文共分为 13 章，第 11 章以后残缺不全。译成中文约 1.1 万字。

正　文

【1】同胞公民们，尽管从解释我为某个具体人进行辩护的理由开始我的

演讲，这不是我的习惯——因为我感到，在任何公民的案子中，他面对的危险足以构成我们之间的一种真正的团结——但不管怎么说，在现在的辩护中，我要考虑盖乌斯·拉比利乌的生命、名誉和幸福，我有责任向你们解释我是如何为他服务的，因为我感到，我有责任为他辩护的理由也是使你们感到判他无罪是你们的责任的理由。我和我的当事人有着长期的友谊，他拥有的崇高地位，以及我终身实践的活动，都使我倾向于为他辩护，出于公共幸福的考虑，我作为一名执政官的责任，不，倒不如说你们已经赋予我的执政官的使命再加上公共幸福，迫使我以最大的热情为他辩护。把盖乌斯·拉比利乌送上了审判台的不是他所犯的罪恶，也不是他的生活引起了公愤，更不是那些对他提出指控的个别人对他有深仇大恨，倒不如说，把他送上审判台的是这样一种企图，想要摧毁我们的祖先传给我们的维护帝国尊严的支柱、元老院的权威、执政官的权力，而我们的善良公民又缺乏能力与危害我们国家的这些该死的祸根做斗争，为了推翻这些机构，这些人对我的当事人发起突然进攻，而他已经年迈无力，没有朋友。因此，要是说，在看到国家所依赖的一切将要被动摇和连根拔起的时候，为了挽救这个国家，确保公众的幸福，一名优秀的执政官要呼吁公民给予忠诚的支持，把公众的幸福摆在他自己的幸福之上，这是一名优秀执政官的责任，那么这也是善良勇敢的公民的义务。这就好比你们在我们国家历史上的各个危急时刻的表现，粉碎一切反叛的阴谋，加强国家的防御，维护执政官的最高执行权，元老院的审议权，通过你们的判决宣布顺从元老院指示的这个人值得赞扬和获得荣誉，而不是给他定罪与惩罚。因此，为拉比利乌辩护的任务主要落在我的肩上，在这种时候，一种急切地想要解救他的愿望不仅是我的义务，也是你们的义务。

【2】先生们，你们应当明白，在你们的记忆中，没有任何事情比这个案子更加重要，更加危险，更加需要你们提高警惕；这个案子有一位保民官提出指控，有一位执政官提出抗辩，而又涉及罗马人民。先生们，挑起这个案子的人实际上是想实现这样一种企图，让这个国家从今以后没有议事会，没有优秀公民，没有人反对疯狂的、邪恶的、胆大妄为的具体行动，国家在紧

急状态下没有安全的庇护，公共福利得不到保障。既然情况如此，那么与我的生命、荣誉和全部幸福利害攸关的职责要求我，首先恳求至高无上、无所不能的朱庇特和其他所有不朽的男女神灵的帮助，请他们赐予我恩惠和青睐，愿这个国家可以得到他们的引导，而不是顺从凡人的意见和谋划；我祈求按照神灵的意愿，在今天日落前可以看到我的当事人得救，可以看到我们的体制得以稳固。其次，我请求你们，先生们，你们的权力仅次于神圣的天命，要记住有一位无助的、清白无辜的盖乌斯·拉比利乌的生命和国家的幸福掌握在你们手中，要由你们来投票；与此同时，你们还要展示你们通常拥有的仁慈，处理这位被监禁的犯人的命运，要用你们通常的智慧来确保国家的幸福。

现在，提多·拉庞努斯，由于你已经把我的辩护时间限制在半个小时，以此束缚我的努力，因此我不得不忍受这种不公正来进行我的辩护，而我的敌人却拥有特权。在把我的辩护时间限制在半小时的时候，你给我留下了当一名辩护律师的角色，但剥夺了我作为一名执政官的角色；因为归我支配的时间尽管对我的辩护来说够长了，但对于我的抗辩来说太短了。或者说你想要我详细回答你对我的当事人提出的亵渎圣地和古墓的指控，尽管你对这项指控并没有提供什么支持，只是说这项指控是由盖乌斯·玛凯尔提出来的。与此相关，使我感到惊讶的是，你应当记得我的当事人的敌人盖乌斯·玛凯尔对他的指控，而忘掉公正的法官立下誓言后做出的判决。

【3】或者说我应当对侵吞公款和烧毁公共记录的指控做出长篇辩护？涉及这项指控，盖乌斯·拉比利乌的一位亲戚，盖乌斯·库提乌斯，已经由一批杰出的法官依据他的品性光荣地宣判他无罪；至于拉比利乌本人，在审判这些案子的时候，人们说的话几乎没有一句可以让人怀疑这些事情与他有关。或者说，我必须小心翼翼地对他的外甥的事情做出回答，你们说我的当事人杀害了他，为的是以这个家庭某个成员之死为手段，以拖延既定的审判？你们到底在说什么？难道他对他的姐夫的喜爱超过对他的外甥的喜爱，乃至于要用残忍地杀害外甥来为这个姐夫提供一个延期两天受审的机会？或

者，还有许多事情留下来要我说，当整个艾普利亚热情地荣耀他，整个坎帕尼亚对他抱着极大的善意时，他因为扣留其他人的奴隶而违反了法比乌斯法，由于鞭打或杀害罗马公民而违反波喜乌斯法，为了逃避他带来的危险，不仅是某些个人，而且整个地区的人都聚集在一起，这样的行动仅仅是邻居间的情感就能解释得了的吗？或者说我为什么要准备一篇长篇演说，回答那些在对拉比利乌提出惩罚建议时①已经说过的问题？我指的是他的讲话既不尊重自己的清白，又不尊重他人的清白。实际上，我怀疑拉庇努斯把我的讲话时间减到半小时的目的就是为了防止我扩大清白这个主题！至于要我作为律师对这项指控付出劳动，你知道你允许我使用的半小时已经足够了，而我的演讲另一部分要涉及的是萨图尼努斯之死，这是你希望我缩短的地方，因为这一部分所需要的不仅是律师的技巧，而且是执政官的干预。

至于你不断地说我取消了审判重度叛国罪的法律程序，这是对我的指控，而不是对拉比利乌的指控。不，先生们，要是这样的话，我就是第一个，同时也是唯一的一个，在我们国家取消这种审判的人！要是这样的话，尽管拉庇努斯以此控告我，我也会把它当做我荣耀的证据。因为我能在担任执政官期间取消市集广场上的死刑和那座军营中的十字架②，还有什么事情能令我更加期待。但是，先生们，这项荣耀首先属于我们的祖先，他们赶走了国王，在自由民中间废除了这些酷刑；其次属于许多勇敢者，他们不想让你们的自由受到野蛮刑罚的冒犯，他们希望你们的自由受到温和的法律的保护。

【4】那么，拉庇努斯，我们俩谁是人民的朋友？是你还是我，你认为恐吓罗马公民是正确的，甚至在罗马公民集会中用行刑官和锁链威胁他们，你在战神广场上、在百人队的代表大会上、在那个神圣的地方下令竖起十字架惩罚公民；而我拒绝允许公民大会被行刑官玷污，断言罗马人民的集市广场

---

① 保民官可以在公民大会上提出对某项审判的抗辩，但他的司法权力仅限于提出惩罚建议。

② 用钉十字架的方法处决罪犯总是在罗马城外的马略军营进行。

必须涤罪，摆脱那些邪恶的罪行留下的痕迹，我敦促人们起来反对你，坚持让公民大会不受玷污，让战神广场神圣，让每个罗马公民不受侵犯，让人民的自由权利不受伤害？我们的保民官是一位什么样的人民之友，是一位罗马人民的权利和自由的什么样的卫士！波喜乌斯法禁止对任何罗马公民使用刑杖，而这个仁慈的人已经重新引入鞭笞。波喜乌斯法规定侍从官不得剥夺公民的自由，而拉庇努斯，人民之友，把这种权力交给行刑官。盖乌斯·革拉古实施了一条法律，禁止在没有你们同意的情况下处死罗马公民；而这位人民之友不合法地允许在没有你们同意的情况下审问罗马公民，甚至在双人委员会①还没有听说他的案子之前就判处他死刑。在试着使用了不必要的惩罚，并且用无比残忍的语言剥夺了罗马人民的自由，改变了他们仁慈的传统以后，你们还敢来跟我谈论波喜乌斯法、盖乌斯·革拉古法，或者其他任何人民之友吗？因为作为一名仁慈的人和人民之友，你非常喜欢说这样一些话，比如"去，侍从官，把他的双手捆起来"，这些话不仅与罗马人的自由和仁慈不合，甚至从罗莫洛和努玛·庞皮留斯嘴里说出来都不适宜。塔克文是最傲慢、最残忍的僭主，②他可以向你这位有着一颗温柔的心的人民之友提供这样的箴言，而你会乐意记下来，比如"蒙上他的头，把他吊死在那棵可耻的树上"。我要说，这样的话已经从我们的国家消失很长时间了，它在古代仅仅是一种阴影，在现代也应当被自由之光压倒。

【5】还有，如果你们喜欢的程序符合人民的利益，如果它包含着公平或正义的尺度，那么盖乌斯·革拉古会废除它吗？无疑，你对你的叔父③之死感受到的悲伤比盖乌斯·革拉古对他兄弟之死感受到的悲伤还要深，对你来说，你对这位从未谋面的叔父之死感到的悲痛比革拉古对与他长期生活在一起的兄弟之死感到的悲痛还要深切，你正在为你的叔父报仇，所用的方式与

---

① 双人委员会（duumviri），从王政时代开始的一种古老的司法形式。

② 罗莫洛和努玛·庞皮留斯，罗马王政时代最早的两位国王，塔克文是罗马王政时代最后一位国王，公元前 510 年被驱逐。

③ 提多·拉庇努斯的叔父昆图斯·拉庇努斯。

革拉古为他的兄弟报仇一样，要是他同意按照你的原则行事。你的这位叔父，这位拉庇努斯，无论他是谁，他死后给罗马人民留下的遗憾不会比提比略·革拉古之死给罗马人民留下的遗憾更大。你也许比革拉古责任感更强？或者更加勇敢？或者地位更高？或者口才更好？要是这些品质在他身上并不突出，那么他们确实会拿你来和他做比较。但由于盖乌斯·革拉古拥有所有这些品质，他的品质超过其他所有人，你认为你们之间的差距会有多大？然而，盖乌斯·革拉古宁可残酷地死一千次，也不愿有一位行刑官站在他主持的公民大会上；而监察官立下的规矩就是为了让这样的人不仅无法使用集市广场，而且无法看到我们的苍天，呼吸我们的空气，生活在我们的城市里。胆敢把自己说成是人民之友，把我说成是你们的利益的敌人的就是这个人吗？尽管他把所有残忍的刑法都找了出来，把这些残忍的话都翻了出来，不仅来自你们和你们的祖先所能记得的话，而且来自国王们的编年史和记录；而我使用了我的全部资源，依靠我的所有建议，用我的每句话、每个行动，来抵抗他的野蛮，与他的残忍做斗争。要是某些自由的希望还没有完全在你们心中丧失，那么你们绝不会希望这样一个你们完全无法忍受的人来统治你们。在法庭上丢脸、接受罚款、接受惩罚，这些事情该有多么伤心，而我们在遇到这样的灾难时，总是留有自由的痕迹。即使受到死亡的威胁，我们也可以作为自由人而死。但是行刑官、蒙头、"十字架"这些词，不仅应当远离罗马公民，而且应当从他们的思想、眼睛、耳朵边消失。这些事情不仅真的发生了，或者说他们已经在忍受，而且哪怕他们对此负有责任，哪怕是仅仅提到这些事情，对于一位罗马公民和自由人来说，都是不相称的。或者可以这么说，即使有一位仁慈的伟大人物下达一道释放奴隶的法令，把奴隶从对惩罚的恐惧中解放出来，我们也仍旧无法从皮鞭下解放出来，无法从行刑官的绳圈下解放出来，甚至也不能凭着我们的功劳、凭着我们的生活、凭着你们赐予我们的荣誉，摆脱对十字架的恐惧吗？所以，我承认，不，拉庇努斯，我要凭着我的意见、我的决定、我的影响大声宣布：你必须放弃这种残忍、野蛮的程序，它更适合一名僭主，而不适合一名保民官。尽管为了实行这种程序，你把所有的先例、所有的法律、所有元老院的权威、所有宗教的禁忌、所有占卜得来的必须遵守的征兆，都放在一边，但在归我支配的短暂时间里，你仍旧不可能从我这里听到一个你想听的词。我们以后还有无限的机会讨论这些要点。

【6】现在让我来处理与萨图尼努斯和你优秀的叔父之死有关的指控。你坚持说盖乌斯·拉比利乌杀害了卢西乌斯·萨图尼努斯，而盖乌斯·拉比利乌以前受到的这项指控，依靠许多证人提供的证据，在昆图斯·霍腾修斯最充分的辩护下，已经被证明是假的。但是我，要是我为他进行新的辩护，我会勇敢地面对这一指控，我会承认这项指控，我会说他有罪！我处理这个案子给了我一个机会，我要宣布是我的当事人用手打倒了那名公敌萨图尼努斯！我听到的喊声没有使我不安，而是给我提供了安慰，因为它表明还有一些公民不守规矩，但是不多。相信我，站在这里的罗马人民绝不会沉默，他们使我成为执政官，他们认为我应当对你的喊叫无动于衷。你的喧哗声小得多了！不，被你压制下去的人们的议论已经宣布了你的愚蠢，揭示了你的孤立。我要说，我很高兴承认——要是我这样做能揭示真相，甚至要是我能开始新的辩护——是我的当事人用手打倒了萨图尼努斯，我要把它当做最光荣的成就；但由于我的意愿受到阻拦，那么我要承认与他的功劳关系不大的事情与他所受到的指控关系很大。我承认盖乌斯·拉比利乌拿起武器想要杀死萨图尼努斯。好吧，拉庇努斯，你想要我承认什么，还有什么比我刚才承认的事情更重要，你还能对我的当事人提出什么更加严重的指控，也许你会想象杀人和为了杀人而拿起武器之间有某些差别？如果说杀死萨图尼努斯是一项罪恶，那么拿起武器打击萨图尼努斯只能是一项神奇的行为；要是你同意拿起武器是合法的，那么你必须承认杀死他也是合法的。

【7】依照元老院通过的这项法案，执政官盖乌斯·马略和卢西乌斯·瓦勒留可以传唤他们认为适合的保民官和执法官，应当采取步骤保护罗马人民的国家尊严。他们召集了所有保民官，萨图尼努斯除外，和所有执法官，格劳西亚除外。他们命令那些想要保卫共和国的安全的人拿起武器跟随他们。

每个人都服从了。武器从公共建筑和兵器库中运来，在盖乌斯・马略的指挥下，分配给罗马人民。现在，拉庇努斯，我要向你个人提出一个问题：萨图尼努斯武装占领了卡皮托利圣山，和他在一起的有盖乌斯・格劳西亚、盖乌斯・邵费乌斯，是的，还有那个以前被定罪的流氓革拉古①，还有，就像你所坚持的那样，我还要添上你的叔父昆图斯・拉庇努斯，他也在那里；而在市政广场上，执政官盖乌斯・马略和卢西乌斯・瓦勒留・福拉库斯，由整个元老院追随（这样的元老院，甚至连你，为了增加你诋毁现在的元老院的机会，也不会赞扬），看到骑士等级——苍天在上，他们是什么样的骑士！——那些日子里在政治上扮演着重要角色，并且裹上了法庭的整个尊严，② 于是拿起了武器，而各个等级那些认为他们自己的幸福与共和国的命运联系在一起的人也都拿起了武器；我要问你的是，在这个时候，拉比利乌做了什么？拉庇努斯，我要再一次问你，由于遵循元老院法令行事的执政官下达了拿起武器的号召，元老院的议长马库斯・艾米留斯③手持武器出现在公民大会上（尽管他是个瘸子，但他认为这不会妨碍他追击，而只会妨碍他逃跑），昆图斯・斯卡沃拉尽管由于年迈而步履维艰，他的四肢由于患了难以治愈的疾病而颤抖，但仍旧斜倚着他的长矛露面，看到卢西乌斯・麦特鲁斯、塞维乌斯・加尔巴、盖乌斯・塞拉努斯、普伯里乌・鲁提留斯、盖乌斯・菲姆利亚、昆图斯・卡图鲁斯，以及当时所有执政官等级的人都拿起了武器保卫公共安全，看到所有执法官和所有到了服役年龄的贵族都匆忙赶来加入他们的队伍，包括格奈乌斯・多米提乌、卢西乌斯・多米提乌、卢西乌斯・克拉苏、昆图斯・穆西乌斯、盖乌斯・克劳狄、马库斯・德鲁苏斯；看到所有拥有屋大维、麦特鲁斯、朱利乌斯、卡西乌斯、加图，或者庞培这些

---

① 这位革拉古全名埃奎修斯・革拉古。

② 盖乌斯・革拉古，公元前123年被赋予骑士等级组织法庭的权力，公元前81年被苏拉剥夺。

③ 马库斯・艾米留斯，全名马库斯・艾米留斯・斯考鲁斯，元老院的派别领袖，受到西塞罗尊敬。

名字的人都这样做了，还有卢西乌斯·腓力普斯和卢西乌斯·西庇阿，还有马库斯·雷必达和狄西摩斯·布鲁图，还有在这里的普伯里乌·塞维留斯，你拉庇努斯曾经在他手下服役，还有昆图斯·卡图鲁斯也在这里，他当时还相当年轻，还有盖乌斯·库里奥也在这里，总之，每一位优秀人士当时都和执政官在一起；所以我要问你：对盖乌斯·拉比利乌来说，他怎样做才算是正确的？他应当躲在隐秘的地方，用他家的围墙或者夜晚的黑暗遮蔽他的胆怯吗？他应当启程去卡皮托利山，与你的叔父和其他想要在那里寻找避难所的人会合吗？或者说他应当联合马略、斯考鲁斯、卡图鲁斯、麦特鲁斯和斯卡沃拉，实际上联合所有的优秀公民，而这样的群体不仅仅是安全，而且也有危险？

【8】还有你，你本人，拉庇努斯，在这样的危急时刻你应当做些什么？当小病微恙使你逃跑和藏匿的时候，当邪恶疯狂的卢西乌斯·萨图尼努斯邀请你上卡皮托利山的时候，当执政官们召唤你保卫你的祖国和自由的时候，你宁愿遵循谁的权威，听谁的话，跟随哪一个党派，服从谁的命令？他说："我的叔父和萨图尼努斯在一起。"那么好吧，你的父亲和谁在一起？那些骑士，你的同胞，和谁在一起？你那个区的居民和你的邻居和谁在一起？整个皮切诺追随保民官的疯狂还是元老院的权威？我坚持，你声称你的叔父在卡皮托利山，但是没有人承认这一点，我要说还没有一个人会如此卑劣和堕落，假装承认说他在卡皮托利山，与萨图尼努斯在一起。但是你说你的叔父在那里。好吧，假定他在那里，假定他在那里不是因为他的幸福遭到毁灭，他个人遇到的灾难使他没有选择，而是因为他与萨图尼努斯的亲密关系，使他把朋友放在国家之上，如果这就是盖乌斯·拉比利乌背叛共和国的原因，那么他为什么不能拿起武器加入到优秀公民的行列中去，为什么不服从执政官的命令和权威呢？事实上，当时的形势清楚地给了他三种选择：要么加入萨图尼努斯；要么加入优秀的公民；要么躲起来。躲起来就像可耻地死去一样糟糕；加入萨图尼努斯是一项疯狂的、犯罪的举动；美德、荣耀、体面要求他加入执政官率领的队伍。那么，你想要指控拉比利乌加入了他本来应当

反对的那些可耻的人的队伍吗？

【9】以盖乌斯·狄西阿努为例，你那么喜欢引用他的话。他被判有罪，因为——当所有优秀公民都表示赞同的时候，他指控普伯里乌斯·富里乌斯这个在各方面都非常无耻的人——他竟敢在他的演讲中对萨图尼努斯之死表示悲哀。塞克斯都·提提乌斯也因为家里有一幅萨图尼努斯的肖像而被定罪。萨图尼努斯在那个时候由于煽动叛乱而使他自己成了人民的公敌，任何人在家中保留他的肖像，或者对他的死表示哀悼，或者鼓励没有教养的人对他的死表示遗憾，或者表明自己与他有亲密的关系，都会被罗马骑士们判决为卑劣的公民，不适宜继续留在公民团体中。所以，拉庇努斯，我发现自己很难想象你是在哪里找到你现在拥有的这幅肖像的。因为自从塞克斯都·提提乌斯被定罪以来，没有人敢收藏这样的东西。要是你听说过这件事，或者说你足够年长，有人把这件事告诉过你，那么我敢保证你绝不会在一次公共集会上展示这样的肖像，而塞克斯都·提提乌斯仅仅是由于在家中收藏了他的肖像就遭到毁灭和流放，你也绝不会驾着你的小船驶向那些礁石，你看到它们使塞克斯都·提提乌斯粉身碎骨，使盖乌斯·狄西阿努的幸福彻底埋葬。

但是，在整个案子中，无知是你的绊脚石。因为你告上法庭的这个案子在你出生之前就已经了结，而要是你足够年长，那么你肯定会卷入这个案子。首先，你不明白被你指控的这些人有多么优秀，而现在他们死了，你就把他们说成是可恶的罪犯。还有，你的这项指控使多少至今还活着的人遇上他们人生中最大的危险？因为，要是盖乌斯·拉比利乌拿起武器抗击卢西乌斯·萨图尼努斯是犯了滔天大罪，那么他至少会在他年轻的时候请求减刑；至于昆图斯·卡图鲁斯，我们的卡图鲁斯的父亲，我们知道他有着多么伟大的智慧，多么高尚的品格，多么无与伦比的仁慈；我们知道马库斯·斯考鲁斯的庄严、明智、远见是著名的；我们知道两位斯卡沃拉；我们知道卢西乌斯·克拉苏和马库斯·安东尼乌斯，他们在那个时候驻守在城外；他们全都是这个国家杰出、明智、能干的领导人，而其他人也同样优秀，他们是国家的保卫者和统治者；他们现在都死了，我们该如何为他们辩护？对罗马骑士，最光荣的人和最优秀的公民，我们该说些什么？他们在那个时候与元老院一道保卫共和国。还有下层公民的代表①，这些人来自其他所有等级，在那个场合也拿起武器保卫共同的自由？

【10】但我为什么要提到所有这些服从执政官权威的人？这对执政官本人的名誉会有什么影响？卢西乌斯·福拉库斯在他的政治生涯和由他负责的民事和宗教事务中始终表现得极为谨慎，现在他死了，就应当把他判决为邪恶的杀人犯吗？盖乌斯·马略的名字也要因为那次屠杀而打上可耻的烙印吗？我要说，我们完全可以把盖乌斯·马略称做国父，你们的自由之父，而现在他死了，我们就应当把他判决为邪恶的杀人犯吗？

确实，要是提多·拉庇努斯认为在战神广场竖起十字架来对付盖乌斯·拉比利乌是妥当的，因为他拿起了武器，那么对于那些召唤他拿起武器的人应当给予什么样的惩罚？因为你那么喜欢下定论，所以我说，要是当时有人给了萨图尼努斯安全的许诺，那么做出这种许诺的不是拉比利乌，而是马略；要是这种诺言没有兑现，那么毁约的也是马略。拉庇努斯，要是没有元老院的法令，怎么可能许下这样的诺言？你难道对这个城市那么陌生，对我们的传统习俗那么无知，以至于不知道这些事情，直到我们得出这样的印象，你是一个到外国旅行的访问者，而不是你自己国家的一名行政官员？他说："这对盖乌斯·马略有什么伤害，他已经死了，感觉不到了？"但这是真的吗？盖乌斯·马略要是不希望，或者没有想过，为他自己赢得比今生更为长远的荣耀，他会去经历千辛万苦和各种艰难险阻吗？不会，我假定，他在意大利的土地上与无数敌人周旋，给这座城市解围，他想到的是自己的所有成就都会与他本人一道消失！但这不是真的，先生们。我们中没有一个人不会在他的祖国危难之时勇敢地保卫祖国，建功立业，希望后代能够奖赏他们。有多种原因会使我们想到好人的灵魂是神圣的，不朽的，但最主要的原因是我们最优秀最聪明的人的心灵关注着未来，并且紧紧凝视着永恒。因

---

① "下层公民的代表"原文"Tribuni Aerarii"。

此，我要呼唤盖乌斯·马略以及其他所有聪明善良的公民的灵魂为证，我相信他们已经离开了人世，进入了诸神圣洁的领地，我感到我不能仅仅满足于为他们的荣誉和荣耀辩护，而应当在我们国家的神庙和神龛里保留我们对他们的记忆。要是需要我拿起武器保卫他们的名声，那么我会像他们一样勇敢地拿起武器，就像他们拿起武器保卫公共自由一样。先生们，自由给我们的生命规定的限度是狭窄的，而我们的荣耀所具有的限度是无限的。

【11】所以，在向那些已经去世的人致敬的时候，我们可以更加欣慰地对待我们自己的死亡。但是，拉庇努斯，即使你不顾那些我们不再能看见的人，你认为对那些你现在还能看见的人也什么都不能做吗？我宣布，那天在罗马的所有人——你们这些强壮的人要判断的那一天——没有一个人因为年纪的原因而没有拿起武器跟随执政官。从拉比利乌身上，你们可以推断当时这种年纪的每个人的行为，而对拉比利乌你们指控他犯了大罪。你说盖乌斯·拉比利乌杀死了萨图尼努斯。他应当这样做！所以我不应当尝试着让他脱离惩罚，而是应当为他领取奖赏。确实，要是杀死卢西乌斯·萨图尼努斯的斯凯瓦，昆图斯·克罗通的奴隶，获得了自由，那么对一位罗马骑士应当给予什么样的奖赏？如果盖乌斯·马略，因为下达了切断通向最高的、万能的朱庇特的神庙和神龛的送水管，为了在卡皮托利圣山……

残　篇①

【12】……所以，在应我的要求处理这个案子的时候，元老院并没有表现得更加具体或严格，你们的态度、你们的双手、你们的声音，拒绝了分割这个世界的建议；不，你们拒绝接受坎帕尼亚的实际版图。……

我要像对这次审判负有责任的那个人一样大声宣布：没有国王、国家、

---

① 原文到此中断，残篇是在梵蒂冈图书馆的一个手抄本中发现的。

部族留下来让你害怕；没有来自外部的由其他人引起的邪恶能进入我们的国家；如果你希望我们的国家不朽，如果你希望我们的国家和我们的荣耀永恒，那么我们必须提高警惕，提防我们自己的欲望，提防使用暴力和造反的人，提防来自内部的邪恶，提防在家里策划的阴谋。为了提防这些邪恶，你们的祖先留给你们一道护身符，它以执政官的权力宣布："让那些希望国家安全的人如此这般。"先生们，你们要珍惜它，绝不要用一道你们的判决把它从我这里拿走……也不要夺走共和国自由、安全、光荣的希望。

要是提多·拉庇努斯像卢西乌斯·萨图尼努斯一样引起对公民的大屠杀，打开监狱的大门，武装占领卡皮托利圣山，那么我该做些什么？我应当像盖乌斯·马略一样行事。我应当在元老院提出一项动议，鼓励你们保卫共和国，我自己也要拿起武器，在你们的帮助下反对武装的敌人。但由于我们现在想的不是军队，也看不到武器、暴力、屠杀、包围卡皮托利圣山的堡垒，而只是一项凶恶的控告，一场怀恨在心的审判——整个儿就是一位保民官对共和国的进攻——所以我感到我的责任不是召集你们拿走武器，而是鼓励你们用你们神圣庄严的投票来打退这种进攻。所以我现在请求你们，恳求你们、鼓励你们这样做。这并非我们的习惯，而是当……

【13】……害怕了。他面对敌人坦然接受这些伤疤，这些勇敢的标志，但他颤抖着不愿他的荣耀受到任何伤害。敌人对他的攻击从来没有使他离开岗位，而现在他受到他的同胞公民的攻击而颤抖着不得不放弃。他现在对你们的要求不是要你们给予他幸福的生活，而只是光荣的死亡。他现在所做的一切努力也不是为了确保他自己在家里的享受，而是不要剥夺他与他的父亲埋葬在一起的权利。这是他现在的一项请求，他唯一的请求，希望你们不要剥夺他合法的葬礼和死在家里的权利；你们让他承受死在这个国家里的痛苦，而为了这个国家他从来没有在任何危险面前躲避。

在这位保民官允许的时间里我现在讲完了。我希望和请求你们把我的辩护演说当做履行职责，既作为一名律师，应我朋友的要求而讲话，又作为一名执政官，为了我的国家的幸福而讲话。

反喀提林

提　要

本文的拉丁文标题是"Oratio In Catilinam"，共有 4 篇，英文标题为"The Speech Against Lucius Sergius Catiline"，意思是"反对卢西乌斯·塞吉乌斯·喀提林的演说"。中文标题定为"反喀提林"。

卢西乌斯·塞吉乌斯·喀提林，公元前 108 年出生在一个罗马破落贵族家庭。罗马历史学家撒路斯提乌斯所撰的《喀提林阴谋》第 5 章对他有概括的介绍。"卢西乌斯·喀提林出身显贵家族，具有非凡的智力和体力，但秉性却是邪恶的和堕落的。从年轻的时候起，他便非常喜欢内战、杀戮、抢劫和政治上的相互倾轧，他的青年时代便是在这类事情中间度过的。他有钢筋铁骨般的身体，经受得住常人绝对不能忍受的饥饿、寒冷和不眠。他为人胆大妄为，不讲信义，翻云覆雨，无论什么都装得出，瞒得住。他觊觎别人的财产，挥霍自己的财产；而且他的情欲十分强烈。他具有相当的口才，但是没有什么见识。他的错乱的精神总是在贪求着穷凶极恶、难以置信和稀奇古怪的东西。"[①]

罗马共和国内战期间，喀提林站在独裁者苏拉一边，是苏拉的得力打

[①]　撒路斯提乌斯：《喀提林阴谋　朱古达战争》附西塞罗：《反喀提林演说四篇》，王以铸、崔妙因译，商务印书馆 1996 年版，第 96 页。

手。喀提林于公元前 67 年从阿非利加行政长官任上返回罗马，因犯勒索罪
而被控于法庭。公元前 66 年，他参加执政官的竞选，由于诉讼问题未了而
被取消竞选资格。以后几年，他又多次参加竞选未果。公元前 63 年，喀提
林一边参加竞选，一边暗中做军事准备，试图用武力夺取政权。

这支军事政变的队伍由盖乌斯·曼留斯率领。喀提林与他商定，叛乱部
队于公元前 63 年 10 月 27 日向罗马发起进攻，而喀提林将于第二天在罗马
城内接应。当时担任执政官的西塞罗从内线得到消息后，于 10 月 21 日召开
元老院会议通报全部情况。于是元老院宣布意大利处于战争状态，并在第二
天的会议上宣布授予西塞罗应对紧急局势的全权。

盖乌斯·曼留斯按计划采取了行动，但是喀提林直到 11 月 6 日才在元
老院议员马库斯·莱卡家中召开秘密会议，拟定了第二天凌晨刺杀西塞罗、
占领全城的计划。盖乌斯·高奈留和卢西乌斯·瓦恭泰乌承担刺杀西塞罗的
任务。面对危难，西塞罗在朱庇特神庙召集元老院紧急会议（11 月 8 日），
发表了第一篇反喀提林演说。喀提林本人出席了这次会议，他想要发言回答
西塞罗的指控，但被元老们制止。而西塞罗此时尚未拿到足够的证据，所以
他在演说中尽力迫使喀提林离开罗马，以保持城内的安宁。西塞罗气势逼人
的演讲达到了目的，喀提林在第二天去了曼留斯的营地。

11 月 9 日，西塞罗向罗马人民发表了第二篇反喀提林演说。他对喀提
林的离去表示了按捺不住的激动心情，同时向人们说明他为罗马做了些什
么。但他也很清楚，有相当一部分元老实际上同情喀提林，而权贵的腐化堕
落、贪赃枉法、沉重的债务使罗马人民对喀提林恨不起来，因为喀提林的竞
选活动一直打着为民请命的旗号。

此后，到罗马来控诉罗马统治者暴行的一个高卢民族阿洛布罗吉人的使
团没有从罗马元老院得到满意的答复，城里参加喀提林阴谋的人与他们拉上
关系，鼓动他们起来反对罗马，阿洛布罗吉人感到事态严重，不敢贸然从
事，在权衡得失之后出卖了阴谋分子。正苦于没有阴谋证据的西塞罗抓住这
个机会，指示阿洛布罗吉人的使节伪装成热心参与阴谋的样子。使节们向阴

谋分子要求亲笔文据以便带回本国人民作为证明。阴谋分子立刻答应。

12 月 3 日凌晨，西塞罗派人截获了阴谋者的书信，送往元老院会议的会场。接着又从留在罗马的阴谋者家中搜出了大批武器。这样一来，阴谋者的罪证确凿。会议之后，西塞罗对聚集在广场上的民众发表了第三篇反喀提林演说。他向人民介绍了取得罪证的经过，得到了民众的同情。

12 月 5 日，重兵守卫的元老院开会商议处置在押的阴谋者。西塞罗在会上发言，即第四篇反喀提林演说。他主张继续关押阴谋者，直到打败喀提林、取得更多罪证以后再处理，但是绝大多数元老院议员同意判处阴谋者死刑。当晚，留在罗马的五名阴谋者在地牢里被绞死，西塞罗亲自监刑。行刑完毕以后，他对围观的民众只讲了一个词：Vixerunt，意思是"他们活过了"。

全文共有四篇 49 章，其中第一篇分 13 章，第二篇分 13 章，第三篇分 12 章，第四篇分 11 章。译成中文约 3.6 万字。

正　文

第一篇

（在元老院发表）

【1】喀提林，我以上苍的名义起誓，你对我们的耐心要滥用多久？你对我们的嘲弄要疯狂多久？你不受约束的鲁莽要嚣张到什么地步？对你来说，夜间有人驻守的帕拉丁①算不了什么，到处有人巡逻的城市算不了什么，人民的惊恐算不了什么，所有最诚实的人组织起来的力量②算不了什么，元老

---

① 帕拉丁（Palatine），罗马的一座小丘，罗马城最早就建在这里。
② 元老院开会时往往有许多公民站在会场外面表示支持或关注。

院在这戒备森严的地方①召开会议算不了什么，所有在场者脸上的表情算不了什么？你不知道你的计划已经暴露了吗？你看不到，由于所有这些人的知情，你的阴谋已经被捆住手脚了吗？你以为我们中间有谁不知道你昨天晚上干了些什么、前天晚上干了些什么、你当时在哪里、你召集了哪些人，你做出了什么样的部署吗？人心不古，世风日下！②元老院知道这些事情怎么发生，执政官知道这些事情怎么发生。然而这个人竟然还活着。我不是说过了吗，他竟然还活着！而且，更有甚者，他还走进元老院商议国家大事。他用目光扫视着我们每个人，挑选着想要杀害的对象。而我们这些确实很勇敢的人要是能够躲避这个人的狂暴和利箭，似乎也就尽到了对国家应尽的责任。喀提林，根据执政官的命令，你很久以前就应该被处死。你长时间策划阴谋，想要杀死我们每个人，但是毁灭必定落到你自己头上。大祭司普伯里乌·西庇阿虽然只是一介公民③，但他杀掉了只是轻微动摇了国家根基的提比略·革拉古，而我们这些执政官却要宽容急于想要用凶杀和纵火来毁掉整个世界的喀提林吗？盖乌斯·塞维留斯·阿哈拉亲手杀死想要造反的斯普利乌·买留斯④，不过这些先例太老，我不想再提它们。从前在我们国家确实有过这种事，勇敢者对付那些背叛祖国的公民的手段比对付不共戴天的敌人更加严厉。喀提林，我们拥有一项有效的、严厉的元老院的法令⑤来对付你。这个国家并不缺少元老院的批准和支持。坦率地说，这个国家缺少的是像我们这样的执政官。

---

① 为确保安全，元老院会议在位于市集广场上端的朱庇特神庙举行，而不是在元老院大厅举行。

② 原文"O tempora, o mores!"这句话已成为一句格言。

③ 普伯里乌·西庇阿（Publius Scipio），即普伯里乌·西庇阿·纳西卡（Publius Scipio Nasica），于公元前133年担任大祭司。这个职位不属于执政官那样的行政职务，也不是军官，所以说是一介公民。

④ 此事发生于公元前439年，斯普利乌·买留斯在饥荒时低价出售谷物，被怀疑想借此赢得民心，后被盖乌斯·塞维留斯·阿哈拉杀害。

⑤ 指元老院做出的最后决定，把独裁的权力授予执政官。

【2】元老院曾经命令① 执政官卢西乌斯·奥皮米乌，要"采取各种措施，不让国家遭受任何伤害"。一个晚上也不能拖延。由于有一些事实不清的叛国嫌疑，盖乌斯·革拉古被杀，而他的父亲、祖父和祖先都是最优秀的人。前执政官马库斯·伏尔维乌和他的孩子一道被杀。一道相似的元老院法令把国家托付给了执政官盖乌斯·马略和卢西乌斯·瓦勒留。为了向保民官卢西乌斯·萨图尼努斯和执法官盖乌斯·塞维留斯复仇，处死他们，这个国家等待过一天吗？而我们现在却允许我们权威的锋芒变得迟钝，长达 20 天之久。我们有这种元老院的法令，但只是被塞进文件堆，就好像利剑入鞘。按照元老院的这道法令，喀提林，你应当马上被处决。可是你到现在还活着，况且并没有改悔，而是变得更加厚颜无耻，变本加厉。元老院的议员们，我希望做一个仁慈的人。我希望，在国家面临巨大危险的时候我没有玩忽职守，但是现在我要谴责自己的懈怠和迟钝。在意大利有一座罗马人民的敌人的兵营，位于埃图利亚的要隘，他们的人数与日俱增；但是你们看到，这座敌方兵营的统帅却在城里，甚至在元老院里，日复一日地策划阴谋，想要从城里摧毁这个国家。喀提林，即使我下令逮捕你，处决你，我想我要担心的不是所有正派人士说我行动过于迟缓，而是有人会说我的做法过于残酷！由于某个具体原因，我现在还不能让自己去做我很久以前就应当做的事。不过你最终还会被处决，到那个时候哪怕像你这样卑鄙堕落的人也得承认这样做是公正的。只要还有人敢为你辩护，你就可以活着，就像你今天这样活着，但是我要布置许多能干的卫士包围你，使你不能伤害这个国家。许多人的眼睛和耳朵都会监视你，虽然你本人也许不知道，但他们会一直这样做。

【3】喀提林，如果夜晚都不能用它的黑暗掩盖你们罪恶的集会，私人住宅也不能用它的墙壁遮挡你阴谋的声音，一切昭然若揭，暴露在世人面前，那么你还有什么必要继续在这里等候？现在，听从我的劝告，放弃你那愚蠢的计划吧，忘掉你那杀人放火的勾当吧。你已经陷入重重包围，在我们眼里

---

① 公元前 121 年，元老院授权执政官卢西乌斯·奥皮米乌对付盖乌斯·革拉古。

你的所有计划就像在光天化日之下那样一清二楚。你现在可以和我一起来回想一下。你记不记得，10 月 21 日我在元老院里说过，你那个胆大妄为的计划的工具和奴仆盖乌斯·曼留斯，会在一个特定的日子里拿起武器，而那个日子就是 10 月 27 日？喀提林，我那天断定会发生如此残酷、如此罪恶、如此令人难以置信的事情，而且更加令人惊讶的是，我把时间说错了吗？我在元老院里还说过，你把屠杀有影响的公民的日子推迟到 10 月 28 日，不过到了那一天，这个国家的许多主要人物已经逃离罗马；这倒不是为了自己活命，而是为了挫败你的计划。你能否认吗，就在这一天，由于我的先见之明，由于受到我的卫士的阻挠，你无法进行反对国家的行动，而你当时扬言，尽管其他人离开了，但你仍然要把我们这些留下来的人统统杀掉才满意？当你认为通过一次夜袭，就能在 11 月 1 日实际占领普赖奈司特①的时候，你知道这个移民地已经在我的命令下由我的卫士、士兵和部队防守起来了么？你在做的事情，你想做的事情，你在想的事情，没有一样是我没有听说、看见和一清二楚的。

【4】现在和我一起回想一下前天晚上的事情吧。你现在可以知道，我在保卫国家安全方面的警惕性比你在颠覆国家时的警惕性要高得多。我要说，前天晚上你去了镰刀匠街（我要说得更加具体些），去了马库斯·莱卡的家，你的许多同谋者也在疯狂和邪恶的驱使下去了同一个地方。你不敢否认这件事，对吗？你为什么不说话？如果你否认，那么我将证明你有罪。在元老院这里，我看到一些当时和你在一起的人。不朽的诸神啊，我们究竟是在什么地方？我们拥有一个什么样的国家？我们生活在一个什么样的城市里？元老院的议员们，就在这里，就在我们这些人中间，就在全世界这个最神圣、最庄严的议事会里，有人策划要杀害我们所有人，摧毁这座城市，甚至摧毁整个世界！我执政官在这里看见他们，还同他们商量国家大事，而对那些必须

---

①　普赖奈司特（Praeneste），位于罗马东南，公元前 90 年以后是一个自治市，一处军事要地。

用刀剑杀死的人，我甚至没有用言语伤害他们！喀提林，那天晚上你在莱卡家，在那里你把意大利各地的任务分配给你的同伙，你给他们指定了你想要他们去的地方，你挑选了留在罗马的人和你要带着一起离开罗马的人，你指定了要在城里哪些地方放火，你断言自己很快就要离开罗马，你说自己之所以有些耽搁是因为我还活着。你们找了两位罗马骑士，他们可以让你不必再为此事操心，他们答应天明之前把我杀死在躺椅上。你们的会议尚未结束，我已经知道了所有事情，我派了更多的卫士加强我的住宅的保卫，不让你们派来的刺客进门，而我也把刺客要在那个时候到我家里来的消息预先通知了许多要人。

【5】喀提林，情况既然如此，去你打算去的地方吧，还是离开罗马吧；城门都是开着的，走你的吧！你和曼留斯共有的营地在等候你这位统帅，而且等的时间太久了。把你的所有朋友都带走，如果不是全部，也要尽可能多地带走，这样一来罗马城也就干净了。要是我们之间隔着一道城墙，我就能摆脱巨大的恐惧。你不能再和我们待在一起，这种情况我不能忍受，我不能容许，我不能答应。

在这里，我们应当衷心感谢不朽的诸神，尤其是朱比特·斯塔托尔，罗马城最古老的守护神，因为我们这个国家已经多次逃脱如此邪恶、如此可怕、如此致命的灾难。国家的安全不应当老是受一个人的危害。喀提林，当我还是当选执政官①时，你就陷害我，但我不是凭着公家的卫士，而是凭着自己的高度警惕来保护自己。在最近的一次执政官选举中，你又想在战神广场②上杀害我和你的其他竞争者，而我借助朋友的力量和保护挫败了你的邪恶企图，没有引起任何公开的骚乱；总而言之，不管你威胁我多少次，我都会凭着我自己的努力打败你，尽管我看到，我的死亡会给国家带来巨大灾难。而现在你竟然公开向整个国家进攻，想要摧毁和破坏不朽

---

① "当选执政官"，指已经当选为第二年的执政官、尚未就职的执政官。

② 战神广场是一处开阔的平地，位于台伯河与卡皮托利山之间，高级官吏的选举在这里举行。

诸神的神庙、城市的住宅、全体公民的生命，乃至整个意大利。因此，由于我现在还不敢做最重要的、对这个国家的统治和我们的传统最有益的事情，所以我就做一件不十分严厉，但对公共安全比较有用的事情。因为，要是我现在下令处死你，那么参与阴谋的其他人仍会留在这个国家；但若你离开这座城市，像我很久以来一直敦促你做的那样，那么这座城市便可以清除大量对国家有害的舱底污水①，也就是你的那些同谋者。怎么样，喀提林？你不会犹豫，对吗？照我的命令去做那些你按照自己的意愿已经打算要做的事情吧。本执政官命令一名国家公敌离开这座城市。你会问我："这算是流放吗？"我没有下达这样的命令，但若你询问我的意见，那么我建议你流放。

【6】喀提林，这座城市还有什么事情能让你开心呢？除了你的同谋，有谁不怕你，有谁不恨你？你的私生活有哪样没有打上可耻的烙印？在私人关系上有什么丢脸的事情与你的恶名无关？有什么淫秽的东西没有玷污过你的眼睛，有什么罪恶没有玷污过你的双手，有什么腐朽的东西没有玷污过你的全身？在你的诱惑下中了圈套的青年②有哪位没有从你手里得到犯罪的武器，或者得到可以点燃他的情欲的火炬？难道不是这样吗？最近，你通过杀害前妻来为一桩新的婚姻在家里腾出空间，这难道不是在一桩老罪行上添上另一项令人难以置信的新罪行？我不想说这件事，我愿意对这件事保持沉默，省得让人认为在这个国家里竟然有如此罪大恶极的行为，或者认为这样的罪行竟然能够逃脱惩罚。我也不谈你彻底破产的事情，到了这个月的13日③你会感到这件事对你产生的威胁；我要说的这些事与你个人的秽行丑闻无关，也不涉及你十分麻烦的个人事务，而是同国家的最高利益以及同我们所有人的生命和安全休戚相关。喀提林，你在雷必达和图鲁斯担任执政官的

---

① 古罗马作家喜欢把国家比做一条船。

② 撒路斯提乌斯描写过喀提林腐蚀青年。参见《喀提林阴谋　朱古达战争》，王以铸、崔妙因译，商务印书馆1996年版，第104页。

③ 罗马人的习俗，每个月的第1天、第13天、第15天，是还债的日子。

那一年①的12月的最后一天带着武器去参加人民大会②；你已经准备了一个杀害执政官和国家主要公民的匪帮；根本不是你的怜悯或恐惧之心，而是罗马人民的好运才制止了你的罪恶和丧心病狂的行为；当你知道所有人都已经知道这些事情的时候，光天化日之下明媚的阳光或者拂动着的清风能使你感到高兴吗？但我不提这些罪行，因为它们并非鲜为人知，而且从那以后又有许多新的罪行。当我还是候任执政官的时候，你有多少次想要杀死我；而在我就任执政官之后，你又有多少次想要杀死我！你对我发起的突然袭击有多少次看上去似乎无法躲避，而我只是轻轻地移动一下身子，或者像人们所说的那样一闪身，就躲了过去！你一无所获，你毫无建树，但你仍旧没有停止尝试和希望。你手里的匕首已经刺了多少次，只因为某些偶然的原因使它多次跌落在地，而你仍旧无法忍受一天不拿匕首的日子！我不知道你要用什么样的祭祀来为这把匕首祝圣，因为你认为必须把它插入一位执政官的身体！

【7】但你现在过着什么样的生活？我之所以要以这种方式和你说话，为的是让人们可以感受到我的情绪变化，但这不是出于我应有的仇恨，而是出于你完全不配得到的怜悯。你到元老院里来还没一会儿。你的亲朋好友中有谁跟你打招呼了？如果说在人们的记忆中没有人曾经受过这样的对待，那么当人们对你保持沉默，以此表达对你的重大判决，用这种方式来摧垮你的时候，你难道还要等待语言的判决吗？你一走进元老院，你旁边的位子全都空了，你一落座，那些被你确定为谋杀对象的前执政官们就离开你所在的那个区，让那里的座位空着，这一事实你认为自己必须抱着什么样的情感来承受？我以赫丘利的名义起誓，如果我的奴隶害怕我，就像你的同胞公民害怕你一样，那么我想我必须离开家，而你难道不认为自己必须离开这个城市吗？如果我认为自己受到本国公民的严重怀疑，哪怕这种怀疑不公正，如果我的同胞公民如此讨厌我，那么我宁可不让我的同胞公民看见我，也不愿看

---

① 指公元前66年。
② 公民在罗马城里携带武器是非法的。

到所有人敌视我的目光；而你心里明白自己的罪行，知道所有人对你的仇恨是正当的，是你早就应当得到的。要不要回避心灵和情感受到过你的伤害的那些人的目光和到场，你难道还在犹豫不决吗？如果你的父母仇恨你，害怕你，而你无论如何也无法得到他们的谅解，那么我想你应当躲到他们看不见的地方去。现在你的祖国，我们所有人的母亲，恨你和怕你，并且认定你长期以来心里想的只有一件事，就是摧毁你的祖国。难道你既不尊重她的权威，又不服从她的判决，也不害怕她的力量么？喀提林，你的祖国虽然保持着沉默，却好像这样对你说："这些年来，除了由于你，这个国家没有发生过其他任何罪行；除了由于你，这个国家没有发生过任何暴行；只有你杀害了许多公民，骚扰和掠夺同盟者，而你仍然逍遥法外，没有受到任何惩罚；你不仅不把法律和法庭放在眼里，甚至还扰乱和破坏它们。尽管先前那些行为都是不可容忍的，但我还是忍受了下来；可是现在，喀提林，仅仅面对你一个人，我也会陷入完全的恐惧之中，乃至于你最轻微的声音也会引起我的恐惧；看起来，任何无法容忍的、谋害我的计划似乎都是由你邪恶地制定和唆使的。因此，你走吧，不要再让我感到恐惧；要是我说得有理，那么我不会被你制伏，要是我说错了，那么至少我现在可以停止恐惧。"

【8】如果我们的祖国对你这样讲，如上所述，尽管她不能对你动武，难道你就不能满足她的要求？你自愿接受监管，又说为了避免嫌疑，愿意住到玛尼乌斯·雷必达家里去，这一事实又能表明什么呢？他不愿意接待你，你就要上我家来，要求我把你保护在我家里。我给你的回答是，和你住在同一所房子里，我决不可能安全，因为我们过去住在同一道城墙内，我处在巨大的危险之中。后来你就去了执法官昆图斯·麦特鲁斯家。遭到他的拒绝以后你又去找你吃喝玩乐的好友，那位高贵的①先生马库斯·麦特鲁斯②，因为你想当然地认为他能最小心地保护你，他能最谨慎地提防别人，他能最勇敢地

---

① 西塞罗这里说的是反话。
② 马库斯·麦特鲁斯，公元前57年的执政官。

保护你。但是你想一想，一个认为自己应当被监禁起来的人离监狱和枷锁还有多远？

情况就是这样，喀提林，如果你在这里不能平静地死去，那么你为什么不去其他地方，在那里过一种孤独的流放生活，也可免去许多公正的、你早就应当受到的惩罚，对此你还在犹豫不决吗？你说把这件事交给元老院裁决吧。提出这种要求的是你，要是元老院投票决定放逐你的话，那么你说自己会服从。我本人并不想对这件事做出裁决，因为这同我的做法不符；不过，我仍然愿意这样做，好叫你知道这些人对你的看法。离开这座城市吧，喀提林，让这个国家摆脱恐惧；接受流放吧，要是你还在等候这句话，那么你就走吧。喀提林，你认为怎么样？你还在等什么？你难道没有注意到这些人的沉默？他们都同意，但他们不讲话。当你明白他们的沉默表示什么意思的时候，为什么还要等他们把话讲出来呢？要是我对那位杰出的青年普伯里乌·塞斯提乌①讲这些话，要是我对最勇敢的人马库斯·马尔采鲁斯讲这些话，那么元老院会极为正当地在这座神庙里对我实施惩罚。然而，喀提林，对你而言，他们的沉默就表示他们同意，他们的默许就是一道法令，他们的沉默意味着大声呼叫。这种情况不仅对这些议员来说是真的——事实上，你认为他们的威信很重要，他们的生命很低贱——而且对那些站在元老院周围的最可敬、最崇高的罗马骑士，以及其他勇敢的公民来说也是这样。刚才走进元老院的时候，你看到他们聚集在一起，你能够察觉他们的热情，你可以听到他们的喊声。很久以来，我很难使你不遭受他们的双手和武器的伤害；但若你离开你长期以来一直想要摧毁的一切，那么我能够轻易地说服他们，把你一直送到城门口。

【9】可是，我为什么还要讲话？就好像还有什么事情能打动你，就好像你还能振作起来，就好像你还在考虑逃走，就好像你还考虑过流放！但愿不朽的诸神会使你产生这样的想法！然而我明白，要是你在我的威胁下

---

① 普伯里乌·塞斯提乌，公元前 63 年任财务官，在西塞罗的领导下工作。

害怕了，听从我的劝告接受流放，那么会有一种最卑劣的感觉在等着我，因为我对你的罪行记忆犹新，即使这种感觉现在不出现，那么以后肯定会出现。假如你的毁灭仍旧是一件私事，与国家的安危没有什么关系，那么这样做完全值得。不过，你要接受劝告不再为非作歹，你要畏惧法律的惩罚，你要服从国家的需要而无须询问。因为，喀提林，由于感到廉耻而不做丢脸的事，由于恐惧而不敢铤而走险，由于理智而不丧心病狂，你不是这种人。因此你走吧，我已经说过许多遍了，如果你想激起人们对我的仇恨，把我称做敌人，那就马上接受流放吧；要是你这样做，那么我将难以承受人们的批评；如果你在执政官的命令下接受流放，那么我将难以负起仇恨的重担。但若你宁可让我受到赞扬和取得荣耀，那么你就把那伙作恶多端的匪徒带走，你自己也上曼留斯那里去，把那些腐化堕落分子煽动起来，与正人君子分离，向你的祖国开战，陶醉在亵渎神灵的抢劫之中；这样一来就显得你的离去不是因为受到我的驱赶，而是受到你的朋友的邀请。但我为什么还要催促你，因为我知道你已经派了一些人带着武器先去奥勒留集市①等候。我知道你已经做了安排，指定了一个与曼留斯会面的日子，为此你还送去了一只银鹰②，而我相信这只银鹰将是你们遭到毁灭的根源，也是对你们这帮人的诅咒。因为这只银鹰在你家里时被安放在一个邪恶的神龛里。你怎么可能长时间与这只银鹰分离，因为你已经习惯出去杀人之前先在祭坛前对它顶礼膜拜一番，你不是经常为了屠杀公民而在那里举起亵渎神灵的右手吗？

【10】所以，你会去那里的，你那无法控制、穷凶极恶的贪欲早就在催促你了；这样做确实不仅不会给你带来悲伤，反而会使你感到某种难以置信的快乐。因为你拥有疯狂的本性，因为你希望自己成为这个样子，因为你命中注定成为这个样子。你决不会向往和平，甚至也不向往战争，除非是一场

---

① 奥勒留集市（Forum Aurelium），奥勒留大道旁的一个村庄，距罗马城北面约40公里，曼留斯在那里等候喀提林。

② 马略规定银鹰为军团的标记，在军营里，银鹰被安放在神龛里。

邪恶的战争。你拥有一帮罪犯，你从没有任何财产、也没有任何前途的人中间把他们召集起来。在他们的陪伴下，你有什么自己的欢乐、愉快、狂喜可言；在你众多的朋友中你既看不到一个正直的人，又听不到一个正直的人讲话，你又怎么能在放荡的生活中狂欢！人们谈论的、你的那些"劳苦"对于你追求的生活来说确实是一种很好的锻炼；不仅可以躺在野地里伏击你放纵淫欲的对象，而且也可以渗透着罪恶；不睡觉的本领不仅使你能在丈夫们仍在安眠的时候加害于他们，而且还能盗窃热爱和平的公民的财物。你有机会表现你著名的忍受饥饿、严寒、匮乏的所有本领，但你很快就会知道，正是你的这些本领毁了你。我使你不能取得执政官职位，这个时候我能做到的就是这些；我宁可让你以一名流亡者的身份向国家发动进攻，也不让你做一名执政官来折磨国家；而由你卑鄙地策划的行为也只能称为强盗的行径而不能叫做战争。

【11】元老院的议员们，我现在可以通过请求和祈祷来阻止我们的祖国提出的几乎完全正当的抱怨了，我请求你们注意听我要讲的话，并且把它深深地记在心里。因为，要是对我来说比我的生命还要珍贵的我的祖国，要是整个意大利，要是整个国家对我这样说："马库斯·图利乌斯，你在干什么？如你所发现的那样，这个人是一名公敌；如你所看见的那样，他将是一场战争的首领；如你所知道的那样，敌人正在营地里等待他下达命令；他是罪魁祸首，他是阴谋的头领，他把奴隶和罪犯集合到一起。这样的一个人你却把他放走，而且放走的方式使人觉得他好像不是被你逐出罗马，而是有意让他逃脱，让他来攻打罗马！你难道就不能下令给他带上镣铐，把他拉出去处死，最严厉地惩罚他吗？告诉我，妨碍你这样做的是什么？是我们祖先的惯例吗？但在这个国家里，甚至连普通公民都经常处死危害国家的人。是惩罚罗马公民的相关法律么？但在这座城市里，反叛国家的人从不享有公民权利。或者说你害怕后人对你的厌恶？要是由于害怕人们对你的厌恶或者其他任何危险，你忽略了你的同胞公民的安全，那么你正在做的事是对罗马人民的一项很好的回报，因为正是罗马人民把你这样一

个仅凭自身功绩，而不靠祖先功勋的人荣耀地、一步一步地提升，最后让你担任最高职位！但若害怕人们对你的厌恶，那么由于刚正和严厉引起的厌恶决不会比懒散与怯懦引起的厌恶更加可恨。或者要到意大利遭受战争蹂躏的时候，当城市遭受掠夺的时候，当房屋被焚毁的时候，你才认为自己会被人们对你厌恶之火焚毁？"

【12】对于这个国家和抱有同样想法的人民的这一番最庄严的讲话，我简要答复如下：元老院的议员们，如果我断定处死喀提林是最佳选择的话，那么我不会叫这名斗剑士 ① 多活一个钟头！要是我们最高尚的人和最著名的公民并没有因为杀死萨图尼努斯、革拉古兄弟、福拉库斯，以及古时候的许多人，而背上污名，反而受到尊重，那么我肯定不会害怕处死这个谋杀公民的人以后会惹来民众的厌恶。如果害怕惹来民众的厌恶确实对我产生严重威胁，那么我会始终不渝地坚信：由于正直而失去民心是一种光荣，而不是厌恶。然而在这个团体里，有些人要么是看不到正在威胁我们的这些灾难，要么是假装没看到；他们提出的温和措施助长了喀提林的希望，他们不相信有这样的阴谋，从而使日益扩大的阴谋得以增强；在他们的影响下，许多无知者以及无赖都会说，要是我惩办喀提林，我的行为就是残酷和专横的。现在我知道，要是他去了他现在打算去的曼留斯的营地，那么没有人会如此愚蠢，竟然看不出这是一项已经安排好的阴谋，也不会有人堕落到否认这一阴谋。如果只处决这个人，那么我知道，国家所患的这场疾病可以暂时得到抑制，但不能完全根除。但若是他自己要离开，把他的狐朋狗党都带走，把他从四面八方收罗来的渣滓全都集中到同一个地方去，那么不仅在国内蔓延的这一瘟疫，而且连所有邪恶的根源和种子，都将根除和摧毁。

【13】元老院的议员们，我们生活在这样的危险和阴谋陷阱中已经很久

---

① 西塞罗把出身贵族的喀提林称做斗剑士，这是对喀提林的蔑视，罗马职业斗剑士是奴隶身份。

了，在我担任执政官期间，种种罪恶、罕见的疯狂、胆大妄为的行为，以某种非同寻常的方式爆发出来。如果在一大群强盗中只除掉这一个人，那么看起来，我们也许只能在一个短暂的时期内摆脱忧虑和恐惧。但是，危险依然存在，并将深深地隐藏在国家的血脉和脏腑之中。就好比给得了重病发高烧的人喝凉水，病情起初似乎会减轻，但随后就会变得比原先更加严重；国家的疾病也是这样，尽管惩办这个人可以缓解病情，但只要其他人还活着，疾病就会变得更加沉重。因此让坏人走吧。让他们和好人分开，让他们集中到一个地方去吧。而到了最后，如我常说的那样，让一道城墙把他们和我们隔开；让他们停止在执政官家里伏击执政官，停止包围市行政长官①的诉讼法庭，停止手持刀剑围攻元老院，停止准备焚烧城市的火箭②和火把；最后，让每个公民把自己对国家的想法都明明白白地写在前额上。元老院的议员们，我向你们保证，我们这些执政官有这样的能力，你们这些议员有这样的权威，罗马骑士有这样的勇气，所有爱国者都能精诚团结，在喀提林离开之后，你们将看到所有事情都会真相大白，暴露在光天化日之下，所有罪行都将受到严惩。喀提林，既然有这样一些征兆，那么你就去发动你那邪恶不义的战争吧，这场战争将会给国家带来最大的利益，将会给你自己带来毁灭，将会给依附于你行凶作恶的人带来死亡。哦，朱庇特，你的这座神庙是罗莫洛建造的，他在建造神庙时得到的朕兆与罗马建城时得到的朕兆相同，因此我们称你为这座城市和这个帝国的"支持者"是完全正确的；你会从你的神庙和其他神庙里驱逐这个人和他的同谋，你会从这座城市的房屋和城墙里驱逐这个人和他的同谋，你会从所有公民的生活和命运中驱逐这个人和他的同谋；而对这些人，这些与正义人士为敌的人，这些国家的敌人，这些抢劫意大利的人，这些可恶地聚集在一起为非作歹的人，这些还活着和已经死去的人，你将使用永恒的刑罚。

---

① 市行政长官（Praetor urbanus）负责罗马公民间的诉讼。

② 火箭（malleolus），用投射器械射出的携带易燃物的长竿。

第二篇 ①

（对人民发表）

【1】公民们，我们已经把卢西乌斯·喀提林赶出这座城市，或者说我们把他打发走了，或者说我们同他告别了，这个肆无忌惮、罪大恶极、阴谋摧毁祖国，用剑与火威胁你们和这座城市的家伙终于走了。他离开了，他退却了，他溜走了，他逃跑了。② 现在这个贱种与恶魔再也不能在我们的城墙里面搞什么阴谋破坏活动了。毫无疑问，我们已经制伏了这次内战的一位领袖。因为他那把匕首不能继续在我们身边发挥作用了。我们既不用在战神广场上感到害怕，也不用在市政广场上感到害怕，更不用在元老院里感到害怕，最后，我们也不用在我们自己家里感到害怕。他从城里被赶走，也就离开了对他有利的阵地。我们现在将对一名公敌展开公开的战争，任何人都不能阻拦我们。我们把他从暗中埋伏的地方驱赶出来，迫使他公开掠夺，这个时候我们将毫无疑问地摧毁这个人，取得辉煌的胜利。但由于他还没有像他所希望的那样使他的刀剑沾上我们的鲜血，由于他离开的时候我们都还活着，由于我们夺去了他手里的刀剑，由于他离开的时候我们的公民安全无恙，我们的城市依然屹立在那里，所以你们认为他会有多么伤心，多么沮丧？公民们，他现在躺倒在地，他知道自己已经被赶走了，他肯定会经常扭转头来看着这座城市，他会感到伤心，因为这座城市对他来说就像到嘴的肥肉又被抢走了。但在我看来这座城市非常高兴，因为她已经吐出瘟疫，并且把它抛弃了。

【2】但若有人（像所有人必定会做的那样）对我进行猛烈指责，并就我

---

① 西塞罗在集会场（市政广场）南侧的讲坛上向罗马人民发表这篇演说。集会场在罗马广场西北侧，方形，讲坛在它的南端，与北端的元老院会堂遥遥相对。

② 西塞罗重复使用四个近义词来表示逃跑者的不同心态，目的在于给听众留下深刻印象。

在演说中引以为豪、称之为胜利的这件事对我进行攻击，也就是说我没有逮捕这个死敌而是把他送走了，那么公民们，这不是我的过错，而是环境的过错。卢西乌斯·喀提林早就应当被处死，接受最可怕的惩罚。我们祖先的做法、这个政府的尊严、这个国家都要求我这样做。但是你们想过没有，有多少人不相信我的报告，有多少人甚至为他辩护，有多少人愚蠢到根本不考虑这件事，又有多少喜欢他的坏人站在他一边？要是我认为除掉他就可以消除你们的所有危险，那么我早就冒着被人厌恶的危险，甚至冒着生命危险，把卢西乌斯·喀提林除掉了。但是，我看到这件事不会得到批准，甚至你们所有人都会不同意，要是我处死他，让他罪有应得，那么人们会普遍地厌恶我，而我也不能再追究他的同谋者，因此在这种时候我做出了这样的安排，让你们可以在认清这个公敌的时候公开战斗。公民们，哪怕他已经离开了这座城市，我仍旧认为这个敌人是一个巨大的威胁，因为你们知道和他一起离开的人太少了，对此我感到非常遗憾。要是他把他的所有人都带走，那该有多好啊！我可以告诉你们，他确实带走了他从童年时代便喜爱的童吉留斯，他还带走了浦伯里修和米诺西乌，他们在饭店里赖账不会给国家带来动乱；可是你们看他留下的是些什么人，他们的债务有多么重，他们打起仗来有多么勇敢，他们的出身有多么高贵！

【3】与高卢军团相比，与昆图斯·麦特鲁斯①在皮切诺和高卢两地征集的军团相比，与我们每日里训练的部队相比，我完全不把他的军队放在眼里。这是一群乌合之众，其中有走投无路的老家伙，有粗野的纨绔子弟，有乡下的土财主，还有宁可放弃保释金②也不肯离开军队的那些人。不用给他们看我们军队的战阵，只要给他们看执法官的命令，他们就会崩溃。但是我看到这些油头粉面、披金挂紫③的人在市集广场上转来转去，站在元老院附

---

① 这位麦特鲁斯公元前 63 年任市行政长官，公元前 60 年任执政官。

② 受法庭传讯的人要交保释金以保证出庭。这些人为参加喀提林的军队而离开罗马，等于放弃了保释金。

③ 罗马高级官吏的白色外袍都镶有紫边。

近，甚至进入元老院，那么我宁可喀提林把他们都当做士兵带走；要是他们留在这里，那么请记住，离开他的军队的人比他的军队更可怕。他们之所以更加可怕，乃是因为他们明明知道我对他们了如指掌，但他们仍旧无动于衷。我知道他把艾普利亚、埃图利亚、皮切诺、高卢分派给了谁，他要求谁在城里代替他执行杀人放火的计划。他们明白我已经知道了他们前天夜里制定的全部计划，知道我昨天在元老院披露了这项计划；喀提林本人吓坏了，他逃跑了。那么这些人还在等什么呢？要是他们认为我从前的宽大会永远持续下去，那么他们就大错特错了。

【4】我长期以来期待的东西今天已经实现了，你们所有人都可以明白这是一起公然反对国家的阴谋，除非有人认为和喀提林一样的那些人的感觉与喀提林不同。再也不会有宽大的余地了，这件事本身要求严厉地处置。有一件事情我现在仍旧会让步，这就是让他们离开，别让可怜的喀提林白白地想念他们。我愿意给这些人指路，他走的是奥勒留大道；要是他们愿意赶路，今天晚上就能赶上他。在把这些污水排净之后，我们的国家会有多么幸福啊！我以赫丘利的名义起誓，这个国家只清除了喀提林一个人，我就已经松了一口气，并且感到精神振奋。因为有什么你们能够想象的罪恶或罪行是他没有设想过的？在全意大利，你们能找到哪一个囚犯、斗剑士、强盗、凶手、弑亲者、伪造遗嘱者、骗子、贪吃者、淫秽者、奸夫、淫妇、腐蚀青年者、纨绔子弟、堕落者，不承认自己同喀提林有最密切的关系？这些年来哪一件谋杀案与喀提林没关系？哪一件淫乱的事情能少得了他？的确，有谁能像这个人一样对青年有这么大的诱惑力？他本人以最无耻的方式爱别人。他也最无耻地迎合别人的爱。他对有些人保证满足他们的淫欲，对有些人不仅鼓励他们杀害双亲，而且亲自动手帮助他们。而现在，他又飞快地不仅从这个城市，而且从乡村收罗了一大帮堕落者！不仅在罗马，而且在整个意大利的每一个角落，没有哪个受到债务压迫的人没有被他召来参加这个难以置信的罪恶联盟。

【5】所以，你们现在可以注意他兴趣广泛地参加各种活动。斗剑士学校

里热衷于犯罪的斗剑士没有哪个不声称喀提林是他的亲密朋友；舞台上非常轻浮或者有点堕落的戏子①没有哪个不说自己是喀提林的酒友。然而，这个犯罪经验丰富的人却依然经得住寒冷、饥饿、口渴和不眠，被这些流氓恶棍捧为英雄，虽然他在淫乱和放荡中实际上耗尽了本应用于励志和进德的精力。但是，如果他自己的同伴都跟随他，如果这些罪恶的匪徒都离开这座城市，那么我们将会多么高兴，共和国将会多么幸运，我的执政官生涯将会得到多么光荣的赞扬！因为这些人的欲望已经不再有所节制，他们的放纵是毫无人性的、不可容忍的，他们所想的只有杀人、放火和打劫。他们已经耗尽了他们的祖产，他们已经抵押了他们的土地，他们已经身无分文，连借钱的地方都没有。然而他们的欲望仍旧很大，毫无收敛。但若他们仅仅是酗酒、赌博、嫖娼，那么他们确实不可救药，但人们尚能容忍。但有谁能忍受这样的事情：胆小的伏击勇敢的，愚蠢的伏击聪明的，醉酒的伏击清醒的，迷糊的伏击警觉的？我要告诉你们，这些人倚着酒桌②，搂抱妓女，酒气熏天，满肚食物，头戴花环，遍体香膏，邪恶的生活搞垮了他们的身体，而他们在谈话中竟然胡说要杀掉好人，焚烧罗马。看到这些事实，我相信这些人的邪恶、不义、罪过、淫欲早就应当受到惩罚了，即使惩罚现在还没有落到他们头上，肯定也已经逼近。要是我在担任执政官期间除掉这些无法改邪归正的人，那么我使这个国家的寿命不是延长一个短暂的时期，而是增添好多年。现在已经没有任何国家能让我们害怕，也没有任何国王能对罗马人民开战。凭着一个人的勇敢，陆上和海上的所有外国的敌人都被平定了。③但是内战依然存在；国内还有阴谋，国内还有危险，国内还有敌人。奢侈、疯狂、罪恶就是我们必须对之开战的敌人。公民们，我本人自愿担任这场战争的领

---

① 罗马的演员都由奴隶和被释奴隶担任，有名的演员也可能非常有钱，出入上层社会，但没有什么社会地位。

② 罗马人的宴席是宾客围着一个圆桌，各自斜倚在躺椅上，一边吃，一边休息。

③ 指格奈乌斯·庞培。他镇压了塞尔托利乌的造反，消灭了海盗，征服了米特拉达铁斯。

袖，恶人的仇恨就由我来承受；凡是还能矫正的，我将尽力设法，而对那些必须铲除的成员，我不会允许他们留下来危害国家。所以，要么让这些人离开，要么让他们保持沉默。要是他们留在城里而又不改变自己的初衷，那就让他们等着应有的下场吧！

【6】但是，公民们，有些人说我流放了喀提林。如果我光是凭着讲话就能做到这一点，那么我会把讲这些话的人也都流放。因为我假定这个人非常腼腆，甚至非常温顺，无法承受执政官的谴责！一接到流放的命令，他就服从了。还有昨天，当我几乎在自己家里被杀以后，我在朱庇特·斯塔托尔神庙召开了元老院会议。我向议员们报告了整个事件。喀提林到来的时候，有哪位议员和他打招呼了？有谁向他致意了？最后，有谁把他只看成是一个坏人，而不把他看成一名危险的公敌？还有，在他就座的地方，主要的议员都避开他，使他所在的那一片没人坐，凳子空在那里。然后，我这个凭着一句话就能流放公民的严厉的执政官问喀提林，前天晚上他是否在马库斯·莱卡家里开会。这个胆大包天的人一开始由于良心有愧而沉默不语，我又披露了一些别的事情。我说出那天晚上他干了些什么，他计划在次日晚上干些什么，他如何安排整个战争计划。当他困窘地僵在那里的时候，我问他为什么还不赶快去他早就想去的地方，因为据我所知，那里已经准备好了武器、斧头、棍束①、号角、军旗，平时在他家中那座罪恶的神龛中供奉的银鹰也已经送往那里。这个我知道已经要去发动战争的人是被我驱逐流放的吗？我假定，在费苏莱地区建起营地的百人队长曼留斯②已经在以自己的名义准备反罗马人民的战争，那座军营并没有等候喀提林做它的统帅，但是喀提林被放逐以后没有去这处军营，而是去了马赛利亚，这是那里的人说的。

【7】哦，那些管理国家的人命运多么悲惨，那些挽救国家的人命运多么不幸！我冒着巨大风险、凭着我的智慧和努力挫败并削弱了卢西乌斯·喀提

---

① 罗马高级官吏的权力标志，由走在前面开路的侍从扛着。

② 曼留斯过去是苏拉麾下的百人队长。

林，要是他突然害怕起来，改变他的意图、抛弃他的同伙、放弃他的战争计划，从犯罪与战争转为逃跑和流放，那么人们就不会说这个胆大包天的人被我制伏了，我的警觉使他目瞪口呆害怕了，我挫败了他的希望和目标，而会说他是清白无辜的，他在未被定罪的情况下遭到流放，他被一位执政官的暴力和威胁赶走了；他要是这样做的话，人们就不会认为他是一名罪犯，而是一个值得怜悯的对象，人们就不会认为我是一名警惕性最高的执政官，而是一名最残忍的僭主。公民们，只要你们不陷入这场可怕的、邪恶的战争，那么忍受这种错误的、不公正的仇恨对我来说是值得的。是的，只要他走了，就让人们说是我把他赶走了。但是请你们相信我，他是不愿意走的。公民们，我决不会为了逃避这种仇视而向不朽的诸神祈祷，你们会听到卢西乌斯·喀提林正在带领一支武装的敌军四处奔走，你们在三天之内就能听到这个消息，而使我比较害怕的是，从今以后我受到仇视不是因为我让他走了，而是因为我把他赶走了。但是还有很多人说他遭到驱逐，他现在已经走了；要是他被杀死的话，他们又会说些什么呢？然而，一直说喀提林去了马赛利亚的那些人与其说是在抱怨，毋宁说他们感到害怕了。他们中间没有人会仁慈到宁可希望他去曼留斯的营地，而不是去马赛利亚。我以赫丘利的名义起誓，要是他以前从来没有考虑过他现在正在做的事，那么他仍旧会宁可作为一名土匪被杀，也不愿意活着流放；但由于现在还没有发生任何与他的希望和期待相违背的事情，除了我在他离开罗马时还活着，那么让我们希望他流放，而不是抱怨他流放吧。

【8】但是我为什么要花费这样多时间谈论这个敌人，谈论这个公然声称与我们为敌的敌人，谈论这个我一直希望有一道城墙把我们和他隔开、使我不再感到害怕的敌人，而对那些隐瞒自己的意图、继续留在罗马、和我们待在一起的人只字不提？要是有任何可能的办法，我宁愿让他们回心转意，与国家和解，而不愿惩处他们；我也看不出他们要是愿意接受我的建议，这样做有什么不可能。因为，公民们，我将告诉你们这些部队是由哪几类人组成的。然后我将针对每一类人尽可能提供我的治疗建议和方法。

第一类人尽管负债累累，但仍旧拥有许多地产，他们眷恋这些地产，死死不愿放弃。这些人看起来非常诚实，因为他们富有，但他们的意图和处世原则是最可耻的。你可以是富有的，拥有大量的土地、房屋、金钱、奴隶，拥有一切，但你会对出售你的某些地产，以此改善你的信誉感到犹豫吗？你在等什么？等战争吗？那又如何？你认为在大规模的破坏中你的财产能被视为神圣不受侵犯的么？或者说你在指望颁布新的取消债务的法令？想要等待喀提林来颁布这样的法令，他们大错特错了；而在我的同意下，可以颁布取消债务的新法令，但他们会规定哪些财产可以拍卖，那些拥有地产的人不能以其他方式清偿债务。如果他们很早就愿意这样做，而不是极为愚蠢地试图用他们地产上的收入来支付债务的利息，那么我们会发现他们不仅会变得比较富有，而且会成为对国家更加有用的公民。不过，我认为这些人最不可怕，因为在我看来，我们可以说服他们放弃原有的想法，即使他们顽固地坚持己见，充其量他们也只会向国家提出请求，而不会诉诸武力。

【9】第二类人尽管负债累累，但仍旧希望取得统治权。他们希望成为国家的主人。他们认为自己能够在国家动乱时期取得那些在和平时期无法获取的职位。我想对这类人提出以下忠告（当然我对其他各类人也都会提出相同的忠告），使他们可以对试图获得的东西绝望：首先，我本人正在岗位上，我一直非常警觉，我正在保卫国家；其次，诚实的公民拥有极大的勇气，他们团结一致，他们人数众多，他们还拥有一支大军；最后，亲临现场的不朽的神灵会帮助这个不可战胜的民族，帮助这个著名的政府，帮助这座最美丽的城市，抗击庞大的罪恶势力。但若他们的疯狂的念头实现了，那么在城市的灰烬中、在公民的血泊中、在他们卑鄙和邪恶的欲望想要得到的事物中，他们有望成为执政官、独裁官，甚至国王吗？他们看不到，他们想要得到的东西一到手，势必会交到某个逃跑的奴隶或斗剑士手里去吗？

第三类人由那些年事已高但由于锻炼身体而仍旧骁勇的人组成。那个恶棍曼留斯就属于这一类，而喀提林现在已经和他联手。这些人来自苏拉建立的军事殖民地^①，我知道这些殖民团体都是由非常优秀的公民、非常勇敢的人组成的，但由于突然暴富，他们过上了奢侈放荡的享乐生活。他们像大富豪一样大兴土木，修建宅院，他们在精美的庄园里纵情享乐，他们在大批奴隶的侍候下享用着精美的筵席，而在这样做的时候他们已经深陷债务，乃至于要想还清债务，就要从地狱里把苏拉召回到他们中间去。^② 他们还引诱一些产业微薄的乡下农民，让他们也产生恢复古代没收公民财产的想法。我把这两种人和海盗土匪算做同类。但我要向他们提出忠告：停止疯狂的举动，不要寄希望于驱逐令和独裁统治。要知道，那些可怕的岁月已经深深地融入国家的记忆，在我看来，不仅是人，而且哪怕是不会讲话的牲畜，也会拒绝忍受这样的事情。

【10】第四类人确实五花八门，杂乱无章，难以控制；他们早就债台高筑，在旋涡中抬不起头来，在陈年旧债的重压下苦苦挣扎。造成这种状况的原因有些是因为懒惰，有些是因为经营不良，有些是因为挥霍浪费；他们中的许多人被交纳保释金、听候传讯和审判、扣押财产搞得狼狈不堪，于是他们从城里或乡间去了那个营地。我想，这些人与其说是热心的士兵，倒不如说是懒惰的赖债者。如果他们要破产，那就让他们尽快垮掉，但要以一种不仅国家不知道，而且他们最近的邻居也不知道的方式。我真不明白他们为什么不能诚实地活着，而愿意可耻地去死；或者说，我不明白他们为什么认为和其他许多人一道去死^③ 比单独去死痛苦要小些。

第五类人由杀害父母者、杀人犯，还有各种罪犯组成。我不想把他们从喀提林那里召回来，因为他们是叫不回来的；无论如何，让他们在罪恶中死去吧，因为他们人数众多，监狱里无法盛下他们。这类人不仅社会地位最低贱，而且生活方式最卑劣。不过这些人是喀提林特有的，是他精心挑选的，

---

① 苏拉曾用意大利的土地赏赐他的 12 万名老兵，把土地原来的主人赶跑。

② 苏拉在内战中通过剥夺公民权、宣布国家公敌的方法对敌对势力进行迫害，被剥夺公民权的人不受法律保护，他们的财产被没收。

③ 在反罗马的战斗中死去。

不，简直可以说是他的知心朋友。你们瞧，这些人头发梳得光溜溜的，胡须剃得光光的，要么留一把大胡子，外衣长到脚踝，袖子长到手腕，戴面纱却不穿外袍。[①] 他们生活中的全部兴趣就在于通宵达旦的宴会，他们醒着的全部时间都用于赴宴。所有赌徒，所有奸夫，所有不洁的无赖都在这个匪帮里。这些漂亮温柔的男孩子学到的东西不仅包括爱与被爱、跳舞与唱歌，而且包括挥舞匕首与下毒。除非他们离开这座城市，除非他们死掉，甚至除非喀提林死掉，在这个国家里肯定还有产生喀提林式人物的温床。但是这些坏人希望得到什么呢？他们不会把他们的小情妇带到营地里去，是吗？然而他们怎么能同他们的情妇分离呢，尤其是在这些日子的夜晚？这些人又如何能够忍受亚平宁山区的霜雪？除非他们认为自己也许更加容易忍受冬天的寒冷，因为他们曾经学习在宴会上裸着身子跳舞！

【11】哦，这是一场最可怕的战争，因为喀提林已经有了如此邪恶的卫士！现在，公民们，用你们的卫士和军队去迎战喀提林这支高贵的军队吧。首先，让你们的执政官和将军与那些精疲力竭、受了伤的斗剑士对阵；然后，把整个意大利的精锐部队调去对付那些流放的、虚弱的落难之人！现在殖民地的城市与各个自治镇[②]确实要对付深山老林里的喀提林。我确实不应当拿你们的其他资源、装备、守备部队与这个匮乏的匪帮相比。如果不提我们充分拥有而他缺乏的这些资源，如果不提元老院、骑士等级、罗马人民、城市、国库、税收、整个意大利、全部行省、外国，如果不提这些事情而仅仅希望比较一下双方不同的地方，那么仅从这一点我们也能知道这些人堕落到何等地步。因为处于战争状态中的双方，一方是节制，一方是无耻；一方是贞洁，一方是放荡；一方是荣誉，一方是欺骗；一方是正直，一方是罪

---

① 罗马人的外衣（Tunica）是外袍（Toga）下面穿的毛织品便服，最初外衣没有袖子，长仅及膝，便于生活与工作，共和国末期外衣有了长袖，下摆也加长，所以这是一种奢靡之风。外袍音译"托袈"，是罗马人的正式服装，一般平民平时不穿外袍。

② 殖民地最初由罗马公民建立，或由拉丁人与罗马共同建立；自治镇的居民只享有意大利公民权，而到了西塞罗时二者只有起源上的区别，因为他们都已经拥有罗马公民权。

恶；一方是坚定，一方是疯狂；一方是诚实，一方是狡诈；一方是自制，一方是贪欲；最后，一方是正义、节制、刚毅、慎重、一切美德，而与之敌对的一方是不义、奢侈、怯懦、鲁莽、一切恶行；归根结底就是丰裕对贫困、明智对昏聩、神志健全对精神错乱，最终则是美好的希望与最深的绝望之间的战斗。在诸如此类的较量中，即使凡人的心力不逮，不朽的诸神自己难道不会迫使最高尚的美德征服这些重大的恶行吗？

【12】情况既然如此，公民们，你们要像我已经建议过的那样，加派警卫和更夫保卫你们的住宅。我已经做了精心安排保卫这座城市，不会给你们带来不便，也不会引起骚乱。我已经把喀提林的这一次的夜间突袭通知了所有殖民地和自治市，他们很容易保卫他们的城市和领地。喀提林以为斗剑士肯定会站在他那一边，虽然斗剑士比某些罗马贵族更愿意投靠他，但他们仍旧在当局的管制之下。出于对此事的预见，我已经派遣昆图斯·麦特鲁斯前往高卢地区和皮切诺。他要么能够战胜敌人，要么可以起到防范喀提林的所有行动和企图的作用。其他事情我们请元老院做出部署，加快进行，早日完成。

现在我想再一次警告那些仍然留在城里的人，是的，也就是喀提林留在城里企图破坏这座城市和你们所有人的安全的人，虽然他们是敌人，但他们仍旧是天生的公民。要是说迄今为止我的宽大对所有人都显得过分，那么它始终是为了达到这样一个目的：让隐藏的东西暴露出来。至于今后，我决不会忘记这是我的祖国，我是这些人的执政官，我必须与他们一同活着或者为他们而死。城门口没有人把守，大路边没有人设伏，如果这些人希望离开，那么我可以默许。但若有人在城里轻举妄动，那么我不仅知道他的一举一动，而且还了解他反对祖国的企图；而他也会知道这座城市里有一位警觉的执政官，有杰出的行政官员，有勇敢的元老院；他还会知道这座城里有武器和一座监狱，我们的祖先曾经希望用这些东西惩罚那些明显的、邪恶的罪行。

【13】公民们，所有这些事情都会安排好，最重要的事情会在几乎没有

骚乱的情况下处理，最大的危险会在不爆发叛乱、造反和内战的情况下避免，人类记忆中最重大、最残酷的事件将会被我，一位身着和平长袍的领袖和统帅，一个人平息下去。公民们，我还会做出这样的安排：要是可能，不惩罚任何一位仍旧留在城里的罪犯的罪行。如果说这项大胆的阴谋现在已经清楚地查明，如果说这座城市面临的危险不会迫使我放弃宽大，那么我肯定能够做到这一点。尽管在一场重大而又危险的战争中不死一个好人的可能性不大，但通过惩罚少数人，你们全都可以得救。公民们，我向你们保证，我依靠的不是个人的明智或众人的建议，而是来自诸神的众多明显的朕兆，因为我的希望和目标是在诸神的指引下产生的。诸神不像从前习惯的那样在遥远的地方保护我们不受外敌的侵犯，而是亲临现场用他们神圣的意志和权能保卫他们的神庙和我们城市里的住宅。公民们，你们必须向诸神祈祷，恳求诸神保卫这座城市，粉碎罪大恶极的叛国分子的阴谋，不让这座城市遭受侵犯；因为诸神规定这座城市要成为最美丽、最繁荣、最强大的城市，因为诸神已经征服了海上和陆上的所有外敌。

第三篇

（对人民发表）

【1】公民们，如你们所见，这个国家，你们大家的生命，你们的财产，你们的幸福，你们的妻子，你们的儿女，这个最光荣的政府的所在地，这座最幸运，最宏伟的城市，在今天，在诸神的关爱下，通过我的努力、我的计划和我经历的危险，已经逃离了死神的牙齿，在火与剑之中得到拯救，平安健全地送回你们手中。如果我们得救的这些日子在我们看来并不亚于我们诞生的日子，同样令人高兴，同样辉煌——因为得救的欢乐是确定的，而我们诞生时的环境是不确定的；因为我们出生时并无知觉，而我们得救时感受到欢乐——通过爱戴与赞颂，我们确实已经把这座城市的创建者提升到不朽诸

神的行列，那么保存了当时建立起来而现在变得伟大的这同一座城市的人理应受到你们和你们的后代的崇敬。我们已经扑灭了几乎要吞没了整座城市、神庙、神龛、住宅、城墙的大火，我们也挡住了刺向这个国家的利刃，避开了指向你们喉咙的刀尖。由于我在元老院里已经清楚而又详细地阐述了这些事情，因此，公民们，我在这里十分简要地把所有事情摆在你们面前，让你们这些不了解情况而又急于想要得到消息的人可以知道揭发出来的事情有多么清楚，有多么严重，这些事情又是用什么办法发现并受到制止的。

首先，喀提林几天前①突然离开了罗马，公民们，由于他把他的同伙和这场战争最凶恶的头目留在罗马，所以我一直保持高度警惕，并且提供了使我们能够在如此严重、秘密的阴谋中得到安全的方法。

【2】就在我把喀提林赶出城去的时候（我现在不害怕用这个词会引起人们的厌恶，而是更加担心让他活着离开罗马会引起人们的厌恶），我当时说希望把他赶走，因为我的想法是那些同谋者会和他一起离开，或者那些留下来的阴谋分子会因为他不在罗马而变得软弱无力。当我看到这些人仍旧留在罗马，和我们待在一起，并且知道他们是一些丧心病狂的人时，我就夜以继日、毫不懈怠地执行这样一项任务：设法掌握他们在做些什么，他们的计划是什么。由于你们不那么相信我的话，因为这项罪行严重到难以想象的地步，所以等我把事情都弄清楚，你们也都能目睹这项罪行的时候，你们最后才会诚心诚意地为自己的安全着想，采取必要的措施。普伯里乌·伦图卢斯②怂恿阿洛布罗吉人的使者，要他们在阿尔卑斯山那边发动战争，在高卢发动叛乱，这些使者将带着信件返回高卢，回到他们本国公民那里去，而且他们在途中还要与喀提林会面，陪同他们上路的是提多·沃图西乌，他带有交给喀提林的一封信。我听说这件事的时候就认为机会来了，这是我一直想要不朽的诸神帮助我解决的难题，也就是把整个事件消灭在萌芽状态之

---

① 实际上已经接近四周。

② 普伯里乌·伦图卢斯，公元前 71 年的执政官，此时为市行政长官。

中，不仅依靠我，而且依靠元老院和你们。所以我昨天召见了两位非常勇敢的爱国者，执法官卢西乌斯·福拉库斯和盖乌斯·庞普提努。我把情况告诉了他们，也谈了我的想法。这两位有着健全的理智、政治见解出色的人毫不犹豫地接受了任务，没有任何拖延。天色渐渐黑下来，他们悄悄地去了穆尔维桥①，分别躲藏在距离台伯河和这座桥的两端最近的村庄里。在不引起任何人怀疑的前提下，他们带去了许多勇士，而我也从莱亚特②派去了一队武装起来的年轻人，他们的帮助是我在保卫这个国家时经常使用的。大约凌晨3时，阿洛布罗吉人的使者带着大批随从，在沃图西乌的陪伴下来到桥边，他们刚刚走上穆尔维桥，这些人就包围上去。他们拔出刀剑，而我们的人也一样。这时只有执法官们知道怎么回事，而其他人都不知道。③

【3】然后，庞普提努和福拉库斯露面了，已经开始的战斗很快结束。被逮捕的人交出了所有信件，它们又原封不动地交到执法官手里；到了拂晓时分，一干人犯押解到我这里。我下令召见策划所有这些罪行的、可耻的伽比纽斯·基伯尔，而他这个时候还完全没有想到事情会败露。然后我又依次召见了卢西乌斯·斯塔提留和盖乌斯·凯塞古斯。伦图卢斯最后一个到来，这和他的习惯不同，我想可能是头天晚上写信写得太迟了。尽管这个国家最杰出的名人（许多人一大早听说这件事后就来找我）敦促说，我应当在把信件送交元老院之前就拆开看，因为要是信件里没有什么重要内容，我就不至于冒冒失失地惊动国家了，但是我说没有别的办法，只能把有关国家安全的整个问题交给公共议事会讨论。因为，公民们，要是我从信件中没有发现相关的消息，我并不认为当这个国家处于危急状态的时候我还要担心这样做会不会显得过分热心。你们看到，我迅速召集了元老院全体会议。与此同时，我

---

① 穆尔维桥（Mulvian Bridge），罗马弗拉米尼亚大道上横穿台伯河的一座桥。

② 莱亚特（Reate），距罗马东北约 65 公里的一个十分古老的城市。西塞罗是这个城市的保护人。

③ 阿洛布罗吉人在执政官的授意下假意与阴谋分子周旋，但并不知道执政官做了什么具体安排，因此他们看到自己被包围时感到吃惊，拔刀自卫，伏击的士兵也不知道这样做的目的。

按照阿洛布罗吉人的建议，派遣勇敢的执法官盖乌斯・苏皮西乌去搜查凯塞古斯的家，看那里是否藏有武器。他带回来一大批匕首和刀剑。

【4】我撇下高卢人，把沃图西乌单独带上元老院，征得元老院同意以后，我以国家的名义向他保证，只要他能毫无顾忌地把他知道的事情都告诉我，那么我可以赦免他的罪过。惊恐稍定，他招供说，他接受了普伯里乌・伦图卢斯的指示，把一封信交给喀提林，敦促喀提林使用一支由奴隶组成的卫队，并且要他率领军队尽快到罗马来。他们的计划是：按照原先的部署在城内各处放火，屠杀大量公民，而喀提林可以就近准备截捕逃跑者，并与城里的头目会合。那些高卢人被带了进来，他们说伦图卢斯、凯塞古斯、斯塔提留先要他们发誓，然后把信件交给他们，要他们带回他们的部落，这些人，还有卢西乌斯・卡西乌斯，命令他们尽快派骑兵到意大利来，因为他们不缺步兵。伦图卢斯要他们相信，他是命中注定要统治这座城市的高奈留家族的第三位成员，在他之前有秦纳和苏拉，这是西彼拉圣书和占卜家对他说的。伦图卢斯还说，今年是罗马城和这个政府注定要毁灭的一年，是维斯太贞女①被判无罪以后的第 10 年，是卡皮托利圣山被焚烧以后的第 20 年。还有，这些高卢人说，凯塞古斯与其他造反者意见有些不同，伦图卢斯和其他人想在萨图恩节开始杀人和放火烧毁城市，而凯塞古斯认为到那时再动手就太晚了。

【5】公民们，为了节省时间，我们命令这些人交出托带的信件。我们首先把凯塞古斯托带的信件拿给他本人看；他承认是他封的。于是我们切断绳子②，读了这封信。这封信是他亲笔写的，写给阿洛布罗吉人的元老院和人民，说自己一定做到他对他们的使者许下的诺言。他也要求他们执行他们的使者传达的他的命令。在此之前，凯塞古斯已经受到查询，问从他家里搜查出来的刀剑和匕首的事，他说自己一直热衷于收集精良的铁制武器。但他的

---

① 维斯太是罗马人家家供奉的灶神，她的圆形神殿里点着不灭的圣火（每年 3 月 1 日重新点燃一次），由所谓维斯太贞女看管。

② 罗马人的书信写在木板上，用细麻绳捆起来，再加封印。

信一经宣读，在良心的打击下，他突然陷入了沉默。斯塔提留被带了进来，他承认这是自己的封印和手迹。他的信也宣读了，内容差不多。他承认了自己的罪行。接下去我又拿伦图卢斯的信给他本人看，问信上的封印是不是他的。他点头承认。我说：“这确实是一个十分著名的封印，上面有你祖父的头像①，他是一位声名显赫的人物，全心全意地热爱他的祖国和国家的公民。确实，哪怕这个头像不会讲话，也应当使你不敢犯这样的罪行。”

他出于同样目的写给阿洛布罗吉人的元老院和人民的信也宣读了。我给他一个说话的机会，就这些事情他想说什么都可以。一开始，他拒绝了；但是过了一会儿，当全部证据都拿出来摆在大家面前时，他站了起来。他问那些高卢人，还有沃图西乌，与他有什么关系，使得他们到他的家里来。他们简要而又肯定地回答了他的问题，说出通过什么人的介绍他们来找他，有多少次，并且反问他有无和他们谈起西彼拉圣书的事，这个时候他突然因为自己犯下的罪行而发狂，我们从他身上可以看出良心具有何等的力量。尽管他连这一点也可以否认，但是出乎所有人的预料，他突然招供了。这样一来，不仅是他一直十分出众的、能言善辩的能力，而且他超过任何人的冒失和厚颜无耻，都突然从他的身上消失了，可见我们对这一罪行的侦查和揭露具有何等强大的效果。然而，沃图西乌突然要求把那封据他说是伦图卢斯交给他，要他带给喀提林的信拿出来启封宣读。伦图卢斯尽管感到十分狼狈，但他仍旧承认这是他的封印和手迹。这封没有署名的信写道：“从我派去的那个人嘴里你会知道我是谁。鼓起勇气来，想一想你使自己处于何种境地，明白你需要并努力争取所有人的帮助，甚至争取最低等级的那些人的帮助。”然后伽比纽斯被带了进来，尽管他一开始回答问题十分粗鲁，但到了最后他也无法否认那些高卢人向他提出的指控。公民们，至少在我看来，这些东西都是最令人信服的罪证——信件、封印、手迹，最后还有每个人的供词；而

---

① 伦图卢斯的祖父于公元前 162 年任补缺执政官，公元前 125 年在监察官编制的元老名单上被列为首席元老。

他们苍白的面容、他们的眼神、他们的表情、他们的沉默，似乎比这些证据提供了更加确定的证明。因为他们惊恐万状，双眼看着地面，相互之间偷窥，似乎不是别人在证明他们有罪，而是他们在证明自己有罪。

【6】公民们，提供和展示罪证完了以后，我问元老院，为了国家的安全，他们乐意采取什么样的措施。一些主要议员提出了十分严厉、饱含爱国精神的动议。元老院全体一致通过了这些动议。由于元老院的决议还没有用文字公布，所以，公民们，我想根据我的记忆，把元老院投票做出的决议告诉你们。首先，决议讲了许多对我表示感谢的话，因为依靠我的勇气、我的意见、我的预见，共和国摆脱了最大的危险。然后两位执政官，卢西乌斯·福拉库斯和盖乌斯·庞普提努，受到了公正的称赞，因为他们给了我果断的、忠实的帮助。我的同僚，一位勇敢者，也受到赞扬，因为他从他对个人的看法和对国家的看法中排除了那些参与阴谋的人对他的影响。议员们投票决定：普伯里乌·伦图卢斯在交卸了执法官的职务①以后要被监禁起来；对在场的盖乌斯·凯塞古斯、卢西乌斯·斯塔提留、普伯里乌·伽比纽斯也都要实施监禁。对其实行监禁的还有：卢西乌斯·卡西乌斯，他曾经要求由他负责在城里放火；马库斯·凯帕里乌，他的任务是去发动艾普利亚的牧民；普伯里乌·富里乌斯，他是卢西乌斯·苏拉安置在费苏莱的殖民者之一；昆图斯·安尼乌斯·基洛，他一直与这位富里乌斯保持联系，进行笼络阿洛布罗吉人的活动；普伯里乌·翁伯瑞努，他是一名被释放的奴隶，很清楚，是他第一个把高卢人介绍给伽比纽斯。公民们，元老院之所以做出如此宽大的处置，这是因为，尽管这一阴谋规模很大，叛国分子人数众多，但元老院认为共和国只需惩办九名罪犯便可得救，其他人可以让他们回心转意，忠于国家。此外，决议还决定以我的名义向不朽的诸神独特的仁慈谢恩，自这座城市建城以来，我是第一个以公民的身份取得这种荣誉的人。元老院的决议里有"因为我使这座城市免遭大火，使公民们免遭屠杀，使意大利免遭

---

① 按规定，任何在职的罗马高级官吏都不能加以追究。

战争"这样的话。同其他各次感恩相比，这次感恩的差别在于，其他各次是为了国家得到良好治理，唯有这一次是为了国家得到拯救。首先要做的事情不但有安排，而且完成了。按照元老院的审判，普伯里乌·伦图卢斯在证据面前认了罪，他不仅失去了作为一名执法官的权力，而且在辞职以后还要作为一名普通公民接受惩罚，这样一来我们就不需要再有宗教方面的顾忌，而在过去，这种顾忌并没有阻止著名的盖乌斯·马略杀死正在担任执法官的盖乌斯·格劳西亚①，尽管当时无人指名对马略提出指控。

【7】公民们，现在由于你们已经捕获和掌握了这些试图发动一场最危险的战争的罪大恶极的头目，所以你们一定会认为，一旦在罗马城里消除了这些危险，喀提林的所有部队、他的全部希望和他的全部实力也就垮掉了。确实，公民们，当我把喀提林赶出罗马的时候，我便预见到我们无需害怕嗜睡的普伯里乌·伦图卢斯，无需害怕肥胖的卢西乌斯·卡西乌斯，也无需害怕疯狂的盖乌斯·凯塞古斯。在这些人中间只有他是可怕的，而且只有他留在城里的时候才是可怕的。他什么都懂，知道如何接近所有人。他能够并且敢于召集人，试探人，勾引人。他把心思用在犯罪上，而且他想到的事情都能说得出来，他说出来的事情都能去做。为了做某些事情，他会选好某些人。在布置任务的时候，他不会认为事情已经完了，而是指导、检查、监督，为落实每一个细节不辞辛劳。他能忍受严寒、干渴和饥饿。这个人如此厉害、大胆、从容、能干，在犯罪时如此警觉，在作恶时如此努力，要是我不把他从城里赶到匪帮的营地里去，让他留在城里搞阴谋，那么（公民们，我要把我的心里话说出来）也许我就不能如此轻易地把灾难的重担从你们脖子上卸下来。他也许不会为我们指定萨图恩节，他也许不会那么早就为这个国家宣布命中注定要遭受毁灭的日子，他也许不会让他的封印和信件作为他犯罪的明证被截获。而当他一不在罗马，这一重大叛国阴谋就被清楚地揭露

① 盖乌斯·格劳西亚，马略当政时期人民派的领袖，是一位极端民主分子，竞选下一年度的执政官时在骚乱中被杀。

出来，遭到镇压，连侦查发生在私人住宅里的盗窃行为也没有那么清楚。但若喀提林至今仍旧留在城内（尽管只要他还在这里，我就会设法遏制他的计划），那么说轻一点，我们势必同他战斗到底，但与此同时，当这个敌人留在城里的时候，我们也就不能如此平静、和平、安宁地使国家摆脱如此严重的危险。

【8】然而，公民们，我指挥的所有行动似乎都是由不朽诸神的意志和智慧预见和完成的，我们做出这样的假设，不仅是因为凡人的理智不可能在如此重大的时刻指导这样的行动，而且是因为诸神在那个时候清晰地现身帮助我们，乃至于我们几乎能亲眼看见他们。且不说那些不祥之兆，夜间在西面看到的火炬，天上的火光、霹雳、地震，且不说我在担任执政官期间发生的其他许多事情，不朽的诸神似乎借此预告了现在发生的这些事情，但我下面要提到的事情，公民们，肯定不应予以忽略或沉默。因为你们肯定还记得，在科塔和托夸图斯担任执政官的那一年①，卡皮托利圣山上的许多东西遭到雷击，诸神的神像被击倒，古代的人像被掀翻，刻有法律条文的青铜板被熔化，甚至连罗马建城者罗莫路的塑像也遭到雷击，还有那尊你们记得安放在卡皮托利圣山上的"母狼哺婴"的镀金塑像。那个时候，整个埃图利亚的占卜师都聚在一起，他们说，杀人、放火、毁灭法律、造反、内战、整座城市和国家的毁灭，都在临近，除非能用各种方法抚慰不朽的诸神，借助他们的力量或许能够改变命运。所以，按照他们的答复，当时举行了十天的赛会，凡是能抚慰诸神的事情一件都没有落下。这些占卜师还下令加大朱庇特的神像，安放在高处，面向升起的太阳，与它原来的朝向正好相反。他们说这是他们的希望，要是你们现在看到的这座神像面朝升起的太阳，面向集市广场和元老院，那么暗中发生的那些反对罗马城和政府安全的阴谋就会败露，元老院和罗马人民就能看清阴谋。于是，执政官们与雕像承建人签署了合约，但工程进行得十分缓慢，前任执政官当政的时候没能建成，我们就任执政官

———————
① 指公元前 65 年。

的时候也没能建成，直到今天方才竖立起来。

【9】但是，在这里的人有谁能如此无视真理，如此刚愎自用，如此丧心病狂，乃至于否认我们看到的宇宙万物，尤其是这座城市，是由不朽诸神的意志和力量统治的？因为当占卜师们说有公民正在阴谋杀人放火、毁灭国家的时候，这些事情在有些人看来是不可信的，因为这样的罪行实在太大了。但是你们已经看到，邪恶的公民不仅在策划，而且已经在实施这些罪行。但有些事情就是这么凑巧，它们难道不是按照至高至善的朱庇特的旨意发生的吗？今天早晨，按照我的命令，那些阴谋分子和证人穿过协和神庙前面的广场被带进来，而就在这个时候朱庇特的神像竖了起来！当神像被安放在它的基座上，转过来朝向你们、朝向元老院的时候，你们和元老院都看到所有伤害我们安全的事情都已水落石出，一清二楚。因此，那些试图点燃一场愚蠢的、该诅咒的大火，不仅烧毁你们的家宅，而且烧毁诸神的神庙和神龛的那些人甚至应当受到更大的仇恨和更加严厉的惩罚。要说是我挫败了他们，那么我算在自己头上的功劳太多，而我自己也会成为人们不可容忍的。挫败他们的是朱庇特，是他要卡皮托利圣山、山上的那些神庙、整座城市和你们所有人得救。公民们，在不朽诸神的指引下，我坚定目标，我下定决心，我得到了无可否认的证据。因为，要不是不朽的诸神使他们的胆大妄为完全失去控制，那么伦图卢斯和其他叛国分子在与阿洛布罗吉人的勾结中，决不会如此信任这些不相识的野蛮人，也不会如此冒失地把他们的信件交给阿洛布罗吉人。结果如何？事实上，高卢人，一个尚未完全平定的国度、唯一有能力并且想要向罗马人民开战的民族，会无视罗马国家的希望以及我们的贵族自愿给他们的丰厚报酬，却把你们的安全放在他们自己的利益之上吗？要是没有神的干预，你们认为会发生这样的事情吗，尤其是在他们有力量征服我们的时候，不需要打仗，而只需要按兵不动？

【10】所以，公民们，既然已经颁布在所有神庙中感恩的命令，那么就和你们的妻子儿女一起庆祝这些日子吧。因为过去虽然多次下令把早已应得的荣誉献给不朽的诸神，但肯定没有哪一次比这一次更为应得。因为你们从

一次最残忍、最悲惨的死亡中被拯救出来，没有经过屠杀、流血、军队、战斗，你们就得救了；你们身披和平的外袍，仅仅在我一个人——你们这些身披和平外袍的人的领袖和统帅——的帮助下，便赢得了胜利。公民们，想一想以往所有的内战吧，不仅是你们听说过的，还有你们自己记得的和看到的。卢西乌斯·苏拉战胜了普伯里乌·苏皮西乌，从城里赶走了城市的保护人盖乌斯·马略。① 他杀害了许多勇敢的人，把许多人赶出这个国家。格奈乌斯·屋大维担任执政官的时候用武力把自己的同僚赶出罗马。这里到处都是成堆的公民的尸体和血泊。后来秦纳和马略占了上风，当时最知名的公民都被杀尽，国家的光明熄灭了。卢西乌斯·苏拉随后又对马略和秦纳获胜时的残酷行为进行报复②，我们已经没有必要再去回忆当时有多少公民被屠杀，这个国家遭受了多大的灾难。马库斯·雷比达同著名的、勇敢的昆图斯·卡图鲁斯发生争吵，雷比达的死亡给国家带来的悲伤不像其他人的死亡给国家带来的悲伤那样多。公民们，这些内战的目的全都不是摧毁国家，而是改变统治者。这些人不希望完全不要国家，而希望在这个国家里由他们自己来掌握最高权力。他们不希望烧掉这座城市，而只希望在这座城市里拥有权力。所有这些不是通过和平调解而是通过屠杀公民来决定最后结果的争吵依然没有一次想要摧毁国家。这场战争在人们记忆中是最重大、最残酷的，是任何蛮族部落都不会对它自己的人民发动的，伦图卢斯、伽比纽斯、凯塞古斯、卡西乌斯在这场战争中做出了这样一条规定，所有认为国家安全时个人也能得到安全的人都要被当做敌人。公民们，我自己在这场战争中是这样做的，你们的敌人认为只有躲过一次不分青红皂白的大屠杀和席卷全城的大火的公民才能活下来，而我却使罗马城和她的公民全都安然无恙。

【11】公民们，对于我的这些重大贡献，我不会因为我的勇敢而向你们索取奖赏，不会向你们要求任何荣誉的勋章，不会向你们要求歌功颂德的纪

---

① 公元前 88 年，苏拉攻入城内，马略逃走。
② 公元前 82 年，苏拉又打败马略派，成了独裁官。

念碑，我只要求你们永远记住今天这个日子。我希望我的全部胜利、我的所有荣誉的饰物、我光荣的纪念碑，表彰我的功劳的勋章，都能安放在你们心上。任何不会讲话的东西、任何沉默的东西、任何不那么高尚的人也能获得的东西，都不能使我感到高兴。公民们，我的业绩将在你们的记忆中珍藏。它们会在人们的谈话中被提到。而在文字写就的纪念碑上，它们会变得陈旧和僵硬。我知道，城市的安全和有关我担任执政官的回忆注定要保持同样长的时间（我希望它们是永久的），在同一时期，这个国家有两位公民，一位公民①不是用大地，而是用天空来确定你们的帝国的疆界，而另一位公民②则保全了这个帝国的家园和处所。

【12】然而我做的这些工作所遭际的命运与那些从事对外战争的人不同——因为我不得不与那些被我征服和战胜的那些人生活在一起，而他们却可以离开被他们杀死或征服的敌人——所以，公民们，要是说其他人可以凭着他们的功绩正当地得到好处，那么你们有义务注意不要让我的功绩在某些时候给我造成伤害。我已经做到不让那些堕落者和罪犯的行为和企图伤害你们，你们也有义务不让他们伤害我。不过，公民们，那些人现在已经不能对我本人造成伤害了。因为忠诚的人会提供保护，他们会永远保护我；这个国家具有伟大的尊严，她虽然不会讲话，但她始终在保护我；良心的力量是巨大的，那些违背良心想要伤害我的人会暴露自己。公民们，这就是我们的精神，我们不会向任何人厚颜无耻的行为屈服。不，我们甚至还会主动地向所有邪恶的人展开进攻。但若你们已经避开的叛国者的全部暴力都转向我一个人，那么公民们，你们必须考虑一下，你们希望今后那些为了你们的安全而宁可把自己暴露在各种仇恨和危险面前的人处于何种境地。至于我本人，现在还有什么东西能给我的幸福生活增添欢乐，尤其是当我看到你们已经无法给我添加，而我本人也不希望能够登上更高的荣耀的顶峰的时候？公民们，

---

① 指庞培，他在罗马国家西部打败了塞尔托利乌，而在极远的东部打败了米特拉达铁斯。

② 指西塞罗本人。

这样一件事我肯定能够做到：作为一名普通公民，我可以支持并表彰我在担任执政官其间所做的事情，如果我在拯救国家时引发了人们对我的厌恶，那么这种厌恶会伤害妒忌者并增添我的荣耀。最后，我会在这个国家采取行动，我将永远记住，我已经完成的这些事情和人们将会看到我要完成的事情，凭借的是勇气，而不是运气。

公民们，现在已经是夜晚了，请你们赞扬朱庇特，这座城市和你们的保护神，然后回家去吧，尽管危险已经得到制止，但你们仍旧要像昨天晚上一样提高警惕，派出岗哨和卫兵。我会注意不让你们为这种事操心太久，愿你们生活在永久和平之中。

第四篇 ①

（在元老院发表）

【1】 元老院的议员们，我看到你们所有人的面孔和眼睛都朝着我。我明白你们不仅是在为你们自己和国家的安危感到焦虑，而且，如果说那种危险已经过去了的话，那么你们还在为我的安危感到焦虑。你们对我的好意使我在不幸中感到高兴，使我在忧虑中感到宽慰。但是，我以不朽诸神的名义起誓，请把我的安全问题放在一边，并且忘掉它，还是考虑一下你们自己和你们的子女吧。对我个人来说，要是担任执政官理应承受一切痛苦、一切忧虑、一切折磨的话，那么我会承受，我不仅会坚定地承受，而且会以苦为乐，只要我的辛苦能使你们和罗马人民保持尊严和获得安全。元老院的议员们，我是一位执政官，对于我来说，无论是保存着全部正义的集市广场，还是由于显示执政官选举预兆而变得神圣的战神广场，无论是作为一切民族最

---

① 阴谋分子被逮捕的次日，传来有人打算用武力救出这些犯人的消息。罗马当局立即采取应变措施。元老院开会讨论如何处理在押犯人的问题。

伟大的保护者的元老院，还是人们通常可以作为安全避风港的家庭，无论是休息用的躺椅，还是代表职位的这把光荣的座椅①，都从来没有摆脱过阴谋的危险和死亡的威胁。我对许多事情保持沉默，我忍受了许多事情，我在许多事情上做了让步，我用自己的痛苦使你们避免了许多可怕的事情。如果不朽的诸神要我担任执政官的目的就是使你们和罗马人民免遭最悲惨的死亡，使你们的妻子儿女和维斯太贞女免遭最残酷的暴力，使神庙、神龛、我们最美丽的祖国免遭最可怕的大火，使整个意大利免遭战争的蹂躏，那么不管将来命运如何，都让我一个人来承担吧。如果听信预言者的普伯里乌·伦图卢斯认为命运注定要使他成为这个国家的摧毁者，那么我为什么不对命运几乎注定要使我在担任执政官期间拯救罗马人民感到高兴呢？

【2】所以，元老院的议员们，你们要自己拿主意保卫我们的祖国，拯救你们自己、你们的妻子、你们的子女、你们的财产，捍卫罗马人民的名誉和安全。你们不要管我，不要再为我着想。因为，首先，我必须期盼守护着这座城市的所有神灵会为此赐予我应得的奖赏，然后，要是我遇到什么不测，那么我会抱着心平气和、乐天知命的心情去死。因为勇敢者不能可耻地死，已经担任执政官的人不能不合时宜地死，哲学家不能遗憾地死。不过我还不是那么铁石心肠，乃至于对我在这里最亲爱的弟弟②的悲伤和你们看到在我周围的人的眼泪无动于衷。我惊恐不安的妻子③、我被吓坏了的女儿④、我年幼的儿子⑤——在我看来，国家正在抱着他，把他当做我的执政官职位的一名人质——还有我看见站在那里等待今天结果的我的女婿⑥，都使我的思绪回到自己家中。这些事情使我感动，但我的目的很明确，哪怕我个人遭到什

---

① 罗马高级官吏可以有一种表示他们身份的特定的座椅。

② 西塞罗的弟弟昆图斯，此时已是当选的行政长官。

③ 西塞罗的妻子特伦提娅。

④ 西塞罗的女儿图利娅此时约 13 岁。

⑤ 西塞罗的儿子此时约 2 岁。

⑥ 图利娅的丈夫盖乌斯·卡普纽斯·庇索此时还不是元老院成员，只能站在会场外的门厅处。

么不测，也让他们都和你们一样安全，而不是在国家总的毁灭中让他们和我们一道灭亡。

因此，元老院的议员们，要用你们的力量拯救国家，警惕所有狂风暴雨的袭击，除非你们能事先制止它们。这一次的事件与提比略·革拉古的情况不同，他由于想要再次担任保民官① 才受到审判和严厉制裁；和盖乌斯·革拉古的情况不同，因为盖乌斯试图唆使那些想要重新分配土地的人叛乱；和卢西乌斯·萨图尼努斯的情况也不同，因为他杀死了盖乌斯·美米乌斯②。被我们监禁起来的这些人之所以留在罗马，是想要屠杀你们所有人，想要迎接喀提林，我们手头有他们的信件、他们的封印、他们的手迹，最后还有每个人的供词。阿洛布罗吉人受到诱惑，奴隶们被征召入伍，喀提林受到召唤；他们的计划就是：把所有人杀光，甚至不留一个人为罗马人民的名字哀悼，为如此伟大的政府的毁灭悲伤。

【3】证人们已经揭发了所有事实，罪犯们已经供认了他们的罪行，通过许多周密的考虑你们已经做出了自己的判决。首先，你们用卓越的语言向我表示感谢，并且宣布由于我的勇气和毅力，叛国分子的阴谋才得以揭露；其次，你们迫使普伯里乌·伦图卢斯辞去他的执法官职务，然后你们投票决定把他和你们审讯过的一些人监禁起来，尤其是以我的名义举行一次感恩活动，而在我之前还没有一个人在公民生活中得到过这样的荣誉；最后，你们在昨天把最慷慨的赏赐给了阿洛布罗吉人和提多·沃图西乌。所有这些事情都将证明，那些被指定监禁起来的人无疑是有罪的。

元老院的议员们，我已经决定把整件事情都交给你们，就好像这还是一个尚未解决的问题，你们可以对事情做出你们的判断，也可以决定如何惩处罪犯。我首先要讲一些适合一名执政官讲的话。我很早就看到在这个国家里有一股疯狂劲，新的罪恶处处可见，蔓延成灾，但我决没有想到由公民策划

---

① 保民官在罗马不能连任有明文规定，但实际上在提比略·革拉古之前已有保民官连任的先例。

② 盖乌斯·美米乌斯，公元前 100 年竞选下一年度执政官时被杀害。

的这起阴谋如此严重，如此凶残。现在无论事情如何，无论你们的意愿和情感偏向哪一边，天黑之前你们必须做出决定。你们明白向你们报告的这起罪行有多么巨大。如果你们认为只有少数人参与阴谋，那么你们就大错特错了。这项罪恶传播得比你们想象的要广泛得多。它不仅贯穿意大利，而且甚至已经越过了阿尔卑斯山，悄悄地通过那些隐秘的小道，蔓延到许多省。犹豫不决和拖延不可能制止它，必须快速惩处罪犯，无论你们喜欢用什么样的方法。

【4】我看到，在这一点上有两种意见：一种是狄西摩斯·西拉努斯的意见，他建议处死这些试图摧毁国家的人；另一种是盖乌斯·凯撒的意见，他不同意使用死刑，但赞成使用其他严厉的惩罚。你们每个人都按照自己崇高的地位和事件的严重性提出了严厉的惩罚方法。西拉努斯认为，那些试图剥夺我们所有人和罗马人民生命的人，那些试图摧毁政府并把罗马人民的名字抹掉的人，一刻也不应该继续活着，呼吸我们共同拥有的空气；他回忆说，这个国家也曾经常使用这种办法来对付堕落的公民。凯撒确信不朽的诸神没有把死亡规定为一种惩罚，而是规定为一种事物的必然性，或者是辛苦劳顿以后的解脱。所以，哲学家决不会不愿接受死亡，而勇敢者经常乐意接受死亡。但是关押和终身监禁确实是人们想出来的对付邪恶罪行的一种绝妙的惩罚。他建议把罪犯分送到各个自治市去。如果你们建议发布这样的命令，那么这种办法似乎不公平；如果你们希望这样做，做起来也很困难。尽管如此，如果你们乐意，你们还是可以这样做的。我会尝试并希望找到这样一些人，他们会认为拒绝你们为了所有人的安全而下达的命令与他们的尊严不符。如果有罪犯逃跑，他会向自治市提出建议，严厉地惩罚罪犯。他会派人严格看守这些可耻的罪犯，按罪行大小派出不同数量的看守。他还会规定，任何人都不能通过元老院或人民的投票来减轻对已经被他定罪的那些人的处罚。他甚至会剥夺在苦难中唯一能对人起安慰作用的希望。他会进一步下令没收他们的财产。他给这些恶人只留下一条命。如果他夺去这些人的生命，也就使他们同时解脱了身心两方面的许多痛苦，以及对他们罪行的一切

惩罚。因此，为了使活在世上的恶人有所畏惧，古时候的人想到要在地狱里给坏人规定一些惩罚，当然了，他们知道，要是没有这些惩罚，死亡本身就没有什么可怕的了。

【5】现在，元老院的议员们，我明白我关心些什么了。如果你们采纳盖乌斯·凯撒的建议，因为他遵循的政策在这个国家里被认为是民主的政策，那么也许我会少受一些人们的指责，因为这项动议是凯撒提出并支持的；但若你们采纳另一种主张，那么我可能会遇到很大的麻烦。但还是把国家的迫切需要放置于有关我个人安危的考虑之上吧。正如凯撒本人的崇高地位和他祖先的显赫声名所要求的那样，我们从他那里听到的建议就像是他对国家的永久善意做出的一项保证。众所周知政客的轻浮与真正关心国家安全的民主派的心灵有什么区别。我看到，某些想被别人视为民主派的人不在这里。当然了，这是因为他们不希望参加有关罗马公民的重大案件的投票。前天，凯撒监禁了这些罗马公民，并且投票同意以我的名义举行谢神的活动。昨天，他又把极为丰厚的赏赐给了证人。那么，现在没有人会怀疑他对整个事件和案子的看法，因为他投票同意监禁被告，对调查者表示感谢，赏赐证人。但是盖乌斯·凯撒确实知道有一部为罗马公民制订的塞普洛尼乌法；他也知道一个成了国家公敌的人不可能是一位公民；他还知道，制定塞普洛尼乌法的那个人本人未经人民的同意而被国家处死。① 他也不认为这个挥霍浪费的人能以任何方式被称做人民的朋友，这个人竟然如此渴望杀害罗马人民，计划残酷无情地摧毁这座城市。所以这位最仁慈、最富有人性的人，毫不犹豫地给普伯里乌·伦图卢斯戴上镣铐，把他关进永远黑暗的牢房，并且做出庄严的决定，今后任何人不得以减免对这个人的惩罚而夸耀，也不能为了表示自己民主而毁掉罗马人民。他甚至还加上没收他们财产的惩罚，以为这样就可以折磨他们的身心，让他们受贫穷与匮乏之苦。

---

① 塞普洛尼乌法于公元前123年通过，它规定不经人民的同意，任何罗马公民都不应被处以死刑。

【6】因此，如果你们投票同意这个建议，那么你们就要给我指定一位受到人民拥护和欢迎的同僚去参加公共集会。或者你们宁可采纳西拉努斯的建议，这样的话我很容易保护我自己，也保护你们不被人们指责为残忍，我将坚持说他的建议要仁慈得多。然而，元老院的议员们，惩罚一项极不人道的罪行怎么能说残忍呢？因为我依据自己的情感作出判断。在使国家重新获得安全、让我能够与你们一道幸福生活的时候，我并没有受到任何残忍的影响，而是受到一种格外的温和与仁慈的影响，假定我在本案中相当严厉，又有谁能比我更温和？因为我似乎看到，这座城市，全世界的明灯和所有民族的堡垒，突然被一场大火吞没。在我的想象中，我看到祖国的坟地里堆满了悲惨的、未经掩埋的公民的尸骨。在我的眼前浮现出凯塞古斯的面容和他那因为你们的死亡而欣喜若狂的神气。但是当我想象夺取了国家统治大权的伦图卢斯（他认为命运使他抱有这样的希望）、披着宫廷紫袍的伽比纽斯、率领军队的喀提林，我就会因为仿佛听到母亲们的哭喊声、看到女孩和男孩们的惊惶失措、维斯太贞女的受辱而感到战栗，这些行为在我看来非常遗憾，应当遗憾，因此我要严厉无情地对待想做这种事的人。我要问你们，要是一名父亲的孩子被奴隶杀死，他的妻子也被杀害，他的住宅被烧毁，而他却不对这个奴隶实行最严厉的惩罚，那么他是温和的、仁慈的，还是最不人道的、残酷的？在我看来，此人至少是冷酷无情和铁石心肠的，因为他不愿意用罪犯的悲伤和痛苦来减轻他的悲伤和痛苦。本案中要处理的这些人想要屠杀我们，屠杀我们的妻子，屠杀我们的子女，他们试图摧毁我们所有的家庭，摧毁国家的所有公共建筑，他们这样做是为了在这座城市的废墟上，在一个彻底烧毁了的国家的灰烬上建立阿洛布罗吉人的部族，所以只有最严厉地对待他们，我们才会被人们认为是仁慈的；但若我们希望比较宽大地对待他们，那么我们必定会在国家遭到毁灭，公民们处于危险的时候背上最残忍的名声。除非也许会有人认为卢西乌斯·凯撒这位对国家忠心耿耿的勇士太残忍，他的姐姐是一位十分美丽的妇人，前天他当面说要处死他的姐夫，还说他的外

祖父①就是被执政官下令杀害的，而他的舅舅，虽然还很年轻，奉父亲之命前来担任使节，但仍旧被关进监狱处死。② 他们的什么行为能够与这些阴谋分子的行为相比吗？他们参加过什么摧毁国家的计划吗？当时的国家盛行奢侈和党争之风。这个伦图卢斯的祖父当时就是拿起武器反对革拉古的著名人士。那位伦图卢斯当时为了保卫国家的尊严不受侵犯，甚至身负重伤，可是这位伦图卢斯却把高卢人召来颠覆国家的根基。他唆使奴隶造反，他请喀提林前来，他派凯塞古斯杀害我们，他派伽比纽斯去屠杀其他公民，他派卡西乌斯放火烧城，他要喀提林蹂躏和掠夺整个意大利。我假定，你们担心对这种可怕的、难以言说的罪行采取的措施过分严厉。而我们更应当担心的是，要是我们对他们的惩罚过于温和，那么我们对我们的祖国就显得太残忍，而不必担心我们对这些国家的死敌采取的报复措施太严厉。

【7】但是我不能假装没有听到传到我耳朵里来的报告。我听到的是这样一些人的话，他们似乎担心我可能没有足够的卫士来完成你们今天投票决定的事情。元老院的议员们，所有事情都预见、准备、决定了，不仅有我付出的最大努力和细心，而且有罗马人民的更大的决心，为的是保全他们的政府，拯救共同的幸福。各个等级、不同阶级，甚至不同年龄的所有人都在这里。市集广场上挤满了人，广场周围的神庙里挤满了人，通向这座神庙和这个地方的所有入口处也都挤满了人。自从罗马建城以来，这是我们所知的唯一的一桩案子，所有人对它的看法完全一致，只有那些看到自己死路一条的人宁愿在大屠杀中死去，而不愿自己孤零零一个人死去。我把这些人排除在外，我乐意把他们排除在外，因为这些人不仅应当被列为邪恶的公民，而且应当被列为国家的死敌。但是其他人，不朽的诸神啊，为了共同的安全与荣耀，他们何等踊跃、何等热情、何等勇敢地团结起来！关于罗马骑士，我在

---

① 卢西乌斯·凯撒，公元前64年度执政官。他的外祖父是马库斯·伏尔维乌斯·福拉库斯，被公元前121年的执政官下令处死。

② 公元前121年革拉古和福拉库斯与元老院发生冲突，他们曾派福拉库斯18岁的儿子去向元老院建议谈判以求和解，但元老院把这个青年投入监狱，后来又把他绞死。

这里应当说些什么呢？尽管在地位和商讨国事方面他们把首席让给了你们，但是在爱国方面他们却要和你们比个高低。在与这个等级进行了持续多年的斗争以后，今天这个案子已经使他们和你们重新联合，团结在一起。如果我们从今以后在这个国家里能够保持在我担任执政官期间所实现的这一联合，那么我向你们保证，从今以后这个国家的任何地方都不会发生内战和内讧。我看到同样的保卫国家的热情已经把那些勇敢的司库们团结在一起。我看到所有书记员也把他们的注意力从地点的分配转向公共安全，他们今天正巧有许多人在参加司库会议。① 全体自由人都在这里，甚至那些贫穷的公民也在这里。因为有谁对这些神庙、城市的景色、拥有自由，最后对光明本身，以及对祖国的公共土地，不感到亲切、甜蜜和高兴呢？

【8】元老院的议员们，被释放奴隶的热情值得注意，他们通过自己的努力在这个国家取得一席之地，并且正确地把这个国家当做他们的祖国；而另一方面，某些出生在这里并且生在显贵之家的人却不把她看成自己的祖国，而是当做敌人的城市。但我为什么要谈到这些等级和这些人呢？他们的个人幸福、这个国家共同体、最后还有最甜蜜的自由，在吸引他们保卫共同的安全。

这世上没有奴隶，除非他所处的奴隶制尚可容忍。有谁看到这些公民的胆大妄为而不感到战栗，有谁不希望这些东西永久长存，有谁不愿尽其所能为公共安全做贡献。所以，你们中间也许有人会被外面的一个传言所感动：伦图卢斯的一个给他拉皮条的家伙正在去各个店铺，想用金钱收买那些贫穷的、没有经验的人的支持。他开始这样干了，他做了尝试，但却找不到一个人丧魂落魄或者堕落到不希望自己每天干活、劳累和赚钱的这个地方，不希望他自己的躺椅与床榻，最后还有这种和平的生活是安全的。但是，绝大多数店铺里的人，不，甚至更多一些，不，应当说，这个阶级的所有人，都是

---

① 本篇演说发表于 12 月 5 日，每年的这个时候，财务官们抽签分配他们各自要去的地方，他们的书记员与他们一道参加抽签。

最热爱和平的。因为他们的货物、工作、生计，都要由公民之间的交往来支持，都要由和平来抚育；要是店铺关门，他们的利润就要减少，所以请你们告诉我，要是店铺被烧会有什么样的后果？

元老院的议员们，情况就是这样，罗马人民的保卫者不会辜负你们，而你们也要注意不要让人认为你们辜负了罗马人民。

【9】你们有一位执政官，他已经多次把你们从危险和阴谋中，从死神的嘴里拯救出来，他这样做不是为了自己，而是为了你们。为了拯救这个国家，所有的等级都团结起来，拥有共同的目的、心愿、声音。我们的祖国发生了一次邪恶的阴谋，遭到火与剑的威胁，她在向你们求援，她向你们伸出了双手。她把自己托付给你们，把所有公民的生命托付给你们，把城堡和卡皮托利圣山托付给你们，把她的家神的神龛托付给你们，把维斯太永不熄灭的圣火托付给你们，把所有神灵的神庙和神龛托付给你们，把我们这座城市的城墙和住宅托付给你们。还有，你们的生命、你们的妻子儿女的生命、所有人的幸福、他们的房屋和炉灶，全都取决于你们今天的决定。你们有一位非常在乎你们但是忘掉自己的领袖，这不是任何时候都会有的；你们拥有所有等级的、所有人的、全体罗马人民的完全一致的赞同，这在政治事务中是绝无仅有的。请你们想一想，几乎在一夜之间被摧毁的政府需要何等辛苦才能重建，一夜之间几乎被摧毁的自由需要何等勇气才能重建，一夜之间几乎被摧毁的我们的幸福要有诸神何等的仁慈才能成长和增添。今天我们必须注意，我们要使公民从今以后永远不要再做这样的事，甚至不要再想这样的事情。我讲这些事不是为了激励你们这些经常比我的热情还要高的人，而是为了让我在这个国家里应当首先发出的声音能被视为是在履行一名执政官的职责。

【10】现在，在我转而询问你们的看法之前，①我要简单地讲一下我自己。我明白我已经给自己树立了许多敌人，就像阴谋分子一样多——你们看到阴

① 此前已有几名议员提出了动议。

谋分子人数非常多。但我认为他们是卑劣、虚弱、无力的。即使这个匪帮在某个时候在某个人的疯狂唆使下，压倒了你们的威望和这个国家的威望，即便如此，元老院的议员们，我也绝不会对我的行为和建议感到后悔。因为他们用来威胁我们的死亡可能在等待所有人；也没有人在他的一生中得到过像你们在法令中赋予我的这样的褒奖。你们曾经在法令中对其他为国服务的人表示感谢，而只有对我的感谢是因为我保存了这个国家。假定西庇阿的出名是因为他的智慧和勇气，迫使汉尼拔退出意大利和返回阿非利加，假定另一位阿非利加努的出名是因为他摧毁了我们最大敌人的两座城市，迦太基和努曼提亚，由此得到专门褒奖，假定高尚的鲍鲁斯是一位众所周知的名人，他的胜利曾经由闻名遐迩的强大国王珀耳修斯来装点，假定马略拥有永久的荣耀，他两次把意大利从被包围和受奴役的恐惧下解放出来，假定庞培的荣耀超过他们所有人，他的功绩和美德遍及太阳普照的所有地区和边界，① 那么我的荣耀肯定能在对这些人的赞扬中找到它的位置，除非开辟那些我们能够前往的行省比照料那些我们能够前往又能胜利返回的人是一件更加伟大的事情。② 然而从某个方面来看，一场在国外取得的胜利要比在国内镇压反叛取得的胜利更好，国外的敌人要么被征服，成了奴隶，要么被当做朋友来接受，应当对他们仁慈；但是我们自己的那些公民一旦疯狂起来就会变成我们国家的不可救药的敌人，当你们想要挫败他们想要毁灭国家的欲望时，你们既不能用武力强制他们，也不能用善意去争取他们。所以我看到，我已经同这些邪恶的公民展开了一场永无止境的战争。但是我相信，凭着你们的帮助，凭着所有正义人士的帮助，凭着牢记始终存在的巨大危险——不仅在这个已经得救的民族中，而且在所有民族的语言和思想中——我很容易防范危险，也肯定不会有任何力量强到足以破坏和瓦解你们同罗马骑士的团结，破坏和瓦解全体正义人士的完美和谐。

① 这里提到的一些人物都是罗马共和国晚期历史上的重要人物。
② 西塞罗在这里想要表达的意思是，这些人虽然进行了广泛的开拓，但我却保护了他们可以光荣地返回的祖国。

【11】我宣布放弃权力、军队和行省，我考虑到这座城市的安全和你们的安全，因而拒绝接受凯旋仪式和其他荣誉，我运用我在这座城市里的影响努力保持与平民和各行省居民的友好关系，要知道维持这种关系并不比建立这种关系省力，我代表你们付出的极大热情，你们可以看到为了保全国家我始终保持高度警惕，尽管如此，我不会向你们提出任何要求作为回报，只要你们记住这一时刻和我担任执政官的全部作为。只要你们在心中牢记这些事情，我就认为自己得到了铜墙铁壁般的保护。但若罪犯的力量令我的期待失望，罪犯取得了最后的胜利，那么我就把我的小儿子托付给你们。只要你们能够记住这个孩子的父亲曾经冒着个人生命危险拯救过整个国家，那么我儿子的安全，以及他的人生，肯定能够得到充分的保护。因此，你们要谨慎而又勇敢地采取措施，就像你们已经开始的那样，保护你们自己和罗马人民，保护你们的妻子儿女，保护你们的祭坛和炉灶，保护你们的神龛和神庙，保护全城的住宅和家庭，保护你们的政府和自由，保护意大利的安全，保护整个国家。你们有一位执政官，只要他还活着，他就会毫不犹豫地服从你们的命令，坚决贯彻你们的指令，保证这些法令的完成。

为穆瑞纳辩护

提　要

本文的拉丁文标题是"Pro L. Murena Oratio"，英文标题为"An Oration in Defence of Lucius Murena"，意思是"为卢西乌斯·穆瑞纳辩护的演说"。中文标题定为"为穆瑞纳辩护"。

卢西乌斯·李锡尼·穆瑞纳生于拉努维乌古镇的一个平民家庭。他的曾祖父和祖父担任过执法官，这是该镇居民担任过的最高公职。他的父亲担任过苏拉的副将。按照西塞罗的说法，穆瑞纳本人最初随父亲在亚细亚服役，然后返回罗马，当选财务官。后来又赴亚细亚参加反对米特拉达铁斯的战争。公元前65年，穆瑞纳当选执法官。

公元前63年，穆瑞纳返回罗马竞选执政官。参选者共有四名：狄西摩斯·西拉努斯、塞维乌斯·苏皮西乌、卢西乌斯·穆瑞纳、卢西乌斯·喀提林。西拉努斯和穆瑞纳在竞选中获胜，成为候任执政官。但是穆瑞纳后来受到指控，背上贿选的罪名，时任执政官的西塞罗为他进行辩护。演说发表于该年的11月，迟于西塞罗的第二篇反喀提林演说，早于西塞罗的第三篇反喀提林演说。

全文共分为41章，译成中文约3.1万字。

正 文

【1】先生们，就像我按照我们祖先的方式和习惯，在占卜以后向百人队代表大会宣布卢西乌斯·穆瑞纳当选的那一天，向不朽的诸神祈祷——这对我来说，对我的荣誉来说，对我的职位来说，对罗马的人民和平民来说，都是一件美好的、幸福的事情——因此我现在要再次向这些同样的不朽的诸神祈祷，请求他们确保这个人能获得执政官的职位，并被宣判无罪；我请求你们的倾向和决定可以与罗马人民的希望和投票相一致，这将给你们和罗马人民带来和平、安宁、平静和统一。但若这种习惯上在选举时进行并由于执政官的占卜而变得神圣的祈祷，具有与国家所需要的尊严相符的力量和神圣性，那么我也要为这些人祈祷，他们得到执政官的职位在我的长久关注之下，这是一件令人喜悦、幸运和美好的事情。先生们，事情就是这样，由于不朽诸神的全部力量要么转移到了你们身上，要么至少与你们共享这种神力，由于把卢西乌斯·穆瑞纳当做执政官来向你们赞扬的这些人从前也向不朽的诸神赞扬他，所以，有一位执政官的声音要公开宣布为他进行辩护，使他可以拥有这个罗马人民赐予的职位，既保护你们，又保护所有公民。

由于这样做的时候我的辩护热情——哪怕我已经完全接受本案——受到我的批评者的攻击，所以在我代表卢西乌斯·穆瑞纳讲话之前，我要简单地说一下自己，这不仅是因为我的辩护行动在这个时候肯定比宣判这个人无罪更加重要，而且因为我的辩护要是得到你们的批准，我就可以拥有更大的权威打退他的敌人对他的荣誉、名声、全部幸福的攻击。

【2】首先要谈到我的行动方针，在此我将对马库斯·加图做出回答，他把生命归结为一个系统的、确定的类型，极为细心地衡量各种义务的要求。加图说我不应当为穆瑞纳辩护，因为我既是执政官，又是反舞弊法的作

者，① 是一位极为严谨地履行执政官职责的人。先生们，他的批评使我急于
说明我的行动方针是合理的，不仅要向你们说明，我对你们的亏欠最多，而
且要向加图本人说明，因为他是一位最有影响、最正直的人。马库斯·加
图，请你告诉我，有谁能比执政官更适宜为执政官辩护？在这个国家里，有
谁能够，或者应当，比我和这个人的联系更加紧密，而我正在把我经历千辛
万苦、艰难险阻才得以维护的整个国家交由他来保护？如果说在一场有关地
产诉讼中，多次出售同一项地产的人必定要冒着违约的危险，② 那么在一场
有关当选执政官的审判中，宣布选举结果的现任执政官最适宜出面保护他的
继任人的权利，保护罗马人民授予当选执政官的荣耀，打退其他人对他的攻
击。要是我们按照其他某些国家的习俗由国家来指定本案的辩护人，那么最
适宜为当选最高职位者辩护的就是本人也拥有同样职位、能够行使他的权威
和发挥他的能力的人。如果说那些已经从广阔的海洋进入港口、但刚刚进
入的人，急于想要提供沉重的铁锚作为经历过狂风雨、海盗、海岸线的证
据——因为我们当然会去帮助那些经历了与我们相同危险的人——那么请你
们告诉我，我这个刚刚经历了狂风雨，刚刚开始看到陆地的人应当对那个必
须经受最严峻的政治风暴的人表示同情吗？所以，如果说这是一位有良心的
执政官应尽的义务，不仅要看到正在完成的事情，而且也要预见到将要完
成的事情，那么我会在别的地方③ 说明，为了公共安全，这个国家在 1 月 1
日④ 应当有两名执政官。如果是这样的话，召唤我保护一名朋友幸福的义务
就不如这个国家召唤执政官保护公共安全的义务那么大。

---

① 西塞罗于公元前 63 年担任执政官，颁布图利乌斯反舞弊法（Lex Tullia de Ambitu），
限制高级官吏候选人用于观看斗剑士表演和其他公共娱乐的金钱数量。

② 如果甲方将财产正式售予乙方，然后又将该财产售予丙方，那么财产所有权要由该
项财产的最初拥有者甲方来保障。如果丙方受到指控，那么要由甲方而不是乙方来保障丙方
的所有权。

③ 参见本文第 37 章。

④ 公元前 62 年，如果穆瑞拉被判有罪，不适宜担任执政官，到那时就会只有一名执
政官，即狄西摩斯·西拉努斯。

【3】至于促成反对贿选的法律这一事实，我确实这样做了，但并没有排斥我自己长期以来一直依赖的另一条法律——一条保护公民安全的法律。因为我要是承认发生过贿选，并且争辩说这是光荣的，那么我的行为就是可耻的，哪怕这条法律是由其他人提出来的；但若我坚持说没有违反这条法律的情况发生，那么我促成一条法律的事实怎么会伤害我的辩护要求呢？

加图认为我在为卢西乌斯·穆瑞纳辩护时没有表现出驱逐喀提林那样的严厉，他在城内策划毁灭整个国家的阴谋，而我用威胁的手段把他赶出城去。但我始终乐意展示自然本身教导我的宽容和仁慈，而不愿意急着戴上严厉和严峻的面具。然而，当这个国家把这副面具交给我时，我会按照我所担任的这个职务的尊严的需要在国家的生存处于危急时刻戴上它。在国家需要力量和严峻的时候，我会违背心愿，克服我的天然倾向，迫使自己严厉起来；但是现在有种种理由要求我仁慈和温和，所以请你们告诉我，我应当带着何等热情追随我的天然倾向呢？也许我应当在演说的其他部分①来讨论我是否有义务进行辩护，讨论你们对我的指责。

但是，先生们，狄西摩斯·西拉努斯是一个非常聪明和优秀的人，他的抱怨对我的触动不亚于加图的指责。他说自己深深地、可悲地受到了冒犯，因为我忘记了我们之间的友谊和亲密，我为卢西乌斯·穆瑞纳进行辩护是在反对他。先生们，我希望自己能够使他满意，而让你们在我们之间做出裁决。受到友谊方面的指责是一件严重的事情，如果对某人的指责是虚假的，那么没有人会予以忽视。塞维乌斯·苏皮西乌，在你进行游说的时候，我承认我对你亏欠甚多，考虑到我们之间的亲密友谊，我想我应当把我的全部精力和支持交由你来支配。但是当你为竞选执政官拉选票时，我对你没有什么亏欠，无论作为一位朋友，作为一名有义务的熟人，还是作为一名执政官。那个时候已经过去了。情况发生了变化。现在，我的意见和信念是：我在反对穆瑞纳的政治提升的行动中对你的亏欠就像你大胆地向我所提的要求一样

---

① 参见本文第 32 章。

多；而我在反对判他无罪的行动中对你没有亏欠。因为，要是我在你是执政官候选人时对你表示过青睐，那么当你现在对穆瑞纳本人进行起诉时，以同样的方式帮助你并非我的义务。这种主张不仅不能受到赞扬，而且甚至不能被接受，这也就是说，当我们的朋友在指控某人时，我们不可以为被告辩护，哪怕这名被告对我们来说完全是陌生人。

【4】但是，先生们，我和穆瑞纳的友谊是伟大的、持久的。因此，塞维乌斯·苏皮西乌在一场牵涉到穆瑞纳的权利的诉讼中不会欢迎这种友谊，仅仅因为这个人在公职的晋升中是他的竞争对手。但若情况并非如此，要是我拒绝为这位凭着他自己的荣耀、凭着罗马人民授予他的荣耀而出人头地的最优秀的人士的案子辩护，那么这个人的尊严或者他已经获得的崇高职位都会给我打上傲慢与残忍的烙印。对我来说，拒绝把我的精力用于保护我处于危险之中的同胞既是不允许的，又是可耻的。因为，自从我的辛劳获得前所未有的奖赏以来，我认为一个人在当选以后放弃他在竞选中使用过的游说活动，这是胆小与可耻的行为。如果允许一个人停止他的活动，如果我可以这样做而责任由你们来负，如果这样的行为不会引来懒惰、傲慢、不忠的指责，那么我确实乐意停止。但另一方面，如果说躲避辛劳证明了懒惰、拒绝求援证明了傲慢、抛弃朋友证明了不忠，那么没有一个勤奋、谦虚、忠诚的人能够拒绝这样的活动。还有，塞维乌斯，以你自己的职业，你可以很容易就此事做出推论。因为，你要是认为，哪怕是你的朋友的对手就法律问题向你咨询，哪怕你认为从前被你指控过的人向你询问是丢脸的事，你也必须提出自己的看法，所以不要如此不公平地认为我们智慧的源泉应当对我们的朋友关闭，而你们的智慧甚至可以对你们的故人开放。如果在你们看来，在这个案子中友谊对我是一种障碍，如果同样的事情发生在像昆图斯·霍腾修斯和马库斯·克拉苏一样杰出的人士身上，发生在其他一些我知道赞同你们的善意的人身上，那么在这个国家里没有人会出面为一名当选执政官辩护，而我们的祖先则希望，哪怕最低等级的人也不应缺少辩护人。但是，先生们，要是我对不起朋友，我会感到自己很可恶，要是我对不起处于困境中的人，

我会感到自己很残忍，要是我对不起一名执政官，我会感到自己很傲慢。所以，任何有助于友谊的让步我都乐意做出，塞维乌斯，我将这样对待你，就好像对待我的弟弟——他是我最亲爱的人——他曾经担任过你现在的职位；为了责任、荣誉、虔诚而必须做出的让步我都会采取，我将记住，我现在正在违背一个朋友的意愿，为另一个处于危险之中的朋友讲话。

【5】先生们，我知道本案需要加以讨论的指控有三方面内容：第一，针对穆瑞纳的生活方式提出的指控；第二，拿穆瑞纳与其他竞选者的功绩进行比较；第三，有关贿选的指控。在这三个方面，本应分量最重的第一方面显得非常琐碎和细微，它要求指控者提出令人信服的指控，但与其说是法律的形式，倒不如说是演说的技艺，迫使他们提到卢西乌斯·穆瑞纳的生活细节。他可以撕咬亚细亚。① 他在军旅生涯中到了亚细亚，但并没有为了淫乐而特意觊觎那里。作为一个年轻人，如果他拒绝在他做将军的父亲手下服役，那么他会显得要么害怕敌人，要么不相信他父亲的权威，要么是他的父亲不认他这个儿子。儿子们在年轻的时候通常会为父亲驾驭胜利的战车。② 难道他要避免用军事战利品装饰他父亲的胜利庆典，以便在参加他父亲指挥的战役时，可以取得他自己的胜利？先生们，他当时确实在亚细亚，他在危险中给他父亲巨大的帮助，他在疲乏时给他父亲许多宽慰，他在胜利时给他父亲许多祝贺。如果说亚细亚这个词太容易使人联想到放荡，那么亚细亚对他来说意味着赞扬，他在那里过着一种亚细亚从未见过的高尚生活。因此，亚细亚这个名字不应用来指控穆瑞纳，因为亚细亚赞扬了他的家庭，使他的部族出名，使他的名字光荣，应当受到指控的倒不如说是他在亚细亚期间沾染上了某些可耻的污点，并且把它们从亚细亚带了回来。但是，参加那场战争——不仅是最大的战争，而且是罗马人民当时从事的唯一的战争——是他勇敢的明证，乐意在他父亲的指挥下参战是他孝顺的明证，在他父亲取得胜

---

① 本句原意为"亚细亚被扔进他的嘴里"。

② 当一名将军举行胜利庆典时，他未成年的儿子会与他一同乘坐战车，年轻的儿子会为他驾驭战车，而那些成年的儿子们则会骑马。

利以后结束他的兵役是他幸福的明证。因此，在一个只能容得下赞扬的地方，诋毁是没有地位的。

【6】加图把卢西乌斯·穆瑞纳称做职业舞者！① 如果这是真的，那么这是一项大胆的指控，如果这是假的，那么指控者是恶语伤人的造谣者。因此，马库斯，从街头巷尾的争吵或者从纨绔子弟的喧嚣中找来一些骂人的话，毫无根据地把一位罗马人民的执政官称做舞者，这样做有损你自己的尊严，你必须仔细考虑用什么样的语词才能真正揭示一个人的恶行。除了疯子，几乎没有人会在头脑清醒时跳舞，也不会在庄重的庆典上独自一人跳舞。而在正式宴会上，在享乐的地方，在许多娱乐场所，最后的行为就是跳舞。如我所见，你把这些最无必要讲的事情扯进来，而省掉了那些离此邪恶便不能存在的事情。你没有提供可耻的狂饮欢宴、诱奸、勾引、淫欲、奢靡方面的证据，在找不到这些所谓的快乐（它们确实是恶）的时候，你认为在一个你无法找到奢侈本身的人身上能找到奢侈的影子吗？所以，先生们，我们说不出任何事情来指责卢西乌斯·穆瑞纳的生活，一点儿都没有。我在我的辩护中要宣布，在他的整个生活中我们找不到欺骗、贪婪、变节、残忍、秽语，我们找不到这些事情来指控这位当选执政官。就这样，我们已经奠定了为他辩护的基础。我用的不是我晚些时候会使用的赞扬，而几乎是用他的指控者承认的事情，就证明了我们正在为之辩护的人是一个高尚的好人。确定了这一点，我对他的价值做出估量可以比较容易，而这正是对他提出指控的第二方面内容。

【7】塞维乌斯·苏皮西乌，我明白，依据家庭出身、正直、勤奋，以及一个人在竞选执政官时必须依靠的一切，你在竞选中呼声最高。但我也知道卢西乌斯·穆瑞纳身上同样也有这些品质，在尊严方面你们旗鼓相当，他不会被你超过，你也超不过他。你藐视卢西乌斯·穆瑞纳的家族，赞扬你自己的家族。在这一点上，如果你假定无人出身高贵，除非他是一名贵族，那

---

① 罗马人认为跳舞是缺乏尊严的，职业舞者是一些奴隶或被释放的奴隶。

么你就使平民再次撤往阿文廷山成为必要。① 然而，也有一些伟大的、高尚的平民家族，卢西乌斯·穆瑞纳的曾祖父、祖父、父亲都当过执法官，他的父亲在执法官任期结束时举行庆典，隆重庆祝他的胜利，由此也为他的儿子担任执政官开启了方便之门，因为已经归于父亲的东西是这位儿子正在寻求的。但是，塞维乌斯·苏皮西乌，你的出身尽管是最高贵的，但只有那些识字的人和老人比较了解，而对民众和投票者来说显得较不熟悉。因为你的父亲属于骑士等级，你的祖父是优秀的，但没有取得重大成就。所以你的高贵出身不是人们嘴上的新鲜话题，而必须到古时候的历史记载中去发掘。因此我总是把你比做我自己，因为尽管你是一名罗马骑士的儿子，但凭你的品性和精力，你仍旧使自己配得上这个最高职位。我也从不认为作为一名新人和勇士的昆图斯·庞培比出身高贵的马库斯·艾米留斯·斯考鲁斯低劣。② 要把自己并未继承得来的等级特征传给后代，需要拥有同样的心性和性格，如庞培所做的那样，至于斯考鲁斯，那么可以说他凭着他自己的天才就复原了几乎湮灭的有关他的家族的记忆。

【8】然而先生们，我曾经认为，我的努力使许多出身低微的勇士免遭责备；因为我热情地赞美英雄，不仅赞美那些古代勇士——像库里乌斯、加图、庞培，他们全都是新人——而且赞美近年来的英雄，像马略、狄底乌斯、凯留斯。经过长时间的努力，我已经打破了有关出身的偏见，通往执政官职位的大门，甚至就像我们祖先那个时代一样，更多的不是朝着出身，而是朝着价值敞开。当一位当选执政官，一名出身于古老优秀家族的人，一名由执政官为之辩护的人，他的指控者却在谈论他的家族之新，我对此真的无言可对。因为这样的事情也发生在我的身上，我当时是候选人，与我一同参加竞选的还有两名贵族，一名无耻而又胆大妄为，一名诚实而又正直。但

---

① 罗马平民第一次撤离城市发生在公元前494年，通常认为他们撤往圣山。

② 昆图斯·庞培·鲁富斯在他的平民家族中第一个取得执政官职位（公元前141年），马库斯·艾米留斯·斯考鲁斯于公元前115年担任执政官，他的家族中有四代人都担任过执政官。

是，我仍旧在价值方面超过喀提林，在声望方面超过加尔巴。但若在这种事情上有理由责备一位新人，那么我肯定既缺乏敌人，又缺乏对手。所以，让我停止谈论出身，因为这两个人都有很高的地位。让我们来看其他一些要点。

"我是财务官候选人的时候，他也是，但我在他之前当选。"我没有必要对每一条反对意见做出回答。你们都不会看不出，可以有许多人同时当选，但在宣布的时候只有一个人可以最先宣布；价值的高低与宣布当选结果的顺序不是一回事，因为宣布当选者要一个接一个，而每个人拥有的价值则经常是相同的。财务官们通过抽签决定任所①，这样的结果不会造成什么实际的差别。按照提提乌斯法案抽签以后，穆瑞纳得到一个相当安宁与和平的行省，而你得到的奥斯提亚行省一片鬼哭狼嚎，那里的工作繁忙，人们意见不一，所以并非一个令人向往的地方。你们两人在担任财务官期间名声平平。因为你们通过抽签决定的任所没有给你们留下施展才能并得到人们承认的空间。现在我们可以把讨论转向后来。你们各自以不同的方式度过了这段时间。

【9】塞维乌斯在这里与我一道为这座城市服务——这项工作需要提供大量的法律咨询、书写大量的文件、保护各种利益，充满着焦虑和烦恼；他学习了民法，他失去了许多睡眠时间，他帮助过许多人，他忍受着许多人的愚蠢，他承受着许多人的傲慢，他咽下了他们的坏脾气，他按照其他人的怪念头而非自己的愿望生活。这是得到人们高度赞扬的一项伟大的服务，要热心，要辛辛苦苦地使用知识，使许多人从中获益。在此期间，穆瑞纳怎么样？他在伟大的统帅卢西乌斯·卢库鲁斯手下任职，勇敢而又明智。在这项使命中，他率领一支军队参战，消灭了大量敌人，攻克了许多城市，有些时候采用突袭的方法，有些时候围城。你们谈论的亚细亚是一道丰盛的、诱人的佳肴，他横穿那里，但没有留下任何贪婪或奢侈的踪迹。在一场非

---

① 罗马每次选出六名财务官，两名留在罗马城，四名外放，由抽签决定。

常伟大的战争中，他在没有统帅的时候完成了许多重要行动，而要是没有他，他的统帅可能什么也做不成。虽然我是当着卢西乌斯·卢库鲁斯的面说这番话的，然而，为了不显得我是在审判的紧要关头夸大其词，我还要说所有这些事实均可由公共战报来证明，卢西乌斯·卢库鲁斯在战报中对穆瑞纳做出过这样的赞扬，自私或妒忌的统帅是不会这样做的，不会让另外一个人与他分享荣耀。塞维乌斯和穆瑞纳都拥有最大的名望，最大的价值，要是塞维乌斯允许，我还要说他们拥有相同的荣耀。但是塞维乌斯不允许我这么做。他唠唠叨叨地反复讲军事问题，攻击整个战争，认为执政官不应当出征，而应当留下来处理日常事务。他说："这些年来，我看到你一直在军队里，但从来没有出现在集市广场上。你长期待在国外，等到返回时，你认为自己还能与那些一直在集市广场上生活的人平等吗？"塞维乌斯，首先，我们的做法始终如一，你不知道这样做有时候会给我们带来多么可恶和讨厌的事情。确实，以我自己为例，当我的名望变得众人皆知时，它给我带来许多便利，然而当人们厌恶我时，我就会遇上大量的麻烦，你的情况可能也是这样。还有，受到忽视对我们来说都不会带来什么伤害。但是撇下这个问题不谈，让我们回到事业与职业的比较上来。你怎么能怀疑，在竞选游说中，在战争中出人头地的比在民法中出人头地的人会拥有更大的尊严？你要在夜间醒来给那些向你咨询的人提供法律意见，而他可以率领军队按预期的目标很早就到达；你被报晓的公鸡唤醒，他被军号唤醒；你开始你的抗辩，他下令布阵；你关心的是你的当事人不要被劫掠，他关心的是城市和军营不要被占领；他知道如何对付敌人的部队，你知道如何保存我们的雨水；他在开拓这个帝国的疆界，你在规划你的当事人们的篱笆。简言之——因为我必须说心里话——战争所需要的品德先于其他一切品德。

【10】战争为罗马人民赢得了名声，战争为这座城市赢得了永久的荣耀，战争迫使全世界服从这个政府；这座城市的所有活动、我们所有光荣的事业、集市广场上的掌声和辛劳，全都仰仗军队勇士的照料和庇护。稍有叛乱

的风声，我们的技艺就会马上全部陷入沉默。

在我看来，你似乎非常珍视你的法律知识，就好像它是你的小女儿一样亲热，所以我不允许你继续错误地把你细心获得的东西当做一项有价值的财产。我始终相信你应当得到执政官和其他各种职位，因为你拥有其他美德——自主、尊严、正义、荣誉，以及其他等等——但要说到你对民法的掌握，我不会说你在浪费时间，但我会这样说：在这种职业中并没有通向执政官职位的快道。因为，为我们赢得罗马人民支持的所有技艺都应当拥有巨大的尊严和令人快乐的用途。

【11】最大的尊严属于那些从前在军事上有杰出表现的人，因为我们认为，属于我们政府的一切以及国家的稳定都要由他们来保护和维持；要是说在他们的建议下，在他们冒着生命危险的时候，我们能够拥有国家和个人的幸福，那是由于他们提供了最大的服务。讲话的能力确实重要，充满尊严，经常影响着执政官的选举结果，凭着智慧和口才，这种能力可以横扫元老院议员、罗马人民、那些担任法官的人的心灵。我们需要执政官，凭着他的口才，我们有时候可以压制保民官的疯狂欲望，平息狂热的暴民，抵制贿赂。出身非贵族的人经常获得执政官的职位，这并不值得奇怪，因为他们是优秀的演说家，尤其是这种天赋能够赢得最深切的感谢、最亲密的友谊，最重大的支持。苏皮西乌，从事你这种职业的人没有一个能有这样的才能。首先，在一门如此琐碎细微的知识中无尊严可言——因为它讨论的主题都是不重要的，它所涉及的事情几乎可以说就是语词的拼写和分类。其次，要是说在我们祖先的时代人们对这种职业表示敬畏，那么在你们的秘密①公开以后，它就遭到人们的轻视和摧残。从前，很少有人知道何时能够提起诉讼，因为当时的年历②并非人人皆知。那些做出法律裁决的人拥有巨大的权力，负责说明什么日子适宜提出诉讼，就好像他们是迦勒底的星相家。格奈乌斯·弗拉

---

① 指法律，在法律公布之前，它的内容和解释只有从事法律的人知道。
② 诉讼只有在某些确定的日子才能提出。

维乌是一位文士，他瞒天过海，公布了年历①，使人们知道了法庭开庭的日子，从这些能干的法律顾问身上拔去了他们智慧的羽毛。所以，这帮人十分恼怒，因为他们担心开庭的日子一旦公布，就成了一种普通常识，诉讼也就可以在没有他们帮助的情况下进行，于是他们发明了某些诉讼程序，以便仍旧可以在每一诉讼中起作用。

【12】诉讼可以按照这样一种方式最方便地进行：首先各自陈述。"这项萨宾人的地产属于我。""不，它属于我。"然后开始审判。律师们不会同意如此简单的陈述。他会说："一项坐落在指定给萨宾人的地区的地产。"好吧，这已经够啰嗦了，但请看他们接下去还会说什么。"我以公民的身份确认这是我的财产。"再接下去又如何？"按照法律，我从此处正式召集你们和我一起去那边参加审判。"被告没有现成答案回答这个饶舌的、好打官司的人。所以，这位法律顾问又去找到案子的另一方，就像一名陪演员出场的拉丁笛手。②他说："按照法律，你们从那个地方传唤我参加诉讼，现在我要召集你们去那个地方。"与此同时，当值的法官无法把他自己分成两半，到两个地方去发表自己的意见，于是他也有了一套法律程序，但有些方面是没有意义的，尤其是说："我正式通知你们，双方的证人都要到场，审判地点就在那条大道上，就在那里开始。"这个聪明人指挥他们在大路边开始审判。"回到路上去。"于是他们又由人陪着回到那里。我想，这显得荒唐可笑，甚至对我们那些擅长行走的祖先来说亦如此，应当告诉那些到场的人马上返回原地。所有程序都被这些傻瓜搞乱了。"由于我正式看到你们出庭了"，以及"你能说明一下你声称这项地产属于你的理由吗"？当这些程序都属于秘密的时候，他们不得不从那些知道程序的人那里获知消息；然而后来，当这些程序成为普通常识，到处流传和使用以后，人们发现这些程序是没有意义的，甚至充塞着欺骗和愚蠢。因为有许多已经被法律界定得非常清楚的事情在审判

---

① 弗拉维乌于公元前 304 年不合法地公布了法庭开庭的日子，而此前这是一项由贵族祭司掌握的秘密。

② 在拉丁戏剧中，一名笛手轮番陪着不同的演员出场。

中被能干的律师歪曲颠倒了。由于妇女缺乏判断力，我们的祖先希望所有妇女都要有监护人。这些律师发现了一类人拥有这种监护妇女的权力。我们的祖先希望持久地祭祀死者。这些胆小的律师发明了如何通过假装把自己出售给一名老人来终止祭祀的办法。① 他们最终抛弃了一切民法的平等精神，保留下来的仅仅是字义；例如，由于在某些人的契约中他们发现"盖娅"这个名字是一个典型的、经常出现的名字，所以他们就认为所有正式转让自己的女人都可以叫做盖娅。这确实令我感到惊讶，那么多能干的人，花了那么多年，甚至还不能决定一个人应该说"从现在开始两天以后"还是说"后天"、应该说"法官"还是说"仲裁"、应该说"诉讼"还是说"案子"。

【13】所以，如我所说，执政官的尊严决不属于这种完全由想象和虚构的细节组成的职业。因为可以任由所有人支配的东西、既可服务于我又可服务于我的对手的东西，无法成为我赢得青睐的手段。所以你们现在失去的不仅有获得青睐的希望，而且有你们一度拥有的说"允许磋商"的权利。当一个人的专门知识在罗马之外的任何地方都没有价值的时候，甚至在罗马从事法律事务的时候也没有价值，那么这样的人不可能被认为是聪明人。所以，无人可以被当做专家，因为一个人人皆知的主题在人们中间不会有什么区别。此外，不能把一个主题当做困难的，因为它被包含在很少的文件中，也不能把它说成是深奥的。所以，你们要是激起我的怒火——因为我现在非常忙——我可以在三天之内使自己成为一名合格的律师。因为与一个书面的主题相关一切都写在某个地方，没有任何东西可以写得那么精确，乃至于我无法再加上"就我们所涉及的这个主题"。然而，有关用词方面的建议可以提供，而不会有什么危险。如果你的回答是正确的，那么你似乎做出了与塞维

---

① 在拉丁民事婚姻仪式（与宗教仪式相对）中，妇女正式把自己出售给她的丈夫。西塞罗在这里描述如何虚假地利用这种仪式。大体过程如下：为举行祭祀耗费钱财负担太重的妇女把自己出售给一位没有后裔的老人，由此将她的财产和义务转移到这位老人身上。然后这位老人再解放她，归还她的财产。这位妇女付给老人一笔钱，足以支付祭祀的开销，等到这位老人去世的时候，她就不必再支付祭祀费用，而祭祀也就停止了。

乌斯相同的回答；但若不是这种情况，那么你似乎明白了一个可争议、可讨论的观点。所以，不仅军事生涯的荣耀有利于你的讲话和诉讼，而且你的职业范围以外的讲话也有助于你处理事务。所以，在我看来，许多人起初对这种职业都有强烈的好感，但当他们无法掌握它的时候，他们一般都会降到你这种水平。这就好比希腊乐师演奏音乐，那些无法跟着七弦琴唱歌的人就跟着笛子唱，所以我们看到，那些无法做一名成功演说家的人也有退化去学法律。公共演讲涉及巨大的辛劳、巨大的事件、巨大的尊严，也还涉及巨大的回报。一名打官司的人会就他自己的利益向你咨询，但他会就自己的生活向那些从事公共演讲的人咨询。此外，你经常通过一篇演说来叙述你的意见和决定，但没有演讲术的保护就无法稳固地确立这些观点。要是我在这方面已经取得了足够的名望，那么我会说得比较矜持一些。然而，我现在并不是在说自己，而是在说那现在和过去的伟大演说家。

【14】所以假定有两种职业可以把一个人提升到最高公职：第一是当将军；第二是当一名优秀的演说家。因为，依靠后者可以确保和平与幸福，依靠前者可以避免战争的危险。尽管其他美德——正义、荣耀、谦虚、自制——本身也拥有巨大的力量，但在这些方面所有人都知道你塞维乌斯是优秀的。不过我现在正在讨论的是能够导致担任公职的职业，而不是任何人的内在美德。审判中一旦发生新的骚动，你的所有职业就会被一笔勾销。一位高贵的诗人和杰出的作家说得好："战事盛行，我们不仅抛弃了"伪装的辞令，甚至抛弃了命运女神；"智慧迫使我们采取行动驱逐使节；不仅是可恶的、讲话啰嗦的演讲者遭到唾骂，而且那些优秀的演讲者也受到嘲弄，而那些粗鲁的士兵则成为亲爱的人。"你的职业完全被打趴下了。他说："他们不是通过按照法律进行的诉讼寻求赔偿，而是用刀剑来解决问题。"苏皮西乌，如果这是真的，那么就让讲坛屈服军营，让和平屈服战争，让笔屈服剑，让影子屈服阳光，最后在这个国家里，让武力成为这个国家的头等大事，这个国家正是通过武力才获得最显赫的地位。

但是加图说我们在演讲中夸大这些事情，忘记了我们对米特拉达铁斯发动的战争完全是在针对虚弱的妇女。先生们，我的想法很不一样，但我只能简略地讲一下，因为这个案子并不需要我们转向这个话题。如果我们对希腊人发动的所有战争都遭到这样的蔑视，那就让玛尼乌斯·库里乌斯对国王皮洛斯取得的胜利、提多·弗拉米尼努对腓力取得的胜利、马库斯·伏尔维乌对埃托利亚人取得的胜利、卢西乌斯·鲍鲁斯对国王珀耳修斯取得的胜利、昆图斯·麦特鲁斯对伪装者腓力取得的胜利、卢西乌斯·姆米乌斯对科林斯人取得的胜利，统统成为笑柄。但若这些艰苦的战争和在这些战争中取得的胜利被人们最感恩地接受了，那么你为什么要藐视亚细亚的民族和那些著名的对手？从古代的历史记载中我看到罗马人民对安提奥库斯发动的战争是一场非常伟大的战争。卢西乌斯·西庇阿是这场战争的胜利者，赢得了和他兄弟普伯里乌同样的荣耀。就好像普伯里乌的称号是他征服阿非利加的明证，卢西乌斯由于征服亚细亚也得到了一个称号，取得了与之相同的名声。① 确实，在这场战争中，你的曾祖父马库斯·加图表现出惊人的勇敢。要是在我心目中他像你一样，要是他认为自己是在被迫与虚弱的妇女作战，那么他决不会陪伴西庇阿参加那场战争。要是罗马元老院认为这场战争并不严重、并不关键，他们就不会安排普伯里乌·阿非利加努去和他的兄弟一起作战，而此时他已经把汉尼拔赶出意大利，赶出阿非利加，并使迦太基谦卑，解救了这个处在最大危险之中的国家。

【15】然而，你们要是仔细想一想米特拉达铁斯能做什么，做过什么，是什么样的人，你们就会把他列为所有国王之首，而罗马人民就是在对他开战。卢西乌斯·苏拉率领一支勇敢的大军——他是一位富有进攻性的、敏锐的、勇于尝试的统帅，此外我们不必多说——把战火烧到整个亚细亚，迫使米特拉达铁斯媾和。而卢西乌斯·穆瑞纳，我的当事人的父亲，不断地干扰他，使他的大部分计划受挫，不过他并没有屈服。这位国王花了许多年，强

① 普伯里乌·西庇阿（Publius Scipio）的称号是"阿非利加努"（Africanus），意思是"阿非利加的征服者"；卢西乌斯·西庇阿（Lucius Scipio）的称号是"亚细亚提库"（Asiaticus），意思是"亚细亚的征服者"。

兵备战，期待着一举征服从大西洋到尤克昔涅海之间的广大地区，与塞尔托利乌的军队会师。罗马派了两位执政官去指挥这场战争，一位向米特拉达铁斯发起进攻，另一位①负责保卫庇提尼亚。后者的战役，在陆上和海上都是灾难性的，其结果极大地增强了这位国王的力量和名声。另一方面，卢西乌斯·卢库鲁斯运筹帷幄，纵横驰骋，可以说没有一位战场指挥官比他更伟大，更聪明，更勇敢。当时敌人的所有兵力集中在西泽库城下，米特拉达铁斯认定这座城市是他进入亚细亚的大门，要是能攻下这座城市，整个行省就会对他敞开；卢库鲁斯镇定自若地指挥了这一战役，捍卫了这座城里的我们最忠心的同盟者，使这位国王的所有部队由于长期围城而白白地浪费在这里。后来怎么样？当那些最勇敢的船长带着高涨的希望和勇气从意大利起航时，你认为泰奈多斯②海战无足轻重，微不足道吗？我不提这些战斗，我省掉攻陷敌城，这位国王最后虽然被赶出他的王国，但是通过与亚美尼亚国王结盟，这位国王仍旧拥有足够的力量，凭他的技艺和影响获得新的力量和部队。

【16】如果我现在不得不讲述我们军队及其统帅的功绩，那么我能够回忆起大量最重要的战斗。但这并非我的目的。我要断定一件事：如果这场战争、这个敌人、这位著名的国王成为蔑视的对象，那么元老院和罗马人民不用满怀焦虑，忧心忡忡，拥有崇高声望的卢西乌斯·卢库鲁斯不用花那么多年指挥战争，罗马人民也不用如此热情地把了结这场战争的重任托付给格奈乌斯·庞培。在我看来，庞培与这位国王进行的所有战斗——多得不计其数——肯定是最激烈，最残酷的。当这个国王从战场上撤离、逃往博斯普鲁斯的时候，他的部队没有一支能跟随他，但即使在最无望、最不幸的逃亡中，他仍旧保持着国王的名号。所以庞培虽然占领了这个王国，虽然已经把这个敌人赶出所有海岸和著名的堡垒，但他仍旧认为这个人的生命非常重

---

① 指马库斯·奥勒留·科塔。
② 泰奈多斯（Tenedos），爱琴海的一个岛屿，在特洛伊附近。

要；尽管庞培胜利地夺取了这个人占有过的一切，但庞培认为，要是不能抓住这个人，剥夺他的生命，仍旧不能说战争已经结束。加图，这名敌人多年来与我们的许多将军进行了无数次的战斗，虽然他成了一名流亡者，但庞培仍旧重视他的生命，认为只有他的死亡才能被视为战争的终结，而你却蔑视这位国王吗？所以我们在辩护中宣布，卢西乌斯·穆瑞纳在这场战争中是一名最勇敢、最谨慎、最勤奋的官员，我们宣布他的这段生涯对于他当选执政官具有重要意义，就好比我在这个讲坛上的活动为我赢得了执政官的职务。

【17】"但是塞维乌斯当选执法官比他早。"什么！你打算向人民提出建议，某人在竞选中当选了某个职位，就应当把后续的职位都给他，就好像有书面协议似的？你认为什么海峡能像尤里普斯① 那样涡流湍急，变化多端，就好像竞选公职时的骚乱与变化？常常是白天过去，夜幕降临，一切都改变了，有时候谣言稍起就改变了人们的看法。经常没有任何明显的原因，事情就朝着与你期待相悖的方向变化，有时候甚至连人们都在纳闷事情的发展，就好像自己无法做出任何反应似的。没有任何东西比民众的意愿更难捉摸，没有任何东西比人们的希望更加晦涩，没有任何东西比整个竞选制度隐藏更多的秘密。谁能想到，能力最强、成就最大、影响深远、出身高贵的卢西乌斯·腓力普斯会被马库斯·赫瑞纽斯击败？有很高的教养和智慧、正直的昆图斯·卡图鲁斯会被格奈乌斯·玛略击败？影响极大的优秀公民、勇敢的元老院议员马库斯·斯考鲁斯会被昆图斯·马克西姆击败？没有人认为会发生这些事，甚至在这些事确实发生以后也没有弄明白为什么。就像暴风骤雨来临之前通常会有某些征兆，但在那些模糊不清的原因中有时候找不出确定的原因，在民众选举的暴风雨中你可以知道通常有哪些事情会影响选举，但这些原因经常是隐蔽的，乃至于显得仅仅是机遇在起作用。

【18】还有，要是必须提供解释，那么有两件事情可以提到，人们期待

---

① 尤里普斯海峡（Euripus），位于尤卑亚岛（Euboea）与希腊大陆之间，潮流的方向变化每天为 6—14 次。

执法官做这些事，二者对穆瑞纳当选执政官有实质性的帮助。一件事是对赛会的期盼，由于谣传和他的竞选对手的兴趣和谈论，这种期盼在增长；另一件事，在他任职期间与他一道去过那个行省的人现在仍旧在城里，他们都是他的仁慈和勇敢的证人。这两件事都给他竞选执政官带来好处。凯旋归来的卢西乌斯·卢库鲁斯的士兵也参加了卢西乌斯·穆瑞纳的竞选，而穆瑞纳担任执法官期间举行了人们期盼的赛会。在你看来这些事对竞选执政官提供的支持和帮助微不足道吗？士兵们人数众多，他们的选票极为重要，他们的意愿影响着他们的朋友。这些选票还影响着所有罗马人民选择执政官。因为将军和统帅，而非话语的解释者，是在选举执政官时选择的。所以像这样的论证具有巨大分量："他给我治伤，他给我战利品，他带领我们打仗，他身先士卒，他不仅勇敢，而且幸运。"你认为这些话语在获取名声、赢得民众的善意上有多少价值？要是说在这些选举中有那么多宗教情感，迄今为止第一轮征兆总是应验，那么幸运这个名称和名声在这种情况下是一个强大的决定性因素，这又有什么值得惊讶的？

【19】但若你认为这些重要的事情微不足道，你把公民们的投票看得重于士兵们的投票，那么请不要如此彻底地轻视赛会造成的气氛，或者观看由它提供的演出的意义。这些事给了他很大帮助。我为什么要谈论人民和无知百姓参加赛会时的愉悦？这不值得奇怪。选举是一个数量问题和人数问题，对我们的案子来说，仅仅说明这一点也就够了。所以，要是赛会的气氛使人民高兴，那么人民也就会帮助卢西乌斯·穆瑞纳。如果说我们这些人由于公务繁忙而不能参加公共娱乐，我们这些人可以在工作中找到其他许多快乐，但不管怎么说，我们这样的人在赛会中也会感到愉悦，也会被赛会吸引，那么你为什么要对无知百姓的快乐感到惊讶？我勇敢的朋友卢西乌斯·欧索不仅恢复了骑士等级的尊严，而且恢复了他们的快乐；① 所

---

① 根据卢西乌斯·欧索颁布的法令，戏院里在议员席旁给骑士等级留下14排座位。后来苏拉又剥夺了骑士等级的这一特权。

以他有关公共赛会的法令深得民心，因为它恢复了一个最值得尊敬的等级的名声和享受快乐的权利。因此，相信我吧，人们确实在赛会中寻找快乐，无论是承认的人也好，还是假装不承认的人也好。我通过我自己的竞选明白了这一点。因为我也出席过公共演出。假如说我在担任市政官期间曾提供三次赛会，而安东尼乌斯提供的赛会仍旧令人讨厌，[①] 那么你认为你没有提供任何公共演出，而你的对手提供的公共演出受到你的嘲笑，这样做对你不会带来伤害吗？

假定这些事确实都是平等的，民政活动与军事服役平等，士兵的选票与市民的选票平等，提供盛大赛会与不提供平等，那又如何？在担任执法官期间，你认为你和他抽签得到的任所没有区别吗？

【20】他抽签得到的任所把你所有朋友希望你得到的东西给了他——掌管法庭。这项职责的重要给他提供了名望，主持正义会产生重大的影响，像他这样聪明的执法官履行职责时会公正地做出裁决，避免冒犯其他人，他会由于审案时的谨慎而赢得人们的善意。这是一个极好的活动领域，适宜这个旨在竞选执政官的人。而提供令人愉悦的公共赛会最后还会给他带来处事稳重、正直、和蔼可亲的名声。你抽签得到的任所给你带来了什么？那个审理忧郁的贪污犯的昏暗法庭充满了眼泪和污秽，充满了锁链和告密者。陪审员们违背心愿，被迫参加审判。担任书记员的是一名囚犯，所有书记员都是陌生人。苏拉的恩惠[②] 遭到谴责，从而使许多好人，使国家的一部分人对国家产生敌意。由此造成的巨大损失有谁能够成功地遗忘。最后，你不愿意去一个行省赴任。我不能就此批评你，因为我在担任执法官和执政官时也有过这样的选择。[③] 但是卢西乌斯·穆瑞纳的行省还是给他带来了很好的名声和很多善意。他在离开罗马以后在翁布里亚征集了他的部队。这个国家的状况使

---

① 西塞罗和安东尼乌斯同期担任市政官，他们在任职期间都组织了赛会，希望能以此确保当选执法官。

② 显然指苏拉把土地分配给他的士兵。

③ 西塞罗在执法官和执政官任期结束时拒绝赴其他行省任职。

他有采取行动的自由，他征服了许多部落，归翁布里亚的一些城镇管辖。高卢也一样，凭着他的正义与力量，我们的国人在那里能够收回已经到期的债务。当然了，同一时期你在罗马帮助你的朋友，我承认这一点，但无论如何可以确定的是，你的某些朋友们的热情一遇上那些他们知道的对行省的治理进行嘲笑的人也就冷却了。

【21】先生们，我已经说明穆瑞纳和苏皮西乌同样配得上担任执政官，但他们在管理国家大事时的幸运程度不一样。先生们，现在我要说得更清楚一些，我要当着你们的面说明我的这位可敬的朋友塞维乌斯在这些方面要差一些，因为现在选举的时间已经允许我可以这样说了，而且我在选举尚未有最后结果时单独对他说过。塞维乌斯，我经常对你说你不懂如何竞选执政官，我看到你做事、说话都很勇敢，但我实在不想告诉你，在我看来你的行为更像一位勇敢的告发人，而不像一位精明的候选人。首先，你不能每天都用告发来威胁与恐吓人，它是勇敢者的武器，但却会打消人们的期盼，甚至打消朋友的热情。这种事情总是以这样或那样的方式发生——值得注意的是这种事情不是一两件，而有许多件——候选人一旦显得像要告发什么人，那么他似乎也就无法赢得选举了。那又如何？对错误的东西提出告发不对吗？对，这样做确实很对，但时机不对，竞选有竞选的时间，告发有告发的时间。我想，在集市广场和战神广场上陪伴公职候选人，尤其是执政官候选人的应当是最高的希望、最大的热情、最多的拥护者。在候选人寻求的告发中我找不到快乐——这是失败的前兆——我对他收集证人而不是投票人、口吐威胁而不是表达善意、吵架似的谈话而不是朋友般的问候也感到不快；而现在这种新风尚流行以后，几乎每个人都会跑到所有候选人家里去，从他们的相貌判断他们是否勇敢，有多么机智。"你看见他了吗，忧心忡忡，耷拉着脑袋？他精神不振，他放弃了，他扔掉了武器。"这种谣言就这样悄悄地流行。"你知道他打算告发、正在调查他的对手、正在寻找证人吗？我对他完全绝望了，我要投票选其他人。"候选人的亲密朋友就被这种类型的谣言动摇了。他们失去了热情，要么放弃已经决定了的事情，要么把他们的帮助和

影响用于对付告发和审判。

【22】进一步说，候选人本人不能把全部注意力和全副精力持久地投入到选举中去。因为他心里一直在考虑告发，这不是件小事，而且理所当然是所有事情中最重要的。因为要能把一个人从这个国家驱逐出去，收集相关事实确实是一项重大任务——尤其是对付一个既不贫穷又不虚弱的人，他会尽力保护自己，他的朋友会帮助他，甚至陌生人也会帮他。因为我们的辩护都很匆忙，我们在对一些并非公开的敌人进行审判，甚至在对完全陌生的人进行审判的时候，有我们一些非常亲密的朋友在履行职责。然而，我有丰富的经验，知道寻求公职、进行辩护、提出指控的困难，因此我明白，在寻求公职时热情是最锐利的武器，在辩护中忠诚是最锐利的武器，而在指控中艰苦工作是最锐利的武器。所以这是我的确定信念：一个人不可能谨慎地安排和准备一场告发，而又参加执政官竞选。很少有人能做一件事，但没有人能同时做两件事。当你把注意力从竞选公职转向告发时，你认为自己能够满足两种活动的需要。但你大错特错了。因为当你宣布开始告发时，你还有什么时间全身心地投入竞选？

【23】你要求有一部反对贿选的法律。你手里就有一部现成的，因为卡普纽斯法案就有最严格的相关的条文。我可以按照你的希望和尊严做出让步。整部法案也许能增强你的告发，要是被你告发的人有罪，但它也会动摇你的竞选。你的讲话要求对较低阶层的人实行较重的惩罚，这会激起比较贫穷的人的反感；你要求流放我们这个等级的人，元老院同意了你的要求，但并不乐意在你的紧急命令下给民众规定一种更加严酷的命运。有一项惩罚针对以生病为理由推迟出庭接受审判的人。[①]这样做会失去许多人对你的善意，他们要么确实在与病魔做斗争，要么在忍受病痛之外还有可能送命。还有，由谁来保证这些法律条款的实施？[②]那些服从元老院权威的人和那些能从这

---

① 当选而尚未就职的高级官员以生病为理由推迟出庭接受审判，直到他的任期开始，由此逃避出庭受审。

② 西塞罗试图留下这样的印象，他提出惩罚贿选的法案是出于压力。

些条款中受益的人。① 元老院全体会议讨论了这些条款，我对这些条款的热情支持遭到了拒绝，但你认为这仅仅是对你的一项温和的阻拦吗？你要求举行公正的投票②，要按照玛尼乌斯法案的条款进行，以便在人们的喜爱、等级、表决能力等方面做到公平。你想要努力消除荣誉等级方面的差别，但那些影响着邻居街坊的、地位较高的人会对此深恶痛绝。你还希望由告发人来选择法官，要是这样做的话，那么公民现有的那些沉默的敌意或隐秘的仇恨会像火山一样爆发出来，毁掉每个体面人士的幸福。所有这些事情都在为你的告发铺平道路，但它们都是你当选的障碍。

但是，所有这些对你的竞选造成打击的最大的事情并非没有得到来自我的警告。我高贵、雄辩的朋友昆图斯·霍腾修斯充分而又令人信服地谈论过这一点。而我得到了一个相当困难的讲话顺序。因为霍腾修斯在我前面讲话，等级很高、一丝不苟、言语流畅的马库斯·克拉苏也在我前面讲话。所以，最后一个讲话的我要处理的不是某个部分，而是整个案子，我只能尽力而为。所以，我讨论的观点几乎都是他们已经说过的，但迄今为止，先生们，我一直在避免让你们感到疲倦。

【24】但是，塞维乌斯，你使罗马人民害怕喀提林当选执政官，而与此同时你自己却在准备一场告发，乃至于完全放弃了你自己的参选，这对你的当选造成了多么大的伤害！因为他们看到你把建议踩在脚下，你本人垂头丧气，你的朋友忧心忡忡；他们注意到你在收集情报，注意到你被废黜，注意到你和证人的密谈，注意到和你一起告发的人退出，碰上这些事情，一名候选人确实会变得垂头丧气。与此同时，他们看到胆大而又兴高采烈的喀提林在一大群青年的陪伴下，在告密者和杀手的保护下，不仅在给士兵们打气，而且还把我的同事③许下的诺言告诉他们——这是他自己说的。围着他的还有一群来自阿瑞提乌和费苏莱的定居者，这是一群乌合之众，由于受到苏拉

---

① 西塞罗担任过执政官，按照常规，他不能马上成为下一个职位的候选人。
② 指全民投票，而非按百人队投票。
③ 盖乌斯·安东尼乌斯·许布里达。

的军团的各种伤害而聚集在一起。他的样子充满了疯狂，他的眼睛闪着罪犯的凶光，他的言语傲慢不羁，就好像他已经猎取了执政官的职务，把它锁在自己家里。他蔑视穆瑞纳，把苏皮西乌当做他的告发人，而不是他的对手，他用暴力恐吓苏皮西乌，他威胁这个国家。

【25】请你们不要让我回想由于这些事情而落在所有正直人士头上的恐怖和由于他有可能当选执政官而给国家带来的绝望。你们自己去回想吧。因为你们记得这名邪恶的无赖在他家中召开的会议上讲的一番流传广泛的名言：恶人的卫士不可能忠实，除非卫士本人也是邪恶的；穷困潦倒的人一定不会相信那些有钱人和幸运者的诺言；所以让那些希望重新装满钱袋、弥补损失的人看清自己有哪些债务、有什么财产、有什么胆量；能做这些不幸者的统帅和领袖的人本人至少应当是最不幸、最大胆的。如此说来你们确实记得，在我的提议下，元老院通过了一部法案，除非次日不举行选举，我们应当能够在元老院里讨论这些事情。所以第二天，在拥挤的元老院里，我传唤喀提林，吩咐他坦白我已经得到的情报——要是他愿意。而他也像平时一样坦率，没有给自己找借口，而是说出了对他自己不利的证据，等于控告了他自己。他当时说，这个国家有两个身子：一个不结实，有一个虚弱的头脑；另一个很强壮，但没有头脑。要是这个身子配得上他的支持，那么它只要活着就不应该缺少头脑。拥挤的元老院发出一片声响，但仍旧没有通过投票来惩罚这种侮辱。有些议员无法勇敢地做出决定，因为他们看不出有什么东西要害怕；而有些议员无法勇敢地做出决定，因为他们害怕的东西太多。他耀武扬威地走出元老院，虽然根本就不应该让他活着离开那个地方，尤其是这个人几天前在元老院集会上对勇敢的、用审判和公示的方式威胁他的加图说，要是加图的计划是在点火，那么他会扑灭这场大火，但不是用水，而是用彻底地毁灭。

【26】由于有这些行为的推动，由于我知道喀提林已经策划了阴谋暴乱，带领一帮持刀的武士进入了战神广场，于是我在一群勇敢的卫士的保护下身穿铠甲进入广场；不是因为这身铠甲能够保护我——因为我知道喀提林发动

突袭的习惯，不是朝着你的身子或肚皮，而是对着你的脑袋或脖子下手——而是为了让所有可敬的公民注意到他们的执政官有生命危险，可以冲过来帮助他，而他们确实这样做了。所以，塞维乌斯，他们认为你的竞选活动推进得非常缓慢，而他们看到喀提林则冲劲十足，志在必得，在这种时候，想要把这个畜生赶出国家的所有人马上转为支持穆瑞纳。民众的意向在执政官选举中突然发生了巨大变化，尤其是形势逆转，有利于一位正直的人，他在竞选中得到支持，还有其他许多有利条件。他渴望当选，他有他最荣耀的父亲和祖先的推荐，他是一位最谦虚的年轻人，他有在军中服务的辉煌经历，他担任执法官时清正廉洁，他由于举办赛会而深得民心，他为民众提供了良好的服务，他不向任何威胁屈服，也没有威胁过任何人，所以，要是说喀提林突如其来想要当选执政官的期望反而给了他极大的帮助，这有什么值得惊讶吗？

下面我要进入演讲的第三部分，它涉及贿选的指控。在我前面讲话的人已经驳斥了这一点，但我必须重新加以讨论，因为穆瑞纳有这样的愿望。在此我要对我高明的朋友盖乌斯·波图姆斯做出回答，涉及行贿者的证据和被截获的钱；我将对这位能干而又善良的年轻人塞维乌斯·苏皮西乌做出回答，涉及骑士们的百人队长；我将对拥有道德卓越的马库斯·加图做出回答，涉及他自己的指控，涉及元老院的法令，涉及我们的国家。

【27】但我先要悲伤地提到我刚刚才知道的有关卢西乌斯·穆瑞纳的厄运的一些事情。因为，在此之前，先生们，由于想到其他人的麻烦和我自己日常的辛苦，我经常相信那些幸运的人能够追求一种远离纷争和野心的安宁生活，而我现在确实深深地感受到卢西乌斯·穆瑞纳所遭遇的巨大的、无法预料的麻烦的影响，以至于我无法对我们所有人的共同命运和他经历的厄运表示足够的遗憾。首先，当他试图担任比他的家族成员和祖先多次担任过的最高公职更高一级的职位时，他陷入了既失去他继承下来的东西，又失去他自己赢得的东西的危险。其次，他渴望获得新的声望危及了他原来的好运。先生们，在这些难以承受的事情中，最糟糕的是这些人指控他，实际上并不

是由于个人仇恨导致告发，而是由于这些人渴望告发而导致个人仇恨。因为，不必提塞维乌斯·苏皮西乌，我知道他没有受到卢西乌斯·穆瑞纳一方的任何错误影响，而是受到竞争对手的影响，告发他的是他父亲的朋友盖乌斯·波图姆斯，按穆瑞纳的说法是他的老邻居和老朋友。穆瑞纳有许多理由说他是朋友，但找不到理由说他是敌人。穆瑞纳受到塞维乌斯·苏皮西乌的指控，此人是他的亲密朋友之子，而这个人的能力本应当完全用于保护他父亲的所有朋友。穆瑞纳受到马库斯·加图的指控，此人在任何事情上都决不是穆瑞纳的敌人；还有，加图在这个国家生来就有的地位使他可以运用他的机智和天才保护许多濒临毁灭的人，乃至于保护陌生人和敌人。我第一个要回答波图姆斯。尽管他只是一名执法官候选人，但在我看来，他似乎以某种方式干涉了执政官的选举，就好像竞技场上骑手的马辱没了一辆四驾马车 ①。要是他的竞争者不采取不合法的行为，那么他会在撤出竞选时承认他们等级高；但若他们有人行贿，那么他确实是一位值得欢迎的好朋友，因为他的告发帮助了另一个人，而不是他自己。②

　　[讨论波图姆斯的指控和年轻人塞维乌斯的指控] ③

　　【28】现在我要来谈马库斯·加图。他是整个指控的基础和力量。他是一个重量级人物，是一名坚定的告发者，所以我担心他的影响会远远超过他的指控。先生们，关于这位指控者，首先，我请你们注意，他的尊严、他对保民官职位的期盼、他一生的荣誉和辉煌，根本不能伤害卢西乌斯·穆瑞纳；其次，马库斯·加图的那些可以用来帮助许多人的机智不能用来伤害穆瑞纳。普伯里乌·阿非利加努曾两次担任执政官，在他指控卢西乌斯·科塔期间，他消除了这个政府的两大威胁：迦太基和努曼提亚。他拥有最伟大的口才、最伟大的荣誉、最伟大的正直。他的影响与配得上他为之服务的罗马

---

　　①　竞技场上的骑手低于四驾马车的驭手。

　　②　波图姆斯应当告发他的竞争者，而不是告发穆瑞纳。穆瑞纳的竞争者是苏皮西乌。

　　③　下面有关这些指控的讨论也许并不包括在西塞罗公开发表的演讲词中。有许多手稿不包括这些内容。

人民的政府一样伟大。我经常听老人们说，这位指控者的卓越能力和尊严反而极大地帮助了卢西乌斯·科塔。当时参加审判的聪明人不相信任何人会以人们相信被告已经被原告过人的机智判决有罪这样一种方式输掉官司。还有，虽然马库斯·加图，你的曾祖父，尽了一切努力证明塞维乌斯·加尔巴有罪，但是罗马人民不是从最勇敢、最成功的马库斯·加图手中把塞维乌斯·加尔巴夺回来了吗（传说中是这样的）？在这个国家里，全体人民和聪明的、富有远见的法官总是抵抗那些过于机智的指控者。我不相信一名指控者应当把绝对的权力、压倒一切的力量、超常的影响、太大的名声，带到法庭上来。让所有财力用于保护无辜者，帮助弱者，帮助遇上麻烦的人；但是在审判公民和给他们定罪的时候，这些东西要排除。因为，要是有人宣称加图在没有对案子做出判断之前不会急于提出指控，要是他假定原告的判断必定拥有很重的分量，应当作为反对被告的前提，那么先生们，他将创造一个不公平的先例，也给参加审判的人带来艰难的处境。

【29】马库斯·加图，我非常钦佩你的品德，但我要谴责你的意图；有些细节我也许会做轻微的改变和更换。那位著名的老监护人对一位非常勇敢的人①说："你没有犯许多错误，但你确实犯过错误。所以我可以纠正你。"但是我不能纠正你。我会最忠实地说，你根本没有犯任何错误，你似乎是这样一种人，不需要在任何事情上受到纠正，而只需要轻微的约束。自然塑造了你的诚实、尊严、节制、高尚、正义；事实上，自然把你塑造成了一个伟人，在各方面都非常崇高。但在我看来，在这些天赋之外你似乎有那么一点不仁慈或不温和，或者说你太严厉、太苛刻，使人难以忍受。由于我不是在对无知的群氓讲话，或是在某些乡村集会上讲话，所以我要大胆地提到你非常珍视和热爱的文化学习。先生们，我们要肯定：我们看到的这些神圣、卓越的品质在马库斯·加图身上都是天生的；而有时遭到我们反对的他的品质

---

① 指荷马史诗中的人物福尼克斯（Phoenix）对阿喀琉斯（Achilles）说，引文出自某部已佚失的戏剧。

并非来自他的天性，而是来自他的老师。他的老师名叫芝诺，一位有着卓越能力的人。那些竭力追随芝诺教导的人被称做斯多亚主义者。他的公理和箴言是这种类型的：聪明人决不随波逐流，决不宽恕任何人的罪。除了傻子和闹着玩的人，没有人是仁慈的；真正的人不受恳求或祈求的影响；唯有哲学家，哪怕他们相貌丑陋，但他们仍旧是英俊的，哪怕他们非常贫穷，但他们仍旧是富裕的，哪怕他们当了奴隶，但他们仍旧是国王。他们说，我们这些不是哲学家的人是逃跑的奴隶、流放者、公敌，甚至是疯子。所有罪都相等，每一件微小的过失都是致命的罪行。他认为，扼死一只公鸡的人的罪不一定比勒死父亲的人罪轻；哲学家不猜测、不忏悔，哲学家决不犯错误，决不改变他的观点。

【30】在他有学问的老师们的指点下，马库斯·加图用他的睿智热烈地拥护这种学说，不仅作为一种供讨论的练习——像大多数人一样——而且作为一种生活规则。税吏来征税，他说："你们要注意，不能在征税时偏袒任何人。"有不幸的人遭到打击来求援，他说："要是你对他们仁慈，那么你就是无赖和罪犯。"有些人承认自己冒犯了别人，请求原谅，他说："原谅错误也是一种罪。"但这是一桩微不足道的过失，他说："所有罪都相等。"你做出某些陈述，他说："这是确实的，不可更改。"但是影响你的不是事实，而是猜测，他说："哲学家决不猜测。"你说，你错了，他认为你这样说非常恶毒。根据这个哲学学派的观点，就会发生这样的事："我在元老院里说我要告发一名执政官候选人。"当你说这些话的时候你非常愤怒。他说："哲学家决不愤怒。"但你这是在拖延时间。他说："撒谎是一种犯罪的行为，改变观点是可耻的，宽恕是一种罪，遗憾是一种罪。"但我要说，我们的老师——因为我承认，加图，我在年轻的时候由于不相信自己的能力，因此寻求哲学上的支持——柏拉图、亚里士多德的支持者，是保守而又谨慎的人，他们说：外部的影响有时候对哲学家不起作用；好人表现出仁慈；罪有不同程度的差别，应当受到不同的惩罚；坚定的人可以宽恕别人；哲学家本人经常对某些他不知道的事情进行猜测；他有时候会愤怒，也会受到恳求或祈求的影

响；他有时候改变他说过的话，要是这样更好的话；他有时候也放弃他的既定立场；这就是说，一切美德都应当保持中庸。

【31】加图，要是你的好运使你的天赋能力遇上这样的老师，那么你确实不会变得更优秀、更勇敢、更节制、更正义，因为这是不可能的，但你应当变得稍微仁慈一些。在没有任何唆使或不遭到任何攻击的情况下，你不会指控这样一位拥有最大尊严和荣誉的最谨慎的人；你应当这样想，命运已经使你和卢西乌斯·穆瑞纳成了同一年的行政官员，① 对国家负有的某些责任使你和他有了联系；你不应该在元老院提出这些恶毒的指控，或者说，要是你提出这些指控，也应当有比较温和的解释。就我所能推测的范围而言，你自己被一种精神上的激动压倒了，被一种内在的天才的力量弄得忘乎所以，被你最近的哲学研究激励了。我预测你本人很快就会由于经验而发生变化，随着时间的推移而软化，由于年纪的增长而变得柔顺。你的这些老师和那些道德教师在我看来似乎都把义务的极限推得远了一些，超过了自然的意愿——自然确实希望我们的理智在趋向终极时，应当停留在恰当的地方。"你不宽恕任何东西。"倒不如说你宽恕某些东西，但不是所有东西。"你不会在他人影响下做任何事。"倒不如说在义务和荣誉的要求下抗拒某些事。"不要由于怜悯而感动。"是的，要克制残忍，但仁慈仍旧值得赞扬。"坚持你自己的观点。"是的，除非某些较好的观点胜过你的观点。我们著名的西庇阿是这样一种类型的人。他不齿于做你正在做的事——在他自己家里款待哲学家帕奈提乌。经过讨论和聆听教诲，尽管这些学说与你喜爱的学说一样，西庇阿仍旧没有变得更加严厉，而是如我从老人那里听说的那样，变得非常温和。但作为同样学习的结果，有谁比盖乌斯·莱利乌斯更加和蔼，更加令人快乐，有更大的影响，更加聪明？对卢西乌斯·菲鲁斯我可以说同样的话，对卢西乌斯·伽卢斯我也可以这样说，但是现在我要把你带回你自己家中。你认为有人比你的曾祖父加图更和蔼，更容易相处，更仁慈吗？当你真实而

---

① 卢西乌斯·穆瑞纳当选执政官，马库斯·加图当选保民官。

又令人信服地讲到他著名的美德时，你说你在你的家族中有一个模仿的榜样。你确实有一个榜样摆在家里。作为他的后代你比我们任何人都更容易模仿他的品德，然而与其说他为你树立了一个榜样，倒不如说他为我树立了一个榜样。要是你能把尊严与严峻和他的和蔼与仁慈结合在一起——虽然这些品德确实不是更好的品德，要把它们结合在一起也不可能——至少会使你的品德变得比较令人愉快。

【32】因此，回到我开始时的要点上来，请从本案中去掉加图的名字，忘掉他的热情和影响。在审判中，这些东西既不应当起作用，也不应当作为宣布被告无罪的理由。还是和我一起来看这些指控本身吧。加图，你提出了什么指控，你在审判中提出了什么罪名，你作了什么论证？你攻击行贿，我不会为行贿辩护。你责备我乃是因为我保护我曾经制定过惩罚的同样的事情。我惩罚行贿，但不惩罚清白无辜的人。要是你希望的话，我甚至会和你一道对行贿提出指控。你说在我的推动下元老院通过了一项法令，要是人们付钱见候选人，要是人们派雇工为候选人干活，要是在观看斗剑士表演时把位置留给某个部落的人，要是举行人人都可参加的宴会，都算是违反了卡普纽斯法案。所以，要是元老院认定这样的行为不合法，那么元老院的决议是在迁就候选人，是不得要领的。但是紧迫的问题是："有人行贿吗？"要是有，那么行贿无疑是不合法的。所以这样做是荒唐可笑的，因为元老院把可疑的事情留在那里，而就人人都明确的事情通过决议。这项决议是在所有候选人的要求下通过的，所以从元老院的决议中无法知道谁是受益者，谁是受害者。所以，要是卢西乌斯·穆瑞纳证明有人行贿，那么我本人会向你承认这是非法的。

【33】"当他从他的行省返回时，有许多人去见他。"这是一名候选人在竞选执政官时通常都会发生的事情，难道一般人就不会去见从外地回家来的人吗？"为什么要成群结队？"首先，要是连我也无法解释原因，那么有很多人在一名执政官候选人回来时去见他令人惊讶吗？要是没有发生这种事，那么事情倒更值得惊讶了。是这样的吗？假定我还要说许多人应邀而去（这种

事很普通），这就能成为提出指控或感到惊讶的理由吗？在我们的城市里，接到某人要求后陪人去广场是很普遍的，有些地位较低的人的子孙①甚至在黎明之前就从城里很远的地方赶来陪人去广场；要是接到一位名人的邀请，有谁会对八点钟去战神广场犹豫不决？如果所有行会都来了那该怎么办？坐在那里的陪审团有许多人属于他们。要是有许多我们这个光荣等级的人到来，那该怎么办？要是有义务参加公职竞选的所有人都进入了这座不允许任何不荣耀的人进入的城市，那又该怎么办？最后，要是我们的朋友、起诉人波图姆斯本人也带着一大群他自己的人来见他，那么有那么多人来见他又有什么值得奇怪呢？我不提他自己的当事人、邻居、部落同胞，卢库鲁斯的整支军队都在那个时候到来，庆祝他们的统帅的胜利。我断定，只要任何人的尊严，甚至意愿，有这种需要，这种时候决不会缺少自愿履行这种义务的人。"但是有许多人追随他。"告诉我他们这样做有报酬，我就承认这样做是有罪的。但要是没有这种情况，你又能挑出什么毛病来呢？

【34】他问道："一个人为什么要别人追随？"你在问我他为什么需要我们其他所有人也都有的追随者吗？穷人只有用这种方法可以报答我们这个等级给他们的恩惠，以这种方法帮助和参与我们的公职竞选。如果说他们应当整天陪伴他们的候选人朋友，那么这是不可能的，也不是我们或罗马骑士所要求的；要是我们家里挤满了这种人，要是他们有时候陪伴我们前往广场，要是我们仅仅由于有了他们的陪伴前往市政大厅而感到光荣，那么我们认为我们已经得到了可敬的关注。这是一种朋友的忠诚，而非无业游民的无聊举动。他们始终是正直的、善良的人。所以加图，不要从低贱的等级中寻求这种善良的陪伴；有时候也要让那些一切都依靠我们的人向我们提供某些东西。要是他们除了选票其他一无所有，那么哪怕他们参加了投票，也仍旧不会有什么影响。最后，他们不能令我们高兴，不能使我们的保证人高兴，不能邀请我们去他们的家，这是他们自己不会说的话。他们可以向我们要求所

---

① 年轻人到了参加广场集会的年龄第一次赴会时由他家族里的所有亲友陪伴。

有这些恩惠，但只能用他们的忠诚为他们从我们这里得到的恩惠做出回报。所以他们反对和陪同人数有关的法比乌斯法，反对元老院在卢西乌斯·凯撒担任执政官期间通过的法令。因为没有任何惩罚能够阻止卑贱者观看这种古老的仪式。"但是他们在那里摆起大餐桌，邀请整个部落和所有人参加宴会。"先生们，尽管穆瑞纳根本没做这件事，而是他的朋友按照通常的习惯这样做的，而且相当有节制，但是塞维乌斯，这件事情仍旧提醒了我，由于有人在元老院里抱怨此事使我们失去了多少选票。因为，在我们自己和我们父亲的记忆中，有过没有在剧场里为朋友和同部落的同胞提供座位这种愿望的时候吗，无论是出于野心还是仁慈？按照古代的习俗，等级卑微的人从与他们同部落的同胞那里接受这些东西作为奖赏和善意的表达。……①

【35】……完善的艺人一旦在剧场里给予他同部落的同胞一个座位，他们会用什么样的法令来反对第一等级的人在剧场里为与他们同部落的同胞设立整个专用区？塞维乌斯，人们把这些关于陪同、演出、晚餐的所有指责都归结为你过分渴望当选；但是元老院的权威在穆瑞纳受到这些指控时保护了他。为什么？元老院认为会见一位从外地返回罗马的候选人不是犯罪，是吗？"是的，除非这样做有钱可拿。"那就请你证明。由许多人陪伴？"不，除非他们受到雇用。"请你说明有人雇用他们。在演出中提供座位或请人参加晚宴？"绝对没有这种事，除了有许多乱七八糟的人。""有许多人"是什么意思？"呃，就是整个镇子的人。"所以，要是那位高个子的年轻人卢西乌斯·那塔（我们已经看到他现在的样子，也知道等他成年以后会是什么样子）希望对骑士们的百人队长表示友好，既为了现在，又为了将来，那么这样做既不是犯罪，也不是可以用来指控他的继父穆瑞纳的一个埋由；要是一名维斯太贞女，他的亲戚和朋友，在斗剑士表演中给他留了一个座位，那么这位维斯太贞女的行为是高尚的，穆瑞纳也没有犯罪。所有这些事情都是朋友们的义务，是对穷人的一种补贴，是候选人表达自己善意的礼物。

---

① 此处有相当一部分文字佚失。

但是加图就此与我进行冷酷无情的争论，就像一名斯多亚主义者。他说进食可以促进情感融合不是真的，不能用快乐来误导人们选举官员。因此，要是有人在竞选中请人共进晚餐，应当受到谴责？他说："那当然了，你会用采取迎合人们的感官，软化他们的情感，使他们快乐的办法来谋求当选高级行政官员，获得最高权威，领导这个国家吗？"他说："你是在请一帮光彩照人的年轻人拉皮条，还是在请罗马人统治整个世界？"这是一种可怕的说法，但是经验、生命、习俗、国家本身会拒斥它。无论如何，发明你们这种生活和讲话方式的斯巴达人拒绝在木头躺椅上进食，甚至连克里特人也从来不倚在餐桌旁吃饭，他们比罗马人更好地维护了他们的国家，既有时间娱乐，也有时间劳动。这些国家，一个被我们的军队在一次战役中推翻，另一个在我们政府的庇护下维持着他们的习俗和法律。

【36】因此，加图，不要用过分恶毒的言辞谴责我们祖先的习俗，我们的经验和国家的长期统治证明它们是正确的。在我们前辈的时代，也有一个人属于同一哲学派别，他是昆图斯·图伯洛，既有学问又高贵。为了荣耀他的叔父普伯里乌·阿非利加努，昆图斯·马克西姆为罗马人民举行丧礼宴会，派这位图伯洛去摆放躺椅，因为他是阿非利加努的亲姐姐的儿子。这位学问渊博的斯多亚主义者在迦太基式的、肮脏的矮凳上铺上羊皮，摆上萨摩斯岛产的陶制餐具①，就好像在为犬儒学派的第欧根尼举行宴会，而不是在向这位去世的超人阿非利加努致敬。在阿非利加努发表的那一天，马克西姆发表了葬礼演说，向不朽的诸神谢恩，因为这位英雄出生在这个国家而不是出生在其他地方，而他出生的地方必定会成为统治世界的政府的所在地。罗马人民在参加阿非利加努的丧礼时，对图伯洛布置宴会时表现出来的"智慧"深恶痛绝，所以，这位最光荣、最优秀的公民虽然是卢西乌斯·鲍鲁斯的孙子，是普伯里乌·阿非利加努姐姐的儿子，如我所说，但他还是在竞选

---

① 这样的摆放有三处不妥：用了羊皮而非毡毯；用了木头的矮凳而非躺椅；用了便宜的陶器餐具而不是银餐具。

执法官时被这些羊皮击败了！罗马人痛恨私人的奢侈，热爱公共的辉煌。他们不喜欢精美的宴会，更不喜欢肮脏和粗野。他们承认义务的差别，场合的差别，承认辛苦与快乐的交替。你认为，除了尊严，人们在担任公职时所做的决定不应当受任何事情的影响，我可以说你自己并没有坚持这个尊严的最高标准。你为什么要请人来支持你，帮助你？你要我投你的票，而我可以把我的利益托付给你。但是请你告诉我，那又如何？当我的安全出问题时，为什么要由你来负责，当我经历艰难险阻时为什么要我来博得你的青睐？你为什么要使用一名提示员？^① 你这样做的时候确实是在玩弄诡计，进行欺骗。因为，如果说你能喊出你的同胞公民的名字是光荣的，那么你的奴隶比你还要熟悉他们的名字是可耻的！如果你已经认识他们，为什么还要在竞选中借助提示员和他们说话？就好像你自己不敢确定他们的名字似的，而你本人则像是要在受到提示以后才能和他们打招呼吗？你对他们的问候不如你当选以后的问候那么真诚吗？要是按照这座城市里的通常做法检查所有这些行为，那么它们没有什么错；但若你希望按照哲学教条衡量它们，那么它们极为邪恶。所以不应当阻止罗马平民在赛会、斗剑士竞赛、宴会中取乐——所有这些活动都是我们的祖先创立的——候选人也不应当约束自己的慷慨，在这种场合慷慨意味着大方，而不是行贿。

【37】但是，据说是国家利益在导致你提出指控。加图，我假定你有这种想法或幻觉，但由于你缺乏远见，这种想法会让你摔一个大跟头。先生们，我现在要做的事情不仅是为了卢西乌斯·穆瑞纳的友谊和名声，而且也是为了和平、安宁、和谐、自由，这是我反复强调并要求你们所有人为我作证的，最终是为了我们所有人的生活与安全。先生们，请注意听，请听一名执政官的话——我不会使用更加傲慢的语词，只会说到这个份上——请听一位日日夜夜为国操劳的执政官的话！连卢西乌斯·喀提林都没有如此深刻地蔑视这个国家，他认为他能用他带走的武力推翻这个国家。他的罪行传染和

---

① 一名奴隶跟班，其职责是在主人忘记被投票人的名字时提醒主人。

扩散的范围超过任何人的想象，影响着更多的人。我要说，特洛伊木马就在里面，就在这座城里。而只要我是执政官，它就决不会在你们熟睡时征服你们。你问我是否害怕喀提林。根本不怕！我还要说，没有人需要害怕他。但我说我明白他留在这里的力量是可怕的。卢西乌斯·喀提林的军队并不像那些据说已经离开军队的人那么可怕。因为这些人并没有放弃——他们被喀提林留下来观望，躲在隐秘的地方——他们威胁着我们的头脑和喉咙。他们希望你们审判一位正直的执政官和一名优秀的将军，使这些用他们的品德和社会地位全心全意履行职责和义务的人放弃他们保卫这座城市的任务，放弃他们保卫国家的职责。我已经在战神广场上、在广场的讲坛上、在我自己家里挫败了他们大胆的暴行，要是你把两名执政官之一出卖给这些人，那么通过你们的审判，他们赢得的东西比他们凭刀剑赢得的东西更多。先生们，尽管遭到许多人的反对，我已经尽力说明这件事极为重要，这个国家在 1 月 1 日应当有两名执政官。这不是一个法律公正不公正的问题，也不是有没有危险的行贿的问题，或者在某些时候谣传的对国家有没有危险的问题。先生们，这个国家已经察觉了那些毁灭这座城市、屠杀公民、让罗马这个名字湮灭的计划。我要说，有些罗马人，罗马公民，要是这样的称呼是正确的话，正在策划这些行动，反对他们自己的国家。我每天都在揭露他们的计划，挫败他们的罪行，使他们的阴谋流产。但是我要警告你们，先生们，我的执政官任期快要到头了，不要说这位将要延续我的高度警惕性的人不合格，不要排斥他，我希望他能保卫国家，使这个国家在可怕的危险中不受伤害。

【38】先生们，你们难道看不到在这些不幸之上还会有什么样的灾难？加图，是你，我是在对你说话。你难道看不出你任职的这一年会遇到什么样的暴风骤雨？① 因为，你的同事、那位当选保民官的危险的声音在昨天的大会上轰鸣。你的判断极大地阻挠了你的同事，所以全体高尚的人请你担任保民官。这些阴谋已经酝酿了三年，但是如你所知，自从卢西乌斯·喀提林和

---

① 加图任保民官的一年。

格奈乌斯·庇索屠杀元老院议员的计划被察觉以来，这些阴谋就在这几个月、这几天、这个时辰，突然成熟了。先生们，在什么地方和什么时间，在哪一个白天或哪一个晚上，我不在凭着自己的智慧从这些恶人的埋伏和匕首中得救和脱险？是的，我当然更多地依靠众神的智慧。这些人不希望把我当做一个人加以杀害，而希望把我当做一名警惕地保卫国家的执政官加以清除。加图，他们也急于用某种方式清除你，要是他们能做到——相信我，他们正在策划这件事。他们明白你有多么勇敢、有多少财力、有多大影响、有多少能力保卫这个国家；但当他们看到这位保民官的权力抵消了这位执政官的影响和帮助时，他们就会想，要征服被解除了武装和削弱了的你会更加容易。他们不害怕另一位执政官的职位①会被替换。他们明白你的同事们的权力完全能够做到这一点；他们希望在他们的仁慈安排下，那位优秀的狄西摩斯·西拉努斯可以不要一位同事②，而你可以不要一位执政官，这个国家可以不要一位卫士。马库斯·加图，在这样的环境和这样的关键时刻，理解发生了什么事、保留一位当选的执政官、一位并非自封的执政官、一位应时而生的执政官，在为国服务时做你的助手、保护人、同盟者，这是你的责任；因为在我看来，你生来就不是为自己，而是为这个国家服务的。他的地位适宜拥抱和平，他的训练适宜作战，他的能力和经验适宜从事任何可以想象的活动。

【39】然而，先生们，整件事情取决于你们，你们在这个案子中控制和指点着整个国家。要是卢西乌斯·喀提林和他带走了的那个犯罪团伙能够审判这个案子，那么他会判处卢西乌斯·穆瑞纳有罪；要是能做到，他会杀了穆瑞纳。他的利益要求他剥夺这个国家能够得到的帮助，减少反对他的疯狂行径的指挥员的数量，通过罢黜能够发觉与平定叛乱和骚动的人把大权转交给保民官。那么，从最高的等级中做选择，判处这些最高尚、最聪明的人有

---

① 穆瑞纳的职位。
② 西拉努斯和穆瑞纳已经一起当选。

罪，不就和那些嗜血的斗剑士、国家的敌人一样了吗？相信我，先生们，你们将对本案投票，不仅对卢西乌斯·穆瑞纳的生命投票，而且也对你们自己的生命投票。我们已经走到尽头。我们没有任何办法可以增强我们的力量；一旦摔倒，没有任何力量可以帮助我们重新站立。我们一定不要削弱我们现有的力量，如果能够做到，必须设法获得新的力量。因为敌人不在阿尼奥河①——这似乎是布匿战争最无望的时刻——而在这座城市里，在这个广场上。噢，不朽的诸神啊，若非痛苦的呻吟这些话是说不出口的！因为我要说的是，敌人就在这个国家的神庙里，就在这个元老院大厅里。愿诸神保佑我的同事、这个勇敢进取的人能够摧毁愚蠢的土匪喀提林和他的军队。一身公民打扮的我，在你们和所有高尚人士的帮助下，凭着我的远见，可以肢解和摧毁这件已经被国家察觉、将要发生的事情。但是请告诉我，要是这些阴谋躲避了我们的掌握，来年再次泛滥成灾，那又将发生什么事？到那时只有一位执政官，他会非常忙碌，不是忙于指挥作战，而是忙于代替另一位执政官……他已经遭到伤害……②喀提林那可怕的、贪得无厌的咒语会重新出现，会迅速扩散到整个城市；疯狂将在演讲者的讲坛上蔓延，恐怖将在元老院大厅里蔓延，阴谋将在广场上蔓延；战神广场上将出现军队，这个国家将被抛弃，我们在任何住处、任何地方都将害怕剑与火。但若这个国家能够保护她自己的卫士，那么所有这些长期潜伏的灾难很容易被行政官员的智慧和公民们的警觉消除。

【40】先生们，事情就是这样。我们这样做首先是为了国家，任何人的事情都比不上国家的事情重要。凭着我对国家的巨大忠诚，我要警告你们；凭着我作为执政官的权威，我要鼓励你们；面对可怕的危险，为了你们的安全、你们的生命、其他公民们的生命，我要求你们接受和平与安宁的建议。还有，先生们，在我的义务的影响下，作为我的当事人的辩护人和朋友，我

---

① 阿尼奥（Anio），意大利台伯河的支流。
② 此处原文有佚失。

恳请你们不要葬送不幸的卢西乌斯·穆瑞纳，他承受着身体和精神两方面的巨大痛苦，不要用一大堆悲伤埋葬他最近获得的幸福。仅仅是在昨天他似乎还是幸福的，头戴罗马人民赐予的最高奖赏，因为他第一个把执政官这个职位带进一个古老的家族，带进一个非常古老的乡镇①。但是这个人现在处在悲哀之中，疾病在吞食他的身体，他受着眼泪和悲伤的折磨。先生们，这个人在向你们求援，他呼唤你们的荣誉，恳求你们的仁慈，寻求你们的力量和保护。先生们，别忘了我在以不朽诸神的名义向你们请求，我从他那里得到这种荣耀，他本来认为这会给他带来更大的尊敬，与这种荣耀在一起的还有他从前赢得的名望、他的等级、他的幸福。所以，卢西乌斯·穆瑞纳向你们恳求，要是他没有不公正地伤害任何人，要是他在国内外没有什么仇人——用非常温和的语言说——那么你们有机会采取审慎的行动，为这个处于困境中的人提供庇护，保护他的荣誉。先生们，失去一位执政官是一项极大的遗憾，因为这是所有人的损失；但在这样一个时刻，当这位执政官被暴露在不忠诚的民众面前，暴露在阴谋者的计划面前，暴露在喀提林的弓箭面前，暴露在各种危险和侮辱面前时，任何人都不应对这位执政官表示妒忌。先生们，我不明白为什么会有人妒忌穆瑞纳，或者说是否我们中有人想要获得这个光荣的职位，但在我面前，这种事情值得遗憾，你们也能明白和察觉这种事情。

【41】要是你们投票判他有罪（愿朱庇特让这咒语失灵），这个可怜的人该去哪里？回老家吗？他在那里可以见到那个非常著名的人、他的父亲的面具吗？②几天前他还看到那里摆放着荣誉的花环，而现在却被他遭受的耻辱剥夺了，变得卑微了？去见他的母亲吗？这位可怜的如人刚刚亲吻过他的执政官儿子，而稍后不久又要受到焦虑的折磨，因为这个儿子的所有荣誉都将

---

① 指拉努维乌（Lanuvium）。

② 罗马贵族家庭保留着祖上名人的面具，家庭成员获得选举胜利时用花环装饰这些面具。

被剥夺。但是当新的惩罚[①]剥夺了他的家庭、他的父母、这个社会和所有朋友时，我为什么还要谈论他的母亲与家庭？这个可怜的人要遭到流放吗？流放到哪里？去东方吗，他好多年在那里带兵打仗，立下丰功伟绩？但是，不光彩地回到他曾经获得荣誉的地方是一种极大的羞辱。他将把自己埋葬在这个世界的极远之处，让山外高卢可以看见他悲惨的流放吗，而她曾经高兴地见过这个人身着最威严的服装？还有，在那个行省里，当见到他的兄弟盖乌斯·穆瑞纳时，他会有什么样的感情？盖乌斯会有什么样的悲伤，卢西乌斯会有什么样的悲哀，他们会有什么样的悲痛，他们的命运和言谈发生了什么样的变化，因为就在同一地方，几天前信使们带来的信件传播着穆瑞纳当选执政官的消息，客人和朋友匆忙上路去罗马向他道贺，而现在他本人将要出现在这个地方宣布他自己的灾难吗？要是这些事情是残酷的，要是这些事情是可恶的、悲哀的，要是这些事情与你们的和蔼与仁慈最不相容，那么先生们，肯定罗马人民的青睐吧，把一名执政官还给国家，以此奖赏他的正直，以此告慰他死去的父亲，以此告慰他的部落和家族，以此告慰拉努维乌这个最光荣的镇子。由于这个案子，你们看到许多悲伤的人群都从那个镇子来到这里。至关紧要的是，不要把这位执政官和他的同胞从拯救者朱诺的古老祭坛上拉下来，所有执政官都必须向她献祭。作为执政官的我，把作为执政官的他托付给你们，要是我的保证有任何分量，要是我的推荐有任何影响，那么我要向你们做出保证和许诺，他将最渴望和平，最为诚实人着想，最积极地平定叛乱，最勇敢地参加战争，他是现在正在伤害国家的这一阴谋的最坚定的死敌。

---

① 塞维乌斯·苏皮西乌通过的法律给行贿罪添加了流放的惩罚。

为苏拉辩护

提 要

本文的拉丁文标题是"Pro P. Sulla Oratio",英文标题为"The Speech in Defence of Publius Cornelius Sulla",意思是"为普伯里乌·高奈留·苏拉辩护的演说"。中文标题定为"为苏拉辩护"。

参加公元前65年执政官选举的候选人有:普伯里乌·高奈留·苏拉、普伯里乌·奥洛尼乌·派图斯、提多·曼留斯·托夸图斯、卢西乌斯·奥勒留·科塔、卢西乌斯·塞吉乌斯·喀提林。苏拉和奥洛尼乌当选,但像最成功的候选人一样,他们马上受到指控,说他们在参选中行贿。候选人托夸图斯之子指控苏拉,落选的科塔指控奥洛尼乌。经过审判,判处苏拉和奥洛尼乌有罪。老托夸图斯和科塔成为公元前65年的执政官,而奥洛尼乌马上与喀提林谋反,企图杀害他们。苏拉有无参与这一可恶的阴谋不清楚。

喀提林死后,他的党羽受到审判。已经被确认在竞选公元前65年执政官时行贿的托夸图斯指控普伯里乌·高奈留·苏拉参与喀提林阴谋。审判在公元前62年举行。霍腾修斯和西塞罗为普伯里乌·高奈留·苏拉辩护,使他被判无罪。

全文共分为33章,译成中文约2.6万字。

正　文

【1】先生们，我曾经急切地希望普伯里乌·苏拉可以较早地获得他荣耀的职位，而在灾难过后又可以为他最有节制的行为获得某些奖赏。然而，凶狠的命运使他无法担任最高职位，不仅是由于和政治生活密不可分的妒忌，而且由于奥洛尼乌激起的独特的仇恨；他以往的幸运所剩无几，但他仍旧有许多敌人，甚至他受到的惩罚也不能平息他们的敌意。尽管我对他的灾难感到深深的悲哀，而我自己也惹来不少麻烦，但我仍旧对有机会向正直的人们证明我的温和与仁慈（我的仁慈人人皆知，但后来中断了）感到高兴，我要迫使那些不忠诚、不诚实的公民重新回到秩序上来，要他们承认我在这个国家的危急关头是严峻的、勇敢的，而在这个国家得救以后是温和的、仁慈的。先生们，由于我的熟人和亲密朋友卢西乌斯·托夸图斯认为，违反我们的亲密友谊提出他的指控可以在某种程度上削弱我的辩护的威望，所以我在击败这个人的指控的同时也要为我自己为他的利益服务的行为进行辩护。先生们，要是只涉及我自己的利益，那么我确实不会在这种时候使用这种类型的演讲，因为我有很多机会，或者经常有机会谈论人们对我的赞扬，但是，如他所看到的那样，无论贬低我为我的当事人所做的辩护能消除多少我的威信，我都认为，只要我能向你们证明我的行为的合理性以及我在提供这种服务和进行这一辩护时的一致性，我就能赢得普伯里乌·苏拉这个案子。

现在，卢西乌斯·托夸图斯，我首先要问的是，你为什么要联系到我的服务，把我和其他著名人士和重要公民为这个案子所做的辩护区别开来？为什么最优秀、最高尚的人的行为，好比昆图斯·霍腾修斯，没有受到你的谴责，而我的行为却要受到你的谴责？要是普伯里乌·苏拉想要焚毁这座城市、消灭这个政府、摧毁这个国家，那么这些事情难道不会给我带来比昆图斯·霍腾修斯更大的悲伤和更多的义愤？进一步说，在这些事情中判定谁需要帮助，谁应当受到反对，谁应当得到辩护，谁应当遭到抛弃，难道我就一定不是一名更加严厉的法官？他说："是的，因为调查是你指挥的，阴谋是你揭露的。"

【2】在他说这些话的时候，他不知道自己实际上说出了一个道理，这些事情从前是隐藏的，但现在每个人都应当知道。所以这个阴谋尽管是我揭露的，但现在霍腾修斯像我一样非常熟悉这件事情。你看到霍腾修斯在美德和谨慎方面都非常优秀、高尚、有影响，他在为普伯里乌·苏拉的清白无辜辩护时没有犹豫，但我要问的是，为什么霍腾修斯为此案辩护是允许的，而我的辩护却遭到拒绝；我还要问，要是我进行辩护应当受到责备，那么请你告诉我，当你看到这些高尚人士和著名的公民挤满了法庭，用他们的热情和影响为这个人的清白辩护，你对这些人会怎么想？因为演讲并不是辩护的唯一方法；所有出席审判的人、所有为此事焦虑的人、所有希望判处被告无罪的人，就其参与和产生影响而言，都在为他辩护。难道我会不愿意面对这些板凳，在那里我看到这个国家的群星闪烁①？我追随他们的榜样，通过艰苦的工作、冒着巨大的危险，取得这样的地位，抵达尊严和荣誉的顶峰。托夸图斯，你可以知道你在指控谁（也许你对我为普伯里乌·苏拉辩护感到恼火，因为我在这类审判②中没有为其他任何人做过辩护），但请想一想支持他的人，然后你就会明白我的判断以及他们的一致意见，这些看法既涉及他，又涉及其他人。③我们中间有谁为瓦恭泰乌进行过辩护？一个都没有，甚至连昆图斯·霍腾修斯都没有为他辩护，尽管在这桩行贿案之前只有霍腾修斯为他进行过辩护。因为霍腾修斯认为自己不会再和这个人发生什么联系，这个人犯下如此邪恶的罪行，因此自己无需再对他承担任何义务。我们中间有谁会认为塞维乌斯·苏拉④，或者普伯里乌·苏拉、马库斯·莱卡、盖乌

---

① 此处用"群星闪烁"比喻有许多前执政官出席审判，支持苏拉，他们在法庭上坐在为有地位的听众保留的席位上。

② 指审判被指控参与喀提林阴谋的人。

③ 其他被怀疑参与喀提林阴谋的人。

④ 在这场诉讼中受审的是普伯里乌·苏拉，塞维乌斯·苏拉可能是前者的堂兄弟，准确的关系无法得知。

斯・高奈留，配得上我们为之辩护？我们这些人有谁会为他们辩护？一个都没有。为什么呢？因为在一般的案子中，体面的人士认为，即使他们的朋友犯有罪过，他们也应当为之辩护，但若为一名被怀疑与叛国罪有牵连的人辩护，那么这样做不仅是不审慎的，而且会沾上犯罪的污点。其次，在奥洛尼乌的案子中，他的同志、他的同事、他的老友——他曾一度大量拥有这些人——所有在这个国家担任高级职务的人，不都抛弃他的吗？这样做还不够，大多数人甚至提供了反对他的证据。他们下定决心，这桩罪行如此可怕，因此他们的责任不是隐瞒它，而是揭露它，把它暴露在光天化日之下。

【3】所以，要是你看到我，还有其他一些人，如你所知，否认在其他案子中提供过什么帮助，而在本案中正在提供我的支持时，那么你有什么理由值得惊讶？除非你确实希望我被视为比其他人更加严厉、苛刻、恶毒、缺乏同情心、无可比拟的凶恶和残忍。托夸图斯，如果这就是你要强加于我整个生活的特点，那么依据我已经做过的事情，你完全错了。自然希望我仁慈，我的国家希望我坚定，我的国家或自然都不希望我残忍。进一步说，我本身的倾向和自然本身已经从我身上消除了这个国家在危急关头迫使我养成的严厉与苛刻的性格。我的国家要求我有短时期的严厉，而贯穿我终生的本性则期盼着仁慈与温和。因此，你没有理由从这批优秀人士中仅仅剔除我。义务对所有人都是相同的，所有高尚者都只有一个目标。如果你在看到他们的同时也看到我，那么你没有理由表示惊讶。没有任何政治上的利益要把我排除在外，采取这项行动与其说是他们的义务，倒不如说更是我的义务，但是悲伤、恐怖、危险是所有人的共同命运；如果其他人拒绝成为我的同志，那么我也不可能安全。因此，当我是执政官的时候，需要发挥的这项功能必然属于我，而不是属于其他人；而当我是一个公民的时候，我和其他所有人共同分担这项义务。我之所以这样说，不是为了分派公愤，而是为了分享赞扬。我不会把我的部分担子分给任何人，但我会把我的部分荣耀分给所有高尚者。他说："你已经提供了证据反对奥洛尼乌，你正在为苏拉辩护。"先生

们，要是在这件事上我有什么不一致、不稳定的地方，那么你们既不相信我的证据又不重视我的辩护，这样做是适宜的；但若我关注的是公共利益，重视的是个人应尽的义务，渴望得到的是诚实者的善意，那么我的指控者应当说我的证据打击了奥洛尼乌，而不应当说我正在为苏拉辩护。因为我想，我带到辩护中来的不仅是热情，而且还有某些名声和尊严；先生们，对此我将有节制地使用，如果不是托夸图斯迫使我这样做，那么我也许根本不会使用它。

【4】托夸图斯，你断言有两次阴谋：一次据说是在雷必达和伏卡昔乌担任执政官期间形成的，你的父亲当时是当选执政官；① 第二次是在我担任执政官期间。② 你说苏拉两次阴谋都参加了。你知道我对你的父亲、那位勇敢的人和杰出的执政官，没有什么信心；你知道我和你虽然十分亲密，但我并没有参与那次危机和相关的讨论。我假定那是因为我还没有进入这个国家最核心的议事层，因为我还没有获得执政官的职位——实现这个目标是我的雄心——而我在广场上的竞选活动使我根本无暇考虑这件事。那么，当时属于你和你父亲的这个核心议事层有哪些人呢？你看到所有这些人都支持苏拉，尤其是昆图斯·霍腾修斯。共同面临的危险使他大为感动，尤其是你父亲由于所处的等级、尊严，以及他为国家所做的出色工作而面临的危险，也还因为他对你的父亲抱有深厚的感情和热爱。所以那场阴谋的同案犯提出的指控受到他的批驳，他必须这样做，他知道这件事，他参加过你的议事，分担你的危险。虽然在驳斥这一指控时他的讲话是最完善、最优雅的，但它的说服力也决不亚于它在技艺上的娴熟。所以我不可能成为这场阴谋的一名证人，据说这场阴谋是针对你的，有人向你报告，由你加以揭露。我对此事不仅一无所知，而且没有听到过怀疑的片言只语。你对之充满信心的那些人分享着你对这些事情的了解，反对着他们认为当时会发生的威胁，他们没有帮助奥

---

① 公元前 66 年，喀提林的第一次阴谋。
② 指公元前 63 年。

洛尼乌，他们提出了毁灭性的证词反对他，他们为苏拉辩护，帮助苏拉，在审判中他们断言他们害怕帮助其他人，不是由于遭到参与阴谋的指控，而是由于其他那些人是有罪的。然而，我本人将讨论我担任执政官期间的事，这项指控与一项真正重要的阴谋有关。先生们，在我们之间做这样的分工不是偶然的，更不是盲目的；当我们看到有人正在利用我们进行辩护，反对我们也曾提供过证据的那些指控时，我们中的每个人都会认为他应当承担一部分工作，他本人对这件事有直接的了解，发表过意见。

【5】由于你曾经注意聆听过霍腾修斯关于较早的那场阴谋的演讲，所以请你先听一听在我担任执政官期间发生的这场阴谋。

在我担任执政官时，我听到了许多谣言，说有巨大的危险威胁着这个国家。我做了许多调查，弄清了许多事实。但我没有得到有关苏拉的消息，没有人举报他，没有信件提到他，也没有人对他产生怀疑。也许最有分量的说法是这样的：这个人，作为一名执政官，当他说自己对反对普伯里乌·苏拉的事一无所知，也丝毫不怀疑苏拉的时候，他凭着自己的谨慎瓦解了这项阴谋，凭着他的诚实揭露了这项阴谋，凭着他的巨大勇气惩罚了这项阴谋。但我现在做出这一深思熟虑的陈述不是要为他辩护，而是为了洗清我自己，使托夸图斯可以停止对我为苏拉辩护而不帮助奥洛尼乌感到惊讶。因为，奥洛尼乌的案子是怎么回事？苏拉的案子又是怎么回事？前者想要破坏和瓦解正在审判行贿的法庭①，首先是安排了一些斗剑士和逃跑的奴隶，然后如我们所见，让他们扔石头闹事；而苏拉没有找人帮忙，他自己最有节制的行为和尊严也没有起什么作用。奥洛尼乌在被判有罪以后，不仅在行动和谈话中，而且在他的外貌和表述中，都表现得像是最高等级的对手、是所有体面人士的对手、是他的国家的敌人；苏拉认为自己遭到那场灾难的致命打击，从前的尊严荡然无存，除了凭着默默地服从得到的东西以外一无所有。在这场阴谋中，有谁的联系比奥洛尼乌和喀提林、奥

---

① 亦即法庭判决奥洛尼乌和苏拉在执政官选举中犯有行贿罪。

洛尼乌和伦图卢斯之间的联系更加紧密？有什么出于善良目的形成的合作有他和这些人出于罪恶、无法无天、鲁莽大胆的目的形成的合作那么亲密？伦图卢斯有什么可耻的行为是奥洛尼乌没有参与的？喀提林有什么罪行是在没有这个人参与的情况下犯下的？而苏拉在那个夜晚没有去会见那些人，他甚至没有和他们发生过联系，没有和他们说过话。奥洛尼乌受到阿洛布罗吉人的指控，他们就这件极为重要的事情提供了最可靠的证据，而信件和来自许多方面的报告都在指控奥洛尼乌。与此同时，没有人指控苏拉，没有人提到他的名字。最后，当喀提林从这座城市被驱赶出去的时候——也可以说是我们让他走的——奥洛尼乌给喀提林的军团送去了武器、号角、棍束、军旗。他留在城内，但喀提林在城外等他。伦图卢斯受到了惩罚，使得奥洛尼乌终于有理由感到害怕了；而与此相对照，苏拉在此期间完全隐居到拿波勒斯，没有人怀疑那里的人与此事有牵连，拿波勒斯这座城市本身与其说适宜再次点燃遭遇不幸的人的敌意，倒不如说会平息人们的激情。

【6】因此，由于他们之间和他们的案子之间有如此巨大的不同，所以我以不同的方式对待他们。奥洛尼乌来找过我，他经常痛哭流涕，恳求我为他辩护，并且说我们是少年时的同学、青年时的朋友、担任财务官时的同事；他提到了我为他做的许多事，也提到了他为我做的一些事。先生们，听了这些话我真的很感动，几乎动摇了我的目标；我几乎从记忆中消除了他策划的反对我的阴谋，我忘了他曾派盖乌斯·高奈留到我家刺杀我，被我的妻子和孩子看见。要是他只策划了这样一些反对我的事情，那么我决不可能抗拒他的眼泪和恳求，这就是我内心的温和所致。但是当我想到我的国家、你们面临的危险、这座城市、这些神龛与神庙、幼小的孩子、母亲与少女，当那些悲惨的景象、火葬堆、焚烧整座城市的大火、大量的军队、杀人凶手、公民的鲜血、国家的废墟，在我眼前再次出现，对它们的回忆令我心烦意乱，我在这个时候最终拒绝了他的恳求，不仅拒绝了他一个人，这个敌人和叛徒，而且也拒绝了他的亲戚——马凯利努斯父子，虽然对这位父亲我感到敬畏，

对这位儿子我有着柔情。我不认为我能为他们受到相同罪行指控的朋友①辩护而不犯巨大的错误，在认识到这一点以后，我惩罚了其他人。然而我无法忍受有普伯里乌·苏拉这样一位求援者，也不想看到马凯利努斯家族的人面临危险时痛哭流涕，更不能忍受我在这里的这位朋友马库斯·美萨拉②的请求。因为这个案子并非与我的本性相悖，这个人和他的命运不会激不起我的同情。从来没有人提到过他的名字，也没有迹象、告发、证据、怀疑，说他是同谋犯。托夸图斯，我已经接手并开始处理这个案子，我很乐意这样做，为的是让我这样一个始终希望被人认为稳重的人可以被人称做残忍，甚至称做邪恶。

【7】先生们，托夸图斯说他无法忍受我的暴政。请告诉我，托夸图斯，你说的是什么暴政？我假定，在担任执政官期间我个人根本没有发布过什么命令；相反，我服从元老院议员和所有正直人士的意见。在我任职期间，我当然没有建立什么暴政，而是在防范暴政。③你的意思也许不是说我在这样一个有权有势的职位上成了一名暴君，而是说我在现在的私人生活中成了暴君？请你告诉我是哪一种情况？他说："因为那些反对你的人受到你的审判，被判有罪，而你正在为之辩护的人希望获得自由。"我对你这个说法的回答是：要是我没有讲真话，那么你也没有，因为你的讲话也在反对这些人；但若我发誓我讲的是真话，那么为什么你讲真话就不是暴君了呢？证明一下吧。至于苏拉的希望，我只能说，除了我忠实的辩护，普伯里乌·苏拉没有期待我的任何帮助和任何影响。他说："要是你不接受这个案子，他就决不会反对我，他只会去流放，而不是接受审判。"我现在向你保证，昆图斯·霍腾修斯会把他所有巨大影响都发挥出来，而其他像他这样的人不仅依靠他们自己的判断，而且也依靠我的判断；我甚至可以向你承认这样一件难以置信的事情，要是我不为苏拉辩护，那么这些人也不会这样做。请你告诉我，下

---

① 即奥洛尼乌。

② 马库斯·美萨拉，公元前 61 年担任执政官。

③ 指喀提林的阴谋所要建立的暴政。

面两种做法哪一种是暴君的做法：使清白者不敢抵抗，① 还是让灾难压垮并没有被人们抛弃的人？你说有三名外国的暴君：塔克文、努玛，还有我，你对这样一个其实没有必要的诙谐说法感到高兴吗？我在克制自己，我要问你，为什么要称我为暴君，我要问你，为什么要称我为外国人。要是我是外国人，那么我是一名暴君就不奇怪了，因为如你所说，在罗马甚至外国人都是暴君；值得奇怪的是一名外国人在罗马竟然成了执政官。他说："我的意思是你来自一个自治镇。"② 我承认这一点，我甚至还要添上：从这个镇上来的人两次拯救了这个城市和国家。③ 但我非常焦急地想让你告诉我，为什么那些从自治镇来的人在你看来就是外国人。从来无人用这个理由指责古代名人马库斯·加图，虽然他有许多仇敌，也无人以此反对提比略·科隆卡纽斯，反对玛尼乌斯·库里乌斯，反对我的同乡盖乌斯·马略，虽然有许多人妒忌他。我确实极为高兴，因为我成了你反对的目标，而你匆忙中使出的武器却无法用来侮辱我们大多数公民。

【8】但我仍在想我必须再三告诉你，我们的友谊要求我这样做：要是你想知道事实真相，那么并非所有人都是贵族，而人们也不在乎是不是贵族；像你这样年纪的人不会因为自己不是贵族而认为自己比你低劣。要是我们在你看来是外国人，那么通过良好的报道和人们之间的谈话，这座城市熟悉了我们的名字和荣誉；当然了，在你看来你的对手必定像是外国人，他们是从整个意大利挑选出来的，将和你竞争职位和荣誉！④ 你要注意，不要把他们中间的任何人称做外国人，否则"这些外国的"投票将会把你埋葬掉！要是说他们会给竞选带来活力和持久，那么相信我，他们将动摇你那些傲慢的言辞，他们会经常把你从睡梦中惊醒，他们不会让你在竞选中击败他们，除

---

① 指清白的苏拉由于托夸图斯的指控而退隐。

② 西塞罗的出生地是阿尔皮诺（Arpinum）。这个镇的公民自从公元前188年就拥有完全的罗马公民权，而早从公元前302年起就具有部分罗马公民权。

③ 前有马略，后有西塞罗，拯救了罗马国家，他们都来自阿尔皮诺。

④ 托夸图斯可能是财务官的候选人，他的许多对手来自意大利的自治镇，因此按照托夸图斯对西塞罗的指控，他们是外国人。

非你在各方面都比他们卓越。先生们，要是我和你们在其他贵族看来是外国人，那么至少托夸图斯在这一瑕疵上应当闭嘴，因为他本人就是一个自治镇的公民，他母亲出身于一个非常高贵的家庭，但也来自阿斯库鲁。① 所以要么让他证明只有皮切诺人② 不是外国人，要么让他对我没有说我的家族高于他的家庭感到高兴。从今以后，不要再叫我外国人，否则你会遭到更加严厉的驳斥；也不要叫我暴君，否则你会成为人们的笑柄。也许对你来说暴君就是不做任何人的奴隶，不做任何情欲的奴隶，藐视一切欲望，不贪图金银财宝，在元老院中自由讲话，考虑人民的需要而不是他们的快乐，不屈服于任何人，反对许多人。如果你认为这样做就是暴君，那么我承认我是一名暴君。如果我的力量、我的暴政、我的任何狂妄自大的言语，使你愤怒，那么就引用这些话来反对我，而不要用一个恶毒的语词和侮辱性的诽谤。

【9】我为国家提供了种种福利，如果我为此向元老院和罗马人民要求奖赏，但除了光荣的休息而不要其他任何东西，那么有谁会不同意？他们会为自己索取职务、权力、行省、凯旋仪式，以及其他荣誉的标志。而我会带着一颗平常心，只要求你们能让我看到这座由我保存下来的城市。要是我没有提出这一要求那又如何？如果我的行动、我的同情、我的服务、我的帮助、我的警觉，仍旧在受我朋友的支配，供大家使用，要是在讲坛上我的朋友们并不缺乏我忠诚的支持，这个国家在元老院里并不缺少我的建议，要是我不仅没有停止关心国家，而且没有找借口放弃我的义务，我的年纪也没有让我摆脱操劳，要是我的善意、我的时间、我的房子、我的思想、我的注意力都在为所有人服务，要是没有时间留给我记载自己如何保护所有人，甚至没有时间对这些事情进行思考，那么在找不到任何人有望完成这些事情的时候，我这样做能被称做暴政吗？暴君这种怀疑距我十分遥远，但若你问谁试图在罗马建立暴政——不用打开古代历史的卷宗——那么你可以在自己的族

---

① 阿斯库鲁（Asculum），意大利中部的一个小城市。

② 皮切诺（Picenum），意大利中部的一个地区，阿斯库鲁位于这个地区。

谱中找到这些人。我假定我的成就使我的名声空前高涨，使我产生了某种奇怪的傲慢。先生们，关于这些著名的、令人难忘的成就，我可以这样说：我把这座城市和全体公民的生命从最大的危险中拯救出来，要是我不会由于此项为所有人提供的巨大服务而遭遇危险，那将是对我最充分的报答。因为我记得我在一个什么样的国家里做这些事，我推动的是一个什么样的城市。先生们，市集广场上有很多人对我的做法不赞成，但我并没有驱逐他们。除非你确实认为那些试图或希望摧毁这个伟大政府的人数极少。我能够——而且已经这样做了——打掉他们手中的火把，夺下他们手中的刀剑，但我无法治疗或摧毁他们罪恶的叛国愿望。所以我并非不知道我生活在什么样的危险之中，生活在多少恶人之中，我看到只有我在进行一场永久的、反对一切恶人的战争。

【10】要是你妒忌我拥有警卫，要是所有阶级和等级的正义人士把他们的获救与我的安全联系起来在你看来是暴君式的，那么想一想所有恶人都在愤怒地反对我一个人，你就可以平息你的妒忌。他们憎恶我不仅是因为我挫败了他们的叛国阴谋和犯罪的疯狂，而且更因为他们认为要是我还活着他们就不能实施相同的计划。卢西乌斯·托夸图斯年轻时就打下很好的基础，期待着有朝一日能担任最高职位，此外他又是一位勇敢无畏的执政官、坚定的元老院议员、几乎是最高尚的公民的儿子，要是他有时候说话没有节制，要是我受到造谣者的诽谤，我为什么会感到奇怪？在他低声讲述普伯里乌·伦图卢斯的罪行和所有阴谋者的胆大妄为以后——声音低得只有你们这些赞同这种情感的人才能听到——他用抱怨的口吻大声提到惩罚——对伦图卢斯的惩罚和监禁。首先，我要说这是一个荒唐的做法，他希望你们赞同他的意见，但不希望那些站在法庭周围的人听到他讲话；他没有察觉他想要从他们那里寻求赞成的那些人听不见他在说些什么，除非你们这些不赞成的人也能听见。其次，作为一名演说家，他的第二个错误就是不能清楚地看到这个案子需要什么样的处理。指控一个人叛国的演讲者看起来就像是在为叛国者受到的惩罚和死亡表示哀悼，没有比这更加出格的事了。那位保民官这样做没

有人会感到惊讶，他似乎是唯一留下来为叛国者致哀的人，而你确实感到悲伤的时候想要保持沉默也很难——对像你这样的年轻人来说——尤其是在这个案子中你想要帮忙惩罚叛国者。然而，我责备你主要是因为你能力很强，也很审慎，但是当你以为在我担任执政官期间罗马人民不会批准一切体面人为了公共安全所采取的行动时，你不明白这个国家的利益。

【11】你以为那些在这里对你表示青睐、违背心愿试图巴结你的人遭到抛弃，因为他希望毁灭一切，或者可恶地希望自己死后，自己拥有的一切也不安全吗？没有人责备出自你们家族、拥有你们家族名字的一位最著名的人①，他处死了自己的儿子以便严明纪律；你责备处死叛国者的这个国家，而这个国家本身也有可能被他们毁灭。现在你瞧，托夸图斯，我如何反对了我在担任执政官期间行使的权威。我用最大的嗓音这样说，让所有人都能听到，我这样说了，而且还会这样说；全体在场的人，请你们注意，你们人数众多，给我带来巨大快乐，请你们注意聆听，听一听我不得不说的、他认为会引起猜忌的行为！当一支叛国公民的军队为了实施秘密的罪行而聚集在一起，为这个国家准备了一个最残忍、最可怕的结局的时候，为了推翻和摧毁这个国家，当喀提林在军营中成为统帅，伦图卢斯在这些神庙和民宅中成了统帅的时候，我一名执政官，凭着我的警觉和辛苦，冒着生命危险，仅仅通过逮捕和审讯五个人，在没有暴乱、没有征兵、没有武器、没有军队的情况下，使这座城市免遭大火，使公民免遭杀害，使意大利免遭践踏，使这个国家免遭毁灭。通过惩罚五个疯子和堕落者，我挽救了所有公民的生命、世界的和平和这座城市，她是我们所有人的家，是外国国王和民族的堡垒，是人类的光明，是帝国之家。或者你认为未经宣誓我不会在法庭上讲这些我在公共集会上宣誓以后才会说的话？

【12】托夸图斯，我也会添上这一点，使得没有一名恶棍会突然爱上你，或者对你抱有什么希望，我要用最大的嗓门这样说，让这些人全都能听到；

① 指提多·曼留斯·托夸图斯，公元前340年执政官，曾因他儿子不服从命令亲手处死。

在我担任执政官期间，我所做的一切都是为了这个国家，而卢西乌斯·托夸图斯这个人曾经是我担任执政官和执法官期间的亲密同事，所以他是我的支持者、副将、副手，也是年轻人的统帅、组织者、榜样。确实，他的父亲，一名最热爱祖国、最勇敢、最正直的人，尽管病了，仍旧参加了所有工作；他从来没有离开过我，当他凭着勇敢的精神克服身体的虚弱的时候，他用他的能力、建议、影响力给了我无法估量的巨大帮助。你明白我如何把你从突如其来的坏名声中解救出来，使你重新回到体面人中间来吗？他们既热爱你，又珍惜你，并将永远珍惜你；但若你和我分开了，他们也不会由于这个原因而允许你出卖你自己、这个国家和你自己的尊严。但现在我要回到案情上来，先生们，我请你们为我作证：是他迫使我必须说那么多有关我自己的话。要是托夸图斯只是指控苏拉，那么我在这个时候除了为被告辩护什么也不会说。但由于他的讲话对我发出了恶毒攻击，并且如我一开始所说，试图剥夺我为之辩护的权力，那么哪怕连义愤都没有迫使我对他做出回答，但案子本身仍旧要求我做出这一陈述。

【13】你说阿洛布罗吉人提到了苏拉的名字。有谁否认过这一点？但请读一下证词，看苏拉的名字是在什么情况下提到的。他们说卢西乌斯·卡西乌斯肯定奥洛尼乌以及其他人和他们一起行动。我问你：卡西乌斯提到苏拉了吗？从来没有。阿洛布罗吉人说他们问卡西乌斯，苏拉持什么样的观点。你们瞧高卢人有多么小心，因为他们不知道这些人的名声，也不知道这些人的性格，只听说他们都卷入了一场普遍的灾难，于是询问这些人的想法是否相同。对此，卡西乌斯说了什么？如果他说苏拉拥有与他相同的观点，想要和他合作，那么在我看来仍旧不足以说明苏拉与该阴谋有牵连。为什么呢？因为，既然卡西乌斯想要唆使这些蛮族人发动战争，那么他就不会削弱他们的疑心，也不会去澄清那些似乎有疑心的人的看法。还有，他并没有说苏拉想要和他一起采取行动。在提到了与他一道采取行动的人的名字以后，不提苏拉的名字是可笑的，除非有人要他这样说；当然了，除非你认为卡西乌斯好像忘了普伯里乌·苏拉的名字。我想，由于卡西乌斯在谋反时利用了名人

的声望，以便赢得阿洛布罗吉人的支持，他知道外国人尤其会受这些响亮的名字的影响，所以他不会在提到苏拉之前提到奥洛尼乌。还有其他一些事情没有人会相信：在提到奥洛尼乌以后，这些高卢人认为他们必须问起苏拉，因为他们的不幸是相同的，但若苏拉是同一罪行的参与者，那么卡西乌斯不会在提到奥洛尼乌名字的时候记不住苏拉。但是关于苏拉，卡西乌斯是怎么回答的呢？他不敢肯定。托夸图斯说他不会判苏拉无罪。我已经说过：即使卡西乌斯在回答时直接指控苏拉，在我看来也不能作为苏拉有罪的证据。在审讯中，在法庭上，我认为问题不在于一个人是否被判无罪，而在于他是否受到指控。当卡西乌斯说他不知道时，他是在试图帮助苏拉，还是在向我们证明他真的不知道？"在高卢人面前他被判无罪。"这话是什么意思？"这样他们就可以不提供反对他的证据了。"这话又是什么意思？要是他认为他们提供证据有什么危险，那么苏拉自己会供认吗？"他当然不知道。"我假定卡西乌斯只对苏拉一个人不知道，因为他对其他人知道得很清楚；这就弄清了许多从他家里出来的麻烦事。要是说他想给高卢人更多鼓励，那么他不会否认苏拉是他们的同伙；但他不敢说假话，所以他说不知道。然而，由于他知道其他所有人而不知道苏拉，那么很清楚，这种否认就像他说自己知道苏拉没有参与阴谋一样，两种说法具有同等的力量。由于他知道些什么都是清楚的，所以他关于某人不知道些什么也就相当于说这个人无罪。但我现在要问的不是卡西乌斯实际上宣布苏拉无罪，我只要知道他没有提出任何证据反对苏拉也就足够了。

【14】在这项指控中受阻以后，托夸图斯又一次转向我，对我进行指控；他说我在公共记录中写下了虚假的内容。哦，不朽的诸神啊——我要把属于你们的东西说给你们听，我也不能把功劳都只归功于我自己，这种才能使我发现了阴谋，并通过我自己的努力，平息了如此危险、重大、多变、意外、震撼这个国家的暴风骤雨——只有你们在我心中点燃了为这个国家服务的愿望，只有你们使我放下所有顾虑、全神贯注地拯救这个国家，只有你们用光明照亮我的心灵，使我驱除种种疑难和可怕的黑暗。先生们，我有预见，除

非我在元老院记忆犹新的时候检查公共记录中所记载的事情的真伪，否则这种事情总有一天会发生，不是托夸图斯，也不是像托夸图斯这样的人——因为我确实受骗很深——而是某些遭遇不幸的人、某些和平与安宁的对手、某些体面人的敌人，会说记载是虚假的，只会更加容易掀起针对诚实人的风暴，在国家处在水深火热的时候为自己的麻烦寻找安全的港口。所以当告密者被带进元老院的时候，我指定议员们记下告密者的全部话语，怎样向他们提问，他们怎样回答。这是一个什么样的人！他不仅毫无疑问是诚实的、高尚的——元老院里有很多这种品格的人——而且我知道记下所说的话很容易，因为他们记性很好，写字速度很快。他们是：盖乌斯·科司科尼乌，当时是执法官；马库斯·美萨拉，当时是执法官候选人；还有普伯里乌·尼吉底乌和阿庇乌斯·克劳狄。我假定没有人会认为这些人既缺乏诚实，又缺乏做记录的能力。

【15】好吧。那么我后来做了些什么呢？当我知道这项证据已经进入了公共记录，而按照我们祖先的习惯这些记录会在一些人的监管下保存，所以我没有秘密保存证据，也没有把它留在家中，而是马上下令要所有书吏抓紧时间抄写，分送各地，公之于众，让罗马人民都知道细节。我把证词送往整个意大利，送往所有行省；我希望人人都知道这份证词，正是由于它，所有人才获得平安。所以我说天底下凡是知道罗马人名字的地方没有一处没有这份证词。在这场如此突然、短暂、剧烈的危机中，我提供了许多东西，但不是凭着我自己的明智，而是依靠神灵的激励；如我所说，首先，涉及公共的或私人的危险，没有人能够只记住他所希望记住的东西；其次，任何人都不能不相信这一证据，或者抱怨说人们过于匆忙地相信了这一证据；最后，没有任何调查是根据我的命令或我的私人记录进行的，免得说我健忘或者说我记性很差，免得我的疏忽大意被当做可耻，或者我的高效被当做残忍。但我仍旧要问你，托夸图斯：这份证词提到了你的敌人，拥挤的元老院可以为此作证，人们对这份证词记忆犹新，只要你愿意，我的书吏肯定会在封存之前把证词拿给你和我的亲朋好友看；所以当你看到记录被伪造时，你当时为什

么保持沉默，你为什么要容忍它，为什么不向我或我的朋友提出抱怨，或者更加愤怒和激烈地向我提出告诫，因为你已经准备攻击你的朋友？虽然你的声音几乎听不见，虽然你在宣读、抄写、公布这些证据时保持沉默，一言不发，但你现在处在指控人的位置上，突然虚构出这样一条重大罪名，说我糟蹋了证据，而你在自己的证词中承认过你的疏忽大意吗？

【16】任何人的安全对我都十分重要，而我竟然会疏忽自己的安全吗？我会用造假的方式玷污我通过自己的努力弄清的事实真相吗？最后，我会帮助在我看来要对这个国家直接发起残忍进攻的任何人吗，尤其是在我担任执政官期间？即使我最终忘了我的严峻和坚定，我也决不会愚蠢到有这种想法；为了防止年代久远而湮灭，这份证词已经成了正式的书面记录，在这种时候我会认为我的私人记录能够驳斥整个元老院收集来的新证据吗？托夸图斯，我对你相当宽容，我长时间地容忍你，约束自己，不向你的严厉指控发起反击，我容忍你的欲望，我把某些事情的原因归于你年轻，为了友谊我牺牲了一些东西，我对你的父亲深怀敬意。但是，除非你采取措施约束你自己，否则你将迫使我忘掉我们之间的友谊而想起自己的尊严。没有哪个对我有过最轻微怀疑的人是没有被我驳倒或战胜的。但是我希望你相信这一点：我在驳斥那些在我看来最容易驳倒的人时找不到最大的快乐。由于你至少对我的讲话方式一无所知，所以不要滥用我的令你感到奇怪的忍耐。不要以为我演讲的锋芒已经折断。它只不过是暂时收藏起来而已！要是我对你做出某些宽容和让步，不要以为整个损失都是我的。不仅你的鲁莽脾气、你的年轻、我们之间的友谊不能成为你行动的理由，而且我也确信你还没有强大到足以与我抗衡的地步。要是你年纪更大一些，经验更丰富一些，那么我会像通常一样采取攻击行动。情况既然如此，所以我在对付你的时候与其说是在忍受不义，倒不如说是在以德报怨。

【17】我确实不明白你为什么要对我表示愤怒。如果说这是由于我在为受你指控的人辩护，那么我为什么不对你表示愤怒，因为你正在指控我为之辩护的人？你说："我正在指控一名私敌。"哦，我正在为我的朋友辩护。"你

不应当为任何受到叛国指控的人辩护。"不，倒不如说，人们更愿意为从来没有受到任何怀疑的人辩护，而不是为经常怀疑别人的人辩护。"你为什么要提供反对别人的证据？"因为我被迫这样做。"他们为什么被判处有罪？"因为人们相信了这些指控。"讲话反对你想要反对的任何人，为你想要为之辩护的人辩护，这是暴君式的做法。"不，倒不如说，讲话反对你想要反对的任何人，为你想要为之辩护的任何人辩护，这是奴隶式的做法。要是你开始考虑这样做更有必要——我按照我的方式行事，而你按照你的方式行事——那么你会明白，你能够比我限制我的仁慈更加高尚地限制你的敌意。但是，当你的家族最显著的荣誉遇到危险——也就是那个聪明人、你的父亲将要担任执政官的时候——当你父亲的朋友为苏拉辩护、赞扬苏拉的时候，他确实没有对他的亲密朋友发火吗？他知道这是一个祖先传下来的习惯，任何友谊都不能妨碍一个人在案子中为他人进行辩护。但那场争论与本案很不一样。当时，要是普伯里乌·苏拉不合格，执政官的职位就是你父亲的，后来确实也是；这是在竞争一个职位。你一边出去高喊"停止盗窃"，一边要求归还被盗的财物，为的是在战神广场上被打败以后可以在集市广场上取胜。① 当时在辩护中竭力反对你的人、你最好的朋友，你没有对他们生气，而他们正在试图剥夺你的执政官职位，不让你得到你应得的荣誉，但他们仍旧这样做了，他们没有放弃义务并遵循着所有高尚的、古老的先例和原则，但却没有丧失你的友谊。

【18】至于我，我反对过你的什么名声，我妒忌过你的什么荣誉？从中你想得到什么？这个职位给了你的父亲，这个职位的勋章给了你。你佩服你父亲取得的胜利，而你现在要伤害已经被你杀死的这个人；我正在为他辩护，因为他已经屈服，没有了武器。你在这里责备我，因为我为他辩护，你生气了。而我不仅没有对你生气，甚至没有责备你的所作所为。因为我肯

---

① 老托夸图斯在竞选中失败，选举在战神广场举行，而审判苏拉行贿在集市广场举行。

定，你已经决定要按照什么程序指控他，你认为自己能够胜任法官的工作，履行你的职责。

但是盖乌斯·高奈留①的儿子告发了盖乌斯·高奈留，这种告发和盖乌斯·高奈留的父亲出庭作证拥有同样的分量。这位父亲确实很聪明，这样一来他得到了通常给予举报者的奖赏，而盖乌斯·高奈留的儿子则由于告发自己的父亲而引起了公愤！②但是，请你告诉我，高奈留现在通过他的宝贝儿子提出了什么指控？如果这些指控是老的，是我不熟悉的，但是告诉过霍腾修斯，那么霍腾修斯已经回答了这些指控；但若如你所说，他们想要在我主持执政官选举时在战神广场上实行大屠杀，而在那个场合我们在战神广场上看见了奥洛尼乌，那么可以说这是奥洛尼乌和喀提林的企图。但为什么我要说"我们看见"？因为我看见了，而在那个时候，先生们，你们没有感到焦虑，也没有产生任何怀疑。我当时在一群朋友的忠实卫士的保护下，阻击喀提林和奥洛尼乌的人。所以，当时在那里的人和现在在场的人没有一个说苏拉当时在战神广场，哪怕是在广场附近？如果苏拉本人与喀提林的叛国罪行有联系，那么苏拉为什么要抛弃喀提林，他为什么不和奥洛尼乌在一起？如果案子是同一个，为什么没有发现他同样有罪的证据？但如你所说，由于对高奈留本人有没有告发阴谋还有怀疑，那么请你告诉我，苏拉说过他那天晚上应喀提林之邀去了镰刀匠街马库斯·莱卡的家吗？那是我担任执政官的那一年的 11 月 6 日晚上，这个夜晚是整个事件中最残忍、最无情的一个夜晚。喀提林在那天决定离开罗马，其他一些人的情况照旧，整个城市被分成几块，实行屠杀和纵火。然后，高奈留，你父亲承担了暗杀我的任务，利用清晨到执政官家中问候致敬的机会，而按照我的习惯和他作为朋友的权利，他是可以进我家门的。

【19】在这个时候，反叛的火焰达到了顶点，喀提林离开罗马去找他的

---

① 盖乌斯·高奈留是喀提林阴谋中的叛国者。

② 盖乌斯·高奈留的父亲出庭为国家作证会得到奖赏，而盖乌斯·高奈留的儿子在指控苏拉时揭露盖乌斯·高奈留，等于控告他自己的父亲。

部队，伦图卢斯留在城里，卡西乌斯负责纵火，凯塞古斯负责杀人。奥洛尼乌受命占领埃图利亚，当一切都安排好了的时候，高奈留在哪里，苏拉在哪里？苏拉不在罗马，是吗？是的，他在很远的地方。苏拉不在喀提林要去的那些地区，是吗？是的，甚至比喀提林要去的地方还要远。他也不在卡迈利努、皮切诺、高卢这些地区——可以说，疯狂的瘟疫已经在这些地区蔓延——是吗？没有比这更清楚的事实了。因为如我前面所说，他在拿波勒斯。他在这个最不受怀疑的意大利的部分。那么高奈留本人提供了什么消息，你们这些从他那里把消息带来的人提出了什么指控？那些买来杀人和造反的斗剑士是以福斯图斯的名义购买的吗？"确实如此。斗剑士是硬拉来的。"但是我们看到，按照苏拉父亲的意愿需要这些斗剑士。"匆忙中有一队斗剑士参与了，但若他不要那队斗剑士，那么另一队斗剑士可以为福斯图斯参加比赛。"我唯一的希望是这支部队能够满足有理智的民众的愿望，而不说满足他的敌人的妒忌。"他非常匆忙，虽然离举行赛会的时间还很远。"举行赛会的时间确实还没有临近。"这支部队没有问过福斯图斯就被集合起来；他甚至不知道或者不希望这样做。"但是有福斯图斯写给普伯里乌·苏拉的一些信件，在信中急切地要求苏拉购买斗剑士，甚至购买这支特殊的部队。这些信件不仅送给苏拉，而且也送给卢西乌斯·凯撒、昆图斯·庞培、盖乌斯·美米乌斯，整件事情是按照他们的建议进行的。"但是，高奈留，他的一名被释放奴隶在指挥这支部队。"现在要是对雇用这支部队没有什么怀疑，那么由谁指挥没有什么差别；但由于事实上高奈留在塞维乌斯的安排下负责武器供应，所以决不会是他在指挥；在整个事件过程中指挥权在福斯图斯的一名被释放奴隶贝鲁斯手中。

【20】"但是昔提乌斯被他派往西班牙行省策动造反。"先生们，首先，昔提乌斯受派遣的时间在卢西乌斯·朱利乌斯和盖乌斯·菲古卢斯担任执政官的时候①，早于喀提林的疯狂和人们对他的叛国阴谋有任何怀疑的时候。

---

① 指公元前 64 年。

其次，这不是昔提乌斯的第一次旅行，几年以前由于同样的原因他就去过相同的地方；他去那里不是只有一个理由，而是由于一个必要的原因——与毛里塔尼亚国王签署一项非常重要的合约。再说，昔提乌斯走了以后，苏拉负责管理昔提乌斯的财产，卖掉了昔提乌斯最好的土地，清偿他的债务。所以驱使其他人犯罪的原因——想要保持财产的欲望——在昔提乌斯身上不存在，因为他的财产已经减少了。一个希望在罗马进行大屠杀、纵火焚烧城市的人竟然把最亲密的朋友打发到极远之地去，这有多么不可信，有多么荒唐！要是有人在西班牙造反，伦图卢斯就更容易在罗马实现他的目的吗？但是昔提乌斯去西班牙是很自然的，与发生在罗马的叛乱并没有什么必然联系。或者说，在这样一场危机中，在如此新鲜、危险、混乱的计划中，伦图卢斯会认为最好还是把一位如此忠诚、亲密，由于义务、习俗、习惯而与他有密切关联的朋友打发走吗？在遇到麻烦的时候，在伦图卢斯准备暴动的时候，他不像是要和这样一位总是幸运、太平的人分手。

但是昔提乌斯本人——我一定不能放弃一位老友的事——拥有这样的性格、家庭、训练，说他想要对罗马人民开战可信吗？当这个地区的其他人造反时，他的父亲、兄弟和邻居仍旧保持着对我们国家的无比忠诚；这样一位儿子会想要对他的国家开战吗？先生们，我们看到他有债务，但他欠债不是由于犯了罪，而是由于经商。他在罗马欠下一些债，但他在那些行省和王国里挣了大钱。当他要去那些地方经营时，他不让他的代理人由于他不在罗马而欠下任何人的债务，他宁可卖掉他的所有财产，而不是故意拖欠。当我陷入袭击这个国家的暴风骤雨时，我并不惧怕这个阶级。这个阶级是恐怖的根源，他们死死守住他们的财产，你可以说要砍掉他们的四肢比剥夺他们的财产更容易。但是昔提乌斯从来不认为他的财产就是他的性命。所以他不仅可以保护自己，使人们无法怀疑他犯了大罪，甚至可以驳斥一切愚蠢的讲法，他这样做凭的不是武器，而是他祖传的遗产。

【21】至于指控苏拉唆使庞贝城的人参与邪恶的叛乱，我不明白这一指控是什么意思。你认为庞贝城的人叛乱了吗？谁说过这样的话，或有过这样

的怀疑？他说："苏拉把他们与殖民者①分开，他可以在这次纷争与分裂以后通过庞贝人掌握这座城。"我要说，首先，这件事已经延续了好多年，庞贝人与殖民者之间的整个纷争已经向庇护人做了报告。②其次，庇护人做了调查，其他人得出的结论与苏拉的看法没有什么不同。最后，殖民者本身也知道苏拉热情地为他们辩护，就像他为庞贝人辩护一样。先生们，你们可以向在场的大批殖民者询问，他们都是最高尚的人。他们代表这位庇护人，虽然他们不能完全拯救苏拉的幸福和荣誉③，也要捍卫和保护这个殖民地，所以他们真诚地希望在苏拉已经屈服的时候能够帮助这个不幸的人。庞贝人同样应原告之邀，热情地出席审判。尽管他们不同意这些殖民者有关骑马游行示威和投票④的说法，但他们对公共安全的看法是相同的。我认为我不应当在沉默中忽略普伯里乌·苏拉的这一成就。因为，虽然这个殖民地是他本人建立的，由于国家的需要而使得殖民者的利益与庞贝人的幸福有冲突之处，但他深得双方的欢心和认可，双方都认为他并非有意要剥夺哪一方，而是为了双方的共同繁荣。

【22】"但是，由于卢西乌斯·凯西留斯⑤提出了一项法案，使得斗剑士和其他力量都汇聚在一起。"他对高尚、杰出的卢西乌斯·凯西留斯提出这一严厉的指控。先生们，关于凯西留斯的美德和忠诚，我只想说，在他提出的这项法案中，他并没有终止，而只是减轻了他兄弟的不幸；他虽然不反对国家，但他证明自己是一个希望帮助自己兄弟的人；他提出法案虽然受到他对兄弟的爱的影响，但他拒绝顺从他兄弟的邪恶。⑥在这件事上，通过凯西留斯苏拉受到指控，而在这一行动中，他们各自都应受到赞扬。首先是凯

---

① 独裁者苏拉安置在庞贝的军事殖民者。

② 普伯里乌·苏拉是庞贝的庇护人。

③ 由于托夸图斯的指控，他被剥夺执政官的职务。

④ 这是庞贝人和定居在那里的苏拉的士兵之间长期争论的问题。

⑤ 卢西乌斯·凯西留斯是苏拉的同母异父兄弟，他提出的法案赦免苏拉和奥洛尼乌部分应受的惩罚。

⑥ 苏拉不让凯西留斯施加压力对法案进行投票，因为它显然不可能通过。

西留斯，他提出一项法案，希望能援引合法的先例使苏拉复职。你们对此做出谴责是对的。因为国家的稳定取决于合法的先例——我不认为任何人可以受到对兄弟之爱的影响而忽视公共安全，以便照料他自己亲属的安全。但是他没有对相关判决提出任何建议，他只是提出了对行贿进行惩罚的问题，而后来，近期通过的法律已经明确了这一点。所以，按照这一提案，而不是按照法庭判决，法律的缺点得到修正。当他提出惩罚问题的时候，没有人对法律判决的有效性质疑，而他对法律提出质疑。定罪取决于审判，判决应当保持；惩罚取决于法律，而法律正在松弛。所以，不要让带着最高威望和尊严主持法庭审判的那些等级①的同情偏离我们的案子。没有人试图废除法庭的判决。没有人提出这种建议。而当他兄弟遇到麻烦的时候，凯西留斯始终认为法官的权力应当保持，而法律的苛刻应当减轻。

【23】但我为什么要对此做进一步的讨论？要是兄弟之情和兄弟之爱驱使卢西乌斯·凯西留斯进一步超越日常义务所要求的范围，我也许应当谈得更加轻松愉快一些。我应当诉诸你们的情感，我应当召唤每个人为他的朋友公正地做见证，我应当请求你们以最深厚的感情和最普遍的仁慈宽恕卢西乌斯·凯西留斯的错误。这部法案供人们公开讨论的时间只有几天，它提出来以后并没有实施，它在元老院被否决了。我们于1月1日在卡皮托利圣山召集了元老院会议，这是史无前例的；执法官昆图斯·麦特鲁斯转述了苏拉的意思，他不愿意让这个关于他本人的提案付诸表决。在那个时候，卢西乌斯·凯西留斯为国家做了大量的事情，他说想把自己这一票②用于土地法案的表决，而对这部土地法案我曾予以坚决地谴责和驳斥；他反对无限制地施舍食物，他从来没有伤害元老院的权威；作为一名保民官，他忠于职守，乃至于忽略私人事务；除了国家的幸福，他其他什么都不想。关于这个提案涉及的事情，当时我们中间有谁害怕苏拉或凯西留斯会使用暴力？所有对叛乱

---

① 元老院议员、骑士和司库。

② 作为保民官。

的害怕、恐惧、预期不都是从奥洛尼乌的邪恶中产生出来的吗？他的讲话、他的乌合之众、他的追随者、他的匪帮，给我们带来恐怖和混乱。所以，普伯里乌·苏拉把这个最该受诅咒的人当做同盟者和同志，不仅被迫丧失了他的成功，而且沾染上了晦气而无任何办法补救与减轻。

【24】涉及我自己的行为和重大政治活动，你现在不断地引用我派人送给格奈乌斯·庞培的那封信，试图从中推演出可以指控普伯里乌·苏拉的罪名。要是我在那封信中写了两年前在我担任执政官期间发生的那场前所未有的疯狂罪行，那么你凭着这一点就可以说我确定苏拉参与了早先这场叛乱。当然了，要是没有普伯里乌·苏拉，那么格奈乌斯·庇索、喀提林、瓦恭泰乌、奥洛尼乌什么罪行都不会犯，什么胆大妄为的事情都不会做！我是有这种看法的人之一。即使有人在此之前怀疑苏拉想过你们指控他的那些事情，也就是他可以在你的父亲被杀之后，于1月1日就任执政官，带着他的侍从官游行，但当你说他召集人手和武装力量反对你的父亲，为的是他可以让喀提林当选执政官时，你的讲法还是消除了这种怀疑。要是我承认这一点，那么你必须接受我的看法，苏拉就像你坚持的那样是喀提林的支持者，他并没有想过要用武力重新获得他因为法庭判决而失去的执政官职位。先生们，依照普伯里乌·苏拉的品性，他确实不会承认犯下过如此重大卑劣的罪行。

现在几乎所有指控都提出来了，与其他一般案子会采用的程序不同，我最后再来谈论这个人的生活与品性。因为我一开始的愿望是努力消除指控的敌意，满足人们的期待，为自己做一些辩护，因为我本人也连带受到了指控。而现在你们必须回到这个要点上来，哪怕我对此保持沉默，案子本身也会引导你们的思想和注意力。

【25】先生们，在所有事情中，有些事情分量比较重、比较重要，我们必须根据被告的品性，而不是按照对他的指控来判断这些事；任何人都会这样想，也会这样做。因为我们中间没有人能在瞬间造就，一个人的生活方式不会突然改变，或者说他的本性不会突然改变。你们自己可以想象一下（把其他人的描述都搁置）与这桩罪行有关的那些人。喀提林阴谋叛国。指控这

个人试图犯下这一无耻罪行，有谁的耳朵会拒绝相信？这个人从少年起就作恶多端、放荡不羁，他奸淫凶杀不仅是自我放纵和犯罪，而且已经成了习惯和愿望。有谁会对这个天生的土匪向他的国家开战感到惊讶？人人都会相信这一点。凡是记得伦图卢斯与探子的联系、疯狂的欲望、卑鄙堕落的迷信的人，有谁会对他的邪恶计划或突发妄想感到奇怪？想到盖乌斯·凯塞古斯，想到他去西班牙旅行，想到他对昆图斯·麦特鲁斯·庇乌斯发动袭击，有谁不相信我们建造监狱就是为了惩罚像他这样的人所犯的罪行？其他人我就不提了，否则会没完没了。我只要你们在心里想一想参加叛乱的所有人，我们知道他们参加了叛乱。你们会看到他们中间的每个人在被你们的怀疑定罪之前，就可以按照他自己的生活给他定罪。奥洛尼乌的名字与这场对苏拉的指控和审判关系最密切，而按照奥洛尼乌的本性和生活不就可以给他定罪了吗？这个人极为鲁莽，喜爱争吵，非常淫荡。在为他的淫荡辩护时，我们知道他不仅会使用最粗鲁的语言，而且会动用他的拳脚。我们知道他掠夺人们的财产，杀害他的邻居，抢劫同盟者的神庙，并试图使用武力阻挠法庭审判；他在得势时藐视一切人，在遇上厄运时向最诚实的人开战；他既不服从这个国家，也不顺从命运本身。哪怕不能用最清楚的证据给他定案，仍旧可以按照他的习惯与生活给他定罪。

【26】现在，先生们，让我们拿他的生活与普伯里乌·苏拉的生活做一番比较，你们非常了解他，罗马人民非常了解他。睁开眼看一看吧。他有什么我无法大胆说出来的行为，他的任何行动，会在任何人眼里显得有丝毫厚颜无耻？这里我说的是行为，而从他嘴里说出来的任何语词会有人把它当做冒犯吗？确实，当卢西乌斯·苏拉[①]在那场可怕的骚乱中获胜时，有谁比普伯里乌·苏拉表现得更加温和、更加仁慈？他从卢西乌斯·苏拉手中挽救了许多生命！有多少我们这个等级和骑士等级的有影响的优秀人士得到安全保障，因为他去了苏拉那里为他们担保！我可以指出他们的名字——因为他们

① 卢西乌斯·苏拉，即独裁者苏拉。

自己不愿说，但他们在这里要对他表示感恩——但由于他的捐助已经超过了一位公民能够提供给别人的东西，所以我要求你们让他把力量用于各种具体场合，也可以用于他自己。我为什么想要提到在他的生活、优秀品质、仁慈行为、简朴的私人生活、高尚的担任公职中表现出来的稳重呢？这些东西会受到命运的伤害，但仍旧由可见的本性奠定基础。这是一座什么样的房子，每日有多少人来访，这些朋友有多么优秀，这些同伴有多么忠诚，来自各个等级的人何其之多！然而，通过长时间的艰苦劳动得来的一切在一个时辰里就毁灭了。先生们，普伯里乌·苏拉受到了致命的伤害，但这样的伤害是拥有像他这种生活和本质的人仍旧要面对的。① 因为他被判定为想要拥有尊严和职位的欲望太强；要是没有其他人拥有这种担任执政官的野心，那么人们就判定他比其他人更有野心；要是其他某些人身上也有担任执政官的愿望，那么命运对他比对其他人更不仁慈。但是后来，除了伤心、泄气、沮丧以外，有谁还曾见到普伯里乌·苏拉有其他表现，有谁曾怀疑他在躲避光天化日之下人们由于仇恨而不是由于谦虚对他的注视？虽然这座城市和这个讲坛对他有很大吸引力，他的朋友对他表现得极为忠诚，在他遭遇不幸的时候和他待在一起，但他回避了你们的目光，虽然他可以合法地留在这里，但他谴责了自己，几乎要自我流放。

【27】像这样的谦虚、这样的生活，先生们，你们相信还会有犯大罪的余地吗？看看这个人吧，看看他的表情，把对他的指控与他的生活对照一下，把对他的指控记在心里，考察一下他的生活，从他出生一直到现在，这些都是可供你们审查的。不用提这个国家了，苏拉始终热爱这个国家；他会希望这些人——他的朋友，对他如此忠诚的朋友，依靠这些人他的成功得到尊敬，他在逆境中能够坚持至今——遇上残忍的死亡，而他自己可以和伦图卢斯、喀提林，凯塞古斯过一种更加悲惨、可耻的生活，然后再进一步寻求一种最可耻的死亡吗？我要说，不，这种怀疑与习惯不符，与这样的谦虚不

---

① 受到行贿的指控相当普遍，所以苏拉受到这种指控不值得惊讶。

符，与他这样的生活不符，与他这样的人不符。后来发生的事情无比残暴，令人难以置信，无比疯狂，而那些年轻人犯下的许多罪恶更加激起人们对这个无与伦比的无赖的厌恶。先生们，不要相信这些暴力和阴谋是人的作为，因为从来没有一个种族有这么野蛮与残忍，我不说有很多人，而只说他的国家有一个敌人会有那么残忍；他们是野兽，是魔鬼，他们非常可怕而又凶狠，他们是野兽，只不过披着人皮。先生们，反复地看一看他们吧——因为在本案中我没有什么需要更加急迫地坚持了——仔细看一看喀提林、奥洛尼乌、凯塞古斯、伦图卢斯，以及其他人的心灵，你会在他们那里发现无比的淫荡，无比的邪恶，无比的卑鄙，无比的胆大妄为，无比的、难以置信的疯狂，无比污秽的罪恶，无比深重的弑父罪孽，罪恶滔天！深深地隐藏在这个似乎毫无前途的国家里的巨大毒瘤剧烈地爆发了，而一旦把它清除干净，这个国家最终可以得到治疗和痊愈。要是这些毒物继续留在国家里，那么没有人会认为这个国家可以继续存在。所以，驱使这些人前进的是复仇女神，但不是让他们完成他们的罪恶，而是让他们接受这个国家对他们的惩罚。

【28】所以，先生们，你们现在要把普伯里乌·苏拉扔进这个匪帮，使他离开过去与他生活在一起，现在仍旧和他在一起的高尚者吗？离开他的许多朋友，离开他尊严的亲友，你们要把他送入无赖的团伙，送进那些弑父者的巢穴吗？要是这样的话，古老、坚定、谦逊的辩护会变成什么样子？请你们告诉我，什么地方有助于我们过以往那种生活？如果在最后的审判中，在与命运的较量中，好运抛弃了我们，要是好运不和我们在一起，对我们没有什么帮助，那么对善良品性而言，还有什么紧迫的奖赏可言？

控方用严刑拷打奴隶，以这种方式进行调查，恐吓我们。尽管这种威胁不会给我们带来什么危险，但你们要知道在刑讯逼供中起主要作用的是疼痛，检察官试图控制每个人的心灵和身体，对人进行引导，人的欲望在转移疼痛，人的希望在减轻疼痛，人的恐惧在增强疼痛，所以在这样的困境中没有真相存在的余地。就让普伯里乌·苏拉接受严刑拷打吧。就让他接受检查吧，看有没有隐藏的罪恶、残忍和可耻的罪行。先生们，要是你们听了有关他的整个生活的声音——这应当是最诚实、最令人信服的证据——那么本案没有什么错误，也没有晦涩不清之处。我们在本案中不害怕证据，我们认为任何人对本案的证据都一无所知，一无所见，一无所闻。但要是普伯里乌·苏拉不能使你们感动，就让你们自己感动自己。因为这对你们利益至关重要，你们生活得非常高尚，非常正直，高尚者的案子不能由贪婪者、仇恨者、假证人来审讯。在重大审判和突如其来的指控中，每个人的生活都可以成为他的证人。先生们，不要剥夺它的武器，不要剥掉它的外衣，使它暴露在妒忌和怀疑之中；要增强这座诚实者的公共堡垒，断绝无赖的退路；让一个人的生活成为给他定罪或判他无罪的最有力的证人，因为如你们所见，由于人的生活拥有的本性最容易接受检验，人的本性不可能在瞬间发生改变或替换，因此只有它才能成为证人。

【29】我没有参与和这起叛国阴谋有关的其他案子的辩护，而只为他进行辩护，在这种时候，我的权威——我必须讲到我的权威，虽然我在这样讲的时候有点犹豫不决，也相当节制——为什么不能给普伯里乌·苏拉提供任何帮助呢？先生们，这样说也许是一种冒犯，说我们正在寻求奖赏也许是一种冒犯；其他人对我们保持沉默，而我们没有保持沉默，这也是一种冒犯；但若我们受到攻击、指控、嘲笑，那么先生们，你们肯定会承认，要是说不能保持我们的尊严的话，我们可以保持我们的言论自由。一位前执政官在一张起诉书中受到指控，而这个最高职位的名字所能引发的妒忌多于尊严。他说："他们帮助喀提林，并且赞扬他。"在那个时候，叛乱还没有显露，他们当时没有得到任何报告。他们所做的是为一位朋友辩护，他们正在帮助一位求助者；这个人陷入了极度的困顿，而他们几乎不能忍受他的卑劣生活。托夸图斯，甚至连你的父亲在担任执政官期间也是喀提林受到勒索指控时的辩护者；喀提林是一名无赖，但他也是一名求助者，他也许胆大妄为，但一度是朋友。当你的父亲得到第一次叛乱的报告以后，他帮助了喀提林。他说自己听到了一些事情，但他不相信。"但他在另一场审判中没有帮他，而其他人帮了。"要是他后来知道了一些他在担任执政官期间不知道的事情，那么

后来对此仍旧一无所知的人必须感到遗憾；但若先前的消息很有分量，那么它后来岂不会变得更有分量吗？如果你父亲虽然怀疑自己有危险，但仍旧受到他本人的仁慈的诱惑而利用属于他自己的执政官职位的座椅和徽标为一名彻头彻尾的恶人做了高尚的辩护，那么有什么理由谴责一名帮助过喀提林的前执政官？"但是这些人没有帮助在苏拉之前由于和叛乱有关而受审的那些人。"他们下定决心不给参与这种罪恶的人提供任何帮助。讲到他们对国家的坚定和忠诚，那么当他们沉默地保持尊严，高尚地为每个人讲话时，没有人需要美化他的语言。有谁能说在这个国家几乎被推翻的危难时刻，曾经有过更好、更勇敢、更稳重的前执政官吗？有谁没有带着他的力量、勇气、坚定，考虑公共安全？我并非专门谈论前执政官，因为这种赞扬属于全体担任过执法官的高尚者，属于所有元老院议员。所以人们的记忆很清楚，决不会再有哪个等级更加勇敢，更加热爱祖国，更加尊严了。但由于只有前执政官被提到，所有我想我只能尽量证明所有人都清楚地记得的事情：每一担任公职的人都已经用他的全副精力，他的勇气，他的力量，拯救这个国家。

【30】接下去该说什么呢？我为什么从来没有赞扬过喀提林，我在担任执政官的时候没有在喀提林有需要的时候帮助他，而他提供了反对其他人的叛乱证据。我在你们眼中竟然如此丧失理智，如此健忘，如此动摇，尽管我在担任执政官期间对阴谋叛乱者开战，而现在我竟然想要拯救他们的领袖，为这个案子辩护，为这个人的生命辩护，然而正是我后来打掉了他的刀剑，扑灭了他的火把？先生们，我发誓，要是这个国家能够保存下来是由于我的辛劳和我所冒的巨大危险，那么这个国家的尊严会唤起我的严肃和坚定；这是人性中天生的东西。而你们总是仇恨那个你们害怕过的人，你们为了生活和命运曾经与他做斗争，从他的圈套中逃脱出来。但是，在我所获得的最高荣誉处于危险之中的时候——我由于我的成就而拥有独特的荣耀——在与这项阴谋有关的人都被定罪的时候，在人们有关通过我获救的记忆更新了的时候，我会允许人们相信我所完成的一切，我为了所有人的安全所做的一切，是偶然的，是由于幸运，而不是凭借勇敢和智慧吗？有些人也许会说："那

又怎样？你认为由于你为一个人进行了辩护，就要判他无罪吗？"先生们，我确实不仅不认为自己拥有什么人人都反对的特权，而且即使所有人同意授予我特权，我也会把它退回去。要是我不生活在这个国家，不生活在这个时代，不需要为国冒险，不需要战胜敌人，不需要拯救对我感恩的人，那么我会试图假定自己拥有的特权比那些仇恨、妒忌我的人允许我拥有的特权还要多。发现叛国阴谋似乎像一种冒犯，揭露它似乎像一种冒犯，镇压它似乎像是一种冒犯。元老院对我的行动表示的感谢史无前例，绝无仅有，而我这个披上和平长袍参加感恩仪式的人在这场审判中却要说："如果他参与了叛国阴谋，那么我不应当为他辩护。"我不会说任何冒犯的话，这不是依据我的权威，而是依据我的荣耀。我在与叛国阴谋有关的这些案子中可以这样说："我调查了这起叛国阴谋，我惩罚了叛乱者，如果我认为苏拉确实参与了这场阴谋，那么我确实不应当为他辩护。"先生们，当我调查与这起威胁到所有人的巨大危险有关的一切时，当我听到许多谣言时，当我没有轻信而是反对了这些谣言的时候，我说了我在开头时说过的话，涉及普伯里乌·苏拉，没有人向我举报，没有人向我报信，没有人向我提出怀疑，没有人给我写过信。

【31】因此，我请求你们为他作证，请上苍诸神和我们祖先的家神为他作证，他们统管着这座城市和这个国家。当我是执政官时，依靠你们的力量和你们的帮助，诸神保存了这个政府，保存了这种自由，保存了罗马人民，保护了罗马人民的住宅和庙宇。所以，当我用我的没有堕落、没有受到束缚的判断为普伯里乌·苏拉辩护时，我要说没有任何罪行被隐瞒，没有任何参加过这场反对所有人的安全的恶人得到辩护或保密。当我是执政官时，我对和他有关的事情一无所知，一无所疑，一无所闻。所以，在你们看来似乎用暴力攻击过其他领导人的我，不能与其他阴谋叛乱者和解，也不能对这个国家放弃义务。我现在有责任按照我不变的习惯和品性办事。先生们，我像你们一样仁慈，我像最温顺的人一样温和。若非迫不得已，我不会对你们苛刻；当这个国家摇摇欲坠的时候，我帮助了这个国家；当这个国家面临灭亡

的时候，我拯救了这个国家；出于对这些公民的遗憾，我对他们实施必要的严厉措施。要是不使用这些严厉措施，恐怕所有人的安全都已经在一夜之间丧失。但就像我在对国家的热爱的引导下惩罚这些罪犯一样，我现在也在我自己的愿望的引导下拯救一名清白无辜的人。

先生们，在普伯里乌·苏拉的身上我看不出有什么值得仇视的，但却有许多事情值得遗憾。因为先生们，他现在向你们求援，不是为了逃避他自己的毁灭，而是为了拯救他的家庭，为了不让他的名字打上可耻的烙印。因为即使你们判他无罪，他的余生还有什么光荣可言，还有什么安慰可以使他高兴和欢乐？我假定，他的房子会得到装修，他祖先的画像会重新悬挂，他会恢复从前的外表和打扮！先生们，这些东西都已经丢失；在一次灾难性的判决中，他家里的所有徽章和装饰品、他的名字、他的荣耀都毁灭了。① 但我们不可以称他为国家的摧毁者、叛徒、公敌，他不能给他的家庭留下这样的耻辱，这是他最诚挚的愿望。他害怕的是他可怜的儿子被称做一名叛乱者、罪犯、叛徒的儿子；他害怕的是他会给这个孩子留下一个永久的可耻的记忆，他对这个孩子的爱护胜过对待他自己的生命，而现在他已经无法给儿子留下一份毫无污点的荣耀了。② 先生们，这个孩子请求你们，允许他在某个时候向他的父亲表示祝贺，哪怕不是由于父亲的幸福没有受到伤害，至少也要能够为父亲减轻一些痛苦。对这个可怜的孩子来说，他对法庭和讲坛要比操场和学校知道得更多。先生们，这已经不再是普伯里乌·苏拉的生命问题，而是他的葬礼问题。先前的判决已经剥夺了他的生命，我们现在要辩护的是要不要把他的尸体给扔出去。他这辈子还有什么东西留下，或者说我们还有什么理由要把他的生命还当做一条真正的生命？

【32】普伯里乌·苏拉曾经是这个国家的一名重要人物，没有人能在荣誉、势力、幸运等方面超过他。而在荣誉受到玷污以后，他并没有试图重新

---

① 指早先判决苏拉犯有行贿罪。

② 由于他先前被判决有罪。

获得被剥夺的东西。先生们，他请求你们不要拿走他在遇到麻烦以后命运还留给他的东西，让他还能与母亲、孩子、兄弟、亲戚一起对灾难感到悲哀。托夸图斯，你应当很早就对他遇到的灾难感到满足了，要是你和你的父亲除了他的执政官职位以外没有从他那里拿走任何东西，那么你仍旧可以试图这样做；因为使你接手这个案子的原因是职位竞争而不是私人仇恨。但若包括他的职位在内的一切都已经被剥夺，最邪恶、最可悲的厄运已经把他摧垮了，这种时候你还想干什么？你想剥夺他享受阳光的权力吗，他已经泪流满面，悲伤不已？要是这一最愚蠢的指控被消除，那么他会非常高兴地投降。或者说你希望流放一名私敌？要是你是一名最残忍的人，那么你会因为看到他而不是因为听到他而得到更大的快乐。唉，所有百人队长发毒誓宣布普伯里乌·苏拉当选执政官，那一天有多么悲哀！唉，希望有多么虚幻！唉，命运有多么变化无常！唉，这种雄心有多么盲目！哦，人们对他的祝贺有多么不合时宜！瞬息之间一切都变了，悲伤和眼泪取代了快乐与喜悦，他在当选执政官之前拥有的荣誉荡然无存！这个被剥夺了名誉、声望、职位、幸福的人还缺少什么不幸？还有什么余地可供新的灾难降临？开始对他进行追索的同一厄运想要找到新的悲伤，它不允许这个不幸的人只悲伤一次，在一场灾难中灭亡。

【33】但是先生们，我自己的情感在阻挠我，不让我更多地谈论他的悲伤。先生们，现在该轮到你们行动了，我把整个案子留给你们的仁慈和怜悯。在一个陪审团匆忙组成之后——在陪审团的组成中引进了一个我们全都没有表示怀疑的挑选陪审员的程序——你们已经担任了法官。你们是由十分苛刻的指控者挑选的，命运把你们指派给我们，要你们保护无辜者。由于我关心罗马人民对我的看法，由于我对那些罪犯的严厉，由于这名被告要求我的帮助，而我是第一次在这种情况下为无辜者辩护，所以你们可以凭着你们的仁慈和怜悯对我在那几个月中针对那些胆大妄为的罪犯所做出的判决发火。不仅案子本身会迫使你们采取这样的行动，而且你们自己的勇气和诚实也让你们在把一个挑选陪审员的程序强加给我们以后有义务清楚地表明你们

并非对指控者最有利的人。先生们，在这件事情上我要敦促你们，我以你们相互之间的忠诚的名义起誓，以我对你们的热爱的名义起誓，由于我们都是这个国家的成员，请凭着你们的仁慈和怜悯，把我们从这个残忍的虚假指控中解救出来。

为福拉库斯辩护

提　要

本文的拉丁文标题是"Pro L. Flacco Oratio"，英文标题为"The Speech in Defence of Lucius Valerius Flaccus"，意思是"为卢西乌斯·瓦勒留·福拉库斯辩护的演说词"。中文标题定为"为福拉库斯辩护"。

卢西乌斯·瓦勒留·福拉库斯出生于一个古老的罗马家族。他的父亲与马略一道于公元前100年担任执政官。而在马略于公元前86年死后，他父亲受命接替马略的职位。福拉库斯本人也有光荣的经历。他在西里西亚、西班牙、阿该亚、高卢等地任职，于公元前63年担任执法官。该年的执政官是西塞罗。在庞培的帮助下，他在穆尔维桥逮捕了阿洛布罗吉人的使者。公元前62年，他担任亚细亚行省总督。公元前59年，他返回罗马，受到违法乱纪的指控。指控者是狄西摩斯·莱利乌斯。西塞罗与霍腾修斯为福拉库斯辩护，使他被判无罪。

全文共分为42章，译成中文约3.4万字。

正　文

【1】当这座城市和帝国陷入巨大危险的时候，在一场非常严重的危机中，在卢西乌斯·福拉库斯的帮助下，我把你们、你们的妻子、你们的孩子从

死亡中拯救出来，使神庙、神龛、城市、意大利免遭毁灭；所以先生们，我希望自己能帮助卢西乌斯·福拉库斯获得荣耀，^① 而不是替他遭受的不幸求情。罗马人民以往总是喜爱卢西乌斯·福拉库斯的祖先，自从瓦勒留家族在解放我们祖国的事业中获得荣耀以后至今已有近 500 年，在这种情况下罗马人民还会拒绝卢西乌斯·福拉库斯担任公职吗？但要说过去某些时候曾经有人贬低他的工作，仇恨他的正义，妒忌人们对他的赞扬，那么我会期待一名无知的平民，而不是国家精选的最聪明的心灵担任卢西乌斯·福拉库斯的法官（然而这对他本人没有什么危险）。因为我从来没有想到会有某些人使用阴谋对付和威胁这个人，而为他提供帮助的全是当时参加过拯救国家的人，不仅拯救了我们全体公民，而且拯救了所有民族。但若在某些时候有某些人想要毁灭卢西乌斯·福拉库斯，先生们，我仍旧不会想到狄西摩斯·莱利乌斯——一位非常高尚的绅士的儿子，他本人拥有最好的成功机会——会为了自己的晋升而提出指控，这种指控只适合由那些卑鄙的、满怀深仇大恨的、疯狂的公民提出，而不适合拥有美德的、有着美好前景的年轻人提出。我经常看到优秀人士会搁置与可敬公民争吵，哪怕自己十分有理，所以我不认为在卢西乌斯·福拉库斯对国家的忠诚已经清晰可见之后，会有这个国家的朋友无缘无故地开始与卢西乌斯·福拉库斯争吵。但是先生们，由于我们已经多次对我们的私人事务和公共事务感到失望，我们承受着必须承受的事情，所以我们对你们的要求只是想一想这个国家的整个基础、这个政府的整个组织、有关过去的所有记忆、当前的安全和未来的希望，这些都要由你们在这场审判中做出决定和安排。要是说这个国家在她的判断中曾经要求我们谨慎、认真和明智，那么我现在要说这个国家现在向你们提出了这些要求。

【2】你们将要做出的决定，不是针对吕底亚人、密西亚人、弗里吉亚人的国家，他们会行贿和唆使他人作伪证，而是针对你们自己的国家，针对政府的组织，针对公共安全，针对所有高尚者的希望，要是还有任何希望浮

---

① 指执政官的职务。

现在勇敢公民的心灵和思想中的话。能够给高尚者提供庇护，给无辜者提供保护的国家基础、计划、支柱、法律已经毁灭了。我应该向谁讲话，向谁呼吁，向谁乞求？向元老院吗？元老院本身正在请求你们的帮助，它也知道元老院的权威要靠你们来维持。向罗马骑士吗？你们中间的 50 人，[①] 这个等级的主要人士，将做出判决，而你们和其他人也都会这样做。向罗马人民吗？他们已经让你们代表他们的全部力量。因此，除非在这个地方，除非我们和你们一道或者通过你们，我们不仅重新获得我们失去的权威，而且重新获得我们的安全，否则我们几乎没有任何希望，没有其他任何庇护地可以逃亡。也许，先生们，你们看不到这场审判的对象，危险在哪里，案子对谁有利。喀提林率领军队反对他的国家，而杀了喀提林 [②] 的人却被判决有罪。那么，为什么把喀提林从这个城市赶出去的人却不被判处有罪呢？为揭露这场阴谋提供证据的人 [③] 在匆忙中受到了惩罚。那么，充满自信使这些事情暴露在光天化日之下的人 [④] 为什么不受惩罚？他的顾问、助手、同志受到攻击，那么事件的发起人、领袖、主要人物又能指望什么？我的敌人，和我在一起的那些所有高尚者的敌人，会判定我们所有好人在那个时候都是领袖或同志，为了维护公共安全……[⑤] 他宁愿说，他们被勒死了。我的朋友凯特拉希望得到什么呢？狄西阿努怎么样？它确实是我的吗？因此，元老院的主要……然而，不朽的诸神啊，我要说……伦图卢斯……

……陌生人，因为他的私人生活和品性是众所周知的。所以我会允许你假定这一点，狄西摩斯·莱利乌斯，并且……这种将来适用于其他人的规则，而现在对我们来说……

---

① 按照公元前 70 年的奥勒良法案，陪审团由元老院议员、骑士、司库组成。司库也算做骑士等级，所以陪审团共有 25 名元老院议员，25 名骑士等级的人。

② 盖乌斯·安东尼乌斯率领部队抗击喀提林，后来由于在马其顿治理不善于公元前 59 年被判有罪。

③ 指福拉库斯。

④ 指西塞罗。

⑤ 原文从此处起有佚失，不连贯的句子是来自其他抄本上发现的残篇。

你们要用可耻的污点给卢西乌斯·福拉库斯的青年时期打上印记，影响他的余生，你们毁灭他的个人幸福，把他的耻辱、他在这座城市里的可耻行为、他在西班牙、高卢、西里西亚、克里特这些行省公开犯下的罪行暴露在光天化日之下，而在这个时候，我们最后终于知道了特莫鲁人和洛利玛[①]人对他的想法。但是有许多希望通过这个人获救的重要行省和来自全意大利的公民，由于与他结下的长期友谊而为他辩护，而我们的国家，我们所有人的母亲，在紧紧地拥抱他，由于他出色的服务而把他牢牢地记在心里。我要为之辩护的人就是这样一个人，哪怕整个亚细亚都要求惩罚他，对吗？进一步说，要是整个亚细亚没有提出这样的要求，也没有通过最优秀的、清正廉洁的人提出过这种要求，要是他们不按自己的意愿行事，不按法律和习俗行事，不按真理行事，不能正义高尚地行事，那又该如何？如果他们是不诚实的，如果他们受到其他人的唆使，如果他们迫于压力才这么说，如果他们这样说是卑鄙的，缺乏深入的思考，是在贪婪的欲望的驱使下这样说的，或者反复多变，那么亚细亚会允许她的名字在这场审判中被一些极度贫乏的证人使用，而她却不能真实地抱怨她的法官吗？先生们，这样一些陈述是短命的，决不可能损害到经过长期努力获得的荣誉。因此，我会像他的律师一样，遵循他的对手回避了的程序，我将攻击指控福拉库斯的人，并且按照我自己的意愿要求我的对手做出回答。你看怎么样，莱利乌斯？

这些[②]……一切……因为他并没有退隐，也没有在他这个年纪接受训练和教育吗？他年轻时候就跟随担任执政官的父亲从军打仗。当然了，即使在这个名目下……有些事情……

但是在亚细亚快乐地享受并非他一生最容易受影响的时期……

在这个时候，他转入了他叔父盖乌斯·福拉库斯的部队。

他受命担任军法官，与他一起前往的还有那位非常优秀、高尚的公民普

---

① 特莫鲁（Tmolus），吕底亚的一个不重要的村庄，洛利玛（Loryma），卡里亚的一个不重要的村庄。

② 原文从此处起有许多佚失之处，直到第 3 章。

伯里乌·塞维留斯。

他们的许多看法得到人们的青睐，他当选了财务官。

要是马库斯·庇索不接受，那么他会为自己赢得"福鲁吉"①的外号，他本人产下了……

他还指挥过一场新的战争，并且取得了胜利。

我已经讲完的这些话不是对来自亚细亚的证人讲的，而是对他的原告的亲密朋友讲的……

一个擅长耍花招骗人的人。

当这位非常勇敢、非常优秀的人取得的胜利本身成为见证的时候，在你们的证词里除了放荡、无耻、疯狂以外还有什么？

先生们，诉诸武力决不意味着卓越。

我在为一位勇敢高尚的人辩护，这个人拥有伟大的精神、非凡的勤奋、卓越的智慧。

他从年轻时候起就参加许多不同性质的战争，既作为一名优秀的领导人，又作为一名战士——说真话，他的出身、装备、体力、气质、兴趣、习惯、知识，都非常适宜做一名军人。

先生们，我们的祖先认为值得为这个等级的人辩护，不仅在他们的地位容易招来妒忌的时候，而且甚至在他们犯了错误的时候；所以我们的祖先不仅奖励这些人的功绩，而且也为他们所犯的错误感到遗憾。

高尚的人啊，站起来吧，你们是一个国家最优秀、最光荣的使者，你们可以依靠不朽的诸神抵抗一切谎言和这些人的攻击，而你们已经多次成功地抵抗了这些人进攻。

在我看来，一个拥有各种美德，为人们褒奖的人是由神圣的天命赐给这个国家的，我们可以说他是一个榜样，既拥有古代的尊严，又超越时代永存于人们的心中。

---

① 原文"Frugi"，意思是"最诚实的"。

你们认为他对罗马人民有多么仁慈、多么忠诚？

轻佻是与生俱来的，欺骗是教育的结果。

【3】所以，莱利乌斯，你有什么理由攻击这个人？他曾是普伯里乌·塞维留斯军队在西里西亚的一名军法官。这一点没有必要再提起。他曾是马库斯·庇索在西班牙的财务官。他任职期间的事情也不用提了。他在克里特战争①中起了重要作用，他和一位最优秀的将军②一道面对最严酷的形势。而原告对他做出的这一贡献闭口不谈。我们也不必提到他作为执法官的公正严明，而我们知道这项工作极易招来许多怀疑和仇恨。与此相反，当这个国家充满巨大危险的时候，这位执法官的作为甚至受到他的敌人的赞扬。而你们却在反对他，那些证人在攻击他。在我说出这些证人是谁之前，我要说明这些人这样做抱着什么样的希望，驱使他们这样做的是什么，他们用的是什么办法，他们有多么反复无常、多么贫乏、多么狡诈、多么厚颜无耻，我在这里讲的是这些人的一般性质以及我们所有人所处的形势。先生们，以不朽诸神的名义起誓，他在罗马公正执法以后在亚细亚继续这样做，你们会向那些对此一无所知的证人了解他的情况吗，你们自己就不能依据各种可能性下判断吗？在如此多样化的司法管理中，在有那么多法案的时候，在那么多有影响的人物的希望受到阻挠的时候——我不说怀疑，因为这通常是虚假的——能表达什么样的愤怒或悲伤？他被指控为邪恶，而他在奢侈的人群中避免收取不正当的好处，他在一个谣言盛行的国家里，在一项最容易受到怀疑的工作中躲避了所有的谣言，更不要说受到犯罪的指控了，不是吗？其他一些事情我都省略不提了，而这些事情其实都不应当省略——他在私人关系中没有贪婪的行为，没有金钱方面的纷争，私生活没有污点。除了你，我还能提出什么证人来驳斥这些人？来自特莫鲁的村民——不仅我们不认识，而且他的邻居也不认识——会告诉你们卢西乌斯·福拉库斯是什么样的人吗？

---

① 公元前 79 年。

② 指昆图斯·麦特鲁斯·克里提库（Quintus Metellus Creticus）。

你们知道他是一个最安分守己的青年，这些最重要的行省知道他是一个正义的人，你们的军队知道他是一名非常勇敢的战士、一位最有活力的领队、一位最理智的副将和财务官，你们自己的知识足以判断他是一位最谨慎的元老院议员、一位非常公正的执法官、一位对国家最忠诚的公民，不是吗？

【4】你们愿意聆听其他有关证人的话吗？而在这些事上你们自己也应当为其他人作证。但他们是什么样的证人？首先，我要说——适用于他们所有人——他们是希腊人。并非只有我才特别指责这个民族的荣耀。要说我们的人民中有人对这个民族的利益和处境表示过同情，那么我想就是我，如果我有空闲，我还会这样做。但是他们中间那些高尚、博学、睿智的人都没有到这里来参加审判，而我看到有许多可耻、无知、狡诈的人却由于各种原因的唆使到这里来了。其次，对整个希腊人我也可以这样说。我承认他们有文学才能，我承认他们拥有许多门技艺的知识，我不否认他们语言的魅力、理智的敏锐、措辞的丰富。最后，要是他们声称拥有其他东西，我也不会否认。但是这个民族从来不珍惜提供证词时的真实和光荣；他们不知道整件事情的意义、重要性和价值。要是听到有人说"你为我作证，我就为你作证"，那么人们不会说这是高卢人的想法，也不会说这是西班牙人的想法，对吗？这完全是希腊人的想法，即使那些不懂希腊语的人也知道这句话在希腊语中怎么讲。① 所以听听这种说法，看看他们有多么厚颜无耻，你们就明白他们讲话有几分真实性。他们决不会回答我们的问题，因为他们总是答非所问；他们从来不会不厌其烦地证明他们的观点，而只会用讲话来炫耀他们自己。马库斯·洛尔科愤怒地反对福拉库斯，他说自己的一名被释放奴隶由于卷入一起可耻的案件而被判有罪。尽管他希望能提出证据，说明这件事给他造成伤害，但事情的真实性阻碍他这样做。还有，你们注意到他说话有什么诚意吗？他为什么发抖？为什么脸色苍白？普伯里乌·塞提米乌是一个非常冲动的人，他对这场审判和他的仆人有多么愤怒！然而他一直犹豫不决，因为他

---

① 这句希腊文是：Daneison moi martupian。

尊重事实真相，由此克制了他的愤怒。马库斯·凯留斯是福拉库斯的敌人，因为他的名字曾经从仲裁者的名单中被剔除——凯留斯认为让一名税吏坐在法官席上审判一起完全清楚的税收案是错误的。但他仍旧控制了自己，没有在审判中提出伤害福拉库斯的事情，尽管他想这样做。

【5】要是这些人是希腊人，要是我们的习惯和训练没有使他们克制自己的情感和仇恨，那么他们完全可以肯定自己受到了剥夺和迫害，失去了财产。希腊证人总是带着想要伤害人的意向，不认为自己的誓言有什么价值，而认为誓言只是可以伤人的语词；在论证中遭到驳斥和削弱在他看来是一种耻辱；他尽力保护自己而不关心其他。所以每个被挑选出来的证人都不是最优秀、最有影响的人，而是最活跃、最健谈的人。但是你们，哪怕是在微不足道的私人案件中，也会小心翼翼地审查证据；即使你们熟悉他的相貌、名字、部落，你们认为仍旧要审查他的品性。还有，当我们民族的人提供证据时，他会自觉地约束自己、掂量自己的每句话，担心自己会在欲望或愤怒的推动下说出某些不必要的事情，或者该说的反而不说。你们难道不认为这些希腊人在把誓言当笑话、证据当游戏、名声当幻影？在他们看来，名誉、利益、喜好、善意全都依赖无耻的谎言。但我不会继续扩大我的演讲，要是我想完整地描述这个民族在提供证据时的不可信，那么我的演讲就会没完没了。所以我要讲得紧凑一些。我要谈论我们自己的证人。

先生们，我们已经有了一位充满活力的原告，一位想要以各种方式恶毒地进行报复的对手。我希望他的精力能够为他的朋友和国家所用，但他在起诉时确实充满着难以置信的贪婪。那支进行调查的队伍何其庞大！我说的是一支队伍，其实我应当说一支军队，它开支何其庞大，阵容何其奢华！尽管这些事有助于我的案子，但我仍旧有所保留，因为我担心莱利乌斯会认为我的讲话中的某些批评和妒忌是针对他的，因为他自己就靠这些事来引人注目。

【6】所以我要把这部分全部省略。先生们，我只向你们提问，要是你们听过任何涉及暴力、军队或武装的谣言或闲谈，那么你们肯定会记得；由于

这些事情引发了人们的厌恶情绪，所以最近有一部新的法律通过，其中规定了参与收集证据的人数。但是略去这种强制不提，重要的事情在于我们这样做是被迫的，虽然我们不能谴责这些行为，因为他们是按照起诉者的特权这样做的！首先，由于这个国家分成了若干部分，所以这份报告已经传遍整个亚细亚，其中说由于格奈乌斯·庞培是卢西乌斯·福拉库斯的死敌，所以庞培敦促莱利乌斯，他父亲的亲密朋友，把福拉库斯带来审判，庞培运用了他的全部影响、魅力和资源来达到这一目的。这种说法对希腊人来说似乎更为可信，因为前不久这个行省还看见莱利乌斯与福拉库斯十分亲密。此外，庞培在那个行省的权势就像在其他地方一样巨大，因为他通过打败海盗和那些国王而解放了那个行省。另一引起恐怖的手段是给那些不愿离开家园的人发传票，吓唬他们。他还发明了一种仁慈的办法，给那些破产者发放盘缠，鼓励他们离开家园。所以这位足智多谋的年轻人用恐怖影响了当地的富人，用贿赂影响了当地的穷人，用欺骗影响了那些傻瓜。所以，那些著名的判决就是这样产生的，没有经过投票，也不是由权威做出决定，没有誓言，而是由群情激动、大声喧哗的民众举手决定的。

【7】我们从我们的祖先那里继承了优良的习俗和规矩，只要我们能保持它！但不管怎么说，它现在多多少少有点儿滑坡。不，先生们，我们的祖先是聪明的、谨慎的。他们没有把权力赋予民众集会，这是他们的意愿。民众可以通过他们的提案，人民可以通过他们的法律，但在此之后，首先，公民大会要解散，要按照等级、阶级、年龄分配各自的领域，与他们自己所属的部落和百人队相匹配。提案的支持者可以听到条文的公布，然后还要研究几个星期——最后由这两个团体通过的东西才是要实施的法律 这才是他们的意愿。但是希腊人的所有城邦都由那些坐着的①、不负责任的公民大会的成员管理。所以，不用讨论由于它自己的发明而带来种种麻烦和困难的晚期希腊，即使曾经一度在资源、力量、荣耀等方面极为显赫的早期希腊，它的

---

① 罗马举行公民大会时，其成员都是站着开会的。

公民大会也过于自由和不负责任。那些缺乏政治经验和对具体事务一无所知的人在公民大会上占据了他们的位置，然后发动无用的战争，搞宗派斗争，驱逐对国家最忠诚的公民。假定雅典人处于辉煌时期时这种事情在雅典不会发生，那么这种事情不仅在希腊，而且几乎在全世界都不会发生。你们认为弗里吉亚和密西亚的公民集会能有机会通过深思熟虑的提案吗？这些民族的人经常把我们自己的公民大会搞得乱七八糟。请你们告诉我，你们认为由他们自己举行的公民大会是一种什么样的情景？库米的阿塞那戈拉斯受到鞭笞，因为他在灾荒时期竟然把粮食运出去。莱利乌斯召开了公民大会。阿塞那戈拉斯被带了上来，作为一名希腊人中的希腊人，他没有讲述他的罪行，而是抱怨对他的惩罚。参加公民大会的人举起手来，一项希腊人的判决就这样诞生了。这是证据吗？帕伽玛的民众得到各种各样的赏赐，举行盛大的宴会，那些鞋匠和腰带匠用喊声批准了米特拉达铁斯提出的要求，他控制着这些民众，不是靠他的权势，而是用食物把他们填饱。这难道不是有记载为凭的国家意愿吗？我用公费开支从西西里把证人带来，但我提供的不是疯狂的公民大会提供的证据，而是一位在誓词约束下的元老院议员的证词。所以我现在不和具体的证人争论。你们必须判定这些人讲的话是不是证据。

【8】曾有一位出身高贵、能言善辩的年轻人带着一大帮人前往一个希腊人的城镇。他要求当地举行公民大会，用传唤当地的富人和有势力的人出庭的恐吓手段阻止他们参加。他用公款举行盛大的宴会，甚至用私人掏钱的手段来引诱那些穷人和变化多端的无赖。他要想煽动那些匠人、店主，以及整个国家的渣滓又有什么难处，尤其是在反对一名后来获得最高职位，但却由于他的至高无上的权威的名字遭人憎恨而不能激发人们对他的热爱的人？人们总是乐意看到我们这些象征着权力的人受到憎恨，我们的名字在他们心中意味着牧场税、什一税、出口税，所以一有机会他们就要报复！所以，请记住，当你们听到一项没有证据的希腊人的判决时，你们听到的是一群乌合之众的反复无常的行为，你们听到的是无知者的怒吼，你们听到的是变化无常

的民族最疯狂的民众集会。所以，你们要十分谨慎地考察指控的性质和真相，你们马上就会发现这些指控除了无耻与恐吓没有其他任何内容。

【9】"这些国家的国库里一无所有，这些国家的税收部门一无所有。"获取金钱有两种方式：借用或征集。这些所谓的证据既没有提供债权人的账目，又没有提供征税的凭据。但是根据格奈乌斯·庞培写给叙赛乌斯[①]的信件，以及叙赛乌斯给庞培的回信，我们可以知道他们有多么乐意把那些伪造的账本带来作为证据，在账本中添加他们认为需要的内容。

[此时呈上庞培和叙赛乌斯的信件。]

这些材料揭露了希腊人的腐败和厚颜无耻，你们认为我们的证据充分吗？除非我们也许会认为，没有人催促他们这样做，他们在格奈乌斯·庞培到来时骗了他，而在莱利乌斯的唆使下，他们胆怯而又小心地在卢西乌斯·福拉库斯缺席时骗了他。假定这些账本在亚细亚没有篡改，那么它们现在拥有什么样的分量或可信度呢？法律规定应当在三日内把它们送到执法官手中，由法官盖印封存。至少要等 30 天才能启封。还有，法律规定封存账本要有公共记录，这样就不容易伪造了。然而，这些账本在被封存之前就已经篡改。所以，这些账本送到法官手中很迟，或者账本有没有送到法官手中又有什么差别呢？

【10】还有，要是证人和原告是亲密的合伙人，还能把他们当做证人看待吗？在通常的审判中，人们最急切的期待是什么？从前，当原告谨慎地讲完以后，被告会有节制地做出回答。而此时的第三方，即证人，会提供证词，就是人们急切期待的东西。他们的讲话没有任何偏颇，也不会隐瞒他们的愿望。而现在的情况如何？证人与原告坐在一起。他们从板凳上站起来讲话，没有任何担心的地方。我要对这样的安排提出抱怨！证人与原告一道走出原告的家门。要是证人在作证时说错了某个词，那么他们回去时就得不到

---

① 普伯里乌·普劳提乌·叙赛乌斯（Publius Plautius Hypsaeus），庞培在第三次米特拉达铁斯战争期间的财务官。

款待了。① 原告可以毫无顾忌地向证人提问，而且不担心证人会做出不利的回答，有谁能成为这样的证人？"他小心翼翼地向证人提问，一步步向证人逼近，把证人的回答引向他自己所希望的地方，从而得到他需要的回答，使证人自相矛盾，使证人哑口无言"，要是把这些从前用来赞扬演说家能干的话语用到原告或辩护律师身上，那会是一种什么样的场景？莱利乌斯，在你能够说出"我问你"之前，你会向证人提出什么问题，你会要证人说出比你在自己家里指点他要说的事情更多的话来吗？作为被告律师，我要向他提什么问题呢？常用的办法是既对证人的证词进行盘问，又设法破坏证人的名誉。对那些除了说"我们把钱给了他"，此外再无别话的人，我要怎样提问呢？我必须攻击证人，因为他的证词没有提供论证的基础。对一位不了解事实的证人我该怎么说？我必须对整个指控的不公正性质表示反对和遗憾，我长期以来一直这样做。我首先要对证人的一般品性表示遗憾，因为这个民族的人在作证时竟然如此缺乏宗教的顾忌。然后我会进一步逼近。我会否认你们的判决，它实际上就是一些陈述，是一群穷鬼的嚎叫，是在一个希腊人的公民大会上表达出来的偶然的情感。然后我会再一步逼近，指出做这件事的人并不在场，原告所说的接受金钱的人也没有被带到这里来，没有提供私人信件作为凭据，原告手中也没有保存公共文书。整件事情就依赖证人的证词，而他们与福拉库斯的敌人生活在一起，和福拉库斯的原告一起上法庭，他们住在原告家里。请你告诉我，你认为这是在讨论和考察事实真相，还是在摧毁无辜者。先生们，他们应当担心许多这样的事情，这些事情会留下不好的先例，尽管在这个受审的人的案子中，这些事情会被忽视。

【11】如果我在为一位出身低微，默默无闻的公民辩护，那么我会以共同的人性和怜悯的名义，请求你们这些公民不要把一位向你们乞援的公民交给一些不知实情的、受他人唆使的证人，交给原告的助手、客人和亲密朋

---

① 西塞罗强调让证人住在原告家里是不妥的。要是证人的证词不能令原告满意，那么原告会把证人赶出家门。

友，交给这些就其反复无常来说是希腊人，就其残忍来说是野蛮人的人，避免为后人树立一个危险的先例。然而正在受审的是卢西乌斯·福拉库斯，他属于第一位执政官的家族，这个家族产生的第一位执政官是这个国家选出来的第一位执政官，凭着他的勇气，那些国王被驱逐，在这个共和国里确立了自由；这个家族一直延续至今，保存着在担任高级行政官员和军事统帅时获得杰出成就的优秀纪录。卢西乌斯·福拉库斯不仅保持了他祖先的世代延续、久经考验的品德，而且作为执法官试图在他的国家里重建自由，因为他看到这样的政策在他的部落里结出了美丽的果实。所以，在为这个案子辩护时，我用得着担心树立不良先例吗？不，因为在他的案子里，即使他犯了错误，所有令人尊敬的人也会认为应当宽恕他的错误。但是先生们，我不仅不会提出这种要求，而且正好相反，我请求你们尽最大的努力，像谚语所说的那样，目不转睛地仔细考察整个案子。你们会看到，依据神圣的荣耀没有什么事情是确凿无疑的，没有什么事情以事实真相为基础，没有什么事情是由真正的情感加以断定的。情况正好相反，你们可以看到一切都被情欲、偏见、贿赂、伪证所玷污。

【12】现在，他们在各种场合下表现出来的贪婪都已经被人们知道了，下面我要开始讨论希腊人提出来的具体抱怨和指责。他们抱怨国家征收金钱，用于建造战舰。我们承认是这样的，先生们。但要说这是一种罪恶，那么这是由于征税不合法，或者由于国家不需要战舰，或者由于他担任执法官的时候并没有造好的战舰下海。听一听我担任执政官时元老院的投票表决结果，你们就可以相当清楚这一行动是合法的，与前几年或以后几年元老院通过的法令并没有什么区别。

[宣读元老院的法令。]

所以下一步要问战舰是否需要。这件事要由希腊人或其他民族的人来决定，还是应当由我们的执法官、领袖、将军来决定？确实，我想到有这样一个地区和行省，那里海域辽阔，海岛众多，港湾密布，我们要控制大海，不仅要保护沿海地区，而且要使帝国适量地装备战舰。我们的祖先有这样的节制和尊严，尽管他们非常节俭，满足于过一种花费甚少的生活，但凡事情涉及政府和国家的尊严，他们唯一的标准就是国家的荣耀。因为在私人生活中人们寻求的赞扬是自我节制，而在公共生活中人们寻求的赞扬是尊严。如果他征集战舰用于保卫国家，有谁会如此不公平地责备他？有人提出反对意见说："又没有海盗。"什么？谁能保证一个海盗都没有？他会说："你这样说是在诋毁庞培的荣耀。"我认为，倒不如说是你在给他增添麻烦。因为他摧毁了海盗的船队、海盗占领的城市和港口、海盗的藏身处。他以难以置信的迅雷不及掩耳之势荡平的海盗，给大海带来和平。然而他没有保证这一点——他也不应该保证这一点——要是以后在什么地方又出现了海盗，他就要受到谴责。所以他本人在亚细亚结束了海上和陆上的所有战争以后，还是从这些城市征集了一支船队。要是庞培认为他在那里的时候为了保证太平需要一支船队，那么在庞培走后，你认为福拉库斯应当做出什么样的安排？

【13】什么？在庞培本人的建议下，我们不是就在这个地方，在西拉努斯和穆瑞纳担任执政官期间，投票决定意大利应当建造战舰吗？在那个时候，当卢西乌斯·福拉库斯在亚细亚征集桨手的时候，我们不是在罗马花费了 430 万个小银币用来防卫亚得里亚海和图斯堪海吗？还有第二年，当马库斯·库提乌斯和普伯里乌斯·塞克斯提留担任财务官的时候，不是把钱花在建造船队上了吗？还有，整个这一时期，不是都有骑兵部队驻守在沿海地区吗？这是庞培非凡的荣耀。首先，他在这次由他指挥的海战中肃清了在整个海域到处游荡的所有海盗；其次，叙利亚是我们的了，西里西亚得到了巩固，塞浦路斯由于托勒密王而不敢蠢蠢欲动，凭着麦特鲁斯的神勇，克里特也成了我们的。海盗们失去了活动基地和藏身之处，所有海湾、海角、海岸、海岛、海滨城市都有我们国家的士兵守卫。即使福拉库斯担任财务官时海上没有海盗，他的警惕性仍旧不容责备。我确实认为他拥有一支舰队是海盗销声匿迹的原因。还有，要是我出示罗马骑士卢西乌斯·埃庇乌斯、卢西乌斯·阿格里乌、盖乌斯·凯斯提乌的证词，也出示当时在亚细亚的一名副将格奈乌斯·多米提乌的证词，当你们肯定那个时期没有必要拥有一支舰队

的时候有许多人被海盗俘虏，那么，福拉库斯征集桨手的行为仍旧应当受到
谴责吗？当时甚至有一位出身高贵的埃德雷米特人亚提阿纳、奥林匹亚赛会
的拳击胜利者——你们大部分人知道他的名字——被海盗杀害，不是吗？希
腊人——因为我们正在讲他们如何评价事物——把在赛会中取胜看得比罗马
人更伟大，更光荣。"但是你们一名海盗都没有抓获。"许多著名人士保证了
海洋安宁，但没有捕捉到一名海盗，许多人在海岸防守时都受到过这种指
控。但是能否捕捉到海盗非常偶然，要看当时的形势、机会。在海上进行防
卫不仅有秘密的撤离，还有风向的变化。

【14】现在还要询问的是当时舰队有无带着帆和桨下海，或者说这只是
他们口袋中的一纸计划。然而不可否认的是，这支舰队分成了两个中队，一
个在以弗所以上的海域巡逻，另一个在以弗所以下的海域巡逻，整个亚细亚
都是这件事的证人，不是吗？杰出的马库斯·克拉苏在这支舰队中，他从艾
努斯一直航行到亚细亚；福拉库斯也乘着这些战舰从亚细亚航行到马其顿。
那么，你们从这位财务官的勤勉中能找到什么缺点？从战舰的数量和恰当的
开销中寻找吗？庞培使用的战舰有一半是他征集的。他已经无法再节省了，
不是吗？还有，他把战舰和装备分配给庞培派来接受战舰的人员，以卢西乌
斯·苏拉的分配办法为基础。由于苏拉已经把所有亚细亚城邦分成几个等
级，所以庞培和福拉库斯都遵循这个方法让它们分担开支。但那仍旧不足以
满足整个开支。"他没有提供整个开支的总量。"没错，但他要是这样做了，
又能怎么样呢？他已经征集了建造舰队的费用，而你们希望把这种事情称做
罪行。然而，他没有提供这笔钱的总量怎么就能证明他犯罪呢，或者说，提
供了账目就不犯罪了吗？你说接替卢西乌斯·福拉库斯担任财务官的我的兄
弟并没有为征集桨手而征税。听到这种对我兄弟昆图斯的赞扬，我确实感到
很高兴，但我希望他能得到其他更加严肃、更加重要的赞扬。他这样做是因
为他做出了其他决定，他有不同的看法，他认为一旦有关于海盗的新消息，
他都能尽快地准备好一支舰队。简言之，我兄弟是第一个在亚细亚免除征集
桨手税的人。然而，当某种税收第一次开征，而他的后继者又改变了前任的

安排时，人们通常会认为这是一种犯罪。福拉库斯不知道他的后继者会这样做，但他看到他的前任们这样做了。

【15】由于已经谈了与整个亚细亚有关的指控，我现在只谈那些个别的城邦。关于这些城邦，让我们首先提到阿卡莫尼亚。庭吏，用你最大的嗓门传唤阿卡莫尼亚城邦的代表。只要一个代表就行了，药神阿斯克勒庇俄斯的子孙们。[①] 让他们上前来吧。你们难道要强迫庭吏撒谎？我假定这个人被选来凭着他的巨大影响支持他城邦的名声，但这个人在家中最可耻地被判决有罪，公共记载中也留下他可耻的记录。阿卡莫尼亚城邦的一些信件提到了他的犯罪、奸淫、乱伦，但我想这些内容应当省略，不仅因为需要很长时间，而且因为内容的淫秽。他说这个城邦缴纳了 20.6 万德拉克玛。[②] 他只说了这句话，没有提供证据，更没有证人。但他还说——这件事他肯定应当告诉我们，因为此事与他个人有关——他个人缴纳了 20.6 万德拉克玛。这个谨慎的家伙说有这么多数量的金钱从他家里被拿走了，他甚至从来没有希望能够拥有这么多钱。他说自己通过奥鲁斯·塞克斯提留和他自己的兄弟们缴纳了这笔钱。塞克斯提留没有能力缴纳这笔钱，而他的兄弟全都和他一样是穷光蛋。让我们首先听一下塞克斯提留的话，然后让他的兄弟们露面，让他们对着自己的良心撒谎，让他们说自己缴纳了从来没有拥有过的东西。还有，他们个人作为证人出庭时也许会露出马脚。他说："我没有把塞克斯提留带来。"请出示账本。"我没带账本。"至少让你的兄弟们露露面。"我也没有通知他们。"那么我们还用得着害怕这样的指控吗？它是由一位药神的子孙，一名穷光蛋提出来的，这个人丝毫没有什么名声可言，既没有书面证据，也没有人支持他的陈述，他提出指控靠的是厚颜无耻和胆大妄为。就是这个人也说过，阿卡莫尼亚城邦的人民为福拉库斯提供了极好的公共证词，我们用这份证词作为证据。但我确实希望这份证词丢失。因为当这个城邦派来的这

---

① 此处原文为阿司克勒彼亚得（Asclepiades），词义是"药神阿斯克勒庇俄斯的子孙们"。阿卡莫尼亚城邦的居民自认为是药神的子孙。

② 德拉克玛（单数 drachmas，复数 drachmae），希腊货币名。

位高贵辩护者看到城邦的封印时，他说他的希腊城邦和同胞公民是为了此刻的需要才签署这份证词的。所以，把你们的公共证词收回去吧，因为福拉库斯的生命和立场不依赖阿卡莫尼亚人民的证词。因为你们正在给我提供这个案子最需要的证据：希腊人没有尊严，没有信用，没有稳定的目标，最后，他们的证词不值得相信。除非支配这些证据和你们讲话的原则可以准确地说成是这些城邦在福拉库斯缺席时对他做了某些肯定；而对莱利乌斯来说，他现在就在这里，这个人为了自己的利益采取行动，并得到法律和原告权利的支持，此外，他还在运用他自己的力量进行恐吓，而有关他的开支他们似乎没有任何书面的或封存的证据。

【16】确实，先生们，我经常依据这些微不足道的细节察觉和发现巨大的阴谋，就好比这位药神的子孙。呈给你们的这份公共证词显然盖有亚细亚黏土印鉴①，我们几乎人人都知道这种印鉴，在公共和私人信件中几乎每个人都在使用。我们看到税吏每天寄出的信件都在用，我们经常寄出的信件也用这种印鉴。现在证人本人在看到这个印鉴以后没有说我们造假，而是肯定整个亚细亚都不值得相信——我们非常乐意接受这个看法。所以，他所说的向我们提供的那份有关开支的公共证词（他说已经提供了）盖有亚细亚式的印鉴。但是在他所说的向原告提供的证词中我们看到用的是蜡封。先生们，要是我认为你们受到阿卡莫尼亚人的决议的影响，或者受到其他弗里吉亚人的信件的影响，那么我想我在这一点上一定会引起你们的喧哗，我应当尽可能严肃一些。我应当传唤税吏作证。我应当召集商人。我应当诉诸你们自己的知识。由于发现那份证词使用了蜡封，我充满自信地说，我可以清楚地察觉这份证词有假，应当禁止使用。②但现在我不会更加辛辣地嘲笑，不想大肆渲染，不想指责某些证人的这一疏忽，我也根本不会受到整个阿卡莫尼亚人的证词事件的影响，无论它是真的还是伪造的——它显然是伪造的——或

---

① 希罗多德在《历史》第 2 卷第 38 章中提到过这种黏土印鉴。

② 用蜡封比用黏土印鉴更容易去除和取代而不被察觉。

者是否来自那个镇子，据他们说是来自那个镇子。因为我不害怕这些人的证词，我要把这份证词退还给他们，因为他们是药神的子孙，是不可信的。

【17】我现在来谈多利莱乌①人的证词。在介绍他们的时候，他们说自己在斯佩伦凯附近丢失了公共记录。那些牧人和盗贼有多么贪婪，其他什么东西都不拿，只拿这些公共记录！但是我们怀疑另有原因——他们也许并不傻。我想，多利莱乌对于伪造文书比其他地方制定的惩罚更重。如果他们的公共记录是真的，那么他们就不会受到指控；如果他们的公共记录是伪造的，那么严厉的惩罚在等着他们。所以他们想，说这些记录丢失了是一个绝妙的主意！所以，让他们保持沉默吧，让他们允许我把这件事当做好事，这样一来我就可以把时间用在讲述其他事情上了。不，他们不会允许我这样做。因为有某个可恶的家伙说那些证据是他提供给他们的。我们已经不可能把所有细节全搞清楚。任何人读了原告手中的公共文书都不会受什么影响，但就司法程序来说，这些记录本身或他们提供的无论什么样的证据仍有某些相似之处。但是，先生们，当一个你们从未见过或从未听说过的人只说"我提供了证据"，那么要把一名可敬的罗马公民从这个从未听说过的弗里吉亚人那里拯救出来，你们会犹豫不决吗？后来有三位高尚严谨的罗马骑士对这个人说的话不相信，那个案子涉及一个人的自由，他说受审的人是他的亲戚。一个在为自己的亲戚喊冤叫屈时都不能成为可靠证人的他怎么能够在涉及国家利益的案子中成为一名有影响的权威？这个来自多利莱乌的人后来死了，在大批人的簇拥下出殡，莱利乌斯把他的死亡引起的公愤归咎于卢西乌斯·福拉库斯。莱利乌斯，要是你认为你的这名同伙的生死使我们陷入了任何危机，那么你大错特错了，尤其是当我们认为他的死亡是由你的粗心造成的。因为是你把一篮子无花果送给这个弗里吉亚人，而他从来没有见过无花果树！②他的死对你来说至少是某种解脱，因为你失去了一名贪吃的客人；

---

① 多利莱乌（Dorylaeum），弗里吉亚地区的一个城镇。

② 西塞罗的看法是，无法确定无花果是否是这名弗里吉亚人的死因。能确定的是莱利乌斯提供了无花果，而这名弗里吉亚人死了。过量食用无花果是否会致死，没有权威的意见。

但这对福拉库斯又有什么好处呢？这个人只有带来证据才有价值，但他死了，他的螫针已经刺了出去，他已经提供了证据。而你的指控最主要的荣耀在于米特拉达铁斯，我们把他扣留了两天，让他作证，他对他不得不说的一切表示反悔，他退缩了，他受到指责，被定了罪。后来他穿着一件锁子铠甲到处走。这个博学的聪明人现在害怕卢西乌斯·福拉库斯会受到这一罪行的连累，因为福拉库斯无法逃避这位证人，但福拉库斯面对这些反对自己的证据仍旧能够约束自己，他认为自己仍旧能够完成某些事情，能像一名真正的起诉者一样行动，摧毁那些虚假的证词。由于昆图斯·霍腾修斯已经充分讲述了这名证人的情况和对米特拉达铁斯的整个指控，所以让我们按照原先的设想继续讨论其他问题。

【18】对所有希腊人进行调查的主要人员是忒努斯①附近的赫拉克利德——他和原告坐在一起——这是一个夸夸其谈的家伙，但他认为自己非常有学问，甚至说自己是他们的老师。但是这个渴望得到你们所有人和我们的承认、每日接受大家欢呼的人，甚至不能确保他活着的时候能得到忒努斯议会的承认，②这个自称能够向其他人传授演讲技艺的人受到过各种指控，可耻地被判决有罪。尼哥美底作为代表团的成员和他一起来到这里，这个人同样也很幸运，在任何情况下都进不了议会，因为他曾经被判犯有盗窃和欺诈罪。这个代表团的首领是吕珊尼亚，他确实当过议会的议员，但在参与了许多公共事务以后，他被判决犯有贪污罪，失去了他的财产和议员的地位。这三个人都有很好的理由希望我们国库里的记录是假的，因为他们宣誓说他们曾有过九名奴隶，但这次来没有带一名奴仆。我看到吕珊尼亚第一个为这项记录作证。福拉库斯担任财务官的时候，吕珊尼亚兄弟的财产被公开拍卖，因为他不能向国家归还债务。除此之外，还有吕珊尼亚的女婿腓力普斯，还有赫莫庇乌，他的兄弟波利斯也被判决犯了贪污罪。

① 忒努斯（Temnus），密西亚（Mysia）的一个小镇。
② 得到地方议会的承认一般是在一个人的早年。西塞罗说此话的意思是赫拉克利德甚至晚年的时候也不能得到地方议会的承认。

【19】他们说给了福拉库斯和其他一些人 1.5 万德拉克玛。我是在和一个财务方面极为谨慎和具体的城邦打交道，在这个城邦，要是没有由公民大会选举的五名执法官、三名财务官、四名银行家的批准，一分钱也别想转走。虽然他们说把这笔钱给了福拉库斯，另外还有一笔巨大的款子给了福拉库斯，供他修缮神庙，但实际上一分也没有。他们的说法是自相矛盾的。因为支付款项要么全都是秘密的，要么全都是公开的。当他们把钱秘密地交给福拉库斯时，他们既不害怕又不信任他；而当他们把另一笔用于公共建筑的钱付给他时，同样是这些人突然变得很害怕这个他们从前一点也不害怕的人。如记录所示，这位执法官支付了这笔款子，而这位执法官的钱又是从一家银行取来的，这家银行的钱又来自日常税收或征集的。要是这样的话，这项指控就不成立了，除非你们向我具体解释整个转账涉及的人和具体账目。

或者说，要是法令中写着这个城邦最优秀的人都受到这位执法官的欺骗，那么为什么他们在审判时不出庭，法令中也没有提到他们的名字？我并不认为根据法令中的描述，这个人就是赫拉克利德，他现在正站在他的位子上。他并非一名优秀的公民，是吗？被赫米普斯带到这里来的这个人因拖欠债务而受到阻止，没有从他的同胞那里得到代表团成员的地位，他的地位是在特莫鲁讨来的，他在自己的城邦里从来没有担任过任何公职，而只是为那些最卑贱的人办事，得到他们的信任。执法官提多·奥菲狄乌让他负责公共粮食供应。当他从执法官普伯里乌·瓦利纽斯那里得到资金的时候，他对同胞们隐瞒这件事，把款子挪作他用。由于瓦利纽斯的一封来信，这件事在特莫鲁被揭露出来，监察官和特莫鲁人的监护人格奈乌斯·伦图卢斯也就此事写了信，从那以后，再也没有人在特莫鲁见过赫拉克利德这个无赖。现在你们可以知道他的无耻了，我请你们注意听，到底是什么原因激起了这个微不足道的小人的愤怒，使他要反对福拉库斯。

【20】赫拉克利德在罗马从一名孤儿麦丘洛尼乌手中购买了一处位于库米的地产。尽管他自己除了特别谨慎以外一无所有，但他装做很富有的样子，向我们在这里的一名陪审员塞克斯都·斯特洛伽借钱。斯特洛伽非常明

白事情的利害，也并非对赫拉克利德的为人一无所知。但斯特洛伽仍旧在另一位杰出人士普伯里乌·伏尔维乌·奈拉图斯的担保下把钱借给了赫拉克利德。赫拉克利德还向盖乌斯·富菲乌斯和马库斯·富菲乌斯借了钱，交给斯特洛伽，这两人都是非常好的人。我以赫丘利的名义起誓，这是一起像谚语所说的"狗咬狗"①的案子。因为赫拉克利德欺骗了在这里的赫米普斯，一位有知识的人，欺骗了他的同胞公民，他们相互之间非常熟悉。由于赫米普斯的担保，赫拉克利德从富菲乌斯两兄弟那里借到了钱。当这名无赖赫拉克利德说要归还由赫米普斯担保向他的学生们借来的钱时，毫无戒心的赫米普斯启程去了忒努斯。这位演讲术的教授②有一些很富有的年轻学生，他在教他们的时候可以使他们变得只有以前一半那么蠢，但他决不可能欺骗他们中的任何一个人，使他们愚蠢到肯借给他一分钱。所以他在骗取了许多人的小笔借款以后秘密离开罗马，到了亚细亚。当赫米普斯问他欠富菲乌斯的钱时，他说自己已经全部归还了。稍后不久，富菲乌斯派一名被释奴隶送来一封信，催讨借款。于是赫米普斯向赫拉克利德催讨，要他把钱还给富菲乌斯，而他们当时在罗马。所以当赫米普斯讨还了借款并要回了担保书以后，赫拉克利德开始犹豫了。他起诉了赫米普斯。这个案子被提起仲裁。先生们，不要想象撒谎者的厚颜无耻在各地都是一样的。他的行为是我们的债务人所不齿的；他说自己在罗马根本就没有再借钱；他说他从来没有听说过富菲乌斯的名字。他对谨慎、高尚的赫米普斯发出各种恶毒的咒骂，而赫米普斯是我的一位老朋友，是他那个城邦最优秀、最杰出的人士。当这个夸夸其谈的家伙正在肆无忌惮地卖弄他的口才时，富菲乌斯提交了借据和其他证明，这个世界上最厚颜无耻的家伙一下子慌了，从世界上最健谈的人变成了哑巴。法官们对案子没有什么疑问，对他做出了裁决。由于他无法支付所欠的债务，于是就把他交给赫米普斯关押。

---

① 照字面直译为"狗吃狗"，相当于拉丁谚语"一只乌鸦啄出了另一只乌鸦的眼睛"。有中文所说"黑吃黑"的意思。

② 指赫拉克利德。

【21】这个人的诚实状况、他的证词的价值、他整个可恶的指控，都已经摆在你们面前。在把几个奴隶卖给了赫米普斯以后，赫米普斯放了他，让他自己回罗马。在我的兄弟接替福拉库斯的职务以后，他又返回亚细亚。他去见了我的兄弟，把案子说成是这样一种情况：法官们受到福拉库斯的逼迫，违背自己的心愿，对他做出了不公正的判决。我的兄弟按照他的正义和远见做出决定：要是赫拉克利德对这个判决提出上诉，那么他要重新接受审判，并有可能接受双倍的惩罚；要是他说法官们受到压力以后感到害怕，那么仍旧要由这些法官来审判他。他拒绝了，但就好像没有经过审判和判决似的，他开始向赫米普斯索要他卖给赫米普斯的奴隶。负责接受诉讼的马库斯·格拉提狄乌拒绝立案，而赫拉克利德说自己希望立案。赫拉克利德没有任何地方可以安身，于是第二次去了罗马。从来没有向他的厚颜无耻屈服的赫米普斯也去了罗马。赫拉克利德向一位曾经在亚细亚巡视的杰出的元老院议员盖乌斯·普罗提乌提出上诉，说他被迫出售那些奴隶，因为他被判决欠了债。曾经担任执法官的昆图斯·那索，一位非常杰出的人士，被挑选来担任仲裁者。当他弄清了事实真相，将要做出有利于普罗提乌的裁决时，赫拉克利德放弃仲裁，撤回上诉，因为这件事情从法律上说并不需要审判。先生们，你们认为我说清楚了吗？我要揭示的是个别证人的品性，这是我最初的意愿，而不是只把握一类证人的一般特点。

现在我要来谈吕珊尼亚这个城邦，谈你自己的特别证人狄西阿努。当他在武努斯还是个年轻人时，你就认识他；当他脱去衣服时你感到兴奋，而你希望他一直赤身裸体。你把他从武努斯带到阿波罗尼斯①。你把钱借给这个年轻人，但要付很高的利息，还要收取保证金。你说自己收了这笔保证金。这笔保证金现在就在你手里。你强迫他到这里来充当证人，而他希望能够重新得到祖先的遗产。由于他还没有作证，我等着他的证词。我知道他是什么样的人。我知道他的习惯。我知道他的欲望。所以我虽然知道他会说些

---

① 阿波罗尼斯（Apollonis），吕底亚的一个城镇。

什么，但我在他讲话之前仍旧不去揭露他。因为他会改变，然后虚构别的事情。因此让他保留他要说的事情，我会精神饱满地听他说。

【22】现在我要谈到一个我极为关注并为之提供了许多服务的城邦，我的兄弟也特别珍惜和热爱这个城邦。如果这个城邦通过一些高尚的、有影响的人士向你们报告了她的悲伤，那么我会更加感动。但是现在我在想些什么呢？特腊勒斯人把他们城邦的案子托付给一个穷光蛋迈安德利乌，他出身低贱，没有地位，没有名声，没有财产。那些像皮索多鲁、阿基德莫、埃庇戈努，以及其他一些我们知道的名人，一样的人到哪里去了？城邦以往的尊严和辉煌到哪里去了？要是他们以一种极为狭隘的方式来对待这个案子，不仅把这个迈安德利乌称做使者，而且还把他称做是特腊勒斯公民，这岂不是一种耻辱？他们要把卢西乌斯·福拉库斯，像他的父亲和祖先一样是他们的庇护人，交给这位使者，让他在众目睽睽之下用他们城邦提供的证据屠杀福拉库斯吗？不能这样，先生们，肯定不能这样做。我后来在一场审判中看到特腊勒斯的斐洛多罗出庭作证。我在那里还看到了帕拉西乌，看到了阿基德莫。让我告诉你们，我确实看到了这位迈安德利乌也在那里担当顾问的角色。他向我提出一些反对他自己的同胞公民和城邦的建议，要是我愿意，我会把这些建议讲出来。没有任何东西比这个人更加反复无常，更加贫乏，更加肮脏了。因此，要是特腊勒斯人民让这个人来表达他们的悲伤，保护他们的记录，为他们的错误行为作证，申诉他们的冤屈，那么让他们抑制他们的傲慢，克制他们的骄傲，压制他们的固执，让他们承认迈安德利乌的品性是他们城邦的真实写照。如果他们自己认为这个人在城邦里应当始终被踩在脚下，那么就让他们停止认为这样的人提供的证据有什么分量，或者认为有什么人应当对这些证据中提到的事情负责。

【23】但我要告诉你们麻烦在哪里，使你们能够理解这个城邦为什么既没有剧烈反对福拉库斯，也没有热情支持他。这个城邦欠了卡却西乌一笔钱，这件事冒犯了他。霍腾修斯隐瞒了这件事。城邦不愿意把长期拖欠卡却

西乌的钱还给他。种种怨恨和冒犯都由此而生。莱利乌斯来到这个城邦，当时有很多人心存不满。他的讲话重新触动了卡却西乌的伤口，城里的头面人物保持沉默，不参加公民大会，不愿对投票和证词负责。在那次公民大会上，迈安德利乌成了主要人物。在众多拥护者的支持下，他用狂热的语言席卷这场无赖的集会。我们需要聆听一个城邦、一座体面城市的合理抱怨和指控。我始终认为这个城邦是有影响的，他们自己也这样想。他们抱怨说，以福拉库斯父亲的名义存在他们那里的金钱被拿走了。在其他地方我将提出福拉库斯拥有什么权力的问题，而现在我只问特腊勒斯人，这笔钱到底是什么钱，而按照他们的抱怨，这笔钱是征集来的钱。他们说过这笔钱是他们自己的，是各个城邦向他们进贡的吗？我希望能听到他们说："我们没有这样说过。"那又是怎么一回事呢？"它是以卢西乌斯・福拉库斯的父亲的名义托付给我们的，用来举行荣耀他的节日和赛会。"那又如何？他说："你们拿走这笔钱是不合法的。"我现在就来回答这个要点，但我首先要强调这样一个事实。一个有尊严的、富裕的、光荣的城邦正在抱怨，因为她没有保留不属于她的东西。她说自己遭到抢劫，因为她并不拥有这些从来不属于她的东西。你还能说出或想象出比这更厚颜无耻的话来吗？这个城镇被选来存放从整个亚细亚征集来的金钱，用来荣耀卢西乌斯・福拉库斯。这笔钱的用途后来都从荣耀这个人转为放高利贷赢利，而许多年后又有人出来要重新申领这笔钱。

【24】这个城邦的所作所为算得上正义吗？"但是这个城邦并不喜欢这样做。"我假定这是真的，因为和原先的预期相反，这笔钱用来放高利贷并没有赢利，而是被吞没了。"但是这个城邦抱怨过。"这种抱怨是不合理的，因为我们不可能公正地抱怨我们不喜欢的一切。"但是这个城邦最严厉地谴责过他。"然而迈安德利乌不仅征服了这个城邦，而且征服了最卑劣的人。在这一点上，我反复警告你们要记住这些民众的变化多端，要记住希腊人根深蒂固的软弱，要记住在公民大会上发表煽动性演说会有多么大的影响。在这个最尊严、最有序的城邦里，罗马广场上满是审案的法

庭、行政官员、最优秀的人和公民，元老院大厅——它是鲁莽的敌人和义务的指引者——看着它们并用自己的影子遮掩着讲坛，甚至在这里，你们也能看到公民大会的群情激昂！所以你们可以想象特腊勒斯会发生什么事？不就是在帕伽玛发生过的事吗？除非这些城邦希望自己被认为最容易受到感动，最容易被米特拉达铁斯的一封信轻易说服，违背罗马人民的友谊、它们自己的忠诚、所有义务和人性的法则，而不是用它们的证词去伤害这样一位儿子，它们曾经投票表决，要用武力驱赶他的父亲。因此，不要让我的牙齿沾到这些高贵城邦的名字，这个家族作为证人决不害怕那些被他们当做敌人来藐视的人。但你们必须承认，要是你们的城邦是按照杰出人士的意见进行统治的，不受乌合之众鲁莽的驱使，而按最高等级人士的建议行事，那么可以说这些城邦正在与罗马人民一道从事一场战争；但若发生这场起义是由于无知民众的唆使，那么请允许我区分一下民众的罪行和城邦的原因。

【25】"但他没有权利拿走那笔钱。"你承认福拉库斯的父亲有这种权利吗？如果他有这种权利，而且这种权利确实属于他，那么做儿子的取走被托付的用来荣耀他父亲的那笔钱也属他的权利范围，而且他自己从中并没有得到什么；如果说这位父亲取走那笔钱是不合法的，那么在他死后，不仅他的儿子，而且他的任何继承人，都可以完全合理地取走这笔钱。所以，特腊勒斯人自己后来用这笔钱谋取暴利很多年，并且仍旧得到了他们要福拉库斯做出的让步。他们也不会如此大胆，竟敢说出莱利乌斯所说的话，米特拉达铁斯从他们那里拿走了这笔钱。当时在那里的人有谁不知道米特拉达铁斯更急于荣耀特腊勒斯人，而不是蹂躏他们？先生们，要是我应当说我必须说的话，那么我会更加细致地讨论此事，而不是像现在这样，只是相信你们会提到亚细亚城邦提供的证据。我要提醒你们记住米特拉达铁斯战争，记住罗马公民在许多城市的同一时刻经历的恐怖和残忍的屠杀，记住我们的执法官叛变了，我们的使者被锁链捆绑，记住罗马的名字和政府几乎湮没，不仅从希腊人的住处消失，而且从书面文件中消失。他们把

米特拉达铁斯称做神、父亲、亚细亚的大救星、尤伊乌、尼西乌、巴库斯、利伯尔①。在那个时候，整个亚细亚对执政官卢西乌斯·福拉库斯关闭了大门，而他们不仅接受这位"卡帕多奇"②进城，甚至自愿地邀请他。要是我们不能忘记这些事情，请允许我们至少对它们保持沉默；请允许我谈论希腊人的软弱，而不是谈论他们的残忍。他们对那些他们并不希望其存在的人有影响吗？因为他们杀死了他们能够杀害的所有罗马公民，竭尽全力摧毁罗马这个名字。

【26】他们现在会在这座被他们仇视的城市里，当着这些他们想要欺骗的人的面，在一个他们不缺少意愿但缺少力量想要摧毁的国家里，自吹自擂吗？让他们从这些代表团和福拉库斯的支持者中寻找真实的和真正的希腊人，然后让他们掂量一下自己，拿这些人与他们做比较，并且，要是他们敢这样做的话，看看他们属于哪个等级。

这里有人来自雅典。人们认为人文、知识、宗教、谷物、权利、法律都诞生在雅典这个地方，从这里传遍整个大地。如故事所说，甚至连诸神也在争执由谁去占领他们的城市，它太美丽了。③他们说这块土地非常古老，它的人民是从它自己的土地中生长出来的。这块土地是他们的母亲，是他们的保姆，是他们的祖国。还有，已经衰落的希腊人的名字现在就靠这座城市的名声来支撑。斯巴达人也在这里，这个城邦以勇敢著称，这种品德不仅是天赋的，而且依靠严格的纪律。在整个大地上，只有他们生活了七百多年而没有改变习俗和法律。来自整个阿该亚、波埃提亚、帖撒利的许多代表团都在这里，福拉库斯后来在麦特鲁斯麾下担任副将就在这些地区。我也不会忘了

---

① 尤伊乌（Ehuius）这个名字派生于酒神巴库斯（Bacchus）信徒的呼喊，尼西乌（Nysius）这个名字派生于传说中酒神巴库斯的出生地尼萨（Nysa），利伯尔（Liber）是巴库斯的称号。

② 卡帕多奇（Cappadocian），一个带有蔑视意味的术语，指米特拉达铁斯。

③ 希腊神话中说，诸神决定根据谁能造出对凡人最有用的礼物来决定由谁担任雅典城的保护神。波赛冬创造出马，雅典娜创造出橄榄树。诸神决定由雅典娜担任雅典城的保护神，雅典城依据雅典娜的名字命名。

提到你们，马赛人，你们认识担任军法官和财务官的福拉库斯。我要说这个
城邦的训练和尊严不仅值得希腊人喜爱，或许也值得所有民族喜爱。尽管它
远离整个希腊，有着不同的训练和语言，它虽然位于一个遥远的地区，周围
都是高卢人的部落，经常受到野蛮人的侵袭，但它仍旧是由最优秀的公民的
智慧统治的，所有人更容易赞扬而不是模仿他们循规蹈矩的生活。福拉库斯
受到他们的赞扬，要是我可以借助希腊人的帮助来反对希腊人的话，那么他
们可以证明福拉库斯的清白无辜。

【27】然而，对这些事情有一些了解的人确实不知道希腊人实际上分成
三部分。雅典人是一部分，他们被认为属于伊奥尼亚人。第二部分称做埃俄
利亚人，第三部分称做多利亚人。所有希腊人在各种技艺，乃至于在政治和
军事上，拥有很多的名声、荣耀和知识，但是如你们所知，他们只占有欧罗
巴的一小部分，并且始终如此。它征服了亚细亚海岸及海滨城市，但没有设
防，而只是包围了那里的种族。因此，我请求你们这些来自亚细亚的证人，
如果你们真的希望知道自己对这场审判能有多大的影响，请记住必须由你们
自己来彰显亚细亚的名声，要记住，不要说其他民族怎样说你们，而要说你
们自己如何看待自己的种族。因为就像我认为的那样，你们的亚细亚是由弗
里吉亚、密西亚、卡里亚、吕底亚组成的。所以，"一名弗里吉亚人通常总
是靠着鞭笞来改进"这句谚语是我们的还是你们的？还有，涉及所有卡里亚
人的一句谚语——"要是你希望冒险，那么你在这样做的时候必须使用一名
卡里亚人做榜样"——不正是通过你们自己的嘴到处流传的吗？还有，"他
是最低等的密西亚人"，这在希腊语中是众所周知的常识，称一个人为密西
亚人表示对他的蔑视。关于吕底亚我该说些什么呢？希腊人所写的喜剧中，
有哪位出色的奴隶不被说成是吕底亚人？所以，要是我们决定让你们自我评
价，那么会公正吗？关于来自亚细亚的证人，我现在确实认为自己已经说够
了，说得太多了。先生们，用你们自己的思想和想象去把握能够说明这些人
的软弱、不负责任、贪婪的一切吧，这样做仍旧是你们的义务，因为我已经
无法把它们全都说出来了。

【28】下面要说的事情是犹太人的黄金引起的公愤。这个案子在距离奥勒良阶梯①不远的地方审判，人们对在那里审判的原因没有什么疑问。莱利乌斯，你赞成在那个地方由那些人来审判。你知道会有多少人参加，知道他们会如何抱成一团，知道他们在这种非正式的公民集会中会有多大的影响。所以我下面要低声说话，只让陪审团听到。因为在这些人中间并不缺少唆使者，他们想把人们鼓动起来反对我，反对每一位可敬的人。我不会帮他们的忙，让他们的阴谋更容易得逞。按照每年的惯例，犹太人从意大利和我们的所有行省把黄金送往耶路撒冷，而福拉库斯颁布法令，禁止从亚细亚输出黄金。先生们，在那里的人有谁不能诚实地赞扬这一行动？较早时候，在我担任执政官期间，元老院也曾急迫地要求禁止黄金输出。为了抵御这种野蛮的迷信，需要采取坚定的行动，不能迁就犹太民众的要求，因为国家的幸福是一项最严肃的行为，而犹太人在我们的公民大会上有时候表现出炽烈的欲望。"但是格奈乌斯·庞培攻占耶路撒冷以后没有染指犹太人的圣殿。"他这样做非常聪明，就像他在许多其他事情上的表现一样。在一个最容易引起怀疑和诽谤的国家里，他没有给人留下任何散布流言蜚语的机会。但是，我认为阻止这位杰出的将军染指圣殿的不是犹太人和他的敌人的宗教情感，而是他的荣誉感。那么有什么理由指控福拉库斯呢？你确实从来没有以盗窃罪起诉过他，你批准了他的法令，你承认有关债务已经有了判决，你不否认有关黄金的事情是公开的，是公布了的，这些事实岂不都在表明管理这件事的是一位杰出的人士？在阿帕美亚，略少于100磅的黄金公开地从库房中取出，在集市广场上，在执法官塞克提乌斯·凯西乌斯的座位面前，由他的代理人过秤，凯西乌斯是一位罗马骑士，一个正义而又高尚的人；在拉科尼亚，20多磅黄金由我们的法官塞克斯都·佩都凯乌过秤。在埃德雷米特……② 少量的黄金由罗马派

① 奥勒良阶梯（Aurelian Steps），此处距卡斯托耳神庙不远，是犹太人喜欢的聚会点。
② 此处原文有少量佚失。

往帕伽玛的特使格奈乌斯·多米提乌过秤。有关黄金的账目是正确的。黄金存放在国库里，没有发生贪污，说他贪污只是有人想陷害他，让人们对他产生公愤。有关的抗辩并没有对着法官讲，而是对着大批民众。莱利乌斯，每个城邦都有它自己的宗教禁忌，我们也有我们自己的宗教禁忌。甚至当耶路撒冷圣殿耸立、犹太人与我们和睦共处时，他们的神圣祭仪与我们帝国的荣耀、我们名字的尊严、我们祖先的习俗也很不一样。现在的情况更是如此，当这个国家凭着武装抵抗表明了她如何看待我们的统治时，她在不朽的诸神眼中有多么珍贵已经由她被征服、缴纳赋税、成为奴隶这一事实表明了。

【29】由于你们希望受到指控的事情，如你们所见，已经完全变成了一件值得赞扬的事情，所以，让我们现在来看罗马公民的抱怨，其中狄西阿努的抱怨肯定应当首先考虑。狄西阿努，请你告诉我，你受到了什么不公正的对待？你在一个自由的国家做生意。首先，让我向你打听一些事。你做生意有多久了？尤其是你出生在这个国家有多久了？30 年来你一直在集市上忙碌，但那是在帕伽玛。很长一段时间以后——也许是你乐意到外国旅行以后——你来到罗马，你给我们带来了一种新气象，一个老名字，以及推罗人的紫色染料。在这一点上我妒忌你，因为你可以能干地长时间穿一套衣服。但这一点我就不说了。你乐意做一名商人，那你为什么不在帕伽玛、士每拿、特腊勒斯做生意，那些地方有许多罗马公民，也实行罗马法，由我们的行政官员管理？安宁使你愉快，而争斗、动荡、审判为人痛恨；你喜欢希腊人的自由。那么，为什么只有你在毒害阿波罗尼斯人——他们忠于罗马人民，是罗马人民最忠实的同盟者——胜过米特拉达铁斯，甚至超过你父亲的所作所为？你为什么不允许他们享有他们的自由，并且在事实上自由？在整个亚细亚，他们是最节俭、最正直的人，他们没有希腊人的奢侈和软弱，安居乐业，辛勤耕作。他们拥有天生肥沃的土地，他们的精耕细作使土地变得更加肥沃。你想在这个地区拥有一处地产。我宁可希望你能在靠近这里的克鲁图米乌和卡佩那得到一处地产，肥沃的土地使你愉悦，这很像是你要做的

事。这一点我们也略去不说了。加图有句格言说："用脚挣钱。"① 从台伯河到凯库斯有很长的路要走，要是没有找到忒勒福做向导，这个地方甚至连阿伽门农也会迷路。② 有关这一点我也不说了。这个镇子是令人愉快的，这个城邦是令人高兴的。

【30】你应当购买一些土地。论出身、论地位、论名声、论财富，阿明塔斯是那个城邦的头面人物。他的岳母智力迟钝，但相当富有，狄西阿努奉承巴结她，在她毫无察觉的情况下在她的庄园里安插了自己的奴仆，最后还占有了阿明塔斯的妻子。她怀孕后在狄西阿努家中生下了一个女儿。直到今天阿明塔斯的妻子和女儿都还在狄西阿努家中。狄西阿努，我没有虚构这些事情，对吗？所有高贵的人都认识她们，所有诚实的人都知道她们，我们自己的人民都认识她们，那些小商贩们也认识她们。阿明塔斯，你要振作起来，向狄西阿努讨还属于你的东西，你不要讨回你的金钱，也不要讨还你的土地，甚至可以让他保留你的岳母，但要让他把妻子还给你，让他把女儿还给她可怜的父亲。他无法复原你的被石头、棍棒、枷锁弄伤了的双腿，不能复原你的被他弄残了的双手，不能复原被他弄断的手指，不能复原被他砍断的脚筋，但我要说的是女儿，狄西阿努，把这个女儿还给她悲伤欲绝的父亲。你不敢保证福拉库斯会批准这些事情，对此你感到奇怪吗？请问，你得到了谁的批准？你公然欺骗一名弱智的妇女，安排了一场虚假的土地买卖。按照希腊人的法律，在这些案子中需要指定一名监护人。你指定了你雇来的仆人波勒莫克拉底，他是你实现计划的工具。狄奥在处理这件事情的时候把波勒莫克拉底抓来审判，告他阴谋欺诈。人们从四面八方赶来参加审判，纷纷表示了他们的悲伤和对波勒莫克拉底的愤恨！民众全体投票一致同意判处波勒莫克拉底有罪。宣布这桩土地买卖无效，公告作废。但你并没有对此做出赔偿，对吗？你把这件事告诉了帕伽玛人，以为他们可以在公共记录中记

---

① 这里的意思是越远的地产越便宜。
② 参见荷马：《伊利亚特》第1卷，第59行。

下你的土地买卖和公告。但他们拒绝了。"那么这是谁干的?"帕伽玛的一些人，那些赞扬你的人。在我看来，你似乎以赞扬帕伽玛人为荣，就好像你获得了你祖先的等级。① 在这一点上你认为自己比莱利乌斯优越，因为帕伽玛的公民赞扬你。可是帕伽玛城邦并不比士每拿城邦光荣，是吗? 甚至帕伽玛人民自己也不会说帕伽玛比士每拿更光荣。

【31】我希望有时间复述士每拿人民在卡却西乌死后通过的一项法令: 首先，他的尸体可以进城，这项特权是其他人所没有的; 其次，要由一些年轻人抬着他进城; 最后，虽然他已经死了，但仍要给他戴上一顶金冠。那位杰出的普伯里乌·西庇阿死在帕伽玛的时候也没有得到这种待遇。但是对卡却西乌，不朽的诸神啊，他们用了什么样的赞美的话语! 他们称他为"国家的荣耀、罗马人民的光彩、青年人的榜样"。因此，狄西阿努，要是你渴望荣耀，我建议你去寻求其他赞美。因为帕伽玛人民在嘲弄你。当他们用"著名人士，拥有杰出的智慧和非同寻常的才能"这些词描绘你的时候，你难道不知道他们是在嘲弄你吗? 相信我，他们正在开你的玩笑。当他们把一顶金冠放在法令上时，他们托付给你的黄金真的不会多于扔给一只乌鸦的黄金。到现在你还不能察觉这些人的机智和幽默吗? 所以，帕伽玛人自己废除了你的想要登记在册的地产购买。睿智而又高尚的普伯里乌·奥庇乌斯做出了不利于你的判决。

【32】我的朋友，你在普伯里乌·格劳布鲁那里得到了更多青睐。对此，我和他现在也并不后悔! 你说福拉库斯对你的案子判决不公。你还说他对你抱有敌意是有理由的，因为你的父亲在担任保民官时起诉过卢西乌斯·福拉库斯的父亲，他是一名残忍的市政官。但是这种事情甚至对福拉库斯的父亲来说也不是一件令人愉快的事，尤其是他后来当了执法官和执政官，而起诉他的人却不能待在这个国家里当一个普通公民。但若你认为这种敌意是合理的，那么为什么当他是一名军法官的时候你是福拉库斯军团里的一名士兵，

---

① 狄西阿努是骑士等级，他的父亲是元老院议员等级。

而军法允许你逃避一名保民官的不公正待遇？还有，他在担任执法官时使你成为元老院成员，而你却是他世代相袭的敌人？确实，你们全都知道这些权利得到何等精心的维护。而我们现在却受到身为我们议会成员的那些人的指控。"福拉库斯制定了一项法令。"这样做并没有什么错，不是吗？"它旨在反对一个自由国家里的人。"元老院并没有做出其他决定，不是吗？"在一个人缺席时对他做出不利的决定。"他签署法令时你确实在场，但你不愿意走上前来。这不是在一个人缺席时对他做出不利的决定，而是在反对一名想要隐藏起来的被告！

[宣读元老院的投票结果和福拉库斯的法令。]

很好，要是他没有签署一项具体的法令，而只是签署一般的命令，那么有谁能合理地挑出他的毛病来？因为你不会批评我兄弟写的那封充满仁慈和正义的信，对吗？这封信是他从帕塔拉写给我的，其中提到了那位妇女。读一读吧。

[宣读昆图斯·西塞罗的信。]

你看如何？阿波罗尼斯的人民利用这个机会，向福拉库斯报告了这些事情，他们不是在格劳布鲁还没有得到消息之前就在奥庇乌斯之前采取行动了吗？当我是执政官的时候，阿波罗尼斯人的使者不是向我们元老院申诉了狄西阿努的种种不义行为吗？但是，你甚至想把这些正在调查的地产退回去重新估价。这样一些事实我不想再说了：这些地产属于其他人，你用暴力占有了这些地产，阿波罗尼斯人民已经证明它们不属于你，帕伽玛人民也拒绝了这些地产，他们的行政长官已经完整地把它们归还原主，你对这些地产没有任何所有权或占有权。我只想问你：这些正在调查的地产有无完全合法的归属，它们只是通过形式上的购买而发生了所有权的转移，还是在国库或监察官那里正式登记了的？还有，你把这些地产登记在哪个部落的名下？要是进入财政最困难的时期，你就要冒险为一份地产缴纳双份税，既在阿波罗尼斯缴纳，又在罗马缴纳。这一点我也不多说了。你夸夸其谈，希望通过土地登记正式拥有大量土地，并使之不能再分配给其他罗马人。你公然宣称自己手头有 13 万个罗马大银币。但我想你可能从来没有数过自己有多少钱。但是这一点，我也省略不谈。你宣称阿明塔斯的奴隶是你的，而你并没有对他做什么错事。然而阿明塔斯拥有这些奴隶。当他听说你声称这些奴隶是你的，一开始他确实很害怕。他去向法理学家们咨询。但他们一致认为，要是狄西阿努可以把别人的财产说成是他的，那么他会拥有最大的……①

【33】你们现在该明白使狄西阿努满怀敌意向莱利乌斯提出这桩著名诉讼的原因了。因为莱利乌斯在谈论狄西阿努的背信弃义时提出这样的埋怨，他说："这件事是他向我报告的，我主要依据他的说法，他在这件事上误导我，他受到福拉库斯的教唆，而他最后又抛弃和背叛我。"所以，请你告诉我，这样做有可能使莱利乌斯失去他所有的幸福，他要冒这种险，对此你需要负责吗？你是他的顾问。他是一位高尚的人，出身高贵，忠实地为国服务，而你靠着他才担任所有公共职位。② 当然了，我还是要为狄西阿努做一些辩护，你们对他产生怀疑并非由于他本身的过错。相信我，他并没有腐败。从他那里我们能得到什么？他应当拖延审判吗？法律只允许延迟六个时辰。请你们告诉我，如果他希望令你们满意，在这六个时辰里他又能做些什么呢？当然了，他也可以怀疑你们作为他的同伙妒忌他的才能，而他已经机灵地扮演了他的角色，审慎地盘问了证人。或者说，他也许能够想方设法使你们逃脱人们的责难，所以你们怂恿狄西阿努去面对众多的听众。然而情况更像，或者非常像是狄西阿努受到福拉库斯的唆使，所以我们可以确定其他一些陈述也是假的。例如，阿普留斯的陈述，他说卢西乌斯·瓦勒留·福拉库斯想要给他 200 万个小银币，让他违背誓言。你说被你指控为贪婪的这个人会乱花这 200 万个小银币吗？狄西阿努，你说他收买你，他到底要买你的什么？你对他的忠诚吗？在这个案子中我们要你担当的角色是什么？你应当揭露莱利乌斯的计划，或者说你应当为他提供什么样的证人？还有，我们自己

---

① 原文此处有佚失。
② 具体担任什么职位不清楚，可能指在莱利乌斯军中任职。

难道看不到，你不是和他生活在一起吗？有谁不知道这一点？相关的记录在莱利乌斯手里吗？那些记录有什么疑问吗？或者说你不应该完整地提出指控？你现在正在引起人们怀疑，因为你已经说了，他似乎确实从你那里得到了某些东西。

【34】"但是塞克斯提留·安德洛遭到的待遇极为不公正，这种事情根本不应该发生，安德洛的妻子瓦勒利娅死的时候没有留下什么遗嘱，福拉库斯就对她的地产做了安排，好像继承权属于他似的。"在这件事上，我想知道你到底发现了什么问题。福拉库斯冒领遗产了吗？如果是，你怎么证明？"她生来就是自由的。"噢，多么博学的法理学家！你在说什么？身为自由人的妇女按照法律没有继承权吗？"由于结婚，这些东西成了她丈夫的财产。"① 噢，我听出点意思来了，但我要问，他们之间的这桩婚姻是由于"同居"还是由于买卖？② 在关于婚姻的民法中，这样的遗产继承是不可能的，因为没有所有监管人的同意，由监管人掌握的地产不可能被拿走。通过买卖吗？那么好，有所有监管人的批准吗？你肯定不会说福拉库斯是监管人之一！情况只能这样，他决不会停止高声大喊，身为执法官维护自己的利益和讨论财产继承是不恰当的。卢西乌斯·卢库鲁斯，你将要对卢西乌斯·福拉库斯的案子投票，我听说，在你担任亚细亚行省总督的时候，由于你的慷慨举动以及为你的朋友造福，你获得了大笔财产。要是有人说这些财产属于他，你会放弃这些财产吗？你，提多·威提乌斯，要是一项在阿非利加的遗产落到你手里，在不贪婪和不丧失尊严的情况下，你会摒弃它，还是把它收下？这项遗产是格劳布鲁担任执法官时以福拉库斯的名义认领的。没有任何武力、机会、暴力、机遇、权威、权力的标志，促使福拉库斯采取不正义的行动。我的朋友、杰出的马库斯·洛尔科对此也提供了恶毒的证词，他说一名执法官不能在他的行省里向一位公民要钱。马库斯·洛尔科，请你告诉

---

① 奴隶结婚才成为丈夫的财产。

② 男女同居一年而成为法律上的合法夫妻。一名妇女把自己卖给男性而成为他合法的妻子。

我，为什么他不能向公民要钱？他不能用严刑拷打来迫使公民交钱，也不能违反法律接受公民的金钱，但你决不可能证明他不应当向公民要钱，除非你证明他要钱的行动非法。或者说，在进行调查时接受别人赠送的盘缠是对的，就像你和其他许多好人后来经常做的那样。这种事情我不反对，但我看到同盟者在抱怨。你认为，要是一名执法官不放弃在他行省里的遗产，那么他不仅必须受到检查，而且要被判刑吗？

【35】他说："瓦勒利娅已经把她的所有财产当做嫁妆。"这一点根本无法解释，除非你能说明她根本不受福拉库斯的监护。要是她这样做了，那么未经福拉库斯的同意，把任何东西指定为嫁妆都是无效的。你仍旧可以看到洛尔科对福拉库斯非常愤怒，尽管为了保持尊严，他在作证时始终采取有节制的语调。他既没有隐瞒他愤怒的原因，也没有说他应当这样做，他只是抱怨福拉库斯担任执法官的时候判处他的被释放奴隶有罪。噢，你们瞧我们行省管理的可恶状况，对职责的忠诚培育出仇恨，粗心大意培育出相互指责，坚定蕴藏着危险，仁慈导致不感恩，谈话充满欺诈，和蔼掩盖着危险，每个人的样子都很友好，但许多人心中充满愤恨，仇恨被掩盖着，而奉承拍马则是公开的！执法官将要到来时他们在期盼，执法官到了以后他们表现得非常恭敬，执法官走了以后，他们就把执法官给忘了！但是让我们省略这些抱怨，免得我们显得像是在赞美自己的决定，拒绝去行省任职。① 福拉库斯送来一封信，里面提到一位名叫普伯里乌·塞提米乌的高尚人士的仆人。这名仆人犯了杀人罪。你们可以看到塞提米乌眼里冒着凶光。福拉库斯按照已经公布的法律对洛尔科的被释放奴隶做出了判决；洛尔科是他的敌人。但那又怎么样？亚细亚因此就向一位有权有势的人的被释放奴隶投降了吗？或者说福拉库斯出于妒忌才设法打击你的被释放奴隶？或者说在你宣布了对我们的看法以后我们坚定地反对你和你的人，并且赞美福拉库斯，所以你痛恨我们

① 西塞罗本人曾两次拒绝赴行省任职，一次是在他担任执法官以后，一次是在他担任执政官以后。

的坚定？

【36】但是如你所说，这位安德洛的地产被人糟蹋，但他还没有到这里来提供证词。要是他来了，那又如何？盖乌斯·凯西留斯是整个定居点的仲裁者。他有多么优秀、诚实、正直啊！盖乌斯·塞克斯提留提供了有封印的证词，他是洛尔科的外甥，是一个非常谨慎而又坚定的人，有很大的影响。要是这里面存在着暴力、欺诈、恫吓和歪曲，那么又是谁在迫使人们达成协议或者强迫他们接受仲裁呢？还有，要是所有金钱都已经还给这位小卢西乌斯·福拉库斯①，如果这一点是在这位年轻人的父亲的被释放奴隶安提奥库斯的帮助下实现的——老福拉库斯极为欣赏安提奥库斯——那么我们似乎不仅避免了被指责为贪婪，而且因为我们的格外慷慨而赢得了赞扬，是吗？他放弃了一项遗产。按照法律，他和他的一位年轻的亲戚共同享有这项遗产，但他本人没有取得瓦勒利娅的任何地产。由于他本身的节制，而不是由于庇护人赐给他的幸运，他不仅决定这样做，而且仁慈地这样做了。由此我们可以明白，这个仁慈地放弃遗产的人决不会违法地攫取金钱。

但是法基狄乌的指控到处流传。他说他给了福拉库斯50个塔伦特②。让我们听一听这个人说话。他不在这里。那么好，他过去说过些什么？他母亲带来一封信，他姐姐带来另一封信。她们说他写信给她们，在信中提到把这笔钱给了福拉库斯。这个在祭坛上举手宣誓都不会有人相信的人能以未经发誓的一封书信的方式证明他说的这件事吗？他是一个什么样的人！他的同胞公民爱他有几分！他宁可花费他继承的财产，设宴款待希腊人，而不愿在我们中间这样做。在自由被剥夺以后，他为什么必须离开这座城市，去冒航海的危险？就好像他在罗马无法消磨时间似的。最后，这位快活的儿子在信中向他可怜的母亲、一位令我们无法怀疑的可敬的老妇，解释他自己的行径，为的是让她明白他没有浪费这笔钱去航海，而是把钱给了福拉库斯！

---

① 被告与这位小福拉库斯及其父亲的关系不详。

② 塔伦特（talents），希腊货币单位。50个塔伦特约合1.2万个罗马大银币。

【37】"但是，格劳布鲁担任执政官的时候出售了特腊勒斯的征税权；法基狄乌花了90万个小银币购买了征税权。"当然了，如果他给过福拉库斯这么多钱，那么他事先肯定要讨价还价。因为他要购买的东西肯定更值钱。要是他的付出超过他所获得的利润，那么他在这桩买卖中将一无所获。因此他会亏本。他为什么要下令出售他在阿尔巴的地产？还有，他为什么要哄骗他的母亲？他为什么要在信中利用他的姐姐和母亲的弱点？最后，我们为什么不听他本人讲话？我想他是被那个行省耽搁住了。但他的母亲否认这一点。她说："要是传唤他，他会来的。"要是你依靠那份证词，那么你肯定会迫使他出庭，但你不想打扰他的生意。在他面前会有大批想要与他为敌的希腊人，但我想他们已经找不到他了。因为这个人只身在整个亚细亚以外的地方饮酒作乐。但是，莱利乌斯，谁告诉你有这些信件？这些女人说不知道谁告诉你的。因此是他本人对你说他写了这些信给他的母亲和姐姐吗？或者说他写这些信是应你的要求？你有没有问过最高尚、最可信的马库斯·艾布提乌、法基狄乌的亲戚？你有没有问过他的女婿盖乌斯·玛尼留斯、一个同样忠实于真理的人？要是有这么大一笔钱给了福拉库斯，那么这些人肯定不会不知道。狄西阿努，通过复述这些信件，通过这些可怜的妇女的证词，你认为自己能够在受到赞扬的这位写信人缺席的时候证明如此严重的指控吗，尤其是你自己，而不是法基狄乌，已经提出这样一种看法，认为一封伪造的信件比出庭者虚假的嗓音和伪装的悲伤能起更大的作用？

但是我要问，为什么我要对法基狄乌的信件、塞克斯提留·安德洛、狄西阿努的调查喋喋不休，说个没完，而对我们的公共安全、国家的未来、共和国的最高利益保持沉默？先生们，在这场审判中，我说的是你们，这些方面的重任落在你们每个人的肩上。你们明白，我们生活在一个何等不定、动荡、混乱的时代。

【38】某些人心怀鬼胎，但这是他们的问题，而你们的意图、决定、投票也可能对全体值得尊敬的公民不利。针对叛国阴谋你们已经做出了许多重要决定，与我们国家的尊严相符。他们并不认为肯定能推翻这个国家，除非

能使最重要的公民因犯罪而受惩罚。盖乌斯·安东尼乌斯①被放倒了。没有办法，他的个人名声确实不太好。但若由你们担任他的陪审团（我有权这样说），那么他仍旧不会被定罪。在判他有罪的时候，卢西乌斯·喀提林的坟墓上摆满了鲜花，那里成了胆大妄为的国家公敌聚会宴饮的场所。有人为喀提林举行葬礼仪式，而现在通过你们的尝试，对伦图卢斯②的惩罚现在落到了福拉库斯身上。你们怎能为普伯里乌·伦图卢斯举行盛大的祭祀？他想在一场国家的灾难中屠杀你们和你们的妻子儿女，他要痛饮卢西乌斯·福拉库斯的鲜血，以此平息他对我们所有人的仇恨。要平息伦图卢斯的怒火，还是让我们来献祭吧，让我们回忆那些流放；要是你们愿意，为了对祖国的巨大忠诚和无比热爱，让我们轮流接受惩罚！告密者已经提到了我们的名字，反对我们的指控已经虚构出来，危险正在逼近我们。如果其他人是他们的代理人，如果罗马人民的名字被用来鼓动大批无知的公民，那么我们可以更加平静地承受它；但要我们相信，在公共意愿、公民们一致的目标和勇气的推动下，一直为了公共安全而努力的罗马元老院议员和骑士会糟蹋罗马人民的幸福，把国家领导人和国家的栋梁从这个国家驱逐出去，这是不可容忍的。他们看到罗马人民拥有相同的目的和希望；罗马人民，那些并非默默无闻的人，会以各种方式说明他们的想法、他们的希望、他们的期待。所以，要是有人传唤我，那么我会来的。我不会拒绝接受罗马人民的审判。我甚至要求审判。但不要有暴力，不要有飞舞的匕首和石块，让那些打短工的人离开，让那些奴隶闭嘴。愿意听我话的人没有一个——只要他是一个自由人和一位公民——会不公正地想让我受惩罚。倒不如说，他会认为我应当受奖赏。

【39】噢，不朽的诸神，还有什么事情比这件事情更糟！我们从普伯里乌·伦图卢斯手中夺下刀剑和火把，把审判托付给这些无知的民众，难道我们还会害怕这些精选过的心灵、这些高尚庄严者的投票吗？玛尼乌斯·阿奎

---

① 与西塞罗一同担任执政官。

② 参与喀提林阴谋的主犯。

留斯受到指控，由于有许多证人，他被判处犯了勒索罪，但由于他曾英勇地对那些逃跑的奴隶作战，我们的祖先废除了对他的判决。后来，我作为执政官为盖乌斯·庇索辩护，为了国家的利益，他被保存下来，没有遭到判决，因为他曾是一名勇敢坚定的执政官。作为执政官，我还为候任执政官卢西乌斯·穆瑞纳做过辩护。尽管他的原告影响力极大，但是陪审团中没有人认为应当听取行贿的指控，因为喀提林已经在发动战争，于是在我的建议下，陪审团一致决定1月1日必须要有两名执政官。无辜、正直的奥鲁斯·塞耳姆斯在各方面都很优秀，在我的辩护下，他今年两次被判无罪。罗马人民欢欣鼓舞，相互道喜，为了我们的祖国！清醒聪明的陪审员们在判案时总是考虑到国家的利益、公共的安全、共和国的经验。先生们，当投票板交到你们手中时，它不仅意味着对福拉库斯投票，而且意味着对国家安全的领袖们投票，对全体优秀公民投票，对你们自己、对你们的妻子儿女、对你们的生命、对你们的祖国、对我们所有人的安全投票。你们要判决的案子不是外国人的事情，不是你们同盟者的事情，你们正在对你们自己和你们自己的祖国进行判决。

【40】如果行省的利益对你们的影响超过你们自己的利益，那么我不仅要拒绝，而且会要求你们接受行省的影响。因为对亚细亚行省来说，首先，我们要反对这个在福拉库斯陷入危险时派了代表和律师前来反对福拉库斯的行省；其次，要反对的行省有高卢、西里西亚、西班牙、克里特。还有，吕底亚、弗里吉亚、密西亚的希腊人将会受到马赛利亚、罗得岛、斯巴达、雅典、整个阿该亚、帖撒利、波埃提亚的希腊人的反对。普伯里乌·塞提米乌和昆图斯·麦特鲁斯将会列阵反对塞提米乌和凯留斯的证词，见证被告的节制和诚实；会有人提出罗马的司法管理来反对亚细亚的司法管理。卢西乌斯·福拉库斯的整个生涯和生活将会为他辩护，反对这项只涉及一年时间的指控。如果说我们已经说明，当卢西乌斯·福拉库斯在担任军法官的时候，当他在担任执法官的时候，当他在担任最著名的将军们的副将的时候，当他在最优秀的军队中任职的时候，当他在最重要的行省任职的时候，他已经向

他的祖先证明了他自己的价值，那么我们也应当在这里，在你们的眼皮底下，说明在我们所有人遭遇共同危险的时候他已经分担了我的危险。让我们阐明那些最高尚的城镇和殖民城邦对他的赞扬，以及罗马元老院和人民对他响亮而又诚挚的赞美。想一想那个几乎使这座城市陷入永久黑暗的夜晚，当时高卢人受到参战的邀请，喀提林来到这个城市，阴谋者的刀剑与火把已经准备就绪，而就在那天晚上，我含着热泪向你福拉库斯恳求，而你同样也热泪盈眶，我把关系到整座城市和全体公民安全的重担托付给你，你对国家具有久经考验的忠诚！福拉库斯，作为执法官，你抓获了信使，缴获了信件，消除了他们可能带来的祸害。① 你向我和元老院提供了我们面临巨大危险的证据和获救的方法。我、元老院、全体正直人，为此向你表示了多么衷心的感谢！我们不仅要宣判你和勇敢的盖乌斯·庞普提努无罪，而且要赞美你们。我想，又有哪个高尚者会拒绝这样的要求？啊，这就是我担任执政官的那一年的 12 月 5 日！我确实可以把这一天称做这座城市的生日，或者至少称做她的得救日。

【41】想一想那一天的前一个晚上②，这座城市面临厄运，而我们濒临灭亡！在这样的时刻，卢西乌斯·福拉库斯（至于我自己，我就不说了）表现出对国家的无比热爱，表现出勇敢和坚定的品质！但是我为什么要谈论这些当时已经由全体罗马人民一致赞同、全世界为之提供了证据所表达的事情呢？因为我现在害怕，要是不谈论福拉库斯的勇敢，这些事情可能会伤害福拉库斯。因为我知道坏人的记忆有时候比好人的记忆更牢固。福拉库斯，我曾经说过，要是这件事情出了差错，我要毁了你。我的话是一种誓言，我的话是一种保证，我的话是一种担保。我庄严地向你许诺，要是我们拯救了国家，不仅你的今生今世都将受到保卫，而且所有可敬的公民都会荣耀你。我想过，并抱着这样的希望，即使我们给予你的荣耀在你眼中不值一提，但至

---

① 参见《反喀提林》，福拉库斯和盖乌斯·庞普提努带队抓获阿洛布罗吉人使节。

② 指伦图卢斯和其他反叛者被逮捕的那个晚上。

少我们的安全有了保证。确实，先生们，即使我们对卢西乌斯·福拉库斯不公正（愿不朽的诸神能够阻挡这个诅咒），他也决不会后悔，他会衡量你们提供的保护，他会接受你们和你们的妻子儿女的建议，他会考虑你们的幸福。他始终相信他有义务维护他的家庭、他自己、他的国家的尊严。先生们，我以不朽诸神的名义起誓，宽恕这样一位公民吧，你们决不会因此而蒙羞。这个派别在这个国家里有许多追随者，他们想要令你和像你一样的人欢喜，他们在意每一位名人的影响，在意每个等级的重要性，当他们看到这里有一条担任公职的捷径时，他们还会去觊觎其他东西吗？

【42】但还是让他们拥有其他一切，让他们保留他们的权力，让他们保留他们的职位，让他们完全控制其他利益，但我们要让那些希望拯救国家的人首先得到拯救。先生们，不要认为这些人不依附于任何党派，那些还没有获得公职的人就不在等候这场审判的结果。要是那些对好人有巨大影响、对元老院保持忠诚的人会给卢西乌斯·福拉库斯降灾，那么请你们想象一下，从今以后又有谁会愚蠢地认为自己宁可选择这条笔直平坦的、而此前他认为崎岖不平的生活道路呢？先生们，要是你们对这种类型的公民感到厌倦，那么你们可以申斥他们；那些愿意改变他们生活规则的人，那些不依附任何党派的人，将决定该怎么做，而我们这些已经有了美好生活的人将承受由于我们自己的疏忽带来的后果。如果你们希望尽可能成为这种类型的人，那么你们要在这场审判中说明你们的想法。先生们，面对这个可怜的孩子①，面对一名向你们和你们的孩子求助的乞援者，通过这场审判，你们应当赋予人们一种生活规则。要是你们判他的父亲无罪，那么你们就等于告诉他应当成为一名什么样的公民。如果你们把他父亲从他那里夺走，那么你们就等于告诉他，你们对这个正直、坚定、高尚的人的生活并不尊重。他在向你们乞求，不要让他父亲的眼泪增加他的悲伤，也不要让他的哭泣增加他父亲的悲哀；因为他已经到了承受他父亲的悲哀的年龄，但还不足以帮助他的父亲。你们

---

① 指福拉库斯之子，在此引入以激起陪审团的同情。

瞧，他转过身来朝着我，他带着求助的眼神看着我，他在以某种方式呼唤我的荣耀，问我从前对他父亲许诺过的荣耀地位在哪里，要是他父亲拯救了这个国家。先生们，为了这个家庭，为了这个家庭古老的谱系，为了这个人本身的缘故，为了使这个国家保存一个最光荣、最辉煌的名字，怜悯这个家庭吧，怜悯这位最勇敢的父亲吧，怜悯他的儿子吧。

西汉译名对照表*

A

Absyrtus 阿布绪耳托斯

Acestans 阿凯斯坦

Achaea=Achaia 阿该亚

Achilles 阿喀琉斯

Achradina 阿克拉狄那

Acmonia 阿卡莫尼亚

Adramyttium 埃德雷米特（小亚细亚海滨城市）

Adriatic Sea 亚得里亚海

Adria 亚得里亚

Aeetes 埃厄忒斯

Aegritomarus 埃利托马鲁

Aemilius Alba 艾米留斯·阿尔巴

Aeneas 埃涅阿斯

Aenus 艾努斯

Aeolians 埃俄利亚人

Aeschrio 埃基里奥

Aesculapius 埃斯库拉庇俄斯

Aetna 埃特那

Aetolian League 埃托利亚·利古

Aetolians 埃托利亚人

Africanus 阿非利加努

Africa 阿非利加

Agamemnon 阿伽门农

Agathinus 阿伽昔努

Agathocles 阿伽索克莱

Agera 阿格拉

Agonis 阿果尼丝

Agrigentum 阿格里根图

Agyrium 埃吉里乌

Ajax 埃阿斯

Alatrium 阿拉特利乌

Alba 阿尔巴

Alexandria 亚历山大里亚

Allifae 阿利费

Allobroges 阿洛布罗吉（人）

---

* 西塞罗著作原文为拉丁文，含有少量希腊文，再转译成英文后有不同的词形变化；拉丁人的姓名很长，由若干部分组成，由于译名对照表仅起对照作用，故拆分开来统一排序；本表从内容上说包括人名、神名、族名、地名。

Athena 雅典娜

Athenio 阿塞尼奥

Athens 雅典

Atidius 阿提狄乌

Atilius Calatinus 阿提留斯·卡拉提努

Atilius Serranus 阿提留斯·塞拉努斯

Atlantic sea 大西洋

Attalia 阿塔利亚（小亚细亚庞培利亚的
　海滨城市）

Attalus 阿塔路斯

Atyanas 亚提阿纳

Aulus Atilius 奥鲁斯·阿提留斯

Aulus Aurius Melinus 奥鲁斯·奥里乌
　斯·美利努斯

Aulus Claudius 奥鲁斯·克劳狄

Aulus Cluentius Habitus 奥鲁斯·克伦提
　乌·哈比图斯

Aulus Gabinius 奥鲁斯·伽比纽斯

Aulus Rupilius 奥鲁斯·卢庇留斯

Aulus Sextilius 奥鲁斯·塞克斯提留

Aulus Terentius 奥鲁斯·特伦提乌斯

Aulus Thermus 奥鲁斯·塞耳姆斯

Aulus Trebonius 奥鲁斯·却波尼乌

Aulus Valentius 奥鲁斯·瓦伦提乌

Aulus（= Aulius）Caecina 奥鲁斯·凯
　基纳

Auria 奥莉娅

Automedon 奥托美冬

Autronius 奥洛尼乌

Aventine 阿文廷（罗马的一座小山）

Avillius 阿维留斯

Axia 埃克西亚

Aziobarzane 阿齐奥巴扎尼

B

Bacchus 巴库斯

Balbutius 巴布提乌

Balearicus 巴莱里库

Ballio 巴里奥

Bariobalis 巴里奥巴利

Bellona 柏洛娜

Bellus 贝鲁斯

Beneventum 本尼凡都

Bidis 比狄斯

Bithynia 庇提尼亚

Boeotia 波埃提亚

Boethus 玻苏斯

Bosphorus 博斯普鲁斯

Bovianum 波维亚努

Brundisium 布隆狄西

Bruttii 布鲁提人

Bruttium 布鲁提乌

Bulbus 布尔布斯

Byzantine 拜占庭

C

Caecilia 凯西莉娅

Caecilius Statius 凯西留斯·斯塔提乌

Caelius 凯留斯

Caesennia 凯塞尼娅

Caetra 凯特拉

Caicus 凯库斯

Caieta 卡伊塔

Calabria 卡拉布里亚

Calacte 卡拉特

Cales 开来斯

Callidama 卡利达玛

Camerinum 卡迈利努

Campania 坎帕尼亚

Campus Martius 战神广场

Cannae 卡奈

Capena 卡佩那

Capitium 卡庇提乌

Capitol 卡皮托利山

Cappadocia 卡帕多西亚

Capua 卡普阿

Caria 卡里亚

Carthage 迦太基

Casilinum 卡西利努姆

Casinum 卡西努

Castor 卡斯托耳

Castricius 卡却西乌

Catiline 喀提林

Catina 卡提那

Cato Sapiens 加图·萨皮恩斯

Cato 加图

Ceius 凯乌斯

Centuripa 坎图里帕

Cephaloedium 塞发洛迪

Ceres 刻瑞斯

Cetaria 凯塔里亚

Chaerestratus 凯瑞特拉图

Charidemus 卡利德谟

Chelidon 凯莉冬

Chersonese 凯索尼塞

Chios 开俄斯

Chrysas 克律萨斯（河）

Chrysogonus 克利索格努

Cibyra 西比腊

Cilicum（=Cilicia）西里西亚

Cinna 秦纳

Circe 喀耳刻

Circus Flaminius 弗拉米纽斯杂技场

Cleomenes 克勒奥美涅

Cleophantus 克莱俄芳图

Climachias 克里玛基亚

Cluentia 克伦提娅

Cnidus 尼都斯

Collatia 科拉提亚

Colophon 科罗封

Consa 孔萨

Corduba 考杜巴

Corinth 科林斯

Cornelius Artemidorus 高奈留·阿特米
多罗

Cornelius Tlepolemus 高奈留·勒波莱莫

Cornelius 高奈留

Cornificius 考尼费昔

Cos 科斯

Cratippus 克拉提普

Crete 克里特

Critolaus 克里托劳斯

Crustumium 克鲁图米乌

Cumae 库迈

Cupid 丘比特（罗马小爱神）

Curius 库里乌斯

Curtius 库提乌斯

Cyclopes 库克罗普斯

Cyme 库米

Cyprus 塞浦路斯

Cyrene 昔勒尼

Cyzicus 西泽库

D

Decianus 狄西阿努

Decimus Brutus 狄西摩斯·布鲁图

Decimus Laelius 狄西摩斯·莱利乌斯

Decimus Silanus 狄西摩斯·西拉努斯

Delos（=Deliacum）德洛斯（岛）

Demeter 德墨忒耳

Demetrius 德米特利

Dexo 德克索

Diana 狄安娜

Dianium 狄安娜神庙

Didius 狄底乌斯

Dinea 狄奈娅

Diocles Phimes 狄奥克勒·斐美斯

Diocles Popilius 狄奥克勒·波皮留斯

Diogenes 第欧根尼

Diognetus 狄奥奈图

Dionysiarchus 狄奥尼西亚库

Dionysia 狄奥尼西娅

Dionysodorus 狄奥尼索多洛

Dio 狄奥

Dis 狄斯

Docimus 多西姆斯

Dorian 多利亚人

Doria 多利亚

Dorotheus 多洛修斯

Dorylaeum 多利莱乌

Drepanum 德瑞帕努

E

Egypt 埃及

Ehuius 尤伊乌

Eleusis 厄琉息斯

Engyium 恩吉瓮

Ennius 恩尼乌斯

Entella 恩特拉

Ephesus 以弗所

Epicrates 厄庇克拉底

Epigonus 埃庇戈努

Equitius Gracchus 埃奎修斯·革拉古

Eriphyle 厄律斐勒

Eros 厄洛斯

Erymanthia 厄律曼西亚

Erythrae 埃里色雷亚

Eryx 厄律克斯

Esquiline Gate 埃斯奎利门

Etruria 埃图利亚

Euboea 尤卑亚岛

Eubulidas Grospus 欧布利达·格劳普斯

Eumenides 欧曼尼德斯

Eupolemus 欧波勒莫

Euripus 尤里普斯海峡

Europa 欧罗巴

Gaius Flaccus 盖乌斯·福拉库斯

Gaius Flaminius 盖乌斯·弗拉米纽斯

Gaius Flavius Pusio 盖乌斯·弗拉维乌·普西奥

Gaius Fuficius 盖乌斯·富斐西乌

Gaius Fufius 盖乌斯·富菲乌斯

Gaius Gallus 盖乌斯·伽卢斯

Gaius Geta 盖乌斯·格塔

Gaius Glaucia 盖乌斯·格劳西亚

Gaius Gracchus 盖乌斯·革拉古

Gaius Heius 盖乌斯·海乌斯

Gaius Herennius 盖乌斯·赫瑞纽斯

Gaius Iunius 盖乌斯·尤尼乌斯

Gaius Julius 盖乌斯·朱利乌斯

Gaius Laelius 盖乌斯·莱利乌斯

Gaius Licinius Sacerdos 盖乌斯·李锡尼·萨凯多斯

Gaius Luscius Ocrea 盖乌斯·鲁基乌斯·奥克莱亚

Gaius Macer 盖乌斯·玛凯尔

Gaius Maecenas 盖乌斯·马凯纳斯

Gaius Malleolus 盖乌斯·马莱奥鲁

Gaius Manilius 盖乌斯·玛尼留斯

Gaius Manlius 盖乌斯·曼留斯

Gaius Marcellus 盖乌斯·马尔米鲁斯

Gaius Marius 盖乌斯·马略

Gaius Matrinius 盖乌斯·马特利纽

Gaius Memmius 盖乌斯·美米乌斯

Gaius Murena 盖乌斯·穆瑞纳

Gaius Mustius 盖乌斯·穆斯提乌

Gaius Nero 盖乌斯·尼禄

Gaius Numitorius 盖乌斯·努米托尔

Gaius Orchivius 盖乌斯·奥基维乌

Gaius Piso 盖乌斯·庇索

Gaius Plotius 盖乌斯·普罗提乌

Gaius Pomptinus 盖乌斯·庞普提努

Gaius Popilius 盖乌斯·波皮留斯

Gaius Postumus 盖乌斯·波图姆斯

Gaius Quinctius 盖乌斯·昆克修斯

Gaius Rabirius 盖乌斯·拉比利乌

Gaius Rutilius Rufus 盖乌斯·鲁提留斯·鲁富斯

Gaius Sacerdos 盖乌斯·萨凯多斯

Gaius Saufeius 盖乌斯·邵费乌斯

Gaius Sentius 盖乌斯·山提乌斯

Gaius Serranus 盖乌斯·塞拉努斯

Gaius Servilius Ahala 盖乌斯·塞维留斯·阿哈拉

Gaius Servilius 盖乌斯·塞维留斯

Gaius Sextilius 盖乌斯·塞克斯提留

Gaius Statilius 盖乌斯·斯塔提留

Gaius Sulpicius Olympus 盖乌斯·苏皮西乌·奥林普斯

Gaius Sulpicius 盖乌斯·苏皮西乌

Gaius Varro 盖乌斯·瓦罗

Gaius Verres 盖乌斯·威尔瑞斯

Gaius Verrucius 盖乌斯·威鲁西乌

Galba 加尔巴

Gallonius 伽洛尼乌

Gaul 高卢

Gaurus 高鲁斯（火山）

Gedusa 格杜沙

Herculaneum 赫丘兰努

Hercules 赫丘利

Herennius 赫瑞纽斯

Hermippus 赫米普斯

Hermobius 赫莫庇乌

Herodotus 希罗多德

Hiero 希厄洛

Himera 希墨腊

Hirpinum 希庇努

Hortensius 霍腾修斯

Hybla 许伯拉

I

Iacchus 伊阿库斯

Ialysus 雅律苏斯

Ianitor 雅尼托尔

Ida 伊达（山名）

Ietae 伊厄泰

Illyria（=Illyricum）伊利里亚

Imachara 伊玛卡拉

Ina 伊纳

Ionia 伊奥尼亚

Ionian 伊奥尼亚人

Isidorus 伊西多洛

Ismenias 伊司美尼亚

Italy 意大利

J

Janiculum 雅尼库卢（罗马城中的一小丘，
　　在台伯河左岸）

Juba 犹巴

Jugurtha 朱古达

Julius Severianus 朱利乌斯·塞威里亚努

Junius 朱尼乌斯

Juno 朱诺

Jupiter Stator 朱庇特·斯塔托尔

Juturna 朱图娜

K

King Alexander 国王亚历山大

L

Labici 拉比锡

Laconia 拉科尼亚

Laelius 莱利乌斯

Lake Trasimenus（=Trasumenus）特拉昔
　　曼努湖

Lamia 拉弥娅

Lampsacum 兰普萨库

Lanuvium 拉努维乌

Laodicea 劳迪凯亚

Larinum 拉利努姆

Latona 拉托娜

Leonidas 莱奥尼达

Leontini 林地尼

Leon 莱翁

Lepidus 雷必达

Lesbos 莱斯堡（岛）

Libera 利伯拉

Liber 利伯尔

Liguria 利古里亚

Ligur 利古

Lucius Magius 卢西乌斯·玛吉乌斯

Lucius Mamilius 卢西乌斯·玛米留斯

Lucius Marcius 卢西乌斯·玛基乌斯

Lucius Metellus 卢西乌斯·麦特鲁斯

Lucius Mummius 卢西乌斯·姆米乌斯

Lucius Murena 卢西乌斯·穆瑞纳

Lucius Natta 卢西乌斯·那塔

Lucius Octavius 卢西乌斯·屋大维

Lucius Octavius Balbus 卢西乌斯·屋大
维·巴尔布斯

Lucius Opimius 卢西乌斯·奥皮米乌

Lucius Otho 卢西乌斯·欧索

Lucius Papinius 卢西乌斯·帕庇纽斯

Lucius Papirius 卢西乌斯·帕皮留斯

Lucius Paullus 卢西乌斯·保卢斯

Lucius Paulus 卢西乌斯·鲍鲁斯

Lucius Peducaeus 塞克斯都·佩都凯乌

Lucius Philippus 卢西乌斯·腓力普斯

Lucius Philo 卢西乌斯·斐洛

Lucius Philus 卢西乌斯·菲鲁斯

Lucius Piso 卢西乌斯·庇索

Lucius Piso Frugi 卢西乌斯·庇索·福
鲁吉

Lucius Plaetorius 卢西乌斯·普赖托利乌

Lucius Publicius 卢西乌斯·浦伯里修

Lucius Quinctius 卢西乌斯·昆克修斯

Lucius Racilius 卢西乌斯·拉西留斯

Lucius Raecius 卢西乌斯·莱西乌斯

Lucius Rutilius 卢西乌斯·鲁提留斯

Lucius Saturninus 卢西乌斯·萨图尼努斯

Lucius Scipio 卢西乌斯·西庇阿

Lucius Sergius 卢西乌斯·塞吉乌斯

Lucius Sergius Catiline 卢西乌斯·塞吉乌
斯·喀提林

Lucius Sisenna 卢西乌斯·西森那

Lucius Statilius 卢西乌斯·斯塔提留

Lucius Suettius 卢西乌斯·苏提乌斯

Lucius Sulla 卢西乌斯·苏拉

Lucius Titius 卢西乌斯·提提乌斯

Lucius Torquatus 卢西乌斯·托夸图斯

Lucius Triarius 卢西乌斯·特里亚留

Lucius Valerius 卢西乌斯·瓦勒留

Lucius Valerius Flaccus 卢西乌斯·瓦勒
留·福拉库斯

Lucius Vargunteius 卢西乌斯·瓦恭泰乌

Lucius Vibius 卢西乌斯·维庇乌斯

Lucius Volteius 卢西乌斯·伏泰乌斯

Lucius Volusienus 卢西乌斯·伏鲁西努

Lyciorum（=Lycia）吕西亚

Lydia 吕底亚

Lysania 吕珊尼亚

Lyso 吕索

M

Macedonia 马其顿

Maeandrius 迈安德利乌

Maevius 麦维乌斯

Magia 玛吉娅

Mallius Glaucia 玛略·格劳西亚

Maltese 马耳他

Mamertines 玛迈提涅

Mamilius Aemilius 玛米留斯·艾米留斯

Marcus Metellus 马库斯·麦特鲁斯

Marcus Modius 马库斯·摩狄乌斯

Marcus Mummius 马库斯·姆米乌斯

Marcus Octavius Ligus 马库斯·屋大
维·利古斯

Marcus Pacilius 马库斯·帕昔留斯

Marcus Palicanus 马库斯·帕里卡努

Marcus Perpenna 马库斯·培尔朋纳

Marcus Perperna 马库斯·培尔珀那

Marcus Petilius 马库斯·庇提留斯

Marcus Piso 马库斯·庇索

Marcus Plaetorius 马库斯·普赖托利乌

Marcus Porcius Cato 马库斯·波喜乌
斯·加图

Marcus Postumius 马库斯·波斯图米乌

Marcus Scaurus 马库斯·斯考鲁斯

Marcus Silanus 马库斯·西拉努斯

Marcus Terentius 马库斯·特伦提乌斯

Marcus Trebellius 马库斯·切贝留斯

Marcus Tullius 马库斯·图利乌斯

Marcus Tullius Cicero 马库斯·图利乌
斯·西塞罗

Marius 马略

Marrucini 玛鲁基尼

Marseilles 马赛利亚

Marsi 马尔西人（居住在意大利中部高原
的部族）

Mars 玛斯

Masinissa 玛西尼萨

Massic Hill 马西科山

Matrinius 马特利纽

Mauretania 毛里塔尼亚

Maximus 马克西姆

Meculonius 麦丘洛尼乌

Medea 美狄亚

Meniscus 美尼库斯

Medea 美狄亚

Mithridates 米特拉达铁斯

Megara 麦加拉

Melita 梅利塔

Memmius 美米乌斯

Menae 美奈

Mercury 墨丘利

Messalla 美萨拉

Messana 墨撒纳

Metellus 美特鲁斯

Miletus 米利都

Milyad 米亚得

Minerva 密涅瓦

Minturnae 敏图尔奈

Minucius 米诺西乌

Misenum 密塞努（坎帕尼亚的海岬）

Mithridates 米特拉达铁斯

Mnasistratus 纳西拉图

Mulvian Bridge 穆尔维（桥）

Murena 穆瑞纳

Murgentia 姆吉提亚

Muses 缪斯

Mutyca 姆提卡

Myndus 明都斯

Myron 密戎

Mysia 密西亚

Mytilene 米提利尼

N

Naevius Turpio 奈维乌斯・图尔皮奥

Naples 拿波勒斯

Narbo 那旁

Neapolis 尼亚玻里

Nemerius Aurius 努美利乌・奥里乌斯

Nepos 涅波斯

Neratius 奈拉提乌

Netum 奈图姆

Nicasio 尼卡西欧

Nice 尼刻

Nicomedes 尼哥美底

Nicomedes III 尼哥美底三世（庇提尼亚
国王）

Nicostratus 尼科司特拉图

Nico 尼科

Novia 诺维娅

Nuceria 努塞里亚

Numa 努玛

Numa Pompilius 努玛・庞皮留斯

Numantia 努曼提亚

Numenius 努美纽斯

Numerius Cluentius 努美利乌・克伦提乌

Numidicus 努米狄库

Nymphodorus 尼福多洛

Nympho 尼福

Nysa 尼萨

Nysius 尼西乌

O

Odyssea 奥德塞亚

Olympus 奥林波斯

Onasus 奥纳苏斯

Oppianicus 奥庇安尼库

Opus 奥布斯

Oroanda 奥洛安达

Ostia 奥斯提亚

Ostium 奥斯提

P

Pacenus 帕凯努斯

Pachynus 帕基努斯

Paean 佩安

Paetus 派图斯

Palatine 帕拉丁

Pallacina 帕拉契那

Pamphilus 潘菲鲁斯

Pamphylia 潘斐利亚

Panaetius 帕奈提乌

Panhormus（=Panormus）帕诺姆

Panurgus 帕努古斯

Paphlagonia 帕弗拉戈尼亚（里海沿岸的
一个小国）

Papia 帕庇娅

Papirius Potamo 帕皮留斯・波塔漠

Papius 帕庇乌斯

Paralus 帕拉卢斯

Parrhasius 帕拉西乌

Patara 帕塔拉

Paulus 鲍鲁斯

Peloris 佩洛里斯

Percennius 珀塞纽斯

Pergamum 帕伽玛

Perga 佩尔加

Pericles 伯里克利

Persephone 珀耳塞福涅

Perses 珀耳塞斯

Perseus 珀耳修斯

Petra 佩特拉

Phalacrus 法拉克鲁

Phalaris 法拉利斯

Phaselis 法赛里斯

Philinus 斐力努斯

Philippus 腓力普斯

Philip 腓力

Philocrates 斐洛克拉底

Philodamus 斐洛达谟

Philodorus 斐洛多罗

Philomelium 斐洛美留

Philo 斐洛

Phintia 芬提亚

Phoenix 福尼克斯

Phormio 福米奥

Phrygia 弗里吉亚

Phylarchus 斐拉库斯

Picenum 皮切诺（意大利中部的地区）

Pipa 皮帕

Pisidia 庇西狄亚

Plautus 普劳图斯

Poleas 波利阿斯

Polemarchus 波勒玛库斯

Polemocrates 波勒莫克拉底

Pollis 波利斯

Polyclitus 波吕克利图

Pompeii 庞贝

Pontus 本都

Posedes Macro 波塞德斯·马克洛

Posidon 波赛冬

Posidorus 波西多鲁

Potamo 波塔漠

Praeneste 普赖奈司特

Praxiteles 普拉克西特勒

Priam 普利亚姆

Privernum 普里维尔努姆

Proserpina 普罗塞庇娜

Ptolemy Auletes 托勒密·奥莱特（吹笛者）

Ptolemy Lathyrus（Soter II）托勒密·拉昔鲁斯（索特尔二世）

Ptolemy 托勒密

Publicius 浦伯里修

Publius Aelius 普伯里乌·埃利乌斯

Publius Africanus 普伯里乌·阿非利加努

Publius Annius Asellus 普伯里乌·安尼乌斯·阿塞鲁斯

Publius Annius 普伯里乌·安尼乌斯

Publius Aquilius 普伯里乌·阿奎留斯

Publius Autronius Paetus 普伯里乌·奥洛尼乌·派图斯

Publius Burrienus 普伯里乌·布里努斯

Publius Caelius 普伯里乌·凯留斯

Publius Caesennius 普伯里乌·凯塞纽斯

Publius Caesetius 普伯里乌·凯塞提乌

Publius Cannutius 普伯里乌·坎努提乌

Publius Cervius 普伯里乌·凯维乌斯

Publius Cethegus 普伯里乌·凯塞古斯

Publius Cominius 普伯里乌·考米纽斯

Publius Cornelius Sulla 普伯里乌·高奈留·苏拉

Publius Cottius 普伯里乌·考提乌斯

Publius Dolabella 普伯里乌·多拉贝拉

Publius Fulvius Neratus 普伯里乌·伏尔维乌·奈拉图斯

Publius Furius 普伯里乌·富里乌斯

Publius Galba 普伯里乌·加尔巴

Publius Gavius 普伯里乌·伽维乌斯

Publius Globulus 普伯里乌·格劳布鲁

Publius Granius 普伯里乌·格拉纽斯

Publius Helvidius Rufus 普伯里乌·赫维狄乌·鲁富斯

Publius Iunius 普伯里乌·尤尼乌斯

Publius Lentulus 普伯里乌·伦图卢斯

Publius Memmius 普伯里乌·美米乌斯

Publius Mucius 普伯里乌·穆西乌斯

Publius Naevius Turpio 普伯里乌·奈维乌斯·图尔皮奥

Publius Nigidius 普伯里乌·尼吉底乌

Publius Octavius Balbus 普伯里乌·屋大维·巴尔布斯

Publius Orbius 普伯里乌·奥庇乌斯

Publius Plautius Hypsaeus 普伯里乌·普劳提乌·叙赛乌斯

Publius Popilius 普伯里乌·波皮留斯

Publius Quinctilius Varus 普伯里乌·昆提留斯·瓦鲁斯

Publius Quinctius 普伯里乌·昆克修斯

Publius Quintus Varus 普伯里乌·昆图斯·瓦鲁斯

Publius Rupilius 普伯里乌·卢庇留斯

Publius Rutilius 普伯里乌·鲁提留斯

Publius Saturius 普伯里乌·萨图里乌

Publius Saturus 普伯里乌·萨图鲁斯

Publius Scandilius 普伯里乌·斯坎狄留

Publius Scapula 普伯里乌·斯卡普拉

Publius Scipio Africanus 普伯里乌·西庇阿·阿非利加努（小西庇阿）

Publius Scipio 普伯里乌·西庇阿

Publius Septimius 普伯里乌·塞提米乌

Publius Septimus Scapula 普伯里乌·塞提姆斯·斯卡普拉

Publius Servilius 普伯里乌·塞维留斯

Publius Servilius Rullus 普伯里乌·塞维留斯·鲁卢斯

Publius Servilius Vatia 普伯里乌·塞维留斯·瓦提亚

Publius Sestius 普伯里乌·塞斯提乌

Publius Sextilius 普伯里乌·塞克斯提留

Publius Sulpicius 普伯里乌·苏皮西乌

Publius Tadius 普伯里乌·塔狄乌斯

Publius Tettius 普伯里乌·特提乌斯

Publius Titius 普伯里乌·提提乌斯

Publius Trebonius 普伯里乌·却波尼乌

Publius Umbrenus 普伯里乌·翁伯瑞努

Publius Varinius 普伯里乌·瓦利纽斯

Publius Vetilius 普伯里乌·维提留斯

Publius Vettius Chilo 普伯里乌·威提乌斯·基洛

Publius Volumnius 普伯里乌·伏鲁纽斯

Pupinia 普皮尼亚（意大利拉丁姆地区一个土地不肥沃的地方）

Puteoli 普特利

Pyrrhus 皮洛斯

Pythodorus 皮索多鲁

Q

Quintus Annius Chilo 昆图斯·安尼乌斯·基洛

Quintus Apronius 昆图斯·阿普洛纽

Quintus Arrius 昆图斯·阿琉斯

Quintus Caecilius 昆图斯·凯西留斯

Quintus Caecilius Dio 昆图斯·凯西留斯·狄奥

Quintus Caecilius Niger 昆图斯·凯西留斯·尼吉

Quintus Caelius Latinensis 昆图斯·凯留斯·拉提能昔

Quintus Calidius 昆图斯·卡利狄乌斯

Quintus Catulus 昆图斯·卡图鲁斯

Quintus Considius 昆图斯·康西狄乌斯

Quintus Cornificius 昆图斯·考尼费昔

Quintus Croton 昆图斯·克罗通

Quintus Curtius 昆图斯·库提乌斯

Quintus Fabius 昆图斯·法比乌斯

Quintus Flavius 昆图斯·弗拉维乌斯

Quintus Fulvius 昆图斯·伏尔维乌斯

Quintus Hortensius 昆图斯·霍腾修斯

Quintus Hortensius Hortalus 昆图斯·霍腾修斯·霍塔鲁斯

Quintus Junius 昆图斯·朱尼乌斯

Quintus Labienus 昆图斯·拉庇努斯

Quintus Lollius 昆图斯·洛利乌斯

Quintus Lucceius 昆图斯·卢凯乌斯

Quintus Lutatius Diodorus 昆图斯·鲁塔提乌·狄奥多洛斯

Quintus Manlius 昆图斯·曼留斯

Quintus Maximus 昆图斯·马克西姆

Quintus Metellus 昆图斯·麦特鲁斯

Quintus Metellus Creticus 昆图斯·麦特鲁斯·克里提库

Quintus Metellus Pius 昆图斯·麦特鲁斯·庇乌斯

Quintus Minucius 昆图斯·米诺西乌

Quintus Mucius 昆图斯·穆西乌斯

Quintus Mucius Scaevola 昆图斯·穆西乌斯·斯卡沃拉

Quintus Naso 昆图斯·那索

Quintus Opimius 昆图斯·奥皮米乌

Quintus Pompeius 昆图斯·庞培

Quintus Pompeius Rufus 昆图斯·庞培·鲁富斯

Quintus Postumius Curtius 昆图斯·波斯图米乌·库提乌斯

Quintus Publicius 昆图斯·浦伯里修

Quintus Roscius 昆图斯·洛司基乌斯

Quintus Rubrius 昆图斯·鲁伯里乌

Quintus Septicius 昆图斯·塞提修斯

Sextus Pompeius Chlorus 塞克斯都·庞
培·基洛鲁斯

Sextus Roscius 塞克斯都·洛司基乌斯

Sextus Saltius 塞克斯都·萨尔提乌

Sextus Stloga 塞克斯都·斯特洛伽

Sextus Titius 塞克斯都·提提乌斯

Sextus Vennonius 塞克斯都·维诺纽斯

Sextus Vibius 塞克斯都·维庇乌斯

Sicily 西西里

Sicyon 昔居翁

Silanion 昔拉尼翁

Silanus 西拉努斯

Sinope 昔诺佩

Sipontum 昔朋图

Sittius 昔提乌斯

Smyrna 士每拿

Soluntum 索伦图

Solus 索鲁斯

Sopater 索帕特

Sosippus 索昔普斯

Sositheus 索西塞乌

Sostratus 索特拉图

Spain 西班牙

Spartacus 斯巴达克斯

Speluncae 斯佩伦凯

Spurius Maelius 斯普利乌·买留斯

Staienus 斯塔厄努斯

Statilius 斯塔提留

Statius Albius Oppianicus 斯塔提乌·阿比
乌斯·奥庇安尼库

Stella 斯特拉

Stesichorus 斯特昔科鲁

Sthenius 塞尼乌斯

Strato 斯特拉托

Symmachus 绪玛库斯

Syracuse 叙拉古

T

Tarentum 塔壬同

Tauromenium 陶洛美纽

Tibur 蒂布尔

Tarquinii 塔尔奎尼

Tarquin 塔克文

Tarracina 特腊契纳

Teanum 忒阿努姆

Telephus 忒勒福

Titus Aufidius 提多·奥菲狄乌

Telesinus 特勒昔努

Temenites 泰曼尼特

Temnus 忒努斯

Tempsa 坦普萨

Tenedos 泰奈多斯

Tenes 泰奈斯

Terence 特伦斯

Terentia 特伦提娅

Terentius 特伦提乌斯

Tertia 忒提娅

The temple of Concord 协和神庙

Themistagoras 塞米斯塔戈拉

Theomnastus 塞奥纳斯图

Theoractus 塞奥拉克图

Thermae 塞尔迈

Venus 维纳斯

Vertumnus 威图姆斯（罗马的变幻之神）

Vescia 维西亚

Vesta 维斯太

Vibius Cappadox 维庇乌斯·卡帕多克

Vibo 维博

Volaterrae 沃拉太雷

Volcacius 伏卡昔乌

Volcatius 伏凯提乌

Volusius 伏鲁西乌

Vulcan 伏尔甘

X

Xeno 塞诺

Z

Zosippus 佐西普斯